I0121512

P 522
1.6.6.2.

G- 1665
2.

©

17651

DICTIONNAIRE

HISTORIQUE.

C——E

DICTIONNAIRE
HISTORIQUE,
OU
HISTOIRE ABRÉGÉE

De tous les H o m m e s qui fe font fait un nom par le génie , les talens , les vertus , les erreurs , &c. depuis le commencement du monde jufqu'à nos jours.

Nouvelle Edition , revue , corrigée , abrégée &
augmentée par l'Abbé F. X. D. F.

Convenientia cuique. Hor. a. p.

TOME SECOND.

A A U S B O U R G ,

Chez Matthieu Rieger, fils, Imprimeur-Libraire

Et fe trouve :

A LIEGE, chez LEMARIÉ, deffous la Tour.
A BRUXELLES, chez J. L. DE BOUBERS, rue d'Affaut;
A LUXEMBOURG, chez l'Imprimeur du Journal.
Et chez les principaux Libraires de l'Europe.

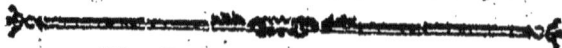

M. DCC. LXXXII.
AVEC APPROBATION.

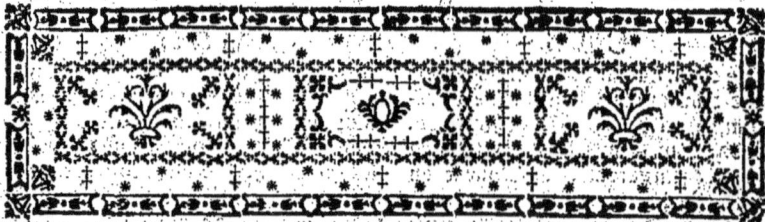

DICTIONNAIRE HISTORIQUE.

C

CAAB, d'abord rabbin, ensuite mahométan, commença par faire des vers satyriques contre l'imposteur Mahomet ; mais celui-ci ayant conquis l'Arabie, le lâche poëte finit par chanter une de ses maîtresses. Il fut dès-lors son favori & son conseil. Caab l'aida dans la composition de l'Alcoran. Mahomet en reconnoissance lui donna son manteau. Il mourut l'an de J. C. 622.

CAANTHE, fils de l'Océan. Son père lui ayant ordonné de poursuivre Apollon qui avoit enlevé sa sœur Mélia ; & ne pouvant le contraindre à la rendre, il mit le feu à un bois consacré à ce dieu qui, pour le punir, le tua à coups de flèches.

CAATH, fils de Lévi, père d'Amran, & aïeul de Moïse. Sa famille fut chargée de porter l'arche & les vases sacrés du tabernacle, dans les marches du désert.

CABADE ou CAVADES ou KOBAD, roi de Perse, fils de Perose, ayant porté une loi qui autorisoit la communauté des femmes, & faisant usage de toutes celles qui lui plaisoient, perdit son trône & fut enfermé dans une tour. Sa femme le délivra de sa prison, en se livrant à la passion du gouverneur éperdument amoureux d'elle. Cabade s'évada sous les habits de sa femme, fit crever les yeux à son frere, & reprit la couronne. Les Huns Nephcalites lui fournirent des secours. Il déclara la guerre à l'empereur Anastase, ravagea l'Arménie & la Mésopotamie, prit Amide & la livra au pillage. Un vieillard lui représentant combien le carnage qu'on exerçoit dans le sac de cette ville, étoit indigne d'un roi : *C'est pour vous punir*, répondit Cabade, *de votre résistance. Plus notre résistance*, reprit le vieillard, *a été grande, plus votre victoire est glorieuse*. Cette réponse désarma Cabade, & le pil-

A 3

fage cessa. La paix fut conclue quelque tems après ; mais la guerre recommença fous Justin & Justinien. Cabade fut moins heureux fous ce dernier empereur, & mourut en 531. C'étoit un prince guerrier, plus propre à conquérir des états qu'à régler les siens. Il fut cruel envers ses sujets, & implacable dans ses vengeances.

CABALLO, (Emmanuel) s'illustra dans le tems du siège de Gènes sa patrie. Les François qui l'assiégeoient depuis seize mois, avoient affamé cette ville. Un vaisseau chargé de vivres & de munitions alloit se rendre aux assiégeans, si Caballo ne fût monté tout de suite sur un autre vaisseau, & ne l'eût emmené dans la ville, au milieu des François qui faisoient de continuelles décharges sur lui. Cette action héroïque lui mérita le nom de Libérateur de sa patrie, & fit lever le siège en 1513.

CABANE, (Robert de) fils de la fameuse Catanoise, fut arrêté avec sa mère en 1345, après l'assassinat d'André de Hongrie. On leur donna la question dans une place sur le bord de la mer. La mère mourut des douleurs de la torture, & le fils fut tenaillé.

CABASILAS, (Nicolas) archevêque de Thessalonique en 1350, soutint le schisme des Grecs contre l'église de Rome. Il publia des traités sur cette matiere, & laissa plusieurs ouvrages, dont le meilleur est son *Exposition de la Liturgie grecque*, imprimée en différens endroits en grec & en latin.

CABASSUT, (Jean) prêtre de l'Oratoire, professeur de droit canon à Avignon, né en 1604, mourut à Aix sa patrie en 1685. On a de lui, I. *Juris Canonici theoria & praxis*, réimprimé in-folio en 1738, par les soins de Gibert qui y a ajouté des notes & des sommaires. II. *Notitia ecclesiastica Conciliorum, Canonum, veterumque Ecclesiæ rituum*,

in-folio en 1680 ; ouvrage d'un moindre usage que le précédent, quoiqu'il y ait des dissertations utiles. On y trouve une notice des conciles, l'explication des canons, une introduction à la connoissance des rits anciens & nouveaux de l'église, & des principales parties de l'histoire ecclésiastique. Cabassut étoit un homme d'un esprit droit, d'un caractere doux, d'un jugement solide, d'une prudence consommée, d'une vertu sans tache. *Voy.* le tome 38 des *Mémoires du P. Niceron*.

CABESTAN ou CABESTAING, (Guillaume de) gentilhomme du comté de Roussillon, & non Provençal, quoique Nostradamus le fasse descendre de l'ancienne maison de Servieres, fut un poète du 13e siècle, qui chanta différentes dames, suivant l'usage du tems. Triclire Carbonel fut sa derniere maîtresse. Le mari de cette dame, jaloux du troubadour, le tua, lui arracha le cœur, & le fit manger à sa femme. Tricline en mourut de douleur en 1213.

CABOT, (Vincent) jurisconsulte touloufain dans le 16e siècle, professa le droit dans sa patrie. On a de lui un gros volume, in-8°, intitulé : *Les Politiques de Vincent Cabot, tolosain* ; mélange informe, composé de maximes recueillies dans les auteurs sacrés & profanes, sans goût, sans méthode. L'auteur devoit publier quatre autres volumes à la suite du premier.

CABRAL, (Pierre Alvarès) commandant de la seconde flotte que le roi D. Emmanuel de Portugal envoya aux Indes en 1500, fut jeté par la tempête fur les côtes du Brésil inconnu alors, & en prit possession au nom de son prince. Après plusieurs autres expéditions qui illustrerent son courage, il revint en Portugal & y mourut, regardé comme un grand homme de mer.

CABRERA, (Bernard de) favori de Martin, roi de Sicile, voulut s'emparer de cette couronne en 1410, après la mort de son maître. Blanche, veuve de Martin, ayant refusé de l'épouser, Cabrera lui déclara la guerre. Il fut pris & enfermé d'abord dans une citerne desséchée. On le transféra delà dans une tour environnée d'un filet, dans lequel Cabrera tomba en voulant s'évader. On l'y laissa pendant un jour, exposé à la risée du peuple. Ferdinand, successeur de Martin, lui accorda ensuite sa grace, à condition qu'il quitteroit la Sicile. Il mourut quelque-tems après. Il ne faut pas le confondre avec Louis Cabrera, écrivain espagnol, auteur d'une histoire de Philippe II, roi d'Espagne.

CACA, sœur de Cacus, découvrit à Hercules le vol de son frere. Les Romains lui rendoient des honneurs divins.

CACUS, fils de Vulcain, enleva à Hercules une partie de ses troupeaux, qu'il traîna à reculons dans son antre, pour n'être pas découvert. Le héros furieux courut à la caverne de ce brigand, & l'étrangla. Les habitans des lieux circonvoisins, délivrés des violences de Cacus, éleverent un temple à leur libérateur. La description de la prise de Cacus par Hercules, au 8e livre de l'Enéide, est un des beaux endroits de Virgile.

CADALOUS, évêque de Parme, concubinaire & simoniaque, fut élu pape en 1061 par la faction de l'empereur Henri IV, contre Alexandre II, & prit le nom d'Honorius II. Ayant voulu soutenir son élection par les armes, & n'ayant pu réussir, il fut condamné par tous les évêques d'Allemagne & d'Italie en 1062, & déposé par le concile de Mantoue en 1064.

CADAMOSTO ou CADAMUSTI, (Louis) célebre navigateur vénitien, né vers l'an 1422,

se fit connoître à l'infant dom Henri de Portugal. Ce prince, animé, comme son pere le roi Jean, de l'esprit de découverte, voulut s'attacher Cadamosto. Il lui envoya le consul de la république de Venise en Portugal, nommé Patrice Conti, pour l'instruire du commerce avantageux de l'isle de Madere, conquise en 1430. Cadamosto, encouragé par l'espoir du gain, traita avec dom Henri, qui lui fit armer une caravelle, dont Vincent Diaz, natif de Lagos, fut le patron. Elle mit à la voile le 22 mars 1455; & après avoir mouillé à Madere, ils reconnurent les isles Canaries, le Cap-Blanc, le Sénégal, le Cap-Verd, & l'embouchure de la riviere de Gambra. Dans un second voyage qu'il fit l'année suivante, avec un Génois nommé Antoine, ils pousserent leurs découvertes jusqu'à la riviere de Saint-Dominique à laquelle ils donnerent ce nom, & d'où ils retournerent en Portugal. Il habita long-tems à Lagos, attirant par ses politesses les négocians & les navigateurs. De retour dans sa patrie en 1464, il y publia la relation de ses voyages, qui fut traduite en françois par Pierre Rédoner, au commencement du 16e siecle.

CADMUS, roi de Thebes, vint par mer des côtes de la Phénicie, s'empara du pays connu depuis sous le nom de Béotie, & y bâtit la ville de Thebes. On dit qu'il apporta aux Grecs l'usage de l'alphabet.

C'est de lui que nous vient cet art
    ingénieux,
De peindre la parole & de parler
    aux yeux,
Et par les traits divers de figures
    tracées
Donner de la couleur & du corps
    aux pensées.   BREBEUF.

Les poëtes ont ajouté des fables à l'histoire de Cadmus qui peut

A 4

être n'est-elle même qu'une fable. Il alla combattre, suivant eux, avec le secours de Minerve, un dragon qui avoit dévoré ses compagnons. Le héros tua le monstre, & en sema les dents, d'où sortirent tout-à-coup des hommes armés, qui n'eurent rien de plus pressé que de se massacrer. Il n'en resta que cinq, qui aiderent Cadmus à bâtir la ville de Thebes. Ses sujets le chasserent de ses états, & l'obligerent de s'enfuir en Illyrie.

CADMUS de Milet, le premier des Grecs qui ait écrit l'histoire en prose. Il florissoit du tems d'Halyattes, roi de Lydie.

CADRY, (Jean-Baptiste) ancien chanoine, théologal de l'église de Laon, fut l'homme de confiance, l'ami & le théologien de M. de Caylus, évêque d'Auxerre. Il étoit né à Tretz en Provence en 1680, & il mourut à Savigni près de Paris en 1756 à 76 ans. On a de lui plusieurs écrits contre la bulle *Unigenitus*, à laquelle il étoit fort opposé. Les principaux sont : I. Les trois derniers volumes de l'*Histoire du livre des Réflexions morales, & de la constitution Unigenitus*, in-4°. Ouvrage qui n'a été lu que par les gens du parti. II. L'*Histoire de la condamnation de M. de Soanen*, évêque de Senez, 1728, in-4°. Ouvrage du même genre. III. *Des Observations théologiques & morales sur les deux Histoires du P. Berruyer*, en 3 vol. in-12, 1755 & 1756.

CÆCILIUS - BASSUS, *voyez* BASSUS.

CÆCILIUS - STATIUS, poëte comique, affranchi, contemporain d'Ennius. On trouve quelques-uns de ses fragmens dans le *Corpus poetarum*, Londres 1714, 2 vol. in-fol.

CÆCULUS, fils de Vulcain. Sa mere étant assise auprès de la forge de ce dieu, une étincelle de feu la frappa, & lui fit mettre au monde, au bout de neuf mois, un enfant à qui elle donna no·n de Cæculus,

parce qu'il avoit de fort petits yeux. Lorsqu'il fut avancé en âge, il ne vécut que de vols & de brigandages. Il bâtit la ville de Préneste. Ayant donné des jeux publics, il exhorta les citoyens à aller fonder une autre ville. Mais comme il ne pouvoit les y engager, parce qu'ils ne le croyoient pas fils de Vulcain, il invoqua son pere, & l'assemblée fut aussi-tôt environnée de flammes. Ce prodige la saisit d'une telle frayeur, qu'on lui promit de faire tout ce qu'il voudroit.

CÆNEUS, guerrier qui, ayant été fille sous le nom de *Cænis*, avoit obtenu de Neptune d'être changée en homme invulnérable.

CAFFARO, (le P.) théatin, est auteur d'une lettre imprimée à la tête du *Théatre* de Bursault, où il prétend prouver qu'un chrétien peut aller à la comédie. M. Bossuet & le P. le Brun réfuterent cette assertion, & le P. Caffaro se rétracta.

CAGNACCI, (Guide Caulassi) peintre italien du dix-septieme siecle, disciple du Guide, mourut à Vienne à 80 ans. Les tableaux dans lesquels il a imité son maître, sont les plus recherchés. Il ne faut pas le confondre avec Cagnaccini, auteur des *Antiquitates Ferrariæ*, qu'on trouve dans le Trésor des antiquités de Grævius.

CAHUSAC, (Louis de) écuyer, né à Montauban, où son pere étoit avocat, commença ses études dans cette ville, & les acheva à Toulouse, où il fut reçu avocat. De retour à Montauban, il obtint la commission de secretaire de l'Intendance. Ce fut pendant qu'il exerçoit cet emploi, en 1736, qu'il donna la tragédie de *Pharamond*, dans laquelle il a blessé la vérité historique, sans rendre son sujet théatral. Nul art, nul contraste : l'intérêt trop partagé ne peut se fixer sur aucun des acteurs. *Pharamond* est de tems-en-tems moins un héros qu'un fat. On y trouve plusieurs vers tournés avec esprit, mais trop d'antitheses, trop peu de nombre & d'harmonie. L'envie d'aller jouir à Paris des applaudissemens du parterre, lui fit abandonner la province. Le comte de Clermont l'honora du titre de secretaire de ses commandemens. Ce fut en cette qualité qu'il fit la campagne de 1743 avec ce prince, qu'il quitta ensuite, pour se livrer absolument au théatre. L'Opéra l'occupa principalement. Il a rappellé sur le théatre lyrique la grande machine si négligée depuis Quinault ; mais il ne faut point chercher dans ses productions la douceur & l'harmonie qu'exige la poésie chantante. Cet auteur mourut à Paris au mois de juin 1759. Il étoit d'un caractere inquiet, vif, & trop exigeant de ses amis ; fort délicat sur la réputation, & d'une sensibilité qui altéra son cerveau, & qui abrégea peut-être ses jours. L'éloge & la satyre excitoient également sa vivacité. Un Journaliste ayant beaucoup loué l'opéra de *Zoroastre*, Cahusac lui dit en l'embrassant : *Ah! que je vous ai d'obligation! Vous êtes le seul homme en France, qui ait eu le courage de dire du bien de moi.* On a de lui, outres diverses pieces de théatre, dont plusieurs sont déja oubliées, l'*Histoire de la danse ancienne & moderne*, 3 petits vol. in-12, que les savans ont accueillie.

CAJADO, (Henri) poëte latin, mort à Rome en 1508 d'un excès de vin, a laissé des Eglogues, des Sylves & des Epigrammes, Bologne 1501, in-4°. On remarque dans toutes ses productions un tour heureux, du génie, de la facilité, de l'élégance : ses Epigrammes ne manquent pas de sel. Il étoit né en Portugal.

CAIET, (Pierre-Victor-Palma) né en 1525 à Montrichard en Touraine, de parens catholiques, embrassa le calvinisme, & fut fait ministre de l'église de Poitiers à Montreuil-Bonnin ; mais ayant été convaincu d'avoir fait l'Apologie des

bordels, & de s'amuser de magie, il fut déposé dans un synode. Cette condamnation produisit son abjuration; il rentra dans le sein de l'Eglise à Paris en 1595. On peut imaginer quels principes pouvoit avoir un homme qui n'étoit revenu à la vraie religion que par l'impression d'une juste condamnation. Il mourut en 1610, docteur de Sorbonne & professeur en hébreu au college royal. On a de lui plusieurs ouvrages de controverse, moins consultés que sa *Chronologie septenaire*, 1606, in-8°, depuis la paix de Vervins en 1598, jusqu'en 1604. Il ajouta ensuite à son Histoire de la paix, celle de la guerre qui l'avoit précédée. On a cette nouvelle Histoire dans les trois tomes de sa *Chronologie novennaire*, 1608, in-8°, depuis 1589 jusqu'en 1598. Il faut bien se garder de croire tout ce qu'il y rapporte. Voyez *Mémoires de la Ligue*, tom. 4, p. 320, & tom. 6 p. 220. *Journal de Henri III*, par M. de l'Etoile, tom. 3, p. 105. Bayle, *Dict. Hist.* art. *Caiet*. note M, &c.

CAJETAN, (Constantin) abbé bénédictin de S. Baronte au diocese de Pistoye, mort vers 1650 à 85 ans, étoit de Syracuse. Il poussoit le zele pour la gloire de son ordre, jusqu'au fanatisme. Il crut qu'il l'illustreroit beaucoup, s'il lui donnoit tous les grands-hommes qu'il pourroit, ou du moins ceux qu'il croyoit tels. Après avoir mis dans sa liste une partie des Saints anciens, il travailla à la grossir des Saints modernes. Il commença par S. Ignace de Loyola, le fit bénédictin, dans un livre publié à Rome en 1641. La congrégation du Mont-Cassin désavoua Cajetan en 1644. Cajetan ne pouvant faire admettre des Jésuites dans son ordre ; se tourna du côté des Franciscains & des Freres Prêcheurs. Il leur enleva S. François d'Assise & S. Thomas d'Aquin. Le cardinal Cobellucci disoit, au sujet de ce voleur de Saints, qu'il craignoit que Cajetan ne transformât bientôt S. Pierre en Bénédictin (*voyez* S. BENOIT). On trouve un article de Cajetan dans le 25e volume des *Mémoires du P. Niceron*, & un catalogue détaillé de ses ouvrages.

CAJETAN, *voyez* VIO.

CAILLE, (Nicolas-Louis de la) diacre du diocèse de Rheims, né en 1714 à Rumigny, d'un capitaine des chasses de la duchesse de Vendôme, fit ses études avec succès au college de Lizieux à Paris. Son goût pour l'astronomie le lia avec le célebre Cassini, qui lui procura un logement à l'Observatoire. Aidé des conseils d'un tel maître, il eut bientôt un nom parmi les astronomes. Il partagea avec M. de Thuri, fils de cet homme estimable, le travail de la ligne méridienne ou de la projection du méridien, qui passant par l'Observatoire, traverse tout le royaume. Dès l'âge de vingt-cinq ans il fut nommé, à son insu, professeur de mathématiques au college Mazarin. Les travaux de sa chaire ne le détournerent point de l'astronomie. Cette science, à laquelle il étoit entraîné par un charme invincible, devint pour lui un devoir, lorsque l'académie des sciences l'admit dans son sein en 1741. La plus grande partie des autres compagnies savantes qui fleurissent en Europe, lui fit le même honneur. Animé de plus en plus du desir d'acquérir une connoissance détaillée du ciel, il entreprit en 1750, à l'agrément de la cour, le voyage du Cap de Bonne-Espérance, dans le dessein d'examiner les étoiles australes, qui ne sont pas visibles sur notre horison. Dans l'espace de deux ans, de 1750 à 1752, il détermina la position de 9800 étoiles jusqu'alors inconnues; mais ce nombre a paru extrêmement exagéré, & a dû le paroître à tous ceux qui savent que les plus habiles observateurs n'ont pas découvert, dans toute l'étendue des cieux, autant d'étoiles visibles; que la partie du ciel qui n'est jamais vue sur notre horison, se réduit à peu de chose; que d'ailleurs elle avoit été observée par d'habiles astronomes, & se trouvoit exprimée dans toutes les cartes célestes. De retour en France, il ne cessa d'écrire sur les apparitions des cometes & sur d'autres objets de l'histoire du ciel. Il faisoit imprimer le catalogue des étoiles & les observations sur lesquelles il est fondé, lorsqu'une fievre maligne l'emporta le 21 de mars 1762, à 48 ans. Les qualités de son ame honorent sa mémoire, autant que les connoissances de son esprit. Froid, réservé avec ceux qu'il ne connoissoit pas, il étoit doux, simple, gai, égal avec ses amis. L'intérêt ni l'ambition ne le dominerent jamais; il sût se contenter de peu. Sa probité faisoit son bonheur, les sciences ses plaisirs, & l'amitié ses délassemens. On a de lui un grand nombre d'ouvrages estimés. I. Plusieurs *Mémoires* dont il a enrichi les recueils de l'académie des sciences. II. *Elémens d'Algebre & de Géométrie*, Paris, in-8°. III. *Leçons Elémentaires d'Astronomie, d'Optique & de Perspective*, 1748 & 1755, Paris, in-8°. IV. *Leçons Elémentaires de Méchanique*, 1743, Paris, in-8°. V. *Ephémérides de Desplaces, continuées par M. l'abbé de la Caille*, 2 volumes in-4°. VI. *Fundamenta Astronomiæ*, in-4°, Paris 1757. VII. *Table des Logarithmes pour les sinus & tangentes de toutes les minutes du quart de cercle*, Paris 1760, in-8°. VIII. *Nouveau Traité de Navigation, par M. Bouguer, revu & corrigé par l'abbé de la Caille*, Paris 1761, in-8°. IX. *Journal du voyage fait au Cap de Bonne-Espérance*, Paris. On remarque dans tous ces ouvrages, cette précision & cette netteté si nécessaires aux sciences abstraites; c'étoit-là le caractere de son esprit.

CAILLIERES, *voyez* CAL-
LIERES.

CAILLY, (le chevalier Jacques
de) né à Orléans, de la famille de
la Pucelle qui délivra cette ville,
mourut vers 1674, chevalier de
l'ordre de S. Michel & gentilhomme
ordinaire du roi. On a de lui un petit recueil d'Epigrammes dont quelques-unes font fines & délicates,
& beaucoup d'autres triviales, mais
verfifiées naturellement. Cette ingénuité corrige beaucoup fon ftyle,
fouvent lâche & incorrect. On trouve
ces petites pieces dans un *Recueil
de Poëfies* en 2 vol. in-12, publié par la Monnoie en 1714, fous
le titre de la Haye.

CAIN, premier fils d'Adam &
d'Eve, naquit fur la fin de la premiere année du monde, & s'a-
donna à l'agriculture. Jaloux de ce
que les offrandes d'Abel fon frere
étoient acceptées du Seigneur, tandis que les fiennes en étoient re-
jettées, il lui ôta la vie l'an du
monde 130. Dieu le maudit, & le
condamna à être vagabond fur la
terre. Il fe retira à l'Orient d'E-
den, y eut fon fils Enoch, dont il
donna le nom à une ville qu'il y fit
bâtir, ce qui n'eft pas difficile à
comprendre, vu la nombreufe poftérité que leur longue vie donnoit
aux patriarches. On regarde ordinairement Caïn comme réprouvé;
cependant S. Jean Chryfoftome croit
qu'il a fait pénitence de fon fratricide, & qu'il en a obtenu le pardon.

CAINAN, fils d'Enos, pere de
Malaleel, mourut l'an 2800 avant
Jefus-Chrift, âgé de 910 ans. Il y a
un autre Caïnan, fils d'Arphaxad
& pere de Sala, fur lequel les favans ne font pas d'accord.

CAJOT, (Jofeph) bénédictin de
la congrégation de S. Vannes, avoit
de l'érudition. Il la montra dans
fes *Antiquités de Metz*, ou *Recherches fur l'origine des Mé-
diomatriciens*, 1760, in-8°. L'ouvrage qui lui a fait le plus de réputation, eft une critique d'un phi-

lofophe célebre, intitulée : *Les
Plagiats de J. J. Rouffeau fur
l'Education*, in-12 & in-8°, 1765.
Elle eft affez mal écrite; mais il y
a des recherches. Comme il y mal-
traite les philofophes, l'un d'entr'eux a dit : « Que l'auteur de
» cette critique étoit un chien qui
» aboyoit aux paffans, en ron-
» geant les os de Rouffeau ». Cette
mauvaife plaifanterie n'empêcha pas
que D. Cajot ne fût un homme eftimable. Il mourut à Châlons en
1765, âgé d'environ 40 ans.

CAIPHE, grand-prêtre des Juifs
après Simon, condamna J. C. à la
mort, fut dépofé par Vitellius, &
fe tua, dit-on, de défefpoir.

CAIT-BEI, fultan d'Egypte &
de Syrie, originaire de Circaffie,
étoit né efclave. Les Mammelucs,
d'une commune voix, l'élurent
pour leur fouverain. Il défit près
de Tarfe l'armée de Bajazet II,
empereur des Turcs, commandée
par Querféol, fon gendre. Cette
victoire eut des fuites heureufes.
Il repouffa Affimbée, qui régnoit
en Méfopotamie, & qui s'étant
rendu maître de la ville de Bir fur
l'Euphrate, faifoit des courfes bien
avant dans la Syrie. Il mit auffi les
Arabes fous le joug, & diffipa cette
multitude d'efclaves éthiopiens, qui
s'étant affemblés en très-grand
nombre pour détruire les Mammelucs, menaçoient l'Egypte d'un terrible orage. Il mourut l'an 1449 &
le 33 de fon regne.

CAIUS AGRIPPA, fils puîné
d'Agrippa & de Julie, fille d'Augufte, fut adopté par cet empereur
avec Lucius Agrippa fon frere. Le
peuple romain offrit le confulat à
ces deux enfans, à l'âge de 14 à 15
ans. Augufte voulut feulement qu'ils
euffent le nom de *Confuls défignés*,
à caufe de leur jeuneffe. Caïus s'é-
tant rendu dans l'Arménie pour en
chaffer les Parthes, fut bleffé d'un
coup de poignard par le gouverneur de la ville d'Artagete. Le
meurtrier fut mis à mort; mais Caïus

ne fit plus que languir depuis cet accident. Il termina fes jours dans la ville de Lymire en Lycie, n'ayant que 24 ans. Son tempérament étoit porté aux plaifirs; & il ne favoit pas combattre cette inclination dangereufe, qui abrégea fes jours. Sa douceur l'avoit fait aimer des peuples d'Orient.

CAIUS, célebre entre les auteurs eccléfiaftiques, floriffoit à Rome au 3e fiecle, fous le pontificat de Zéphirin & fous l'empire de Caracalla. Il avoit été difciple de S. Irenée, ce qui ne l'empêcha pas de rejetter abfolument l'opinion des Millenaires. Un anonyme, cité par Photius, dit pofitivement que Caïus étoit prêtre, & qu'il demeuroit à Rome. Photius ajoute, qu'on tenoit encore qu'il avoit été même ordonné évêque des nations, pour aller porter la foi dans des pays infideles, fans avoir aucun peuple, ni aucun diocefe limité. Caïus eut une fameufe difpute à Rome contre Procle ou Procule, l'un des principaux chefs des Montaniftes, & la mit par écrit dans un Dialogue, qui n'eft pas venu jufqu'à nous, non plus que fes autres ouvrages. Il ne faut pas le confondre avec Caïus, macédonien, difciple de S. Paul, converti à Corinthe où il étoit établi, & où il avoit reçu cet apôtre. Il l'accompagna depuis dans fes voyages, eut part à fes perfécutions, & fut pris avec Ariftarque par les féditieux d'Ephefe, que Démétrius, orfevre, avoit excités contre S. Paul. On croit que c'eft ce même Caïus à qui S. Jean adreffe fa troifieme épître, dans laquelle il le loue de la pureté de fa foi, & de la charité qu'il exerce envers fes freres & les étrangers.

CAIUS ou KAYE, (Jean) né à Norwich en 1510, étudia à Padoue avec fuccès fous le célebre Montanus. A fon retour en Angleterre, il fut fucceffivement médecin du roi Edouard VI, de la reine Marie, & enfin de la reine Elifabeth. Il fit rebâtir prefque à fes frais l'ancien college de Gonnevil, à Cambridge, nommé depuis ce tems-là le college de Gonnevil & de Caïus. Il y fonda 23 places d'étudians. Il mourut en 1573 à 63 ans, & fut enterré dans la chapelle de fon college fous une tombe unie, avec cette feule infcription: *Fui Caïus.* Ses fentimens fur la religion ne tenoient qu'à fon intérêt; & dans les différentes révolutions qui agiterent l'Angleterre de fon tems, il fut toujours attaché à la fecte du prince régnant. (*Voyez* fur cet auteur le onzieme volume des *Mémoires de Niceron*). On a de lui un grand nombre d'ouvrages. Il fuit les principes de Galien & de Montanus fon maître. Les meilleurs font: I. Un *Traité de la fueur angloife*, maladie qui ne duroit qu'un jour, & qui fit périr beaucoup de monde en Angleterre en 1551. Il eft intitulé: *De ephemera pefte Britannica.* La meilleure édition eft celle de Londres en 1721, in-8°. II. Un livre latin, *De l'antiquité de l'Univerfité de Cambridge.* III. *De Canibus Britannicis*, Londres 1570, in-8°, rare. IV. *Stirpium hiftoria*, Londres 1570, in-12.

CAIUS, (S.) originaire de Dalmatie, & parent de l'empereur Dioclétien, fut élu pape le 17 décembre 283, & mourut le 22 avril 296. Il ordonna que les clercs pafferoient par tous les fept ordres inférieurs de l'églife, avant que de pouvoir être ordonnés évêques.

CALA, (Ferrand le Stocco, connu fous le nom de) natif de Cofance en Calabre, eft auteur d'une *Hiftoire de Suabe*, fort rare. Son but dans cet ouvrage étoit de flatter la maifon de Cala. Il fit naître un faint Jean de Cala, qui n'avoit jamais exifté que dans fon cerveau. Il perfuada que quelques os de la carcaffe d'un âne étoient les reliques de fon faint imaginaire. Le fourbe impudent appliquoit aux prétendues reliques ce vers latin qu'un auteur moderne a cru pouvoir adresser à l'étrange multitude d'académiciens & de savans qui brillent dans ce siecle.

Felices asini quantos meruistis honores.

L'inquisiteur de Rome fit brûler ces indignes restes, & supprima l'ouvrage.

CALABER, (Quintus) ancien poëte de Smyrne, est auteur des *Paralipomenes d'Homere*, espece de supplément à l'*Iliade*. Ce poëme grec, écrit élégamment, fut trouvé par le cardinal Bessarion dans un monastere de la terre d'Otrante en Calabre. La meilleure édition, est celle de Jean Corneille Pauw (Leyde 1734, in-8°), qui a beaucoup profité de l'édition qu'en avoit fait Claude Dausque.

CALABRE, (Edme) prêtre de l'Oratoire, savant & pieux, natif de Troyes, directeur du séminaire de Soissons, mourut en 1710. On a de lui une *Para-phrase sur le Miserere*, souvent réimprimée.

CALABROIS, (Mathias Preti, surnommé le) naquit en 1643 dans la Calabre. Lanfranc fut son maître dans la peinture. Appellé à Malte pour décorer l'église cathédrale de saint Jean, il représenta dans le plafond la vie de cet apôtre, morceau admirable, qui lui mérita le titre de chevalier de grace, une commanderie & une forte pension. Il mourut à Malte en 1699. Ses principaux tableaux se voient à Modene, à Naples & à Malte. On les estime pour la vigueur du coloris, le relief des figures, la variété des inventions, l'art des ajustemens. Une touche moins dure, un dessin plus correct l'auroient mis au rang des premiers peintres.

CALAÏS & ZETES, enfans de Borée & d'Orithie, firent le voyage de la Colchide avec les Argonautes, & chasserent les Harpies de la Thrace. Ils avoient les épaules couvertes d'écailles dorées, des ailes aux pieds, & une longue chevelure.

CALAMIS, graveur & statuaire célebre d'Athenes. Ses ouvrages furent fort estimés; mais Cicéron le mettoit bien au-dessous de Praxitele & de Myron.

CALANUS, philosophe ou charlatan indien qui suivit Alexandre le Grand dans son expédition aux Indes. Tourmenté d'une colique, après 83 ans d'une vie saine, il pria le conquérant de lui faire élever un bûcher pour y terminer ses jours. Ce prince qui n'étoit pas plus sage que son philosophe, ordonna l'appareil de cet extravagant sacrifice. Son armée eut ordre de se ranger en bataille autour du bûcher. Calanus couronné de fleurs, & magnifiquement vêtu, y monta, en disant que depuis qu'il avoit perdu la santé & vu Alexandre, la vie n'avoit plus rien qui le touchât. Le foible Calanus, qui n'avoit pas le courage de supporter une colique, trouva dans sa vanité assez de ressources pour souffrir l'action du feu sans faire aucun mouvement, & sans donner aucun signe de douleur. Quelqu'un lui ayant demandé s'il n'avoit rien à dire à Alexandre ? *Non*, répondit le philosophe, *je compte le revoir bientôt à Babylone*. Le héros étant mort trois mois après dans cette ville, on crut que le brachmane avoit été prophete, & cela n'ajouta pas peu au merveilleux de son histoire.

CALANUS, (*Juvencus Coelius*) né en Dalmatie, évêque de Cinq-Eglises en Hongrie, vivoit dans le douzieme siecle. Il est connu par un petit ouvrage : *Attila Rex Hunnorum*, Venise 1502, in-fol. On le trouve dans l'*Apparat Ecclésiastique* du P. Canisius, & dans l'*Apparat à l'Histoire de Hongrie*, avec des notes de J. Tomka, Presbourg 1736, in-fol.

CALAS, (Jean) négociant de Toulouse, de la religion prétendue réformée, fut accusé d'avoir étranglé Marc - Antoine fon fils, en haine de la religion catholique qu'il vouloit, difoit-on, embrafler, ou qu'il profefloit fecrétement. Ce jeune-homme, s'étoit, à ce que l'on prétend aujourd'hui, détruit lui-même. Le pere fut arrêté, condamné fur des préfomptions de la plus grande force, par le parlement de Toulouse, & rompu vif le 9 mars 1762, à l'âge de 68 ans. La veuve & les enfans de ce vieillard demanderent la révifion du procès ; & foit défaut de formalités, foit quelque défaut dans le fond même du jugement porté par le parlement de Toulouse, la fentence de cette cour fut annullée par un arrêt du 9 mars 1765.

CALASIO, (Marius de) francifcain, profeffeur d'hébreu à Rome, compofa une excellente Concordance des mots hébreux de la Bible, imprimée à Rome en 1621, en 4 grands volumes in - folio, & enfuite à Londres 1747, fous le même format & avec le même nombre de volumes. Cette édition, plus eftimée que celle de Rome, a été donnée par Guillaume Romaine. Le fond de cet ouvrage, utile aux Hébraïfans, eft pris dans la Concordance du rabbin Nathan.

CALCAGNINI , (Celio) fils naturel d'un eccléfiaftique de Ferrare, après avoir fervi dans les troupes de l'empereur & de Jules II, embrafla l'état eccléfiaftique. Il devint protonotaire apoftolique, & mourut à Ferrare en 1540. Ses ouvrages latins ont été imprimés à Bâle 1544, in-folio Ils roulent fur des matieres de grammaire & de morale.

CALCAR , (Jean de) ainfi nommé, parce qu'il étoit d'une ville de ce nom dans le duché de Cleves, mourut à Naples , dans un âge peu avancé, en 1546. Le Titien & Raphaël furent fes modeles dans l'art de la peinture. Il prit tellement leur maniere , que les talens de ces grands - maîtres fembloient

être devenus les fiens. Plufieurs connoiffeurs n'ont jamais fu diftinguer les tableaux du difciple, d'avec ceux du Titien fon maître. L'immortel Rubens voulut garder jufqu'à fa mort une Nativité de Calcar. C'eft à lui qu'on doit les figures anatomiques du livre de Véfal , & les portraits des peintres , à la tête de leurs vies par Vafari.

CALCEOLARI , (François) célebre naturalifte de Vérone dans le 16e fiecle. Son *Mufæum rerum naturalium*, à Vérone 1622, infolio, eft rare & eftimé.

CALCHAS , fils de Theftor, reçut d'Apollon la fcience du préfent, du paffé & de l'avenir. L'armée des Grecs qui alloit affiéger Troie , le prit pour fon grand-prêtre & fon devin. Il prédit que le fiege dureroit dix ans , & que la flotte, retenue par les vents contraires au port d'Aulide , ne feroit voile qu'après qu'Agamemnon auroit facrifié fa fille Iphigénie à Diane. Les deftinées lui avoient prédit qu'il perdroit la vie, lorfqu'il trouveroit un devin plus habile que lui. Mopfus parut, & Calchas mourut à Colophon dans l'Ionie.

CALCIDIUS , *voyez* CHALCIDIUS.

CALCULUS , *voyez* GUILLAUME , furnommé *Calculus*.

CALDERINI , (Domitio) né dans le territoire de Vérone, profeffeur de belles-lettres à Rome fous Paul II & Sixte IV , mourut en 1477, à la fleur de fon âge, d'un excès de travail. Il fut un des premiers qui joignirent le fecours de l'érudition à celui de la grammaire. On a de lui plufieurs auteurs anciens enrichis de notes, Martial , Juvénal, Virgile, Ovide, Perfe, Catulle, Ciceron, Suétone , Properce, Silius Italicus , &c. *Voyez* le tome trentieme des *Mémoires de Niceron*.

CALDERON DE LA BARCA , (dom Pedro) chevalier de l'ordre de S. Jacques , porta les armes avec diftinction. Il les quitta pour l'état eccléfiaftique , & il fut fait prêtre & chanoine de Tolede. Nous avons de lui des pieces de théâtre en neuf vol. in-4°, 1689 à Madrid, fans compter plufieurs autres qui n'ont point été imprimées. Calderon étoit trop fécond, pour être exact & correct. Les regles de l'art dramatique font violées dans prefque tous fes ouvrages. On voit dans fes tragédies l'irrégularité de Shakefpear, fon élévation & fa baffeffe, des traits de génie auffi forts, un comique auffi déplacé, une enflure auffi bizarre, même fracas d'action & d'incidens. Il ne connoît prefque jamais ni la vérité, ni la vraifemblance, ni le naturel. Ses comédies valent un peu mieux. Calderon compofa auffi fix vol. in-4°., d'*Actes facramentaux*, qui reffemblent pour le fonds aux anciennes pieces italiennes & françoifes, tirées de l'Ecriture-Sainte, ou aux myfteres. Ce poëte floriffoit vers l'an 1640 ; il ne connoiffoit que les vers, & il regne dans fes tragédies l'ignorance la plus craffe de l'hiftoire.

CALEB, de la tribu de Juda, fut envoyé dans la terre promife avec d'autres députés, pour reconnoître le pays. Il raffura le peuple d'Ifraël, épouvanté par le récit de fes compagnons de voyage. Jofué & lui furent les feuls de ceux qui étoient fortis d'Egypte, qui entrerent dans la terre de promiffion. Caleb eut pour fon partage les montagnes & la ville d'Hébron, dont il chaffa trois géants. Othoniel fon neveu s'étant rendu maître de la ville de Débir que l'oncle n'avoit pu prendre, Caleb lui fit époufer fa fille. Ce digne Ifraëlite mourut à l'âge de 114 ans.

CALENDARIO, (Philippe) fculpteur & architecte du 14e fiecle, éleva à Venife les magnifiques portiques, foutenus de colonnes de marbre, qui environnent la place de S. Marc. Ces morceaux firent fa réputation & fa fortune. La république le combla de biens, & le doge l'honora de fon alliance.

CALENTIUS, (Elifius) précepteur de Fréderic, fils de Ferdinand, roi de Naples, laiffa des ouvrages eftimables en vers & en profe. Il joignit les leçons de la philofophie aux agrémens de la poéfie ; mais il adopta des fyftêmes romanefques contraires à la loi de Dieu & à toutes les légiflations du monde. Il n'approuvoit pas que l'on condamnât les criminels au dernier fupplice. On devoit, felon lui, obliger les voleurs à reftituer ce qu'ils avoient pris, après les avoir fuftigés ; rendre les homicides efclaves de ceux fur la vie defquels ils avoient attenté ; envoyer enfin les malfaiteurs aux mines ou aux galeres. Il ne faifoit pas attention qu'ils fe fauveroient dans l'occafion pour porter de nouveaux coups à la fociété. Ce projet d'impunité a été fort applaudi par les philofophes modernes. Il mourut vers 1503. On a donné une édition de fes ouvrages à Rome, in-fol. 1503 ; édition plus complette que celles qu'on a données après, & où l'on a retranché beaucoup de pieces hardies. Son poëme du *Combat des rats contre les grenouilles*, imité d'Homere, a été réimprimé en 1738 à Rouen, dans un recueil in-12 des Fables choifies de la Fontaine mifes en vers latins, publié par M. l'Abbé Saas. Calentius compofa ce poëme à 18 ans, & le fit en fept jours.

CALENUS, (Olenus) fameux devin étrurien du tems de Tarquin le fuperbe, fe rendit célebre à l'occafion de la tête d'un homme, trouvée en creufant les fondemens d'un temple qu'on vouloit bâtir à Jupiter. Comme ce que Pline raconte fur ce devin a paru fabuleux, on n'a pas cru devoir s'y arrêter.

CALENUS, noble romain, fe fignala par fa générofité dans le

tems des profcriptions qui fuivirent la mort de Céfar. Malgré la défenfe de recevoir chez foi les profcrits, il cacha quelque-tems dans fa maifon le philofophe Varron, fon ami, qui étoit du nombre. Antoine alloit fouvent fe promener dans cette maifon ; mais fa préfence n'effraya jamais le courage d'un fi généreux ami : & quoiqu'il fût témoin des fupplices qu'on faifoit fouffrir aux infracteurs de la loi des Triumvirs, & des récompenfes qu'on accordoit à ceux qui y obéiffoient, fa fidélité ne fe démentit jamais.

CALEPIN, (Ambroife) religieux auguftin, né à Calepio, bourg dans l'état de Venife, fe fit un nom par fon *Dictionnaire des langues*, imprimé pour la première fois en 1503, & augmenté depuis par Pafferat, la Cerda, Chifflet & d'autres. La meilleure édition étoit celle de ce dernier à Lyon, en 1681, en 2 vol. in-fol. avant que celle de Facciolati, profeffeur à Padoue, eût paru. On peut dire de cet ouvrage, ce qu'on a dit du *Moreri* : que c'eft une ville nouvelle, bâtie fur l'ancien plan ; mais il y a dans l'un & l'autre beaucoup de breches à réparer.

CALIARI, (Paul) furnommé *Véronefe*, parce qu'il étoit né à Vérone en 1532. Son pere étoit fculpteur, & un de fes oncles peintre. Celui-ci le prit pour fon éleve. Ses effais furent des coups de maître. Rival du Tintoret, s'il n'égala point la force de fon pinceau, il le furpaffa par la nobleffe avec laquelle il rendoit la nature. Une imagination féconde, vive, élevée, beaucoup de majefté & de vivacité dans fes airs de tête, d'élégance dans fes figures de femmes, de fraîcheur dans fon coloris, de vérité & de magnificence dans fes draperies, voilà ce qui caractérife fes tableaux. On n'y defireroit que plus de choix dans les attitudes, de fineffe dans les expreffions, de goût dans le deffin & le coftume. Le palais de S.

Marc à Venife offre plufieurs de fes chef-d'œuvres. Ses *Noces de Cana* font admirables. Son *Repas chez Simon le Lépreux*, que Louis XIV fit demander aux Servites de Venife, & que fur leur refus la république fit enlever pour lui en faire préfent, eft un des plus beaux morceaux de la collection du roi. Véronefe mourut à Venife en 1588, avec la réputation d'un grand peintre, d'un honnête homme, d'un bon chrétien, & d'un ami généreux. Ayant été reçu obligeamment dans une campagne autour de Venife, il fit fecrétement dans la maifon un tableau repréfentant la famille de Darius, & le laiffa en s'en allant.

CALIARI, (Benoît) frere du précédent, avoit des talens femblables. On confondoit fouvent leurs tableaux. Il laiffoit jouir, par une modeftie peu commune, fon frere de la gloire que fes ouvrages auroient pu lui acquérir, s'il s'en fût déclaré l'auteur. Il cultiva la fculpture en même-tems que la peinture, & réuffit dans ces deux arts. Il mourut en 1598, à 60 ans.

CALIARI, (Charles & Gabriel) tous deux fils de Paul Véronefe, hériterent de fes talens. Charles, mort en 1596 à 26 ans, auroit, dit-on, furpaffé fon pere, fi fa trop grande application ne lui avoit coûté la vie. Gabriel, mort en 1631, auroit pu aller prefque auffi loin ; mais le commerce fut fa principale occupation, & la peinture fon délaffement.

CALIGNON, (Soffrey de) naquit à S. Jean près de Voiron en Dauphiné. Il fut d'abord fecretaire de Lefdiguieres, puis chancelier de Navarre fous Henri IV, & employé par ce prince dans les négociations les plus difficiles. Il travailla avec de Thou à rédiger l'édit de Nantes. C'étoit un homme confommé dans les affaires d'état & dans l'ufage du monde. Henri IV l'auroit fait chancelier de France,

s'il

s'il eût été catholique. Il mourut en 1606, à 56 ans. Sa vie a été écrite par Gui-Allard, avec celle du baron des Adrets & de Dupui-Montbrun, Grenoble 1675, in-12. On lui attribue l'*Histoire des choses les plus remarquables advenues en France ès années 1587, 1588 & 1589, par S. C.* (Soffrey Calignon), 1590, in-8°. Ces Mémoires, mal écrits & dictés par l'esprit de secte, renferment quelques particularités intéressantes.

CALIGULA, (Caïus - César) empereur romain, successeur de Tibere, naquit l'an 13 de Jésus-Christ à Antium, & pas à Igel, village du Luxembourg, comme l'a imaginé un critique moderne (*voy.* SECONDINS). Il étoit fils de Germanicus & d'Agrippine, fille de Julie & du grand Agrippa. Cet insensé s'imaginant qu'il étoit honteux pour lui d'avoir un grand-homme, tel qu'Agrippa, au nombre de ses aïeux, faisoit sortir Agrippine sa mere d'Auguste & de Julie sa fille. Tibere l'adopta de bonne heure. Il n'avoit que 25 ans, lorsqu'il fut proclamé empereur, l'an 37 de J. C. Les commencemens de son regne, comme il n'arrive que trop souvent dans le début des tyrans, annoncerent au peuple romain des jours fortunés. Il promit au sénat de partager avec lui le gouvernement, & de se regarder comme son fils & son éleve. Il rendit la liberté aux prisonniers, rappella les exilés, brûla tous les papiers que Tibere avoit ramassés contre eux. Il réforma l'ordre des chevaliers, abolit les impôts, bannit de Rome des femmes qui avoient trouvé de nouveaux raffinemens de débauche. Rome l'appelloit d'une commune voix, le modele des princes. Mais on rétracta bientôt ces éloges précipités. Le germe des vices caché dans son cœur, se développa. Ce prince, qui pendant huit mois avoit promis tant de gloire & de félicité, se montra un tyran,

Tome II.

un monstre, un lâche, un insensé. Son orgueil monta à son comble. Il se vantoit d'être le maître de tous les rois de la terre, & regardoit les autres princes comme de vils esclaves. Il voulut être adoré comme un dieu. Il fit ôter les têtes des statues de Jupiter & des autres divinités, pour y mettre la sienne. Il se bâtit un temple, se nomma des prêtres, & se fit offrir des sacrifices. Il s'initia lui-même dans ce college sacerdotal, y associa sa femme & son cheval. Le nouveau Jupiter, pour mieux mériter ce titre, voulut imiter les éclairs & les foudres. Dans les orages, il faisoit un bruit semblable à celui du tonnerre, avec une machine, & lançant une pierre contre le ciel, il s'écrioit : *Tue moi, ou je te tue.* Ses extravagances ne se bornerent pas-là. Il renversa les statues & les images des grands-hommes. Il fit ôter de toutes les bibliotheques de Rome les bustes d'Homere, de Virgile, de Tite-Live. Il enleva aux familles tous les monumens de la vertu de leurs ancêtres. Les débauches les plus infâmes & la cruauté la plus barbare vinrent ajouter l'horreur à toutes ces extravagances. Incestueux avec ses trois sœurs, il parut avec elles en public dans des postures infâmes. Il déshonora les femmes de Rome, les enlevant à leurs maris, & jouissant d'elles en leur présence. Il établit des lieux publics de prostitution dans son palais. Il y plaça une académie de jeu, & tint lui-même école de friponnerie. Un jour manquant d'argent, il quitta les joueurs, descendit dans sa cour, y fit tuer sur le champ plusieurs personnes distinguées, & rapporta six cens mille sexterces. L'effusion du sang humain étoit pour lui le spectacle le plus agréable, les meurtres étoient ses récréations. Deux consuls, au milieu desquels il étoit assis, le voyant éclater de rire, lui en demanderent la raison : *Je ris,* leur répondit le scélérat, *parce que je songe qu'à l'instant même je puis vous faire égorger tous deux.* Un jour qu'il s'étoit mépris dans une exécution, un autre que le condamné ayant souffert la mort, il dit : *Qu'importe ? l'autre ne l'avoit pas plus méritée que lui.* Un chevalier, exposé sans sujet aux bêtes, criant qu'il étoit innocent, Caligula le fait rappeller, commande qu'on lui coupe la langue, & le renvoie pour être dévoré. Les parens étoient forcés d'assister au supplice de leurs proches & de plaisanter avec lui. Le triste plaisir de voir souffrir le flattoit tellement, qu'il s'amusoit de faire donner la question ou de mettre sur la roue des malheureux. On le vit fermer les greniers publics, & se plaire à voir la famine dans Rome. Cette ame féroce portoit la démence & la rage, jusqu'à souhaiter que le peuple romain n'eût qu'une tête, pour la lui couper. Une famine, une peste, un incendie, un tremblement de terre, la perte d'une de ses armées étoient l'objet de ses vœux les plus ardens. Il ordonna qu'on nourrît d'hommes vivans les bêtes sauvages réservées aux spectacles. Il n'y eut que les brutes qui n'eurent pas à se plaindre de lui. Son cheval, nommé *Incitatus*, fut traité comme les grands-hommes l'étoient dans le pays où l'on récompense le mérite. Il le nomma pontife, & vouloit le faire consul. Il juroit par sa vie & par sa fortune, lui fit faire une écurie de marbre, une auge d'ivoire, des couvertures de pourpre & un collier de perles. Ce cheval mangeoit à sa table. L'empereur, lui-même, lui servoit de l'orge doré, & lui présentoit du vin dans une coupe d'or, où il avoit bu le premier. Sa mort mit fin à ses extravagances, & aux malheurs du peuple romain. Il fut assassiné par un tribun des gardes prétoriennes en sortant du spectacle, la 29e année de son âge, après un

règne de près de quatre ans, l'an 41 de Jésus-Christ. On fit porter son corps dans un jardin, où ses sœurs ne le brûlerent qu'à demi, & l'enterrerent précipitamment, de peur que la populace n'outrageât son cadavre. Ainsi périt ce monstre gangrené de vices, sans aucune vertu ; ce serpent qui devoit dévorer les Romains, selon l'expression de Tibere. Il souhaita que son regne fût signalé par quelque calamité publique ; mais n'en étoit-ce pas une assez grande, dit un homme d'esprit, que le monde fût gouverné par cette bête féroce ? On dit de lui, qu'*il n'y avoit jamais eu un meilleur esclave, ni un plus méchant maître.* Il tint le glaive suspendu sur le peuple romain. Implacable dans ses vengeances & bizarre dans ses cruautés, son nom présente l'idée du plus abominable des hommes.

CALISTENE, *voy.* CALLISTENE.

CALISTO ou HELICÉ, fille de Lycaon, & nymphe de Diane. Jupiter ayant pris la figure de cette déesse, Callisto accoucha d'Arcas. Junon, toujours attentive aux démarches de Jupiter, & ennemie implacable de toutes celles qui pouvoient partager le cœur de son mari, métamorphosa la mere & le fils en ours. Jupiter les plaça dans le ciel. Callisto est la grande ourse, & Arcas est la petite, ou Bootès.

CALIXTE, (George) théologien luthérien, né à Medelbuy dans le Holstein en 1586, fut professeur de théologie à Helmstad en 1614, & mourut en 1656. On a de lui un Traité latin contre le célibat des clercs, 1631, in-4°, & d'autres ouvrages fanatiques. On appelle de son nom CALIXTINS, les Luthériens qui reçoivent les Calvinistes à leur communion.

CALLIACHI, (Nicolas) grec de Candie, y naquit en 1645. Il professa les belles-lettres & la philosophie à Padoue, où il mourut en 1707. On a de lui, *De ludis fcenicis*, *Patavii*, 1713, in-4°, & dans le recueil de Sallengre.

CALLICLÈS, célebre ſtatuaire, étoit de Mégare, & fils de Thioſcome qui avoit fait cette belle ſtatue de Jupiter, que l'on admiroit à Mégare. Callicles fit celle de Diagoras qui avoit remporté la palme au combat du ceſte, & cet ouvrage attiroit l'admiration de tous ceux qui le voyoient.

CALLICRATE, ſculpteur célebré dans l'antiquité par des ouvrages d'une délicateſſe ſurprenante. Il grava des vers d'Homere ſur un grain de millet, fit un chariot d'ivoire qu'on cachoit ſous l'aile d'une mouche, & des fourmis de la même matiere, dont on diſtinguoit les membres. Ces faits qui paroiſſent fort ſuſpects, n'égalent pas la délicateſſe des chef-d'œuvres modernes en pétiteſſe. *Voy.* ALUMNO & BOVERICK.

CALLICRATIDAS, général lacédémonien, remporta pluſieurs victoires contre les Athéniens, & fut tué dans un combat naval l'an 405 avant J. C. Sa grandeur d'ame égaloit ſon courage. Son armée étant réduite à la derniere extrémité par la famine, il refuſa une groſſe ſomme pour le prix d'une grace injuſte. *J'accepterois cet argent*, lui dit Cléandre, un de ſes officiers, *ſi j'étois Callicratidas*. —*Et moi auſſi*, repartit Callicratidas, *ſi j'étois Cléandre*. Ces fortes de propos ſont des jeux d'imagination, ſouvent répétés, & qui n'ont peut-être jamais eu lieu. On trouve le même dialogue dans Quinte-Curce, entre Alexandre & Parménion, à l'occaſion des offres de Darius.

CALLICRETE de Cyane, fille célébrée par Anacréon, étoit ſavante dans la politique de ce tems-là, & ſe mêloit de l'enſeigner.

CALLIDIUS, *voyez* Corneille Loos.

CALLIERES, (François de) né à Thorigni au dioceſe de Bayeux, fut membre de l'académie françoiſe, & employé par Louis XIV dans des affaires importantes. Il ſoutint avec honneur les intérêts de la France dans le congrès de Riswick, où il étoit plénipotentiaire. Louis XIV lui donna une gratification de dix mille livres, avec une place de ſecretaire du cabinet. Il mourut en 1717, à 72 ans. Il nous reſte de lui pluſieurs ouvrages, dont les principaux ſont : I. *Traité de la maniere de négocier avec les Souverains*, 2 vol. in-12, qui ne prouve pas, ſuivant la Baumelle, qu'il ſut négocier ni écrire. La forme du livre a peut-être fait tort au fond : le ſtyle eſt ſans élégance & ſans préciſion. II. *De la ſcience du monde*, in-12, où l'on trouve des réflexions utiles à l'honnête-homme & au chrétien, mais préſentées avec trop peu d'agrément. III. *Panégyrique de Louis XIV*, duquel Charpentier a dit avec plus d'emphaſe que de vérité, que l'on pouvoit dire du héros & du panégyriſte, ce que l'on avoit dit autrefois d'Alexandre & du portrait qu'en avoit fait Apelles : que l'Alexandre de Philippe étoit invincible, & que l'Alexandre d'Apelles étoit inimitable. IV. *De la maniere de parler à la cour*. V. *Du bel eſprit*. VI. *Des bons mots & des bons contes*. VII. *Des Poéſies* fort foibles, &c. Il ne faut pas le confondre avec Jean de Callieres maréchal de bataille des armées du roi de France, qui écrivit l'hiſtoire de Jacques de Matignon, maréchal de France, & de ce qui s'eſt paſſé depuis la mort de François I en 1547, juſqu'à celle du maréchal en 1597. Cet ouvrage curieux, mais quelquefois inexact, fut publié à Paris en 1661, in-fol.

CALLIMAQUE, capitaine athénien, fut choiſi général dans un conſeil de guerre, avant la bataille de Marathon, l'an 490 avant J. C. Après ce furieux combat contre les Perſes, on le trouva debout tout percé de flèches.

CALLIMAQUE, poëte grec,

natif de Cyrene, garde de la bibliotheque de Ptolomée Philadelphe, florissoit vers l'an 280 avant J. C. L'antiquité le regardoit comme le prince des poëtes élégiaques, pour la délicatesse, l'élégance & la noblesse de son style. De tous ses poëmes il ne nous reste que quelques épigrammes & quelques hymnes, publiées par mademoiselle le Fèvre (depuis madame Dacier), avec des remarques, à Paris 1675, in-4°, & par Théodore Grævius, à Utrecht 1697, en 2 vol. in-8°, & 1761, 2 vol. in-8°. M. de la Porte du Theil a donné une nouvelle édition du texte grec, avec la traduction françoise, Paris, imprimerie royale, 1775, in-8°. Catulle mit en vers latins son petit poëme *de la chevelure de Bérénice*. On attribue à Callimaque un mot bien vrai & bien juste, qu'*un grand livre est un grand mal*. Ce siecle fournit peut-être une nouvelle preuve de cette assertion; jamais il n'y eut tant de gros volumes, tant de vastes compilations; & il n'y a ni religion, ni principes, ni mœurs.

CALLIMAQUE, architecte de Corinthe, inventeur, à ce qu'on croit, du chapiteau corinthien, vivoit l'an 540 avant Jesus-Christ. Il prit cette idée d'une plante d'acanthe qui environnoit un panier placé sur le tombeau d'une jeune Corinthienne. Ce panier étoit couvert par une tuile, qui, recourbant les feuilles, leur faisoit prendre le contournement des volutes. Callimaque réussissoit encore dans la peinture & la sculpture.

CALLIMAQUE ESPERIENTÉ, *voyez* ce dernier mot.

CALLINIQUE, d'Heliopolis en Syrie, auteur de la découverte du feu grégeois, *ignis græcus*. L'empereur Constantin-Pogonat s'en servit pour brûler la flotte des Sarrasins. L'eau qui éteint le feu ordinaire, ne pouvoit éteindre celui-ci. Il paroît que cette invention a été perdue. Du moins dans le feu gré-geois, tel qu'on le compose aujourd'hui, on ne reconnoît ni l'activité, ni l'inextinguibilité de l'ancien. Callinique vivoit vers l'an 670.

CALLINUS, très-ancien poëte grec, de la ville d'Ephese, florissoit vers l'an 776 avant Jesus-Christ. On lui attribue l'invention du vers élégiaque. Il ne nous reste de lui que quelques vers de ce genre, recueillis par Stobée.

CALLIOPE, l'une des neuf Muses, présidoit à l'éloquence & à la poésie héroïque. Les poëtes la représentent comme une jeune fille couronnée de laurier, ornée de guirlandes, avec un air majestueux, tenant en sa main droite une trompette, dans sa gauche un livre, & trois autres auprès d'elle, l'Iliade, l'Odyssée, & l'Enéide.

CALLIPATIRA, femme célebre d'Athenes. S'étant déguisée en maître d'exercice, pour accompagner son fils aux jeux Olympiques, où il n'étoit pas permis aux femmes de se trouver, elle s'y fit reconnoître par les transports de joie qu'elle eut de le voir vainqueur. Les juges lui firent grace; mais ils ordonnerent que les maîtres d'exercice seroient eux-mêmes obligés d'être nuds, comme l'étoient les athletes qu'ils avoient instruits, & qu'ils conduisoient à ces jeux. D'autres ont conté ce fait de Bérénice, sœur de Callipatira & fille de Diagoras.

CALLIRHOÉ, jeune fille de Calydon, que Coresus, grand-prêtre de Bacchus, aima éperdument. Ce pontife n'ayant pu toucher son cœur, s'adressa à Bacchus, pour se venger de cette insensibilité. Le dieu frappa les Calydoniens d'une ivresse qui les rendit furieux. Ce peuple alla consulter l'oracle qui répondit que ce mal ne finiroit qu'en immolant Callirhoé, ou quelqu'autre qui s'offriroit à la mort pour elle. Personne ne s'étant présenté, on la conduisit à l'autel; & Coresus, le grand-sacrificateur, la voyant ornée de fleurs, & fuivie de tout l'appareil d'un facrifice; au lieu de tourner fon couteau contr'elle, fe perça lui-même. Callirhoé, alors touchée de compaffion, s'immola pour appaifer les mânes de Corefus.

CALLISTE, affranchi & favori de l'empereur Claude, oublia dans la profpérité fon ancienne origine. On peut juger de fon infolence par un trait que Séneque rapporte, comme témoin oculaire: *J'ai vu*, dit-il, *l'ancien maître de Callifte demeurer debout à fa porte*. Ce maître l'avoit vendu comme un efclave de rebut, qu'il ne vouloit point fouffrir dans fa maifon; & Callifte lui rendoit le change en l'excluant de la fienne, pendant que d'autres y étoient admis.

CALLISTHENE, fameux fcélérat, mit le feu aux portes du temple de Jerufalem, le jour qu'on célébroit avec pompe, la victoire que Judas Machabée avoit remportée fur Nicanor, Timothée & Bacchides. Cet incendiaire voulut fe fauver dans une maifon voifine; mais il fut pris & brûlé vif.

CALLISTHENES, natif d'Olinthe, difciple & parent d'Ariftote, accompagna Alexandre dans fes expéditions. Ariftote l'avoit donné à fon éleve, pour modérer la fougue de fes paffions; mais Callifthenes n'eut pas le bonheur de lui faire goûter la vérité. Alexandre étoit déja trop corrompu & trop enivré de fa gloire pour écouter les leçons. Callifthenes ayant été accufé d'avoir confpiré contre la vie du conquérant, celui-ci faifit cette occafion pour faire mourir le cenfeur de fes vices. Callifthenes expira dans les tourmens de la queftion. On trouve dans le tome huitieme des *Mémoires de l'académie des belles-lettres de Paris*, des recherches curieufes fur la vie & les ouvrages de ce philofophe, par M. l'abbé Sevin.

CALLISTRATE, orateur athé-

nien, pour lequel Démofthenes abandonna Platon, s'acquit beaucoup d'autorité dans le gouvernement de la république. Le pouvoir que lui donnoit fon éloquence, faifant ombrage, il fut banni à perpétuité.

CALLIXTE I, (S.) fuccéda au pape Zéphirin en 219, & fouffrit le martyre le 14 octobre 222. C'eft lui qui fit conftruire le célebre cimetiere de la voie Appienne.

CALLIXTE II, (Gui) fils du cómte de Bourgogne, archevêque de Vienne en 1083, & pape en 1119, fit enfermer l'antipape Gregoire, &, tint le premier concile général de Latran en 1123. Il mourut le premier décembre 1124. Ce pontife réuniffoit en lui les vertus épifcopales, le favoir & le zele.

CALLIXTE III, de Xativa, diocefe de Valence en Efpagne, élu pape le 8 avril 1455, mourut le 6 août 1458. Ce pape joignoit la vertu à la fcience.

CALLOT, (Jacques) deffinateur & graveur, naquit à Nancy, en 1593, d'un hérault d'armes de Lorraine. Dès l'âge de 12 ans, il quitta la maifon paternelle, pour fe livrer entiérement à fon goût naiffant. Ayant entrepris le voyage de Rome, il fut obligé de fe mettre, faute d'argent, à la fuite d'une troupe de Bohémiens. Revenu dans fa patrie, il s'échappa une feconde fois. De retour encore, il partit une troifieme fois, du confentement de fon pere, qui céda enfin à l'impulfion de la nature. Callot paffa de Rome à Florence, où il refta jufqu'à la mort du grand-duc Côme II, fon Mécene, & celui de tous les talens. A fon retour à Nancy, il fe fit un fort heureux auprès du duc de Lorraine, fon admirateur & fon bienfaiteur. Son nom s'étant répandu dans l'Europe, l'infante Ifabelle, fouveraine des Pays-Bas, lui fit graver le fiege de Bréda. Louis XIII l'appella à Paris.

B 3

pour deffiner le fiege de la Rochelle & celui de l'ifle de Ré. Ce
prince le pria enfuite de graver la
prife de Nancy, dont il venoit de fe
rendre maître. » Je me couperois,
» dit-il, plutôt le pouce, que de
» rien faire contre l'honneur de
» mon prince & de mon pays. » Le
roi charmé de fes fentimens dit, que
le duc de Lorraine étoit heureux
d'avoir de tels fujets. Une forte
penfion qu'il lui offrit, ne put l'arracher à fa patrie. Il y mourut en
1635, à 40 ans. Son Œuvre contient
environ feize cens pièces. La plus
grande partie & la plus eftimée de
fes ouvrages eft à l'eau-forte. Perfonne n'a poffédé à un plus haut
degré le talent de ramaffer dans
un petit efpace une infinité de
figures, & de repréfenter dans deux
ou trois coups de burin l'action, la
démarche, le caractere particulier
de chaque perfonnage. La variété,
la naïveté, la vérité, l'efprit, la
fineffe caractérifent fon burin. Ses
foires, fes fupplices, fes miferes
de la guerre, fes fieges, fes vies,
fa grande & fa petite paffion, fon
éventail, fon parterre, fes ten-
tations de S. Antoine, la converfion de S. Paul feront admirées &
recherchées, tant qu'il y aura des
artiftes & des curieux.

CALLY, (Pierre) du diocefe
de Seès, fut profeffeur d'éloquence
& de philofophie à Caen. Il mourut
en 1709, principal du college des
Arts de cette ville. On a de lui une
édition de l'ouvrage de Boëce : De
confolatione philofophiæ, ad
ufum Delphini, avec un long
commentaire. Il s'eft fait encore plus
connoître par un ouvrage moins
utile, mais plus fingulier, intitulé :
Durand commenté, ou L'Accord
de la philofophie avec la théologie, touchant la tranffubftantiation, 1700, in-12. Il prétendoit que s'il y a tranffubftantiation
dans le myftere de l'Euchariftie,
il faut qu'il refte quelque chofe
de ce qui étoit auparavant le

pain. L'évêque de Bayeux s'éleva
contre ce fentiment, & Cally fe
rétracta.

CALMET, (D. Auguftin) né à
Mefnil-la-Horgne en 1672, bénédictin de S. Vannes en 1688, fit
paroître de bonne heure de grandes
difpofitions pour les langues orientales. Après avoir enfeigné la philofophie & la théologie à fes jeunes
confreres, il fut envoyé en 1704 à
l'abbaye de Munfter, en qualité
de foûprieur. Il y forma une académie de huit ou dix religieux,
uniquement occupés de l'étude des
livres faints. C'eft-là qu'il compofa
en partie fes Commentaires. D.
Mabillon & le célebre abbé Duguet l'ayant déterminé à les publier en françois, plutôt qu'en latin, il fuivit leur confeil; mais on
peut bien dire que fa docilité fut
exceffive & le confeil inconfidéré.
Sa congrégation récompenfa fes
travaux en le nommant abbé de S.
Léopold de Nancy en 1718, &
enfuite de Sénones en 1728. Il mourut dans cette abbaye en 1757. Benoît XIII lui avoit offert en vain
un évêché in partibus. Ses vertus
ne le cédoient point à fes lumieres.
Il avoit du favoir fans marque, &
de la piété fans rigorifme. Son caractere étoit plein de douceur & de
bonté. L'étude ne lui fit pas négliger l'adminiftration du temporel
de fon abbaye; il y fit des répa-
rations & des embelliffemens, &
augmenta beaucoup la bibliotheque.
(Voyez fa Vie, in-8°, par D.
Fangé, fon neveu & fon fucceffeur,
dans l'abbaye de Sénones).
On a de lui un grand nombre d'ouvrages, dans lefquels on remarque
une érudition vafte, fans être bien
digérée & bien choifie. I. Commentaire littéral fur tous les livres de
l'ancien & du nouveau Teftament,
en 23 vol. in-4°, imprimés depuis 1707 jufqu'en 1716, réimprimés en 26 vol. in-4°, & 9 in-folio,
& abrégés en 14 vol. in-4°. On a
donné une nouvelle édition de cet

abrégé en 17 vol. in-4°, à Avignon. C'est le grand répertoire des philosophes modernes, où ils vont chercher leurs objections contre l'Ecriture-sainte, qu'ils assaisonnent de mille manieres diverses, en laissant toujours les réponses de côté. II. Les Dissertations & les Préfaces de ses Commentaires, réimprimées séparément à Paris en 1720, avec 19 Dissertations nouvelles, en 3 vol. in-4°. C'est la partie la plus agréable & la plus recherchée du Commentaire de D. Calmet. Il compile tout ce qu'on a avancé avant lui sur la matiere qu'il traite; mais il est rare qu'il fasse penser. Il y a plus de faits que de réflexions; mais comme la plupart de ces faits intéressent la curiosité des érudits, ce recueil a été très-bien accueilli. III. L'*Histoire de l'ancien & du nouveau Testament*, pour servir d'introduction à l'*Histoire ecclésiastique de Fleury*, en 2 & 4 vol. in-4°, & en 5 & 7 vol. in-12. L'auguste simplicité des écrivains sacrés y est conservée, & leur récit est souvent appuyé de l'autorité des histoires profanes. IV. *Dictionnaire historique, critique & chronologique de la Bible*, Paris 1730, en 4 vol. in-fol, avec des figures & une bibliotheque sacrée à la tête. D. Calmet y réduit par ordre alphabétique tout ce qu'il avoit répandu dans ses Commentaires. V. *Histoire ecclésiastique & civile de la Lorraine*, in-fol. 3 vol. réimprimée en 5, 1745; la meilleure qu'on ait publiée de cette province. VI. *Bibliotheque des écrivains de Lorraine*, in-fol. 1751. VII. *Histoire universelle, sacrée & profane*, en 15 vol. in-4°. Cet ouvrage n'est pas encore achevé. L'auteur s'est trop étendu sur l'histoire ecclésiastique & monastique. A cela près, l'ouvrage est savant & assez détaillé. Il copie un peu trop les historiens modernes, au lieu d'aller à la source. VIII. *Dissertations sur les apparitions des anges,*

des démons & des esprits; & sur les revenans & vampires de Hongrie, Paris 1746, in-12, & Einsidlen 1749, 2 vol. in-12. Compilation sans critique faite par un vieillard octogénaire. IX. *Commentaire littéral, historique & moral sur la regle de S. Benoît*, 2 vol. in-4°, &c. &c. Les citations répandues dans ces ouvrages sont souvent fausses, parce qu'il a presque toujours cité après d'autres.

CALOCER, homme de basse naissance, après avoir gagné long-tems sa vie à conduire des chameaux, devint chef de voleurs, & se fit appeller roi dans l'isle de Chypre. Son audace ne resta pas impunie; Delmacius, neveu de Constantin le Grand, le prit vers l'an 324, & le punit en esclave. Théophanes dit qu'il fut brûlé vif à Tarse; mais on ne punissoit du feu ni les rebelles, ni les voleurs.

CALO-JEAN ou BEAU-JEAN ou JOANNITZ, roi des Bulgares dans le 13e siecle, se soumit à l'église romaine sous Innocent III, en 1202. Il fit la guerre à l'empereur Baudouin, & l'ayant pris dans une embuscade, il le tint prisonnier plus d'un an à Trinobis ou Ernoë, capitale de la Bulgarie; ensuite il le fit mourir en 1206. Il mourut lui-même peu de tems après.

CALPRENEDE, (Gautier de Costes, seigneur de la) gentilhomme ordinaire de la chambre du roi, natif du diocese de Cahors, plut à la cour par la gaieté de son caractere & l'enjouement de son esprit. Il contoit plaisamment. La reine se plaignant un jour à ses femmes-de-chambre de leur peu d'assiduité auprès de sa personne, elles lui répondirent qu'il y avoit dans la premiere salle de son appartement un jeune-homme, qui donnoit un tour si agréable à ses historiettes, qu'on ne pouvoit se lasser de l'écouter. Cette princesse l'ayant entendu, le gratifia d'une pension. La Calprenede mourut au grand Andely-sur-Seine, en 1663. Il s'annonça d'abord par des romans, tels que *Sylvandre*, *Cassandre*, *Cléopâtre*, *Pharamond*. Ces trois derniers, qui sont chacun de 10 à 12 gros vol. in-8°, sont tissus d'aventures contées longuement & écrites négligemment, qu'on ne lit plus, même en province. On dit que le grand Condé se plaisoit à lui fournir des épisodes. On a encore de la Calprenede plusieurs tragédies, qui ont eu le sort de ses romans : la *Mort de Mithridate* ; le *Comte d'Essex* ; la *Mort des enfans d'Hérode* ; *Edouard*. Le cardinal de Richelieu ayant eu la patience d'en entendre lire une, dit que la piece n'étoit pas mauvaise, mais que les vers étoient lâches. *Comment lâches*! s'écria le rimeur gascon : *Cadedis, il n'y a rien de lâche dans la maison de Calprenede*. Despréaux dit de lui :

Tout à l'honneur gasconne en un auteur gascon,
Calprenede & Juba parlent du même ton.

La Calprenede avoit été employé dans des négociations. *Voyez* le tome 37 des *Mémoires du P. Niceron*.

CALPURNIE, femme de Jules César & fille de Pison, rêva, dit-on, que l'on assassinoit son mari entre ses bras, la veille de la mort de ce dictateur. On ajoute même qu'en s'éveillant, la porte de la chambre où ils couchoient, s'ouvrit d'elle-même avec un grand bruit. Elle ne put obtenir de César, ni par ses larmes, ni par ses prieres, qu'il ne sortiroit point. Ce héros ayant cédé aux instances de Brutus, qui lui dit qu'il étoit honteux de se régler sur les rêves d'une femme, se rendit au sénat & y fut poignardé.

CALPURNIUS, sicilien, poëte bucolique du 3e siecle, contemporain de Nemesien, poëte bucolique comme lui, a laissé sept Eglogues, traduites élégamment par Mairault, in-12. On les trouve dans les *Poetæ rei venaticæ*, Leyde 1728, in-4°, & dans les *Poetæ latini minores*, Leyde 1731, 2 vol. in-4°. Le langage des bergers de Calpurnius est moins pur & moins naturel que celui des bergers de Virgile, ce poëte de la nature & de la raison. Calpurnius offre quelques morceaux, où la vie champêtre est peinte avec grace, & le sentiment rendu avec vérité ; mais, dans tout le reste, on reconnoît le poëte du 3e siecle.

CALVART, (Denis) peintre, né à Anvers en 1552, ouvrit une école à Bologne en Italie, d'où sortirent le Guide, l'Albane, le Dominiquin, & plusieurs autres grands maîtres dignes d'être ses disciples. Calvart possédoit toutes les sciences nécessaires ou même utiles à la peinture : l'architecture, la perspective, l'anatomie. Ses ouvrages les plus remarquables sont à Bologne, à Rome, à Reggio. On les estime pour la disposition, l'ordonnance, la noblesse, le coloris. Calvart mourut à Bologne en 1619.

CALVERT, (George) né dans la province d'Yorck en 1579, secrétaire d'état en 1618, se démit de cette charge, & obtint de Charles I une permission pour lui & ses descendans, d'établir des colonies dans le Mariland. La douceur & l'humanité furent les seules armes qu'il employa contre les Indiens. Il mourut à Londres en 1632, à 52 ans, estimé des Protestans & regretté des Catholiques.

CALVI, (Lazare) fameux peintre de Genes, au 16e siecle. Ses principaux ouvrages sont dans sa patrie.

CALVIN, (Jean,) naquit à Noyon en 1509, d'un tonnelier. Après avoir étudié le droit à Orléans & à Bourges, il se fit connoître à Paris, en 1532, par son

Commentaire sur les deux livres de Séneque de la Clémence. Ayant mis à la tête de cet ouvrage le nom de *Calvinus*, on l'a depuis appellé Calvin, quoique son véritable nom fût Cauvin. Ses liaisons avec les partisans de la nouvelle doctrine, & son ardeur à la soutenir, l'obligèrent de quitter Paris. Retiré à Angoulême, il y enseigna le grec & y prêcha ses erreurs. Il courut ensuite à Poitiers, à Nérac, de Nérac à Paris; mais craignant toujours qu'on ne l'arrêtât, il se rendit à Bâle. C'est dans cette ville qu'il publia son livre de l'*Institution chrétienne* en latin, dont la meilleure édition est celle de Robert Etienne, 1553, in-fol. Il composa cet ouvrage fameux pour servir d'apologie à ses disciples condamnés à mort par François I. C'est l'abrégé de toute sa doctrine. Ce fut le catéchisme de tous ses disciples. Il embrassa la plupart des sentimens de Luther; mais il enchérit beaucoup au-dessus. La préfence réelle, la prédestination absolue aux peines de l'enfer, sont les deux points principaux sur lesquels il ne s'accorde pas avec lui. A travers les expressions fortes dont il se sert en parlant de la préfence du Corps & du Sang de J. C. dans l'Eucharistie, on voit qu'il pense que le Corps du Sauveur n'est réellement & substantiellement que dans le ciel. En blâmant les erreurs répandues dans cet ouvrage, on doit louer la pureté & l'élégance du style, soit en latin, soit en françois; car le nouvel apôtre le composa dans ces deux langues. On y découvre un esprit subtil & pénétrant, un homme instruit dans l'étude de l'Ecriture & des Peres; mais toutes ces qualités sont ternies par le peu de discernement dans le choix des opinions, par des décisions téméraires, & des déclamations emportées. Les principales erreurs répandues dans cet ouvrage, & dans celui *de la Cene*, font que le libre arbitre a été éteint

entiérement par le péché, & que Dieu a créé les hommes pour être le partage des démons; non qu'ils l'aient mérité par leurs crimes, mais parce qu'il lui plaît ainsi. Les vœux, si l'on en excepte ceux du baptême, sont une tyrannie. Il ne veut ni culte extérieur, ni invocation des Saints, ni chef visible de l'église, ni évêques, ni prêtres, ni fêtes, ni croix, ni bénédictions, ni aucune de ces cérémonies sacrées, que la religion reconnoît être si utiles au culte de Dieu, & la philosophie être si nécessaires à des hommes matériels & grossiers, qui ne s'élèvent, pour ainsi dire, que par les sens à l'adoration de l'Être-Suprême. Il n'admet que deux sacremens, le baptême & la cene. Il anéantit les indulgences, le purgatoire, la messe, &c. Le patriarche de la nouvelle réforme après différentes courses en Suisse & en Italie, vint s'établir à Geneve, où il fut fait prédicateur & professeur en théologie. Une dispute sur la maniere de célébrer la cene l'en fit chasser au bout de 2 ans, en 1538. Rappellé après trois ans de séjour à Strasbourg, il y fut reçu comme le pape de la nouvelle église. Geneve devint dès-lors le théatre du Calvinisme. Il y établit une discipline févére, fonda des consistoires, des colloques, des synodes, des anciens, des diacres, des surveillans. Il régla la forme des prieres & des prêches, la maniere de célébrer la cene, de baptiser, d'enterrer les morts. Il dressa, de concert avec les magistrats, un recueil des loix civiles & eccléfiastiques, approuvé alors par le peuple, & regardé encore aujourd'hui comme le code fondamental de la république. Il fit plus; il établit une espece d'inquisition, une chambre consistoriale avec droit de censure & d'excommunication. Cette religion, qu'on a cru être plus favorable à cette liberté qui est l'essence des républiques, eut pour auteur un homme dur jusqu'à la tyrannie. Le médecin Michel Servet lui ayant écrit quelques lettres sur le mystere de la Trinité, Calvin s'en servit pour le faire brûler vif, ne pensant plus à ce qu'il avoit écrit lui-même contre les persécuteurs des hérétiques. D'autres tems, d'autres sentimens. Poursuivi en France, il écrivit contre les intolérans; maître à Geneve, il soutint qu'il falloit condamner aux flammes ceux qui ne pensoient pas comme lui. Valentin-Gentilis, autre arien, commençant à faire du bruit, le patriarche de Geneve le fait arrêter, le condamne à faire amende-honorable, & l'oblige de se sauver à Lyon. Son parti fut regardé par tous les autres Protestans, comme le plus fier, le plus inquiet & le plus séditieux qui eût encore paru. Ce chef traita ses adversaires avec un emportement indigne non-seulement d'un théologien, mais d'un honnête-homme. Les épithetes de *pourceau*, d'*âne*, de *chien*, de *cheval*, de *taureau*, d'*ivrogne*, d'*enragé*, étoient ses complimens ordinaires. Cette grossiéreté brutale n'empêcha pas qu'il n'eût beaucoup de sectateurs. Ce culte nu & dépouillé de tout, qu'il avoit introduit, fut un appât pour les esprits vains, qui croyoient par ce moyen s'élever au-dessus des sens, & se distinguer du vulgaire. Calvin mourut à Geneve l'an 1564, dans le désespoir, & d'une maladie horrible, si l'on en croit un de ses disciples, témoin oculaire. *Calvinus in desperatione finiens vitam, obiit, turpissimo & foedissimo morbo, quem Deus rebellibus & maledictis comminatus est, priùs excruciatus & consumptus. Quod ego verissimè attestari audeo, qui funestum & tragicum illius exitum & exitium his meis oculis praesens aspexi.* (Joan. Haren apud Petr. Cutsemium). On a toujours regardé Calvin, comme le second chef du protestantisme. On l'a com-

paré à Luther, plus impétueux & moins souple que lui, mais aussi hardi à enfanter des opinions & aussi ardent à les soutenir. L'Allemand avoit quelque chose de plus original & de plus vif. Le François, inférieur pour le génie, l'emportoit par l'art. L'amour-propre de Luther tenoit de son humeur violente; celui de Calvin étoit plus délicat & ne se montroit qu'à demi. Il ne parvint néanmoins jamais à corriger son caractere. *Je suis*, disoit-il, *colère de ma nature: je combats sans cesse contre ce défaut; mais jusqu'ici c'a été presque sans succes.* Il étoit d'ailleurs désintéressé & laborieux. Il ne laissa en mourant que la valeur de cent vingt écus d'or. Les ouvrages de cet hérésiarque ont été imprimés à Amsterdam en 1667, quoique le titre porte 1671, en 9 vol. in-fol. Ses Commentaires sur l'Ecriture en font la partie la plus considérable. L'auteur, très-médiocre hébraïsant, les a remplis, suivant l'abbé de Longuerue, de sermons, d'invectives & de sens étrangers. On voit briller dans la plupart de ses autres écrits du savoir & de la pénétration. Rien ne le flattoit davantage que la gloire de bien écrire. Westphale, luthérien, l'ayant traité de déclamateur : " Il " a beau faire, répondit Calvin, " jamais il ne le persuadera à per- " sonne; l'univers sait avec quelle " force je presse un argument, " avec quelle précision je fais " écrire ". Et pour prouver qu'il n'est pas déclamateur, il dit à son critique : *Ton école n'est qu'une puante étable à pourceaux... m'entends-tu, chien? m'entends-tu bien, frénétique? m'entends-tu bien, grosse bête?* Quels mots dans la bouche d'un réformateur! Les curieux recherchent un Traité singulier de Calvin, pour prouver que les ames ne dorment pas jusqu'au jour du jugement, Paris 1558, in-8°.

CALVISIUS, (Sethus) chrono-logiste de Grossed, dans la Thuringe, mort en 1617. On a de lui plusieurs ouvrages dont on a fait cas autrefois. Le principal est son *Opus chronologicum*, réimprimé à Francfort en 1685, in-fol. Les calculs astronomiques font l'appui de sa chronologie. Scaliger & plusieurs autres savans ont fait l'éloge de cet ouvrage.

CALVO-GUALBES, (François de) né à Barcelone en 1627 d'une famille féconde en grands-hommes, passa au service de la France, après s'être distingué contre les Maures. Il accompagna Louis XIV à la conquête de la Hollande, passa des premiers le Rhin, défendit Maestricht dont il étoit gouverneur, contre le prince d'Orange, & le contraignit de lever le siege. Les ingénieurs le pressant de rendre cette ville » Messieurs, dit-il avec intrépidité, je n'entends rien à la défense d'une place, mais tout ce que je sais, c'est que je ne veux pas me rendre » Ses services lui mériterent le grade de lieutenant-général. Il servit en cette qualité en Catalogne, passa à la nage la riviere du Pont-Major, & chargea si rudement les ennemis, que sans la nuit, le duc de Bournonville leur général eût été fait prisonnier. Il signala sa valeur en 1688 & 1689, & mourut l'année d'après à Deins, à 63 ans.

CALVUS, (Cajus Licinius) orateur & poëte celebre, contemporain de Cicéron. Il réussissoit si bien en poésie, que les anciens n'ont pas fait difficulté de l'égaler à Catulle. On trouve des vers de lui dans le *Corpus Poëtarum*. Moins éloquent & plus sec que Cicéron, il s'exprimoit cependant avec tant de force, qu'un jour Vatinius contre lequel il plaidoit, craignant d'être condamné, l'interrompit avant la fin de son plaidoyer, en disant aux juges : *Eh quoi ! serai-je condamné comme coupable, parce que mon accu-*

sateur est éloquent ? . . Licinius mourut à l'âge de 50 ans, après avoir donné de grandes espérances. Il ne nous reste aucune harangue de cet orateur ; Quintilien les loue beaucoup. On croit qu'il étoit auteur des *Annales* citées par Denys d'Halicarnasse, & que nous n'avons plus. Il vivoit l'an 65 avant Jesus-Christ. Catulle, Ovide, Tibulle & Horace font mention de lui.

CALYPSO, nymphe, fille du jour, selon quelques-uns, ou de l'Océan & de Téthis, selon d'autres. Elle habitoit l'isle d'Ogygie, où elle reçut favorablement Ulysse, qu'une tempête y avoit jeté. Elle l'aima, & vécut sept ans avec lui ; mais ce héros préféra sa patrie & Pénélope à cette déesse, qui lui avoit cependant promis l'immortalité, s'il eût voulu demeurer avec elle.

CAMARGO, (Marie-Anne Cupide) l'une des plus célebres danseuses de ce siecle, naquit à Bruxelles en 1710. Réfléchissant sur le danger & la frivolité de sa profession, elle se retira du théatre en 1751, avec une pension de la cour ; & depuis sa retraite jusqu'au 28 avril 1770, elle se fit estimer par une conduite modeste, raisonnable & chrétienne.

CAMBDEN, (Guillaume) surnommé le *Strabon*, le *Varron* & le *Pausanias* d'Angleterre, naquit à Londres en 1551 d'un peintre. La recherche des antiquités de la Grande-Bretagne l'occupa une partie de sa vie. Il la parcourut en entier, & c'est d'après ses propres observations, qu'il publia sa *Britannia*, la meilleure description qu'on eût encore des isles britanniques. La reine Elisabeth le récompensa par l'office de roi-d'armes du royaume. Il mourut en 1623, après avoir fondé une chaire d'histoire dans l'université d'Oxford. On a de lui plusieurs ouvrages : I. Son excellente *Description de l'Angleterre*, réimprimée plusieurs fois sous le titre de *Britannia*, vaincment attaquée par un nommé Brooke ; & bien accueillie dans tous les tems. La meilleure édition en latin est celle de 1607, & en anglois de 1732. Cette description comprend l'Ecosse & l'Irlande ; mais comme il est moins exact que lorsqu'il décrit l'Angleterre, qu'il connoissoit mieux, on fit ce critique :

Perlustras Anglos oculis, Camb-
    dene, duobus,
   Uno oculo Scotos, cæcus Hi-
     bernigenas.

Vitellius a donné un abrégé du *Britannia.* (voyez *Vitellius*). II. Un *Recueil des Historiens d'Angleterre,* en 1602, in-fol; qui fut reçu avec le même applaudissement que sa Description. III. Des *Annales d'Angleterre sous le regne d'Elisabeth,* 1615 & 1617, en 2 vol, in-fol. & Oxford 1717, 3 vol. in-8°. : ouvrage exact, & aussi vrai qu'on pouvoit l'attendre d'un homme qui écrivoit la vie de sa bienfaitrice. IV. Un *Recueil de Lettres,* Londres 1691, in-4°, pleines d'anecdotes sur l'histoire civile & littéraire. *Voyez* sa *Vie* par Smith, à la tête ; & son article, dans le vingt-troisieme volume des *Mémoires du P. Niceron.*

CAMBERT, musicien françois, fut d'abord sur-intendant de la musique de la reine-mere Anne d'Autriche. Il donna le premier des opéra en France, conjointement avec l'abbé Perrin, qui l'associa au privilege que le roi lui avoit donné pour ce spectacle. Lulli l'ayant éclipsé, & ayant obtenu en 1672 le privilege, Cambert passa en Angleterre. Charles II le fit sur-intendant de sa musique, charge qu'il exerça jusqu'en 1677, année de sa mort. Il n'avoit pas le génie de Lulli ; mais ses mœurs étoient mieux réglées, & son caractere moins satyrique. On a de lui quel-

ques opéra, quelques divertissemens, & de petits morceaux de musique. Le talent de toucher l'orgue l'avoit d'abord fait connoître.

CAMBIAZI, peintre, *voyez* CANGIAGE.

CAMBYSE, fils & successeur de Cyrus, l'an 529 avant J. C., porta la guerre en Egypte pour la punir de sa révolte. Ne pouvant s'en ouvrir l'entrée qu'en se rendant maître de Péluse, il plaça dans un assaut au premier rang, des chats, des chiens, des brebis & d'autres animaux, que les Egyptiens révéroient comme sacrés. Les assiégés n'osant tirer sur leurs dieux, ce stratagême ouvrit la place aux assiégeans. Cambyse, vainqueur de l'Egypte par une bataille qui décida du sort de ce royaume, tourna ses armes contre les Ammoniens. Il détacha 50 mille hommes pour ravager le pays, & détruire le fameux temple de Jupiter-Ammon. La faim, la soif, le vent du midi, le sable détruisirent cette troupe de brigands. Cambyse ne fut pas plus heureux dans son expédition contre les Ethiopiens : une cruelle famine qui les réduisit à se manger les uns les autres, le contraignit de retourner sur ses pas. Il vint à Thebes, où il pilla, & brûla tous les temples. Delà il se rendit à Memphis, fit massacrer les prêtres du dieu Apis, & le tua lui-même d'un coup de poignard, indigné qu'un veau fût l'objet du culte de ce peuple. Il quitta l'Egypte, pour retourner en Perse, où le faux Smerdis s'étoit fait proclamer roi. Il mourut peu de tems après, d'une blessure à la cuisse, que lui fit son épée en montant à cheval, l'an 522 avant J. C. Tous les historiens le représentent comme un tyran emporté. Les meurtres étoient des jeux pour lui. Il ordonna, dans un de ses repas, au fils de Prexaspe son grand-échanson, de se tenir au bout de la salle la main gauche sur la tête. Prenant alors son arc, il déclara qu'il en vouloit à son cœur, & le perça d'un coup de fleche. Puis lui ayant fait ouvrir le côté : *Voilà*, dit-il à Prexaspe, *le cœur de votre fils : ai-je la main sûre* ? Le pere infortuné lui répondit par une flatterie indigne : *Apollon lui-même ne tireroit pas plus juste*. Ce prince sanguinaire tua son frere dans un accès de frénésie, & d'un coup de pied dans le ventre Méroé sa sœur, devenue sa femme & pour lors enceinte.

CAMDEN, *voyez* CAMBDEN.

CAMERARIUS, (Joachim) né à Bamberg en 1500, mort en 1574, se fit un nom célebre par l'étendue de ses connoissances. Il possédoit les langues, l'histoire, les mathématiques, la médecine, la politique & l'éloquence. Charles V, Maximilien II, & quelques autres princes l'honorerent de leur estime. On a de lui des essais de traduction de Démosthenes, de Xenophon, d'Homere, de Lucien, de Galien, &c. Mais ces différens morceaux rassemblés ne feroient pas un bon in-12.

CAMERARIUS, (Joachim) fils du précédent, & plus profond que son pere dans la connoissance de la médecine & de l'histoire naturelle, naquit à Nuremberg en 1554. Il se refusa à plusieurs princes, qui voulurent l'avoir auprès d'eux, pour se livrer entièrement à la chymie & à la botanique. On a de lui plusieurs ouvrages dans ce dernier genre. *Hortus medicus*, à Nuremberg 1654, in-4°. *De plantis*, 1586, in-4°. *Epistolæ* ; *Electa Georgica, sive Opuscula de re rustica*, à Nuremberg 1596, in-8°. Ce dernier livre est recherché. L'auteur mourut en 1598 avec la réputation d'habile médecin. *Voyez* son éloge dans le tome 19e des *Mémoires du P. Niceron*.

CAMERARIUS, (Guillaume) noble écossois, de jésuite devenu oratorien, prit la plume contre ses anciens confreres. Il vivoit vers le milieu du dernier siecle. On a de Camerarius des écrits de philosophie, de théologie ; un recueil de quelques traités des Peres, qui n'avoient pas encore vu le jour ; & quelques autres ouvrages.

CAMERON, (Jean) professeur de grec à Glascow en Ecosse sa patrie, passa en France, enseigna à Bergerac, à Sedan, à Saumur & à Montauban. C'étoit un protestant modéré. S'étant opposé en 1625 à la fureur des huguenots révoltés contre Louis XIII, il les irrita tellement, qu'un d'entr'eux faillit le faire expirer sous le bâton. Il mourut de chagrin peu de mois après, à Montauban à 46 ans. Il étoit persuadé qu'on pouvoit se sauver dans l'église romaine ; & il en suivit, à quelque chose près, la doctrine sur la grace. (*Voyez* sa *Defensio de Gratia*, à Saumur, 1624, in-8°). Sa modération le fit détester par les fanatiques de son parti ; mais elle lui mérita l'estime des gens impartiaux. Il se l'étoit déja acquise par ses talens, son érudition, & son caractere aimable ; il ne lui manquoit que d'ouvrir entièrement les yeux à la vérité. Parmi ses ouvrages on distingue son *Myrothecium Evangelicum*, à Saumur 1677, 3 vol. in-4°, qu'on a inséré dans les *Critiques d'Angleterre* ; il est plein de remarques, où son savoir brille autant que son jugement. On loue encore ses *Leçons de Théologie*, Saumur 1626 & 1628, 3 vol. in-4°, & Geneve 1659, in-fol. écrites d'un style un peu diffus, mais net.

CAMILLA, (La Signora) sœur du pape Sixte V, vint à Rome après l'élection de son frere en 1585. Les cardinaux de Médicis, d'Est & Alexandrin, firent habiller cette paysanne en princesse, pour faire leur cour au pape, qui ne voulut pas la reconnoître sous ces habits magnifiques. Le lendemain Camilla étant retournée au Vatican, vêtue avec plus de simplicité ; Sixte V lui dit en l'embrassant : *Vous êtes à présent ma sœur, & je ne prétends pas qu'un autre que moi vous donne la qualité de princesse.* Camilla lui demanda pour toute grace, d'accorder des indulgences à une confrairie dont on l'avoit faite la protectrice. Sixte la logea au palais de Sainte-Marie majeure, & lui donna une pension.

CAMILLE, fille de Métabe, roi des Volsques, fut consacrée à Diane par son père, qui se trouvoit dans un péril presque certain de la perdre. Cette héroïne soutint long-tems en personne l'armée de Turnus contre Enée. Personne ne la surpassoit à la course, ni à faire des armes. Elle fut tuée en trahison par Arnus, qui la perça d'un coup de javelot.

CAMILLE, (Marcus - Furius) illustre par ses vertus militaires & civiles, fut créé dictateur, & termina glorieusement le siege de Veies, qui depuis dix ans occupoit les principales forces des Romains. Après avoir triomphé des Volsques, il porta ses armes contre les Falisques, l'an 396 avant Jesus-Christ. Leur ville capitale se rendit à sa générosité, comme Veies s'étoit rendue à son courage. Un maître d'école lui ayant amené la jeunesse dont il étoit chargé, Camille frémit d'horreur en voyant cette perfidie. « Apprends, traître, lui dit-il, » que si nous avons les armes à la » main, ce n'est pas pour nous en » servir contre un âge qu'on épar- » gne, même dans le saccagement » des villes ». Aussi-tôt il fit dépouiller ce perfide, en ordonnant à ses éleves de le remener à la ville à coups de verges. Les Falisques, touchés de sa grandeur d'ame, se donnerent de bon cœur à la république. De si grands services méritoient une reconnoissance signalée ; mais Rome fut ingrate. Un Romain ayant osé l'accuser d'avoir détourné une partie du butin fait à Veies, il s'exila volontairement,

& il fut condamné à l'amende par contumace. Ce grand-homme quittant sa patrie, demanda, dit-on, aux dieux, que s'il étoit innocent, ils réduisissent bientôt les Romains à la nécessité de le regretter. Ses vœux ne tarderent pas d'être accomplis. Les Gaulois s'étant présentés devant Rome, le sénat sentant le besoin qu'il avoit d'un homme qui seul valoit une armée, cassa l'acte de sa condamnation, & le créa dictateur pour la seconde fois. Le tribun Sulpitius étoit déja convenu avec le général gaulois d'une somme, moyennant laquelle il devoit se retirer. Camille, survenu dans le moment, dit au barbare : *Rome ne traite point avec ses ennemis, lorsqu'ils sont sur ses terres ; ce sera le fer & non l'or qui nous rachetera :* & tout de suite il lui livre bataille, le met en fuite & le chasse des états de la république. La dictature de ce grand-homme ayant été prolongée, il calma les factions des tribuns du peuple qui vouloit s'établir à Veies, l'engagea à demeurer à Rome & à rebâtir la ville, qui se releva bientôt de ses ruines. Camille, créé dictateur pour la troisieme fois, soumit les Eques, les Volsques, les Etrusques, les Latins, les Herniques, en un mot, tous les ennemis de la république. Il triompha pour la troisieme fois. On consacra dans le temple de Junon trois coupes d'or inscrites de son nom. On lui donna le nom de Romulus, de pere de la patrie, de nouveau fondateur de Rome. On lui décerna la dictature pour la cinquieme fois. Une nouvelle armée de Gaulois s'étant présentée, ce héros, ce bon citoyen, quoiqu'âgé de près de 80 ans, les chassa des terres de la république. Il mourut de la peste l'an 365 avant J. C., après avoir appaisé une nouvelle sédition, & avoir retenu sa patrie sur le bord du précipice, où le choc des divers intérêts, l'orgueil & l'emportement alloient l'entraîner. Aussi lui éleva-t-on une statue équestre dans le marché de Rome.

CAMMA, dame de Galatie, n'est connue que par le trait suivant. Sinorix, amoureux de Camma, assassina, pour la posséder, Sinatus son époux. La vengeance que la veuve tira du meurtrier, a immortalisé son amour & son audace. Après avoir résisté aux présens & aux prieres de Sinorix, elle craignit qu'il n'y ajoutât bientôt la violence, & feignit de consentir à l'épouser. Elle le fit venir dans le temple de Diane, dont elle étoit prêtresse, comme pour rendre leur union plus solemnelle. C'étoit la coutume que l'époux & l'épouse bussent ensemble dans la même coupe. Camma, après avoir prononcé les paroles consacrées, & fait le serment ordinaire, prit la première le vase qu'elle avoit rempli de poison, & après avoir bu, le présenta à Sinorix, qui ne soupçonnant aucun artifice, avala sans défiance la coupe fatale. Alors Camma transportée de joie s'écria qu'elle mouroit contente, puisque son époux étoit vengé. Ils expirerent bientôt l'un & l'autre. Ce trait historique a fourni à Thomas Corneille le sujet d'une de ses pieces.

CAMOENS, (Louis de) d'une ancienne famille de Portugal originaire d'Espagne, naquit à Lisbonne, en 1517. Une imagination vive, beaucoup d'ardeur pour la gloire & la poésie, annoncerent de bonne heure ce qu'il pouvoit devenir. Il parut à la cour, & s'y attira des disgraces. Exilé à Santaren dans l'Estramadure, il chanta son exil comme Ovide, & se garda bien de l'attribuer à ses satyres trop emportées & à ses galanteries peu discrettes. Ayant obtenu la permission de servir dans l'armée navale qui alloit secourir Ceuta en Afrique, il perdit un œil dans un combat. De retour dans sa patrie, & obligé de la quitter de nouveau, il s'embarqua pour Goa en 1553. Son esprit & ses agrémens lui firent bientôt des amis, que son humeur satyrique lui fit perdre. Le viceroi l'exila sur les frontieres de la Chine. Il fit naufrage en y allant, & se sauva à la nage, tenant son poëme de la *Lusiade* de la main droite, & nageant de la gauche. Cinq ans après il revint à Goa, d'où il repassa en Europe, avec son poëme, le seul trésor qui lui restoit. La publication de cet ouvrage, recherché avec ardeur & applaudi avec transport, lui attira de grands éloges, & rien de plus. Le roi Sébastien lui accorda une pension d'environ vingt écus, qui ne le tira pas de la misere. Obligé de se montrer à la cour, il y paroissoit le jour comme un poëte indigent, & le soir il envoyoit son esclave mendier de porte en porte. Cet esclave, plus sensible que les courtisans & les compatriotes du poëte, l'avoit suivi des Indes & ne le quitta qu'à la mort. Le chagrin & l'indigence hâterent celle de Camoëns : elle arriva en 1579. Il étoit âgé d'environ 62 ans. (*Voyez* le trente-septieme volume des *Mémoires du P. Niceron*). On s'empressa à charger son tombeau d'épitaphes. L'Espagne & le Portugal le comblerent d'éloges, & il faut avouer qu'il les méritoit à certains égards. Sans marcher sur les pas d'Homere & de Virgile, l'auteur de la *Lusiade* a plû & plaît encore. Son poëme ne sera, si l'on veut, que la relation d'un voyageur poëte, & l'histoire de la découverte des Indes-Orientales par les Portugais; mais cette relation est ornée de fictions hardies & neuves. Son épisode d'Inès de Castro est d'une beauté touchante. La description du géant Adamastor, gardien du cap des Tourmentes, est un morceau égal à tout ce que l'imagination des plus grands poëtes a pu produire. En général il y a de la vérité & de la chaleur dans ses descriptions. Les lieux, les mœurs, les caracteres y sont bien peints, les images variées, les paffions bien rendues, les récits charmans. Le poëte paffe avec une facilité furprenante du fublime au gracieux & du gracieux au fimple. Mais ces beautés n'empêchent pas qu'on ne reproche avec raifon à Camoëns le peu de liaifon qui regne dans fon ouvrage, le ridicule mêlé fouvent avec le beau, & fur-tout le mélange monftrueux des dieux du Paganifme avec les faints de la religion chrétienne. Mars s'y trouve à côté de Jefus-Chrift, & Bacchus avec la fainte Vierge. Vénus, aidée des confeils du Pere Eternel, & fecondée des fleches de Cupidon, rend les Néréides amoureufes des Portugais dans une ifle enchantée, dont Camoëns fait une defcription très-licentieufe. La *Lufiade* fut imprimée à Lifbonne 1572, in-fol. & réimprimée à Paris 1759, en 3 vol. in-12. Malgré ces défauts, elle a été traduite en plufieurs langues. La meilleure verfion que nous euffions en France, étoit celle de du Perron de Caftera, 1735, 3 vol. in-12, avec des notes & une vie de l'auteur. M. de la Harpe en a publié une autre en 1776, en 2 vol. in-8°. On a encore de Camoëns un *Recueil de Poéfies* moins connues que fa *Lufiade*.

CAMOUX, (Annibal) célebre centenaire du 18e fiecle, naquit à Nice le 19 mai 1688, c'eft-à-dire, la même année précifément que Louis XIV. Il commença fa longue carriere par être manœuvre. S'étant rendu enfuite à Marfeille en 1650, il fervit fur les galeres en qualité de foldat. Après un très-long fervice, & ayant atteint fa centieme année, il fut gratifié par le roi d'une penfion de 300 liv. Cet homme vivace n'étoit nullement caffé, & marchoit fort droit. On ne remarquoit fon grand âge qu'à fes rides, à fes cheveux blancs, & à un peu de furdité. Il béchoit la terre, vivoit d'alimens groffiers, & buvoit beaucoup de vin. Il mâchoit continuel-

lement de la racine d'angélique; il attribuoit à cet ufage, qu'il tenoit d'un vieux hermite, la longue durée de fa vie. Il mourut à Marfeille le 18 août 1759, âgé de 121 ans & 3 mois, après une légere maladie de dix jours, l'unique peut-être qu'il eût eue. On a publié fa *Vie* in-12. *Voyez* ROWIN.

CAMPANELLA, (Thomas) dominicain calabrois, né dans un petit bourg nommé Stillo, en 1568, s'attira des difgraces par fon humeur turbulente & par fon efprit inquiet & dangereux. Il fut mis en prifon, accufé d'avoir voulu livrer la ville de Naples aux ennemis de l'état, & d'avoir des fentimens erronés. La fuite vérifia mieux cette derniere accufation que la premiere. Campanella fut 27 ans en prifon. Il y effuya jufqu'à fept fois la queftion pendant 24 heures de fuite; & n'en fortit qu'à la follicitation du pape Urbain VIII. Il vint à Paris en 1624, y fut protégé par le cardinal de Richelieu, & y mourut en 1639, à 71 ans, pour avoir pris de l'antimoine. On a de lui des écrits de philofophie & de théologie, dans lefquels il fe montre plus fingulier que judicieux. Il avoit de l'efprit, mais peu de jugement; & il fut encore un de ces écrivains qui fe plaignent toujours des autres, & n'ont à fe plaindre que d'eux-mêmes. Celui de tous fes ouvrages qui a fait le plus de bruit eft fon *Atheifmus triumphatus*, à Rome, in-fol. 1631, Paris 1636, in-4°. Quoique les bibliographes rangent ordinairement cet ouvrage parmi les apologiftes de la religion, on prétend qu'il feroit mieux placé parmi fes adverfaires. En faifant femblant d'y combattre les Athées, Campanella femble les favorifer, en répondant très-foiblement aux argumens qu'il leur prête. D'où vient qu'on a dit qu'il auroit dû l'intituler *Atheifmus triumphans*. C'eft la feule raifon qui peut le faire rechercher, quoiqu'il ne mérite pas d'être lu.

Sa

sa *Monarchia Messiæ*, 1633, in-4°, est encore au nombre de ces livres qu'on recherche & qu'on méprise. *Voyez* le 7e vol. des *Mémoires du P. Niceron*.

CAMPANI, (Matthieu) né dans le diocese de Spolette, curé à Rome, apprit dans un écrit estimé des savans, la maniere de bien tailler les verres des lunettes. On lui doit aussi les pendules muettes, & cette lanterne employée depuis dans la lanterne-magique, par le moyen de laquelle les heures paroissent pendant la nuit peintes distinctement sur un drap. Les autres inventions dont on lui est redevable, répandirent son nom dans l'Europe. Joseph Campani, son cadet & son éleve, exécutoit avec beaucoup de justesse ce que son frere imaginoit. Ces deux artistes ingénieux vivoient encore en 1678.

CAMPANUS, (Jean-Antoine) naquit en 1427, suivant Niceron & Cuvello, dans la campagne de Rome, & suivant d'autres près de Capoue, d'une paysanne qui accoucha de lui sous un laurier. De berger, devenu valet d'un curé, il apprit assez de latin sous son nouveau maître, pour être précepteur à Naples. Ses talens lui ayant acquis de la réputation, Pie II le nomma évêque de Crotone & ensuite de Teramo. Paul II & Sixte IV l'employerent dans des affaires très-difficiles. Ce dernier pontife le soupçonnant d'être entré dans une conspiration tramée contre lui, le bannit de toutes les terres de l'Eglise. Campanus, consumé par la maladie & le chagrin, mourut à Sienne en 1477. Il avoit signalé plusieurs fois son éloquence en public, entr'autres à la diete de Ratisbonne. L'Allemagne, bien moins florissante alors qu'aujourd'hui, lui déplut si fort, qu'à son retour en Italie, ce vénérable prélat se trouvant au haut des Alpes, abaissa ses culottes, & dit, en tournant le derriere à l'Allemagne :

Tome II.

Aspice nudatas, barbara terra, nates.

Parmi ses illustres amis, on distinguoit le cardinal Bessarion. Campanus fit un jour vingt vers à la louange de ce cardinal, qu'il fit chanter en carnaval par des musiciens masqués. Ils plurent si fort à Bessarion, qu'il donna aux musiciens autant de ducats qu'il y avoit de vers ; & comme Campani feignoit d'en ignorer l'auteur, Bessarion lui dit, en lui prenant la main : *Où sont ces doigts, Campani, qui ont écrit tant de mensonges de moi ?* & lui mit au doigt une bague de 60 ducats. Il nous reste de lui plusieurs ouvrages écrits quelquefois avec licence, mais presque toujours avec politesse & avec esprit. On peut dire de son style, *sapit antiquitatem*, du moins dans les endroits qu'il s'est donné la peine de limer. Ses principales productions sont : I. *Epistolæ & Poëmata*, à Leipsick 1707, in-8°. II. *Andreæ Brachii & Nicolai Picinini Vitæ*. III. *Titi-Livi Decades, ex edit. Camp*. IV. *Opera varia*, in-fol. à Rome 1495, rare. *Voyez* son éloge dans le deuxieme volume des *Mémoires de Niceron*.

CAMPANUS, savant mathématicien de Lombardie dans le 11e siecle dont on a *Euclidis data*, Venise 1582, in-fol. *Elementa*, Bâle 1546, in-fol. N. L.

CAMPBELL, a fait les explications des 200 planches qui composent le *Vitruvius Britannicus*, Londres 1715, 3 vol. in-fol. N. L.

CAMPEGGE, (Laurent) bolonois, cardinal de la création de Léon X, avoit été marié avant que d'entrer dans l'état ecclésiastique. Clément VII l'envoya en 1524 en Allemagne avec la qualité de légat pour assister à une nouvelle diete convoquée à Nuremberg ; mais il ne put rien obtenir de cette assemblée. Quatre ans après en 1528, on l'envoya à Londres pour être adjoint de Volsei dans

C

le jugement fur le divorce de Henri VIII avec Catherine d'Arragon. Il dit à l'un & l'autre ce qu'ils devoient attendre d'un légat fage & pacifique. Il allégua au roi le tort qu'il faifoit à fa réputation, le mécontentement des Anglois, le défefpoir d'une princeffe pleine de vertu & de raifon. N'ayant pu rien obtenir de l'opiniâtreté de Henri, il voulut, dit-on, perfuader à la reine de fe laiffer féparer d'un époux, dont elle n'avoit ni le cœur ni la confiance, de facrifier fes droits au repos de l'Europe, menacée de la guerre & d'un fchifme : mais cette propofition ne peut s'entendre que d'une fimple féparation, & point de la diffolution d'un mariage reconnu valide, & que nulle autorité ne pouvoit rompre. Campège n'ayant rien pu conclure, revint à Rome, & y mourut en 1539. On trouve plufieurs de fes lettres, importantes pour l'hiftoire de fon tems, dans le recueil intitulé : *Epiftolarium mifcellanearum libri X*, à Bâle 1550, in-fol.

CAMPEN, (Jean van den) naquit dans l'Over-Yffel aux environs de la ville de Campen, vers l'an 1490, fit de grands progrès dans l'étude des langues grecque, latine & hébraïque, & fut profeffeur de l'hébreu à Louvain, pendant plufieurs années. Delà il voyagea dans une grande partie de l'Europe : la pefte l'enleva à Fribourg le 7 feptembre 1538. Nous avons de lui : I. Une *Grammaire hébraïque* en latin, imprimée fous différens titres à Paris 1520 & 1533, à Louvain 1528. Elle eft bien faite, fort méthodique, & dégagée des ennuyeufes minuties dont on a farci la plupart de celles qui ont paru depuis. II. *Paraphrafe & interprétation des Pfeaumes felon la vérité hébraïque* en latin, dont il y a eu un très-grand nombre d'éditions dans le feizieme fiecle à Nuremberg, à Lyon, à Paris, à Anvers, à Strasbourg, à Bâle. Elle

a été traduite en françois, en allemand, en flamand & en anglois ; on a joint à quelques-unes de ces éditions une Paraphrafe fur l'eccléfiafte du même Campen. Cet auteur a fort bien faifi le fens littéral de la plupart des pfeaumes, & expliqué heureufement une partie des difficultés qui s'y rencontrent.

CAMPI, (Pierre-Marie) prêtre de Plaifance dans le 17e fiecle, eft compté par les Italiens pour un des bons hiftoriens de cet état. Son *Hiftoire eccléfiaftique de Plaifance*, écrite en italien, fut imprimée à Plaifance même en 1661 & en 1662 en 3 vol. in-fol. Elle paffe pour exacte.

CAMPI, (Bernardin) peintre de Crémone, connu par fes tableaux eftimés, & par un ouvrage en italien fur la peinture, imprimé à Crémone en 1580, in-4°, fous ce titre : *Parere fopra la Pittura*. Les peintres & les amateurs y trouvent à s'inftruire.

CAMPI, (Antoine) *voyez* CAMPO.

CAMPIAN, (Edmond) né à Londres, étudia à Oxford, où il fit de grands progrès dans les belles-lettres, & prit le diaconat felon le rit de la religion anglicane. Il embraffa enfuite la religion catholique, & entra dans la compagnie de Jefus à Rome, en 1573. Il s'y diftingua bientôt par fa piété & par fon favoir. Après divers voyages il repaffa en Angleterre, où il mourut pour la foi catholique le 28 novembre 1581, fous le regne d'Elifabeth. Le jéfuite Paul Bombino a donné l'hiftoire de la vie & du martyre de fon confrere. On a de Campian une *Chronique univerfelle*, une *Hiftoire d'Irlande*, un Traité contre les Proteftans d'Angleterre, & d'autres ouvrages qui l'ont moins fait connoître que fon martyre, quoiqu'ils prouvent qu'il étoit verfé dans les belles-lettres & dans la théologie.

CAMPISTRON, (Jean Gualbert) né à Toulouse en 1656, avec des dispositions heureuses, qu'une bonne éducation fit fructifier. Son goût pour la poésie & pour les belles-lettres l'amena à Paris. Racine fut son guide dans la carriere dramatique. Campistron imita ce grand-homme ; mais s'il approcha de lui dans la conduite de ses pieces, il ne put jamais l'égaler dans les beautés de détail, dans cette versification enchanteresse qui l'a mis à côté de Virgile. Racine, en formant Campistron du côté du théatre, n'oublia pas la fortune du jeune poëte. L'ayant proposé au duc de Vendôme, pour la composition de la pastorale héroïque d'Acis, qu'il devoit faire représenter dans son château d'Anet ; le duc aussi satisfait de ses talens que de son caractere, le fit secretaire de ses commandemens, ensuite secretaire général des galeres. Il le fit nommer depuis chevalier de l'ordre militaire de S. Jacques en Espagne, commandeur de Chimene, & marquis de Penange en Italie. Le poëte, devenu nécessaire à M. de Vendôme par l'enjouement de son esprit, & la vivacité de son imagination, l'avoit suivi dans ces différens pays. Campistron se retira dans sa patrie quelque-tems après. Il y épousa mademoiselle de Manibal, soeur de l'évêque de Mirepoix, depuis archevêque de Bourdeaux, & y mourut d'apoplexie en 1723. Il étoit mainteneur de l'académie des Jeux-Floraux depuis 1694, & membre de l'académie françoise depuis 1701. Son Théatre (1750, trois volumes in-12) est un de ceux qui ont été le plus souvent réimprimés, après les ouvrages dramatiques de Corneille, de Racine, de Crébillon & de Voltaire. On y trouve beaucoup d'intelligence de l'art. La disposition de ses pieces est presque toujours heureuse, les caracteres bien soutenus, le dialogue régulier, les situations quelquefois touchantes ; mais

le style est foible & sans coloris. Les épithetes, les conjonctions, les expressions communes reviennent trop souvent. Le sentiment est assez bien rendu ; mais point de tableaux, point de ces tirades admirables de nos grands poëtes. I. *Virginie*, son coup-d'essai, fut foiblement applaudie. II. Son *Arminius* eut un succès plus heureux. Cette piece est pleine de sentimens. III. *Andronic*, une de ses plus belles pieces, & qui est restée au théatre, fut encore mieux accueillie. IV. *Alcibiade* la suivit de près, & partagea l'applaudissement de ses ainées. Le caractere du héros & l'esprit de sa nation y sont peints avec assez de vérité & de noblesse. V. L'art qui regne dans *Tyridate*, la fit passer pour une de ses meilleures pieces. C'est un frere amoureux de sa soeur ; mais cet amour est traité avec délicatesse, & l'horreur qu'inspire une passion si criminelle, n'est pas médiocre. En admirant la simplicité du sujet, on ne fut pas moins touché de l'adresse avec laquelle le poëte tient le spectateur suspendu sur la cause de la tristesse de Tyridate, & sur son opposition au mariage d'Erinice avec Abradate. Toutes ces pieces, à l'exception de *Virginie*, ont été conservées au théatre. VI. *Phocion*, *Adrien*, tragédies ; le *Jaloux désabusé*; l'*Amante amant*, comédies ; *Achille* & *Alcide*, tragédies-opéra, ne sont plus guere lues ni représentées. Il n'y a que la pastorale d'*Acis & Galatée*, mise en musique par Lulli, qui reparoît de tems-en-tems. *Voy.* l'article de Campistron dans le vingt-cinquieme volume des *Mémoires du P. Niceron.*

CAMPISTRON, (Louis de) frere du précédent, cultiva comme lui la poésie françoise. Jésuite dès l'âge de 15 ans, il se forma dans cette société l'esprit & le goût. Le duc de Vendôme le retint auprès de lui dans ses campagnes d'Italie.

Les deux freres étoient les oracles des officiers dans toutes les matieres de bel-esprit & de littérature. On a de lui des Poésies répandues dans le recueil des Jeux-Floraux, une Ode sur le jugement dernier, & les *Oraisons funebres de Louis XIV & du Dauphin*. Il mourut en 1733, à 77 ans. Ses vers, comme ceux de son frere, manquent de nerf & de coloris : on trouve le même défaut dans sa prose.

CAMPO, (Antonio) auteur italien, né à Crémone au 15e siecle, est regardé de ses compatriotes comme un des bons historiens de cette ville du duché de Milan. Son Histoire est en italien. La meilleure édition est celle de 1585, Cremone, in-fol. On l'estime moins pour les recherches qu'elle renferme, que pour les planches au burin d'Augustin Carache. Elle est rare & recherchée ; mais l'édition de Milan, in-4°, 1645, est d'un prix très-inférieur.

CAMPRA, (André) musicien célebre, né à Aix en 1660, mort à Versailles en 1744, se fit d'abord connoître par des motets, exécutés dans des églises & des concerts particuliers. Ces petites productions lui procurerent la place de maître de musique de la maison professe des Jésuites à Paris, & ensuite la maîtrise de la métropole. Il s'exerça ensuite sur les opéra, marcha sur les pas de Lulli, & l'atteignit de fort près. Son *Europe galante*, ses *Fêtes vénitiennes*, ses *Ages*, ses *Fragmens de Lulli*, ballets ; *Hésione*, *Alcide*, *Telephe*, *Camille* & *Tancrede*, tragédies-opéra, parurent avec beaucoup d'éclat & se maintiennent encore aujourd'hui. On admira la variété, les graces, la vivacité de sa musique, & surtout cet art si rare d'exprimer avec justesse le sens des paroles.

CAMPS, (François de) naquit à Amiens en 1643, d'un clinquail-lier. Ferroni, évêque de Mende, le tira du couvent des Dominicains du fauxbourg S. Germain, où il servoit les messes, se chargea de ses études, & le fit son secretaire. Ce prélat lui donna le prieuré de Flore, obtint pour lui l'abbaye de S. Marcel, la coadjutorerie de Glandeves, & enfin l'évêché de Pamiers. Mais n'ayant pu obtenir ses bulles, à cause de sa mauvaise conduite, il eut en dédommagement l'abbaye de Signy. On a de lui plusieurs Dissertations sur les médailles, sur l'histoire de France, sur le titre de *Très-Chrétien* donné aux rois de France, sur la garde des mêmes princes, sur les filles de la maison de France données en mariage à des princes hérétiques ou païens, sur la noblesse de la race royale, sur l'hérédité des grands fiefs, sur l'origine des armoiries, sur les dignités héréditaires attachées aux terres titrées, &c. Son cabinet étoit riche en médailles. Le célebre Vaillant a publié les plus curieuses avec des explications. L'abbé de Camps mourut à Paris en 1723. Il étoit savant, laborieux ; & ses recherches ont servi aux historiens qui sont venus après lui. Ses mœurs, qui avoient été peu réglées dans le feu de l'âge & des passions, devinrent plus décentes dans sa vieillesse.

CAMPSON-GAURI, sultan d'Egypte, d'abord esclave, ensuite honoré de divers emplois, fut élevé à cette dignité par les Mammelucs vers l'an 1504 de J. C. Il gouverna avec prudence, & balança quelquetems la puissance de deux grands monarques, Ismaël, roi de Perse, & Sélim, empereur des Turcs. Il fut opprimé par ce dernier, & trahi par un de ses sujets nommé Cayerbeï, gouverneur d'Alep & de Comagene. Sélim feignant de marcher contre Ismaël, tourna contre Campson. Les armées se rencontrerent dans la Comagene, au même lieu où deux ans auparavant les Turcs avoient défait les Perfes. Cayerbeï s'acquittant de la promeffe qu'il avoit faite à Sélim, fe rangea de fon parti. Campfon, âgé de plus de 70 ans, chargé d'embonpoint, & incommodé d'une hernie, tomba de fon cheval, & fut écrafé l'an 1516 de J. C.

CAMUEL, troifieme fils de Nachor, qui a donné fon nom aux Camiletes, peuples de Syrie, au couchant de l'Euphrate. Il y a un autre Camuel, fils de Sephthan, de la tribu d'Ephraïm, qui fut un des députés pour faire le partage de la terre promife aux autres tribus.

CAMUS, (Jean-Pierre) né à Paris en 1582, nommé à l'évêché de Belley dès l'âge de 26 ans, fut facré dans fa cathédrale par S. François de Sales. Il fe rendit digne de l'amitié de ce prélat, par l'ufage de fes talens & par l'ardeur de fon zele, que le faint évêque trouvoit néanmoins être quelquefois exceffif ou déplacé. On ne peut difconvenir que la guerre qu'il déclara aux moines mendians, ne le couvrit de ridicule aux yeux des gens modérés. On vit paroître fucceffivement plufieurs ouvrages contre eux; le *Directeur défintéreffé*, la *Défappropriation clauftrale*, le *Rabat-joie du triomphe monacal*, les *Deux Hermites*, le *Reclus* & l'*Inftable*; l'*Antimoine bien préparé*, 1632, in-8°, rare; l'*Antimoine*, &c. Le cardinal de Richelieu, s'intéreffant à la réputation de ce prélat eftimable, lui fit des remontrances amicales fur cette multitude d'ouvrages injurieux, dont les titres même annonçoient le zele amer, ainfi que le mauvais goût de l'auteur. » Je ne vous » connois, lui dit cette éminence, » d'autre défaut, que cet acharnement contre les moines; & » fans cela, je vous canoniferois. » —— Plût à Dieu, lui répondit » avec vivacité Camus! nous au- » rions l'un & l'autre ce que nous » fouhaitons: vous feriez pape, &

» moi faint ». Le pieux évêque après avoir travaillé pendant vingt ans au falut de fon peuple, fe démit de fon évêché, pour ne plus penfer qu'au fien propre. Il fe retira à l'hôpital des incurables à Paris, & y mourut en 1652. Il avoit refufé deux évêchés confidérables, Arras & Amiens. *La petite femme que j'ai époufée*, difoit-il, par un jeu de mots ridicule, *eft affez belle pour un Camus*. Ce prélat avoit beaucoup d'efprit & d'imagination dans un corps mortifié. Cette imagination perce dans fes ouvrages, écrits avec une facilité merveilleufe: mais d'un ftyle moitié moral, moitié burlefque, femé de métaphores fingulieres & d'images gigantefques, d'ailleurs lâche, diffus & incorrect. Outre les ouvrages cités plus haut, on a de lui: I. Plufieurs volumes d'*Homélies*. II. Dix volumes de *Diverfités*. III. Des romans pieux, *Dorothée*, *Alcime*, *Daphnide*, *Hyacinthe*, *Carpie*, *Spiridion*, *Alexis*. Son fiecle avoit encore plus que le nôtre, le goût frivole & dangereux des lectures romanefques. Il crut que, pour guérir les malades, il falloit déguifer les remedes. Il fe mit à écrire cette foule d'hiftoriettes, où les leçons de la vertu étoient ornées des charmes de la fable, & où le lecteur trouvoit à fe diftraire, fans fe pervertir. Ce fut S. François de Sales qui lui donna le confeil de faire des romans pieux; mais il abufa de ce confeil. Ses productions romanefques font tout ce qu'on peut lire de plus ennuyeux. On a plus de deux cens volumes de cet écrivain infatigable. Les feuls qu'on trouve à préfent dans les bibliotheques choifies, font: l'*Efprit de S. François de Sales*, en fix volumes in-8°, réduits en un feul par un docteur de Sorbonne; & l'*Avoifinement des Proteftans vers l'églife romaine*, publié par Richard Simon en 1703, avec des remarques, fous ce titre: *Moyens* de réunir les Protestans avec l'église romaine. L'Apocalypse de Meliton, 1668, in-12, que Voltaire lui attribue faussement, est d'un minime apostat, nommé Pistois, mort à Sedan en 1676.

CAMUS, (Etienne le) né à Paris en 1632, d'une ancienne famille de robe, docteur de Sorbonne en 1650, évêque de Grenoble en 1671, revêtu de la pourpre romaine par Innocent XI, ne dut cette dignité qu'à sa vertu. Il avoit été aumônier du roi, avant d'être évêque. Entraîné par le torrent de la cour, il aima le monde & en fut aimé. Quoiqu'il eût été fort dissipé dans ce poste, il disoit depuis : Qu'on avoit dit de lui plus de mal qu'il n'en avoit fait ; que depuis son changement, on disoit plus de bien qu'il n'en faisoit : & que c'étoit une espece de compensation. Il joignit les austérités d'un pénitent aux travaux d'un évêque. Il fonda deux séminaires. Il visita tous les ans son diocese. Il l'instruisit par ses sermons & ses exemples. Il répandit d'abondantes aumônes. Les pauvres furent légués ses héritiers à sa mort, arrivée en 1707. C'est à lui qu'on est redevable de la Théologie morale de Grenoble, composée à sa priere par Genet, depuis évêque de Vaison. On a encore de lui : I. Plusieurs Lettres à ses curés. II. Des Ordonnances synodales, pleines de sagesse. III. Une Dissertation contre un auteur qui avoit nié la virginité de la sainte Vierge, &c. &c.

CAMUS, (Charles - Etienne-Louis) de l'académie royale des sciences de Paris, de la société royale de Londres, examinateur des ingénieurs & du corps royal de l'artillerie de France, professeur & secretaire perpétuel de l'académie royale d'Architecture, honoraire de l'académie de Marine, mort le 4 mai 1768, âgé de 58 ans, est principalement connu par son Cours de mathématiques, en 4

vol. in-8°, à l'usage des ingénieurs. On a encore de lui des Elémens de méchanique, des Elémens d'arithmétique, & d'autres ouvrages qui ont eu du cours sans être du premier mérite.

CAMUS, (Antoine le) né à Paris en 1722, mort dans la même ville en 1772, y exerça la médecine avec succès, & écrivit sur la science qu'il cultivoit. Nous avons de lui : I. La Médecine de l'esprit, Paris 1753, 2 vol. in-12. La physique & la morale ont également dicté cet ouvrage, qui est écrit avec facilité & avec chaleur. Les raisonnemens de l'auteur ne sont pas toujours justes ; mais en général ses conjectures sont ingénieuses & peuvent être très-utiles. II. Abdeker, ou l'art de conserver la beauté, 1756, 4 vol. petit in-12 : roman dans lequel l'auteur a fait entrer beaucoup de recettes & de préceptes dont les dames ont profité. III. Mémoires sur divers sujets de médecine, 1760, in-8°. IV. Mémoire sur l'état actuel de la pharmacie, 1765, in-12. V. Projet d'anéantir la petite vérole, 1767, in-12. VI. Médecine pratique, 3 vol. in-12, ou 1 vol. in-4°. VII. Il a travaillé au Journal économique depuis le mois de janvier 1753, jusqu'en 1765. Le Camus avoit du feu, de l'imagination, de la gaieté, des connoissances variées, & sa société étoit agréable.

CAMUSAT, (Jean) imprimeur distingué, fut celui de l'académie françoise, qui lui fit faire un service à sa mort, arrivée en 1639. C'étoit un homme de goût ; il n'imprimoit que de bons ouvrages, & sa presse passoit pour le sceau des livres estimables.

CAMUSAT, (Nicolas) né à Troyes en 1575, chanoine de cette ville, y mourut en 1655. C'étoit un homme d'étude & de piété. Il tourna ses lectures & ses recherches du côté de l'histoire. Ayant fouillé toutes les bibliotheques, il a laissé des ouvrages savans. I. *Promptuarium sacrarum antiquitatum Tricaſſinæ diœceſis*, 1610, in-8° : recueil utile à ceux qui veulent suivre les différentes variations de l'ancienne discipline en France ; II. *Historia Albigensium*, 1615, in-8°, recueillie sur les meilleurs manuscrits. III. *Mélanges historiques, ou recueil de plusieurs actes, traités & lettres missives depuis 1390 jusqu'en 1590*, 1619, in-8° ; curieux & recherché, &c. Camusat étoit un homme respectable, qui partageoit son tems entre les fonctions de son église & l'étude. Négligé dans son extérieur, & vivant d'une maniere fort simple, il n'avoit de l'argent que pour soulager les pauvres dont il étoit le pere. *Voyez* son éloge dans le 30e volume des *Mémoires du P. Niceron*.

CAMUSAT, (Denis-François) petit-neveu du précédent, né à Besançon en 1697, mourut à Amsterdam en 1732, dans un état qui n'étoit guere au-dessus de l'indigence. Deux fautes faites successivement manquerent de l'y jeter. Il étoit bibliothécaire du maréchal d'Estrées, & il quitta ce poste ; il n'avoit point de fortune, & il se maria. On a de lui : I. L'*Histoire des Journaux*, imprimée en France, 2 vol. in-12, où l'érudition est répandue avec peu d'agrément. Le style a une certaine vivacité ; mais il s'écarte trop souvent des regles de la bienséance : il tombe dans le trivial & le bas. II. Les deux premiers volumes de la *Bibliotheque des livres nouveaux*, journal mort en naissant. III. Les quatre premiers volumes de la *Bibliotheque françoise, ou Histoire littéraire de la France*, autre Journal mieux accueilli que le précédent, & qu'on poussa jusqu'au 34e vol. IV. Des *Mélanges de littérature*, tirés des lettres manuscrites du pere de la *Pucelle*,

de Jean Chapelain, &c. in-12.

CANACÉE, fille d'Eole, épousa secrétement son frere. Elle mit au monde un fils qui fut exposé par sa nourrice, & qui découvrit sa naissance par ses cris à son aïeul Eole, indigné de cet inceste, en fit manger le fruit par les chiens, & envoya un poignard à sa fille pour se punir elle-même. Macarée, son frere & son mari, se sauva à Delphes, où il se fit prêtre d'Apollon.

CANAYE, (Philippe, sieur du Fresne) naquit à Paris en 1551. Après s'être distingué dans le barreau, il devint conseiller d'état sous Henri III, ambassadeur en Angleterre, en Allemagne, à Venise sous Henri IV, & contribua beaucoup à pacifier les querelles de cette république avec Paul V, qui lui en marqua sa reconnoissance. Ses ambassades ont été imprimées en 1635, 3 vol. in-fol. avec sa vie à la tête. Le troisieme est le plus intéressant. C'est une histoire du différend de Paul V & des Vénitiens, très-capable de rassasier la curiosité du lecteur. Canaye mourut en 1610.

CANDAULE, roi de Lydie, eut l'imprudence de faire voir sa femme dans les bains à Gigès, son favori, pour qu'il admirât ses charmes. La reine ayant apperçu cet officier, l'engagea soit par amour, soit par vengeance, d'ôter la vie à son époux. Gigès, devenu roi de Lydie par ce meurtre, eut la femme & la couronne de son prince, vers l'an 716 avant J. C. L'aventure de Gygès a été révoquée en doute par quelques critiques.

CANDIAC, (Jean-Louis-Elisabeth de Montcalm de) génie prématuré, naquit à Candiac, dans le diocese de Nîmes en 1719. Il étoit frere du célebre marquis de Montcalm. On a parlé avec beaucoup d'inexactitude & d'exagération des connoissances précoces de cet enfant qui ne vécut que 7 ans, & mourut à Paris le 8 octobre 1726.

Son savoir étoit purement machinal, & dès qu'on s'écartoit de ce qu'il avoit arrangé dans sa mémoire, on n'en tiroit plus rien de raisonnable. *Voyez* BARATIER.

CANDISH ou CAVENDISH, (Thomas) gentilhomme anglois de la province de Suffolk, après s'être signalé dans divers combats en Europe, & avoir parcouru une partie de l'Amérique en navigateur habile & intelligent, entreprit en 1586 un voyage autour du monde. De cette course qu'il fit avec trois galions, & accompagné de cent vingt soldats, il rapporta des lumieres nouvelles & des richesses considérables. Il rentra en septembre 1588 dans le port de Plimouth, d'où il étoit sorti en juillet 1586. Trois ans après il retourna au détroit de Magellan avec cinq navires; mais la tempête le jeta sur les côtes du Brésil, où il périt à la fleur de son âge, victime de sa curiosité, & peut-être aussi de son avidité. Laët raconte ses voyages dans son *Histoire du nouveau monde*.

CANGE, (Charles du Fresne du) trésorier de France à Amiens sa patrie, naquit en 1610. Après avoir fréquenté quelque-tems le barreau de Paris, il retourna à Amiens, & se livra entierement à l'étude de l'histoire sacrée & profane, grecque & romaine, ancienne & moderne. En 1668 il vint habiter la capitale, & s'y fit autant estimer par ses talens que par sa douceur, sa politesse & sa modestie. Quoiqu'il eût embrassé la partie la plus dégoûtante de la littérature; & que, suivant ses expressions, il ne se fût arrêté qu'à la recherche des vieux mots, il sortoit de la poussiere de ses livres avec l'air le plus affable. *C'est pour mon plaisir*, disoit-il à ceux qui craignoient de le détourner, *que j'étudie, & non pour être à charge à moi-même ou aux autres*. Sa carriere littéraire s'ouvrit par l'*Histoire de l'empire de Constantinople sous*

les empereurs françois, en 1657: ouvrage plein d'érudition & de critique. Les autres livres qui le suivirent, sont: I. Son *Glossaire de la basse latinité*, en 3 vol. infolio, réimprimé en six en 1733 par les soins des Bénédictins de S. Maur, & augmenté de quatre nouveaux volumes par l'abbé Carpentier, de l'ordre de Cluni (*voyez* CARPENTIER). On n'ignore point combien ce Dictionnaire demandoit de recherches. Il n'y avoit que du Cange, qui pût assaisonner une matiere si seche, de tant de choses savantes & curieuses. On rapporte, au sujet de ce livre, une anecdote fort singuliere. L'auteur fit venir un jour quelques libraires dans son cabinet, & leur montrant un vieux coffre qui étoit placé dans un coin, il leur dit qu'ils y pourroient trouver de quoi faire un livre, & que s'ils vouloient l'imprimer, il étoit prêt à traiter avec joie. Ils accepterent l'offre avec joie; mais s'étant mis à chercher le manuscrit, ils ne trouverent qu'un tas de petits morceaux de papier qui n'étoient pas plus grands que le doigt, & qui paroissoient avoir été déchirés comme n'étant plus d'aucun usage. Du Cange rit de leur embarras, & les assura de nouveau que son manuscrit étoit dans le coffre. Enfin l'un d'eux ayant considéré plus attentivement quelques-uns de ces petits lambeaux, y trouva des remarques qu'il reconnut être le travail de du Cange. Il s'apperçut même qu'il ne lui seroit pas impossible de les mettre en ordre; parce que commençant tous par le mot que l'auteur entreprenoit d'expliquer, il n'étoit question que de les ranger suivant l'ordre alphabétique. Avec cette clef, & sur la connoissance qu'il avoit de l'érudition de du Cange, il ne balança point à faire marché pour le coffre, & pour les richesses qui étoient dedans. Ce traité fut contlu fans autre explication ; & telle eſt, dit-on, l'origine du Gloſſaire latin. II. *Gloſſaire de la langue grecque du moyen âge*, Lyon 1688, 2 vol. in-fol. en grec & en latin. Ce n'eſt pas celui de ſes ou-vrages où il y ait le moins d'érudi-tion. III. Des éditions de l'*Hiſtoire de S. Louis*, par Joinville, in-fol. IV. Les *Annales de Zonare*, en 6 vol. in-fol. V. La *Chronique paſchale d'Alexandrie*, in-fol. enrichie de notes & de diſſertations. C'eſt pendant l'impreſſion de ce dernier ouvrage que du Cange mou-rut, en 1688, à 78 ans, laiſſant beaucoup d'ouvrages manuſcrits, dont on peut voir la liſte dans un Mémoire ſur ſa vie & ſes écrits, imprimé en 1752. Louis XIV donna une penſion de 2000 liv. à ſes en-fans, en reconnoiſſance des tra-vaux du pere. Le grand Colbert lui fit propoſer de raſſembler en un corps tous les écrivains de l'hiſtoire de France. Il en donna un eſſai ; mais ce projet n'ayant pas été goûté, il l'abandonna. Nous n'a-vons pas parlé d'un traité rare & curieux, intitulé : *Traité hiſto-rique du chef de S. Jean-Bap-tiſte*, Paris 1665, in-4°. *Voyez* les *Hommes illuſtres de Perrault*, & le tome 8e des *Mémoires du P. Niceron*.

CANGIAGE ou CAMBIASI, (Lucas) né à Moneglia dans les états de Genes en 1527, reçut les premieres leçons de l'art de la pein-ture dans la maiſon paternelle. Son pere ne l'habilloit qu'à moitié, afin que gardant la maiſon, il fût plus aſſidu au travail. Dès l'âge de 15 ans, il fit des tableaux qui reçu-rent beaucoup d'éloges, & à 17 on l'employoit dans les grands ou-vrages publics. Peu de peintres ont eu plus de facilité. Il peignoit des deux mains. Tout ce qui reſte de lui, a de la vivacité, des gra-ces, de la légéreté ; on n'y deſire-roit que plus de choix. Ses deſ-ſins ſont eſtimables ; & on en

conſerve encore un grand nom-bre, quoique ſa femme & ſa ſer-vante s'en ſerviſſent pour allumer le feu. Devenu veuf, il préſenta envain au pape Gregoire XIII un placet accompagné de deux ta-bleaux, pour obtenir la diſpenſe de pouvoir épouſer ſa belle-ſœur. Philippe II, roi d'Eſpagne, l'ayant appellé à ſa cour, il s'y rendit dans le deſſein d'avoir ſa recom-mandation auprès du pape. Mais comme on lui dit que ſa demande déplairoit à ce prince ; il tomba dans une eſpece de délire, & mou-rut peu de tems après, à l'Eſ-curial, en 1585.

CANINI, (Jean-Ange & Marc-Antoine) freres, romains, con-nus par leur goût pour l'antiquité. Jean-Ange Canini, diſciple du Do-miniquin, joignit à ce goût plu-ſieurs autres talens. Il excelloit à deſſiner les pierres gravées, qu'il touchoit avec eſprit & avec légé-reté. Il avoit ſur-tout l'art de con-ſerver la fineſſe des airs de tête. Il vint en France à la ſuite du cardinal Chigi, légat du ſaint-ſiege, à qui ſon frere étoit auſſi attaché, & il eut l'honneur de connoître le grand Colbert, le plus ardent protecteur des lettres & des beaux-arts. Canini lui communiqua le deſſein d'un ouvrage qu'il avoit déja ébauché. C'eſt une ſuite des *Images des héros & des grands-hommes de l'antiquité*, deſſinées ſur les médailles, les pierres an-tiques & les autres anciens mo-numens. Le miniſtre applaudit au deſſein, & pour animer Canini, il l'engagea à offrir ſon ouvrage à Louis XIV. Canini, revenu à Rome, penſa tout de bon à rem-plir ſon engagement ; mais la mort l'enleva peu de tems après. Marc-Antoine Canini ſon frere, habile ſculpteur, ſe chargea de ce qui reſtoit à faire, & publia ce re-cueil en italien, en 1669, in-fol. On l'a réimprimé en 1731, en françois, Amſt. in-4°. Les figures de l'édition de 1669 furent gravées par Etienne Picard le Romain, & Guillaume Valet, deux des plus habiles maîtres du siecle passé, qui se trouverent à Rome, lorsque Canini entreprit de publier son livre. Ces figures sont accompagnées d'une explication curieuse, & qui fait connoître la capacité des deux freres Canini dans l'histoire & la mythologie.

CANISIUS, (Pierre) né à Nimegue le 8 mai 1521, se fit jésuite, prêcha avec un grand succès dans les principales villes d'Allemagne, sur-tout à Vienne, où il fut prédicateur de l'empereur Ferdinand. Il travailla à la conversion des hérétiques; fut le premier provincial de sa compagnie en Allemagne, & nonce du saint siège, nommé par le pape Pie IV. Il mourut à Fribourg en Suisse l'an 1597. Canisius possédoit toutes les vertus qui font un apôtre; c'est le jugement qu'en ont porté les personnes les plus illustres de son tems, en particulier les papes Pie IV, Pie V & Gregoire XIII. Les hérétiques dont il fut constamment le fléau, l'appelloient par allusion à son nom *le chien d'Autriche*. Nous avons de lui : I. *S. Cyrilli, patriarchæ Alexandrini opera*, Cologne 1546, 2 vol. in-fol. II. *D. Leonis Magni papæ sermones & homiliæ*, Louvain 1566, in-12. III. *D. Hieronymi epistolæ*, Cologne 1674. IV. *Commentaria de verbi Dei corruptelis*, Ingolstad 1583, 2 vol. in-fol. Canisius y réfute les fables inventées par les Centuriateurs de Magdebourg. V. Des Sommaires & des Notes sur les Epîtres & Evangiles, Anvers 1606, in-12. VI. *Manuale catholicorum*, Anvers 1599. VII. *Notæ in evangelicas lectiones*, Fribourg 1591, 2 vol. in-4°. VIII. *Summa doctrinæ Christianæ*. Ce Catéchisme est l'ouvrage qui a fait le plus d'honneur au P. Canisius. La premiere édition parut en 1554, mu-

nie d'un édit de Ferdinand I, roi des Romains. En 1567, il en parut une autre à Paris avec des corrections, un nouvel Edit de l'empereur Ferdinand, & un petit Poëme qui est un abrégé du Catéchisme. Les marges de cette édition sont chargées de citations. Le P. Busée en a donné une édition in-folio, où l'on trouve tout au long les passages qui servent de preuves. Il n'y a pas de livre qui ait été si souvent imprimé, ni traduit en tant de langues différentes. La meilleure version françoise, est celle du P. Verjus. Canisius donna, par ordre de l'empereur Ferdinand un Abrégé de ce Catéchisme. La meilleure édition de cet Abrégé, est celle d'Ausbourg 1762, par les soins du P. Windehofer. Enfin on a donné un Abrégé de l'Abrégé; & c'est celui-ci qui étoit en usage dans tous les colleges; petit ouvrage excellent, & d'un genre réellement inimitable, qui présente le sommaire de la foi chrétienne avec autant de clarté, d'ordre, de précision quant aux choses, que d'élégance & de dignité quant au langage. La vie du P. Canisius a été écrite en latin par Raderus, Sacchinus, Nieremberg; en italien par Fuligatti, & en françois par le P. d'Origny.

CANISIUS, (Henri) neveu du précédent, selon Valère-André; cousin-germain, selon le P. Possevin; né à Nimegue vers le milieu du 16e siecle, enseigna pendant 24 ans le droit-canon à Ingolstad. On ignore la date de sa mort; mais on sait qu'il étoit encore en vie en 1609. On a de lui : I. *Summa juris canonici*, Ingolstad 1615; & d'autres ouvrages sur le droit, qui ont été recueillis par Valère-André, Louvain 1649, in-4°. II. *Victoris, Episcopi Tununensis, Chronicon*, avec la suite de Jean de Biclare : c'est la premiere édition de cette *Chronique*, Ingolſtad 1600, in-4°. III. *Hiſtoria miſcella*, avec des notes, Ingolſtad 1603, in-12. Cette Hiſtoire eſt de Paul Winfride, diacre d'Aquilée. IV. *Antiquæ lectiones*, Ingolſtad 1601, en 6 vol. in-4°. Pluſieurs ſavans, entr'autres Marc & Antoine Velſer, George Lautherius, Albert Hunger, les PP. Poſſevin, Jacques Gretzer & André Schot lui fournirent divers pieces pour cet ouvrage. Il a été réimprimé par les ſoins de Jacques Baſnage, ſous ce titre : *Theſaurus Monumentorum eccleſiaſticorum & hiſtoricorum, ſeu Lectiones antiquæ, cum notis variorum, a Jacobo Baſnage*, in-fol. 7 tomes en 4 vol. Amſterdam 1725. Le ſavant éditeur les a ornées de doctes préfaces & de remarques utiles & curieuſes, avec quelques notes & variantes de Capperónier. Ce recueil renferme diverſes pieces importantes ſur l'hiſtoire du moyen âge, & ſur la chronologie. L'auteur étoit un homme d'une érudition vaſte, & ce qui eſt plus rare, ſage & modeſte.

CANITZ, (le baron de) célebre poëte allemand, d'une famille ancienne & illuſtre de Brandebourg, naquit à Berlin en 1564, cinq mois après la mort de ſon pere. Après ſes premieres études, il ſe mit à voyager en Italie, en France, en Angleterre, en Hollande. De retour dans ſa patrie, il fut chargé de négociations importantes par Fréderic II, électeur de Brandebourg. Fréderic III, ſon ſucceſſeur, s'en ſervit auſſi utilement. Il mourut à Berlin en 1609 à 45 ans, conſeiller-privé-d'état. Il réunit les qualités d'homme-d'état & de poëte ; & au talent de la poéſie, beaucoup d'autres connoiſſances, & l'étude des langues mortes & vivantes. Ses Poéſies allemandes ont été publiées pour la dixieme fois en 1750, in-8°. Il prit Horace pour modele, & l'égala quelquefois. Son ſtyle eſt auſſi pur que délicat. C'eſt le Pope de l'Allemagne. Le baron de Canitz

ne ſe contentoit pas de cultiver les beaux-arts : il les protégeoit, non en amateur faſtueux, ſuperficiel, inutile ; mais en amateur éclairé, ſolide, vrai & généreux. Sa mere étoit une femme ſinguliere. Ayant épuiſé la France en modes nouvelles, elle voulut faire venir un mari de Paris. Son correſpondant lui envoya un aventurier d'environ 50 ans, nommé de Binbroc, d'un tempérament foible & valétudinaire. Il arrive ; Mde de Canitz le voit & l'épouſe. Les dégoûts que lui procura ce mariage, empêcherent les veuves de Berlin d'adopter cette mode. *Voyez* les *Mémoires de Brandebourg*, tome 2.

CANO, *voyez* CANUS.

CANOPE, divinité égyptienne, dont les prêtres paſſoient pour des magiciens. On l'adoroit ſous la figure d'un grand vaſe ſurmonté d'une tête humaine, & couvert de caracteres hiéroglyphiques. Les Chaldéens, adorateurs du feu, défioient les dieux de toutes les autres nations, comme n'étant que d'or, d'argent, de pierre ou de bois, de pouvoir réſiſter au leur. Un prêtre du dieu Canope accepta le défi, & l'on mit les deux dieux aux priſes enſemble. On alluma un grand feu, au milieu duquel on plaça la ſtatue de Canope, de laquelle il ſortit une grande quantité d'eau qui éteignit entiérement le feu. Le dieu Canope demeura ainſi vainqueur, & fut regardé comme le plus puiſſant des dieux ; mais il ne dut cet avantage qu'à la ruſe. Un des prêtres de ce dieu, ayant percé le vaſe de pluſieurs petits trous, & les ayant enſuite exactement fermés avec de la cire, l'avoit rempli d'eau, que la chaleur du feu fit bientôt ſortir, après avoir fondu la cire.

CANTACUZENE, *voyez* JEAN & MATTHIEU.

CANTARINI, (Simon) ſurnommé *le Péſareſe*, parce qu'il étoit de Pézaro, né en 1612, diſciple & ami du Guide, ſe perfec-

tionna en l'imitant. On confondit
quelquefois les ouvrages du maître
avec ceux de l'éleve. Ce peintre célebre mourut à la fleur de son âge à
Vérone, en 1648.

CANTEL, (Pierre-Joseph) né
au pays de Caux en 1645, entra dans la compagnie de Jesus &
s'y distingua. Il mourut à Paris
en 1684. Son ardeur pour l'étude
abrégea ses jours. Nous avons de
lui : I. Un traité *de Romana
Republica*, in-12, à Utrecht
1707 ; c'est un excellent abrégé
des antiquités romaines. Les meilleures éditions font celles d'Utrecht, avec des figures. II. *Metropolitanarum urbium Historiæ
civilis & ecclesiasticæ, tomus
primus*. C'est le seul qui ait paru.
Il donna le *Justin ad usum Delphini*, Paris 1677, in-4°, & le
Valere Maxime, aussi *ad usum*,
&c. Paris 1679. Ces éditions sont
estimées.

CANTEMIR, (Demetrius) né
en 1673, d'une famille illustre de
la Tartarie. Son pere, de gouverneur de trois cantons de Moldavie,
devint prince de cette province en
1664. Demetrius, envoyé de bonne
heure à Constantinople, se flattoit
de lui succéder ; mais il fut supplanté à la Porte par un concurrent.
Le ministre ottoman l'ayant envoyé
en 1710 dans la Moldavie pour la
défendre contre le czar Pierre, il
la livra à celui contre qui on l'avoit envoyé combattre. Demetrius
suivit son nouveau maître dans ses
conquêtes. Il eut, en dédommagement de ce qu'il avoit perdu, le
titre de prince avec des terres, des
domaines, & une autorité entiere
sur les Moldaviens qui quitterent
leur patrie pour s'attacher à son
sort. Il mourut en 1723, dans ses
terres de l'Ukraine, aimé & estimé.
On a de lui plusieurs ouvrages.
I. *L'Histoire & l'origine de la
décadence de l'Empire Ottoman*,
traduite du latin en françois par
l'abbé de Jonquieres, 1743, en 4

volumes in-12 ou in-4°. II. *Système de la religion mahométane :*
ouvrage écrit & imprimé en langue
russe, par ordre de Pierre le Grand
à qui il est dédié. III. *Etat présent de la Moldavie*, en latin,
avec une grande carte du pays,
&c. &c.

CANTEMIR, (Antiochus) dernier fils du précédent, & l'objet
des complaisances de son pere, s'adonna comme lui à l'étude, aux
sciences & aux arts. Il fut successivement ambassadeur à Londres &
à Paris. De retour en Russie, il se
conduisit avec beaucoup de prudence dans les différentes révolutions qui agiterent cette contrée,
& mourut en 1744. Les Russes connoissoient avant lui quelques chansons rimées ; mais il est le premier
qui ait introduit chez eux des poésies d'une certaine étendue. Outre
une traduction d'Anacréon & des
Epitres d'Horace, il donna en langue russe des Satyres, des Fables,
des Odes, &c. Il a encore fait connoître à ses compatriotes plusieurs
ouvrages étrangers, dont il n'y
avoit guere de fruits à espérer pour
la sagesse & les mœurs, tels que les
Lettres persanes, &c. L'abbé de
Guasco, traducteur de ses Satyres,
in-12, a écrit la vie de ce prince
en admirateur panégyriste.

CANTERUS, (Guillaume) né
à Utrecht le 24 juillet 1541, parcourut la France, l'Italie, l'Allemagne, & lia amitié avec un grand
nombre de savans. Il se fixa ensuite à Louvain, y vécut dans la
retraite, se livrant avec passion à
l'étude ; la matinée étoit consacrée à
la lecture, & l'après-dînée à écrire.
Il fut constamment attaché à la religion de ses Peres, & mourut dans
de grands sentimens de piété le
18 mai 1575. Juste-Lipse en fait
l'éloge dans sa premiere épître
à Corneille Valere. Il laissa beaucoup d'ouvrages. I. Huit livres de
corrections, d'explications & de
fragmens de divers auteurs en latin,

réimprimés dans le Tréſor de Gruter. II. *Syntagma de ratione emendandi græcos auctores*, Anvers 1571, in-8°. III. Des éditions & des traductions de quelques écrivains grecs & latins. IV. Des Poéſies latines, &c. &c. *Voyez* Nicéron, tom. 29, p. 334.

CANTERUS, (Théodore) frere du précédent, exerça la magiſtrature, & cultiva les ſciences à Utrecht ſa patrie. L'an 1611, il fut dépouillé de ſes biens & exilé, ſous prétexte qu'il favoriſoit les Catholiques. Il ſe retira à Anvers, & delà à Leuvarde, où il mourut en 1617, âgé de 71 ans. On a de lui : I. *Variæ lectiones*, Anvers 1574. II. Des notes ſur le livre d'Arnobe contre les Gentils, 1582, in-8°.

CANTWEL, (André) médecin, du comté de Typperary en Irlande, de la ſociété royale de Londres, mort le 11 juillet 1764. Il ſe diſtingua par divers ouvrages eſtimés. Les plus connus ſont : I. Diſſertations latines ſur la médecine, ſur les fievres, ſur les ſécrétions. II. Nouvelles *Expériences ſur les remedes de Mlle Stephens*. III. *Hiſtoire d'un remede pour la foibleſſe des yeux*. IV. *Tableau de la petite vérole*, 1758, in-12. V. *Diſſertations ſur l'inoculation*.

CANULEIUS, tribun du peuple romain, ſe fit aimer des Républicains par ſon oppoſition aux nobles. Il ſouleva le peuple vers l'an 445 avant J. C., & il obtint que les Plébéiens pourroient s'allier avec les Patriciens.

CANUS, (Melchior) dominicain eſpagnol, né à Tarançon dans le dioceſe de Tolede en 1523, profeſſeur de théologie à Salamanque, fut envoyé au concile de Trente ſous Paul III ; & nommé évêque des Iſles Canaries en 1552. Il n'en prit point poſſeſſion. Il mourut à Tolede en 1560, provincial de Caſtille. Ce religieux n'avoit pas voulu pendant long-tems être évêque : peut-être pour ne pas

s'éloigner de Philippe II, dont il avoit gagné l'affection. Tous les théologiens ont donné des éloges à ſon traité des *Lieux théologiques* en latin, Padoue 1727, in-4°, tant pour les excellentes choſes qu'il renferme, que pour la maniere élégante de les exprimer. On lui reproche ſeulement d'avoir trop affecté d'imiter les ouvrages de rhétorique d'Ariſtote, de Cicéron, de Quintilien & des autres auteurs profanes ; & de fatiguer ſon lecteur par de longues digreſſions & par une foule de queſtions étrangeres à ſon ſujet. Les lieux théologiques d'où il tira ſes argumens, ſont l'Ecriture-ſainte, les traditions apoſtoliques, les peres, les conciles, &c. Ce théologien condamnoit fortement toutes ces queſtions vaines & abſurdes, dans leſquelles des ſcholaſtiques barbares noyoient la raiſon, du tems de Scot, d'Okam, & de tous ces autres champions de l'ineptie. Il n'étoit pas plus ami des Jéſuites, & ne craignoit pas de les regarder comme des précurſeurs de l'Antechriſt. On lui attribue *Prælectiones de pœnitentia.*

CANUS ou CANO, (Sébaſtien) biſcaïen, compagnon de l'illuſtre Magellan dans ſes courſes maritimes, paſſa avec lui vers l'an 1520 le détroit, auquel ce célebre voyageur donna ſon nom. Après la mort de Magellan, il gagna les iſles de la Sonde, d'où il alla doubler le cap de Bonne-Eſpérance. Il rentra dans Séville en 1522, ayant le premier fait le tour du monde par l'Orient, en trois ans & quatre ſemaines. Charles-Quint lui donna pour deviſe un globe terreſtre avec ces paroles : *Primus me circumdediſti* ; c'eſt-à-dire, *Tu m'as le premier parcouru tout autour.*

CANUT, dit *le grand*, roi de Danemarck, *voyez* EDMOND.

CANUT IV, (Saint) roi de Danemarck, frere & succeſſeur de Herold, monta ſur le trône en 1074, & fut tué dans l'égliſe de S. Alban, de la ville d'Odenſée, ſituée dans l'iſle de Funen, l'an 1086, ſelon la plus vraiſemblable opinion. Son zele pour la religion, qui fut la cauſe de ſa mort, lui mérita le nom de *Martyr*. » Son » zele, dit un auteur moderne, » pour la propagation de la foi chré- » tienne, le ſoin qu'il prit de bâtir » & de réparer pluſieurs égliſes, » ſon application à rendre la juſ- » tice, une pratique continuelle » des vertus chrétiennes; le bon » ordre qu'il s'efforça d'établir » dans le royaume, après avoir » donné lui-même l'exemple par le » réglement de ſon domeſtique: » tout cela partoit d'un fond de » religion, & en fit un grand ſaint, » comme ſes autres qualités le ren- » dirent grand prince. Car il délivra » le Dannemarck des incurſions des » Sembes, des Eſthons & des habi- » tans de la Courlande; il rétablit » la ſûreté de la navigation, en » puniſſant les pirates du dernier » ſupplice; il ne pardonnoit pas » plus aux étrangers, qu'à ſes pro- » pres ſujets, s'il en trouvoit quel- » qu'un coupable de vol ou de » meurtre; il rétablit la peine du » talion, *œil pour œil, dent* » *pour dent*; il avoit pris des me- » ſures pour recouvrer le royaume » d'Angleterre, deſſein que la tra- » hiſon de ſon frere Olaüs fit » échouer. Enfin jamais la juſtice » n'avoit été exercée avec plus » d'exactitude & plus de vigueur » dans le Dannemarck ». *Hiſt. du Dann. par des Roches*, tom. 2 p. 249. Il y a eu quelques autres princes de ce nom; entr'autres un fils d'Eric *le bon*, roi de Danne- marck, aſſaſſiné le 7 janvier 1130, & mis auſſi au nombre des martyrs.

CAOURSIN, (Guillaume) né à Douai vers 1430, étoit originaire de Rhodes, & fut attaché à l'ordre de ce nom en qualité de ſecretaire

& de vice-chancelier, ſans y être reçu. Il étoit marié, & mourut en 1501. Ses ouvrages, qui concernent l'ordre de Rhodes, imprimés à Ulm en 1496, in-fol. ſont aſſez rares. Ils ont été traduits en al- lemand par Jean Adelphus, ou Jean Brüder, médecin de Strasbourg au 16e ſiecle.

CAPACCIO, (Jules-Céſar) né à Capagna dans le royaume de Naples, fut, gentilhomme du duc d'Urbin, & ſecretaire de la ville de Naples, Il mourut en 1631. On a de lui une *Hiſtoire de Naples*, imprimée dans cette ville en 1607, in-4°, qui eſt au nombre des livres rares; & des *Apologues* en vers italiens, 1619, in-4°, avec figures.

CAPANÉE, l'un des comman- dans de l'armée des Argiens, ſe diſ- tingua pendant la guerre de Thebes par ſa force & ſon courage. Ce fut le premier qui eſcalada les murailles de cette ville; & il mourut ſur le haut du rempart, accablé de fleches & de pierres. C'étoit un impie qui avoit coutume de dire, qu'il ne faiſoit pas plus de cas des foudres de Jupiter, que de la chaleur du midi, & qu'il prendroit Thebes malgré ſon tonnerre. Les poëtes ont feint que ce dieu l'avoit fou- droyé.

CAPECE, (Scipion) napolitain, poëte latin du 16e ſiecle, tâcha d'imiter Lucrece dans ſon poëme *Des principes des choſes*, Franc- fort 1631, in-8°, & y réuſſit aſſez bien. Le cardinal Bembo & Manuce mettoient cet ouvrage à côté de ſon modele. On en a donné une édition avec la traduction italienne, Ve- niſe 1754, in-8°. On a encore de lui des Elégies; des Epigrammes; & un poëme *de Vate maximo*, que Geſner, ſans doute ami du poëte, égaloit aux productions de l'antiquité.

CAPEL, (Arthur) baron d'Hani- dam, étoit gouverneur de Glo- ceſter pour le roi, lorſque Fairfax, chef des parlementaires, vint aſſiéger cette place en 1645. Ce général se servit d'une rufe singuliere pour tâcher d'emporter la place. Il fit venir Arthur, fils de Capel, étudiant alors à Londres, pour engager son pere à lui conserver la vie, en s'accommodant avec le parlement. Quoique le jeune-homme n'eût que dix-fept ans, il répondit toujours que son pere étoit trop fage pour avoir befoin des avis d'un enfant. Fairfax furieux fit mettre le jeune Arthur, nu jufqu'à la ceinture, au milieu d'une troupe de foldats qui avoient les épées tirées contre lui. Pendant qu'il regardoit ce trifte fpectacle, il entendit un des officiers de Fairfax, qui lui dit : *Préparez-vous à vous rendre, ou à voir répandre le fang de votre fils.* Capel, pour toute réponfe, cria à fon fils avec fermeté : *Mon fils, fouvenez-vous de ce que vous devez à Dieu & au roi :* paroles qu'il répéta trois fois. Il rentra enfuite dans la place, & exhorta les officiers à demeurer fermes, non pour venger fon fils, mais pour venger leur roi. Ce bon citoyen ayant été forcé de capituler, périt en 1649 par le même fupplice que celui de Charles I, & fut condamné par les mêmes juges.

CAPELLA, Marcianus Mineus Félix) poëte latin, vivoit vers l'an 490 de J. C. On croit qu'il étoit africain & proconful. On a de lui un poëme intitulé : *De nuptiis Philologiæ & Mercurii, & de feptem Artibus liberalibus.* Grotius donna une bonne édition de cette production médiocre en 1599, in-8°, avec des notes & des corrections.

CAPELLO, (Blanche) d'une des plus illuftres familles patriciennes de Venife, feconde femme de François II de Médicis, grandduc de Tofcane, fe vit élevée à ce haut rang, après la mort d'un nommé *Pierre Bonaventuri,* commis d'une maifon de banque, qu'elle avoit époufé en premieres

noces. Elle mourut en 1585.

CAPET, *voyez* HUGUES-CAPET.

CAPILUPI, (Camille) natif de Mantoue, s'eft rendu fameux par fon libelle intitulé : *Les ftratagêmes de Charles IX contre les huguenots,* en italien, Rome 1572, in-4°, traduit en françois 1574, in-8°. Il y décrit le maffacre de la St Barthélemi. Il rapporte des chofes fort fingulieres fur les motifs & les fuites de cette violence ; mais ce libelle eft rempli d'idées fauffes & de faits calomnieux. Capilupi eft auffi compté entre les poëtes latins. Il avoit deux freres, dont l'un nommé Hyppolite, fut évêque de Fano ; l'autre eft Lelio dont on va parler.

CAPILUPI, (Lelio) frere du précédent, poëte latin, né à Mantoue comme Virgile, employoit fi heureufement les vers de fon compatriote, & réuffiffoit fi bien à leur donner des fens divers, qu'il furpaffa en ce genre Aufone, Proba Falconia, & les autres qui fe font exercés fur le même fujet. Il a chanté dans cette forte de vers l'origine des moines, leurs regles, leurs vies ; les cérémonies de l'églife ; l'hiftoire du mal de Naples, &c. Deux de fes freres, Hippolyte & Jules, avoient le même talent de décompofer & de recoudre Virgile. Outre leurs *Centons,* on a des vers de ces poëtes, dont les penfées & les expreffions ne font qu'à eux. On a réuni leurs Poéfies, in-4°, Rome, 1590. Une petite partie des Poéfies de Lelio fe trouve auffi dans les *Deliciæ Poëtarum Italorum.* Cet auteur célèbre mourut en 1560, à 62 ans. On a imprimé féparément fon *Cento ex Virgilio de vita Monachorum,* à Venife, 1550, in-8° ; & fon *Centon contre les Femmes,* Venife 1550, in-8°.

CAPISTRAN, (Saint Jean de) difciple de Bernardin de Sienne,

& frere Mineur comme lui, marcha sur les traces de son maître. Il tiroit son nom de Capistran dans l'Abruzze, où il étoit né en 1385 d'un gentilhomme angevin. Il signala son zele & son éloquence dans le concile de Florence pour la réunion de l'église grecque avec l'église romaine ; dans la Bohême contre les hérétiques ; dans la Hongrie contre les Turcs. Il se mit à la tête d'une croisade contre les Hussites, & en convertit plusieurs. Lorsque Huniade entra en vainqueur dans Belgrade, Capistran, prédicateur de l'armée, regardé comme un homme inspiré, s'y distingua tellement, qu'il parut incertain à qui on devoit davantage, ou à la valeur du héros, ou aux sermons du missionnaire. Capistran ne craignit point de s'attribuer la gloire de cette journée dans ses lettres au pape & à l'empereur. Il mourut trois mois après, en 1456 : purifié sans doute, par la pénitence, d'une tache que la vanité humaine regarde comme très-légere, mais qui n'en est pas moins opposée à la sainteté de l'Evangile. Peut-être croyoit-il qu'en attribuant cette grande victoire à un homme qui n'avoit aucune connoissance de l'art de la guerre, elle seroit plutôt regardée comme l'effet de la protection divine. C'est mal-à-propos qu'on lui a reproché les peines infligées aux Hussites rebelles & obstinés ; elles étoient décernées par la puissance séculiere ; le zélé missionnaire n'y eut aucune part. On a de lui un grand nombre d'écrits ; un *Traité de l'autorité du pape & du concile*, un *Traité de l'excommunication* ; un autre *sur le mariage* ; quelques-uns *sur le droit civil*, *l'usure & les contrats* ; l'*Apologie du tiers-ordre de saint François* ; le *Miroir des clercs*, &c. Alexandre VIII le canonisa en 1690.

CAPISUCCHI, (Blaise) marquis de Monterio, capitaine célebre par son intelligence dans l'art militaire. Les Protestans ayant mis le siege devant Poitiers en 1569, jéterent un pont sur la riviere pour donner l'assaut. Capisucchi, romain, & héritier du courage de ses anciens compatriotes, se jeta dans l'eau avec deux autres, & coupa les cables du pont, qui fut bientôt entraîné par les eaux. Il ne signala pas moins sa valeur sous le duc de Parme. Le pape lui donna ensuite le commandement de ses troupes à Avignon & dans le Comtat-Venaissin.

CAPISUCCHI, (Paul) chanoine du Vatican, auditeur de Rote, évêque de Neocastro & vicelégat de Hongrie, s'acquitta avec honneur de plusieurs négociations, dont Clément VII & Paul III le chargerent. Ce dernier pontife l'ayant envoyé à Avignon, alors déchiré par mille factions, il calma tout par sa prudence. Il mourut à Rome en 1539, à 60 ans. Il y a eu plusieurs autres personnes de mérite du même nom ; Camille Capisucchi, frere de Blaise, & aussi bon guerrier que lui, commandant des troupes du pape en Hongrie ; Raimond de la même famille, de dominicain devenu cardinal, mort en 1691, auteur de plusieurs ouvrages de théologie.

CAPITOLIN, (Julius) historien latin du 3e siecle, auteur de plusieurs vies d'empereurs. Il n'écrivoit ni avec pureté, ni avec exactitude. On trouve son ouvrage dans le recueil intitulé : *Scriptores Historiæ Romanæ Latini veteres*, à Heidelberg 1742, en 3 vol. in-fol.

CAPITON, (Wolfgang) théologien luthérien, ami d'Œcolampade & de Bucer, naquit à Haguenau en 1478, & mourut de la peste en 1542. Sa premiere femme étoit veuve d'Œcolampade. Sa seconde se piquoit de bel-esprit, & s'avisoit même de prêcher, lorsque

lorsque son mari étoit malade. On a de Capiton plusieurs ouvrages, entr'autres une *Grammaire Hébraïque*, & la *Vie de Jean Œcolampade*.

CAPNION, *voyez* REUCHLIN.

CAPORALI, (César) natif de Pérouse, fut gouverneur d'Atri, au royaume de Naples, & mourut à Castiglione, près Pérouse, en 1601. Il s'est fait connoître par des *Poësies burlesques*, imprimées en 1656, in-12. Il a donné aussi la comédie du *Fou*, & celle de *la Berceuse*.

CAPPEL, (Louis) né à Sedan en 1585, ministre protestant & professeur d'hébreu à Saumur, effaça la gloire des autres Hébraïsans, par une critique sûre & une érudition consommée. Ces deux qualités brillent dans tous ses ouvrages, justement estimés des savans. Les principaux sont, I. *Arcanum punctuationis revelatum*, à Leyde 1624, in-4°; dans lequel il montre invinciblement la nouveauté des points voyelles du texte hébreu, contre les deux Buxtorfs. Cet ouvrage, la terreur des théologiens de Genève attachés aux Buxtorfs, souleva contre lui leur parti composé de presque tous les Protestans. Il n'en a pas été moins recherché par les amateurs de la critique sacrée. II. *Critica sacra*, imprimée à Paris en 1650, in-fol. qui fit encore plus de bruit que l'ouvrage précédent. Ce savant ouvrage qui mettoit en poudre l'infaillibilité massorétique, & qui répandoit des incertitudes sans nombre sur le texte hébreu moderne, unique fondement de la foi des Protestans, déplut si étrangement aux Calvinistes, qu'ils en empêcherent pendant dix ans l'impression. Ce fut Jacques Cappel son fils aîné qui, s'étant fait catholique, obtint par les entremises des PP. Petau, Morin & Mersenne, un privilege pour l'imprimer à Paris du vivant de son

pere. Arnold Boot, Jacques Usserius, & Jean Buxtorf le fils, attaquerent cet ouvrage, mais sans lui faire grand mal : Louis Cappel répondit par deux lettres savantes, imprimées à Saumur 1651 & 1652, in-4°; força les Protestans ses confreres à respecter les anciennes versions, auparavant méprisées chez eux, & les mit dans la nécessité, ou de se soumettre avec les Catholiques à l'autorité de la tradition, pour s'assurer du sens des livres sacrés, ou de recourir à la chimere de l'esprit particulier qui ne peut contenter que des fanatiques. III. Des *Commentaires sur l'ancien Testament*, publiés à Amsterdam, avec l'*Arcanum*, Amsterdam 1689, in-fol. Cappel mourut à Saumur en 1658, à 73 ans. *Voyez* de Catalogue des ouvrages de Cappel dans le tome 22 des *Mémoires du P. Niceron*, qui a accordé un article à un autre Louis Cappel, zélé calviniste mort à Sedan le 6 janvier 1586, & oncle de celui que nous avons fait connoître.

CAPPELLI, (Marc-Antoine) cordelier, né à Este, écrivit d'abord en faveur de Venise, dans son différend avec Paul V, *Parere delle controversie*, &c. 1606, in-4°; puis s'étant rétracté, il employa sa plume contre les ennemis de l'autorité du pape, *De summo Pontificatu B. Petri*, 1621, in-4°. *De Cœna Christi suprema*, 1625, in-4°. Il passa par les charges de son ordre, & mourut à Rome en 1625.

CAPPERONIER, (Claude) né à Mont-Didier en Picardie l'an 1671, fut destiné d'abord à la tannerie par ses parens. Il apprit de lui-même les élémens de la langue latine, dans les momens qu'il pouvoit dérober à son travail. Un de ses oncles, bénédictin de l'abbaye de Corbie, l'ayant fait étudier, ses progrès furent tels que les heureuses dispositions l'avoient promis. Il vint à Paris en 1688, & se livra avec tant d'ardeur à l'étude du grec, qu'on le mit à côté de ceux de son siècle qui connoissoient le mieux cette langue. Il ne sépara jamais l'étude de la langue grecque, de celle de la langue latine, pensant, avec raison, que la première le conduiroit à une parfaite intelligence de la seconde. L'université de Bâle, instruite de son mérite, lui offrit une chaire de professeur extraordinaire en grec, avec des honoraires considérables pour toute sa vie, & une entière liberté de conscience, sans laquelle ces honoraires n'auroient été que peu de chose. Son mérite ne fut pas moins connu dans sa patrie, que chez l'étranger. Il fut nommé en 1752 à la place de professeur en grec au collège royal, & soutint dans ce poste la réputation qu'il s'étoit acquise. Il mourut en 1744 chez Mr. Crozat, dont il avoit élevé les fils. On a de lui plusieurs ouvrages. I. Une édition de Quintilien, in-fol. 1725, avec des corrections & des notes. Le roi, à qui il l'a dédia, récompensa son travail par une pension de 800 livres. II. Une édition des anciens rhéteurs latins, publiée à Strasbourg en 1756, in-4°. III. *Observations philologiques* (en manuscrit), qui réunies feroient plusieurs volumes in-4°. L'auteur y redresse une infinité de passages des anciens auteurs grecs & latins, & relève beaucoup de fautes commises par les traducteurs modernes. IV. *Traité de l'ancienne prononciation de la langue grecque*, dont on a fait espérer l'impression, sans que jusqu'ici on l'ait vu paroître, &c. Des mœurs douces & simples, une piété éclairée & sincere, un caractere communicatif & officieux, le firent regretter de tous ceux qui font cas de la probité réunie au savoir. Sa mémoire étoit prodigieuse, & elle lui tenoit lieu de recueil.

CAPPONI, (Pierre) magistrat de Florence, s'est fait un nom par son intrépidité. Lorsque Charles VIII, roi de France, partit pour son expédition de Naples, il exigea dans sa marche que les Florentins lui fournissent de l'argent, & qu'ils lui accordassent une sorte de juridiction dans leur république. Capponi, un de leurs députés, se trouva un jour avec ses collegues, en présence de Charles, à une conférence où un secretaire de ce prince lisoit les conditions qu'on vouloit prescrire. Il arracha brusquement le papier des mains du secretaire, le déchira avec emportement; & élevant la voix: *Eh bien*, dit-il, *faites battre le tambour; & nous, nous sonnerons nos cloches: voilà ma réponse à vos propositions.* Il sortit en même-tems de la chambre. Ce discours hardi fit imaginer qu'il n'auroit jamais eu cette audace, s'il ne se fût senti en état de la soutenir. Il fut rappellé; on lui accorda des conditions modérées.

CAPRA, (Benoît) jurisconsulte de Pérouse sur la fin du 14e siecle, est auteur de plusieurs ouvrages peu connus; quoique Socin l'appelle *illustre*, *célebre*, *homme d'un excellent jugement & d'une conscience timorée*.

CAPRARA, (Enée, comte de) seigneur de Siklos, chevalier de la toison d'or, & général des armées impériales, étoit de Bologne en Italie, & neveu du fameux général Piccolomini. Il porta les armes de bonne heure, & ne les quitta que fort tard. Il fit quarante-quatre campagnes. Il se signala sur-tout dans celle de 1685, lorsque, sous le commandement du duc de Lorraine, il prit d'assaut sur les Turcs la ville de Neuhausel. Ce succès & quelques autres firent oublier qu'il avoit été battu auparavant par Turenne. Depuis il commanda souvent en chef l'armée de l'empereur. Il mourut à Vienne en 1701, à 70 ans, aussi bon politique qu'excellent capitaine. Il avoit été envoyé, en 1682 & 1683, ambassadeur à la Porte, où il ménagea les intérêts de l'empereur en homme habile.

CAPRÉOLE, (Jean) dominicain, professeur de théologie à Paris, laissa des *Commentaires sur le maître des sentences*, 1588, in-folio & une *Défense de S. Thomas*. Il florissoit vers le milieu du 15e siecle.

CAPRÉOLE, (Elie) mort en 1516, auteur d'une *Histoire de Bresse*, sa patrie, en 14 livres, qu'on trouve dans le tome 9 de la Collection des Historiens d'Italie, de Grævius.

CAPRIATA, (Pierre-Jean) génois, écrivit l'*Histoire des guerres d'Italie*, depuis 1613 jusqu'en 1634, Geneve 1638, 3 vol. in-4°. L'auteur se flatte avec raison d'avoir tenu la balance entre les puissances, sans aucune partialité ni pour les uns ni pour les autres. Il expose les faits avec netteté, & en développe les motifs, les causes & les suites avec candeur. Il vivoit dans le 17e siecle.

CAPTAL DE BUCH, *voyez* GRAILLY.

CARA-MUSTAPHA, neveu du grand-visir Coprogli. Son oncle le fit élever parmi les ichoglans, ou jeunes-gens du serrail. Il se fit aimer des eunuques, & en moins de dix ans, il fut mis au nombre des officiers de la chambre du trésor. Un jour la sultane Validé étant allée avec l'empereur Mahomet IV, fut charmée de l'air & de la bonne mine du jeune Mustapha, en fit son amant, & lui accorda ses bonnes-graces. Ce fut par la protection de cette princesse qu'il fut élevé de dignités en dignités jusqu'à la place de grand-visir. Le sultan ajouta à ces honneurs, celui de lui faire épouser sa fille. Son ministere auroit été aussi heureux que brillant, s'il fut moins entré dans les intrigues du serrail. Amoureux de la princesse

Basch-Carl, sœur de Mahomet, il mit tout en œuvre pour la posséder; mais inutilement. La sultane Validé, indignée du mépris de Mustapha, qu'elle avoit seule élevé, fit avorter tous les desseins de ce ministre. Mustapha, pour se venger, fit ôter à la sultane Validé la part qu'elle avoit au gouvernement de l'empire. Il n'en fallut pas davantage pour l'exposer à l'indignation de cette princesse. Elle appuya auprès du grand-seigneur les murmures qu'excitoient sa mauvaise conduite dans la guerre de Hongrie, & sa lâcheté au siege de Vienne, qu'il leva honteusement en 1683, après y avoir fait périr les meilleures troupes de l'empire ottoman. Elle se servit enfin de la perte de Gran, pour animer les Janissaires à la révolte, & pour obliger par ce moyen le grand-seigneur à le sacrifier à la haine publique. Mahomet eut d'abord de la peine à y consentir; mais s'y voyant contraint, il lui envoya son arrêt de mort par deux agas des Janissaires, qui l'étranglerent à Belgrade le 25 décembre 1683.

CARACALLA, (Marc-Aurele-Antonin) naquit à Lyon l'an 188, de Septime Sévere & de Julie. Le jour même de la mort de son pere, ses soldats le proclamerent empereur avec Geta son frere. L'antipathie qui étoit entre ces deux princes augmentant tous les jours, Caracalla fit poignarder Geta entre les bras de Julie sa mere, qui fut teinte de son sang. Le fratricide, resté seul empereur, gagna les soldats en augmentant leur paie de moitié. Cette libéralité aveugla ces misérables : ils approuverent son crime, & déclarerent Geta ennemi du bien public. Il rentra ensuite dans Rome avec tous ses soldats en armes, criant que Geta avoit eu envie de le tuer lui-même, & que Romulus s'étoit défait de son frere avant lui. Pour diminuer l'horreur de son crime, il fit mettre Geta au

D 2

rang des dieux, se mettant fort peu en peine qu'il fût dans le ciel, pourvu qu'il ne régnât pas sur la terre : *Sit divus, dum non sit vivus.* Il chercha par-tout des apologistes de ce meurtre. Papinien fut mis à mort, pour n'avoir pas voulu, à l'exemple de Sénèque, colorer un tel forfait. *Il n'est pas si aisé,* répondit-il, *d'excuser un parricide, que de le commettre.* Le scélérat, déchiré par des remords continuels, fit un voyage dans les Gaules. Il troubla les peuples, viola les droits des villes, & ne s'en retira qu'après avoir inspiré une haine universelle. Ses impôts & ses exactions épuisèrent toutes ses provinces. Sa mere lui reprochant ses profusions, le tyran ne lui répondit que ces mots : *Sachez, quêtant que je porterai cela* (en lui montrant une épée nue), *j'aurai tout ce que je voudrai.* Cette épée ne défendit pas son empire contre les barbares. Les Cates, les Allemands & d'autres peuples de la Germanie lui ayant déclaré la guerre, il acheta la paix à prix d'argent. Sa lâcheté ne l'empêcha pas de prendre le nom de *Germanique,* de *Parthique* & d'*Arabique.* Il contrefit Alexandre & Achille, & ordonna à tout le monde de l'appeller *Alexandre* ou *Antonin le Grand.* Ne pouvant imiter la valeur du héros macédonien, il en copia les manieres, marchant comme lui la tête penchée sur une épaule, & tâchant de réduire ses traits à la figure de ce conquérant. Etant allé à Alexandrie en sortant d'Antioche, il donna ordre à ses soldats de faire main-basse sur le peuple, pour le punir de quelques railleries lâchées au sujet de la mort de Geta. Le carnage fut, dit-on, si horrible, que toute la plaine étoit couverte de sang. La mer, le Nil, les rivages voisins en furent teints pendant plusieurs jours. Ce barbare finit par interdire les assemblées des savans & par faire murer tous

les quartiers de la ville. La terre fut bientôt délivrée de ce monstre. Un centenier des Prétoriens le tua peu de tems après, l'an 217. Le jour de sa mort fut un jour de réjouissance pour tous les peuples. Méchant envers tous, sans être bienfaiteur d'aucun, il laissa une mémoire aussi odieuse que celle des Néron & des Caligula.

CARACCIO, (Antoine) baron romain du 17e siecle, se fit un nom par ses Poésies italiennes. Parmi ses Tragédies, on distingue *il Corradino,* imprimée à Rome en 1694. Un ouvrage plus important l'occupa ; c'est son *Imperio vendicato,* poëme épique en quarante chants, imprimé à Rome en 1690, in-4°. Les Italiens le placent immédiatement après l'Arioste & le Tasse ; mais les gens de goût, en admirant la facilité & l'abondance de l'auteur, mettent son poëme beaucoup au-dessous du *Roland le furieux* & de la *Jerusalem délivrée.*

CARACCIOLI, (Jean-Antoine) natif de Melphes, d'une famille illustre, fut le dernier abbé régulier de S. Victor de Paris. Il tyrannisa ses confreres, & se vit obligé de permuter son abbaye en 1551 avec l'évêché de Troyes. Il s'étoit fait connoître d'abord avantageusement par son *Miroir de la vraie religion,* Paris 1544, in-16 ; mais il ternit ensuite sa réputation par son attachement aux nouvelles opinions. Il prêcha le calvinisme à ses diocésains, & les scandalisa en se mariant. Il mourut en 1569, à Château-neuf sur Loire, méprisé des deux partis.

CARACCIOLI, (César Eugenio) de la même famille que le précédent, florissoit dans le 17e siecle, & se fit connoître par quelques ouvrages. Le plus considérable est une *Histoire ecclésiastique de Naples,* en italien, 1654, 1 vol. in-4°. Charles Lellis y fit un vol. in-4°, d'augmentations. Cette hiſtoire eſt peu commune en Italie.

CARACHE, (Louis) peintre célebre, né à Bologne en 1555, ne montra pas d'abord tout ce qu'il fut dans la ſuite. Cet homme, qui ſurpaſſa tous les peintres de ſon tems, auroit abandonné la peinture, s'il eût ſuivi les conſeils de ſon maître. Les chef-d'œuvres d'Italie réveillerent peu-à-peu ſon génie. Il s'attacha ſur-tout à la maniere du Correge, joignant les beautés de l'antique à la fraîcheur des ouvrages modernes, & oppoſant les graces de la nature aux afféteries du goût dominant. Ce fut par ſes conſeils qu'on établit à Bologne une académie de peinture, dont il fut le chef & le modèle. Il pouvoit l'être, par ſon goût grand & noble, par ſa touche délicate, par ſa ſimplicité gracieuſe. L'hiſtoire de S. Benoît & celle de Ste Cécile, qu'il peignit dans le cloître de S. Michel *in Boſco* à Bologne, forment une des plus belles ſuites qui ſoient ſorties de la main des hommes. Ce grand peintre mourut à Bologne en 1619.

CARACHE, (Auguſtin) couſin du précédent, bolonois comme lui, excella dans la peinture & la gravure. Il partagea ſon eſprit entre les arts & les lettres, éclairant les uns par les autres. Son habileté dans le deſſin lui faiſoit réformer ſouvent les défauts des tableaux qu'il copioit. Ce qui reſte de lui eſt d'une touche libre & ſpirituelle, ſans manquer de correction. Ses figures ſont belles & nobles, mais ſes têtes ſont moins fieres que celles d'Annibal ſon frere. Il mourut à Parme en 1602, à 43 ans. Il laiſſa un fils naturel, mort à 35 ans. Carache a gravé très-agréablement & très-correctement pluſieurs morceaux au burin, d'après le Correge, le Tintoret & d'autres grands peintres.

CARACHE, (Annibal) frere du précédent. Ces deux peintres ne pouvoient vivre enſemble, ni ſéparément. La jalouſie les éloignoit l'un de l'autre; le ſang & l'habitude les réuniſſoient. Annibal, le plus illuſtre, ſaiſiſſoit dans l'inſtant la figure d'une perſonne. Ayant été volé dans un grand chemin avec ſon pere, il alla porter ſa plainte chez le juge, qui fit arrêter les voleurs ſur les portraits qu'il en deſſina. Il n'avoit pas moins de talent pour les caricatures; c'eſt-à-dire, pour ces portraits qu'on charge de mille ridicules, en conſervant pourtant la reſſemblance de la perſonne dont on veut ſe venger. Le Correge, le Titien, Michel-Ange, Raphaël, le Parmeſan furent ſes modèles. C'eſt dans leur école qu'il apprit à donner à ſes ouvrages cette nobleſſe, cette force, cette vigueur de coloris, ces grands coups de deſſin qui le rendirent ſi célebre. Sa galerie du cardinal Farneſe, chef-d'œuvre de l'art, & chef d'œuvre trop peu récompenſé, eſt un des plus beaux morceaux de Rome. Le cardinal Farneſe crut bien payer cet ouvrage, achevé à peine en huit ans, en lui donnant cinq cens écus d'or. Annibal en tomba malade de chagrin; & cette triſteſſe, jointe aux maladies que lui avoient laiſſées ſes débauches, l'emporta en 1609, à 49 ans. Ses tableaux principaux ſont à Bologne, à Parme, à Rome, à Paris, chez le Roi & le duc d'Orléans. Ce grand maître laiſſa pluſieurs éleves dignes de lui, entr'autres le Guerchin, l'Albane, le Guide, le Dominiquin, le Bologneſe, &c.

CARAFE, (Antoine) de l'illuſtre maiſon de ce nom, cardinal dans le 16e ſiecle, auſſi diſtingué par ſes lumieres que par ſon rang, fut mis par Sixte V à la tête des éditeurs de la *Bible des Septante*. Elle fut publiée par ſes ſoins, avec la préface & les ſcholies de Pierre Morin, à Rome 1587, in-folio. Cette Bible fut traduite en latin, & parut à Rome en 1588, in-fol. L'une & l'autre ſont rares. Le P. Morin en a donné une nouvelle édition à Paris en 1628, 3 vol. in-folio. Il y a joint le nouveau Testament en grec & en latin.

CARAGLIO, (Jean-Jacques) graveur en pierres fines, originaire de Vérone, se fit également connoître par ses estampes, ses gravures & ses médailles. Sigismond I, roi de Pologne, l'appella à sa cour, employa ses talens & les récompensa.

CARAMUEL DE LOBKOWITS, (Jean) cistercien, né à Madrid en 1606, d'un père flamand & d'une mere allemande. Il fut envoyé aux Pays-Bas avec le titre d'abbé & comte de Melrose en Ecosse, & celui de vicaire-général de l'abbé de Citeaux dans les isles Britanniques. En 1638 il fut reçu docteur en théologie à Louvain. Il fut l'un des premiers qui se déclarerent contre l'*Augustinus* de Jansenius, & qui recurent avec respect les décrets d'Urbain VIII qui le condamnoient. Il eut beaucoup à souffrir à cette occasion, selon ce qu'il rapporte lui-même. Quelque-tems après il fut fait abbé de St-Disibode ou Dissembourg dans le Bas-Palatinat. Ses premiers soins furent d'y réparer les désordres que l'hérésie y avoit causés; il y travailla avec un zele infatigable & un succès éclatant à la conversion des hérétiques. L'archevêque de Mayence le prit pour son suffragant, & il fut décoré du titre d'évêque de la Mysie. Il fut ensuite vicaire-général de l'archevêque de Prague. Cette ville étant assiégée par les Suédois en 1648, il crut que sa qualité de religieux ne devoit l'empêcher de prendre les armes pour la défendre contre des hérétiques. Il se distingua tellement à la tête d'une compagnie d'ecclésiastiques, qu'il reçut en récompense un collier d'or de l'empereur. Caramuel avoit déja signalé son courage & son industrie à Louvain en 1635, & à Frankental dans le Palatinat, où il avoit fait le rôle d'ingénieur & mis à profit

les connoissances qu'il avoit dans les mathématiques. La tranquillité étant rendue à la Bohême, il travailla à la conversion des Protestans, & suivant le témoignage du cardinal de Harrach, archevêque de Prague, il en convertit jusqu'à vingt-cinq mille. Son zele & ses succès lui procurerent l'évêché de Koenigsgratz en Bohême; mais il n'en eut que le titre, les revenus étant entre les mains des Luthériens. Alexandre VII lui donna l'évêché de Campagna dans le royaume de Naples en 1657. Il s'y fixa jusqu'en 1673; vers la fin de cette année il fut pourvu de celui de Vigevano entre Milan & Pavie; c'est-là qu'il finit ses jours le 8 septembre 1682. C'étoit un homme d'un esprit infini, & dont on disoit qu'il avoit reçu le génie au huitieme degré, l'éloquence au cinquieme, & le jugement au second. Il se mêla beaucoup de théologie morale, & n'en fit pas mieux; celle qu'il publia est si relâchée, que personne ne veut être soupçonné d'y avoir puisé quelque décision, moins encore de la suivre dans la pratique. Il fut un des plus ardens défenseurs de la probabilité, pour laquelle il fit une Apologie. On a encore de lui un grand nombre d'ouvrages, dont on voit le catalogue dans le tome 29 des *Mémoires du P. Niceron*. Comme la plûpart n'ont point passé en France, nous ne citerons que sa *Trithemii Steganographia vindicata*, Nuremberg, 1721, in-4°, & sa *Théologie latine*, 7 vol. in-fol. &c.

CARANUS, premier roi de Macédoine, & le septieme des Héraclides depuis Hercule, selon la fable, chassa Midas, fonda sa monarchie vers l'an 894 avant J. C. Depuis lui, jusqu'à Alexandre le Grand, on compte ordinairement 23 rois.

CARAVAGE, (Michel-Ange) dont le nom étoit Amerigi, naquit dans le château de Caravage dans le Milanès, en 1590. Il commença d'abord, par porter le mortier aux peintres qui peignoient à fresque, & finit par être un des plus grands artistes d'Italie. Il dut tout à la nature, ses talens & ses progrès; mais il reçut d'elle en même-tems une humeur querelleuse & satyrique, qui remplit sa vie d'amertume. Ayant appellé en duel le Josepin, & celui-ci refusant de se battre, il alla à Malthe pour se faire recevoir chevalier-servant. Les faveurs de cet ordre ne purent contenir son caractere. Il insulta un chevalier de distinction, & fut mis en prison. S'étant sauvé à Rome, où il avoit déja tué un jeune-homme, il eut encore quelques affaires fâcheuses, & mourut sans secours sur un grand chemin en 1609, à l'âge de 40 ans. Ce peintre n'avoit point d'autre guide que son imagination souvent déréglée. Delà le goût bizarre & irrégulier qui regne dans ses ouvrages. Il vouloit être singulier, & n'avoit pas de peine à y réussir. Il eut d'abord le pinceau suave & gracieux du Giorgion, qu'il changea pour un coloris dur & vigoureux. S'il avoit un héros ou un saint à représenter, il le copioit sur quelque paysan. Il imita la nature, à la vérité; mais non pas, dans ce qu'elle a de gracieux & d'aimable.

CARAUSIUS, tyran en Angleterre dans le 3e siecle, étoit né en Flandre d'une famille obscure. De grands talens pour la guerre de terre & de mer le firent distinguer dans celle que Maximien Hercule fit aux Bagaudes. Cet empereur lui confia le commandement d'une flotte, chargée de défendre les côtes de la Gaule Belgique & de la Bretagne. Mais ayant appris qu'il se ménageoit un parti chez les peuples voisins, il ordonna de le faire mourir. Carausius, en secret averti de cet ordre, passe avec sa flotte en Angleterre en 287, & s'y fait reconnoître empereur. Il gagna le cœur de ces insulaires; & les

forma aux armes & à la discipline. En vain Maximien, deux ans après, vint l'attaquer avec une flotte formidable, il fut battu, & obligé de lui laisser, par un traité, la Grande-Bretagne, pour la défendre contre les barbares. Il associa ensuite l'usurpateur à la puissance souveraine, en lui confirmant le titre d'Auguste. Carausius n'en jouit pas long-tems. Un de ses officiers, nommé Allactus, l'assassina en 294, & se revêtit de la pourpre impériale, quoiqu'il n'eût pas ses talens. Carausius joignoit à une imagination vive, à un caractere ferme, le génie d'un grand politique & le courage d'un héros. Il fit rétablir, pendant la paix qu'il s'étoit procurée, la muraille de Septime Sévere. Il avoit environ 50 ans lorsqu'il fut assassiné.

CARAZZOLE, (Joannin) natif d'Ombrie en Italie, d'une famille fort médiocre, fut un triste exemple des caprices de la fortune. Devenu secretaire de Jeanne II, reine de Naples, au commencement du 15e siecle; il plut, ainsi que beaucoup d'autres, à cette princesse, qui l'aima passionnément. Elle lui donna, comme en dot, le duché de Melfi, & la charge de grand-connétable du royaume; mais une si haute élévation eut une fin des plus tragiques. Cette reine le dépouilla de tous ses biens & de tous ses honneurs, & le fit mourir avec autant de cruauté, qu'elle avoit eu d'amour pour lui. Pogge assure que ce fut Carazzole qui se chargea d'assassiner Jean Caraccioli, grand-général du royaume de Naples, qui avoit profité de la passion de la reine à son égard, pour augmenter ses biens & dominer dans l'état.

CARCAVI, (Pierre de) conseiller au parlement de Toulouse, puis conseiller au grand-conseil à Paris, & garde de la bibliotheque du Roi, naquit à Lyon, & mourut à Paris en 1684. Il fut ami de

Fermat, de Pascal & de Roberval. On trouve plusieurs de ses lettres dans le *Recueil* de celles de Descartes, avec lequel il s'étoit brouillé, après une liaison fort étroite. Carcavi étoit bon mathématicien.

CARDAN, (Jérôme) naquit à Pavie en 1501, d'une mere qui l'ayant eu hors du mariage, tenta vainement de perdre son fruit par des breuvages. Il vint au monde avec des cheveux noirs & frisés. La nature lui accorda un esprit pénétrant, accompagné d'un caractere beaucoup moins heureux. Bizarre, inconstant, opiniâtre, il se piquoit, comme Socrate, d'avoir un démon familier; & son démon, s'il en eut un, fut moins sage encore que celui du philosophe grec. Après avoir signalé sa folie, autant que son savoir, dans la médecine & les mathématiques, à Padoue, à Milan, à Pavie, à Bologne, il se fit mettre en prison dans cette derniere ville. Dès qu'il eut la liberté, il courut à Rome, obtint une pension du pape, & s'y laissa mourir de faim en 1576, pour accomplir son horoscope. Il avoit promis de ne pas vivre jusqu'à 75 ans, il voulut tenir parole. Ses *Œuvres*, recueillies en 1663 par Charles Spon, en 10 vol. in-fol. sont une immense compilation de rêveries & d'absurdités. Son principal ouvrage est le *Traité de la subtilité*, attaqué par Jules Scaliger dans ses *Exercitations*, souvent avec justesse, & quelquefois sans raison. L'édition la plus rare de ce Traité est celle de Nuremberg en 1550, in-fol. Richard le Blanc le traduisit en françois, 1556, in-4°. Son traité *De rerum varietate*, Bâle 1557, in-fol. mérite aussi quelque attention. Cardan étoit un passable géometre. Il perfectionna la théorie des problêmes du troisieme degré, graces aux lumieres de Tartalea, célebre mathématicien, dont il s'attribua les découvertes en vrai plagiaire. La manie

de l'astrologie judiciaire éclate dans tous ses traités astronomiques. Il attribuoit à son étoile ses impiétés, ses méchancetés, ses déréglemens, son amour pour les femmes, sa passion pour le jeu, &c. *Voyez* sa *Vie* plus au long & la liste de ses ouvrages dans le *Dictionnaire* de *Bayle*, & sur-tout dans le 14e volume des *Mémoires du P. Niceron.*

CARDAN, (Jean-Baptiste) fils aîné du précédent, docteur en médecine comme lui, eut la tête tranchée à 26 ans, en 1560, pour avoir empoisonné sa femme, jeune personne sans biens, dont il s'étoit dégoûté peu de tems après le mariage. C'est à cette occasion que son pere fit son traité: *De utilitate ex adversis capienda*, De l'utilité que l'on doit retirer des adversités. On a du fils un traité *De fulgure*, & un autre *De abstinentia ciborum fœtidorum*, imprimés avec les ouvrages de son pere. *Voyez* encore le 14e volume des *Mémoires du P. Niceron*, p. 249.

CARDI, peintre, *voyez* CIVOLI.

CARDINAL, (Pierre) prêtre & poëte provençal, natif d'Argence près de Beaucaire, se chargea de l'éducation de la jeunesse de Tarascon. Charles II, roi de Naples & de Sicile, exempta cette ville de tout subside pendant dix ans, à condition qu'elle entretiendroit l'homme de lettres qui faisoit fleurir leur pays par ses soins & ses talens. Cardinal réussissoit dans tous les genres de littérature. On a de lui, *Las lauzours de la Dama d'Argensa.*

CARDONNAY, *voyez* VACQUETTE.

CAREL, (Jacques) plus connu sous le nom de Lerac, qui est l'anagramme de son nom, naquit à Rouen. Son poëme intitulé: *Les Sarrasins chassés de France*, dont le héros est Childebrand, fit naître ces quatre vers de Boileau:

O le plaisant projet d'un poëte
    ignorant,
Qui de tant de héros va choisir
    Childebrand !
D'un seul nom quelquefois le son
    dur & bizarre
Rend un poëme entier ou burlesque,
    ou barbare.

L'abbé Carel fit des efforts de génie, pour justifier le choix de son héros contre le Satyrique. Il voulut prouver que le nom de Childebrand avoit quelque conformité avec celui d'Achille ; ce qui n'ajouta pas peu au ridicule dont il s'étoit couvert.

CARIBERT ou CHERIBERT, roi de Paris, succéda à son pere Clotaire I en 561, & mourut à Paris en 567. Ami des belles-lettres, il parloit le latin comme sa langue naturelle. Zélé pour l'observation des loix, il ne s'occupoit que du bonheur & de la tranquillité de ses sujets. Roi pacifique ; mais jaloux de son autorité, il l'avoit su soutenir avec autant de dignité que de fermeté. Il ne faut pas le confondre avec Caribert ou Charibert, roi d'Aquitaine, frere de Dagobert I, & mort au château de Blaye en 631.

CARIGNAN, voyez SAVOIE.

CARIN, (Marc-Aurele) fils de l'empereur Carus, qui le nomma César en 282 & l'envoya dans les Gaules. Carin s'y souilla de crimes & de débauches, & s'opposa à Dioclétien ; mais après plusieurs combats, il fut tué en Mœsie l'an 285, par un tribun dont il avoit séduit la femme. C'étoit un prince d'un esprit foible & d'un cœur corrompu. Il porta le déshonneur dans la plûpart des familles des Gaules, & accabla les peuples d'impôts. Sans égards pour les hommes respectables que son pere lui avoit donnés pour conseil, il les chassa de sa cour, & mit à leur place les vils compagnons de ses plaisirs & les ministres de ses exactions. Il

ôta la vie au préfet du prétoire, & donna sa dignité à un homme de la lie du peuple. Un simple notaire, qui le servoit dans ses débauches, fut élevé au consulat. Ce prince, se faisant un jeu des liens sacrés de l'hymen, avoit épousé neuf femmes, qu'il répudioit à mesure qu'il s'en dégoûtoit, & même pendant le tems de leur grossesse.

CARLE, (le général) né dans un village des Cévennes, passa dans les pays étrangers après la révocation de l'édit de Nantes. Il servit le roi Guillaume, la reine Anne, le roi de Portugal, les Etats-Généraux. Il prit Alcantara, conduisit le siege de Salamanque, défendit Barcelone contre Philippe V, & fit cette retraite de l'Andalousie, que le maréchal de Berwick mettoit au nombre des plus belles.

CARLENCAS, voyez JUVENAL.

CARLIER (Jean-Guillaume) peintre né à Liege en 1640, fut disciple de Bertholet Flémale, & égala presque son maître en peu de tems. Il mourut à l'âge de 35 ans, l'an 1675. Les tableaux que l'on a de lui, entr'autres le Martyre de St Denis, représenté dans le plafond de la collégiale de ce nom à Liege, montrent qu'il auroit été un des premiers peintres de l'Europe, si la mort ne l'avoit moissonné dans un âge si peu avancé.

CARLOMADERNO, voyez MADERNO.

CARLOMAN, fils aîné de Charles Martel, & frere de Pepin le Bref, cessa de gouverner l'Allemagne & la Thüringe, pour se faire moine du Mont-Cassin. Il s'étoit fait un nom dans le monde par sa valeur & ses vertus : il s'en fit un dans le cloître par sa vie humble & pénitente. Il mourut à Vienne en Dauphiné en 755.

CARLOMAN, fils de Pepin le Bref, & frere de Charlemagne, fut roi d'Austrasie, de Bourgogne, & d'une partie de l'Aquitaine, en 768. Par sa mort arrivée en 771,

Charlemagne devint maître de toute la monarchie françoise.

CARLOMAN, fils de Louis le Begue, & frere de Louis III, eut l'Aquitaine & la Bourgogne en partage, en 879. Ces deux princes, unis de cœur & d'intérêts, battirent souvent les Normands. Louis III étant mort en 882, Carloman devint seul roi de France, & mourut lui-même d'une blessure qu'un sanglier lui fit à la chasse en 884.

CARLOMAN, fils de Louis le Germanique, partagea le royaume de Baviere avec ses freres Louis & Charles. Il fut encore roi d'Italie & empereur. Il mourut en 880, sans laisser d'enfans de son épouse légitime.

CARLONE, (Jean) peintre génois, né en 1590, mort à Milan en 1630, peignoit parfaitement le raccourci. Tout ce qui sortoit de son pinceau avoit de la grandeur, de la force & de la correction. Le plafond de l'Annonciade de Genes, sur lequel il a représenté l'histoire de la Vierge, est un très-beau morceau. Jean-Baptiste, son frere, finit les ouvrages qu'il avoit laissés imparfaits. Cette famille a produit plusieurs autres peintres & sculpteurs.

CARLOS, (Don) fils de Philippe II, roi d'Espagne, parut dès son bas-âge violent dans toutes ses passions. Il déplut à son pere par son caractere indocile, faux, hautain, & des vices qui annoncerent dès-lors des suites funestes. Il traita avec les rebelles de Hollande, & leur promit de partir dans quelque tems pour se mettre à leur tête. Il fit mettre dans la ruelle de son lit un coffre rempli d'armes à feu. Il se fit faire de petits pistolets d'invention nouvelle, pour porter toujours sur lui, sans qu'on les pût voir; & il commanda à un fameux ouvrier françois de lui faire, pour la chambre, une serrure à secret qui ne se pût ouvrir que par-dedans. Philippe, instruit & alarmé des précautions qu'il prenoit, ré-

solut de s'assurer de sa personne. L'ouvrier de cette serrure extraordinaire, trouva le moyen de l'ouvrir. Le roi entra pendant la nuit dans la chambre de don Carlos. Le malheureux prince dormoit si profondément, que le comte de Lerme put ôter, sans l'éveiller, les pistolets qu'il tenoit sous son chevet. Il alla s'asseoir ensuite sur le coffre où étoient les armes à feu. Le prince, ayant été éveillé avec peine, s'écria qu'il étoit mort: le roi lui dit, *que tout ce qu'on faisoit étoit pour son bien.* Mais don Carlos, voyant qu'il se saisissoit d'une cassette pleine de papiers qui étoit sous son lit & qui contenoit des choses étranges, entra dans un désespoir si furieux, qu'il se jeta tout nud dans un brasier, que les gens avoient laissé allumé dans la cheminée, à cause du froid extrême qu'il faisoit alors. Il fallut l'en tirer de force, & il parut inconsolable de n'avoir pas eu le tems de s'y étouffer. On démeubla d'abord sa chambre, & pour tout meuble on n'y laissa qu'un méchant matelas à terre. Aucun de ses officiers ne parut depuis en sa présence. On lui fit prendre un habit de deuil; il ne fut plus servi que par des hommes vêtus de même. Le roi, ayant vu ses desseins & ses intelligences par les papiers dont il s'étoit saisi, lui fit faire son procès, & il fut condamné à mort. On prétend qu'il se fit ouvrir les veines dans un bain; d'autres disent qu'il fut empoisonné ou étranglé. On place sa mort le 24 juillet 1568. On a observé que cette année, ainsi que la nature du crime attribué à don Carlos, sont exprimés dans ce vers d'Ovide au 1er liv. des Métamorp.

FILIUS ANTE DIEM PATRIOS INQUIRIT IN ANNOS.

Quelques auteurs ont cru que Philippe s'étoit porté à cette dure extrémité par la découverte la plus accablante pour un roi, un mari & un pere. On dit qu'il découvrit que le prince aimoit & étoit aimé de la reine Elisabeth : ce qu'il y a de certain, c'est que cette princesse mourut peu de tems après. M. de Thou, en parlant de la mort de don Carlos, observe que " Philippe n'y donna " les mains que lorsqu'il se fut " convaincu, qu'il ne lui restoit " plus aucun moyen de corriger " son fils & de sauver l'état, & " que malgré tout cela il lui eût " conservé la vie, si le malheureux " prince devenu furieux par la dé- " couverte de ses crimes, ne se fût " efforcé en différentes manieres de " se tuer soi-même ; que Philippe, " ayant la mort de l'infant, ren- " dit compte au grand & saint pon- " tife Pie V, des circonstances ac- " cablantes où il se trouvoit & de " la conduite qu'il croyoit devoir " y tenir, &c ; que le pape fit " le plus grand éloge du Monar- " que, &c ". On trouve tout cela écrit d'une maniere intéressante & bien détaillée, qui porte l'empreinte & qui inspire la confiance de la vérité, dans le 43e livre de l'Histoire de ce célebre président, t. 11, p. 506 & suiv. édit. de Geneve, 1620.

CARLOSTAD ou CAROLSTAD, (André-Rodolphe) dont le véritable nom étoit *Bodenstein*, chanoine, archidiacre & professeur de théologie à Wirtemberg, donna le bonnet de docteur à Martin Luther, & lia amitié avec lui. Un jour qu'ils étoient à table, il paria, le verre à la main, qu'il renouvelleroit les opinions de Bérenger contre la présence réelle. Il tint parole, il écrivit : mais il donna dans la plus grande des absurdités, en disant que ces paroles de Jesus-Christ dans la cene, *Ceci est mon corps*, ne se rapportoient pas à ce qu'il donnoit ; mais qu'il vouloit seulement se montrer assis à table. C'étoit un fanatique bouillant & singulier. Il se livroit à tout le monde, & personne ne le vouloit. Il erra longtems de ville en ville, persuadant aux écoliers de mépriser les sciences,

de ne s'attacher qu'à la Bible, de brûler tous leurs livres & d'apprendre quelque métier. Il leur en donna l'exemple, en se faisant laboureur. Il fut le premier ecclésiastique d'Allemagne qui se maria publiquement. Cette cérémonie se fit avec beaucoup de profanation. Ses disciples firent des oraisons propres pour ce mariage, & les chanterent à la Messe. La premiere commençoit ainsi : *O Dieu qui, après l'extrême aveuglement de vos prêtres, avez daigné faire la grace au bienheureux Carlostad d'être le premier qui ait osé prendre femme, sans avoir égard aux loix du Papisme ; nous prions, &c.* Il se retira à Bâle après avoir vu Zuingle, & y mourut dans la misere en 1541. On a de lui beaucoup d'ouvrages de controverse, méprisés des Catholiques & peu estimés des Protestans.

CARMAGNOLE, (François) fut ainsi appellé du lieu de sa naissance ; d'abord réduit à garder les pourceaux, il parvint, de cette profession ignoble, à la dignité de général de Philippe Visconti, duc de Milan. Il soumit à l'obéissance de ce prince Parme, Crémone, Bresse, Bergame, &c. Son mérite lui avoit acquis le commandement ; l'envie l'en dépouilla. Carmagnole retiré chez les Vénitiens, & devenu général de leur armée, marcha contre son prince, & l'obligea à demander la paix. Ses services ne l'empêcherent point d'être traité comme un perfide. Ayant été battu dans un combat naval, on l'accusa de quelque intelligence avec l'ennemi ; & sur cette accusation très-peu fondée, on lui coupa la tête en 1422. Son véritable crime étoit d'avoir traité les grands d'orgueilleux dans la paix, & de lâches dans la guerre.

CARNÉADES, de Cyrene, fondateur de la troisieme académie, apôtre du Pyrrhonisme comme Arcésilas, mais d'un Pyrrhonisme plus raisonnable. Il admettoit des vérités constantes, inaltérables, fondées fur l'effence même de Dieu, mais obfcurcies par tant de ténebres, que l'homme ne pouvoit démêler la vérité parmi les fauffetés dont elle étoit entourée. Il confentoit que la vraifemblance nous déterminât à agir, pourvu qu'on ne prononçât fur rien d'une maniere affirmative. Les Stoïciens, & fur-tout Chryfippe, eurent en lui un adverfaire redoutable; mais il les réfuta avec beaucoup de retenue, difpofant fon efprit à les combattre par une prife d'ellebore, & avouant que fans Chryfippe il n'auroit pas été ce qu'il étoit. Par une vaine envie de fe faire remarquer, commune à tous ces vieux fages, il négligeoit le foin de fon corps, & laiffoit croître fes cheveux & fes ongles. Il faifoit femblant d'oublier de manger, & il falloit que la fervante lui mît les morceaux à la main, & fouvent à la bouche. La morale lui parut préférable à la phyfique: auffi s'y appliqua-t-il davantage. Il avoit fouvent à la bouche cette maxime, remarquable dans un païen, quoique très-inférieure à celles que l'évangile établit fur l'amour de nos ennemis: *Si l'on favoit*, difoit-il, *qu'un ennemi vînt s'affeoir fur de l'herbe qui cacheroit un afpic; on agiroit en mal-honnête homme fi l'on ne l'en avertiffoit pas, quand même notre filence ne pourroit pas être repris publiquement.* Ayant fu qu'Antipater fon antagonifte s'étoit détruit par le poifon: *Qu'on m'en donne auffi*, s'écria-t-il! — *Et quoi*, lui dit-on? — *Du vin miellé*, répondit-il, ayant bientôt réprimé cette faillie de courage. Carnéades étoit furtout fort éloquent. Les Athéniens ayant été condamnés à payer cinq cens talens pour avoir pillé la ville d'Orope, ce philofophe députa à Rome parla avec tant de force, que Caton, fe défiant des charmes de fes difcours: *Renvoyez*, dit-il, *ce Grec; il femble que les Athéniens, en le chargeant de leurs affaires, aient voulu triompher de leurs vainqueurs.* Carnéades mourut âgé de 85 ans, la quatrieme année de la CLXIIe olympiade, la 129e avant J. C., regrettant fortement la vie. Il y eut à fa mort une éclipfe de lune: *Comme fi le plus bel aftre après le foleil* (dit froidement le plat hiftorien Diogene Laërce) *eût pris part à cette perte.*

CARO, (Annibal) né à Cittanova en Iftrie en 1507, fut fucceffivement fecretaire de plufieurs prélats, puis du duc de Parme, & enfin de Pierre-Louis Farnefe. Ce prince le députa vers Charles V, pour une commiffion importante. Caro, auffi bon négociateur que grand poëte, s'en acquitta avec fuccès. Peu de tems après fon retour en Italie, fon maître ayant été tué par les Plaifantins fes nouveaux fujets; les cardinaux Alexandre & Ranuce, & le duc Octave Farnefe, fe difputerent Caro. Canonicats, prieurés, abbayes, commanderies mêmes de l'ordre de Malthe, tout lui fut prodigué. Il étoit trop heureux; l'envie l'attaqua: mais fon principal ennemi, ayant été convaincu d'erreurs capitales, fut condamné comme hérétique par le faint-office, & échappa avec bien de la peine aux peines qu'il méritoit. Caro, accablé d'infirmités & dégoûté du métier de courtifan, quitta fes protecteurs, & finit fa vie dans l'étude, & la retraite en 1566. Sa mémoire eft encore chere aux gens-de-lettres d'Italie, par les excellentes productions dont il les a enrichies. Les principales font: I. Une traduction de l'*Enéide de Virgile*, en vers italiens, que la pureté & l'élégance du ftyle, la fidélité & le choix des expreffions ont fait mettre à la tête des ouvrages qui font le plus d'honneur à leur langue. L'édition la plus rare eft celle de Venife 1581, in-4°. Il y en a eu plufieurs autres: une des meilleures eft celle de Paris 1765, 2 vol. in-8°.

II. Un recueil de ses Poésies, imprimé à Venise en 1584, in-4°. La langue toscane s'y montre dans toute sa beauté. Les grands seigneurs, les gens-de-lettres firent sur-tout un accueil favorable à ses sonnets. On le compara à Pétrarque & à Bembo, & il soutient quelquefois le parallèle. III. Des traductions de quelques auteurs sacrés & profanes, des oraisons de S. Grégoire de Nazianze & de S. Cyprien, de la rhétorique d'Aristote, &c. IV. Deux volumes de Lettres, regardées par les Italiens comme des modeles en ce genre. Elles furent imprimées à Venise, en 1582, in-4°; & elles ont reparu à Padoue en 1749, en 3 vol. in-8°, avec la vie de l'auteur.

CAROUGE, *voyez* GRIS.

CARPENTIER, (Jean le) *voy.* CHARPENTIER.

CARPENTIER, (Pierre) prieur de Doncheri, né à Charleville en 1697, entra de bonne heure dans la congrégation de S. Maur. Des mécontentemens l'obligerent de passer dans l'ordre de Cluni. Il vécut à Paris sans être attaché à aucune maison, cultivant les lettres, & fouillant dans les archives & dans les bibliotheques. Il mourut au mois de décembre 1767. Il est auteur en partie de l'édition du *Glossaire de du Cange*, 6 vol. in-fol. & en entier du *Supplément*, à ce Glossaire, 4 vol. in-fol. 1766: ouvrage plein de recherches & d'érudition. On a encore de lui: *Alphabetum Tironianum*, in-fol. 1747. Ce sont des anciens monumens écrits en notes ou caracteres d'abréviation, que ce savant a publiés avec des remarques sur ces caracteres, dont Tiron, affranchi de Ciceron, passe pour être l'inventeur.

CARPI, (Jacques) tira son nom de Carpi dans le Modenois. Il s'appelloit Bérenger, & florissoit vers l'an 1522. Il fut un des restaurateurs de l'anatomie. On l'accusa d'avoir disséqué deux Espagnols en

vie, pour approfondir davantage cette science. On avoit imputé le même crime à Erasistrate & à Hérophile. Ce qu'il y a de certain, c'est qu'il s'est réalisé dans ce siecle, & que tous les moyens employés pour rendre ces horreurs invraisemblables ou douteuses, n'ont fait que les constater davantage; mais c'est un siecle de philosophie; celui de Carpi ne l'étoit pas. Quoiqu'il en soit, Carpi fit plusieurs découvertes anatomiques, & fut un des premiers qui guérirent le mal vénérien par les frictions mercurielles. Ce secret lui acquit des richesses considérables. Nous avons de lui des *Commentaires sur l'Anatomie de Mundinus*, imprimées en 1521, in-4°.

CARPOCRATE, hérétique du second siecle, contemporain de Basilide, étoit d'Alexandrie. Il enseignoit que J. C. n'étoit qu'un pur homme, fils de Joseph; que son ame n'avoit, au-dessus de celles des autres hommes, qu'un peu plus de force & de vertu; & que cette surabondance de graces lui avoit été accordée de Dieu, pour vaincre les démons qui avoient créé le monde. Il rejettoit l'ancien Testament, nioit la résurrection des morts, & soutenoit qu'il n'y a aucun mal dans la nature, & que tout dépendoit de l'opinion. Il laissa un fils, nommé Epiphane, qui fut héritier de ses erreurs. Les Adamites furent sectateurs de ses rêveries. Il eut plusieurs autres disciples, dont quelques-uns portoient des marques à l'oreille. Ils avoient des images de Jesus-Christ, qu'ils plaçoient à côté de celles de Pythagore, de Platon & d'Aristote, &c.

CARPZOVIUS ou CARPZOU; nom de plusieurs jurisconsultes & théologiens, dont les principaux font les articles suivans.

CARPZOVIUS, (Benoît) naquit dans le marquisat de Brandebourg, en 1565. Il se rendit habile dans la jurisprudence, fut profesfeur en droit à Wittemberg , puis confeiller de l'électeur de Saxe. Il mourut en 1624 , laiffant quatre fils : Conrad , profeffeur en droit dans l'univerfité de Wittemberg , & trois autres dont il eft parlé dans les articles fuivans.

CARPZOVIUS, (Benoît) né en 1595 , & mort en 1666 , paffa pour celui qui a le mieux écrit fur la pratique d'Allemagne. Il profeffa avec diftinction dans l'univerfité de Wittemberg. Retiré à Leipfick fur la fin de fes jours , il abandonna la jurifprudence , pour s'appliquer entièrement à l'étude de l'Ecriture-fainte.

CARPZOVIUS , (David - Benoît) frere du précédent , & miniftre luthérien. On a de lui une *Differtation fur les vêtemens facrés des Hébreux* , 1655 , in-4°. Elle offre beaucoup de recherches.

CARPZOVIUS, (Jean-Benoît) frere des deux précédens , & miniftre luthérien. On a de lui quelques ouvrages de controverfe , & une differtation *de Ninivitarum pœnitentia* , imprimée à Leipfick 1640 , in-4°. Il mourut en 1657 à Leipfick , où il avoit été profeffeur en théologie. Il laiffa plufieurs enfans , entr'autres deux fils.

CARPZOVIUS , (Jean-Benoît) fils du précédent , naquit à Leipfick en 1639 , & y mourut en 1699. Il s'eft fait un nom par la verfion latine de plufieurs livres des Rabbins, & par beaucoup de Differtations fingulieres fur l'Ecriture - fainte. On peut en voir la lifte dans la *Bibliotheque facrée du P. le Long.*

CARPZOVIUS , (Fréderic-Benoît) confeiller de la ville de Leipfick fa patrie ; fut utile à plufieurs favans d'Allemagne , & fur - tout aux auteurs des *Acta eruditorum* , commencés en 1682 par Othon Menke. Ses correfpondances fervirent beaucoup à enrichir ce journal. Il mourut en 1699 , à 50 ans.

CARRACHE , *voyez* CARACHE.

CARRANZA , (Barthélemi) né en 1503 , à la Mirande dans la Navarre , entra chez les Dominicains, & y profeffa la théologie avec éclat. On l'envoya au concile de Trente , en 1545. Il y foutint , avec beaucoup de force & d'éloquence , que la réfidence des évêques étoit de droit divin. En 1554 , Philippe II , roi d'Efpagne , ayant époufé la reine Marie d'Angleterre , mena avec lui Carranza , qui travailla de toutes fes forces à rétablir la réligion catholique , & à extirper la proteftante. Ce prince le nomma bientôt à l'archevêché de Tolede. Charles V , alors dans fa retraite de S. Juft , le fit appeller pour l'avoir auprès de lui dans fes derniers momens. Quelque-tems après, Carranza, accufé de penfer comme Luther , fut arrêté par ordre du faint-office en 1559. Il dit aux deux évêques qui l'accompagnoient , lorfqu'il fut conduit à l'inquifition : *Je vais en prifon au milieu de mon meilleur ami , & de mon plus cruel ennemi.* Ce propos ayant donné aux deux prélats de l'émotion : *Meffieurs* , ajouta-t-il , *vous ne m'entendez pas ; mon grand ami , c'eft mon innocence ; mon grand ennemi , c'eft l'archevêché de Tolede.* Après huit ans de prifon , il fut conduit à Rome , où fa captivité fut encore plus longue. On le jugea enfin en 1576 , & on lui lut fa fentence. Elle portoit en fubftance , que quoiqu'il n'y eût point de preuves de fon héréfie , il ne laifferoit pas de faire une abjuration folemnelle des erreurs qu'il n'avoit pas avancées. Carranza fe foumit à ce décret. Il mourut la même année au couvent de la Minerve , après avoir protefté , les larmes aux yeux , & prêt à recevoir fon Dieu , qu'il ne l'avoit jamais offenfé mortellement en matiere de foi. Le peuple méprifa les oppreffeurs , & rendit juftice à l'opprimé. Le jour de fes funérailles , toutes les boutiques furent fermées comme dans une grande fête. Son corps fut honoré comme celui d'un saint. Gregoire XIII fit mettre sur son tombeau une épitaphe, dans laquelle on parloit de lui, comme d'un homme également illustre par son savoir & par ses mœurs, modeste dans la prospérité, & patient dans l'adversité. Les principaux ouvrages de Carranza, sont. I. *La Somme des conciles, & des papes depuis S. Pierre jusqu'à Jules III*, en latin, 1681, in-4°: ouvrage qui peut servir d'introduction à l'histoire ecclésiastique. II. *Traité de la résidence des évêques & des autres pasteurs*, imprimé à Venise en 1547, in-4°. III. Un *Catéchisme espagnol*, 1558, in-fol. approuvé d'abord par l'inquisition, censuré ensuite, & absous de toute censure par le concile de Trente en 1563. On lui attribue encore un *Traité de la patience*. Un homme qui avoit été si long-tems dans les prisons, pouvoit connoître cette vertu. *Voyez* les principaux traits de sa vie dans le 4e volume des *Mémoires du P. Niceron*.

CARRANZA, (Jerôme) natif de Seville, & chevalier de l'ordre du Christ en Espagne, étoit gouverneur de la province de Honduras en Amérique en 1589. Il a donné un livre de la pratique des armes, sous le titre de *Filosophia de las Armas*, S. Lucar, 1582, in-4°, qui est recherché, parce qu'il est rare.

CARRARE, (François) d'une famille illustre d'Italie, qui s'étoit emparée de la souveraineté de Padoue, & qui en avoit été dépouillée par Mastin de l'Escale, seigneur de Vérone. Les Vénitiens la lui firent rendre en 1338. La reconnoissance devoit attacher pour toujours les Carrare à la république : cependant François Carrare, un des rejettons de cette famille, prit le parti du roi de Hongrie contre les Vénitiens ; & ce prince le contraignit de s'accommoder avec les républicains, dès qu'il put se passer

de son secours. En 1370 il lui fit faire une treve, & en 1374 une paix désavantageuse. Il avoit attenté inutilement à la vie du doge & des principaux sénateurs : ses émissaires avoient été découverts & punis. Comptant peu sur le roi de Hongrie, il chercha d'autres alliés pour satisfaire la malignité de son cœur. Secondé du duc d'Autriche, du patriarche d'Aquilée & des Génois, il déclara la guerre aux Vénitiens, & s'empara de Chiozza après une vigoureuse résistance. Pour se venger de la perte qu'il avoit faite devant cette place, il fit passer par la main du bourreau deux des officiers qui s'étoient le plus distingués à la défense de la ville. Il reçut enfin la peine due à sa perfidie : enfermé dans Vicence, il fut obligé de se rendre prisonnier, & finit ses jours dans le château de Côme. Son fils François eut le bonheur de s'évader, rentra dans Padoue en 1390, & se réconcilia avec les Vénitiens, auxquels il jura une amitié éternelle, qu'il ne tarda pas à rompre. Les Vénitiens eurent le dessus. Son fils Jacques fut fait prisonnier dans Vérone. Lui-même fut obligé de se rendre à Galéas, général des Vénitiens, à cause du soulevement des Padouans contre lui. Ils furent amenés tous deux à Venise, avec un autre de ses fils, nommé François, qui avoit aussi été fait prisonnier. Les Vénitiens les firent condamner à mort, & décapiter dans la prison en 1405. Les deux François moururent dans le plus grand désespoir, & les bourreaux furent obligés de les assommer pour se défendre de leurs fureurs. Jacques mourut dans de grands sentimens de piété. François avoit encore deux autres fils en Toscane : Ubertin, qui termina ses jours à Florence sans postérité ; & Marsele, qui se maria à Genes, & fit des efforts inutiles pour rentrer dans le bien de ses ancêtres ;

lequel demeura aux Vénitiens.

CARRE, (Louis) né en 1663, à Clofontaine dans la Brie, d'un bon laboureur, fut difciple du P. Malbranche, qui fe l'attacha, lui apprit les mathématiques & les principes de la métaphyfique. L'académie des fciences fe l'affocia en 1697. Il mourut en 1711, avec toute la fermeté que donnent la philofophie & la religion. On a de lui : I. Un ouvrage fur le calcul intégral, fous ce titre : *Méthode pour la mefure des furfaces, la dimenfion des folides*, &c. in-4°. II. Plufieurs *Mémoires* dans le recueil de l'académie. *Voyez* fon éloge dans ceux de Fontenelle, & un extrait de cet éloge dans le 14e vol. des *Mémoires du P. Niceron*.

CARRERA, (Pierre) prêtre ficilien, fort habile aux échets, a donné un Traité italien fur ce jeu, 1617, in-4°, recherché des curieux. On a encore de lui une favante *Hiftoire de Catane*, en italien, 1693 & 1761, 2 vol. in-folio. Il mourut à Meffine en 1647, à 76 ans.

CARRIERA, (Roza-Alba) célebre par fon talent pour la peinture dans l'école de Venife, morte en 1761, réuffit fupérieurement dans le portrait. Ses paftels font connus de toute l'Europe : elle a traité la miniature dans un goût nouveau, qui lui donne une expreffion finguliere.

CARRIERES, (Louis de) né à Angers, entra dans la congrégation des Peres de l'Oratoire, où il remplit divers emplois. Il mourut à Paris en 1717, dans un âge avancé, avec la réputation d'un homme favant & modefte. L'Ecriture-fainte fut fa principale étude : nous avons de lui un *Commentaire littéral, inféré dans la traduction françoife, avec le texte latin à la marge*, en 24 vol. in-12, imprimé à Paris depuis 1701 jufqu'en 1716. On en donna

une nouvelle édition, in-4°, en 6 vol. avec des cartes & des figures, en 1750. Ce Commentaire ne confifte prefque que dans plufieurs mots adaptés au texte, pour le rendre plus clair & plus intelligible. Il a eu beaucoup de fuccès, & il eft d'une utilité journaliere.

CARRION, (Louis) favant & laborieux littérateur flamand, né à Bruges vers 1547, enfeigna le droit à Bourges & à Louvain, où il fut chanoine & préfident du college des bacheliers en droit, & mourut le 23 juin 1595. Il donna des éditions de Valerius Flaccus, de Sallufte, de Cenforin, d'Auluigelle, &c. On a encore de lui *Antiquarum lectionum commentarii, in quibus varia fcriptorum veterum loca fupplentur & corriguntur*, Anvers 1576. *Emendationum & obfervationum libri duo*, Paris 1583, in-4°; idem dans le *Lampas critica* de Gruterus, tom. 3e.

CARSILLIER, (Jean-Baptifte) de Mante, avocat au parlement de Paris, mort en 1760, fe diftingua dans le barreau & fut le Parnaffe. On a de lui : I. Quelques *Mémoires* fur des affaires particulieres. II. Des pieces de vers en latin & en françois : la plus connue eft fa *Requête au Roi pour le curé d'Antoin, contre le curé de Fontenoi*, 1745, in-12. III. *Etrennes des Auteurs*, en vers, 1744, in-12. Sa poéfie eft foible.

CARSUGHI, (Rainier) jéfuite, né en 1647 à Citerna, petite ville de la Tofcane, laiffa de bonnes Epigrammes; & un poëme latin fur l'*Art de bien écrire*, recommandable par les graces du ftyle & par la juftefse des regles. Cet ouvrage, publié à Rome in-8°, 1709, peut tenir lieu d'une rhétorique. Carfughi mourut en 1709, provincial de la province romaine.

CARTALO, carthaginois, fut envoyé à Tyr pour y offrir des dépouilles à Hercule, dont il étoit grand-prêtre. A fon retour, il trouva Carthage

Carthage assiégée par son pere Masée ; qui en avoit été banni injustement. Il passa au travers de son camp,
mais sans le saluer. Masée, piqué
de cette marque de mépris, le fit
attacher sur une croix, où il expira.

CARTE, *voyez* la fin de l'article de THOU (Jacques-Auguste).

CARTEIL, (Christophe) capitaine anglois, natif du pays de
Cornouaille, porta les armes dès
l'âge de 22 ans, en 1572. Il s'acquit beaucoup de réputation dans
ce métier, & fut fort estimé
de l'illustre Boisot, grand-amiral
des Provinces-Unies. En 1582, le
prince d'Orange & les états des Provinces-Unies lui donnerent la conduite de la flotte qu'ils envoyerent
en Moscovie. Lorsque Carteil fut
repassé en Angleterre, la reine
Elisabeth l'envoya avec François
Drak dans les Indes-Occidentales,
où ils prirent les villes de S. Jacques de Carthagene & de S. Augustin. Les ennemis mêmes y admirerent la prudence & la conduite
de Carteil, & ils avouerent qu'ils
n'avoient jamais vu la discipline
militaire si bien observée, que dans
les troupes qu'il commandoit. Après
beaucoup d'heureux succès, il vint
mourir à Londres en 1593.

CARTELETTI, (François-Sé-
bastien) précéda le Tasse dans la
carriere périlleuse de l'épopée, par
un *Poëme* en italien, sur le martyre de sainte Cécile. Quelques
louanges que lui ait données le
Tasse lui-même dans un Sonnet, les
gens de goût placent cet ouvrage
au rang des plus médiocres. Il a
été imprimé plusieurs fois ; mais
l'édition la plus estimée est celle
de Rome, augmentée & corrigée,
en 1598, in-12.

CARTIER ou QUARTIER,
(Jacques) de S. Malo, découvrit
en 1554 une grande partie du Canada. Il fit son voyage sous les
auspices de François I, qui disoit
plaisamment : " Quoi ! le roi
" d'Espagne & celui de Portugal

" partagent tranquillement entr'eux
" le nouveau Monde sans m'en
" faire part ! Je voudrois bien voir
" l'article du testament d'Adam,
" qui leur legue l'Amérique ". Le
baron de Lévi, dès l'an 1518,
avoit découvert une partie du Canada. Cartier fit plus que de découvrir ; il visita tout le pays avec
beaucoup de soin, & laissa une
description exacte des isles, des
côtes, des ports, des détroits, des
golfes, des rivieres, des caps qu'il
reconnut. Nos marins se servent
encore aujourd'hui de la plupart des
noms qu'il donna à ces différens
endroits.

CARTISMANDA, reine de Bri-
gantes en Angleterre, sous l'empire de Claude, embrassa avec
ardeur le parti des Romains, vers
l'an de J. C. 43. Elle quitta Venusius, son premier mari, pour épouser son grand-écuyer. Ce mariage
mit la division dans le royaume,
les uns étoient pour le mari chassé,
& les autres pour la reine. Venusius
assembla une puissante armée,
chassa à son tour cette princesse,
& l'eût prise sans l'aide des Romains,
qui, sous prétexte de la secourir,
se rendirent maîtres de son état.

CARTOUCHE, *voyez* l'article
de MANDRIN, où nous parlons
en passant de ce scélérat.

CARTWRIGHT, (Christophe)
ministre anglican, né à Yorck en
1602, mort en 1658, laissa des
ouvrages estimés des Hébraïsans.
Les principaux sont : *Electa Tar-
gunico-Rabbinica in Genesim*,
Londres 1648, in-8°, & *in
Exodum*, 1653, in-8°.

CARTWRIGHT, (Thomas)
pasteur à Anvers & à Middel-
bourg, ensuite curé de Warwick,
mort en 1603, est auteur, I. D'une
Harmonie évangélique. II. D'un
*Commentaire sur les Proverbes
de Salomon*, Leyde 1617, in-
4°, & *sur l'Ecclésiaste*, Londres
1604, in-4°. Il a fait quelques autres ouvrages estimés. Avant d'être

curé de Warwick il avoit été professeur de théologie à Cambridge ; mais il fut destitué de sa chaire, & ensuite mis en prison, à cause de ses emportemens & des séditions qu'il occasionnoit en faveur du presbytéranisme. Cette correction le rendit plus circonspect dans la suite.

CARVAJAL, (Jean de) évêque de Placentia, d'une famille illustre d'Espagne, s'acquit une très-grande réputation par son habileté & par ses succès dans vingt-deux légations. Il fut honoré du chapeau de cardinal, & mourut à Rome en 1469, à 70 ans.

CARVAJAL, (Bernardin de) fut successivement évêque d'Astorga, de Bajadox, de Carthagène, de Siguenza & de Placentia. Alexandre VI le fit cardinal en 1493. Il fut envoyé en Espagne & en Allemagne, & mourut évêque d'Ostie & doyen du sacré collège, en 1522, à 67 ans.

CARVAJAL, (Laurent de) conseiller du roi Ferdinand & de la reine Isabelle, mort du tems de Charles-Quint. On a de lui des *Mémoires de la vie de Ferdinand & d'Isabelle*, en espagnol. Quoiqu'ils ne soient pas toujours exacts, ils sont bien préférables pour la vérité des faits, & la sagesse des réflexions à la vie de Ferdinand, donnée par l'abbé Mignot.

CARVALHO D'ACOSTA, (Antoine) naquit à Lisbonne en 1650 ; avec les dispositions les plus heureuses. S'étant adonné à l'étude des mathématiques, à l'astronomie & à l'hydrographie, il entreprit la *Description topographique de sa patrie*. Il visita tout le Portugal avec un très-grand soin, suivant le cours des rivieres, traversant les montagnes, & examinant tout de ses propres yeux. Cet ouvrage, le meilleur qu'on ait sur cette matiere, est en 3 vol. in-fol. qui parurent depuis 1706 jusqu'en 1712. On y trouve l'histoire des lieux principaux, les hommes illustres qui y ont pris naissance, les

généalogies des principales familles, les curiosités naturelles, &c. On a encore de cet auteur un *Abrégé de géographie*, & une *Méthode d'astronomie*. Le Portugal le perdit en 1715. Il mourut si pauvre, qu'on fut obligé de payer les frais de son enterrement.

CARVILIUS MAXIMUS, (Spurius) capitaine romain, célebre par ses vertus & sa bravoure, fut consul avec Papirius Cursor, l'an 293 avant J. C. Il prit Amiterne, tua 2800 hommes, fit 4000 prisonniers, & se rendit maître de Cominium, Palumbi, Herculanum, & d'autres places. De retour à Rome, il eut les honneurs du triomphe.

CARVILIUS, fils du précédent, aussi consul, passe pour le premier romain qui répudia sa femme, vers l'an 231 avant J. C. D'autres attribuent cette innovation à Carvilius Ruga.

CARUS, (Marcus-Aurelius) né à Narbonne, d'une famille originaire de Rome, vers l'an 230, s'éleva par son mérite aux premieres dignités militaires, & fut élu empereur à la mort de Probus, en 282. Il défit les Sarmates & les Perses, & nomma Césars ses deux fils Carin & Numérien. Il mourut frappé de la foudre à Ctésiphonte, en 283, après seize mois de regne. Les grandes qualités qu'il montra, n'étant encore que particulier, & les belles actions qu'il fit étant empereur, lui ont acquis une place honorable dans l'histoire. Il avoit cultivé les belles-lettres & la politique. Son premier soin, en montant sur le trône, fut de venger la mort de son prédécesseur. Il fit punir ses assassins & veilla à la sûreté publique. Ses conquêtes en Perse lui mériterent le titre de *Persique*. Après sa mort, les Romains le mirent au rang de leurs dieux.

CARY, (Félix) de l'académie de Marseille, sa patrie, naquit en 1699 d'un libraire distingué dans sa profession, & mourut le 15 décembre 1754. Ses *Differtations fur la fondation de la ville de Marfeille*, & fon *Hiftoire des rois de Thrace & du Bofphore par les médailles*, in-4°, font dignes d'un favant. L'auteur étoit homme d'efprit & d'érudition. Il a fait beaucoup plus d'honneur à l'académie de Marfeille, que certains verfificateurs froids, qui ont eu cependant plus de réputation que lui.

CASA, (Jean de la) *voy.* CASE.

CASANATE, (Jerôme) cardinal & bibliothécaire du Vatican, né à Naples en 1620, & mort le 3 mars 1700, donna par fon teftament fa bibliotheque au couvent de la Minerye des Dominicains à Rome, à condition qu'elle feroit publique, avec 4000 écus romains de revenu pour l'entretien de cette bibliotheque. On y voit fa ftatue en marbre.

CASA-NOVA, (Marc-Antoine) poëte latin de Rome, mort en 1527, s'eft diftingué dans le genre épigrammatique, auquel le portoit fon humeur fatyrique & plaifante. Il fe forma fur Martial, & en prit le ftyle vif & mordant. Catulle fut fon modele dans les vers qu'il compofa pour les hommes illuftres de l'ancienne Rome. Ses éloges firent honneur également à fon efprit & à fon caractere. On trouve fes Poéfies dans les *Deliciæ Poëtarum Italorum.*

CASAS, (Barthélemi de las) né à Séville en 1474, fuivit dès l'âge de 19 ans Antoine de las Cafas fon pere, qui paffoit dans les Indes avec Chriftophe Colomb en 1493. De retour en Efpagne, il fut eccléfiaftique & curé. Il quitta fa cure & fa patrie, pour aller travailler au falut des Indiens. Il revint quelque-tems après en Europe pour porter les plaintes des Indiens contre les Efpagnols aux pieds de Charles V. L'affaire fut difcutée dans le confeil. Les traits de barbarie que las Cafas rapporta, toucherent tellement l'empereur, qu'il fit des ordonnances très-féveres contre les perfécuteurs, & favo-

rables aux perfécutés. Ces réglemens fi juftes ne furent point obfervés. Les gouverneurs efpagnols, continuerent leurs brigandages. Il y eut même un docteur, Sepulveda, qui entreprit de juftifier leurs violences par l'exemple des Ifraélites, vainqueurs des Cananéens. Ce livre, imprimé à Rome, fut profcrit en Efpagne; las Cafas, devenu évêque de Chiapa, le réfuta. Ce traité intitulé : *La deftruction des Indes*, & traduit en tant de langues, eft plein de détails qui font frémir l'humanité, mais il paroît que l'auteur n'a point été en garde contre l'efprit exagérateur; auffi cet ouvrage ne termina-t-il pas fon différend avec le docteur Sepulveda. Dominique Soto, confeffeur de l'empereur, en nommé pour examiner cette affaire. Las Cafas mit toutes fes raifons par écrit, pour être envoyées à Charles V; mais ce prince, accablé d'affaires, laiffa celle-ci indécife. L'évêque de Chiapa, revint en Efpagne en 1551, après s'être fignalé pendant 50 ans en Amérique, par un zele infatigable & par toutes les vertus épifcopales. Robertfon dans fon *Hiftoire de l'Amérique* le repréfente comme un homme inquiet & mécontent. Le P. Charlevoix, qui dans l'*Hiftoire de S. Domingue* en fait le plus grand éloge, remarque qu'*il avoit l'imagination trop vive, & qu'il s'en laiffoit trop dominer.* L. 5. ann. 1515. *Il faut convenir,* dit-il ailleurs, *qu'il regne dans fon ouvrage un air de vivacité & d'exagération qui prévient contre lui. Il n'a pas fu dégager la vérité des couleurs que la prévention, la haine, l'intérêt, l'amitié, l'engagement, un zele ou trop amer ou trop ardent peuvent lui donner.* L. 6. ann. 1547. Marmontel voulant en faire le héros de fon poëme des *Incas*, en fait un homme ridiculement vain, un imbécille; mais cette mal-adreffe ne déshonore que le romancier. Des écrivains plus judicieux ont obfervé que fa charité n'étoit pas toujours conféquente, & que tandis qu'il travailloit avec une ardeur qui tenoit de l'enthoûfiafme, à la liberté des Indiens, il employoit tout fon crédit à affervir les negres. Il mourut à Madrid en 1566, âgé de 92 ans. Il s'étoit démis de fon évêché entre les mains du pape, peu de tems auparavant. L'ordre de S. Dominique, dans lequel il étoit entré en 1522, lui doit plufieurs établiffemens dans le Pérou. Outre fon *Traité de la deftruction des Indes*, on en a plufieurs autres contre Sepulveda. L'édition efpagnole de Séville, 1551, 5 parties en 1 vol. in-4°, caractere gothique, eft plus eftimée que les éditions fuivantes en caractere ordinaire. On ne doit point oublier un ouvrage latin, auffi curieux que rare, fur cette queftion : " Si les rois ou les princes " peuvent en confcience, par quel- " que droit, ou en vertu de quelque " titre, aliéner de la couronne " leurs citoyens & leurs fujets, & " les foumettre à la domination de " quelque feigneur particulier " ; à Tubinge 1625, in-4°. L'auteur y difcute plufieurs points très-délicats & très-intéreffans, touchant les droits des fouverains & des peuples. La *Relation de la deftruction des Indes* a été traduite en itali... en 1697, par l'abbé de Bellegarde. On ... en a auffi une traduction latine à Fran... fort 1598, in-4°.

CASATI, (Paul) né à Plaifance en 1617, entra jeune ... chez les Jéfuites. Après avoir enfei... à Rome les mathématiques & la théologie, il fut envoyé en Suede à la reine Chriftine, qu'il achéva de déterminer à embraffer la religion catholique. Il mourut à Parme, en 1707, à l'âge de 91 ans, laiffant plufieurs ouvrages en latin & en italien. Les principaux font : I. *Vacuum profcriptum*. II. *Terra machinis mota*, Rome 1668, in-4°. III. *Mechanicorum libri octo*,

1684, in-4°. IV. *De igne Differtationes*, 1686 & 1695, 2 part. in-4°, eftimées. V. *De Angelis difputatio theologica*. VI. *Hydroftaticæ differtationes*. VII. *Opticæ difputationes*, à Parme 1705. Ce qu'il y a de fingulier, c'eft qu'il fit ce traité d'optique à 88 ans, étant déja aveugle. Sa mort caufa des regrets aux favans & aux gens de bien. On voit dans fes ouvrages de phyfique beaucoup de recherches & d'expériences, & plufieurs bonnes vues.

CASAUBON, (Ifaac) né à Geneve en 1559, profeffa d'abord les belles-lettres dans fa patrie, & enfuite la langue grecque à Paris. Henri IV lui confia la garde de fa bibliotheque en 1603. Jacques I, roi d'Angleterre, l'appella après la mort de ce prince, & le reçut d'une maniere diftinguée. Il mourut en 1614, & fut enterré à l'abbaye de Weftminfter. Il affecta toujours de montrer un efprit de paix dans les querelles de la religion ; mais pour avoir voulu plaire aux Catholiques & aux huguenots, il ne fut agréable ni aux uns ni aux autres. Un de fes fils s'étant fait capucin, alla lui demander fa bénédiction : *Je te la donne de bon cœur*, lui dit fon pere. *Je ne te condamne point ; ne me condamne pas non plus : Nous paroîtrons tous deux au tribunal de Jefus-Chrift*. Ce propos tomboit à faux, les Catholiques ne *condamnent* perfonne ; mais ils croient à l'Evangile qui ne veut qu'une foi & qu'une églife. Etant allé en Sorbonne, on lui dit : *Voilà une falle où l'on difpute depuis quatre cens ans*. — *Qu'y a-t-on décidé*, demanda-t-il fur le champ ? On voit par ces réponfes que Cafaubon étoit plutôt porté à la criminelle indifférence pour toutes les religions, qu'il ne penchoit pour le Calvinifme. On a de lui : I. Des Commentaires fur plufieurs auteurs, Théophrafte, Athénée, Strabon, Polybe, Polien, &c. &c. On remarque dans tous une littérature immense, des vues nouvelles sur plusieurs passages mal - entendus. II. *De Libertate ecclesiastica*, 1607, in-8°, imprimé jusqu'à la page 264, parce que le différend avec Venise ayant été accordé, Henri IV en fit discontinuer l'impression. Ce fragment se trouve avec les *Lettres*, Roterdam 1709, in - fol. III. Des *Exercitations sur les Annales de Baronius*, qui sont très-mauvaises. Il ne pousse son examen que jusqu'aux trente-quatre premieres années, & on a dit avec raison, qu'*il n'avoit attaqué l'édifice du cardinal que par les girouettes*. Le Clerc le blâme d'avoir écrit sur des matieres qu'il n'entendoit pas assez, & qu'il n'étoit plus tems d'étudier dans ses vieux jours. IV. Des *Lettres* déja citées. Elles sont intéressantes par bien des particularités, & sur-tout par la modestie & la candeur qui y reghent : ces deux vertus formoient le caractere de l'auteur. V. *Casauboniana*, 1710, in-4°.

CASAUBON, (Méric) fils du précédent, né à Geneve en 1599, élevé à Oxford, & ensuite chanoine de Cantorbery, refusa une pension que lui offroit Olivier Cromwel pour écrire l'histoire de son tems. Il mourut en 1671, après avoir publié plusieurs ouvrages aussi recherchés pour l'érudition, que dégoûtans par la dureté du style. Les principaux sont les Commentaires sur Optat, sur Diogene Laërce, sur Hiérocle, sur Epictete, &c. Ses *Lettres* ont été imprimées avec celles de son pere.

CASAUX, (Charles de) consul de Marseille dans le tems de l'avénement de Henri IV à la couronne, aima mieux traiter avec le roi d'Espagne qu'avec son souverain. Il avoit déja envoyé ses confidens à Madrid, & devoit bientôt livrer la ville à l'ennemi ; lorsqu'un bourgeois nommé *Sibertat*, corse d'origine, introduisit le duc de Guise par une porte qu'on lui avoit

confiée, & tua Casaux de sa propre main, en 1596.

CASE, (Jean de la) archevêque de Benevent, né d'une famille originaire de Mugello dans l'état de Florence en 1503, mourut à Rome en 1556, tandis que Paul IV lui destinoit la pourpre romaine. Il étoit secretaire de ce pontife, & avoit été nonce de Paul III à Venise. Il fut regretté des savans, dont il étoit l'ami & le protecteur ; & laissa plusieurs ouvrages italiens en vers & en prose, écrits avec autant d'agrément que de délicatesse. Sa *Galatée, ou la maniere de vivre dans le monde*, traduite en françois, 1680, mérite sur-tout cet éloge. La Case avoit dans sa jeunesse, & long-tems avant que d'avoir embrassé l'état ecclésiastique, composé quelques poésies licentieuses, appelées en italien *Capitoli*. Trois de ces *Capitoli* (*del Forno, degli Baci, & sopra il nomedi Giovani*) étoient si obscenes, qu'on les a supprimées dans les éditions des Œuvres de la Case données depuis 1705 ; mais on les trouve, avec quelques autres pieces semblables de Berni, de Mauro & d'autres, dans un recueil imprimé à Venise en 1538, in-8°. Le *Capitolo del Forno* est, sans doute, un ouvrage très-indécent : l'auteur s'y propose de décrire, sous l'allégorie d'un four, les plaisirs de l'amour. Mais quoi qu'il se borne à la volupté conforme aux loix de la nature, on s'avisa de dire qu'il vouloit peindre des infamies qui y sont entiérement opposées. Vergerio, son ennemi déclaré, fit à cette occasion une satyre affreuse. Il y fit une réponse en vers latins, où il se justifia aussi-bien qu'on peut le faire lorsqu'on est injustement attaqué sur un point, tandis qu'on a le plus grand tort sur un autre. *Voyez* les *Observations choisies de Gundlingius*, Leipsick 1707, in-8°, dans lesquelles il a inséré le *Capitolo del Forno*, avec le *Poëme apologétique de la Case*. Malgré cette apologie, beaucoup d'écrivains protestans adopterent les calomnies de Vergerio. Ils transformerent même le *Capitolo del Forno*, en un livre latin *De laudibus Sodomiæ*, qui n'a jamais existé que dans leur imagination. Les mœurs de la Case ne méritoient point cet outrage ; quoique sa liberté d'écrire ne puisse être justifiée. Il étoit d'ailleurs ami d'un sage repos, & redoutoit les embarras des cours. Tous les ouvrages de cet auteur ont été recueillis à Florence 1707, en 3 vol. in-4°.; à Venise 1728 & 1729, en 5 vol. in-4°; & à Naples en 1763, 6 vol. in-4°. Cette derniere édition est jolie. Parmi les auteurs qui ont justifié la Case, consultez les *Fragmens d'Histoire & de Littérature*, à La Haye 1706, page 116 & suivantes.

CASEARIUS, (Jean) missionnaire de Cochin, a fait la *Description des plantes de l'Hortus Malabaricus*, 1678 & suiv. 12 vol. in-fol. auxquels il faut joindre l'*Index de Commelin*, 1696.

CASEL, (Jean) né à Gottinghen en 1533, professa la philosophie & l'éloquence à Rostoc & à Helmstat. Il faisoit grand cas des Peres grecs ; & mourut dans cette derniere ville en 1613, à 80 ans. On a de lui plusieurs ouvrages, & un recueil de Lettres latines, 1604, in-8°.

CASENEUVE, (Pierre de) toulousain, prébendé de l'église de S. Etienne, mort en 1652, à 61 ans, est auteur des *Origines ou étymologies françoises*, insérées depuis à la suite du *Dictionnaire étymologique de Ménage*. On a encore de lui : I. *L'Origine des Jeux-Floraux de Toulouse*, où l'on trouve des recherches curieuses. II. *Le Franc-Alleu de Languedoc*, Toulouse 1645, in-fol. III. *La Catalogne françoise*, 1644, in-4°. IV. *La Carité*, roman, in-8°. V. *Vie de S. Edmond*,

in-8°. Caseneuve étoit un homme de bonnes mœurs & modeste. Il ne voulut jamais désigner quel successeur il desiroit qu'on lui donnât dans son bénéfice, & refusa qu'on tirât son portrait.

CASES, (Pierre-Jacques) peintre, né à Paris, mort dans la même ville au mois de juin 1754, à l'âge de 79 ans. Il eut pour maîtres dans son art, Houasse, ensuite Bon Boulogne. Il remporta le grand prix de peinture en 1699, & fut reçu membre de l'académie en 1704. Cases peut être considéré comme un des premiers peintres de l'école françoise. Son dessin est correct & de grande maniere, ses compositions sont d'un génie facile : il drapoit parfaitement bien, il possédoit à un très-grand degré l'intelligence du clair-obscur. Sa touche est moëlleuse, son pinceau brillant. Il y a beaucoup de fraîcheur dans ses teintes. Cet illustre artiste a beaucoup travaillé ; mais ses ouvrages ne sont pas tous de la même bonté. Sur la fin de sa vie, le froid de l'âge & la foiblesse des organes lui ont fait produire des tableaux où ce maître est inférieur à lui-même. On peut voir de ses ouvrages à Paris dans l'église de Notre-Dame, au college des Jésuites, à la Charité, au petit S. Antoine, à la chapelle de la Juffienne, à l'abbaye de S. Martin, & principalement à S. Germain-des-Prés, où il a représenté la vie de S. Germain & de S. Vincent. On admire à S. Louis de Versailles une *sainte famille*, qui est une des belles productions de ce maître. Cases a réussi sur-tout dans les tableaux de chevalet. Le roi de Prusse a deux morceaux précieux de ce peintre, qui ont été comparés pour le beau *faire* aux ouvrages du Correge. Le célebre le Moine a été un des éleves de Cases.

CASIMIR I, roi de Pologne, passa *incognito* en France sous le nom de Charles, entra dans l'ordre de Cluni, & prit le diaconat. Sept ans après, les Polonois livrés aux troubles & aux divisions depuis sa retraite, obtinrent de Benoît IX en 1041, que leur roi remonteroit sur le trône & se marieroit. De retour en Pologne, Casimir épousa une fille du duc de Russie, & en eut plusieurs enfans. Il civilisa les Polonois, fit renaître le commerce, l'abondance, l'amour du bien public, l'autorité des loix. Il régla parfaitement bien le dedans, & ne négligea point le dehors. Il défit Maslas, grand-duc de Moscovie, enleva la Silésie aux Bohémiens, & établit un siege épiscopal à Breslau. Il mourut en 1058, après un regne de 18 ans.

CASIMIR III, *le grand*, né en 1309, roi de Pologne en 1353, enleva plusieurs places à Jean, roi de Bohême, & conquit la Russie. Il joignit aux talens de la guerre les vertus d'un grand roi; maintint la paix, fonda & dota des églises & des hôpitaux, & éleva un grand nombre de forteresses. On ne lui reproche que sa passion pour les femmes. L'évêque de Cracovie l'ayant excommunié, après l'avoir repris inutilement de ses fautes, Casimir fit jeter dans la riviere le prêtre qui lui signifia la censure. Il répara ses fautes par une sincere pénitence. Il mourut en 1350 d'une chûte de cheval, après avoir régné 37 ans.

CASIMIR V, (Jean) fils de Sigismond III, roi de Pologne, d'abord jésuite & cardinal, disputa le trône après la mort de Ladislas. Ayant été élu, il renvoya son chapeau, & prit la couronne. Le pape lui donna la dispense pour épouser Louise-Marie de Gonzague, veuve de son frere. Il fut d'abord défait par Charles Gustave, roi de Suede; mais il eut le bonheur de le repousser ensuite, & de conclure un traité de paix avec son successeur, en 1660. L'année d'après, son armée remporta une victoire sur les Moscovites en Li-

thuanie. Une sédition élevée contre lui, qu'il appaisa, lui inspira du dégoût pour le gouvernement. Il descendit du trône, & vint se retirer à Paris dans l'abbaye de S. Germain-des-Prés, que Louis XIV lui donna, avec une pension convenable à un prince de son rang. Les plaisirs de la société, & les charmes des belles-lettres lui firent bientôt oublier les embarras brillans de la royauté. Il ne voulut jamais qu'on lui donnât à Paris le nom de majesté, titre qui lui rappelloit sa gloire & ses chaînes. Il mourut à Nevers en 1672.

CASIMIR SARBIEVIUS, *voyez* SARBIEWSKI.

CASIMIR, (Saint) fils de Casimir IV, roi de Pologne, & grand-duc de Lithuanie, mourut en 1482, respecté pour ses vertus & l'innocence de ses mœurs. On a dit qu'il avoit préféré la mort à un péché d'incontinence qu'on lui avoit suggéré comme un moyen de sauver sa vie. Cela peut être; mais le vertueux prince en rejetant le prétendu remede, pouvoit avec raison le regarder comme une charlatanerie, ou tout au moins comme une spéculation très-incertaine dans ses effets. » Ce conte tant de fois ré-» pété, dit Voltaire, & rapporté » de tant de princes, est démenti par » la médecine & par la raison. »

CASSAGNES, (Jacques) garde de la bibliotheque du roi, membre de l'académie françoise & de celle des inscriptions, naquit à Nismes en 1634, & y fut élevé dans le sein d'une famille opulente. Il vint de bonne heure à Paris, & s'y fit connoître par des ouvrages bien différens, des Sermons & des Poésies. Les uns & les autres étoient bons pour le tems. Il étoit sur le point de prêcher à la cour, lorsque Despréaux lança contre lui un trait de satyre, qui effaça toute sa gloire. L'abbé Cassagnes, trop sensible, crut regagner l'estime du public, en enfantant ouvrages fur ouvrages. Le travail & la mélancolie lui firent bientôt perdre la tête. On le mit à S. Lazare, où il mourut en 1679. Peut-on foutenir après cela que des fatyres de la nature de celles de Boileau, font compatibles avec l'efprit de l'Evangile & la charité chrétienne, ou même avec les droits de la fociété humaine ? L'abbé de Brienne, condamné à la même retraite que Caffagnes, affûre qu'il mourut fage & chrétien. La *Préface* des Œuvres de Balzac, compofée par Caffagnes, fa *Traduction de Sallufte*, in-12, & quelques-unes de fes Poéfies, prouvent que cet auteur auroit pu faire quelque chofe fans l'affoibliffement de fon cerveau. *Voyez* l'*Hiftoire de l'académie françoife*, par M. l'abbé d'Olivet.

CASSAN, empereur des Mogols dans la Perfe, abjura le Chriftianifme, pour monter fur le trône en 1294. Il fubjugua la Syrie, vainquit le fultan d'Egypte, & mourut en 1304, après être retourné à la première religion.

CASSANDRE, fille du roi Priam, avoit le don de prophétie. Apollon de qui elle l'avoit reçu, irrité des dédains que fon amour effuyoit, décrédita fes prédictions, ne pouvant lui ôter le don d'en faire. Elle annonça inutilement à fa patrie fes malheurs : on ne la crut qu'après l'événement. Caffandre, réfugiée dans le temple de Pallas dans le tems de l'incendie de Troie, fut violée brutalement par Ajax le Locrien, différent de celui qui difputa les armes d'Achylle. Agamemnon, touché de fon mérite & de fa beauté, l'emmena en Grece pour la garder dans fon palais. Clytemneftre, fa femme, fit affaffiner l'amant & la maîtreffe.

CASSANDRE, roi de Macédoine, après Alexandre le Grand, obligea les Athéniens de fe mettre de nouveau fous fa protection, & confia le gouvernement de la république à l'orateur Demetrius de Phalere. Les Athéniens ayant réfufé de le recevoir dans la ville, il fondit tout-à-coup fur Athenes, s'empara du Mufée & s'en fit une fortereffe. Ce coup imprévu intimida les Athéniens, & fit ouvrir leurs portes. Olympias, mere d'Alexandre, ayant fait mourir par des fupplices recherchés la femme, les freres & les principaux partifans de Caffandre, il s'en vengea en affiégeant Pydne. Olympias, obligée de fe rendre, fut condamnée à la mort par le vainqueur. Il fit périr en même-tems Roxane, femme d'Alexandre le Grand, & Alexandre fils de ce conquérant. Parvenu au trône par des meurtres, il s'y foutint, en fe liguant avec Seleucus & Lyfimachus contre Antigonus & Demetrius. Il les défit l'un & l'autre, & mourut hydropique trois ans après fa victoire, l'an 304 avant J. C. Le philofophe Théophrafte donna des leçons de politique à ce fouverain : il eût dû plutôt lui en donner de modération & de fageffe.

CASSANDRE, (George) naquit en 1513, dans l'ifle de Caffland, près de Bruges, d'où il a tiré fon nom. Après s'être diftingué dans l'étude des langues, du droit, des belles-lettres & de la théologie, il fe livra tout entier à la converfion des hérétiques. Il avoit toutes les qualités qu'il faut pour cet important miniftere : un zele actif, une douceur toujours égale, un défintéreffement parfait, des mœurs pures, & un ftyle modéré. Son ardeur pour la réunion des Proteftans au fein de l'églife catholique, lui a peut-être fait un peu trop accorder aux hérétiques ; mais on le lui a pardonné, en faveur de fes motifs, & de fon attachement conftant à la foi catholique. Il n'eut d'autre paffion que celle de connoître la vérité, & d'autre defir que celui de l'enfeigner. Il mourut en 1566, âgé de 50 ans. Tous fes ouvrages ont été publiés à Paris, in-fol. en 1616. Les principaux font: Le *Traité du devoir de l'homme pieux dans les différends de religion*, contre lequel Calvin écrivit vainement; & fon excellent livre des *Liturgies*. On convient qu'il eſt le premier qui ait écrit ſur cette matiere avec choix, & avec quelque connoiſſance des vrais principes. L'empereur Ferdinand l'ayant prié de travailler à pacifier les eſprits, il entreprit d'expliquer les articles controverſés de la confeſſion d'Ausbourg, & publia une *Conſultation* bien digne, par ſa modération, d'un miniſtre de J. C. On a encore de ce ſavant un *Recueil d'Hymnes* avec des notes curieuſes.

CASSANDRE, (François) mort en 1695, s'attacha avec ſuccès à l'étude des langues grecque & latine, & il fit quelques vers françois qui n'étoient pas ſans mérite. Son humeur atrabilaire & ſon caractere orgueilleuſement philoſophique teriſſent ſes talens, & empoiſonnerent ſa vie. Il vécut & mourut dans l'obſcurité & l'indigence. Sa miſanthropie le ſuivit juſqu'au tombeau, & il eut autant de peine de ſe mettre bien avec Dieu, qu'il en avoit eu de vivre avec les hommes. Son confeſſeur l'exhortant à l'amour divin par la vue des bienfaits qu'il avoit reçus de Dieu: *Ah! ouï!* s'écria Caſſandre d'un ton chagrin, *il m'a fait jouer un joli perſonnage! Vous ſavez comme il m'a fait vivre. Voyez*, ajouta-t-il en montrant ſon grabat, *comme il me fait mourir*. On a de lui: La *Traduction de la rhétorique d'Ariſtote*, Paris 1675. La Haye 1718, in-12, la meilleure que nous ayons de l'ouvrage du philoſophe grec. II. Les *Paralleles hiſtoriques*, in-12, Paris 1680. Ce livre, dont l'idée étoit bonne, eſt très-mal exécuté. Le ſtyle eſt dur, lourd, incorrect. III. La *Traduction* des derniers volumes du préſident de Thou, que du Ryer n'avoit pas achevée.

CASSANDRE, (Fidele) ſavante vénitienne, qui s'appliqua avec ſuccès aux langues grecque & latine, à l'hiſtoire, à la philoſophie, à la théologie. Jules II, Léon X, François I, Ferdinand d'Arragon lui donnerent des preuves non équivoques de leur eſtime. Les ſavans ne l'admirerent pas moins que les princes, & pluſieurs même vinrent la voir à Veniſe, comme l'honneur de ſon ſexe. Elle ſoutint à Padoue, dit Moréri, des theſes de philoſophie pour un chanoine de Concordia ſon parent; mais ce fait eſt faux. Philippe Thomaſſini a publié le recueil de ſes Lettres & de ſes Diſcours, & l'a enrichi de ſa *Vie*. Cette femme illuſtre mourut âgée de 102 ans, en 1567.

CASSE, *voyez* DUCASSE.

CASSEM, frere d'Ali-Ben-Hamid, troiſieme calife des Arabes muſulmans en Eſpagne, fut placé ſur le trône après la mort de ſon frere. Hairam, un des principaux ſeigneurs arabes, ſe ſouleva contre lui, & fit proclamer un autre calife nommé Mortadha, qui étoit du ſang royal. La ville de Grenade ne voulant point le reconnoître, il ſe vit obligé de l'aſſiéger, & fut tué ſur ſes murailles. Caſſem ne laiſſoit pas cependant d'être reconnu dans Séville, lorſque la ville de Cordoue prêta hommage à Jahia, fils d'Ali-Ben-Hamid, ſon neveu; mais le regne de Jahia ne fut pas long. Les Cordouans, s'étant dégoûtés de lui, rappellerent Caſſem qu'ils avoient chaſſé. Ce prince ne fut pas plutôt rétabli ſur le trône, qu'il fit venir des troupes d'Afrique pour s'y affermir; mais cette entrepriſe ſouleva de nouveau cette ville mutine, enſorte qu'il ſe vit encore une fois chaſſé, ſans eſpérance de retour. Jahia ſon neveu, ayant repris ſa place, ſe ſaiſit de ſa perſonne, & l'enferma dans une maiſon où il finit ſes jours.

CASSIEN, (Jules) fameux héréſiarque du 2e ſiecle, vivoit vers l'an 174. Il étoit comme le chef des Docetes, hérétiques, qui s'imaginoient que Jesus - Christ n'avoit qu'un corps fantastique, ou qu'une apparence de corps. Cassien avoit composé des *Commentaires* & un *Traité sur la continence*. Ces deux ouvrages ne sont point parvenus jusqu'à nous. S. Clément d'Alexandrie les cite dans ses *Stromates*.

CASSIEN, (Jean) scythe, ou plutôt gaulois de nation, selon l'*Histoire littéraire de France*, sortit d'une famille illustre & chrétienne. Ayant été élevé parmi les solitaires de la Palestine & de l'Egypte, il se proposa de bonne heure leur exemple à suivre. Il s'enfonça, avec Germain son ami, son parent & son compatriote, dans les solitudes les plus reculées de la Thébaïde. Après avoir admiré & étudié les hommes merveilleux de ces déserts, il vint à Constantinople, & y fut fait diacre par S. Chrysostome, qui lui avoit servi de maître ; delà il passa à Marseille, où il fut vraisemblablement ordonné prêtre. Il y fonda un monastere d'hommes, & un autre de filles, leur donna une regle, & eut sous lui jusqu'à cinq mille moines. Il mourut vers l'an 433, plein de jours & de vertus. On a de lui : I. Douze livres d'*Institutions monastiques*, & vingt-quatre *Conférences des Peres du Désert*, traduites en 2 vol. in-8°, 1663, par Nicolas Fontaine. II. Un *Traité de l'Incarnation contre Nestorius*, fait à la priere du pape S. Célestin. Le style des livres de Cassien, écrits en latin, répond aux choses qu'il traite. Il est tantôt net & facile, tantôt pathétique ; mais il n'a rien d'élevé ni de grand. S. Benoît recommandoit fort à ses religieux la lecture de ses *Conférences*. Il y a dans la XIIIe des propositions qui ne paroissent point exactement conformes à la doctrine de l'église sur la grace. Cassien n'avoit jamais pu goûter celle

de S. Augustin. Il pensoit qu'elle avoit des conséquences fâcheuses contre la bonté de Dieu & la liberté de l'homme. Cependant il établissoit, conformément à la foi de l'église, que Dieu est le commencement de toute bonne œuvre. S. Prosper, disciple & défenseur de S. Augustin, a écrit contre Cassien. La derniere édition des œuvres de ce saint solitaire est de Leipsick 1722, in-fol. avec des commentaires & des notes. Il y en a aussi une édition de Paris 1642, in-fol. On les trouve dans la *Bibliotheque des Peres*.

CASSINI, (Jean - Dominique) né à Périnaldo dans le comté de Nice en 1625, s'appliqua d'abord à l'astrologie judiciaire ; mais en ayant bientôt apperçu l'absurdité, il passa à l'astronomie, dont la solidité devoit avoir plus de charmes pour un esprit vrai. Ses découvertes & ses succès répandirent bientôt son nom dans toute l'Europe. Le sénat de Bologne le choisit pour remplacer le P. Cavallieri dans la chaire d'astronomie. C'est dans cette ville qu'il traça une nouvelle méridienne, plus utile & plus exacte que toutes celles que l'on avoit tracées jusqu'alors. Ce grand ouvrage étant fini, Cassini régla les différends que les inondations fréquentes du Pô, son cours incertain & irrégulier occasionnoient entre Ferrare & Bologne. Cette derniere ville lui donna, pour récompenser ses soins, la sur-intendance des eaux. Colbert envia cet homme célebre à l'Italie. Louis XIV le fit demander à Clément IX & au sénat de Bologne, seulement pour quelques années pour l'obtenir plus facilement. On le lui accorda. Le roi le reçut comme César avoit reçu Sosigene : il eut une pension proportionnée aux sacrifices qu'il avoit faits. Le pape & Bologne le redemanderent envain quelques années après. L'académie des sciences, dont il étoit correspondant, lui ouvrit bientôt ses portes : il se montra digne d'elle par plusieurs Mémoires. Il mourut en 1712, à 88 ans. Il perdit la vue, comme Galilée, dans les dernieres années de sa vie. Ce malheur ne lui ôta rien de sa gaieté. Sa vie fut aussi unie que son caractere, plein de modestie, de candeur & de simplicité. Il ne connut les cieux, que pour adorer plus profondément le Créateur dont ils racontent la gloire. On a de lui un *Traité touchant la comete* qui parut en 1652-53-64 ; un *Traité de la méridienne de S. Pétrone*, 1656, in-folio ; plusieurs *Traités sur les planetes*, & des Mémoires estimés. Ce fut lui qui découvrit, en 1671, le troisieme & le cinquieme satellites de Jupiter ; il découvrit les deux premiers en 1684. Il inventa la méthode de représenter les éclipses de soleil, pour tous les habitans de la terre. La méridienne de l'Observatoire de Paris, commencée par Picard, fut continuée par notre astronome & par la Hire. *Voyez* son éloge dans ceux de M. de Fontenelle.

CASSINI, (Jacques) fils du précédent, & son successeur à l'académie des sciences, hérita des talens de son pere. Il manquoit à la méridienne de France une perpendiculaire : il la décrivit en 1733 depuis Paris jusqu'à St-Malo ; & la prolongea en 1734 depuis Paris jusqu'au Rhin, près de Strasbourg. Il mourut en 1756, à 84 ans, dans sa terre de Thury, près de Clermont en Beauvaisis. Il étoit maître des comptes. Les Mémoires de l'académie sont ornés de plusieurs de ses observations. Il est compté parmi les astronomes qui connoissoient le mieux le ciel. On a de lui deux ouvrages très-estimés : I. Des *Elémens d'astronomie* ; avec les Tables astronomiques, 1740, 2 vol. in-4°. II. *Grandeur & figure de la terre*, 1720, in-4°.

CASSIODORE, (Magnus-Au-relius) calabrois, d'une famille illustre, principal ministre du roi Théodoric, consul en 514, préfet du prétoire sous Athalaric, Déodat & Vitige, quitta le monde après la chûte de ce dernier prince, vers l'an 540. Il bâtit un monastere près de sa patrie, & s'y retira à l'âge de 70 ans, ne s'occupant que de son salut. Sa solitude offroit toute sorte de commodités, des réservoirs pour le poisson, des fontaines, des bains, des horloges au soleil & à l'eau, une bibliotheque aussi riche que bien choisie. C'est dans cette retraite qu'il mit au jour son *Commentaire sur les Pseaumes*, ses *Institutions des divines Écritures*, recueil de regles pour ses moines sur la maniere de les étudier. Il indique les principaux auteurs de la science ecclésiastique, théologiens, historiens, ascétiques. Il leur propose pour travail manuel de transcrire des livres, approuvant l'agriculture & le jardinage pour ceux de ses solitaires peu propres aux lettres. Il leur cite les livres qui traitent de cette matiere. Outre ces ouvrages, on a encore de lui une *Chronique* & des *Traités philosophiques*. Celui *de l'ame* est un des meilleurs. Le style de Cassiodore est assez pur pour son tems, & assez simple, quoique plein de sentences & de pensées morales. Il avoit coutume de dire : " Qu'on " verroit plutôt la nature errer dans " ses opérations, qu'un souverain " qui ne donne pas à sa nation un " caractere semblable au sien ". *Faciliùs errare naturam, quàm principem formare rempublicam dissimilem sibi*. Il mourut saintement en 562, âgé de plus de 93 ans. Le P. de Ste Marthe, mort supérieur général de la congrégation de S. Maur, a écrit la *Vie* de cet auteur, & l'a accompagnée de savantes notes. Le P. Garet, son confrere, avoit publié une bonne édition de ses Œuvres en 1679, à Rouen, 2 volumes in-fol. Le marquis Maffei fit imprimer en 1721, à Vérone, un ouvrage qui n'avoit pas encore vu le jour. Il eſt intitulé : *Caſſiodori complexiones in Epiſtolas, Aĉta Apoſtolorum & Apocalypſim*, in-8°. On le réimprima à Londres l'année ſuiv.

CASSIOPÉE, femme de Céphée, roi d'Ethiopie, & mere d'Andromede, fut aſſez vaine pour prétendre ſurpaſſer en beauté les Néréides. Neptune vengea ces Nymphes, en ſuſcitant un monſtre marin qui déſola le pays. Pour appaiſer ce dieu, Andromede fut expoſée ſur un rocher. Le monſtre s'élançoit pour la dévorer, lorſque Perſée, monté ſur Pégaſe, le terraſſa & le tua. Caſſiopée fut placée avec ſa famille au nombre des Conſtellations.

CASSIUS VISCELLINUS, (Spurius) ſe diſtingua contre les Sabins, fut trois fois conſul, une fois général de la cavalerie, & obtint l'honneur du triomphe deux fois. Son humeur remuante lui fit des ennemis. On l'accuſa d'aſpirer à la royauté, & il fut précipité du Mont-Tarpeïen vers l'an 485 avant J. C.

CASSIUS LONGINUS, (Lucius) préteur romain, dont le tribunal redoutable étoit appellé l'*Ecueil des accuſés*. On lui attribue la maxime *Cui Bono*, dont le ſens eſt, que tout coupable de quelque crime que ce ſoit, le commet par intérêt. Il vivoit l'an 113 avant Jeſus-Chriſt.

CASSIUS LONGINUS, (Caïus) d'abord queſteur ſous Craſſus, ſe ſignala enſuite contre les Parthes, & les chaſſa de Syrie. Etant entré dans le parti de Pompée, il fut défait comme lui à la bataille de Pharſale. Céſar lui donna la vie ; mais cet ardent républicain ne s'en ſervit que pour conſpirer contre celle de ſon bienfaiteur. Ses menées furent long-tems cachées. Céſar les ayant découvertes, répondit à ſes amis qui lui conſeilloient

de ſe défier d'Antoine & de Dolabella : " Ce ne ſont pas ces beaux " garçons, ces hommes parfumés, " que je dois appréhender ; mais " plûtôt ces hommes pâles & mai- " gres qui ſe piquent d'auſtérité ". Un jour il fit mettre au bas d'une ſtatue, élevée à l'honneur de Brutus, l'auteur de la liberté de ſa patrie : *Utinam viveres* ! " Plût-à- " Dieu que tu vécuſſes encore " ! Une autre fois il répandit un billet avec ces mots : *Tu n'es pas ſans doute le vrai Brutus, car tu dors.* Ces trames ſourdes étoient employées, pour que Brutus donnât le premier ſignal de la perte du tyran. Céſar fut maſſacré. Un des conjurés ne ſachant comment porter ſes coups : *Frappe*, dit Caſſius, *quand ce devroit être à travers mon corps.* Octave & Antoine ſe réunirent bientôt contre les conſpirateurs. Ils les atteignirent à Philippes ; Caſſius y fut défait par Antoine, tandis que Brutus remportoit une victoire complette ſur Octave. Caſſius, s'imaginant que tout étoit déſeſpéré, ſe retira dans une tente, & ſe fit donner la mort par un de ſes affranchis, l'an 42 avant Jeſus-Chriſt. C'eſt à lui que Brutus donna l'éloge de *dernier des Romains.* Velléius Paterculus a dit, en faiſant le parallele de Brutus & de Caſſius, que celui-ci étoit meilleur capitaine, & que l'autre étoit plus honnête homme, de façon qu'on devoit préférer d'avoir Brutus pour ami, & craindre davantage d'avoir Caſſius pour ennemi. Caſſius étoit ſavant, il aimoit & protégeoit les lettres. Ce fut contre ſon avis qu'on livra la bataille de Philippes. Il vouloit, avec raiſon, laiſſer détruire par la diſette l'armée ennemie, qui manquoit de tout.

CASSIUS, (Avidius) célebre capitaine romain, ſe diſtingua par ſa valeur & par ſa conduite ſous les empereurs Marc-Aurele, & Lucius Verus. Après la mort de celui-ci, arrivée l'an 169 de Jesus-Christ, Cassius ayant été salué empereur en Syrie, fut tué par trahison trois mois après, & sa tête envoyée à Marc-Aurele, l'an 175.

CASSIUS SCÆVA, soldat de Jules César, se signala en plusieurs occasions sur terre & sur mer. Etant assiégé par un lieutenant de Pompée dans un château près de Dyrrachium, ville d'Albanie, où il commandoit, il soutint tous les efforts des ennemis avec un courage invincible. Un présent de deux mille écus fut la récompense de sa bravoure. Elle n'éclata pas moins sur mer, lorsque César rendit la Grande-Bretagne tributaire. Cassius Scæva s'étant embarqué avec quatre de ses compagnons dans une chaloupe, & l'ayant attachée à un rocher proche de l'isle, bordée d'un grand nombre d'ennemis, ceux-ci vinrent fondre sur lui. Cassius ne perdit point courage, quoique ses compagnons l'eussent lâchement abandonné. Il se défendit seul contre tous, jusqu'à ce qu'étant blessé en plusieurs endroits, il se jeta dans la mer & se sauva à la nage. César vint le recevoir au bord, & louant sa valeur en présence de l'armée, il le fit centurion.

CASSIUS, (Barthélemi) jésuite dalmatien, missionnaire en Turquie, pénitencier de St Pierre à Rome sous le pape Urbain VIII, a donné au public : *Institutiones linguæ Sclavonicæ*, Rome 1604, in-8°. Il a traduit le Rituel romain d'Urbain VIII en langue esclavone, 1670, in-4°, de même que les Evangiles & les Epîtres du Missel, 1641, in-fol. Il a encore traduit plusieurs vies des Saints, & fait quelques ouvrages de piété en cette langue.

CASTAGNO, (André del) fut le premier peintre de Toscane qui connut la maniere de peindre à l'huile. Dominique de Venise, qui l'avoit apprise d'Antoine de Messine,

étant venu à Florence, André del Castagno rechercha son amitié, & tira de lui ce beau secret. Il conçut ensuite une si cruelle jalousie contre Dominique, son ami & son bienfaiteur, que sans avoir égard aux obligations qu'il lui avoit, il l'assassina un soir. Dominique n'ayant point reconnu son meurtrier, se fit porter chez ce cruel ami dont il ignoroit la perfidie, & mourut entre ses bras. Castagno étant au lit de la mort, déclara cet assassinat dont on n'avoit pu découvrir l'auteur. Il fut enterré avec la haine & l'indignation publique. Dès qu'il eut appris le secret de Dominique, il fit plusieurs ouvrages dans Florence, qui furent admirés. Ce fut lui qui travailla, en 1478, au tableau que la république fit faire, où étoit représentée l'exécution des conjurés qui avoient conspiré contre les Médicis.

CASTAING, (N.) savant ingénieur, inventa vers 1680 la machine à marquer sur tranche, qui fut mise en œuvre dans toutes nos monnoies sous le regne de Louis XIV. Ce monarque récompensa magnifiquement l'inventeur, qui mourut à Paris au commencement du 18e siecle.

CASTALDI, (Corneille) naquit à Feltri, d'une famille ancienne, en 1480. Il s'adonna en même-tems au barreau & à la poésie, égayant la sécheresse de la jurisprudence par les charmes des vers. Sa patrie l'ayant chargé de ses intérêts auprès des Vénitiens, il obtint tout ce qu'elle demandoit. Les grands & les gens-de-lettres le regretterent également. Padoue, où il se fixa par le mariage, lui doit l'établissement d'un college. Il finit ses jours en 1537. Ses *Poésies*, long-tems ignorées, ont été publiées pour la premiere fois par les soins de Conti, vénitien, 1757, in-4°. On y trouve des pieces italiennes & des pieces latines : les premieres offrent beaucoup de facilité, &

une grande abondance d'images : les secondes respirent le goût de l'antiquité. La *Vie* de l'auteur, écrite avec une élégante simplicité par un praticien de Venise, est à la tête de ce recueil estimable.

CASTALION, CASTILION, CASTILLON ou CHATEILLON, qui étoit son vrai nom, (Sébastien) naquit en 1515 dans les montagnes du Dauphiné. L'étude des langues savantes, & sur-tout de l'hébraïque & de la grecque, lui acquirent l'estime & l'amitié de Calvin. Ce patriarche des Réformés lui procura une chaire au college de Geneve ; mais s'étant brouillé avec lui, comme il arrive toujours parmi les gens de faction & de secte, il alla enseigner le grec à Bâle. Il mourut en 1563. On a de lui plusieurs ouvrages, dont les principaux sont : I. Une *Version latine & françoise de l'Ecriture*, Bâle 1556, in-folio. La *Version françoise*, imprimée à Bâle en 1555, in-fol. est très-rare. Dans ces deux versions il ne garde pas le caractere d'un interprete des livres saints, il leur donne un tour entierement profane. Son style affecté, efféminé, surchargé d'ornemens, est indigne du sujet, & fait disparoître cette simplicité noble, ce ton de candeur & de force que l'on remarque dans les originaux. Il manque, d'ailleurs, d'exactitude & de fidélité ; & dans la version latine il ne parle pas toujours bien la langue, quoiqu'il coure après les termes polis & élégans. La version françoise essuya beaucoup de contradictions de la part des Catholiques & des Protestans. II. Quatre livres de *Colloquia sacra*, Bâle 1565, in-8°. Ce sont des Dialogues sur les principales histoires de la Bible : petit ouvrage écrit purement en latin, mais qui n'est pas exempt d'erreurs. III. Une *Version* latine *des vers sibyllins*, avec des remarques. IV. Une *Traduction* latine des *Dialogues de Bernardin Ochin*,

dont il avoit embrassé, dit-on, les sentimens sur la polygamie.

CASTEEL, (Gerard) né à Cologne en 1667, fut chanoine régulier de Ste Croix, & mourut prieur de la maison de son ordre à Duisbourg, en 1733. On a de lui *Controversiæ ecclesiastico - historicæ*, Cologne 1734 & 1757, in-4°. Ces dissertations sont au nombre de 45, elles roulent sur les principaux points controversés de l'histoire ecclésiastique. L'auteur ne prend point de parti sur la plupart de ces questions. Il se contente de rapporter les motifs qu'on allegue de part & d'autre, & il s'en acquitte assez fidellement. Il copie souvent Noël Alexandre.

CASTEL, (Edmond) chanoine de Cantorbery, savant dans les langues orientales, professa l'arabe à Londres avec beaucoup de distinction. La *Bible polyglotte* de cette ville est due principalement à ses soins. On lui est encore redevable du *Lexicon heptaglotton*, à Londres 1666, 2 vol. in-fol. Dictionnaire en sept langues, qui affoiblit ses yeux & ruina sa fortune, en lui acquérant un nom célebre. Il mourut en 1685, accablé de dettes & regretté des savans.

CASTEL, (Pierre) de Messine, professeur de médecine à Rome, & directeur du jardin botanique de sa patrie ; a publié *Hortus Messanensis*, 1640, in-4°, fig. *De Smilace aspera*, 1652, in-4°.

CASTEL, (Fr. Perard) de Vire en Normandie, avocat au grand conseil, banquier expéditionnaire en cour de Rome, mourut en 1687. Il laissa plusieurs ouvrages, où la théorie & la pratique des matieres de bénéfices sont exposées savamment. Les plus recherchés sont : I. Ses *Questions notables sur les matieres bénéficiales*, Paris 1689, 2 vol. in-fol. II. *Définitions du droit canon*, Paris 1700, in-fol. avec les remarques de *Du Noyer*. III. *Regles de la Chan-*

celerie romaine, 1685, in-folio.

CASTEL, (Louis-Bertrand) géometre & philosophe, né à Montpellier en 1688, jésuite en 1703, se fit connoître à Fontenelle & au P. de Tournemine par des ébauches, qui annonçoient de plus grands succès. Le jeune-homme étoit alors en Province : ils l'appellerent à la capitale. Castel passa de Touloufe à Paris, à la fin de 1720. Il foutint l'idée que ses essais avoient donnée de lui. Le premier ouvrage qu'il mit au jour, fût son *Traité de la pesanteur universelle*, en 2 vol. in-12, en 1724. Tout dépendoit, felon lui, de deux principes, de la gravité des corps, & de l'action des esprits ; l'une qui les faifoit tendre fans cesse au repos, l'autre qui rétablissoit les mouvemens. Cette doctrine, la clef du système de l'univers, à ce qu'il prétendoit, ne parut point telle à l'abbé de Saint-Pierre. Quoiqu'ami du mathématicien, il l'attaqua ; le Jésuite répondit. Les écrits de part & d'autre suppofoient beaucoup d'esprit dans les combattans, mais un esprit singulier. Le second ouvrage du P. Castel fut son *Plan d'une mathématique abrégée*, Paris 1727, in-4°, qui fut suivi bientôt d'une *Mathématique universelle*, 1728, in-4°. L'Angleterre & la France applaudirent à cet ouvrage. La société royale de Londres ouvrit ses portes à l'auteur. Son *Clavecin oculaire* acheva de faire connoître fon genre d'esprit naturellement facile, fécond & inventeur. Il fut entraîné par la vivacité de son imagination. Ses systêmes n'étoient d'abord que des hypothefes ; mais peu-à-peu il croyoit venir à bout de les réalifer. En qualité de géometre, il pouvoit démontrer l'analogie des fons & des couleurs ; mais il n'y avoit qu'un radoteur millionnaire, qui pût tenter de fabriquer une machine auffi coûteufe que celle de fon Clavecin, & dont

l'exécution étoit impossible. Il faut avouer pourtant que cette chimere a produit des découvertes utiles. *Le vrai système de physique général de Newton*, 1743, in-4°, lui fit plus d'honneur dans l'esprit de quelques favans ; mais il déplut à d'autres. Il respectoit le philofophe anglois, fans que fa doctrine lui parût propre à dévoiler le vrai système du monde. » Newton & Defcartes, difoit-il, » fe valent bien pour l'invention ; » mais celui-ci avoit plus de fa- » cilité & d'élévation ; l'autre, » avec moins de facilité, étoit » plus profond. Tel est, à-peu- » près, le caractere des deux na- » tions. Le génie françois bâtit en » hauteur, & le génie anglois en » profondeur. Tous deux eurent » l'ambition de faire un monde, » comme Alexandre eut celle de » le conquérir, & tous deux pen- » ferent en grand fur la nature ». On a encore du P. Castel un traité intitulé : *Optique des couleurs*, Paris 1740, in-12, & d'autres ouvrages. Les autres productions de cet auteur font moins importantes : ce font des brochures, ou des extraits répandus dans les *Mémoires de Trévoux*, auxquels il travailla long-tems (*voyez* ce *Journal*, au 2e vol. d'avril, 1757). Le style de Castel fe ressentoit du feu de fon esprit & des écarts de fon imagination. Un jour qu'on parloit, devant Fontenelle, du caractere d'originalité que portent les ouvrages de ce Pere, quelqu'un dit : » Mais il est fou. — Je le fais » bien, répondit Fontenelle, & » j'en fuis fâché, car c'est grand » dommage. Mais je l'aime en- » core mieux original & un peu » fou, que s'il étoit fage fans être » original ». Castel mourut en 1757, à l'âge de 68 ans. Il s'étoit retiré du grand monde quelque-tems avant fa mort. Il y avoit été d'abord très-répandu, & avoit plu par fes faillies & fa vivacité. Les gens-de-lettres qui le confultoient, trouvoient en lui de la complaifance & des lumieres. Il avoit avec eux la fimplicité que donne l'étude aux vrais favans. On le trouvoit au milieu de fes livres, de fes écrits, de fon attelier pour le Clavecin oculaire, & d'un nombre infini de pieces ramaffées confufément dans le même réduit. M. l'abbé de la Porte a publié en 1763, in-12, un recueil curieux, à Paris, fous le titre d'Amfterdam. Il eft intitulé : *Efprit, faillies & fingularités du P. Caftel.* Ce livre contient un grand nombre de fujets. L'auteur n'en approfondit aucun ; cependant il penfe beaucoup, & fouvent très-bien.

CASTELLANUS, (Pierre) *voyez* CHATEL (Pierre du).

CASTELLI, (Bernard) peintre génois, né en 1557, excellent colorifte, réuffiffoit dans le portrait. Il peignit les grands-poëtes de fon tems, & fut chanté par eux. Il grava les figures de la *Jerufalem délivrée* du Taffe, fon ami intime. On remarque du génie dans fes ouvrages, mais trop peu de naturel. Il mourut à Genes en 1629, laiffant plufieurs tableaux à fa patrie, à Rome, à Turin, &c.

CASTELLI, (Valerio) fils de Bernard, né à Genes en 1625, perdit trop jeune fon pere pour pouvoir profiter de fes leçons ; mais fon application fuppléa à ce qu'il auroit pu apprendre fous un tel maître. Il excella dans les batailles. Ses ouvrages font recommandables par le génie & le goût, le coloris & le deffin. Il mourut en 1659.

CASTELNAU, (Michel de) feigneur de Mauviffiere, homme de guerre & de cabinet, auffi fincere que prudent, étoit d'une famille noble & ancienne. Il fut employé, par Charles IX & Henri III, dans plufieurs négociations auffi importantes que difficiles. Il mourut en 1592, après avoir été cinq fois ambaffadeur en Angleterre. Les Mémoires de fes négociations, publiés par le Laboureur, 1659, 2 vol. in-folio, réimprimés à Bruxelles en 1731, 3 vol. in-folio, font au nombre des monumens curieux qui nous reftent de l'hiftoire de fon tems. Ils font exacts & impartiaux.

CASTELNAU, (Jacques marquis de) maréchal de France, petit-fils du précédent, fe fignala en plufieurs fieges & combats. Il eut le commandement de l'aile gauche à la bataille des Dunes, le 14 juin 1658, & fut bleffé deux jours après au fiege de Dunkerque. Il mourut de fes bleffures à Calais, le 15 juillet fuivant, à 38 ans. M. Ofmont lui attribue mal-à-propos les *Mémoires* de Michel de Caftelnau.

CASTELNAU, (Henriette-Julie de) comteffe de Murat, une des mufes françoifes, mourut en 1716 à 45 ans. Elle a laiffé des Chanfons, & d'autres petites Pieces de poéfies, répandues dans différens recueils. On a encore d'elle : I. *Les Lutins de Kernofi*, roman en 2 parties in-12. II. Des *Contes de Fées*, en 2 vol. III. Le *Voyage de campagne*, 2 vol. in-12. La réputation brillante que ces ouvrages lui acquirent d'abord, ne s'eft pas foutenue. C'eft affez le fort des auteurs qui s'attachent à des productions frivoles, & qui n'ont que les reffources de l'efprit pour fe garantir de l'oubli.

CASTELVETRO, (Louis de) né à Modene en 1505, prévint favorablement le public par fes talens. Il auroit pu être heureux dans fa patrie ; mais la fureur de critiquer troubla fon bonheur, & lui fit des ennemis de fes meilleurs amis. Il fe vit obligé de quitter l'Italie pour l'Allemagne. De retour à Modene, après dix ans d'abfence, il fut accufé d'avoir traduit en italien un livre de Mélanchton, & il fut pourfuivi par le faint-office. Comme l'affaire prenoit un mauvais tour, il fe fauva à Bâle.

Bâle. On a de lui des *Eclaircissemens sur la Poëtique d'Aristote*, pleins d'esprit ; mais d'une subtilité qui dégénere souvent en chicane. Le feu ayant pris à la maison qu'il habitoit à Lyon , il se mit à crier : *Sauvez ma Poëtique !* C'étoit en effet le meilleur de ses ouvrages , & quant à tous les autres , on pouvoit bien les laisser brûler. La premiere édition de sa *Poëtique*, imprimée à Vienne en Autriche, en 1570 , in-4° , est recherchée. On fait cas aussi de celle de Bâle en 1576 , in-4°. On a encore de lui *Opere critiche* , 1727 , in-4°. Il mourut à Chiavenne en 1571 , à 66 ans. C'étoit un homme sobre & uniquement occupé de ses livres. Il ne voulut point se marier , de peur que le soin du ménage ne le détournât de l'étude. Nullement attaché aux richesses , il abandonna à un de ses freres tout ce qu'il possédoit.

CASTIGLIONE , *voyez* BENEDETTE (le).

CASTIGLIONE , (Joseph) poëte & critique , natif d'Ancone , se maria à Rome en 1582 , devint gouverneur de Corneto en 1598 , & mourut vers 1616. Il s'occupoit à faire des vers latins sur les divers événemens de son tems. Il a fait aussi quelques ouvrages de critique , contenus dans un livre imprimé sous le titre de *Variæ lectiones & opuscula* , Rome 1594, in-4°.

CASTIGLIONI ou CASTELION , (Balthasar) poëte mantouan , né en 1478 , ambassadeur du duc d'Urbin , auprès de Henri VIII , roi d'Angleterre , reçut de ce prince l'ordre de la Jarretiere. Il épousa ensuite Hippolyte Torella, femme d'une grande beauté , & d'un génie au-dessus de sa beauté. Cette union , formée par l'amour & par la conformité des goûts , ne dura que quatre ans. Léon X , pour le consoler de la mort de sa femme , avoit résolu de lui donner le cha-

peau de cardinal. Clément VII , neveu de ce pontife , eut pour Castiglioni la même considération que son oncle : il l'envoya auprès de Charles-Quint , traiter des affaires du saint siege , de l'église & du pape. Castiglioni gagna entiérement les bonnes graces de ce prince. L'empereur le nomma à l'évéché d'Avila. Ce prélat illustre mourut à Tolede , en 1529 , à l'âge de 50 ans , pleuré par le pape & par l'empereur. Ses ouvrages , en vers & en prose , lui acquirent la réputation de grand poëte & d'écrivain délicat. Son *Courtisan* , appellé par les Italiens un livre d'or , est une production toujours nouvelle , malgré les changemens des mœurs. Qui pouvoit mieux donner des préceptes aux courtisans , que celui qui avoit également plu dans tant de cours différentes, à Paris, à Londres & à Madrid ? Cet ouvrage a été traduit en françois ; mais quelque bien qu'on le rende , la version sera toujours au-dessous de l'original. La premiere édition , donnée en 1528 in-fol. à Venise , est peu commune. Les *Poësies latines* de Castiglioni réunissent , si l'on en croit Scaliger , l'élévation des pensées de Lucain, & l'élégance du style de Virgile. La délicatesse , la netteté , l'agrément caractérisent ses *Elégies*. Ses *Pieces italiennes* sont aussi estimables que les latines , & on peut compter leur auteur parmi ceux qui ont fait le plus d'honneur à son siecle. On trouve quelques-unes de ses Poësies dans les *Deliciæ Poëtarum Italorum*.

CASTILLO - Y - SAABEDRA, (Antoine del) peintre , né à Cordoue en Espagne , mort dans la même ville en 1667 , âgé de 64 ans. Après la mort de son pere Augustin Castillo , dont il fut disciple , il se rendit à Séville pour se perfectionner dans l'école de François Zurbaran. De retour dans sa patrie , il mérita l'estime de ses compatriotes par ses ouvrages. Sa réputation s'y est même tellement conservée, que l'on ne passe pas pour homme de goût, si l'on ne possede quelque morceau de cet artiste. Il a traité avec un égal succès l'histoire, le paysage & le portrait. Son dessin est excellent; mais son coloris manque de grace & de bon goût. On dit qu'étant retourné à Séville, il fut saisi d'une si grande jalousie, à la vue des tableaux du jeune Murillo, dont la fraîcheur & le coloris l'emportoient de beaucoup sur les siens, qu'il en mourut de chagrin, peu de tems après son retour à Cordoue.

CASTOR & POLLUX, freres d'Hélene, & fils de Jupiter & de Léda, s'aimoient tellement, qu'ils ne se quittoient jamais, ni dans leurs voyages, ni dans leurs autres expéditions. Ils suivirent Jason dans la Colchide, & eurent beaucoup de part à la conquête de la toison d'or. Jupiter ayant donné l'immortalité à Pollux, celui-ci sollicita son pere de lui permettre de la partager avec Castor. Le dieu y consentit. Les deux freres furent métamorphosés en astres & placés dans le zodiaque, sous le nom de la constellation des *Jumeaux*.

CASTOR, officier juif, se fit un nom pendant le siege de Jerusalem par son intrépidité & sa perfidie. La garde de la seconde tour lui avoit été confiée. Ne pouvant plus tenir, il fit semblant de vouloir parler à Tite ou à Enée. Cet Enée étoit un juif retiré dans le camp des Romains. Dès qu'il fut au pied de la muraille, Castor roula sur lui une grosse pierre. Enée l'évita; mais un soldat qui l'accompagnoit fut blessé. Alors Tite fit redoubler le jeu des machines contre la tour. Castor y mit le feu, & se jeta à travers les flammes, où il périt.

CASTORIE, (l'évêque de) voyez NEERCASSEL.

CASTRICIUS, (Marcus) magistrat de Plaisance, l'an 85 avant Jesus-Christ. Refusant des ôtages au consul Cneius Carbo, qui vouloit

engager cette ville dans le parti de Marius contre Sylla; Carbo lui dit, pour l'intimider, qu'il avoit beaucoup d'épées: *Et moi beaucoup d'années*, repartit Castricius, voulant signifier par-là le peu qu'il risquoit, étant si avancé en âge. Il ne faut pas le confondre avec Titus Castricius, célebre rhéteur romain au 2e siecle.

CASTRIOT, voyez SCANDERBEG.

CASTRO, (François-Alphonse de) franciscain, né à Zamora en Espagne, prédicateur & confesseur de Charles-Quint, fut nommé à l'archevêché de Compostello, & mourut à Bruxelles, avant d'en avoir pris possession en 1558, à 63 ans. Le P. Feuardent publia ses ouvrages à Paris, en 1578, avec la *Vie* de l'auteur, 2 vol. in-fol. Le principal est son *Traité contre les hérésies*. Paris 1534, in-folio, disposé selon l'ordre alphabétique des erreurs. L'auteur écrit passablement. Il avoit lu, mais sans beaucoup de choix. La réfutation des nouvelles hérésies occupe plus de place chez lui, que l'histoire des anciennes, & la controverse que l'histoire.

CASTRO, (Léon de) chanoine de Valladolid, mort en 1580, professeur de théologie à Salamanque, soutint que le texte de la Vulgate & celui des Septante sont préférables au texte hébreu; ce qui est très-vrai en l'entendant de ce texte tel que nous l'avons aujourd'hui. Cet ouvrage est intitulé: *Apologeticus pro vulgata translatione & LXX*, Salamanque, 1585, in-fol.

CASTRO, (Paul de) professeur de droit à Florence, à Boulogne, à Sienne, à Padoue, faisoit dire de lui: *Si Bartolus non esset, esset Paulus*. On a de lui plusieurs ouvrages souvent réimprimés, en 8 vol. in-fol. Il mourut l'an 1437.

CASTRUCIO - CASTRACANI, naquit, selon la plus commune opi-

nion , à Caſtrucio en 1281 , au milieu des factions qui déchiroient
alors l'Italie. Ses parens *Gibelins*
furent obligés de ſe retirer avec
lui à Ancone. Caſtrucio les ayant
perdus à l'âge de 20 ans , & ne
ſachant que devenir , paſſa en Angleterre , où il mérita les bonnes
graces d'Edouard ; mais ayant tué
un ſeigneur de ſa cour dont il
avoit reçu un ſoufflet , il ſe vit
forcé de quitter cette iſle. Retiré
en Flandre , il ſignala ſon courage
& ſes qualités militaires auprès de
Philippe le Bel , qui le combla de
bienfaits. Couvert de gloire , il retourna l'an 1313 en Italie. Il ſe
rendit , non pas à Lucques , où les
Guelfes étoient les maîtres ; mais à
Piſe , alors la retraite des *Gibelins*.
Il rétablit leurs affaires , leur fit ouvrir les portes de Lucques , & força
les *Guelfes* d'en ſortir. Caſtrucio ,
cher au peuple par ſa prudence &
ſon courage , fut élu gouverneur.
Son alliance avec l'empereur Louis
de Baviere , lui valut le titre de
comte du palais de Latran , de duc
de Lucques & de ſénateur de Rome.
Caſtrucio conduiſit ce prince avec
les quatre premiers barons romains ,
& le fit couronner dans Rome ,
ſans lui faire prêter ſerment de
fidélité. Le légat du pape ne pouvant ſe défendre contre un tel
homme , prit le parti de l'excommunier. Caſtrucio mourut peu de
tems après , en 1328. Machiavel a
publié la *Vie* de ce capitaine , qui
étoit ſon héros ; mais il a mêlé le
menſonge à la vérité. Elle a été traduite en françois. On lui préfère
celle d'Alde Manuce le jeune ,
écrite en italien , peut-être avec
moins d'élégance , mais avec plus
d'exactitude. Elle fut imprimée à
Lucques , in-4°. 1590.

CAT , (Claude-Nicolas le) naquit à Bleraucourt , bourg de Picardie , en 1700. Son pere , éleve
du célebre Maréchal , premier chirurgien du roi , lui fit faire de très-
bonnes études à Soiſſons & à Paris.

Après avoir porté l'habit eccléſiaſtique pendant dix ans , il le quitta
pour étudier en médecine & en
chirurgie. Il commença en 1724 à
ſe faire connoître dans la république
des lettres par une Diſſertation ſur
le balancement des arcs-boutans de
l'égliſe de S. Nicaiſe de Rheims ,
phénomene de phyſique fort curieux. Il compoſa en 1725 une
Lettre ſur la fameuſe Aurore boréale
qui parut cette année , & qui étant
la premiere qu'on eut obſervée en
France , effraya beaucoup le vulgaire. En 1731 , il obtint au concours la ſurvivance de la place de
chirurgien en chef de l'Hôtel-Dieu
de Rouen. Il s'établit dans cette
ville en 1733 , & il y forma en
1736 une école publique d'anatomie
& de chirurgie. Il raſſembla enſuite
les ſavans & les amateurs de la
ville , & fit éclore une ſociété littéraire , qui depuis a été érigée en
académie. Il en a été le ſecrétaire
perpétuel pour les ſciences. Il étoit
correſpondant de l'académie de
Paris , doyen des aſſociés regni-
coles de celle de chirurgie de Paris ,
&c. Le roi , inſtruit de ſon mérite , lui accorda en 1759 une penſion de 2000 livres , & en 1766 des
lettres de nobleſſe , que le parlement & la chambre des comptes de
Normandie enregiſtrerent *gratis*. Il
mourut le 21 août 1768 , âgé de 68
ans. On a de lui : I. *Diſſertations*
couronnées à l'académie de chirurgie depuis 1730 , premiere année de ces prix , juſqu'en 1738.
C'étoit un athlete redoutable , &
pluſieurs académies furent obligées
de le prier de ne plus ſe préſenter
au concours. II. *Traité des ſens* ,
2 vol. in-8°, Paris, 1767 , ouvrage
lumineux , plein d'idées profondes.
III. *Lettres concernant l'opération de la taille*. IV. *Recueil de
pieces ſur la taille*. V. *Diſſertation ſur l'exiſtence & la nature
du fluide des nerfs*, qui a remporté le prix à Berlin en 1753.
VI. *Mémoire* qui a remporté le

prix de l'académie de chirurgie en 1755. VII. La *Théorie de l'ouïe*, 1758, in-8°. VIII. *Mémoire* qui a remporté le prix à Toulouse en 1757. IX. *Eloge de M. de Fontenelle*, qu'on lit avec plaisir, parce qu'il y a quelques particularités qui ne se trouvent point ailleurs. X. *Traité de l'existence du fluide des nerfs*, 1765, in-8°. XI. *Traité de la couleur de la peau humaine*, 1765, in-8°. XII. *Lettres sur les avantages de la réunion du titre de docteur en médecine, avec celui de maître en chirurgie.* XIII. *Nouveau système sur la cause de l'évacuation périodique du sexe*, 1765, in-8°. XIV. *Cours abrégé d'Ostéologie*, 1767, in-8°.

CATEL, (Guillaume) conseiller au parlement de Toulouse, né en 1569, mort en 1626, étoit un savant profond & un bon magistrat. Il a laissé : I. Une *Histoire des comtes de Toulouse*, 1623, in-fol. II. Des *Mémoires du Languedoc*, 1633, in-fol. inférieurs à l'*Histoire* de cette province par D. Vaissette, & où ce Bénédictin a beaucoup puisé. Catel est le premier qui ait joint à l'histoire les preuves des faits avancés ; mais il n'auroit pas dû mettre ces preuves dans le corps de l'ouvrage. Il paroît avoir assez de discernement, & il écarte les faits faux ou exagérés.

CATELLAN, (Jean de) conseiller au parlement de Toulouse, mort en 1700, à 82 ans, fut un magistrat recommandable par son équité & ses lumieres. On a de lui le *Recueil des arrêts remarquables du parlement de Toulouse*, 1733, 3 vol. in-4°. Sa famille, une des plus anciennes de cette ville, a produit un grand nombre d'évêques & de magistrats, également distingués.

CATELLAN, (Marie-Claire-Priscille-Marguerite de) de la même famille que le précédent, naquit à Narbonne en 1662. Son goût pour les lettres l'obligea de fixer sa demeure à Toulouse en 1697. Les mêmes études & les mêmes talens, joints aux liens du sang, l'unirent d'une étroite amitié avec le chevalier de Catellan, secretaire perpétuel de l'académie des Jeux-Floraux. Cette compagnie couronna plus d'une fois les essais poétiques de Mlle de Catellan. Son ouvrage le plus applaudi fut une *Ode* à la louange de Clémence Isaure : cette Ode mérita le prix ; & elle obtint peu de tems après des lettres de maîtresse des Jeux-Floraux. Cette moderne Corine mourut dans le château de la Masquere, près de Toulouse, en 1745, dans la 84e année de son âge. L'affabilité, la politesse, la discrétion, la décence, la bonne opinion d'autrui étoient ses qualités distinctives ; & ces vertus étoient embellies par une taille avantageuse, par une figure agréable, par les graces de l'imagination & la délicatesse de l'esprit.

CATESBY, (Marc) de la société royale de Londres, a publié l'*Histoire naturelle de la Caroline & de la Floride*, 1731 & 1743, 2 vol. in-fol. figures enluminées. Les explications sont en anglois & en françois.

CATHALAN, (Jacques) jésuite, de Rouen, professa, prêcha & dirigea avec succès. Ses talens dans ces trois genres firent honneur à sa société. Il étoit né en 1671, & il mourut en 1757. On a de lui : I. L'*Oraison funebre de la duchesse d'Orléans*, 1723, in-4°. II. Celle de *monseigneur, fils de Louis XIV*, in-4°. III. Celle de l'*électeur de Treves*, in-4°. Ces Pieces offrent quelques bonnes tirades.

CATHARINUS, (Ambroise) né en 1487 à Sienne, appellé avant d'entrer en religion : *Lancelot Politi*, enseigna le droit, se fit dominicain en 1517, & se distingua au concile de Trente. Il eut l'évêché de Minori en 1547, & l'archevêché de Conza en 1551, & mourut en 1553. On a de lui plusieurs ouvrages mal écrits & fans méthode, mais pleins de chofes favantes & fingulieres, fur beaucoup de points de théologie. On en a une édition de Lyon 1542, in-8°, & on les trouve à la fuite de fes *Enarrationes in Genefim*, Rome 1552, in-fol. Il foutient que Jefus-Chrift feroit venu, quand même le premier homme n'auroit pas péché. Il prétend encore que la chûte des mauvais Anges vint de ce qu'ils ne voulurent pas reconnoître le décret de l'Incarnation, ni fe réfoudre à adorer le Verbe uni à la nature humaine. Il avance, dans un traité *de la Réfurrection*, que les enfans morts fans baptême font non-feulement exempts de peines, mais qu'ils jouiffent même d'une félicité convenable à leur état. Catharinus pouffoit la liberté de penfer jufqu'à la hardieffe, & ne fe piquoit guere de fuivre S. Auguftin, S. Thomas, & les autres théologiens. Une de fes opinions qui parut d'abord une des plus libres, & qui depuis a toujours été fuivie en Sorbonne, eft celle fur l'intention extérieure du miniftre des facremens. Il foutint au concile de Trente, qu'il n'étoit pas néceffaire que le miniftre eût une intention intérieure de faire une chofe facrée; mais qu'il fuffifoit qu'il voulût adminiftrer extérieurement le facrement de l'églife, quoiqu'il s'en moquât intérieurement. M. Boffuet & d'autres illuftres théologiens, ont depuis embraffé ce fentiment comme le plus propre à tranquillifer les efprits, en leur perfuadant que l'efficace des facremens eft indépendante de la méchanceté ou de la négligence des hommes. Catharinus a fait encore un Commentaire fur les Epîtres de S. Paul, & les autres Epîtres canoniques, Venife 1551, in-fol. On lui attribue auffi un livre italien, recherché des curieux, intitulé : *Rimedio alla peftilente doctrina d'Ochino*, Rome 1544, in-8°.

CATHERINE, (Sainte.) vierge d'Alexandrie, martyrifée, dit-on, fous Maximin. Au 9e fiecle on trouva le cadavre d'une fille, fans corruption, au Mont-Sinaï en Arabie. Les Chrétiens de ce pays-là, apparemment fur certains fignes, la prirent pour le corps d'une martyre, & l'idée générale d'une fainte vierge d'Alexandrie qui avoit fouffert dans cette contrée, fit croire que c'étoit le fien. Ils lui donnerent le nom de *Catherine*, c'eft-à-dire *pure & fans tache*, lui rendirent un culte religieux, & lui firent faire une légende. Les Latins reçurent cette Sainte, des Grecs, dans le 11e fiecle. On raconte dans fon hiftoire, qu'elle difputa, à l'âge de 18 ans, contre cinquante philofophes, qui furent vaincus. Quoique cette légende ne mérite aucune confiance, on n'en doit rien conclure contre la réalité de la Sainte qu'on honore fous le nom de *Catherine*. Jamais l'églife univerfelle n'a invoqué des Saints imaginaires; fi les hiftoires de quelques-uns ont été rejetées par les favans, il ne s'enfuit autre chofe, finon que les vrais actes ont été défigurés, ou qu'ils ont péri par les dégâts du tems. Les recherches de la critique prouvent précifément que le Seigneur a des Saints, dont les actions ne font bien connues, que de lui feul; du refte, il a laiffé dans fon églife leur mémoire, l'idée générale de leurs vertus, & leur protection puiffante : titres fuffifans pour diriger l'églife dans le culte qu'elle leur rend. *Voyez* ROCH (St).

CATHERINE DE SIENNE, (Sainte) née en 1347, embraffa, à l'âge de 20 ans, l'Inftitut des Sœurs de S. Dominique. Ses révélations, fon zele & fes écrits lui firent un nom célebre. Elle réconcilia les Florentins avec Gregoire XI, pour lors à Avignon. L'éloquence de la négociatrice fut fi vive, qu'elle engagea le pontife à quitter les bords du Rhône pour ceux du Tibre. Elle joua un grand rôle dans toutes les querelles du fchifme. Elle écrivit de tous côtés en faveur du pape Urbain, & mourut en 1380, à 33 ans. Sa *Légende* en italien, Florence 1477, est très-rare ; celles de 1524 in-4°, & 1526 in-8°, sont rares aussi. Sa *Vie* a été écrite en latin par Jean Pins, Boulogne 1515, in-4°. Il y en a une en françois par le P. Jean de Rechac, Paris 1647, in-12. Elle avoit paru par-tout avec éclat, & jouit d'un grand crédit par son éminente piété. Quoique dans le grand nombre de visions & de révélations qu'on lui attribue, on ne puisse guère douter qu'il n'y en eut de véritables ; ce seroit manquer de jugement & de critique que de les admettre toutes. La canonisation des Saints ne ratifie pas leurs opinions ni leurs révélations. Nous avons vu ailleurs que sans les explications favorables que le cardinal Torquemada donna des visions de sainte Brigitte, elles eussent été condamnées au concile de Bâle. Grégoire le Grand remarque que les Saints les plus favorisés de Dieu se trompent souvent, en prenant pour une lumiere divine, ce qui n'est que l'effet de l'activité de l'ame humaine. M. Fleury ajoute que, dans les personnes de la plus éminente piété, les veilles & les jeûnes peuvent échauffer une imagination vive au point d'y produire des effets surprenans, qu'on regarde quelquefois pour des opérations de l'Esprit-Saint. Cette pensée de Fleury est appuyée d'un passage remarquable de S. Jerôme. Il ne faut cependant point parler avec dédain ou avec aigreur de ces situations extraordinaires des Saintes, qui, supposé qu'elles appartiennent quelquefois à l'imagination, sont néanmoins l'effet d'une piété toujours bien respectable dans son principe & dans son objet (*voyez* ARMELLE). Sainte Catherine fut canonisée par Pie II, en 1461. On lui attribue des Poésies italiennes à Sienne, 1505, in-8° ; quelques Traités de dévotion ; & des Lettres,

qui sont purement écrites en italien : elles parurent à Bologne en 1492, in-4°. Tous les ouvrages de Ste Catherine ont été publiés à Lucques & à Sienne l'an 1713, en 4 vol. in-4°.

CATHERINE, fille de Charles VI, roi de France, épousa Henri V, roi d'Angleterre. Elle se remaria secietement à Owin Tider, afin de légitimer les enfans qu'elle avoit eus de lui. Ce Tider étoit un seigneur du pays de Galles, d'une famille qui avoit régné autrefois en Angleterre. Sa bonne mine, son assiduité, ses complaisances avoient touché la reine, qui oublia ce qu'elle devoit aux mânes de son époux. Ce second mariage fut tenu fort secret du vivant de cette princesse, & on ne le sut qu'après sa mort, qui arriva en 1438. Tider fut aussi-tôt mis en prison. Il se sauva quelque-tems après ; mais malheureusement ayant été repris pendant les guerres civiles des maisons d'Yorck & de Lancastre, il eut sur le champ la tête tranchée.

CATHERINE D'ARAGON, fille de Ferdinand V, roi d'Aragon, & d'Isabelle, reine de Castille, épousa en 1501 Arthus, fils ainé de Henri VII, dit le Salomon d'Angleterre. Ce prince étant mort cinq mois après cette union, le nouveau prince de Galles, connu depuis sous le nom de Henri VIII, s'unit à la veuve de son frere, avec une dispense de Jules II, accordée sur la supposition que le mariage n'avoit pas été consommé. Son époux naturellement léger & inconstant, comme il le fit bien voir dans la suite, ne tarda pas à s'en dégoûter, & de proposer un divorce. Cette affaire fut plaidée devant deux légats de la cour de Rome, qui travaillerent inutilement à réconcilier les deux époux. Henri fit prononcer une sentence de répudiation ; le pape refusa de l'autoriser. Catherine ne voulut jamais consentir à la dissolution d'un mariage, qui de sa nature ne pouvoit

l'être par aucune puissance spirituelle ou temporelle. Cette fermeté
la fit éloigner de la cour pour toujours, en 1531. Il lui fut défendu
de prendre, & à la nation de lui
donner d'autre titre, que celui de
princesse douairiere de Galles. Le
pape cassa la sentence de divorce,
& ordonna à Henri de reprendre
Catherine. Cette princesse n'en fut
pas moins exilée à Kimbalton, où
elle mourut en 1536. Quand elle
se sentit près de la mort, elle
écrivit à son mari, qui ne put
refuser des larmes à sa lettre, &
qui ordonna à sa maison de prendre
le deuil. Des mœurs simples, le
goût de la retraite, l'amour de
l'ordre formoient le fond de son
caractere. Les soins domestiques, la
priere & le travail firent ses occupations. Sa raison & sa vertu ne
firent aucune impression sur un prince
qui n'écoutoit plus que ses passions, & qui en matiere même de
passions, n'avoit rien de fixe ni de
conséquent.

CATHERINE DE MÉDICIS,
fille unique & héritiere de Laurent
de Médicis, duc d'Urbin, niece
de Clément VII, née à Florence
en 1519, fut mariée par les intrigues de son oncle, en 1533, au
dauphin de France, depuis Henri II.
Elle fut trois fois régente du
royaume : la premiere, durant le
voyage du roi son mari en Lorraine en 1553 ; la seconde, pendant
la minorité de Charles IX; & la
troisieme, depuis la mort de ce
prince, jusqu'au retour de Henri III,
alors roi de Pologne. Son objet
principal, sous la minorité de
Charles IX, fut de diviser par l'intrigue, ceux qu'elle ne pouvoit
gagner avec de l'argent. Placée entre les Catholiques & les Protestans, les Guises & les Condés, elle
souleva les partis opposés pour
rester seule maîtresse. Elle accorda
aux instances des huguenots le
colloque de Poissi, en 1561, &
l'année d'après l'exercice public

de leur religion, dans la crainte
que la jonction du roi de Navarre
aux Guises, ne rendît ce parti trop
puissant. Lorsque Charles IX fut
déclaré majeur, elle se fit continuer l'administration des affaires,
& brouilla tout comme auparavant.
Ayant fait lever des troupes sous
le prétexte de se précautionner
contre le duc d'Albe ; mais réellement pour contenir les Protestans,
ce parti en prit de l'ombrage, &
le royaume fut encore embrasé.
Catherine avoit allumé la premiere
guerre civile en favorisant les huguenots ; elle causa la seconde en
les irritant. Elle eut beaucoup de
part à toutes les actions sanglantes
qui suivirent la prise d'armes. Ce
fut en partie par ses conseils, que
le massacre de la St Barthélemi fut
ordonné. Elle gouvernoit alors son
fils ; mais elle se brouilla avec ce
prince sur la fin de sa vie, & ensuite avec Henri III. Elle mourut en
1589, regardée comme une princesse d'un caractere incompréhen-
sible. L'auteur de la *Henriade* la
peint toujours prête à changer d'intérêts & d'amis, s'unissant tantôt
avec les uns, tantôt avec les autres. Il reste une lettre, par laquelle elle remercie le prince de
Condé d'avoir pris les armes contre
la cour. Lorsqu'on lui annonça,
sur un faux bruit, la perte de la
bataille de Dreux, que l'on donna
d'abord comme gagnée par les
Protestans : *Hé bien*, dit-elle,
nous prierons Dieu en françois.
Quelque indifférente qu'elle fût
pour toutes les religions, elle ne
laissoit pas d'être superstitieuse. Elle
croyoit à l'astrologie judiciaire, &
à d'autres extravagances. Elle portoit sur l'estomac une peau de vélin, où, selon quelques-uns, d'un
enfant égorgé : elle étoit convaincue que cette peau avoit la vertu
de la garantir de toute entreprise
contre sa personne. Formée pour
brouiller & détruire, elle ne se
plaisoit qu'au milieu des orages,

F 4

& elle auroit femé la difcorde dans la cour la plus tranquille. Rien ne dévoile mieux la noirceur de fon caractere, que l'éducation de fes enfans. Des combats de coqs, de chiens & d'autres animaux étoient une de leurs récréations ordinaires. S'il y avoit quelque exécution confidérable à la Greve, elle les y menoit. Pour les rendre aufli lafcifs que fanguinaires, elle donnoit de tems-en-tems de petites fêtes, où fes filles d'honneur, les cheveux épars, couronnées de fleurs, fervoient à table demi-nues. Son exemple ne leur préchoit pas moins le libertinage. François de Vendôme, Trollus de Mefgouez, & plufieurs autres, furent les confolateurs de fon veuvage.

CATHERINE DE PORTUGAL, femme de Charles II, roi d'Angleterre, & fille de Jean IV, roi de Portugal, naquit en 1638, fon pere étant encore duc de Bragance. Elle fut mariée en 1661 avec Charles II. Elle avoit, dit-on, l'ame plus belle que le corps ; & elle eut l'eftime, mais non le cœur du roi fon époux. Pendant le regne de Jacques II, cette princeffe jouit de beaucoup de confidération ; mais en 1688 elle réfolut d'aller en Portugal, où elle ne fe rendit cependant qu'au commencement de 1693. Elle y fut déclarée régente en 1704 par le roi Pierre, fon frere, à qui fes infirmités rendoient le repos néceffaire. Catherine fit éclater alors les grandes qualités qu'elle avoit reçues de la nature. Elle continua de faire la guerre à l'Efpagne avec beaucoup de vigueur. Sage & prudente dans les confeils, elle fut faire exécuter ce qu'elle avoit réfolu ; & pendant fa régence, l'armée portugaife reconquit fur les Efpagnols plufieurs places importantes. Cette princeffe mourut en 1705.

CATHERINE ALEXIOWNA, payfanne, dont le nom étoit Alfendey, devenue impératrice de Ruflie, devoit le jour à des parens fort pauvres, qui vivoient près de Départ, petite ville de la Livonie. Au fortir de l'enfance, elle perdit fon pere, qui la laiffa dans les bras d'une mere infirme ; le travail de fes mains ne fuffifoit pas à leur entretien. Ses traits étoient beaux, fa taille charmante, & elle annonçoit beaucoup d'efprit. Sa mere lui apprit à lire, & un vieux miniftre luthérien lui donna les principes de la religion. A' peine avoit-elle atteint fa quinzieme année, qu'elle perdit fa mere. Le bon miniftre la reçut chez lui, & la chargea du foin d'élever fes filles. Catherine profita des maitres de mufique & de danfe qu'on faifoit venir pour elles. La mort de fon bienfaiteur qui furvint, la replongea dans une extrême indigence. Son pays étant devenu le théatre de la guerre entre la Suede & la Ruffie, elle alla chercher un afyle à Marienbourg. Après avoir traverfé un pays dévafté par les deux armées, & avoir couru de grands dangers, elle tomba entre les mains de deux foldats fuédois, qui fans doute n'auroient pas refpecté fa jeuneffe & fes charmes, fi un bas-officier ne fût furvenu, qui la leur arracha. Après avoir rendu graces à fon libérateur, elle reconnut en lui le fils du miniftre qui avoit eu foin de fon enfance. Ce jeune-homme, touché de fon état, lui donna les fecours néceffaires pour achever fon voyage, & une lettre pour un habitant de Marienbourg, qui s'appelloit Gluck, & qui avoit été l'ami de cet officier. Elle fut très-bien reçue ; on lui confia l'éducation de deux filles. Elle fe comporta fi bien dans ce pénible emploi, que le pere étant veuf, lui offrit fa main. Catherine la refufa, pour accepter celle de fon libérateur, quoiqu'il eût perdu un bras, & qu'il fût couvert de bleffures. Le jour même que ces deux époux vont fe jurer leur foi aux pieds des autels, Marienbourg eft affiégé par les Ruffiens ; l'époux, qui étoit de service, est obligé d'aller, avec sa troupe, repousser l'assaut, & il périt dans cette action, sans avoir recueilli le fruit de sa tendresse. Marienbourg est enfin emporté d'assaut, & la garnison & les habitans passés au fil de l'épée, ou en proie à la brutalité du vainqueur. On trouva Catherine cachée dans un four; on se contenta de la faire prisonniere de guerre. Sa figure & son esprit la firent bientôt remarquer du général russe Menzikoff; il fut frappé de sa beauté, & la racheta du soldat auquel elle étoit tombée en partage, pour la placer auprès de sa sœur, où elle fut accueillie avec tous les égards dûs à la beauté, au vrai mérite & à l'infortune. Quelquetems après, Pierre le Grand se trouvant à manger chez ce général, on la fit servir à table. Le czar la distingua bientôt, & fut frappé de ses graces. Il revint le lendemain chez Menzikoff pour revoir la belle prisonniere; elle répondit avec tant d'esprit à toutes les questions que lui fit ce monarque, qu'il en devint éperdument amoureux. Le mariage suivit de près cette naissante inclination; il se fit secrettement en 1707, & publiquement en 1712. Elle fut couronnée en 1724, & reçut la couronne & le sceptre des mains de son époux. Après la mort de ce prince en 1725, elle fut déclarée souveraine impératrice de toutes les Russies. Elle se montra digne de régner, en achevant toutes les entreprises que le czar avoit commencées. A son avénement à l'empire, les potences & les roues furent abattues. Elle institua un nouvel ordre de chevalerie sous le titre de S. Alexandre de Newski. Elle reçut elle-même, peu de tems après, le collier de celui de l'Aigle-Blanc. La Russie la perdit le 17 mai 1727, à l'âge de 38 ans. C'étoit une princesse d'une fermeté & d'une grandeur d'ame au-dessus de son sexe. Elle suivoit Pierre le Grand

dans ses expéditions, & lui rendit de grands services dans la malheureuse affaire de Pruth. Ce fut elle qui conseilla au czar de tenter le visir par des présens; ce qui lui réussit. On l'a soupçonnée de n'avoir pas été favorable au czarowitz Alexis, que son pere fit mourir. Comme aîné & sorti d'un premier mariage, il excluoit du trône les enfans de Catherine; c'est peut-être le seul motif qui lui ait attiré ce reproche peu fondé. *Voyez* ALEXIS PETROWITZ.

CATHERINOT, (Nicolas) avocat, né au château de Lusson, près de Bourges, plaida dans cette ville, & y mourut en 1688. Il a fait un grand nombre d'Opuscules, qui concernent le Berry. Quelques curieux les ont réunis, & ces recueils sont rares quand ils sont complets; la plupart sont in-4°, cependant il y en a d'in-12 & d'in-8°. *Voyez* la *Méthode de l'abbé Langlet*, T. XIII, pag. 99 & 100. Cet auteur ne fait pas grand cas de Catherinot. Valois disoit de lui, qu'il étoit honnête-homme & qu'il aimoit les savans; mais qu'il étoit un savant du plus bas étage. Dans toutes ses paperasses il n'y a guere que du fatras, & il étoit très-digne, suivant un homme d'esprit, des armoiries de Bourges.

CATHO, *voyez* CATTHO.

CATILINA, (Lucius) d'une des premieres familles patriciennes de Rome, dérobé par son argent & ses amis au dernier supplice, qu'il méritoit pour avoir été accusé publiquement d'un inceste avec une Vestale, & pour avoir assassiné son propre fils; avoit été successivement questeur, lieutenant-général & préteur, sans que son caractere eût changé. S'étant présenté depuis deux fois inutilement pour le consulat, & ayant eu Cicéron pour concurrent, il entreprit de le faire assassiner. Il y avoit déja long-tems qu'il tramoit sourdement de détruire Rome par le fer & par le feu. Plufieurs jeunes-gens de la premiere naiffance, réduits comme lui à la mifere par leurs débauches, s'étant rendus fes complices, il leur fit boire, dit-on, du fang humain pour gage de leur union. Cicéron, averti par Fulvia, maîtreffe d'un des conjurés, découvrit le complot de Catilina, & veilla à la fûreté de la république. On intercepta les lettres des principaux conjurés, & l'on en fit exécuter cinq. Catilina furieux paffa en Etrurie, à la tête de quelques légions mal armées, prêt à tout entreprendre ou à périr. Antoine, collegue de Cicéron, fit marcher Petreïus, fon lieutenant, contre le confpirateur. Catilina fe battit en défefpéré, toujours au premier rang. Il fut vaincu, & fe fit tuer, pour ne point furvivre à la ruine de fes affaires, l'an 62 avant J. C. Ainfi périt cet homme, à qui les plus noirs attentats ne coûtoient rien. Plus hardi qu'habile, plus ambitieux que politique, plus capable de former de pernicieux deffeins, que de les conduire; fcélérat malgré fes remords, avide tout enfemble & prodigue. S'il eût employé au fervice de fa patrie fon activité, fa vigilance, fa valeur, fon éloquence, c'eût été un héros. Tel qu'il vécut, & tel qu'il mourut, ce fut un brigand, un peu moins obfcur, mais non moins méchant que ceux qui périffent à un gibet. *Voyez* l'excellente *Hiftoire* de cette *conjuration*, par Sallufte.

CATINAT, (Nicolas) né en 1637 du doyen des confeillers du parlement de Paris, commença par plaider, perdit une caufe jufte, & quitta le barreau pour les armes. Il fervit d'abord dans la cavalerie, & ne laiffa échapper aucune occafion de fe diftinguer. En 1667, il fit aux yeux de Louis XIV, à l'attaque de la contr'efcarpe de Lille, une action de tête & de courage, qui lui valut une lieutenance dans le régiment des Gardes. Elevé fucceffi-

vement aux premieres dignités de la guerre, il fe fignala à Maftricht, à Befançon, à Senef, à Cambrai, à Valenciennes, à S. Omer, à Gand & à Ypres. Lieutenant-général en 1688, il battit le duc de Savoie à Stafarde & à la Marfaille, fe rendit maître de toute la Savoie & d'une partie du Piémont, paffa de l'Italie en Flandre, affiégea & prit Ath en 1697. Il étoit maréchal de France depuis 1693. La guerre s'étant rallumée en 1701, il fut mis en Italie à la tête de l'armée françoife contre le prince Eugene, qui commandoit celle de l'empereur. Il fut bleffé à l'affaire de Chiari, & obligé de reculer jufques derriere l'Oglio. Cette retraite, occafionnée par la défenfe que lui avoit laiffe la cour de s'oppofer au paffage du prince Eugene, fut caufe de fes fautes & de fa difgrace. Catinat, malgré fes victoires & fes négociations, fut obligé de fervir fous Villeroi; & le dernier éléve de Turenne & de Condé, n'agit plus qu'en fecond. Le roi le nomma en 1705 pour être chevalier de fes ordres; mais il refufa. Il mourut fans avoir été marié, dans fa terre de S. Gratien, en 1712, âgé de 74 ans, dans fes derniers momens, dit-on, d'une trifte & défefpérante philofophie dans laquelle il avoit vécu. Quelques auteurs ont néanmoins affuré qu'il n'étoit pas fans religion, & qu'il en a donné des marques dans fes derniers momens; ce qu'il y a de fûr, c'eft qu'il n'affichoit pas l'impiété, & qu'il ne fe faifoit point gloire d'un fyftême qui réellement n'eft propre qu'à dégrader & avilir la dignité de la nature humaine. On a donné fa *Vie* en 1775, in-12.

CATON, *le Cenfeur*, (Marcus Portius) d'une famille plébéienne, originaire de Tufculum, fervit d'abord fous Quintus Fabius Maximus à l'expédition de Tarente. Sa fageffe, fa valeur, fon activité, fon éloquence lui promirent les premieres places de la république. Il fut tribun militaire en Sicile, vers l'an 20? avant Jesus-Christ, ensuite questeur, préteur, & enfin consul. Les affaires d'Espagne demandant un homme consulaire, il y passa, réduisit les rebelles & s'empara en peu de tems de plus de quatre cens places. On lui entendit dire à lui-même, qu'il avoit pris plus de villes, qu'il n'avoit passé de jours dans son département. Le peuple lui décerna d'une commune voix le triomphe & la censure. Son premier soin fut de réformer le luxe & de donner des mœurs aux Romains. Sa vigilance le fit estimer des citoyens, & sa dureté lui suscita quelques ennemis; mais cette haine passagère n'empêcha point qu'on ne lui élevât une statue avec cette inscription : *A la gloire de Caton, qui a remédié à la corruption des mœurs.* Cela n'empêchoit pas qu'il ne sortît des spectacles, de peur d'empêcher par sa présence des scenes scandaleuses, & qu'il ne fît commerce de la prostitution de ses esclaves : la vertu de ces anciens sages n'étant jamais bien conséquente. Ce magistrat, de tout tems déclaré contre les femmes, contribua beaucoup à faire passer la loi qui défendoit aux citoyens d'en instituer aucune héritière. L'âge n'adoucit point sa sévérité. Athenes ayant envoyé à Rome des philosophes & des orateurs pour une négociation, Caton, alarmé de l'empressement de la jeunesse romaine à les entendre, proposa de les renvoyer, & s'avança jusqu'à dire qu'on devoit chasser aussi les médecins. Il mourut en opinant pour la ruine de Carthage, l'an 148 avant J. C. à 86 ans; regardé comme un homme juste, mais inflexible & implacable dans ses vengeances. Sa rigidité demandoit des alimens. Acilius ayant brigué la censure en même-tems que lui, il l'accusa publiquement d'avoir détourné à son profit les dépouilles des ennemis. Du tems de

Cicéron il restoit encore de Caton 150 *Oraisons*, un *Traité de l'art militaire*, des *Lettres*, une Histoire en sept livres, intitulée : *Des Origines*. Nous n'avons actuellement que les fragmens de ce dernier ouvrage, avec un traité *de re rustica*. On l'a inséré dans *Rei rusticæ Scriptores*, à Leipsick 1735, 2 vol. in-4°. M. Saboureux de la Bonnetrie l'a traduit en françois dans le 1 vol. de son *Œconomie rurale*, Paris 1771, 6 vol. in-8°. On attribue à Caton, mais sans raison, des *Distiques moraux*, sur lesquels le célebre Pibrac a formé ses *Quatrains*. Ces *Distiques* sont d'un auteur du 7e ou 8e siecle. On les trouve avec le *Publius Syrus*, Leyde 1635, in -8°, & séparément latin & françois, in-12. Il disoit ordinairement, " qu'il se re- " pentoit de trois choses : d'avoir " passé un jour sans rien apprendre ; " d'avoir confié son secret à sa " femme ; & d'avoir été par eau, " lorsqu'il pouvoit voyager par " terre ". Il est à croire qu'il avoit des sujets d'un repentir plus fondé. Caton laissa un fils, qui se signala sous Paul Emile, dans la guerre de Macédoine. *Voyez* le livre *de Republica Romana du P. Cantel.*

CATON D'UTIQUE, ainsi appelé parce qu'il mourut dans cette ville, étoit arriere-petit-fils du précédent. Il poussa l'amour de la patrie jusqu'au fanatisme. A quatorze ans, il demanda une épée pour tuer le tyran Sylla, & délivrer la république de ses proscriptions. Le consul Gellius, sous les ordres duquel il servoit, lui offrant des récompenses militaires, il les refusa, jugeant qu'elles ne lui étoient pas encore dues. Elevé à la dignité de questeur, il refusa de payer les pensions que Sylla avoit constituées à ses satellites sur le trésor public. Cette fermeté prenoit sa source dans l'austérité de ses mœurs & dans son systéme de philosophie. Il étoit stoïcien dans la théorie & dans la

pratique. Il aimoit mieux, dit Sal-
lulte, être homme de bien, que le
paroître; & moins il étoit touché
du defir de la gloire, plus elle fembloit venir le chercher. *Effe quàm
videri bonus malebat; itaque quò
minus gloriam petebat, eò magis
illam affequebatur.* Il peut fe faire
que Caton fût moins vain que les
autres héros de Rome; mais il n'eft
pas à croire qu'il fuyoit la gloire
de bonne foi. Il demanda le tribunat, pour empêcher un méchant
homme de l'avoir. Il s'unit l'an 62
avant J. C. avec Cicéron contre
Catilina, & avec les bons citoyens
contre Céfar. Il s'oppofa aux brigues
de ce général & de Pompée pendant
leur union, & tâcha de les accorder
pendant les guerres civiles. Ses foins
ayant été inutiles, il se tourna du
côté de Pompée, qu'il regardoit
comme le défenfeur de la république; tandis que fon compétiteur la
menaçoit d'une prochaine fervitude.
Il porta toujours le deuil depuis le
jour que commença la guerre civile, réfolu de fe donner la mort
fi Céfar étoit vainqueur, & de s'exiler feulement fi c'étoit Pompée. La
bataille de Pharfale ayant tout décidé, ce zélé républicain s'enferma
dans Utique, fe préparant à exécuter fon deffein. Il dit adieu à fon
fils & à fes amis, paffa une partie
de la nuit à lire le dialogue de Platon fur l'immortalité de l'ame, puis
effayant la pointe de fon épée, &
la plaçant à côté de lui, il dit: *Je
fuis enfin maître de moi-même.* Il
relut encore Platon, s'endormit, fe
réveilla au point du jour, & fe
plongea fon épée dans le corps,
l'an 45 avant J. C., à l'âge de 48
ans. Le préfident de Montefquieu
dit que, fi Caton fe fût réfervé pour
la république, il auroit donné aux
affaires tout un autre tour. Il eft
certain qu'il devoit fe conferver à
fa patrie, & que cette bravade du
fuicide étoit une foibleffe réelle, &
de plus un crime contre la fociété
& contre l'auteur de la vie. Le pa-

ralléle de Cicéron & de Caton, fait
par le même préfident, paroît affez
jufte. L'acceffoire chez Cicéron,
c'étoit la vertu; chez Caton, c'é-
toit la gloire. Cicéron fe voyoit
toujours le premier, Caton fembloit s'oublier. Celui-ci vouloit fauver la république pour elle-même;
celui-là pour s'en vanter. Quand
Caton prévoyoit, Cicéron craignoit. Là où Caton efpéroit, Cicéron fe confioit. Le premier voyoit
toujours les chofes de fang-froid,
l'autre au travers de cent petites
paffions.

CATON, (Valerius) poëte &
grammairien latin, né dans la Gaule
Narbonnoife, ouvrit à Rome une
école où l'on fe rendoit de toutes
parts. On difoit de lui qu'il étoit le
feul qui fût lire & faire les poëtes.
Il mourut fort âgé, l'an 30 avant
J. C., dans un état qui n'étoit
guère au-deffus de l'indigence. La
feule de fes Poéfies qui foit parvenue jufqu'à nous, eft fa pièce intitulée: *Diræ:* ce font des impré-
cations que lui infpirèrent l'abfence
de fon pays & celle de fa Lydie.
Chriftophe Arnold publia ce petit
poëme à Leyde en 1652, in-12:
cette édition eft rare. On le trouve
auffi dans le *Corpus Poëtarum de
Maittaire.*

CATROU, (François) né à Paris en 1659, jéfuite en 1677, exerça
le miniftere de la chaire pendant fept
ans avec diftinction. Il auroit été
mis au rang des meilleurs prédicateurs de fon fiecle, s'il avoit pu
fe captiver à réunir avec ordre dans
fa mémoire les mêmes penfées qu'il
avoit tracées fur le papier. Cette
contrainte, qui lui paroiffoit avec
quelque raifon un travail perdu,
l'arracha à la chaire. Le *Journal
de Trévoux,* qui commença en
1701, l'occupa environ douze années. Il fut chargé d'y travailler,
& s'en acquitta avec honneur. Il
employa les intervalles que lui laiffoit cet ouvrage périodique, à compofer plufieurs livres eftimables. Les

principaux font : I. *Histoire géné-rale de l'empire du Mogol*, imprimée en 1702, réimprimée en 1705, & traduite en italien. On en a une édition de 1725, in-4°, & en 2 vol. in-12, augmentée du regne d'Aurengzeb. Cette Histoire a été faite fur des mémoires curieux. II. *Histoire du fanatisme des Religions Protestantes, de l'Ana-baptisme, du Davidisme, du Quakérisme*, en 3 vol. in-12. La variété, la singularité des faits, jointes à l'agrément & à la vivacité du style, ne peuvent qu'attacher le lecteur. La narration est toujours élégante & intéressante, mais non pas toujours assez rapide & assez dégagée. III. *Traduction de Virgile* avec des notes critiques & historiques, en 4 vol. in-12. Catrou cherche quelquefois dans son auteur des sens alambiqués. Il lui prête des phrases de romans, des mots précieux, des termes de ruelle. Sous prétexte de rendre les moindres circonstances d'une pensée noble, il emploie des expressions populaires, basses, comiques, burlesques même, qui l'avilissent. Il ajoute des notes & des phrases entieres dans sa traduction, & supplée quelquefois jusqu'à trois ou quatre lignes : comme s'il y avoit des lacunes à remplir dans son original, & si c'étoit à un traducteur à les remplir. Les *Commentaires*, dont il a orné ou chargé son Virgile, sont souvent remplis de raisonnemens subtils pour étayer des sens faux, d'explications raffinées & peu naturelles, de recherches déplacées, &c. C'est ainsi du moins qu'en a jugé l'abbé des Fontaines, dernier traducteur de Virgile ; mais, peut-être, critique trop sévere à l'égard d'un homme qui avoit couru la même carriere. IV. L'*Histoire Romaine*, en 21 vol. in-4°, & en 20 vol. in-12. Ces deux éditions sont accompagnées des notes historiques, géographiques & critiques, de gravures, de cartes, de médailles, &c. Cette Histoire, tra-

duite en différentes langues, est la plus étendue que nous ayons. Les faits y sont enchaînés avec art, & les recherches très-favantes. Mais on y trouve un style souvent trop pompeux, des expressions ignobles, des termes hazardés, des hyperboles de rhétoricien, des raisonnemens alambiqués, des circonstances ajoutées & inutiles. On y cherche vainement la noble simplicité de Tite-Live, & l'élégante précision de Tacite. Les notes sont plus estimables. Elles sont presque toutes du P. Rouillé, associé & continuateur de Catrou. Le P. Routh, autre jésuite, devoit achever l'édifice que ses confreres avoient commencé ; mais la dispersion de la société a suspendu cet ouvrage. Le pere Catrou mourut en 1737, à 78 ans. Il conserva dans sa vieillesse, le feu & la vivacité d'imagination qu'il avoit montrée dès son jeune âge.

CATTENBURG, (Adrien) né à Rotterdam en 1664, y enseigna la théologie arminienne pendant au moins 25 ans. Il vivoit encore en 1737. On a de lui, I. *Vie de H. Grotius*, Amst. 1727, 2 vol. in-fol. en flamand. II. *Bibliotheca scriptorum Remonstrantium*, 1728, in-12. III. *Syntagma sapientiæ Mofaicæ*, 1737, in-4°. Il y attaque les athées, les déistes, &c. avec force.

CATTHO, (Angelo) natif de Tarente, aumônier de Louis XI, roi de France, ensuite archevêque de Vienne en Dauphiné, acquit beaucoup de crédit auprès de ce monarque, par le double emploi de médecin & d'astrologue. Philippe de Comines, son ami, atteste qu'il lui prédit, vingt ans avant l'événement, que le prince Fréderic, second fils d'Alfonse, roi d'Aragon, monteroit sur le trône ; ce qui arriva. Il prédit aussi à Guillaume Briçonnet qu'il joueroit un grand rôle dans l'église, & qu'il toucheroit de bien près à la tiare. Briçonnet étoit alors marié ; il fut dans la suite cardinal. En fuppofant que ces faits foient vrais, on n'en peut rien conclure de précis fur ces fortes de prédictions. Il n'eft pas extraordinaire qu'un cadet monte fur le trône après la mort de fon ainé, & qu'un homme du monde entre dans l'églife. Il faut convenir néanmoins que l'exact accompliffement de la dernière prédiction a quelque chofe d'affez fingulier. Cattho mourut à Vienne, & fut enterré dans fa métropole. Sa devife étoit : *Ingenium fuperat vires*. Ce fut à fa prière que Philippe de Comines entreprit fes *Mémoires*.

CATTI, (François) chirurgien, né à Lucques en Italie, fit une étude particulière de l'anatomie. Il vivoit vers le milieu du 16e. fiecle. Il eft auteur d'un ouvrage qui a pour titre : *Anatomes enchiridion*, Naples 1552, in-4º.

CATTIER, (Ifaac) parifien, médecin ordinaire du roi, reçut les honneurs du doctorat en 1637 dans l'univerfité de Montpellier. Ses principaux ouvrages font : I. *Diffibulatoris morologia*, 1646, in-4º. II. *Defcription de la Macroufe*, Paris 1651, in-8º. III. *Obfervationes medecinales rariores*, Caftres 1653, in-12, avec les *Obfervations de Pierre Borel*, Paris 1656.

CATULLE, (Caïus Valerius) poëte latin, né à Vérone l'an 86 avant Jefus-Chrift, imita dans fes Epigrammes la manière grecque. Le plaifir & l'amour excitèrent fon imagination, & donnèrent à fes vers cet enjouement, qui faifoit fon caractère. Comme le vice paré des ornemens du langage, eft toujours accueilli chez les hommes corrompus ; les Poéfies de Catulle furent recherchées. Les philofophes ne furent pas les derniers à lui applaudir. Cicéron, Plancus, Cinna, & les perfonnages les plus diftingués de fon fiecle furent fes amis. Jules Céfar, contre lequel il eut

la hardieffe de faire des épigrammes, le pria à fouper & le combla de careffes. Il nous refte de Catulle quelques fragmens, parmi lefquels on diftingue fes Epigrammes. Le ftyle en eft pur ; mais il s'en faut beaucoup que les idées le foient. C'eft lui qui a donné occafion à ce mot : *Qui écrit comme Catulle, vit rarement comme Caton*. Il mourut l'an 57 avant J. C., l'année que Cicéron revint de fon exil. Ce poëte fe trouve avec Tibulle & Properce, *cum Notis variorum*, Utrecht 1680, in-8º ; *ad ufum Delphini*, 1685, in-4º. On eftime l'édition de Couftelier, publiée en 1743, in-12, & réimprimée en 1754. Le texte a été épuré par l'abbé Lenglet, fur la belle édition de Venife, donnée par Corradini en 1738. On trouve dans le même volume les ouvrages de Tibulle & de Properce, fur les corrections des meilleurs critiques, & particuliérement fur les leçons de Jofeph Scaliger. La première édition de ces poëtes réunis, eft de 1472, in-fol. fans nom de ville ni d'imprimeur. Il en a paru une traduction élégante, par le marquis de Pezai, avec Tibulle & Gallus, 1771, 2 vol. in-8º. L'édition qu'en a donnée Voffius à Londres 1684, & à Utrecht 1691, in-4º, eft recherchée des curieux, parce qu'on a fait entrer dans les notes le fameux traité de Béverland de *Proftibulis veterum*, qui n'a jamais vu le jour féparément, & que les notes en font favantes & choifies.

CATULUS, *voy*. LUCTATIUS.

CATZ, (Jacques) penfionnaire de Hollande & de Weft-Frife, garde des fceaux des mêmes états, & ftathouder des fiefs, politique habile & poëte ingénieux, fe démit de tous fes emplois, pour cultiver en paix les lettres & la poéfie. Il ne fortit de fa retraite, qu'aux inftances réitérées des états, qui l'envoyèrent ambaffadeur en Angleterre, dans les tems orageux de la république de CromWel. De retour dans sa patrie, il se retira à Sorgoliet, une de ses terres, où il mourut en 1660. Il étoit né à Browershaven en Zélande l'an 1577. Ses *Poésies*, presque toutes morales, ont été imprimées plusieurs fois en toutes sortes de formats. Les Hollandois en font un cas infini. La derniere édition de ses Œuvres est de 1726, en 2 vol. in-fol.

CAVADES, *voyez* CABADE.

CAVALCANTI, (Guido) poëte & philosophe florentin, mort en 1300, dont on a divers ouvrages en vers & en prose, entr'autres des *Regles pour bien écrire*. Ses *Sonnets* & ses *Canzoni*, parurent à Florence en 1527, in-8°, dans un *Recueil d'anciens Poëtes italiens*, fort rare.

CAVALCANTI, (Barthélemi) né à Florence en 1503, étoit versé dans les belles-lettres. Il fut employé par Paul III, & par Henri II, roi de France. Il fit paroître beaucoup de prudence, d'intégrité & de capacité dans les affaires dont il fut chargé. Cavalcanti mourut à Padoue le 9 décembre 1562. Ses principaux ouvrages sont : I. *Sept livres de rhétorique*, Venise 1558, in-fol. II. Un *Commentaire du meilleur état d'une république*.

CAVALIER, (Jean) fils d'un paysan des Cevennes, est fameux par le rôle qu'il joua dans les guerres des Camisards sur la fin du regne de Louis XIV. Sa bravoure, aidée de l'enthousiasme de ces fanatiques, le firent regarder dans son pays comme un homme extraordinaire, suscité de Dieu pour le rétablissement du Calvinisme. De garçon boulanger il devint prédicant, & de prédicant, chef d'une multitude d'enthousiastes, avec laquelle il exerça vers l'an 1704, de grandes cruautés contre les Catholiques. Le maréchal de Montrevel tenta vainement de les réduire. Enfin le maréchal de Villars lui proposa une am-

niftie. Il négocia avec Cavalier, qui promit de faire quitter les armes à son parti, à condition qu'on lui permettroit de lever un régiment dont il seroit colonel. Observé en France, il passa au service de l'Angleterre, & se distingua à la bataille d'Almanza. Il mourut gouverneur de l'isle de Jersey, & entiérement guéri de ses anciennes fureurs. Il étoit même, dans la société, d'un caractere doux & d'un commerce aimable.

CAVALIERI, (Bonaventure) jésuate de Milan, & non jésuite comme le disent tous les Dictionnaires, naquit en 1598. Il fut professeur de mathématiques à Bologne, disciple de Galilée, & ami de Toricelli. Il passe en Italie pour être l'inventeur du calcul des infiniment-petits. On a de lui : I. *Directorium universale uranometricum*, à Bologne 1632. II. *Geometria indivisibilium continuorum*, à Bologne 1635, ouvrage original & très-ingénieux. L'auteur propose ses vues avec la modestie & le ménagement nécessaires à la vérité qui a le malheur d'être nouvelle. Son système subit le sort des nouveautés les plus dignes de l'approbation du public. De grands géometres l'attaquerent ; de grands géometres l'adopterent, ou le défendirent. Il mourut en 1647. Ce fut la goutte qui le jeta dans les mathématiques. Cette maladie cruelle le tourmentoit si fort, que Benoît Castelli, disciple de Galilée, lui conseilla de distraire ses douleurs en s'appliquant à la géométrie. Il le fit, s'en trouva bien.

CAVALLINI, (Pierre) peintre & sculpteur du 14e siecle ; disciple du fameux Giotto, mourut à Rome sa patrie, à l'âge de 85 ans, regardé comme un saint, & un bon peintre. On fait grand cas du *Crucifix* de l'église de S. Paul de Rome.

CAUCHON, (Pierre) évêque de Beauvais, puis de Lisieux, un des plus zélés partisans de la maison de Bourgogne & des Anglois contre Charles VII, son légitime souverain, étoit fils d'un vigneron. Il avoit des sentimens dignes d'une telle origine. Il fut un des juges de la Pucelle d'Orléans, & la livra au bras séculier. Il mourut bientôt après, en 1443, de mort subite, en se faisant faire la barbe. Callixte IV l'excommunia après sa mort. Ses ossemens furent déterrés & jetés à la voirie. *Voyez* JEANNE D'ARC.

CAVE, (Guillaume) d'abord curé d'Islington près de Londres, ensuite chanoine de Windsor, mourut dans un âge avancé, en 1713. C'est un des théologiens d'Angleterre qui a le mieux connu l'histoire & les antiquités ecclésiastiques. Quelques savans l'ont accusé très-mal-à-propos de socinianisme. Il fut toujours anglican, excepté le respect pour les Peres, qu'il poussa plus loin que ceux de son église. Les ouvrages qu'il a produits, font honneur à son érudition. Les principaux sont : I. *L'Histoire littéraire des auteurs ecclésiastiques*, en latin, réimprimée en 1743 & 1749 à Oxford, in-fol. en 2 vol. avec des corrections & des additions de l'auteur même, communiquées à l'éditeur, & une longue Apologie de Cave contre le Clerc. Cet ouvrage est estimé pour les recherches. Sa critique n'est pas toujours sûre ; & quoiqu'anglois, il est crédule. II. *Le Christianisme primitif*, en anglois, traduit en françois, & imprimé en Hollande : c'est un tableau intéressant de la vie & des mœurs des premiers Chrétiens. III. *Les Antiquités apostoliques*, in-fol. IV. *Histoire de la vie, de la mort & du martyre des Saints contemporains des Apôtres*, in-folio, en anglois, comme le précédent & le suivant. V. *La Vie des Peres de l'Eglise, du 4e siecle*.

CAVEDONE, (Jacques) né à Sassuelo dans le Modénois en 1580, peintre, saisit si heureusement la maniere d'Annibal Carache, son maitre, que les connoisseurs confondoient souvent leurs tableaux. Peu de peintres ont manié le pinceau avec plus de facilité. Les malheurs de sa famille dérangerent son esprit & affoiblirent ses talens. Il fut réduit à peindre des *Ex-voto*, & à demander publiquement l'aumône. Un jour s'étant trouvé mal, on le traîna dans une écurie voisine, où il mourut en 1660. Ses principaux tableaux sont à Bologne.

CAVENDISH, (Guillaume de) duc de Neuwcastle, donna au public, au commencement du siecle passé, une *Méthode nouvelle de dresser & travailler les chevaux*. Elle a été traduite en françois, & imprimée à Anvers, in-fol. en 1658. Le grand nombre & la beauté des figures, dont cette traduction est ornée, la rendent très-précieuse, sur-tout de la premiere édition.

CAVICEO, (Jacques) prêtre italien, eut de grands différends avec l'évêque de Parme sa patrie. Il en fut exilé, & commit un homicide, à son corps défendant, dont il fut absous. Il devint ensuite vicaire général de l'évêque de Rimini, puis de celui de Ferrare ; & mourut en 1511, à 68 ans. Il s'est fait connoître par son roman de *Peregrin*, Venise 1526, in-8°, traduit en françois en 1528, in-8°, par François Dassy. N. L.

CAULASSI, *voy.* CAGNACCI.

CAULET, (François-Etienne de) né à Toulouse en 1610, d'une bonne famille de robe, abbé de S. Volusien de Foix à 17 ans, fut sacré évêque de Pamiers en 1645. Il donna une nouvelle face à son diocese, désolé par les guerres civiles, & par les déréglemens du clergé & du peuple. Son chapitre étoit composé de douze chanoines réguliers de sainte Genevieve, que Sponde, son prédécesseur, appelloit douze léopards : il les adoucit & les réforma. Il fonda trois séminaires,

minaires , vifita tout fon diocefe , prêcha & édifia par-tout. Louis XIV ayant donné un édit en 1673 , qui étendoit fa régale fur tout fon royaume , l'évêque de Pamiers refufa de s'y foumettre. On fit faifir fon temporel , fans pouvoir l'ébranler. L'arrêt fut exécuté à la rigueur , & le prélat fut réduit à vivre des aumônes de fes partifans. Caulet mourut en 1680 , regardé comme un faint par les uns , & comme un homme de parti par les autres. On a de lui un *Traité de la régale* , publié en 1681 , in - 4º.

CAULIAC , (Gui de) médecin de Montpellier au 14e fiecle , eft auteur d'un *Corps de chirurgie* eftimé , & publié à Lyon en 1669 , in-8º. Il fut médecin des papes Clément VI & Urbain V. C'eft à Cauliac que nous devons la defcription de la terrible pefte , qui en 1348 fit périr le quart du genre humain.

CAUMARTIN , (Louis le Fêvre de) chancelier de France en 1622 , obtint cette dignité par le crédit du maréchal de Baffompierre. Louis XIII la lui accorda avec répugnance. « Caumartin eft begue, » difoit-il ; je le fuis auffi. Mon » garde des fceaux doit porter pour » moi la parole : & comment le » pourra-t-il faire , s'il a befoin » d'un interprete » ? Les talens que ce miniftre avoit montrés dans fes ambaffades & dans les autres commiffions qui lui avoient été confiées , déciderent enfin ce monarque. Le nouveau chancelier mourut peu de tems après , en 1623.

CAVOYE , (Louis d'Oger , marquis de) grand maréchal-des-logis de la maifon du roi , né en 1640 , fut le dernier rejeton d'une famille illuftre de Picardie. Il eut le bonheur d'être élevé auprès de Louis XIV. Dès qu'il fut en état de porter les armes , il fe rendit en Hollande , & y acquit un nom célebre par une action hardie qui fauva la flotte de cette république , en 1666. Un brûlot anglois venant à

force de voiles fur l'amiral , il propofa à Ruiter d'aller dans une chaloupe , avec les chevaliers de Lorraine & de Coiflin , couper les cables des chaloupes du brûlot. Ce deffein ayant été exécuté heureufement , les Anglois furent obligés de mettre le feu à leur brûlot. Les quatre feigneurs françois , récompenfés par les états-généraux , ne s'acquirent pas moins de gloire par leur libéralité que par leur bravoure , en diftribuant tout l'argent à l'équipage. Cavoye , de retour en France , fuivit Louis XIV dans toutes fes campagnes , où fon intrépidité lui acquit le titre de Brave Cavoye. Ce prince , qui l'honora toujours d'une confiance particuliere , lui donna la charge de grand maréchal-des-logis , en le mariant à Louife de Coetlogon , fille-d'honneur de la reine Marie - Thérefe d'Autriche , fille & fœur de deux lieutenans-de-roi de Bretagne. Son rang lui procura moins d'amis que fon mérite. Le vicomte de Turenne , qui avoit recherché fon amitié , fur l'idée que lui en avoit donnée l'action du brûlot , & le maréchal de Luxembourg , font ceux avec lefquels il fut le plus étroitement uni. Ce fut lui qui confeilla au dernier , dans une action très-délicate , d'aller fe rendre prifonnier à la Baftille , & cette démarche déconcerta fes accufateurs. Ce qui lui fait le plus d'honneur , eft la protection qu'il accorda toujours aux malheureux opprimés. Auffi un officier , qu'il n'avoit jamais eu occafion d'obliger , lui rendit ce témoignage , *qu'il ne s'étoit fervi de fon crédit que pour faire plaifir à tout le monde.* Cavoye paffa les vingt dernieres années de fa vie dans l'exercice des vertus chrétiennes. Il mourut comme il avoit vécu , en 1716 , âgé de 76 ans.

CAURROY , (Euftache du) françois , l'un des plus grands muficiens de fon fiecle , & un des fous-maîtres de la chapelle des rois

Charles IX, Henri III & Henri IV, a laissé une Messe des trépassés, qui rend tout le pathétique & les horreurs de la mort. Il mourut en 1609, à 60 ans. Piganiol de la Force dit, dans sa *Description de la ville de Paris*, que c'est une tradition reçue parmi ceux qui sont au fait de l'histoire de notre musique, que les *Noëls* que l'on chante, sont des gavottes & des menuets d'un ballet que du Caurroy avoit composé pour un divertissement de Charles IX.

CAUSSIN, (Nicolas) jésuite, né à Troies en 1583, se fit un nom par ses sermons & ses ouvrages. Il fut choisi pour confesseur de Louis XIII ; mais ayant voulu engager le roi à rappeller la reine mere, le cardinal de Richelieu le fit relégner dans une ville de Bretagne. Il mourut à Paris en 1651, regardé comme un homme d'une probité exacte, & que rien ne pouvoit ébranler. On a de lui plusieurs ouvrages en françois & en latin. I. Le *Parallele de l'éloquence sacrée & profane*, in-4°. On peut voir ce qu'en dit Gibert dans ses *Jugemens sur les rhéteurs*. II. *La Cour sainte*, 5 vol. in-8°, pleins d'une morale rendue dans un style trivial ; & accompagnée de contes, qui marquent plus sa piété que son jugement. Ce livre fut traduit en toutes sortes de langues, imprimé, réimprimé ; mais aujourd'hui il n'est guere lu. III. *La vie neutre des filles dévotes, qui font état de n'être ni mariées ni religieuses* ; ou la *Vie de sainte Isabelle de France*, sœur du roi S. Louis.

CAUX DE MONTLEBERT, (Gilles de) controleur des fermes du roi de France, né à Ligneris dans le duché d'Alençon vers 1683, & mort à Bayeux en 1733, étoit parent de Pierre Corneille. Il eut, comme lui, beaucoup de goût pour la poésie dramatique. On a de lui deux tragédies : *Marius*, représentée en 1715, & *Lysimachus*, en

1737. Quelques personnes assurent que la premiere piece, la meilleure des deux, est du célebre président Hénault. Caux est encore connu par quelques poésies. La principale est *L'Horloge de sable, figure du monde*, piece morale, dont l'allégorie est ingénieuse, & la versification assez facile. On la trouve dans le *Choix des poésies morales & chrétiennes*, de le Fort de la Moriniere.

CAXÈS, (Patrice) peintre & architecte de Florence, s'attacha à Philippe II & à Philippe III, rois d'Espagne, pour lesquels il peignit à fresque, dans une des galeries du palais de Pardo, l'*Histoire de Joseph*. On admire sur-tout le tableau où la femme de Putiphar oublie toutes les loix de la pudeur & de l'honnêteté. Il mourut à Madrid dans un âge fort avancé. On a de lui la *Traduction* en espagnol du *Traité d'Architecture de Vignole*.

CAXÈS, (Eugene) peintre, fils du précédent, mort l'an 1642, âgé de 65 ans. On ne peut se lasser d'admirer le beau *Tableau de S. Joachim & Ste Anne*, qu'il peignit pour l'église de S. Bernard de Madrid. Les graces répandues dans cet ouvrage, la fraîcheur du coloris & la correction du dessin, peuvent le faire aller de pair avec ceux des plus grands maîtres de l'Italie.

CAXTON, (Guillaume) célebre littérateur, employé dans diverses négociations par le roi d'Angleterre, Edouard IV, mourut en 1494 dans un âge avancé. Il s'adonna au commerce, sans négliger la politique & la littérature. C'est lui qui introduisit l'imprimerie en Angleterre. Il mit sous presse plusieurs livres, qu'il avoit ou composés ou traduits ; entre autres, une Chronique en sept livres, qu'il intitula : *Fructus temporum*. Les plus anciens imprimés de cet ambassadeur artiste, sont de 1474.

CAYET, *voyez* CAIET.

CAYLUS, (Charles-Daniel de Lévi de Tubiere de) naquit à Paris en 1669, d'une famille illustre. Elevé dans la piété & le savoir, il fut disciple de Bossuet. Le cardinal de Noailles le choisit pour son grand-vicaire en 1700, & le roi le fit évêque d'Auxerre cinq ans après. Il mourut en 1754, à 85 ans. Il s'étoit d'abord signalé contre ceux qui n'acceptoient point la bulle *Unigenitus*, & en particulier contre D. Friperet. Il avoit été un des quarante prélats qui ont donné l'excellente Instruction de 1714. Mais dans la suite il fut appellant & prôneur des prétendus miracles de Paris. Ses Œuvres publiées en 4 vol. in-12, ont été condamnées à Rome par un décret du 11 mai 1754. Cette collection ne comprend point ses mandemens & quelques autres écrits plus propres à nourrir l'esprit de parti, qu'à répandre des lumieres. On a donné sa *Vie*, 1765, 2 vol. in-12.

CAYLUS, (Anne-Claude-Philippe de Tubiere de Grimoard de Pestel de Lévi, comte de) de la même famille que le précédent, naquit à Paris en 1692, & mourut dans cette ville le 5 septembre 1765. Il entra au service de bonne heure, & se distingua dans la Catalogne & au siege de Fribourg. Après la paix de Rastadt, sa vivacité ne s'accommodant pas de l'inaction, il fit le voyage d'Italie. Il saisit avec enthousiasme les beautés des chef-d'œuvres répandus dans cette partie de l'Europe. Ayant passé dans le Levant, il visita le fameux temple de Diane à Ephese. De retour en France en 1717, il fit encore quelques voyages hors du royaume. Il alla deux fois à Londres en différens tems. Devenu sédentaire, il n'en fut pas moins actif. Il s'occupa de musique, de dessin & de peinture; il écrivit, il grava. C'est à son amour pour les arts que nous sommes redevables du magnifique ouvrage, qui met sous nos yeux les

pierres gravées du cabinet du roi. Le célebre Bouchardon en fit les desseins, & M. Mariette en composa les explications, 2 vol. in-fol. Reçu en 1731 dans l'académie royale de peinture & de sculpture, il composa la vie des plus fameux peintres & sculpteurs de cette compagnie; & pour étendre les limites de l'art, il recueillit dans trois ouvrages de nouveaux sujets de tableaux qu'il avoit rencontrés dans la lecture des anciens. Il a fondé dans cette académie un prix annuel pour celui des éleves qui réussiroit le mieux à caractériser une passion. Les desseins coloriés qu'avoit fait à Rome le célebre Pietro Sante Bartoli, d'après des peintures antiques, lui tomberent entre les mains. Il les fit graver; c'est peut-être le livre d'antiquité le plus singulier qui paroîtra jamais; toutes les pieces en sont peintes avec une précision & une pureté inimitables. L'académie des inscriptions lui ayant donné, en 1742, une place d'honoraire, l'étude de la littérature devint sa passion dominante; mais ce fut toujours relativement aux arts. Il travailla sur les embaumemens des momies égyptiennes, sur le papyrus, sur les masses énormes que les Egyptiens transportoient d'une extrémité de l'Egypte à l'autre. Il éclaircit plusieurs passages de Pline, qui ont rapport aux arts. Il fit revivre les tableaux de Polygnotte. Il reconstruisit, pour ainsi dire, le théâtre de Curion & le magnifique tombeau de Mausole. Il chercha dans les laves des volcans, la pierre obsidienne, méconnue des plus habiles naturalistes. Enfin il inventa le moyen d'incorporer les couleurs dans le marbre, & découvrit la peinture encaustique. Dans plus de 40 Dissertations qu'il a lues à l'académie, les arts & les lettres prêtent un secours mutuel à l'écrivain. Ce généreux protecteur fonda dans cette compagnie un prix de 500 liv., dont l'objet est d'expliquer, par les auteurs & par les monumens, les usages des anciens peuples. Il rassembloit de toutes parts les antiquités de toute espece. Il les faisoit ensuite dessiner & graver, en les accompagnant d'observations savantes & judicieuses. C'est ce travail qui a produit son excellent *Recueil d'Antiquités égyptiennes, étrusques, grecques, romaines & gauloises*, en 7 vol. in-4°, à Paris, chez Tillard. Le dernier tome de cette précieuse collection a paru en 1767, avec l'éloge historique de l'auteur, par M. le Beau. Ses autres ouvrages sont: I. *Nouveaux sujets de peinture & de sculpture*, 1755, in-12. II. *Mémoire sur la peinture à l'encaustique*, 1755, in-8°. III. *Tableaux tirés d'Homere & de Virgile*, avec des observations générales sur le costume, in-8°, 1757. IV. *Description d'un tableau représentant le sacrifice d'Iphigénie*, 1757, in-12. V. *L'Histoire d'Hercule le Thébain*, tirée de différens auteurs, in-8°, 1758. VI. *Discours sur les peintures antiques*. VII. *Vies de Mignard, de le Moine & d'Edme Bouchardon*. On a encore de lui des romans & des contes peu dignes des connoissances utiles de ce savant antiquaire. Il avoit un fonds inépuisable de bonté naturelle, une tendresse courageuse pour ses amis, une politesse vraie & sans apprêt, une probité rigoureuse, une haine généreuse des fanfarons & des flatteurs. Son indifférence pour les honneurs étoit singuliere. La simplicité de son caractere passoit peut-être un peu trop jusques dans son extérieur; sa libéralité faisoit tout son luxe. Il encourageoit les talens par des récompenses, & il prévenoit les besoins des artistes indigens par des bienfaits.

CAYOT, (Augustin) sculpteur de Paris, reçu membre de l'académie de sculpture en 1711, a mérité ce titre par d'excellens ouvrages

sortis de son ciseau. On remarque sur-tout les *deux Anges adorateurs* du maître-autel de Notre-Dame de Paris, exécutés en bronze.

CAZES, (Pierre-Jacques) peintre, né à Paris en 1676, mort dans cette ville en 1754, est regardé pour un des meilleurs éleves de Bon-Boulogne. Il est sorti de ses mains de fort bons tableaux: plusieurs ont été gravés. Les compositions de cet artiste sont grandes & bien pensées: on y remarque un génie heureux, des idées élevées, des draperies larges & bien jetées, un dessin correct, & un bon ton de couleur. Il a peint des portraits très-vivans, mais en petite quantité. L'histoire l'occupoit entiérement, & sur-tout les tableaux d'autel. L'église de S. Germain-des-Prés possede onze de ses productions.

CEBA, (Ansaldo) politique, historien, orateur & poëte génois, donna quelques traités dans chacun de ces genres. Les Italiens font quelque cas de son *Traité du Poëme épique*; mais il s'est sur-tout fait un nom par ses tragédies. Les meilleures sont les *Jumelles de Capoue* & *Alcipe*. Le marquis Maffei les a jugées dignes d'entrer dans le *Recueil des meilleures tragédies italiennes*, imprimé à Vérone en 1723, en 3 vol. in-8°.

CEBES, philosophe thébain, disciple de Socrate, auteur (à ce qu'on a cru) du *Tableau de la vie humaine*, dialogue sur la naissance, la vie & la mort des hommes. Gilles Boileau l'a traduit en françois en 1653, & Gronovius l'a publié en grec en 1689. L'abbé Sevin a prouvé que cet excellent traité est d'un auteur plus récent que ce philosophe.

CECCANO, (Annibal) né dans le pays de Labour, fut archevêque de Naples, & ensuite honoré de la pourpre en 1327, par Jean XXII. Clément VI l'envoya pour conclure la paix entre Philippe de Valois, roi de France, & Edouard VI, roi d'Angleterre. Le cardinal Ceccano étoit à Rome, lorfque le fameux Rienzi exerçoit fon pouvoir tyrannique. Cette ville étoit dans un défordre extrême : le Jubilé, furvenu au milieu des troubles, ne fervit pas peu à les augmenter. Ceccano crut les appaifer en partie, en abrégeant le nombre des jours que les étrangers devoient employer à leurs ftations. Les difpenfes qu'il accorda à cette occafion firent foulever le peuple de Rome. Le mécontentement éclata lorfqu'on s'y attendoit le moins. Le cardinal avoit dans fes écuries un chameau qui excitoit la curiofité de la populace : cet animal ayant été harcelé, le palfrenier s'irrita. On en vint aux injures, puis aux coups : les gens du légat chafferent le peuple, qui brifa les portes, & fit voler les pierres de toutes parts fur les fenêtres du palais, en criant *à l'hérétique !* Le légat, revenu de cette première frayeur, ayant voulu quelques jours après faire les ftations ; on tira fur lui, d'une fenêtre grillée, deux fleches dont il ne fut point bleffé. Ce crime fut mis fur le compte de Rienzi, déja foupçonné d'avoir excité le peuple à la révolte. Ceccano excommunia de nouveau ce rebelle & fes complices, le qualifia de *Patarin*, nom d'héréfie infamant & odieux, le déclara déchu & incapable de toute charge, & lui interdit l'eau & le feu. Rienzi, coupable ou non de cet attentat, fe fauva dans les caravanes des pélérins qui s'en retournoient. Ceccano, qui ignoroit fa fuite, n'en craignoit pas moins quelque nouvelle entreprife : il redoubla les précautions, & les pouffa jufqu'au ridicule ; il ne paroiffoit jamais en public, fans porter une calotte de fer fous fon chapeau & une cuiraffe fous fa foutane. Le pape lui donna la légation de Naples, pour le tirer de cette trifte fituation ; mais il fut empoifonné en chemin,

en 1350. Ceccano n'avoit ni l'art de gagner les cœurs, ni celui de ménager les efprits.

CECCO D'ASCOLI, ainfi appellé d'Afcoli, ville de la Marche d'Ancone, où il naquit en 1257, joignit à beaucoup d'ouverture d'efprit un grand amour pour le travail. La poéfie, la théologie, les mathématiques & la médecine l'occuperent tour-à-tour. La réputation qu'il s'acquit dans cette dernière fcience, le fit connoître du pape Jean XXII, qui l'appella à Avignon pour être fon médecin. Obligé de quitter cette cour, il vint à Florence, où fon caractere cauftique lui fit encore des ennemis. Il paffa enfuite à Bologne, où il enfeigna l'aftrologie & la philofophie, depuis 1322 jufqu'en 1325. On le dénonça à l'inquifiteur comme un hérétique, qui attribuoit tout aux influences des aftres, & qui s'avifoit d'être prophete. Cecco abjura fes erreurs & fe foumit à la pénitence. Charles-Jean Sans-Terre, duc de Calabre, le rappella à Florence, & lui donna la qualité de fon médecin & de fon aftrologue. Cecco, que fes malheurs auroient dû rendre fage, ne put réfifter à la démangeaifon prophétique. Le duc l'ayant follicité de tirer l'horofcope de fa femme & de fa fille, prédit qu'elles s'abandonneroient au libertinage ; ce qui lui attira la difgrace de ce prince. Ses ennemis n'en devinrent que plus acharnés : ils le firent enfermer dans les prifons du faint-office. Il fût accufé d'avoir enfeigné à Florence les erreurs rétractées à Bologne, & d'avoir foumis J. C. même à l'empire des aftres. Cette accufation le fit condamner à la mort. La fentence fut exécutée en 1327 en préfence d'une foule de peuple, qui s'attendoit à voir un des génies familiers qu'on lui fuppofoit, venir le délivrer. Cette injuftice couvrit d'opprobre les inquifiteurs, & accabla de remords les dénonciateurs d'un vieillard octogénaire, grand fou à la vérité, mais dont les extravagances ne méritoient point un tel châtiment. Son véritable nom étoit *François de Stabili : Cecco*, sous lequel il est connu, est un diminutif de *Francesco*. Il a donné un Poëme rude & grossier sur la physique. La premiere édition est de Venise 1478, in-4°. Celles de Milan & de Venise, 1484 & 1492, in-4°; sont aussi fort rares. Celles de Venise, 1487, in-4°, 1516; 1519 & 1550, in-8°; sont aussi assez recherchées : les deux dernieres sont corrigées.

CECCO, peintre, *voyez* SALVIATI.

CECILE, (Sainte) est honorée comme martyre dans l'église latine, depuis le 5e siecle; mais on ignore ce qui concerne sa vie, ses actions & sa mort; les actes que nous avons de son martyre, étant supposés ou considérablement altérés.

CECILIEN, diacre de Carthage, fut élu évêque de cette ville en 311, après Mensurius. Les évêques de Numidie n'ayant point été appellés à son ordination, se réunirent au nombre de 66, & donnerent le siege de Carthage à Majorin. Ils condamnerent son compétiteur sans l'entendre, & sans l'accuser d'autre chose que d'avoir été ordonné par des *Traditeurs*; c'est-à-dire, par ceux qui avoient abandonné les livres sacrés aux persécuteurs du christianisme. Donat, évêque de Casenoire, leva l'étendard du schifme, & plusieurs prélats africains le suivirent. L'empereur Constantin fit assembler à Rome un concile de dix-neuf évêques pour terminer cette affaire. Cecilien fut conservé dans tous ses droits, & son accusateur Donat condamné. Un concile d'Arles, assemblé un an après en 314, confirma la décision de celui de Rome. Cecilien, absous par les évêques, & soutenu par l'empereur; demeura en possession

de l'évêché de Carthage. Il mourut vers l'an 347, & sa mort n'éteignit point le schifme : l'église d'Afrique en fut encore déchirée pendant près de deux siecles. Henri de Valois & Dupin ont écrit l'histoire des Donatilies, l'un à la fin de son Eusebe, l'autre dans sa nouvelle édition d'Optat.

CECILIUS, *voyez* METELLUS.

CECINA, lieutenant de Germanicus, n'eut pas moins de courage que son général. Voyant qu'une terreur panique s'étoit répandue dans son camp, il fit inutilement les derniers efforts pour retenir le soldat qui fuyoit. Enfin il se coucha par terre tout au travers de la porte. Le soldat qui ne pouvoit sortir sans marcher sur le corps de son commandant, s'arrêta, & le calme se rétablit peu-à-peu.

CECROPS, originaire d'Egypte, fondateur d'Athenes, se fixa en Grece avec une colonie dans l'Attique, où il épousa Agraule, fille d'Actée, & donna le nom de Cécropie à la citadelle qu'il construisit, ainsi qu'à tout le pays d'alentour. Il soumit les peuples par les armes & la douceur, les tira des forêts, les poliça, les distribua en 12 cantons, & leur donna le sénat si célebre depuis sous le nom d'Aréopage, ainsi qu'on le voit dans les marbres d'Arundel. On croit que c'est vers l'an 1582 avant J. C. qu'il aborda dans l'Attique. C'est à cette époque que commence l'histoire d'Athenes. On regarde Cecrops comme le premier qui ait donné une forme certaine à la religion des Grecs. Il leur apprit à appeller Jupiter le *Dieu suprème.* Après avoir réglé le culte des dieux, il leur donna des loix; la premiere fut celle du mariage. Avant lui ces peuples assouvissoient indistinctement leur brutalité. Cecrops fit le dénombrement de ses nouveaux sujets, & il s'en trouva vingt mille.

CEDITIUS , (Quintius) tribun des foldats en Sicile, fe fignala par une action hardie, l'an 254 avant J. C. L'armée romaine , enveloppée par les ennemis , étoit hors de toute efpérance de falut. Il offrit au conful Atilius Collatinus de fe mettre à la tête de quatre cens jeunes-gens déterminés , & d'aller affronter à leur tête ceux qui les tenoient ferrés de fi près. Il prévoyoit bien que ni lui ni fes compagnons ne pourroient éviter de périr dans cette entreprife ; mais il étoit perfuadé que , tandis qu'il attireroit une partie des ennemis au combat , le conful pourroit attaquer l'autre , & mettre par ce moyen les troupes en liberté. Ce qu'il avoit prévu, arriva. Les Romains fe dégagerent du péril dont ils étoient menacés. Tous ceux qui l'avoient accompagné furent tués, & lui feul fut confervé par un bonheur extraordinaire.

CEDRENUS, (George) moine grec, qui vivoit vers 1125 , laiffa une *Chronique depuis Adam jufqu'à Ifaac Comnene* , en 1057 : c'eft une compilation, fans choix & fans difcernement, de plufieurs hiftoriens , que ce moine a copiés & gâtés. Ce fatras a été imprimé au Louvre en 1647 , 2 vol. in-fol. avec la traduction latine de Xylander, les notes de Goar & le gloffaire de Fabrot.

CEILLIER , (Remi) né à Bar-le - Duc en 1688 , fut connu de bonne heure par fon goût pour l'étude & pour la piété. Il les cultiva dans la congrégation des Bénédictins de S. Vanne & de S. Hydulphe, dont il prit l'habit dans un âge peu avancé. Il occupa plufieurs emplois dans fon ordre , & devint prieur titulaire de Flavigni. Il mourut en 1761 , à 73 ans. Nous avons de ce favant : I. Une *Hiftoire générale des auteurs facrés & eccléfiaftiques* , qui contient leurs vies , le catalogue, la critique, le jugement, la chronologie , l'analyfe & le dénombrement des différentes éditions de leurs ouvrages : ce qu'ils renferment de plus intéreffant fur le dogme , fur la morale , & fur la difcipline de l'églife ; l'hiftoire des conciles tant généraux que particuliers , & les actes choifis des martyrs , in-4°. 23 vol. publiés depuis 1729 jufqu'en 1763 : compilation pleine de recherches , mais diffufe. L'auteur , beaucoup plus exact que Dupin , n'avoit pas le talent d'écrire & d'analyfer comme lui. Son livre ne va d'ailleurs que jufqu'à S. Bernard. Ceux qui ne veulent ou ne peuvent lire les SS. Peres dans les originaux , doivent compter fur l'exactitude de fes extraits & de fes traductions. II. *Apologie de la morale des Peres contre Barbeyrac* , 1718 , in-4° : livre plein d'érudition , folidement , mais pefamment écrit. D. Ceillier avoit les vertus de fon état , l'amour de la retraite & du travail. Il fe fit aimer de fes confreres , qu'il gouverna en père tendre.

CELADA, (Didacus) favant jéfuite du 17e fiecle. Ses Commentaires fur plufieurs livres de la Bible , ont été recueillis à Lyon en 1658 , en 6 vol. in-fol. Les favans en font cas.

CELER & SEVERE , architectes , vivoient fous Néron , qui fe fervit d'eux pour conftruire fa Maifon dorée. Pour avoir une idée de ce magnifique palais , il fuffit de favoir que le coloffe de ce prince inhumain , haut de 120 pieds , étoit au milieu d'une vafte cour , qui étoit environnée d'un portique formé de trois files de colonnes très-hautes , & qui avoit un tiers de lieue en long. Parmi les fingularités qu'on y remarquoit, il y avoit une falle à manger circulaire , dont la voûte repréfentoit le firmament & tournoit nuit & jour , pour imiter le mouvement des aftres. Les marbres les plus rares , & les pierres précieufes, étoient prodigués de toutes parts :

G 4

l'or s'y trouvoit en fi grande quantité , foit à l'extérieur, foit dans l'intérieur que ce vafte palais fut appellé la *Maifon dorée*.

CELESTIN , (Saint) romain , monta fur la chaire de S. Pierre après Boniface I , le 10 feptembre 422. Il commença par envoyer Fauftin en Afrique pour y affembler un concile au fujet d'Apiarius (*voyez* APIARIUS). Averti de la nouvelle héréfie de Neftorius, il affembla un concile à Rome en 430, où elle fut condamnée & Neftorius dépofé. L'année d'après il envoya deux députés au concile général d'Ephefe , avec une lettre pour cette affemblée. Vers la fin de la même année , ayant appris que quelques prêtres gaulois attaquoient la doctrine de S. Augustin après la mort de ce défenfeur de la grace , il écrivit aux évêques des Gaules, contre ceux qui avoient ofé l'attaquer ; en ajoutant néanmoins que rien n'obligeoit à s'attacher à tous les raifonnemens de ce pere , & à fes diverfes manieres d'établir les articles reconnus pour vrais dans la matiere de la grace. Il mourut l'année d'après, en 432, regardé comme un pontife fage & prudent.

CELESTIN II , de Tiferne , élu pape après Innocent II, le 25 feptembre 1143 , ne gouverna l'églife que cinq mois.

CELESTIN III , romain , fucceffeur de Clément III, en 1191 , facra la même année l'empereur Henri IV, avec l'impératrice Conftance. On a dit qu'il pouffa d'un coup de pied la couronne qu'on devoit mettre fur la tête de ce prince , pour montrer qu'il avoit le pouvoir de le dépofer ; mais cette anecdote eft fabuleufe. Le pontife investit enfuite ce prince de la Pouille & de la Calabre , & lui défendit , comme fuzerain de Naples & de Sicile , de penfer à cette conquête. Il donna quelque-tems après la Sicile à Fréderic , fils de

Henri , à condition qu'il payeroit un tribut au faint fiege , & ne tarda pas de l'excommunier. Il mourut en 1198 , après avoir fait prêcher la croifade , & avoir pris le parti de Richard, roi d'Angleterre, contre fes ennemis , parce que ce prince combattoit les infideles en Orient. Il refte de lui dix - fept Lettres. C'étoit un pontife éclairé.

CELESTIN IV , de Milan , fut mis fur la chaire pontificale à la fin d'octobre 1241, après la mort de Gregoire IX. Il mourut lui-même dix-huit jours après fon élection, regretté des gens de bien.

CELESTIN V , (Saint) appellé Pierre de Mouron , naquit dans la Pouille en 1215 , de parens obfcurs, mais vertueux. Il s'enfonça dans la folitude dès l'âge de 17 ans, paffa enfuite à Rome , y fut ordonné prêtre , & fe fit bénédictin. Il fe retira peu de tems après au Mont-de-Majelle , près de Sulmone. C'eft-là qu'il fonda un nouvel ordre , connu depuis fous le nom de *Céleftins* , & approuvé par Gregoire X , au fecond concile général de Lyon. Le nouveau fondateur fe confina dans une cellule particuliere , fi bien fermée , que celui qui lui répondoit à la meffe, le fervoit par la fenêtre. C'eft dans ce réduit qu'on l'alla chercher pour être pape en 1294. Les députés virent l'hermite octogénaire , élu pontife , à travers une grille , pâle, defféché , la barbe hériffée , & les yeux enflés de larmes. On lui perfuada d'accepter la tiare , & il quitta fa caverne. Il vint , monté fur un âne , à Aquila , s'y fit facrer , & commença déja à faire repentir les cardinaux de leur choix. Le nouveau pape , avec les intentions les plus pures & les plus droites , commit bien des fautes par fimplicité , par défaut d'expérience, par l'artifice de fes officiers. Les mêmes graces étoient accordées à trois ou quatre perfonnes ; les bulles fcellées en blanc ; les bénéfices donnés avant qu'ils fussent vacans. On murmuroit de tous côtés. Le bon célestin , instruit de ce soulevement , donna sa rénonciation au pontificat, cinq mois après avoir été élu. Le cardinal Cajetan, fut couronné après lui sous le nom de Boniface VIII. C'est un conte que son successeur lui en inspira la pensée, en lui parlant la nuit avec une sarbacane. Mais ce qu'il y a de sûr, c'est que le nouveau pontife le fit enfermer dans le château de Fumone en Campanie ; dans la crainte très-mal fondée , qu'il ne se laissât persuader de remonter sur le siege pontifical. Pierre ne se plaignit jamais de sa prison ; *j'ai voulu*, disoit-il , *une cellule , & je l'ai obtenue*. Il y mourut en 1696 , deux ans après son élection. Clément V le canonisa en 1313. Il le méritoit par ses austérités & ses vertus , & par la résignation avec laquelle il avoit supporté les incommodités de sa prison & les mauvais traitemens de ses gardes. On a de lui divers opuscules dans la *Bibliotheque des Peres*.

CELLARIUS, (Christophe) né à Smalcalde en 1638 , célebre professeur d'éloquence & d'histoire à Hall en Saxe , mourut en 1707 , âgé de 68 ans. Il s'est fait un nom parmi les savans , par plusieurs ouvrages de sa composition, & par la réimpression de beaucoup d'auteurs anciens. On a de lui. I. *Notitia orbis antiqui* , 2 vol. in-4°, à Leipsick 1701 , 1706 : le meilleur ouvrage que nous ayons sur la géographie ancienne , mais plus savant que méthodique. II. *Atlas cœlestis*, in-fol. III. *Historia antiqua*, à Iene 1698 , in-12. C'est un abrégé de l'histoire universelle , fort exact , mais trop superficiel. Il donna en 1702 une *Historia nova*, aussi abrégée que son Histoire ancienne. IV. *De latinitate media & infima ætatis*. V. Une édition du *Thesaurus* de Faber,

qu'il a augmenté. VI. Des éditions de plusieurs auteurs anciens & modernes , de Cicéron , de Cornelius Nepos , de Pline le jeune , de Quinte-Curce , d'Eutrope , de Sextus-Rufus , de Velleïus Paterculus , de Lactance , de Minutius Felix , de S. Cyprien , de Sedulius , de Prudence , de Silius Italicus , de Pic de la Mirandole , de Cunæus , &c. On voit , par le grand nombre d'ouvrages dont il a enrichi la littérature , qu'il étoit fort laborieux. Mais quoiqu'il ait beaucoup composé , il ne faisoit rien avec précipitation. Sa santé lui étoit moins chere que l'étude : aussi le travail l'épuisa-t-il bientôt , & il sentit de bonne heure les infirmités de la vieillesse. Il eut long-tems à souffrir des douleurs de la pierre ; mais soit que son mal fût incurable, soit qu'il n'eût point de foi pour la médecine, il n'eut jamais recours aux médecins.

CELLARIUS, (Salomon) fils du précédent, & licentié en médecine , fut enlevé à l'âge de 24 ans, en 1700 , au commencement d'une carriere qu'il parcouroit déja avec distinction. On a de lui l'ouvrage intitulé : *Origines & Antiquitates Medicæ* , qui a été publié par son pere, Iene 1701, in-8°.

CELLINI , (Benevenuto) peintre , sculpteur & graveur florentin, né en 1500 , mourut dans sa patrie en 1570. François I le combla de bienfaits. Clément VII , qui comptoit sur sa bravoure , autant qu'il estimoit ses talens , lui confia la défense du château S. Ange, assiégé par le connétable de *Bourbon*. Le peintre le défendit en homme qui auroit été élevé dans les armes. L'orfévrerie , la peinture , la gravure l'occuperent tour-à-tour. On a de lui quelques ouvrages. I. Un *Traité sur la sculpture & la maniere de travailler l'or*. Cet ouvrage curieux vit le jour à Florence , en 1563 , in-4°. II. L'*His-*

toire de sa vie, en 1 vol. in-4°, Cologne 1730.

CELSE, (Cornelius) de la famille patricienne Cornelia, appellé l'Hippocrate des Latins, florissoit sous Auguste, Tibere & Caligula. On ne sait ce qu'il étoit. Il naquit à Rome selon les uns, & à Vérone selon les autres. Il a écrit sur la rhétorique, la médecine, l'art militaire & l'agriculture ; &, si l'on en juge par ses ouvrages, ce devoit être un homme également propre à tout, aux armes & aux lettres. On croit qu'il consacra les dernieres années de sa vie, & le tems de la plus grande maturité de l'âge, à la médecine. Il nous reste de lui un ouvrage sur cette science, en huit livres. Les quatre premiers regardent les maladies internes ; le cinquieme & le sixieme, les externes ; le septieme & le huitieme, les maladies chirurgicales. Cet ouvrage est estimable pour la pureté du langage, autant que par la justesse des préceptes. Le grammairien, l'historien & l'antiquaire y trouvent de quoi se satisfaire, comme le physicien & le médecin. La partie chirurgicale y est traitée avec beaucoup d'exactitude. La meilleure édition est de Padoüe 1722, in-8°. La premiere est de Florence 1478, in-fol. Celle d'Elzévir 1657, in-12, plaît à cause du format, & est moins belle que celle de Paris 1771, in-12. Ninin l'a traduit en françois en 1753. Son *Abrégé de rhétorique*, imprimé en 1569, est moins pour instruire des préceptes les ignorans, que pour les rappeller aux savans.

CELSE, philosophe épicurien du 2e siecle. Il publia, sous Adrien, un libelle plein de mensonges & d'injures contre le judaïsme & le christianisme, & il osa lui donner le titre de *Discours de vérité*. Il reprochoit aux Juifs convertis d'avoir abandonné leur loi ; & aux autres Chrétiens, d'être divisés en plusieurs sectes qui n'a-

voient rien de commun que le nom. Il ne voyoit pas qu'il confondoit les sectes séparées de l'église, avec l'église même. Ce philosophe présomptueux, croyant plaider la cause des dieux, traitoit leurs adversaires avec le dernier mépris. Origene réfuta l'épicurien, & dévoila toutes ses calomnies, dans une Apologie pleine de preuves fortes & convaincantes, rendues dans un style aussi élégant qu'animé. C'est, de toutes les Apologies de la religion chrétienne, la plus achevée & la mieux écrite que l'antiquité nous ait laissée. Nous en avons une bonne traduction françoise par Bouchereau, imprimée à Amsterdam, en 1700, in-4°. Les incrédules modernes ne font que copier & répéter les raisonnemens & les injures de Celse. C'est à cet épicurien que le *Pseudomantes* de Lucien est dédié.

CELSUS, (Julius) vivoit quelque-tems avant la naissance de Jesus-Christ. Il a fait une *Vie de César*, 1473, in-folio ; & dans l'édition de *Cæsar, cum notis variorum*, Leyde 1713, in-8°. N. L.

CELSUS, (Juventius) jurisconsulte, fut arrêté pour avoir conjuré contre l'empereur Domitien, qui s'étoit fait haïr de tout le monde par ses cruautés : il évita par son adresse, la punition qui l'attendoit, en différant toujours de nommer ses complices, jusqu'à la mort de Domitien, qui fut assassiné l'an 96 de J. C.

CELSUS, (Caïus Titus Cornelius) tyran, qui s'éleva en Afrique du tems de l'empereur Gallien, vers l'an 265. Les Africains l'obligerent d'accepter l'empire & le revêtirent du voile d'une statue, pour lui servir de manteau impérial ; mais sept jours après il fut tué. Les habitans de Siccé laisserent manger son corps aux chiens, & attacherent son effigie à une potence. C'étoit un homme d'une figure distinguée, plein de modération & d'équité, qui s'étoit retiré du tumulte des armes pour vivre tranquillement dans une maifon de campagne, près de Carthage, lorfque les chefs des légions de la province le firent proclamer empereur par le peuple.

CELTES, (Conrard) poëte latin, natif de Schweinfurt, en Franconie, en 1459, mort à Vienne en 1508, après avoir reçu le laurier poëtique. Il a laiffé des Odes, à Strasbourg 1513, in-8°; des Epigrammes; un Poëme fur les mœurs des Allemands, 1610, in-8°; & une *Defcription hiftorique de la ville de Nuremberg*, à Strasbourg 1513, in-4°. L'imagination & les faillies ne lui manquoient pas; mais on peut lui reprocher des négligences dans le ftyle, & des penfées plus brillantes que folides. On a encore de lui quatre livres en vers élégiaques, pour quatre maîtreffes différentes que le poëte fe vante d'avoir eues. Ils parurent à Nuremberg en 1502, in-4°. Ce volume eft rare. L'empereur Maximilien lui confia la direction de fa bibliotheque, & lui accorda le privilege de donner lui-même la couronne poëtique à ceux qu'il en jugeroit dignes.

CENALIS, en françois CE-NEAU, (Robert) docteur de Sorbonne, évêque d'Avranches, ci-devant évêque de Vence & de Riez, mourut à Paris fa patrie en 1560. On a de lui des ouvrages d'hiftoire & de controverfe. I. Une *Hiftoire de France*, dédiée au roi Henri II, en latin, 1557, in-folio. C'eft moins une hiftoire, qu'un énorme recueil de differtations fur le nom, fur l'origine & fur les aventures des Gaulois, des François & des Bourguignons. Il fe plaint dès la premiere page de ce qu'on a difputé aux François la gloire de defcendre des Troyens. On peut juger par ce trait de la critique du differtateur. II. Un *Traité des poids & des mefures*, en latin, 1547, in-8°. III. *Pro tuendo facro cœlibatu*, Paris 1545, in-8°. IV.

Larva Sycophantica in Calvinum. Le goût de fon fiecle étoit de mettre aux livres des titres extraordinaires.

CENCHRIS, femme de Cinyre, & mere de Myrrha. Ayant ofé fe vanter d'avoir une fille beaucoup plus belle que Vénus, cette déeffe fe vengea, en infpirant à cette fille une paffion infame pour fon propre pere. Tels étoient les procédés des dieux & des déeffes du paganifme.

CENDEBÉE, général des armées d'Antiochus Sidetès, qui fit des courfes fur les terres des Juifs fous la facrificature de Simon. Celui-ci ne pouvant, à caufe de fon âge avancé, aller au-devant de l'ennemi, y envoya fes deux fils, Jean & Judas, qui défirent Cendébée dans une grande bataille, & taillerent en pieces fon armée, vers l'an 172 avant J. C.

CENE, (Charles le) théologien calvinifte, né à Caen en 1647, d'abord miniftre en France, enfuite en Angleterre après la révocation de l'édit de Nantes, mourut à Londres en 1703. Son occupation principale, fur-tout depuis fa retraite, avoit été de travailler à une verfion nouvelle de la Bible en françois. Il en fit imprimer le Projet en 1696. Ce Projet, plein de remarques judicieufes, annonçoit un bon ouvrage; mais lorfque la verfion parut en 1741, Amfterdam, in-folio, par les foins du fils de l'auteur, libraire en cette ville, on rétracta ce jugement précipité. Sous prétexte qu'il ne faut pas traduire mot pour mot, & qu'un traducteur doit rendre le fens plutôt que les termes, le Cene fe permet des libertés & des fingularités qui défigurent les livres facrés. On a encore de cet auteur quelques ouvrages théologiques, moins connus que fon Projet & fa Bible. Les principaux font: I. *De l'état de l'homme après le péché, & de la prédeftination au falut*,

Amsterdam 1684, in-12. II. *Entretiens, où l'on examine particuliérement les questions de la grace immédiate, du franc-arbitre, du péché original, de l'incertitude de la métaphysique, & de la prédestination.* Il y a une seconde partie, mais qui est de M. le Clerc, Amsterdam 1685, in-8°. III. *Conversations, où l'on fait voir la tolérance que les Chrétiens de différens sentimens doivent avoir les uns pour les autres,* &c. avec un *Traité de la liberté de conscience* (à Philosophie). Amsterdam 1687, in-12. On voit dans cet ouvrage que l'auteur ne tenoit pas fortement à sa secte, & qu'il reconnoissoit de bonne foi qu'elle n'avoit pas le droit d'exclure les erreurs ; droit qui ne convient qu'à la vérité.

CENNINI, (Bernard) excellent orfevre de Florence, au milieu du 15e siecle, est le premier qui introduisit l'imprimerie dans cette ville. Il eut deux fils, Dominique & Pierre, qui n'étoient pas moins habiles que leur pere. Ils fabriquerent eux-mêmes leurs poinçons, formerent des matrices, & se procurerent tout ce qui est nécessaire à une imprimerie. Le premier livre qui sortit de leur presse, & le seul qui nous reste d'eux, est de l'année 1471. Il a pour titre : *Virgilii opera omnia, cum commentariis Servii,* Florence, in-fol. Ces artistes ont été inconnus à tous ceux qui ont écrit sur l'imprimerie avant le P. Orlandi.

CENSORIN, (Appius Claudius Censorinus) tyran en Italie sous l'empereur Claude II, étoit d'une famille de sénateurs, & avoit été deux fois consul. Après avoir servi l'état dans les ambassades & dans les armées, il s'étoit retiré dans ses terres aux environs de Bologne, pour y achever ses jours en paix. Mais les soldats vinrent tu-multuairement lui offrir l'empire, & le forcerent de l'accepter l'an 270. Censorin, revenu des illusions de ce monde, déja âgé, & boiteux d'une blessure qu'il avoit reçue dans la guerre contre les Perses, n'accepta qu'à regret le dangereux honneur de la pourpre. En effet, sa chûte fût aussi prompte que son élévation. A peine y avoit-il sept jours qu'il régnoit, que les soldats, qu'il vouloit soumettre à la discipline, lui ôterent le sceptre & la vie. On mit sur son tombeau, *qu'il avoit été aussi malheureux empereur qu'heureux particulier.*

CENSORIN, savant grammairien du 3e siecle. Il laissa un traité *de Die natali,* dans lequel il traite de la naissance de l'homme, des mois, des jours & des années. Cet ouvrage publié à Cambridge, en 1695, in-8°, ou à Leyde 1743, in-8°, est important pour la chronologie. Censorin avoit aussi composé un ouvrage des *Accens* ; & il est souvent cité par Sidonius Apollinaire & par Cassiodore.

CENSORIN, (C. Marcius) fut consul avec Asinius Gallus sous l'empire d'Auguste, l'an de Rome 744, & 8 ans avant Jesus-Christ. Horace lui adresse une de ses Odes. C'est la septieme du 4e livre, dans laquelle il se propose de montrer que les louanges des poëtes font d'un grand prix.

CENTORIO, (Ascagne) auteur milanois, d'une maison illustre, dont il augmenta la gloire. Il porta les armes dans le 16e siecle ; autant en philosophe qui réfléchit, qu'en brave qui s'expose à propos. Il profita du loisir que la paix lui procura, pour rédiger les *Mémoires militaires & historiques* qu'il avoit ramassés dans le tumulte de la guerre. Ils sont fort estimés en Italie, soit pour leur excellence, soit pour leur rareté. Ils parurent à Venise en 1565 & 1569, en 2 vol. in-4°, pour l'ordinaire reliés en un. Le premier traite en six livres, des guerres de Transilvanie; & le second, de celles de son tems, en 8 livres.

CÉPHALE, fils de Déjon, ou selon d'autres, de Mercure & de Hersé, & mari de Procris, fille d'Erectée. Aurore l'enleva, mais inutilement. Cette déesse, outrée de son refus, le menaça de s'en venger. Elle le laissa retourner auprès de Procris, sa femme, qu'il aimoit passionnément. Doutant de la fidélité de cette épouse, il se déguisa pour la surprendre. Elle l'écouta; il se découvrit, & lui reprocha durement son infidélité. Procris alla se cacher de honte dans les bois, où Céphale l'alla chercher, ne pouvant vivre sans elle. A son retour elle lui fit présent d'un javelot & d'un chien que Minos lui avoit donnés. Elle aima à son tour tellement son mari, qu'elle devint la plus jalouse des femmes. Un jour elle se cacha dans un buisson pour l'épier; l'infortuné Céphale, croyant que c'étoit une bête fauve, la tua avec le dard qu'il avoit reçu d'elle. Il reconnut son erreur, & se perça de désespoir avec la même arme. Jupiter les métamorphosa en astres.

CÉPHALE, célebre orateur athénien, se distingua par son exacte probité, encore plus que par son éloquence. Aristophon, son compatriote, se vantoit de ce qu'ayant été cité en justice quatre-vingt-quinze fois, il avoit toujours été absous. Céphale se glorifioit avec plus de raison de n'avoir jamais été cité, quoiqu'il eût pris plus de part aux affaires qu'un autre citoyen de son tems. C'est lui qui introduisit l'usage des exordes & des péroraisons. Il vivoit avant Eschine & Démosthenes, qui parlent de lui avantageusement.

CÉPHALE, corinthien, vivoit du tems de Timoléon, corinthien comme lui. C'étoit un homme célebre dans la science des loix

& du gouvernement public; aussi Timoléon le prit-il pour son conseil & pour son guide, lorsqu'il voulut donner de nouvelles loix à Syracuse, l'an 339 avant J. C.

CÉPHÉE, roi d'Arcadie, fut, selon la fable, rendu invincible, à cause d'un cheveu que Minerve lui avoit attaché sur la tête, après l'avoir tiré de celle de Méduse.

CERCEAU, (Jean-Antoine du) né à Paris en 1670, entra chez les Jésuites, & s'y fit un nom par son talent pour la poésie françoise & latine. Il mourut subitement, par un accident funeste, en 1730 à Veret, maison du duc d'Aiguillon, près de Tours, au retour d'un voyage où il avoit accompagné Mde de Conti. Ce jésuite s'annonça d'abord par un volume de Poésies latines, parmi lesquelles il y en a de fort estimables. Ses vers françois, imités de Marot, offrent des morceaux d'un tour original. Ses *Réflexions sur la poésie françoise*, sont aussi pesantes, que plusieurs de ses poésies sont légeres. La regle qu'il donne, pour distinguer les vers de la prose, est ingénieuse, mais fausse. Il a composé encore des pieces dramatiques pour les pensionnaires du college de Louis le Grand. Ses comédies sont, le *Faux duc de Bourgogne*; *Ésope au college*; l'*Ecole des peres*; le *Point d'honneur*, &c. Elles offrent par fois de bonnes plaisanteries & des caracteres soutenus; mais on sent que l'auteur les faisoit à la hâte, & qu'il se fioit trop sur sa facilité. Ce qu'on ne peut s'empêcher d'y estimer, c'est la sagesse & la décence de la composition & des expressions, ce qui dans les pieces de théatre est une espece de prodige. Il a laissé plusieurs ouvrages commencés. C'étoit son humeur qui dirigeoit son imagination, & cette humeur étoit un peu capricieuse. Ses autres productions sont: I. *Histoire de la* derniere révolution de Perse, 2 vol. in-12. II. L'Histoire de la conjuration de Rienzi, 1 vol. in-12. Le P. Brumoy y mit la derniere main. Elle est écrite d'une maniere intéressante. III. Plusieurs extraits du Journal de Trévoux, sur-tout des Dissertations sur la musique des anciens.

CERCYON, fameux voleur, qui exerçoit ses brigandages dans le pays d'Attique, & qui forçant les passans à lutter contre lui, massacroit ceux qu'il avoit vaincus. Il avoit, selon la fable, une force de corps & de bras si extraordinaire, qu'il faisoit plier les plus gros arbres l'un contre l'autre, & ensuite il y attachoit ceux qu'il avoit terrassés. Ce voleur fut vaincu par Thésée, qui, après l'avoir abattu sous lui, le punit à son tour par le même supplice qu'il avoit fait souffrir à tant d'autres. Platon fait Cercyon un des inventeurs de la lutte.

CERDA, (Jean-Louis de la) jésuite de Tolede, florissoit dans le 16e siecle. Il est connu par son Commentaire sur Virgile, à Lyon 1619, 3 vol. in-fol. Ce format annonce peut-être plus d'érudition que de précision & de goût. Une pensée ordinaire, un mot qui ne dit rien, exercent souvent l'esprit du laborieux & savant commentateur. Il explique ce qui n'a pas besoin d'être expliqué, & differe pesamment sur ce qu'on doit sentir avec délicatesse. Cet ouvrage le rendit si célebre, qu'Urbain VIII voulut avoir son portrait. On a encore de lui un Commentaire sur Tertullien, dans le goût de celui de Virgile. L'érudition y est prodiguée dans l'un & dans l'autre ; & il faut convenir qu'il y a peu de gens qui puissent faire une pareille dépense. Il mourut en 1643. Il ne faut pas le confondre avec de la Cerda, poëte espagnol, dont les Tragédies sont très-estimées en Espagne.

CERDA, (Bernarde Ferreira de la) portugaise, savante dans la rhétorique, la philosophie & les mathématiques, écrivoit poliment en prose & en vers. On a d'elle un Recueil de poésies ; un volume de comédies, & un Poëme intitulé : Espagna liberata, &c. Elle vivoit au commencement du 17e siecle.

CERDON, hérésiarque du 2e siecle, admettoit deux principes, l'un bon & créateur du ciel, l'autre mauvais & créateur de la terre. Il rejetoit l'ancien Testament, & ne reconnoissoit du nouveau qu'une partie de l'Evangile de S. Luc, & quelques Epitres de S. Paul. Il prétendoit encore, dit-on, que Jesus-Christ n'avoit qu'un corps fantastique. La doctrine des deux principes fut la source de l'hérésie des Manichéens.

CERÈS, fille de Saturne & de Cybele, sœur de Jupiter, & mere de Proserpine, courut la terre & la mer, pour chercher sa fille que Pluton lui avoit enlevée. Elle apprit aux hommes dans ses courses la maniere de labourer la terre. Depuis elle fut regardée comme la déesse des bleds & des moissons, & la divinité de l'agriculture. De retour en Sicile, elle obtint de Jupiter que sa fille lui seroit rendue, pourvu qu'elle n'eût rien mangé dans les enfers. Proserpine ayant sucé sept grains d'une grenade, ne put revenir sur la terre. Jupiter accorda aux larmes de sa sœur, que sa fille seroit six mois dans les enfers avec son époux, & six mois avec sa mere dans le ciel. On représente cette déesse avec une faucille dans une main, & dans l'autre une gerbe d'épis & de pavots.

CERETA, (Laura) dame de Bresse, recommandable par les qualités de son cœur & de son esprit, fut veuve après dix-huit mois de mariage, & profita de sa liberté pour se livrer avec ardeur à la philosophie & à la théologie. Elle mourut à la fleur de son âge, & ne vit pas la fin du 15e siecle. Elle étoit en relation avec les grands & les savans. On a d'elle soixante & douze Lettres, publiées in-8°, en 1640, par Philippe Tomassini.

CERETUS, (Daniel) médecin de Bresse en Italie, qui vivoit en 1470, a fait quelques poésies latines, que l'on trouve dans le *Sannasar* d'Amsterdam 1728, in-8°. N. L.

CERF de la Vieuville, (Jean-Laurent le) garde des sceaux du parlement de Normandie, né à Rouen en 1674, mort dans la même ville en 1707, à la fleur de son âge, d'un excès de travail. On a de lui une *Comparaison de la musique italienne & de la musique françoise*, contre le *Parallele des Italiens & des François*, in-12. Le style de cet ouvrage, semé d'anecdotes sur l'opéra françois, est fort vif. L'auteur y soutient l'honneur de sa patrie avec autant de feu, qu'on en a montré depuis contre le célebre Jean-Jacques. C'étoit l'abbé Raguenet, qui avoit attaqué la musique françoise & exalté l'italienne. Il défendit son sentiment, & le Cerf le sien. Celui-ci publia deux nouveaux volumes. Le médecin Andri, alors associé au Journal des savans, tourna cet ouvrage en ridicule, après avoir parlé avec éloge de celui de Raguenet. Le Cerf piqué au vif, répondit par une brochure intitulée : *L'Art de décrier ce qu'on n'entend point, ou le Médecin musicien*. L'ouvrage a toute l'amertume que le titre promet. Fontenelle disoit, que si quelqu'un, par une vivacité & une sensibilité extrêmes, avoit jamais mérité le nom de fou, de fou complet, de fou par la tête & par le cœur, c'étoit le Cerf de la Vieuville. Mais comme la folie n'exclud que la raison, & non l'esprit ; le Cerf en avoit beaucoup,

& même tant, qu'il n'avoit pas le sens commun.

CERINTHE, hérésiarque, disciple de Simon le magicien, commença à publier ses erreurs vers l'an 54. Il attaquoit la divinité de J. C., & n'admettoit en lui que la nature humaine. S. Jean écrivit son évangile à la prière des fideles, pour réfuter ces erreurs sacrileges. On ajoute même, qu'ayant trouvé Cerinthe dans les bains publics, où il alloit pour se laver, il se retira avec indignation, en disant : *Fuyons, de peur que nous ne soyons abîmés avec cet ennemi de Jesus-Christ.*

CERISANTES, (N. Duncan, sieur de) fils de Marc Duncan, gentilhomme écossois, établi à Saumur, servit de bonne heure. Il suivit le duc de Guise dans la fameuse expédition de Naples, & mourut pendant le siege de cette ville en 1648. Il fit un testament, par lequel il laissa des legs considérables à tous ses parens & à tous ses amis : il avoit à peine de quoi se faire enterrer ; mais il se croyoit déja propriétaire de tous les biens que le duc de Guise lui avoit promis pour l'engager à le suivre. Il se mêloit de poésie, & s'il n'avoit fallu, pour réussir en ce genre, qu'une tête chaude, il auroit excellé.

CERONI, (Jean-Antoine) sculpteur milanois, mort à Madrid en 1646 à l'âge de 61 ans, fut appellé en Espagne, à cause de sa grande réputation, par le roi Philippe IV. Les beaux Anges de bronze (un des principaux ornemens du nouveau Panthéon de l'Escurial), & la célebre façade de l'église de S. Etienne à Salamanque, sont ceux de ses ouvrages qui ont le plus contribué à immortaliser son nom.

CERQUOZZI, *voyez* MICHEL-ANGE DES BATAILLES.

CERVANTES SAAVEDRA, (Miguel) naquit l'an 1549, en Espagne. Il a cela de commun avec Homere, qu'on ignore sa patrie. Enrôlé à 22 ans sous les drapeaux de Marc-Antoine Colonne, il se trouva comme simple soldat, à la bataille de Lépante, s'y signala & y perdit la main gauche. Esclave ensuite pendant cinq ans & demi, il apprit de bonne heure à supporter l'adversité. De retour en Espagne, où il avoit été regardé dès son jeune âge comme le meilleur poëte de son tems, il fit jouer ses Comédies avec le plus grand succès. Son *Don Quichotte de la Manche* acheva sa réputation. Le duc de Lerme, premier ministre de Philippe III, peu ami des talens & des gens-de-lettres, le traita un jour avec trop peu de considération. Cervantes s'en vengea en entreprenant une satyre fine de la nation & du ministre, entêtés alors de chevalerie. Cet ouvrage, traduit dans toutes les langues des peuples qui ont des livres, est le premier de tous les romans, par le génie, le goût, la naïveté, la bonne plaisanterie, l'art de narrer, celui de bien entremêler les aventures, celui de ne rien prodiguer, & sur-tout par le talent d'instruire en amusant. On voit à chaque page des tableaux comiques & des réflexions judicieuses. Un jour que Philippe III étoit sur un balcon du palais de Madrid, il apperçut un étudiant qui, en lisant, quittoit de tems en tems sa lecture, & se frapoit le front avec des marques extraordinaires de plaisir : *Cet homme est fou*, dit le roi aux courtisans, *ou bien il lit Don Quichotte*. Le prince avoit raison, c'étoit effectivement ce livre que l'étudiant lisoit. C'est un ouvrage, disoit St-Evrémond, que je puis lire toute ma vie, sans en être dégoûté un seul moment ; de tous les ouvrages que j'ai lus, ce seroit celui que j'aimerois le mieux avoir fait. J'admire comment, dans la bouche du plus grand fou de la terre, Cervantes a trouvé le moyen de paroître l'homme le plus entendu & le plus grand connoisseur qu'on

puisse imaginer. Le même écrivain donnoit pour tout conseil à un exilé, celui d'oublier sa maîtresse, & de lire *Don Quichotte*. Ce chef-d'œuvre, qui devoit faire la fortune de Cervantes, lui attira des persécutions. Le ministre le fit maltraiter, & il fut obligé de discontinuer. Un Alonzo Fernandès de Avellaneda, écrivain pitoyable, s'étant avisé de le continuer, & de décrier l'auteur après l'avoir pillé, Cervantes se vit obligé de reprendre son ouvrage. Ce travail ne l'empêcha pas de mourir de faim en 1616. Outre son *Don Quichotte*, traduit en françois par Filleau de S. Martin, en 4 vol. in-12 ; on a de lui : I. Douze *Nouvelles*, la Haye 1739, 2 vol. in-8°, traduites en françois, en 2 vol. in-12, la Haye 1744, Paris 1775. Le génie de l'auteur de *Don Quichotte* s'y montre de tems en tems ; la plupart sont agréables. II. Huit Comédies, dont les caracteres sont bien soutenus. III. La *Galathée*, en six livres. Il débuta par cet ouvrage. IV. Les *Travaux de Persilis & de Sigismonde*, traduits en françois, avec la *Galathée*, en 4 vol. in-12. On trouveroit peu de romans qui offrissent plus d'aventures surprenantes que les *Travaux*, &c. & une plus grande variété d'incidens épisodiques. V. Il est auteur d'une satyre ingénieuse, intitulée : *Voyage du Parnasse*. Sa vie a été écrite par Don Gregorio Alayans Esiscar ; elle a été mise à la tête de l'édition espagnole de *Don Quichotte*, imprimée à Londres en 1738, 4 vol. in-4°. Les dernieres éditions de la version françoise de *Don Quichotte* sont en 6 vol. Mais les deux derniers ne sont point de Cervantes, & sont indignes de lui. Il y a une autre suite en 8 volumes, qui est pitoyable. On a une jolie édition de l'original de *Don Quichotte*, faite en Hollande en 4 vol. in-12, avec de belles

belles figures. *Les principales Aventures* de ce roman ont été imprimées à la Haye 1746, in-fol. ou in-4°, avec des estampes de Coypel & de Picart le Romain. Les mêmes planches retouchées ont servi pour la belle édition de Liege 1776.

CERULARIUS, *voyez* l'article MICHEL.

CESAIRE, (Saint) frère de S. Gregoire de Nazianze, & médecin de l'empereur Julien, conserva une foi pure & des mœurs innocentes, au milieu d'une cour païenne. Il se joua de la dialectique de Julien, & lui prouva un jour avec tant de force l'impiété de l'idolâtrie, que ce prince s'écria : *O bienheureux pere ! O malheureux enfans !* Paroles qui marquoient le bonheur du pere d'avoir produit de tels enfans, & le malheur des enfans d'être si fermes dans une religion qu'il croyoit mauvaise. Césaire s'exila lui-même de la cour, & se retira dans sa famille, à la priere de Gregoire de Nazianze. Il fut ensuite questeur de Bithynie, & mourut en 368. On lui attribue quatre Dialogues, qui sont d'un auteur plus récent : on les trouve dans la *Bibliothèque des Peres*.

CESAIRE, (Saint) né en 470, près de Châlons sur Saône, se consacra à Dieu dans le monastere de Lerins, sous la conduite de l'abbé Porcaire. Ses austérités l'ayant rendu malade, on l'envoya à Arles pour rétablir sa santé. Trois ans après il fut élevé, malgré lui, sur le siege de cette ville. Il gouverna son diocese en apôtre. Il fonda à Arles un monastere de filles, & leur donna une regle, adoptée depuis par plusieurs autres monasteres. La calomnie vint interrompre les biens qu'il faisoit à son diocese. On l'accusa auprès d'Alaric d'avoir voulu livrer aux Bourguignons la ville d'Arles : on le calomnia de nouveau auprès de

Tome II.

Théodoric ; mais ces deux princes reconnurent l'innocence de cet homme apostolique, ainsi que la méchanceté de ses calomniateurs. Son nom n'en fut que plus célebre. Dans un voyage à Rome, où il étoit desiré depuis long-tems, le pape l'honora du *Pallium*, & permit à ses diacres de porter des dalmatiques comme ceux de l'église de Rome. On croit que c'est le premier prélat d'Occident qui ait porté le *Pallium*. Le pape ajouta à ces honneurs le titre de son vicaire dans les Gaules, avec le pouvoir de convoquer des conciles. Césaire présida à celui d'Agde en 506, au second concile d'Orange en 529, & à plusieurs autres. Il mourut en 544, la veille de la fête de S. Augustin, dont il avoit été un des plus fideles disciples. Nous avons de lui des Homélies, données par Baluse, Paris 1669, in-8°, & d'autres ouvrages, dont il seroit à souhaiter que quelqu'un donnât une bonne édition. On les trouve dans la *Bibliothèque des Peres*.

CESAIRE, né selon la plus commune opinion à Cologne, entra dans l'ordre de Cîteaux en 1199, fut long-tems maître des novices dans l'abbaye de Villers en Brabant, & mourut vers 1240. On a de lui. I. *Illustrium miraculorum & historiarum lib. XII*, 1481, réimprimé à Anvers 1604. C'est un amas de fables, qui a été mis à l'*Index* en Espagne. II. *De vita & passione sancti Engelberti*, Cologne 1633.

CESALPIN, (André) né en 1519 à Arezzo, savant en philosophie & en médecine, professa à Pise avec éclat, fut ensuite premier médecin du pape Clément VIII. Quoiqu'il vécut dans la cour du pontife des Chrétiens, sa foi n'en fut pas plus pure. Ses principes approchoient un peu de ceux de Spinosa. Il n'admettoit, comme Aristote, que deux substances, Dieu

H

& la matiere. Le monde étoit peuplé, selon lui, d'ames humaines, de démons, de génies & d'autres intelligences plus ou moins parfaites, mais toutes matérielles. Il croyoit, dit-on, que les premiers hommes furent formés de la matiere avec laquelle quelques philosophes s'imaginent que s'engendrent les grenouilles. Mais en avouant ce qui a pu faire tort à Césalpin, il ne faut point lui dérober la gloire d'avoir connu la circulation du sang, & la vraie méthode dans la distribution des plantes. La premiere de ces découvertes lui a été vainement contestée. On la trouve clairement exprimée dans ses *Quest. péripat.* l. 5. c. 4. Ses principaux ouvrages sont : I. *Speculum artis medicæ Hypocraticum*. II. *De Plantis libri XVI*, à Florence en 1583, in-4° : ouvrage rare, & le premier dans lequel on trouve la méthode de distribuer les plantes conformément à leur nature. III. *De Metallicis libri tres*, à Rome 1596, in-4°, peu commun. IV. *Praxis universæ medicinæ*. V. *Quæstionum peripateticarum libri quinque*, Rome 1603, in-4°. Ce dernier ouvrage fut attaqué avec beaucoup de succès par le médecin Taurel dans ses *Alpes cæsæ, hoc est, Andreæ Cesalpini monstrosa dogmata discussa & excussa*. VI. *De Medicamentorum facultatibus*, Venise 1593, in-4°. Césalpin mourut à Rome en 1604, à 84 ans.

CÉSAR, (Caïus-Jules) né à Rome, l'an 98 avant J. C., d'une famille très-illustre, se fraya la route aux premieres dignités de la république par le double talent de l'éloquence & des armes. Le tyran Sylla, qui voyoit en lui plusieurs Marius, voulut le faire mourir ; mais vaincu par les importunités de ses amis, il lui laissa la vie, en leur disant : *Que celui dont les intérêts leur étoient si chers, ruineroit un jour la république.*

L'Asie fut le premier théâtre de sa valeur. Il se distingua sous Thermus, préteur, qui l'envoya vers Nicomede, roi de Bithynie, auquel, dit-on, il se prostitua. De retour à Rome, il signala son éloquence contre Dolabella, accusé de péculat. Son nom se répandant peu-à-peu, il fut élevé aux charges de tribun militaire, de quésteur, d'édile, de souverain-pontife, de préteur, & de gouverneur d'Espagne. Ce fut en arrivant à Cadix, que voyant la statue d'Alexandre, il dit, en répandant des larmes : ,, A l'âge où je suis, il avoit con- ,, quis le monde, & je n'ai en- ,, core rien fait de mémorable ,,. Ce désir de la gloire, joint à de grands talens secondés par la fortune, le conduisit peu-à-peu à l'empire. On lui avoit entendu dire : ,, Qu'il ai- ,, meroit mieux être le premier ,, dans un hameau, que le second ,, dans Rome ,,. Revenu en Italie, il demanda le triomphe & le consulat. Il fut créé consul l'an 59 avant Jésus-Christ, avec Bibulus, qu'il obligea bientôt d'abandonner cette place. Il s'unit à Pompée & à Crassus par serment, & forma ce qu'on appelle le premier triumvirat. Caton, qui vit porter ce coup à l'état, & qui ne put le parer, s'écria : *Nous avons des maîtres ; c'en est fait de la république*. César recueillit les premiers fruits de cette union. Tout plia sous ses violences & ses artifices, jusqu'à Caton. Il se procura l'amitié des chevaliers, en leur accordant une part dans les impôts, & celle des étrangers, en les faisant déclarer alliés & amis du peuple romain. Il éloigna de Rome Cicéron & Caton, les plus grands défenseurs de la liberté, & s'assura des consuls de l'année suivante. Son crédit lui fit obtenir le gouvernement des Gaules. Il part, roulant dans son esprit les plus vastes projets. Son dessein étoit de subjuguer tout ce qui restoit dans ces contrées de nations ennemies de Rome, de ramener son armée victorieuse contre la république, & d'aller à la souveraine puissance les armes à la main. Ses premiers exploits furent contre les Helvétiens. Il les battit, & tourna ses armes contre les Germains & les Belges. Après avoir taillé en pieces leur armée, il attaque les Nerviens, les défait, & subjugue presque tous les peuples des Gaules. Ses conquêtes & ses victoires occasionnèrent un nouveau triumvirat entre César, Crassus & Pompée, qui, sans le penser, devenoient les instrumens de la fortune de leur collegue, & de leur perte. Un des articles de la confédération, fut de faire proroger à César son gouvernement pour cinq nouvelles années, avec la qualité de pro-consul. De nouveaux succès dans les Gaules, en Germanie & dans la Grande-Bretagne, le couvrirent de gloire, & lui donnerent de nouvelles espérances sur Rome. Pompée commença alors à se détacher de lui. Profitant de l'affection des Romains pour sa personne, il fait porter un décret contre César; Antoine, alors tribun du peuple, s'enfuit, après y avoir formé opposition. César, avec la seule légion qu'il avoit alors en Italie, commence la guerre, sous le spécieux prétexte de venger les droits du tribunat violés en la personne d'Antoine. Il marche secrettement vers Rimini, passe le Rubicon. Le héros s'arrêta un moment sur les bords de cette riviere, qui servoit de borne à sa province. La traverser avec une armée qui a subjugué les Gaulois, intimidé les Germains, réduit les Bretons, c'étoit lever l'étendard de la révolte. Le sort de l'univers fut mis un instant en balance avec l'ambition de César. Celle-ci l'emporte, & Rimini, Pesaro, Ancone, Arezzo, Osimo, Ascoli, &c. font à lui. Une conduite sage & modérée, en dévoilant ses pro-

jets ambitieux, les soutenoit. Il faisoit passer à Rome des sommes immenses, pour corrompre les magistrats, ou acheter les magistratures, ce qui donna lieu à ce bon mot : *César a conquis les Gaulois avec le fer des Romains, & Rome avec l'or des Gaulois.* Son armée ne lui étoit pas moins dévouée. Tandis que Pompée passe en Epire, abandonnant l'Italie à son ennemi, César s'y comporte en vainqueur & en maître. Il distribue les commandans en son nom, paroît à Rome, pille le trésor public, & part pour l'Espagne. Il forme en passant le siege de Marseille, en laisse la conduite à Trébonius, & va battre en Espagne Petreius, Afranius & Varron, généraux de Pompée. De retour à Rome, où il avoit été nommé dictateur, il favorise les débiteurs, rappelle les exilés, rétablit les enfans des proscrits, s'attache par la clémence les ennemis qu'il s'étoit faits par la force, & obtient le consulat pour l'année suivante. Il quitte l'Italie pour aller en Grece combattre Pompée, s'empare de toutes les villes d'Epire, se signale en Etolie, en Thessalie, en Macédoine, & atteint enfin son rival & son ennemi. *Le voici,* dit-il à ses soldats, *le jour si attendu. C'est à nous à voir si nous aimons véritablement la gloire.* L'armée de Pompée fut entièrement mise en déroute à la journée de Pharsale, l'an 48 avant Jesus-Christ. Un rien décida de cette fameuse bataille, qui, en soumettant la république romaine à César, le rendit maître du monde entier. Ce fut l'attention qu'il eut de recommander à ses soldats de frapper directement au visage les cavaliers de Pompée qui devoient entamer l'action. Ces jeunes gens, jaloux de conserver leur figure, tournerent bride honteusement. Sept mille cavaliers prirent la fuite devant six cohortes. Pompée laissa sur la place quinze mille des fiens, tandis que César n'en perdit que douze cens. La clémence du vainqueur envers les vaincus attira un fi grand nombre de foldats fous fes drapeaux, qu'il fut en état de pourfuivre fon ennemi. Ce grand-homme n'étoit déja plus: il venoit d'être maſſacré inhumainement en Egypte, où il avoit cru trouver un afyle. César le pleura, & lui fit élever un tombeau magnifique. Son courage, conduit par un art fupérieur, lui ménagea de nouvelles victoires. Il vainquit Ptolomée, roi d'Egypte, fe rendit maître de fon royaume, & le donna à la fameufe Cléopatre. Pharnace, roi du Pont, ne tarda pas de tomber fous fes coups. Cette victoire lui coûta peu. La guerre fut commencée & finie dans un jour. C'eſt ce qu'il exprima par ces trois mots: *Veni, vidi, vici.* Il repaſſa enfuite avec tant de rapidité en Italie, que l'on y fut auffi furpris de fon retour, que de fa prompte victoire. Son féjour à Rome ne fut pas long; il alla vaincre Juba & Scipion en Afrique, & les fils de Pompée en Eſpagne. On le vit bientôt à Rome triompher, cinq jours confécutifs, des Gaules, de l'Egypte, du Pont, de l'Afrique & de l'Eſpagne. La dictature perpétuelle lui fut décernée. Le fénat lui permit d'orner fa tête chauve d'une couronne de laurier. On délibéra même, dit-on, de lui donner fur toutes les dames romaines des droits qui font frémir la pudeur. César, au plus haut point de fa gloire, voulut l'augmenter encore, en décorant la ville de Rome de nouveaux édifices, pour l'utilité & pour l'agrément; en faifant creufer à l'embouchure du Tibre un port capable de recevoir les plus gros vaiſſeaux; en deſſéchant les marais Pontins, qui rendoient mal-faine une partie du Latium; en coupant l'iſthme de Corinthe, pour faire la jonction de la mer Egée & de la mer Ionienne.

Ces deux derniers projets reſterent imparfaits. On lui doit la réformation du calendrier, faite par Sofigenes, favant aſtronome d'Alexandrie, qui laiſſa néanmoins fubfiſter plufieurs erreurs, dont quelques-unes furent corrigées fous Auguſte. Le fénat fe préparoit à lui déférer, dit-on, le titre de roi dans tout l'empire, excepté en Italie, lorfque Brutus & Caffius l'affaffinerent au milieu des fénateurs aſſemblés, l'an 43 avant J. C., âgé de 56 ans. On a beaucoup parlé de la fortune de César, a dit un homme d'efprit; mais cet homme extraordinaire avoit tant de grandes qualités, fans pas un défaut, quoiqu'il eût bien des vices, qu'il eût été bien difficile que quelque armée qu'il eût commandée, il n'eût été vainqueur; & qu'en quelque république qu'il fût né, il ne l'eût gouvernée. Ses qualités étoient une figure noble & gracieufe, un efprit brillant & folide; une éloquence tour-à-tour agréable & mâle, également propre à gagner le cœur d'une femme, & à ranimer celui d'un foldat; une hardieſſe furprenante pour enfanter les projets les plus vaſtes, une activité merveilleufe pour les fuivre dans tous les détails, & un talent fupérieur pour les faire réuffir; une valeur qui fubjuguoit tout, & une clémence qui captivoit le cœur de fes ennemis mêmes. Il apprend la mort de Caton, & il s'écrie: » O » Caton! je t'envie la gloire de » ta mort; car tu m'as envié celle » de te fauver la vie ». Cette douceur prenoit fa fource autant dans fa politique que dans fon caractere: » Je veux, difoit-il, rega- » gner tous les efprits par cette » voie, s'il eſt poſſible, afin de » jouir long-tems du fruit de mes » victoires ». Il eut par-deſſus tout le grand art de former des hommes qui lui reſſemblaſſent, & de faire autant de héros, de tous les capitaines de fon armée. Il leur donna la leçon & l'exemple. Son armée ayant plié à la bataille de Menda, la même année qu'il établit la monarchie sur les ruines de la république, il se jeta au milieu des ennemis pour se faire tuer, & leur arracha la victoire par cet acte de valeur. Il fut, en un mot, tel que devoit être le maître de Rome, si Rome avoit dû en avoir un. Son nom est à côté & au-dessus peut-être de celui d'Alexandre. S'il en eut les qualités, il eut aussi quelques-uns de ses vices : cette ambition sans bornes, déterminée à tout oser, à tout gagner ou à tout perdre. Le héros romain poussa encore plus loin que le conquérant grec, l'amour pour la débauche ; on disoit de lui, qu'il étoit le mari de toutes les femmes, & la femme de tous les maris. Mais il ne l'imita pas dans ses fureurs, ses cruautés & ses débauches de table ; ses victoires ne dénaturèrent pas son caractère. César cultiva toujours les lettres au milieu du tumulte des armes. S'il se fût livré entièrement à l'éloquence, Cicéron auroit eu un rival qui l'auroit égalé. Des ouvrages en vers & en prose que César avoit composés, il ne nous reste que ses *Commentaires sur les guerres des Gaules & sur les guerres civiles* ; ouvrage qui, quoique fait en forme de mémoires, peut passer pour une histoire complette. Le héros narre ses victoires avec la même rapidité qu'il les a remportées. L'éloge qu'en faisoit Cicéron, n'est point outré. *Nudi sunt, recti & venusti, & omni orationis ornatu, tanquam veste, detracto ; stultis scribendi materiam præbuit, sanos verò homines à scribendo deterruit.* Parmi les éditions de ses Commentaires, les curieux recherchent la première de Rome 1469, in-fol. celle *cum notis variorum*, Amsterdam. 1697, in-8° ; Leyde 1713, in-8° ; & 1737, 2 vol. in-4° ; celle de Londres in-fol. 1712 ; celle *ad usum Delphini*, in-4°, 1678 ;

celle d'Elzevir 1635, in-12 ; celle de Barbou, 2 vol. in-12, 1757, qui est ornée de quatre cartes & d'une nomenclature géographique. D'Ablancourt a traduit les *Commentaires de César*, in-4°, & en 2 vol. in-12.

CESARI, (Alexandre) dit *le Grec*, habile graveur en creux au 16e siecle, mérita les éloges de Michel-Ange son contemporain. Le chef-d'œuvre de cet artiste est, au rapport de Vassari, un camée représentant la tête de Phocion l'athénien.

CESARI, (Henri de Saint-) gentilhomme & poëte provençal du 15e siecle, a fait des Poësies estimées de son tems. Il a continué l'Histoire des Poëtes provençaux, que le Monge des Isles-d'or avoit commencée.

CESARINI, (Julien) cardinal, présida au concile de Bâle, & parut avec éclat à celui de Florence. Le pape Eugène IV l'envoya en Hongrie, pour prêcher la croisade contre les Turcs, & pour porter le roi Ladislas à rompre avec eux. Il n'y avoit point de raison solide pour violer une paix jurée sur l'Evangile ; mais Césarini fit valoir la prière du pape, & prétendit que Ladislas n'avoit pu rien conclure sans les princes chrétiens, ses alliés. Il persuada. Il y eut une bataille donnée près de Varna en 1444, gagnée par les Turcs contre les Chrétiens. Le cardinal, qui s'y étoit trouvé, périt dans cette journée. Les uns disent que les Hongrois mêmes le tuèrent, & se vengèrent sur lui du mauvais succès de leurs armes.

CESARION, naquit à Alexandrie, de Jules César & de Cléopatre ; il avoit une ressemblance marquée avec son pere, & possédoit plusieurs de ses qualités. Lorsqu'il eut atteint sa treizieme année, Antoine & Cléopatre le déclarèrent successeur du royaume d'Egypte, de l'île de Chypre & de la Cé-

H 3

léfyrie. Mais Augufte, loin de lui confirmer ce riche héritage, le fit mourir cinq ans après. Il fut porté, dit-on, à cette cruauté par le philofophe Arrius, l'un de fes courtifans, qui lui dit que le monde feroit embarraffé de deux Céfars, & qu'il n'en pouvoit fouffrir qu'un.

CESONIE, (Milonia) femme de l'empereur Caligula, n'étoit ni fort jeune ni fort belle, lorfque ce prince l'époufa l'an 39 de Jefus-Chrift. Mais elle avoit l'art de fe faire aimer, entrant dans tous les goûts de fon époux, l'accompagnant dans fes voyages, habillée en amazone, flattant fon inclination pour le luxe & la volupté. On prétend qu'elle pouffoit la complaifance jufqu'à permettre qu'il l'expofât nue aux yeux de fes favoris dans la fureur de fes débauches infenfées. Caligula ayant été affaffiné, Chéréas envoya le tribun Pelius Lupus, pour fe défaire de Céfonie & de fa fille Julie Drufille. Cet homme perça la mere de plufieurs coups d'épée, & écrafa la tête de la fille contre la muraille de la galerie où fon pere avoit été poignardé, afin qu'il ne demeurât rien d'un fang fi abominable.

CESPEDES, (Paul) peintre de Cordoue, s'eft rendu célèbre au 16e fiécle, en Efpagne & en Italie, où il fit deux voyages. Sa manière de peindre approche beaucoup de celle du Corrège : même exactitude dans le deffin, même force dans l'expreffion, même coloris. On ne peut encore voir fans émotion fon tableau de la Cene dans la cathédrale de Cordoue, où chaque apôtre préfente un caractere différent de refpect, d'amour & de fainteté ; le Chrift, un air de grandeur & de bonté en même-tems ; & Judas, un air chagrin & faux. Les talens de Cefpedes ne fe bornoient pas à la peinture : fi l'on en croit l'enthoufiafme des auteurs efpagnols pour cet artifte, il fut philofophe, an-

tiquaire, fculpteur, architecte, favant dans les langues hébraïque, grecque, latine, arabe & italienne, grand poëte & fécond écrivain. Il mourut en 1608, âgé de plus de 70 ans.

CESTIUS, fatyrique impudent, ofa exercer fa critique fur Cicéron. Sa témérité fut punie comme elle méritoit. Ce cenfeur parafite mangeoit un jour chez M. Tullius, fils de Cicéron, qui avoit alors le gouvernement de l'Afie. Tullius, qui ne tenoit rien du génie de fon pere, & qui avoit très-peu de mémoire, demanda plufieurs fois à un de fes domeftiques, qui étoit celui qui mangeoit au bas-bout de fa table ? Comme il oublioit toujours le nom de Cestius, le domeftique lui dit enfin : *C'eft ce miférable cenfeur, qui foutenoit que votre pere étoit un ignorant.* Tullius indigné ordonna qu'on apportât des verges, & fit rudement fouetter le Zoïle en fa préfence.

CETHEGUS, noble romain, qu'on croit être le même que Publius Cornelius Cethegus, qui prit le parti de Marius contre Sylla, jouit d'un grand crédit dans Rome, qu'il étoit prefque impoffible de réuffir en rien fans fon entremife. Il avoit une maîtreffe, à laquelle il ne pouvoit rien refufer, & qui par cette raifon difpofoit à fon gré de toute la république. Lucullus fut obligé de faire fa cour à cette femme, pour obtenir la permiffion d'aller combattre Mithridate ; & les Romains de la premiere qualité ne rougirent pas de commettre mille baffeffes, pour monter aux charges par la recommandation de Cethegus.

CETHEGUS, (Caïus Cornelius) convaincu d'avoir confpiré avec Catilina à la ruine de fa patrie, & d'avoir été le plus emporté de fes complices, fut étranglé dans la prifon. Un autre fénateur de cette famille, convaincu d'adultere, fut décapité fous Valentinien, en 368.

CETHURA, feconde femme d'A-braham, que ce patriarche époufa à l'âge de cent quarante ans, & dont il eut fix enfans, Zamram, Jecfan, Madan, Madian, Jesboc & Sué. Abraham donna des préfens à tous ces enfans, & les envoya demeurer vers l'Orient dans l'Ara-bie déferte, ne voulant pas qu'ils habitaffent dans le pays que le Seigneur avoit promis à Ifaac. On croit que c'est d'eux que fortirent les Madianites, les Ephéens, les Dédanéens & les Sabéens, dont il est fouvent parlé dans l'Ecriture.

CEUS, fils de Titan & de la Terre. Il prit les armes contre Ju-piter, qui avoit abufé de Latone; mais il fut foudroyé comme fes freres.

CEZELI, (Conftance de) d'une ancienne & riche famille de Mont-pellier, femme de Barri de Saint-Aunez, gouverneur pour Henri IV à Leucate, s'est immortalifée par un courage au-deffus de fon fexe. Les Efpagnols prirent fon mari en 1590, comme il alloit communi-quer un projet au duc de Mont-morenci, commandant en Langue-doc. Ils marcherent auffi-tôt avec les Ligueurs vers Leucate, perfua-dés qu'ayant le gouverneur entre leurs mains, cette place ouvriroit tout de fuite fes portes. Conftance affembla la garnifon & les habi-tans, & fe mit à la tête des af-fiégés, une pique à la main. Les affiégeans furent repouffés par-tout où ils fe préfenterent. Honteux & défefpérés de leur mauvais fuccès, ils envoyerent dire à cette héroïne, que, fi elle continuoit à fe dé-fendre, ils alloient faire pendre fon mari. Conftance fut attendrie, fans être ébranlée. » J'ai des biens » confidérables, répondit-elle, les » yeux baignés de larmes; » je les » ai offerts, & je les offre encore » pour fa rançon; mais je ne ra-» cheterai point, par une indigne » lâcheté, une vie dont il auroit » honte de jouir ». Les affiégeans

ayant échoué dans une nouvelle attaque, ils eurent la baffe cruauté de faire mourir Barri, & leverent le fiege. La garnifon voulut ufer de repréfailles fur le feigneur de Loupian, ligueur, fait prifonnier. Cette femme, auffi généreufe que vaillante, s'y oppofa. Henri IV, pénétré d'admiration, lui envoya le brevet de gouvernante de Leu-cate, avec la furvivance pour fon fils.

CHABANES, (Jacques de) fei-gneur de la Palice, maréchal de France, gouverneur du Bourbon-nois, de l'Auvergne, du Forez, du Beaujolois, du Lyonnois, fe fignala dans toutes les guerres de fon tems. Il fuivit le roi Charles VIII à la conquête de Naples, & Louis XII au recouvrement du duché de Milan. Il contribua beau-coup au gain de la bataille de Ra-venne, en 1512. Prifonnier l'an-née d'après à la journée des Epé-rons, il échappa à ceux qui l'a-voient arrêté. L'Italie fut encore témoin de plufieurs de fes ex-ploits. Il fe trouva à la prife de Villefranche, à la bataille de Ma-rignan, & au combat de la Bi-coque en 1522. De l'Italie il paffa en Efpagne, fecourut Fontarabie, fit lever le fiege de Marfeille, & vint mourir, les armes à la main, à la bataille de Pavie en 1525. Si François I l'avoit cru, il fe feroit retiré, au lieu de courir le rifque de cette journée. Chabanes eût fon cheval tué fous lui, & comme il fe mettoit en état de combattre à pied; il fut fait pri-fonnier par un efpagnol, & tué par un autre.

CHABOT; (Pierre Gautier, dit) né en Poitou en 1516, pré-cepteur des petits-fils du fameux chancelier de l'Hôpital, s'appliqua principalement à leur expliquer Horace d'une maniere particuliere. Son Commentaire fur ce poëte est une analyfe du texte, fuivant les regles de la grammaire & celles

H 4

de la rhétorique. Il fit imprimer un échantillon de cet ouvrage en 1582, & le mit en entier au jour cinq ans après. Il travailloit à une seconde édition, lorsqu'il mourut en 1597, à 80 ans. Jacques Grasser, héritier de ses remarques nouvelles, les inséra dans l'édition de 1615, in-fol.

CHABOT, (Philippe) seigneur de Brion, amiral de France, chevalier des ordres de S. Michel & de la Jarretiere, gouverneur de Bourgogne & de Normandie, fut pris à la bataille de Pavie en 1525, avec le roi François I, dont il étoit le favori. On l'envoya en 1535 en Piémont, à la tête d'une armée. Les villes du Bugei, de la Bresse, de la Savoie, lui ouvrirent leurs portes. Il auroit poussé plus loin ses conquêtes, si ses ennemis n'y eussent mis des bornes. Montmorenci & le cardinal de Lorraine l'accuserent de malversation. Une commission, à la tête de laquelle étoit le chancelier Poyet, le condamna à perdre sa charge, & à payer une grosse amende. François I, aux reproches duquel il avoit répondu insolemment, auroit voulu un arrêt de mort, pour le rendre plus respectueux, & pour avoir le plaisir de lui donner sa grace. Comme il ne put payer l'amende de 70000 écus à laquelle il avoit été condamné, il demeura plus de deux ans en prison. Enfin il obtint d'être renvoyé devant le parlement de Paris, qui le déchargea de toute accusation. Chabot mourut en 1543, regardé comme un homme plus courtisan que grand politique.

CHABRÆUS, (Dominique) mort au milieu du 17e siecle, a donné *Stirpium Sciagraphia & Icones*, Geneve 1677, in-folio. N. L.

CHABRIAS, général athénien, célebre par ses actions guerrieres, défit, dans un combat naval, Pollis, général lacédémonien. Envoyé au secours des Thébains contre les Spartiates, & abandonné de ses alliés, il soutint seul, avec ses gens, le choc des ennemis. Il fit mettre ses soldats l'un contre l'autre, un genou en terre, couverts de leurs boucliers, & étendant en avant leurs piques; cette attitude empêcha qu'ils ne fussent enfoncés: Agésilas, général des Lacédémoniens, quoique vainqueur, fut obligé de se retirer. Les Athéniens érigerent une statue à Chabrias, dans la posture où il avoit combattu. Il rétablit ensuite Nectenabo sur le trône d'Egypte; peu de tems après il mit le siege devant Chio, & y périt l'an 355 avant J. C. Son vaisseau fut coulé à fond. Il auroit pu l'abandonner & se sauver à la nage; mais il préféra la mort à une fuite honteuse.

CHAILLON, (Jacques) docteur en médecine, au 17e siecle, de la ville d'Angers, est auteur de ces deux ouvrages: I. *Recherches de l'origine & du mouvement du sang*, Paris 1664, in-8°; 1677 &, 1699, in-12. II. *Questions de ce tems*, Angers 1663, in-8°. C'est presque le même ouvrage que le précédent.

CHAISE, (Jean Filleau de la) frere du traducteur de Don Quichotte, naquit à Poitiers, & vint à Paris de bonne heure. Il s'attacha à la duchesse de Longueville, au duc de Rohan, & aux Solitaires de Port-Royal. Il mourut en 1693. Son *Histoire de S. Louis*, en 2 vol. in-4°, faite sur les Mémoires de M. Tillemont, est devenue rare. Quoiqu'écrite d'un style lâche, elle fut reçue avec tant d'empressement, que le libraire fut obligé, le premier jour de la vente, de mettre des gardes chez lui. Ceux qui n'avoient pas le même enthousiasme pour les ouvrages de Port-Royal, engagerent l'abbé de Choisy à donner une autre *Histoire de S. Louis*. Elle fut compoſée en moins de trois ſemaines ; & malgré ſon air ſuperficiel, les agrémens & la légèreté du ſtyle du nouvel hiſtorien, firent oublier l'érudition de l'ouvrage de la Chaiſe, dont les matériaux ſeuls lui avoient coûté deux ans de recherches.

CHAISE, (François de la) né au Château d'Aix en Forez en 1624, ſe fit jéſuite au ſortir de la rhétorique. Il étoit petit - neveu du P. Cotton, célèbre dans cette compagnie. Après avoir profeſſé avec beaucoup de ſuccès les belles-lettres, la philoſophie & la théologie, il fut élu provincial de la province de Lyon. Il rempliſſoit cet emploi, lorſque Louis XIV le choiſit pour ſon confeſſeur, à la place du P. Ferrier en 1675. Une figure noble & intéreſſante, un caractère doux & poli, lui acquirent beaucoup de crédit auprès de ſon pénitent. Les Janséniſtes l'accuſèrent d'indulgence, dans un tems où, ſelon eux, il auroit dû être ſévère. Ils le blâmèrent encore plus, d'être entré dans toutes les meſures que le monarque prit contr'eux. Il eſt ſûr qu'il ne leur fut pas favorable. Il mourut en 1709, à 85 ans, membre de l'académie des inſcriptions, dans laquelle il méritoit une place par ſon goût pour les médailles. Voyez les Eloges des académiciens, par M. de Boze, tom. I, p. 125. L'Hiſtoire particulière du P. de la Chaiſe, Cologne 1696, 2 vol. in-16, eſt plutôt une ſatyre qu'une hiſtoire; la Vie qui en eſt un abrégé imprimé en 1710, ne vaut pas mieux.

CHALAIS, (Henri de Taleyrand, prince de) étoit un cadet de l'illuſtre maiſon de Taleyrand. Il parut à la cour de Louis XIII, & plut à ce prince par les agrémens de ſa figure, & par ſon habileté dans divers exercices. Il fut nommé grand - maître de la garde - robe. Gaſton, frère du roi, en fit ſon favori, & la fameuſe ducheſſe de Chevreuſe, ſon amant. Le car-dinal de Richelieu avoit indiſpoſé une partie des courtiſans. Gaſton étoit à la tête des mécontens. Il ſe forma un complot pour aſſaſſiner le miniſtre. La trame ne tarda pas à être découverte. La cour étoit alors à Nantes, où le grand-maître fut d'abord mis en priſon. Une commiſſion tirée du parlement de Bretagne, le garde des ſceaux Marillac à leur tête, lui fit ſon procès. Envain Gaſton ſollicita ſa grace; il fut condamné à avoir la tête tranchée. Les amis de cet infortuné courtiſan firent abſenter le bourreau, dans l'eſpérance que les délais donneroient le moyen de toucher le roi. Mais on ſubſtitua au bourreau un cordonnier détenu pour crime dans les priſons de Nantes. Cet homme, armé d'une eſpèce de hache de tonnelier, donna plus de trente coups au malheureux Chalais, avant que la tête fût ſéparée du corps. Au vingtième coup, le mourant s'écria pour la dernière fois : *Jeſus ! Marie !* Cette exécution barbare ſe fit le 19 août 1626. On a prétendu que, pendant l'inſtruction du procès, le cardinal de Richelieu s'étoit maſqué pluſieurs fois, pour aller trouver le priſonnier, auquel il promit ſon pardon, s'il avouoit qu'il avoit conſpiré contre le roi. Chalais fit, dit - on, ſon aveu. Mais voyant qu'il n'avoit ſervi qu'à avancer ſa mort, il nia conſtamment ce prétendu complot. Ces anecdotes n'ont aucune vraiſemblance.

CHALCIDIUS, philoſophe platocinien du 3e ſiècle, a laiſſé un bon Commentaire ſur le *Timée* de ſon maître. Quelques ſavans l'ont cru chrétien, parce qu'il parle de l'inſpiration de Moïſe. Il eſt vrai qu'il rapporte ce que les Juifs & les Chrétiens en ont penſé; mais il en parle avec l'indifférence d'un homme qui ne veut point examiner la vérité d'un fait; il ne paroît décidé, que lorſqu'il s'agit du paganifme. Son *Commentaire*, traduit de grec en latin, parut à Leyde 1617, in-4°.

CHALCONDYLE, (Démétrius) grec de Constantinople, réfugié en Italie, après la prife de cette ville par Mahomet II. Il mourut à Rome en 1513, après avoir publié une *Grammaire grecque*, in-folio, dont la première édition, fans date & fans nom de ville, eft très-rare. Elle fut réimprimée à Paris en 1525, & à Bâle en 1546, in-4°.

CHALCONDYLE, (Laonic) natif d'Athenes, écrivit dans le 15e fiecle une *Hiftoire des Turcs* en dix livres, depuis 1298 jufqu'en 1462. Cette Hiftoire, traduite en latin par Claufer, eft interreffante pour ceux qui veulent fuivre l'empire grec dans fa décadence & dans fa chûte, & la puiffance ottomane dans fon origine & dans fes progrès; mais il y a beaucoup de faits mis fans examen. L'Hiftoire de Chalcondyle parut en grec & en latin, au Louvre en 1650, in-fol. Il y en a une traduction françoife de Vigenere, continuée par Mezerai, 1662, 2 vol. in-fol.

CHALES, (Claude-François Millet de) jéfuite, né à Chamberi en 1621, fit honneur à fa fociété par fes talens pour les mathématiques. Ses fupérieurs l'ayant chargé d'enfeigner la théologie, en auroient fait d'un excellent mathématicien un théologien médiocre, fi le duc de Savoie n'avoit dit qu'on devoit laiffer vieillir un tel homme dans la fcience pour laquelle il avoit un talent décidé. Il profeffa avec diftinction à Marfeille, à Lyon, à Paris, & mourut à Turin en 1678. On a de lui un *Cours de mathématiques* complet, 4 vol. in-fol. en latin, à Lyon 1690. Son *Traité de la navigation*, & fes *Recherches fur le centre de la gravité*, font les deux morceaux de ce recueil

dont les connoiffeurs font le plus de cas. Le P. de Chales eft le premier qui a reconnu que la réfraction de la lumiere étoit une condition effentielle à la production des couleurs, découverte dont Newton a fait la bafe de fa Théorie des couleurs.

CHALINIERE, (Jofeph-François Saint du Bois de la) chanoine pénitencier de l'églife d'Angers, membre de l'académie de la même ville, & ancien profeffeur en théologie, eft auteur des *Conférences du diocefe d'Angers fur la grace*, en 3 vol. in-12. Quoiqu'il eût moins de précifion & de netteté dans l'efprit, que Babin, le premier auteur de ces conférences, fon ouvrage ne laiffe pas d'être eftimé. Il partagea fa vie entre l'étude & les exercices de fon miniftere, & fe diftingua autant par fon zele que par fon érudition. Il mourut en 1759.

CHALONS, (Philibert de) prince d'Orange, *voyez* ORANGE.

CHALUCET, (Armand-Louis Bonnin de) étoit évêque de Toulon, lorfque le duc de Savoie affiégea cette ville en 1707. Il rendit de grands fervices en cette occafion. Il s'appliqua avec ardeur à entretenir l'union parmi les commandans de l'armée qui devoit la défendre. Il fournit de l'argent & de la farine pour le pain; & pendant le fiege il demeura intrépide au milieu des bombes, qui tomberent au nombre de treize dans fa maifon, même au coin de fon lit. En reconnoiffance de fon zele, la ville lui fit dreffer un monument dans l'hôtel-de-ville, avec une infcription honorable. Ce prélat avoit autant de lumieres que de vertus. Il mourut au mois d'août 1712.

CHALVET, (Matthieu de) confeiller au parlement de Touloufe, juge de la poéfie françoife, & mainteneur des Jeux-Floraux, fut nommé par Henri IV à une place de conseiller d'état, sans employer d'autre sollicitation que celle de son mérite & de son attachement au roi. Il est principalement connu dans la république des lettres, par sa traduction des *Œuvres de Sénèque* le philosophe, mises au jour à Paris en 1604, in-fol. Il a rendu en phrases longues & boursoufflées le style concis & vif de son original. Chalvet mourut à Toulouse en 1607, à 79 ans.

CHAM, fils de Noé, frere de Sem & de Japhet, né vers 2476 avant J. C., cultiva la terre avec son pere & ses freres après le déluge. Un jour que Noé avoit pris du vin avec excès, ne lui connoissant sans doute pas la propriété d'enivrer, il s'endormit dans une posture indécente. Cham le vit & en avertit ses freres, pour exposer son pere à leurs railleries. Noé, instruit de son impudence, maudit Chanaan, fils de Cham, punissant le pere dans les enfans ; il ne faut pas douter que Chanaan ne méritât d'ailleurs cette punition par ses crimes personnels. » Cham, dit un homme très-versé dans l'étude des saintes lettres, » avoit » été béni de Dieu, avant sa » faute. (*Gen. 9.*); voilà pourquoi » Noé ne le maudit point per-» sonnellement; mais il annonce » que cette bénédiction divine ne » s'étendra point sur ses descen-» dans. Selon le style des livres » saints, *maudire* ne signifie pas » toujours souhaiter du mal, mais » en prédire; ici les verbes sont » au futur, & non à l'optatif : » il faut donc traduire *Chanaan* » *sera maudit*, & non, que » *Chanaan soit maudit* ». Cham eut une nombreuse postérité. On croit que l'Egypte, où il s'établit, l'adora dans la suite sous le nom de *Jupiter Ammon*.

CHAMBONNIERE, musicien françois, mort en 1670, composoit des pieces avec goût, & les exécutoit avec le même succès sur le clavecin. Ses ouvrages sont divisés en deux livres, parmi lesquels on distingue deux pieces, *la Courante*, & *la Marche du marié & de la mariée*.

CHAMBRAI, (Robert de) élu abbé de S. Etienne de Caen, l'an 1368, mort en 1393, étoit d'une illustre maison de Normandie au diocese d'Evreux. Le pape Clément VII lui accorda, par une bulle, le droit de porter les ornemens pontificaux, dans son monastere, & dans les autres églises qui en dépendent, même en présence de l'évêque diocésain & de tout autre prélat. Ce fut de son tems que les armes des plus notables familles de Normandie, avec leurs alliances, furent peintes dans les lieux les plus fréquentés de cette abbaye; c'est donc une erreur de croire que ce sont les armes des seigneurs qui accompagnerent le duc Guillaume l'an 1066 à la conquête d'Angleterre, puisque ces armes n'ont été peintes que vers l'an 1370, sous le regne de Charles dit le Sage.

CHAMBRAI, (Jacques-François de) chevalier, grand-croix de l'ordre de S. Jean de Jerusalem, né en 1687, étoit de la même famille que le précédent. Il s'acquit une grande réputation dans la guerre qu'il fit toute sa vie aux infideles, sur lesquels il prit onze vaisseaux, entr'autres *la Patrone de Tripoli* en 1723, & en 1732 *la Sultane*, portant pavillon de contre-amiral du grand-seigneur. Pour récompense de ses services, le grand-maître le fit vice-amiral & commandant général des troupes de terre & de mer, de la religion. Ce brave-homme fit construire à ses frais dans l'isle de Goze une forteresse, appellée de son nom la *Cité neuve de Chambrai* ; & par cet ouvrage important il a mis les Gozetins à l'abri des insultes des Barbaresques, rendu le siege de Malthe presqu'impossible, & assuré le commerce des puissances chrétiennes dans la Méditerranée. Il mourut l'an 1756 à Malthe, avec la réputation du plus grand-homme de mer de son siecle. L'Ordre a accordé à son petit-neveu Louis de Chambrai, marquis de Conflans, la permission de porter la croix de Malthe.

CHAMBRAI, (Roland Fréard, sieur de) appellé aussi *Chantelou*, parent & ami de Desnoyers, secretaire d'état, est plus connu pour avoir amené le Poussin de Rome en France, que par son *Parallele de l'architecture antique avec la moderne*, à Paris, in-fol. en 1650, quoique bien accueilli dans son tems, & assez estimé encore aujourd'hui. Il a été réimprimé en 1702.

CHAMBRE, (Marin Cureau de la) né au Mans vers l'an 1594, membre de l'académie françoise & de celle des sciences, médecin ordinaire du roi, égaya l'étude de la médecine & de la philosophie par la culture des belles-lettres. Il laissa des ouvrages dans tous ces genres. I. *Les caracteres des passions*, 4 vol. in-4°, réimprimés à Amsterdam en 5 vol. in-12. II. *L'Art de connoître les hommes*, deux ouvrages de morale, qui ne valent pas pour le fond & pour la forme Abbadie & la Bruyere. III. *La connoissance des bêtes*, in-4°. IV. *Conjectures sur la digestion*. V. *Le système de l'ame*, & plusieurs autres morceaux sur des matieres de physique. Il mourut en 1669, à 75 ans.

CHAMBRE, (Pierre Cureau de la) fils puîné du précédent, & membre comme lui de l'académie françoise, fut destiné d'abord à la médecine; mais une surdité qui lui survint, le fit tourner du côté de l'église. Il mourut en 1693, curé de S. Barthélemi. Ses connoissances ne se bornoient pas aux matieres ecclésiastiques. Il écrivit peu; mais il engagea plusieurs personnes timides, quoiqu'habiles, à écrire. Il se comparoit à Socrate, qui ne produisant rien de lui-même, aidoit les autres à produire. Quoiqu'il aimât la poésie, il ne fit jamais qu'un seul vers en sa vie. Boileau, à qui il le récita, s'écria en l'admirant: *Ah! M. le Curé, que la rime en est belle!* On a de lui plusieurs *Panégyriques*, imprimés séparément in-4°.

CHAMBRE, (François Ilharrat de la) docteur de la maison & société de Sorbonne, & chanoine de S. Benoit, mourut à Paris sa patrie en 1753, à 55 ans. On a de lui différens ouvrages qui prouvent qu'il avoit approfondi les matieres qu'il a traitées. Les principaux sont: I. Un *Traité de la vérité de la religion*, 5 vol. in-12. II. Un *Traité de l'église*, 6 vol. in-12. III. Un *Traité de la grace*, en 4 vol. in-12. IV. Un *Traité du formulaire*, en 4 vol. in-12, & plusieurs autres écrits contre le Baïanisme, le Jansénisme & la Quesnellisme. V. *Une Introduction à la théologie*, in-12, &c.

CHAMIER, (David) professeur en théologie à Montauban pour les Protestans, y fut tué d'un coup de canon en 1621, sur un bastion où il faisoit les fonctions de prédicant & de soldat. Ce ministre, souvent employé dans les affaires difficiles de son parti, dressa le célebre édit de Nantes. La politique ne l'empêcha pas de traiter la controverse. On a de lui 4 vol. in-fol. contre Bellarmin, sous le titre singulier de *Panstratie catholique*, ou *Guerre de l'Eternel*. Quoique ce titre soit fanatique, & que l'ouvrage le soit aussi, on y trouve pourtant des choses curieuses.

CHAMILLARD, (Etienne) jésuite, né à Bourges en 1656, enseigna les humanités & la philosophie avec succès. On le vit paroître ensuite dans les chaires, & il annonça la parole de Dieu pendant vingt ans avec autant de zele que de fruit.

Il mourut à Paris en 1730. Il étoit très-versé dans la connoissance de l'antiquité. On a de lui : I. Une savante édition de *Prudence* à l'usage du dauphin, avec une interprétation & des notes, Paris 1687, in-4°. Elle est rare. II. *Dissertations sur plusieurs médailles, pierres gravées & autres monumens d'antiquités*, Paris, in-4°, 1711. Le P. Chamillard, qu'une inclination naturelle avoit porté à l'étude des médailles, étoit devenu un antiquaire habile. Cependant le desir de posséder quelque chose d'extraordinaire, & qui ne se trouvât point dans les autres cabinets de l'Europe, l'aveugla sur deux médailles qu'il crut antiques. La premiere étoit un *Pacatien* d'argent, médaille inconnue jusqu'à son tems, & qui l'est encore aujourd'hui. Le P. Chamillard, ayant trouvé cette piece, en fit grand bruit. *Pacatien*, selon lui, étoit un tyran ; mais par malheur personne avant lui n'en avoit parlé, pas même Trebellius Pollio, & ce tyran sortoit de dessous terre, après 14 ou 1500 ans d'oubli. La fausseté de cette médaille a été généralement reconnue, depuis la mort de son possesseur. La seconde médaille sur laquelle il se trompa aussi, étoit une *Annia Faustina*, grecque, de grand bronze. La princesse y portoit le nom d'*Aurelia*, d'où le P. Chamillard conclut qu'elle descendoit de la famille des Antonins. Elle avoit été frappée, selon lui, en Syrie, par les soins d'un Quirinus ou Cirinus, qui descendoit, à l'en croire, de ce Quirinus dont il est parlé dans l'E-vangile de S. Luc. Le P. Chamillard étala son érudition dans une belle dissertation. Il triomphoit, lorsqu'un antiquaire romain se déclara le pere d'*Annia Faustina*, & en fit voir quelques autres de la même fabrique. *Voyez* COLONIA (Dominique de).

CHAMILLART, (Michel de) d'abord conseiller au parlement de Paris, maître des requêtes, conseiller d'état, contrôleur-général des finances en 1699, & ministre de la guerre en 1707, parvint à toutes ces places par son adresse au billard, jeu qui plaisoit beaucoup à Louis XIV. Il ne voulut se charger ni des finances ni de la guerre, qu'a-près que le roi lui eut dit : *Je serai votre second*. Les cris du public l'obligerent de se démettre de ces deux emplois, du premier en 1708, & du second en 1709. Il augmenta les impôts, il multiplia les billets de monnoie, il vendit à vil prix les croix de S. Louis ; il se servit de tous les expédiens auxquels on a recours dans les tems malheureux. Il mourut en 1721 à 70 ans, regardé comme un particulier honnête homme, mais comme un ministre foible & incapable.

CHAMILLY, (Noel bouton de) cadet d'une maison ancienne, originaire du Brabant, porta les armes de bonne heure & avec distinction. Il passa l'an 1663 en Portugal, & y servit en qualité de capitaine de cavalerie sous le maréchal de Schomberg. Ce fut pendant les loisirs que lui laissoient ses fonctions militaires, qu'il se lia d'amitié avec une religieuse portugaise. Les *Lettres* qu'on a données au public (1680, in-12, & souvent réimprimées depuis) sont le fruit de cette liaison raisonnable & honnête. Après avoir passé par tous les grades, & s'être signalé en 1675 par la belle défense de Grave, il fut honoré du bâton de maréchal de France en 1703. Il mourut à Paris en 1715, à 79 ans. Le roi l'avoit nommé chevalier de ses ordres en 1705. Il n'eut point de postérité ; mais son frere aîné en laissa.

CHAMOUSSET, (Charles-Humbert Piarron de) maître des comptes à Paris, mort en 1773, s'est efforcé de procurer, par d'excellens projets, les utiles établissemens que sa fortune ne lui permettoit pas d'entreprendre. Il a donné : I. Le *Plan* d'une maison d'association pour les malades, qui a été réimprimé sous le titre de *Vue d'un citoyen*, 1757, in-12. II. Deux *Mémoires*, l'un *sur la conservation des enfans*, l'autre *sur l'emploi des biens de l'hôpital S. Jacques*, in-12. III. *Observations sur la liberté du commerce des grains*, in-12. On lui doit aussi l'établissement de la petite poste de Paris.

CHAMPAGNE, *voyez* THIBAUT IV, comte de Champagne.

CHAMPAGNE ou CHAMPAIGNE, (Philippe) peintre, né à Bruxelles en 1602, mort en 1674, vint à Paris en 1621, & s'y perfectionna sous Poussin & sous Duchesne, premier peintre de la reine. Après la mort de cet artiste, il eut sa place, son appartement au Luxembourg, & une pension de 1200 livres. Il auroit été aussi premier peintre du roi, si le crédit, la réputation & les talens de le Brun ne lui eussent enlevé cette place. La décence guida toujours son pinceau, ainsi que ses mœurs. Il étoit doux, laborieux, complaisant, bon ami. Ses tableaux ont de l'invention, son dessin est correct, ses couleurs d'un bon ton, ses paysages agréables; mais ses compositions sont froides, & ses figures n'ont pas assez de mouvement. Il copioit trop servilement ses modeles. Le *Crucifix* de la voûte des Carmélites du fauxbourg Saint-Germain, regardé comme un chef-d'œuvre de perspective, est de lui. On voit encore beaucoup de ses ouvrages dans plusieurs maisons royales, & dans différentes églises de Paris.

CHAMPAGNE, (Jean-Baptiste) peintre, neveu du précédent, né à Bruxelles en 1643, fut élevé par son oncle. Il saisit entiérement sa maniere de peindre; mais il mit dans ses tableaux moins de force & de vérité. Ses principaux ouvrages sont à Vincennes, aux appartemens bas des Thuilleries, & dans plusieurs églises de Paris. Il mourut professeur de l'académie de peinture en 1688, & selon quelqu'uns, en 1681.

CHAMPEAUX, (Guillaume de) archidiacre de Paris dans le 12e siecle, fonda une communauté de chanoines réguliers à S. Victor-lès-Paris, & y professa avec distinction. Abailard son disciple devint son rival, & disputa longuement & vivement avec lui. Champeaux mourut religieux de Cîteaux en 1121, après avoir été pendant quelque-tems évêque de Châlons-sur-Marne. On a de lui un *Traité de l'origine de l'ame*, dans le *Thesaurus anecdotorum* de Martenne, & d'autres ouvrages manuscrits.

CHAMPIER, (Symphorien) premier médecin d'Antoine, duc de Lorraine, suivit ce prince en Italie, & y combattit à côté de lui. Son savoir & sa valeur le mirent en commerce avec plusieurs savans, étrangers & françois. Il mourut à Lyon sa patrie, vers 1540, après avoir publié, I. *Les grandes chroniques de Savoie*, Paris 1516, in-folio, compilation mal écrite, mais pleine de recherches. II. *La Description de Lyon*. III. *La Vie du chevalier Bayard*: ouvrage romanesque, indigne de ce héros. IV. *Recueil des histoires d'Austrasie*, &c. V. Le *Triomphe de Louis XII*: C'est une histoire en style ampoulé; elle est pourtant assez sincere. VI. La *Nef des Dames*, la *Nef des Princes*, in-4°. VII. *Rosa Gallica*, 1514, in-8°. VIII. *Castigationes pharmacopolarum*, 1532, in-8°, 4 tom. IX. *Hortus Gallicus*, 1533, in-12. X. *Campus Elysius*, 1553, &c. Il avoit été consul de Lyon en 1520 & 1533.

CHAMPIER, (Claude) fils du précédent, écrivit à l'âge de 18 ans ses *Singularités des Gaules*; livre curieux, imprimé en 1538, in-16.

CHAMPIER, (Jean Bruyren) neveu de Symphorien Champier, docteur en médecine, exerçoit à Lyon dans le même siecle. On a de lui: I. *De re cibariâ*, Lyon 1560, in-8°. II. La traduction *de corde ejusque facultatibus*, d'Avicenne, in-8°, Lyon, 1559.

CHAMPLAIN, (Samuel de) né en Saintonge, fut envoyé par Henri IV dans le nouveau monde, en qualité de capitaine de vaisseau. Il s'y signala par son courage & par sa prudence, & on peut le regarder comme le fondateur de la nouvelle France. C'est lui qui fit bâtir la ville de Québec; il fut le premier gouverneur de cette colonie, & travailla beaucoup à l'érection d'une nouvelle compagnie pour le commerce du Canada. Cette société établie en 1628, fut appellée *la compagnie des associés*, qui avoient à leur tête le cardinal de Richelieu. On a de lui les *Voyages de la nouvelle France, dite Canada*, in-4°, 1632. Il remonte aux premieres découvertes de Verazani, & descend jusqu'à l'an 1631. Cet ouvrage est excellent pour le fond des choses, & pour la maniere simple & naturelle dont elles sont rendues. L'auteur paroît un homme de tête & de résolution, désintéressé, & plein de zele pour la religion & l'état. Champlain avoit demeuré en Amérique depuis 1603 jusqu'en 1649.

CHAMPMESLÉ, (Marie Desmares, femme de Charles Chevillet, sieur de) fameuse comédienne, naquit à Rouen en 1644, & mourut à Paris en 1698, âgée de 54 ans. Eleve de Racine, dont elle étoit la maîtresse, suivant quelques mémoires satyriques, elle remplissoit les premiers rôles tragiques avec un applaudissement général. Racine la forma à la déclamation, en la faisant entrer dans le sens des vers qu'elle avoit à réciter, en lui montrant les gestes, en lui dictant les tons, & en les lui notant même quelquefois. Elle profita si bien des leçons de son maître, qu'elle effaça toutes ses rivales. Son époux réussissoit mieux qu'elle dans le comique. Il jouoit assez bien le rôle de roi dans la tragédie. Nous avons de lui des *Comédies*, dont quelques-unes lui appartiennent entiérement. Il composa les autres en société avec la Fontaine. Elles ont été imprimées en 2 volumes in-12, à Paris 1742. Il étoit parisien : il mourut en 1701.

CHAMPS, (Etienne Agard des) né à Bourges en 1613, provincial des Jésuites de Paris, se fit aimer au-dedans & considérer au-dehors par sa politesse & son mérite. Le grand Condé & le prince Conti l'honorerent de leur estime. Ce jésuite mourut à la Fleche en 1701, à 88 ans. Il s'est fait principalement connoître des théologiens, par son livre, *De Hæresi Janseniana*, dédié à Innocent X, en 1654. La matiere de la grace y est approfondie. On l'a réimprimé à Paris 1728, in-fol.

CHAMPS, (François-Michel-Chrétien des) champenois, d'abord destiné à l'état ecclésiastique, ensuite à l'état militaire, finit par le mariage & les finances. On a de lui 4 tragédies : *Caton d'Utique*, piece foible, qui fut jouée sur les théâtres de Paris & de Londres; *Antiochus*, *Artaxercès* & *Medus*, qui eurent un succès moins heureux. On lui doit encore un ouvrage qui prouve de l'érudition, quoiqu'il ne soit pas toujours exact. Il a pour titre : *Recherches historiques sur le Théâtre françois*. Il mourut à Paris en 1747, à 64 ans.

CHAMPY, (Jacques) avocat au parlement de Paris dans le 17e siecle, est connu par deux livres, peu communs : I. *La Coutume de Melun commentée*, Paris 1687, in-12. II. *La Coutume de Meaux*, Paris 1687.

CHANAAN, l'un des fils de Cham, donna son nom à cette portion de terre, promise à la postérité d'Abraham, appellée dans la suite Judée & aujourd'hui Palestine ou la Terre-Sainte. On montroit autrefois son tombeau long de 25 pieds, dans la caverne de la montagne des léopards, qui n'étoit pas loin de Jerusalem. Il faut bien se garder de croire que ce tombeau prouve la taille gigantesque de Chanaan. On sait que les anciens ne mesuroient pas les tombeaux sur la grandeur des cadavres. *Voyez* CHAM.

CHANDIEU, (Antoine de la Roche) ministre protestant d'une famille noble du Forez, se retira à Geneve en 1583, & mourut en 1591, à 57 ans. On a de lui un grand nombre d'ouvrages de controverse, 1615, in-fol. dans lesquels il prend les noms de Sadeel & de Zamariel, qui en hébreu signifient *Champ de Dieu & Chant de Dieu.* Ils font ignorés pour la plupart. L'auteur étoit peu versé dans l'antiquité eccléfiastique.

CHANDOS, (Jean) chevalier de la Jarretiere, fut nommé, par Edouard III, roi d'Angleterre, lieutenant-général de toutes les terres que ce prince possédoit hors de cette isle. Ce fut lui qui fit prisonnier Bertrand du Guesclin dans la bataille donnée en Bretagne l'an 1564. Lorsqu'Edouard III érigea le duché d'Aquitaine en principauté, en faveur du prince de Galles son fils, Chandos devint le connétable du jeune prince. Il fut tué en 1369, au combat de Lussac en Poitou.

CHANDOUX, philosophe chymiste, fut pendu place de Greve en 1631, après avoir été convaincu d'avoir fabriqué de la fausse monnoie. C'étoit un de ces génies suffisans, qui, dans la renaissance des lettres & de la philosophie, entreprirent de secouer le joug de la scholastique & des subtilités péripatéticiennes. Mais en voulant se frayer un chemin nouveau, il donna dans des rêveries bien plus fatales que celles qu'il condamnoit; il s'en apperçut lorsqu'il n'étoit plus tems d'en éviter les funestes effets.

CHANTAL, (Ste Jeanne-Françoise Fremiot de) naquit à Dijon en 1572. Son pere, président à mortier, avoit refusé la charge de premier président que Henri IV lui avoit offerte. La jeune Fremiot fut mariée à Christophe de Rabutin, baron de Chantal, l'aîné de cette maison. Sa vie dans le mariage fut un modele achevé. La priere succédoit à la lecture, & le travail à la priere. Sa piété ne se démentit point, lorsqu'elle eut perdu son mari, tué par malheur à la chasse. Quoiqu'elle n'eût alors que 28 ans, elle fit vœu de ne point se remarier, & vécut depuis comme une femme qui n'étoit plus dans le monde que pour Dieu & ses enfans. Leur éducation, le soin des pauvres & des malades devinrent ses uniques occupations & ses feuls divertissemens. Ayant connu S. François de Sales en 1604, elle se mit entiérement sous sa conduite. Ce saint évêque ne tarda pas de lui communiquer son projet pour l'établissement de l'ordre de la Visitation. Elle entra dans ses vües, & en jeta les premiers fondemens à Anneci l'an 1610. Le reste de sa vie fut employé à fonder de nouveaux monasteres, & à les édifier par ses vertus & par son zele. Lorsqu'elle mourut à Moulins en 1641, on en comptoit 87. Il y en eut à la fin du siecle 150, & environ 6600 religieuses. Dans l'instant même qu'elle expira, elle fut canonisée par la voix de ses filles & par celle du peuple. Le pape Benoît XIV a confirmé ce jugement, en la béatifiant en 1751, & Clément XIII en la canonisant. On publia ses *Lettres* en 1660, in-4°. *Voyez* sa *Vie* par Marsollier, 2 vol. in-12.

CHANTEAU. *voyez* FEUILLET.

CHANTELOU, *voyez* CHAMBRAI.

CHANTELOUVE, (François de) gentilhomme bordelois, chevalier de Malthe, est auteur de deux

deux pieces dramatiques, affez rares: *Pharaon*, 1582, in-16; *Coligni*, 1575, in-8°, réimprimé vers 1740.

CHANTEREAU LE FÈVRE, (Louis) intendant des fortifications de Picardie, puis des Gabelles, enfuite de l'évaluation de la principauté de Sédan, enfin intendant des finances des duchés de Bar & de Lorraine, exerça tous ces emplois avec beaucoup d'applaudiffement. L'efprit des affaires étoit foutenu en lui par l'étude de l'hiftoire, de la politique, des belles-lettres, & par un grand fonds d'érudition. Il étoit né à Paris en 1588, & il y mourut en 1658, regretté des favans, auxquels fa maifon fervoit de retraite. On a de lui : I. Des *Mémoires fur l'origine des maifons de Lorraine & de Bar*, in-fol. 1642, compofés fur les pieces originales. II. Un *Traité des fiefs*, 1662, in-fol. dans lequel il s'attache à accréditer cette erreur, indigne d'un favant tel que lui : » Que les » fiefs héréditaires n'ont commencé » qu'après Hugues Capet ». Chantereau étoit plus propre à rétablir des paffages tronqués, qu'à débrouiller le chaos dans lequel l'origine des anciennes maifons & dignités eft plongée. III. Un Traité touchant le mariage d'Ansbert & de Blitilde, 1647, in-4°. IV. Un autre où il agite cette queftion : *Si les terres d'entre la Meufe & le Rhin font de l'empire?* 1644, in-4°. ou in-8°.

CHANUT, (Pierre) confeiller d'état ordinaire, & ambaffadeur de France auprès de la reine Chriftine, étoit de Riom. Il mourut en 1662, laiffant des Mémoires qui ont été publiés après fa mort en 3 vol. in-12.

CHANUT, (Pierre) fils du précédent, fut abbé d'Iffoire, & aumônier de la reine Anne d'Autriche. On a de lui quelques traductions d'ouvrages de piété, celle

du *Concile de Trente*, in-12, celle de la *Vie & des Œuvres de Ste Thérefe*. Son ftyle eft foible & languiffant. Il mourut en 1695.

CHAON, fils de Priam, que fon frere Helenus tua par mégarde à la chaffe. Helenus le pleura beaucoup, & pour honorer fa mémoire, il donna fon nom à une contrée de l'empire qu'il appella *Chaonie*.

CHAPEAUVILLE, (Jean) né à Liege en 1551, fut examinateur fynodal en 1578, curé de St Michel, puis chanoine de la collégiale de St Pierre, inquifiteur de la foi en 1582, chanoine de la cathédrale, grand-pénitencier en 1587, & l'année d'après grand-vicaire; archidiacre en 1589, & enfin prévôt de St Pierre. Il fe dévoua étant curé, au fervice des peftiférés, non-feulement de fa paroiffe, mais encore des peftiférés abandonnés dans les autres paroiffes. C'eft en grande partie à fes foins que l'on doit l'érection du féminaire épifcopal de Liege. Il mourut ufé de travaux l'an 1617, ayant confacré fans relache près de quarante ans de fa vie, au fervice de ce vafte diocèfe. Nous avons de lui : I. *De Cafibus refervatis*, Liege 1614, in-8°. II. *Elucidatio Catechifmi Romani*, 1603. III. *De adminiftrandis facramentis tempore peftis*, Louvain 1637. IV. *Vita S. Perpetui*, 1601. V. *Gefta pontificum Leodienfium*, 1612—1616, 3 vol. in-4°.; c'eft une ample collection d'hiftoriens de Liege, avec des notes critiques; ouvrage eftimé des favans.

CHAPELAIN, (Jean) naquit à Paris en 1595. Au fortir des claffes il fe chargea de l'éducation des enfans du marquis de la Trouffe, grand-prévôt de France, & enfuite de l'adminiftration de fes affaires. Ce fut chez ce marquis qu'il crut fentir en foi des talens pour la poéfie. Le fuccès qu'eut fon *Jugement de l'Adonis* du cavalier Matini, lui fit croire qu'il étoit appellé à enfanter un poëme épique. Le plan de sa *Jeanne d'Arc*, d'abord en prose, sembla fort beau ; mais lorsque l'ouvrage, mis en vers, après 20 ans de travail, vit le jour, il fut sifflé par les moindres connoisseurs. Une Ode au cardinal de Richelieu, la critique du *Cid*, une vaste littérature, quelques pieces de poésie, lui avoient fait une foule de partisans & d'admirateurs ; la *Pucelle*, publiée en 1656 in-fol. détruisit en un moment la gloire de 40 années. On reconnut qu'on pouvoit savoir parfaitement les regles de l'art poétique, & n'être pas poëte. Monmort lui adressa ce distique :

Illa Capellani dudùm expectata
puella,
Post tanta in lucem tempora
prodit anus.

Le poëte Liniere le traduisit ainsi en françois :

Nous attendions de Chapelain
Une pucelle
Jeune & belle ;
Vingt ans à la former il perdit son
latin ;
Et de sa main
Il sort enfin
Une vieille sempiternelle.

Ce poëme eut d'abord six éditions en dix-huit mois, graces à la réputation de l'auteur, & au mauvais goût de quelques-uns de ses partisans ; mais les vers en parurent durs aux arbitres de la poésie. Boileau, Racine, la Fontaine & quelques autres, s'imposerent la peine de lire un certain nombre de pages de ce poëme, lorsqu'il leur échappoit quelque faute contre le langage. Chapelain, devenu la risée du public, après en avoir été l'oracle, voulut bien avouer qu'il faisoit mal des vers ; mais il sou-

tint en même-tems, qu'en digne disciple d'Aristote, il avoit observé toutes les regles de l'art. Il n'avoit à la vérité manqué qu'à une seule, celle d'intéresser & de plaire. Son poëme, en excitant le mépris du public, n'empêcha pas que le grand ministre Colbert ne lui demandât une liste des savans que Louis XIV vouloit honorer de gratifications, ou de pensions. Il en obtint lui-même une de 3000 liv. & n'en fut pas moins économe. On connoît les plaisanteries de Despréaux & de Racine sur sa perruque. On la métamorphosa en comete. Furetiere, qui avoit part à tous ces badinages mêlés de bassesse, remarqua que la métamorphose manquoit de justesse en un point : *C'est*, dit-il, *que les cometes ont des cheveux, & la perruque de Chapelain est si usée qu'elle n'en a plus.* Il faut avouer que Chapelain, comme poëte, étoit tel qu'on l'a dépeint ; mais il étoit d'ailleurs doux, complaisant, officieux, sincere. Il avoit de la bonne philosophie dans le caractere, & il refusa la place de précepteur du grand-dauphin, que le duc de Montausier lui avoit fait donner. On doit le regarder comme un des principaux ornémens de l'académie françoise dans son commencement, par les qualités de son cœur & la justesse de son goût. Il mourut en 1674. Les ouvrages qui restent de lui, outre son *Poëme de la pucelle*, dont il n'y a eu jamais que douze chants imprimés (les douze autres étant restés manuscrits dans la bibliotheque du roi), sont une *Paraphrase en vers du* Miserere, des *Odes*, parmi lesquelles celle qu'il adressa au cardinal de Richelieu, mérite d'être distinguée. Chapelain avoit alors tant de réputation, que ce ministre emprunta son nom pour accréditer une de ses productions. On a de lui des *Mélanges de littérature*, tirés de ses lettres manuscrites, Paris 1726, in-12. On y voit une critique judicieuse de plusieurs ouvrages., assaisonnée de beaucoup de politesse. Le discernement & la finesse qu'on y apperçoit, doivent faire revenir les personnes impartiales des préjugés qu'elles ont conçues contre Chapelain ; préjugés fondés en partie sur les railleries outrées de Boileau. On lui attribue encore une *Traduction de Gusman d'Alfarache.*

CHAPELAIN (Charles Jean-Baptiste le) né à Rouen le 15 août 1710, fils d'un des plus éloquens procureurs-généraux qu'ait eu le parlement de Normandie, entra à l'âge de 16 ans dans la société des Jésuites. Après avoir fait ses premieres études, & professé d'une maniere distinguée au collège de Louis le Grand à Paris, il suivit la carriere de la prédication. Son début dans la capitale, annonçant le talent le plus marqué, il ne tarda pas à être nommé pour prêcher à la cour, dont, par une distinction particuliere, il occupa la chaire pendant un avent & un carême de suite. Les succès, soutenus pendant plusieurs années, à Paris, à Lunéville, & dans les provinces méridionales de France, avoient tellement étendu sa réputation, que, lors de la catastrophe de la société, l'impératrice-reine Marie-Thérese le fit inviter à aller prêcher à sa cour. Empressé de se rendre au desir de cette auguste princesse, il partit d'Avignon, lieu de sa retraite, & prêcha un avent & un carême à Vienne avec un éclat qui honora l'éloquence françoise. L'activité de son zele & sa trop grande application lui causerent une maladie qui l'obligea de suspendre ses travaux. Il se retira dans les Pays-Bas autrichiens, où il vécut quelques années d'une pension considérable que la générosité de l'impératrice-reine lui avoit assignée. Attiré à Malines par le cardinal-archevêque, il ne s'y occupoit que des grandes vérités qu'il avoit prêchées pendant plus

de trente années, lorsque le 26 du mois de décembre 1780, il tomba mort au moment où il entroit dans la métropole, pour y célébrer la messe. Nous ne fixerons point la place qu'il doit occuper parmi les orateurs chrétiens françois ; ses sermons ayant été imprimés à Paris, il y a quelques années, en 6 vol. in-12, c'est au public à la lui fixer : nous dirons seulement que par la force de ses raisonnemens, la clarté & la pureté de son style, & sur-tout par le pathétique de ses peroraisons, il nous semble qu'il s'est assuré parmi eux un rang des plus distingués.

CHAPELLE, (Claude-Emmanuel Luillier) surnommé *Chapelle*, fils naturel de François Luillier, maître des comptes, eut Gassendi pour maître dans la philosophie, & la nature dans l'art des vers. La délicatesse & la légéreté de son esprit, l'enjouement de son caractere, le firent rechercher des personnes du premier rang, & des gens-de-lettres les plus celebres. Racine, Despréaux, Moliere, la Fontaine, Bernier, l'eurent pour ami & pour conseil. Boileau l'ayant un jour rencontré, le prêcha sur son penchant pour le vin. Chapelle, feignit d'entrer dans ses raisons, le poussa dans un cabaret, pour moraliser plus à son aise, & le fit enivrer avec lui. Ses *Poésies* portent l'empreinte de son caractere, mêlé de mollesse & de plaisanterie. Son *Voyage*, composé avec Bachaumont, est le premier modele de cette poésie négligée & facile, dictée par le plaisir & l'indolence. On a dit avec raison, que Chapelle étoit plus naturel que poli, plus libre dans ses idées que correct dans son style. Despréaux lui reproche de tomber souvent dans le bas. Chapelle avoit la conversation si séduisante, qu'on ne pouvoit s'empêcher de prendre beaucoup de part à ce qu'il disoit. Un jour qu'il étoit avec mademoiselle Choccars, fille d'esprit, la femme-de-chambre les trouva tous deux en

I 3

larmes. Elle en demanda la raifon; & Chapelle lui répondit d'un ton animé, *qu'ils pleuroient la mort du poète Pindare tué par les médecins*. La liberté fut la feule divinité de Chapelle. Le grand Condé l'ayant invité à fouper, il aima mieux fuivre des joueurs de boules avec lefquels il fe trouva & s'enivra. Le prince lui en faifant des reproches: *En vérité, monfeigneur*, lui dit-il, *c'étoient de bonnes gens & bien aifés à vivre, que ceux qui m'ont donné ce fouper*. Toutes les fois qu'il étoit en pointe de vin, il expliquoit le fyftême de Gaffendi aux convives, & lorfqu'ils étoient fortis de table, il continuoit la leçon au maître d'hôtel. Cet épicurien vécut fans engagement, content de huit mille livres de rente viagère, & mourut à Paris en 1686, âgé d'environ 70 ans. On a de lui, outre fon *Voyage*, quelques petites pieces fugitives en vers & en profe qu'on lit avec plaifir. Le Fèvre de S. Marc a donné en 1755, en 2 vol. in-12, une nouvelle édition du *Voyage de Chapelle & Bachaumont*, & des ouvrages du premier, avec des notes & des mémoires fur la vie de l'un & de l'autre. *Voyez* BACHAUMONT (François le Coigneux de).

CHAPELLE, (Henri) fieur de la) *voyez* BESSÉ.

CHAPELLE, (Jean de la) naquit à Bourges en 1655, d'une famille noble. Le prince de Conti, dont il étoit fecretaire, l'envoya en Suiffe en 1687. Louis XIV, inftruit de fon talent pour les affaires, l'employa auffi quelque-tems dans le même pays. La Chapelle fit connoître bientôt fes difpofitions pour la politique & pour les intérêts des princes. Les *Lettres d'un Suiffe à un François*, fur la guerre de 1701, compofées fur les mémoires des miniftres de la Cour de France, font pleines de réflexions quelquefois judicieufes, & quelquefois triviales. C'eft un tableau de l'état où fe trouvoient alors les puiffantes belligé-

rantes, mais plein de préventions nationales. L'auteur cacha en vain fon nom & fa patrie; fon ftyle le décela. L'académie françoife lui avoit ouvert fes portes en 1688, après l'exclufion de l'abbé Furetiere. Il mourut en 1723, âgé de 68 ans. Outre fes *Lettres d'un Suiffe*, recueillies en 8 vol. in-12, on a de lui plufieurs tragédies, *Zaïde*, *Téléphonte*, *Cléopâtre*; & les *Carroffes d'Orléans*, comédie. La Chapelle fut un de ceux qui tâcherent d'imiter Racine; car Racine, dit un homme d'efprit, forma, fans le vouloir, une école, comme les grands peintres; mais ce fut un Raphaël, qui ne fit point un Jules Romain. Les pieces de l'imitateur font fort au-deffous de leur modele. Elles eurent pourtant quelque fuccès, & l'on joue encore fa *Cléopâtre*. On lui doit encore *les Amours de Catulle & de Tibulle*: romans dont la lecture ne peut produire aucun bien, & qui d'ailleurs font mal écrits; Catulle & Lesbie y parlent fort mauffadement, fi l'on en croit l'abbé de Chaulieu. L'auteur dit à la fin de fon *Tibulle*, qu'il defireroit employer le refte de fa vie à écrire l'hiftoire du regne de Louis XIV: c'étoit bien mal s'y préparer, que d'exercer fa plume fur des aventures romanefques.

CHAPPE D'AUTEROCHE, (Jean) célebre aftronome de l'académie des fciences de Paris, naquit à Mauriac en Auvergne l'an 1722, d'une famille noble. Il prit l'état eccléfiaftique de bonne heure, & fe confacra dès-lors à fa fcience favorite, l'aftronomie. L'académie des fciences le nomma en 1760, pour aller obferver en Sibérie le paffage de Vénus, fixé au 6 juin 1761. De retour en France, il rédigea la *Relation de fon voyage en Sibérie*, & la fit imprimer à Paris en 1768, en 2 vol. in-4°. Cet ouvrage a effuyé de fortes critiques de la part de gens qui prétendoient bien connoître cette province ; ce qui n'empêche pas que plusieurs de ses observations ne soient très-justes. Celle qui a le plus offensé les Russes, est la suivante : *On m'écrivit que de ce pays sortiroient au premier moment des peuples entiers, qui comme les Huns viendroient s'emparer de notre petite Europe : j'ai trouvé au lieu de ces peuples, des marais & des déserts.* Ce qui est exactement vrai. Si on excepte les provinces voisines de la mer Baltique, le vaste empire de Russie n'a qu'une population très-foible. Un nouveau passage de Vénus étant annoncé pour le 3 juin 1769, notre astronome partit en 1768 pour l'aller observer à Saint-Lucar, sur la côte la plus occidentale de l'Amérique. Une maladie épidémique désoloit cette contrée. L'abbé Chappe en fut attaqué, & il mourut victime d'un zèle pour l'astronomie, qui alloit réellement jusqu'à l'excès. Il avoit dit en quittant Paris, que *s'il étoit sûr de mourir le lendemain de son observation, ce ne seroit point un motif pour le détourner de ce voyage.* Cependant ces *Observations* que M. Cassini nous a donné, Paris 1772, in-4°, n'ont pas répandu sur l'astronomie des lumières dignes d'un tel sacrifice. On espéroit sur-tout qu'elles serviroient à faire connoître la vraie distance du soleil ; mais cette distance reste toujours un problème. Les soins avec lesquels on a comparé les observations de l'abbé Chappe avec celles de Cajanebourg & de Wardhus, n'ont pu déterminer la parallaxe de cet astre avec assez de précision & de certitude, pour en déduire un calcul qu'on puisse regarder comme fixe & immuablement arrêté.

CHAPPUZEAU, (Samuel) genevois, précepteur de Guillaume III, roi d'Angleterre, ensuite gouverneur des pages du duc de Brunswick Lunebourg, mourut dans cet emploi en 1701, vieux, aveugle & pauvre. On lui doit, I. Les *Voyages de Tavernier*, qu'il mit en ordre, & qu'il publia en 1675, in-4°. II. Un *Projet d'un nouveau Dictionnaire historique, géographique, philosophique*, ouvrage qu'il ne put achever. Moréri avoit profité, dit-il, de son manuscrit. III. Le *Théâtre françois*, en 3 livres : ouvrage mal-digéré, sans ordre & sans exactitude. L'auteur y traite de l'usage de la comédie, des auteurs qui soutiennent le théâtre, & de la conduite des comédiens. Il se mêloit aussi de poésie. On a de lui plusieurs comédies, rassemblées sous le titre de *la Muse enjouée* ou *le Théâtre comique*. On n'y reconnoît point le génie de Molière ; la versification est pitoyable.

CHAPT, *voyez* CHAT.

CHAPUIS, (Claude) né en Touraine, étoit chanoine de Rouen, valet-de-chambre & garde de la bibliothèque du roi. Il mourut vers 1572, assez avancé en âge. On a de lui : I. Différentes Poésies dans un livre intitulé : *Blasons anatomiques du corps féminin*, faits par divers auteurs, Lyon 1537, in-16. II. *Discours de la cour*, Paris 1543, in-16, &c.

CHAPUIS, (Gabriel) neveu du précédent, natif de Nozeroy, vécut à Lyon jusqu'en 1583, qu'il vint s'établir à Paris, où il mourut vers 1611. On a de lui : I. *Discours politiques & militaires* traduits de différens auteurs, à Paris 1593, in-8°. II. *Primaléon de Grèce*, 1618, 4 vol. in-16. III. *Amadis de Gaule*, qui a 24 livres & autant de volumes. IV. Un livre curieux intitulé : *Les facétieuses journées, contenant cent nouvelles*, par G. C. D. T. (Gabriel Chapuis de Tours), Paris 1584, in-8° : ouvrage frivole ainsi que le précédent, où il n'y a rien d'utile à apprendre, & dont tout l'effet est d'exalter

l'imagination par des aventures romanesques, & d'affoiblir l'attachement aux bonnes mœurs.

CHARAS, (Moïfe) habile pharmacopole, né à Ufez, fut choifi pour faire le cours de chymie au jardin royal des plantes de Paris, & s'en acquitta avec un applaudiffement général durant neuf années. Sa *Pharmacopée*, 1653, a vol. in-4°, fut le fruit de fes leçons & de fes études; & quoiqu'on ait fait mieux depuis, elle n'eft pas hors d'ufage. On la traduifit dans toutes les langues de l'Europe, & en Chinois même pour la commodité de l'empereur. Les ordonnances contre les Calviniftes, l'obligèrent de quitter fa patrie en 1680. Il paffa en Angleterre, de-là en Hollande, & enfuite en Efpagne avec l'ambaffadeur, qui le menoit au fecours de fon maître Charles II, languiffant depuis fa naiffance. Les médecins de la cour furent fcandalifés de certains propos de Charas. Ils le déférèrent à l'inquifition, & il n'en fortit qu'après avoir abjuré la religion proteftante. Charas avoit alors 70 ans. Il revint à Paris, fut aggrégé à l'académie des fciences, & mourut bon catholique en 1698, âgé de 80 ans; ce qui prouve qu'il avoit abjuré fa fecte avec connoiffance de caufe. On a de lui, outre fa *Pharmacopée*, un excellent *Traité de la thériaque*, Paris 1668, in-12; & un autre non moins eftimable, *de la vipère*, 1694, in-8°. Il joignit à celui-ci un *Poëme* latin fur ce reptile, qui n'eft que médiocre pour le ftyle. *Voyez* la *Relation de fon voyage en Efpagne* dans le *Journal de Verdun*, année 1776, mois de mars & fuivans.

CHARDIN, (Jean) fils d'un jouaillier proteftant de Paris, né en 1643, voyagea en Perfe & dans les Indes-Orientales. Il commerçoit en pierreries. Charles II, roi d'Angleterre, lui conféra de fa main la dignité de chevalier. Il mourut à Londres en 1713, eftimé & regretté. Le *Recueil de fes voyages*, traduits en italien, en anglois, en flamand & en allemand, eft en 10-vol. in-12, 1711, & 4 vol. in-4°, 1735, Amfterdam, avec figures. Ils font à la fois très-curieux & très-vrais; & on doit bien les diftinguer de ceux de Paul Lucas, & de tant d'autres voyageurs, qui n'ont couru le monde que pour en rapporter des ridicules & des menfonges. Chardin donne une idée complette de la Perfe, de fes ufages, de fes mœurs, de fes coutumes, &c. La defcription, qu'il fait des autres pays orientaux qu'il a parcourus, n'eft pas moins exacte. Ses voyages peuvent être très-utiles, fur-tout à ceux qui feroient le même commerce que lui.

CHARDON, (Charles) natif d'Yvoi-Carignan, fe fit bénédictin en 1711, enfeigna la rhétorique, la philofophie & la théologie, & mourut à Metz le 21 octobre 1771. Il poffédoit le grec, l'hébreu & le fyriaque, & étoit verfé dans l'hiftoire eccléfiaftique. Il a donné une *Hiftoire des Sacremens*, Paris 1745, 6 vol. in-8°; ouvrage d'une grande érudition. Il a laiffé en manufcrit une *Hiftoire des variations dans la difcipline de l'Eglife*.

CHARENTON, (Jofeph-Nicolas) jéfuite, né à Blois en 1649, mort à Paris en 1735. On a de lui l'*Hiftoire générale d'Efpagne, du P. Mariana*, jéfuite, traduite en françois; augmentée du fommaire du même auteur & des faftes jufqu'à nos jours; avec des notes hiftoriques, géographiques & critiques, des médailles & des cartes géographiques : à Paris, 1725, en 5 vol. in-4°. C'eft par l'ordre de Philippe V, roi d'Efpagne, qu'il entreprit cette traduction; il la dédia à ce prince. Sa préface eft curieufe, & l'ouvrage eftimable.

CHARÈS, orateur athénien. Il

lui arriva un jour de parler fortement contre les fourcils terribles de Phocion ; les Athéniens s'en étant mis à rire, Phocion leur dit : » Cependant ces fourcils ne vous ont fait » aucun mal ; mais les risées de ces » beaux plaisans ont fait souvent » verser bien des larmes à votre » ville ». On croit que ce Charès, est le même qui vivoit l'an 367 avant J. C.

CHARÈS, sculpteur, natif de Lyndes, une des trois villes de l'isle de Rhodes, disciple de Lysippe, s'immortalisa par le fameux colosse du soleil, l'une des sept merveilles du monde. Cette statue étoit d'airain, & avoit, suivant Pline, 70 coudées ou 105 pieds ; l'abbé Monget lui en donne 128, d'autres 150. Ces différens calculs prouvent assez l'ignorance où l'on est de sa véritable hauteur. Le savant Muratori en a fait presqu'un pigmée ; & vu les exagérations énormes que les anciens ont mises dans ces sortes de récits, il paroît que cette diminution est très-raisonnable. Quoiqu'il en soit, Charès employa douze ans à cette statue, & la plaça à l'entrée du port de Rhodes. Elle avoit un pied sur la pointe d'un des rochers de ce port, & l'autre pied sur le rocher opposé, de façon que les navires passoient entre ses jambes. Ce colosse fut abattu par un tremblement de terre, après avoir été 46 ans debout. Moavias, calife des Sarrasins, s'étant emparé de Rhodes l'an 653 de J. C. le vendit à un marchand juif, qui en chargea, dit-on, neuf cens chameaux.

CHARIBERT ou CARIBERT. *Voyez* ce dernier mot.

CHARILAUS, neveu de Lycurgue, & roi de Lacédémone l'an 885 avant J. C., commença de se signaler par une victoire sur les Argiens. Il fit ensuite la guerre aux Tégéates, & quoiqu'il eût suivi le commandement de l'oracle, il ne laissa pas d'être mis en déroute, & même d'être pris dans une sortie

que firent les Tégéates, secondés par leurs femmes. Il racheta sa liberté en leur accordant la paix. Ce roi étoit d'un naturel si doux, qu'Archelaüs son collegue disoit quelquefois, en parlant de sa grande bonté : » Qu'il ne s'étonnoit pas » que Charilaüs fût si bon envers » les gens de bien, puisqu'il l'étoit » même à l'égard des méchans ». Ce n'étoit pas faire l'éloge d'un homme chargé de faire observer les loix & de punir le crime.

CHARILAUS, lacédémonien, étoit fort attentif à conserver la beauté de sa chevelure. On lui demanda un jour pourquoi il en prenoit tant de soin ; il répondit : » Que » c'étoit le plus bel ornement d'un » homme, le plus agréable, & ce- » lui qui coûtoit le moins de dé- » pense ». Une autre fois on lui demanda pourquoi Lycurgue avoit fait si peu de loix : *Il faut peu de loix*, dit-il, *à ceux qui parlent peu*. Il faut remarquer que les Lacédémoniens parloient peu, & qu'ils disoient beaucoup en peu de mots : d'où vient cette maniere de parler, qui dure encore, *un style laconique*, pour dire un style vif & concis. Il est vrai que les nations fort loquaces ont toujours beaucoup de loix, la plupart inconsistantes & mal observées.

CHARISIUS, grammairien latin dont parle Priscien. Son ouvrage se trouve dans le *Recueil des anciens grammairiens de Putschius*, Hanovre 1605, in-4o.

CHARITON D'APHRODISE, secretaire d'un rhéteur nommé Athenagore, vivoit à la fin du 4e siecle, si ces noms ne sont pas supposés, comme il y a grande apparence. On a trouvé de notre tems un roman grec sous son nom, intitulé : *Les Amours de Chæreas & Callirhoé*, dont M. d'Orville, professeur d'histoire à Amsterdam, a publié une édition en 1750, 2 vol. in-4o. avec la traduction latine & des notes. Il y en a une traduction françoise,

I 4

par M. Larcher, à Paris en 1765, 2 vol. in-8°. M. Fallet en a donné une nouvelle version en 1775, in-8°. La fable de ce roman eſt aſſez bien conduite, ſans épiſodes & ſans écarts. Il y a de l'intérêt, & il eſt bien ménagé. Le dénouement en eſt ſimple; la vraiſemblance eſt preſque gardée par-tout. Nulle ſituation licentieuſe, point d'images obſcenes. La ſeconde traduction eſt plus élégante que la premiere; mais celle-ci eſt d'une fidélité plus ſcrupuleuſe.

CHARLAS, (Antoine) prêtre de Couſerans, ſupérieur du ſéminaire de Pamiers ſous Caulet, mourut dans un âge avancé en 1698, à Rome où il s'étoit fixé après la mort de cet évêque. On a de lui : I. *Tractatus de libertatibus Ecclefiæ Gallicanæ*, in-4°. Le but de l'auteur n'étoit d'abord que d'attaquer différens abus, introduits, à ce qu'il croyoit, par les juriſconſultes & les magiſtrats françois, ſous prétexte de conſerver les libertés de leur égliſe. Mais un de ſes protecteurs à la cour de Rome, l'engagea d'étendre la matiere, & à traiter des droits du pape, violés aux yeux des Ultramontains, dans les articles du clergé de France en 1682. La derniere édition en 1720 à Rome, in-4°, 3 vol. eſt bien plus ample que la premiere. C'eſt un ouvrage ſavant & écrit avec pureté. II. *De primatu ſummi Pontificis*, in-4°. III. *De la puiſſance de l'Egliſe*, contre le jéſuite Mainbourg. IV. *Cauſa regaliæ*, contre Noël Alexandre, Liege 1685, in-4°.

CHARLEMAGNE ou CHARLES I, fils de Pepin, roi de France, naquit ſelon la plus commune opinion à Calsbourg, château de la haute Baviere, vers l'an 742, quoique quelqu'uns le diſent né à Jupille, près de Liege, & d'autres, mais ſans fondement, à Ingelheim. Après la mort de ſon pere il eut la Neuſtrie, la Bourgogne & l'Aquitaine, & après celle de Carloman ſon frere, en 771, il fut reconnu roi de toute la monarchie françoiſe. Ses premiers exploits furent contre Hunalde, duc d'Aquitaine, qui s'étant fait moine, quitta ſon monaſtere pour ſe mettre à la tête de quelques troupes qui s'étoient révoltées. Il fut défait & fait priſonnier. Charlemagne réſolut enſuite de mettre ſes ſujets de delà le Rhin à couvert des inſultes des Saxons, peuples barbares & féroces, qui depuis long-tems faiſoient des courſes dans la France germanique, y portoient le fer & le feu, & en enlevoient les habitans qu'ils réduiſoient en eſclavage. Il marcha contre eux, les défit & prit leur meilleure place qui étoit Eresbourg, château ſitué vers Paderborn, en fit paſſer la garniſon au fil de l'épée, raſa le temple de la fameuſe idole Irminſul, & pardonna au reſte de la nation. Tandis qu'il tâchoit de mettre un frein à la licence des Saxons, l'Italie imploroit ſon ſecours. Didier, roi des Lombards, dévaſtoit l'exarchat de Ravenne, & les états de l'égliſe. Charles marche contre lui, le fait priſonnier dans Pavie, & joint au titre de roi des François celui de roi des Lombards. Le conquérant confirme la donation faite au pape de l'exarchat. A peine le vainqueur des Saxons fut-il éloigné, que ces peuples reprirent les armes & recommencerent les ravages. Charles accourt, les bat & leur pardonne encore. Il paſſe enſuite en Eſpagne pour rétablir Ibin-Algrabi dans Sarragoſſe. Il aſſiege Pampelune, ſe rend maître du comté de Barcelone; mais ſon arriere-garde eſt défaite à Roncevaux par les Arabes & les Gaſcons, & il perd dans cette journée Roland, ſon neveu ſuppoſé, ſi célebre dans les anciens romans. Les Saxons toujours inquiets & prompts à violer leurs engagemens, avoient encore profité de l'abſence de Charles pour renouveller leurs déprédations, & avoient mis tout à feu & à ſang, ſans diſtinction d'âge ni de sexe, depuis Deutz, vis-à-vis de Cologne jusqu'à Coblence. Charles les défit de nouveau, & les Saxons demanderent derechef pardon. Il le leur accorda, & leur laissa des ecclésiastiques pour les instruire dans la religion chrétienne, persuadé que c'étoit le moyen le plus efficace pour adoucir la férocité de cette nation. Vitikind qui avoit beaucoup d'influence sur ce peuple, les entraîna encore dans une révolte. Alors Charles voyant qu'il ne gagnoit rien par la douceur, résolut de sévir, ne croyant pouvoir assurer le repos de ses peuples que par ce moyen. Il fit trancher la tête à quatre mille cinq cens de ceux qui contre la foi des sermens avoient été trouvés sous les armes. Il témoigna ensuite aux Saxons que ce n'étoit qu'à regret qu'il répandoit leur sang, qu'il ne vouloit pas détruire leur nation, qu'il leur accorderoit volontiers la paix, si leurs chefs, qui s'étoient retirés, vouloient venir traiter avec lui. Il leur donna même des ôtages pour la sûreté de leurs personnes ; il les reçut avec bonté, les disposa par sa douceur au christianisme, eut la meilleure part à la conversion du fameux Vitikind ; établit avec le concours du saint siege onze évêques dans leur pays, les laissa vivre selon leurs loix, & leur fit goûter les douceurs de la paix. C'est avec raison que le célebre Marquard Freher l'appelle *Multarum ferocissimarum gentium non tàm domitorem quàm emollitorem & institutorem.* Charles maître de l'Allemagne, de la France & de l'Italie, marche à Rome en triomphe, se fait couronner empereur d'Occident par Léon III l'an 800, & renouvelle l'empire des Césars, éteint en 476 dans Augustule. On le déclara César & Auguste ; on lui décerna les ornemens des anciens empereurs romains, sur-tout l'aigle impérial. Depuis Bénevent jusqu'à Bayonne, & de Bayonne jusqu'en Baviere, tout étoit sous sa puissance. Qu'on

suive les limites de son empire, on verra qu'il possédoit toute la Gaule, une province d'Espagne, le continent de l'Italie jusqu'à Benevent, toute l'Allemagne, les Pays-Bas, & une partie de la Hongrie. Les bornes de ses états étoient à l'orient le Naab & les montagnes de la Bohême, au couchant l'Océan, au midi la Méditerranée, au nord l'Océan & l'Oder. Dès qu'il fut empereur, Irene, impératrice d'Orient, voulut, dit-on, l'épouser, pour réunir les deux empires ; mais une révolution subite ayant précipité du trône cette princesse, fit évanouir ses espérances. Vainqueur par-tout, il s'appliqua à policer ses états, rétablit la marine, visita ses ports, fit construire des vaisseaux, forma le projet de joindre le Rhin au Danube par un canal, pour la jonction de l'Océan & du Pont-Euxin. Aussi grand par ses conquêtes, que par l'amour des lettres, il en fut le protecteur & le restaurateur. On tint devant lui des conférences, qu'on peut regarder comme l'origine de nos académies. Son palais fut l'asyle des sciences. Pierre de Pise vint d'Italie, Alcuin d'Angleterre, &c. tous furent comblés de biens & de caresses. L'église dans son empire lui dut le chant grégorien ; la convocation de plusieurs conciles ; la fondation de beaucoup de monasteres. Outre l'école de Paris qu'il établit, il en érigea dans toutes les églises cathédrales, & à Rome un séminaire. C'est relativement à son nom que l'on donna le nom de livres *Carolins* à un *Traité sur le culte des images*, dont la derniere édition est d'Hanovre 1731, in-8°, sous ce titre : *Augusta concilii Niceni II Censura.* On sait que les Peres de Francfort furent trompés par une traduction infidelle & même hérétique des décrets du concile de Nicée, où l'on décernoit aux Saints le même culte qu'à la

L'vinité : leur erreur est une erreur de fait. Au reste, les livres *Carolins*, d'où l'on a tiré l'histoire du concile de Francfort, ne sont rien moins qu'authentiques, comme plusieurs critiques l'ont prouvé, entr'autres Bellarmin (*Controv. de conc. lib. 2. c. 8.*). Outre les *Capitulaires*, dont la meilleure édition est de Baluse, Paris 1677, 2 vol. in-folio, on a de Charlemagne une *Grammaire*, dont on trouve des fragmens dans la *Polygraphie* de Trithême. Ses loix sur les matières tant civiles qu'ecclésiastiques, sont admirables, surtout pour un tems moins éclairé que le nôtre. Il ordonna, ce qu'il est honteux qu'on n'ait pas encore exécuté en France, que les poids & mesures seroient mis par tout son empire sur un pied égal. Il régla le prix des étoffes, & l'habillement de ses sujets sur leur état & sur leur rang. S'il ordonna par son testament que les querelles des trois princes ses fils, pour les limites de leurs états, seroient décidées par le jugement de la croix (ce jugement consistoit à donner gain de cause à celui des deux partis qui tenoit le plus long-tems les bras élevés en croix) ; c'est que le génie ne prévaut jamais entiérement sur les coutumes de son siecle ; & il faut convenir que les déclamations auxquelles les philosophes se livrent à cette occasion, sont absolument mal fondées. ن Ces sortes de pratiques, dit un auteur plus modéré, ن n'étoient sans ن doute pas le fruit d'une sagesse ن profonde, ni d'un discernement ن bien juste ; mais étoient-elles ن aussi insensées qu'on le dit ? Dans ن ces tems de simplicité, les Chré- ن tiens disoient tout bonnement à ن Dieu : *Seigneur, cette cause* ن *est si embrouillée que les juges* ن *même n'y voient goutte ; au-* ن *teur de toute vérité & de* ن *toute justice, daignez suppléer* ن *à leurs lumieres, & nous mon-*

ن *trer de quel côté est le bon* ن *droit.* La justice d'une cause, ن lorsqu'elle est bien obscure & ن bien compliquée, se fait-elle ن toujours connoître plus sûrement ن & plus clairement dans le la- ن byrinthe de la procédure mo- ن derne, dans ce conflit de prin- ن cipes & de maximes contradic- ن toires, dans cette multitude de ن décisions réformées & réfutées ن les unes par les autres, que dans ن les *épreuves judiciaires* de nos ن bons & ignorans ayeux ن ? Charlemagne se sentant près de sa fin, associa à l'empire Louis, le seul fils qui lui restoit, lui donna la couronne impériale, & tous ses autres états, à l'exception de l'Italie, qu'il garda pour Bernard, fils de Pepin. Il mourut l'année d'après, en 814, dans la 71e année de son âge, la 47e de son regne, & la 14e de son empire. On l'enterra à Aix-la-Chapelle, avec les ornemens d'un chrétien pénitent, & ceux d'un empereur & d'un roi de France. Lorsqu'Othon III fit ouvrir son tombeau, on retira ceux que le tems & l'humidité n'avoient pas gâtés, & ils font encore aujourd'hui partie du trésor de l'empire, particuliérement sa couronne, son cimeterre, & le livre des Evangiles. Le nom de ce conquérant législateur remplit la terre. Le prince étoit grand, l'homme l'étoit davantage. Les rois ses enfans furent ses premiers sujets, les instrumens de son pouvoir & les modeles de l'obéissance. Il mit un tel tempérament dans les ordres de l'état, qu'ils furent contrebalancés, & qu'il resta le maître. Tout fut uni par la force de son génie. Il empêcha l'oppression du clergé & des hommes libres, en menant continuellement la noblesse d'expédition en expédition. Il ne lui laissa pas le tems de former des desseins, & l'occupa toute entiere à suivre les siens. L'empire se maintint par la grandeur du chef. Maître abfolu de fes peuples, il mit fa gloire à en être le pere, & il goûta le plaifir de voir qu'il en étoit aimé autant qu'il en étoit craint. Encore plus redoutable aux ennemis de la religion, qu'à ceux de l'état, il fut toujours le fléau de l'héréfie & du vice, le protecteur le plus zélé, auffi-bien que l'enfant le plus foumis & le bienfaiteur le plus libéral de l'églife. Ses victoires furent pour elle des conquêtes, & le fruit le plus doux qu'il recueillit de tant de combats, ce fut d'étendre le royaume de J. C. à proportion qu'il étendoit le fien. Vafte dans fes deffeins, fimple dans l'exécution, perfonne n'eut à un plus haut degré l'art de faire les plus grandes chofes avec facilité, & les plus difficiles avec promptitude. Il parcouroit fans ceffe fon vafte empire, portant la main où il menaçoit de tomber, paffant rapidement des Pyrénées en Allemagne, & d'Allemagne en Italie. Quelques auteurs modernes lui ont difputé le titre de *Grand*, fans doute parce qu'il leur a paru trop chrétien; mais les hiftoriens équitables conviennent tous que perfonne ne mérita mieux de porter le nom de *Grand*, que Charlemagne. Il étoit doux, & fes manieres étoient fimples, ainfi que celles des grands-hommes. Il aimoit à vivre avec les gens de fa cour. Charlemagne fut marié huit fois. Du vivant de fon pere Pepin, il époufa Himiltrude. Il défera enfuite trop aux confeils de fa mere Bertrade qui lui fit répudier cette Himiltrude pour prendre la fille de Didier, roi des Lombards; mais quelque mois après touché des remontrances que les prélats de fon royaume & le pape Etienne lui firent, il renvoya cette princeffe en Italie, & rappella Himiltrude; étant veuf d'Himiltrude il époufa en fecondes noces Hildegarde l'an 773. Eginhart qui nous

a donné les *Annales* de fon regne & la *Vie* de ce prince, appelle *concubines* les dernieres femmes de Charlemagne : fur cela les écrivains modernes ont accufé ce prince d'incontinence; mais ils n'ont pas fait attention qu'on entendoit fouvent par le mot de *concubine*, une femme mariée, mais fans certaines formalités, & qui n'avoit pas certaines prérogatives, à caufe de l'inégalité de condition & le défaut de dot; delà venoit que les enfans qui naiffoient de ces mariages, étoient exclus de la fucceffion des états de leur pere. A cela il faut ajouter que l'indiffolubilité du mariage n'étoit point alors auffi folidement établie dans l'églife de France, qu'elle l'a été dans des tems poftérieurs. Charles gouverna fa maifon avec la même fageffe que fon empire. Il fit valoir fes domaines, & en tira de quoi répandre d'abondantes aumônes & foulager fon peuple. Charlemagne avoit les yeux grands & vifs, un vifage gai & ouvert, le nez aquilin. Quelques auteurs ont voulu en faire un géant, & c'eft un préjugé général parmi le peuple d'Aix-la-Chapelle; mais Eginhart affure que fa taille, quoique haute, n'avoit rien d'extraordinaire : *Statura eminenti quæ tamen juftam non excederet.* Il ne portoit en hiver, dit Eginhart, qu'un fimple pourpoint fait de peau de loutre, fur une tunique de laine bordée de foie. Il mettoit fur fes épaules une efpece de manteau de couleur bleue; & pour chauffure, il fe fervoit de bandes de diverfes couleurs, croifées les unes fur les autres. Pafchal III, antipape, le mit au nombre des Saints en 1153. On fait fa fête dans plufieurs églifes d'Allemagne, quoiqu'en d'autres, comme à Metz, on faffe tous les ans un fervice pour le repos de fon ame. Les pays qui compofent aujourd'hui la France & l'Allemagne jufqu'au Rhin, dit un hiftorien célebre, furent tranquilles pendant près de cinquante ans, & l'Italie pendant treize. Depuis son avènement à l'empire, point de révolution en France, point de calamités pendant ce demi-siecle, qui par-là est unique. M. de la Bruere a donné l'histoire de Charlemagne en 2 vol. in-12.

CHARLES II, dit *le Chauve*, fils de Judith, seconde femme de Louis le Débonnaire, né en 823, roi de France en 840, élu empereur par le pape & le peuple romain en 875, fut couronné l'année d'après. Le commencement de son regne est célebre par la bataille de Fontenai en Bourgogne, donnée en 841, où ses armes, jointes à celles de Louis de Baviere, vainquirent Lothaire & le jeune Pepin, ses freres. Charles ne profita point de sa victoire. La paix fut conclue. Il conserva l'Aquitaine avec la Neustrie, tandis que Louis avoit la Germanie, Lothaire l'aîné l'Italie & le titre d'empereur. Une nouvelle guerre vint l'occuper. Les Normands avoient commencé leurs irruptions & leurs ravages. Charles leur opposa l'or au lieu du fer. Ces ménagemens, indignes d'un roi, qui auroit dû plutôt se battre que marchander, occasionnerent de nouvelles courses & des déprédations. Ayant voulu profiter de la mort de Louis le Germanique, & reprendre sur ses enfans ce qu'il avoit cédé dans le dernier partage de la Lorraine; il fut battu par Louis, second fils du prince défunt. Revenant d'Italie, où il avoit fait un voyage pour y porter la guerre, il mourut à Briord en Bresse, en 877, après avoir régné 37 ans comme roi de France, & presque deux comme empereur. Les historiens disent qu'un juif, nommé Sédécias, son médecin & son favori, l'empoisonna. C'est à son empire que commence le gouvernement féodal. La France, dévastée par les guerres civiles que les enfans de Louis le Débonnaire

s'étoient faites entr'eux, étoit devenue la proie des Normands. Les seigneurs françois, obligés de se défendre chacun sur son territoire, s'y fortifierent & se rendirent redoutables aux successeurs de Charles. Ils ne les laisserent sur le trône, que tant qu'ils eurent en main de quoi les enrichir. Mais quand enfin ils furent dépouillés de tout, les grands qui n'avoient plus rien à en espérer, se firent déclarer rois, tels que Eudes & Raoul, dont la puissance ne passa pas cependant à leur postérité. Les grands offices militaires, les dignités & les titres, les duchés, les marquisats, les comtés devinrent héréditaires; & ce ne fut pas un petit coup porté à l'autorité royale.

CHARLES III, *le Gros*, fils de Louis le Germanique, roi de Suabe en 876, fut élu roi d'Italie & empereur en 881; mais on le destitua dans une diete tenue auprès de Mayence en 887, par les François & les Allemands. Il avoit réuni sur sa tête toutes les couronnes de Charlemagne. Il parut d'abord assez fort pour les porter; mais sa foiblesse se fit bientôt connoître. Il fut méprisé par ses sujets & par l'impératrice Richarde, accusée d'infidélité avec son premier ministre. L'empereur déposé, réduit à demander sa subsistance à Arnoul son successeur, mourut de chagrin auprès de Constance, en 888.

CHARLES IV, fils de Jean de Luxembourg, & petit-fils de l'empereur Henri VII, monta sur le trône impérial en 1347. Son regne est célebre par la fameuse bulle d'or, donnée dans la diete de Nuremberg en 1356; Barthole la composa. Le style de cette charte se ressent du goût du siecle. On commence par apostropher les sept péchés mortels. On y trouve la convenance des sept électeurs, par les sept dons du Saint-Esprit, & le chandelier à sept branches. Par cette loi fondamentale, on fixe 1°. le nombre des électeurs à sept. 2°. On affigne à chacun d'eux une grande charge de la couronne.3°. On regle le cérémonial de l'élection & du couronnement. 4°. On établit deux vicariats. 5°. Les électorats font déclarés indivisibles.6°. On confirme aux électeurs tous les droits de la fouveraineté, appellés fupériorité territoriale. 7°. Le roi de Bohême eft placé à la tête des électeurs féculiers. Cette loi de l'empire, confervée à Francfort, & écrite fur du vélin avec un grand-fceau ou bulle d'or au bas, fut prefque achevée à Nuremberg. On y mit la derniere main à Metz aux fêtes de Noël. Charles IV y fut fervi dans une cour pléniere avec les cérémonies les plus impofantes. Le duc de Luxembourg, & de Brabant lui donna à boire ; le duc de Saxe, grand-maréchal, parut avec une mefure d'argent pleine d'avoine, qu'il prit dans un gros tas devant la falle à manger. L'électeur de Brandebourg donna à laver à l'empereur & à l'impératrice, & le comte Palatin pofa les plats fur la table. Charles IV mourut en 1378, à Prague, dont il avoit fondé l'univerfité en 1361. Il introduifit, autant qu'il put, en Allemagne, les loix & les coutumes de France, où il avoit été élevé. Il aima encore plus fa famille, que l'Allemagne. On difoit même, que comme il l'avoit ruinée pour acquérir l'empire, il ruina enfuite l'empire pour remettre fa maifon. Il en fit garder les tréfors & les ornemens dans un de fes châteaux en Bohême. Son fiecle fe prévenoit toujours pour celui qui avoit ces ornemens à fa difpofition; le peuple les regardoit comme un gage de l'autorité légitime. Charles IV étoit fi perfuadé qu'il perpétueroit de cette maniere la couronne impériale dans fa famille, qu'il fit graver les armes de Bohême fur le pommeau de l'épée de Charlemagne. Cet empereur aimoit & cultivoit les lettres. Il parloit cinq langues. On a lde lui de bons *Mémoires fur fa vie*. C'eft au commencement de fon regne qu'on doit placer l'invention des armes à feu, attribuée communément à Berthold Schwartz, francifcain de Fribourg en Brifgaw.

CHARLES-QUINT, archiduc d'Autriche, fils aîné de Philippe & de Jeanne de Caftille, né à Gand en 1500, roi d'Efpagne en 1516, fut élu empereur en 1519. François I, roi de France, lui difputa l'empire par fes intrigues & fon argent. Charles, dont la jeuneffe donnoit moins d'ombrage aux électeurs que le caractere inquiet de fon rival, l'emporta fur lui. Cette rivalité alluma la guerre entre la France & l'empire en 1521. L'Italie en fut principalement le théatre. Elle avoit commencé en Efpagne, elle fut bientôt dans le Milanez. Charles-Quint s'en empara, & en chaffa Lautrec. Il ne refta à François I que Crémone & Lodi; & Gênes qui tenoit encore pour les François, leur fut bientôt enlevée par les Impériaux, Charles ligué avec Henri VIII, roi d'Angleterre, eut l'avantage de s'attacher un général habile que l'imprudence de François I avoit trop peu ménagé. Il fait des offres au connétable de Bourbon, & Bourbon le fert contre fa patrie. Adrien VI, Florence & Venife fe joignent à lui. Son armée, conduite par Bourbon, entre en France, fait le fiege de Marfeille, le leve & revient en Italie en 1524. La même année les François, commandés par Bonnivet, font battus à Biagras, & perdent le chevalier Bayard, qui feul valoit une armée. L'année d'après fe donna la fameufe bataille de Pavie, où François I fut pris. Charles-Quint, alors à Madrid, reçut fon prifonnier avec beaucoup d'égard, & diffimula fa joie. Il défendit même les marques

de l'alégreſſe publique. *Les Chré-*
tiens, dit-il, *ne doivent ſe ré-*
jouir que des victoires qu'ils rem-
portent ſur les infideles. La priſe
d'un roi, d'un héros qui devoit
faire naître de ſi grandes révolutions, ne produiſit guere, dit un
hiſtorien célebre, qu'une rançon,
des reproches, des démentis, des
défis ſolemnels & inutiles. L'indifférence de Charles, ou ſi l'on
veut une modération qui peut paroître exceſſive, le priverent des
fruits d'une ſi grande victoire. Au
lieu d'attaquer la France immédiatement après la bataille de Pavie, il ſe contenta de faire ſigner
à François I un traité que celui-
ci n'eut garde de tenir ; il ſe ligua
même contre ſon vainqueur avec
Clément VII, le roi d'Angleterre,
les Florentins, les Vénitiens & les
Suiſſes. Bourbon marche contre
Rome, & y eſt tué ; mais le prince
d'Orange prend ſa place : Rome
eſt pillée & ſaccagée. Le pape,
réfugié au château S. Ange, eſt fait
priſonnier. Charles eut horreur des
excès commis dans cette occaſion,
indiqua des prieres publiques, &
envoya des ordres exprès pour
l'élargiſſement du pape qui s'étoit
attiré cette diſgrace, très-mal à-
propos. Un traité conclu à Cambrai, appellé le *Traité des Da-*
mes (entre Marguerite de Savoie,
tante de Charles-Quint, & Louiſe de
Savoie, mere de François I), con-
cilia ces deux monarques. Charles
s'accommoda auſſi avec les Vénitiens, & donna la paix à Sforce
& à ſes autres ennemis. Tranquille en Europe en 1535, il paſſe
en Afrique avec une armée de plus
de 50 mille hommes, & commence
les opérations par le ſiege de la
Goulette. L'expérience lui ayant
appris que les ſuccès ſuivoient la
vigilance, il viſitoit ſouvent ſon
camp. Une nuit faiſant ſemblant de
venir du côté des ennemis, il s'approche d'une ſentinelle, qui cria
ſuivant l'uſage : *Qui va-là ?* Charles

lui répondit en contrefaiſant ſa
voix : *Tais-toi, je ferai ta for-*
tune. La ſentinelle, le prenant
pour un ennemi, lui tira un coup
de fuſil, qui heureuſement fut mal
ajuſté. Charles fit auſſi-tôt un cri
qui le fit reconnoître. Après la
priſe de la Goulette, il défait le fameux amiral Barberouſſe, entre victorieux dans Tunis, rend la liberté à
22 mille eſclaves chrétiens, & rétablit Mulei-Haſſen ſur ſon trône.
Comme il pouvoit être à toute
heure dans le cas de donner ou
de recevoir bataille, il marchoit
toujours en avant au milieu des
enfans perdus. Le marquis du Guaſt
eſt obligé de lui dire : *Comme gé-*
néral, je vous ordonne de vous
placer au centre de l'armée, &
avec les enſeignes. Charles, pour
ne pas affoiblir la diſcipline militaire qu'il avoit établie, obéit ſans
murmurer. La paix de Cambrai,
en pacifiant la France & l'Eſpagne, n'avoit pas rapproché le
cœur des deux rois. Charles-Quint
entre en Provence avec 50 mille
hommes, s'avance juſqu'à Marſeille, met le ſiege devant Arles,
& fait ravager en même-tems la
Champagne & la Picardie. Contraint
de ſe retirer, après avoir perdu
une partie de ſon armée, il penſe
à la paix. On conclut une treve
de dix années à Nice en 1538.
L'année ſuivante Charles demande
à François le paſſage par la France,
pour aller punir les Gantois révoltés. Il l'obtint, François va-au-de-
vant de lui, & Charles s'arrête à
Paris ſans rien craindre. Un cavalier eſpagnol lui ayant dit, que ſi
les François ne le retenoient priſonnier, ils ſeroient bien foibles
ou bien aveugles. *Ils ſont l'un &*
l'autre, lui répondit l'empereur,
& c'eſt ſur cela que je me fie.
Il ſe fioit davantage encore à ſes
armées, & ſes habiles généraux qui
ſe tenoient prêts à tirer raiſon de
ſa détention. Charles, diſent les hiſtoriens françois, promit l'inveſti-

ture du Milanez à François, pour un de ses fils ; mais il est certain qu'il ne répondit que par des défaites aux instances que François lui fit., & Voltaire convient que ce monarque prit pour une promesse *une parole vague.* Les Gantois furent domptés & punis. La guerre se ralluma en 1542. Henri VIII se joignit à Charles contre la France, qui malgré la bataille de Cérisoles, se trouva dans le plus grand danger. La paix fut conclue à Crépi en 1545. Quelques années auparavant Charles avoit passé en Afrique contre Barberousse, & en étoit revenu sans gloire. Charles-Quint fut aussi occupé des troubles causés par Luther, que de ses guerres contre la France. Il opposa d'abord à la confession d'Ausbourg, & à la ligue offensive & défensive de Smalkalde des édits. Mais ni la victoire qu'il remporta à Mulberg sur l'armée des confédérés en 1547, ni la détention de l'électeur de Saxe & du landgrave de Hesse, ne purent contenir les Protestans, toujours soutenus par la France, & par les Turcs qui, par de puissantes diversions, obligerent l'empereur à user d'indulgence. L'an 1548, il publia le grand *Interim* dans la diete d'Ausbourg, formulaire de foi, catholique pour le dogme, favorable aux hérétiques pour la discipline. On permettoit la coupe aux laïques & le mariage aux prêtres. Ce tempérament ne satisfit personne. Maurice, électeur de Saxe, & Joachim, électeur de Brandebourg, toujours ses ennemis, ligués avec Henri II, le forcerent en 1552 de signer la paix de Passaw. Ce traité portoit que l'*Interim* seroit cassé & annullé, que l'empereur termineroit à l'amiable dans une diete les disputes sur la religion ; & que les Protestans jouiroient, en attendant, d'une pleine liberté de conscience. Charles-Quint ne fut pas plus heureux devant Metz, défendu par le duc de Guise.

Il fut obligé d'en lever le siege. Il se vengea de ce malheur sur Térouane, qu'il prit & rasa l'année suivante. La guerre duroit toujours sur les frontieres de la France & de l'Italie, avec des succès balancés. Charles-Quint, vieilli par ses maladies & ses fatigues, & détrompé des illusions humaines, résolut d'exécuter un projet formé depuis long-tems & nourri dans le calme de la réflexion. Il fait élire roi des Romains son frere Ferdinand, & lui cede l'empire le 7 septembre 1556, après s'être démis auparavant de la couronne d'Espagne en faveur de Philippe son fils, en présence de Maximilien, roi de Bohême, de la reine son épouse, des reines douairieres de France & de Hongrie, du duc de Savoie, du duc de Brunswick, du prince d'Orange, des grands d'Espagne, & de la principale noblesse d'Italie, des Pays-Bas, de l'Allemagne, & des ambassadeurs de toutes les puissances de l'Europe. Ce grand prince rendit compte de ce qu'il avoit fait pour mériter sa retraite, qu'il regardoit comme une récompense de ses travaux, & prenant son fils entre ses bras, il le plaça lui-même sur le trône. Spectacle sublime, intéressant, attendrissant, qui tira des larmes de cette auguste assemblée. Il dit à son fils en le quittant : " Vous ne pouvez me payer de ma tendresse " qu'en travaillant au bonheur de " vos sujets. Puissiez-vous avoir " des enfans qui vous engagent à " faire un jour pour l'un deux, " ce que je fais aujourd'hui pour " vous ". Il se retira quelquetems après à S. Juste, monastere situé dans un vallon agréable, sur les frontieres de Castille & de Portugal. La promenade, la culture des fleurs, les expériences de méchanique, les offices, les autres exercices claustraux remplirent tout son tems sur ce nouveau théâtre. Tous les vendredis de carême il fe donnoit la difcipline avec la communauté. On prétend que, dans fa retraite, il regretta le trône. Prétention réfutée par le genre de vie qu'il y mena avec une conftance qui ne s'eft pas démentie d'un moment. Si Charles s'étoit repenti d'avoir quitté la puiffance fouveraine, il fe feroit occupé de tous les événemens politiques, il eut tenu des liaifons avec les courtifans, il eut intrigué comme tous les fouverains, qui, par une abdication volontaire, fe font préparé des regrets. *Il partit pour S. Jufte*, dit l'abbé Raynal, *y vécut obfcur & n'en fortit jamais*. Charles-Quint finit fon rôle par une fcene finguliere, mais dont on avoit déja vu des exemples. Il fit célébrer fes obfeques pendant fa vie, fe mit en pofture de mort dans un cercueil, entendit faire pour lui-même toutes les prieres qu'on adreffe à Dieu pour ceux qui ne font plus, & ne fortit de fa biere que pour fe mettre dans un lit. Une fievre violente qui le faifit la nuit d'après cette cérémonie funebre, l'emporta en 1558, âgé de 58 ans 6 mois & 27 jours. Charles-Quint ne vouloit être ni loué, ni blâmé. Il appelloit fes hiftoriens, Paul-Jove & Sleidan, fes menteurs, parce que le premier avoit dit trop de bien de lui, & l'autre trop de mal. Les rois d'Efpagne n'ont porté le titre de *Majefté* que depuis l'avénement de Charles-Quint à l'empire. Leti a écrit fa *Vie* en italien, qu'on a traduite en françois en 4 vol. in-12; mais on préfere l'*Hiftoire* du même prince écrite en anglois par Robertfon, & traduite en françois, par M. Suard, Paris 1771, 2 vol. in-4°, & 6 vol. in-12. Elle eft écrite avec autant de vérité qu'on peut en attendre d'un proteftant & d'un philofophe du 18e fiecle, qui écrit l'hiftoire d'un prince catholique & pieux. Pour bien juger du caractere & des actions de Charles-Quint, il

ne faut point s'en tenir aux Proteftans qui le regardent comme leur premier perfécuteur, ni aux Efpagnols, qui en ont fait un homme furnaturel, ni aux François qui, humiliés par les défaites & la prifon de François I, ont cru devoir rabaiffer autant qu'il leur étoit poffible la gloire de fon vainqueur. Les nations neutres, qui dans ce tems n'ont eu aucun démêlé ni aucune alliance avec l'Autriche, nous fourniffent des appréciateurs moins fufpects. » Je ne trouve point, dit le comte d'Oxenftirn, » parmi les » Chrétiens de héros préférable à » Charles-Quint. Ce monarque avoit » autant de mérite perfonnel que » d'habileté dans l'art de régner. » Parmi les grandes actions dont » la vie de cet empereur n'a été » qu'un tiffu, je n'en trouve point » qui foit plus digne d'admiration » que la double abdication de » l'empire & du royaume d'Ef- » pagne. Il connut à fond le faux » brillant des grandeurs & du fafte » du monde; & trouvant que ces » vanités n'étoient pas dignes de » l'attachement d'une grande ame, » il préféra la retraite de S. Jufte, » au palais impérial. Il trouva dans » cet état une fatisfaction plus fo- » lide, en regardant avec compaf- » fion l'aveuglement & l'inquié- » tude des grands & des petits dans » le monde, qu'il ne fentit de » contentement étant l'arbitre de » l'Europe ». Parmi les écrivains françois, il s'eft trouvé des hommes diftingués, qui fe mettant audeffus de la foibleffe des préjugés & des injuftices nationales, ont parlé de Charles-Quint comme d'un des plus grands princes, & des plus grands hommes dont l'hiftoire nous ait tranfmis le fouvenir. Voltaire, après avoir démontré par des faits que Charles n'a jamais eu l'ambition que quelques écrivains lui attribuent, & avoir fait obferver qu'il diftribuoit des états que rien ne l'empêchoit de garder pour lui-même,

ij

il renverse l'opinion qui attache le repentir à la retraite de ce prince dans le monastere de S. Juste. *L'empereur*, dit-il, *avoit résolu depuis long-tems de dérober à tant de soins une vieillesse prématurée & infirme, & un esprit détrompé de toutes les illusions.... La commune opinion est qu'il se repentit; opinion fondée seulement sur la foiblesse humaine, qui croit impossible de quitter sans regret ce que tout le monde envie avec fureur. Charles oublia absolument le théatre où il avoit joué un si grand personnage.* — *Ce grand prince,* dit le continuateur de Bossuet, *renonça tout-à-fait au monde; & par une retraite, qui le séparoit des choses de la terre, il eut le plaisir de survivre, pour ainsi dire, à lui-même.*

CHARLES VI, cinquieme fils de l'empereur Léopold, né en 1685, déclaré roi d'Espagne par son pere en 1703, fut couronné empereur d'Allemagne en 1711. La guerre de la succession d'Espagne, allumée dans les dernieres années du regne de son pere, languissoit de toutes parts. La paix fut enfin signée à Rastad entre l'empereur & la France, le 7 septembre 1714, & ratifiée par l'empire le 9 octobre suivant. Par ce traité, les frontieres de l'Allemagne furent remises sur le pied du traité de Ryswick. On céda à l'empereur les royaumes de Naples & de Sardaigne, les Pays-Bas, les duchés de Milan & de Mantoue. L'Allemagne, tranquille depuis cette paix, ne fut troublée que par la guerre de 1716 contre les Turcs. L'empereur se ligua avec les Vénitiens pour les repousser. Le prince Eugene, qui les avoit vaincus autrefois à Zenta, fut encore vainqueur à Peterwaradin. Temeswar, la derniere place qu'ils possédassent en Hongrie, se rendit en 1716. Cette guerre finit par la paix de Pas-

sarowitz en 1718, qui donna à la maison impériale Temeswar, Belgrade avec une partie de la Servie, de la Bosnie, & de la Valachie. Les victoires remportées sur les Ottomans n'empêcherent pas le roi d'Espagne de recommencer la guerre contre l'empereur. Le cardinal Albéroni, alors premier ministre de cette monarchie, vouloit recouvrer les provinces démembrées par la paix d'Utrecht. Une flotte espagnole débarque en Sardaigne, & en moins de huit jours chasse les Impériaux de tout le royaume. La quadruple alliance, conclue à Londres en 1718, entre la Grande-Bretagne, la France, l'empereur & les états-généraux, fut occasionnée par cette conquête. Elle avoit pour objet de maintenir les traités d'Utrecht & de Bade, & d'accommoder les affaires d'Italie. L'empereur reconnoissoit Philippe V, roi d'Espagne, & nommoit Don Carlos, son fils ainé, successeur éventuel des duchés de Parme, de Plaisance & de Toscane; il avoit la Sicile au lieu de la Sardaigne. Le roi d'Espagne ayant rejeté ces conditions, la guerre continua, jusqu'à la disgrace d'Albéroni. Philippe V accéda en 1720 à la quadruple alliance, & fit évacuer les isles de Sicile & de Sardaigne. Le traité de Vienne, signé en 1725, finit tout. Charles renonça à ses prétentions sur la monarchie espagnole, & Philippe aux provinces qui en avoient été démembrées. La *Pragmatique-Sanction* qui avoit essuyé d'abord quelques contradictions, avoit été reçue l'année d'auparavant, comme une loi fondamentale. L'empereur, par ce réglement, appelloit à la succession des états de la maison d'Autriche, au défaut d'enfans mâles, sa fille ainée & ses descendans; ensuite ses autres filles & leurs descendans, selon le droit d'ainesse. Charles VI, heureux par ses armes & par ses traités, auroit pu l'être plus long-tems, s'il n'eût travaillé à exclure le roi Staniflas du trône de Pologne. Augufte II étant mort en 1733, Charles VI fit élire Fréderic-Augufte, fils du feu roi, & appuya fon élection par fes armées & par celles de Ruffie. Cette démarche alluma la guerre. L'Efpagne, la France, la Sardaigne la lui déclarerent. Les François prirent Kell, Treves, Trarbach, Philisbourg. Le roi de Sardaigne, à la tête des armées françoifes & efpagnoles, s'empare en peu de tems de tout le duché de Milan. Il ne refta plus à l'empereur que la ville de Mantoue. L'armée impériale eft battue à Parme & à Guaftalla. Don Carlos, à la tête d'une armée efpagnole, fe jette fur le royaume de Naples, & après avoir défait les Autrichiens à la bataille de Bitonto, prend Gaëte, Capoue, & fe fait déclarer roi de Naples en 1734. L'année d'après il eft couronné à Palerme, roi des Deux-Siciles. Le vaincu fut trop heureux de recevoir les conditions de paix que lui offrirent les vainqueurs. Les préliminaires furent arrêtés à Vienne le 3 octobre 1735, & le traité définitif figné le 18 nov. 1738. Par ce traité le roi Staniflas abdiquoit la couronne de Pologne & en confervoit le titre. On le mettoit en poffeffion des duchés de Lorraine & de Bar. On affignoit au duc de Lorraine le grand-duché de Tofcane. Don Carlos gardoit le royaume des Deux-Siciles. Le roi de Sardaigne avoit Tortone, Novarre, la fouveraineté de Langhes. L'empereur rentroit dans le duché de Milan & dans les états de Parme & de Plaifance. La France y gagnoit la Lorraine & le Bar après la mort de Staniflas, & garantiffoit la *Pragmatique-Sanction*. La mort du prince Eugene fut un furcroît de malheur pour Charles VI, qui, par fon alliance avec la Ruffie, fe crut obligé de prendre part à la guerre qu'elle faifoit aux Turcs.

L'armée impériale fouffrit beaucoup par les marches, la pefte & la famine: prefque tous les avantages furent du côté des Turcs. A la paix fignée le 1er feptembre 1739, on leur céda la Valachie & la Bofnie impériales, la Servie avec Belgrade après l'avoir démoli. On régla que les rives du Danube & de la Save feroient les frontieres de la Hongrie & de l'empire ottoman. La maniere précipitée dont ce traité fut conclu à l'infu de la Ruffie, la reddition inattendue de Belgrade, ce boulevard de la chrétienté, qui pouvoit foutenir un long fiege, la difgrace apparente du comte de Neipperg, qui avoit figné le traité, & l'approbation que l'empereur ne laiffa pas d'y donner, ont fait imaginer quelque caufe fecrette & inconnue d'une négociation fi imprévue & fi rapidement terminée. C'eft une tradition répandue parmi les Hongrois, que le grand-duc François, depuis empereur, époux de l'archiducheffe Marie-Thérefe avoit été enlevé par les Turcs dans une partie de chaffe qu'il avoit faite imprudemment dans le voifinage du camp des Autrichiens, & que fa délivrance fut le prix de ces grands facrifices, faits avec une promptitude qui maintint le fecret de la chofe. Quoiqu'il en foit de cette anecdote, que des perfonnes inftruites dans l'hiftoire du tems, ont affirmé & nié avec une affurance égale, le traité fut ratifié à Vienne fans reftriction & fans délai. Les Ruffes en furent fort irrités, & la lettre du comte de Munich au prince de Lobkowitz fait affez connoître que ce général ne croyoit pas que cette paix fut l'effet des opérations de la guerre. (*Voyez* les *Mémoires* de Manftein, t. 2, p. 32). Charles VI mourut l'année d'après à 55 ans, avec le regret d'avoir perdu une grande partie des conquêtes du prince Eugene. Il fut le feizieme & le dernier empereur de la maifon d'Autriche, dont la âge mafculine fut éteinte avec lui. C'étoit un prince doux, jufte, pieux; ferme dans l'adverfité, modéré dans le bonheur; très-occupé des devoirs du gouvernement. Ses ennemis même ne lui ont trouvé aucun vice. Grand & magnifique dans fes projets, il n'en forma jamais qui ne fuffent dirigés vers le bien public. Il fit bâtir un grand nombre de fortereffes, fur-tout vers les frontieres de la Turquie, éleva des hôpitaux fuperbes parmi lefquels celui de Peft, deftiné aux foldats invalides, eft particuliérement remarquable; fit conftruire des chemins fûrs & commodes dans des endroits inacceffibles, par les cimes & les profondeurs des Alpes; ceux de Carinthie & de Croatie font de vrais chef-d'œuvres en ce genre. L'Eloge de cet empereur par le P. Calles eft une piece rare d'éloquence; le Panégyrique de Trajan ne lui eft comparable ni pour les richeffes & la dignité du langage, ni pour le refpect dû à l'hiftoire auffi fcrupuleufement obfervé par l'orateur autrichien que révoltamment violé par l'exagérateur Pline.

CHARLES VII, fils de Maximilien-Emmanuel, électeur de Baviére, naquit à Bruxelles en 1697. Après la mort de Charles VI, il demanda le royaume de Bohême, en vertu du teftament de Ferdinand I, la haute Autriche, comme province démembrée de la Baviere, & le Tirol, comme un héritage enlevé à fa maifon. Il refufa de reconnoître l'archiducheffe Marie-Thérefe, pour héritiere univerfelle de la maifon d'Autriche; & protefta contre la *Pragmatique-Sanction*, dont une armée de 100 mille hommes auroit dû faire la garantie, fuivant la penfée du prince Eugene. Ses prétentions furent le fignal de la guerre de 1741. Les armes de Louis XV, qui avoit folemnellement adhéré à la *Pragmatique*, firent couronner l'électeur,

duc d'Autriche à Lintz, roi de Bohême à Prague, & empereur à Francfort en 1742. Des commencemens fi heureux ne fe foutinrent pas. Les troupes françoifes & bavaroifes furent détruites peu-à-peu par celles de la reine de Hongrie. La guerre étoit un fardeau trop pefant pour un prince accablé d'infirmités, & dénué de grandes reffources, tel qu'étoit Charles VII. On lui reprit tout ce qu'il avoit conquis. En 1744 le roi de Pruffe ayant fait une diverfion dans la Bohême, Charles en profita pour recouvrer fes états. Il rentra enfin dans Munich fa capitale, & mourut deux mois après en 1745, dans la 48e année de fon âge.

CHARLES III, *le Simple*, fils de Louis le Begue, né en 879 d'une 2e femme du vivant même de la premiere, fut couronné roi de France en 893. Sa foibleffe éclata dès qu'il eut en main les rênes de l'état. Il ne profita pas de fes avantages au-dehors, & ne remédia pas aux guerres inteftines de fon royaume. Les Normands continuoient leurs ravages. Charles le Simple, touché des repréfentations de fon peuple accablé par ces pirates, offre à leur chef Rollon la paix, fa fille Gifelle, & la Neuftrie qu'ils appelloient déja Normandie, fous la condition qu'il en feroit hommage, & qu'il embrafferoit le chriftianifme. Le barbare demanda encore la Bretagne. On difputa, & on la lui céda. L'empereur Louis IV étant mort, Charles le Simple auroit pu être élu; mais réduit à un petit domaine par les ufurpations des grands de fon royaume, il fe vit hors d'état de faire valoir fes droits à l'empire. Robert, frere du roi Eudes, forma quelque-tems après un puiffant parti contre lui, & fe fit facrer roi en 922. Charles lui livra bataille & le tua. Il profita fi mal de cet avantage que les factieux eurent le tems de lui oppofer Raoul de Bourgogne.

Quelque-tems après, Herbert l'enferma au château de Peronne, où il mourut en 929, à 50 ans.

CHARLES IV, *le Bel*, troisième fils de Philippe le Bel, parvint à la couronne de France en 1322, par la mort de son frere Philippe le Long, & à celle de Navarre, par les droits de Jeanne sa mere. Il se signala d'abord par les recherches des financiers, presque tous venus de Lombardie & d'Italie pour piller la France. Les semences de division entre l'Angleterre & la France, subsistoient toujours. La guerre commença entre Charles le Bel & Edouard II. Charles de Valois son oncle alla en Guienne, & s'empara de plusieurs villes. La reine Isabelle d'Angleterre fut priée de passer la mer, pour aller rétablir la concorde entre ces deux princes, dont l'un étoit son frere, & l'autre son mari. L'affaire fut bientôt terminée. Charles rendit au roi d'Angleterre tout ce qu'il lui avoit pris, à condition que ce prince viendroit en personne à sa cour rendre hommage de la Guienne, ou qu'il en chargeroit Edouard son fils, en lui cédant le domaine de cette belle province. L'arrivée du jeune prince en France, fut le sceau de la paix entre les deux nations. Charles le Bel mourut le 31 janvier 1328, à l'âge de 34 ans. Le pape Jean XXII fit de vains efforts pour mettre sur sa tête la couronne impériale, qu'il vouloit ôter à Louis de Baviere. Charles le Bel n'avoit ni assez de courage, ni assez d'intrigue, pour pouvoir la prendre & la garder. Il montra quelque zele pour la justice; mais ses peuples n'en furent pas mieux traités, & il laissa l'état accablé de dettes.

CHARLES V, *le Sage*, fils aîné du roi Jean, le premier prince qui ait pris le titre de dauphin, fut couronné à Rheims en 1364. Il trouva la France dans la désolation & l'épuisement. Il remédia à tout par ses négociateurs & ses généraux.

Bertrand du Guesclin tomba, dans le Maine & dans l'Anjou, sur les quartiers des troupes angloises, & les défit toutes les unes après les autres. Il rangea peu-à-peu le Poitou, la Saintonge, le Rouergue, le Périgord, une partie du Limousin, le Ponthieu, sous l'obéissance de la France. Il ne resta aux Anglois que Bordeaux, Calais, Cherbourg, Bayonne, & quelques forteresses. Bertrand du Guesclin s'étoit déja signalé par son ordre en Espagne: il avoit chassé du royaume de Castille Pierre le Cruel, meurtrier de sa femme, & avoit fait couronner à sa place un bâtard, frere de ce roi. Ses avantages sur l'Angleterre étoient toujours constans. Une bataille navale sur les côtes de la Rochelle en 1362, où le comte de Pembrock & 8000 des siens furent faits prisonniers, accéléra une treve entre la France & l'Angleterre. Les François avoient perdu sous le roi Jean, tout ce que Philippe Auguste avoit conquis sur les Anglois: Charles s'en remit en possession par sa dextérité & par ses armes. La mort d'Edouard III le mit en état d'achever la conquête de la Guienne, qu'il reprit toute entiere, à la réserve de Bordeaux. L'empereur Charles IV, s'étant voué à S. Maur de France dans les douleurs de la goutte, vint de Prague à Paris. Le roi de France le reçut avec magnificence. Cet événement fut de près suivi de sa mort, qui arriva en 1380, à la 43e année de son âge. Les historiens le font mourir d'un poison que le roi de Navarre lui avoit fait donner, lorsqu'il n'étoit encore que dauphin. Le médecin de l'empereur arrêta, dit-on, la violence du poison, en lui ouvrant le bras par une fistule qui donnoit issue au venin. Le jour même de sa mort, il supprima par une ordonnance expresse la plûpart des impôts. On trouva dans ses coffres dix-sept millions de livres de son tems, dûs à l'ordre & à l'économie qu'il mit dans les finances, & aux soins de faire refleurir l'agriculture & le commerce. Jamais prince ne fe plut tant à demander confeil, & ne fe laiffa moins gouverner que lui par fes courtifans. Ayant appris qu'un feigneur avoit tenu un difcours trop libre devant le jeune prince Charles fon fils aîné, il chaffa le coupable de fa cour, & dit à ceux qui étoient préfens: » Il faut infpirer aux enfans » des princes l'amour de la vertu, » afin qu'ils furpaffent en bonnes » œuvres ceux qu'ils doivent fur- » paffer en dignité ». Infenfible à la flatterie, il connoiffoit le véritable prix des éloges. Le fire de la Riviere, fon chambellan &. fon favori, s'entretenoit avec ce prince fur le bonheur de fon regne. *Oui*, lui dit le roi, *je fuis heureux, parce que j'ai le pouvoir de faire du bien*. Edouard difoit qu'il n'y avoit point de roi qui parût fi peu à la tête de fes armées, & qui lui fufcitât tant d'affaires. La guerre avec l'Angleterre fit renaître la marine. La France eut une flotte formidable pendant quelque-tems. C'eft à Charles V qu'on doit encore l'arrêt qui fixe la majorité de nos rois à 14 ans; arrêt qui remédia aux abus des régences, qui abforboient l'autorité royale. Il déracina, autant qu'il put, l'ancien abus des guerres particulieres des feigneurs. Les talens eurent en lui un protecteur. Il aimoit les livres & encourageoit les auteurs. Ce fut fous fon regne que parut le *Songe du Vergier*, qui traite de la puiffance eccléfiaftique & temporelle. On l'attribue à divers favans, Philippe de Maizieres, Raoul de Prefles, Jean de Vertu, ou Charles-Jacques de Louviers. Il a été imprimé à Paris 1491, in-folio, & dans les *Libertés de l'Eglife Gallicane*. On raconte au commencement de ce livre, que Charles V fe faifoit lire chaque jour quelqu'ouvrage fur le gouvernement. Sa bibliotheque étoit placée dans le château du Louvre. Il vint à bout de raffembler environ neuf cens volu-

mes: collection, à la vérité, mal choifie; mais qui marquoit du moins ce qu'étoit un prince, à qui fon pere n'avoit laiffé qu'environ vingt volumes. C'eft de fon tems qu'on joua les premieres pieces dramatiques, appellées *Myfteres*.

CHARLES VI, dit *le Bien-Aimé*, fils du précédent, né en 1368 à Paris, parvint au trône en 1380, âgé feulement de 12 ans 9 mois. Sa jeuneffe livra la France à l'avarice & à l'ambition de fes trois oncles, les ducs d'Anjou, de Berri & de Bretagne. Ils étoient, par leur naiffance, les tuteurs de l'état; ils en devinrent les tyrans. Louis d'Anjou, après s'être emparé du tréfor de fon pupille, accabla le peuple d'impôts. La France fe fouleva. Les rebelles de Paris, qu'on nommoit les *Maillotins*, parce qu'ils s'étoient fervis de maillets de fer pour fe défaire des financiers, furent punis, fans qu'on pût faire ceffer les murmures. La fédition étoit arrivée pendant l'abfence du roi. Charles, âgé feulement de 14 ans, mais guerrier dès l'enfance, venoit de gagner fur les Flamands révoltés contre leur comte, la bataille de Rofebecq, dans laquelle il leur tua 25000 hommes. Cette victoire jeta l'épouvante dans les villes rebelles: toutes fe foumirent, à l'exception de Gand. Il fe préparoit à fondre en Angleterre, lorfque marchant contre Jean de Montfort, duc de Bretagne, chez qui Pierre de Craon, affaffin du connétable Cliffon, s'étoit réfugié; il fut frappé d'un coup de foleil, qui, dit-on, lui tourna la tête & le rendit furieux; mais il eft certain que fa démence s'étoit annoncée auparavant par des égaremens dans fes yeux, & dans fon efprit. Les uns prétendent qu'elle provenoit d'une potion amoureufe; les autres, de la frayeur que lui caufa un grand homme noir, efpece de fantôme, qui quelques momens auparavant étoit forti d'un buiffon, & qui ayant arrêté fon cheval par la bride, avoit crié : *Arrête, prince, tu es trahi, où vas-tu ?* Dans ses premiers accès, le roi tira son épée & tua quatre hommes. Les projets de guerre, comme on le pense bien, s'évanouirent. On signa une treve de 28 ans avec Richard II. Charles étoit toujours dans sa frénésie ; pour comble de malheur, il reprenoit quelquefois sa raison. Ces lueurs de bon sens furent fatales. On n'osa point assembler les états, ni rien décider ; & Charles resta roi. Jean Sans-Peur, duc de Nevers & de Bourgogne, vint à la cour pour y exciter des troubles & s'emparer du gouvernement. Ce prince, né scélérat, fit tuer le duc d'Orléans, frere du roi. Ce meurtre mit le feu aux quatre coins du royaume. Les Anglois ne manquerent pas de profiter de la division. Ils remporterent la victoire d'Azincourt en 1415, qui couvrit la France de deuil. Sept princes françois resterent sur le champ de bataille. Les ennemis prirent Rouen avec toute la Normandie & le Maine. Les François, divisés sous les noms d'Orléanois & de Bourguignons, s'immoloient à l'envi aux fureurs de l'une & de l'autre faction. Le duc de Bourgogne fit regorger de sang la capitale & les provinces ; & lorsqu'il fut tué en 1419 par Tannegui du Chatel, sa mort, loin d'arrêter le carnage, ne fit que l'augmenter. Philippe le Bon, son fils, voulant venger ce meurtre, s'unit avec Henri V, roi d'Angleterre, & avec Isabelle de Baviere, femme de Charles VI, princesse dénaturée, qui par ce complot faisoit perdre la couronne au dauphin son fils. Henri V fut déclaré régent & héritier du royaume, par son mariage avec Catherine, derniere fille de France. Le roi d'Angleterre vint à Paris, & y gouverna sans contradiction. Le dauphin, retiré dans l'Anjou, travailla vainement à défendre le trône de son pere. On croyoit que

la couronne de France seroit pour toujours à la maison de Lancastre, lorsque Henri mourut à Vincennes en 1422. Charles VI ne lui survéquit que fort peu de tems, étant mort le 20 octobre de la même année. Sa maladie avoit dégénéré en une sombre imbécillité, & plusieurs l'attribuerent à la magie. Sa démence ayant augmenté par un accident arrivé à un ballet, on envoya chercher un magicien à Montpellier pour le désensorceler. La mort de Charles VI sauva la France, dit le président Hénault, comme celle de Jean Sans-Terre avoit sauvé l'Angleterre. Quand on considere ce tems malheureux, ajoute cet historien, on ne sauroit comprendre l'aveuglement des peuples : ils abandonnent sans le moindre murmure les loix fondamentales de l'état, à la fureur d'une reine déshonorée, & à l'imbécillité d'un roi sans volonté ; tandis que dans d'autres tems ils s'opposent avec véhémence à des dispositions sages, faites pour les rendre heureux. Anne d'Autriche est l'objet de la haine des Parisiens, & Isabelle de Baviere l'est de leur confiance. Ce fut sous ce regne que le parlement devint continuel ; Philippe le Bel l'avoit rendu sédentaire ; mais il ne s'assembloit que deux fois, ou même une seule fois par an. *Voyez l'Histoire de Charles VI,* publiée sous le nom de Mlle de Lussan par Baudot de Julli en 9 vol. in-12.

CHARLES VII, dit *le Victorieux,* parce qu'il reconquit presque tout son royaume sur les Anglois, moins par lui-même que par ses généraux, naquit à Paris en 1403. Il prit la qualité de régent en 1418, & fut couronné à Poitiers en 1422. Il eut à combattre, en prenant la couronne, le régent Betfort, frere de Henri V, & aussi absolu que lui. Tous les avantages furent d'abord du côté des Anglois. Ils ne nommoient Charles VII, alors dans le Berri, que *le Roi de Bourges.*

Il se moqua de leur insolence, & s'en vengea à la bataille de Gravelle en 1423, & à celle de Montargis en 1427. Ces deux succès ne découragerent pas les Anglois. Ils mirent le siege devant Orléans, prêt à se rendre, quoique le brave Dunois le défendît. Charles VII penfoit déja à se retirer en Provence, lorsqu'on lui présenta une jeune paysanne de 20 ans, pleine de courage & de vertu, qui lui promet de faire lever le siege d'Orléans, & de le faire sacrer à Rheims. On réfiste d'abord. On l'arme enfuite : elle marche à la tête d'une armée, se jette dans Orléans, & le délivre. De nouveaux succès viennent à la suite. Le comte de Richemont défait les Anglois à la bataille de Patay, où le fameux Talbot fut fait prisonnier. Louis III, roi de Sicile, joint ses armes à celles de son beau-frere. Auxerre, Troies, Chalons, Soissons, Compiegne se rendent au roi. Rheims, occupé par les Anglois, lui ouvre ses portes. Il y est sacré en présence de la Pucelle, prise bientôt après au siege de Compiegne, & brûlée comme sorciere. Henri VI, pour animer son parti, quitte Londres, & vient se faire sacrer à Paris : cette ville étoit alors aux Anglois. Les François ne tarderent pas de s'en rendre les maîtres. Charles y fit son entrée en 1437 ; mais ce ne fut qu'en 1459 que les ennemis furent entiérement chassés de la France. Le roi reprit successivement tout le pays qu'ils avoient conquis, & il ne leur resta plus que Calais. Charles ne fut en quelque forte, dit le président Hénault, que le témoin des merveilles de son regne. S'il parut à la tête de ses armées, ce fut comme guerrier, & non comme chef. On peut même dire qu'il ne dut les succès qu'aux généraux qui le faisoient agir. Sans eux il auroit souvent négligé ses armes & ses affaires, pour se livrer à ses amours. Un jour qu'il étoit

tout occupé d'une fête, il demanda à la Hire, qui lui parloit de choses plus importantes, ce qu'il pensoit de ces divertissemens ? *Je pense*, lui répondit la Hire, *qu'on ne sauroit perdre son royaume plus gaiement*. Le dauphin, fâché de cette indolence, & aigri contre son pere par les ducs d'Alençon & de Bourbon, se révolte contre lui. Son pere le poursuit, le désarme & lui pardonne. Cet acte de clémence ne le corrigea pas : il persista dans sa rebellion, & se maria avec la fille du duc de Savoie, pour se ménager un appui contre le ressentiment du roi. On a bien eu raison de dire de Charles VII, qu'il avoit été malheureux par son pere & par son fils. La fin de son regne, quoiqu'infortunée pour lui, fut assez heureuse pour la France, sur-tout si l'on en considere le commencement. Il se laissa mourir de faim à Meun en Berri, en 1461, à 58 ans, dans la crainte d'être empoisonné. Ce roi avoit des qualités aimables & brillantes même ; mais il se laissa gouverner par ses courtisans & ses maîtresses. Il aimoit cependant la vérité. *Mais qu'est elle devenue ? disoit-il quelquefois ; il faut qu'elle soit morte, & morte sans trouver de confesseur*. C'est sous Charles VII que cesserent de se tenir les cours plénieres ; la guerre contre les Anglois en fut le prétexte : elles étoient fort à charge au roi & à la noblesse. La noblesse s'y ruinoit au jeu, le roi en dépenses énormes de table, d'habits & d'équipages ; il lui falloit chaque fois habiller ses officiers, ceux de la reine & des princes. Ce fut aussi sous son regne que la taille devint perpétuelle. Jusques-là les états-généraux, suivant les besoins de l'état, s'étoient imposé une taille. Il y avoit des droits légers sur la vente des boissons en détail, nommés aydes & gabelle. Ils avoient nommé des gens pour les percevoir : ces impôts n'étoient que

K 4

pour un tems. Sous Charles VII ils devinrent perpétuels, & le roi nomma des préposés pour les recueillir. Il jugeoit ou faisoit juger par ses officiers les malversations de ces préposés, qui l'eussent été par le peuple, s'ils eussent continué à être les préposés du peuple. Ce fut encore sous ce prince que la gendarmerie fut réduite à 15 compagnies, chacune de cent hommes d'armes. Chaque gendarme avoit son cheval-léger. Il établit aussi 5400 archers, dont une partie combattoit à pied, & l'autre servoit de cavalerie légere. La France prit une nouvelle face. Lorsqu'il en devint roi, ce n'étoit qu'un théâtre de carnage; chaque ville, chaque bourg avoit garnison. On voyoit de tous côtés des forts & des châteaux bâtis sur des éminences, sur les rivieres, sur les passages & en pleine campagne. Les rois n'avoient eu jusques-là que les troupes que devoient fournir les feudataires, qui ne les prêtoient que pour le nombre des jours stipulés, & avec lesquelles on pouvoit livrer une bataille & rien de plus. Mais quand Charles VII eut des troupes à lui, il détruisit beaucoup de ces forteresses, & Louis XI encore plus. *Voyez* son *Histoire* par Baudot de Julli en 2 vol. in-12.

CHARLES VIII, dit *l'Affable & le Courtois*, fils de Louis XI, roi de France, naquit à Amboise en 1470. Il monta sur le trône de son pere, en 1483, âgé de 13 ans & deux mois. Son esprit n'avoit reçu aucune culture. Louis XI craignant que son fils ne se liguât contre lui, comme il s'étoit ligué lui-même contre son pere, le tint dans l'obscurité & dans l'ignorance. Il se borna à lui faire apprendre ces mots latins : *Qui nescit dissimulare, nescit regnare.* La sœur de Charles VIII, Anne de France, dame de Beaujeu, eut le gouvernement de la personne de son frere,

par le testament de son pere, confirmé par les états-généraux. Louis, duc d'Orléans, connu depuis sous le nom de Louis XII, premier prince du sang, jaloux que l'autorité eût été confiée à une femme, excita une guerre civile pour avoir la tutelle. On se battit dans les provinces, & sur-tout en Bretagne; mais le duc ayant été fait prisonnier à la journée de S. Aubin en 1488, & enfermé tout de suite dans la tour de Bourges, les divisions cesserent. Le mariage de Charles VIII, en 1491, avec Anne de Bretagne, une des plus belles princesses de son tems, cimenta la paix, & procura de nouveaux états à la France. Charles & Anne se céderent mutuellement leurs droits sur la Bretagne. La conquête du royaume de Naples tentoit l'ambition du roi de France. Il fait la paix avec le roi d'Aragon, lui rend la Cerdagne & le Roussillon, & lui fait une remise de trois cens mille écus qu'il devoit; sans faire attention que douze villages qui joignent un état, valent mieux, dit un historien, qu'un royaume à 400 lieues de chez soi. Charles enivré de sa chimere, & perdant de vue ses vrais intérêts, descend en Italie. Il entre dans Rome en vainqueur à la lueur des flambeaux, en 1494, & fait des actes de souverain dans cette métropole du monde chrétien. Alexandre VI, réfugié dans le château S. Ange, capitule avec lui, l'investit du royaume de Naples, & le couronne empereur de Constantinople. La terreur du nom françois lui ouvrit les portes de Capoue & de Naples. Charles y entra en 1495 avec les ornemens impériaux. Le pape, les Vénitiens, Sforce, duc de Milan, Ferdinand d'Aragon, Isabelle de Castille, étonnés d'une conquête si prompte, travaillent à la lui faire perdre. Il fallut qu'il repartît pour la France, six mois après l'avoir quittée. Il n'y rentra qu'avec beaucoup de

peine, & par une victoire. Il fallut livrer bataille à Fornoue, village près de Plaisance. L'armée
des confédérés étoit forte d'environ 40000 hommes ; la sienne
n'étoit que de 8000. Les François,
leur roi à leur tête, furent vainqueurs dans cette journée. Naples
fut perdu en aussi peu de tems qu'il
avoit été conquis. Charles, revenu
en France, ne pensa plus à reprendre un royaume qui lui avoit
tant coûté. Il mourut en 1498, au
château d'Amboise, à 27 ans, dont
il en avoit régné 15. Sa santé avoit
toujours été chancelante, & son
esprit tenoit de sa santé. Sa bonté
& sa douceur étoient sans égales.
Il étoit si tendrement aimé de ses
domestiques, que deux tombèrent
morts en apprenant qu'il venoit
d'expirer. Les historiens rapportent
une action qui fait d'autant plus
d'honneur à sa vertu, qu'il aimoit
beaucoup les femmes. Dans le tems
qu'il étoit dans la ville d'Asti, il
trouva, le soir en se retirant, dans
son appartement, une jeune fille
fort belle, que les courtisans lui
avoient achetée. Cette fille le supplia, les larmes aux yeux, de sauver son honneur. Le roi fit venir
ses parens, & ayant su que leur
pauvreté les avoit empêchés de
marier leur fille, & les avoit obligés
à la vendre ; il paya sa dot, &
la renvoya pénétrée de respect &
de reconnoissance. C'est sous lui
que le grand-conseil fut érigé en
cour souveraine.

CHARLES IX, né à S. Germain
en Laye en 1550, monta sur le
trône l'an 1560, après la mort
de son frere François II, fils de
Henri II. Il n'avoit que dix ans
quand il fut sacré à Rheims. Catherine de Médicis sa mere, lui
ayant demandé si la foiblesse de
son âge pourroit lui permettre de
supporter la fatigue des longues
cérémonies qui accompagnent le
sacre de nos rois ? » Oui, oui,
» madame, lui répondit-il, ne crai-

» gnez rien : qu'on me donne des
» sceptres à ce prix, la peine me
» paroîtra bien douce : la France
» vaut bien quelques heures de
» fatigue ». Le plus grand embarras de la reine sa mere, étoit d'arrêter l'ardeur qu'il montroit pour
la guerre. » Eh pourquoi, disoit-
il en se plaignant, me conser-
» ver si soigneusement ? Veut-on
» me tenir toujours enfermé dans
» une boëte, comme les meubles
» de la couronne ? — Mais, Sire,
lui remontroit-on, » ne peut-il pas
» arriver quelque accident fâcheux
» à votre personne ? — Qu'im-
» porte, répondit-il, quand la
» France me perdroit, n'ai-je pas des
» freres pour prendre ma place ? »
Catherine de Médicis eut l'administration du royaume, avec le roi
de Navarre, Antoine de Bourbon,
qu'on déclara lieutenant-général.
Catherine, partagée entre deux
factions, celle des Bourbons &
celle des Guises, résolut de les détruire l'une par l'autre, & alluma
ainsi la guerre civile. Elle commença
par convoquer en 1561 le colloque
de Poissi entre les Catholiques &
les Protestans ; & le résultat de ce
colloque ayant été un édit favorable à ceux-ci, le royaume fut
en feu, & l'expérience fit voir plus
que jamais que les privileges accordés aux sectaires ne font que
renforcer l'esprit de rebellion &
d'audace. Un autre événement hâta
la guerre civile. Le duc de Guise
en passant près de Vassi en Champagne, trouva des Calvinistes qui
chantoient leurs pseaumes dans une
grange, avec un air d'insulte & de
morgue. Une partie de ses gens les
insultèrent. On commence à se battre.
Guise accourt pour appaiser le tumulte, il est frappé d'une pierre ;
ses gens furieux tuent soixante personnes. Ce massacre fort exagéré
par les factieux du parti, fut le
signal de la révolte. Condé, déclaré en 1562 chef & protecteur
des Protestans, surprit Orléans qui

devint le boulevard de l'héréfie. Les Huguenots, à fon exemple, fe rendirent maîtres de Rouen & de plufieurs villes. Le duc de Guife les vainquit à Dreux. Les généraux des deux armées furent faits prifonniers, c'étoit le prince de Condé, & le connétable Montmorenci qui commandoient. Guife gagna la bataille, quoiqu'il ne commandât qu'en fecond. Du champ de victoire de Dreux, il alla affiéger Orléans. Il étoit prêt à y entrer, lorfque Poltrot, huguenot fanatique, l'affaffina en 1563. La même année Charles IX fut déclaré majeur à 13 ans & un jour, au parlement de Rouen, après la prife du Havre fur les Anglois, ennemis de la France & amis des Huguenots. La paix fut conclue l'année fuivante avec l'Angleterre. Charles, après l'avoir jurée, partit pour faire la vifite de fon royaume. A Bayonne il eut une entrevue avec Ifabelle d'Efpagne, fa fœur, femme de Philippe II. La préfence du roi ne pacifia pas les troubles dans les différentes provinces. Les Huguenots, animés par Condé & par Coligni, voulurent fe faifir de fa perfonne à Monceaux. Ils donnerent la bataille de S. Denis contre le connétable, qui fut bleffé à mort, après avoir remporté la victoire. Le duc d'Anjou depuis Henri III, fe mit bientôt à la tête de l'armée royale. Ce prince, général heureux, quoique roi foible dans la fuite, gagna les batailles de Jarnac contre Condé, & de Montcontour contre Coligni, dans la même année 1569. L'éclat de ces deux journées, infpira à Charles IX une vive jaloufie contre le duc d'Anjou fon frere. Après la mort d'Anne de Montmorenci, tué à la bataille de S. Denis en 1567, la reine-mere demanda, pour le duc d'Anjou, la dignité de connétable. Le roi pénétrant fes vues, qui étoient de donner à ce prince de nouvelles occafions de fe fignaler,

lui répondit : » Tout jeune que » je fuis, je me fens affez fort pour » porter mon épée ; & quand cela » ne feroit pas, mon frere, plus » jeune que moi, feroit-il propre » à s'en charger » ? Une paix très-favorable aux Proteftans, vint finir cette guerre fanglante, & donna au roi le moyen de préparer l'exécution d'un projet odieux, mais que les révoltes continuelles des fectaires & l'impoffibilité reconnue de les contenir lui avoient repréfenté comme le feul moyen de fauver l'état. Les avantages accordés aux Huguenots, donnerent des foupçons aux chefs de ce parti. Charles diffipa tout ombrage en donnant fa fœur en mariage au jeune Henri, roi de Navarre. Une nuit, veille de S. Barthélemi en 1572, toutes les maifons des Proteftans de Paris furent forcées en même-tems. Hommes, femmes, enfans, tout fut maffacré fans diffinction. Coligni fut affaffiné par Befme. Son corps féparé de fa tête, fut pendu par les pieds au gibet de Montfaucon. Charles IX dont la vengeance n'étoit pas encore affouvie, voulut jouir de ce fpectacle horrible. Un de fes courtifans l'avertiffant de fe retirer, parce que le cadavre fentoit mauvais, il lui répondit par ces mots de Vitellius: *Le corps d'un ennemi mort fent toujours bon.* Cette boucherie, pour laquelle Gregoire XII fit une proceffion à Rome, parce qu'il la confidéroit comme la fin des guerres civiles & des attentats qui fe renouvelloient, fans ceffe contre la religion & l'état, porta la rage de la vengeance au cœur des Proteftans, déja affez animés par le fanatifme de fecte. Ils ne voulurent point laiffer reprendre les places de fûreté, qu'on leur avoit accordées. Montauban leva l'étendard d'une nouvelle révolte. La Rochelle l'imita. Le duc d'Anjou qui en fit le fiege, y perdit prefque toute fon armée ; & les Huguenots,

malgré la S. Barthélemi, & les
victoires de Jarnac & de Moncontour, furent toujours formidables.
Charles mourut à 24 ans, en 1574.
Il se repentit avec raison d'avoir
voulu maintenir son regne par des
moyens violens & inhumains. La
vérité de l'histoire nous oblige cependant d'observer que la journée
de S. Barthélemi, déja assez détestable par les excès réels qui s'y
font commis, a été étrangement
défigurée par des exagérations démenties par les meilleurs auteurs
contemporains. Un écrivain judicieux, qu'on a calomnieusement
accusé d'avoir fait l'apologie de
cette exécution sanguinaire, a démontré, 1°, que la religion n'y a
eu aucune part, 2°, que ce fut une
affaire de proscription, 3°, qu'elle
ne regarda que Paris, 4°, qu'il
y périt beaucoup moins de monde
qu'on n'a cru, &c. Charles IX
aimoit les lettres & les beaux-arts;
il reste encore des vers de lui, qui
ne font pas sans mérite pour son
tems. Il aimoit les poëtes quoiqu'il ne les estimât pas. On assure
qu'il disoit d'eux, qu'il faloit les
traiter comme les bons chevaux,
les bien nourrir & ne les pas rassasier. C'est depuis lui que les secrétaires d'état ont signé pour le
roi. Charles étoit fort vif dans ses
passions. Villeroi lui ayant présenté
plusieurs fois des dépêches à signer,
dans le tems qu'il alloit jouer à
la paume : *Signez, mon pere*,
lui dit-il, *signez pour moi*—*Eh
bien, mon maître*, reprit Villeroi,
*puisque vous me le commandez,
je signerai*. C'est encore sous ce
regne que furent faites nos loix
les plus sages, & les ordonnances
les plus salutaires à l'ordre public, par les soins de l'immortel
chancelier de l'Hôpital. Ce grand-
homme donna pour devise au roi
deux colonnes, avec ces mots :
Pietate & justitiâ. Un de plaisirs
de Charles étoit d'abattre d'un seul
coup la tête des ânes & des cochons

qu'il rencontroit en allant à la chasse.
Lansac, un de ses favoris, l'ayant
trouvé l'épée à la main contre son
mulet, lui demanda gravement :
*Quelle querelle est donc survenue entre Sa Majesté T. C. &
mon mulet ?*

CHARLES II, roi d'Espagne,
fils & successeur de Philippe IV en
1665, à l'âge de 4 ans, épousa en
premieres noces Marie-Louise d'Orléans, & en secondes, Marie-Anne
de Baviere, princesse de Neubourg.
Il n'eut point d'enfans ni de l'une
ni de l'autre. La seule chose qui
l'occupa dans sa vie, fut le choix
d'un successeur. Son premier testament, fait en 1698, appelloit au
trône d'Espagne le prince de Baviere, neveu de sa femme. Deux
ans après en 1700, il déclara Philippe de France, duc d'Anjou, héritier de toute la monarchie espagnole, par un nouveau testament
signé le 2 octobre. Il mourut le premier novembre suivant, âgé de 39
ans. Quelques mois avant sa mort,
il fit ouvrir les tombeaux de son
pere, de sa mere & de sa premiere
femme, & baisa les restes de ces
cadavres. Sa santé avoit toujours
été fort chancelante, ainsi que
son esprit. Il avoit été élevé dans
l'ignorance. Il ne connoissoit pas les
états sur lesquels il régnoit; & lorsque les François assiégerent Mons,
il crut que cette place étoit au roi
d'Angleterre. A l'instance du cardinal Portocarrero il exclut les princes
de sa maison de la succession au
trône. Ce testament injuste & nul
occasionna un embrasement général;
mais ces événemens n'appartiennent
point à son article. En lui finit la
branche aînée de la maison d'Autriche régnante en Espagne. *Voyez*
PHILIPPE V.

CHARLES I, roi d'Angleterre, d'Ecosse & d'Irlande, né en
1600, successeur de Jacques I, son
pere, en 1625, épousa la même
année Henriette de France, fille
d'Henri le Grand. Son regne com-

mença par des murmures , & finit par un forfait. La faveur de Buckingham , fon expédition malheureufe à la Rochelle , les confeils violens de Guillaume Laud , archevêque de Cantorberi , produifirent un mécontentement général. Les Ecoffois armerent contre leur fouverain. Le feu de la guerre civile éclata de toutes parts. On conclut un traité équivoque pour faire finir les troubles. Charles congédia fon armée. Les Ecoffois , fecrettement foutenus par Richelieu , feignirent de renvoyer la leur & l'augmenterent. Charles , trompé par fes fujets rebelles , fe voit forcé à armer de nouveau. Il affemble tous les pairs du royaume ; il convoque le parlement , & ne trouve par-tout que des factieux & des perfides. Le comte de Stafford étoit fon unique appui. On l'accufe d'avoir voulu détruire la réformation & la liberté ; & fous ce faux prétexte on le condamne à mort , & Charles eft forcé de figner fa condamnation. Preffé de tous côtés , il affemble un nouveau parlement , qu'il ne fût plus maître de caffer enfuite. On y décida qu'il faudroit le concours des chambres pour la caffation. On obligea le roi d'y confentir , & deux ans après on le contraignit de fortir de Londres. La monarchie angloife fut renverfée avec le monarque. En vain il livra plufieurs batailles aux parlementaires. La perte de celle de Nazerbi en 1645 décida tout. Charles défefpéré alla fe jeter dans les bras de l'armée d'Ecoffe , qui le livra au parlement anglois. Le prince , inftruit de cette lâcheté , dit : » Qu'il » aimoit mieux être avec ceux qui » l'avoient acheté cherement , qu'a- » vec ceux qui l'avoient baffement » vendu ». La chambre des communes établit un comité de 18 perfonnes , pour dreffer contre lui des accufations juridiques. On le condamna à périr fur un échafaud. Il eut la tête tranchée le 9 février 1649 , dans la 49e année de fon

âge , & la 25e de fon regne La chambre des pairs fut fupprimée ; le ferment de fidélité & de fuprématie aboli , & tout le pouvoir remis entre les mains du peuple qui venoit de tremper fes mains dans le fang de fon roi. Cromwel , principal auteur de ce parricide , déclaré général perpétuel des troupes de l'état , régna defpotiquement , fous le titre modefte de *Protecteur.* La conftance de Charles dans fes revers & dans le fupplice , étonna fes ememis mêmes. Les plus envenimés ne purent s'empêcher de dire ; qu'il étoit mort avec bien plus de grandeur qu'il n'avoit vécu ; & qu'il pouvoit ce qu'on avoit dit fouvent des Stuards , qu'*ils foutenoient leurs malheurs mieux que leurs profpérités.* On l'honore aujourd'hui comme un martyr de la religion anglicane. Le jour de fa mort eft célébré par un jeûne général. Charles fut bon maître , bon ami , bon pere , bon époux , mais roi mal confeillé. On lui attribue un petit ouvrage intitulé : *con Bafiliki* , qui eft traduit en françois fous le titre de *Portrait du roi* , in-12. Il produifit autant d'effet fur les Anglois , que le teftament de Céfar fur les Romains. Cet ouvrage , plein de religion & d'humanité , fit détefter à ces infulaires , ceux qui les avoient privés d'un tel roi. Son *Procès* eft auffi traduit en françois , petit vol. in-12 , réimprimé dans la derniere édition de Rapin Thoiras.

CHARLES II , fils du précédent , né en 1630 , promena longtems fes malheurs dans les différentes contrée de l'Europe. Reconnu d'abord en Irlande , roi d'Angleterre , par le zèle du marquis d'Ormond ; battu & défait à Dunbar & à Worchefter , en 1651 , il fe retira en France auprès de la reine fa mere , déguifé tantôt en bucheron , tantôt en valet de chambre. Monck gouverneur d'Ecoffe , devenu maître abfolu du parlement , après la mort de Cromwel, s'imagina de rappeller le roi, & y réuffit. Charles fut rappellé en Angleterre en 1660, & l'année fuivante couronné à Londres. L'un de fes premiers foins fut de venger la mort du roi fon pere, fur ceux qui en étoient les auteurs ou les complices; dix des plus coupables furent punis du dernier fupplice. Le peuple, qui avoit paru fi fort républicain, aima fon roi, & lui accorda tout ce qu'il voulut. La guerre contre les Hollandois & contre les François, quoique très-onereufe, n'excita prefque point de murmures. Elle finit en 1667, par la paix de Breda. Cinq ans après, il fit un traité avec Louis XIV, contre la Hollande. La guerre qui en fut la fuite, ne dura que deux ans, & laiffa à Charles tout le tems qu'il falloit pour faire fleurir les arts & les belles-lettres dans fon royaume. Il fit publier la liberté de confcience, fufpendit les loix pénales contre les non-conformiftes; il fonda la fociété royale de Londres en 1660, & l'encouragea. Le parlement d'Angleterre lui affigna un revenu de douze cens mille livres fterlings. Charles, malgré cette fomme, & une forte penfion de la France, fut prefque toujours pauvre. Il vendit Dunkerque à Louis XIV deux cens cinquante mille livres fterlings, & fit banqueroute à fes fujets. Cette prodigalité & fes mœurs déréglées dérogerent aux qualités brillantes & aimables qui l'auroient rendu un des premiers princes de l'Europe. Il mourut en 1685, fans poftérité. Charles fut favorable aux Catholiques: on croit même, avec fondement, qu'il eut l'avantage de mourir catholique. La chambre des communes avoit voulu dès fon vivant exclure fon frere, le duc d'Yorck, de la couronne d'Angleterre. Charles caffa ce parlement, & finit fa vie fans en affembler davantage.

CHARLES-GUSTAVE X, fils de Jean Cafimir, comte Palatin du Rhin, né à Upfal en 1622, monta fur le trône de Suede en 1654, après l'abdication de la reine Chriftine fa coufine. Il ne connoiffoit que la guerre, & la fit heureufement. Il tourna d'abord fes armes contre les Polonois. Il remporta la célèbre victoire de Varfovie, & leur enleva plufieurs places. Cette conquête fut rapide: depuis Dantzick jufqu'à Cracovie, rien ne lui réfifta. Cafimir, roi de Pologne, fecondé par l'empereur Léopold, fut vainqueur à fon tour, & récupéra fes états, après avoir été obligé de les quitter. Les Danois avoient pris part à cette guerre. Charles marcha contre eux. Il paffa fur la mer glacée, d'ifle en ifle, jufqu'à Copenhague, & réunit la Scanie à la Suede. Il mourut à Gothenbourg, en 1660, à l'âge de 37 ans, avec le deffein d'établir dans fon royaume la puiffance arbitraire. Puffendorf a écrit fon *Hiftoire* en latin, 2 vol. in-folio, à Nuremberg 1696; traduite l'année d'après en françois, Nuremberg 1697, 2 vol. in-fol.

CHARLES XI, fils du précédent, fuccéda à fon pere. Chriftiern V, roi de Danemarck, lui ayant déclaré la guerre en 1674, Charles le battit dans différentes occafions, à Helmftad, à Lunden, à Landskroon, & n'en perdit pas moins toutes les places qu'il poffédoit en Poméranie. Il recouvra ces places par le traité de Nimegue en 1679, & mourut l'an 1697, dans la 42e année de fon âge, lorfque l'Empire, l'Efpagne & la Hollande d'un côté, la France de l'autre, l'avoient choifi pour médiateur de la paix conclue à Ryfwick. C'étoit un prince guerrier, actif, prudent, mais trop defpotique. Il abolit l'autorité du fénat, tyrannifa fes fujets. Sa femme le priant un jour d'en avoir compaffion, Charles lui répondit: *Ma-*

dame, je vous ai prife pour me donner des enfans, & non des avis. On a imprimé un livre curieux des *Anecdotes de fon regne*, 1716, in-12.

CHARLES XII, fils de Charles XI, naquit le 27 juin 1682. Il commença comme Alexandre. Son précepteur lui ayant demandé ce qu'il penfoit de ce héros ? *Je penfe*, lui dit ce jeune prince, *que je voudrois lui reffembler.*——*Mais*, lui dit-on, *il n'a vécu que trente-deux ans.* —— *Ah !* reprit-il, *n'eft-ce pas affez, quand on a conquis des royaumes ?* Impatient de régner, il fe fit déclarer majeur à quinze ans; & lorfqu'il fallut le couronner, il arracha la couronne des mains de l'archevêque d'Upfal, & fe la mit lui-même fur la tête avec un air de grandeur qui en impofa à la multitude. Fréderic IV, roi de Danemarck, Augufte, roi de Pologne, Pierre, czar de Mofcovie, comptant tirer avantage de fa jeuneffe, fe liguerent tous trois contre ce jeune prince. Charles, âgé à peine de 18 ans, les attaqua tous l'un après l'autre, courut dans le Danemarck, affiégea Copenhague, força les Danois dans leurs retranchemens. Il fit dire à Fréderic leur roi, que, s'il ne rendoit juftice au duc de Holftein, fon beau-frere, contre lequel il avoit commis des hoftilités, il fe préparât à voir Copenhague détruite, & fon royaume mis à feu & à fang. Ces menaces du jeune héros amenerent le traité de Travendal, dans lequel ne voulant rien pour lui-même, & content d'humilier fon ennemi, il demanda & obtint ce qu'il voulut pour fon allié. Cette guerre finie en moins de fix femaines dans le cours de 1700, il marcha droit à Nerva affiégée par 100 mille ruffes. Il les attaque avec 9 mille hommes, & les force dans leurs retranchemens. Trente-mille furent tués ou noyés, 20 mille demandernt quartier, & le refte fut pris ou difperfé. Charles permit à la moitié des foldats ruffes de s'en rejourner défarmés, & à l'autre moitié de repaffer la riviere avec leurs armes. Il ne garda que les généraux, auxquels il fit donner lurs épées & de l'argent. Il y avoit parmi les prifonniers un prince afiatique, né au pied du Mont-Caucafe, qui alloit vivre en captivité dans les glaces de la Suede. *C'eft*, dit Charles, *comme fi j'étois prifonnier chez les Tartares de Crimée ;* paroles qu'on rapporte pour donner un exemple des bizarreries de la fortune, & dont on fe rappella le fouvenir, lorfque le héros fuédois fut forcé de chercher un afyle en Turquie. Il n'y eut guere, du côté de Charles XII, dans la bataille de Nerva, que 1200 foldats tués & environ 800 bleffés. Le vainqueur fe mit en devoir de fe venger d'Augufte, après s'être vengé du czar. Il paffa la riviere de Düna, battit le maréchal Stenau qui lui en difputoit le paffage, força les Saxons dans leurs poftes, & remporta fur eux une victoire fignalée. Il paffe dans la Courlande qui fe rend à lui, vole en Lithuanie, foumet tout, & va joindre fes armes aux intrigues du cardinal primat de Pologne, pour enlever le trône à Augufte. Maître de Varfovie, il le pourfuit, & gagne la bataille de Cliffau, malgré les prodiges de valeur de fon ennemi. Il met de nouveau en fuite l'armée faxonne commandée par Stenau, affiege Thorn, & fait élire roi de Pologne Staniflas Leczinski. La terreur de fes armes faifoit tout fuir devant lui. Les Mofcovites étoient diffipés avec la même facilité. Augufte, réduit aux dernieres extrémités, demande la paix : Charles lui en dicte les conditions, l'oblige à renoncer à fon royaume, & à reconnoître Staniflas. Cette paix conclue en 1706, Augufte détrôné, Staniflas affermi far le trône , Charles XII auroit pu & même dû fe réconcilier avec le czar ; il aima mieux tourner fes armes contre lui , comptant apparemment de le détrôner comme il avoit détrôné Augufte. Il part de la Saxe dans l'automne de 1707 , avec une armée de 43 mille hommes. Les Mofcovites abandonnent Grodno à fon approche. Il les met en fuite, paffe le Borifthene , traite avec les Cofaques , & vient camper fur le Dezena. Charles XII , après plufieurs avantages, s'avançoit vers Mofcou par les déferts de l'Ukraine. La fortune l'abandonna à Pultava , le 8 juillet 1709. Il fut défait par le czar , bleffé à la jambe , toute fon armée détruite ou faite prifonniere , & contraint de fe fauver fur des brancards. Réduit à chercher un afyle chez les Turcs , il paffa le Borifthene , gagna Oczakow , & fe retira à Bender. Cette défaite remit Augufte fur le trône , & immortalifa le czar. Le grand - feigneur reçut Charles XII , comme le méritoit un guerrier dont le nom avoit rempli l'univers. Il lui donna une efcorte de quatre cens Tartares. Le deffein du roi de Suède , en arrivant en Turquie , fut d'exciter la Porte contre le czar: N'ayant pas pu réuffir ni par fes menaces, ni par fes intrigues , il s'opiniâtra contre fon malheur , & brava le grand-fultan , quoiqu'il fût prefque fon prifonnier. La Porte ottomane fouhaitoit beaucoup de fe défaire d'un tel hôte. On voulut le forcer à partir. Il fe retrancha dans fa maifon de Bender, s'y défendit avec 40 domeftiques contre une armée, & ne fe rendit que quand la maifon fut en feu. Il faut convenir qu'une telle conduite dans un état où on lui avoit accordé généreufement un afyle manquoit de décence ; & qu'elle n'étoit pas même cenfée , vu qu'il n'en pouvoit efpérer aucun fruit. De Bender on le transféra à Andrinople , puis à Demir-Tocca. Cette retraite lui déplai-

foit : il réfolut de paffer au lit tout le tems qu'il y feroit. Il refta dix mois couché , feignant d'être malade. Ses malheurs augmentoient tous les jours. Ses ennemis , profitant de fon abfence , détruifoient fon armée , & lui enlevoient non-feulement fes conquêtes , mais celles de fes prédéceffeurs. Il partit enfin de Demir-Tocca , & traverfa en pofte , avec deux compagnons feulement , les états héréditaires de l'empereur , la Franconie & le Mecklenbourg : & arriva le onzième jour à Stralfund , le 22 novembre 1714. Affiégé dans cette ville , il fe fauva en Suede , réduit à l'état le plus déplorable. Ses revers ne l'avoient point corrigé de la fureur de combattre. Il attaqua la Norwege avec une armée de 20 mille hommes , accompagné du prince héréditaire de Heffe , qui venoit d'époufer fa fœur , la princeffe Ulrique. Il forma le fiege de Frédéricshall au mois de décembre 1718. Une balle perdue l'atteignit à la tête, comme il vifitoit les ouvrages des ingénieurs à la lueur des étoiles , & le renverfa mort le 11 décembre fur les 9 heures du foir. Quelques Mémoires difent qu'il fut affaffiné ; mais l'opinion la plus commune , eft qu'il périt d'un coup de fauconneau tiré de la place affiégée. Tous fes projets de vengeance périrent avec lui. Il méditoit des deffeins qui dévoient changer la face de l'Europe. Suivant ce plan chimérique , affez femblable à celui que Henri IV fe préparoit à exécuter la veille de fa mort , le czar s'uniffoit avec lui pour rétablir Staniflas , & pour détrôner fon compétiteur. Il lui fourniffoit des vaiffeaux pour chaffer la maifon d'Hanover du trône d'Angleterre , & y remettre le prétendant ; & des troupes de terre , pour attaquer Georges dans fes états de Hanovre , & fur-tout dans Brême & Werden , qu'il avoit enlevés au héros fuédois. Charles XII , dit le préfident de Montefquieu , n'étoit point Alexandre ; mais il auroit été le

meilleur foldat d'Alexandre. La nature ni la fortune ne furent jamais
fi fortes contre lui, que lui-même.
Le poſſible n'avoit rien de piquant
pour lui, dit le préſident Hénault ;
il lui falloit des ſuccès hors du vraiſemblable. On a eu raiſon de l'appeller le Don-Quichotte du Nord.
Il porta, dit ſon hiſtorien, toutes
les vertus des héros à un excès,
où elles ſont auſſi dangereuſes que
les vices oppoſés. Inflexible juſqu'à
l'opiniâtreté, libéral juſqu'à la pro-
fuſion, courageux juſqu'à la témérité, ſévere juſqu'à la cruauté, il
fut dans ſes dernieres années moins
roi que tyran, & dans le cours de
ſa vie, plus ſoldat que héros. Ce
fut un homme ſingulier, mais ce ne
fut pas un grand-homme. Il avoit
une taille avantageuſe & noble, un
beau front, de grands yeux bleus,
les cheveux blonds, le teint blanc,
un nez bien formé ; mais preſque
point de barbe ni de cheveux, &
un ſourire déſagréable. Cet homme,
d'un courage effréné, pouſſoit la
douceur & la ſimplicité dans le
commerce, juſqu'à la timidité. Ses
mœurs étoient auſteres & dures
même. Quant à ſa religion, il fut
indifférent pour toutes, quoiqu'il
profeſſât extérieurement le luthéra-
niſme. On croit faire plaiſir au lecteur de rapporter quelques particularités qui faſſent connoître par
les faits le caractere de Charles XII.
Lorſqu'il battit les troupes de Saxe
à Pultansk en Pologne l'an 1702,
le hazard fit que le même jour on
joua à Marienbourg, une comédie
qui repréſentoit un combat entre les
Saxons & les Suédois, au déſavan-
tage des derniers. Charles, inſtruit
peu après de cette particularité, dit
froidement : » Je ne leur envie point
» ce plaiſir-là. Que les Saxons ſoient
» vainqueurs ſur les théatres, pourvu
» que je les batte en campagne. »
La princeſſe Lubomirski, qui étoit
dans les bonnes graces du roi Auguſte,
prit la route d'Allemagne pour fuir
les horreurs de la guerre cruelle qui

déſoloit la Pologne en 1705. Hagen,
lieutenant-colonel ſuédois, averti
de ce voyage, ſe met en embuſ-
cade, & ſe rend maitre de la princeſſe, de ſes équipages, de ſes pierreries, de ſa vaiſſelle, & de ſon
argent comptant : objets extrêmement conſidérables. Charles, informé
de cette aventure, écrit de ſa propre main à Hagen. » Comme je ne
» fais point la guerre aux dames, le
» lieutenant-colonel remettra auſſi-
» tôt ma préſente reçue, ſa pri-
» ſonniere en liberté, & lui rendra
» tout ce qui lui appartient ; & ſi,
» pour le reſte du chemin, elle ne
» ſe croit pas aſſez en ſûreté, le
» lieutenant-colonel l'eſcortera juſ-
» ques ſur la frontiere de Saxe. »
Charles, qui faiſoit indifféremment
la grande & la petite guerre ſuivant
l'occaſion, attaqua & battit en Lithuanie un corps ruſſe. Il vit,
parmi les vaincus reſtés ſur le champ
de bataille, un officier qui excita
ſa curioſité. C'étoit un françois,
nommé Buſanville, qui répondit
avec une grande préſence d'eſprit à
toutes les queſtions qu'on lui fit.
Il ajouta qu'il mouroit avec l'unique
regret de n'avoir pas vu le roi de
Suede. Charles s'étant fait connoître,
Buſanville leve la main droite, &
dit avec un air plein de ſatisfaction :
» J'ai ſouhaité depuis pluſieurs an-
» nées de ſuivre vos drapeaux ;
» mais le ſort a voulu que je ſerviſſe
» contre un ſi grand prince : Dieu
» béniſſe votre majeſté, & donne à
» ſes entrepriſes tout le ſuccès qu'elle
» deſire ! Il expira quelques heures
après, dans un village où il avoit
été porté. On l'enterra avec de grands
honneurs, & aux dépens du roi.
Charles ayant forcé les Polonois à
exclure le roi Auguſte du trône où ils
l'avoient placé, entra en Saxe,
pour obliger ce prince lui-même à
reconnoître les droits du ſucceſſeur
qu'on lui avoit donné. Il choiſit
ſon camp près de Lutzen, champ de
bataille fameux par la victoire &
par la mort de Guſtave-Adolphe. Il
alla

alla voir la place où ce grand homme avoit été tué. Quand on l'eut conduit fur le lieu : *J'ai tâché*, dit-il, *de vivre comme lui ; Dieu m'accordera peut-être un jour une mort auffi glorieufe*. Un jour ce prince fe promenant près de Leipfick, un payfan vint fe jeter à fes pieds pour lui demander juftice d'un grenadier qui venoit de lui enlever ce qui étoit deftiné pour le dîner de fa famille. Le roi fit venir le foldat. » Eft- » il bien vrai, lui dit-il d'un vi- » fage févere, » que vous avez volé » cet homme ? — Sire, dit le foldat, » je ne lui ai pas fait tant » de mal que votre majefté en a » fait à fon maître ; vous lui avez » ôté un royaume, & je n'ai pris » à ce maraud qu'un dindon ». Le roi donna dix ducats de fa propre main au payfan, & pardonna au foldat en faveur de la hardieffe du bon-mot, en lui difant: » Sou- » viens-toi, mon ami, que fi j'ai » ôté un royaume au roi Augufte, » je n'en ai rien pris pour moi ». Les plus grands dangers ne firent jamais la moindre impreffion fur ce prince. Ayant eu un cheval tué fous lui à la bataille de Narva, fur la fin de 1700, il fauta légèrement fur un autre, difant gaiement : *Ces gens-ci me font faire mes exercices*. Un jour qu'il dictoit des lettres pour la Suede à un fecretaire, une bombe tomba fur la maifon, perça le toit, & vint éclater près de la chambre même du roi. La moitié du plancher tomba en pieces. Le cabinet où le roi dictoit, étant pratiqué en partie dans une groffe muraille, ne fouffrit point de l'ébranlement, & par un bonheur étonnant, nul des éclats qui fauterent en l'air, n'entra dans le cabinet, dont la porte étoit ouverte. Au bruit de la bombe, & au fracas de la maifon qui fembloit tomber, la plume échappa des mains du fecretaire. *Qu'y a-t-il ?* lui dit le roi d'un air tranquille ; *pourquoi n'écrivez-vous pas ?* Celui-ci ne put répondre que ces mots : *Eh*

fire. la bombe ! ... — *Eh bien,* reprit le roi, *qu'a de commun la bombe avec la lettre que je vous dicte ? Continuez*. Les ennemis de Charles étoient fûrs de fon approbation, lorfqu'ils fe conduifoient militairement. Un célebre général faxon lui ayant échappé par de favantes manœuvres, dans une occafion où cela ne devoit pas arriver, ce prince dit hautement : *Schulembourg nous a vaincus*. Il avoit confervé plus d'humanité que n'en ont d'ordinaire les conquérans. Un jour d'action, ayant trouvé dans la mêlée un jeune officier fuédois bleffé & hors d'état de marcher, il le força à prendre fon cheval, & continua de combattre à pied, à la tête de fon infanterie. Quoique Charles vécut d'une maniere fort auftere, un foldat mécontent ne craignit pas de lui préfenter, en 1709, du pain noir & moifi, fait d'orge & d'avoine, feule nourriture que les troupes euffent alors, & dont elles manquoient même fouvent. Ce prince reçut le morceau de pain fans s'émouvoir, le mangea tout entier, & dit enfuite froidement au foldat : *Il n'eft pas bon, mais il peut fe manger*. Lorfque, dans un fiege ou dans un combat, on annonçoit à Charles XII la mort de ceux qu'il eftimoit & qu'il aimoit le plus, il répondoit fans émotion : *Eh bien, ils font morts en braves gens pour leur prince*. Il difoit à fes foldats : *Mes amis, joignez l'ennemi, ne tirez point ; c'eft aux poltrons à le faire*. Son *Hiftoire* a été pefamment écrite par Norberg, fon chapelain, en 3 vol. in-4°, Amfterdam 1742 ; plus élégamment, mais avec moins d'exactitude par Voltaire, en 1 vol. in-12 & in-8°. *Voyez* ADLERFELD.

CHARLES II, roi de Navarre, comte d'Evreux, dit *le Mauvais*, naquit l'an 1332 avec de l'efprit de l'éloquence & de la hardieffe ; mais avec une méchanceté qui ternit l'éclat de ces qualités. Il fit affaffiner Charles d'Efpagne de la Cerda,

L

connétable de France, en haine de ce qu'on avoit donné à ce prince le comté d'Angoulême, qu'il demandoit pour sa femme, fille du roi Jean. Charles V, fils de ce monarque, & lieutenant-général du royaume, le fit arrêter. Mais le navarrois s'étant sauvé de sa prison, conçut le projet de se faire roi de France. Il vint souffler le feu de la discorde à Paris, d'où il fut chassé après avoir commis toutes sortes d'excès. Dès que Charles V fut parvenu à la couronne, le roi de Navarre chercha un prétexte pour reprendre les armes; il fut vaincu. Il y eut un traité de paix entre Charles & lui, en 1365. On lui laissa le comté d'Evreux, son patrimoine; & on lui donna Montpellier & ses dépendances pour ses prétentions sur la Bourgogne, la Champagne & la Brie. Le poison étoit son arme ordinaire: on prétend qu'il s'en servit pour Charles V. Sa mort, arrivée en 1387, fut digne de sa vie. Il s'étoit fait envelopper dans des draps trempés dans de l'eau-de-vie & du soufre, soit pour ranimer sa chaleur affoiblie par les débauches, soit pour guérir sa lepre; le feu prit aux draps, & le consuma jusqu'aux os. C'est ainsi que presque tous les historiens françois racontent la mort de Charles II; cependant, dans la lettre que l'évêque de Dax, son principal ministre, écrivit à la reine Blanche, sœur de ce prince, & veuve de Philippe de Valois, il n'est fait nulle mention de ces affreuses circonstances, mais seulement des vives douleurs que le roi avoit souffertes dans sa derniere maladie, avec de grandes marques de pénitence & de résignation à la volonté de Dieu.

CHARLES MARTEL, fils de Pepin Héristal, & d'une concubine nommée Alpaïde, fut reconnu duc par les Austrasiens en 715. Héritier de la valeur de son pere, il défit Chilperic II, roi de France, en différens combats, & substitua à sa place un fantôme de roi nommé Clotaire IV. Après la mort de ce Clotaire, il rappella Chilperic de l'Aquitaine où il s'étoit réfugié, & se contenta d'être son maire du palais. Il tourna ensuite ses armes contre les Saxons & les Sarrasins. Ceux-ci furent taillés en pieces entre Tours & Poitiers, l'an 732. On combattit un jour entier, les ennemis perdirent plus de 100 mille hommes. Abderanie leur chef fut tué, & leur camp pillé. Cette victoire acquit à Charles le surnom de *Martel*, comme s'il se fût servi d'un marteau pour écraser les barbares. Leurs incursions continuant toujours dans le Languedoc & la Provence, le vainqueur les chassa entiérement, & s'empara des places dont ils s'étoient rendus maîtres dans l'Aquitaine. Charles ne posa point les armes. Il les tourna contre les Frisons révoltés, les gagna à l'état & à la religion, & réunit leur pays à la couronne. Thierri, roi de France, étant mort en 737, le conquérant continua de régner sous le titre de Duc des François, sans nommer un nouveau roi. Il jouit paisiblement pendant quelques années de sa puissance & de sa gloire, & mourut en 741. Il fut regretté, & comme guerrier, & comme prince. On le voyoit passer rapidement des Gaules dans le fond de la Saxe, & des glaces de la Saxe dans les provinces méridionales de l'Europe. Le clergé perdit beaucoup sous ce conquérant. Il entreprit de le dépouiller, & se trouva dans les circonstances les plus heureuses pour le faire. Il avoit le prétexte de ses guerres contre les Sarrasins. Le pape, à qui il étoit nécessaire contre les Lombards & contre les Grecs, lui tendoit les bras. Carloman & Pepin, enfans de Charles Martel, partagerent après lui le gouvernement du royaume.

CHARLES DE FRANCE, second fils du roi Philippe le Hardi, eut en apanage les comtés de Valois, d'Alençon & du Perche en Parisis. Il fut investi en 1285 du royaume d'Aragon, & prit en vain le titre de roi. Boniface VIII y ajouta celui de vicaire du faint-fiege. Il paffa en Italie, y fit quelques exploits, & fut furnommé *Défenfeur de l'églife*. Il fervit avec plus de fuccès en Guienne & en Flandre, & mourut à Nogent en 1325. On a dit de lui, qu'il avoit été *fils de roi, frere de roi, oncle de roi & pere de roi, fans être roi*. Il étoit pere de Philippe VI, dit *de Valois*.

CHARLES, duc de Bourbon, fils de Gilbert, comte de Montpenfier, & de Claire de Gonzague, naquit en 1489. Il fut fait connétable en 1515, à 26 ans. Devenu viceroi du Milanez, il s'y fit aimer de la nobleffe par fa politeffe, & du peuple par fon affabilité. Il s'étoit couvert de lauriers dans toutes les affaires d'éclat, & furtout à la bataille de Marignan. La reine-mere, Louife de Savoie, dont il n'avoit pas voulu, dit-on, appercevoir les fentimens, lui ayant fufcité un procès pour les domaines de Bourbon, Charles fe ligua avec l'empereur & le roi d'Angleterre contre la France fa patrie. Il étoit déja dans le pays ennemi, lorfque François I lui envoya demander l'épée de connétable & fon ordre. Bourbon répondit : « Quant à l'épée, il me l'ôta à Valenciennes, » lorfqu'il confia à M. d'Alençon » l'avant-garde qui m'appartenoit. » Pour ce qui eft de l'ordre, je » l'ai laiffé derriere mon chevet à » Chantilli ». Charles, devenu général des armées de l'empereur, alla mettre le fiege devant Marfeille en 1524, & fut obligé de le lever. Il fut plus heureux aux batailles de Biagras & de Pavie, au gain defquelles il contribua beaucoup. François I ayant été pris dans cette derniere journée, Bourbon, touché du malheur de fon ancien fouverain, paffa en Efpagne à fa fuite, pour veiller à fes intérêts pendant les négociations de l'empereur avec fon prifonnier. Un fei-

gneur efpagnol, nommé le marquis de Villano, ne voulut jamais prêter fon palais pour y loger Bourbon : « Je ne faurois rien refufer à » votre majefté, dit-il à Charles-Quint ; » mais fi le duc loge dans » ma maifon, j'y mettrai le feu » au moment qu'il en fortira, » comme à un lieu infecté de la » perfidie, & par conféquent indigne d'être habité par des gens » d'honneur ». L'empereur, qui avoit, dit-on, promis fa fœur à Charles, lui manqua de parole ou du moins différa de l'exécuter. Le général, de retour dans le Milanez, fit quelques démarches équivoques, qui pouvoient faire douter s'il n'étoit pas auffi infidele à Charles-Quint, qu'il l'avoit été à François I. Lorfqu'il fe jeta entre les bras de cet empereur, on avoit fait une pafquinade. On y repréfentoit ce prince donnant des lettres patentes au connétable. Derriere eux étoit Pafquin, qui faifoit figne avec le doigt à l'empereur, & lui difoit : *Charles, prenez garde*. Bourbon alla fe faire tuer enfuite au fiege de Rome, en montant des premiers à l'affaut en 1527. Il s'étoit vêtu ce jour-là d'un habit blanc, *pour être*, difoit-il, *le premier but des affiégés, & la premiere enfeigne des affiegeans*. Dans la crainte que fon corps ne fût infulté par le peuple romain, fes foldats qui lui étoient dévoués, l'emporterent à Gaïette, où ils lui drefferent un magnifique maufolée. Son tombeau a été détruit, & fon corps embaumé, eft devenu un objet de curiofité pour les voyageurs. La révolte du connétable de Bourbon, fi fatale à la France, & les entreprifes des Guifes, qui porterent leurs vues jufqu'à la couronne, apprennent aux rois, dit le préfident Hénault, qu'il eft également dangereux de perfécuter les hommes d'un grand mérite, & de leur laiffer trop d'autorité. Charles paffa long-tems pour le plus honnête

L 2

homme , le plus puissant seigneur , le plus grand capitaine de la France ; mais les tracasseries de la reine-mere , en causant son évasion , ôterent à ses vertus tout leur lustre. M. Baudot de Jully a donné un roman de son nom , 1706, in-12.

CHARLES DE BOURBON, fils de Charles de Bourbon , duc de Vendôme , cardinal , archevêque de Rouen , & légat d'Avignon , fut mis sur le trône en 1589 par le duc de Mayenne , après la mort de Henri III , sous le nom de Charles X. Quelques écrivains ont dit qu'il avoit accepté la couronne , pour la faire perdre à Henri IV son neveu. C'est précisément tout le contraire. Vers le tems où il fut déclaré roi , il envoya , de sa prison de Fontenai en Poitou , son chambellan à Henri IV , avec une lettre par laquelle il le reconnoissoit pour son roi légitime." Je n'ignore point, disoit-il à un de ses confidens , " que les Ligueurs en veulent à la " maison de Bourbon. Si je me suis " joint à eux , c'est toujours un " Bourbon qu'ils reconnoissent, & " je ne l'ai fait que pour la con- " servation des droits de mes ne- " veux ". Ce fantôme de la royauté mourut de la gravelle à Fontenai-le-Comte en 1590 , âgé de 67 ans. On frappa des monnoies en son nom. CHARLES , duc de Bourgogne , dit le Hardi, le Guerrier, le Téméraire , fils de Philippe le Bon , naquit à Dijon en 1433. Il succéda à son pere en 1467. Deux ans auparavant il avoit gagné la bataille de Montlhéri. Il fut encore vainqueur à Saint-Trond contre les Liégeois. Il les soumit, humilia les Gantois , & se déclara l'ennemi-irréconciliable de Louis XI , avec lequel il fut toujours en guerre. Ce fut lui qui livra à ce prince le connétable de S. Pol , qui étoit allé se remettre entre ses mains , après en avoir reçu un sauf conduit. Cette perfidie lui valut Saint-Quentin , Ham , Bouchain , & le trésor de la

malheureuse victime de sa lâcheté. Ses entreprises depuis furent toutes funestes. Les Suisses remporterent sur lui les victoires de Granson & de Morat en 1476. C'est à cette derniere journée qu'il perdit ce beau diamant , vendu alors pour un écu , que le duc de Florence acheta depuis si chérement. Les piques & les spadons des Suisses triompherent de la grosse artillerie & de la gendarmerie de Bourgogne. Charles le Téméraire périt en 1477, défait par le duc de Lorraine , & tué en se sauvant , après la bataille qui se donna près de Nanci , qu'il avoit assiégé. Ce duc de Bourgogne , dit un historien , étoit le plus puissant de tous les princes qui n'étoient pas rois , & peu de rois étoient aussi puissans que lui. A la fois vassal de l'empereur & du roi de France , il étoit très-redoutable à l'un & à l'autre. Il inquiéta tous ses voisins , & presque tous à la fois. Il fit des malheureux , & le fut lui-même. On ne peut néanmoins lui refuser d'excellentes qualités , auxquelles plusieurs historiens ne semblent pas avoir rendu assez de justice. Philippe de Commines nous apprend qu'il étoit très-chaste , qu'il défendit rigoureusement le duel, & qu'il administra la justice avec rigueur. Il paroît que le duc René a eu un peu recours à la trahison pour perdre ce redoutable adversaire. Campobasso , le sire d'Ange , le seigneur de Montfort , qui abandonnerent Charles dans le moment le plus critique , n'ont pas passé sans quelqu'intérêt dans le parti des Lorrains. Ils furent richement récompensés pour une action que la vraie valeur n'eut payé que de mépris & de haine. On voit à Bruges dans l'église de N. D. le tombeau de ce duc & celui de sa fille Marie ; ce sont deux pieces superbes. CHARLES DE FRANCE , comte d'Anjou , frere de S. Louis , né en 1220 , épousa Béatrix , héritiere de Provence , qui l'accompagna en

Égypte, où il fut fait prisonnier l'an 1250. Ce prince à son retour fournit Arles, Avignon, Marseille, qui prétendoient être indépendantes, & qui même, après le succès de Charles, conservèrent de grands privilèges. Il fut investi du royaume de Naples & de Sicile en 1265. Mainfroi, usurpateur de ce royaume, fut vaincu par lui & tué l'année d'après dans les plaines de Bénévent. Sa femme, ses enfans, ses trésors furent livrés au vainqueur, qui fit périr en prison cette veuve & le fils qui lui restoit. Conradin, duc de Suabe, & petit-fils de l'empereur Fréderic II, étant venu avec Fréderic d'Autriche pour recouvrer l'héritage de ses aïeux, fut fait prisonnier deux ans après, & exécuté dans le marché de Naples par la main du bourreau. Ces exécutions firent détester Charles. Un Gibelin, passionnément attaché à la maison de Suabe, & brûlant de venger le sang répandu, trama un complot contre lui. Les Siciliens se révoltèrent. Le jour de Pâques 1282, au son de la cloche de vêpres, tous les François furent massacrés dans l'île, les uns dans les églises, les autres aux portes, ou dans les places publiques, les autres dans leurs maisons. Il y eut 8 mille personnes égorgées. Charles, mourut en 1285, avec la douleur d'avoir poussé ses sujets, par sa violence & sa cruauté, à se livrer à cette vengeance extrême, qui est connue sous le nom de *Vêpres siciliennes.*

CHARLES I, duc de Lorraine, fils puîné de Louis d'Outremer, naquit à Laon en 953, & fit hommage-lige de ses états à l'empereur Othon II, son cousin; ce qui indigna les seigneurs françois. Louis le Fainéant, son neveu, étant mort, Charles fut privé de la couronne de France par les états assemblés en 987, & Hugues Capet fut mis sur le trône. Ce prince tenta vainement de faire valoir son droit par

les armes. Il fut pris à Laon le 2 avril 991, & renfermé dans une tour à Orléans, où il mourut trois ans après.

CHARLES II, duc de Lorraine, étoit fils du duc Jean, empoisonné à Paris le 27 septembre 1582, & de Sophie de Wirtemberg. Il se signala dans plusieurs combats, fut connétable en 1418, & mourut en 1430.

CHARLES IV DE LORRAINE, petit-fils de Charles III, prince guerrier, plein d'esprit, mais inquiet & capricieux. Il se brouilla souvent avec la France, qui le dépouilla deux fois de ses états, & le réduisit à subsister de son armée qu'il louoit aux princes étrangers. En 1641 il signa la paix, & aussitôt après se déclara pour les Espagnols, qui moins traitables que les François, & comptant peu sur sa fidélité, l'enfermèrent dans la citadelle d'Anvers, & le transférèrent delà à Tolede jusqu'en 1659. L'histoire de sa prison se trouve à la fin des *Mémoires de Beauvau,* Cologne 1690, in-12. Trois ans après, en 1662, il signa le traité de Montmartre, par lequel il faisoit Louis XIV héritier de ses états, à condition que tous les princes de sa famille seroient déclaré princes du sang de France, & qu'on lui permettroit de lever un million sur l'état qu'il abandonnoit. Ce traité produisit de nouvelles bizarreries dans le duc de Lorraine. Le roi envoya le maréchal de la Ferté contre lui. Il céda Marsal, & le reste de ses états lui fut rendu. Le maréchal de Créqui l'en dépouille de nouveau en 1670. Charles, qui étoit accoutumé à les perdre, réunit sa petite armée avec celle de l'empereur. Turenne le défit à Ladenbourg en 1674. Charles s'en vengea sur l'arrière-ban d'Anjou, qu'il battit à son tour. Il assiégea l'année d'après le maréchal de Créqui dans Treves, s'en rendit maître, & le fit prisonnier. Il mourut près de

L 3

Birkenfeld la même année 1675, âgé de 72 ans. Ce prince, né avec beaucoup de valeur & de talens pour la guerre, dit le préfident Hénault, n'étoit cependant qu'un aventurier, qui eût pu faire fortune s'il fût né fans biens, & qui ne fut jamais conferver fes états. Il étoit fingulier en galanterie comme en guerre. Mari de la duchesse Nicole, il époufa la princesse de Cantecroix; amoureux enfuite d'une parifienne, il passa un contrat de mariage avec elle, du vivant de la princesse. Louis XIV fit mettre fa maîtresse dans un couvent, ainfi qu'une autre demoifelle à laquelle le bizarre Lorrain vouloit s'unir. Il finit par propofer un mariage à une chanoineffe de Pouffai, & il l'auroit époufée, fans les oppofitions de la princesse de Cantecroix.

CHARLES V, fecond fils du duc François & de la princesse Claude de Lorraine, fœur de la duchesse Nicole de Lorraine, & neveu de Charles IV, fuccéda l'an 1675 à fon oncle dans fes états; ou plutôt, dit le préfident Hénault, dans l'efpérance de les recouvrer. L'empereur Léopold n'eut point de plus grand général, ni d'allié plus fidele. Il commanda fes armées avec gloire. Il avoit toutes les bonnes qualités de fon oncle, fans en avoir les défauts, dit l'auteur du fiecle de Louis XIV. Mais en vain il mit fur fes étendards: Aut nunc, aut nunquam; Ou maintenant ou jamais: le maréchal de Créqui lui ferma toujours l'entrée de la Lorraine. Charles fut plus heureux dans les guerres de Hongrie, où il fe fignala par plufieurs victoires remportées fur les mécontens, & par des conquêtes fur les Turcs. En 1674 on le mit fur les rangs pour la couronne de Pologne; mais ni fon nom, ni l'appui de l'empereur ne purent la lui procurer. De retour de fes expéditions de Turquie, il vint fervir contre la France, prit Mayence en 1690, & mourut la

même année à 48 ans. Il avoit eu la gloire de feconder Jean Sobieski dans la délivrance de Vienne, & celle de le délivrer lui-même à la journée de Barkam. Ce prince, digne par fes vertus politiques, militaires & chrétiennes, d'occuper le premier trône de l'univers, ne jouit jamais de fes états. » Jamais homme, dit le maréchal de Berwick, » n'eut plus de courage, » de vivacité, de prudence, & » d'habileté; jamais homme n'eut, » plus la confiance des troupes qui » étoient à fes ordres ». Se fentant près de la mort, il écrivit à l'empereur la lettre fuivante: » Sacrée » majefté, fuivant vos ordres, je » fuis parti d'Infpruck, pour me » rendre à Vienne; mais je fuis » arrêté ici par un plus grand » maître. Je vais lui rendre compte » d'une vie que je vous avois con- » facrée toute entiere. Souvenez- » vous que je quitte une époufe » qui vous touche, des enfans à » qui je ne laiffe que mon épée, » & des fujets qui font dans l'op- » preffion ». L'empereur lui avoit fait époufer fa fœur Eléonore-Marie, fille de l'empereur Ferdinand III, & reine douairiere de Pologne. De ce mariage naquit le duc Léopold I, pere de l'empereur François I (voyez LÉOPOLD). La Brune a donné la Vie du duc Charles V, in-12. Il a paru auffi fous fon nom un Teftament politique, Leipfick 1696, in-8°. L'ouvrage eft médiocre, & il n'eft pas de lui.

CHARLES DE LORRAINE, archevêque de Rheims, de Narbonne, évêque de Metz, de Toul, de Verdun, de Thérouane, de Luçon & de Valence, abbé de S. Denis, de Fécamp, de Cluni, de Marmoutier, &c. naquit à Joinville en 1525, de Claude de Lorraine, premier duc de Guife. Paul III l'honora de la pourpre romaine en 1547. Le cardinal fe fignala au colloque de Poiffy, qu'il avoit ménagé, difent ridiculement les Proteftans, pour faire admirer fon éloquence. L'année d'auparavant, en 1560, il avoit propofé d'établir l'inquifition en France, en remontrant que ce moyen avoit conftamment préfervé le Portugal, l'Efpagne & l'Italie, du malheur des guerres civiles, où l'héréfie avoit plongé le refte de l'Europe. Le chancelier de l'Hôpital s'y oppofa. Pour tenir un milieu, le roi attribua la connoiffance du crime d'héréfie aux évêques, à l'exclufion des parlemens. Le cardinal de Lorraine parut avec beaucoup d'éclat au concile de Trente. Le pape, qui auroit voulu empêcher ce voyage, dit en fouriant à l'ambaffadeur de France qui lui affuroit qu'il auroit lieu : » Le cardinal de Lorraine viendra- » t-il au concile parler de la plu- » ralité des bénéfices, lui, qui a » 300 mille écus en bénéfices ? Cet » article de réformation feroit plus » à craindre pour lui, que pour » moi, qui n'ai que le feul béné- » fice du fouverain pontificat, dont » je fuis content ». Cette plaifanterie n'empêcha point le cardinal de fe rendre à Trente. De retour en France, il fut envoyé en Efpagne par Charles IX, dont il gouvernoit les finances en qualité de miniftre d'état. Henri III paffant à Avignon à fon retour de Pologne, fe fit aggréger aux confrairies des Pénitens, & trouva le cardinal de Lorraine à la tête des Pénitens bleus. Ce prélat ayant eu une foibleffe dans une des proceffions, & n'ayant pas voulu fe retirer de peur de troubler la cérémonie, fut faifi d'une fievre qui le conduifit au tombeau en 1574. Il avoit fondé l'année précédente l'univerfité de Pont-à-Mouffon. Il fit fleurir les fciences & les cultiva. On a de lui quelques ouvrages. Ce fut lui qui propofa le premier la Ligue, dans le concile de Trente, où elle fut approuvée. La mort de fon frere fufpendit ce projet, jufqu'à ce que le cardinal fut le conférer à Henri, duc de Guife, fon neveu. Si le cardinal de Lorraine montra beaucoup de zele pour la religion catholique, il n'en montra pas moins pour élever fa famille, & pour étendre fon autorité.

CHARLES DE LORRAINE, duc de Mayenne, fecond fils de François de Lorraine, duc de Guife, né en 1554, fe diftingua aux fieges de Poitiers &, de la Rochelle, & à la bataille de Montcontour. Il battit les Proteftans dans la Guienne, dans le Dauphiné & en Saintonge. Ses freres ayant été tués aux états de Blois, il fuccéda à leurs projets, fe déclara chef de la Ligue, & prit le titre de *Lieutenant-général de l'état & couronne de France.* Il avoit été long-tems jaloux de fon frere le Balafré, dont il avoit le courage, fans en avoir l'activité. Il marcha contre fon roi légitime Henri IV, à la tête de 30 mille hommes, & fut battu à la journée d'Arques, & enfuite à celle d'Yvri, quoique le roi n'eût guere plus de 7 mille hommes. La faction des Seize ayant fait pendre le premier préfident du parlement de Paris, & deux confeillers qui s'oppofoient à leur infolence : Mayenne condamna au même fupplice quatre de ces factieux, & éteignit par ce coup d'éclat cette cabale prête à l'accabler lui-même. Il ne perfifta pas moins à maintenir la Ligue. Enfin, après plufieurs défaites, il s'accommoda avec le roi en 1599. Cette paix, dit le préfident Hénault, eût été plus avantageufe pour lui, s'il l'eût faite plutôt ; & quoique l'on reconnoiffe que ce fut un grand-homme, on a dit de lui, qu'il n'avoit fu bien faire ni la guerre ni la paix. Henri fe réconcilia fincérement avec lui : il lui donna fa confiance & le gouvernement de l'Ifle-de-France. Un jour ce roi le fatigua dans une promenade, le fit bien fuer, & lui dit au retour : » Mon coufin, voilà la feule ven- » geance que je voulois tirer de » vous, & le feul mal que je vous

L 4

« feral de ma vie ». Charles mourut à Soiſſons en 1611.

CHARLES - ALEXANDRE de Lorraine, gouverneur des Pays-Bas, grand-maître de l'ordre Teutonique, frere de l'empereur François I, naquit à Luneville le 12 décembre 1712, de Léopold-Joſeph, duc de Lorraine & d'Eliſabeth - Charlotte d'Orléans. Le prince Charles quelque-tems après le mariage de ſon frere avec l'héritiere de la maiſon d'Autriche, fut fait général d'artillerie, puis feld-maréchal ; il commanda l'armée en Bohême l'an 1742. S'étant emparé de Czaſlau, il y livra bataille au roi de Pruſſe, qui remporta la victoire en perdant preſque toute ſa cavalerie. La paix ayant été faite la même année entre le roi de Pruſſe & la reine de Hongrie, le prince Charles tourna ſes armes contre les François qui faiſoient de grandes conquêtes en Bohême, enleva Pyſeck, Pilſen ; mit le ſiege devant Prague le 28 juillet, & prit Leutmeritz avant la fin de cette campagne. En 1744 il commanda ſur le Rhin, qu'il traverſa le 2 juillet de la maniere la plus glorieuſe ; il s'empara des lignes de Spire, de Germentheim, de Lauterbourg & de Haguenau, & s'établit au milieu de l'Alſace ; mais le roi de Pruſſe en violant la paix de Breſlau, fit une diverſion qui obligea le prince Charles d'abandonner l'Alſace. Il fit ſa retraite en bon ordre, & repaſſa le Rhin à Bentheim le 25 août, en préſence de l'armée françoiſe. Il retourna en Bohême, & contraignit le roi de Pruſſe d'abandonner ſes conquêtes. L'année ſuivante ce monarque le battit à Freidberg & à Prandnitz. Il commanda encore les armées autrichiennes en 1757, défit le général Keith, & chaſſa les Pruſſiens de toute la Bohême ; la même année le 22 novembre il les défit encore près de Breſlau. Il n'eut pas le même bonheur le 5 décembre ſuivant, à la bataille de Liſſa. Ce prince ſouvent malheureux dans les combats, n'en fut pas moins un grand général ; brave, intrépide dans les dangers, ſage dans le conſeil, il s'eſt fait ſouvent redouter même après ſa défaite. Perſonne ne ſut mieux que lui choiſir un camp, le fortifier, faire une retraite ſûre & honorable. Il ſe faiſoit aimer & admirer, autant par ſa généroſité, ſa douceur, ſon affabilité, que par ſon eſprit & l'étendue de ſes connoiſſances dans l'hiſtoire, la philoſophie, les mathématiques, la mécanique, & par un amour ſincere de la religion. Les gens-de-lettres trouvoient auprès de lui un accès facile ; ſa bibliotheque, ſon cabinet de médailles & d'hiſtoire naturelle, &c. tout leur étoit ouvert. Les monumens qu'on a érigé à ſa mémoire prouvent combien il étoit chéri des peuples de ſon gouvernement. Il mourut le 4 juillet 1780. Il avoit épouſé le 7 janvier 1744 Marie-Eléonore d'Autriche, ſeconde fille de Charles VI, qu'il perdit la même année.

CHARLES le Guerrier, duc de Savoie, étoit fils d'Amédée IX, & frere de Philibert I, auquel il ſuccéda en 1482. Ce prince étoit bien fait, ſage, vertueux, affable, libéral & inſtruit. Il eut beaucoup de traverſes à eſſuyer au commencement de ſon regne. L'an 1485, Charlotte, reine de Chypre, & veuve de Louis de Savoie, confirma, en faveur de Charles, la donation qu'elle avoit faite de ſon royaume au duc ſon époux. C'eſt ſur ce fondement que les ducs de Savoie ont pris le titre de rois de Chypre. Charles épouſa Blanche de Montferrat, fille de Guillaume Paléologue VI, marquis de Montferrat, dont il eut un fils qui lui ſuccéda. Charles le Guerrier promettoit un regne glorieux, lorſqu'il mourut le 13 mars 1489, à 21 ans. Le marquis de Saluces, qu'il avoit vaincu en perſonne, & dont il avoit ſubjugué le pays, fut ſoupçonné de l'avoir fait empoiſonner.

CHARLES - EMMANUEL I , duc de Savoie , dit *le Grand* , naquit au château de Rivoli en 1562. Il signala son courage au camp de Montbrun , aux combats de Vigo , d'Ast , de Châtillon , d'Ostage ; au siege de Verue , aux barricades de Suse. Il eut des vues sur la Provence en 1590. Philippe II , son beau-pere , l'aida à se faire reconnoître protecteur de cette province par le parlement d'Aix , afin que cet exemple engageât la France de reconnoître le roi d'Espagne pour protecteur de tout le royaume. Charles Emmanuel tourna ensuite ses regards sur le trône impérial , après la mort de l'empereur Mathias ; sur le royaume de Chypre , qu'il vouloit conquérir ; & sur la principauté de Macédoine , que les peuples de ce pays , tyrannisés par les Turcs , lui offrirent. Les Génevois à peine affermis dans leur révolte furent obligés de défendre leur ville , en 1602 , contre les armes de ce prince , qui fit tenter une escalade sans succès. Henri IV , fit avec lui un traité , par lequel il lui laissoit le marquisat de Saluces , pour la Bresse & le Bugei. Lorsqu'on lui parla à la cour de rendre le marquisat , il répondit : Que le mot de restitution ne devoit jamais entrer dans la bouche des princes , & sur-tout des guerriers. Toujours remuant , il s'exposa encore aux armes des François , à celles des Espagnols & des Allemands , après la guerre pour la Valteline. Il mourut de chagrin en 1630 , à 78 ans. Son ambition le jeta dans des voies détournées & indignes d'un grand prince. Il n'y eut jamais d'homme moins ouvert que lui. On disoit que son cœur étoit , comme son pays , inaccessible. Il bâtit des palais & des églises : il aima & cultiva les lettres ; mais il ne songea pas assez à faire des heureux & à l'être.

CHARLES - EMMANUEL II , fils de Victor - Amédée I , com-

mença à régner en 1638 , après la mort du duc François. Il n'avoit alors que quatre ans. Les Espagnols profiterent de la foiblesse de la régence pour s'emparer de diverses places ; mais la paix des Pyrénées rétablit la tranquillité en Savoie : elle ne fut troublée que par un léger différend avec la république de Gènes. Charles - Emmanuel mourut en 1675 , de la révolution que lui causa un accident arrivé à Victor-Amédée son fils , renversé de cheval en faisant ses exercices. Turin lui doit plusieurs de ses embellissemens. Il n'oublia pas les autres parties de ses états. Il perça un rocher qui séparoit la Savoie du Dauphiné , & y pratiqua un chemin large & commode , pour faciliter le commerce entre ces deux provinces : ce travail lui fit plus d'honneur qu'une conquête. Le nom de ce prince , mérite d'ailleurs de passer à la postérité , par son esprit , & par la protection qu'il accorda aux savans.

CHARLES - EMMANUEL III , fils de Victor - Amédée II , naquit en 1701. D'excellens maîtres développerent les talens qu'il avoit reçus de la nature pour la guerre & la politique. Son pere ayant renoncé volontairement à la couronne, en 1730, Charles-Emmanuel monta sur le trône & l'occupa en grand prince. Il entra dans les projets que firent l'Espagne & la France , d'affoiblir en 1733 la maison d'Autriche ; & après s'être signalé par quelques actions mémorables dans cette courte guerre , il fit la paix , & obtint le Novarois , le Tortonois , & quelques autres fiefs dans le Milanois. Cette paix de 1738 fut suivie d'une guerre qui arma presque toute l'Europe. Le roi de Sardaigne , quelque-tems incertain , s'unit au commencement de 1742 avec la reine de Hongrie contre la France & l'Espagne. Il eut des succès & des revers ; mais il fut plus souvent vainqueur que vaincu ; & lors même qu'il eut le malheur d'être battu, on admira en lui les dispositions & les ressources d'un général habile. Il eut encore le bonheur de faire une paix avantageuse. Il resta en possession de toutes les acquisitions dont il jouissoit alors, & principalement des districts que lui avoit cédé la reine de Hongrie par le traité d'alliance de 1742, du Vigevanesque, d'une partie du Pavesan, &c. Charles-Emmanuel, tout entier à ses sujets, embellit ses villes, fortifia ses places, disciplina ses troupes, & régla tout par lui-même. Il est mort le 20 de février 1773, après avoir été marié trois fois. Il n'avoit pas voulu prendre part à la guerre de 1756, & avoit sacrifié son attrait pour les armes au bonheur de son peuple. Sa sage économie dans l'administration des finances, son éloignement du faste & des plaisirs, son attention à ne pas abandonner les rênes du gouvernement à des mains subalternes, lui donnèrent le moyen de réformer bien des abus, de faire des établissemens utiles, & de donner l'abondance à un pays stérile. Tous les ordres de l'état furent sagement policés; la débauche fut proscrite, le jeu restreint & modéré. Il régnoit une confusion extrême dans les différentes branches de la législation; Charles-Emmanuel y mit de l'ordre par des ordonnances judicieuses, qui en simplifiant l'administration de la justice, abrégèrent ses longueurs. La religion fut protégée & les talens de ses ministres encouragés; toutes les places ecclésiastiques, même les évêchés, furent donnés au concours.

CHARLES DE SAINT PAUL, dont le nom de famille étoit Vialart, supérieur-général de la congrégation des Feuillans, fut nommé évêque d'Avranches en 1640, & mourut en 1644. Il est très-connu par sa *Géographie sacrée*, imprimée avec celle de Sanson, Amsterdam 1707, 3 vol. in-fol. Son *Tableau de la rhétorique françoise* est au-des-

sous du médiocre; aussi reste-t-il dans l'oubli.

CHARLETON, (Gautier) médecin anglois, naquit dans le comté de Sommerset, le 2 février 1619. Après avoir été reçu au doctorat à Oxford en 1642, il fut mis au nombre des médecins ordinaires du roi Charles I, & devint membre de la société royale de Londres. Sa réputation & ses succès le firent appeller à Padoue en 1678 pour y occuper la première chaire de médecine-pratique; mais n'ayant pu s'accoutumer à ce pays, il revint à Londres au bout de deux ans, & se retira ensuite dans l'isle de Gersey, où il mourut vers l'an 1695, âgé de 76 ans. Charleton a beaucoup écrit; fur l'athéïsme, sur la puissance de l'amour, & la force de l'esprit, sur l'immortalité de l'ame, sur la loi naturelle & la loi divine positive; mais particuliérement sur la médecine; ses principaux ouvrages en ce genre, I. *Exercitationes physico-medicæ sive Œconomia animalis*, Londres 1659, in-12. L'édition de la Haye 1681, in-12, est plus ample. II. *Exercitationes patologicæ*, Londres 1661, in-4°. III. *De differentiis & nominibus animalium*, Oxford 1673, in-fol. IV. *De Scorbuto*, Londres 1671, in-8°.

CHARLEVAL, (Charles - Faucon de Ry, seigneur de) naquit avec un corps très-délicat & un esprit qui lui ressembloit. Il aima passionnément les lettres, & se fit chérir de tous ceux qui les cultivoient. Sa conversation étoit mêlée de douceur & de finesse: c'est là caractere de ses vers & de sa prose. Scarron, qui mettoit du burlesque par-tout, jusques dans ses louanges, disoit, en parlant de la délicatesse de son esprit & de son goût: *Que les Muses ne le nourrissoient que de blanc manger & d'eau de poulet.* Les qualités de son cœur égaloient celles de son esprit. Ayant appris que M. & Mad. Dacier alloient quitter Paris, pour vivre moins à l'étroit en province, il leur alla offrir auffi-tôt 10 mille francs, & les preffa vivement de les accepter. Ses Poéfies tomberent (après fa mort arrivée en 1693, à 80 ans) entre les mains du premier préfident de Ry, fon neveu; mais ce magiftrat ne voulut point faire ce préfent au public. On en a fait un petit recueil en 1759, in-12. Elles font pleines de légéreté & de graces, mais foibles d'imagination & de ftyle. Elles confiftent en Stances, Epigrammes, Sonnets, Chanfons. La *Converfation du maréchal d'Hocquincourt & du P. Canaye*, imprimée dans les Œuvres de Saint-Evremont, piece plaifante & originale, eft de Charleval, jufqu'à la petite Differtation fur le Janfénifme & le Molinifme, que Saint-Evremont y a ajoutée, mais qui eft beaucoup moins heureufe que le refte de l'ouvrage.

CHARLEVOIX, (Pierre-François-Xavier de) jéfuite, né à S.-Quentin le 29 octobre 1682, profeffa les humanités & la philofophie avec beaucoup de diftinction. Nommé pour travailler au *Journal de Trévoux*, il remplit cet ouvrage, pendant 22 ans, d'excellens extraits. Il mourut à la Fleche le 1 février 1761. Des mœurs pures & une fcience profonde le rendoient le modele de fes confreres & l'objet de leur eftime. On a de lui plufieurs ouvrages qui ont eu beaucoup de cours. I. *Hiftoire & defcription du Japon*, en 6 vol. in-12, & 2 in-4°. Ce livre, bien écrit & très-détaillé, renferme ce que l'ouvrage de Kœmpfer offre de vrai & d'intéreffant, & l'on y trouve également ce qui peut fatisfaire une curiofité religieufe & profane. II. *Hiftoire de l'ifle de S.-Domingue*, in-4°, 2 vol. Paris 1730. Cet ouvrage, qui eft écrit avec fimplicité & avec ordre, eft auffi curieux que fenfé. L'auteur s'eft borné à l'hiftoire civile & politique, fans entrer dans le détail des miffions.

III. *Hiftoire du Paraguai*, in-12. 6 vol. C'eft le même ton, la même fagacité & la même exactitude que dans les ouvrages précédens. IV. *Hiftoire générale de la nouvelle France*, in-12, 4 vol. C'eft le meilleur de tous les livres écrits fur cette matiere. V. *Vie de la Mere Marie de l'Incarnation*, in-12. Livre écrit avec onction & propre à nourrir la piété. Ces différens ouvrages ont été bien reçus de ceux qui jugent fans préjugé; on fouhaiteroit feulement un peu plus de précifion dans le ftyle.

CHARLIER, (Jean) furnommé Gerfon, prit ce nom d'un village du diocefe de Rheims, où il vit le jour en 1363. Il étudia la théologie fous Pierre d'Ailli, & lui fuccéda dans la dignité de chancelier & de chanoine de l'églife de Paris. Jean Petit ayant eu la lâcheté de juftifier le meurtre de Louis, duc d'Orléans, tué en 1408 par ordre du duc de Bourgogne, Gerfon fit cenfurer fa doctrine par les docteurs & par l'évêque de Paris. Son zele n'éclata pas moins au concile de Conftance, où il affifta comme ambaffadeur de France. Il s'y fignala par plufieurs difcours, & fur-tout par celui de la fupériorité du concile au-deffus du pape; ce qui n'empêcha pas qu'il ne reconnut en des termes très-forts, la primauté & la jurifdiction du pape dans toute l'églife. N'ofant pas revenir à Paris, où le duc de Bourgogne l'auroit perfécuté, il fut contraint de fe retirer en Allemagne déguifé en pélerin, & enfuite à Lyon dans le couvent des Céleftins, où fon frere étoit prieur. Cet homme illuftre pouffa l'humilité jufqu'à devenir maître d'école. Il mourut en 1429 à 66 ans. La plupart de fes œuvres furent d'abord imprimées à Strasbourg en 1488. Edmond Richer les infecta de fa doctrine & les publia à Paris en 1606. M. Dupin a donné un *Recueil des ouvrages de Gerfon* en 5 vol. in-folio, publié en Hollande en

1766. Ils font diftribués en cinq claffes. On trouve dans la premiere les *dogmatiques*; dans la feconde, ceux qui roulent *fur la difcipline*; dans la troifieme, les *œuvres de morale & de piété*; dans la quatrieme, les *œuvres mêlées*. Cette édition eft ornée d'un *Gerfoniana*: ouvrage curieux & digne d'être lu par les amateurs de l'hiftoire littéraire & eccléfiaftique. Gerfon a été, fans contredit, le docteur le plus recommandable de fon tems : c'eft l'éloge que lui donna le cardinal de Zabarella dans le concile de Conftance. Il rendit des fervices fignalés à l'églife & à l'état. Il fe montra plein de zele pour la réforme, & foutint ce zele par les mœurs les plus pures. Son ftyle eft dur & négligé; mais énergique. Il approfondit les matieres, & les traite avec méthode. Tout eft appuyé ou fur l'Ecriture ou fur la raifon; & l'on ne peut que profiter de la lecture de fes ouvrages, fi l'on s'arrête moins à la forme qu'au fond. Quelques auteurs lui ont attribué l'excellent livre de l'*Imitation de Jefus-Chrift*; mais il n'eft pas plus de lui que du prétendu moine *Gerfen*, *Geffen*, ou *Gefen*, noms forgés fur celui de Gerfon. *Voyez* AMORT, GERSEN, NAUDÉ, THOMAS A KEMPIS.

CHARLIER, (Gilles) favant docteur de Sorbonne, natif de Cambrai, dont il fut élu doyen en 1431, fe diftingua au concile de Bâle en 1433, & mourut doyen de la faculté de théologie de Paris en 1472. On a de lui divers ouvrages fur les cas de confcience, qu'on ne confulte plus. Ils furent imprimés à Bruxelles en 1478 & 1479, 2 vol. in-fol. fous le titre de *Carlierii Sporta & Sportula*.

CHARMIS, médecin empyrique de Marfeille, trop refferré fur ce théatre, vint briller fur celui de Rome, fous l'empire de Néron. Il fe fit un nom, en ordonnant tout le contraire de ce que fes con-freres preferivoient. Il faifoit prendre les bains d'eau froide dans la plus grande rigueur de l'hiver. Séneque, malgré toute fa fageffe, fe faifoit gloire de fuivre fes ordonnances. Charmis fe les faifoit payer chérement. On dit qu'il exigea d'un homme qu'il avoit foigné pendant une maladie, environ 20 mille livres de notre monnoie; ce qui a fait dire à un écrivain de nos jours, que, » lorfque dans une grande ville » le luxe ne connoît plus de bornes, » les talens en réputation n'ont plus » de prix. »

CHARNACE, (Hercule, baron de) fils d'un confeiller au parlement de Bretagne, fut un des plus habiles négociateurs de fon tems. Ambaffadeur de Louis XIII auprès de Guftave, roi de Suede, il remplit fes commiffions avec beaucoup de fuccès. Il négocia enfuite en Danemarck, en Pologne & en Allemagne. Joignant les fonctions de colonel avec l'état d'ambaffadeur, il voulut fe trouver au fiege de Bréda, & y fut tué en 1637. Il fut fort regretté à la cour.

CHARNES, (Jean-Antoine des) doyen du chapitre de Villeneuveles-Avignon, dans le 17e fiecle, étoit homme de goût & d'une plaifanterie fine. Les ouvrages qu'il a donnés au public font : I. *Converfations fur La princeffe de Cleves*, petit in-12, imprimées à Paris en 1679, dans le tems que ce roman faifoit du bruit. II. *Vie du Taffe*, in-12 : vraie & intéreffante. III. Il a eu beaucoup de part aux agréables *Gazettes de l'ordre de la boiffon*, dont il étoit membre. Le caractere facile de fes productions lui fit une réputation à la cour : il y fut même queftion de le placer pour fous-précepteur auprès d'un grand prince; mais différentes raifons empêcherent la réuffite de ce projet. Cet auteur mourut au commencement de ce fiecle.

CHARON ou CARON, fils d'Erebe & de la Nuit, l'une des divimités infernales, étoit le batelier du fleuve Phlegeton. Il faisoit payer une piece de monnoie aux ames qui se présentoient pour passer à l'autre bord de ce fleuve. Les laquais & les grands-seigneurs, les pauvres & les riches, étoient accueillis de la même façon par ce batelier farouche & intraitable. L'idée de cette fable est prise, selon Diodore, d'un usage des Egyptiens de Memphis qui enterroient leurs morts au-delà du lac Acheron.

CHARONDAS, de Catane en Sicile, donna des loix aux habitans de Thurium, rebâti par les Sybarites, & leur défendit, sous peine de mort, de se trouver armés dans les assemblées. Un jour ayant appris, au retour d'une expédition, qu'il y avoit beaucoup de tumulte dans l'assemblée du peuple, il y vola pour l'appaiser, sans avoir l'attention de quitter son épée. On lui fit remarquer qu'il violoit sa propre loi; il répondit : *Je prétends la confirmer & la sceller même de mon sang*; & sur le champ il s'enfonça son arme dans le sein. Parmi ses loix on remarque celles-ci : 1°. Quiconque passoit à de secondes noces, après avoir eu des enfans du premier lit, étoit exclus des dignités publiques; dans l'idée qu'ayant paru mauvais pere, il seroit mauvais magistrat. 2°. Les calomniateurs étoient condamnés à être conduits par la ville couronnés de bruyeres, comme les derniers des hommes. 3°. Les déserteurs & les lâches devoient paroître trois jours dans la ville revêtus d'un habit de femme. 4°. Charondas, regardant l'ignorance comme la mere de tous les vices, vouloit que les enfans des citoyens fussent instruits des belles-lettres & des sciences. Ce législateur étoit disciple de Pythagore, selon Diogene Laërce. Il florissoit 444 ans avant J. C.

CHARONDAS, (Louis) ou le CHARON, avocat de Paris & lieutenant-général de Clermont, mort

en 1617, à 80 ans, a laissé divers ouvrages de jurisprudence & de belles-lettres, qu'on consulte assez rarement, mais qui ont été utiles dans leur tems.

CHARPENTIER, (François) doyen de l'académie françoise & de celle des belles-lettres, né à Paris en 1620, mourut en 1702, à 82 ans. On le destina d'abord au barreau; mais il préféra les charmes des belles-lettres aux épines de la chicane. Les langues savantes & l'antiquité lui étoient très-connues. Il contribua plus que personne à cette belle suite de médailles qu'on a frappées sur les principaux événemens du regne de Louis XIV. On a de lui : I. Quelques Poésies, pleines de grands mots & vuides de choses. II. La *Vie de Socrate*, in-12, qu'il accompagna des *Choses mémorables* de ce philosophe, traduite du grec de Xénophon. III. Une traduction de la *Cyropédie*, in-12. IV. La *défense & l'excellence de la langue françoise*, 2 vol. in-12. Il s'étoit élevé une querelle pour savoir si les inscriptions des monnmens publics de France devoient être en latin ou en françois. Il n'est pas douteux que la langue latine ne soit plus propre aux inscriptions, que la françoise; & Charpentier ne l'a pas assez senti. Les inscriptions qu'il fit pour les tableaux des conquêtes de Louis XIV, peintes à Versailles par le Brun, montrèrent qu'il étoit plus facile de soutenir la beauté de notre langue, que de s'en servir heureusement. Charpentier cherchoit le délicat, & ne trouvoit que l'emphatique. Racine & Boileau firent des inscriptions latines, pleines d'une noble & énergique simplicité, qu'on mit à la place de ses hyperboles. On a encore de Charpentier plusieurs ouvrages manuscrits. Sa prose est assez noble, mais elle manque de précision. Charpentier étoit naturellement éloquent, & parloit d'un ton fort animé. Lorsque son feu s'allumoit par la contradiction, il lui échappoit quelquefois des chofes plus belles que tout ce qu'il a écrit. On a publié en 1724, in-12, un *Carpentariana* : recueil qui n'a pas été mis, par le public, au rang des bons ouvrages de ce genre; on y trouve pourtant quelques anecdotes.

CHARPENTIER, Marc-Antoine) intendant de la mufique du duc d'Orléans, régent de France, fon éleve dans la compofition, fut depuis maître de mufique de la Sainte-Chapelle. Il mourut à Paris, fa patrie, en 1702. On a de lui des opéra ; celui de *Médée* fut très-applaudi de fon tems. Il avoit compofé un autre opéra, intitulé *Philomele*, repréfenté trois fois au palais-royal. Le duc d'Orléans, qui avoit travaillé à cet ouvrage, ne voulut point qu'on le rendît public. On a encore de lui plufieurs autres pieces de mufique. La table du *Journal de Verdun*, l'appelle *François*, mal-à-propos.

CHARPENTIER, (Hubert) prêtre, né en 1565 à Colommiers, dans le diocefe de Meaux, eft auteur de l'établiffement des *Prêtres du Calvaire* fur le Mont-Valerien, près de Paris. Il fit deux établiffemens pareils fur la montagne de Betharam en Béarn, & à Notre-Dame de Garaifon dans le diocefe d'Auch. Il mourut à Paris en 1650, avec une grande réputation de piété.

CHARPENTIER, (Jean le) natif de Cambrai, s'y fit chanoine régulier de l'ordre de St Auguftin dans l'abbaye de St Aubert : enflé de fa fcience & de fon prétendu mérite, il brigua l'abbatialité, & eut le défagrément d'échouer dans fes prétentions. Il donna enfuite dans la débauche, apoftafia, fe retira en Hollande pour fe marier : il y vécut dans une grande pauvreté, quoiqu'il fut décoré du titre d'hiftoriographe de l'univerfité de Leyde; & mourut vers l'an 1670. Sur la fin de fes jours, preffé par les remords de fa confcience, il tenta de rentrer dans fon ordre. On promit

de le recevoir. Arrivé à Valenciennes pour exécuter cette réfolution, il manqua de courage, & il retourna fur fes pas. Nous avons de lui : *Hiftoire généalogique des Pays-Bas*, Leyde 1664, 2 vol. in-4°. Il y a beaucoup de fables, des généalogies fauffes, & les diplomes qui font à la fin, font quelquefois falfifiés.

CHARRI, (Jacques Prévoft, feigneur de) gentilhomme languedocien, fe diftingua beaucoup par fon courage dans les armées françoifes fous Henri II & Charles IX. Le maréchal de Montluc en parle fouvent dans fes Commentaires, comme d'un des plus vaillans officiers de fon tems. Il falloit qu'il fût auffi l'un des plus vigoureux, fi l'on en croit ce qu'en dit Boivin du Villars dans fon *Hiftoire des guerres du Piémont*. Il raconte que Charri, dans un combat où il défit 300 allemands de la garnifon de Crefcentin, abattit le bras d'un revers de fon épée au capitaine de cette troupe, quoique armé de corfelet & manches de mailles; & que ce bras fut porté à Bonnivet, qui admira la force de ce coup. Charri en 1563 commandoit dix enfeignes d'infanterie, qui furent choifies par le roi pour en faire fa garde-françoife à pied; & il fut le premier maître-de-camp du régiment des gardes-françoifes, dont l'inftitution fe rapporte à cette époque. Cet honneur lui coûta cher, & fut peu de tems après la caufe de fa mort. En lui donnant fes provifions, on lui fit entendre fecretement, que l'intention du roi n'étoit point qu'il dépendît de d'Andelot, alors colonel-général de l'infanterie françoife. D'Andelot, piqué de voir fon autorité méconnue, conçut le projet de fe défaire de Charri. On croit qu'il engagea dans fes intérêts Chatellier-Portant, gentilhomme du Poitou, dont Charri avoit tué le frere quelques années auparavant. Cet officier fuborne treize affaffins , au nombre defquels on eft fâché de trouver le *brave Mouvans*. Le 31 décembre 1563 , Charri allant au Louvre , fut attaqué fur le pont S. Michel par Chatelier & fes complices , qui l'environnerent , le tuerent avec deux amis qui l'accompagnoient , & fortirent à l'inftant de Paris. Telle fut la fin de Charri , qui , fuivant Brantôme , « étoit un fecond Montluc en va-« leur & en orgueil , & qui l'auroit « pu être en dignités , s'il ne s'é-« toit fait de trop grands ennemis « pour l'atteindre. »

CHARRON , (Pierre) né à Paris en 1541 , d'abord avocat au parlement , fréquenta le barreau pendant cinq ou fix années. Il le quitta pour s'appliquer à l'étude de la théologie & à l'éloquence de la chaire. Plufieurs évêques s'empreferent de l'attirer dans leurs diocefes , & lui procurerent des bénéfices dans leurs églifes. Il fut fucceffivement théologal de Bazas , d'Acqs , de Leictoure , d'Agen , de Cahors , de Condom & de Bordeaux. Michel Montagne lui accorda fon amitié & fon eftime. Il lui permit par fon teftament de porter les armes de fa maifon : grace puérile , mais dont un gafcon , quoique philofophe , devoit faire beaucoup de cas. Charron lui témoigna fa reconnoiffance , en laiffant tous fes biens au beaufrere de ce philofophe. En 1595 , Charron fut député à Paris pour l'affemblée générale du clergé , & choifi pour fecretaire de cette illuftre compagnie. Il auroit voulu finir fes jours chez les Chartreux ou chez les Céleftins ; mais on le refufa dans ces deux ordres , à caufe de fon âge avancé , & plus encore du peu de confiance qu'on fuppofoit à fa vocation. Il mourut fubitement à Paris , dans une rue , en 1603. On a de lui : I. *Les trois vérités* , in-8° , 1595. Par la première , il combat les Athées ; par la feconde , les Païens , les Juifs , les Mahométans ; & par la troifieme , les Hérétiques

& les Schifmatiques. Les Catholiques applaudirent à cet ouvrage ; & les Proteftans l'attaquerent vainement : aucun de leurs écrivains d'alors n'avoit ni la force de ftyle , ni l'efprit méthodique de Charron. II. *Traité de la fageffe* , Bordeaux 1601 , in-8° , Elzevir , in-12 , 1646. Ce livre combattoit fi vivement les opinions populaires , que Charron fembloit donner dans un excès contraire à celui qu'il condamnoit. Deux docteurs de Sorbonne le cenfurerent ; l'univerfité , la Sorbonne , le châtelet , le parlement s'éleverent contre lui ; le préfident Jeannin à qui on confia cette affaire , diffipa l'orage , & dit qu'il falloit permettre la vente du livre , *comme d'un livre d'état* ; mais cette décifion ne juftifia pas l'ouvrage aux yeux de ceux qui ne penfent pas fur toutes chofes d'après l'autorité d'un magiftrat. Le jéfuite Garaffe a mis Charron au rang de Théophile & de Vanini. Il le croit même plus dangereux , *d'autant qu'il dit plus de vilainies qu'eux , & les dit avec quelque peu d'honnêteté.* Il le peint *livré à un athéifme brutal , accoquiné à des mélancolies langoureufes & truandes.* Il auroit pu lui reprocher avec plus de raifon , que dans fon livre *de la fageffe* , il copie fouvent Michel Montagne , fon maître , & c'est la vraie fource des erreurs de Charron. Plufieurs paffages de ce traité ont été corrigés dans les éditions poftérieures. III. *Seize Difcours chrétiens* , imprimés à Bordeaux en 1600 , in-8°.

CHARTIER , (Alain) archidiacre de Paris , confeiller au parlement , fut fecretaire de Charles VI & de Charles VII , rois de France. Il fit les délices & l'admiration de la cour fous ces deux princes , qui l'envoyerent en ambaffade vers plufieurs fouverains. Marguerite d'Ecoffe , première femme du dauphin de France , depuis Louis XI , l'ayant vu endormi fur une chaife , s'approcha de lui pour le baifer. Les feigneurs de sa suite s'étonnant qu'elle eût appliqué sa bouche sur celle d'un homme aussi laid, la princesse leur répondit, *qu'elle n'avoit pas baisé l'homme, mais la bouche qui avoit prononcé tant de belles choses.* On lui donna le nom de pere de l'éloquence françoise. Il étoit digne de ce titre par sa prose, plutôt que par ses vers. C'étoit l'homme de son tems qui parloit le mieux. Il mourut à Avignon en 1449. Ses *Œuvres* ont été publiées en 1617, in-4°, par du Chesne. La premiere partie renferme des ouvrages en prose, le *Curial*, le *Traité de l'espérance*, le *Quadrilogue invectif* contre Edouard III, & plusieurs autres pieces qu'on lui a faussement attribuées. On trouve ses Poésies dans la seconde partie; mais tous les morceaux ne sont pas à lui, & plusieurs sont indignes de son nom. Il étoit natif de Bayeux, ainsi que ses deux freres qui suivent.

CHARTIER, (Jean) bénédictin, eut la place de chantre de S. Denis. Il est auteur des grandes *Chroniques de France*, vulgairement appellées *Chroniques de St Denis*, rédigées en françois, depuis Pharamond jusqu'au décès de Charles VII, en 3 vol, in-folio, Paris 1493, livre rare & très-cher. *L'Histoire de Charles VII*, par Jean Chartier, parut au Louvre en 1661, in-folio, par les soins du savant Godefroi, qui l'enrichit de remarques, & de plusieurs autres pieces qui n'avoient pas encore vu le jour. Chartier est aussi crédule que peu exact. Il écrit séchement & en vrai compilateur.

CHARTIER, (Guillaume) conseiller au parlement de Paris, puis évêque de cette ville en 1447, fut un des commissaires nommés pour la révision du procès de la *Pucelle d'Orléans*, & pour la réhabilitation de sa mémoire. Dans ses dernieres années, il encourut la disgrace de Louis XI par rapport à la députation qu'il accepta vers les princes pendant la guerre du *Bien public*. Le roi étendit le ressentiment jusques après sa mort, en ordonnant de mettre sur son corps une épitaphe contenant les motifs de cette haine. Mais après le regne de Louis XI, le monument de son humeur vindicative fut supprimé; & la postérité, dont il avoit voulu dicter le suffrage, rendit justice à la mémoire d'un prélat, dont les conseils, s'ils eussent été suivis par son prince, auroient prévenu bien des désordres. Il mourut le 1er mai 1472.

CHARTRES, (Renaud de) évêque de Beauvais, puis archevêque de Rheims en 1414, fut nommé chancelier de France en 1424, & reçut l'an 1439 le chapeau de cardinal, au concile général de Florence, des mains du pape Eugene IV. La même année ce prélat sacra, dans son église métropolitaine, en présence de la *Pucelle d'Orléans*, le roi Charles VII, auquel il rendit de grands services. Il mourut subitement à Tours le 4 avril 1443, où il étoit allé trouver le roi, pour traiter de la paix avec l'Angleterre.

CHASLES, (Gregoire de) né à Paris le 17 août 1659, étudia au college de la Marche, où il fit connoissance de M. de Seigneley, qui lui procura de l'emploi dans la marine. Il passa la plus grande partie de sa vie à voyager en Canada, au Levant, aux Indes orientales. Il fut fait prisonnier en Canada par les Anglois, & subit le même sort en Turquie. C'étoit aussi un homme sensuel & mordant, qui aimoit la bonne chere & la satyre, sur-tout contre les religieux & la constitution *Unigenitus*. Quelques-unes de ses saillies le firent chasser de Paris, & reléguer à Chartres, où il vivoit assez mesquinement en 1719 ou 1720. Il est auteur, I. Des *Illustres françoises*, 3 vol. in-12, contenant sept histoires; augmentées de deux nouvelles dans l'édition d'Utrecht 1739, 4 vol. in-12, & de Paris, 4 vol.

vol. II. Du *Journal d'un Voyage* fait aux Indes orientales sur l'escadre de M. du Quesne, en 1690 & 1691, Rouen 1721, 3 vol. in-12. III. Du *tome 6 de Don Quichotte.*

CHASLES, (François-Jacques) avocat au parlement de Paris, a fleuri dans ce siecle. Il est auteur du *Dictionnaire universel, chronologique & historique de justice, police & finances,* contenant les édits & les arrêts du conseil depuis l'année 600 jusques & compris 1720, en 3 vol. in-fol. 1725. Cette compilation utile, & assez bien faite, peut servir, pour ainsi dire, de boussole, pour se conduire dans la décision des affaires embrouillées; les matieres que l'auteur y traite, sont éclaircies par des pieces sûres & authentiques.

CHASSAIGNE, (Antoine de la) docteur de Sorbonne en 1710, ensuite directeur du séminaire des missions étrangeres, naquit à Châteaudun dans le diocese de Chartres, & mourut en 1760 à 78 ans. Il joignit à des mœurs très-pures un savoir étendu; son attachement au jansénisme lui attira bien des peines. On a de lui la *Vie de Nicolas Pavillon,* évêque d'Aleth, 3 vol. in-12: ouvrage diffus, écrit avec négligence, & dicté par l'esprit de parti.

CHASSENEUX, (Barthélemi de) né à Issi-l'Evêque, près d'Autun en 1480, passa du parlement de Paris où il étoit conseiller, à celui de Provence, où il fut premier, ou plutôt seul président, car alors il n'y en avoit point d'autre. Il occupoit ce poste, lorsque cette compagnie rendit, en 1540, le fameux arrêt contre les habitans de Cabrieres & de Merindol. Ce magistrat en arrêta l'exécution tant qu'il vécut; mais après sa mort, en 1541, l'arrêt eut son effet. On a de lui: I. Un *Commentaire* latin *sur les coutumes de Bourgogne,* & de presque toute la France, in-fol. imprimé cinq fois pendant la vie de l'auteur,

& plus de quinze depuis. La derniere édition, enrichie de l'éloge de Chasseneux, par le président Bouhier, a été donnée in-4°, Paris 1717; & encore depuis refondue par le même éditeur dans une autre de 2 vol. in-fol. II. Des *Consultations,* in-fol. &c. III. Les *Epitaphes des Rois de France jusqu'à François I,* en vers, avec leurs effigies, Bordeaux, sans date, très-rare.

CHASTELAIN, (Claude) chanoine de l'église de Paris, sa patrie, fut mis par du Harlai, archevêque, à la tête d'une compagnie pour la composition des livres d'église. Il possédoit la science des liturgies, des rits & des cérémonies de l'église. Il avoit parcouru l'Italie, la France, l'Allemagne, & par-tout il avoit étudié les usages de chaque église particuliere. Il connoissoit tout ce qu'il y avoit de curieux dans les lieux où il passoit; & souvent il en instruisoit même les gens du pays. Il mourut en 1712 à 73 ans. On a de lui: I. Les deux premiers mois de l'année du *Martyrologe romain,* traduits en françois; avec des additions à chaque jour, des Saints qui ne sont point dans ce Martyrologe, placés selon l'ordre des siecles: la premiere, de ceux de France: la seconde, de ceux des autres pays; & des notes sur chaque jour. II. *Martyrologe universel,* Paris 1709, in-4°, composé dans le goût du précédent, plein de l'érudition la plus recherchée. Les *Bollandistes* lui ont dédié un volume de leur savante collection.

CHASTELET, (Gabrielle-Emilie de Breteuil, marquise du) naquit en 1706 du baron de Breteuil, introducteur des ambassadeurs & princes étrangers auprès du roi. Son esprit & ses graces la firent rechercher en mariage par plusieurs seigneurs distingués. Elle épousa le marquis de Chastelet-Lomont, lieutenant-général des armées du roi, d'une famille illustre. Les bons auteurs anciens & modernes lui furent fami-

M

liers dès sa jeunesse. Elle s'appliqua sur-tout aux philosophes & aux mathématiciens. Son coup d'essai fut une explication de la *Philosophie de Leibnitz*, sous le titre d'*Institutions de physique*, in-8°, adressée à son fils, son élève dans la géométrie. Les rêves sublimes du philosophe allemand ne lui ayant paru ensuite que des rêves, elle l'abandonna pour Newton. Elle traduisit ses *Principes* & les commenta. Cet ouvrage, imprimé après sa mort, en 2 vol. in-4°, a été revu & corrigé par M. Clairaut. La marquise du Chastelet mourut d'une suite de couches en 1749, au palais de Luneville. L'étude ne l'éloigna point du monde. Elle se livra à tous les plaisirs, les recherchà même plus qu'une femme sage n'a coutume de faire. Elle avoit pris ce goût chez les gens qu'on appelle Philosophes; elle en avoit toujours auprès d'elle, à Paris, à Cyrei & à Luneville. Ces messieurs lui avoient aussi appris à ne point souffrir de critiques. Un auteur en ayant osé risquer une, ne tarda pas à se voir renfermer; mais dans l'espoir qu'il seroit plus circonspect dans la suite, la marquise le fit élargir.

CHASTEUIL, *voyez* GALAUP.

CHASTRE, (Claude de la) maréchal de France, chevalier des ordres du roi, & gouverneur de Berri & d'Orléans, s'éleva par son mérite & par la faveur du connétable de Montmorenci, dont il avoit été page. Il se fit un nom distingué par ses exploits en divers sieges & combats. S'étant jeté dans le parti de la ligue, il se saisit du Berry, qu'il remit dans la suite au roi Henri IV. Il mourut en 1414, à 78 ans, avec la réputation d'un très-brave officier, mais d'un médiocre général. Il eut un fils, Louis de la Chastre, qui, sans beaucoup de mérite, obtint cependant le bâton de maréchal de France en 1616, & mourut en 1630. La maison de la Chastre tire son nom d'un grand bourg de Berri sur l'Indre. Elle a produit plusieurs autres personnages illustres : entr'autres, Pierre de la Chastre, archevêque de Bourges & cardinal, mort en 1171.

CHASTRE, (Edme, marquis de la) comte de Nançay, de la même famille que les précédens, maître de la garderobe du roi, puis colonel-général des Suisses & Grisons en 1643, se signala à la bataille de Nortlingue, où il fut fait prisonnier. Il fut tué à la guerre d'Allemagne en 1645. On a de lui des Mémoires curieux & intéressans, qui se trouvent avec ceux de la Rochefoucauld à la Haye, in-12, 1691. Ils ont le mérite de la vérité, avec l'air d'un roman.

CHAT ou CHAPT, (Aymeri) étoit issu d'une illustre & ancienne maison du Perigord, qui fait remonter son origine aux anciens sires de Chabanois, connus dans nos histoires dès la fin du IIe siecle. Il fut d'abord trésorier de l'église romaine, évêque de Volterre & gouverneur de Bologne, ensuite transféré à l'archevêché de la même ville en 1361. Il obtint en 1365, de l'empereur Charles IV, la confirmation des privileges de son église, & le titre de prince de l'empire. Il y fit fleurir l'université, dont il étoit chancelier. Il fut transféré de nouveau en 1371 à l'évêché de Limoges, & nommé gouverneur de toute la vicomté de Limoges. Il mourut la veille de St Martin l'an 1390. Ce prélat, également recommandable par les qualités qui font le citoyen, par les vertus d'un évêque, & par le caractere libéral d'un prince, fut pleuré comme un pere. Protecteur des savans & savant lui-même, il répandit ses bienfaits sur les gens-de-lettres.

CHAT DE RASTIGNAC, (Raimond de) de la même maison que le précédent, seigneur de Messilhac, fut chevalier des ordres du roi, capitaine de 50 hommes-d'armes, gouverneur d'Auvergne, lieutenant-général & bailli de la haute Auvergne. Il s'oppofa, avec fuccès, aux entreprifes des Ligueurs en Auvergne, déconcerta leurs projets, & leur enleva plufieurs places dont ils s'étoient emparés. Il battit en 1590 le comte de Randan, au combat d'Iffoire, & le duc de Joyeufe en 1592 à celui de Villemur. En 1594, il marcha contre les révoltés, connus fous le nom de *Tard-Venus*, qui s'étoient affemblés dans le Limofin, les attaqua, en tua 2000 près de Limoges, & les mit entiérement en déroute. Le roi le récompenfa de fes fervices, en le nommant chevalier du Saint-Efprit en 1594. Il fut tué le vendredi 26 janvier 1596, à la Fere, où il étoit allé pour traiter de quelques affaires avec le roi. De Thou l'appelle un homme d'un courage infatigable, *virum indefeffæ virtutis*.

CHAT DE RASTIGNAC, (Louis Jacques de) de la même famille que les deux précédens, naquit dans le Perigord en 1685. Après avoir brillé en Sorbonne, où il prit le bonnet de docteur, il alla à Luçon en qualité de grand-vicaire, & fut nommé à une des premieres places du chapitre de la cathédrale. Son mérite lui procura l'évêché de Tulles en 1721. Il fut député en 1723 à l'affemblée du clergé, & y parut avec tant d'éclat, que deux mois après il fut transféré à l'archevêché de Tours. En 1730 & 1733, il préfida, en qualité de commiffaire du roi, au chapitre général de la congrégation de S. Maur, tenu à Marmoutiers. Les talens avec lefquels il brilla dans les affemblées du clergé de 1726, 1734 & 1743, le firent choifir pour chef de celles tenues en 1747 & 1748. Les procès-verbaux de ces différentes feffions, font des monumens de fon favoir & de fon éloquence. Cet illuftre prélat mourut en 1750, à 65 ans, commandeur de l'ordre du Saint-Efprit. Il avoit le don de connoître les hommes & de les employer, &

favoit faire aimer & refpecter l'autorité. Né généreux & bienfaifant, il n'ufoit de fon crédit que pour faire du bien. On l'a vu, dans les tems des inondations de la Loire, fournir la nourriture & des logemens à tous les pauvres habitans des campagnes voifines de Tours, avec leurs troupeaux, & à tout le menu peuple de la ville. Il fe plaifoit à cultiver à fes frais les talens des jeunes eccléfiaftiques, à infpirer à fon clergé le goût des fciences. Efprit jufte & conciliant, il fe fervoit de fes lumieres pour terminer les différends & prévenir les diffentions. Des mœurs douces, un commerce fûr, un cœur né pour l'amitié, lui avoient attaché les plus illuftres amis. On a de lui : I. Des Harangues, des Difcours & autres pieces qui fe trouvent dans les Procès-Verbaux du clergé. II. Des Lettres, des Mandemens & des Inftructions paftorales, où il défend avec zele la doctrine de l'églife & l'autorité de la bulle *Unigenitus*. III. Des *Inftructions paftorales fur la pénitence, la communion & la juftice chrétienne.*

CHATEAU, (Guillaume) graveur d'Orléans, fut encouragé par Colbert. Il mérita les bienfaits de ce fage miniftre, par plufieurs eftampes gravées d'après les ouvrages du Pouffin. Il avoit perfectionné fon talent en Italie. Il mourut à Paris en 1683, à 50 ans.

CHATEAUBRIAND, (Françoife de Foix, époufe de Jean de Laval, comte de) étoit fille de Phebus de Foix, & fœur du fameux comte de Lautrec & du maréchal de Foix, defquels elle procura la fortune. Elle fut maîtreffe de François I, qui la quitta pour la ducheffe d'Etampes. Varillas rapporte, que Laval fit ouvrir les veines à fa femme; mais cette affertion paroît fauffe. Elle mourut en 1537.

CHATEAUBRUN, (Jean-Baptifte Vivien de) maître-d'hôtel ordinaire de Mgr le duc d'Orléans, né à Angoulême en 1686, fut reçu membre de l'académie françoise en 1753, à l'âge de 67 ans. Il avoit donné, au mois de novembre 1714, une tragédie de *Mahomet II*. Il composa quelques années après les *Troyennes*; mais cette seconde piece, supérieure à la précédente, & qui est restée au théatre, ne fut jouée qu'en 1754. Il est aussi auteur des tragédies de *Philoctete* & d'*Astianax*, dont le principal défaut est d'être foibles de poésie, mais qui sont pleines de sentiment & assez bien conduites. L'auteur est mort dans un âge très-avancé, en 1775. Il n'a tenu qu'à lui de faire la plus grande fortune, il l'a toujours dédaignée. Il joignoit à ce désintéressement des mœurs douces & irréprochables. M. de Chateaubrun, livré pendant sa jeunesse aux affaires & à ses devoirs, ne s'en délaissoit que par l'étude des poëtes grecs & latins, dont il s'étoit nourri, & dont il a porté le goût dans ses dernieres tragédies. Il eut assez d'empire sur lui-même, pour garder pendant 40 ans ses pieces dans son porte-feuille, sans les faire jouer. L'emploi qui l'occupoit, & la crainte de déplaire à un prince pieux auquel il étoit attaché, furent les motifs qui l'arrêterent.

CHATEAUNEUF, *voyez* AUBESPINE (Charles de l').

CHATEAURENAUD, (François-Louis Rousselet, comte de) d'une maison ancienne de Touraine, fut également utile à la France & sur terre & sur mer. S'étant consacré en 1661 au service de la marine, il se distingua à l'expédition de Gigeri, où il fut blessé. La mer Méditerrannée étoit infestée par les pirates; il donna la chasse à ceux de Salé avec un seul vaisseau. Nommé chef d'escadre en 1673, il défit le jeune Ruyter en 1675. Il conduisit un convoi en Irlande en 1689, & l'année d'après il en ramena les troupes françoises, & 18 mille irlandois. Dans la guerre de la succession d'Espagne, il ramena les flottes espagnoles en Europe, & mit en sûreté les isles de l'Amérique. Ses services lui mériterent la place de vice-amiral en 1701, le bâton de maréchal de France en 1703, & le collier des ordres du roi en 1705. Il mourut en 1716 à 80 ans, laissant plusieurs enfans, & emportant les regrets de tous ceux qui savent apprécier le mérite militaire.

CHATEAUROUX, *voy.* MAILLY.

CHATEIGNERAYE, (François de Vivonne, seigneur de la) fils puîné d'André de Vivonne, grand-sénéchal de Poitou, parut avec distinction à la cour sous François I & Henri II. Il étoit lié de la plus tendre amitié avec Gui de Chabot, seigneur de Jarnac; l'indiscrétion de ses propos le brouilla avec ce courtisan. Il dit un jour à François I, dont il étoit fort aimé, que Jarnac s'étoit vanté à lui d'avoir eu les faveurs de sa belle-mere (Magdelene de Puyguion, seconde femme de Charles Chabot, seigneur de Jarnac, son pere). Le roi en plaisanta le jeune Jarnac; celui-ci piqué au vif, non content de nier le fait, répondit, que *sauf le respect dû à sa majesté, la Chateigneraye avoit menti*. Sur ce démenti qui devint public, la Chateigneraye demanda à François I la permission d'un combat à outrance; mais ce prince ne la voulut point accorder. Ils l'obtinrent enfin de Henri II, successeur de François I. Le 10 juillet 1547, le combat se fit en champ-clos, dans le parc de S. Germain-en-Laye, en présence du roi, du connétable Montmorenci, & de quelques autres seigneurs. La Chateigneraye, après avoir reçu une blessure très-dangereuse au jarret, tomba par terre. Sa vie étoit à la discrétion de Jarnac; le vainqueur supplia plusieurs fois le roi d'accepter le don qu'il lui faisoit de la Chateigneraye, qui ne vouloit point demander la vie. Le roi se laissa enfin gagner par les prieres de Jarnac, & par celles du connétable, & permit qu'on portât la Chanteignéraye dans sa tente pour le panser; mais la honte de se voir vaincu le jeta dans un tel désespoir, qu'il en mourut trois jours après. Il avoit été l'assaillant dans le combat, & Jarnac le soutenant. Il avoit à peine 28 ans. Il se fioit tellement sur son adresse, & faisoit si peu de cas de son ennemi, qu'il avoit, suivant Brantôme, préparé un souper splendide, pour régaler ses amis le jour même du combat; mais la fortune des armes en décida autrement. Le *coup de Jarnac* a passé depuis en proverbe, pour signifier une ruse, un retour imprévu de la part d'un ennemi. L'intervalle des formalités qui précédoient ces sortes de combats, avoit été employé par les deux *champions* à s'exercer dans les armes. Jarnac avoit, dit-on, si bien profité des leçons d'un maître d'escrime, qu'en s'exerçant avec lui, il ne manquoit jamais le coup qu'il porta à la Chateignéraye. Ce combat en champ-clos est le dernier qui se soit vu en France. Le regret qu'eut Henri II de la mort de la Chateignéraye, son favori, le fit jurer qu'il n'en accorderoit plus. A cette ancienne institution des loix lombardes, succéda la licence des duels particuliers, qui depuis deux siecles a plus fait verser de sang en Europe, & sur-tout en France, qu'il n'en avoit été répandu dans les combats en champclos depuis leur origine.

CHATEL, (Tanneguy du) grand-maître de la maison du roi, d'une famille ancienne, passa l'an 1404 en Angleterre pour venger la mort de son frere ainé, tué par les Anglois devant l'isle de Jersei. Il revint de cette expédition chargé d'un riche butin. Il se signala ensuite en Italie contre l'armée de Ladislas, usurpateur de la couronne de Si-

cile. De retour en France, il combattit avec valeur à la journée d'Azincourt en 1415, & deux ans après se rendit maître de Monthlery, & de plusieurs autres places aux environs de Paris occupées par les Bourguignons. Lorsque cette ville fut prise par la faction de Bourgogne en 1418, il sauva le dauphin Charles auquel il étoit attaché. Comme il étoit un de ses plus intimes confidens, on lui imputa le conseil du meurtre de Jean Sans-Peur, duc de Bourgogne, ennemi déclaré de ce prince. Après la mort de Charles VI, Charles VII récompensa ses services par la charge de grand-maître de son hôtel. Il l'envoya ensuite en Provence avec le titre de gouverneur; & c'est dans cette province qu'il mourut en 1449, avec la réputation d'un grand capitaine & d'un habile politique.

CHATEL, (Tanneguy du) vicomte de la Belliere, neveu du précédent, a une place dans l'histoire par l'attention qu'il eut de faire rendre les derniers devoirs à Charles VII, abandonné par les courtisans, occupés alors à flatter le nouveau roi. Il employa 30 mille écus pour ses funérailles, & n'en fut remboursé que dix ans après. François II, après sa mort, ayant été négligé par les Guises, comme Charles VII, on mit sur son drap mortuaire ces mots: *Où est maintenant Tanneguy du Chatel?* Ce sujet fidele fut tué d'un coup de fauconneau au siege de Bouchain en 1477.

CHATEL, (Pierre du) *Castellanus*, l'un des plus savans prélats du 16e siecle, natif d'Arc en Barrois. Après avoir étudié & régenté à Dijon, il voyagea en Allemagne, en Italie & dans la Grece, & dans ces courses utiles il recueillit grand nombre de connoissances & l'estime des savans. De retour en France, il fut lecteur & bibliothécaire du roi François I. Il étoit le seul homme de lettres que ce prince prétendoit n'avoir pas épuisé en deux ans. Il vivoit à la cour & y étoit goûté. Les envieux de son érudition & de sa faveur, se réunirent pour élever sur ses ruines un nommé Bigot, dont ils vantoient avec affectation l'esprit & le vaste savoir. Le roi, avant de le faire venir de Normandie sa patrie, voulut connoître quel homme c'étoit. Du Chatel lui dit que c'étoit un philosophe qui suivoit les opinions d'Aristote. — *Et quelles sont ces opinions ?* continua le prince. — *Sire*, repartit l'adroit courtisan, *Aristote préfere les républiques à l'état monarchique*. Ce mot fit une impression si forte sur l'esprit de François I, qu'il ne voulut plus entendre parler de Bigot. Ce prince, voulant élever du Chatel aux premieres dignités de l'église, fut curieux d'apprendre de lui s'il étoit gentilhomme? *Sire*, répondit le savant, *ils étoient trois freres dans l'arche de Noé ; je ne sais pas bien duquel des trois je suis sorti*. Peu de tems après, il parvint à l'épiscopat. Il fut évêque de Tulle en 1539, de Mâcon en 1544, grand-aumônier de France en 1548, enfin évêque d'Orléans en 1551 : il y mourut d'apoplexie en prêchant, le 3 février 1552. Il étoit très-versé dans les langues orientales, & fort éloquent en chaire. On a de lui quelques ouvrages. Pierre Galland a écrit la *Vie* de ce prélat, & Baluse la fit imprimer à Paris en 1684, in-8°.

CHATEL, (Jean) fils d'un marchand drapier de Paris, ne profita point de l'éducation que son pere lui donna. Il s'annonça dans le monde par un crime exécrable. Ce jeune-homme, plein de son noir projet, trouva le moyen de pénétrer dans l'appartement de Henri IV, de retour à Paris, après son expédition des Pays-Bas en 1594. Ce prince s'avançoit vers deux officiers qui étoient venus lui rendre leurs devoirs & qui tomberent à ses genoux : comme il se baissoit pour les relever, Chatel lui donna un coup de couteau dans la levre supérieure du côté droit. Le coup lui cassa une dent. L'assassin se fourra dans la presse ; mais on le reconnut à son visage effaré. Se voyant pris, il avoua aussi-tôt son crime. Henri IV vouloit qu'on le laissât aller ; mais il fut conduit au Fort-l'Evêque sous bonne garde. Il soutint, dans son premier interrogatoire, qu'il avoit commis ce parricide comme une action qu'il croyoit méritoire. Les faussetés dont on a souvent barbouillé cet article, nous obligent à transférer ce que les historiens les moins prévenus pour les Jésuites ont écrit sur ce sujet. " On lui demanda, dit le continuateur de Fleury (*Hist. eccl.* t. 36, p. 489, 502, &c.), " chez qui " il avoit étudié : il répondit que " c'étoit chez les Jésuites du college " de Paris, qu'il avoit étudié trois " ans sous le P. Gueret, & en dernier " lieu aux écoles de droit de l'u- " niversité,.... que c'étoit de lui- " même qu'il avoit pensé qu'en " tuant le roi il expieroit ses pé- " chés : il persista constamment jus- " qu'à la mort, & au milieu des " tourmens, à protester que ni le " P. Gueret ni aucun Jésuite n'a- " voient aucune part à son crime ". Dupleix (*Hist. de Henri le Grand*, p. 163) confirme ce que le continuateur de Fleury avance. " Les Jé- " suites, dit-il, étoient haïs d'aucuns " des juges mêmes : mais ni preuve, " ni présomption ne pouvant être " arrachée de la bouche de l'assassin " par la violence de la torture, " pour rendre les Jésuites complices " de son forfait, des commissaires " furent députés pour aller fouiller " tous les livres & écrits de cette " compagnie ". A ces témoignages on peut ajouter celui de M. de l'Etoile, qui ne doit point être suspect : il dit que Chatel, par son interrogatoire, déchargea du tout les Jésuites, même le P. Gueret son précepteur (*Journal de l'Etoile à l'année* 1595). M. de Thou (liv. 3), Matthieu (tom. 2, liv. 1, p. 182), Cayet (liv. 6, p. 432), Sully (*Mémoires*, t. 2, p. 457, édit. de 1763) difent que Chatel difculpa formellement & fon profeffeur, & tous les Jéfuites de lui avoir jamais confeillé d'affaffiner le roi, ou même d'avoir eu aucune connoiffance de fon deffein, quoique fuivant M. de l'Etoile, Lugoly, lieutenant de la maréchauffée, fe fut déguifé en confeffeur pour arracher de Chatel fon fecret. Un manufcrit de la bibliotheque du roi, coté 9033, confirme toutes ces vérités. » Le » parlement, dit Perefixe (*Hift. de Henri le Grand*, p. 225), » con- » damna le parricide à avoir le » poing droit brûlé & à être tenail- » lé, puis tiré à quatre chevaux... » Le pere de ce miférable fut ban- » ni, fa maifon de devant le pa- » lais démolie, & une pyramide » érigée en la place. Les Jéfuites, » fous léfquels ce méchant avoit » étudié, furent auffi-tôt accufés de » l'avoir imbu de cette pernicieufe » doctrine, qu'il eft permis d'af- » faffiner un roi hérétique ou ex- » communié, & comme ils avoient » beaucoup d'ennemis, le parlement » bannit toute la fociété du royaume » par le même arrêt de leur éco- » lier...... Ceux qui n'étoient pas » leurs ennemis ne croyoient point » que la fociété fut coupable ; de » forte que à quelques années delà » (dix ans) le roi révoqua l'arrêt » du parlement, & les rappella ». *Voyez* GUIGNARD, GUERET.

CHATELAIN, (George) *Caftellanus*, gentilhomme flamand, élevé à la cour des ducs de Bourgogne, paffoit pour un des hommes de fon tems qui entendoit le mieux la langue françoife. Il mourut en 1475. On a de lui : I. Un *Recueil* de vers françois *des chofes merveilleufes avenues de fon tems*, 1531, in-4°. II. L'*Hiftoire de Jacques Lalain*, Anvers 1634, in-4°; & d'autres ouvrages, qui ne font lus aujourd'hui que par les favans qui veulent tout voir. On lui attribue *Le Chevalier délibéré*, ou la

mort du duc de Bourgogne devant Nanci, 1489, in-4°.

CHATELAIN, (Martin) né aveugle à Warwick dans le dernier fiecle, faifoit au tour des ouvrages finis en leur genre, tels que des violes, des violons, &c. On lui demandoit un jour ce qu'il defiroit le plus de voir ; *Les couleurs*, répondit-il, *parce que je connois prefque tout le refte au toucher*. —— *Mais*, repliqua-t-on, *n'aimeriez-vous pas mieux voir le ciel ?* —— *Non*, dit-il, *j'aimerois mieux le toucher.*

CHATELAIN, (Henri) né à Paris en 1684, paffa en Hollande après la révocation de l'édit de Nantes, & fut pafteur de l'églife Wallone d'Amfterdam, où il mourut en 1743. Ses *Sermons* ont été imprimés en cette ville, 1759, 6 vol. in-8°. Ils font plus folides, qu'éloquens ; dans tout ce qui regarde l'églife catholique, l'auteur étale avec zele les préjugés de fa fecte.

CHATELAIN, (Claude) *voyez* CHASTELAIN.

CHATELET, (Paul Hay, feigneur du) gentilhomme breton avocat-général au parlement de Rennes, enfuite maître des requêtes & confeiller d'état, fut nommé commiffaire au procès du maréchal de Marillac. Celui-ci le récufa comme fon ennemi capital, & comme auteur d'une Satyre latine en profe rimée contre lui. On croit qu'il fit fuggérer lui-même cette requête de récufation au maréchal ; mais, le cardinal de Richelieu, ayant découvert fon artifice, le fit mettre en prifon. Il en fortit quelque-tems après. C'étoit un homme d'une belle figure, d'un efprit ardent, & plein de faillies. Etant un jour avec Saint-Preuil, qui follicitoit avec chaleur la grace du duc de Montmorenci, le roi lui dit : » Vous voudriez, je penfe, avoir » perdu un bras pour le fauver.—— » Je voudrois, Sire, répondit du Chatelet, » les avoir perdus tous

» deux ; car ils font inutiles à vôtre
» fervice : & en avoir fauvé un qui
» vous a gagné des batailles, & qui
» vous en gagneroit encore ». Il fit
un *Factum* également hardi & éloquent pour ce général. Le cardinal
de Richelieu lui ayant fait des reproches, fous prétexte que cette
piece condamnoit la juftice du roi :
» Pardonnez - moi , repliqua du
Chatelet ; » c'eft pour juftifier fa
» miféricorde , s'il a la bonté d'en
» ufer envers un des plus vaillans
» hommes de fon royaume ». Du
Chatelet fut un des ornemens de
l'académie françoife dans fa naiffance. Il mourut en 1636 , à 43 ans.
On a de lui divers ouvrages en vers
& en profe. I. L'*Hiftoire de Bertrand du Guefclin*, connétable de
France, in - fol. 1666 , & in - 4°
1693 , curieufe par les pieces juftificatives dont on l'a enrichie. II. Les
*Obfervations fur la vie & la con-
damnation du maréchal de Marillac*, Paris 1633 , in - 4°. III.
*Récueil de pieces pour fervir à
l'hiftoire*, 1635 , in-fol. IV. *Profe
rimée*, en latin , contre les deux
freres Marillac, dans le Journal
du cardinal de Richelieu. V. Une *Satyre* affez longue contre la vie de la
cour. VI. Plufieurs *Pieces de vers*,
qui ne font pas ce qu'il a fait de
mieux.

CHATELLARD, (Jean-Jacques
du) né à Lyon en 1693 , entra de
bonne heure dans la Compagnie de
Jefus. Il profefla d'abord les belles-
lettres ; mais fon goût l'entraînoit
vers les mathématiques ; & fes fupérieurs ne voulurent pas gêner la
nature. Après les avoir enfeignées
dans les colléges , il fut nommé
profeffeur d'hydrographie à Toulon.
Il remplit cette place avec honneur,
& mourut en 1756. On a de lui
des *Elémens de mathématiques* à
l'ufage des ingénieurs, en 3 vol.
in-12 : ils font eftimés.

CHATELUS, (Claude de Beau-
voir, feigneur de) vicomte d'A-
valon , & maréchal de France ,

d'une famille noble & ancienne ,
fuivit le parti des ducs de Bourgogne,
dont il étoit né fujet , & qui lui
firent de grands biens. Il fut employé
en des affaires importantes. Il mourut à Auxerre en 1453 , avec une
haute réputation d'intelligence & de
bravoure. La cathédrale de cette
ville fut , dit-on , fi embellie par
fes libéralités , que l'évêque & le
chapitre lui accorderent , & à fa
poftérité , une prébende en 1423 ,
avec droit de la deffervir l'épée au
côté.

CHATILLON, (Gaucher, feigneur de) d'une maifon alliée à
celle de France , qui tire fon nom
de Chatillon-fur-Marne entre Eper-
nai & Château-Thierri , étoit féné-
chal de Bourgogne & bouteiller de
Champagne. Il fuivit le roi Philippe
Augufte au voyage de la Terre-Sainte, & fe diftingua au fiege d'Acre en
1191. Il ne fe fignala pas moins à la
conquête de la Normandie en 1203,
en Flandre, où il fe rendit maître de
Tournai , & à la bataille de Bo-
vines, au gain de laquelle il contribua. Il prit enfuite le nom de comte
de *Saint-Paul*, fa femme ayant
hérité de ce comté. Il mourut comblé d'honneur & de gloire en 1219,
la même année qu'il s'étoit croifé
contre les Albigeois. La maifon de
Chatillon a produit plufieurs autres
grands-hommes. L'auteur des *Mémoires pour l'inftruction de M.
le duc de Bourgogne* a raifon de
dire que cette maifon a été décorée
dans fes premieres branches de tant
de grandeurs , qu'il ne reftoit que la
royauté au-deffus d'elle.

CHATILLON, (Odet de) *voyez*
COLIGNY.

CHATRI , femme d'un tailleur
d'habit de la ville de Sens , fous
Henri III, eut 20 ans après fon mariage toutes les marques d'une véritable groffeffe : elle demeura 3 ans
au lit fans pouvoir accoucher. Enfin fes douleurs s'étant appaifées ,
& l'enflure durant toujours, elle
refta dans cet état près de 24 ans.

Après sa mort, qui arriva à la 68e année de son âge, son mari la fit ouvrir, & on trouva dans son sein le corps d'une petite fille, tout formé, mais pétrifié. M. d'Alibour, alors médecin de la ville de Sens & depuis d'Henri IV, & témoin oculaire de cette singularité, en donna la *Relation*.

CHAUCER, le *Marot* des Anglois, né à Londres en 1328, mort en 1400, fut inhumé dans l'abbaye de Westminster. Il contribua beaucoup, par des poésies faites à la louange du duc de Lancastre son beau-frere, à lui procurer la couronne. Il partagea la bonne & la mauvaise fortune de ce monarque. Ses Poésies furent publiées à Londres en 1721, in-fol. On y trouve des contes pleins d'enjouement, de naïveté & de licence, faits d'après les Troubadours & d'après Bocace. L'imagination qui les a dictés, étoit vive & féconde; mais très-peu réglée, & souvent très-obscene. Son style est avili par grand nombre de mots obscurs & inintelligibles. La langue angloise étoit encore, de son tems, rude & grossiere. Si l'esprit de Chaucer étoit agréable, son langage ne l'étoit pas, & les Anglois d'à présent ont peine à l'entendre. Chaucer a laissé, outre ses Poésies, des ouvrages en prose. Le *Testament d'amour*; un *Traité de l'astrolabe*. Il s'étoit appliqué à l'astronomie & aux langues étrangeres, autant qu'à la versification. Il avoit même voulu dogmatiser. Les opinions de Wiclef faisoient alors beaucoup de bruit; Chaucer les embrassa, & se fit chasser pour quelque-tems de sa patrie.

CHAVIGNI, *voy.* BOUTHILIER.

CHAULIAC, *voyez* CAULIAC.

CHAULIEU, (Guillaume Amfrye de) naquit à Fontenai dans le Vexin-Normand en 1639, avec un génie heureux & facile. Les agrémens de son esprit & la gaieté de son caractere lui gagnerent l'amitié des ducs de Vendôme. Ces princes

le mirent à la tête de leurs affaires, & lui donnerent pour 30 mille livres de rente en bénéfices. Le grand-prieur alloit souper chez lui comme chez un ami. L'abbé de Chaulieu avoit dans son appartement du Temple, une société de gens-de-lettres & d'amis, qu'il charmoit par son enjouement. Eleve de Chapelle, il se livra comme lui à la volupté, & rendit fidellement dans ses Poésies son génie & celui de son maître. On l'appelloit l'*Anacréon du Temple*, parce que, comme le poëte grec, il se livra aux vers & à l'amour jusqu'au dernier âge. A 80 ans, étant aveugle, il aimoit Mlle de Launai (depuis Mde de Staal), avec la chaleur de la premiere jeunesse. L'abbé de Chaulieu mourut en 1720, à 81 ans. Les meilleures éditions de ses Poésies sont celles de 1733, en 2 vol. in-8°, sous le titre d'Amsterdam, & celle de Paris en 1774, en 2 vol. in-8°, d'après les manuscrits de l'auteur & augmenté d'un grand nombre de nouvelles pieces. L'auteur du *Temple du goût* l'a très-bien caractérisé dans les vers suivans:

Je vis arriver en ce lieu
Le brillant abbé de Chaulieu,
Qui chantoit en sortant de table.
Il osoit caresser le dieu
D'un air familier, mais aimable.
Sa vive imagination
Prodiguoit, dans sa douce ivresse,
Des beautés sans correction,
Qui choquoient un peu la justesse,
Et respiroient la passion.

CHAULNES, *voyez* ALBERT.

CHAUMONT, (Charles d'Amboise de) parvint, par la protection de son oncle le cardinal d'Amboise, aux grades de maréchal & d'amiral de France; il ne manquoit ni de valeur, ni de connoissances dans l'art militaire; mais son opiniâtreté lui nuisoit souvent. Il se trouva à la bataille d'Aignadel en 1509, manqua de faire prisonnier le pape en 1511, & laissa prendre la Mirandole. Le vif chagrin qu'il conçut de cette perte, l'entraîna au tombeau, dans le mois de février suivant, âgé de 38 ans. En mourant il sentit des remords pour avoir fait la guerre au pape, & il en demanda l'absolution.

CHAUMONT, (Jean de) seigneur du Bois-Garnier, conseiller d'état ordinaire, & garde des livres du roi Henri IV, mourut le 2 août 1667, âgé de 84 ans. Ce magistrat s'occupa de la théologie, mais il ne fut point engagé dans les liens du mariage, comme l'a avancé le *Nouveau Dictionnaire de Ladvocat*, qui lui donne aussi le nom de Jacques. Nous avons de lui, *La Chaîne de diamans sur ces paroles: Ceci est mon corps*; Paris 1644, in-8°, & autres ouvrages de controverse.

CHAUMONT, (Paul-Philippe de) frere puîné, & non fils du précédent, lui succéda dans la place de garde des livres du cabinet, & fut reçu de l'académie françoise en 1654. Louis XIV, dont il étoit lecteur, lui donna l'évêché d'Acqs en 1671. L'amour de l'étude le lui fit remettre en 1684, pour se livrer entièrement à son penchant. Il mourut à Paris en 1697. On a de lui un livre contre l'incrédulité, qui a pour titre: *Réflexions sur le christianisme*, Paris 1693, 2 vol. in-12.

CHAUSSE, (Michel-Ange de la) habile antiquaire parisien, célèbre dans le dernier siecle, quitta sa patrie de bonne heure pour aller à Rome étudier les antiquités. Le même goût qui l'y avoit amené, l'y fixa. Son *Musæum Romanum*, Rome 1690, in-fol. & 1746, 2 vol. in-fol. prouva ses succès. Ce recueil estimable comprend une suite nombreuse de gravures antiques, dont on n'avoit pas encore joui par l'impression. Il s'en est fait plusieurs éditions. Grævius l'inséra en entier dans son *Recueil des antiquités romaines*. Le même auteur publia à Rome en 1707, un

Recueil de pierres gravées antiques, in-4°. Les explications sont en italien, & les planches exécutées par Bartoli. On a encore de lui: *Picturæ antiquæ cryptarum romanarum & sepulchri Nasonum*, 1738, in-fol. Ces différens ouvrages offrent beaucoup d'érudition & de sagacité; les curieux les consultent souvent.

CHAUSSÉE, *voyez* NIVELLE de la CHAUSSÉE.

CHAUVEAU, (François) peintre, graveur & dessinateur françois, naquit à Paris en 1613, & y mourut en 1676, âgé de 63 ans. Il débuta par quelques estampes d'après les tableaux de Laurent de la Hire; mais la vivacité de son imagination ne s'accommodant pas de la lenteur du burin, il se mit à graver à l'eau-forte ses propres pensées. Si ses ouvrages n'ont pas la douceur, la délicatesse & le moëlleux qui distinguent ceux de plusieurs autres graveurs; il y mit tout le feu, toute la force & tout l'esprit dont son art est susceptible. Sa facilité étoit surprenante. Ses enfans lui lisoient après souper les histoires qu'il avoit à traiter. Il en saisissoit tout d'un coup le sujet le plus frappant, en traçoit le dessin sur la planche avec la pointe, & avant de se coucher la mettoit en état de pouvoir la faire mordre par l'eau-forte le lendemain, tandis qu'il graveroit ou dessineroit autre chose. Il fournissoit non-seulement des desseins à des peintres & à des sculpteurs; mais aussi à des ciseleurs, à des orfevres, à des brodeurs, & même à des menuisiers & à des serruriers. Outre plus de 4000 pieces gravées de sa main, & 1400 gravées d'après ses desseins, on a de lui quelques petits tableaux assez gracieux. L'illustre le Brun son ami, en acheta plusieurs après sa mort.

CHAUVEAU, (René) fils du précédent, marcha sur les traces de son pere. Il avoit, comme lui, une facilité admirable pour inventer ſes ſujets & pour les embellir ; une variété & un tour ingénieux pour diſpoſer toutes ſes figures. Il ſe diſtingua ſur-tout dans la ſculpture. Il travailla pour Louis XIV & pour pluſieurs princes étrangers. Le marquis de Torci fut le dernier pour qui il travailla, dans ſon château de Sablé. Ce ſeigneur lui ayant demandé par deux différentes fois, combien il vouloit gagner par jour ; Chauveau, piqué d'une queſtion qui répondoit ſi peu à ſon mérite, quitta bruſquement l'ouvrage & le château. Il vint tout de ſuite à Paris, & y mourut en 1722, âgé de 59 ans, de la fatigue du voyage, jointe à la douleur d'avoir converti ſon argent en billets de banque.

CHAUVELIN, (Philippe de) abbé de l'abbaye de Montier-Ramey, & conſeiller d'honneur depuis 1768 au parlement de Paris, ſe diſtingua dans l'affaire de la proſcription des Jéſuites. On a de lui deux *Diſcours* contre ces religieux, prononcés en parlement en 1761. Les Jéſuites y oppoſerent l'*Apologie de l'inſtitut*, le *Compte rendu des comptes rendus*, l'*Appel à la raiſon*, &c. Il mourut l'an 1770.

CHAUVIN, (Etienne) miniſtre proteſtant, natif de Nîmes, quitta ſa patrie après la révocation de l'édit de Nantes, & paſſa à Rotterdam, puis à Berlin, où il occupa une chaire de philoſophie. Il mourut en 1725, à 85 ans. On a de lui : I. Un *Lexicon philoſophicum*, in-fol. 1692 à Rotterdam, & 1713 avec figures à Leuwarde. II. Un nouveau *Journal des ſavans*, commencé en 1694 à Rotterdam, & continué à Berlin ; mais moins accueilli que l'*Hiſtoire des ouvrages des ſavans*, de Baſnage, meilleur écrivain & plus homme de goût.

CHAZELLES, (Jean-Matthieu de) profeſſeur d'hydrographie à Marſeille, de l'académie des ſciences de Paris, naquit à Lyon en 1657, & mourut à Marſeille en 1710. Il

joignit à ſes talens un grand fonds de religion : ce qui, comme dit Fontenelle, aſſure & fortifie toutes les vertus. Il avoit voyagé dans la Grece & dans l'Egypte, & en avoit rapporté des obſervations & des lumieres. Il y meſura les pyramides, & trouva que les quatre côtés de la plus grande ſont expoſés préciſément aux quatre régions du monde, à l'orient, à l'occident, au midi & au ſeptentrion. Ce fut lui qui imagina qu'on pourroit ſe ſervir de galeres ſur l'océan, pour remorquer les vaiſſeaux, quand le vent leur ſeroit contraire ou leur manqueroit. En 1690, quinze galeres, parties de Rochefort, donnerent un nouveau ſpectacle ſur l'océan. Elles allerent juſqu'à Torbay en Angleterre, & ſervirent à la deſcente de Tinmouth. Chazelles y fit les fonctions d'ingénieur, & ſe montra ſous deux points de vue bien différens, ſous ceux de ſavant & d'homme de guerre. On lui doit la plupart des cartes qui compoſent les deux volumes du *Neptune françois*, 1693, in-fol. ſans compter un bon nombre d'obſervations très-utiles pour l'aſtronomie, la géographie & la navigation.

CHAZOT DE NANTIGNI, *voyez* NANTIGNI.

CHEFFONTAINES, (Chriſtophe) en latin à *Capite Fontium*, & appellé autrement *Penfenteniou*, étoit bas-breton. Il floriſſoit vers le milieu du 16e ſiecle, & mourut à Rome en 1595, âgé de 63 ans. Sa ſcience & ſa piété l'éleverent ſucceſſivement à l'emploi de profeſſeur en théologie chez les Cordeliers, où il étoit entré de bonne heure, à celui de général, dont il fut le 55e ; & à la dignité d'archevêque de Céſarée. Il fit les fonctions épiſcopales du dioceſe de Sens, en l'abſence du cardinal de Pellevé, qui en étoit titulaire. L'envie l'avoit attaqué lorſqu'il n'étoit que profeſſeur. La néceſſité qui le contraignit de s'aller défendre à Rome, fut l'occasion pour lui de son élévation ; mais son mérite réel en fut la vraie caufe. A la malice de fes ennemis, il oppofa plus de patience que d'apologies en forme. Il vit cinq papes pendant fon féjour dans cette ville, Sixte-Quint, Urbain VII, Gregoire XIV, Innocent IX, Clément VIII. Les marques de bonté qu'il reçut de chacun de ces pontifes, témoignerent affez combien on méprifoit les délations de fes ennemis. Engagé par devoir à enfeigner la fcholaftique, il eut affez de pénétration pour voir l'abus qu'on en faifoit, & affez de hardieffe pour ofer écrire ce qu'il en penfoit. Son recueil intitulé : *Varii tractatus & difputationes de neceffaria theologiæ fcholafticæ correctione*, Paris 1586, in-8°, eft recherché, quoique la trop grande vivacité de l'auteur l'ait fait mettre à l'*Index* du concile de Trente. Ses autres Traités, les uns moraux, les autres dogmatiques, font moins eftimés, quoique dignes de quelque attention. Ils marquent un homme qui avoit fecoué quelques préjugés, & qui cherchoit à en faire revenir fon fiecle. Il s'éleva contre le préjugé meurtrier du duel, qui, après avoir prefque fuccombé au zele des rois chrétiens, reparoît avec plus d'empire que jamais dans le fiecle de la prétendue philofophie. Son traité fur cette matiere eft en françois, fous ce titre : *Chrétienne confutation du point-d'honneur*, Paris 1579, in-8°. On lui doit encore plufieurs ouvrages, dont les principaux font : I. *Défenfe de la foi que nos ancêtres ont eue en la préfence réelle*. II. *Réponfe familiere à une Epître contre le Libre-Arbitre*, in-8°, Paris 1571. C'eft cet ouvrage qui fournit à l'envie le prétexte de l'attaquer. III. *Defenfio Fidei adverfus Impios, Atheos*, &c. in-8°. Cheffontaines joignoit à la fcience théologique quelque teinture des langues grecque,

hébraïque, efpagnole, italienne & françoife. Si la connoiffance du bas-breton peut être mife au rang des talens, ce favant poffédoit parfaitement auffi ce patois, qui eft peut-être plus mal-aifé à apprendre qu'aucune langue morte ou vivante.

CHEFNEUX, (Mathias) né à Liege au commencement du 17e fiecle, entra dans l'ordre des Ermites de St Auguftin, où il fe diftingua par fon application à l'étude, & par fon zele à remplir les devoirs de fon état. Il mourut vers l'an 1670. On a de lui : I. Une *Explication des Pfeaumes* en latin, Liege, in-8°, peu eftimée. II. Une *Chronique*, fuivie *de la vraie religion* depuis la création jufqu'au tems de l'auteur, Liege 1670, 3 vol. in-fol. en latin. Ouvrage fuperficiel.

CHEKE, (Jean) né en 1514, fut profeffeur de grec dans l'univerfité de Cambridge, fa patrie. Il effaya de changer la prononciation ordinaire de cette langue, fur-tout à l'égard des voyelles & des diphthongues. Cette nouveauté déplut au chancelier, qui ordonna par un décret, en 1542, de ne pas philofopher fur les fons, mais de s'en tenir à l'ufage. Henri VIII lui confia l'éducation du jeune Edouard fon fils, & le récompenfa de fes foins par les titres de Chevalier & de Secretaire d'état. Après la mort de ce prince, les Catholiques le firent mettre à la tour de Londres. Il montra d'abord beaucoup de conftance ; mais la crainte de la mort dont on le menaçoit, lui fit abjurer la religion anglicane. Il mourut à Londres en 1557. On a de Cheke : I. Un *Traité de la fuperftition*, Londres 1705, in-8°, imprimé à la fuite de la *Vie* de l'auteur par Strype : cet ouvrage n'a rien de fort intéreffant. II. Un *Livre de la prononciation véritable de la langue grecque*, à laquelle l'auteur s'étoit attaché avec beaucoup de fuccès ; Bafle 1555, in-8°, en latin.

CHEMIN, (Catherine du) femme

de Girardon, & digne de l'être par le talent supérieur de peindre les fleurs. L'académie de peinture & de sculpture lui ouvrit ses portes. Elle mourut à Paris en 1698. Son illustre époux consacra à sa mémoire le beau mausolée que l'on voit dans l'église de S. Landry. Ce monument de génie & de reconnoissance fut exécuté par Nourrisson & le Lorrain, deux de ses éleves, d'après le modele de leur maitre.

CHEMINAIS, (Timoléon) jésuite, né à Paris en 1652, d'un commis de M. de la Vrilliere, secretaire d'état, fit admirer son talent pour la chaire à la cour & à la ville. Lorsque ses infirmités lui eurent interdit le ministere de la prédication dans les églises de Paris & de Versailles, il alloit tous les dimanches instruire les pauvres de la campagne. On appelloit Bourdaloue le Corneille des prédicateurs, & Cheminais le Racine; on ne lui donne plus ce nom, depuis que Massillon a paru; il semble néanmoins que ses discours sont plus touchans, & ont en général plus d'effet sur les cœurs, quoique peut-être moins éloquens que ceux de l'évêque de Clermont. Le P. Bretonneau a publié ses *Discours* en 3 vol. in-12. Le P. Cheminais mourut en 1689, âgé de 38 ans, en digne ministre de cette religion qui l'avoit animé pendant sa vie. Sa carriere fut courte, mais elle fut bien remplie. On a encore de lui *Les Sentimens de piété*, imprimés en 1691 in-12; ouvrage qui se ressent un peu trop du style brillant de la chaire, & pas assez du langage affectueux de la dévotion.

CHEMNITZ, *Chemnitius*, (Martin) disciple de Mélanchton, est fameux par son *Examen Concilii Tridentini*, cours de théologie protestante, en quatre parties, qui forment 1 vol. in-fol. Francfort 1585, ou 4 vol. in-8°. Il mourut en 1586. Il étoit né en 1522 à Britzen dans le Brandebourg, d'un ouvrier en laine. Les princes de sa communion l'employerent dans les affaires de l'église & de l'état. Personne n'a mieux réfuté ses erreurs que le cardinal Bellarmin.

CHEMNITZ, (Bogeslas-Philippe), petit-fils du précédent, est auteur d'une *Histoire* très-détaillée, en deux vol. in-fol. de la guerre des Suédois en Allemagne, sous Gustave-Adolphe. La reine Christine, en récompense de cet ouvrage, ennoblit l'auteur, & lui donna la terre de Holtedt en Suede, où il mourut l'an 1678. Il est inutile de dire que l'enthousiasme du protestantisme n'a point permis à l'auteur d'être toujours impartial & véridique.

CHEMNITZ, (Chrétien) petit-neveu de Martin, naquit à Koningsfeldt en 1615. Après avoir été ministre à Weimar, il fut fait professeur en théologie à Iene, où il mourut en 1666. On a de lui : I. *Brevis instructio futuri Ministri Ecclesiæ*. II. *Dissertationes de prædestinatione*, &c. &c.

CHENU, (Jean) avocat à Bourges, puis à Paris, se maria en 1594, & mourut en 1627, à 68 ans. On a de lui *Antiquités de Bourges*, Paris 1621, in-4°.; *Chronologie des archevêques de Bourges*, en latin, 1621, in-4°.; & quelques livres de jurisprudence, oubliés. Ses autres ouvrages sont savans, mais mal écrits. C'étoit un homme très-laborieux.

CHERBURY, *voyez* HERBERT.

CHERILE, poëte grec, ami d'Hérodote, chanta la victoire que les Athéniens remporterent sur Xercès. Ce poëme charma tellement les vainqueurs, qu'ils firent donner à l'auteur une piece d'or pour chaque vers, & qu'ils ordonnerent qu'on réciteroit ses Poésies avec celles d'Homere. Nous en avons quelques fragmens dans Strabon, dans Aristote, & dans Joseph contre Appion. Le général Lysandre voulut toujours avoir Cherile auprès de lui, pour que ce poëte transmît à la postérité sa gloire & ses actions.

Horace n'en avoit pas une opinion avantageuse ; il lui reproche de la lenteur & de l'inégalité :

Sic mihi qui multum ceſſat, fit Cherilus ille.

CHERON, (Eliſabeth-Sophie) fille d'un peintre en émail de la ville de Meaux, naquit à Paris en 1648, & eut ſon pere pour maître. A l'âge de 14 ans, le nom de cet enfant étoit déja célèbre, & éclipſoit celui de ſon pere. L'illuſtre le Brun la préſenta en 1672 à l'académie de peinture & de ſculpture, qui couronna ſes talens en lui donnant le titre d'académicienne. Cette fille illuſtre ſe partageoit entre la peinture, les langues ſavantes, la poéſie & la muſique. Elle a deſſiné en grand beaucoup de pierres gravées, travail pour lequel elle avoit un talent décidé. Ses tableaux n'étoient pas moins recommandables par un bon goût de deſſin, une facilité de pinceau ſinguliere, un beau ton de couleur, & une grande intelligence du clair-obſcur. Toutes les manieres de peindre lui étoient familieres. Elle a excellé dans l'hiſtoire, dans la peinture à l'huile, dans la miniature en émail, dans le portrait, & ſur-tout dans ceux des femmes. On dit qu'elle peignoit ſouvent de mémoire des perſonnes abſentes, avec autant de reſſemblance que ſi elle les avoit eues ſous les yeux. L'académie des *Ricovrati* de Padoue l'honora du ſurnom d'*Erato*, & lui donna une place dans ſa compagnie. Elle mourut à Paris en 1711, âgée de 63 ans, auſſi eſtimable par les qualités du cœur que par celles de l'eſprit. Elle avoit été élevée dans la réligion proteſtante ; mais l'ayant quittée pour la catholique, elle prouva par ſes vertus la ſincérité de ſa converſion. *Voyez* ſon *Eloge*, Paris 1712, in-8°. On a de cette fille célèbre : I. *Eſſai des Pſeaumes & Cantiques mis en vers*, & enrichis de figures, à Paris 1693, in-8°. Les figures ſont de Louis Cheron

ſon frere, bon graveur & habile peintre, né à Paris en 1660, & mort à Londres en 1733. II. *Le Cantique d'Habacuc & le Pſeaume* c111, *traduits en vers françois*, & publiés en 1717, in-4°, par le Hay, ingénieur du roi, qui avoit épouſé cette femme d'eſprit. III. *Les Ceriſes renverſées*, piece ingénieuſe & plaiſante, que le célèbre Rouſſeau eſtimoit, & qu'on publia en 1717 avec la *Batracomiomachie d'Homere*, traduite en vers par Boivin le cadet. La poéſie de Mlle Cheron eſt ſouvent foible, mais il y a d'excellens morceaux. J. B. Rouſſeau a beaucoup loué une *Ode ſur le Jugement dernier*.

CHERUBIN D'ORLÉANS, (le P.) capucin, a fait deux ouvrages ſavans : I. *La Dioptrique oculaire*, Paris 1671, in-fol. II. *La Viſion parfaite*, 1677 & 1681, 2 vol. in-fol. fig. Ces livres renferment des choſes curieuſes qui les font rechercher.

CHESEAUX, (Jean-Philippe de Loys de) né à Lauſane en 1718, mort à Paris en 1751, étoit petit-fils du célebre Crouzas. Les académies des ſciences de Paris, de Gottingen & de Londres ſe l'aſſocierent. L'aſtronomie, la géométrie, la théologie, le droit, la médecine, l'hiſtoire, la géographie, les antiquités ſacrées & profanes l'occuperent tour-à-tour ; mais une étude trop étendue & trop variée l'a rendu quelquefois ſuperficiel. Dès l'âge de 17 ans, il avoit fait trois traités de phyſique ſur la *dynamique*, ſur la *force de la poudre à canon*, & ſur le *mouvement de l'air dans la propagation du ſon*. On a encore de Cheſeaux un vol. in-8°, de *Diſſertations critiques ſur la partie prophétique de l'Ecriture-Sainte*, Paris 1751 ; un *Traité de la comete de 1743* ; & des *Elémens de coſmographie & d'aſtronomie*, qu'il compoſa en faveur d'un jeune ſeigneur.

CHESELDEN, (Guillaume) chirurgien célèbre de Londres, mort

en 1752 à 64 ans, étoit de la société royale de cette ville, & correspondant de l'académie des sciences de Paris. Les heureux succès de Douglas dans l'extraction de la pierre par le haut appareil, l'animèrent à suivre & à pratiquer la même méthode ; & dans l'expérience qu'il en fit, il ne trouva d'autre sujet de se repentir, que celui de n'avoir pas tenté ce secours plutôt. Mais de toutes ses opérations, celle qui lui fit le plus d'honneur, fut d'avoir rendu la vue à un jeune-homme de 14 ans, aveugle de naissance. On trouve les détails circonstanciés de cette opération, dans les *Transactions philosophiques*, & dans les *Mémoires de l'académie de chirurgie*. Quelques faux philosophes n'ont pas rougi d'opposer cette guérison à celle de l'aveugle né de l'Evangile, comme si une opération chirurgicale pouvoit être comparée à une simple parole ou à des moyens qui ne prennent leur efficace que dans la volonté de Dieu. Chefelden donna, en 1713, une *Anatomie du corps humain* ; il y en a huit éditions : la dernière a été imprimée à Londres en 1752. Cet ouvrage est semé d'observations très-curieuses, & orné de quarante planches fort exactes. Le même auteur a donné une *Ostéographie*, Londres 1733, in-fol. avec de très-belles figures. On y trouve une exposition des maladies des os, remarquable par son exactitude.

CHESNAYE, (Nicole de la) auteur absolument inconnu, auquel on attribue une Moralité assez rare, qui est intitulée : *La Nef de santé, avec le Gouvernail du corps humain, la Condamnation des banquets, & le Traité des passions de l'ame*, Paris, Verard, in-4°, sans date.

CHESNE, (André du) appelé *le Pere de l'Histoire de France*, naquit en 1584 à l'Isle-Bouchard en Touraine. Il fut écrasé en 1640, à 56 ans, par une charrette, en allant de Paris à sa maison de campagne à Varrière. On a de lui : I. Une *Histoire des Papes*, Paris 1653, 2 vol. in-fol. II. Une *Histoire d'Angleterre* en 2 vol. in-fol. comme la précédente, Paris 1634, & regardées l'une & l'autre comme des compilations indigestes. III. L'*Histoire des Cardinaux françois*, qu'il commença & que son fils acheva en partie, Paris 1660. Il n'y en a que 2 vol. de publiés, & il devoit y en avoir quatre. C'est un ouvrage mal fait, mal digéré, & encore plus mal écrit. IV. Un *Recueil des historiens de France*. Il devoit contenir 24 vol. in-fol. Il donna les deux premiers vol. depuis l'origine de la nation jusqu'à Hugues Capet ; le troisieme & le quatrieme, depuis Charles Martel jusqu'à Philippe-Auguste, étoient sous presse lorsqu'il mourut. Son fils François du Chesne, héritier de l'érudition de son pere, publia le cinquieme, depuis Philippe Auguste jusqu'à Philippe le Bel. V. *Historiæ Francorum & Normannorum Scriptores*, in-fol. VI. *Les Généalogies de Montmorenci, Chatillon, Guines, Vergy, Dreux, Bethune, Chateigners*, 7 vol. in-fol. VII. *Histoire des Ducs de Bourgogne*, 1619 & 1628, 2 vol. in-4°. VIII. *Bibliotheca Cluniacensis*, Paris 1614, in-fol. &c. recueil utile, publié avec D. Marrier. Du Chesne étoit un des plus savans hommes que la France ait produits pour l'histoire, sur-tout pour celle du Bas-Empire. Il communiquoit libéralement ses recherches, non-seulement à ses amis, mais encore aux étrangers. *La recherche sur les antiquités des villes de France*, que plusieurs écrivains lui ont attribuée, ne paroît point être de cet écrivain.

CHESNE, (Jean-Baptiste Philipotot du) jésuite, né en 1682, au village du Chesne en Champagne, dont il prit le nom, mourut en 1755, dans sa 63e année. On a de lui : I. *Abrégé de l'histoire d'Espagne*, in-12. II. *Abrégé de l'his-*

tôire ancienne, in-12. Ces deux ouvrages, quoique fuperficiels, ont fervi à l'éducation de la jeuneffe, pour laquelle l'auteur avoit du talent. III. Le Prédeſtinatianiſme, 1724, in-4°. IV. Hiſtoire du Baïaniſme, 1731, in-4°. V. La ſcience de la jeune nobleſſe, 1730, 3 vol. in-12.

CHESNE, Quercetanus, (Joſeph du) feigneur de la Violette, médecin ordinaire du roi, étoit natif de l'Armagnac. Après avoir fait un affez long féjour en Allemagne, il vint exercer fon art à Paris. Il avoit acquis de grandes connoiſ-fances dans la chymie, à laquelle il s'étoit particuliérement appliqué. Les fuccès qui fuivirent fa pratique dans cette partie, déchaînerent contre lui les autres médecins, fur-tout Guy Patin, qui s'efforça de le couvrir de farcafmes & de rail-leries. Il porta fon acharnement juf-qu'à s'en prendre à toùt le pays d'Ar-magnac qu'il appelloit maudit pays. Cependant l'expérience a fait voir que du Chefne a mieux rencontré fur l'antimoine, que Patin & fes confreres. Ce favant chymiſte, qui eſt appellé du Quefne par Moreri, mourut à Paris l'an 1609, dans un âge très-avancé. Il a fait en vers françois: La folie du monde, 1583, in-4°. Le grand miroir du monde, 1593, in-8°. Il a auffi compofé plu-fieurs livres de chymie, qui ont eû de la réputation.

CHESNE, (Jacques du) voyez ENZINAS.

CHETARDIE, (Joachim Trotti de la) bachelier de Sorbonne & curé de S. Sulpice de Paris, na-quit en 1636 au château de la Ché-tardie dans l'Angoumois, & mou-rut en 1714. Il avoit été nommé à l'évêché de Poitiers en 1702; mais il le refufa. Ses devoirs de paf-teur ne l'empêcherent point d'en-richir le public de plufieurs ouvrages utiles: I. Homélies pour tous les dimanches & fêtes de l'année, 3 vol. in-4°, pleines d'onction & de

folidité. II. Le Catéchifme de Bour-ges, en 4 vol. in-12 & 1 vol. in 4°: ouvragè excellent qui unit la dignité du langage & des idées à l'expo-fition la plus fimple de la foi chré-tienne; c'eſt, fi l'on excepte peut-être celui du P. Bougeant, le meil-leur Catéchifme raifonné que nous ayons. III. Explication de l'Apo-calypfe, in-8° & in-4°. V. Entre-tiens eccléfiaſtiques, 4 vol. in-12.

CHETARDIE, (le chevalier de la) neveu du curé de S. Sulpice, mort vers 1700, étoit un homme d'efprit, plein de politeffe. Il eſt auteur de deux ouvrages. Le Ier a pour titre: Inſtruction pour un jeune feigneur; & le IIe eſt in-titulé: Inſtruction pour une prin-ceffe, in-12.

CHEVALET, (Antoine) gen-tilhomme dauphinois, auteur de la Vie de S. Chriſtophe par per-fonnages, Grenoble 1530, in-fol. fort rare.

CHEVALIER, (Nicolas) fran-çois réfugié à Utrecht, à caufe de la religion prôteftante qu'il profef-foit, a fait parôtre un favant ou-vrage intitulé: Recherches curieu-fes d'antiquités que l'on conferve dans la chambre des raretés de cette ville: Utrecht 1709, in-fol.

CHEVASSU, (Jofeph) curé des Rouffes dans le diocefe de S. Claude, mort à S. Claude, fa patrie, le 25 octobre 1752, à 78 ans, étoit l'exemple du troupeau qu'il inſtrui-foit. On a de lui: I. Des Médita-tions eccléfiaſtiques, 6 vol. in-12, 1764, où il y a des chofes folides & peu de touchantes. II. Le Mif-fionnaire paroiſſial, 4 vol. in-12, renfermant fes Prônes & des Con-férences fur les principales vérités de la religion. L'onction n'étoit pas la qualité dominante de cet orateur; mais il étoit inſtruit, & il poffédoit bien l'Ecriture & les Peres.

CHEVERT, (François de) né à Verdun fur Meufe le 21 février 1695, s'éleva, du pofte de fimple foldat, au grade de lieutenant-gé-néral.

péral. Il dut tout à son mérite, & rien à la faveur ni à l'intrigue. Il eut à lutter contre l'envie & contre l'obscurité de sa naissance. Une étude profonde de la tactique, un amour extrême de ses devoirs, un desir ardent de se distinguer ; tels furent les protecteurs qui veillerent à son avancement. Nous ne suivons pas toutes les actions éclatantes qui le distinguerent. Tout le monde connoît la retraite de Prague par le maréchal de Belle-Isle. Chevert qu'il y laissa avec 18 cens hommes, pressé de se rendre par la famine, par les habitans & par une armée nombreuse; prend les ôtages de la ville, les enferme dans sa propre maison, & met dans les caves des tonneaux de poudre, résolu de se faire sauter avec eux, si les bourgeois veulent lui faire violence. Il obtint ce qu'il demandoit, c'est-à-dire, de sortir avec tous les honneurs de la guerre : le prince Lobkowitz lui accorda deux pieces de canon. Les guerres de 1741 & de 1757, offrirent à notre guerrier les occasions les plus dangereuses & les plus brillantes. À la journée d'Hastembeck, il fut chargé de chasser l'ennemi des sommités d'une montagne couverte de bois. C'est en y pénétrant qu'il fixa sur le marquis de Bréhant des regards enflammés, & que le saisissant par la main ; *Jurez-moi* ; lui dit-il, *foi de chevalier, que vous & votre régiment vous vous ferez tuer jusqu'au dernier, plutôt que de reculer.* La confiance qu'il inspiroit aux soldats étoit extrême. Dans une occasion où il s'agissoit de s'emparer d'un fort, il appelle un grenadier dont il connoissoit la bravoure : ,, Vas droit à ce fort, lui dit-il, ,, sans t'arrêter. On te ,, dira : *Qui va-là ?* tu ne répon- ,, dras rien ; on te le dira encore, ,, tu avanceras toujours sans rien ,, répondre ; à la troisieme fois on ,, tirera sur toi, on te manquera ; ,, tu fondras sur la garde, & je suis- ,, là pour te soutenir ,,. Le gre-

Tome II.

nadier partit à l'instant, & tout arriva comme Chevert l'avoit prévu. Ce brave officier mourut le 24 janvier 1769, dans la 74e année de son âge. Il étoit commandeur grand-croix de l'ordre de S. Louis, chevalier de l'aigle-blanc de Pologne, gouverneur de Givet & de Charlemont, lieutenant-général des armées du roi. Il fut inhumé en la paroisse de S. Eustache de Paris, où l'on voit son épitaphe, conçu en ces termes : ,, Sans aïeux, sans fortune, ,, sans appui, orphelin dès l'en- ,, fance, il entra au service à l'âge ,, de 11 ans. Il s'éleva malgré l'en- ,, vie à force de mérite, & chaque ,, grade fut le prix d'une action ,, d'éclat. Le seul titre de maré- ,, chal de France a manqué, non ,, pas à sa gloire, mais à l'exemple ,, de ceux qui le prendront pour ,, modele ,,.

CHEVILLARD, (Jacques) généalogiste, mort le 24 octobre 1751, âgé de 71 ans. On a de lui : I. Un *Dictionnaire héraldique*, contenant les armes & blasons des princes, & grands-officiers de la couronne, avec celles de plusieurs maisons & familles du royaume. II. Carte contenant les armes, les noms & qualités des gouverneurs, capitaines & lieutenans-généraux de la ville de Paris. III. D'autres Cartes concernant l'art héraldique.

CHEVILLIER, (André) né à Pontoise en 1636, parut en Sorbonne avec tant de distinction, que l'abbé de Brienne, depuis évêque de Coutance, lui céda le premier lieu de licence, & en fit même les frais. Il mourut en 1700, bibliothécaire de Sorbonne. Sa piété égala son savoir, & son savoir étoit profond. On l'a vu se dépouiller lui-même pour revêtir les pauvres, & vendre ses livres pour les assister. On a de lui : I. *Origine de l'imprimerie de Paris*, dissertation historique & critique, pleine d'érudition & souvent citée dans les *Annales typographiques*, de

N

Maittaire, 1694, in-4°. II. *Le grand Canon de l'Eglife grecque, traduit en françois*, in-12, 1699. C'eft plutôt une paraphrafe, qu'une traduction. III. *Diſſertation latine fur le concile de Chalcédoine, touchant les formules de foi*, 1664, in-4°.

CHEVREAU, (Urbain) naquit à Loudun en 1613. Il fit paroître beaucoup d'efprit dans fes premieres études. La reine Chriftine de Suede le choifit pour fecretaire, & l'électeur Palatin pour fon confeiller. Chevreau, fixé dans cette cour, contribua beaucoup à la converfion de la princeffe électorale, depuis ducheffe d'Orléans. Après la mort de l'électeur il revint en France, & fut choifi par Louis XIV pour précepteur du duc du Maine. Le defir de vaquer en repos aux exercices de la vie chrétienne, l'obligea de quitter la cour pour fe retirer dans fa patrie, où il mourut en 1701, âgé de 88 ans. Il ne rougit jamais de la religion au milieu des grands. Sa piété fut tendre, autant que fon érudition fut profonde. On lui doit les ouvrages fuivans : I. *Les Tableaux de la fortune*, en 1651, in-8°, depuis réimprimés avec des changemens, fous ce titre : *Effets de la fortune*, 1656, in-8°, roman qui fut bien accueilli dans le tems. II. *L'Hiſtoire du monde*, en 1686, réimprimée plufieurs fois. La meilleure édition eft celle de Paris 1717, en 8 vol. in-12, avec des additions confidérables, par Bourgeois de Chaftenet. On fent, en lifant cette hiftoire, que l'auteur avoit puifé dans les fources primitives ; mais il ne les cite pas toujours avec fidélité. L'hiftoire grecque, la romaine, la mahométane y font traitées avec affez d'exactitude. L'auteur auroit pu fe difpenfer de mêler aux vérités utiles de fon ouvrage, les généalogies rabbiniques qui le défigurent, & quelques difcuffions qui ne devoient entrer que dans une hiftoire en grand.

III. *Œuvres mêlées*, 2 parties in-12, la Haye 1697. Ce font des lettres femées de vers latins & françois, quelquefois ingénieux, quelquefois foibles ; d'explications de paffages d'auteurs anciens, grecs & latins ; d'anecdotes littéraires, &c. IV. *Chevreana*, Paris, deux volumes, 1697—1700 : recueil dans lequel l'auteur a verfé des petites notes, des réflexions, des faits littéraires qu'il n'avoit pas pu faire entrer dans fes autres ouvrages. Chevreau avoit joint à l'étude des anciens le commerce de quelques-uns des modernes, & il s'étoit formé chez les uns & chez les autres. Il avoit beaucoup lu ; mais dans fes livres il n'accable pas fon lecteur par un trop grand amas de recherches érudites.

CHEVREMONT, (l'abbé, Jean-Baptifte de) lorrain de nation, fecretaire de Charles V, duc de Lorraine, fe retira à Paris après la mort de fon maître, & y mourut en 1702. On a de lui : I. *La connoiſſance du monde*. II. *L'Hiſtoire de Kemiski*. III. *La France ruinée, par qui & comment*. IV. *Le Teſtament politique du duc de Lorraine*. V. *L'Etat actuel de la Pologne*. VI. *Le Chriſtianiſme éclairci fur les différends du tems en matiere de Quiétifme*, &c. Les ouvrages de l'abbé de Chevremont n'ont rien pour gagner le lecteur : ils font remplis de projets ridicules, d'idées fauffes ; & le ftyle en eft des plus languiffans.

CHEVREUSE, (Marie de Rohan-Montbafon, ducheffe de) née en 1600, époufa en 1617 Charles d'Albert, duc de Luynes, connétable de France, & en 1622 Claude de Lorraine, duc de Chevreufe. Cette dame, célebre par fa beauté & par fon efprit, fut ennemie du cardinal de Richelieu, parce qu'elle voyoit avec peine la maniere dont il traitoit la reine, pour laquelle fon attachement étoit déclaré : le cardinal l'en punit par l'exil ; elle fut même obligée de fortir de France, & de se retirer à Bruxelles, d'où elle entretenoit commerce avec la reine. Quand cette princesse fut devenue régente, la duchesse de Chevreuse revint triomphante à la cour; mais sa faveur fut de courte durée, parce qu'elle entra dans les intrigues contre le cardinal Mazarin; selon que le coadjuteur, avec qui elle étoit fort liée, penchoit pour ou contre la cour. Cette duchesse conserva cependant toujours de l'ascendant sur l'esprit de la reine, & la poussa à consentir à la disgrace du fameux surintendant Foucquet. Elle mourut en 1679. Ce fut par elle que le duché de Chevreuse vint à ses enfans du premier lit.

CHEVRIER, (François-Antoine) né à Nanci d'un secretaire du roi, montra dès sa jeunesse beaucoup d'esprit & de méchanceté. Après avoir parcouru divers pays, tantôt riche, tantôt pauvre, consacré tour-à-tour à l'intrigue & aux lettres, il alla mourir en Hollande en 1762. Cet auteur avoit du talent, de l'esprit & de l'imagination, & sur-tout beaucoup de facilité; mais il en abusoit, & il n'a rien laissé de véritablement estimable. Il est auteur de quelques comédies & de quelques ouvrages en prose. I. Plusieurs romans : *Cela est singulier* ; *Maga-Kou* ; *Mémoires d'une honnête femme*, in-12; *Le Colporteur*, in-12. Ce dernier ouvrage, plein d'atrocités révoltantes & de saillies heureuses, est une satyre affreuse des mœurs du siecle. II. *Mémoires pour servir à l'Histoire de Lorraine*, 2 vol. in-12. III. *Les Ridicules du siecle*, in-12 ; ouvrage qui fut proscrit dans sa nouveauté. L'auteur avoit trempé son pinceau dans le fiel, & presque tous ses caracteres sont outrés ; ce livre est d'ailleurs très-médiocre. IV. *Le Journal militaire*. V. *Le Testament politique du maréchal de Belle-Isle*, son *Codicile* & sa *Vie*, en 3 vol. in-12, dont le premier renferme quelques vues judicieuses

& quelques idées assez bonnes. Il eut beaucoup de cours; mais les deux autres furent moins goûtés. VI. *L'Histoire de Corse*, Nanci 1749, in-12. M. l'Abbé Germanes en a donné une meilleure en 3 vol. in-12, 1776. VII. *Projet de paix générale*. VIII. *Almanach des gens d'esprit, par un homme qui n'est pas sot*. L'indécence, la satyre impudente, l'obscénité & l'impiété dominent dans cette misérable brochure, ainsi que dans la plûpart des livres de cet écrivain, dont les mœurs ne valoient pas mieux que les ouvrages. Il préparoit de nouvelles horreurs contre le marquis de Caraccioli, contre M. Freron, &c. lorsqu'il mourut. La *Vie du P. Norbert, capucin*, aujourd'hui l'abbé Platel, est une des dernieres productions de Chevrier.

CHEYNE, (George) anglois, docteur en médecine, & de la société royale de Londres. Il naquit en Ecosse, s'appliqua à la philosophie & aux mathématiques, ensuite à la médecine, & réussit très-bien dans la pratique de cette science. Il mourut vers 1748. Il est fort connu par un ouvrage intitulé : *De Infirmorum sanitate tuendâ, vitâque producendâ*, à Londres 1726, in-8°, traduit en françois par l'abbé de la Chapelle, sous le titre de *Regles sur la santé & les moyens de prolonger sa vie*, ou *Méthode naturelle de guérir les maladies du corps & celles de l'esprit qui en dépendent*, 2 vol. in-8°, Paris 1749. On a encore de lui un *Traité de la goutte*, 1724, in-8°, en anglois, & quelques ouvrages de philosophie & de mathématiques, qui ne valent pas ses livres de médecine.

CHIABRERA, (Gabriel) poëte italien, né à Savone en 1552, fortifia à Rome son inclination & ses talens pour les belles-lettres. Alde Manuce & Antoine Murèt lui donnerent leur amitié, & l'aiderent de leurs conseils. Il mourut à Savone en 1638, à 86 ans. Le pape

N 2

Urbain VIII, protecteur des poëtes, & poëte lui-même, l'invita en 1624 d'aller à Rome pour l'année fainte; mais Chiabrera s'en excufa fur fon âge & fur fes infirmités. Ce poëte étoit un des plus beaux-efprits & des plus laids perfonnages de l'Italie. Il a laiffé des *Poéfies héroïques*, *dramatiques*, *paftorales*, *lyri-ques*. On eftime fur-tout ces der-nieres, imprimées féparément en 1718, in-8°. L'abbé Paolucci pu-blia le recueil de fes ouvrages en 1718, à Rome, en 3 vol. in-8°. La vie de l'auteur, qu'on regarde comme le Pindare de l'Italie, eft à la tête de ce recueil. On en a une nouvelle édition, Venife 1731, 4 vol. in-8°.

CHIARI, (Jofeph) peintre ro-main, mort d'apoplexie dans fa patrie en 1727, à 73 ans, fe fit un nom parmi ceux de fa profeffion, par plufieurs beaux morceaux de peinture pour les églifes & pour les palais de Rome.

CHICOT, fou d'Henri IV, fut très-attaché à ce prince. Il étoit né en Gafcogne, & avoit de la fortune & de la valeur. Il fe trouva en 1591 au fiege de Rouen, & y fit prifonnier le comte de Glatigny, de la maifon de Lorraine. En le préfentant au roi, il lui dit : *Tiens, je te donne ce prifonnier qui eft à moi*. Le comte, défefpéré de fe voir pris par un homme tel que Chicot, lui donna un coup d'épée au travers du corps, dont il mourut quinze jours après. Il y avoit, dans la chambre où il étoit malade, un foldat mou-rant. Le curé du lieu, partifan de la Ligue, vint pour le confeffer; mais il ne voulut pas lui donner l'abfolu-tion, parce qu'il étoit au fervice d'un roi huguenot. Chicot, témoin du refus, fe leva en fureur de fon lit, penfa tuer le curé, & l'auroit fait, s'il en eût eu la force ; mais il éx-pira quelques momens après.

CHICOYNEAU, (François) confeiller d'état & premier médecin du roi, naquit à Montpelier en 1672, de Michel Chicoyneau, profeffeur

& chancelier de la faculté de méde-cine de cette ville. Après avoir été reçu au doctorat, n'étant âgé que de 21 ans, il fut pourvu en furvi-vance des places de fon pere; & à fa mort, il y ajouta celle de confeiller en la cour des Aides de Montpellier. Envoyé à la pefte de Marfeille par le duc d'Orléans, régent du royaume, ce médecin parut plein d'audace & de confiance dans cette ville, où tout un peuple égaré n'attendoit que la mort : il raffura les habitans; il calma par fa préfence leurs vives alarmes : on crut voir renaître l'ef-pérance, dès qu'il fe montra. Ces fervices furent récompenfés par un brevet honorable, & par une pen-fion que le roi lui accorda. L'an 1731 il fut appellé à la cour, pour y être médecin des enfans de France, par le crédit de Chirac, dont il avoit époufé la fille ; & à la mort de ce-lui-ci, il fut fait premier médecin du roi, confeiller d'état, & fur-intendant des eaux minérales du royaume. Il étoit auffi affocié libre de l'académie des fciences de Paris. Il mourut à Verfailles l'an 1752, âgé de près de 80 ans. Chicoyneau n'a laiffé que de très-modiques ou-vrages, & à peine connus. Le plus curieux eft celui où il foutient *que la pefte n'eft pas contagieufe* : Lyon & Paris 1721, in-12. On croit qu'il n'embraffa cette opinion que pour plaire à Chirac, fon beau-pere, qui en étoit fortement entiché.

CHICOYNEAU, (François) né à Montpellier en 1702, eut pour premier maitre fon pere, dont on vient de parler. Le célebre Chirac lui enfeigna enfuite à Paris les prin-cipes de la médecine, du Verney & Winflou l'anatomie, & Vaillant la botanique. Chicoyneau, né avec un génie facile, délicat, pénétrant, ne pouvoit que faire des progrès fous de tels maitres. La démonf-tration des plantes fut fa premiere fonction dans l'univerfité de Mont-pellier : il la remplit avec le plus grand fuccès. Le jardin royal de cette ville , le plus ancien du royaume & l'ouvrage d'Henri IV , fut renouvellé entiérement & en peu de tems. Ce ne fut pas avec moins de diſtinction qu'il préſida au cours public d'anatomie. Son père ayant voulu le faire revêtir de la charge de conſeiller à la cour des Aides , il parla le langage des loix avec la même aiſance, mais avec beaucoup moins de goût , que celui de la médecine. Il mourut en 1740 , à 38 ans , profeſſeur & chancelier de l'univerſité de médecine de Montpellier. Il étoit le 5e de ſa famille , qui occupa cette dignité. Son fils , quoiqu'à peine ſorti du berceau , fut déſigné par le roi pour être ſucceſſeur de ſes pères. Chicoyneau avoit lu pluſieurs Mémoires de ſa compoſition dans les aſſemblées de l'académie des ſciences de Montpellier , dont il étoit membre. On retrouvoit dans tous l'obſervateur exact , ainſi que l'écrivain élégant.

CHIFFLET , (Jean-Jacques) naquit à Beſançon en 1588. Après avoir viſité en curieux & en ſavant les principales villes de l'Europe ; il fut choiſi pour médecin ordinaire de l'archiducheſſe des Pays-Bas & du roi d'Eſpagne Philippe IV. Ce prince le chargea d'écrire l'hiſtoire de l'ordre de la Toiſon d'or. Il s'étoit déja fait connoître au public par des ouvrages ſavans. Les principaux ſont : I. *Veſuntio , civitas imperialis... monumentis illuſtrata* , &c. in-4°, à Lyon 1650. Cette hiſtoire de Beſançon eſt en aſſez beau latin ; mais l'auteur fait , de cette ville celtique , une ville toute romaine. D'ailleurs ſi l'on retranchoit de la partie civile l'érudition étrangere , & de la partie eccléſiaſtique les fables & les légendes , ſon in - 4° feroit bien diminué. II. *Vindiciæ Hiſpanicæ* , in-fol. à Anvers 1650 : ouvrage fait pour prouver que la race de Hugues Capet ne deſcend pas en ligne maſculine de Charlemagne ; & que , du côté des femmes , la maiſon d'Autriche précede

celle des Capétiens. III. *Le faux Childebrand* , 1649 , in-4° : en réponſe au *Vrai Childebrand* d'Auteuil de Gombault , 1659 , in-4°. C'eſt encore pour conteſter l'opinion de ceux qui faiſoient deſcendre Hugues Capet de Childebrand , frère de Charles Martel. IV. De *Ampulla Rhemenſi* , à Anvers 1651 , in-fol. dans lequel l'auteur traite de fable l'hiſtoire de ce qu'on appelle *la Ste Ampoule*. Il entreprend de prouver qu'Hincmar , archevêque de Rheims , en a été l'inventeur, pour faire valoir les droits de ſon égliſe. Ce deſtructeur de l'*Ampoule* de Rheims , admettoit le Suaire de Beſançon ; il a même écrit un in-4° pour ſoutenir ſon ſentiment. V. *Pulvis febrifugus ventilatus* , 1653 , in-8°. C'eſt un traité contre le quinquina , dont les propriétés n'étoient pas encore aſſez connues. Ce ſavant mourut en 1660 , âgé de 72 ans. Comme médecin , il n'eſt guère connu ; mais comme érudit , il a joui de quelque eſtime. Ses livres ſont pleins de recherches , & ſi en les écrivant il avoit ſecoué certains préjugés , & s'étoit attaché à un arrangement plus méthodique , ils auroient encore plus de réputation qu'ils n'en ont. Ses *Ouvrages politico-hiſtoriques* ont été recueillis à Anvers , 2 vol. in-fol. *Voyez* Niceron , tom. 25 , p. 225.

CHIFFLET , (Jules) fils du précédent, docteur en théologie , prieur de Dampierre , & grand-vicaire de l'archevêché de Beſançon ; fut fait l'an 1648 chancelier de l'ordre de la Toiſon d'or , par Philippe IV , roi d'Eſpagne. Il n'étoit pas moins ſavant que ſon père , & il s'eſt fait connoître par pluſieurs ouvrages, dont voici quelques-uns. I. *L'Hiſtoire du bon chevalier Jacques de Lalain* , Bruxelles 1634 , in-4°. II. *Traité de la maiſon de Rye* , 1644, in - fol. III. *Les marques d'honneur de la maiſon de Taſſis* , Anvers 1645 , in-fol. IV. *Breviarium hiſtoricum Velleris aurei* , 1652 , in-4°.

CHIFFLET , (Jean) frere du précédent, né à Besançon, s'adonna au droit & aux langues savantes. Il fut fait chanoine de Tournai en 1651, & ensuite prédicateur de Philippe IV, roi d'Espagne , & des archiducs Jean & Léopold. Il s'étoit aussi beaucoup appliqué à l'étude des médailles, & en avoit assemblé une belle collection. Il mourut le 27 novembre 1663 , après avoir publié , I. *Judicium de fabulâ Joannæ papissæ*, Anvers 1666, in-4°. II. *Apologitica dissertatio de quatuor, juris utriusque architectis Justiniano , Triboniano , Gratiano & S. Raymundo*, Anvers 1651, & dans le *Trésor de la Jurisprudence romaine d'Evrard Othon*. Plusieurs Dissertations sur des inscriptions antiques , &c; dont quelques-unes ont trouvé place dans le *Trésor des Antiquités romaines de Grævius* , tome IV.

CHIFFLET , (Pierre-François) savant jésuite , né à Besançon, étoit parent des précédens. Après avoir professé plusieurs années la philosophie , la langue hébraïque & l'Ecriture-Sainte , il fut appellé à Paris l'an 1675 , par le grand Colbert, pour mettre en ordre les médailles du roi. Il mourut le 5 octobre , & non le 11 mai 1682 , à 92 ans. On a de lui quantité d'ouvrages , entr'autres : *Lettre sur Béatrix , comtesse de Champagne* , Dijon 1656, in-4°; *Histoire de l'abbaye & de la ville de Tournus*, ibid. 1664 , in-4°. Il a donné aussi des éditions de plusieurs anciens écrivains. Il y a eu quelques autres gens-de-lettres de ce nom.

CHIGI, *voy.* ALEXANDRE VII.

CHILDEBERT I, fils de Clovis & de Ste Clotilde , commença de régner à Paris en 511. Il se joignit à ses freres Clodomir & Clotaire , contre Sigismond, roi de Bourgogne ; le vainquit , le fit massacrer , lui, son épouse & ses enfans , & précipiter dans un puits. Gondemar , devenu successeur de Sigismond, fut

défait comme lui. Sa mort mit fin à son royaume , que les vainqueurs partagerent entre eux. Il y avoit près de 120 ans que la Bourgogne jouissoit du titre de royaume, quand elle fut réunie à l'empire de France en 524. Après avoir triomphé de leurs ennemis, Childebert & Clotaire se firent la guerre entre eux ; mais un orage, qui vint fondre sur le camp du premier, l'obligea de faire la paix. Childebert, accompagné de Clotaire, tourna ensuite ses armes contre l'Espagne , alla mettre le siege devant Sarragosse, fut battu, & contraint de le lever en 542. De retour en France , il fit une cession à Clotaire de ce qui lui revenoit de la succession de Théodebalde , bâtard de Théodebert leur neveu. Il étoit malade lorsqu'il lui céda cet héritage. Dès qu'il fut en santé, il voulut le ravoir , & seconda la révolte de Chramne, fils naturel de Clotaire. La mort mit fin à tous ses projets. Il fut enterré en 558 à Paris, dans l'église de S. Germaindes-Prés qu'il avoit fait bâtir sous le titre de Ste Croix, & de St Vincent. Il ne laissa que des filles de sa femme Ultrogote, inhumée dans la même église. Son frere Clotaire régna seul après lui. C'est le premier exemple de la loi fondamentale qui n'admet que les mâles à la couronne de France. La charité de ce prince , & son zele pour la religion , ont fait oublier son ambition & sa cruauté. Il donna sa vaisselle d'or & d'argent pour soulager les pauvres de sa capitale , & signala sa piété par un grand nombre de fondations.

CHILDEBERT II , fils de Sigebert & de Brunehaut , succéda à son pere dans le royaume d'Austrasie en 575 , à l'âge de cinq ans. Il se ligua d'abord avec Gontran son oncle , roi d'Orléans, contre Chilperic , roi de Soissons ; puis il s'unit à celui-ci pour faire la guerre à Gontran. Il porta ensuite les armes en Italie , mais sans beaucoup de ſuccès. Après la mort de ſon oncle, il réunit à l'Auſtraſie les royaumes d'Orléans & de Bourgogne, & une partie de celui de Paris. Il mourut de poiſon trois ans après, en 596, à 26 ans. Son regne fut remarquable par divers réglemens pour le maintien du bon ordre dans ſes états. Il y en a un qui ordonne que l'homicide ſera puni de mort; auparavant il n'étoit condamné qu'à une peine pécuniaire.

CHILDEBERT III, dit *le Juſte*, fils de Thierri II. ou III, frere de Clovis III, ſuccéda en 695 à ce dernier dans le royaume de France, à l'âge de 12 ans. Il en régna 16 ſous la tyrannie de Pepin, maire du palais, qui ne lui donna aucune part au gouvernement. Il mourut l'an 711, & fut enterré dans l'égliſe de S. Etienne de Choiſy, près de Compiegne.

CHILDEBRAND, fils de Pepin le Gros, & frere de Charles Martel, eſt, ſelon quelques auteurs, la tige des rois de France de la troiſieme race. Il eut ſouvent le commandement des troupes ſous Charles Martel, & il les conduiſit avec courage.

CHILDERIC I, fils & ſucceſſeur de Mérovée, monta ſur le trône des François l'an 456. Il fut dépoſé l'année ſuivante pour ſa mauvaiſe conduite, & contraint de ſe retirer en Thuringe, d'où il ne fut rappellé qu'en 463. On connoît peu les autres événemens de ſon regne, ainſi que ceux des regnes précédens. Il mourut en 481. On découvrit à Tournai l'an 1655, le tombeau de ce monarque: l'empereur Léopold fit préſent à Louis XIV, des armes, des médailles, & des autres antiquités qui s'y trouverent; ce genre de tréſor avoit paſſé au cabinet impérial après la mort de l'archiduc Léopold, gouverneur des Pays-Bas.

CHILDERIC II, fils puîné de Clovis II & de Ste Bathilde, roi d'Auſtraſie en 660, le fut de toute la France en 670, par la mort de Clotaire III, ſon frere, & par la retraite forcée de Thierri. Ebroïn, maire du palais, ayant voulu mettre ce dernier ſur le trône, fut raſé & confiné dans un monaſtere, & le prince enfermé dans l'abbaye de S. Denis. Childeric, maître abſolu du royaume, ſe conduiſit d'abord par les ſages conſeils de Leger, évêque d'Autun. Tant que le ſaint prélat vécut, les François furent heureux; mais après ſa mort il ſe rendit odieux & mépriſable à ſes ſujets, par ſes débauches & ſes cruautés. Bodilon, ſeigneur de la cour, lui ayant repréſenté avec liberté le danger d'une impoſition exceſſive qu'il vouloit établir, il le fit attacher à un pieu contre terre, & fouetter cruellement. Cet outrage fit naître une conſpiration. Le même Bodilon, chef des conjurés, l'aſſaſſina dans la forêt de Livri en 673, à peine âgé de 24 ans. Il fit le même traitement à la reine Bilichide, alors enceinte, & à Dagobert leur fils aîné, encore enfant. Leur autre fils, nommé Daniel, échappa ſeul à ce maſſacre (*voyez* CHILPERIC II). Thierri ſortit de S. Denis & reprit la couronne (*voyez* THIERRI II, roi de France).

CHILDERIC III, dit *l'Idiot*, *le Fainéant*, dernier roi de la premiere race, fut proclamé ſouverain en 742, dans la partie de la France que gouvernoit Pepin; c'eſt-à-dire, dans la Neuſtrie, la Bourgogne & la Provence. Pepin le voyant abſolument incapable de régner, le fit raſer & enfermer dans le monaſtere de Sithin (aujourd'hui de S. Bertin) en 752. Childeric y mourut trois ans après ſa dépoſition. C'étoit un prince foible qui pouvoit à peine commander aux domeſtiques de ſa maiſon. Pepin eut ſoin de faire conſulter le pape Zacharie, pour ſavoir s'il étoit à propos de laiſſer ſur le trône de France, des princes qui n'en avoient que le nom? Le pape répondit, qu'il valoit mieux donner le nom de roi à celui qui l'étoit

N 4

déja en effet. C'est sous Childéric, l'an 743, que fut convoqué le concile de Leptine, aujourd'hui Lestine en Cambresis. (Le P. Daniel dit *Estines*, palais des rois d'Austrasie, dont on voit encore les ruines auprès de Binche en Hainaut). C'est dans ce concile que l'on commença à compter les années depuis l'Incarnation de Jesus-Christ. Cette époque a pour auteur Denis le Petit dans son Cycle de l'an 526, & Bede l'employa depuis dans son Histoire d'Angleterre.

CHILLINGWORTH, (Guillaume) né à Oxford en 1602, consacra ses talens à la controverse. Les missionnaires jésuites, qui allèrent en Angleterre sous les regnes de Jacques I & de Charles I, luttèrent contre lui, & eurent l'honneur de la victoire. Chillingworth fut terrassé ; ces athletes sacrés lui firent reconnoître la nécessité d'un juge infaillible en matiere de foi, & le convertirent à la religion catholique. Laud, évêque de Londres, fâché que les ennemis de l'église anglicane eussent fait cette conquête ; tâcha de ramener le nouveau converti, & employa le grand argument de l'intérêt. Chillingworth, après avoir fait un voyage à Douai, rentra dans son ancienne communion, pour être revêtu de la chancellerie de Salisbury, & de la prébende de Brixworth dans le Northampton. Alors les Catholiques publièrent contre lui quantité d'écrits. Chillingworth leur répondit en 1637 par son ouvrage traduit de l'anglois en françois sous ce titre : *La Religion protestante, voie sûre pour le salut*, Amsterdam 1730, 3 vol. in-12. Cet ouvrage, modele de logique, selon Locke, a paru plus solide aux Protestans qu'aux Catholiques ; mais les uns & les autres ont été forcés d'avouer qu'il y a de la netteté dans le style, & de l'érudition dans les autorités que l'auteur rassemble. Chillingworth

s'étoit aussi appliqué à la géométrie ; il fit même la fonction d'ingénieur au siege de Glocester en 1643. Il se trouva à la prise du château d'Arundel, où il fut fait prisonnier. On le conduisit à Chichester ; il y mourut en 1644. Sa réputation étoit celle d'un écrivain laborieux & d'un citoyen zélé. On a de lui des Sermons en sa langue, & d'autres écrits, outre celui que nous avons cité ; mais c'est le seul qu'on ait traduit en françois.

CHILMEAD, (Edmond) savant anglois, né dans le comté de Glocester, chapelain de l'église de Christ à Oxford, fut chassé de ce poste en 1648, à cause de sa fidélité pour le roi Charles I. Retiré à Londres, il subsista de la musique, & y mourut en 1654. On a de lui plusieurs ouvrages, parmi lesquels il y a beaucoup de traductions en anglois de livres latins, françois & italiens. On lui doit encore le Catalogue des manuscrits grecs de la bibliothèque Bodléienne ; mais ce Catalogue, que l'on dit exact & bien fait, n'a pas été imprimé.

CHILON, l'un des sept sages de la Grece, éphore de Sparte vers l'an 556 avant J. C., est auteur de plusieurs réponses que l'antiquité a beaucoup admirées, & dont plusieurs sont en effet assez justes. Il répondit à quelqu'un, qui lui demandoit ce qu'il y avoit de plus difficile ? *Garder le secret, savoir employer le tems, & souffrir les injures sans murmurer.* Il avoit coutume de dire : » Que comme les pierres de » touche servent à éprouver l'or, » de même l'or répandu parmi les » hommes, étoit la pierre de tou- » che des gens de bien & des mé- » chans ». Periandre lui ayant écrit qu'il alloit se mettre à la tête d'une armée, & qu'il étoit près de sortir de son pays pour entrer dans le pays ennemi, il lui répondit : » Qu'il

» se mit en sûreté chez lui, au
» lieu d'aller troubler les autres;
» & qu'un tyran devoit se croire
» heureux, lorsqu'il ne finissoit ses
» jours ni par le fer ni par le poi-
» son ». C'est lui qui fit graver en
lettres d'or ces maximes au temple
de Delphes : *Connois-toi toi-mé-
me, & Ne desire rien de trop avantageux*. Comme ces anciens sages
laissoient toujours échapper des traits
de folie, il arriva que Chilon mourut de joie, en embrassant son fils
qui avoit remporté le prix de cette
aux jeux olympiques.

CHILPERIC I, fils puîné de Clotaire I, voulut avoir Paris pour
son partage, après la mort de son
pere en 561. On tira au sort les
quatre royaumes, & il régna sur
Soissons. Il épousa en 567 Galasuinte, & lui assura pour dot, suivant l'usage de son tems, une partie des domaines dont il avoit hérité de Charibert. Chilperic avoit
alors une concubine, la barbare
Fredegonde. La reine fut trouvée
morte dans son lit. Le soupçon de
cet attentat tomba avec raison sur
la maitresse, sur-tout lorsque le roi
l'eut épousée. Brunehaut, sœur de
Galasuinte, arme Sigebert son mari,
& venge sa mort, en obtenant les
domaines donnés à sa sœur pour sa
dot. Son regne fut une suite de querelles & d'injustices. Ses sujets furent accablés d'impôts ; chaque ar-
pent payoit une barique de vin ;
on donnoit une somme pour chaque tête d'esclave. Chilperic, poussé
par Fredegonde, commit toute sorte
de forfaits, jusqu'à sacrifier ses propres enfans à ce monstre d'impu-
dicité & de barbarie. Il fut assassiné à Chelles, en revenant de la
chasse, l'an 584. Fredegonde, pour
laquelle il avoit tout fait, & Lan-
dri son amant, furent soupçonnés
d'avoir eu part à ce meurtre. Gregoire de Tours appelle Chilperic
le *Néron* & l'*Herode* de son tems.
Ce prince possédoit très-bien, dit-
on, la langue latine : chose éton-

nante pour un siecle où les grands
se faisoient un mérite de leur ignorance.

CHILPERIC II, appellé auparavant *Daniel*, fils de Childeric II,
succéda à Dagobert III en 715, &
fut nommé *Chilperic*. Rainfroi,
maire du palais, le mit à la tête des
troupes contre Charles Martel ; mais
il fut défait, & contraint de reconnoître son vainqueur pour maire.
Chilperic II mourut à Attigny en
720, & fut transporté à Noyon, où
il est enterré.

CHINE-NOUNG, empereur de
la Chine, régna si l'on en croit les
annales fabuleuses de ce pays, l'an
2837 avant Jesus-Christ, & enseigna aux hommes à cultiver la terre,
à tirer le pain du froment & le vin
du riz. Les Chinois lui doivent encore, suivant leurs historiens, l'art
de faire les toiles & les étoffes de
soie, la connoissance de traiter les
maladies, les chansons sur la ferti-
lité de la campagne, la lyre & la
guitarre. Les historiens chinois ajoutent qu'il mesura le premier la figure
de la terre & détermina les quatre
niers ; ces expressions suffisent pour
apprécier les découvertes de Chine-
Noung.

CHING, empereur de la Chine,
vivoit, selon les chroniques chi-
noises, l'an 1115 avant J. C. Il
donna, dit-on, à l'ambassadeur de
la Cochinchine, une machine qui se
tournoit toujours vers le midi de
son propre mouvement, & qui conduisoit sûrement ceux qui voya-
geoient par mer ou par terre. Quelques écrivains ont cru que c'étoit
la boussole ; mais il est naturel de
ne pas s'exercer beaucoup à deviner la nature de cette machine,
toute l'ancienne Histoire de la Chine
n'étant qu'un amas de contes.

CHING *ou* XI *ou* CHI-HO-
ANG-TI, empereur de la Chine vers
l'an 240 avant J. C., rendit son
nom fameux par un grand nombre
de victoires ; mais il le déshonora par
ses cruautés envers les vaincus. Après

avoir conquis toute la Chine, dont il ne possédoit auparavant qu'une partie, il porta les armes contre les Tartares; & pour empêcher leurs irruptions, il fit bâtir dans l'espace de cinq ans, cette fameuse muraille qui sépare la Chine de la Tartarie. Elle subsiste encore en grande partie. Lorsqu'on dit qu'elle a 400 lieues de longueur, on y comprend les espaces remplis par les montagnes, & ceux où il n'y a qu'un fossé. Il n'y a proprement que 100 lieues de murs construits partie en brique & partie en terre battue. Ce rempart n'a pas empêché les Tartares de subjuguer la Chine. Ching avoit plus de goût pour la guerre que pour les livres, car il ordonna qu'on les brûlât tous.

CHINILADAN, roi d'Assyrie, successeur de Saosduchin, vers l'an 667 avant J.C., défit & tua Phraortes, roi des Medes; mais Cyaxares, fils, & successeur de ce prince, assiégea Ninive: comme il étoit sur le point de la prendre, Chiniladan se brûla dans son palais, vers l'an 626 avant J.C. Quelques auteurs le confondent avec Sardanapale; d'autres prétendent qu'il est le même que le Nabuchodonosor dont fait mention le livre de *Judith.* Il est assez difficile de savoir la vérité, lorsque les événemens sont arrivés sous nos yeux: que doit-ce être, lorsqu'il y a deux ou trois mille ans entre eux & nous?

CHIONÉ, fille de Deucalion, fut aimée d'Apollon & de Mercure. Elle les épousa l'un & l'autre en même-tems, & eut du premier, Philamon, grand joueur de luth; & du second, Autolique, célebre filou comme son pere. La beauté fatale de Chioné lui inspira une présomption si forte, qu'elle osa se préférer à Diane; cette déesse, pour la punir, lui perça la langue avec une fleche, dont elle mourut peu de tems après.

CHIRAC, (Pierre) premier médecin du roi, de l'académie des sciences de Paris, naquit en 1650, à Conques en Rouergue. Le célebre Chicoyneau, chancelier de l'uni-

versité de Montpellier, ayant connu les talens de ce jeune-homme, alors ecclésiastique, lui confia l'éducation de ses deux fils, dont l'un fut depuis premier médecin du roi. Le goût de l'abbé Chirac pour la médecine, paroissant plus déterminé que sa vocation pour l'état ecclésiastique, il devint membre de la faculté de Montpellier en 1680, & y enseigna cinq ans après, avec le plus grand succès. De la théorie il passa à la pratique, & ne fut pas moins applaudi. Le maréchal de Noailles, à la priere de Barbeirac, alors le plus célebre docteur de Montpellier, lui donna la place de médecin de l'armée de Roussillon en 1692. L'armée ayant été attaquée de la dyssenterie l'année d'après, Chirac lui rendit les plus importans services. Le duc d'Orléans voulut l'avoir avec lui en Italie en 1706, & en Espagne en 1707. Homberg étant mort en 1715, ce prince, déja régent du royaume, le fit son premier médecin; & à la mort de Dodart en 1730, il eut la même place auprès de Louis XV. Il avoit été reçu en 1716 membre de l'académie des sciences, & 2 ans après il succéda à Fagon dans la surintendance des jardins royaux. Cet habile homme obtint du roi en 1728 des lettres de noblesse, & mourut en 1732, à 82 ans. Rochefort & Marseille lui eurent de grandes obligations: la premiere de ces villes, dans la maladie épidémique connue sous le nom de *maladie de Siam*; & la seconde, dans le ravage de la peste en 1720. Du sein de la cour, il procura à cette ville les médecins les plus instruits, les conseils les plus salutaires, les secours les plus abondans. On connoit de lui: I. Une grande Dissertation en forme de these, sur les plaies, traduite depuis peu en françois. II. Une partie des Consultations qui sont dans le deuxieme volume du recueil intitulé: *Dissertations & consultations médecinales de MM. Chirac*

& *Sylva*, 3 vol. in-12. III. Deux Lettres contre Vieussens, célebre médecin de Montpellier, fur la découverte de l'acide du sang, dans lesquelles on trouve beaucoup de vivacité & de personnalités. Chirac écrivoit avec trop peu de correction ; il étoit taciturne, sec & sans agrément dans son parler, & n'avoit pas l'art de consoler les malades. Mais il possédoit un coup-d'œil excellent, & s'il ne savoit pas plaire, il savoit guérir ; bien différent de ces petits-maitres en fourrure, qui amusent le malade, & ne connoissent rien à la maladie.

CHIRON, centaure, fils de Saturne & de la nymphe Phillyre, naquit sous une forme monstrueuse, parce que Saturne se métamorphosa en cheval pour jouir de sa mere. Il peut être pris pour un des plus anciens personnages célebres de la Grece, puisqu'il a précédé la conquête de la Toison d'or & la guerre de Troie. Il se rendit recommandable par ses connoissances & ses talens dans la médecine & la chirurgie. Il enseigna ces sciences à Esculape. Il eut aussi pour éleves Achille, Castor & Pollux, Hercule & Jason. Hercule lui ayant fait une plaie incurable qui lui causoit des douleurs violentes, Chiron pria les dieux de le priver de l'immortalité & de terminer ses jours. Jupiter exauça sa priere, & le plaça dans le zodiaque. C'est la constellation du sagittaire.

CHIVERNI, *voyez* HURAULT.

CHOCQUET, (Louis) poëte françois du 16e siecle, est auteur du *Mystere* à personnages *de l'Apocalypse de S. Jean*, qui fut représenté en 1541 à Paris. Ce poëme d'environ 9000 vers, & très-rare, fut imprimé la même année à Paris in-fol. à la suite des *Actes des Apôtres* des deux Grebans.

CHODORLAHOMOR, roi de l'Elymaïde, vers l'an 1925 avant Jesus-Christ. Les rois de Babylone & de la Mésopotamie relevoient de lui. Il étendit ses conquêtes jusqu'à la mer Morte. Les rois de la Pentapole s'étant révoltés, il marcha contre eux, les défit, & emmena un grand nombre de prisonniers, parmi lesquels étoit Loth, neveu d'Abraham ; le patriarche surprit pendant la nuit & défit l'armée de Chodorlahomor, & ramena Loth avec tout ce que ce prince lui avoit enlevé.

CHOIN, (Marie-Emilie Joli de) d'une famille noble originaire de Savoie & établie en Bourgogne, fut placée vers la fin du dernier siecle auprès de madame la princesse de Conti. Monseigneur le Dauphin, qui eut occasion de la voir, en devint, dit-on, amoureux. Sa figure n'étoit pas réguliere ; mais elle avoit de beaux yeux, des agrémens dans l'esprit, de la dignité dans les manieres, & de la douceur dans le caractere. On prétend qu'elle ne souffrit les assiduités de monseigneur le Dauphin qu'après l'avoir épousé secrettement, comme Louis XIV son pere avoit épousé madame de Maintenon. Depuis cette union, le prince réforma ses mœurs, & réprima son penchant à la prodigalité. Le roi, très-satisfait de ce changement, voulut que les ordonnances de son fils fussent acquittées au trésor-royal, comme les siennes. Mlle Choin, contente de sa propre estime, dédaigna d'avoir un rang. Après la mort de monseigneur le Dauphin en 1711, elle se retira à Paris dans une maison qu'avoit habitée madame de la Faïette, où elle vécut dans une espece d'obscurité. Elle ne sortoit de sa retraite que pour faire de bonnes œuvres, & mourut en 1744. Nous rapportons son histoire d'après la Baumelle, que le continuateur de Ladvocat a suivi, & que l'auteur du siecle de Louis XIV a contredit.

CHOIN, (Albert Joly de) né en 1702 à Bourg en Bresse, dont son pere étoit gouverneur, & d'une famille distinguée, fut sacré évêque de Toulon le 8 juin 1738, ayant été auparavant doyen de la cathédrale, & grand-vicaire à Nantes. Ce fut le cardinal de Fleury qui le fit nommer à cet évêché, & personne ne fut plus surpris que M. de Choin à la lecture de la lettre qui lui apprenoit cette nomination. Il exposa ses craintes & ses difficultés au cardinal, le priant d'accepter sa rénonciation; mais le cardinal, confirmé dans la bonne opinion qu'il avoit de M. de Choin par cette répugnance, exigea qu'il le conserva, en lui promettant expressément que le roi le soutiendroit. Arrivé dans son diocèse, il n'en sortit que pour se rendre aux assemblées du clergé, quand il y étoit député. Dans son palais il fit revivre la simplicité des évêques des beaux siecles de l'église. Tout son meuble consistoit dans le pur nécessaire, lui-même n'étoit jamais revêtu que de laine. Il n'eut que durant un petit tems un grand-vicaire, & vouloit que toutes les affaires passassent par ses mains : il mettoit son plaisir à bien recevoir les prêtres de son diocèse. Tous ses diocésains indistinctement avoient un libre accès chez lui. Ses revenus étoient presque tous pour les pauvres; sur-tout pour les pauvres honteux. Son zele pour le maintien de la foi étoit très-ardent : on l'a souvent entendu dire qu'il étoit prêt à monter sur l'échafaud pour soutenir les intérêts de la religion : il écrivit à ce sujet une lettre très-longue, très-forte, & vraiment apostolique, qui étoit un traité des droits de l'église, à M. de Lamoignon, chancelier de France. Dans les affaires les plus embarrassantes de son diocèse, il disoit qu'il ne savoit qu'une ressource : C'est-là, disoit-il, en montrant son oratoire qui étoit une tribune qui donnoit dans l'église. Son désintéressement lui fit refuser une abbaye qu'on lui avoit donnée pour suppléer à la modicité des revenus de son évêché. Enfin on peut dire que le plus saint prêtre du diocèse de Toulon, étoit l'évêque.

Ce prélat mourut le 16 avril 1759. On a de lui *Instructions sur le Rituel*, Lyon, 3 vol. in-4° ; ouvrage digne de beaucoup d'éloges. Il a donné un grand nombre de mandemens qui étoient le fruit de son travail.

CHOISEUL, (Charles de) marquis de Praslin, d'une des plus illustres familles de France, brilla au siege de la Fere en 1580, à celui de Paris en 1589, & au combat d'Aumale en 1592. Henri IV, qui aimoit en lui le grand-général & le sujet fidele, le fit capitaine de ses gardes. Il obtint le bâton de maréchal de France sous Louis XIII en 1619, & fut employé dans la guerre contre les Huguenots en 1621 & 1622. Quoiqu'il ne commandât pas en chef, il eut plus de part que les connétables de Luynes & de Lesdiguieres, sous lesquels il servoit, à la prise de Clerac, de S. Jean d'Angeli, de Royan, de Carmain & de Montpellier. On prétend qu'il entendoit mieux la guerre de siege que celle de campagne. Il eut cependant, en différentes fois, le commandement de neuf armées. Il se trouva à 47 batailles ou combats, remit sous l'obéissance du roi 53 villes des rebelles, servit pendant 45 ans, & reçut dans toutes ces expéditions 36 blessures. Il mourut en 1626, âgé de 63 ans.

CHOISEUL DU PLESSIS-PRASLIN, (César de) duc & pair de France, neveu du précédent, se signala dès sa jeunesse en plusieurs sieges & combats. Il fut fait maréchal de France le 20 juin 1645, gagna la bataille de Trancheron en 1648. L'exploit le plus éclatant de cet homme illustre fut la victoire de Rhetel, où il défit l'an 1650, le maréchal de Turenne qui commandoit l'armée espagnole. Cette journée fut un jour de triomphe pour la cour, dont la tranquillité dépendoit du sort des armes. Choiseul avoit été choisi l'année d'auparavant pour être gouverneur de Monsieur.

Il fut fait cordon-bleu en 1662, duc & pair l'année d'après. Il mourut à Paris en 1675 à 78 ans, également recommandable par sa valeur, ses services & sa fidélité. Le maréchal de Choiseul passoit pour été plus capable d'exécuter un projet, que de le former. Il avoit, dit-on, plus d'expérience que de talent, & plus de bon-sens que de génie. M. Turpin a publié sa vie, & celle du précédent, à la suite de l'*Histoire des Hommes illustres de France*, écrite d'un style romanesque & affecté. Elle compose le 26e volume.

CHOISEUL, (Claude de) dit *le Comte de Choiseul*, de la branche de Franciere, commença à servir en 1649, & donna des marques de sa valeur au combat de Vitri-sur-Seine. Il passa l'an 1664 en Hongrie, & s'y distingua à la bataille de S. Gothard. Il se signala ensuite au siege de Candie, où il eut son cheval tué sous lui à une sortie du 25 juin 1669. Il servit dans toutes les guerres de Louis XIV, qui lui donna le bâton de maréchal de France en 1693. Il commanda depuis en Normandie &. sur le Rhin, devint en 1707 premier des maréchaux de France par rang d'ancienneté, & mourut le 15 mars 1711, âgé de plus de 78 ans, sans postérité.

CHOISEUL DU PLESSIS-PRASLIN, (Gilbert de) frere du précédent, embrassa l'état ecclésiastique, tandis que ses freres prenoient le parti des armes. Ils se distinguerent tous également. L'abbé de Choiseul fut reçu docteur de Sorbonne en 1640, & nommé à l'évêché de Comminges en 1644. Choiseul donna une nouvelle face à son diocèse, par ses visites, par ses soins, par ses lumieres, par sa charité. Il nourrit ses pauvres dans les années de misere, assista les pestiférés dans un tems de contagion, établit des séminaires, réforma son clergé par ses leçons & ses exemples. Devenu évêque de Tournai en 1671, il

s'y montra comme à Comminges, homme apostolique. Il donna à l'étude tout le tems que lui laissoient les travaux de l'épiscopat. Ce prélat, digne des premiers siecles, mourut à Paris en 1689, à 76 ans. Il avoit été employé, en 1664, dans des négociations pour l'accommodement des disputes occasionnées par le livre de *Jansénius*. Il avoit eu aussi beaucoup de part aux conférences qui se tinrent aux états du Languedoc, sur l'affaire des quatre évêques. On a de lui plusieurs ouvrages : I. *Mémoires touchant la religion*, en 3 vol. in-12, contre les Athées, les Déistes, les libertins & les Protestans, & vainement attaqués par ceux-ci. II. Une *Traduction* françoise *des Pseaumes, des Cantiques & des Hymnes de l'Eglise* ; réimprimée plusieurs fois. III. *Mémoires des divers exploits du maréchal du Plessis-Praslin*, 1676, in-4°. Le maréchal du Plessis, dit l'abbé Lenglet, a composé ces Mémoires à la priere de Segrais, qui les mettoit au net. Mais Gilbert de Choiseul, évêque de Tournai, les a revus & laissés dans l'état où ils sont.

CHOISI, (François-Timoléon de) prieur de S. Lo, & grand-doyen de la cathédrale de Bayeux, l'un des quarante de l'académie françoise, naquit à Paris en 1644. Sa premiere jeunesse ne fut pas fort réglée. Il est très-vrai qu'il s'habilla & vécut en femme pendant quelques années, & qu'il se livra, dans une terre auprès de Bourges, au libertinage que couvroit ce déguisement ; mais il n'est pas vrai que, pendant qu'il menoit cette vie, il écrivoit son Histoire ecclésiastique, comme le dit un écrivain célebre, qui sacrifie souvent la vérité à un bon-mot. Le premier volume de cet ouvrage parut en 1703. L'abbé de Choisi avoit alors près de 60 ans. Il auroit été difficile, qu'à cet âge, il eût conservé les agrémens & la figure qu'il lui falloit pour jouer ce rôle. En 1685 il fut envoyé, en qualité d'ambaſſadeur, auprès du roi de Siam, qui vouloit, dit-on, ſe faire chrétien. L'abbé de Choiſi ſe fit ordonner prêtre dans les Indes par le vicaire apoſtolique, non pas pour avoir de quoi s'amuſer dans le vaiſſeau, comme le dit un écrivain ſatyrique, mais par des motifs plus nobles. Il mourut en 1724 à Paris, à 80 ans. L'enjouement de ſon caractere, les graces de ſon eſprit, ſa douceur & ſa politeſſe le firent aimer & rechercher. On diſtingue parmi ſes ouvrages les ſuivans : I. *Journal du voyage de Siam*, in-4° & in-12. Cet ouvrage, écrit d'un ſtyle aiſé, plein de gaieté & de ſaillies, manque quelquefois d'exactitude ; il eſt d'ailleurs très-ſuperficiel, ainſi que la plupart de ſes autres écrits. II. *La Vie de David*, in-4°, & celle de *Salomon*, in-12 ; la Vie de David eſt accompagnée d'une interprétation des Pſeaumes, avec les différences de l'hébreu & de la Vulgate. III. *Hiſtoire de France ſous les regnes de S. Louis, de Philippe de Valois, du roi Jean, de Charles V, & de Charles VI*, 5 vol. in-4°. Ces Vies avoient été publiées chacune ſéparément. On les a réunies en 1750, en 4 vol. in-12. L'auteur les a écrites de cet air libre & naturel qui fixe l'attention ſur la forme, & empêche de trop examiner l'exactitude du fonds. [*Voyez* CHAISE (Jean de Filleau de la)]. IV. L'*Imitation de J. C.* traduite en françois, réimprimée in-12 en 1735. La première édition étoit dédiée à madame de Maintenon, avec cette épigraphe : *Audi, filia, & vide, & inclina aurem tuam, & concupiſcet rex decorem tuum.* V. L'*Hiſtoire de l'Egliſe* en 11 vol. in-4° & in-12. L'abbé de Choiſi auroit pu l'intituler : *Hiſtoire eccléſiaſtique & profane.* Il y parle des galanteries des rois, après avoir raconté les vertus des fondateurs d'ordres. En ne voulant pas acca-

bler ſon ouvrage d'érudition, il a ſupprimé une infinité de faits & de détails auſſi inſtructifs qu'intéreſſans. Le ton de l'auteur n'eſt pas aſſez noble, & il cherche trop à égayer une hiſtoire qui ne devroit être qu'édifiante. VI. *Mémoires pour ſervir à l'Hiſtoire de Louis XIV*, 2 vol. in-12. On y trouve des choſes vraies, quelques-unes de fauſſes, beaucoup de hazardées ; & le ſtyle en eſt trop familier. VII. *Les Mémoires de la comteſſe des Barres*, en 1756, petit in-12. C'eſt l'hiſtoire des débauches de la jeuneſſe de l'auteur. Le compilateur de la *Vie de l'abbé de Choiſi*, in-8°, publiée en 1748 à Geneve (qu'on croit être l'abbé d'Olivet), s'eſt beaucoup ſervi de cet ouvrage ſcandaleux, dans le détail des aventures galantes de ſon héros. VIII. Quatre Dialogues, ſur l'immortalité de l'ame, ſur l'exiſtence de Dieu, ſur la providence & ſur la religion, en 1684, in-12. Le premier de ces Dialogues eſt de l'abbé de Dangeau, le ſecond du même & de l'abbé de Choiſi, le troiſieme & le quatrieme de ce dernier. Ils ſont dignes de l'un & de l'autre, quoique peu approfondis. On a réimprimé cet ouvrage à Paris en 1768, in-12.

CHOKIER-SURLET, (Eraſme de) né à Liege en 1569 d'une famille noble, qui a pris ce nom d'un château qui eſt à 2 lieues de cette ville ſur la Meuſe. Il ſe diſtingua par ſes lumieres dans la juriſprudence ; ſa probité, ſon attachement à la religion de ſes Peres, & ſon affabilité qui lui avoit concilié l'amour & l'eſtime de tous ſes concitoyens. Il mourut le 19 février 1625. Nous avons de lui : I. *De juriſdictione ordinarii in exemptos & horum ab ordinario exemptione*, Cologne 1629, 2 vol. in-4°. Cet ouvrage fut augmenté d'un volume par Jean Pierre Verhorſt, ſuffragant de Treves, Cologne 1682. II. *Tractatus de advocatiis feudalibus*, Cologne 1614, in-4°.

CHOKIER-SURLET, (Jean-Er-nest) frere du précédent, né à Liege en 1571, fut d'abord chanoine de St Paul à Liege, puis chanoine de la cathédrale, abbé féculier de Vifé, grand-vicaire, mourut vers l'an 1650. Il avoit pris le bonnet de docteur en droit à Orléans, & s'étoit beaucoup appliqué aux antiquités romaines, dont Jufte-Lipfe lui avoit infpiré le goût. Pour fe perfectionner dans cette fcience, il parcourut l'Italie. Les magnifiques monumens de fa piété & de fa munificence, l'hôpital des Incurables, la maifon des Repenties, le couvent & l'églife des Minimes, &c. &c. rendront fa mémoire à jamais précieufe à fa patrie. Nous avons de lui : I. Des Notes fur le Traité de Seneque, De tranquillitate animi, Liege 1607. II. Un Commentaire fur La politique de Jufte-Lipfe, avec plufieurs Traités, Liege 1642, in-fol. III. De permutatione beneficiorum, Rome 1700, in-fol. IV. Commentaria in regulas cancellariæ Alphonfi Soto, Liege 1658, in-4°. V. Scholia in preces primarias imperatoris, 1621, in-4°. VI. De re nummaria prifci ævi, collata ad æftimationem monetæ præfentis, 1649, in-8°. VII. Vindicias libertatis ecclefiafticæ, 1630, in-4°. VIII. Facis hiftoriarum centurias duas, 1650, in-fol. On y voit les mœurs & les ufages de divers nations. Nous avons encore de lui des ouvrages de controverfe, &c.

CHOLET, (Jean) cardinal, natif de Beauvoifis, d'une famille noble, fonda à Paris le college qui porte fon nom. Il mourut en 1293. La fondation du college des Cholets, n'eut fon exécution qu'en 1295. On y honore la mémoire de ce cardinal, qui dut fa fortune à fes talens.

CHOLIERES (N.) eft un auteur inconnu de quelques ouvrages prefque auffi inconnus que leur auteur : il vivoit dans le 16e fiecle. On a de lui des contes fous le titre des Neuf Matinées & Neuf Après-Dînées du fieur de Cholieres, à Paris 1610, 2 vol. in-12. Les Matinées avoient déja été imprimées en 1585, in-8°, & les Après-Dînées en 1587, in-12. La guerre des mâles contre les femelles, repréfentant en trois dialogues les prérogatives & les dignités de l'un & de l'autre fexe, & autres Œuvres poétiques, 1588. in-12. La rareté de cet ouvrage eft fon feul mérite.

CHOLIN, (Pierre) de Zug en Suiffe, fut précepteur de Théodore de Beze. Il devint enfuite profeffeur des belles-lettres à Zurich, & mourut l'an 1542. Cholin étoit bile dans la langue grecque ; Budé en faifoit beaucoup de cas. Il a traduit, de grec en latin, les livres de la Bible que les Proteftans regardent comme apocryphes. Il a eu part, avec Léon de Juda, Bibliander, Pelican & R. Gautier, à la Bible de Zurich, qui eft chargée de notes littérales & de fcholies fur les marges. Cette Bible a un nom parmi les Proteftans.

CHOMEL, (Noel) curé de S. Vincent à Lyon, mort en 1712, s'appliqua de bonne heure aux connoiffances qui intéreffent le cultivateur, l'habitant des campagnes & les peres de familles. Les recueils qu'il avoit faits en ce genre, produifirent fon Dictionnaire économique, contenant l'art de faire valoir les terres, & généralement tout ce qui concerne l'agriculture & l'économie. Ce livre, imparfait dans fa naiffance, a été amélioré par M. de la Marre, qui en a donné une nouvelle édition à Paris en 1767, 3 vol. in-fol. entiérement corrigée & confidérablement augmentée.

CHOMEL, (Pierre-Jean-Baptifte) né à Paris, médecin ordinaire du roi, mort en 1740 ; s'appliqua avec fuccès à la botanique, dont il donnoit des leçons au jardin du roi. Nous avons de lui une Hiftoire très utile des Plantes ufuelles, en 3 vol. in-12, Paris 1761. Son fils, (Jean-Baptifte-Louis) docteur en médecine, comme lui, mourut en 1765 à Paris, sa patrie, après avoir donné divers ouvrages. I. *Essai sur l'Histoire de la Médecine en France*, in-12; ouvrage curieux & intéressant. II. *La Vie de Molin*, in-12. III. *Eloge de Duret*, 1765, in-12. IV. Lettre sur une maladie de bestiaux, 1745, in-8°. V. Dissertation sur un mal de gorge gangreneux, 1749, in-12. C'est lui qui dirigea l'impression de l'*Abrégé de l'Histoire des Plantes usuelles*, de son père, donnée en 1761, & dont il avoit paru des éditions précédentes.

CHOMPRE, (Pierre) licentié en droit, né à Nanci, diocese de Châlons-sur-Marne, vint de bonne heure à Paris, & y ouvrit une pension. Son zele pour l'éducation de la jeunesse, lui procura beaucoup d'éleves; il leur inspiroit le goût de l'étude & l'amour de la religion. Il mourut à Paris le 18 juillet 1760, à 62 ans. On a de lui plusieurs ouvrages; les principaux sont : I. *Dictionnaire abrégé de la Fable*, pour l'intelligence des poëtes, des tableaux & des statues, dont les sujets sont tirés de l'histoire poëtique : petit in-12, souvent réimprimé. II. *Dictionnaire abrégé de la Bible*, pour la connoissance des tableaux historiques, tirés de la Bible même & de *Flavius Joseph*, in-12. III. *Introduction à la langue latine*, 1753, in-12. IV. *Méthode d'enseigner à lire*, in-12. V. *Vocabulaire universel, latin-françois*, 1754, in-8°. VI. *Vie de Brutus, premier consul à Rome*, 1730, in-8°. VII. *Vie de Callisthenes, philosophe*, 1730, in-8°. Ces deux Vies sont peu estimées, & le style en est trop négligé. VIII. *Traduction des Modeles de latinité*, 1774, 6 vol. in-12. C'est la version d'un recueil de l'auteur, publié sous le titre de *Selecta latini sermonis exemplaria*, 1771, 6 vol. in-12. L'auteur a compilé ce qu'il a jugé de plus propre à son objet dans les anciens auteurs latins, soit en prose, soit en vers : le texte y est conservé dans sa parfaite intégrité. Tous les extraits sont accompagnés d'un petit vocabulaire utile. Quant à la traduction, il y en a plusieurs morceaux rendus avec fidélité & avec élégance; mais on en trouve aussi un grand nombre qui sont semés d'expressions peu françoises, de phrases louches & mal construites.

CHOPIN, (René) natif de Bailleul en Anjou en 1537, plaida longtems avec distinction au parlement de Paris : retiré ensuite dans son cabinet, il fut consulté comme un des oracles du droit. Il mourut à Paris en 1606, à 69 ans. Ses ouvrages ont été publiés en 1663, 6 vol. in-fol. en latin & en françois. Il y a aussi une autre édition, latine seulement, en 4 vol. Son latin est fort concis, & souvent obscur & ampoulé. On le comparoit au jurisconsulte Tuberon, qui avoit affecté de se servir des mots les plus surannés. Ses ouvrages les plus estimables sont : I. Le second vol. de la *Coutume d'Anjou*. II. Le traité *de Domanio*, pour lequel Henri III l'ennoblit. III. Les livres *De sacra politia; De privilegiis rusticorum*; remplis de belles recherches, & de décisions judicieuses. Son livre *sur la coutume de Paris* est trop abrégé, & rempli de trop de digressions & de citations de loix étrangeres. Chopin avoit beaucoup d'esprit & d'érudition; mais son zele pour la Ligue lui valut une Satyre macaronique, sous le titre d'*Anti-Chopinus*, 1592, in-4°, attribuée à Jean de Villiers-Hotman. Comme le style burlesque de cette piece ne convenoit pas à la matiere, elle fut brûlée par arrêt du conseil. Ce qui y avoit donné lieu, est *Oratio de pontificio Gregorii XIV ad Gallos diplomate à criticis notis vindicato*, Paris 1591, in-4°, qui n'est pas dans ses Œuvres. Le jour que Henri IV entra dans

Paris

Paris, sa femme perdit l'esprit, & il reçut ordre d'en sortir; il y resta cependant par le crédit de ses amis. Ce jurisconsulte étudioit ordinairement couché par terre sur un tapis, & entouré des livres qui lui étoient nécessaires.

CHORIER, (Nicolas) avocat au parlement de Grenoble, né à Vienne en Dauphiné l'an 1609, cultiva de bonne heure la littérature; & négligea le barreau pour se livrer tout entier à l'histoire. Il publia celle *du Dauphiné*, en 2 vol. in-fol. 1661 & 1672. Chorier, dit l'abbé Lenglet, étoit un auteur peu exact. Il ne lui falloit que la plus légere connoissance d'un fait pour bâtir dessus une nouvelle histoire. On doit porter le même jugement, I. De son *Nobiliaire du Dauphiné*, en 4 vol. in-12, 1697. II. De son *Histoire généalogique* de la maison de Sassenage, en 4 vol. in-12. III. De son *Histoire du duc de Lesdiguieres*, en 2 vol. in-12. Ces ouvrages firent passer Chorier pour un écrivain ennuyeux; mais son livre intitulé : *Aloysiæ Sigeæ Toletanæ Satyra Sotadica de arcanis Amoris & Veneris*, le fit regarder comme un auteur infame. Cette abominable production, attribuée sans fondement à l'illustre Louise Sigée de Tolede, est certainement de Chorier, dont toute la vie a répondu aux maximes qui y sont débitées. Il en donna les six premiers dialogues à son libraire, pour le dédommager de la perte qu'il avoit faite sur le premier volume de l'Histoire du Dauphiné. Un magistrat de Grenoble se chargea, dit-on, d'en payer les frais, & le fils du libraire d'en faire la traduction. Ce livre, digne du feu, loin de rétablir les affaires de l'imprimeur, l'obligea d'abandonner son commerce, & d'éviter par la suite un châtiment exemplaire. Le 7e entretien fut imprimé à Geneve sur un manuscrit très-peu lisible; ce qui occasionna les fautes dont cette édi-

tion fourmille. Chorier eut l'impudence de s'en plaindre, voulant absolument en être reconnu pour l'auteur, & ses amis, qui connoissoient sa dépravation, n'eurent pas de peine à le croire. Son livre, imprimé ensuite sous le titre de *Joannis Meursii elegantiæ latini sermonis*, in-12, & traduit en françois sous le titre d'*Académie des Dames*, 2 petits vol. in-12, méritoit bien peu d'ailleurs qu'on le revendiquât. Son latin est très-peu de chose; quoiqu'Allard, bibliothécaire du Dauphiné, dise qu'il est fleuri, agréable & coulant; & que ses vers, faits en la même langue, sont si beaux, qu'on les prendroit pour des productions du siecle d'Auguste. On croiroit volontiers qu'Allard a voulu faire une ironie, s'il avoit eu assez d'esprit pour cela. Chorier mourut en 1692, à 83 ans.

CHOSROÈS, dit *le Grand*, fils & successeur de Cavadès, roi de Perse en 531, donna la paix aux Romains, à condition qu'ils lui rendroient les villes qu'ils avoient conquises, & qu'ils ne fortifieroient point de places frontieres. Quelques années après il revint sur les terres romaines; Bélisaire le repoussa; & le força de rentrer dans ses états, l'an 542. Après la mort de Justinien, Chosroès envoya un ambassadeur à Justin II, pour l'engager à continuer la pension que lui faisoit l'empire. Ce prince lui répondit fiérement, *qu'il étoit honteux pour les Romains de payer tribut à de petits peuples dispersés de côté & d'autre.* Une seconde ambassade n'ayant pas été mieux reçue, Chosroès leva une puissante armée, fondit sur l'empire, prit plusieurs villes, & n'accorda une treve de trois ans qu'après beaucoup de ravages. Il la rompit en 579, désola la Mésopotamie, & la Cappadoce; mais son armée ayant été entiérement défaite par les troupes de l'empereur Tibere II, & lui-même contraint de s'enfuir, il mourut de chagrin en

O

cette année, après un règne de 48 ans. C'étoit un prince fier, dur, cruel, imprudent, mais courageux, qui n'eut le titre de Grand que par ses talens militaires & ses conquêtes.

CHOSROÈS II, monta sur le trône de Perse en 590, à la place de son pere Hormisdas, que ses sujets avoient mis en prison, après lui avoir crevé les yeux. Le nouveau roi fit assommer son pere, & fut chassé quelque-tems après comme lui. Dans son malheur il s'adressa à l'Être-Suprême, lâcha la bride à son cheval, & lui laissa la décision de son sort. Après bien des fatigues, il arriva dans une ville des Romains. L'empereur Maurice le reçut avec bonté, lui donna des secours, & le fit proclamer roi une seconde fois. Chosroès, rétabli paisible sur le trône, punit les rebelles, récompensa ses bienfaiteurs, & les renvoya dans leurs états. Après la mort de Maurice, assassiné par Phocas, Chosroès voulant venger sa mort, pénétra dans l'empire avec une puissante armée en 604, s'empara de plusieurs villes, entra en Arménie, en Cappadoce, en Paphlagonie, défit les Romains en plusieurs occasions, & poussa ses dégâts jusqu'à Chalcédoine. Heraclius couronné empereur, après avoir fait mourir Phocas, demanda la paix au roi de Perse, en lui représentant qu'il n'y avoit plus aucun juste sujet de faire la guerre. Chosroès, pour toute réponse, envoya une armée formidable en Palestine. Ses troupes prennent Jerusalem, brûlent les églises, enlevent les vases sacrés, massacrent les clercs, & vendent aux Juifs tous les Chrétiens qu'ils font prisonniers. Zonare rapporte que, dans sa fureur, Chosroès jura qu'il poursuivroit les Romains jusqu'à ce qu'il les eût forcés de renier J. C. & d'adorer le soleil. Heraclius ayant repris courage, défit les Perses, & proposa la paix à leur roi, qui, écoutant à peine cette offre, dit avec dédain, *que ses généraux & ses soldats feroient la réponse.* L'armée romaine, animée par plusieurs succès réitérés, remporta de nouvelles victoires, & obligea Chosroès à prendre la fuite. Ce prince, se laissant aller à l'abattement, désigna alors pour son successeur Merdesane, son cadet, au préjudice de Siroès, son fils aîné. Celui-ci prend les armes, fait arrêter son pere, l'enferme sous une voûte qu'il avoit fait bâtir pour cacher ses trésors; & au lieu de nourriture, lui fait servir de l'or & de l'argent. Il mourut de faim au bout de quatre jours, en 628. Quelques historiens ont dit, *que Chosroès savoit mieux Aristote, que Démosthene ne savoit Thucydide.* Son ambition & sa cruauté ne prouvent pas qu'il eût beaucoup profité des leçons de morale du philosophe grec.

CHOUET, (Jean-Robert), magistrat de Geneve, sa patrie, fut le premier qui enseigna la philosophie de Descartes à Saumur. Rappellé à Geneve en 1669, il y donna des leçons avec applaudissement. Chouet devint ensuite conseiller & secretaire d'état; & composa l'*Histoire de sa République.* Il mourut en 1731, à 89 ans. Ses écrits n'ont point encore été imprimés, & il n'y a pas apparence qu'ils voient le jour: la presse gémit assez d'autres ouvrages médiocres.

CHOUL, (Guillaume du) gentilhomme lyonnois, bailli des montagnes du Dauphiné, fit le voyage d'Italie pour se perfectionner dans la connoissance de l'antiquité. Il est connu par un traité excellent & rare, *De la religion & castramétation des anciens Romains.* Cet ouvrage est remarquable, sur-tout par rapport à la seconde partie, qui traite de la maniere de dresser & de fortifier les camps chez les Romains, de leur discipline & de leurs exercices militaires. Il a été traduit en latin & en italien. La premiere version fut imprimée à Amsterdam en

1685, in-4°, & la feconde à Lyon, par Rouillé, en 1559, in-fol. Ces deux éditions font affez rares; mais moins que l'original françois, Lyon 1456, in-fol. quoique moins bien exécutées. Nous devons à un autre Jean DU CHOUL un petit traité latin, peu commun, intitulé: *Varia Quercûs hiftoria*, Lyon 1555, in-8°.

CHRAMNE, fils naturel de Clotaire I, fe révolta contre lui, & fe ligua avec le comte de Bretagne; mais le pere irrité livra bataille à fon fils, le vainquit, & le brûla avec toute fa famille, dans une cabane où il s'étoit fauvé, en 560.

CHRÉTIEN, de Troyes, dit *Meneffier* poëte françois, orateur & chroniqueur de Jeanne, comteffe de Flandre, vivoit vers l'an 1200, a fait en vers plufieurs *Romans de Chevalerie de la Table Ronde*, qui font en manufcrit pour la plupart dans la bibliothèque du roi de France. Celui de *Perceval le Gallois* a été traduit en profe & imprimé en 1530 in-fol.

CHRÉTIEN, (Gervais) plus connu fous le nom de *Maître Gervais*, né à Vendes, près de Caen, fonda à Paris l'an 1370 le college qui porte fon nom, & mourut à Bayeux le 3 mai 1383. Il étoit premier médecin du roi Charles VI, chanoine de Paris, & chantre de Bayeux.

CHRÉTIEN, (Florent) naquit à Orléans en 1541. Son génie & fes talens le firent choifir pour veiller à l'éducation d'Henri de Navarre, depuis roi de France. On a de lui divers ouvrages en vers & en profe; des Tragédies; une *Traduction d'Oppien*, in-4°; des Epigrammes grecques; les Quatrains de fon ami Pibrac, mis en grec & en latin; des Satyres très-mordantes contre Ronfard, fous le nom de *la Baronie*, 1564, in-8°. Il avoit du talent pour ce dernier genre, & il eût part à la fatyre *Menippée*. Il poffédoit fupérieurement les fineffes de la langue

grecque. Ce bel-efprit mourut en 1596, à 56 ans, après être rentré dans le fein de l'églife catholique. Quoiqu'il eût fait des fatyres, il conferva des amis. Son cœur n'avoit point de part à fes cenfures, qui ne prenoient leur fource que dans la chaleur de fon imagination. Son pere Guillaume CHRÉTIEN, médecin de François I & de Henri II, a traduit en françois quelques ouvrages de médecine, entr'autres le livre d'Hippocrate, intitulé *De Genitura*, Paris 1559, in-8°.

CHRIST, voyez JESUS-CHRIST.

CHRISTIERN I, roi de Danemarck, fuccéda à Chriftophe de Baviere en 1448, & fe fit admirer par fa prudence & par fon humilité. Il inftitua l'an 1478 l'ordre de l'*Eléphant*, & mourut en 1481.

CHRISTIERN II, roi de Danemarck, furnommé *le Cruel*, monta fur le trône après la mort de Jean fon pere, en 1513. Il afpira à la couronne de Suede, dès qu'il poffeda celle de Danemarck. Ayant eu le bonheur d'être élu en 1520 après quelques traverfes, il devint le tyran de fes nouveaux fujets, qu'il avoit promis de traiter comme fes enfans. Il donna une fête aux principaux feigneurs eccléfiaftiques & féculiers, & les fit égorger les uns après les autres au milieu du feftin. Guftave-Vafa, à la tête de quelques Suédois, réfolut de délivrer fa patrie de ce monftre. Chriftiern, qui avoit en fon pouvoir à Coppenhague la mere & la fœur de fon ennemi, fit jeter ces deux princeffes dans la mer, enfermées l'une & l'autre dans un fac. Le corps de l'adminiftrateur de Suede fut déterré, & le barbare pouffa la férocité jufqu'à fe jeter deffus & le mordre. Il faifoit couper les cadavres par morceaux, & les envoyoit dans les provinces pour infpirer une terreur générale. Les payfans furent menacés de fe voir couper un pied & une main, s'ils faifoient la moindre plainte. Un payſan qui eſt né pour la guerre, diſoit le tyran, devoit ſe contenter d'une main & d'un pied naturel avec une jambe de bois. Ce ſcélérat, teint du ſang de ſes ſujets, fut bientôt auſſi exécrable aux Danois qu'aux Suédois. Ses peuples animés par Fréderic, duc de Holſtein, lui firent ſignifier l'acte de ſa dépoſition l'an 1523, par le premier magiſtrat de Jutland. Ce chef de juſtice porta à Chriſtiern ſa ſentence dans Coppenhague même. Le tyran ſe dégrada lui-même en fuyant, ſe retira en Flandre dans les états de Charles-Quint ſon beau-frere. Après avoir erré dix ans, il s'efforça de remonter ſur le trône. Les troupes hollandoiſes lui furent inutiles. Il fut pris & mis dans une priſon, où il finit ſes jours en 1559, dans une vieilleſſe abhorrée & mépriſée. On l'appella le Néron du nord. Fréderic de Holſtein, ſon oncle, fut élu dans Coppenhague, roi de Danemarck, de Norwege & de Suede; mais il n'eut de la couronne de Suede que le titre: Guſtave-Vaſa, le libérateur de ſon pays, en fut proclamé roi.

CHRISTIERN III, fils & ſucceſſeur de Fréderic I en 1534, fut couronné l'an 1536 à la maniere des Luthériens; dont il embraſſa la ſecte, déja introduite par ſon pere dans ſes états. Il chaſſa les évêques, & ne garda que les chanoines. Il mourut en 1559, à 59 ans. Il inſtitua le college de Coppenhague, & raſſembla une belle bibliotheque.

CHRISTIERN IV, roi de Danemarck, ſuccéda en 1588 à Fréderic II, ſon pere. Il fit la guerre aux Suédois, & fut élu chef de la ligue des Proteſtans contre l'empereur, pour le rétabliſſement du prince Palatin, en 1625. Il mourut le 28 février 1648, à 71 ans, après avoir été défait pluſieurs fois par les armées de Ferdinand II. Chriſtiern, ſon fils, avoit été élu, de ſon vivant même, roi de Danemarck; mais il précéda ſon pere au tombeau le 2 juin 1647. La plupart des hiſtoriens ne le comptent point au nombre des rois de Danemarck.

CHRISTIERN V ou VI, monta ſur le trône de Danemarck en 1670, après Fréderic III, ſon pere, qui l'avoit déclaré ſon ſucceſſeur dès 1655. Il ſe ligua avec les princes d'Allemagne, & déclara la guerre aux Suédois; mais ceux-ci battirent ſes troupes en diverſes occaſions. Il mourut le 4 ſeptembre 1699, dans ſa 54e année. C'étoit un prince courageux & entreprenant.

CHRISTINE, reine de Suede, née en 1626, ſuccéda à Guſtave-Adolphe, ſon pere, mort en 1633 au milieu de ſes victoires. La pénétration de ſon eſprit éclata dès ſon enfance. Elle apprit huit langues, & lut en original Thucydide & Polybe, dans un âge où les autres enfans liſent à peine des traductions. Grotius, Deſcartes & pluſieurs autres ſavans furent appellés à ſa cour, & l'admirerent. Chriſtine, devenue majeure, gouverna avec ſageſſe, & affermit la paix dans ſon royaume. Comme elle ne ſe marioit point, les états lui firent à ce ſujet de vives repréſentations; & elle s'en débarraſſa un jour en leur diſant: » J'aime » mieux vous déſigner un bon » prince & un ſucceſſeur capable » de tenir avec gloire les rênes » du gouvernement. Ne me forcez » donc point de me marier; il » pourroit auſſi facilement naître » de moi un Néron, qu'un Auguſte ». L'amour des lettres & de la liberté lui inſpira le deſſein, dès l'âge de 20 ans, d'abandonner un peuple qui ne ſavoit que combattre, & d'abdiquer la couronne. Elle laiſſa mûrir ce deſſein pendant ſept années. Enfin, après avoir préſidé par ſes ambaſſadeurs aux traités de Weſtphalie qui pacifierent l'Allemagne, elle deſcendit du trône, pour y faire monter Charles Gustave, son cousin-germain, en 1654. Le dégoût pour les affaires, les embarras de la royauté, quelques sujets de mécontentement, contribuerent autant à ce sacrifice, que sa philosophie & son goût pour les arts. Christine quitta la Suede peu de jours après son abdication, & fit frapper une médaille, dont la légende étoit : *Que le Parnasse vaut mieux que le Trône.* Travestie en homme, elle traversa le Danémarck & l'Allemagne, se rendit à Bruxelles, y embrassa la religion catholique, & de là passa à Infpruck, où elle abjura solemnellement le lutheranisme. Le même soir elle assista à la comédie ; ce qui fit dire aux Protestans, qui n'approuvoient point ce changement de religion, ou qui ne le croyoient pas sincere : *Il est bien juste que les Catholiques lui donnent le soir la comédie, puisqu'elle la leur a donnée le matin.* Ce qu'il y a de sûr, c'est qu'en passant à Vienne en Dauphiné, Boissac fut très-mal reçu d'elle pour lui avoir fait, au lieu de harangue, un discours sur les jugemens de Dieu & le mépris du monde. La cour de France lui rendit de grands honneurs. La plupart des femmes & des courtisans n'observerent pas dans cette princesse le génie qui brilloit en elle ; & n'y virent qu'une femme habillée en homme, qui dansoit mal, brusquoit les flatteurs, & dédaignoit les coëffures & les modes. Des hommes moins frivoles, en rendant justice à ses talens & à sa philosophie, détesterent l'assassinat de Monadelschi, son grand-écuyer, & son amant selon quelques-uns. On sait qu'elle le fit poignarder presque en sa présence, à Fontainebleau dans la galerie des cerfs. Les jurisconsultes qui ont compilé des passages, pour justifier cet attentat d'une suédoise jadis reine, méritoient d'être ou ses bourreaux ou ses victimes. L'horreur générale qu'inspira ce meurtre, la dégoûta de la France. Elle voulut

passer en Angleterre ; mais Cromwel n'ayant pas approuvé ce voyage, elle repartit bientôt pour Rome. Christine s'y livra à son goût pour les arts & pour les sciences, principalement pour la chymie, les médailles & les statues. Alexandre VII étoit alors sur la chaire de S. Pierre. Christine ayant eu quelque sujet de mécontentement sous son pontificat, pensa à retourner en Suede en 1660, après la mort du roi Charles-Gustave. Les états n'étoient point disposés à lui redonner une couronne qu'elle avoit abdiquée. Elle revint à Rome pour la troisieme fois, continua son commerce avec les savans de cette patrie des arts, & avec les étrangers. En 1685, année de la révocation de l'édit de Nantes, elle écrivit au chevalier de Terson, ambassadeur de France en Suede, une lettre sur l'édit révocatif. Elle y déploroit le sort des Calvinistes avec une vivacité, qui fit dire à Bayle qui l'inséra dans son Journal, que cette lettre étoit un reste de protestantisme : c'étoit plutôt un reste d'animosité contre la France, & un mouvement de compassion envers des gens qui avoient fait à ce royaume tout le mal possible. Le prince de Condé finit sa carriere l'année d'après. Christine, qui l'avoit toujours admiré, écrivit à mademoiselle Scuderi, pour l'engager à célébrer ce héros. *La mort*, disoit-elle dans sa lettre, *qui s'approche & ne manque jamais son moment, ne m'inquiete pas ; je l'attends, sans la desirer ni la craindre.* Elle mourut trois ans après en 1689, dans sa 63e année. Elle ordonna qu'on ne mettroit sur son tombeau que ces mots : *D. O. M. Vixit Christina, ann. LXII.* Les inégalités de sa conduite, de son humeur & de ses goûts, dit M. d'Alembert ; le peu de décence qu'elle mit dans ses actions ; le peu d'avantage qu'elle tira de ses connoissances & de son esprit, pour rendre les hommes heureux ; sa fierté souvent déplacée ;

les discours équivoques sur la religion qu'elle avoit quittée, & sur celle qu'elle avoit embrassée ; enfin la vie, pour ainsi dire, errante qu'elle a menée parmi des étrangers qui ne l'aimoient pas : tout cela justifie, plus qu'elle ne l'a cru, la brièveté de son épitaphe. Arkenholtz, bibliothécaire du landgrave de Hesse-Cassel, a donné 4 gros vol. in-4° sur cette princesse, sous le titre de *Mémoires*. On y trouve 220 Lettres, & deux ouvrages de Christine. Le premier est intitulé : *Ouvrage de loisir* ou *Maximes & Sentences*, les unes triviales, les autres ingénieuses, fines & fortement pensées. La reine de Suède y parle, presque en même-tems, pour la tolérance, & pour l'infaillibilité du pape. Le second écrit a pour titre : *Réflexions sur la vie & les actions du grand Alexandre*, auquel cette princesse aimoit à être comparée, quoiqu'on ne voie guère sur quoi ce parallele pût être fondé. On a imprimé une petite Satyre contre elle, sous le titre de *Vie de la reine Christine*, 1677, in-12 ; des *Mémoires* pour servir à son histoire, 4 vol. in-4°, peu estimés ; le *Recueil de ses Médailles*, 1742, in-fol. Enfin M. Lacombe a donné en 1762, in-12, une *Histoire de Christine*, bien écrite. Un autre M. Lacombe d'Avignon a publié des *Lettres choisies* de la reine de Suede, qui sont réellement d'elle, & des *Lettres secrettes* qui sont supposées.

CHRISTINEN, (Paul) savant jurisconsulte né à Malines en 1553 d'une famille distinguée, mort l'an 1631, a donné au public. I. *Ad leges Mechlinienses*, Anvers 1642, in-fol. II. *Décisiones curiæ Belgicæ*, 1671, 3 vol. in-fol. Christinen avoit été syndic du conseil de Malines. Son fils Sébastien qui lui a succédé dans son emploi, a été l'éditeur de ses ouvrages.

CHRISTOPHE, (Saint) c'est-à-dire, *Porte-Christ*, eut la tête tran-

chée l'an 250, pendant la sanglante persécution de l'empereur Dece contre les Chrétiens. Mélanchthon prétendoit qu'il n'y avoit jamais eu de S. Christophe ; mais les Bollandistes & tous les sages critiques en rejetant la taille gigantesque & les anecdotes fabuleuses ajoutées à l'histoire du S. Martyr, ont reconnu son existence. Les images de S. Christophe ont fourni une ample matière à la critique. Molanus observe que dans les siecles d'ignorance on étoit persuadé qu'on ne pouvoit mourir en réprouvé le jour qu'on auroit vu une image de ce Saint ; & que pour cela on la plaçoit à l'entrée des églises, ou qu'on la peignoit sur le dehors avec les vers suivans :

Christophori sancti speciem, quicunque tuetur,
Istâ nempe die non morte malâ morietur.

Ou bien :

Christophorum videas : posteà tutus eas.

Et quelquefois :

Christophore sancte, virtutes sunt tibi tantæ,
Qui te mane vident, nocturno tempore rident.

Dans des vers qui valent mieux, le célebre Vida donne les raisons suivantes de la grandeur & de l'action dans lesquelles ce Saint est représenté :

Christophore, infixum quòd eum usque in corde gerebas,
Pictores Christum dant tibi ferre humeris ;
Quem gestans quoniam multà es perpessus amarâ,
Te pedibus faciunt ire per alta maris.
Id quia non poteras, nisi vasti corporis usu,
Dant membra immanis quanta gigantis erant ;
Ut te non capiant, quamvis ingentia, templa,

Cogeris & rigidas sub Jove
ferre hiemes.
Omnia quòd victor superasti dura,
virentem
Dant manibus palmam quà re-
gis altus iter.
Quod potis, ars tibi dat, ne-
queat cùm fingere vera ;
Accipe cuncta bono tu bonus
ista animo.

CHRISTOPHE, romain de naiſſance, chaſſa le pape Léon V, &
s'empara du ſiege de Rome en novembre 903 : il fut chaſſé à ſon tour
l'année ſuivante, relégué dans un
monaſtere & chargé de chaînes. Il
eſt regardé comme antipape par pluſieurs auteurs.

CHRISTOPHE, fils aîné de Romain Lecapene & de Theodora, fut
aſſocié à l'empire par ſon pere en
920. Deux des freres de ce prince,
Etienne & Conſtantin, furent également déclarés Auguſtes. Ainſi l'on
vit avec étonnement cinq empereurs régner en même-tems à Conſtantinople. Romain, qui avoit uſurpé
le premier rang, occupoit le trône
avec Chriſtophe, Etienne, Conſtantin IX & Conſtantin X; mais Romain fut celui qui eut l'autorité pré-
pondérante. Chriſtophe régna, avec
ſes collegues, onze ans & trois
mois, & termina ſa vie à la fleur
de ſon âge en août 931. Il ne faut
pas le confondre avec Chriſtophe,
fils de l'empereur Conſtantin Copronyme, déclaré Céſar par ſon
pere en 769, & qu'Irene fit mettre
à mort en 797, dans la ville d'A-
thenes, où il étoit relégué.

CHRISTOPHORSON, (Jean)
natif de Lancaſtre, fut placé en
1557 ſur le ſiege de l'égliſe de Chi-
cheſter. Ce prélat a traduit du grec
en latin, aſſez défectueuſement,
Philon, Euſebe, Socrate, Théodoret, Sozomene & Evagre. Son
ſtyle n'eſt ni pur, ni précis; les
barbariſmes le défigurent. Le traducteur brouille, renverſe les périodes;
il coupe & tranche le ſens à ſa

mode, joint ce que les originaux
ont ſéparé, & déſunit ce qu'ils ont
joint. Sa critique étoit peu ſûre,
& ſes connoiſſances ſur l'antiquité
très-ſuperficielles. Chriſtophorſon
connoiſſoit bien les langues, & principalement la grecque ; mais cela
ſuffit-il pour faire un bon interprete? Il mourut en 1558. Suffridus
Petrus a donné une édition corrigée
des hiſtoriens eccléſiaſtiques grecs,
traduits par Chriſtophorſon, Cologne 1581.

CHRISTOPHORUS, (Angelus)
auteur grec du 17e ſiecle, publia
l'an 1619, en Angleterre, où il étoit
alors, un *Etat de l'Egliſe grecque.*
Ce livre, traduit en latin, & réimprimé à Leipſick 1676, in-4°, roule
principalement ſur la diſcipline &
les cérémonies. Il offre pluſieurs
choſes curieuſes ſur les jeûnes des
Grecs, ſur leurs fêtes, ſur la maniere dont ils ſe confeſſent, ſur la
diſcipline monaſtique, &c. &c.

CHRODEGANG ou CHRODO-
GANG, (Saint) évêque de Metz,
mort en 766, fut employé par Pé-
pin en diverſes négociations. La
plus honorable eſt celle de l'année
753, où il fut chargé d'amener en
France le pape Etienne II, qui lui
accorda le *Pallium* avec le titre
d'archevêque. Il inſtitua une communauté de clercs réguliers dans ſa
cathédrale, & leur laiſſa une *Regle.*
Elle a été publiée par le P. Labbe
dans ſa *Collection des Conciles,*
& par le P. le Cointe dans ſes *An-*
nales. Ce ſaint prélat eſt regardé
comme le reſtaurateur de la vie
commune des clercs. Voilà l'origine la mieux marquée des chanoines
réguliers.

CHROMACE, (S.) *Chromacius,*
pieux & ſavant évêque d'Aquilée
au 4e ſiecle, défendit avec zele
Rufin & S. Jean Chryſoſtome, fut
ami de S. Ambroiſe & de S. Jerôme.
Il mourut avant 412. Il nous reſte
de lui quelques ouvrages, imprimés
dans la *Bibliotheque des Peres.*

CHRYSÉIS, fille de Chryſès,

O 4

prêtre d'Apollon. Achille l'ayant prife dans le fac de Lyrneffe, Agamemnon la garda pour lui. Chrysès, revêtu de fes ornemens pontificaux, vint demander fa fille, offrant une riche rançon. Agamemnon, amoureux de la fille, chaffa le pere indignement. Le prêtre d'Apollon s'adreffa alors à ce dieu, qui affligea l'armée grecque d'une maladie contagieufe. Les Grecs renvoyèrent Chryséis fur l'avis du devin Calchas, & la pefte ceffa. Le vrai nom de cette fille étoit Aftynomé.

CHRYSERUS ou CHRYSORUS, affranchi de l'empereur Marc-Aurèle, vers l'an 162 de J. C. Il eft auteur d'un ouvrage qui contient la lifte de tous ceux qui avoient commandé à Rome depuis la fondation de cette ville. Cet *Index* fe trouve parmi les additions que Scaliger a inférées dans la *Chronique d'Eufebe*.

CHRYSÈS, fils de Chryséis & d'Apollon, felon les uns, & d'Agamemnon, felon les autres. On lui cacha fa naiffance jufqu'au tems qu'Orefte & Iphigénie fe fauverent de la Cherfonnefe Taurique avec la ftatue de Diane dans l'ifle de Sminthe. Chrysès avoit fuccédé en cette ifle à fon aïeul maternel dans la charge de grand-prêtre d'Apollon; & c'eft-là qu'ils fe reconnurent tous trois, en caufant dans un feftin. Ils s'en retournèrent dans la Taurique, puis à Mycènes pour prendre poffeffion de l'héritage de leur pere.

CHRYSIPPE, fils naturel de Pelops, roi d'Elide, qui l'aimoit extrêmement. Hyppodamie, fa femme, craignant qu'un jour cet enfant ne régnât au préjudice des fiens propres, le traita fort mal; & follicita fortement fes fils Atrée & Thyefte à le tuer. Ceux-ci ayant refufé de fe prêter à ce forfait, Hyppodamie prit la réfolution de l'égorger elle-même. S'étant faifie de l'épée de Laïus (prince étranger, détenu prifonnier dans cette cour) pendant qu'il dormoit, elle en perça Chryfippe, & la lui laiffa dans le

corps. Il vécut encore affez de tems pour empêcher qu'on ne foupçonnât les jeunes princes de ce crime. L'horreur de cet affaffinat, la honte & le dépit de fe voir découverte, pouffèrent Hyppodamie à fe punir elle-même par la mort.

CHRYSIPPE, philofophe ftoïcien, natif de Solos dans la Cilicie, fe diftingua parmi les difciples de Cléandre, fucceffeur de Zenon, par un efprit délié. Il paroiffoit fi fubtil, qu'on difoit, » que » fi les dieux faifoient ufage de la » logique, ils ne pourroient fe fer- » vir que de celle de Chryfippe » Avec une certaine dofe de génie, il avoit encore plus d'amour-propre. Quelqu'un lui ayant demandé à qui il confieroit fon fils, il répondit : » A moi; car fi je favois que quel- » qu'un me furpaffât en fcience, » j'irois dès ce moment étudier à » fon école ». Diogene Laërce a donné le catalogue de fes ouvrages, qui, felon lui, fe montoient à 311 *Traités de Dialectique*. Il fe répétoit & fe contredifoit dans plufieurs, & pilloit à tort & à travers ce qu'on avoit écrit avant lui. Ce qui fit dire à quelques critiques, que, fi l'on ôtoit de fes productions ce qui appartenoit à autrui, il ne refteroit que du papier. Il fut, comme tous les Stoïciens, l'apôtre du deftin & le défenfeur de la liberté, contradiction qu'il eft difficile d'accorder. Sa doctrine fur plufieurs autres points étoit abominable. Il approuvoit ouvertement les mariages entre un pere & fa fille, une mere & fon fils. Il vouloit qu'on mangeât les cadavres au lieu de les enterrer. Telles étoient les nobles leçons d'un philofophe qui paffoit pour le plus ferme appui de l'école la plus févere du paganifme. Chryfippe déshonora fa fecte par plufieurs ouvrages, plus dignes d'un lieu de débauche, que du portique. Aulugelle rapporte cependant un fragment de fon *Traité de la Providence*, qui lui fait beaucoup plus d'honneur. » Le deffein

» de la nature, dit-il, n'a pas été
» de soumettre les hommes aux ma-
» ladies; un tel dessein seroit in-
» digne de la source de tous les
» biens. Mais si du plan général du
» monde, tout bien ordonné qu'il
» est, il résulte quelques inconvé-
» niens, c'est qu'ils se sont rencon-
» trés à la suite de l'ouvrage, sans
» qu'ils aient été dans le dessein
» primitif & dans le but de la Pro-
» vidence ». Ce philosophe mourut
l'an 207 avant J. C., ou d'un excès
de vin avec ses disciples, ou d'un
excès de rire, en voyant un âne
manger des figues dans un bassin
d'argent : deux causes de mort bien
peu assorties à la gravité philosophique.

CHRYSIS, prêtresse de Junon à
Argos. S'étant endormie, elle laissa
prendre le feu aux ornemens sacrés,
puis au temple, & fut enfin brûlée
elle-même. Elle vivoit avant la
guerre du Péloponnese.

CHRYSOLANUS, (Pierre) ar-
chevêque de Milan au 12e siecle,
se fit un nom par son savoir & ses
vertus. On a de lui, dans Allatius,
un Discours adressé à Alexis Comnene, touchant la procession du St-
Esprit, contre l'erreur des Grecs.

CHRYSOLOGUE, voy. PIERRE
CHRYSOLOGUE.

CHRYSOLORAS, (Emmanuel)
savant grec du 15e siecle, passa en
Europe à la demande de l'empereur
de Constantinople, pour implorer
l'assistance des princes chrétiens contre les Turcs. Il professa ensuite la
langue grecque (presqu'entiérement alors ignorée en Italie) à Pavie
& à Rome. L'Italie & les lettres lui
durent beaucoup. Ce savant mourut
à Constance durant la tenue du concile en 1415, à 47 ans. On a de
lui : I. Une *Grammaire grecque*,
Ferrare 1509, in-8°. II. Un *Pa-*
rallele de l'ancienne & de la nou-
velle Rome. III. Des Lettres. IV.
Des Discours, &c. Jean Chrysoloras,
son neveu & son disciple, soutint
la gloire de son oncle : celui-ci

mourut avant 1427. Il ne faut pas
les confondre avec Demetrius Chrysoloras, autre écrivain grec, qui
vivoit à-peu-près dans le même-tems
sous le regne de Manuel Paléologue.

CHRYSOSTOME, voyez JEAN-
CHRYSOSTOME.

CHUN, (Yeou-Yu) c'est-à-dire,
maître du pays de Yu, un des premiers empereurs de la Chine, successeur d'Yao, dont il épousa les deux
filles. Tout ce que l'on débite de
son regne & du tems où il vécut,
est pour le moins très-incertain.

CHURCHILL, (Jean) duc &
comte de Marleborough, né à Ashe
dans le Devonshire en 1650, commença à porter les armes en France
sous Turenne. On ne l'appelloit dans
l'armée que le bel Anglois; mais
le général françois, dit Voltaire,
jugea que le bel Anglois seroit
un jour un grand-homme. Ses talens militaires éclaterent dans la
guerre de 1701. Il n'étoit pas comme
ces généraux, ajoute le même historien, auxquels un ministre donne
par écrit le projet d'une campagne.
Il étoit alors maître de la cour, du
parlement, de la guerre & des
finances, plus roi que n'avoit été
Guillaume; aussi politique que lui,
& beaucoup plus grand capitaine.
Il avoit cette tranquillité de courage au milieu du tumulte, & cette
sérénité d'ame dans le péril, premier don de la nature pour le commandement. Guerrier infatigable
pendant la campagne, Marleborough
devenoit un négociateur aussi agis-
sant durant l'hiver : il alloit dans
toutes les cours susciter des ennemis à la France. Dès qu'il eut le
commandement des armées confé-
dérées, il forma d'abord des soldats,
& gagna du terrein ; prit Venlo,
Ruremonde, Liege; & obligea les
François qui avoient été jusqu'aux
portes de Nimegue, de se retirer
derriere leurs lignes. Le duc de
Bourgogne, petit-fils de Louis XIV,
que son aïeul avoit envoyé contre
lui, se vit forcé de revenir à

Verfailles, fans avoir remporté aucun avantage. La campagne de l'année 1703 ne fut pas moins glo rieufe ; il prit Bonn, Hui, Limbourg, fe rendit maître du pays entre le Rhin & la Meufe. L'année 1704 fut encore plus funefte à la France. Marleborough, après avoir forcé un détachement de l'armée de Baviere, s'empara de Donawert, paffa le Danube, & mit la Baviere à contribution. La bataille d'Hochftet fe donna dans le mois d'noût de cette année. Le prince Eugene & Marleborough remporterent une victoire complette, qui ôta cent lieues de pays aux François, & du Danube les jeta fur le Rhin. Les vainqueurs y eurent près de 5 mille morts & environ 8 mille bleffés; mais l'armée des vaincus y fut prefqu'entiérement détruite. L'Angleterre érigea à la gloire du général un palais immenfe qui porte le nom de Blentheim, parce que la bataille d'Hochftet étoit connue fous ce nom en Allemagne & en Angleterre ; une grande partie de l'armée françoife ayant été faite pri fonniere à Blentheim. La qualité de prince de l'empire, que l'empereur lui accorda, fut une nouvelle ré compenfe de fa victoire. Les fuccès d'Hochftet furent fuivis de ceux de Ramillies en 1706, & de Malplaquet en 1709. Marleborough, ayant défapprouvé trop ouvertement la paix conclue avec la France, perdit tous fes emplois, fut difgracié & fe retira à Anvers. Le peuple, dit un hiftorien, ne regretta point un ci toyen, dont l'épée lui devenoit inutile & les confeils pernicieux. Les fages fe fouvinrent que Marleborough avoit été l'ami de Jacques II, au point d'en favorifer les amours pour Mlle Churchill, fa fœur, & qu'il l'avoit trahi plûtôt que quitté ; qu'il avoit perdu la confiance de Guillaume, & avoit mérité de la perdre ; & qu'enfin comblé de biens & d'honneurs par la reine Anne, il avoit toujours cabalé contre elle.

A l'avénement du roi George à la couronne en 1714, il fut rappellé & rétabli dans toutes fes charges. Quelques années avant fa mort il fe déchargea des affaires publiques, & mourut dans l'enfance en 1722, âgé de 73 ans, à Windforloug. On vit le vainqueur d'Hochftet jouer au petit palet avec fes pages, dans fes dernieres années. Guillaume III l'avoit peint d'un feul mot, lorfqu'en mourant il confeilla à la princeffe Anne de s'en fervir, comme d'un homme qui avoit la tête froide & le cœur chaud. Ses fuccès ne l'empêcherent pas de convenir de fes fautes. Il dit à un feigneur françois, qui lui faifoit compliment fur fes campagnes de Flandre : » Vous favez » ce que c'eft que les fuccès de la » guerre ; j'ai fait cent fautes, & » vous en avez fait cent & une ». Sa veuve a vécu jufqu'en 1744.

CHUSAI, l'un des plus fideles ferviteurs de David, qui, ayant appris la révolte d'Abfalon, vint trouver le roi, la tête couverte de pouffiere, & les habits déchirés. David l'ayant engagé à feindre d'entrer dans le parti d'Abfalon, pour pénétrer fes deffeins, & s'oppofer aux confeils d'Achitophel ; Chufaï alla à Jerufalem, gagna la confiance de ce prince rebelle, & détourna par fa prudence le confeil que lui donnoit Achitophel de pourfuivre David. Ce fervice fut le falut de ce prince, qui paffa auffi-tôt le Jourdain pour fe mettre en fûreté, vers l'an 1028 avant l'ere chrétienne.

CHUSAN-RASATHAIM, éthiopien, roi de Méfopotamie, fit la guerre aux Ifraélites, & les réduifit en fervitude. Dieu le permettoit ainfi, pour les punir de leur idolâtrie. Ils demeurerent dans cet efclavage huit ans, à la fin defquels, Dieu, touché de leur repentir, fe fervit d'Othoniel pour les remettre en liberté, vers l'an 1414 avant J. C.

CHYTRÆUS, (David) miniftre luthérien, né à Ingelfing en 1530,

& mort en 1600, à 70 ans. On a de lui plusieurs ouvrages qui furent recherchés dans le tems par ceux de son parti. Le plus connu est un *Commentaire sur l'Apocalypse*, 1575, in-8°, rempli de rêveries, & où il marque de l'attachement à la doctrine de Socin. On a encore de lui une *Histoire de la confession d'Ausbourg*, & une *Chronologie* latine *de l'Histoire d'Hérodote & de Thucydide*, à Helmstad 1585, in-4°, très-rare. Chytræus étoit précisément ce qu'on appelle un compilateur allemand. Il ne composoit point, il recueilloit dans mille auteurs de quoi former ses ouvrages. On en imprima le recueil à Hanovre 1604, 2 vol. in-fol. Nathan Chytræus, son frere, & ministre luthérien comme lui, recteur du college de Breme, étoit pour le moins aussi versé dans les belles-lettres. Il mourut en 1598, âgé de 55 ans. Il a donné *Variorum in Europâ itinerum deliciæ*, in-8°, c'est un recueil d'épitaphes & d'inscriptions qui se trouvent en différentes villes de l'Europe.

CIA, femme d'Ordelaffi, tyran de Forli, dans le 14e siecle, étoit aussi brave que son mari. Au milieu des troubles qui agitoient alors l'Italie, Ordelaffi commandoit dans Forli, & Cia gouvernoit Cesene. C'étoient les deux places d'armes d'où ils bravoient leurs adversaires. Elles furent attaquées en même-tems. Ordelaffi écrivit à sa femme pour l'exhorter à se bien défendre; elle lui répondit: *Ayez soin de Forli, je réponds de Cesene*. Elle auroit peut-être tenu parole, malgré les forces du légat qui l'assiégeoit, si Ordelaffi n'eût encore écrit à Cia de faire décapiter Jean Zaganella, Jacques Baliardi, Palezzino & Bertonuccia, quatre Cesénois, qu'il soupçonnoit d'être Guelfes, c'est-à-dire favorables au pape: Cia n'obéit point à cet ordre: elle trouva les accusés innocens, & d'ailleurs elle craignoit que leur mort ne cau-

sât quelque révolte. Les quatre proscrits, ayant su le danger qu'ils avoient couru, se formerent un parti, avec lequel ils forcerent Cia à se renfermer dans la citadelle. Cette femme irritée fit couper la tête à Scarniglino & Tumperti, deux confidens de son mari, qui lui avoient conseillé de ne point agir contre les quatre Cesénois. Le légat, voyant qu'elle faisoit une forte résistance dans la citadelle, la fit miner. Cia, pour retarder la prise de la place, s'avisa d'y enfermer un grand nombre de Cesénois dont elle se défioit le plus. Le légat, allant un jour visiter les travaux, fut surpris de voir plus de cinq cens femmes échevelées se jeter à ses pieds avec de grands cris, & demander grace pour leurs maris & leurs parens, qui alloient périr sous les ruines de la citadelle. Albornos (c'étoit le nom du légat) sentit l'artifice, & en profita pour presser la reddition de la place, qui en effet ne résista plus. Il sauva la vie à ceux qu'on avoit mis dans la tour, & Cia alla dévorer dans les fers son orgueil & sa fierté.

CIACONIUS ou CHACON, (Pierre) né à Tolede en 1525, mort à Rome en 1581, employé par le pape Gregoire XIII à corriger le calendrier, avec d'autres savans. Il étoit chanoine à Séville. C'étoit un homme en qui la modestie & le savoir brilloient également; ami de la retraite, & uniquement occupé de ses livres qu'il appelloit *ses fideles compagnons*; ne se souciant pas de faire la cour aux grands, & les fuyant même. Il pensoit là-dessus comme Horace:

Dulcis inexpertis culturâ potentis amici;
Expertus metui....

On doit à ses veilles des Notes savantes sur Tertullien, sur Cassien, sur Pompeïus-Festus, sur César, &c. C'étoit son génie de corriger les anciens auteurs, de rétablir les passages tronqués, d'expliquer les difficiles,

& de leur donner un nouveau jour. On a encore de lui : I. *Opuscula in Columnæ roſtratæ inſcriptiones ; De ponderibus & menſuris, & nummis* : Rome 1608, in-8º. II. *De Triclinio Romano*, Rome 1590, in-8º. On a joint les traités de *Fulvius Urſinus* & de *Mercurialis* ſur la même matiere, dans une édition poſtérieure faite à Amſterdam, in-12.

CIACONIUS *ou* CHACON, (Alfonſe) de Baëça dans l'Andalouſie, profeſſa avec diſtinction dans l'ordre de S. Dominique. Il mourut à Rome vers 1601, avec le titre de patriarche d'Alexandrie. On a de lui : I. *Vita & geſta Romanorum Pontificum & Cardinalium*, réimprimé à Rome en 1676, en 4 vol. in-fol. avec une continuation : collection ſavante & pleine de recherches. II. *Hiſtoria utriuſque belli Dacici*. C'eſt dans cet ouvrage que Ciaconius avance que l'ame de Trajan a été délivrée de l'enfer, par les prieres de S. Gregoire: conte puérile & abſurde de quelque maniere qu'on l'enviſage. III. *Bibliotheca ſcriptorum*, publiée par Camuſat à Paris 1731, in-fol. & à Amſterdam 1743; répertoire utile aux bibliographes, mais qui n'eſt pas exempt de fautes. IV. *Explication de la Colonne Trajane*, en latin, 1576, in-fol. fig. en italien, 1680, in-fol. fig. Ciaconius manquoit de critique. Outre la fable de Trajan qu'il débitoit d'un air grave, il donnoit la pourpre romaine à S. Jérôme; ce qu'on peut néanmoins en quelque ſorte juſtifier, vu que le S. Docteur rempliſſoit à quelques égards près du pape Damaſe les fonctions qui depuis ſont devenues propres aux cardinaux. Sa *Bibliotheque*, qui eſt par ordre alphabétique, ne va que juſqu'à la lettre E. Le P. Nicéron dit dans ſes *Mémoires* (tom. XXXVI, p. 179), que Ciaconius n'y a preſque fait que copier les *Epitomes* de Geſner, auxquels il a ajouté fort peu de choſe.

CIAMPINI, (Jean-Juſtin) maître des brefs de grace, préfet des briefs de juſtice, & enſuite abbréviateur, & ſecretaire du grand-parc, naquit à Rome en 1603. Il abandonna l'étude du droit, pour la pratique de la chancellerie apoſtolique. Ces emplois ne lui firent pourtant pas négliger les belles-lettres & les ſciences. Ce fut par ſes ſoins que ſe forma à Rome en 1671 une académie deſtinée à l'étude de l'hiſtoire eccléſiaſtique, pour laquelle il avoit une forte inclination. En 1677 il établit, ſous la célebre Chriſtine, une académie de phyſique & de mathématiques, que le nom de ſa protectrice & le mérite de ſes membres firent bientôt connoître dans l'Europe. Ce ſavant mourut en 1698. On a de lui beaucoup d'ouvrages en italien & en latin, très-ſavans, mais peu méthodiques, dont la diction n'eſt pas toujours pure. I. *Conjecturæ de perpetuo Azymorum uſu in Eccleſia latina*, in-4º, 1688. II. *Vetera monumenta, in quibus præcipuè muſiva opera, ſacrarum profanarumque ædium ſtructura diſſertationibus iconibuſque illuſtrantur*, 1690 & 1699, 2 vol. in-fol. C'eſt un traité ſur l'origine de ce qui reſte de plus curieux dans les bâtimens de l'ancienne Rome, avec l'explication & les deſſeins de ces monumens. III. *De ſacris ædificiis à Conſtantino Magno conſtructis*, in-fol. 1693. IV. L'*Examen des Vies des Papes*, qui portent le nom d'Anaſtaſe le bibliothécaire; en latin, Rome 1688, in-4º. Ciampini prétend que ces Vies ſont de pluſieurs auteurs, & qu'il n'y a que celles de Gregoire IV, de Sergius II, de Léon IV, de Benoît III & de Nicolas I, qui ſoient d'Anaſtaſe. V. Pluſieurs autres Diſſertations imprimées, & manuſcrites. Tout ce qu'a fait Ciampini eſt eſtimé en Italie, & n'eſt pas commun dans les autres pays. Ce prélat étoit extrêmement curieux en livres, & il ſavoit diſcerner les bons.

CIANTES, (Joſeph) né à Rome

l'an 1612, entra dans l'ordre de St Dominique, s'y diftingua par fes vertus & fa fcience, fut nommé à un évêché dans la Calabre, & mourut à Rome en 1670. On a de lui : I. *De la perfection de la vie épifcopale* en ital. *De Sacrofanctâ Trinitate ex antiquorum hebræorum teftimoniis comprobatâ.* III. *De Incarnatione Verbi.* IV. Les livres de St Thomas contre les Gentils, traduits en hébreu.

CIASLAS ou SEISLAS, le 16e des rois de Dalmatie, étoit fils du roi Rodoflas. Les Croates s'étant révoltés, Ciaflas qui commandoit quelques troupes, leur permit de vendre les prifonniers de guerre. Son pere commandoit une autre armée; il la fit foulever, & lui enleva la couronne. Une action fi dénaturée lui fit donner le nom d'*Apoftat.* Dieu la laiffa impunie quelque-tems, pour en rendre la vengeance plus éclatante. Ciaflas, en guerre avec les Hongrois, remporta fur eux une grande victoire, où leur général périt. La veuve de ce général fe mit à la tête des armées, entra dans la Dalmatie, enleva le camp de Ciaflas, qui fut lui-même du nombre des prifonniers. Cette héroïne lui fit couper le nez & les oreilles, & enfuite jeter chargé de chaînes dans la Save. Ses enfans pris avec lui furent traités de même; il ne refta de fa famille qu'une feule fille, mariée à Tycomil, Kan des Rafciens. On peut rapporter ces événemens à l'an 860 ou environ.

CIBBER, (Gabriel) fculpteur allemand, eft moins connu par fes ouvrages que pour avoir donné le jour à un fameux comédien de fon nom. Celui-ci, né à Londres, en 1671, monta fur le théâtre à l'âge de 30 ans. Dégoûté de fon état, il le quitta en 1731, & vécut encore jufqu'en 1757. Il s'étoit fait un nom diftingué par l'excellence de fon jeu. Il voulut joindre à la palme de la déclamation, la gloire d'être auteur. On a de lui un *Re-*

cueil de Pieces de fa compofition, imprimé en 1760, 4 vol. in-12.

CIBENIUS, favant humanifte allemand du 16e fiecle, connu par un *Lexicon poeticum & hiftoricum,* Lyon 1544. Ouvrage très-eftimé de fon tems.

CICERI, (Paul-Céfar de) abbé commendataire de Notre-Dame en Baffe-Touraine, prédicateur ordinaire du roi & de la reine, & membre de l'académie françoife, naquit à Cavaillon dans le Comtat-Venaiffin en 1678, d'une famille noble originaire de Milan. Il remplit, pendant le cours d'une vie affez longue, l'honorable miniftere de la chaire, avec autant de fuccès que de zele. Privé de la vue fur la fin de fes jours, & par conféquent affez défoccupé, il fe détermina à revoir fes Sermons; & fa mémoire fut prefque fon unique guide dans ce travail. On les imprimoit, lorfqu'il mourut le 27 avril 1759, à l'âge de 81 ans. L'abbé de Ciceri allioit aux vertus chrétiennes & morales, un caractere aimable & une humeur égale. Ses actions n'étoient pas la réfutation de fes difcours. Ils ont paru à Avignon en 1761, chez Jean Jouve & Jean Chailliol, en 6 vol. in-12. Une diction pure, faine & naturelle, des deffeins communément bien pris, des citations appliquées à propos, des mouvemens bien ménagés, des raifonnemens & des preuves; voilà ce qui lui affure une place parmi le petit nombre des orateurs facrés de la 2e claffe.

CICÉRON, (Marcus-Tullius) naquit à Arpino en Tofcane, l'an 106 avant J. C. d'une famille ancienne de chevaliers romains, mais peu illuftre. La nature lui fit part de tous les dons néceffaires à un orateur : d'une figure agréable; d'un efprit vif, pénétrant; d'un cœur fenfible; d'une imagination riche & féconde. Son pere ne négligea rien pour cultiver un génie fi heureux. Il étudia fous les plus habiles maîtres de fon tems, & fit des progrès fi rapides, qu'on alloit dans les écoles pour voir ce prodige naiffant. La premiere fois qu'il plaida en public, il enleva les fuffrages des juges, l'admiration des auditeurs, & fit renvoyer Rofcius, fon client, abfous de l'accufation d'avoir été le meurtrier de fon pere. Cicéron, malgré ces applaudiffemens, n'étoit pas encore content de lui-même: il fentoit qu'il n'étoit pas tout ce qu'il pouvoit être. Il quitta Rome, paffa à Athenes, & s'y montra, pendant deux ans, moins le difciple que le rival des plus illuftres orateurs de cette capitale de la Grece. Apollonius Molon, l'un d'entr'eux, l'ayant un jour entendu déclamer, demeura dans un profond filence, tandis que tout le monde s'empreffoit d'applaudir. Le jeune orateur lui en ayant demandé la caufe: ,, Ah! lui répondit-il, je ,, vous loue fans doute & vous ad- ,, mire; mais je plains le fort de ,, la Grece: il ne lui reftoit plus ,, que la gloire de l'éloquence, ,, vous allez la lui ravir & la tranf- ,, porter aux Romains ,,. Cicéron, de retour à Rome, y fut ce que Démofthene avoit été à Athenes. Ses talens le firent monter aux premieres dignités. A l'âge de 31 ans, il fut quefteur & gouverneur en Sicile. A fon retour on le nomma édile, enfuite préteur, & enfin on l'honora du confulat. Pendant fon édilité il fe diftingua moins par les jeux & les fpectacles que fa place l'obligeoit de donner, que par les grandes fommes qu'il répandit dans Rome affligée de la difette. Son confulat eft à jamais célebre par la découverte de la confpiration de Catilina, qui avoit juré la ruine entiere de la république. Cicéron, averti par Fulvia, maîtreffe d'un des conjurés, éventa le complot, & fit punir les factieux. Bien des gens l'avoient traité auparavant d'homme de deux jours, qu'on ne devoit pas élever

à la premiere dignité de l'état; on ne vit plus alors en lui que le citoyen le plus zélé, & on lui donna par acclamation le nom de *Pere de la Patrie*. Clodius ayant cabalé contre lui quelque-tems après, Cicéron fe vit obligé de fortir de Rome, après l'avoir fauvée, & fe retira à Theffalonique en Macédoine. Les vœux de toute l'Italie le rappellerent l'année fuivante, 58e avant J. C. Le jour de fon retour fut un jour de triomphe; fes biens lui furent rendus, fes maifons de la ville & de la campagne rebâties aux dépens du public. Cicéron fut fi charmé des témoignages de confidération & de l'alégreffe publique, qu'il dit: ,, Qu'à ,, ne confidérer que les intérêts de ,, fa gloire, il eût dû, non pas ,, réfifter aux violences de Clodius, ,, mais les rechercher & les ache- ,, ter ,,. Sa difgrace avoit cependant fait beaucoup d'impreffion fur lui, plus qu'on n'auroit dû l'attendre d'un homme qui fe piquoit de philofophie: il fatigua de fes plaintes fes amis & fes parens, & cet homme qui avoit fi bien défendu les autres, n'ofa pas ouvrir la bouche pour fe défendre lui-même. Le gouvernement de Cilicie lui étant échu, il fe mit à la tête des légions, pour garantir fa province de l'incurfion des Parthes. Il furprit les ennemis, les défit; fe rendit maître de Pindeniffe, l'une de leurs fortes places; la livra au pillage, & en fit vendre les habitans à l'enchere. Ses exploits guerriers lui firent décerner par fes foldats le titre d'*Imperator*, & on lui auroit accordé à Rome l'honneur du triomplie, fans les obftacles qu'y mirent les troubles de la république. Ces applaudiffemens étoient d'autant plus flatteurs, que la valeur & l'intrépidité ne paffoient pas pour fes plus grandes vertus. Dans le commencement de la guerre civile de Céfar & de Pompée, il parut d'un caractere foible, timide, flottant, irréfolu, fe repentant de ne pas

fuivre Pompée , & n'ofant fe déclarer pour Céfar. Ce dernier ayant
triomphé de fon rival , Cicéron obtint fon amitié par les plus baffes
adulations. Dans les troubles qui
fuivirent l'affaffinat de ce grand-
homme , il favorifa Octave , dans
le deffein de s'en faire un protecteur ; & cet homme qui s'étoit vanté
que fa robe avoit détruit les armées
d'Antoine , donna à la république
un ennemi cent fois plus dangereux.
On lui reprochoit de craindre moins
la ruine de la liberté , que l'élévation d'Antoine. Dès que le triumvirat fut formé , Antoine , contre
qui il avoit prononcé fes *Philip-*
piques , demanda fa tête à Octave ,
qui eut la lâcheté de la lui accorder.
Cicéron voulut d'abord fe fauver par
mer ; mais ne pouvant foutenir les
incommodités de la navigation , il fe
fit mettre à terre , difant : » Qu'il pré-
» feroit de mourir dans fa patrie ,
» qu'il avoit autrefois fauvée des fu-
» reurs de Catilina, à la douleur d'en
» vivre éloigné ». Les affaffins l'atteignirent auprès d'une de fes maifons
de campagne : il fit auffi-tôt arrêter
fa litiere , & préfenta tranquillement
fon cou au fer des meurtriers. Le
tribun Popilius Lena , qui devoit la
vie à fon éloquence , exécuta fa
commiffion barbare , coupa la tête &
la main droite de Cicéron , & porta
ce digne tribut au féroce Antoine.
Fulvia , femme d'Antoine , auffi
vindicative que fon époux , perça
en plufieurs endroits , avec un poinçon d'or , la langue de Cicéron. Ces
triftes reftes du plus grand des orateurs , du libérateur de fa patrie ,
furent expofés fur la tribune aux harangues , qu'il avoit tant de fois fait
retentir de fa voix éloquente. Il
avoit 63 ans lorfqu'il fut égorgé ,
l'an 43 avant J. C. La vanité eft le
plus grand défaut qu'on puiffe lui
reprocher ; mais fes qualités émi-
nentes & fes talens fublimes fembloient la juftifier. Les ouvrages qui
nous reftent de lui , contribuent autant à l'immortalifer, que fon amour

& fon zele pour fa patrie. La premiere édition de Cicéron complette
eft de Milan 1498 & 1499 , 4 vol.
in-fol. Celle de Venife 1534 , 36 &
37 , 4 vol. in-fol. eft auffi fort rare.
Celle d'Elzevir eft de 1642 , 10 vol.
in-12 , ou 1661 , 2 vol. in-4°. Il n'y
a de Cicéron , *cum Notis vario-*
rum , in-8°, que *Epiftolæ ad fa-*
miliares , 1677 , 2 vol. *Ad At-*
ticum , 1684 , 2 vol. *De Officiis* ,
1688 , 1 vol. *Orationes* , 1699 , 3
tom. en 6 vol. Pour les completter ,
il faut y joindre les 6 volumes qu'a
donnés Davifius à Cambridge , depuis 1730 jufqu'en 1745 , qui font :
De Divinatione ; Academica ;
Tufculanæ Queftiones ; De fini-
bus bonorum & malorum ; De
natura Deorum ; De Legibus ,
& Rhetorica : Leyde 1761 , in-8°.
Le Cicéron de Gronovius , Leyde
1692 , 4 vol. in-4°. ; & celui de
Verbuge , Amfterdam 1724 , 2 vol.
in-fol. ou 4 vol. in-4°, ou 12 vol.
in-8° , font eftimés. Il y en a une
jolie édition de Glafcow 1749 , 20
vol. in-12 ; & une de Paris 1767 ,
14 vol. in-12. Les livres de Cicéron ,
ad ufum Delphini , font *De Arte*
Oratoria , 1687 , 2 vol. in-4°.
Orationes , 1684 , 3 vol. in-4°.
Epiftolæ ad familiares , 1685 ,
in-4°. *Opera philofophica* , 1689 ,
in-4°. Enfin l'abbé d'Olivet donna
en 1740 , en 9 vol. in-4° , une belle
& favante édition des ouvrages de
l'orateur romain. On les divife ordinairement en quatre parties. I. Ses
Traités fur la Rhétorique , qui
font mis à la tête des rhéteurs latins,
comme fes harangues à la tête des
orateurs. Ses trois *Livres de l'Art*
Oratoire , traduits par l'abbé Colin,
in-12 , font infiniment précieux à
tous ceux qui cultivent l'éloquence.
Dans cet excellent ouvrage , la féchereffe des préceptes eft égayée par
tout ce que l'urbanité romaine a de
plus ingénieux , de plus délicat , de
plus riant. Son livre intitulé *L'Ora-*
teur ne le cede , ni pour les préceptes , ni pour les tours , au pré-

cédent. Cicéron y donne l'idée d'un orateur parfait, non tel qu'il y en ait jamais eu, mais tel qu'il peut être. Son *Dialogue* adreffé à Brutus, eft un dénombrement des perfonnages illuftres qui ont brillé au barreau chez les Grecs & les Romains. Il n'appartenoit qu'à un génie fécond & flexible, tel que Cicéron, de crayonner avec tant de reffemblance, tant de portraits différens. II. Ses *Harangues*. Elles font mifes à côté, & peut-être au-deffus de celles de Démofthene. Ces deux grands-hommes, fi fouvent comparés, parvinrent par des routes différentes à la même gloire. L'éloquence de l'orateur grec eft rapide, forte, preffante : fes expreffions font hardies, fes figures véhémentes; mais fon ftyle, à force d'art, eft fouvent fec & dur. L'éloquence de l'orateur latin eft plus douce, plus coulante, plus abondante, & peut-être même trop abondante. Il releve les chofes les plus communes, & embellit celles qui font les moins fufceptibles d'agrément. Toutes fes périodes font cadencées, & c'eft fur-tout dans cet arrangement des mots, qui contribue infiniment aux graces du difcours & au plaifir de l'oreille, qu'il excelle au plus haut degré. On a dit que Démofthene auroit été encore plus goûté à Rome que Cicéron, parce que les Romains étoient naturellement férieux ; & Cicéron à Athenes plus que Démofthene, parce que les plaifanteries & les fleurs dont il ornoit fon éloquence, auroient amufé les Athéniens, peuple léger & badin. III. Ses *Livres philofophiques*. Ce qui doit étonner, dit un homme d'efprit, c'eft que dans le tumulte & les orages de fa vie, cet homme, toujours chargé des affaires de l'état & de celles des particuliers, trouvât encore du tems pour être inftruit à fond de toutes les fectes des Grecs, & qu'il fût le plus grand philofophe des Romains, ainfi que l'orateur le plus éloquent. Ses livres *des Offices*

font infiniment recommandables par le ton de bonnes mœurs, de réflexion, d'humanité, de patriotifme qui y regnent tour-à-tour. On y voit Cicéron, non peut-être tel qu'il a été précifément ; mais tel qu'il a defiré d'être. Ses livres *de la République* & *des Loix*, attachent autant par leur goût exquis de politique, que par l'art & la délicateffe avec laquelle les matieres y font traitées. On trouve dans fes *Tufculanes*, dans fes *Queftions académiques*, fes deux livres *de la Nature des Dieux*, le philofophe profond & l'écrivain élégant. IV. Ses *Epîtres*. Bayle leur donnoit la préférence fur tous les ouvrages de ce grand écrivain. L'homme de lettres, l'homme d'état ne devroient jamais fe laffer de les relire. On peut les regarder comme une hiftoire fecrette de fon tems. Les caracteres de fes plus illuftres contemporains y font peints au naturel, les jeux de leurs paffions développés avec fineffe. On y apprend à connoître le cœur de l'homme & les refforts qui le font agir. Cicéron s'étoit auffi mêlé de poéfie, & quoiqu'il nous refte de lui quelques beaux fragmens, Juvenal, ayant configné dans fes Satyres ce vers barbare :

O fortunatam natam, me Confule, Romam!

l'a couvert d'un ridicule éternel. Plutarque nous a confervé quelques bons-mots de Cicéron, qui ne lui feront pas plus d'honneur dans la poftérité. En général, il étoit trop railleur, & affectoit trop de mêler des plaifanteries, bonnes ou mauvaifes, dans les chofes les plus férieufes. Parmi les traductions de fes ouvrages, on diftingue : I. Les Oraifons par Villefort, 8 vol. in-12. II. Les Epîtres familieres, 4 vol.; les Offices, 1 vol. ; la Vieilleffe & l'Amitié, 1 vol. par Dubois. III. Les Lettres à Brutus, par l'abbé Prévôt, 1 vol. : celles à fes

ſes amis par le même, 5 vol. in-12.
IV. Les Lettres à Atticus, 6 vol. par
l'abbé de Montgaut. V. Les Tuſcu-
lanes, 2 vol. : la Nature des Dieux,
2 vol. & les Catilinaires, 1 vol. par
l'abbé d'Olivet. VI. Des vrais biens
& des vrais maux, par l'abbé Ré-
gnier Deſmarais, in-12 ; la Divina-
tion, par le même, in-12. VII. Le
Traité des Loix, par Morabin, in-12.
L'infatigable du Ryer avoit traduit
la plus grande partie des ouvrages de
Cicéron, 1670, 12 vol. in-12 ; mais
cette verſion lâche, incorrecte & infidelle, ne peut être d'aucun uſage.
L'abbé Prévôt nous a donné une
*Hiſtoire de Cicéron tirée de ſes
écrits & des monumens de ſon ſiecle, avec des preuves & des éclairciſſemens*, en 5 vol. in-12. Cet ouvrage, traduit de l'anglois de Mid-
leton, eſt écrit avec cette élégance,
qui caractériſe le ſtyle des autres productions de cet académicien. Morabin a publié une autre Hiſtoire de
l'orateur latin, en 2 vol. in-4°. Chacune a ſon mérite ; & les littérateurs
qui veulent connoître Cicéron, doivent lire l'une & l'autre. Le principal défaut, dit un écrivain ingénieux, que Fontenelle trouvoit à
Cicéron, c'eſt d'être un peu diffus &
trop verbeux ; & d'autres critiques,
des anciens mêmes, l'en ont pareille-
ment blâmé. Ce reproche ſeroit injuſte, ſi Cicéron n'étoit diffus que
dans ſes livres philoſophiques ; par
exemple, dans celui *de la Nature
des Dieux* : car il y traitoit des matieres nouvelles au plus grand nombre de ſes lecteurs ; mais il l'eſt dans
tous ſes ouvrages, dans ceux ſur la
morale, ſur la rhétorique, &c. Riche
en belles paroles, il les prodigue.
On ſent que ſon tour d'eſprit le
portoit à cette abondance, peut-
être encore l'habitude à l'éloquence
du barreau & de la place-publique.
Voyez CATON D'UTIQUE.

CICÉRON, (Quintus-Tullius)
frere du précédent, après avoir été
préteur, l'an de Rome 691, eut,
au ſortir de ſa charge, le dépar-

tement de l'Aſie, où il demeura trois
ans. Céſar le prit enſuite pour ſon
lieutenant dans la guerre des Gaules. Il n'eut pas lieu de ſe repentir de ſon choix. Cicéron ſe comporta avec tout le courage & la
prudence poſſible dans pluſieurs occaſions périlleuſes ; mais durant la
guerre civile, il abandonna le parti
de ce général, pour ſuivre celui
de Pompée : ce qui fut la cauſe
de ſa perte. Compris dans la proſcription des Triumvirs, il fut tué
avec ſon fils l'an 43 avant J. C.
On trouve de lui quelques Poéſies
dans le *Corpus poëtarum* de Maittaire.

CID, (le) dont le vrai nom
étoit Rodrigue Dias de Bivar, fut
élevé à la cour de Ferdinand II,
roi de Caſtille, & s'acquit, par
ſa bravoure, la réputation d'un des
plus grands capitaines de ſon ſiecle. Dès qu'il fut en état de porter les armes, on le fit chevalier.
Sa valeur ne tarda pas à ſe ſignaler. Il vainquit les Maures en pluſieurs combats, leur enleva Valence
& pluſieurs autres places non moins
importantes. Le comte Gomez eut
une querelle avec lui : le Cid le
tua dans un combat particulier. Le
héros aimoit paſſionnément Chimene, fille de ce comte, & n'en
étoit pas moins aimé. L'honneur
exigeoit d'elle la vengeance, l'a-
mour vouloit le pardon ; celui-ci
l'emporta. Chimene demanda le Cid
au roi Ferdinand, pour eſſuyer ſes
larmes, & en fit ſon époux. C'eſt
cette ſituation déchirante qu'a ſi
bien exprimée le grand Corneille
dans la tragédie intitulée *Le Cid*,
imitée de l'eſpagnol. Ce héros mourut en 1098, laiſſant un fils & deux
filles.

CIEL, *Cœlus*, le plus ancien
des dieux, étoit fils de la Terre.
Il eut quantité d'enfans. Saturne,
un d'entr'eux, ſurprit ſon pere pendant la nuit & le mutila avec une
faulx. Du ſang qui coula de la plaie
ſur la Terre, naquirent les Géans,

P

les Furies & les Nymphes Mélies : le reste fut jeté avec la faulx dans la mer, & de l'écume qui s'y éleva, fut formée Vénus, que les flots portèrent dans l'isle de Cypre.

CIENFUEGOS, (Alvarès) né l'an 1657 à Aguerra, ville d'Espagne dans les Asturies, jésuite en 1676, professa la philosophie à Compostelle, & la théologie à Salamanque avec beaucoup d'applaudissement. Sa pénétration & son habileté engagèrent les empereurs Joseph I & Charles VI à l'employer auprès des rois de Portugal dans diverses négociations importantes, qu'il termina au gré des deux couronnes. Ce dernier empereur lui procura le chapeau en 1720, non sans difficulté, par rapport à son ouvrage *sur la Trinité*, dans lequel plusieurs docteurs croyoient avoir trouvé des expressions inexactes. L'empereur le fit ensuite son ministre plénipotentiaire à Rome, puis il devint évêque de Catane, & enfin archevêque de Montréal en Sicile. Ce cardinal, après s'être démis de son archevêché, mourut à Rome le 19 août 1739. On a de lui différens ouvrages : I. *Ænigma theologicum in mysterio SS. Trinitatis*, Vienne 1717, 2 vol. in-fol. II *Vita abscondita sub speciebus eucharisticis*, Rome 1728, in-fol. III. *La Vida del venerabile P. Juan Nieto*, 1693, in-8°. IV. *La Vida del santo Francisco de Borgia*, 1702, in-folio.

CIEZAR, (Joseph) peintre espagnol, mort à Madrid en 1699, dans sa 40e année, excelloit à peindre les paysages & les fleurs. Ces dernières sont rendues avec tant de délicatesse & de légéreté, qu'on diroit que l'air va les faire mouvoir.

CIGALE, (Jean-Michel) imposteur, qui parut à Paris en 1670. Il s'y disoit *Prince du sang ottoman, Bacha & Plénipotentiaire souverain de Jerusalem*,

du royaume de Chypre, de Trébizonde, &c. Il s'appelloit autrement *Mahomet Bei*. Ce prétendu prince naquit (selon Rocoles) de parens chrétiens, dans la ville de Trogovisty ou Tergovitza en Valachie. Son pere étoit fort estimé de Mathias, vaivode de Moldavie. Il mit son fils auprès de ce prince, qui l'envoya avec son résident à Constantinople. Après la mort de Mathias, Cigale revint en Moldavie, où il espéroit de s'élever avec l'appui des seigneurs du pays ; mais n'ayant pu réussir dans son dessein, il retourna à Constantinople & se fit turc. Cet aventurier courut de pays en pays, racontant par-tout son histoire avec une hardiesse qui la faisoit prendre pour vraie, quoique ce ne fut qu'une suite d'impostures. Il y parloit de l'antiquité de la famille des Cigales en Sicile, & se faisoit descendre de Scipion, fils du fameux vicomte Cigale, qui fut fait prisonnier par les Turcs en 1561. Il disoit que Scipion étant captif avec son pere, prit le turban pour plaire à Soliman II : qu'il fut élevé aux premieres charges de l'empire, & qu'il épousa la sultane Canon Salié, fille du sultan Achmet, & sœur d'Osman, d'Amurat IV, & d'Ibrahim, aïeul de l'empereur Mahomet IV. Il se disoit fils de cette sultane, & racontoit de quelle maniere il avoit été établi viceroi de la Terre-Sainte, puis souverain de Babylone, de Caramanie, de Maghesie & de plusieurs autres grands gouvernemens, & enfin viceroi de Trébizonde, généralissime de la Mer Noire. Il ajoutoit, qu'il s'étoit enfui secrettement en Moldavie, d'où il étoit passé dans l'armée des Cosaques, alors en guerre avec les Moscovites. Enfin il alla en Pologne, où la reine Marie de Gonzague le reçut fort honorablement, & lui persuada de recevoir le baptême. Cigale parcourut ensuite les différentes cours de l'Europe, & fut traité par-tout avec distinction. Après différentes courses à Rome, à Naples, à Venise, à Paris, il passa à Londres : le roi d'Angleterre lui fit un accueil gracieux. Il jouissoit du fruit de son imposture, lorsqu'un homme de condition, qui l'avoit vu à Vienne & qui savoit son histoire, démasqua ce fourbe, qui n'osa plus reparoître.

CIGNANI, (Charles) peintre polonois, disciple de l'Albane, mourut en 1719, âgé de 82 ans. Clément XI, qui avoit souvent employé son pinceau, le nomma prince de l'académie de Bologne, appellée encore aujourd'hui l'*Académie Clémentine*. La coupole de la Madona del Fuoco de Forli, où ce peintre a représenté le paradis, est un des plus beaux monumens de la force de son génie. Ses principaux ouvrages se voient à Rome, à Bologne, à Forli. Ils sont tous recommandables par un dessin correct, un coloris gracieux, une composition élégante. Cignani peignoit avec beaucoup de facilité, drapoit avec goût, exprimoit très-bien les passions de l'ame, & les auroit encore mieux rendues, s'il ne se fût pas attaché à finir trop ses tableaux. Cet artiste joignoit à ses talens une douceur de mœurs & une bonté de caractere aussi estimables que rares. Il parloit avec éloge de ses plus cruels ennemis. On voit de lui au palais-royal à Paris, un *Noli me tangere*; & dans le cabinet du roi, une *Descente de croix*, & *Notre-Seigneur apparoissant en jardinier à la Magdelene*, qui sont des morceaux admirables.

CIGOLI, (Louis) *voyez* CIVOLI.

CIMABUÉ, (Jean) peintre & architecte de Florence, mort en 1300, à 70 ans, est regardé comme le restaurateur de la peinture. Instruit par les peintres grecs que le sénat de Florence avoit appellés, il fit renaître cet art dans sa patrie. Charles I, roi de Naples, passant par Florence, l'honora d'une visite. On possede encore quelques restes de ses tableaux à fresque & à détrempe, où l'on remarque du génie & beaucoup de talent naturel ; mais peu de ce bon goût, qu'on doit aux réflexions & à l'étude des beaux ouvrages.

CIMON, général des Athéniens, fils de Miltiade, ne s'écarta point de la route que son pere lui avoit tracée. Ce grand-homme étant mort chargé d'une amende, Cimon fut emprisonné pour l'acquitter, & ne recouvra sa liberté qu'en cédant par un contrat honteux & digne des mœurs païennes, Elphinie, sa sœur, & en même-tems sa femme, à Callias, qui satisfit pour lui au fisc public. Bientôt après Cimon trouva des occasions fréquentes de se signaler dans les combats. Les Athéniens ayant armé contre les Perses, il enleva à ces derniers leurs plus fortes places & leurs meilleurs alliés en Asie. Il défit le même jour les armées persanes par terre & par mer ; & sans perdre de tems, il vola au-devant de 80 vaisseaux phéniciens qui venoient joindre la flotte des Perses de la Chersonnese, les prit tous, & tailla en pieces la plus grande partie des troupes qui les montoient. Il mit en mer une flotte de 200 vaisseaux, passa en Chypre, attaqua Artabase, se rendit maître d'un grand nombre de ses vaisseaux, & poursuivit le reste de sa flotte jusqu'en Phénicie. En revenant il atteignit Megabize, autre général d'Artaxercès, lui livra combat & le défit. Ces succès contraignirent le roi de Perse à signer ce traité si célebre, qui procura une paix glorieuse pour les Athéniens & leurs alliés. Quand il fallut partager les prisonniers faits dans ses victoires, on s'en rapporta au général vainqueur : il mit d'un côté les prisonniers tout nuds, &, de l'autre leurs colliers d'or, leurs brasselets, leurs armes, leurs habits, &c. Les alliés prirent les dépouilles, croyant avoir fait le meilleur choix ; & les Athéniens garderent les hommes, qu'ils vendirent chèrement aux vaincus. Cimon parut aussi grand dans la paix que dans la guerre. Il rendit beaucoup de ses citoyens heureux par ses libéralités. Ses jardins & ses vergers furent ouverts au peuple ; sa maison devint l'asyle de l'indigent. L'orateur Gorgias disoit de lui : *Qu'il amaffoit des richeffes pour s'en fervir, & qu'il s'en fervoit pour fe faire aimer & eftimer.* Malgré fes vertus morales, il n'égaloit point Thémistocle dans la science du gouvernement. Son crédit fut ébranlé par ses absences fréquentes, par les vérités dures qu'il disoit au peuple ; & après avoir servi fa patrie, il eut la douleur d'en être banni par l'oftracifme. On le rappella ensuite, on le nomma général de la flotte des Grecs alliés. Il porta la guerre en Egypte : il reprit son ancien projet de s'emparer de l'isle de Chypre ; mais il ne put l'exécuter, étant mort à son arrivée dans cette isle à la tête de son armée, l'an 449 avant J. C.

CIMON, vieillard romain, ayant été condamné par le fénat, pour quelque crime, à mourir de faim dans les fers, sa fille, qui avoit la liberté de le venir voir, le fit fubfifter quelque-tems, en lui donnant à fucer son propre fein. Les juges, informés de cette piété induftrieufe, firent grace au pere en faveur de la fille. Tite-Live & d'autres écrivains difent, que c'étoit la mere de cette fille, & non le pere, qu'on avoit condamnée à mourir de faim. Valere Maxime parle avec admiration d'un tableau qui représentoit cette action de piété filiale, & faifoit la plus grande impreffion fur les cœurs. *Hærent & ftupent hominum occuli dùm hujus facti pictam imaginem vident ; cafufque antiqui conditionem præfentis fpectaculi admiratione renovant.* Paffage bien propre à juftifier l'ufage que les Catholiques font des peintures dans les matieres de religion, & la place qu'ils

leur accordent dans les temples.

CINARE, femme de Theffalie. Elle eut deux filles d'une vanité effrénée, qui s'étant préférées à Junon, furent changées par cette déeffe en marches, qu'on fouloit en entrant dans l'un de fes temples.

CINCINNATUS, (Lucius-Quinctius) fut tiré de la charrue pour être conful romain, l'an 458 avant J. C. Il maintint, par une fage fermeté, la tranquillité pendant le cours de fa magiftrature, & retourna labourer fon champ. On l'en tira une feconde fois, pour l'oppofer aux Eques & aux Volfques. Créé dictateur, il enveloppa les ennemis, les défit, & conduifit à Rome leur général & les autres officiers chargés de fers. On lui décerna le triomphe, & il ne tint qu'à lui de fe voir auffi riche qu'il étoit illuftre. On lui offrit des terres, des efclaves, des beftiaux ; il les refufa conftamment, & fe démit de la dictature, au bout de feize jours, pour aller reprendre fa charrue. Elu une feconde fois dictateur, à l'âge de 80 ans, il triompha des Préneftiens, & abdiqua 21 jours après. Ainfi vécut ce romain, auffi grand, difent les hiftoriens, quand fes mains victorieufes ne dédaignoient pas de tracer un fillon, que lorfqu'il dirigeoit les rênes du gouvernement, & qu'il faifoit mordre la pouffiere aux ennemis de la république.

CINEAS, *voyez* CYNEAS.

CINNA, (Lucius-Cornelius) conful romain, l'an 87 avant J. C. Ayant voulu rappeller Marius, malgré les oppofitions d'Octavius, fon collegue, partifan de Sylla, il fe vit obligé de fortir de Rome ; & fut dépouillé par le fénat de la dignité confulaire. Retiré chez les alliés, il leve promptement une armée de trente légions, vient affiéger Rome, accompagné de Marius, de Carbon & de Sertorius, qui commandoient chacun un corps d'armée. La famine & les défertions ayant obligé le fénat à capituler avec lui, il entre dans Rome en triomphateur, assemble le peuple à la hâte, fait prononcer l'arrêt du rappel de Marius. Des ruisseaux de sang coulèrent bientôt dans Rome. Les satellites du vainqueur égorgèrent sans pitié tous ceux qui venoient le saluer, & auxquels il ne rendoit pas le salut : c'étoit le signal du carnage. Les plus illustres sénateurs furent les victimes de sa rage. Octavius, son collègue, eut la tête tranchée. Ce barbare fut tué trois ans après, l'an 84 avant J. C., par un centurion de son armée. Il avoit, dit un homme d'esprit, toutes les passions qui font aspirer à la tyrannie, & aucun des talens qui peuvent y conduire.

CINNA, (Cneïus-Cornelius.) devoit le jour à une petite-fille du grand Pompée. Il fut convaincu d'une conspiration contre Auguste, qui lui pardonna, à la prière de l'impératrice Livie. L'empereur le fit venir dans sa chambre, lui rappella les obligations qu'il lui avoit; & après quelques reproches sur son ingratitude, le pria d'être de ses amis, & lui donna même le consulat, qu'il exerça l'année suivante, vers la 36e du règne d'Auguste. Cette générosité toucha si fort Cinna, qu'il fut depuis un des sujets les plus zélés de ce prince. Il lui laissa ses biens en mourant, selon Dion. Voltaire doute beaucoup de la clémence d'Auguste envers Cinna. Tacite ni Suétone ne disent rien de cette aventure. Le dernier parle de toutes les conspirations faites contre Auguste : auroit-il passé sous silence la plus célèbre ? La singularité d'un consulat donné à Cinna, pour prix de la plus noire perfidie, n'auroit pas échappé à tous les historiens contemporains. Dion Cassius n'en parle qu'après Sénèque, & ce morceau de Sénèque ressemble plus à une déclamation qu'à une vérité historique. De plus, Sénèque met la scène en Gaule, & Dion à Rome. Cette conspiration, réelle ou sup-

posée, a fourni au grand Corneille le sujet de l'un, & peut-être du premier, de ses chef-d'œuvres tragiques.

CINNA, (Caïus-Helvius) poëte latin, vivoit dans le tems des Triumvirs. Il avoit composé un poëme en vers hexamètres, intitulé Smyrna, dans lequel il décrivoit l'amour incestueux de Myrrha. Servius & Priscien nous en ont conservé quelques vers, insérés dans le Corpus poetarum de Maittaire.

CINNAMÈS, historien grec du 12e siècle, accompagna l'empereur Manuel Comnène dans la plupart de ses voyages. Il écrivit l'Histoire de ce prince en 6 livres. Le premier contient la vie de Jean Comnène, & les cinq autres celle de Manuel. C'est un des meilleurs historiens grecs modernes, & on peut le compter après Thucydide, Xénophon, & les autres historiens anciens. Son style est noble & pur, les faits sont bien détaillés & choisis avec goût. Il ne s'accorde pas toujours avec Nicetas son contemporain. Celui-ci dit que les Grecs firent toute sorte de trahisons aux Latins; & Cinnamès assure, que les Latins commirent des cruautés horribles contre les Grecs. Ils pourroient bien avoir raison tous les deux. Du Cange a donné une édition de Cinnamès, in-fol. 1670, imprimée au Louvre, en grec & en latin, avec de savantes observations.

CINQ-ARBRES, (Jean) Quinquarboreus, natif d'Aurillac, nommé professeur-royal en langue hébraïque & syriaque en 1554, avoit beaucoup de piété; & ce qui est assez rare dans un savant, il étoit homme d'oraison. Il mourut l'an 1587, après avoir laissé : I. Une Grammaire hébraïque, imprimée plusieurs fois, & dont la meilleure édition est de 1609 in-4°. II. La traduction de plusieurs ouvrages d'Avicenne, médecin arabe.

CINQ-MARS, (Henri-Coiffier, dit Rusé, marquis de) second fils

P 3

d'Antoine Coiffier, marquis d'Effiat, maréchal de France, fut redevable de sa fortune au cardinal de Richelieu, intime ami de son pere. Il fut fait capitaine aux gardes, puis grand-maître de la garde-robe du roi en 1637, & deux ans après grand-écuyer de France. Son esprit étoit agréable, & sa figure séduisante. Le cardinal de Richelieu, qui vouloit se servir de lui pour connoître les pensées les plus secrettes de Louis XIII, lui apprit le moyen de captiver le cœur de ce prince. Il parvint à la plus haute faveur; mais l'ambition étouffa bientôt en lui la reconnoissance qu'il devoit au ministre & au roi; & il se perdit, en voulant moissonner dans ce champ dangereux à un âge, où les autres, tout entiers aux plaisirs, ne songent pas encore à semer. Il haïssoit intérieurement le cardinal, parce qu'il prétendoit le maîtriser; il n'aimoit guere plus le monarque, parce que son humeur sombre gênoit le goût qu'il avoit pour les plaisirs. *Je suis bien malheureux*, disoit-il à ses amis, *de vivre avec un homme qui m'ennuie depuis le matin jusqu'au soir.* Cependant Cinq-Mars, par l'espérance de supplanter le ministre & de gouverner l'état, dissimula ses dégoûts. Tandis qu'il tâchoit de cultiver le penchant extrême que Louis XIII avoit pour lui, il excitoit Gaston, duc d'Orléans, à la révolte, & attiroit le duc de Bouillon dans son parti. On envoya un émissaire en Espagne, & on fit un traité avec Gaston, pour ouvrir la France aux ennemis. Le roi étant allé en personne, en 1642, conquérir le Roussillon, Cinq-Mars le suivit, & fut plus que jamais dans ses bonnes graces. Louis XIII lui parloit sans cesse de la peine qu'il ressentoit d'être dominé par un ministre impérieux. Cinq-Mars profitoit de ses confidences pour l'aigrir encore davantage contre le cardinal: il lui proposoit tantôt de le faire assassiner,

tantôt de le renvoyer de la cour. Richelieu, dangereusement malade à Tarascon, ne doutoit plus de sa disgrace; mais son bonheur voulut qu'il découvrit le traité conclu par les factieux avec l'Espagne. Il en donna avis au roi. L'imprudent Cinq-Mars fut arrêté à Narbonne & conduit à Lyon. On instruisit son procès; il falloit des preuves nouvelles pour le condamner; Gaston les fournit pour acheter sa propre grace. Cinq-Mars eut la tête tranchée le 12 septembre 1642, n'étant que dans la 22e année de son âge. On raconte que Louis XIII, sachant à-peu-près l'heure de l'exécution, regardoit quelquefois sa montre, & qu'il disoit: *Dans une heure d'ici, M. le Grand passera mal son tems.*

CINUS ou CINO, jurisconsulte de Pistoie, d'une famille noble, du nom de Sinibaldi. On a de lui: I. Des Commentaires sur le Code & sur une partie du Digeste. II. Quelques Pieces de Poésie italienne. Crescimbeni dit qu'il est le plus doux & le plus agréable poëte qui ait fleuri avant Pétrarque. Il est regardé par les Italiens comme le premier qui a su donner de la grace à la poésie lyrique. Ils lisent encore ses vers, dont le *Recueil* a été imprimé à Rome en 1559, & à Venise en 1589. Il mourut à Bologne en 1336, avec la réputation d'un homme savant.

CINYRAS, roi de Chypre, & pere d'Adonis par sa fille Myrrha, est compté parmi les anciens devins. Il étoit si opulent, que les richesses qu'il possédoit, ont donné lieu au proverbe *Cinyræ opes*. Son royaume fut ruiné par les Grecs, auxquels il ne voulut pas fournir les vivres qu'il leur avoit promis pour le siege de Troie.

CIOFANI, (Hercule) de Sulmone en Italie, commenta savamment & avec élégance, dans le 16e siecle, les *Métamorphoses d'Ovide*, qu'il aimoit comme son compatriote, Francfort 1661, in-fol.

CIPIERE, (Philibert de Marcilly , feigneur de) étoit un gentil-homme maçonois , capitaine de 50 hommes d'armes, & gouverneur de la ville d'Orléans. Après avoir fignalé fa valeur & fa prudence fous Henri II , il fut choifi pour veiller à l'éducation du duc d'Orléans, depuis Charles IX , qui le fit enfuite premier gentilhomme de fa chambre. " Ce fut, dit Brantôme, le maré- " chal de Retz , florentin , qui " pervertit ce prince , & lui fit ou- " blier la bonne nourriture que lui " avoit donnée le brave Cipiere ". Il mourut à Liege , l'an 1565 , en allant prendre les eaux d'Aix-la-Chapelle. Cipiere étoit , fuivant de Thou , un grand capitaine & un homme de bien , qui avoit également à cœur la gloire de fon maître & la tranquillité de l'état.

CIRANI, (Elifabeth) fille célebre par fon talent pour la peinture , illuftra l'école de Bologne , fa patrie. Formée fur les tableaux des grands maîtres , elle avoit de belles idées , qu'elle rendoit heureufement. Son coloris eft frais & gracieux ; mais fa maniere n'eft ni ferme, ni décidée. Quoiqu'elle eût plus de talent pour les fujets fimples ou tendres, elle choififfoit de préférence les fujets terribles ; mais elle manquoit de force pour les exécuter.

CIRCÉ, fille du Soleil & de la nymphe Persa, étoit favante dans l'art de compofer des poifons. Elle fe fervit de ce fecret dangereux contre le roi des Sarmates , fon mari , qu'elle empoifonna pour régner feule. Devenue odieufe à fes fujets par ce crime , elle fe fauva dans un lieu défert fur les côtes d'Italie, qui fut appellé à caufe d'elle le promontoire *Circéen.* C'eft dans cette retraite qu'elle reçut Ulyffe. *Voyez* ce mot.

CIRILLO, (Bernardin) fe fit connoître fur la fin du 16e fiecle par une *Hiftoire* curieufe & peu commune en italien , de la ville d'Aquila , fa patrie , dans l'Abruzze. Elle fut imprimée à Rome en 1570,

in-4°. Pour avoir un corps d'hiftoire complet de cette ville , des favans qu'elle a produits , & des calamités qu'elle a effuyées ; on y joint ordinairement celle de Sauveur Maffonio , auteur du même pays : ce dernier ouvrage fut imprimé à Aquila en 1594 , in-4°.

CIRINI , (André) clerc régulier de Meffine, mort à Palerme, en 1664, à 46 ans , eft auteur de plufieurs ouvrages concernant la venaifon. I. *Variæ Lectiones , five de Venatione Heroum* , Meffine 1650, in-4°. II. *De Venatione & natura Animalium* , Palerme 1653, in-4°. III. *De natura & folertia Canum. De natura Pifcium,* ibid. IV. *Hiftoria della Pefte,* Genes 1656, in-4°.

CIRO-FERRI , peintre & architecte romain, né en 1634 , fut comblé d'honneurs par Alexandre VII, par trois autres papes fes fucceffeurs, & par d'autres princes. Le grand-duc de Florence le chargea d'achever les ouvrages que Pierre de Cortone, fon maître, avoit laiffé imparfaits : le difciple s'en acquitta dignement. Une maniere grande , un fage compofition , un beau génie feront toujours admirer fes ouvrages. Cette admiration feroit encore mieux méritée , s'il eût animé & varié davantage fes caracteres. Ciro- Ferri mourut à Rome en 1689 , de la jaloufie que lui caufa le mérite de Bacici , célebre peintre génois.

CIRON , (Innocent) chancelier de l'univerfité de Touloufe , profeffa le droit en cette ville avec réputation au 17e fiecle. On a de lui des *Obfervations* latines fur le droit canonique, qui font eftimées , & qui l'étoient davantage autrefois ; imprimées à Touloufe 1645 , in-fol.

CISNER , (Nicolas) luthérien , né à Mosbach en 1529 , fut profeffeur en droit à Heidelberg, & enfuite recteur de l'univerfité de cette ville, où il mourut en 1583, à 54 ans. On a de lui plufieurs ouvrages , qui ne font pas affez bons pour que nous en donnions la lifte.

Nous citerons cependant ses *Opuscula politico-philologica*, parce qu'ils renferment quelques pieces utiles pour l'histoire & le droit public de l'Allemagne. Ils furent imprimés à Francfort en 1611, in-8°.

CIVILIS, (Claudius) batave, illustre par sa noblesse & par sa valeur, vivoit dans le premier siecle. Il avoit été accusé d'avoir voulu troubler le repos de l'empire, sous Néron, qui le fit mettre aux fers. Galba l'en tira, & s'en repentit. Civilis, voulant venger son injure, souleva contre Rome les Bataves & leurs alliés. Il conduisit cette révolte avec adresse ; ennemi déclaré sans le paroître, il sut abuser les Romains qui ne lui soupçonnoient point de tels sentimens. Mais quelque-tems après, il leva le masque, & s'étant joint aux Gaulois, il défit Aquilius sur les bords du Rhin. Les Germains, attirés par le bruit de cette victoire, unirent leurs armes aux siennes. Civilis, fortifié par ce secours, vainquit en deux combats Lupercus & Herennius Gallus, qui tenoient pour Vitellius, & feignit de n'avoir pris les armes qu'en faveur de Vespasien. Il se servit heureusement de ce prétexte, battit Vocula, & fit entrer quelques légions dans son parti ; mais lorsque la révolte des Gaules, qu'il avoit suscitée l'an 70 de J. C., eut détrompé les Romains, ils se rendirent près de Céréalis. Ce général fut attaqué dans son camp même, vers Treves, où Tutor & Classicus s'étoient unis avec lui. On le battit ; mais ayant ranimé son courage & celui de ses troupes, il défit les ennemis, & prit leur camp. Une seconde victoire repoussa Civilis dans la Batavie. Ce rebelle sut donner des couleurs si favorables à sa révolte, qu'on la lui pardonna. En d'autres tems un grand-homme, innocent, qui dédaignoit de se justifier des inculpations de l'envie, étoit condamné pour prix de ses services. Ici un imposteur trouve le

moyen, grace à ses belles paroles, d'éluder les justes accusations dont on le chargeoit.

CIVOLI ou CIGOLI, (Louis) né au château de Cigoli, en Toscane, l'an 1559, fut appellé ainsi du nom de sa patrie ; car son vrai nom étoit Cardi. L'étude de l'anatomie lui dérangea l'esprit ; mais le repos & l'air natal le lui ayant rétabli, il fut reçu comme peintre à l'académie de peinture de Florence, & comme poëte à celle *della Crusca*. Il touchoit très-bien le luth : on lui reprocha que cet instrument l'empêchoit de finir ses tableaux, & il le brisa. C'est à lui qu'on doit le dessin du palais Médicis, dans la place Madama ; & celui du piédestal du cheval en bronze, qui porte la statue de Henri IV, sur le pont-neuf à Paris. Son pinceau étoit ferme, vigoureux & déceloit le génie. Le pape Paul V lui donna un bref, pour le faire recevoir chevalier servant de Malte ; il reçut cet honneur au lit de la mort en 1613. Ses principaux ouvrages sont à Rome & à Florence. Un *Ecce Homo* qu'il fit en concurrence avec le Baroche & Michel-Ange de Caravage, éclipsa les tableaux de ces deux peintres.

CLAIR, (Jean-Marie le) *voyez* LECLAIR.

CLAIRAC, (Louis-André de la Mamie) ingénieur en chef à Bergue, mourut en 1751. Nous avons de lui : I. *L'Ingénieur de campagne, ou Traité de la fortification passagere,* in-4°. II. *Histoire de la derniere révolution de Perse, avant Thamas-Koulikan,* 3 vol. in-12.

CLAIRAUT, (Alexis-Claude) naquit à Paris le 7 mai 1713 d'un habile maitre de mathématiques, qui lui apprit à lire dans les Elémens d'Euclide. Le jeune Clairaut lut, en 1726, n'étant âgé que de 12 ans & 8 mois, un *Mémoire* à l'académie des sciences, sur quatre nouvelle courbes géométriques de son invention. Il soutint l'idée qu'avoient donnée de lui de si heureux commencemens ; & il publia en 1730 des *Recherches sur les courbes à double courbure*, in-4°, dignes des plus grands géometres. L'académie des sciences lui ouvrit son sein à 18 ans, avant l'âge préscrit par ses réglemens, & l'associa aux académiciens qui allerent au Nord pour déterminer la figure de la terre. Au retour de Laponie, il calcula la figure du globe, selon les regles de l'attraction : c'est-à-dire, quelle forme lui devoit imprimer son mouvement de rotation, joint à l'attraction de toutes ses parties. Il fournit encore au calcul l'équilibre qui retient la lune entre le soleil & la terre, suivant le système newtonien de ces trois corps. L'aberration des étoiles & des planetes, que Bradley a le premier regardé comme des phénomenes de la lumiere, doit à Clairaut la théorie qu'on en a. Nous ne parlons pas d'une infinité de Mémoires sur les mathématiques & l'astronomie, dont il a enrichi l'académie. C'est d'après ses vues, que l'on regarde les cometes comme des planetes aussi anciennes que le monde, & soumises à des loix universelles ; quoiqu'à dire le vrai, leur cours périodique & régulier ne paroisse pas encore assez constaté. Clairaut lui-même s'est trompé sur celle de 1759, qui est la seule qu'on cite avec quelque apparence en faveur du cours régulier. Halley a paru l'avoir prédite, tandis que d'autres l'avoient annoncée pour 1757, & d'autres pour 1758 ; Halley n'a osé déterminer l'année, il a mis l'alternative 1758 ou 1759. Mais cette comete étoit-ce la même que celle de 1682 ? C'est de quoi il est permis de douter. (*Voyez* les *Observat. philos. sur les Syst.* p. 170). Nous avons de Clairaut : I. *Elémens de Géométrie*, 1741, in-8°, très-estimables par leur clarté & leur précision. II. *Elémens d'Algebre*, 1746, in-8°, qui ont le même

mérite. III. *Théorie de la figure de la Terre*, 1743, in-8°. IV. *Tables de la Lune*, 1754, in-8°. Ces ouvrages le firent regarder comme un des premiers géometres de l'Europe, & il obtint les récompenses qu'il méritoit. Il étoit de la société du Journal des savans, qu'il remplit d'excellens extraits. Cet académicien mourut en 1765, dans un âge peu avancé. Ses mœurs douces & son caractere bon, égal, obligeant, lui concilierent l'estime des philosophes & des honnêtes gens.

CLAIRE, (Sainte) née à Assise en 1193, d'une famille noble, renonça au siecle entre les mains de S. François l'an 1212. Ce saint instituteur lui donna l'habit de pénitence à Notre-Dame de la Portioncule. Elle s'enferma ensuite dans l'église de S. Damien, près Assise, où elle demeura pendant 42 ans avec plusieurs compagnes de ses austérités & de ses vertus. Cette église fut le berceau de l'ordre des Pauvres-Femmes, appellé en Italie *delle Povere-Donne*, & en France de *Ste. Claire*. Cette fondatrice le gouverna suivant les instructions qu'elle avoit reçues de S. François. A l'imitation de son pere spirituel, elle fit un testament, pour recommander à ses sœurs l'amour de la pauvreté. Elle mourut le 11 août 1253. Son corps fut porté à Assise. Ce convoi, honoré de la présence du pape & des cardinaux, se fit comme un triomphe, au son des trompettes & avec toute la solemnité possible. Alexandre IV le mit peu de tems après dans le catalogue des Saints. Les religieuses de son ordre sont divisées en *Damianistes*, exactes observatrices de la regle donnée à leur fondatrice par S. François ; & en *Urbanistes*, qui suivent les réglemens mitigés, donnés par Urbain IV.

CLARA, (Didia) fille de l'empereur Julien I, fut mariée au sénateur Cornelius Repentinus. Son pere étant parvenu à l'empire l'an 193 de l'ere-chrétienne, elle obtint le titre d'Augufte pour elle, & la charge de préfet de Rome pour fon époux. Mais celui-ci ne la conferva que pendant le regne de fon beau-pere. Septime Sévere, qui l'en dépouilla, priva auffi la même année Didia Clara de fa qualité d'Augufte & du patrimoine qu'elle tenoit de fon pere. Ainfi elle éprouva, dans l'efpace de quelque mois, toutes les faveurs & toutes les rigueurs de la fortune. Elle avoit alors environ 40 ans.

CLARENDON, hiftorien anglois: *voyez* HYDE, (Edouard) comte de Clarendon.

CLARIUS *ou* CLARIO, (Ifidore) né au château de Chiaria, près de Breffe, en 1495, de bénédictin du Mont-Caffin, devenu évêque de Foligno, parut avec diftinction au concile de Trente, & fe fit aimer & refpecter de fon peuple pour fon zele, & fur-tout pour fa charité. Il laiffa plufieurs ouvrages eftimables par l'érudition qu'ils renferment, & par leur utilité. Les principaux font : I. *Scholia in Biblia*, Ve-nife 1564, in-fol. II. *Scholia in Nov. Teft.* 1544, in-8°. Ces deux ouvrages, fouvent confultés, font au rang des meilleurs qui aient été faits en ce genre. Son double commentaire fut mis à l'*Index*, pour quelques paffages de la préface, dans lefquels l'auteur ne refpectoit pas affez la Vulgate ; mais la dé-fenfe de le lire fut levée par les députés du concile de Trente pour l'examen des livres. III. Des *Sermons* latins, 1 vol. in-fol. & 2 in-4°. IV. Des *Lettres* avec deux *Opufcules*, Modene 1705, in-4°. Ce favant & faint prélat mourut en 1555, à 60 ans. Il écrivoit nettement & avec facilité.

CLARKE, (Samuel) né à Nor-wich en 1675, obtint par fon mé-rite la cure de la paroiffe de faint Jacques de Londres. Il fut pendant quelque-tems dans le parti des nou-veaux Ariens, parmi lefquels fe trouvoient Newton & Wifton. Il foutint fon fentiment dans un livre intitulé : *La Doctrine de l'Ecri-ture fur la Trinité*, imprimé en 1712, réimprimé avec des addi-tions en 1719, & donné au public pour la 3e fois après fa mort, avec des augmentations trouvées dans fes papiers, écrites de fa propre main. Son attachement trop connu à la fecte qu'il avoit embraffée, l'em-pêcha d'être archevêque de Can-torberi. La reine Anne voulant lui donner cette dignité, Gibfon, évê-que de Londres, dit à cette prin-ceffe : *Madame, Clarke eft le plus favant & le plus honnête homme de l'Angleterre ; il ne lui manque qu'une chofe, c'eft d'être chrétien.* Clarke fe diftingua autant par fon caractere que par fes talens. Doux, communicatif, il a été éga-lement recherché par les étrangers & par fes compatriotes. Il mourut en 1729, après avoir abandonné l'arianifme, mais il n'eut pas le courage de s'élever jufqu'à la pro-feffion complette des vérités de la foi, quoique chez un efprit droit & conféquent, rien ne paroiffe plus naturel. Ses ouvrages, publiés à Londres en 1738, en 4 vol. in-folio font pour la plupart en anglois ; quelques-uns ont été traduits en françois. On remarque dans tous un favant éclairé, un écrivain mé-thodique qui met les matieres les plus abftraites à la portée de tout le monde, par une netteté & une pré-cifion admirables. Le bel-efprit qui l'a appellé une vraie *machine à raifonnement*, devoit ajouter que c'étoit une machine fi bien dirigée, que dans tout ce qui ne concernoit pas les préjugés de fecte, elle n'en produifoit ordinairement que de convaincans & de démonftratifs. On a de lui : I. *Difcours concernant l'être & les attributs de Dieu, les obligations de la Religion na-turelle, la vérité & la certitude de la Révélation chrétienne ;* con-tenus en 16 fermons, prêchés dans l'églife cathédrale de S. Paul, en 1704 & 1705, à la lecture fondée par Robert Boyle, Cet ouvrage, traduit en françois par Ricotier, Amsterdam 1727, 3 vol. in-8°, & dans lequel l'auteur a suivi le plan d'Abbadie, a été réimprimé plusieurs fois. L'édition d'Avignon 1756, sans nom de ville, en 3 vol. in-12, renferme quelques Notes, & une Differtation du même docteur, sur la spiritualité, & l'immortalité de l'ame, traduite de l'anglois. II. Des *Paraphrases sur les quatre Evangélistes*. III. *Dix-sept Sermons sur différens sujets intéressans*. IV. *Lettres à Dodwel* sur l'immortalité de l'ame, avec des réflexions sur le livre intitulé *Amyntor*, ou Défense de la vie de Milton. V. *Lettres à M. Hoalley* sur la proportion de la vitesse & de la force. VI. *La Physique de Rohault*, traduite en latin, 1718, in-18. VII. *autre Traduction*, dans la même langue, *de l'Optique de Newton*, 1719, in-8°. Clarke fut un des premiers qui soutinrent dans les écoles les principes de ce célebre physicien. VIII. De savantes *Notes sur les Commentaires de César*, Londres 1712, in-fol. IX. *L'Iliade d'Homere* en grec & en latin, Londres 1754, 4 vol. in-4°, avec des observations pleines d'érudition. L'auteur mourut en achevant cet ouvrage, dont il n'avoit encore publié que la moitié.

CLARUS, (Julius) jurisconfulte habile, natif d'Alexandrie de la Paille, remplit les premieres places de la ville de Milan, & mourut à Carthagene le 13 avril 1575. Ses Œuvres sont imprimées à Francfort, 1636, in-fol. & ne font plus d'aucun usage.

CLAVASIO, *voyez* ANGE DE CLAVASIO.

CLAUBERGE, (Jean) professeur calviniste à Duisbourg, né à Solingen en Westphalie l'an 1622, mort en 1665, est un des premiers qui aient enseigné la philosophie de Descartes en Allemagne. L'électeur de Brandebourg lui donna des té-

moignages non équivoques de son estime. Il époufa en 1651 Catherine Mercator, fille de Gerard Mercator, habile géographe. Ses ouvrages ont été recueillis en 2 vol. in-4°, à Amsterdam en 1691. Le plus estimable est sa *Logica vetus & nova*, dont il faisoit cas avec raison.

CLAUDE-LYSIAS, tribun des troupes romaines qui faisoient garde au temple de Jerusalem. Il arracha S. Paul des mains des Juifs, qui vouloient le faire mourir ; & pour connoître le sujet de leur animosité contre lui, il fut sur le point de l'appliquer à la question, en le faisant frapper de verges. Mais S. Paul ayant dit qu'il étoit citoyen romain, ce tribun n'osa passer outre, & il l'envoya dans la tour Antonia ; d'où il le fit conduire sous une bonne escorte à Césarée, sur les avis qu'il reçut que plus de 40 Juifs avoient conspiré contre cet apôtre.

CLAUDE I, fils de Drusus & oncle de Caligula, né à Lyon 10 ans avant l'ere-chrétienne, fut le seul de sa famille que son neveu laissa vivre. Après la mort de Caligula assassiné, Claude fut proclamé empereur par les soldats, qui le rencontrerent par hazard, comme il se cachoit pour échapper aux meurtriers. Quoique le sénat eût envie de rétablir la république, il n'osa s'opposer à son élection, & le reconnut l'an 41 de J. C. Il étoit alors dans sa 50e année. Les maladies de sa jeunesse l'avoient rendu foible & timide. Au commencement de son regne, il s'annonça assez bien ; mais il se démentit bientôt, & ce ne fut plus qu'un enfant sur le trône. Il avoit refusé tous les titres fastueux que l'adulation des courtisans avoit inventés ; il avoit orné Rome d'édifices publics, & l'avoit charmée par son affabilité & sa politesse, son application aux affaires, & son équité. Mais il ne parut ensuite qu'un imbécille, qui ne connoissoit ni sa force, ni sa foiblesse, ni ses droits, ni son devoir. Le sénat, toujours flatteur, parce qu'il n'étoit plus maître, décerna les honneurs du triomphe à l'empereur, pour le fuccès de fes armes dans la Bretagne. Claude voulut le mériter lui-même, paffa dans cette ifle l'an 43 de J. C., & y fut vainqueur par fes généraux. A fon retour, il retomba dans fa ftupidité. L'impudique Meffaline, fa femme, le fubjugua au point, qu'il en apprit les débauches, & en fut même témoin, fans en être troublé. Ce monftre de barbarie & de lubricité, vouloit-elle fe venger du mépris d'un amant; elle trouvoit fon foible époux toujours prêt à lui obéir. Trente fénateurs & plus de 300 chevaliers furent mis à mort fous fon regne. Le barbare prenoit plaifir à voir ces exécutions fanguinaires. Il étoit tellement familiarifé avec l'idée des tortures, qu'un de fes officiers lui rendant compte du fupplice d'un homme confulaire, il répondit froidement : *Je ne vous avois pas dit de le faire mourir ; mais qu'importe, puifque cela eft fait ?* Camille, gouverneur de la Dalmatie, s'étant fait proclamer empereur, écrivit au fantôme qui régnoit à Rome, une lettre pleine de menaces, s'il ne fe démettoit de l'empire; Claude alloit fe foumettre, fi on ne l'en avoit empêché. Après la mort de Meffalline, fa troifième femme, dont il fe défit, il époufa Agrippine, fa niece, quoiqu'il eût promis de ne plus fe marier. Celle-ci le fubjugua encore : c'eft à fa follicitation qu'il adopta Néron, au préjudice de Britannicus. Elle l'empoifonna avec un ragoût de champignons; mais comme le poifon le rendit fimplement malade, elle envoya chercher Xénophon, fon médecin, qui feignant de lui donner un de ces vomitifs dont il fe fervoit ordinairement après fes débauches, lui fit paffer une plume empoifonnée dans la gorge. Il en mourut l'an 54 de J. C. Claude n'étoit qu'un homme ébauché, difoit fa mere. De lui-même il n'é-

toit qu'idiot; fa foibleffe en fit un tyran. Il compofa quelques ouvrages qui fe font perdus, & il y a tout lieu de croire que cette perte n'eft pas grande.

CLAUDE II, (Aurelius) né dans l'Illyrie en 214, d'abord tribun militaire fous Dece, eut enfuite le gouvernement de fa province fous Valerien. L'armée le déclara empereur l'an 268, après la mort de Galien. L'empire reprit une nouvelle vie fous fon gouvernement. Il abolit les impôts, rendit aux particuliers les biens que fon injufte prédéceffeur leur avoit enlevés. Une femme, inftruite de fon équité, vint le trouver & lui dit : " Prince, un " officier nommé Claude a reçu ma " terre de Galien ; c'étoit mon uni-" que bien, faites-la-moi rendre ". Claude, reconnoiffant que c'étoit de lui-même qu'elle parloit, lui répondit avec douceur : " Il faut " que Claude, empereur, reftitue ce " qu'a pris Claude particulier ". Tandis qu'il faifoit fleurir l'empire au dedans, il le défendoit au dehors. Les Goths, au nombre de 320 mille, pillent la Thrace & la Grece. Claude marche contre eux, les pourfuit jufqu'au Mont-Hœmus, & remporte les victoires les plus fignalées. La pefte qui étoit dans leur armée, contribua à leur défaite. Elle fe gliffa malheureufement dans celle des Romains, y fit les mêmes ravages, & emporta Claude en 270, à l'âge de 56 ans. Cet empereur fut à la fois grand capitaine, juge équitable & bon prince. Un plus long regne eût rendu à Rome tout fon éclat, & à l'empire fon ancienne gloire.

CLAUDE, (Saint) natif de Salins en Bourgogne, fut chanoine & archevêque de Befançon. Il quitta cette dignité pour fe renfermer dans le monaftere de faint Oyan, dont il fut abbé, & où il mourut faintement l'an 696, ou, felon le P. Chifflet, en 703, âgé de 99 ans. Cette abbaye, bâtie fur le Mont-Jurat, porta le nom de S. Oyan jufqu'au 13e fiecle, qu'elle prit celui de S. Claude ; le corps de ce Saint y subsiste encore sans la moindre marque de corruption, & est devenu un objet de dévotion pour une foule de pélerins qui y accourent de toutes parts. Il s'est formé peu-à-peu une ville fort agréable auprès de ce monastere. En 1743 le pape Benoît XIV y érigea un évêché, suffragant de Lyon, & changea l'abbaye en église cathédrale. Les chanoines, pour être reçus, doivent prouver 16 quartiers de noblesse, huit paternels & huit maternels.

CLAUDE, frere célestin, vivoit sous le regne de Charles VI, au commencement du 15e siecle, & il étoit digne d'éclairer le nôtre. Nous avons de lui un ouvrage philosophique *Des erreurs de nos sensations & des influences célestes sur la terre*, contre l'astrologie judiciaire : où il s'exprime avec tant de justesse & de précision, qu'on le croiroit l'ouvrage d'un moderne, si on le traduisoit du latin sans indiquer l'auteur. C'est à Oronce Finé qu'on a l'obligation de ce livre ; il le fit imprimer en 1542, chez Simon de Colines. L'auteur mérite d'être placé à côté des Bacon & des Locke.

CLAUDE, (Jean) né à la Sauvetat dans le Rouergue en 1619, d'un pere ministre, fut élevé par lui dans le sein de la théologie & de la controverse. Ministre à l'âge de 26 ans, il professa ensuite pendant huit ans la théologie à Nîmes avec le plus grand succès. Claude s'étant opposé aux sages intentions de quelques-uns de son parti, qui vouloient réunir les Protestans à l'église, le ministere lui fut interdit par la cour dans le Languedoc & dans le Querci. Il vint à Paris, & fut ministre de Charenton, depuis 1666 jusqu'en 1685, année de la révocation de l'édit de Nantes. Il passa alors en Hollande, où ses talens & son nom l'avoient annoncé depuis long-tems. Le prince d'Orange le gratifia d'une

pension. Il mourut peu de tems après, en 1687, regardé par son parti comme l'homme le plus capable de combattre Arnauld & Bossuet. Son éloquence étoit forte, animée, serrée, pressante. Il manquoit d'une certaine élégance ; mais son style n'en étoit pas moins fort, pour être simple. Peu de controversistes se sont servis plus heureusement des finesses de la logique & des autorités de l'érudition ; il en tira tout le parti qu'on peut s'en promettre quand on a contre soi la vérité, & qu'on ne peut tabler que sur des principes faux. On remarque ce caractere dans tous ses ouvrages, dont les principaux sont : I. *Réponse au Traité de la Perpétuité de la foi sur l'Eucharistie*, 1671, 2 vol. in-8°. II. *Défense de la Réformation*, ou *Réponse aux Préjugés légitimes de Nicole*, 2 vol. in-4° & in-12. III. *Réponse à la Conférence de Bossuet*, in-12. IV. *Les Plaintes des Protestans cruellement opprimés dans le royaume de France*, Cologne 1713, in-12. Ouvrage où il paroît avoir oublié les maux que la secte avoit causés dans ce pays. V. Plusieurs *Sermons* in-8°, écrits avec une éloquence mâle & vigoureuse. VI. Cinq volumes in-12 d'*Œuvres posthumes*, contenant divers Traités de théologie & de controverse. Sa *Vie* a été écrite par la Devese, Amsterdam 1687, in-16.

CLAUDE, (Jean - Jacques) petit-fils du précédent, naquit à la Haye en 1684. Dès l'âge de 15 ans, il publia une Dissertation latine sur la salutation des anciens, Utrecht 1702, in-12 ; à l'âge de 18 ans, une autre Dissertation dans la même langue, sur les nourrices & les pédagogues : ces deux Dissertations ont été réunies & publiées à Utrecht en 1702, in-12. S'étant consacré ensuite à l'étude de la théologie, il devint pasteur de l'église françoise de Londres en 1710, & mourut en 1712, fort regretté. Après sa mort, son frere fit imprimer un vol. de ses Sermons, où il y a plus de solidité, que d'ornemens & de pathétique.

CLAUDIA, vestale, fut soupçonnée de libertinage; mais Vesta, suivant la fable, fit un prodige en sa faveur, pour manifester sa sagesse. Claudia tira seule avec sa ceinture le vaisseau sur lequel étoit la mere des dieux, qu'on venoit de chercher en Phrygie, & qui étant entré dans le Tibre, s'y trouvoit tellement engravé, que plusieurs milliers d'hommes avoient inutilement essayé de le faire avancer.

CLAUDIA, dame romaine, convertie par S. Paul, dont parle cet apôtre sur la fin de la IIe Epître à Timothée. On ignore de qui elle étoit femme.

CLAUDIA, (Antonia) fille de l'empereur Claude, fut d'abord mariée à Cneïus Pompeïus, condamné à perdre la tête à l'instigation de Messaline; & ensuite à Sylla Faustus, dont elle eut un fils. Ce second époux de Claudia fut assassiné par ordre de Néron l'an 62 de J. C. Elle fut elle-même victime de la barbarie de ce Prince. Devenu veuf de Poppée, morte enceinte sous ses coups, il offrit de donner la main à Claudia & de la faire reconnoître impératrice. Elle rejeta ses offres, & Néron lui fit ôter la vie, lorsqu'elle étoit encore à la fleur de son âge.

CLAUDIEN, poëte latin, natif d'Alexandrie en Egypte, florissoit sous Arcadius & Honorius, qui lui firent ériger une statue dans la place trajane. Il fut l'ami de Stilicon, qui périt en voulant usurper le trône impérial. Alors l'amitié d'un grand-homme, devenu coupable, fut un crime, & Claudien quitta la cour. On croit qu'il passa le reste de sa vie dans la retraite & la disgrace. Ce poëte étoit né avec un esprit vif & élevé; c'est le caractere de ses écrits. Une imagination qui a quelquefois l'éclat de celle d'Homere, des expressions de génie, de la force

quand il peint, de la précision toutes les fois qu'il est sans images, assez d'étendue dans ses tableaux, & surtout la plus grande richesse dans ses couleurs: voilà les beautés de Claudien. Mais il est rare que la fin de ses pieces réponde à leur commencement. Il est souvent enflé. Il se laisse emporter à ses saillies. Il n'a nul goût pour varier le tour des vers, qui retombent sans cesse dans la même cadence. Les écrivains qui ont dit que c'est le poëte héroïque qui a le plus approché de Virgile, devoient aussi remarquer que ce n'est que de fort loin. Il passa pourtant pour un des derniers poëtes latins, qui aient eu quelque pureté dans un siecle grossier. Parmi les éditions de Claudien, on estime la premiere, Vicence 1482, in-folio; celle de Heinsius, le fils, Elzevir 1650, in-12; celle de Barthius, quoique chargée d'un long commentaire, Francfort 1650, in-4°; celle des *Variorum*, 1665, in-8°; & l'édition donnée in-4°, 1677, *ad usum Delphini*; celle-ci est peu commune. Les pieces que les connoisseurs lisent avec le plus de plaisir dans Claudien, sont les *Invectives* contre Rufin, en deux livres; celles contre Eutrope, aussi en deux. Après ces pieces, vient le poëme de l'*Enlevement de Proserpine*; & celui *du Consulat d'Honorius* suit de près. Plusieurs critiques ont cru que Claudien étoit chrétien, mais il paroît qu'ils se sont trompés, & que ce n'est que par considération pour Honorius que le poëte a quelquefois célébré cette religion.

CLAUDIEN MAMERT, prêtre & frere de Mamert, archevêque de Vienne, publia dans le 5e siecle un *Traité sur la nature de l'Ame* contre Fauste de Riez, qui prétendoit, dit-on, qu'elle n'est pas spirituelle. Hanau 1612, & Zwickau 1655, 1 vol. in-8°. L'*Histoire ecclésiastique* de l'abbé Racine lui attribue une piece de vers contre la poésie profane; mais ce poëme est une fuite de la Lettre de S. Paulin de Nole à Jove. C'eſt avec plus de raiſon qu'on lui donne l'Hymne de la Croix, que pluſieurs dioceſes chantent au vendredi-ſaint : *Pange lingua glorioſi prælium certaminis, &c.* Elle ſe trouve dans la Bibliotheque des Peres, & dans les livres d'égliſe. Mamert avoit été moine dans ſa jeuneſſe, & avoit lu une partie des auteurs grecs & latins. Il étoit un des plus ſavans de ſon tems, & mourut en 473 ou 474.

CLAUDIUS PULCHER, fils d'*Appius Claudius Cæcus*, conſul romain l'an 249 avant J. C. avec L. JuliusPullus, perdit une bataille navale en Sicile contre les Carthaginois. Il fit une autre entrepriſe ſur Drepani ; mais Aſdrubal, gouverneur de la place, en étant averti, l'attendit en bataille à l'embouchure de ſon port. Claudius, quoique ſurpris de trouver les ennemis en bonne poſture, les attaqua inconſidérément. Aſdrubal, ſe ſervant de ſon avantage, coula à fond pluſieurs vaiſſeaux des Romains, en prit 93, & pourſuivit les autres juſqu'auprès de Lilybée. Les dévots du paganiſme crurent que le mépris (bien louable en lui-même, s'il eût pris ſa ſource dans une religion plus éclairée) que Claudius avoit fait paroître des augures, lui avoit attiré ce châtiment : car, comme on lui préſenta la cage où étoient les oiſeaux ſacrés, voyant qu'ils ne vouloient point manger : *Qu'ils boivent*, dit-il, *puiſqu'ils ne veulent pas manger* ; & auſſi-tôt il les fit jeter à l'eau. Claudius de retour à Rome, fut dépoſé & condamné à l'amende. On l'obligea même de nommer un dictateur. Il déſigna un certain C. Glaucia, l'objet de la riſée du peuple. Le ſénat contraignit ce dernier à ſe démettre en faveur d'Attilius Collatinus. Claudius ne reſpectoit pas plus ſa patrie que ſa religion. Il étoit un de ces téméraires trop communs aujourd'hui, qui ſe moquent également, & des honneurs qu'on rend à Dieu,

& de l'obéiſſance qu'on doit aux hommes placés à la tête des autres hommes.

CLAUDIUS, (Appius) décemvir romain, très-connu par la mort de Virginie. *Voyez* VIRGINIE.

CLAUDIUS MARIUS VICTOR ou *Victorinus*, rhéteur de Marſeille dans le 5e ſiecle, mort ſous l'empire de Théodoſe le jeune & de Valentinien III, laiſſa un *Poëme ſur la Géneſe* en vers hexametres, & une Epître à l'abbé Salomon contre la corruption des mœurs de ſon ſiecle. Ces deux ouvrages ont été imprimés in-8°, 1536, 1545, 1560, avec les *Poéſies de S. Avite* de Vienne. Victor mourut vers l'an 445.

CLAVIGNY, (Jacques de la Marlonſe de) du dioceſe de Bayeux, dont il fut chanoine, abbé de Gondam, eſt auteur de pluſieurs petits ouvrages in-16. I. *Traduction libre des Pſeaumes de Vêpres du Dimanche.* II. *Du Luxe.* III. *La Vie de Guillaume le Conquérant, roi d'Angleterre.* IV. *Les Prieres que David a faites à Dieu comme roi.* Il mourut en 1702.

CLAVILLE, *voyez* MAISTRE.

CLAVIUS, (Chriſtophe) jéſuite de Bamberg, fut envoyé à Rome, où Gregoire XIII l'employa à la correction du calendrier. Il fut chargé d'expliquer & de faire valoir la réforme qui y fut faite en 1581. C'eſt ce qu'il exécuta dans ſon traité de *Calendario gregoriano.* Cet ouvrage fut attaqué par pluſieurs Proteſtans paſſionnés, entr'autres par Joſeph Scaliger ; mais Clavius le défendit avec autant de ſavoir que de vivacité. Ce jéſuite, auſſi profond géometre qu'habile aſtronome, fut regardé comme un nouvel Euclide. On a de lui pluſieurs ouvrages recueillis en cinq vol: in-fol. On y trouve : I. Des Commentaires ſur Euclide, ſur Théodore, ſur Sacroboſco. II. Des Traités de mathématique. III. Ses *Apologies du Calendrier romain* contre Scaliger. Clavius mourut à Rome en 1612, à 75 ans.

CLÉANDRE, phrygien d'origine, esclave de condition, sut gagner les bonnes graces de l'empereur Commode, qui en fit son favori & son chambellan, l'an 182 de J. C., après la mort de Perennius, puni 2 ans auparavant du dernier supplice pour ses concussions & ses crimes. Cléandre, dans ce poste glissant, ne fut pas plus modéré que celui auquel il succédoit. Créé ministre d'état, il vendoit toutes les charges de l'empire ; il mettoit à prix d'argent des affranchis dans le sénat, & l'on compta en une seule année 25 consuls désignés. Il cassoit les jugemens des magistrats; & ceux qui lui étoient suspects, il les rendoit criminels auprès de son maître. Enfin son insolence & sa cruauté allerent à un tel excès, que le peuple romain ne pouvant plus le souffrir, fut sur le point de se soulever. L'empereur, contraint d'abandonner Cléandre à l'indignation publique, lui fit couper la tête, l'an de J. C. 190.

CLÉANTHE, philosophe stoïcien né à Assos dans la Troade en Asie, fut d'abord athlète, & se mit ensuite parmi les disciples de Zénon. Il gagnoit sa vie à tirer de l'eau pendant la nuit, afin de pouvoir étudier le jour. L'aréopage l'ayant appelé pour répondre quel métier le faisoit vivre, il amena un jardinier & une bonne-femme : il puisoit de l'eau pour l'un, & pétrissoit pour l'autre. Les juges voulurent lui faire un présent ; mais le philosophe, que la singularité illustroit, refusa de l'accepter. Après la mort de Zénon, il remplit sa place au portique, & eut pour disciples, le roi Antigonus, & Chrysippe qui fut son successeur. Cléanthe qui florissoit environ l'an 240 avant Jesus-Christ, se laissa mourir de faim à l'âge de 70 ans, & selon quelqu'uns, à 99. Cet homme qui n'avoit pas le courage de supporter la vie, enduroit assez patiemment les plaisanteries des philosophes ses confreres ; mais ce n'étoit pas sans assaisonner ses réponses de quelque grain de vanité. Quelqu'un l'ayant appelé âne : *Je suis celui de Zénon*, répondit-il, *& il n'y a que moi seul qui puisse porter son paquet.* On lui reprochoit un jour sa timidité : *C'est un heureux défaut*, dit-il, *j'en commets moins de fautes.* Il comparoit les Péripatéticiens aux instrumens de musique, qui font du bruit & ne s'entendent pas eux-mêmes. Cette comparaison peut être appliquée à bien des philosophes.

CLÉARQUE, spartiate, envoyé à Byzance par sa république, profita des troubles de cette ville pour s'ériger en tyran. Lacédémone l'ayant rappelé, il aima mieux se réfugier dans l'Ionie, près du jeune Cyrus, que d'obéir. Après la victoire d'Artaxercès sur ce prince, son frere, Cléarque alla chez Tissapherne, satrape d'Artaxercès, avec plusieurs officiers grecs. Tissapherne les arrêta, & les envoya au roi qui les fit mourir, contre la foi du traité de paix, l'an 403 avant J. C. Sa grande maxime étoit, *qu'on ne sauroit rien faire d'une armée sans une sévere discipline :* aussi répétoit-il souvent, *qu'un soldat doit plus craindre son général que les ennemis.*

CLÉARQUE, philosophe péripatéticien, & disciple d'Aristote, étoit natif de Sorli. Tous les anciens auteurs parlent de lui avec éloge, & assurent qu'il ne cédoit en mérite à aucun de sa secte. Il composa divers ouvrages, dont il ne reste qu'un fragment du *Traité touchant le sommeil*, conservé par Joseph.

CLÉLIE, l'une des filles romaines données en ôtage à Porsenna, lorsqu'il mit le siege devant Rome, vers l'an 507 avant J. C. pour rétablir les Tarquins sur le trône. Ennuyée du tumulte du camp, elle se sauva & passa le Tibre à la nage, malgré les traits qu'on lui tiroit du rivage. Porsenna, à qui on la renvoya,

voya, lui fit préfent d'un cheval fuperbement équipé, & lui permit d'emmener avec elle, en s'en retournant, celles de fes compagnes qu'elle voudroit : elle choifit fes plus jeûnes, parce que leur âge les expofoit davantage. Le fénat fit ériger à cette héroïne une ftatue équeftre dans la place publique.

CLÉMANGIS ou CLAMINGES, (Nicolas) né à Clamenges, village du diocèfe de Châlons, docteur de Sorbonne, enfuite recteur de l'univerfité de Paris, fut fecretaire de l'antipape Benoît XIII. On l'accufa d'avoir dreffé la bulle d'excommunication contre le roi de France. N'ayant pu fe laver entièrement de cette imputation, il alla s'enfermer dans la chartreufe de Valle-Profonde, & y compofa plufieurs ouvrages. Le roi lui ayant accordé fon pardon, il fortit de fa retraite, & mourut provifeur du college de Navarre vers 1430. Il avoit été chanoine de Langres ; il étoit alors chantre & archidiacre de Bayeux. Ses écrits ont été publiés à Leyde en 1613, in-4°. Les plus confidérables font un traité *De corrupto Ecclefiæ ftatu*, à Wittemberg 1668, in-4° ; *De ftudiis theologicis* inféré dans le *Spicilege du P. d'Acheri*, & plufieurs Lettres. Son latin eft affez pur, pour un tems où la barbarie régnoit. Il ne cede prefque en rien à la plûpart des anciens pour l'éloquence, la nobleffe des penfées, l'élégance du ftyle, les applications des auteurs profanes & facrés ; mais il eft déclamateur, ami de l'exagération & de la fatyre ; ce qui a fait mettre fon traité *De corrupto Ecclefiæ ftatu* dans l'*Index* du concile de Trente.

CLÉMENT, (Caffius Clemens) fénateur, prit le parti de Pefcennius Niger, contre l'empereur Sévere. Comme ce prince lui faifoit fon procès en perfonne, il lui repréfenta avec beaucoup de hardieffe : Que la caufe de Niger, quoique vaincu, n'étoit pas moins jufte que celle

Tome II.

de Sévere qui étoit vainqueur ; qu'ils avoient tous deux eu le même but de détrôner un ufurpateur ; & que fi Sévere puniffoit les partifans de Niger, il devoit punir les fiens propres ; que c'étoit commettre une injuftice, dont il ne fe laveroit jamais aux yeux de la poftérité. Ces réflexions firent rentrer en lui-même l'empereur, qui accorda la vie à Clément, avec une partie de fes biens, l'an de J. C. 194.

CLÉMENT I, (St) difciple de S. Pierre, dont il reçut l'ordination, fuivant le témoignage de Tertullien, fuccéda l'an 91 à S. Clet ou Anaclet. S. Paul parle de lui dans fon *Epître aux Philippiens*. Ce fut fous fon pontificat que Domitien excita la feconde perfécution contre les Chrétiens. Quoi qu'en difent plufieurs favans modernes, il y a bien de l'apparence que c'eft à St Clément, & non à S. Fabien, qu'on doit rapporter la miffion des premiers évêques dans les Gaules. (*Voyez l'Art de vérifier les dates*, p. 239). Il mourut faintement, ou felon d'autres, il fouffrit le martyre l'an 100. On a attribué à ce faint pape : I. Les *Conftitutions apoftoliques*, livre ancien &. titile. II. Les *Récognitions*, ouvrage cité par Origene, mais plein d'erreurs & mis par le pape Gelafe au rang des livres apocryphes. III. Les *Clémentines*. IV. Un Abrégé de ces deux derniers ouvrages. Les critiques conviennent aujourd'hui que rien de tout cela n'eft de St Clément. Le feul qui foit indubitablement de lui eft une *Epître aux Corinthiens*, publiée à Oxford en 1633 par Patricius Juffius, fur un manufcrit venu d'Alexandrie, où elle eft à la fin du Nouveau Teftament. C'eft un des plus beaux monumens de l'antiquité. La plûpart des auteurs l'ont citée après l'Ecriture-Sainte. Plufieurs critiques lui attribuent encore une autre Lettre aux Corinthiens, dont il ne nous refte qu'un fragment publié en latin par Godefroi Wendelin

Q

& en grec par Patricius Junius.

CLÉMENT II , saxon , appellé auparavant Suidger , évêque de Bamberg , élu pape au concile de Sutri en 1046 , mourut le 9 octobre 1047. C'étoit un pontife vertueux , qui montra beaucoup de zele contre la simonie.

CLÉMENT III , (Paul ou Paulin) romain , évêque de Preneste , obtint la chaire apostolique après Gregoire VIII , le 19 décembre 1187 , & mourut le 27 mars 1191 , après avoir publié une croisade contre les Sarrasins. C'est le premier des papes qui ait ajouté l'année de son pontificat aux dates du lieu & du jour.

CLÉMENT IV , (Guy Foulquois ou de Foulques) né de parens nobles à S. Gilles sur le Rhône , d'abord militaire , ensuite jurisconsulte , devint secretaire de S. Louis. Après la mort de sa femme , il embrassa l'état ecclésiastique , fut archevêque de Narbonne , cardinal , évêque de Sabine , & légat en Angleterre. Il monta sur le saint siege en 1265. On eut beaucoup de peine à lui faire accepter la papauté , qu'il ne garda que 4 ans , étant mort à Viterbe en 1268. Le trône pontifical ne changea point ses mœurs. Il ne voulut jamais consentir au mariage de sa niece , qu'à condition qu'elle épouseroit le fils d'un simple chevalier ; & en faveur de ce mariage , il promit 300 livres tournois : ce qui faisoit une somme fort modique. Ses filles aimerent mieux se faire religieuses , que d'accepter la petite dot que leur offroit leur pere. Il tâcha de dissuader S. Louis d'une nouvelle croisade , & ne la publia qu'avec répugnance ; non qu'il improuvât le but de ces expéditions , mais parce que les mauvais succès qu'elles avoient eus jusqu'alors , lui inspiroient une timidité prudente. On a dit que lorsque Charles de France , roi de Sicile , le consulta sur ce qu'il devoit faire de Conradin , son prisonnier & son con-

current , le pontife lui conseilla de le faire mourir ; mais Mrs Fleury & Muratori le justifient de cette fausse imputation , & Mr Spon encore mieux , en prouvant que Conradin fut mis à mort un an après celle du pape. C'est sous le pontificat de Clément IV , que les confreres du Gonfanon s'associerent à Rome en l'honneur de la Ste Vierge. Cette confrairie a été , dit-on , la premiere & le modele de toutes les autres. On a de ce pape quelques ouvrages & des Lettres dans le *Thesaurus anecdotorum* de Martenne.

CLÉMENT V , appellé auparavant Bertrand de Gouth ou de Goth , né à Villandran dans le diocese de Bourdeaux , fut archevêque de cette église en 1300. Après la mort de Benoît XI , le sacré college longtems divisé , se réunit en sa faveur. Son couronnement se fit le 14 septembre 1305 , à Lyon , où il appella les cardinaux. Matthieu Rosso des Ursins , leur doyen , dit à cette occasion : *L'Eglise ne reviendra de long-tems en Italie ; je connois les Gascons.* Le vieux cardinal ne se trompoit pas. Le nouveau pape établit la cour romaine sur le bord du Rhône. Il déclara vouloir faire son séjour à Avignon , & s'y fixa en 1309. Les Romains se plaignirent beaucoup , & malheureusement la conduite de Clément V sembloit fournir à la médisance. Ils dirent qu'il avoit établi le saint siege en France , pour ne pas se séparer de la comtesse de Perigord , fille du comte de Foix , dont il étoit éperdument amoureux , & qu'il menoit toujours avec lui. On l'accusoit de faire un honteux trafic des choses sacrées , &c. Ces reproches & d'autres qui peuvent être fondés à quelques égards , ont été beaucoup exagérés par Villani & d'autres historiens. Pour en juger sans préoccupation , il faut lire la sage & savante Dissertation du P. Berthier qu'on voit à la tête du 13e tome de l'*Histoire de l'Eglise gallicane.* Clément se joignit à Philippe le Bel, pour exterminer l'ordre des Templiers, l'abolit en partie dans un confistoire secret pendant le concile général de Vienne en 1312. On connoît les jugemens divers que les historiens ont portés de cette abolition. Nous observerons seulement qu'elle ne s'est faite que par un décret provisoire & non par un jugement définitif sur la réalité des crimes des accufés. *Non per modum definitivæ sententiæ, sed per viam provisionis & ordinationis apostolicæ.* Il est certain que les Templiers, supposés même innocens, ne pouvoient plus exister avec honneur & avec fruit. Les historiens sont d'accord, qu'ils sont convenus d'abord généralement des faits qu'on leur reprochoit; soit crainte, soit espérance, ils ont avoué, quoique quelques-uns se soient rétractés enfuite. Or des hommes assez lâches pour se déshonorer eux-mêmes, pour se couvrir de la honte des crimes les plus énormes, ne pouvoient plus servir l'église de Dieu sans scandale & sans murmure de la part des fideles (*voyez* MOLAY, Jacques de). Ce pontife mourut le 20 avril 1314 à Roquemaure, près d'Avignon, comme il se faisoit transporter à Bordeaux pour respirer l'air natal. Son couronnement avoit été suivi de préfages, que les Italiens regarderent comme funestes. Ce spectacle avoit attiré tant de monde, qu'une vieille muraille, trop chargée de spectateurs, s'écroula, blessa Philippe le Bel, écrasa le duc de Bretagne, renversa le pape & lui fit tomber la tiare de dessus la tête. Les Romains appellent encore aujourd'hui la translation du saint siege, *la captivité de Babylone.* On doit à Clément V une compilation nouvelle, tant des décrets du concile général de Vienne auquel il avoit présidé, que de ses épîtres ou constitutions : c'est ce qu'on appelle les *Clémentines*, dont les éditions de Mayence 1460, 1467

& 1471, in-folio, sont rares.

CLÉMENT VI, (Pierre-Roger) limousin, docteur de Paris, monta sur le siege pontifical en 1342, après la mort de Benoît XII. Il avoit été bénédictin de la Chaise-Dieu en Auvergne, puis archevêque de Rouen, enfin cardinal. Le commencement de son pontificat fut marqué par la publication d'une bulle, par laquelle il promettoit des graces à tous les pauvres clercs qui se présenteroient dans deux mois. Cette promesse en attira en peu de tems plus de 100 mille, qui inonderent Avignon & fatiguerent le pape. Clément ne trouva rien de mieux, que de faire quantité de réserves de prélatures & d'abbayes, comptant pour nulles les élections des chapitres & des communautés. Quand on lui représentoit que ses prédécesseurs n'avoient pas agi ainsi, il répondoit laconiquement : *Nos prédécesseurs ne savoient pas être papes.* En 1343 il accorda pour la 50e année l'indulgence, que Boniface VIII n'avoit établie que pour la centieme. Sa bulle est la premiere qui compare cette indulgence au Jubilé de l'ancienne loi. On compta à Rome en 1350, depuis un million, jusqu'à 1200 mille pélerins. Clément VI mourut en 1352, dans de grands sentimens de religion. L'année d'auparavant étant tombé malade, il donna une constitution où il disoit : " Si " autrefois étant à un moindre rang, " ou depuis que nous sommes élevés " sur la chaire apostolique, il nous est " échappé, en disputant ou en pré" chant quelque chose contre la foi " catholique ou la morale chré" tienne, nous le révoquons & le " soumettons à la correction du saint " siege ". Pétrarque qui vivoit de son tems, lui donne l'éloge de très-savant Pontife. Clément VI n'oublia rien pour délivrer l'Italie de la tyrannie de Louis de Baviere qui avoit pris le titre d'Empereur; il envoya un légat dans le royaume de Naples pour travailler à la réunion des Grecs,

& des Arméniens. Ce pape a composé divers ouvrages, des Sermons & un beau Discours à la canonisation de S. Yves. M. Fleury (tom. XX, liv. 96, n. 13.) a tracé un portrait peu favorable de ce pape, sur la seule autorité de Matthieu Villani, historien passionné, créature de Louis de Bavière.

CLÉMENT VII, (Jules de Médicis) d'abord chevalier de Rhodes, succéda à Adrien VI en 1523. Cru dans sa jeunesse fils naturel de Julien de Médicis, Léon X son parent le déclara légitime, sur la déposition de quelques personnes, qui assurèrent qu'il y avoit eu entre son pere & sa mere une promesse de mariage. La faveur dont il jouit sous ce pape, la pourpre dont il fut honoré, lui frayèrent le chemin à la chaire pontificale. Il se ligua avec François I, les princes d'Italie, & le roi d'Angleterre, contre l'empereur Charles-Quint. Cette ligue appellée *sainte*, parce que le pape en étoit le chef, ne lui procura que des infortunes. Le connétable de Bourbon, qui avoit quitté François I pour Charles-Quint, fit sommer Clément VII de lui donner passage par Rome pour aller à Naples en 1527. Le pape refusa, & sa capitale fut saccagée pendant deux mois entiers. Il y avoit beaucoup de Luthériens parmi les Impériaux. Les soldats de cette secte s'étant saisis des habits du pape & de ceux des cardinaux, s'assemblèrent dans le conclave, revêtus de ces habits; & après avoir dégradé Clément, ils élurent à sa place l'hérésiarque Luther. Le pape, assiégé dans le château Saint-Ange, n'en sortit qu'au bout de six mois, déguisé en marchand. Il fut obligé d'accepter toutes les conditions qu'il plut au vainqueur de lui imposer. Clément VII eut bientôt après un nouveau sujet de chagrin. Ayant refusé, comme il le devoit, des lettres de divorce à Henri VIII, & se voyant forcé de condamner son mariage avec Anne de Boulen, il lança contre ce prince une bulle d'excommunication, qui servit à ce prince de prétexte pour consommer un des plus odieux schismes qui aient désolé l'église catholique. Des auteurs peu instruits ou trop avides à saisir les fables débitées contre les papes, ont dit que le pape avoit provoqué ce malheur par sa précipitation; mais c'est un conte réfuté par l'abbé Raynal dans ses *Anecd. histor.* & par Voltaire dans les *Annales de l'Empire*. Ce dernier dit expressément que le pape *ne put se dispenser d'excommunier Henri.* Il conste d'ailleurs que l'excommunication ne fut portée que le 23 mars, & que dès le 14 du même mois le parlement avoit fait une défense sévère de reconnoître le saint siege. Il mourut le 26 septembre 1534, & eut Paul III pour successeur. Il avoit eu, quelque-tems avant sa mort, une entrevue à Marseille avec François I, qui maria son fils le duc d'Orléans, depuis Henri II, avec Catherine de Médicis.

CLÉMENT VIII, (Hyppolite Aldobrandin) natif de Fano, fut couronné pontife après la mort d'Innocent IX, le 30 janvier 1592; prévenu contre Henri IV par les Espagnols & les Ligueurs, il envoya une bulle & un légat en France, pour ordonner aux Catholiques d'élire un roi; mais Henri ayant su que le pape étoit secrettement bien disposé à son égard, envoya à Rome du Perron & d'Ossat, depuis cardinaux, qui parvinrent à le réconcilier avec le saint siege. Le pape extrêmement satisfait de cet événement, voulut le faire passer à la postérité par des médailles, qui portoient son portrait d'un côté, & de l'autre celui d'Henri IV. Clément eut un nouveau sujet de joie dans la même année 1595; mais il ne fut que passager. Deux évêques russiens vinrent prêter obédience au saint siege, au nom du clergé de leur province: de retour chez eux, ils trouverent leur église plus obſtinée que jamais dans le ſchiſme. Une autre légation du patriarche d'Alexandrie eut des ſuites plus heureuſes. Les députés abjurerent entre ſes mains les erreurs des Grecs, & reconnurent la primauté de l'égliſe romaine. Le livre du jéſuite Molina, ayant fait naître des diſputes entre les Dominicains & les Jéſuites ſur les matieres de la grace, le roi d'Eſpagne renvoya les combattans à Clément VIII. Ce pontife établit à Rome les fameuſes congrégations *de Auxiliis*, ou *des ſecours de la Grace*, compoſées de prélats & de docteurs diſtingués. Ces congrégations commencerent à s'aſſembler le 2 janvier 1598. Le pape avoit cette affaire fort à cœur. Il aſſiſta en perſonne à toutes les conférences, toujours accompagné de quinze cardinaux. Les ſoins qu'il ſe donna pour faire finir ces diſputes, continuerent juſqu'à ſa mort, arrivée le 5 mars 1605, à 69 ans. Il n'eut pas le bonheur de les terminer. Elles recommencerent ſous Paul V, ſon ſucceſſeur. Clément fut recommandable & comme pontife & comme prince. Il condamna les duels, ramena un grand nombre d'hérétiques au ſein de l'égliſe, & ne contribua pas peu à la paix de Vervins en 1598. Jamais pape ne récompenſa avec plus de ſoin les ſavans & les perſonnes de mérite ; il éleva au cardinalat Baronius, Bellarmin, Tolet, d'Oſſat, du Perron & pluſieurs autres grands hommes. Après la mort d'Alfonſe II, duc de Ferrare & de Modene, il accrut le domaine eccléſiaſtique du duché de Ferrare. Céſar d'Eſt, couſin-germain d'Alfonſe, mais déclaré bâtard, prit les armes inutilement, & s'accommoda avec le pape, en renonçant au Ferrarois. Clément VIII a corrigé le *Pontifical romain*, imprimé à Paris en 1664, in-folio, & 1683, in-12 ; & le *Cérémonial des Evêques*, ibid. 1633, in-fol.

CLÉMENT IX, (Jules - Roſpigliofi) d'une famille noble de Piſtoye en Toſcane, ſucceſſeur d'Alexandre VII en 1667, pontife libéral, magnifique, ami des lettres, & encore plus illuſtre par ſon caractere pacifique. Il commença par décharger les peuples de l'état eccléſiaſtique, des tailles & des autres ſubſides ; & il employa ce qui lui reſtoit de ſon revenu, à procurer du ſecours à Candie, contre les Turcs. Il ne ſouhaita pas moins ardemment de donner la paix à l'égliſe de France. Les évêques de Beauvais, d'Angers, de Pamiers & d'Alet, qui avoient montré la plus grande oppoſition à la ſignature pure & ſimple du formulaire d'Alexandre VII, voulant rentrer dans la communion du ſaint ſiege, aſſurerent Clément IX, qu'ils y avoient enfin ſouſcrit, ſans exception, ni reſtriction quelconque. Cependant, malgré ces proteſtations, ils aſſemblerent leurs ſynodes, où ils firent ſouſcrire le formulaire avec la diſtinction expreſſe du fait & du droit, & ils en dreſſerent des procès-verbaux qu'ils eurent ſoin de tenir ſecrets. Dix-neuf évêques ſe joignirent à eux pour certifier au pape la vérité de ce que ceux-ci lui avoient mandé. Des aſſertions auſſi poſitives déterminerent Clément IX à recevoir les quatre évêques à ſa communion en 1668. Mais à peine cette réconciliation fut-elle rendue publique, que les quatre évêques & leurs partiſans publierent les procès-verbaux qu'ils avoient dérobé juſqu'alors à la connoiſſance du clergé ; & ils en inférerent que le pape en ſe réconciliant avec eux, avoit approuvé la ſignature avec la diſtinction du droit & du fait. C'eſt ce qu'on a appellé, aſſez mal à propos, *la paix de Clément IX*. (*Voyez* les Brefs de Clément IX à ce ſujet, l'un adreſſé au roi, l'autre aux quatre évêques, le troiſieme aux évêques médiateurs ; la Relation du cardinal Roſpiglioſi ; la Harangue du cardinal Eſtiæus dans la congrégation du conſiſtoire du 4 janvier 1693, & la *Défenſe de*

Q 3

l'Hiftoire des cinq Propofitions, p. 396). Ce pontife dont le regne fut trop court, mourut le 9 décembre 1669, du chagrin que lui caufa la perte de Candie.

CLÉMENT X, (Jean-Baptifte-Emile Altiéri) romain, fut fait cardinal par Clément IX, fon prédécelfeur. Ce pape, au lit de la mort, fe hâta de le revêtir de la pourpre facrée, & lorfqu'Altiéri vint le remercier de fa promotion, il lui dit : *Dieu vous deftine pour être mon fuccelfeur ; j'en ai quelque preffentiment.* La prédiction de Clément IX s'accomplit ; & fon fuccelfeur, élu le 29 avril 1670, fut aulfi doux & aulfi pacifique que lui. Il mourut en 1676, à 86 ans. Le cardinal Patron, fon neveu, gouverna fous fon pontificat ; ce qui fit dire au peuple, » qu'il y » avoit deux papes, l'un de fait, » & l'autre de nom ».

CLÉMENT XI, (Jean-François Albani) né à Pefaro en 1649, créé cardinal en 1690, fut élu pape le 23 novembre 1700, après Innocent XII. Il n'accepta la tiare qu'au bout de trois jours, & qu'après avoir confulté des hommes pieux & éclairés, pour favoir s'il devoit fe charger de ce fardeau. Le cardinal de Bouillon, devenu depuis peu doyen du facré college, eut beaucoup de part à la nomination de Clément XI, dont l'efprit, la piété & la prudence s'étoient fait connoître fous les pontificats précédens. Il n'avoit que 51 ans ; l'églife avoit befoin d'un pape qui fût dans la force de l'âge. L'Italie alloit devenir le théatre de la guerre : en effet, celle de la fuccelfion ne tarda pas à s'allumer. L'empereur Léopold I l'obligea de reconnoître l'archiduc pour roi d'Efpagne. Clément, quoique naturellement porté pour la France, renonça à fon alliance, & réforma les troupes qu'il avoit armées. Son pontificat fut encore troublé par les querelles du Janfénifme. Il donna en 1705 la bulle *Vineam Domini*

Sabaoth, contre ceux qui foutenoient les cinq fameufes propofitions, & qui prétendoient qu'on fatisfaifoit par le filence refpectueux à la foumillion due aux bulles apoftoliques. En 1713 il publia la célebre conftitution *Unigenitus* contre cent & une propofitions du Nouveau Teftament de Quefnel, prêtre de l'Oratoire. L'abbé Renaudot, l'un des plus favans hommes de France, rapportoit (fuivant Voltaire) qu'étant à Rome la première année du pontificat de Clément XI, un jour qu'il alla voir ce pape ami des favans, & qui l'étoit lui-même, il le trouva lifant le livre qu'il profcrivit enfuite. *Voilà*, lui dit le pape, *un ouvrage excellent ; nous n'avons perfonne à Rome qui foit capable d'écrire ainfi. Je voudrois attirer l'auteur auprès de moi.* Il ne faut pourtant pas regarder ces éloges de Clément XI, fuppofé qu'ils foient réels, & les cenfures, dont ils furent fuivis, comme une contradiction. On peut être fort touché, dans une lecture, des beautés frappantes d'un ouvrage, & en condamner enfuite les défauts cachés. Le bien, il eft vrai, s'y montroit de tous côtés ; le mal, il falloit le chercher, mais il y étoit. Clément XI mourut le 19 mars 1721, dans fa 72e année, après un regne de plus de 20 ans. Ce pape étoit aulfi pieux que favant ; il forma une congrégation compofée des plus habiles aftronomes d'Italie, pour foumettre à leur examen le Calendrier grégorien. On y reconnut quelques défauts ; mais comme on ne pouvoit les corriger que par des moyens très-difficiles, on aima mieux le laiffer tel qu'il étoit. Clément XI donna retraite au fils du prétendant d'Angleterre ; qui a toujours joui depuis des honneurs de la royauté dans cette capitale du monde chrétien. C'eft encore à ce pontife que la Provence dut quelques bâtimens chargés de grains, avec des fommes confidérables, qu'il envoya pour être distribuées pendant la peste de 1720. Clément XI écrivoit bien en latin. Le *Bullaire* de ce pape avoit été publié en 1718, in-fol. Le cardinal Albani, son neveu, recueillit tous ses ouvrages & les fit imprimer à Rome en 2 vol. in-folio, 1729. Sa *Vie* est à la tête de ce recueil. Lafitau & Reboulet l'ont aussi écrite. Le premier a publié la sienne en 2 vol. in-12, & le second en 2 in-4°.

CLÉMENT XII, (Laurent Corsini) pape après Benoît XIII en 1733, mort le 6 février 1740, presque âgé de 88 ans, étoit né à Rome d'une ancienne famille de Florence. Il abolit une partie des impôts, & fit châtier ceux qui avoient malversé sous le pontificat précédent. Le lendemain de son couronnement, le peuple assemblé de toutes parts avoit crié à sa suite : *Vive le pape Clément XII ! Justices des injustices du dernier ministere !* Ses revenus furent pour les pauvres. Son trésorier lui ayant rendu ses comptes, il vit qu'il n'avoit pas 1500 écus en caisse. *Comment*, dit le pontife, *j'étois plus riche étant cardinal, que depuis que je suis pape !* & cela étoit vrai. Après sa mort, le peuple romain lui érigea par reconnoissance une statue de bronze, qui fut placée dans une des salles du Capitole.

CLÉMENT XIII, (Charles Rezzonico) d'une famille originaire de Côme dans le Milanez, naquit à Venise en 1693. Il fut d'abord protonotaire apostolique participant, puis gouverneur des villes de Riéti & de Fano, ensuite auditeur de la Rote pour la nation vénitienne. Clément XII, plein d'estime pour ses connoissances & ses vertus, le décora de la pourpre en 1737. Il fut élevé sur le siege de Padoue en 1743, & signala son épiscopat par une piété si tendre & une charité si généreuse, qu'après la mort de Benoît XIV., il fut élu pape

le 6 juillet 1758. Son pontificat sera long-tems célebre par l'expulsion des Jésuites du Portugal, de la France, de l'Espagne & du royaume de Naples. Les efforts du pontife pour les soutenir, & la bulle *Apostolicum* qu'il donna en leur faveur, furent inutiles. Ayant voulu exercer en 1768, dans les états de Parme, une jurisdiction qu'il croyoit lui appartenir comme seigneur suzerain, il perdit le comtat d'Avignon & la principauté de Bénévent, qui ne furent rendus au saint siege que sous son successeur. Clément XIII mourut au commencement de 1769, avec la douleur de n'avoir pu pacifier les troubles élevés dans l'église. Un grand fonds de religion & de bonté, un caractère bienfaisant, une douceur inaltérable, lui ont mérité les regrets de ses sujets, & la vénération des ennemis mêmes du saint siege.

CLÉMENT XIV, (Jean-Vincent-Antoine Ganganelli) naquit d'un médecin, à S. Archangelo, bourg près de Rimini, le 31 octobre 1705. Dès l'âge de 18 ans, il entra dans l'ordre des Mineurs conventuels; & après avoir professé la théologie en différentes villes d'Italie, il vint à l'âge de 35 ans enseigner cette science à Rome, au college des Saints-Apotres. La finesse de son esprit, l'enjouement de son caractere, le firent aimer de Benoît XIV; sous le regne de ce pontife, il devint consulteur du saint-office, place importante à Rome. Clément XIII le décora de la pourpre en 1759. Ce pape étant mort en 1769, le conclave fut très-orageux. Enfin le sacré college, décidé par le cardinal de Bernis, proclama le cardinal Ganganelli souverain pontife le 19 mai 1769. Jamais pape n'avoit été élu dans des temps plus difficiles. Un esprit de vertige, répandu de toutes parts, attaquoit & le trône & l'autel. Clément XIV chercha d'abord à se concilier les souverains ; il envoya un nonce à Lisbonne ; il supprima la

Q 4

lecture de la bulle *la cœna Domini*, qui révoltoit les princes ; il négocia avec l'Espagne & la France. Pressé de se décider sur le sort des Jésuites, il demanda du tems pour examiner cette grande affaire. *Je suis*, écrivoit-il, *le pere des fideles, & sur-tout des religieux. Je ne puis détruire un ordre célebre, sans avoir des raisons qui me justifient aux yeux de Dieu & de la postérité.* Sollicité plus vivement que jamais, il donna, le 21 juillet 1773, le fameux bref qui éteint la Compagnie de Jesus. Clément XIV ne survécut pas long-tems à cette suppression, il mourut le 22 septembre 1774. Sa maladie avoit pris sa source dans des dartres rentrées, que l'art des médecins s'efforça vainement d'attirer au-dehors. Le bruit de poison que des gens de parti ont fait courir pour rendre odieuse la mémoire des Jésuites, a été solemnellement réfuté par les médecins du pape, en particulier par M. Saliceti, homme d'une probité égale à ses grandes connoissances médicinales ; il l'étoit déja par l'axiome de droit *Cui bono?* Clément XIV forma un *Museum*, où il rassembla beaucoup de précieux restes de l'antiquité. Il fut sobre, désintéressé, & ne connut pas le népotisme. Sa succession fut celle d'un religieux plutôt que d'un pape. On le pressoit de faire un testament ; il répondit, *que les choses iroient à qui elles appartiendroient.* Le marquis de Caraccioli a donné sa *Vie*, Paris 1775 & 1776, vol. in-12 ; ce n'est qu'une compilation des gazettes du tems ; les *Lettres* publiées sous son nom 1776 & 1777, 3 vol. in-12, sont entiérement de la façon de ce marquis.

CLÉMENT VII, regardé comme antipape, prit ce nom en 1378. *Voyez* GENEVE (Robert de).

CLÉMENT VIII, antipape ; *voyez* MUGNOS (Gilles).

CLÉMENT D'ALEXANDRIE, (Saint) philosophe platonicien,

devenu chrétien, s'attacha à S. Pantenus qui gouvernoit l'école d'Alexandrie, & qu'il compare à une abeille industrieuse, qui formoit son miel des fleurs des apôtres & des prophetes. Clément fut mis après lui à la tête de cette école l'an 190. Il eut un grand nombre de disciples, qu'on compta ensuite parmi les meilleurs maîtres : entr'autres, Origene, & Alexandre, évêque de Jerusalem. Il mourut vers l'an 220. Parmi ses ouvrages, les plus célebres sont : I. Son *Exhortation aux Païens*, dans laquelle il tourne en ridicule les fables qui faisoient la matiere ordinaire de leurs poésies, & les exhorte à ouvrir les yeux à la vérité. II. Son *Pédagogue*. C'est, selon lui, un maître destiné à former un enfant dans la voie du ciel, & à le faire passer de l'état d'enfance à celui d'homme parfait. III. Ses *Stromates* ou *Tapisseries*, tissues des plus pures maximes de la philosophie chrétienne. IV. Ses *Hypotyposes* ou *Instructions*, dans lesquelles il fait un peu trop d'usage du platonisme, sur-tout pour un docteur si voisin des apôtres. L'école d'Alexandrie ne s'appliqua pas assez à éviter ce reproche : ses chefs, en inventant des systêmes fondés sur la métaphysique, parurent s'écarter de la simplicité de la foi. L'érudition de Clément étoit consommée dans le sacré & dans le profane. Il étoit beaucoup plus fort sur la morale, que sur le dogme. Il écrit presque toujours sans ordre & sans suite. Son style est en général fort négligé, excepté dans son *Pédagogue* où il est plus fleuri. La meilleure édition des ouvrages de ce pere est celle d'Oxford, donnée par le docteur Potter en 1715, 2 vol. in-fol. On fait encore cas de celle de Paris 1629 : celle-ci est peu commune. Une partie de ces ouvrages ont été traduits en françois, Paris 1696, in-8°.

CLÉMENT, (Jacques) dominicain, natif du village de Sorbon, au diocese de Rheims, étoit âgé d'environ 25 ans, & venoit d'être fait prêtre, lorsqu'il prit la résolution d'assassiner Henri III. C'étoit un homme d'un esprit foible & d'une imagination déréglée. Il partit de Paris le dernier juillet 1589, avec plusieurs lettres de recommandation, & fut amené à S. Cloud par la Guesle, procureur-général. Celui-ci soupçonnant un mauvais coup, & l'ayant fait épier pendant la nuit, on le trouva profondément endormi. Le parricide, conduit le lendemain chez le roi, exécuta son projet abominable. Les seigneurs qui étoient près du monarque, percerent l'assassin de mille coups. Son corps fut ensuite traîné sur la claie, tiré à quatre chevaux, & brûlé. Il est inutile & déraisonnable de détailler davantage les circonstances d'un fait odieux, dont le souvenir fait gémir également la religion & l'humanité; l'illusion fatale qui avoit séduit les deux tiers du royaume, a dû naturellement produire des effets plus ou moins funestes sur les esprits divers, selon les différens degrés d'enthousiasme qu'une erreur impérieuse & accréditée avoit fait naître : mais quand ces dangereux paroxismes ont fait place à la raison & à des situations plus calmes, il est prudent d'ensevelir, suivant l'avis d'un ancien, dans la nuit de l'oubli, tout le mal qu'ils ont fait.

Excidat illa dies ævo, nec postera
    credant
Sæcula : nos certè taceamus &
   obruta multâ
Nocte tegi nostræ patiamur cri-
   mina gentis. Statius.

Les maximes de la philosophie moderne, en particulier celles de Raynal dans la *Révolution de l'Amérique*, justifient ces sortes de forfaits, mais l'esprit du christianisme les dévoue à l'horreur.

CLÉMENT, (Julien) chirurgien-accoucheur, natif d'Arles en Provence, excella dans l'art de sou-

lager les femmes dans l'enfantement. Il fut appellé trois fois à Madrid, pour la reine d'Espagne, en 1713, 1716 & 1720. Louis XIV l'avoit ennobli dès 1711, avec la clause expresse qu'il ne pourroit quitter la pratique des accouchemens. Cet habile homme mourut à Paris en 1729, à 80 ans.

CLÉMENT, (Pierre) né à Geneve en 1707, & mort en 1767, demeura assez long-tems en Angleterre, où il publia en 1751 & 1752 des feuilles périodiques, sous le titre de *Nouvelles Littéraires de France*, qu'on recueillit en 1755 en 4 vol. in-8°, & qu'on réimprima à Lyon en 2 vol. in-12. Cet ouvrage écrit d'un style léger & saillant, assaisonné par le sel de la critique, & rempli de jugemens impartiaux, plut beaucoup, quoique la décence y soit souvent offensée, & que l'auteur affecte trop d'esprit & de gâté. Il vouloit paroître homme du monde & homme de plaisir, & il affiche trop souvent le ton de ces deux personnages. On a encore de lui trois pieces de théâtre : I. Les *Francs-Maçons*. II. Une *Mérope*. III. Le *Marchand de Londres*, tragédie traduite de l'anglois : cette derniere piece est la seule dont on se souvienne. Cet auteur avoit beaucoup de goût pour la satyre, & il ne manquoit pas de talent dans ce genre dangereux.

CLÉMENT, (Denis-Xavier) de l'académie de Nanci, doyen de l'église collégiale de Ligni, prédicateur du roi, confesseur de Mesdames, né à Dijon en 1706, mourut en 1771, avec une grande réputation de piété. Il se consacra de bonne heure à la chaire & à la direction, & il servit utilement l'église dans ce double emploi. Il ramena, avec une charité douce & patiente, plusieurs incrédules & quelques libertins à la vérité & à la vertu. Ses *Sermons* ont été imprimés en 1772, 4 vol. in-12. Il y regne l'éloquence simple & forte d'un homme de bien, qui n'a pas puisé ses ornemens dans les auteurs profanes, mais qui s'est nourri dès son enfance du lait substantiel de l'Evangile; toutefois son coloris est foible. Nous avons quelques ouvrages de piété, où l'abbé Clément montre le même esprit que dans ses Sermons, avec un style plus froid & plus compassé. Les principaux sont: *Avis à une personne engagée dans le monde*, in-8°. *Méditations sur la Passion*, in-12. *Instructions sur le Sacrifice de la Messe*; *Maximes pour se conduire chrétiennement*; *Exercice de l'Ame*, in-12, &c.

CLÉNARD, (Nicolas) né à Diest dans le Brabant, professeur des langues grecques & hébraïques à Louvain, voyagea en France, en Espagne & en Portugal, pour se familiariser avec les langues vivantes. Vers l'an 1540 il passa en Afrique pour apprendre l'arabe; étant entré dans Fez, il salua le roi en langue arabe, & lui dit qu'il venoit pour faire emplette de livres arabes pour en enrichir les bibliothèques d'Europe: il s'y appliqua à traduire la Bible en langue arabe; son travail ne se borna pas-là. Il tacha d'éclairer ces peuples qui suivent la religion de Mahomet, des lumieres de la foi, ce qui lui attira des persécutions de la part du roi de Tanger; il fut dépouillé des livres arabes qu'il avoit amassé à grands frais, & lui-même ne trouva son salut que dans la fuite. Il mourut à Grenade l'an 1542, âgé de 49 ans. On a de lui: I. Des *Lettres latines sur ses voyages*, curieuses & rares, & dont la meilleure édition est celle de 1606 in-8°, avec quelques additions. Le latin en est assez pur, & il l'auroit été encore davantage, si l'auteur n'avoit pas entassé tant de langues différentes dans sa tête. II. Une *Grammaire grecque*, qui eut beaucoup de cours, & qui est encore estimée des savans: elle a été d'un grand secours à messieurs

de Port-Royal, pour rédiger leur *Méthode grecque*. Vossius en publia une édition à Amsterdam 1650, in-8°. III. Des *Fables hébraïques*, moins estimées.

CLÉOBIS & BITON, étoient deux freres, qui se rendirent célebres par leur tendresse envers leur mere, prêtresse de Junon. Comme un sacrifice qu'elle devoit faire, exigeoit qu'elle fût menée au temple sur un char, ils suppléerent au défaut des bœufs, qu'on ne put avoir dans le moment; & s'étant eux-mêmes attachés au char, ils la traînerent au temple. Leur mere, touchée de cette marque de tendresse pour elle, pria Junon de leur accorder le plus grand bien que les hommes pussent recevoir des dieux. Ces jeunes gens, après avoir soupé comme de coutume avec leur mere, allerent se coucher; & le lendemain ils furent trouvés morts dans leur lit.

CLÉOBULE, fils d'Evagoras, l'un des Sept Sages de la Grece, fit un voyage en Egypte, pour apprendre la philosophie de ce peuple. Il étoit contemporain & ami de Solon. On ne le connoît guere que par ses maximes, qui la plupart sont très-communes. Il recommandoit de ne point s'enorgueillir dans la prospérité, de ne point s'abattre dans l'affliction, d'obliger ses amis pour se les attacher davantage, & ses ennemis pour en faire des amis; de ne flatter ni gronder sa femme en présence des étrangers, l'un étant une petitesse, & l'autre une indiscrétion; d'examiner avant de sortir de sa maison ce qu'on va faire, & à son retour ce qu'on a fait; de ne souhaiter ni de commander, ni d'obéir, l'obéissance se changeant ordinairement en aversion, & le commandement en tyrannie. Il mourut vers l'an 560 avant J. C., dans sa 70e année. Il y a eu un autre CLÉOBULE, hérétique du 1er siecle, & contemporain de Simon le magicien; mais ses erreurs n'ont pas fait affez de bruit pour mériter un article féparé.

CLÉOBULINE, fille du précédent, fe rendit également célebre par fa beauté & par fon efprit. Les Egyptiens admirerent fes Enigmes. Il, faut croire que les hiftoriens ont fait parvenir à la poftérité les plus mauvaifes ; car nous n'en avons aucune qui mérite d'être dans les derniers de nos Journaux.

CLÉOMBROTE, nom de deux rois de Lacédémone ; l'un tué à la bataille de Luctres en Béotie, gagnée par Epaminondas, général thébain, l'an 371 avant J. C. ; le fecond gendre de Léonidas, & qui monta fur le trône de Sparte au préjudice de fon beau-pere. Celui-ci ayant été rappellé par les Lacédémoniens, pourfuivit le traître qui l'avoit dépouillé de fon royaume, & le condamna à la mort. Chelonide, époufe de Cléombrote, avoit quitté fon mari, pour fuivre fon pere dans fa retraite. Cette femme, fille & époufe également malheureufe, apprend l'arrêt porté contre fon époux. Elle va fe jeter aux pieds de Léonidas, qui change la peine de mort en un exil, & preffe fa fille de refter à fa cour. Chelonide aima mieux fuivre fon mari. On connoît un 3e CLÉOMBROTE, philofophe, natif d'Ambrané, qui fe précipita dans la mer, après avoir lu le *Phédon* de Platon fur l'immortalité de l'ame ; fruit ordinaire des fpéculations philofophiques, même les plus fenfées, quand elles font deftituées de la fanction & des lumieres de la religion.

CLÉOMEDE, fameux athlete, étoit fi fort, que, pour avoir été privé du prix de la victoire qu'il avoit gagnée à la lutte fur un habitant d'Epidaure, il rompit, dit-on, la colonne d'une école, fous laquelle il y eut 60 enfans écrafés. Il fe fauva dans un fépulcre, où l'on fut bien furpris de ne le plus trouver. L'oracle, confulté fur cet événement, répondit qu'il étoit le dernier des héros. Plaifant héros, qui croit fignaler fa vengeance en exterminant tant d'innocens !

CLÉOMENE I, roi de Lacédémone, fucceffeur d'Anaxandride fon pere, l'an 557 avant J. C., vainquit les Argiens, & délivra les Athéniens de la tyrannie des Pififtratides. Les premiers s'étoient oppofés à l'invafion de fes armées dans l'Argolide. Cléomene, à la tête des Lacédémoniens & de leurs alliés, remporta fur eux une victoire auffi fanglante que fignalée ; mais il la fouilla par une cruauté atroce. Cinq mille Argiens fe réfugierent dans une forêt voifine. Cléomene y fit mettre le feu malgré la priere des vaincus, qui furent bientôt confumés par les flammes. Cléomene tourna enfuite fes armes contre les Egymetes, & ne les punit pas moins cruellement. Son humeur vindicative fe changea en fureur fur la fin de fes jours, & dans un accès de frénéfie, il fe perça de fon épée l'an 480 avant J. C.

CLÉOMENE III, fils de Léonidas, roi de Lacédémone, lui fuccéda l'an 230 avant J. C. à l'âge de 17 ans. Sa premiere penfée, en montant fur le trône, fut d'arracher l'autorité aux Ephores, magiftrats puiffans dans Lacédémone, qui faifoient la loi aux rois mêmes. Ses victoires fur les Achéens lui faciliterent l'exécution de ce projet. De retour à Sparte, il fit affafiner les Ephores, & afficher le nom de plus de 80 citoyens, condamnés au banniffement : le peuple, effrayé par ce coup d'éclat, reçut toutes les loix qu'il voulut lui donner. Il fit revivre la plupart de celles de Lycurgue, envahit la propriété des citoyens, procéda à un nouveau partage des terres, abolit les dettes, & s'attacha par ce moyen les diffipateurs & les libertins. Son autorité affermie, Cléomene parcourut, les armes à la main, l'Arcadie & l'Elide, reprit quelques villes fur les Achéens, & les défit en bataille rangée. Aratus, chef des vaincus, implora le secours d'Antigone , roi de Macédoine , contre le vainqueur. Son armée fut taillée en pieces à la bataille de Selafie. Cléomene après cette défaite , retiré en Egypte , y mourut d'une maniere tragique. Ayant été bien accueilli de Ptolomée Evergete qui en étoit roi , il encourut ensuite la difgrace de fon fucceffeur , qui le fit mettre en prifon. Cléomene brifa fes fers , excita une fédition , & finit par fe donner la mort l'an 220 avant l'ere chrétienne.

CLÉONICE , jeune fille de qualité , que Paufanias fit enlever à Byfance pour en faire fa maîtreffe. Arrivé dans la maifon de ce général, Cléonice , timide encore & pleine de la pudeur de fon âge , pria fes gens , avant que d'entrer dans la chambre de fon raviffeur , qu'on éteignit toutes les lampes ; mais comme elle s'approchoit du lit , elle en renverfa une. Paufanias déja endormi , s'éveillant au bruit , prend fon poignard , & croyant courir fur un ennemi , frappe cette fille qui mourut du coup qu'elle reçut. Cet accident acheva de révolter tous les alliés contre lui.

CLÉONYME , fils de Cléomene II , roi de Sparte , mécontent de fa patrie qui l'avoit privé de la couronne , pour la donner à Areus fon neveu , follicita le fecours du célebre Pyrrhus , roi d'Epire , contre Lacédémone. Pyrrhus l'affiégea , & y fut contraint de fe retirer. Le courage des femmes de Sparte qui travaillerent elles-mêmes aux retranchemens , contribua beaucoup à la levée du fiege , l'an 273 avant Jefus-Chrift.

CLÉOPATRE , fille de Ptolomée-Philometor , roi d'Egypte , femme de trois rois de Syrie , & mere de quatre princes qui porterent la couronne , époufa d'abord Alexandre Bala , enfuite Demetrius. Ce dernier prince lui ayant fait infidélité pour Rhodogune , elle offrit fa main & fa couronne à An-

tiochus fon frere. Seleucus , fils aîné de Demetrius , voulut monter fur le trône de fon pere. Il fe fit un parti , & trouva dans Cléopatre une mere cruelle & une ennemie irréconciliable. Cette femme ambitieufe , qui avoit caufé la mort du pere , en lui refufant un afyle à Ptolemaïs , enfonça fon poignard dans le fein du fils. Ce meurtre fouleva le peuple contre elle ; Cléopatre l'appaifa , en couronnant Antiochus fon fecond fils. Ce jeune prince , borné au titre de roi fans en avoir le pouvoir , fouffroit impatiemment de partager avec fa mere la fouveraine autorité. Cléopatre , encore plus jaloufe de régner que lui , fit préparer une coupe empoifonnée , qu'elle lui préfenta au retour de quelque exercice. Son fils , foupçonnant fa fcéleratéffe , l'obligea de prendre le poifon qu'elle lui avoit apprêté. Ainfi mourut ce monftre d'ambition & de cruauté , l'an 120 avant Jefus-Chrift. C'eft cette Cléopatre qui joue un rôle dans la Rhodogune du grand Corneille.

CLÉOPATRE , fille de Ptolomée-Epiphanes , veuve & fœur de Ptolomée-Philometor , voulut affurer la couronne à fon fils , après la mort du pere ; mais Ptolomée-Phyfcon , roi de la Cyrenaïque , traverfa fes projets. Un ambaffadeur romain les accommoda , en les faifant convenir qu'il épouferoit Cléopatre , que le fils de la reine feroit déclaré héritier du trône ; mais que Phyfcon en jouiroit durant fa vie. Voyez PTOLOMÉE-PHYSCON.

CLÉOPATRE , fille de la précédente & de Ptolomée-Philometor , donna la main à fon oncle Ptolomée-Phyfcon. Ce prince , qui avoit répudié la mere pour époufer la fille , mourut bientôt après , & laiffa à cette derniere la royauté d'Egypte & deux enfans , avec la liberté de s'affocier celui qu'elle voudroit. Cléopatre plaça fur le trône Alexandre , fon fecond fils , au préjudice de Lathyrus son aîné. Le jeune roi, effrayé de l'ambition de sa mere, à qui les plus grands crimes ne coûtoient rien, se vit forcé d'abdiquer l'empire; mais le peuple d'Alexandrie ne voulant pas souffrir qu'une femme tint seule le timon du gouvernement, obligea la reine de rappeller son fils. Cléopatre, ne pouvant plus supporter de partage dans l'autorité royale, résolut de lui donner la mort. Alexandre, informé de son dessein, prévint sa mere en la faisant mourir l'an 89 avant J. C. Cette princesse ambitieuse & dénaturée avoit tout sacrifié au desir effréné de régner. Elle fut punie de ses crimes, par un autre crime qui égaloit les siens.

CLÉOPATRE, reine d'Egypte, fille de Ptolomée-Aulete. Son pere en mourant laissa la couronne aux aînés des deux sexes, l'an 51 avant J. C., avec ordre de se marier ensemble, suivant l'usage de sa famille. Ptolomée-Denys, frere de Cléopatre, voulant régner seul, répudia & exila sa sœur, & fit casser le testament de son pere par Pompée, qui lui adjugea le trône d'Egypte. Ce général romain ayant été vaincu vers le même-tems à la bataille de Pharsale, & fuyant en Egypte devant César, y fut massacré par ordre de Ptolomée. Ce fut en cette conjoncture que Cléopatre demanda justice à son vainqueur contre son frere. Elle avoit tout ce qu'il falloit pour faire une profonde impression sur le cœur de ce héros: c'étoit la plus belle femme de son tems, & la plus ingénieuse: elle parloit toutes les langues dont la connoissance pouvoit lui être utile, & n'eut jamais besoin d'interprete. Cette princesse voulant solliciter elle-même César, arriva de nuit au pied du château d'Alexandrie. Il falloit tromper la garde égyptienne: son guide la fit étendre au milieu d'un paquet de hardes, & la porta ainsi sur ses épaules au palais de César. Ce romain la

vit, & sa cause fut gagnée. Il ordonna qu'elle gouverneroit l'Egypte, conjointement avec son frere. Son juge étoit déja son amant. Il en eut un fils nommé Césarion, & promit de la mener avec lui à Rome, & de l'épouser. Il comptoit de faire passer dans l'assemblée du peuple une loi, par laquelle il seroit permis aux citoyens romains d'épouser autant de femmes, même étrangeres, qu'il leur plairoit. Arrivé à Rome, il fit placer la statue de sa maîtresse dans le temple de Vénus, à côté de celle de la déesse. Ptolomée s'étant noyé dans le Nil, César assura la couronne à Cléopatre, & à son autre frere, âgé pour lors d'onze ans: mais cette princesse ambitieuse ne partagea pas long-tems le trône avec lui: elle le fit empoisonner dès qu'il eut atteint sa quinzieme année. Après la mort de César, elle se déclara pour les Triumvirs. Antoine vainqueur à Philippes la cita devant lui, pour répondre à quelques accusations formées contre elle. Cléopatre résolut dès-lors d'enchaîner Antoine, comme elle avoit enchaîné César. Elle fit son voyage sur une galere brillante d'or, enrichie des plus belles peintures, avec des voiles de soie, couleur de pourpre, mêlées d'or, des rames d'argent qui ne se mouvoient qu'au son d'une infinité d'instrumens de musique. Cléopatre, habillée en Vénus sortant de la mer, paroissoit sous un magnifique pavillon de drap d'or. Ses femmes représentoient les Nymphes & les Grâces. La poupe & la proue étoient couvertes des plus beaux enfans déguisés en Amours. Il n'en falloit pas tant pour séduire Antoine. La reine d'Egypte s'empara tellement de son esprit, qu'il fit mourir à sa priere la princesse Arsinoé sa sœur, réfugiée dans le temple de Diane à Milet, comme dans un asyle impénétrable. Tout le tems qu'elle fut à Tarse, se passa en fêtes & en festins. Ces fêtes se renouvellerent à Alexandrie avec une magnificence dont il n'y a jamais eu d'exemple. Ce fut à la fin d'un de ces repas, que Cléopatre, détachant de son oreille une perle d'un prix inestimable, la jeta dans une coupe pleine de vinaigre, & l'avala aussi-tôt, pour dévorer en un moment autant de richesses, qu'Antoine en avoit employé pour satisfaire à leur luxe & à leurs débauches. Un voyage d'Antoine à Rome interrompit ces fêtes somptueuses. Cléopatre durant l'absence de son amant rétablit la bibliotheque d'Alexandrie, brûlée quelques années auparavant, & l'augmenta de celle de Pergame, composée de plus de 200 mille volumes. Antoine de retour à Alexandrie, y entra en triomphe, & fit proclamer Cléopatre reine d'Egypte, de Chypre, & de la Cœléfyrie. Octave ne tarda pas à déclarer la guerre aux deux amans. Elle finit par la bataille d'Actium, dans laquelle Cléopatre effrayée, prit la fuite, & fut fuivie par Antoine. Cette princesse, craignant de perdre sa couronne, trahit son amant, & ne désespéra point de faire la conquête d'Octave. L'essai qu'elle fit de ses charmes, fut inutile. Alors, pour éviter la honte d'être menée en triomphe à Rome, elle se fit piquer le fein par un aspic, & mourut l'an 30 avant J. C., à 39 ans. L'Egypte fut réduite en province romaine. On a donné sous son nom deux ouvrages, qui ne font point d'elle : I. *De medicamine Faciei*, *Epistolæ eroticæ*, dans le *Petrone variorum*. II. *De morbis Mulierum*, dans *Gynæciorum libri ab If. Spacchio collecti*, Strasbourg 1597, in-fol.

CLÉOSTRATE, astronome grec, natif de Ténédos vers l'an 536 avant J. C., découvrit le premier les fignes du zodiaque, & réforma le calendrier des Grecs.

CLÉRAMBAULT, *voyez* CLÉREMBAULT.

CLÉRAMBAULT, (Louis-Ni-

colas) né à Paris en 1676, mort dans la même ville en 1749, plut à Louis XIV par ses cantates. Ce prince le nomma furintendant des concerts particuliers de madame de Maintenon. Il étoit déja organiste de S. Cyr. On a de lui cinq livres de *Cantates*, parmi lesquelles celle d'*Orphée* est regardée comme son chef-d'œuvre. On lui doit encore plusieurs *Motets*, & des morceaux de musique composés pour des fêtes particulieres. Clérambault unit à la qualité d'habile musicien, celle de bon pere, de bon mari, de bon ami ; & les caprices, ordinaires à quelques artistes, ne ternirent jamais ses talens.

CLERC, (Jean le) dit *Bussy*, procureur au parlement de Paris, fut fait gouverneur de la Bastille par le duc de Guise pendant les troubles de la Ligue. Il avoit été d'abord tireur d'armes. Devenu un des chefs de la faction des Seize, il entra dans la grand'chambre du parlement, fuivi de 50 fatellites, & osa présenter à cette compagnie une requête, ou plutôt un ordre de s'unir avec le prévôt des marchands, les échevins & les bourgeois de Paris, pour la défense de la religion catholique, contre la maison royale. Sur le refus du parlement, il mena à la Bastille en 1569, l'épée à la main, tous ceux qui étoient opposés à son parti. Le premier président, Achille de Harlai, & environ 60 autres membres de ce corps suivirent cet insolent, qui les conduifit comme en triomphe. Il les fit jeûner au pain & à l'eau, pour obliger ces magistrats à se racheter de ses mains ; c'est ce qui lui mérita le titre de *Grand-Pénitencier du Parlement*. Lorsque le duc de Mayenne délivra Paris de la faction des Seize en 1591, le Clerc rendit la Bastille à la premiere fommation, à condition d'avoir la vie fauve. On lui tint parole : il fe fauva à Bruxelles, où il vivoit encore en 1634, parlant peu, mais magnifiquement des grands projets qu'il avoit manqués.

CLERC, (Antoine le) fieur de la Forest, maître des requêtes de la reine Marguerite de Valois, combattit d'abord pour les Calvinistes, & embraffa enfuite la religion catholique à laquelle il confacra fes talens. S. François de Sales, S. Vincent de Paul, le cardinal du Perron, les perfonnes les plus vertueufes & les plus éclairées de fon fiecle, furent liées avec lui. Il mourut à Paris en odeur de fainteté en 1628, à 65 ans. On a écrit fa vie fous le titre du *Séculier parfait*. Le cardinal d'Eftampes vouloit le faire béatifier ; mais la mort de cette éminence dérangea fon projet. On a de le Clerc quelques ouvrages de piété, de droit & d'érudition.

CLERC, (Michel le) natif d'Albi, avocat au parlement de Paris, l'un des 40 de l'académie françoife, mourut en 1691. Il eft principalement connu par une *Traduction* des cinq premiers chants de la *Jerufalem délivrée du Taffe*, qu'il a rendus prefque vers pour vers, & dans un ftyle fort au-deffous du médiocre. Il avoit entrepris un ouvrage en profe, qui devoit avoir pour titre : *Conformités des Poëtes grecs, latins, italiens & françois*. Son deffein étoit de montrer que la plupart des poëtes ne font que fe copier mutuellement, & qu'ils doivent prefque tous leurs ouvrages à ceux qui les ont précédés. On lui donne encore les tragédies de *Virginie* & d'*Iphigénie*. C'eft cet auteur que Racine honora de l'épigramme : *Entre le Clerc & fon ami Coras*, &c.

CLERC, (Sébaftien le) deffinateur & graveur, naquit à Metz en 1637, d'un orfevre, deffinateur habile, qui fut fon maître. Dès l'âge de 8 ans, il manioit le burin. Il s'appliqua en même-tems à l'étude de la géométrie, de la perfpective, de la fortification, de l'architecture, & y fit des progrès auffi rapides, que dans le deffin & la gravure. Le maréchal de la Ferté le choifit pour fon ingénieur géographe;

Louis XIV, pour fon graveur ordinaire, à la follicitation de Colbert; & le pape Clément XI l'honora du titre de chevalier romain. Le Clerc joignoit à un mérite fupérieur, & au goût de tous les arts, un caractere doux & infinuant. Il mourut à Paris en 1714, à 77 ans. Ce maître traitoit également bien tous les fujets : le payfage, l'architecture, les ornemens. On y apperçoit une imagination vive, brillante, mais bien réglée, un deffin très-correct, une fécondité admirable, des expreffions nobles & élégantes, une belle exécution. Les productions de fon burin, qui fe montent à plus de 3000, auroient fuffi pour lui faire un grand nom, indépendamment des productions de fa plume. Les principales en ce dernier genre font : Un *Traité de Géométrie théorique & pratique*, réimprimé en 1745, in-8°, avec la vie de l'auteur. II. Un *Traité d'Architecture*, 2 vol. in-4°. III. Un *Difcours fur le Point de vûe*, matiere que l'auteur avoit approfondie. Après Calot, c'eft le graveur qui a fait voir le plus diftinctement cinq ou fix lieues de pays dans un petit efpace. Voyez le *Catalogue raifonné de l'Œuvre de Sébaftien le Clerc, avec fa Vie*, par M. Jombert, Paris 1775, 2 vol. in-8°; ouvrage curieux & intéreffant.

CLERC, (Laurent Joffe le) prêtre de S. Sulpice, fils de ce grand artifte, mort en 1736, s'eft fait connoître dans la république des lettres, par quelques brochures, pour éclaircir divers points d'hiftoire & de littérature; & fur-tout par un *Traité du Plagiat littéraire*, que l'on conferve manufcrit à la bibliotheque du féminaire de S. Irenée de Lyon. Il feroit à fouhaiter que les pieux eccléfiaftiques qui en ont le dépôt, vouluffent le donner au public, toujours curieux de connoître ceux qui, ne faifant que copier ce qu'ils ont lu, donnent pour des fruits de leur génie, les

fruits de leurs mains ou de leur mémoire. On a encore de lui des remarques sur le *Dictionnaire de Bayle*, imprimées dans l'édition de Trévoux 1734. Il y a quelques minuties dans sa critique; mais on y trouve des observations judicieuses & solides.

CLERC, (David le) ministre & professeur en hébreu à Genève, mourut dans cette ville en 1635, à 64 ans. Ses *Quæstiones sacræ* ont été publiées avec les ouvrages d'Etienne le Clerc son frere, en 1685 & 1687, 2 vol. in-8°, par Jean le Clerc son neveu, professeur à Amsterdam, dont nous allons parler.

CLERC, (Daniel le) médecin de Geneve, & conseiller d'état de sa patrie; né en 1652, mort en 1728, à 76 ans; fut aimé & estimé de ses concitoyens par sa bonté, sa candeur, & la facilité de son caractere. Il étoit naturellement gai, mais d'une gaieté froide, qui par cela même étoit plus piquante. Il s'acquit une réputation assez étendue parmi ceux de son art: I. Par l'*Histoire de la Médecine*, poussée jusqu'au tems de Galien inclusivement, à Amsterdam 1729, in-4°. Ce livre plein de recherches savantes, est écrit avec netteté & l'auteur y fait bien connoître le caractere des anciens médecins, leurs opinions, leur pratique, leurs remedes. II. *Historia naturalis latorum Lumbricorum*, à Geneve 1715, in-4°. Ce traité des vers plats est très-estimé. Il a aussi publié, avec Manget, la *Bibliotheque anatomique*.

CLERC, (Jean le) frere du précédent, neveu de David, naquit à Geneve en 1657, avec la mémoire la plus heureuse, & des dispositions pour tous les genres de littérature. Après avoir parcouru la France, l'Angleterre & la Hollande, il se fixa à Amsterdam, où il professa les belles-lettres, les langues & la philosophie. En 1728 il perdit tout d'un coup la parole en donnant ses leçons. Depuis cet accident, sa mémoire & son esprit s'affoiblirent, & il ne resta du savant le Clerc qu'un automate languissant. Il parloit: il sembloit même, à son air composé, qu'il pensoit encore; mais toutes ses idées étoient sans ordre & sans suite. Il s'amusoit dans son cabinet à lire, à écrire, à corriger. Il donnoit ensuite ses brouillons à son copiste, pour les porter à l'imprimeur, qui les mettoit au feu tout de suite. Il perdit sa femme, fille de Gregoire Leti, au milieu de ces accidens en 1734. Il la suivit en 1736, sur la fin de sa 79e année. On ne peut lui refuser beaucoup d'ardeur pour le travail, une érudition vaste, un jugement solide, une fécondité surprenante, une grande facilité pour écrire sur toutes fortes de matieres; mais quelques-uns de ses livres se ressentent de la rapidité avec laquelle il les composoit, & de la trop grande variété de ses travaux littéraires. Il avoit presque toujours cinq ou six ouvrages sur le métier, & il y travailloit ordinairement à mesure que l'imprimeur manquoit de copie. Soixante ans d'étude n'avoient pu le ramener à la vérité. Sectateur secret de Socin, il n'oublia rien pour expliquer plusieurs des miracles rapportés dans l'Ancien & le Nouveau Testament par des voies naturelles, pour détourner les prophéties qui regardent le Messie, & corrompre les passages qui prouvent la Trinité, & la divinité de J. C. On l'accusa d'avoir composé le livre intitulé: *Sentimens de quelques Théologiens de Hollande, touchant l'Histoire critique du Vieux Testament, par M. Simon*, & la *Défense* de ce même livre, dans l'intention de détruire l'inspiration des livres sacrés: 2 vol. in-8°. Il tâche fort inutilement d'y montrer que Moïse n'est pas l'auteur du Pentateuque, que l'histoire de Job est une méchante tragi-comédie, & le Cantique des Cantiques une Idylle profane & amoureuse.

amoureufe. Voici ceux de fes ouvrages qui ont le plus de réputation : I. *Bibliotheque univerfelle
& hiftorique*, Journal commencé
en 1686 & fini en 1693 , faifant 26
vol. in-12. On y trouve des extraits
fort étendus & affez exacts des livres
de quelque conféquence , accompagnés fouvent des favantes remarques du journalifte. Il n'y garde cependant pas la charité qu'il recom-
mande tant aux autres. Les SS. Peres
& les théologiens catholiques y font
l'objet ordinaire de fes fatyres pleines
de fiel. Jean Cornand de la Croze
étoit affocié à Jean le Clerc pour
cet ouvrage. La plus grande partie du
tom. 20 & des cinq fuivans font de
Jacques Bernard. II. *Bibliotheque
choifie* , pour fervir de fuite à la
Bibliotheque univerfelle , en 28 vol.
Le premier eft de 1703 , & le dernier de 1713. III. *Bibliotheque ancienne & moderne* , pour fervir de
fuite aux Bibliotheques univerfelles
& choifies , en 29 vol. in-12 , depuis 1714 jufqu'en 1727. IV. *Ars
critica* , 3 vol. in-8º , 1712 & 1730 :
on a repris la liberté avec laquelle
il s'explique fur plufieurs écrivains ,
& principalement fur les SS. Peres.
V. *Traité de l'Incrédulité* , où l'on
examine les motifs & les raifons
qui portent les incrédules à rejeter la religion chrétienne , 1714 &
1733 , in-8º. VI. *Parrhafiana* ,
ou *Penfées diverfes fur des matieres de critique , d'hiftoire , de
morale & de politique* : les unes
juftes , & les autres hazardées ou
fauffes : Amft. 1699 , in-12. Il n'a
guere eu d'autre peine que de compiler & d'ajouter à fes recherches
quelques réflexions qui donnent à
fon livre un air de critique & de
philofophie. VII. Des Commentaires
latins fur la plupart des livres de
l'Ecriture-Sainte , Amfterdam 1710
& 1731 , 5 vol. in-fol. VIII. *Harmonia evangelica* , en grec & en
latin , Amfterdam 1700 , in-folio :
ce n'eft guere qu'un pillage fait à
M. Thoynard. IX. Une *Traduction*
Tome II.

du Nouveau Teftament en françois
avec des notes , 1703 , 2 vol. in-4º.
Ces ouvrages fur l'Ecriture déplurent
aux Catholiques & aux Proteftans ,
par une foule d'interprétations fo-
ciniennes que le Clerc y gliffa , tantôt avec art , tantôt à découvert.
X. De nouvelles éditions de plufieurs auteurs anciens & modernes ,
facrés & profanes , de Pedo Albi-
novanus , de Cornelius Severus ,
de Sulpice Sévère , d'Efchine , de
Tite-Live , de Ménandre , de Phi-
lemon , d'Aufone , d'Erafme , du
traité de la religion de Grotius ;
une édition des *Dogmes théologiques* du P. Petau , 6 vol. in-fol. avec
des remarques fous le nom de *Théophile Aleihinus* qui doivent être
lues comme étant de Jean le Clerc ,
c'eft-à-dire d'un focinien. Il donna
auffi quatre éditions à Amfterdam
du *Dictionnaire de Moreri* : celle
1702 fut augmentée de 6 à 700 articles nouveaux ; une édition des
Peres apoftoliques par J. B. Cotelier , avec des remarques , &c. Amft.
1698 & 1724 , 2 vol. in-fol. XI. *Hiftoire des Provinces-Unies des
Pays-Bas* , depuis 1560 jufqu'en
1728 , compilation inexacte & mal
écrite , réimprimée à Amfterdam
1738 , 3 tom. in 2 vol. in-fol.
XII. *Hiftoire du cardinal de Richelieu* , 2 vol. in-12 , réimprimée avec des pieces en 5 volumes.
XIII. Beaucoup d'écrits polémiques,
dans lefquels regnent très-fouvent
la préfomption & l'aigreur. XIV.
Opera philofophica , Amft. 1710,
4 vol. in-12. *Voyez* Niceron ,
tom. 40 , p. 294 & 362 , & fa *Vie*
en latin , par lui-même , Amfterdam 1711 , in-8º.

CLERC , (Paul le) jéfuite , né
à Orléans en 1657 , enfeigna les
belles-lettres avec fuccès. Appellé
à Paris , il eut divers emplois , &
mourut en 1740. Il eft auteur des
ouvrages fuivans : I. *La Vie d'An-
toine-Marie Ubaldin* , à la Fleche en 1686 , in-16 , & plufieurs
fois réimprimée depuis. Le P. Jac-

ques Biderman, de la même société, avoit écrit cette Vie en latin. II. *Réflexions sur les quatre fins dernieres*, Paris & ailleurs. III. Plusieurs livres de piété.

CLEREL, (Nicolas) chanoine de Rouen, a fait une Relation de ce qui se passa aux états provinciaux de Rouen, tenus en 1578, & a donné les Discours qu'il y prononça.

CLÉREMBAULT, (Philippe de) comte de Palluau, maréchal de France en 1653, mourut à Paris en 1665, à 59 ans. Il servit en qualité de mestre-de-camp de la cavalerie-légere aux sieges de Philipsbourg, de Dunkerque, de la Bassée & de Courtrai. Les Espagnols ayant tenté, en 1648, de reprendre cette derniere place, il les repoussa vigoureusement. Clérembault étoit aussi distingué par le mérite de l'esprit, que par celui de la bravoure. Quoiqu'il eût quelque peine à parler, on avoit beaucoup de plaisir à l'entendre. Son esprit fin & délicat donnoit un tour agréable à tout ce qu'il disoit. Il étoit pere de Jules Clérembault, abbé de S. Taurin d'Evreux, l'un des 40 de l'académie françoise, mort en 1714.

CLERGERIE, *voyez* BRY.

CLERI, (Petermann) né à Fribourg en Suisse l'an 1510, capitaine au service de Henri II, puis colonel d'un régiment suisse au service de Charles IX, rendit de grands services à ces princes dans plusieurs expéditions. Il se distingua à la bataille de Dreux, & perdit la vie à celle de Moncontour en 1569, après avoir fait des prodiges de valeur à la tête de son régiment, qui contribua beaucoup à décider la victoire. Henri II l'avoit créé chevalier en 1554.

CLERIC, (Pierre) jésuite, natif de Beziers, mort à Toulouse en 1740, à 79 ans, après y avoir professé 22 ans la rhétorique, fut couronné huit fois par l'académie des Jeux-Floraux. Ce jésuite avoit beau-

coup de ce feu qui caractérise le poëte ; mais son imagination n'étoit pas assez réglée, & ses ouvrages manquent de correction. On a de lui la tragédie d'*Electre* de Sophocle en vers françois, & plusieurs autres pieces de poésie en latin & en françois.

CLESIDE, peintre grec sous le regne d'Antiochus I, vers l'an 276 avant J.C. Ayant eu quelque sujet de mécontentement de la reine Stratonice, il s'en vengea en la représentant dans les bras d'un pêcheur. Cette princesse se trouva peinte avec tant de charmes dans ce tableau satyrique, que malgré son indécence, elle laissa subsister l'ouvrage & récompensa l'auteur. Le peintre auroit sans doute mieux réussi dans sa vengeance, s'il avoit prêté la laideur à Stratonice.

CLET, (S.) *voyez* ANACLET.

CLICTHOUE, (Josse) *Jodocus Clicthoveus*, natif de Nieuport en Flandre, docteur de Sorbonne, mort théologal de Chartres l'an 1543, fut des premiers qui combattirent Luther. Son *Anti-Lutherus*, Paris 1524, in-folio, est estimé. Si la critique & la science des langues ne lui avoient manqué, il auroit été mis au rang des meilleurs controversistes. Il possédoit l'Ecriture, & avoit beaucoup lu les Peres. Il réfute l'erreur avec solidité, sans s'emporter contre les errans. Son latin est plus pur que celui des scolastiques, & moins élégant que celui de plusieurs orateurs de son tems. On peut pourtant lire encore ses ouvrages avec fruit ; Erasme les appelle une source abondante de bonnes choses : *Uberrimum rerum optimarum fontem.*

CLIMAQUE, *voyez* JEAN-CLIMAQUE (Saint).

CLING, (Conrad) *Clingius*, allemand, religieux de l'ordre de S. François, vivoit en 1550. Il a composé divers traités de controverse : I. Un *Catéchisme*, à Cologne 1570, in-8°. II. *De securi-*

tate Conſcientiæ, contre l'*Interim* de Charles-Quint, ibid. 1563, in-fol. On doit lire avec précaution ce qu'il a écrit ſur la juſtification.

CLINGSTET, *voy.* KLINGSTET.

CLINIAS, pere d'Alcibiade, fit revivre l'hoſpitalité entre les Athéniens & les Lacédémoniens. Il ſe ſignala dans la guerre de Xercès ſur une galere armée à ſes dépens, & fut tué à la bataille de Coronée, l'an 447 avant J. C.

CLINIAS, pythagoricien, qui vivoit vers l'an 520 avant l'ere chrétienne, égaya les leçons de la philoſophie par les charmes de la muſique. Il étoit d'un naturel prompt & bouillant ; mais il trouvoit dans les ſons de ſa lyre un lénitif qui cal-mioit les mouvemens de ſa colere. Il avoit coutume de s'écrier dans ces occaſions : Je m'adoucis !

CLIO, l'une des neuf Muſes, fille de Jupiter & de Mnémoſyne, préſide à l'hiſtoire. On la repré-ſente couronnée de laurier, une trompette dans la main droite, & un livre dans la gauche.

CLISSON, (Olivier de) con-nétable de France en 1380, ſous Charles VI, éleve de Bertrand du Gueſclin, étoit breton comme lui. Il porta d'abord les armes contre la France ; mais Charles V l'attira à ſon ſervice, par de fortes pen-ſions, & par l'eſpérance des grandes charges de la couronne. Il comman-doit l'avant-garde à la fameuſe ba-taille de Roſebec, en 1382, contre les Flamands, qui y perdirent 25 mille hommes. Cinq ans après s'é-tant rendu auprès du duc de Bre-tagne, celui-ci le fit arrêter, après l'avoir accablé de careſſes. Il or-donna à Bavalan, capitaine de ſon château de l'Hermine, de le coudre dans un ſac, & de le jeter dans la mer. Bavalan, comptant ſur les remords du duc, ne crut pas devoir exécuter ſon ordre. Son maître, revenu à lui-même, rendit ſon pri-ſonnier ; mais ce ne fut qu'après avoir reçu une groſſe rançon. Ils ſe

réconcilierent depuis ſi ſincérement, que Jean V, en mourant, laiſſa ſes enfans ſous la garde de Cliſſon. Il méritoit cette confiance par ſon exacte probité : car Marguerite, ducheſſe de Penthievre, ſa fille, ayant voulu lui inſinuer de ſe dé-faire de ſes pupilles, pour mettre la couronne ducale de Bretagne ſur la tête de Jean de Blois ſon époux, Cliſſon fut ſi indigné de cette hor-rible propoſition, que la ducheſſe auroit éprouvé les effets de ſa co-lere, ſi elle ne ſe fut retirée auſſi-tôt de ſa préſence. Le connétable de retour en France, s'occupa du pro-jet de chaſſer les Anglois du royau-me ; lorſque Pierre de Craon, à la tête d'une vingtaine de ſcélérats, fondit ſur lui la nuit du 13 au 14 juin 1392. Cliſſon, après s'être dé-fendu aſſez long-tems, tomba de cheval percé de trois coups, & laiſſé pour mort par les aſſaſſins. Ses bleſſures n'étoient pas dange-reuſes, & il en guérit. Le roi Charles VI, peu de tems après, fut attaqué de ſes accès de frénéſie. Les ducs de Bourgogne & de Berri, ré-gens du royaume, dépouillerent le connétable de toutes ſes char-ges, après l'avoir condamné au banniſſement perpétuel, & à une amende de cent mille marcs d'ar-gent. Il ſe retira en Bretagne, & mourut dans ſon château de Joſ-ſelin en 1407, aimé des gens de guerre auxquels il permettoit tout, & haï des grands qu'il traitoit avec hauteur. On le comparoit à du Gueſclin pour le courage ; mais il lui étoit ſupérieur par l'art de ſe ménager des reſſources, & de for-mer des projets favorables à ſon ambition. Ses premiers exploits avoient annoncé ce qu'il fut. A la journée d'Auray, il reçut un coup de lance qui lui creva un œil, & il ne voulut pas quitter le champ de bataille. On ſe récria beaucoup, de ſon tems, ſur la ſom-me de 1700 mille livres à laquelle on faiſoit monter ſon bien. On ne failoit pas attention qu'il avoit joui pendant douze ans des appointemens de connétable ; qu'il étoit très-riche de son patrimoine , & qu'il avoit conquis ses autres richesses plutôt sur les ennemis que sur l'état.

CLISTHENES , magistrat d'Athenes , de la famille des Alcméodines , fit un nouveau partage du peuple. Il le divisa en dix tribus , au lieu de quatre , & fut l'auteur de la loi connue sous le nom d'*Ostracisme* , par laquelle on condamnoit un citoyen au bannissement , de peur qu'il ne devînt le tyran de sa patrie. Le nom d'*Ostracisme* vient du mot *Ostracon* , qui signifie écaille , parce que c'étoit sur une écaille qu'on écrivoit le nom du proscrit. Clisthenes fit chasser par cette loi le tyran Hippias , & rétablit la liberté de la république , l'an 510 avant J. C. Il étoit aïeul de Periclès.

CLITE , fille de Mérops , roi de Rhyndaque , épousa Cyzicus , fondateur de la ville de Cyzique. Cette princesse s'étrangla , pour ne pas survivre à son mari qu'elle aimoit tendrement : étrange maniere de répandre des fleurs sur le tombeau d'un époux !

CLITOMAQUE , philosophe de Carthage , quitta sa patrie à l'âge de 40 ans. Il se rendit à Athenes , où il fut disciple & successeur de Carnéade , vers l'an 140 avant J. C. Il avoit composé un grand nombre d'ouvrages qui sont perdus , & dont on faisoit cas.

CLITOPHON , ancien historien de Rhodes ou Rhoda , colonie des Rhodiens près du Rhône , mérite quelque considération. On cite de lui plusieurs ouvrages assez importans , dont il n'existe plus que des passages dans le livre *des Fleuves* & des *petits Paralleles* attribués à Plutarque. *Voyez* tom. xx des *Mémoires des Inscriptions* , in-4°, p. 15.

CLITORIS , fille d'un Myrmi-don , étoit si petite , que Jupiter fut obligé de se transformer en fourmi pour la visiter.

CLITUS , frere d'Hellanice , nourrice d'Alexandre le Grand , se signala sous ce prince , & lui sauva la vie au passage du Granique. Un satrape alloit abattre d'un coup de hâche la tête du héros , lorsque Clitus coupe d'un coup de sabre le bras prêt à frapper. Ce service lui gagna l'amitié d'Alexandre. Il jouissoit de sa confiance & de sa familiarité. Un jour ce roi s'étant mis à exalter ses exploits & à rabaisser ceux de Philippe son pere dans un accès d'ivresse ; Clitus , qui apparemment n'étoit pas moins échauffé , osa relever les actions de Philippe , aux dépens de celles de son fils : il alla jusqu'à lui reprocher la mort de Philotas & de Parmenion. Alexandre , dans le feu de la colere & du vin , le perça d'un javelot , en lui disant : *Va-t-en donc aussi rejoindre Philippe , Parmenion & Philotas.* Quand la raison lui fut revenue , & qu'il vit Clitus noyé dans son sang , il vouloit s'immoler à ses mânes ; mais les philosophes Callisthenes & Anaxarque l'en empêcherent.

CLODION le *Chevelu* , successeur de Pharamond son pere , vers l'an 427 , passe pour le second des rois de France. Il prit Tournai , Cambrai , fut défait par Aëtius , reprit courage , se rendit maître de l'Artois & d'Amiens , & mourut en 448.

CLODIUS , (*Publius*) sénateur romain , mauvais citoyen & ennemi de la république , fut surpris en un rendez-vous avec Pompeïa , femme de César , dans la maison même de son mari , où l'on célébroit ce jour-là les mysteres de la Bonne-Déesse. On sait qu'il étoit défendu aux hommes d'y paroître. Clodius s'y introduisit , déguisé en musicienne. On lui fit son procès. Il corrompit ses juges à force d'argent , & fut absous. Clodius devenu tribun fit exiler Cicéron, & fut tué ensuite par Milon, l'an 53 avant J. C. Cicéron se chargea de la défense du meurtrier, qui n'en fut pas moins exilé à Marseille.

CLODOALDE, *voyez* CLOUD (Saint).

CLODOMIR, fils de Clovis & de Clotilde, héritier du royaume d'Orléans, fit la guerre à Sigismond, roi de Bourgogne, le prit prisonnier, le fit mourir, & fut tué lui-même en 524, dans un combat qu'il livra à Gondemar, devenu roi de Bourgogne après la mort de St Sigismond. Clodomir laissa trois enfans de sa femme Gondiuque; les deux premiers (Gontaire & Théodebalde) furent massacrés par Childebert & Clotaire, leurs oncles. Le troisieme (Clodoalde, art. précéd.) se sauva dans un cloître & s'y sanctifia.

CLOPINEL *ou* JEAN DE MEUN, naquit à Meun en 1280, & fut appellé Clopinel, parce qu'il étoit boiteux. Il s'appliqua à la théologie, à la philosophie, à l'astronomie, à la chymie, à l'arithmétique, & sur-tout à la poésie. Il fit les délices de la cour de Philippe le Bel, par son esprit & par son enjouement. Quoique médisant & satyrique à l'égard des femmes, il en fut aimé. Quelques dames voulurent, pour se venger de ses médisances, le fustiger : il se tira d'embarras, en leur demandant que les premiers coups lui fussent portés par celle qui donnoit le plus de prise à sa satyre. On croit qu'il mourut vers l'an 1364. Il légua par son testament aux Dominicains, de la rue S. Jacques, un coffre rempli de choses précieuses, à ce qu'on pouvoit juger, au moins par sa pesanteur, & qui ne devoit être ouvert qu'après sa mort. On l'ouvrit, & l'on n'y trouva que des pieces d'ardoise. Les Jacobins, indignés de se voir joués, s'aviserent de déterrer Clopinel; mais le parlement de Paris les obligea de lui donner une sépulture honorable dans le

cloître même de leur couvent. Le poëte s'étoit d'abord fait connoître par quelques petites pieces. Le roman de la *Rose* lui étant tombé entre les mains, il résolut de le continuer : Guillaume de Lorris, premier auteur de cet ouvrage, n'avoit pas pu l'achever. L'amour-profane, la satyre, la morale & l'érudition, mais sur-tout les deux premiers, y regnent tour-à-tour. C'est un tas informe de satyres, de contes, de saillies, de grossièretés, de traits moraux & d'ordures. Pour un moment de plaisir qu'on aura en le lisant, on rencontrera cent instans d'ennui. Il y a une ingénuité, une naïveté, qui plait d'autant mieux, qu'elle n'est plus de notre siecle : voilà tout son mérite, quoi qu'en dise l'abbé Lenglet, qui nous a donné une édition de ce roman en 1735, 3 vol. in-12. Clopinel a fait encore une *Traduction* du livre *De la Consolation de la Philosophie*, par le célebre Boëce, 1494, in-folio; une autre des *Lettres d'Abailard*; un petit ouvrage *sur les réponses des Sybilles*, &c.

CLOPPENBURG, (Jean) né à Amsterdam en 1592, visita presque toutes les universités protestantes de l'Europe. De retour dans sa patrie, il exerça l'emploi de ministre en plusieurs endroits, fut professeur en théologie, & prédicateur de l'université de Franequer où il mourut. Il publia plusieurs ouvrages qui ont été presque tous recueillis par Jean de Marck, son petit-fils, sous le titre *J. Cloppenburgii theologica opera omnia*, Amst. 1684, 2. vol. in-4°. Ils renferment des Dissertations, entr'autres sur les sacrifices des Patriarches, sur le jour que J. C. & les Juifs ont mangé l'Agneau pascal, sur quelques passages difficiles de l'Ancien & du Nouveau Testament, contre les Anabaptistes & les Sociniens, sur l'usure, &c. Ces écrits montrent qu'il étoit versé dans les langues favantes & dans la critique facrée. On fait moins de cas, même chez les Protestans, de fes écrits polémiques. Quelqu'unes de fes Differtations ont trouvé place dans les *Critici facri.*

CLORIS *ou* CHLORIS, fille d'Amphion & de Niobé, époufa Nelée & enfuite Neftor. Apollon & Diane la tuerent, parce qu'elle avoit ofé fe vanter de mieux chanter que le premier, & d'être plus belle que Diane.

CLOS, *voyez* DUCLOS.

CLOTAIRE I, 4e fils de Clovis & de Clotilde, roi de Soiffons en 511, joignit fes armes à celles de Clodomir & de Childebert contre Sigifmond, roi de Bourgogne. Il fuivit Thierri à la guerre contre le roi de Thuringe, s'unit enfuite avec fon frere Childebert, & fit de concert avec lui une courfe en Efpagne en 542. Après la mort de Thierri, Clotaire eut le royaume d'Auftrafie; & après celle de Childebert en 558, il réunit tout l'empire françois. Il fe fignala contre les Saxons & les Thuringiens, & mourut à Compiegne en 561, dans la 51e année de fon regne. L'année d'auparavant, Chranne fon fils naturel s'étoit révolté. Son pere l'ayant furpris les armes à la main, le brûla, avec toute fa famille, dans une cabane où il s'étoit retiré. Clotaire eut fix femmes, & laiffa quatre enfans qui lui fuccéderent. Ce prince étoit courageux, libéral & grand politique, mais cruel & trop ambitieux.

CLOTAIRE II, fils & fucceffeur de Chilperic I dans le royaume de Soiffons, à l'âge de 4 mois, en 584, fut foutenu par Frédegonde fa mere, contre les efforts de Childebert. Elle remporta fur ce prince une victoire fignalée près de Soiffons en 593. Après la mort de fa mere, il fut défait par Théodebert & par Thierri. Ces deux princes étant morts, il réunit toute la monarchie françoife. Il dompta les

Saxons, tua de fa main leur duc Berthoald, & ne fongea plus, après la victoire, qu'à affurer la paix de l'état, en y faifant régner la juftice & l'abondance. Il mourut en 628, âgé feulement de 45 ans; laiffant deux fils, Dagobert & Chatibert. L'amour des loix, l'art de gouverner, le zele pour l'obfervation des canons, ont fait oublier en partie fa cruauté. Il fit égorger les quatre enfans de Théodoric fon coufin; il condamna Brunehaut à une mort cruelle; il livra les Saxons à la fureur du foldat, &c.

CLOTAIRE III, fut roi de Bourgogne & de Neuftrie. Après la mort de Clovis II fon pere en 655, Batilde fa mere, aidée de S. Eloi, gouverna durant fa minorité avec beaucoup de fageffe. Cette princeffe s'étant retirée au monaftere de Chelles, Ebroïn, maire du palais, s'empara de toute l'autorité, & fe fit détefter par fes cruautés, & fes injuftices. Clotaire III mourut en 670, fans poftérité.

CLOTHO *ou* CLOTHON, l'une des trois Parques, tient la quenouille, & file la deftinée des hommes. Elle eft repréfentée avec une longue robe de diverfes couleurs, & une couronne ornée de fept étoiles fur la tête.

CLOTILDE, (Sainte) fille de Chilperic, roi des Bourguignons, époufa Clovis, premier roi chrétien de France. Elle contribua beaucoup à fa converfion, par fon efprit & par fa vertu. Après la mort de fon époux en 511, la guerre s'étant allumée entre fes enfans, elle fe retira à Tours, après du tombeau de S. Martin. Elle mourut dans de grands fentimens de piété l'an 543. Son corps fut rapporté à Paris en l'églife de S. Pierre & S. Paul, où Clovis étoit enterré.

CLOUD, (Saint) appelé auparavant Clodoalde, le plus jeune des enfans de Clodomir, échappé au maffacre & à la fureur de Clotaire, se retira auprès de Séverin, pieux solitaire, enfermé dans une cellule près de Paris. Il fut ordonné prêtre en 551, par Eusebe, évêque de Paris, bâtit un monastere au village de Nogent, appellé S. Cloud, & changé depuis en collégiale. Il mourut saintement en 560.

CLOVIO, (Julio) peintre esclavon, mort à Rome en 1578, âgé de 80 ans, excelloit dans la miniature. On a de lui des Figures admirables en ce genre, qu'on conserve au palais Farnese, dans un *Office de la Vierge* écrit à la main.

CLOVIS I, regardé ordinairement comme le véritable fondateur de la monarchie françoise, succéda à Childeric son pere l'an 481. Il étendit les conquêtes des François, affermit leur puissance, & détruisit celle des Romains dans la partie des Gaules, située entre la Somme, la Seine & l'Aisne. Siagrius, général romain, fut vaincu par lui, & décapité près de Soissons, où le vainqueur établit le siege de sa monarchie. Ces victoires furent suivies d'autres succès remportés sur les Germains. Clovis les défit à Tolbiac, aujourd'hui Zulpich, dans l'électorat de Cologne, en 496. Ses troupes commençant à plier, il fit vœu d'adorer le dieu de Clotilde sa femme, s'il le rendoit vainqueur. La victoire lui étant restée, il fut baptisé le jour de Noël de la même année, par S. Remi, archevêque de Rheims, avec 3000 personnes de son armée. Il étoit alors le seul roi catholique qu'il y eût dans le monde. L'empereur Anastase favorisoit les Eutychiens ; le roi des Vandales en Afrique, Théodoric roi des Ostrogoths en Italie, Alaric roi des Visigoths en Espagne, Gondebaud roi des Bourguignons, étoient ariens. L'année d'après son baptême, en 497, les peuples renfermés entre les embouchures de la Seine & de la Loire, ainsi que les Romains qui gardoient les bords

de la Loire, se donnerent à lui. Ayant tourné ses armes contre Alaric, roi des Goths, il gagna contre lui la célebre bataille de Vouillé, près Poitiers, & le tua de sa propre main l'an 507. Il soumit ensuite toutes les provinces qui s'étendent depuis la Loire jusqu'aux Pyrenées, le Poitou, la Saintonge, le Bourdelois, l'Auvergne, le Querci, le Rouergue, l'Albigeois ; prit Angoulême & Toulouse ; mais il fut vaincu près d'Arles par Théodoric en 509. Anastase, empereur d'Orient, redoutant sa valeur & admirant ses succès, lui envoya le titre & les ornemens de consul, de patrice & d'auguste, avec une couronne d'or & un manteau de pourpre. Ce fut alors que Paris devint la capitale de son royaume. Il y mourut en 511, à 45 ans, après en avoir régné 30. Ce héros ne triompha pas seulement par les armes ; il triompha encore davantage par la force de son génie & de ses loix. La législation générale & la constitution de la monarchie françoise, font l'ouvrage immortel de Clovis. Malgré l'avantage inestimable du christianisme, il fut d'une cruauté qui ne répondoit guere à la douceur que la religion auroit dû lui inspirer. Il exerça des barbaries inouies contre tous les princes ses parens. Il s'empara de leurs états. Sigebert roi de Cologne, Cararic roi des Morins, Ranacaire roi de Cambrai, Renomert roi du Mans, furent les malheureuses victimes de son ambition sanguinaire. Les signalés services qu'il a rendu à la religion, donnent lieu de présumer que le Seigneur lui aura fait la grace de réparer ses fautes. Il fut enterré dans l'église de S. Pierre & S. Paul qu'il avoit commencée, aujourd'hui Ste Geneviève. Le mausolée de Clovis qu'on voit dans le chœur de cette église, est un ouvrage récent ; c'est le cardinal de la Rochefoucault qui l'a fait ériger. On trouve dans Aimoin une épitaphe de Clovis, attribuée par quelques-uns à S. Remi, & qui commence par ces vers:

Dives opum, virtute potens, clarusque triumpho
Condidit hanc sedem rex Clodovæus, & idem
Patricius magno sublimis fulsit honore.

Ses quatre fils, Thierri, Clodomir, Childebert & Clotaire partagerent entre eux les états de leur pere. C'est sous ce prince que l'usage des vers à soie fut apporté des Indes.

CLOVIS II, fils de Dagobert, régna après lui en 638 dans les royaumes de Neustrie & de Bourgogne, étant à peine âgé de 9 ans, sous la tutelle de Nantilde sa mere, qui gouverna avec les maires du palais. Ce prince épousa Bathilde, & mourut en 655, à 23 ans. Il fut le pere des pauvres. Dans un tems de disette, après avoir épuisé ses coffres pour secourir ses sujets, il fit enlever les lames d'argent dont son pere Dagobert avoit fait couvrir le chevet de l'église de S. Denis, & en fit distribuer le produit aux pauvres. Il laissa trois fils, Thierri, Clotaire III. & Childeric II.

CLOVIS III, fils de Thierri III, roi des François, lui succéda en 691. Il régna cinq ans sous la tutelle de Pepin Heristal, maire du palais, qui s'étoit emparé de l'autorité royale. Il mourut en 695, à 14 ans.

CLUENTIUS, romain, fut accusé par sa mere Sofie d'avoir fait mourir Oppianicus son beau-pere, l'an 54 avant J. C.; mais Cicéron prit sa défense, & prononça en sa faveur la belle oraison *pro Cluentio.*

CLUGNY, (François de) né l'an 1637 à Aigues-Mortes en Languedoc, entra fort jeune dans la congrégation de l'Oratoire à Paris. Après avoir enseigné avec réputation dans divers colleges, il fut envoyé à Dijon en 1665. Il y passa le reste de ses jours, occupé à la direction des ames, prêchant, confessant, catéchisant. Il mourut à

Dijon en 1694, à 57 ans. Ses Œuvres spirituelles sont en 10 vol. in-12 : on les lit peu, parce qu'elles sont pleines d'idées singulieres & bisarres, & d'expressions peu assorties à la dignité des choses.

CLUSEUS, *voyez* ECLUSE.

CLUVIER, *ou plutôt* CLUWER, (Philippe) naquit à Dantzick en 1580. Il quitta l'étude du droit, pour s'adonner entiérement à la géographie. Il voyagea en Angleterre, en France, en Allemagne, en Italie, & se fit par-tout des amis illustres. On le sollicita puissamment de rester à Rome, où son génie pour les lettres, & principalement pour les langues, trouva beaucoup d'admirateurs. Il en parloit dix, & facilité, le grec, le latin, l'allemand, le françois, l'anglois, le hollandois, l'italien, le hongrois, le polonois & le bohémien. On doit à ses veilles plusieurs ouvrages géographiques. I. *De tribus Rheni alveis*, in-4°; ouvrage plein d'érudition ; il se trouve aussi dans le suivant. II. *Germania antiqua*, à Leyde 1616, 2 vol. in-fol. III. *Italia antiqua ; Sicilia, Sardinia & Corsica*, à Leyde 1624, 3 vol. in-fol. écrit dans le même goût que le précédent, c'est-à-dire avec beaucoup d'exactitude. IV. *Introductio in universam Geographiam, tàm veterem quàm novam*, traduite en françois par le P. Labbe en 1697, in-4°, Amsterdam, avec les notes de Reiskius ; & réimprimée en latin en 1727, in-4°, par les soins de Bruzen de la Martiniere, qui l'a enrichie de ses remarques & de celles de différens savans. Cluvier mourut à Leyde en 1623, à 43 ans : regardé, avec raison, comme le premier géographe qui ait su mettre en ordre ses recherches, & les réduire à des principes certains.

CLYMENE, nymphe, fille de l'Océan & de Thétis. Apollon l'aima, & l'épousa. Elle eut de lui Phaëton, & ses sœurs Lampecie, Phaëtuse & Lampetuse.

CLYTEMNESTRE, fille de Jupiter & de Léda, femme d'Agamemnon, se livra à sa passion pour Egysthe, dans le tems que son mari étoit au siege de Troie. Egysthe, de concert avec elle, fit massacrer Agamemnon au milieu d'un festin. Après ce meurtre Clytemnestre épousa publiquement son amant, & lui mit sa couronne sur la tête. Oreste, fils d'Agamemnon, vengea la mort de son pere, & tua ses meurtriers.

CLYTIE, fille de l'Océan & de Théis, fut aimée du Soleil, & conçut une telle jalousie de s'en voir abandonnée pour Leucothoé, qu'elle se laissa mourir de faim ; mais Apollon la métamorphosa en une fleur appellée Héliotrope ou Tournesol, parce qu'elle regarde toujours l'astre de la lumiere.

COCCAIE, (Merlin) voyez FOLENGIO.

COCCEIUS, habile architecte de Rome, que quelques-uns disent être un des ancêtres de l'empereur Nerva, qui s'appelloit du même nom, s'est rendu célebre par plusieurs beaux édifices. Le tems en a respecté quelques-uns ; tel que le temple que Calpurnius dédia à Auguste, dans la ville de Pouzzol au royaume de Naples, & qui est aujourd'hui la cathédrale de cette ville. Une entreprise encore plus considérable l'a immortalisé : c'est la grotte qui alloit de Cumes au lac d'Averne. Une tradition ancienne, dont la construction du temple de Pouzzol & l'entreprise de la grotte de Cumes, font peut-être la source, lui attribue également celle de Naples ou de Pouzzol. C'est une montagne creusée de la longueur d'environ un mille, où deux voitures peuvent passer commodément. Addison, voyageur très-sensé, pense avec assez de vraisemblance, qu'on n'eut d'abord en vue que de tirer des pierres de la montagne, pour construire la ville & les môles de Naples : & qu'ensuite on imagina de percer la montagne jusqu'au bout, pour y pratiquer un chemin. Sa conjecture est fondée sur ce qu'on ne voit aucun amas autour de ce mont, & paroît se confirmer par l'aspect des carrieres qu'on voit dans le voisinage de Maëtricht qui présentent de vastes galeries souterraines d'une très-longue étendue.

COCCEIUS, (Jean) né à Brême en 1603, professeur de théologie à Leyde, a encore aujourd'hui un grand nombre de sectateurs appellés Cocceïens. Voët & Desmarêts combattirent avec beaucoup de zele ses sentimens, & firent passer leur auteur pour hérétique. Cocceïus croyoit qu'il devoit y avoir dans le monde un regne visible de J. C., qui aboliroit le regne de l'Antechrist, & que ce regne étant établi avant la fin des siecles, après la conversion des Juifs & de toutes les nations, l'église catholique seroit dans sa gloire. Il s'étoit fait un système particulier de théologie, disposant l'économie du Vieux & du Nouveau Testament, d'une maniere nouvelle, & trouvant presque par-tout la venue de Jésus-Christ & celle de l'Antechrist. Ses Commentaires sur la Bible, outre qu'ils sont trop diffus, sont remplis des singularités dont il étoit entêté. Ce savant bizarre mourut à Leyde en 1669, à 66 ans. On a recueilli ses ouvrages en 10 tom. in-fol. dont les 8 premiers parurent à Francfort-sur-le-Mein en 1689, & les deux derniers à Amsterdam en 1706. On a donné de lui en 1708, Opera anecdota, theologica & philologica, 2 vol. in-fol. Cette énorme collection ne peut être lue en entier que par un Cocceïen. Jurieu le peint comme un homme de bien, doux & modeste, capable d'un grand travail ; mais né plutôt pour compiler les rêveries des autres, & y ajouter les siennes, que pour penser solidement.

COCCEIUS, (Henri) né à Brême en 1644, fut professeur en droit à Heidelberg, à Utrecht & à Francfort. Après s'être perfectionné dans l'étude du droit public par des voyages en Angleterre, en France, en Allemagne ; l'empereur, qui l'avoit employé dans des affaires secrettes & importantes, l'honora en 1713 de la qualité de baron de l'empire. Il mourut à Francfort-sur-l'Oder en 1719. On a de ce savant juris-consulte plusieurs ouvrages sur la science qu'il avoit professée, très-estimés en Allemagne. I. *Juris publici prudentia compendiosè exhibita*, 1695, in-8°. II. *Hypomnemata Juris*, 1698, in-8°. III. *Prodromus justitiæ gentium*, in-8°. IV. *Deductiones*, *Consilia*, in-fol. V. Un recueil de ses Theses, en 4 vol. in-8°. Cocceïus n'étoit redevable de son habileté qu'à la méditation & au travail. Il n'avoit jamais entendu de leçons, que sur les *Institutions du Droit*. Son caractere étoit doux & obligeant ; sa probité & son désintéressement étoient extrêmes.

COCCEIUS, (Samuel de) baron allemand, fils du précédent, né à Francfort-sur-l'Oder vers la fin du dernier siecle, mort en 1755, s'éleva, par sa profonde connoissance du droit public, aux places de ministre d'état, & de grand-chancelier du roi de Prusse Frédéric III. Ce prince confia au baron Cocceïus la réformation de la justice dans ses états. Le *Code Frédéric*, que ce ministre forma en 1747, justifia le choix du monarque. Outre cet ouvrage qui est en 3 vol. in-8°, on doit au baron Cocceïus une édition latine du *Traité de la Guerre & de la Paix* de Grotius, plus ample qu'aucune qui eût paru encore. Elle a été imprimée en 1755, à Lausane, 5 vol. in-4°. Le premier tome, qui sert d'introduction à l'ouvrage, est de Cocceïus le pere.

COCCHI, (Antoine) florentin, professeur de médecine à Pise, puis de chirurgie & d'anatomie à Florence, mourut en 1758, à 62 ans. Ce savant étoit lié d'amitié avec Newton & Boerhaave. L'empereur en fit son antiquaire. Il fut estimé comme théoricien & comme praticien. On a de lui *Epistolæ Phisico-Medicæ*, 1732, in-4°. Il a publié un manuscrit grec avec la traduction latine, *sur les Fractures & Luxations*, tiré d'Oribase & de Soranus, Florence 1754, in-fol. & d'autres ouvrages.

COCCHI, (Antoine-Célestin) né à Mugello en Toscane le 3 août 1695, fut successivement professeur en médecine à Pise, en philosophie à Florence, & antiquaire du grand-duc, qui cultivoit les gens-de-lettres de tous les pays. Quoique le but principal de ses études eût été la médecine, il excella aussi dans la littérature. Ce fut lui qui traduisit en latin le roman d'Abrocome & Anthia par Xénophon, qui fut imprimé à Londres 1726, grec & latin, in-4°. Il prononça aussi plusieurs Discours italiens sur des objets de médecine, & sur quelques savans, qui ont été imprimés à Florence en 1761, 2 parties. Son *Discours sur le régime pythagoricien*, a été traduit en françois, in-8°.

COCCIUS, (Josse) savant controversiste, natif de Bilfeld, d'abord luthérien, embrassa la religion catholique à Cologne, & fut chanoine de Juliers. On a de lui un long ouvrage de controverse en latin, intitulé : *Le Trésor catholique*, réimprimé à Cologne 1674, 2 vol. in-folio ; moins lu que Bellarmin, & moins digne de l'être.

COCHEM, (Martin de) capucin, né à Cochem, petite ville de l'électorat de Treves, mort en 1712 dans un âge fort avancé, est auteur d'un grand nombre d'ouvrages de dévotion, où l'on trouve plus de zele que de discernement. On ne peut néanmoins disconvenir qu'ils n'aient contribué à nourrir la piété parmi les peuples des provinces catholiques d'Allemagne.

COCHET DE S. VALLIER, (Melchior) d'abord secrétaire du duc d'Orléans régent, ensuite conseiller & président au parlement de

Paris, mourut dans cette ville en 1738, à 74 ans. Il est principalement connu par un *Traité de l'Indult*, en 3 vol. in-4°. L'auteur approfondit une matiere, qui jusqu'alors n'avoit été traitée que fort légérement par Raynaudin & par Pinson. Ce savant jurisconsulte laissa, en 1725, un fonds de dix mille livres de rente pour marier chaque année une demoiselle noble de Provence à perpétuité. Tous les bons citoyens ont loué la fondation & le fondateur.

COCHIN, (Henri) né à Paris en 1687 avec les dispositions les plus heureuses, se consacra de bonne heure au barreau, pour lequel il sembloit que la nature l'avoit fait naître. Il joignit à l'étude de la jurisprudence, celle des orateurs & des philosophes anciens & modernes, grecs, latins, italiens & françois. Reçu avocat en 1706, il s'attacha d'abord au grand-conseil, & y plaida sa première cause à 22 ans, avec le même succès qu'auroit eu un vieux orateur dans sa derniere. Ses progrès furent si rapides, qu'à 30 ans son nom étoit avec celui des plus habiles canonistes. Dès qu'il parut au parlement, il balança la réputation du fameux le Normand, appellé l'*Aigle du Barreau*. Sa bouche & sa plume devinrent bientôt l'oracle du public. Il fut consulté de toute la France, & mourut à Paris en 1747, à 60 ans. Une modestie singuliere rehaussoit l'éclat de ses vertus & de ses talens. Un de ses confreres (le même M. le Normand) lui dit après sa premiere cause, qu'il n'avoit jamais rien entendu de si éloquent. *On voit bien*, lui répondit Cochin, *que vous n'êtes pas du nombre de ceux qui s'écoutent.* Ce que l'on a recueilli de ses ouvrages, forme six vol. in-4°, Paris 1751 & suiv. On y trouve des Mémoires, des Consultations, des Discours, des Plaidoyers, &c. On a dit de lui, qu'il

étoit dans le barreau, ce que Bourdaloue étoit dans la chaire. Son éloquence est à la fois noble & simple, pleine de nerf, d'élégance & de précision. Il réduit toutes ses preuves à une seule, qu'il fait paroître sous des faces différentes, & toujours avec le même avantage. Il plaidoit la plupart de ses causes sur de simples extraits. Les endroits les plus pathétiques & les plus brillans naissoient dans le feu de l'action. L'on n'a conservé de ses plaidoyers, que ceux qu'il avoit fait imprimer lui-même en forme de mémoires. Les lecteurs qui voudront connoître plus particulierement ce grand-homme, peuvent consulter la préface dont M. Bernard a orné le premier vol. de ses ouvrages: Cochin y est peint comme orateur, comme écrivain, comme chrétien, comme citoyen.

COCHIN, (Charles-Nicolas) graveur célebre, parisien, mort en 1754 à 66 ans, s'occupa dans sa jeunesse à la peinture; ce qui lui donna beaucoup de facilité pour la gravure. On trouve dans ses ouvrages cet esprit, cette pâte, cette harmonie & cette exactitude qui constituent l'excellence de cet art. Ses principales estampes sont *Rebecca*, *S. Basile*, *l'Origine du feu*, d'après F. le Moine; *Jacob & Laban*, d'après M. Restout; la *Noce de village*, d'après Watteau; & le recueil des *Peintures des Invalides*, que des soins pénibles & un travail continuel pendant près de dix ans, l'ont mis à portée de publier avec succès.

COCHLÉE, en latin *Cochlæus*, (Jean) né à Wendelstein, près de Nuremberg, doyen de Francfort-sur-le-Mein, fut chassé de cette ville par les Luthériens; il devint ensuite chanoine de Breslau. Il disputa vivement contre Luther, Osiander, Bucer, Mélanchthon, Calvin & les autres auteurs des nouvelles opinions. Ses invectives contre les hérésiarques sont un peu fortes; mais les intentions étoient droites. Il ne fut pourtant pas aussi estimé qu'Eckius par les Catholiques, ni tant craint par les Protestans. Il se tenoit ordinairement aux principes généraux, sans approfondir les questions particulieres ; & s'attachoit plutôt à réfuter les erreurs, qu'à établir solidement les vérités contestées. Son style est assez facile, mais négligé. Ses principaux ouvrages sont : I. *Historia Hussitarum*, in-fol. livre rare & curieux, l'un des meilleurs de cet auteur. II. *De actis & scriptis Lutheri*, in-fol. 1549. Cochlée avoit beaucoup lu les écrits de ce patriarche de la réforme, & ceux des autres Protestans : il s'en servoit utilement pour les convaincre de variations & de contradictions. III. *Speculum circa Missam*, in-8°. IV. *De vita Theodorici regis Ostrogothorum*, Stockholm 1699, in 4°, V. *Concilium Cardinalium*, anno 1538, in-8°. VI. *De emendanda Ecclesia*, 1539, in-8°, rare. Pour faire voir que les Luthériens, ne reconnoissant point l'autorité de l'église, pouvoient abuser de l'Ecriture - Sainte, il fit parotre en 1527 un livre exprès, tissu de passages sacrés, pour prouver que J. C. n'est pas Dieu, & un autre en 1528, pour prouver qu'on doit obéir au diable, & que la sainte Vierge avoit perdu sa virginité. Effectivement, dès que l'explication de l'Ecriture devient arbitraire, on la fera servir à toutes sortes d'erreurs. Il mourut à Breslau en 1552, à 72. ans.

COCLÈS, *voyez* HORACE.

COCLÈS, (Barthélemi) vivoit dans le 15e siecle. Il se mêla de prédire, & plusieurs de ses prédictions se trouverent véritables. Il en composa un Recueil, Strasbourg 1536, in-8°, où son art étoit expliqué. Achillini l'orna d'une préface, également admirée des amis & des ennemis de l'art de deviner. Coclès, dit-on, prédit à Luc Gauric, fameux jurisconsulte, qu'il endureroit bientôt un supplice sans l'a-

voir mérité ; mais qu'il n'en mourroit pas. En effet, Bentivoglio, seigneur de Bologne, ayant appris que Gauric s'étoit avisé de prophétifer qu'avant la fin de l'année il seroit chassé de son état, lui fit donner l'estrapade. Coclès mourut, ainsi qu'il l'avoit prédit lui-même, d'un coup sur la tête. Hermès de Bentivoglio, fils du seigneur de Bologne, le fit assassiner par Caponi, qui lui donna un coup de hache sur la tête, comme il ouvroit sa porte. Ce qu'il y a de surprenant, c'est que Caponi, étant allé consulter Coclès, dont il n'étoit point connu, celui-ci lui dit : *Hélas! mon ami, vous commettrez un meurtre avant qu'il soit nuit*. Après sa mort, on trouva dans son cabinet des prédictions sur ceux de sa connoissance, dont il avoit vu la main & le visage, qui se trouverent toutes aussi véritables que celle-ci, du moins à ce que rapporte Varillas; mais on sait que cet auteur ne mérite pas d'être toujours cru. Des théologiens ont écrit que, si ces sortes de prédictions se trouvent trop exactement accomplies pour qu'on puisse s'en prendre au hazard, on doit plutôt les attribuer à l'esprit malin, qu'à la science frivole de l'astrologie judiciaire.

COCUS, (Robert) théologien anglois, vicaire de Léeds, mort en 1604, s'est fait estimer par son ouvrage intitulé : *Censuræ quorumdam Scriptorum, qui sub nominibus Patrum antiquorum à Pontificiis citari solent*, Londres 1623, in-4°. Il y discerne avec beaucoup de sagacité les vrais ouvrages des Peres de l'église, d'avec ceux qu'on leur attribue faussement. C'est dommage que l'esprit & le langage de secte défigurent ses observations.

CODDE, (Guillaume Vander). protestant, né à Leyde en 1575, fut professeur de la langue hébraïque dans sa ville natale ; il en fut dégradé, parce qu'il avoit pris le parti des Arminiens ; effet assez singulier de la tolérance, tant préchée par les Calvinistes. Il mourut vers l'an 1619. On a de lui : I. Des *Notes sur le prophete Osée*, Leyde 1621, in-4°. II. *Sylloge vocum versuumque proverbialium*, 1623, &c. Guillaume Vander Codde avoit trois freres, Jean, Adrien & Gilbert, qui, avec un nommé Antoine Cornélisson donnerent naissance à la secte nommée des *Prophetes* en Hollande. Ils commencèrent par décrier les pasteurs, comme gens qui s'arrogeoient le droit de parler seuls dans l'église, & qui menoient une vie oisive aux dépens d'autrui. Ils introduisirent chez eux le baptême par immersion, & soutinrent qu'il n'étoit pas permis aux Chrétiens d'être magistrats ni soldats. Ils rejeterent généralement toutes les confessions de foi, & s'en tinrent au sentiment d'Arminius sur la prédestination. Le fanatique Jean Vander Codde se vantoit d'avoir reçu la même portion du St-Esprit que les Apôtres, & que quand il descendit sur lui, la maison trembla. Un nommé Ondaan, boulanger de profession, dirigea ces sectaires après la mort des freres Vander Codde.

CODINUS, (George) europalate de Constantinople, vers la fin du 15e siecle, laissa : I. Un *Extrait sur les Antiquités de Constantinople*, 1655, in-fol. avec Constantin Manassès, qui font partie de la *Bisantine*. C'est une vraie compilation, comme on peut s'en convaincre en comparant le livre de Codinus avec les *Opuscules* d'Hesychius de Milet, *De originibus Constantinopolitanis*, publiés par Meursius en 1613. II. *De Imperatoribus Constantinopolitanis*, publié par Lambecius en 1655. III. *De signis, statuis & aliis spectatu dignis Constantinopoli*, Geneve 1607, in-8°. IV. *Des Offices du palais & des églises de Constantinople*. Ils ont été recueillis en 1648, in-fol.

CODRUS, dernier roi d'Athenes, consulta, dit-on, l'oracle sur les Héraclides, qui ravageoient son pays. Il lui fut répondu, que le peuple dont le chef seroit tué, demeureroit vainqueur. Cette réponse lui inspira la pensée de se déguiser en paysan ; il l'exécuta, & fut tué par un soldat qu'il avoit blessé à dessein d'accomplir l'oracle ; l'an 1095 avant J. C. Les Athéniens réduisirent après sa mort leur état en république, & furent gouvernés par des magistrats, auxquels on donna le nom d'Archontes ; Médon, fils de Codrus, fut le premier.

CODRUS, poëte latin dont parle Juvenal, étoit si pauvre que son indigence a passé en proverbe : *Codro pauperior*. Ce poëte vivoit sous l'empire de Domitien, & avoit composé un poëme intitulé *la Théséide*, qui ne nous est point parvenu.

CODRUS, (Urceus) voyez URCEUS CODRUS.

CODURE, (Philippe) natif d'Annonay, mort en 1660, embrassa la religion catholique, après avoir été ministre à Nîmes. On a de lui un bon *Commentaire sur Job*, Paris 1651, in-4°, & inséré dans les *Critici sacri* de Londres & d'Amsterdam, & quelques autres ouvrages, tel que le *Traité des Mandragores*, contre lequel Bochart a écrit. Il étoit savant dans la langue hébraïque.

COECH ou KOECK, architecte, peintre & graveur, natif d'Alost dans les Pays-Bas, voyagea en Italie & en Turquie, pour perfectionner ses talens. Il fit dans ce dernier royaume une suite de dessins gravés depuis en bois, qui représentoient les cérémonies propres à la nation chez laquelle il étoit. Il mourut en 1550, peintre & architecte de Charles-Quint. On a de lui des Traités de géométrie, d'architecture, & de perspective, avec quelques gravures en bois & en cuivre.

COEFFETEAU, (Nicolas) né à Saint-Calais dans le Maine en 1574, dominicain en 1588, s'éleva par son mérite aux premieres charges de son ordre. Il mourut en 1623, nommé à l'évêché de Marseille par Louis XIII. Quoiqu'il n'eût alors que 49 ans, la goutte, à laquelle il étoit fort sujet, l'avoit rendu très-infirme. Il avoit été fait, quelque-tems auparavant, évêque de Dardanie *in partibus*, avec la qualité d'administrateur & suffragant du diocese de Metz. Son éloquence parut avec éclat dans ses sermons & ses livres, écrits très-purement pour le tems auquel il vivoit. Les principaux sont : I. Des Réponses au roi de la Grande-Bretagne, à Duplessis-Mornai, & à Marc-Antoine de Dominis. Henri IV l'avoit choisi pour écrire contre le premier, & Gregoire XV pour répondre au second. La controverse y est traitée avec dignité, noblesse, & non avec cet emportement de quelques théologiens de son tems. II. *Histoire Romaine depuis Auguste jusqu'à Constantin*, in-fol. Paris 1647 : ouvrage qui, quoiqu'inexact, étoit lu encore avec quelque plaisir, avant les derniers livres publiés sur cette matiere. III. Une *Traduction de Florus*, dont on ne fait aucun usage, &c.

CŒLUS, *voyez* CIEL.

COETIVY, (Pregent, seigneur de) gentilhomme breton, se distingua par sa valeur & sa prudence en plusieurs sieges & combats. Il fut fait amiral de France en 1439, & tué d'un coup de canon au siege de Cherbourg en 1450, après s'être signalé à la bataille de Formigny. Alain de Coetivy, son frere, fut successivement évêque de Dol, de Cornouailles, d'Avignon, & ensuite cardinal. Il fut employé en diverses affaires importantes, & mourut à Rome le 22 juillet 1474, à 69 ans. C'étoit un homme habile, mais téméraire & par fois insolent. On dit qu'il reprocha en plein consistoire au pape Paul II, qu'il étoit orgueilleux, avare, dissimulé ; & qu'il avoit masqué tous ses vices pour surprendre les suffrages du sacré college.

COETLOGON, (Alain-Emmanuel) né d'une famille illustre de Bretagne, passa du service de terre à celui de mer en 1670. Il se trouva à onze batailles navales, entre autres aux combats de Bantry en Irlande 1688, de la Hougue 1692, & de Velez-Malaga en 1704. Louis XV, pour récompenser ses services, le fit chevalier de ses ordres en 1724, & honora sa vieillesse du bâton de maréchal de France peu de jours avant sa mort. Il finit sa carriere le 7 juin 1730, âgé de 83 ans, 6 mois, ayant toujours vécu dans le célibat.

CŒUR, (Jacques) natif de Bourges, quoique fils d'un marchand, se poussa à la cour de Charles VII, & devint son argentier, c'est-à-dire, trésorier de l'épargne. Il servit aussi bien le roi dans les finances, que les Dunois, les la Hire & les Saintrailles par les armes. Il lui prêta 200 mille écus d'or, pour entreprendre la conquête de la Normandie, qu'il n'auroit jamais reprise sans lui. Son commerce s'étendoit dans toutes les parties du monde, en Orient avec les Turcs & les Perses, en Afrique avec les Sarrasins. Des vaisseaux, des galeres, 300 facteurs répandus en divers lieux, le rendirent le plus riche particulier de l'Europe. Charles le mit en 1448 au nombre des ambassadeurs envoyés à Lausane, pour finir le schisme de Felix V. Ses ennemis & ses envieux profiterent de cette absence pour le perdre. Le roi, oubliant ses services, l'abandonna à l'avidité des courtisans, qui partagerent ses dépouilles. On le mit en prison ; le parlement lui fit son procès, & le condamna à l'amende-honorable & à payer cent mille écus. On l'accusa de concussion. On osa même lui attribuer la mort d'Agnès Sorel, qu'on croyoit morte de poison : mais on ne put rien prouver contre lui, sinon qu'il avoit fait rendre à un turc, un esclave chrétien, qui avoit quitté fon maître ; & qu'il avoit fait vendre des armes au foudan d'Egypte. Jacques Cœur trouva dans fes commis une droiture & une générofité qui le dédommagerent des chagrins qu'il effuyoit. Ils fe cottiferent tous, pour l'aider dans fa difgrace. Un d'entre eux, nommé Jean de Village, qui avoit époufé fa niece, l'enleva du couvent des Cordeliers de Beaucaire, où il avoit été tranfporté de Poitiers, & lui facilita le moyen de fe fauver à Rome. Le pape Calixte III lui ayant donné le commandement d'une partie de la flotte qu'il avoit armée contre les Turcs, il mourut en arrivant à l'ifle de Chio en 1456. Ce que l'on a dit de fa nouvelle fortune, de fon voyage dans l'ifle de Chypre, de fon fecond mariage, des filles qu'il en eut, eft une fable fans aucun fondement. Bonami, de l'académie des infcriptions & belles-lettres, l'a démontré dans un Mémoire lu dans les affemblées de cette compagnie. L'auteur de *l'Effai fur l'Hiftoire générale*, n'a pas eu apparemment connoiffance de cette differtation, ou n'en a pas voulu profiter, puifqu'il dit que Jacques Cœur alla continuer fon commerce en Chypre. Une partie des biens de cet illuftre négociant fut rendue à fes enfans, en confidération des fervices de leur pere. Un d'eux, Jean Cœur, fut archevêque de Bourges, fe fit eftimer par fon mérite, & mourut en 1483.

COFFIN , (Charles) naquit à Buzanci dans le diocefe de Rheims en 1676. C'eft à Paris qu'il vint achever fes études, commencées à Beauvais. Des productions en vers & en profe, où l'on remarquoit la latinité du fiecle d'Augufte, des Poëmes fur les événemens publics, des Difcours fur des circonftances qui lui étoient perfonnelles, un talent fingulier pour former la jeuneffe, le firent choifir pour être principal du college de Beauvais en 1713. Il fortit de cette école une foule de fujets, dignes du directeur de leurs études, par leur piété & leurs connoiffances. En 1718, l'univerfité de Paris l'élut recteur, & fon rectorat fut illuftré par l'établiffement de l'inftruction gratuite : événement auquel il eut beaucoup de part, & qu'il célébra par un très-beau Mandement. Cet homme, également cher à la religion & à la littérature, fut enlevé à l'une & à l'autre en 1749. A l'inhumanité près, dit l'auteur de fon éloge, il réalifoit le fage des Stoïciens : toujours le même au milieu des occupations les plus diffipantes & des circonftances les plus épineufes, férieux par réflexion, gai par caractere, doux fous un air de féchereffe, poëte fans caprice, favant fans oftentation. Il eft principalement connu par les Hymnes qu'il compofa pour le bréviaire de Paris, adoptées depuis dans tous les bréviaires nouveaux. Une heureufe application de grandes images & des endroits les plus fublimes de l'Ecriture ; une fimplicité & une onction admirables ; une latinité pure & délicate, leur donneront toujours un des premiers rangs parmi les ouvrages de ce genre. Si Santeuil s'eft diftingué par la verve & la poéfie, Coffin a eu cette fimplicité majeftueufe, qui doit être le caractere de ces fortes de productions. On a publié en 1755 un *Recueil complet de fes Œuvres*, en 2 vol. in-12. Il y a plufieurs petites pieces de poéfie, entr'autres l'Ode fur le vin de Champagne, dignes d'Ovide & de Catulle par la délicateffe & la facilité, & bien préférable aux productions de ces auteurs fenfuels & mous par la fageffe & la décence.

COGLIONI ou COLÉONI, (Barthélemi) natif de Bergame, d'une famille qui avoit la fouveraineté de cette ville, & qui en fut dépouillée en 1410 par une faction, eut le commandement des troupes de Venife contre celles de Philippe Vifconti, duc de Milan. Après s'être fignalé contre ce prince, il se jeta dans son parti. Les Véniliens le rappellerent., & le firent général d'une armée destinée contre les Turcs. Il mourut presque dans le même-tems en 1475. Le sénat de Venise lui fit élever une statue équestre de bronze. C'est lui qui a introduit, dit-on, l'usage de traîner l'artillerie en campagne.

COGNATUS, *voyez* COUSIN.

COHORN, (Mennon) le Vauban des Hollandois, naquit en 1632. Son génie pour la guerre & pour les fortifications se développa de bonne heure. Ingénieur & lieutenant-général au service des états-généraux, il fortifia & défendit la plupart de leurs places. Ce fut un beau spectacle, dit le président Hénault, de voir en 1692, au siege de Namur, Vauban assiéger le Fort-Cohorn, défendu par Cohorn lui-même. Il ne se rendit qu'après avoir reçu une blessure jugée mortelle, & qui ne le fut pourtant pas. En 1703, l'électeur de Cologne Joseph-Clément, ayant embrassé le parti de la France & reçu garnison françoise dans Bonn, Cohorn fit un feu si vif & si terrible sur cette place, que le commandant se rendit trois jours après. Ce grand-homme mourut à la Haye en 1704, laissant aux Hollandois plusieurs places fortifiées par ses soins. Berg-op-Zoom, qu'il disoit son chef-d'œuvre, fut pris en 1747 par le maréchal de Lowendal, malgré les belles fortifications qui la faisoient regarder comme imprénable; mais on sait que de secretes intelligences & des circonstances délicates faciliterent cette conquête. On a de Cohorn un Traité en flamand sur une nouvelle maniere de fortifier les places.

COIGNET, (Michel) mathématicien d'Anvers, mort en 1623, laissa un *Traité de la Navigation* en françois, 1581, qui de son tems lui acquit de la réputation.

COIGNY, (François de Franquetot, duc de) maréchal de France, chevalier des ordres du roi, & de la toison d'or, naquit au châ-

teau de Franquetot en Basse-Normandie l'an 1670, & mourut le 18 décembre 1759. Il servit l'état avec distinction. Il gagna la bataille de Parme sur les Impériaux le 29 juin 1734, & celle de Guastalla, à laquelle le roi de Sardaigne se trouva le 19 septembre suivant.

COINTE, (Charles le) né à Troyes en 1611, entra fort jeune dans la congrégation de l'Oratoire, où il fut reçu par le cardinal de Berulle. Servien, plénipotentiaire à Munster, ayant demandé un pere de l'Oratoire pour aumônier, le Cointe le suivit, travailla avec lui aux préliminaires de la paix, & fournit les mémoires nécessaires pour le traité. Colbert lui fit accorder une pension de mille liv. en 1659, & 3 ans après une autre de cinq cens. Ce fut alors qu'il commença à publier à Paris son grand ouvrage intitulé *Annales Ecclesiastici Francorum*, en 8 vol. in-fol. qui commencent à l'an 235, & finissent à l'an 835. C'est une compilation sans ornemens; mais d'un travail immense, & pleine de recherches singulieres, faites avec beaucoup de discernement & de sagacité. Sa chronologie est souvent différente de celle des autres historiens; mais quand il s'éloigne d'eux, il dit ordinairement ses raisons. Le 1er vol. parut en 1667, & le dernier en 1679. Le Cointe mourut à Paris en 1681, à 70 ans, aussi estimé par ses lumieres que par son caractère. Alexandre VII, qui l'avoit connu à Munster, l'honoroit souvent de ses lettres.

COISEVAUX, *voy* COYSEVOX.

COISLIN, (Henri-Charles du Cambout, duc de) évêque de Metz, mort en 1732, avoit des vertus & des lumieres. Sa ville épiscopale lui doit des casernes & un séminaire. Il légua à l'abbaye de S. Germain-des-Prés la fameuse bibliotheque du chancelier Séguier, dont il avoit hérité. Le P. Montfaucon a publié le Catalogue des manuscrits grecs grècs de cette collection en 1715, in-fol. Le *Rituel* que ce prélat fit imprimer en 1713, in-4°, rempli d'inftructions utiles, fut fort applaudi. Son Mandement pour l'acceptation de la bulle *Unigenitus*, fit du bruit dans le tems. La cour de Rome fe plaignit des diftinctions de fens qu'il donna aux 101 propofitions condamnées, & cenfura le mandement comme propre à conduire au fchifme & à l'erreur; le confeil du roi de France le fupprima par arrêt du 5 juillet 1714, comme injurieux à fa Sainteté & aux prélats de l'affemblée du clergé.

COITER, (Volcard) né à Groningue en 1534, étudia la médecine à Pife & à Padoue. Il exerça fa profeffion en Italie, en Allemagne & en France, fuivit les armées de France pour avoir plus d'occafion de difféquer des cadavres, mourut en 1600 avec la réputation d'habile médecin & d'excellent anatomifte. On a de lui : I. *De Cartilaginibus tabulæ*, Bologne 1566, in-fol. II. *Externarum & internarum principalium humani corporis partium tabulæ, atque anatomicæ exercitationes, obfervationefque variæ, &c.* Nuremberg 1573, in-fol. Louvain 1653, in-fol. &c.

COKE ou COOKE, (Edouard) chef de juftice du banc-royal en Angleterre, naquit à Mileham en 1549, & mourut à Stokepoges en 1634, après avoir exercé différens emplois. Il laiffa plufieurs ouvrages, dont le principal a pour titre : *Les Inftituts des Loix d'Angleterre*.

COLARDEAU, (Julien) procureur du roi, à Fontenai-le-Comte fa patrie, mourut le 20 mars 1669, âgé de 69 ans. Il fut allier les amufemens de la poéfie à l'étude feche des loix. On a de lui : I. *Larvina, Satyricon in chorearum lafcivias & perfonata tripudia*, Paris 1629, in-12. Les vers de cette piece fe reffentent du ftyle obfcur d'Apulée que l'auteur a affecté d'imiter. II. *Les Tableaux des victoires de Tome II.*

Louis XIII. III. *Defcription du château de Richelieu*. Ces deux poëmes en vers françois annoncent du talent dans l'auteur. Il y a de l'aifance dans fes vers, & de la force dans fes defcriptions; mais ces ouvrages font peu connus.

COLARDEAU, (Charles-Pierre) né à Janville dans l'Orléanois en 1735, cultiva dès l'enfance les Mufes françoifes. Il débuta en 1758 par la traduction en vers de l'*Epître d'Héloïfe à Abailard* par Pope. L'original eft plein de feu, & la copie réunit la chaleur du fentiment à celle de l'expreffion & des images. Ses tragédies d'*Aftarbé* & de *Califte*, l'une jouée en 1758, & l'autre en 1760, eurent moins de fuccès. On y admira plutôt le méchanifme d'une verfification heureufe & brillante, que le talent du théâtre. L'*Epître à M. Duhamel*, *Le Temple de Gnide*, mis en vers, *Les Hommes de Prométhée*, & la comédie des *Perfidies à la mode*, qui parurent depuis, offrent des détails agréables, & font en général verfifiés d'une maniere douce & harmonieufe. L'académie françoife le nomma à une de fes places au commencement de 1776; mais la mort l'enleva à la fleur de fon âge, le 7 avril de la même année, avant d'y prononcer fon difcours de réception. Des mœurs douces, un caractere indulgent & ennemi de la fatyre, rendoient fon commerce facile & fa fociété agréable. Il avoit des amis : éloge rare, & qu'on ne peut pas donner malheureufement à tous les enfans du Parnaffe. On a imprimé fes *Œuvres* en 3 vol. pet. in-12, Liege 1779, & Paris 2 vol. in-8°.

COLASSE, (Pafcal) maitre de mufique de la chapelle du roi, naquit à Paris en 1636, & mourut à Verfailles en 1709. Il fut l'éleve de Lulli, qu'il prit pour modele dans toutes fes compofitions; mais il l'imita trop fervilement :

Colaffe de Lulli craignit de s'écarter:
Il le pilla, dit-on, cherchant à l'imiter.

S

Qu'il le copiât ou non, son opéra de *Thétis & Pelée* sera toujours regardé comme un bon morceau. On a encore de lui des Motets, des Cantiques, des Stances. Ce muficien avoit la manie de la pierre philo-fophale, paffion qui ruina fa fanté & fa bourfe.

COLBERT, (Jean-Baptifte) mar-quis de Seignelai, né à Rheims en 1619, avoit un oncle fecretaire du roi & négociant à Troyes, qui le plaça chez Mafcranni & Cenami, banquiers du cardinal Mazarin. Ce miniftre connut fes talens & lui con-fia fes affaires. Prêt à mourir, il le choifit pour être un de fes exécu-teurs teftamentaires. On doit com-pter parmi les fervices que ce car-dinal rendit à la France, celui d'a-voir tellement préparé la confiance du roi pour Colbert, dit le préfi-dent Hénault, qu'elle fe trouva toute établie quand il mourut. Il le recommanda comme un homme d'une application infatigable, d'une fidélité à toute épreuve, & d'une capacité fupérieure dans les affaires. Colbert fuccéda à Foucquet dans la charge de contrôleur général en 1661. Il eut beaucoup de part à la dif-grace de ce miniftre. Tout le monde connoît le fonnet injurieux que le poëte Hefnault lança contre Col-bert; & fa réponfe à ceux auxquels il demanda fi le roi y étoit offenfé? *Non*, dirent-ils. — *Je ne le fuis donc pas.* Le nouveau miniftre des finances rétablit bientôt l'ordre que fon prédéceffeur avoit troublé, & ne ceffa de travailler à la gloire du roi & à la grandeur de l'état. Le beau fiecle de Louis XIV commença à éclore. On accorda des gratifica-tions aux favans de la France & aux favans étrangers. Les lettres dont le miniftre accompagnoit ces graces, étoient encore plus flatteufes que les préfens mêmes. *Quoique le roi ne foit pas votre fouverain*, écrivoit-il à Ifaac Voffius, *il veut néan-moins être votre bienfaiteur. Re-cevez cette lettre de change, comme*

une marque de fon eftime & un gage de fa protection. Le roi, connoiffant par lui-même le mérite de Colbert, le fit furintendant des bâtimens en 1664. Tous les arts qui ont quelque rapport aux bâtimens, femblerent alors revivre. La France vit des chef-d'œuvres de peinture, de fculpture, d'architecture; la fa-çade du Louvre, la galerie de la colonade, les écuries de Verfailles, l'obfervatoire de Paris, &c. De nou-velles fociétés de gens-de-lettres & d'artiftes furent formées par fes foins. L'académie des infcriptions prit naif-fance dans fa maifon même en 1663. Celle des fciences fut érigée trois ans après, & celle d'architecture en 1671. Les compagnies qui avoient été fon-dées long-tems auparavant, comme l'académie françoife, & celles de peinture & de fculpture, fe reffen-tirent de la protection que le nou-veau Mécene accordoit à tous les arts. Non content d'avoir rétabli les finances, & d'avoir encouragé tous les gens de mérite, il porta fes vues fur la juftice, fur la police, fur le commerce, fur la marine. Un con-feil formé pour difcuter toutes ces matieres, donna ces réglemens & ces belles ordonnances, qui font en-core aujourd'hui le fondement de notre gouvernement. Le commerce, que la France n'avoit exercé juf-qu'alors qu'imparfaitement, fut gé-néralement cultivé. Il fe forma trois compagnies, l'une pour les Indes orientales, l'autre pour les Indes occidentales, & la troifieme pour les côtes d'Afrique : toutes ces com-pagnies furent encouragées & ré-compenfées. Le confeil de commerce fut établi. Le canal de Languedoc, entrepris pour la communication des deux Mers, tranfporta jufques dans le cœur de la France les denrées & les marchandifes de toutes les par-ties du monde. Un grand nombre de vaiffeaux & de galeres furent conf-truits en peu de tems. Des arfe-naux bâtis à Marfeille, à Toulon, à Breft, à Rochefort, renfermerent tout ce qui étoit néceffaire à l'armement & à l'équipement de plufieurs flottes. Les draps fins, les étoffes de foie, les glaces de miroirs, le fer blanc, l'acier, la belle faïance, le cuir marroquiné, que les étrangers nous vendoient très-chérement, furent enfin fabriqués dans le royaume. Chaque année de fon miniftere fut marquée par l'établiffement de quelque manufacture. On compta, dans l'année 1669, 44 mille 200 métiers en laine dans le royaume. En entrant dans les finances, il fit remettre trois millions de tailles, & tout ce qui étoit dû d'impôts depuis 1647 jufqu'en 1656. Telles étoient les occupations continuelles de ce digne miniftre, lorfqu'il mourut en 1683, à 64 ans & fix jours; confumé (dit un hiftorien) des chagrins que lui donnoit Louvois, en le forçant à ruiner, par des vexations, le peuple qu'il avoit enrichi par le commerce; feul martyr que le bien public ait eu, feul miniftre des finances qui foit mort dans fon emploi. Il ne fut que huit jours malade. Le roi lui écrivit une lettre, telle que le méritoit un homme qui, en créant le commerce & en animant tous les artiftes, avoit donné cent millions de rente à fa patrie. Le mourant la mit fous fon chevet, fans l'ouvrir, difant qu'on étoit peu fenfible à ces attentions, quand on étoit prêt à rendre compte au Roi des Rois. Il répondit à madame Colbert, qui ne ceffoit de lui parler d'affaires : *Vous ne me laifferez donc pas même le tems de mourir?* Au milieu des occupations du miniftere, il trouvoit le tems de lire chaque jour quelques chapitres de l'Ecriture-Sainte, & de réciter le bréviaire. Il en fit imprimer un pour fon ufage & celui de fa maifon, Paris 1679, in-8°, qui eft peu commun. Colbert eft regardé, avec raifon, comme le plus grand miniftre des finances qu'ait eu la France. Avec l'exactitude & l'ardeur pour

le travail qu'avoit Sulli, il eut des vues beaucoup plus étendues pour la grandeur du fouverain & le bonheur des peuples. La populace de Paris voulut pourtant le déterrer à S. Euftache; mais les bons citoyens rougirent de cette frénéfie, & penferent fur ce grand homme comme la poftérité. Sa *Vie* fe trouve dans le tom. 5 des *Hommes illuftres de France*, par d'Auvigni. (*Voyez* l'article COURTILZ). Il avoit époufé Marie Charon, fille de Jacques Charon, feigneur de Menars, & de Marie Begon, dont il eut fix fils & trois filles.

COLBERT, (Jean-Baptifte) marquis de Seignelai, & fils aîné du précédent, naquit à Paris en 1651. Il marcha fur les traces de fon pere, fut miniftre & fecretaire d'état, acheva d'élever la marine & le commerce au plus haut degré de fplendeur, protégea les arts & les fciences, & mourut le 3 novembre 1690, à 39 ans.

COLBERT, (Charles) marquis de Croiffi, miniftre & fecretaire d'état, & oncle de Seignelai, fut chargé par Louis XIV de plufieurs ambaffades & négociations importantes : il s'en acquitta avec fuccès. Il mourut en 1699, à 67 ans, emportant les regrets des bons citoyens.

COLBERT, (Jean-Baptifte) marquis de Torcy, neveu du précédent, naquit en 1665. Envoyé de bonne heure dans différentes cours, il mérita d'être nommé fecretaire d'état au département des affaires étrangeres en 1689, furintendant général des poftes en 1699, & confeiller au confeil de régence pendant la minorité de Louis XV, il remplit avec beaucoup de diftinction ces poftes différens. Ses ambaffades en Portugal, en Danemarck & en Angleterre, le mirent au rang des plus habiles négociateurs. Il mourut à Paris en 1746, honoraire de l'académie des fciences. Il avoit époufé une fille du miniftre d'état, Arnauld de Pomponne, dont il eut plufieurs

S 2

enfans. On a publié, dix ans après sa mort, en 1756, ses *Mémoires pour servir à l'Histoire des Négociations, depuis le traité de Ryswick, jusqu'à la paix d'Utrecht*, 3 vol. in-12, divisés en quatre parties. La première est consacrée aux négociations pour la succession d'Espagne, la seconde aux négociations avec la Hollande, la troisième aux négociations avec l'Angleterre, & la quatrième aux négociations pour la paix d'Utrecht. Ces Mémoires, dit l'auteur du *Siecle de Louis XIV*, renferment des détails qui ne conviennent qu'à ceux qui veulent s'instruire à fond. Ils sont écrits plus purement que tous les Mémoires de ses prédécesseurs: on y reconnoit le goût de la cour de Louis XIV. Mais leur plus grand prix est dans la sincérité de l'auteur: c'est la vérité, c'est la modération qui conduit sa plume.

COLBERT, (Edouard-François) comte de Maulevrier, frere du grand Colbert, ministre d'état & chevalier des ordres du roi, fut lieutenant-général de ses armées. Sa valeur éclata dans plusieurs occasions. Les qualités de son cœur & de son esprit lui mériterent l'estime du roi. Il mourut en 1693.

COLBERT, (Jacques-Nicolas) fils du grand Colbert, docteur de la maison & société de Sorbonne, abbé du Bec, & archevêque de Rouen, mourut à Paris en 1707, à 53 ans. Son zele, sa charité, sa science le mettent au rang des plus illustres évêques du regne de Louis XIV.

COLBERT, (Charles-Joachim) fils du marquis de Croissi, frere du grand Colbert, embrassa l'état ecclésiastique. Il n'étoit que bachelier, & il se préparoit à sa licence, lorsque le pape Innocent XI mourut. Cet événement lui fit naître le desir d'aller à Rome; le cardinal Furstemberg le prit pour un de ses conclavistes. En partant de Rome, après l'élection d'Alexandre VIII, il fut enlevé par un parti espagnol,

blessé, conduit à Milan, & enfermé dans le château de cette ville. Il eut beaucoup à souffrir dans cette captivité, dont il profita pour apprendre la langue espagnole. Dès qu'il eut recouvré la liberté, il revint à Paris, entra en licence, & prit le bonnet de docteur. Nommé à l'évêché de Montpellier en 1697, il édifia le diocese confié à ses soins, travailla à la conversion des hérétiques, & en ramena plusieurs à l'église. Son opposition à la bulle *Unigenitus* produisit une infinité de Lettres, de Mandemens, d'Instructions pastorales, dont quelqu'unes sont très-violentes & lui font peu d'honneur, comme celle qu'il donna contre le concile d'Embrun, où il dit que les évêques de presque toutes les nations catholiques sont les apologistes de *propositions monstrueuses & abominables*. Dans celle qui regarde les prétendus miracles opérés en faveur des appellans de la bulle *Unigenitus*, il se laisse aller à des expressions indécentes contre l'église, son autorité & ses décisions. Enfin il s'avisa de donner une lettre pastorale contre le pape Clément XII, datée du 21 avril 1734. Son Catéchisme, qui est à bien des égards un excellent ouvrage, & la plupart de ses Instructions pastorales ont été condamnées à Rome, & quelqu'unes par l'autorité séculiere. Il mourut en 1738, à 71 ans. Les ouvrages donnés sous son nom, ont été recueillis en 3 vol. in-4°, 1740. La famille de Colbert a produit plusieurs autres personnes de mérite dans le ministere, dans l'église & dans l'épée.

COLDORÉ, graveur en pierres fines, tant en creux qu'en relief, se fit un nom célebre sur la fin du 16e siecle, par la finesse & l'élégance de son travail. Ses portraits étoient aussi ressemblans que délicats. On présume que Coldoré est un sobriquet, & que le vrai nom de cet artiste est Julien de Fontenai; le même que Henri IV qualifia, dans fes lettres-patentes du 22 décembre 1668. du titre de fon valet de chambre, & de fon graveur en pierres fines.

COLÉONI, *voyez* COGLIONI.

COLET, (Jean) né à Londres en 1466, docteur & doyen de l'églife de S. Paul, fonda une école dans cette cathédrale, & mourut en 1519. On a de lui des Sermons, un traité *De l'éducation des Enfans*, & d'autres ouvrages.

COLIGNI, (Gafpard de) 1er du nom, feigneur de Châtillon-fur-Loing, d'une ancienne maifon de Bourgogne, eft le premier de fa famille qui fe foit établi en France, depuis que cette province fut réunie à la couronne. Il fuivit Charles VIII à Naples en 1494. Il commanda un petit corps à la bataille d'Aignadel en 1509, & un autre plus confidérable à celle de Marignan en 1515. Son mariage, du moins autant que fon mérite, contribua à l'avancer. Il avoit époufé vers la fin de 1514, Louife de Montmorenci, veuve de Ferri de Mailli, baron de Conti, & fœur ainée d'Anne, duc de Montmorenci, qui depuis devint connétable. Le crédit de fon beau-frere qui étoit alors tout-puiffant, hâta la récompenfe qui lui étoit due : il fut fait maréchal en 1516, puis chevalier de l'ordre, & lieutenant-de-roi en Champagne & en Picardie. Henri VIII, roi d'Angleterre, s'étant engagé de rendre Tournai à la France en 1518, Coligni fut envoyé pour en prendre poffeffion. Il fe préfenta pour y entrer, enfeignes déployées ; mais l'anglois qui y commandoit, lui dit, qu'il ne permettroit pas qu'il entrât comme un conquérant dans une place, que le roi de France ne tenoit que de la pure grace du roi d'Angleterre : & il fallut qu'il pliât les drapeaux avant que d'entrer dans cette ville. Il fut un des juges du tournoi qui fe fit au camp du Drap-d'Or en 1520. L'année fuivante il différa d'un demi-jour d'attaquer Charles-Quint,

comme il le pouvoit faire avec avantage, & il manqua une occafion prefque certaine de le vaincre. Il mourut à Acqs l'an 1522, en allant fecourir Fontarabie.

COLIGNI, (Odet de) cardinal de Châtillon à 18 ans, archevêque de Touloufe à 19, & évêque de Beauvais à 20, né en 1515, fut le 2e fils du précédent, & fe diftingua de bonne-heure par fon efprit, & par fon amour pour les belles-lettres. Son frere d'Andelot, qui avoit déja entraîné l'amiral dans le calvinifme, y précipita le cardinal. Le pape Pie IV le priva de la pourpre, & de la dignité épifcopale, après l'avoir excommunié. Coligni, qui avoit quitté l'habit de cardinal, & qui fe faifoit appeller fimplement le comte de Beauvais, le reprit & fe maria en foutane rouge. Il étoit alors titulaire, outre fon archevêché & fon évêché, de 13 abbayes & de 2 prieurés. Sa femme Ifabelle de Hauteville, dame de Loré, s'affeyoit chez le roi & chez la reine, en qualité de femme d'un pair du royaume ; & on la nommoit indifféremment, madame la Comteffe, madame la Cardinale. Après la mort de fon époux, elle ofa demander fon douaire ; mais elle en fut déboutée par arrêt du parlement de Paris en 1604. Son mari, condamné au concile de Trente, ne fut pas plus fidele à fon fouverain qu'il ne l'avoit été à fa religion, ces deux infidélités allant toujours de pair : il prit les armes contre lui, fe trouva à la bataille de S. Denis en 1568, & décrété de prife de corps. S'étant retiré en Angleterre, il y fut empoifonné par un de fes domeftiques en 1571, qui s'étant fauvé en France, fut pris à la Rochelle & puni de mort.

COLIGNI, (Gafpard de) 2e du nom, frere du précédent, amiral de France, naquit en 1516 à Châtillon-fur-Loing. Il porta les armes dès fa plus tendre jeuneffe. Il fe fignala fous François I à la bataillé de Cérifoles, & fous Henri II, qui le fit colonel-général de l'infanterie françoife, & enfuite amiral de France en 1552. Il mérita ces faveurs par les belles actions qu'il fit à la bataille de Renti, par fon zele pour la difcipline militaire, furtout par la défenfe de S. Quentin. L'amiral fe jeta dans cette place, & fit des prodiges de valeur ; mais la ville ayant été forcée, il refta prifonnier de guerre. Après la mort de Henri II, il fe mit à la tête des Calviniftes contre les Guifes, & forma un parti fi puiffant, qu'il faillit ruiner la religion catholique en France. La cour, dit un hiftorien, n'avoit point d'ennemi plus redoutable après Condé qui fe l'étoit affocié. Celui-ci étoit plus ambitieux, plus entreprenant, plus actif. Coligni étoit d'une humeur plus pofée, plus mefurée, plus capable d'être chef d'un parti ; à la vérité auffi malheureux à la guerre que Condé, mais réparant fouvent par fon habileté ce qui fembloit irréparable ; plus dangereux après une défaite, que fes ennemis après une victoire : orné d'ailleurs d'autant de vertus, que des tems fi orageux & l'efprit de parti pouvoient le permettre. Il ne comptoit fon fang pour rien. Ayant été bleffé, & fes amis pleurant autour de lui, il leur dit avec un flegme incroyable : *Le métier que nous faifons, ne doit-il pas nous accoutumer à la mort comme à la vie ?* La première bataille rangée qui fe donna entre les Huguenots & les Catholiques, fut celle de Dreux en 1562. L'amiral combattit vaillamment, la perdit, & fauva l'armée. Le duc de Guife ayant été maffacré par trahifon peu de tems après au fiege d'Orléans, on l'accufa d'avoir connivé à ce lâche affaffinat ; il le nia fous la foi du ferment. Les guerres civiles cefferent pendant quelque-tems, pour recommencer avec plus de fureur en 1567. Coligni & Condé donnerent la bataille de S. Denis

contre le connétable de Montmorenci. Cette journée indécife fut fuivie de celle de Jarnac en 1569, fatale aux Calviniftes. Condé ayant été tué d'une maniere funefte, Coligni eut fur les bras tout le fardeau du parti. Il foutint feul cette caufe malheureufe, & fut vaincu encore à la journée de Moncontour dans le Poitou. Une paix avantageufe vint bientôt terminer en apparence ces fanglantes querelles en 1571. Coligni parut à la cour, & fut accablé de careffes comme tous ceux de fon parti. Charles IX lui fit donner cent mille francs de l'épargne pour réparer fes pertes, & lui rendit fa place au confeil. Ces careffes couvroient le projet le plus funefte. Un vendredi, l'amiral venant du Louvre, on lui tira un coup d'arquebufe d'une fenêtre, dont il fut bleffé dangereufement à la main droite & au bras gauche. Maurevert s'étoit chargé de tuer Coligni, à la priere du duc de Guife, qui avoit propofé cet attentat à Charles IX. Il tira le coup d'une maifon du cloître de S. Germain l'Auxerrois où il étoit caché. Le roi de Navarre & le prince de Condé fe plaignirent au roi de cet attentat. Charles IX, exercé à la diffimulation par fa mere, en témoigna une douleur extrême, fit rechercher les auteurs, & donna à Coligni le nom de *Pere*. C'étoit dans le tems même qu'il étoit occupé du maffacre prochain des Proteftans, perfuadé mal-à-propos que c'étoit le feul moyen de donner la paix à la France. Le carnage commença, comme on fait, la veille de S. Barthélemi 1572. Le duc de Guife, bien efcorté, marcha à la maifon de l'amiral. Une troupe de gens armés, à la tête defquels étoit un certain Befme, domeftique de la maifon de Guife, entra l'épée à la main, & le trouva affis dans un fauteuil. *Jeune-homme*, dit-il à leur chef, *tu devrois refpecter mes cheveux blancs ; mais fais ce que tu voudras, tu ne yeux m'abréger la vie que de peu de jours.* L'amiral percé de plufieurs coups, fut jeté par la fenêtre dans la cour de fa maifon, où le duc de Guife attendoit. Son cadavre fut expofé pendant trois jours à la fureur du peuple, irrité des longues & cruelles guerres qu'il avoit excitées dans le royaume, & enfin pendu par les pieds au gibet de Montfaucon. Montmorenci, fon coufin, l'en fit tirer, pour l'enterrer fecrettement dans la chapelle du château de Chantilli. Un italien ayant coupé la tête de l'amiral, pour la porter à Catherine de Médicis, cette princeffe la fit embaumer & l'envoya à Rome. Coligni tenoit un Journal, qui fut remis après fa mort entre les mains de Charles IX. Ce prince trouvoit ce Journal digne d'être imprimé ; mais le maréchal de Retz le lui fit jeter au feu. Nous ne citerons point fa *Vie* par Gatien de Courtilz, 1686, in-12 ; on en trouve une plus moderne dans les *Hommes illuftres de France* ; l'une & l'autre font trop favorables à ce chef de parti, qu'on doit confidérer comme un des grands fléaux qui aient ravagé la France.

COLIGNI, (François de) feigneur d'Andelot, quatrieme fils de Gafpard de Coligni 1er du nom, naquit à Châtillon-fur-Loing en 1521. Il fignala fa valeur dans les guerres civiles contre fa patrie, fon roi & la religion de fes Peres. Il fut colonel-général de l'infanterie dans l'armée des rebelles en 1551, par la démiffion de l'amiral fon frere ; & mourut à Saintes en 1569, d'une fievre contagieufe felon les uns, & du poifon fuivant d'autres.

COLIGNI, (Gafpard de) 3e du nom, colonel-général de l'infanterie & maréchal de France, né en 1584, de François de Coligni, amiral de Guienne, fe fignala en divers fieges & combats. Il gagna la bataille d'Avein avec le maréchal de Brézé, & mourut à fon château de Châtillon en 1646. L'in-

trépidité fut fa qualité caractériftique.

COLIGNI, (Gafpard de) 4e du nom, duc de Châtillon, fils du précédent, abjura l'héréfie en 1643, fut lieutenant-général, & mourut à Vincennes d'une bleffure qu'il avoit reçue à l'attaque de Charenton le 9 février 1649, à 39 ans. Sa veuve Elifabeth-Angélique de Montmorenci, fœur du duc de Luxembourg, fut une des perfonnes les plus agréables & les plus ingénieufes de la cour de Louis XIV. Elle époufa en 1663 le duc de Meckelbourg, & mourut à Paris en 1695, à 69 ans ; c'eft elle dont il eft queftion dans le roman fatyrique & calomnieux de Buffi Rabutin. Elle avoit eu du duc de Châtillon un fils pofthume, mort en 1657, & en qui finit la poftérité mafculine de cette famille illuftre.

COLLANGE, (Gabriel de) né à Tours en Auvergne l'an 1524, fut valet de chambre de Charles IX. Quoique bon catholique, il fut pris pour un huguenot, & comme tel, affaffiné à la S. Barthélemi en 1572. Il a traduit & augmenté la *Polygraphie* & l'*Ecriture cabaliftique* de Trithême, Paris 1561, in-4°, qu'un frifon, nommé Dominique de Horringa, a donnée fous fon nom, fans faire mention ni de Trithême ni de Collange, à Emdem 1620, in-4°. Collange avoit auffi quelques connoiffances dans les mathématiques & dans la cofmographie.

COLLATINUS, (Lucius-Tarquinius) époux de Lucrece, violée par Sextus, fils de Tarquin. Il fut en partie caufe de cet outrage, par les éloges indifcrets qu'il lui fit de fa femme. Collatinus s'unit à Brutus, chaffa les Tarquins de Rome, & fut fait conful avec lui l'an 509 avant J. C. ; mais comme il étoit de la famille royale, on le dépofa quelquetems après. *Voyez* LUCRECE.

COLLATIUS, *voyez* APOLLONIUS.

COLLÉONI, *voyez* COGLIONI.

S 4

COLLET, (Jean) *voyez* COLET.

COLLET, (Philibert) avocat au parlement de Dombes, passa quelque-tems chez les Jésuites. Il mourut en 1718, à 76 ans. Il étoit très-laborieux; mais il avoit des opinions fort singulieres, même sur la religion. Il passa long-tems pour n'en point avoir, quoique son impiété fût plutôt sur sa langue que dans son cœur. On a de lui: I. Un *Traité des Excommunications*, en 1689, in-12. C'est une histoire de l'excommunication de siecle en siecle. L'auteur étoit dans les censures, lorsqu'il publia cet ouvrage, pour avoir empêché avec violence qu'on enterrât une personne dans une chapelle, dont il étoit patron. II. Un *Traité de l'Usure*, in-8°, 1690, dans lequel il défend, contre quelques missionnaires, l'usage de la Bresse, de stipuler les intérêts avec le capital d'une somme exigible. III. *Entretiens sur les Dixmes & autres libéralités faites à l'Eglise*, in-12. Il veut y prouver que les dixmes ne sont ni de droit divin, ni de droit ecclésiastique, mais de droit domanial. IV. *Entretiens sur la Clôture des Religieuses*, in-12: dans lesquels il combat pour la liberté de la clôture; contre le cardinal le Camus, évêque de Grenoble, qui venoit de gagner son procès avec les religieuses de Montfleuri. V. Des *Notes sur la coutume de Bresse*, 1698, in-fol. & plusieurs ouvrages manuscrits. La figure de Collet étoit originale, ainsi que son esprit. Il avoit l'air d'un philosophe de l'ancienne académie. Tout ce qui s'éloignoit des opinions communes, lui plaisoit, & il soutenoit ses idées avec feu. Ceux qui vivoient avec lui, étoient charmés de l'étendue de sa mémoire, mais ils n'avoient pas également lieu d'être contens de son jugement.

COLLET, (Pierre) prêtre de la congrégation de la Mission, docteur & ancien professeur de théologie, né à Ternay dans le Vendomois le 6 septembre 1693, & mort le 6 octobre 1770, s'est fait un nom distingué parmi les théologiens, & a mérité l'estime des personnes pieuses par ses écrits & par ses mœurs. Ses ouvrages sont en grand nombre. Les principaux sont: *Vie de S. Vincent de Paul*, 2 vol. in-4°, 1748. *Histoire abrégée du même*, 1 vol. in-12, 1764. L'abrégé vaut mieux que la grande histoire, qui est fastidieuse par une multitude de détails minutieux qui n'intéressent presque personne: ce défaut est celui de presque tous les ouvrages historiques de cet écrivain. *Vie de M. Boudon*, 2 vol. in-12, 1753. La même abrégée, 1 vol. in-12, 1762. *Vie de S. Jean de la Croix*, 1769, 1 vol. in-12. *Traité des Dispenses en général & en particulier*, 3 vol. in-12, 1753. Cet ouvrage est unique en son genre, & rempli de recherches. *Traité des Indulgences & du Jubilé*, 2 vol. in-12, 1770. *Traité de l'Office Divin*, 1 vol. in-12, 1763. *Traité des saints Mysteres*, 2 vol. in-12, 1768. *Traité des Exorcismes de l'Eglise*, 1 vol. in-12, 1770. *Abrégé du Dictionnaire des Cas de conscience de Pontas*, 2 vol. in-4°, 1764 & 1770. *Lettres critiques* sous le nom du Prieur de S. Edme, 1 vol. in-8°, 1744. *Bibliotheque d'un jeune Ecclésiastique*, 1 vol. in-8°. Cette brochure est peu de chose, l'auteur n'indique pas toujours les meilleurs livres, soit qu'il ne les connût pas, soit que malgré leur utilité, il crut y appercevoir quelques endroits répréhensibles. *Theologia Moralis universa*, 17 vol. in-8°. *Institutiones Theologicæ, ad usum Seminariorum*, 7 vol. in-12, 1744 & suiv. *Eædem, breviori formâ*, 4 vol. in-12, 1768. *De Deo, ejusque divinis attributis*, 3 vol. in-8°, 1768. *Les Devoirs des Pasteurs*, 1 vol. in-12, 1769. *Devoirs de la Vie religieuse*, 2 vol. in-12, 1765. *Traité des Devoirs des Gens du monae*, 1 vol. in-12, 1763. *Devoirs des Écoliers*, 1 vol. pet. in-12. *Inftructions pour les Domeftiques*, 1 vol. pet. in-12, 1763. *Inftructions à l'ufage des Gens de la campagne*, pet. in-12, 1770. *Sermons & Difcours eccléfiaftiques*, 2 vol. in-12, 1764, écrits avec plus de netteté que d'éloquence. *Méditations pour fervir aux Retraites*, 1 vol. in-12, 1769. *La Dévotion au facré Coeur de Jefus, établie & réduite en pratique*, 1 vol. in-16, 1770. Il préparoit, lorfqu'il mourut, d'autres ouvrages. On voit par ce catalogue que la plume de cet écrivain étoit très-féconde; mais fon ftyle eft dur en latin & incorrect en françois. Il avoit, dans la converfation, de l'efprit & du feu : on remarque ces deux qualités dans quelques-uns de fes livres. Il mêle quelquefois la plaifanterie aux fujets les plus férieux; mais malheureufement fes railleries fentent le collège, & ne font guere à leur place. Il s'étoit corrigé, dans fa vieilleffe, de ce défaut, & à tout prendre, fes livres font eftimables, par l'abondance des recherches, & par l'ordre qu'il a fu y mettre.

COLLETET, (Guillaume) avocat au confeil, l'un des 40 de l'académie françoife, naquit à Paris en 1598, & mourut dans cette ville en 1659, ne laiffant pas de quoi fe faire enterrer. Le cardinal de Richelieu le mit du nombre des cinq auteurs qu'il avoit choifis pour la compofition des pieces de théâtre. Colletet fit feul *Cyminde*, & travailla aux comédies intitulées l'*Aveugle de Smyrne* & les *Thuilleries*. Il lut le monologue de cette derniere piece au cardinal, & lorfqu'il fut à l'endroit qui commence par ce vers:

La Canne s'humectant dans la bourbe
     de l'eau . . . .

Il lui fit préfent de 600 liv. pour fix mauvais vers qui fuivoient celui-là. Sur quoi Colletet fit ce diftique :

Armand, qui pour fix vers m'as donné fix cens livres,
Que ne puis-je à ce prix te vendre tous mes livres !

Harlay, archevêque de Paris, ne récompenfa pas moins généreufement fon *Hymne* fur l'Immaculée-Conception; il lui envoya un Apollon d'argent. Colletet avoit époufé en fecondes noces Claudine, auparavant fa fervante; & pour tâcher de juftifier fon choix aux yeux du public, il fit paroître fous fon nom plufieurs Pieces de poéfie; mais les honnêtes-gens fentirent fa petite rufe, & fe moquerent de la Sapho fuppofée & du dieu mefquin qui l'infpiroit. Les *Œuvres de Colletet* parurent en 1653, in-12 : ce font des Odes, des Stances, des Sonnets, & quelques ouvrages en profe; mais ils font depuis long-tems au nombre des livres qu'on ne lit plus.

COLLETET, (François) fils du précédent, n'eft guere connu que par la place que Boileau lui a donnée dans fes Satyres. Il fit, comme fon pere, des vers & de la profe, des Cantiques fpirituels, & des Pieces bacchiques, amoureufes & burlefques. Sa *Mufe coquette* eft en 4 parties in-12. Il vivoit encore en 1672.

COLLIER, (Jérémie) né à Stowqui dans la province de Cambridge en 1656, devint lecteur de Grays-Inn; mais ayant refufé de prêter le ferment du Teft, il perdit cette place. Les écrits qu'il publia pour défendre fon procédé, lui attirerent la difgrace & les reproches des grands. On lui promit inutilement, fous la reine Anne, des récompenfes confidérables. Il vécut & mourut zélé non-conformifte. Il réuniffoit parfaitement l'efprit de retraite du chrétien, avec la politeffe du gentilhomme. Egalement profond dans la philofophie, la théologie, l'éloquence, les antiquités facrées & profanes; il a enrichi fa nation de plufieurs ouvrages eftimables. I. D'un *Dictionnaire hiftorique*, géographique, généalogique, traduit en partie du Moreri, & augmenté d'un grand nombre d'articles, en 4 vol. in-fol. II. Des *Essais de Morale* sur différens sujets. III. D'un Traité où il démontre que Dieu n'est pas l'auteur du mal. IV. De la *Critique du Théatre Anglois*, comparé aux théatres d'Athènes, de Rome & de France; avec l'*Opinion des Auteurs* tant profanes que sacrés *touchant le Spectacle*, traduite en françois par le P. de Courbeville, jésuite. Collier mourut en 1726, à l'âge de 76 ans.

COLLIN, (l'abbé N.) mort en 1754, trésorier du chapitre de l'église de Paris, étudia de bonne heure les finesses de la langue latine &, celles de la françoise. Cette connoissance lui servit à traduire avec autant d'exactitude que d'élégance l'*Orateur* de Cicéron, in-12. Cette version, le fruit du travail long, pénible & assidu d'un homme d'esprit, parut avec une excellente préface, qui est en même-tems un commentaire raisonné sur l'ouvrage, & un solide abrégé de rhétorique. On y trouve des jugemens sur nos orateurs modernes, & des réflexions sur les rhéteurs de l'antiquité. Il avoit remporté trois prix à l'académie françoise. On a encore de lui la *Vie de Marie Lumague*, institutrice des Filles de la Providence, 1744, in-12.

COLLIN DE VERMOND, (Hyacinthe) membre de l'académie royale de peinture pour la partie de l'histoire, mort à Paris en 1761, se distingua par la vérité de son pinceau. On a de lui : I. Plusieurs tableaux dans la nef des Capucins du Marais. II. L'*Annonciation* à S. Médéric. III. La *Manne qui tombe dans le Désert*, à S. Jean en Greve.

COLLINS, (Antoine) né à Heston à dix milles de Londres en 1676, d'une famille noble & riche, trésorier du comté d'Essex, occupe une place dans la liste des incrédules. Il passa presque toute sa vie à écrire contre la religion, cette seule ressource sûre & solide des pauvres mortels, & mourut en décembre 1729, à Harley-Square, après avoir protesté " qu'il avoit " toujours pensé, que chacun de- " voit faire tous ses efforts pour ser- " vir de son mieux Dieu, son prince " & sa patrie, & que le fondement " de la religion consistoit dans l'a- " mour de Dieu & du prochain ". Déclaration contradictoire à tout ce qu'il a écrit. Car s'il y a un Dieu, on doit lui rendre un culte, de l'aveu du Spinosiste, auteur du *Système de la Nature*. & s'il y a une loi *d'aimer le prochain*, il n'y a que la religion qui puisse en être la sanction & la garantie. Les principaux ouvrages par lesquels il a signalé son incrédulité, sont : I. *Essai sur l'Usage de la raison, dans les propositions dont l'évidence dépend du témoignage humain*; plein d'une fausse logique & propre à jeter les esprits foibles dans le désolant état du scepticisme. II. *Recherches philosophiques sur la Liberté de l'homme*; ouvrage si bon, dit un auteur fort suspect, que le docteur Clarke y répondit par des injures. Ne prendroit-il pas comme tant d'autres, les raisons pour des injures ? Celles de Clarke étoient bien capables d'embarrasser son adversaire. III. *Discours sur les fondemens & les preuves de la Religion Chrétienne*, avec une *Apologie de la Liberté d'écrire*. IV. *Modele des Prophéties littérales*. C'est une suite du livre précédent, réfuté par divers écrivains, surtout par le docteur Jean Rogers dans sa *Nécessité de la Révélation divine*. V. *Discours sur la Liberté de penser* : ouvrage qui fit beaucoup de bruit dans sa naissance, & qui n'est plus lu qu'en Angleterre par les partisans de Collins. Il fut traduit en françois en 1714, in-8°.

COLLINS, (Jean) né près d'Oxford en 1624, membre de la société royale de Londres en 1667, procura l'édition des meilleurs livres de mathématique. On le nommoit le *Merfenne* anglois, & il méritoit ce titre. Il étoit en commerce avec tous les favans de l'Europe. Les Anglois prétendent, qu'on peut prouver clairement par fon *Commercium Epiftolicum de Analyfi promota*, imp. in-4.º en 1712 par ordre de la fociété royale, que c'eft à lui qu'on doit l'invention de la méthode analytique. Cet habile mathématicien mourut en 1683.

COLLIUS, (François) docteur de Milan au 17e fiecle, fe rendit très-célebre par fon traité *De animabus Paganorum*, publié en 2 vol. in-4º à Milan, en 1622 & 1623. Il y examine quel eft le fort dans l'autre vie de plufieurs Païens illuftres. Il forme des conjectures fur des chofes dont la connoiffance n'appartient qu'à Dieu. Il ne défefpere pas du falut des Sept-Sages de la Grece, ni de celui de Socrate, mais il damne fans miféricorde Pythagore, Ariftote, & plufieurs autres, quoiqu'il reconnoiffe qu'ils ont connu le vrai Dieu. Il eft à croire que fi ce juge des morts avoit bien apprécié la vie & le caractere de fes élus, il ne leur eut pas fait un meilleur fort qu'à fes réprouvés. Un auteur moderne, très-judicieux, leur trouve à-peu-près un mérite égal : il ne voit dans ces anciens Sages qu'une troupe de mifanthropes, triftes jouets de leur orgueil, qui, s'efforçant tour-à-tour d'en varier la forme, donnerent dans les écarts les plus infenfés. Il méprife ce trifte cenfeur, qui n'excepte que fes vices de ce qui le fait continuellement gémir ; & ce moqueur cynique, qui, la lanterne à la main, cherche l'homme en plein midi, & fe condamne à n'habiter qu'un tonneau pour le plaifir puéril de l'oftentation ; & ce vagabond fuperbe, qui jette fes biens à la mer pour aller redire de côte en côte, qu'il porte tout avec lui : le fameux Socrate pourfuit-il, n'eft point exempt de

tache ; il s'en faut bien ; l'amour contre nature a flétri fa vie, & fa mort eft déshonorée par ce lâche refpect humain, qui lui fit faire fon bizarre facrifice à Efculape. L'empereur philofophe, dont le panégyrique couta trente ans de travail à Pline, s'abandonna aux dernieres infamies. Il fut, jufqu'aux remontrances que lui fit Pline le jeune, un des plus cruels perfécuteurs des Chrétiens. Le chef tant vanté de l'école péripatéticienne, n'a pu cacher fa lâche paffion pour une femme publique, qui lui fit fupplanter fon meilleur ami. La mort de plufieurs autres n'eft devenue fameufe que par les excès & le défefpoir qui la leur procurerent. Ils n'étoient pas plus irréprochables dans la recherche des honneurs & des biens de fortune, ces impofteurs qui faifoient de fi belles leçons de défintéreffement & de modeftie. Le cynique méprifant, dont nous avons déja parlé, foula aux pieds le fafte de Platon, mais avec un orgueil plus faftueux encore & plus infupportable. L'inftituteur vanté d'Alexandre le Grand eft compté parmi fes plus lâches adulateurs. Pythagore & Zénon tenterent d'ufurper la fouveraine puiffance. Enfin Hyppias périt en voulant fubjuguer fa patrie. Tels étoient les coryphées des fectes les plus fieres de leurs vertus : car je ne parle ni d'Epicure ni de fon école, ou de fon *troupeau*, comme l'appellent d'autres philofophes, qui par ce mot feul, en donnent une idée jufte quant à l'honnêteté ou aux devoirs. Du refte l'ouvrage de Collius n'eft à proprement parler, qu'un jeu d'efprit, choifi par l'auteur pour faire parade de fon érudition. Il y en a effectivement beaucoup dans fon livre ; mais il y a encore plus d'inconfidération & de vanité. On a auffi de lui *Conclufiones Theologicæ*, 1609, in-4º; & un traité *De fanguine Chrifti*, plein de recherches & de citations, digne du précédent, mais plus commun : il parut à Milan en 1617, in-4".

COLLOREDO, (Rodolphe) comte de Wals, chevalier de Malte, grand-prieur de Bohême, & maréchal-général des armées des empereurs Ferdinand II & Ferdinand III, se signala par sa valeur & par son attachement à la maison d'Autriche. Il mourut le 24 janvier 1657.

COLLOT, (Germain) chirurgien françois sous Louis XI, est le premier de la nation qui tenta l'opération de la pierre par le grand appareil. Avant lui on appelloit des chirurgiens italiens pour cette maladie. Collot les ayant vus opérer, s'essaya sur des cadavres, & enfin sur un criminel condamné à mort. Ce misérable soutint courageusement l'opération, & par ce moyen il racheta sa vie, (Louis XI la lui ayant accordée en cas qu'il échappât), & ne fut plus tourmenté de la pierre. Collot fut récompensé comme il le méritoit. Sa famille, héritiere de son adresse, n'a cessé, depuis lui jusqu'à nos jours, de travailler avec les mêmes succès. Philippe COLLOT, mort à Luçon en 1656, à 63 ans, mit en pratique les préceptes de l'art de ses peres avec une dextérité supérieure à celle qu'ils avoient montrée. Il dégagea leur maniere d'opérer, de tout ce qu'elle avoit de rude & de difficile. Il étoit tellement occupé à Paris, que le cardinal Chigi (depuis Alexandre VII) ne put l'engager de se rendre à Cologne.

COLLUTHUS, prêtre & curé d'Alexandrie, devint schismatique dans le tems qu'Arius mit au jour ses erreurs, vers l'an 315. Il s'avisa d'ordonner des prêtres, & eut la ridicule ambition d'usurper le gouvernement de son église, & de former un épiscopat imaginaire. Le concile d'Alexandrie le condamna en 321, & déposa les prêtres qu'il avoit ordonnés.

COLMAN, (Saint) Colomannus, fut martyrisé en Autriche le 13 octobre 1012. Son corps fut transféré de Stolckeraw à Moelck.

COLOMB, (Christophe) naquit en 1442, d'un pere cardeur de laine, à Cogureto, village sur la côte de Gênes. Quelques voyages sur mer, & le bruit que faisoient alors les entreprises des Portugais, lui firent goûter la navigation. Il conçut qu'on pouvoit faire quelque chose de plus grand, que ce qu'on avoit tenté jusqu'alors ; & par la seule inspection d'une carte de notre hémisphere, ou par un raisonnement tiré de la disposition du monde, il jugea qu'il devoit y en avoir un autre ; il résolut d'aller le découvrir. (Quelques auteurs racontent la chose un peu différemment. Voyez BEHAIM). Gênes sa patrie l'ayant traité de visionnaire, & Jean II, roi de Portugal, ayant refusé son service, Colomb se rendit à la cour d'Espagne, où la reine Isabelle lui confia trois vaisseaux. Des isles Canaries où il mouilla, il ne mit que 33 jours pour découvrir la premiere isle de l'Amérique, en 1492. Pendant ce petit trajet, son équipage ne cessa de murmurer. Il y en eut même qui dirent assez haut, que le plus court étoit de jeter dans la mer cet aventurier, qui n'avoit rien à perdre, & qu'ils en seroient quittes en disant qu'il y étoit tombé en contemplant les astres. Mais dès que ses compagnons de voyage eurent pris terre à l'isle de Guanahani, l'une des Lucayes, ils saluerent en qualité d'amiral & de vice-roi, ce téméraire qu'ils vouloient noyer. Les insulaires, effrayés à la vue des trois bâtimens espagnols, gagnerent les montagnes. Colomb ne put prendre qu'une femme, à laquelle il fit donner du pain, du vin, des confitures & quelques bijoux : ce bon traitement fit revenir les sauvages. Les Castillans leur donnoient pour de l'or, ce qu'en Europe on ne s'aviseroit pas de ramasser, des pots de terre cassés, des morceaux de verre & de faïance. Le Cacique, ou le chef de ces insulaires, leur rmit de conftruire un fort de bois, dans l'ifle qu'ils avoient appellée l'*Efpagnole*. Colomb y laiffa 38 des fiens, & partit pour l'Europe. Ferdinand & Ifabelle le reçurent comme il le méritoit : ils le firent affeoir & couvrir en leur préfence comme un grand d'Efpagne, l'ennoblirent lui & toute fa poftérité, le nommerent grand-amiral & vice-roi du nouveau-monde, & le renvoyerent avec une flotte de 17 vaiffeaux en 1493. Il découvrit de nouvelles ifles ; comme les Caraïbes & la Jamaïque. Il feroit mort de faim dans cette derniere ifle, fans un ftratagême fingulier. Il devoit y avoir bientôt une éclipfe de lune : il envoya chercher les fauvages des environs, leur reprocha la dureté à fon égard, les menaça qu'ils feroient bientôt un exemple terrible de la vengeance du Dieu des Efpagnols, & leur prédit que dès le foir la lune rougiroit, s'obfcurciroit & leur refuferoit fa lumiere. L'éclipfe commença effectivement quelques heures après. Les fauvages épouvantés, pouffant des cris effroyables, allerent fe jeter aux pieds de Colomb, en lui jurant de ne plus le laiffer manquer de rien. Colomb, après s'être fait prier quelque-tems, fe radoucit, & leur promit de demander à fon Dieu de faire reparoître la lune. Elle reparut quelques momens après ; & les infideles, qui le regardoient déja comme un homme d'une nature fupérieure, furent convaincus qu'il difpofoit à fon gré du ciel & de la terre. Ce fut au retour de cette expédition, en 1505, qu'il confondit fes envieux par une plaifanterie devenue célebre. Ils difoient que rien n'étoit plus facile que fes découvertes, dues à un peu de hardieffe & à beaucoup de bonheur. Il leur propofa de faire tenir un œuf droit fur fa pointe ; & aucun n'ayant pu le faire, il caffa le bout de l'œuf en appuyant un peu def-

fus, & le fit ainfi tenir. *Rien n'étoit plus aifé*, dirent les affiftans. — *Je n'en doute point*, leur dit Colomb ; *mais perfonne ne s'en eft avifé, & c'eft ainfi que j'ai découvert les Indes.* C'étoient ces mêmes envieux qui l'avoient mis mal auprès de Ferdinand & d'Ifabelle. Des juges, envoyés fur fes vaiffeaux mêmes dans fon fecond voyage, pour veiller fur fa conduite, le ramenerent en Efpagne les fers aux pieds & aux mains. On le retint quatre années, foit qu'on craignît qu'il ne prît pour lui ce qu'il avoit découvert, comme fes ennemis l'avoient infinué, foit qu'on voulût lui donner le tems de fe juftifier. Enfin on l'avoit renvoyé dans fon nouveau-monde ; & c'étoit dans cette troifieme courfe qu'il avoit apperçu le continent à dix degrés de l'équateur, & la côte où l'on a bâti Carthagene. Colomb, de retour de ce dernier voyage, termina peu après à Valladolid, en 1506, à 64 ans, une carriere plus brillante qu'heureufe. On lui a élevé une ftatue dans Gênes. Ferdinand Colomb, fon fils, écrivit la *Vie* de fon pere, traduite en françois, Paris 1681, 2 vol. in-12. Améric Vefpuce, négociant florentin, a joui de la gloire d'avoir donné fon nom à la nouvelle moitié du globe. Il prétendit avoir découvert le premier le continent. Quand il feroit vrai qu'il eût fait cette découverte, dit l'auteur de l'*Hiftoire générale*, la gloire n'en feroit pas à lui : elle appartient inconteftablement à celui qui eut le génie & le courage d'entreprendre le premier voyage. Colomb en avoit déja fait trois en qualité d'amiral & de vice-roi, 5 ans avant qu'Améric Vefpuce en eût fait un en qualité de géographe. Quant à Martin Behaim, auquel plufieurs auteurs attribuent la premiere connoiffance du nouveau-monde, il eft certain, fuppofé qu'il l'ait eue effectivement, qu'il ne fit rien pour la perfectionner

& en tirer parti. *Voyez* BEHAIM.

COLOMB, (Don Barthélemi) frere de Chriftophe, fe fit un nom par les *Cartes marines* & les *Spheres*, qu'il faifoit fort bien pour fon tems. Il avoit paffé d'Italie en Portugal avant fon frere, dont il avoit été le maître en cofmographie. Don Ferdinand Colomb, fon neveu, dit que fon oncle s'étant embarqué pour Londres, fût pris par des corfaires, qui le menerent dans un pays inconnu, où il fut réduit à la derniere mifere : qu'il s'en tira en faifant des cartes de navigation ; & qu'ayant amaffé une fomme d'argent, il paffa en Angleterre ; préfenta au roi une mappemonde de fa façon ; lui expliqua le projet que fon frere avoit-de pénétrer dans l'océan, beaucoup plus avant qu'on n'avoit encore fait : que ce prince le pria de faire venir Chriftophe, promettant de fournir à tous les frais de l'entreprife ; mais que celui-ci ne put venir, parce qu'il étoit déja engagé avec la couronne de Caftille. Une partie de ce récit, & fur-tout cette propofition faite au roi d'Angleterre, paroiffent imaginaires. Quoi qu'il en foit, Barthélemi eut part aux libéralités que le roi de Caftille fit à Chriftophe; & en 1493 ces deux freres, & Diegue Colomb, qui étoit le troifieme, furent ennoblis. Don Barthélemi, partagea avec Chriftophe les peines & les fatigues inféparables des longs voyages où ils s'engagerent l'un & l'autre. Il mourut en 1514, comblé d'honneurs & de biens.

COLOMB, (Don Ferdinand) fils de Chriftophe, entra dans l'état eccléfiaftique, & forma une riche bibliotheque qu'il laiffa en mourant à l'églife de Séville. C'eft cette bibliotheque qu'on a furnommée *la Colombine*. Il écrivit la *Vie* de fon pere, vers l'an 1530. *Voy.* COLOMB.

COLOMBAN, (Saint) né en Irlande l'an 560, apprit dès fa jeuneffe les arts libéraux, la grammaire, la rhétorique, la géométrie. La nature l'avoit doué de toutes les qualités de l'efprit & de tous les agrémens de la figure. Il craignit les attraits de la volupté, & les vains plaifirs que le monde lui promettoit ; & fe mit fous la conduite d'un faint vieillard nommé Silen, dans le monaftere de Bancor. Pour fe détacher de plus en plus du monde, il paffa dans la Grande-Bretagne, & delà dans les Gaules avec 12 religieux. Un vieux château ruiné dans les déferts des Vofges, fut fa premiere retraite. Une foule de difciples s'étant préfentés à lui, il bâtit, vers l'an 600, un monaftere dans un endroit plus commode à Luxenil, & bientôt un autre à Fontaine. Le roi Thierri l'exila à Befançon, à la follicitation de Brunehaut, à laquelle le faint abbé donnoit vainement des avis falutaires, avec une franchife inconnue de nos jours. Il paffa enfuite en Italie, fonda l'abbaye de Bobio, & y mourut le 21 novembre 615. On a de lui une *Regle* qui a été long-tems pratiquée dans les Gaules, quelques Pieces de Poéfie, quelques Lettres, & d'autres ouvrages afcétiques, qui fe trouvent dans la *Bibliotheque des Peres.* Ce faint eft fort maltraité par l'abbé Velli dans fon *Hiftoire de France;* mais il eft juftifié, d'une maniere victorieufe, des fauffes imputations de cet écrivain, dans l'avertiffement du 12e vol. de l'*Hiftoire littéraire de France* (p. 9) par les Bénédictins de S. Maur; quoiqu'on ne puiffe s'empêcher de lui fouhaiter dans quelques occafions, fur-tout dans fes difputes fur la Pâque où il fe rapprochoit des *Quartodecimans*, plus de docilité & de modération. Ses *Œuvres* ont été recueillies & ornées de remarques par Patrice Flemingus, & publiées par Thomas Sirinus, à Louvain 1667, in-fol.

COLOMBE, (Sainte) vierge & martyre de Cordoue, fut mife à mort par les Sarrafins en 852. Il y a une autre Ste Colombe, vierge & martyre de Sens, où l'on croit qu'elle reçut la couronne du martyre en 273.

COLOMBEL, (Nicolas) peintre, éleve d'Euſtache le Sueur, né à Sotteville près de Rouen en 1646, demeura long-tems en Italie pour ſe former ſur Raphaël & le Pouſſin, qu'il n'a cependant guere ſuivis. Son deſſin eſt correct ; ſes compoſitions riches & accompagnées de beaux fonds d'architecture qu'il entendoit bien, de même que la perſpective. Mais ſon ton de couleurs eſt trop dur ; & ſes têtes, très-communes, ſe reſſemblent toutes. Son chef-d'œuvre eſt un *Orphée jouant de la lyre*, qui eſt à la ménagerie de Verſailles. Colombel mourut à Paris en 1717, à 71 ans. Il étoit membre de l'académie de peinture.

COLOMBIERE, (Claude de la) jéſuite célebre, né à ſaint Symphorien, à deux lieues de Lyon, ſe fit un nom par ſes talens pour la chaire. La cour du roi Jacques l'écouta pendant deux ans avec plaiſir & avec fruit ; mais accuſé, & non convaincu d'être entré dans une conſpiration, il fut banni de l'Angleterre. Il mourut à l'âge de 41 ans en 1682, à Parai dans le Charolois. C'eſt lui qui, avec Marie Alacoque, a donné une forme à la célébration de la ſolemnité du *Cœur de Jeſus*, & qui en a compoſé l'office. Ce jéſuite avoit l'eſprit fin & délicat, & on le ſent malgré l'extrême ſimplicité de ſon ſtyle, dit l'abbé Trublet en parlant de ſes Sermons, publiés à Lyon 1757, en 6 vol. in-12. Il avoit ſur-tout le cœur vif & ſenſible : c'eſt l'onction du P. Cheminais, mais avec plus de feu. L'amour de Dieu l'embraſoit. Tout dans ſes Sermons reſpire la piété la plus tendre, la plus vive : je n'en connois point même qui ait ce mérite dans un degré égal, & qui ſoit plus dévot ſans petiteſſe. Le célebre Patru, ſon ami, en parloit comme d'un des hommes de ſon tems, qui pénétroit le mieux les

fineſſes de notre langue. On a encore de lui des *Réflexions morales* & des *Lettres ſpirituelles*.

COLOMBIERE, *voyez* VULSON.

COLOMIÈS, (Paul) né à la Rochelle en 1638, d'un médecin proteſtant, parcourut la France & la Hollande, mourut à Londres en 1692. La république des lettres lui doit pluſieurs ouvrages ſur les citoyens qui l'ont illuſtrée. I. *Gallia Orientalis*, réimprimée en 1709, in-4°, avec ſes autres Opuſcules, par les ſoins du ſavant Fabricius. Cet ouvrage plein d'érudition, roule ſur la vie & les écrits des François ſavans dans les langues orientales. II. *Italia & Hiſpania Orientalis*, in-4°, 1730, dans le goût du précédent. III. *Bibliotheque choiſie*, en françois, réimprimée en 1731 à Paris, avec les remarques de la Monnoye ; on y voit une grande érudition bibliographique. IV. *La Vie du P. Sirmond*, 1671, in-12. V. *Theologorum Presbyterianorum Icon*. Il fait éclater dans cet ouvrage ſon attachement pour le parti des épiſcopaux. Le miniſtre Jurieu, beaucoup moins impartial & moins honnête-homme que Colomiès, le traita fort mal dans ſon livre de l'*Eſprit d'Arnauld*. VI. *Des Opuſcules critiques & hiſtoriques*, recueillis & mis au jour en 1709 par Albert Fabricius. VII. *Mélanges hiſtoriques*, &c. in-12. C'eſt un recueil de pluſieurs petits traits curieux & agréables, ſur quelques gens-de-lettres. Colomiès n'étoit pas un ſavant à découvertes. Son talent étoit de profiter de ſes lectures : il mettoit à part les choſes ſingulieres, & en ornoit ſes livres. Il y a du bon dans les ſiens ; mais l'ordre y manque. Il connoiſſoit bien la bibliographie, & il a été utile à ceux qui ſe ſont appliqués à cette ſcience.

COLOMNA, *voyez* COLONNE (Fabio).

COLONIA, (Dominique de) né à Aix en 1660, jéſuite en 1675, mourut à Lyon en 1741. Cette ville qui le posséda pendant 59 ans, lui faisoit par estime & par reconnoissance une pension annuelle. Les fruits de ses travaux littéraires sont : I. Une *Rhétorique*, en latin, in-12, imprimée jusqu'à 20 fois, ouvrage très-méthodique, & orné d'exemples bien choisis. II. *La Religion Chrétienne, autorisée par les témoignages des Auteurs païens*, in-12, 2 vol. Colonia avoit lu cet ouvrage par parties dans l'académie de Lyon, dont il étoit membre ; cette compagnie applaudit à l'entreprise & à l'exécution. L'auteur n'avoit jamais séparé l'étude de la religion, de celle des auteurs profanes : on le voit assez par les recherches qui enrichissent cet ouvrage. III. *Histoire littéraire de la ville de Lyon*, avec une *Bibliotheque des Auteurs lyonnois sacrés & profanes*, in-4°, 2 vol. Le premier est consacré aux antiquités de Lyon, le second à l'histoire littéraire de cette ville. L'historien a omis beaucoup d'écrivains lyonnois, & a parlé ou superficiellement ou inexactement de plusieurs autres. IV. *Bibliotheque des Livres Jansénistes*, in-12, 2 vol. censurée à Rome en 1749, & reproduite à Lyon sous le titre de *Dictionnaire des Livres Jansénistes*, in-12, 4 vol. 1752. On trouve à la fin une *Bibliotheque Anti-Janséniste*. Son zele contre cette secte la lui fait souvent appercevoir où elle n'est pas. Ce jésuite se piquoit beaucoup de connoître l'antiquité : quelques plaisans se proposerent d'essayer ses forces en ce genre. On fait faire un pot de plomb, avec une inscription antique ; on l'enterre pendant quelques jours, & on le lui envoie comme un monument déterré dans un champ. L'habile antiquaire donne dans le piege, & fait imprimer une dissertation dans le *Journal de Trévoux* (décembre 1724), dans laquelle il prodigua une érudition qui l'auroit couvert de ridicule, si tous les antiquaires n'étoient sujets à ces sortes de bévues.

COLONNA, (Victoria) *voyez* AVALOS.

COLONNE, (Jean) est un de ceux qui ont le plus contribué à la grandeur & à l'élévation de sa famille, l'une des plus illustres d'Italie, & très-féconde en grandshommes. Fait cardinal par Honorius III en 1216, & déclaré légat de l'armée chrétienne ; il contribua beaucoup à la prise de Damiette, par l'ardeur avec laquelle il anima les chefs & les soldats. Les Sarrasins l'ayant fait prisonnier, le condamnerent à être scié par le milieu du corps ; mais sur le point de subir ce supplice barbare, sa constance surprit si fort ces infideles, qu'ils lui donnerent la vie & la liberté. Il mourut en 1245. L'hôpital de Latran est un monument de sa piété.

COLONNE, (Jean) dominicain, de la même famille que le précédent, archevêque de Messine, fut chargé de plusieurs affaires importantes. Il mourut en 1280. On a de lui : I. *Traité de la gloire du Paradis*. II. Un autre *Du malheur des Gens de Cour*. III. *La Mer des Histoires*, jusqu'au regne de S. Louis, roi de France. Il ne faut pas confondre ce livre avec une compilation intitulée : *La Mer des Histoires*, Paris 1488, 2 vol. in-fol. & depuis avec des augmentations. Celle-ci est d'un théologien jacobin, nommé Brochart, qui la fit paroître en latin l'an 1475, sous le titre de *Rudimentum Novitiorum*, in-fol.

COLONNE, (Gilles) autrement GILLES DE ROME, (*Ægidius Romæ*) général des Augustins, puis archevêque de Bourges, fut le premier de son ordre qui enseigna dans l'université de Paris. Il assista au concile de cette ville de l'an 1281, où quoique simple docteur il parla pour les évêques contre les freres mendians. Son siecle, prodigue de titres, le surnomma *le Docteur très-fondé* (*Doctor fundatissimus*). Philippe le Hardi, à qui son

son mérite l'avoit rendu cher, lui confia l'éducation de Philippe le Bel. Le maître inspira à son éleve le goût des belles-lettres. Ce fut pour ce prince qu'il composa le traité *De Regimine Principum*, Rome 1492, in-fol. & Venise 1498. Dans un chapitre de son ordre, on statua qu'on recevroit ses opinions dans les écoles. Colonne mourut à Avignon en 1316. Son corps fut porté à Paris, où l'on voit son tombeau, chargé de cette épitaphe emphatique: *Hic jacet aula morum, vitæ munditia, Archi-Philosophiæ Aristotelis perspicacissimus commentator, clavis & Doctor Theologiæ*, &c. On a encore de lui divers ouvrages de philosophie & de théologie, Rome 1555, in-fol.

COLONNE, (Jacques) fut élevé au cardinalat par Nicolas III. Il eut beaucoup de part aux démêlés qui agiterent Rome sous Boniface VIII. La famille de ce pontife, qui étoit celle de Cajetan, du parti des Guelfes, n'avoit jamais été en bonne intelligence avec celle des Colonnes, de la faction des Gibelins. Les cardinaux de cette famille s'étoient opposés à l'élection de Boniface, dont ils connoissoient l'humeur altiere & emportée. Pour s'y dérober, Jacques Colonne & Pierre son neveu, cardinal comme lui, se jeterent dans Palestrine, où Sciarra Colonne, un de leurs cousins, commandoit alors. Boniface s'étant rendu maître de la ville, lança les foudres ecclésiastiques contre les rebelles, priva Jacques & Pierre de la pourpre, excommunia Sciarra, & mit leurs têtes à prix. Sciarra, fuyant pour se mettre en sûreté, fut pris sur mer par des pirates, & mis à la chaîne. Cette condition, toute déplorable qu'elle étoit, lui paroissoit préférable à celle où la vengeance du pape l'auroit réduit. Philippe le Bel le fit délivrer à Marseille, où les pirates l'avoient conduit, & l'envoya en Italie l'an 1303 avec Guillaume de Nogaret, pour enlever Boniface. Ils surprirent

le pontife à Anagni, où l'on dit que Sciarra Colonne lui donna sur la joue un coup de son gantelet. (*Voyez* BONIFACE VIII). Jacques Colonne, l'objet de cet article, mourut en 1318.

COLONNE, (François) né à Venise, & mort en cette ville en 1527, à l'âge de plus de 80 ans, étoit jacobin. Il s'est fait connoître par un livre singulier & rare, intitulé: *Hipnerotomachia Poliphili* (c'est le nom sous lequel il s'est déguisé), imprimé à Venise en 1499, & en 1545, in-fol. Le style obscur & énigmatique de cet ouvrage a donné lieu à bien des interprétations arbitraires de la part de ceux qui ont cherché à l'approfondir. Des gens d'ailleurs pleins de bon-sens, ont prétendu y trouver les principes de toutes les sciences. Des adeptes y ont cherché le grand-œuvre, & n'ont pas manqué de l'y trouver. Ce livre a été traduit en françois par Jean Martin, Paris 1561, in-fol.

COLONNE, (Jean) cardinal, fut maltraité par Sixte IV, & par Alexandre VI; & très-estimé par Jules II, qui lui confia les charges les plus importantes de la cour de Rome. Il mourut le 26 septembre 1508, à 51 ans.

COLONNE, (Fabrice) célebre capitaine, fils d'Edouard Colonne, duc d'Amalfi, s'attacha au roi de Naples, & devint ennemi irréconciliable de la maison des Ursins à laquelle il fit la guerre. Le roi de Naples le nomma connétable, & Charles V lui continua cette charge importante. Fabrice Colonne commandoit l'avant-garde à la bataille de Ravenne en 1512, où il fut fait prisonnier. Alfonse, duc de Ferrare, le mit en liberté. Fabrice rendit à son tour de grands services à son libérateur contre Jules II. Il mourut en 1520, avec la réputation d'un homme également habile dans la politique & dans les armes.

COLONNE, (Marc-Antoine) se

T

fignala dans les guerres d'Italie, principalement contre les François. La paix ayant été conclue en 1516, François I l'attira dans son parti, & en reçut de grands services. Il fut tué au siege de Milan en 1522, d'un coup de coulevrine, que Prosper Colonne, son oncle, avoit fait pointer contre lui sans le connoître. Il étoit dans la 50e année de son âge.

COLONNE, (Prosper) de la même famille, fils d'Antoine, prince de Salerne, embraffa le parti des François, lorfque Charles VIII entreprit la conquête du royaume de Naples; mais fa politique le jeta enfuite dans le parti de leurs ennemis. En 1515 il entreprit de défendre le paffage des Alpes contre les François, qui le furprirent en dînant à Ville-Franche du Pô. Il fut fait prifonnier & mené en France. Dès qu'il eut fa liberté, il reprit les armes avec plus de vigueur. Egalement animé par la vengeance & par fon courage, il défit les François à la bataille de la Bicoque en 1522. Bonnivet, ayant bloqué Milan quelque tems après, Colonne le força de s'éloigner. Ce général mourut l'année fuivante en 1523, à 71 ans. Il avoit une fi grande réputation, qu'on n'entendoit que ces mots dans le camp françois: *Courage! Milan est à nous, puifque Colonne est mort.* Il fit la guerre avec plus de fageffe que d'éclat: manquant de l'activité néceffaire pour fatiguer ou furprendre l'ennemi, mais ayant une vigilance extrême pour n'être pas furpris.

COLONNE, (Pompée) eut pour tuteur Profper Colonne fon oncle, dont nous avons parlé dans l'article précédent. Ce fut par fon ordre qu'il s'attacha à l'état eccléfiaftique. Son penchant étoit pour les armes, & il ne le quitta point. Pourvu de l'évêché de Rieti, de quelques abbayes & de plufieurs prieurés, il fe battit en duel avec un efpagnol, & fut fi fâché qu'on vint les féparer, qu'il mit fa foutane en pieces. Léon X

l'honora de la pourpre. Colonne, toujours emporté par fon humeur guerriere, fe fignala dans les querelles qu'occafionna l'élection de Clément VII, qui le priva du cardinalat & de fes bénéfices: il prit Rome avec Hugues de Moncade. L'année d'après (1527) le connétable de Bourbon vint affiéger cette ville, livrée au-dedans à la difcorde, & expofée au-dehors aux armes des Impériaux. Clément, arrêté au château Saint-Ange, eut recours à celui qu'il avoit dépouillé du cardinalat. Colonne, affez généreux pour tout oublier, travailla à procurer la liberté du pontife, qui le rétablit, & lui donna la légation de la Marche-d'Ancone. Il mourut en 1532, à 53 ans, vice-roi de Naples. Ce cardinal aimoit les lettres, & les cultivoit avec fuccès. On a de lui un poëme *De laudibus Mulierum*, qu'on trouva en manufcrit dans la bibliothèque du Vatican. Il y célèbre les vertus de Victoire Colonne, fa parente, veuve du marquis de Pefcaire, inviolablement attachée à la mémoire de fon époux, auquel elle confacra fon talent pour la poéfie.

COLONNE, (Etienne) capitaine du 16e fiecle, fut élevé dans le métier des armes fous Profper Colonne fon parent, & fe fignala par fa valeur & par fa prudence. Il mourut à Pife en 1548.

COLONNE, (Marc-Antoine) duc de Palliano, grand-connétable de Naples, vice-roi de Sicile, s'acquit beaucoup de gloire en commandant pour les Efpagnols. Il combattit, en qualité de lieutenant-général & de général des galeres du pape, à la célèbre bataille de Lépante contre les Turcs en 1571. A fon retour, Pie V, qui eut une joie extrême de cette victoire des Chrétiens, voulut que Colonne entrât à Rome en triomphe, à l'imitation des anciens généraux romains. On dreffa des arcs triomphaux, fous lefquels il paffa, accompagné de captifs, entr'autres des enfans du bacha Ali. Il monta au Capitole, & vint dela au Vatican, où le pape entouré des cardinaux, le reçut comme le chef du Christianisme pouvoit recevoir le vainqueur des infideles; & le célebre Muret fit son panégyrique. Il mourut en Espagne, le 1er août 1585. Marc-Antoine Colonne est aussi le nom d'un savant cardinal de la même famille, qui fut archevêque de Salerne, & bibliothécaire du Vatican. Gregoire XIII, Sixte V & Gregoire XIV l'employerent en diverses légations. Il mourut à Zagarolla le 13 mars 1597.

COLONNE, (Ascagne) savant cardinal, vice-roi d'Aragon, évêque de Palestrine, étoit fils de Marc-Antoine Colonne, duc de Palliano. Il mourut en 1608. On a de lui des Lettres & d'autres ouvrages: entr'autres un Traité contre le cardinal Baronius, au sujet de la Sicile.

COLONNE, (Frédéric) duc de Tagliacotti, prince de Butero, connétable du royaume de Naples, & vice-roi de celui de Valence, fut élevé à Madrid. Il rendit des services importans à Philippe IV. Son courage, sa probité & sa modération lui concilierent tous les cœurs. Il mourut en 1641, à 40 ans.

COLONNE, de Gioëni, (Laurent-Onuphre) connétable de Naples, neveu du précédent, fut grand d'Espagne, chevalier de la toison d'or, prince de Palliano & de Castiglione, & mourut le 15 avril 1689. Il eut pour femme Marie-Mancini, niece du cardinal Mazarin, laquelle s'étoit flattée d'épouser Louis XIV. Elle s'est rendue célebre par son apologie, qu'elle publia sous le titre de *Mémoires* (petit in-12, Cologne 1676, & en italien 1678), par rapport aux différends qu'elle eut avec son mari. Elle mourut en 1715, laissant trois fils, dont le cadet Charles Colonne est mort cardinal en 1739.

COLONNE ou COLOMNE, (Fabio) naquit à Naples en 1567,

de Jerôme, fils naturel du cardinal Pompée Colonne. Il se livra dès sa plus tendre jeunesse à l'histoire naturelle & sur-tout à celle des plantes. Il chercha à les connoître dans les écrits des anciens; & par une application opiniâtre, il dévoila, à travers les fautes dont les manuscrits fourmilloient, ce qui auroit été caché pour tout autre, moins pénétrant, moins constant au travail. Les langues, la musique, les mathématiques, le dessin, la peinture, l'optique, le droit civil & canonique, remplirent les momens qu'il ne donnoit point à la botanique. Les ouvrages qu'il a donnés dans ce dernier genre, étoient regardés comme des chef-d'œuvres, avant qu'on jouît du fruit des travaux des derniers botanistes. On lui doit: I. *Plantarum aliquot ac Piscium Historia*, en 1592, in-4°, accompagnée de planches gravées, selon quelques-uns, par l'auteur même, avec beaucoup de vérité. La méthode qu'il suit, fut très-applaudie. Il y en a une édition de Milan 1744, in-4°, qui vaut moins que la premiere. II. *Minùs cognitarum rariorumque stirpium Descriptio: itemque de aquatilibus, aliisque non-nullis animalibus Libellus*. Rome 1616, 2 parties in-4°. Cet ouvrage, qu'on peut regarder comme une suite du précédent, reçut les mêmes éloges. L'auteur, en décriyant plusieurs plantes singulieres, les compare avec les mêmes plantes, telles qu'on les trouve dans les livres des anciens & des modernes. Cette comparaison lui donne lieu d'exercer souvent une critique judicieuse contre Matthiole, Dioscoride, Théophraste, Pline, &c. L'auteur donna une seconde partie, à la sollicitation du duc d'Aqua-Sparta, qui avoit été très-satisfait de la premiere. L'impression de l'une & de l'autre fut confiée à l'imprimeur de l'académie des *Lyncæi*, compagnie de savans que ce duc avoit formée, & dont l'objet étoit de tra-

T 2

vailler fur l'histoire naturelle. Cette
société utile, qui ne subsista que
jusqu'en 1630, c'est-à-dire jusqu'à
la mort de son illustre protecteur,
a été le modèle de toutes celles de
l'Europe. Galilée, Porta, Achillini, Colonne en étoient les ornemens. III. Une *Dissertation sur les
Glossopetres*, en latin, qui se trouve
avec un ouvrage d'Augustin Scilla
sur les corps marins, Rome 1747,
in-4°. IV. Il a travaillé aux *Plantes
de l'Amérique* de Hernandez,
Rome 1651, in-fol. fig. V. Une *Dissertation sur la Pourpre*, en latin;
pièce fort estimée, mais devenue
rare, & réimprimée à Kiel en Allemagne 1675, in-4°, avec des notes
de Daniel Major, médecin allemand. La 1re édition est de 1616,
in-4°.

COLONNE, (François-Marie-
Pompée) habile philosophe, laissa
quelques ouvrages curieux dont le
principal est l'*Histoire naturelle de
l'Univers*, 1734, 4 vol. in-12. Il
périt dans l'incendie de la maison
qu'il habitoit à Paris en 1726.

COLVIUS, (Pierre) né à Bruges
en 1567, & mort à Paris l'an 1594,
à 26 ans, a donné : I. *Lucii Apulei
Opera*, *cum notis*, Leyde 1588,
in-8°. Le P. André Schott a fait un
grand éloge de cette édition. II.
Sidonii Apollinaris Opera, *cum
notis*, Hanau 1617, in-8°.

COLUMBI, (Jean) jésuite, né
en 1592 à Manosque en Provence,
enseigna successivement différentes
sciences dans les colleges de son
ordre. Il mourut en 1679 à Lyon,
après avoir publié plusieurs ouvrages, dans lesquels il y a plus d'érudition que de saine critique. Les principaux sont : I. *Hierarchia ange-
lica & humana*, in-fol. Lyon, 1647.
II. *Opuscula varia*, in-fol. 1668.
III. *In S. Scripturam*, tom. 1, in-
fol. ibid. 1656.

COLUMELLE, (Lucius Junius
Moderatus) natif de Cadix, philosophe romain sous Claude, vers l'an
42 de J. C., laissa *XII Livres sur*

l'*Agriculture*, & un *Traité sur
les Arbres*. Ces ouvrages sont précieux par les préceptes & par le
style; celui de Columelle se ressent
encore de la latinité d'Auguste. On
trouve le traité *de Re rustica*, &
celui *de Arboribus* dans les *Rei
rusticæ Scriptores*, Leipsick 1735,
2 vol. in-4°. M. Saboureux de la
Bonnetrie a donné une traduction
françoise du premier, avec des notes curieuses, Paris 1773, 2 vol.
in-8°, qui font partie de l'*Econo-
mie rurale*, 6 vol. in-8°.

COLUMNA, (Guy) natif de
Messine en Sicile, suivit Edouard
en Angleterre, à son retour de la
Terre-Sainte. Il composa, vers l'an
1287, une *Chronique* en 36 livres,
& quelques *Traités historiques*
sur l'Angleterre. L'ouvrage le plus
curieux de Columna est l'*Histoire
du siege de Troyes*, en latin, imprimée à Cologne 1477, in-4°, & à
Strasbourg 1486, in-fol. Ces éditions
sont très rares, de même que les
traductions italiennes de cette histoire, Venise 1481, in-fol. & Florence 1610, in-4°, mais celle de
Naples 1665, in-4°, l'est bien moins.

COLUTHUS, poëte grec, natif
de Lycopolis, vivoit sous l'empereur
Anastase I, au commencement du 6e
siecle. Il nous reste de lui un poëme
de l'*Enlevement d'Hélene*, Bâle
1555, in-8°, Francfort 1600, in-8°,
traduit en françois par M du Mo-
lard, en 1742, in-12, avec des remarques. Le Jugement de Pâris est
ce qu'il y a de meilleur dans cette
production, qui n'est guere supérieure à son siecle. Coluthus vint
dans un tems où la bonne poésie étoit
perdue, & son génie n'étoit pas assez fort pour s'élever au-dessus de
ses contemporains.

COMBALUSIER, (François-
de-Paule) médecin, né au bourg S.
Andéol dans le Vivarais, mort le
24 août 1762, avoit des connoissances très-étendues dans son art.
Elles lui mériterent la place de professeur de pharmacie dans l'univer-

fité de Paris , & celle de membre de la fociété royale de Montpellier. Il eft connu par des Ecrits Polémiques fur les querelles des chirurgiens & des médecins ; & par un *Traité* latin *fur les Vents* qui affligent le corps humain , 1747 , in-12 : traduit en françois 1754 , 2 vol. in-12.

COMBE , (Marie de) *voyez* CYZ.

COMBE , (Jean de) *voyez* COMBES.

COMBE , (Guy-du Rouffeau de la) reçu au ferment d'avocat au parlement de Paris en 1705 , mort en 1749 , a donné au public : I. Un *Recueil de Jurifprudence civile du Pays de Droit-Ecrit & Coutumier*, 1 vol. in-4° , dont il publia une feconde édition beaucoup plus ample en 1746 , & encore réimprimée en 1769. II. Il donna en 1738 une nouvelle édition du *Praticien univerfel de Couchot*, augmentée d'un petit *Traité fur l'exécution provifoire des Sentences & Ordonnances des premiers Juges en différentes matieres, & fur les Arrêts de défenfes & autres Arrêts fur requêtes*. III. Une nouvelle édition des *Arrêts de Louet*, augmentée de plufieurs Arrêts. IV. Un *Nouveau Traité des Matieres criminelles*, 1736 , in-4°. V. *Recueil de Jurifprudence canonique & bénéficiale*, pris fur les Mémoires de Fuet, 1 vol. in-fol. 1748. On a publié après fa mort un *Commentaire fur les nouvelles Ordonnances concernant les donations, les teftamens, le faux, les cas prévôtaux*.

COMBEFIS , (François) né à Marmande dans la Guienne en 1605 , dominicain en 1625 , fut gratifié d'une penfion de mille livres par le clergé de France qui l'avoit choifi pour travailler aux nouvelles éditions, & verfions des Peres grecs. Avant lui aucun régulier n'avoit eu de pareilles récompenfes. La république des lettres lui eft redevable : I. De l'édition des *Œuvres de S. Amphiloque*, de *S. Méthode*,

de *S. André de Crete*, & de plufieurs Opufcules des Peres grecs. II. D'une *Addition à la Bibliotheque des Peres*, en grec & en latin , 3 vol. in-fol. Paris 1672. III. D'une *Bibliotheque des Peres pour les Prédicateurs*, en 8 vol. in-fol. IV. De l'édition des cinq *Hiftoriens grecs*, qui ont écrit depuis Théophane , pour fervir de fuite à l'Hiftoire Byzantine , 1 vol. in-fol. Paris 1685. Ce fut par ordre du grand Colbert, qu'il travailla à cet ouvrage. Ce favant religieux mourut à Paris en 1679 , confumé par les auftérités du cloître , l'affiduité à l'étude, & les douleurs de la pierre. Il auroit été à fouhaiter que le P. Combefis eût fu auffi parfaitement la langue latine que la grecque : fes verfions feroient plus claires & plus intelligibles. Son latin eft quelquefois barbare.

COMBES , (Jean de) avocat du roi au préfidial de Riom , publia en 1584 un *Traité des Tailles & autres fubfides , & de l'inftitution & origine des Offices concernant les Finances*. Cet ouvrage, écrit affez purement pour fon tems, eft fur-tout eftimable par des recherches utiles & par une critique judicieufe. Il ne faut pas le confondre avec Pierre DE COMBES , qui donna en 1705 , in-fol. les *Procédures civiles des Officialités*. Il y a auffi de lui les *Procédures criminelles*, in-4°.

COME , *voyez* COSME.

COMENIUS , (Jean-Amos) grammairien & théologien proteftant , naquit en Moravie l'an 1592. Chaffé de fon pays par l'édit de 1624 , qui profcrivoit les miniftres de fa communion , il alla enfeigner le latin à Lefna dans la Pologne. Il s'entêta d'une nouvelle maniere d'apprendre les langues. Son livre *Janua linguarum referata*, traduit non-feulement en douze langues européennes , mais en arabe , en turc, en perfan , en mogol , répandit fon nom par-tout , fans pouvoir faire adopter ſes idées. Après avoir couru dans la Siléſie, en Angleterre, en Suede, dans le Brandebourg, à Hambourg, &c. il ſe fixa à Amſterdam. C'eſt dans cette ville qu'il fit imprimer in-fol. ſa *Nouvelle Méthode d'enſeigner*, production qui n'offre rien de praticable ni dans les idées, ni dans les regles. La réformation des écoles ne fut pas ſa ſeule folie; il donna encore dans celle des prétendus nouveaux-prophetes, qui s'imaginoient avoir la clef des prédictions de l'*Apocalypſe*. Cet écervelé promit aux fous qui l'écoutoient, un regne de mille ans, qui commenceroit infailliblement en 1672 ou 73. Il n'eût pas le tems de voir l'accompliſſement de ſes rêves, étant mort en 1671, à 80 ans, regardé comme un prophete par ſes diſciples, & comme un radoteur octogénaire par le public. On a de Comenius : I. Des *Commentaires ſur l'Apocalypſe*. II. Un livre intitulé : *Panſophiæ prodromus*, Oxfort 1637, in-8°. III. *Hiſtoria fratrum Boemorum*, Hale 1702, in-4°. IV. Enfin le livre dont nous avons déja parlé, *Janua linguarum reſerata*, qu'il publia à Leſna en 1631, in-8°, & dont l'édition de 1661 in-8°, eſt en cinq langues.

COMES, (*Natalis*) ou Noël LE COMTE, vénitien, appellé par Scaliger, *homo futiliſſimus*, a laiſſé une *Traduction d'Athénée* : une Hiſtoire de ſon tems, en 10 livres : & une *Mythologie* latine, in-8°, traduite en françois, in-4°. C'eſt par ce dernier ouvrage qu'il eſt principalement connu. Il mourut vers 1582. Il ne faut pas le confondre avec Jerôme COMÈS de Syracuſe, peintre & poëte qui floriſſoit vers l'an 1655. On a de lui pluſieurs Poëmes en italien.

COMESTOR, *voyez* PIERRE COMESTOR.

COMIERS, (Claude) chanoine d'Embrun ſa patrie, mort aux Quinze-Vingts en 1693, profeſſa les mathématiques à Paris, & travailla quelque-tems au Journal des Savans. On a de lui pluſieurs ouvrages de mathématique, de phyſique, de médecine, de controverſe; car il ſe mêloit de toutes ces ſciences. Les principaux ſont : I. *La nouvelle Science de la nature des Cometes*. II. *Diſcours ſur les Cometes*, inſéré dans le *Mercure* de janvier 1681. L'objet de cet ouvrage eſt de prouver que les cometes ne préſagent aucun malheur. III. Trois *Diſcours ſur l'Art de prolonger la vie*. L'auteur les compoſa à l'occaſion d'un article de la gazette de Hollande, ſur un Louis Galdo, italien, qu'elle faiſoit vivre 400 ans. Ils ſont curieux par un mélange heureux de l'hiſtoire & de la phyſique. IV. *Traité des Lunettes*, dans l'extraordinaire du *Mercure* de juillet 1682. V. *Traité des Prophéties, Vaticinations, Prédictions & Pronoſtications* contre le miniſtre Jurieu, in-12. VI. *Traité de la Parole, des Langues & Ecritures, & l'Art de parler & d'écrire occultement*, Liege 1691, in-12, rare, &c.

COMINES, *voyez* COMMINES.

COMITOLO, (Paul) jéſuite de Pérouſe en Italie, mourut dans ſa patrie en 1626, à 80 ans. Il paſſa avec raiſon pour un des meilleurs caſuiſtes de ſa ſociété. Il lui a fait honneur par pluſieurs ouvrages. On a de lui *Conſilia moralia*, in-4°; un *Traité des Contrats*, &c. Il attaqua avec beaucoup de force le Probabiliſme.

COMMANDIN, (Fréderic) né à Urbin en 1509, mort en 1575, poſſédoit les mathématiques & le grec. Il ſe ſervit de ſes connoiſſances, pour traduire en latin *Archimede*, Veniſe 1558, in-fol. *Apolonius de Perge*, Bologne 1566, in-fol. *Ptolomée*, Veniſe 1558, in-4°. *Euclide*, à Peſaro 1572, in-fol. &c. Bernardin Balde, ſon diſciple, a écrit ſa *Vie*. Commandin avoit une humeur douce & un commerce aiſé. Sa converſation étoit pesante, & il paroissoit fait pour écrire plutôt que pour parler. Sa mémoire & sa conception étoient lentes ; mais dès qu'il avoit appris une chose, il ne l'oublioit jamais.

COMMANVILLE, (l'abbé N. Echard de) prêtre du diocese de Rouen, vivoit à la fin du 17e siecle. Il a publié : I. Une *Vie des Saints*, 4 vol. in-8°. II. *Tables géographiques & chronologiques des Archevêchés & Evêchés de l'univers*, Rouen 1700, 1 vol. in-8°, & quelques autres ouvrages.

COMMELIN, (Jérôme) célebre imprimeur, natif de Douai, exerça d'abord sa profession en France ; mais l'Allemagne lui paroissant un plus beau théatre, il s'établit & mourut à Heidelberg en 1598. Il porta l'exactitude de la presse, jusqu'à corriger sur les anciens manuscrits les auteurs qu'il imprimoit. On a de lui de savantes *Notes sur Héliodore & sur Apollodore*. Les réviseurs qu'il employoit, répondoient à ses soins & à son zele. Casaubon faisoit beaucoup de cas de ses éditions. Il y a d'autres imprimeurs célebres du même nom.

COMMELIN, (Gaspard) mort en 1731, a donné, avec son oncle Jean Commelin, *Hortus Amstelodamensis*, 1697 & 1701, 2 vol. in-fol. Il a donné seul *Plantæ rariores exoticæ Horti Amstelodamensis*, 1715, in-4°, & d'autres livres de botanique. C'est lui qui a fait le catalogue de l'*Hortus Malabaricus*, 1696, in-fol. qu'on joint à cet ouvrage, 1678 & suiv. 12 vol. in-fol. fig.

COMMENDON, (Jean-François) naquit à Venise en 1524, d'un pere philosophe & médecin. Dès l'âge de dix ans, il composoit des vers latins, même sur le champ. Son mérite naissant lui procura une place de camerier auprès du pape Jules III. Ce pontife dit qu'il valoit trop, pour ne l'employer qu'à faire des vers ; il lui confia plusieurs affaires, aussi difficiles qu'importantes. Marcel II, Paul IV, Pie IV qui l'honora de la pourpre à la priere de S. Charles Borromée, le chargerent de plusieurs commissions non moins intéressantes. Pie V, son successeur, l'ayant nommé légat en Allemagne & en Pologne, Commendon contribua beaucoup, par ses soins, à la publication des décrets du concile de Trente dans cette partie de l'Europe. Gregoire XIII ne rendit pas la même justice à Commendon : il l'abandonna à la haine de plusieurs membres de la faction de l'empereur Maximilien, qui lui reprochoit d'avoir préféré les intérêts de la France aux siens, pour l'élection d'un roi de Pologne. Les cardinaux d'Est, de Médicis, & quelques autres, justes appréciateurs de son mérite, parce qu'ils en avoient eux-mêmes beaucoup, prirent hautement la défense du grand-homme opprimé. Gregoire XIII étant tombé malade, ils formerent le dessein de l'élever sur la chaire pontificale, & ils l'auroient exécuté, si elle fût alors devenue vacante. Commendon mourut peu de tems après, à Padoue, en 1584, à 60 ans. Il laissa quelques Pieces de vers dans le Recueil de l'académie des *Occulti*, dont il avoit été le protecteur. On a une *Vie* de ce cardinal en latin, par Gratiani, évêque d'Amélie, traduite élégamment en françois par Fléchier, évêque de Nîmes, in-4°, & 2 vol. in-12.

COMMINES, (Philippe de) né au château de ce nom, situé sur la Lys à deux lieues de Menin, d'une famille noble, passa les premieres années de sa jeunesse à la cour de Charles le Hardi, duc de Bourgogne. Louis XI, qui n'épargnoit rien pour enlever aux princes de son tems les hommes qu'il croyoit pouvoir leur être utiles, l'attira auprès de lui. Son nouveau maître le fit chambellan, sénéchal de Poitiers, & vécut si familiérement avec

T 4

lui, qu'ils couchoient souvent enfemble. Commines gagna fa confiance par les fervices qu'il lui rendit à la guerre & dans diverfes négociations. Il mérita également bien de fon fucceffeur Charles VIII, qu'il accompagna dans la conquête de Naples. Sa faveur ne fe foutint pas toujours. On l'accufa fous ce roi d'avoir favorifé le parti du duc d'Orléans (depuis Louis XII), & de lui avoir vendu le fecret de la cour, comme il avoit vendu, difoit-on, ceux du duc de Bourgogne au roi de France. Il fut arrêté & conduit à Loches, où il fut enfermé dans une cage de fer. Après une prifon de plus de deux ans à Loches & à Paris, il fut abfous de tous les crimes qu'on lui imputoit. Ce qu'il y a de furprenant aux yeux de quelques hiftoriens, mais ce qui ne l'eft point pour ceux qui connoiffent le monde; c'eft que le duc d'Orléans, pour lequel il avoit effuyé cet outrage, ne fit nonfeulement rien pour le foulager dans fa longue détention, mais encore ne penfa pas à lui, étant parvenu à la couronne. Commines avoit époufé Hélène de Chambes, de la maifon des comtes de Monforeau en Anjou; & il mourut dans fon château d'Argenton en Poitou, le 17 octobre 1509, à 64 ans. Il joignit aux agrémens de la figure, les talens de l'efprit. La nature lui avoit donné une mémoire & une préfence d'efprit fi heureufes, qu'il dictoit fouvent à quatre fecretaires en même-tems des lettres fur les affaires d'état les plus délicates. Il parloit diverfes langues, le françois, l'efpagnol, l'allemand. Il aimoit les gens d'efprit & les protégeoit. Ses *Mémoires fur l'Hiftoire de Louis XI & de Charles VIII*, depuis 1464 jufqu'en 1498, font un des morceaux les plus intéreffans de l'hiftoire de France. On trouve en lui, felon Montaigne, avec ce beau naturel qui lui eft propre, le langage doux & agréable d'une naïve fimplicité.

L'hiftorien, vieilli dans les affaires, amufe les lecteurs frivoles, & inftruit les politiques. Il eft en général affez fincere; on l'a cependant accufé d'écrire avec la retenue d'un courtifan, qui craignoit encore de dire la vérité, même après la mort de Louis XI. La meilleure édition de fes *Mémoires*, qui ont occupé fucceffivement un grand nombre de favans, eft celle de l'abbé Lenglet du Frefnoi, 4 vol. in-4°, en 1747 à Paris, fous le titre de Londres. Elle eft revue fur le manufcrit, enrichie de notes, de figures, d'un ample recueil de pieces juftificatives, & d'une longue préface trèscurieufe. L'édition d'Elzevir, 1648, in-12, eft d'un format plus commode, & n'eft pas commune.

COMMIRE, (Jean) jéfuite, né à Amboife en 1625, mourut à Paris en 1702. La nature lui donna un génie heureux pour la poéfie; il le perfectionna par l'étude des auteurs anciens. On a de lui deux volumes in-12 de *Poéfies latines*, & d'*Œuvres pofthumes*, 1754. L'aménité, l'abondance, la facilité font en général le caractere de fa verfification; mais plus propre à embellir qu'à s'élever, il n'a point, fuivant quelques critiques, cette hardieffe, ce feu, cette énergie, cette précifion, qui font de la poéfie le plus fublime de tous les arts. Dans fes *Paraphrafes facrées*, il n'a point connu la fimplicité fublime des livres faints; il fe contente d'être élégant, & il a des tirades qui offrent de très-beaux vers. Ses *Idylles facrées* & fes *Idylles profanes* ont un ftyle plus propre à leur genre que fes Paraphrafes, des images riantes, une élocution pure, des penfées vives, une harmonie heureufe. Il réuffiffoit encore mieux dans les *Fables* & dans les *Odes*, & dans celles fur-tout du genre gracieux: il fembloit avoir emprunté de Phedre fa fimplicité élégante; & d'Horace ce goût d'antiquité qu'on ne trouve prefque plus dans les poëtes latins modernes.

COMMODE, (Lucius Ælius Aurelius) naquit à Rome l'an 161 de J. C. d'Antonin le philosophe & de Faustine. Quelques jours après la mort du pere, le fils fut proclamé empereur l'an 180. Des philosophes également sages & savans cultiverent son cœur & son esprit ; mais la nature l'emporta sur l'éducation. On vit en lui un second Néron. Comme lui, il fit périr les plus célebres personnages de Rome, & perfécuta cruellement les Chrétiens. Ses parens ne furent pas à l'abri de sa fureur. Un certain Cléandre, phrygien d'origine, esclave de naissance, devenu son ministre, en favorisant ses débauches, seconda la cruauté du tyran. Il avoit déja eu, pour ministre un Perennis, mis en pieces par les soldats. Cléandre eut le même sort ; mais Commode n'en fut pas plus humain. Un jeune-homme de distinction lui présenta un poignard, lorsqu'il entroit par un endroit obscur, & lui dit : *Voilà ce que le sénat t'envoie.* Depuis, l'empereur conçut une haine implacable contre les sénateurs. Rome fut un théâtre de carnage & d'abominations. Lorsqu'il manquoit de prétextes pour avoir des victimes, il feignoit des conjurations imaginaires. Aussi lascif que cruel, il corrompit ses sœurs, destina 300 femmes & autant de jeunes garçons à ses débauches. Son imagination, aussi déréglée que son cœur, lui persuada de rejeter le nom de son pere, & de donner celui de sa mere à l'une de ses concubines ; au lieu de porter le nom de Commode, fils d'Antonin, il prit celui d'Hercule, fils de Jupiter ; & malheur à quiconque nioit sa divinité. Le nouvel Alcide se promenoit dans les rues de Rome, vêtu d'une peau de lion, une grosse massue à la main, voulant détruire les monstres à l'exemple de l'ancien. Il faisoit assembler tous ceux de la lie du peuple qu'on trouvoit malades ou estropiés ; & après leur avoir fait lier les jambes, & leur

avoir donné des éponges au lieu de pierres, pour les lui jeter à la tête, il tomboit sur ces misérables, & les assommoit à coup de massue. Il ne rougissoit point de se montrer sur le théâtre, & de se donner en spectacle. Il voulut paroître tout nud en public, comme un gladiateur. Martia sa concubine, Lætus, préfet du prétoire, & Electe son chambellan, tâcherent de le détourner de cette extravagance. Commode, dont le plaisir étoit, non pas de gouverner ses états, ou de conduire ses armées ; mais de se battre contre les lions, les tigres, les léopards & ses sujets ; alla dans sa chambre écrire un arrêt de mort contre ceux qui avoient osé lui donner des avis. Martia, ayant découvert son projet, lui présenta un breuvage empoisonné au sortir du bain. Commode s'assoupit, se réveilla, vomit beaucoup. On craignit qu'il ne rejetât le poison, & on le fit étrangler dans sa 31e année, 192 de J. C. Son nom est placé parmi ceux des Tiberes, des Domitiens, & de ces autres monstres couronnés qui ont déshonoré le trône & l'humanité. Commode, tout barbare qu'il étoit, avoit la lâcheté des tyrans : n'osant se fier à personne pour le raser, il se brûloit lui-même la barbe, comme Denis de Syracuse.

COMMODIANUS GAZÆUS, espece de versificateur chrétien du 4e siecle, est auteur d'un ouvrage intitulé : *Instructions.* Il est composé en forme de vers, sans mesure & sans cadence. Il a seulement observé que chaque ligne comprit un sens achevé. L'auteur prend la qualité de *Mendiant de J. C.* Il prêche la pauvreté dans un style fort dur. Son ouvrage a été longtems dans l'obscurité. Rigand le publia pour la premiere fois en 1650, in-4°, & Daviès l'a donné en 1711, à la fin de son *Minutius Felix.*

COMNENE, *voyez* les articles

des princes de cette illustre famille sous leurs noms de baptême.

COMO, (Ignace Marie.) mort à Naples en 1750, s'est fait un nom par ses Poésies latines, par ses connoissances dans l'antiquité, & encore plus par sa piété. Nous avons de lui : I. *Inscriptiones stilo lapidario vitas exibens summorum pontificum & cardinalium ragni Neapolitani.* II. Une *Histoire de la célebre Confrérie de la très-sainte Trinité de Naples* en italien, & un grand nombre de Poésies & des Epigrammes.

COMTE, (Louis le) sculpteur, natif de Boulogne près de Paris, reçu de l'académie de peinture & de sculpture en 1676, mourut en 1694. Parmi les morceaux de sculpture dont il a embelli Versailles, on distingue un *Louis le Grand* vêtu à la romaine, un *Hercule,* la *Fourberie,* le *Cocher du Cirque;* deux groupes représentans *Vénus & Adonis, Zéphire & Flore.* Cet artiste se signala également par son talent pour la figure, & par son goût pour l'ornement.

COMTE, (Louis le) jésuite, mort à Bourdeaux sa patrie en 1729, fut envoyé à la Chine en qualité de missionnaire & de mathématicien en 1685. A son retour il publia 2 volumes de *Mémoires,* in-12, en forme de lettres, sur l'état de cet empire. On y lut, que ce peuple avoit conservé pendant deux mille ans la connoissance du vrai Dieu; qu'il avoit sacrifié au Créateur dans le plus ancien temple de l'univers; que les Chinois avoient pratiqué les plus pures leçons de la morale, tandis que le reste de l'univers avoit été dans l'erreur & dans la corruption. L'abbé Boileau, frere du satyrique, dénonça cet éloge des Chinois, comme un blasphème, qui mettoit ce peuple presque au niveau du juif. La faculté proscrivit ces propositions, & le livre d'où on les avoit tirées. C'est le même motif qui porta le parlement à condamner au feu ce livre par son arrêt du 6 mars 1762. Les *Mémoires* du P. le Comte se faisoient lire avec plaisir, avant que nous eussions l'*Histoire de la Chine* du P. du Halde. On peut encore les consulter, en se défiant de l'impartialité de l'auteur, & se tenant en garde contre ses préjugés en faveur des Chinois : préjugés dont ni le P. du Halde, ni aucun de ses confreres n'ont été entiérement exempts. On sait d'ailleurs que les missionnaires de cette contrée n'osent point dire l'exacte vérité en ce qui concerne ce peuple frivole & vain. Ce seroit un crime capital de contredire sa haute antiquité, son énorme population, les vastes connoissances de ses docteurs, la sublime sagesse de son Confucius. (*Voyez* DU HALDE & le *Journ. hist. & litt.* 1 févr. 1777, p. 171). On doit donc apprécier sur cet état de contrainte les relations qui nous viennent de ce pays. On doit observer encore que les idées générales de la nation ont influé sur celles des missionnaires, & enfin que ceux-ci n'ont parlé si avantageusement de la Chine, que par comparaison aux plages sauvages & aux peuples barbares qu'ils ont visité en Afrique & en Amérique.

COMTE, *voy.* COMÈS (*Natalis*).

COMTE, (Florent le) sculpteur & peintre parisien. Il est plus connu par le Catalogue des ouvrages d'architecture, de sculpture, de peinture & de gravure des différens maîtres, que par les siens propres. Les curieux sur-tout en gravure le recherchent, par les notions qu'il donne du caractere, des marques, & du nombre des ouvrages des différens graveurs. Son livre est intitulé : *Cabinet de Singularités d'Architecture, Peinture, Sculpture & Gravure,* Paris, 3 vol. in-12. Les deux premiers furent donnés en 1699; mais l'auteur, sentant les défauts de ces deux volumes, fit de nouvelles recherches, qui, jointes aux éclaircissemens pour les précédens, en formerent un troisieme qu'il publia en 1700. Il écrit assez mal; & l'histoire des différens auteurs est exposée d'une maniere un peu confuse. Le Comte mourut à Paris vers 1712.

COMUS, dieu qui présidoit aux festins, aux réjouissances nocturnes, aux toilettes des femmes & des hommes qui aimoient à se parer. On le représentoit en jeune-homme chargé d'embonpoint, couronné de roses & de myrthe, un vase d'une main, & un plat de fruits ou de viandes de l'autre.

CONCHES, (Guillaume de) grammairien & philosophe, étoit de Normandie & mourut vers 1150. Il est auteur d'une Glose sur les Evangiles, & de divers Traités philosophiques. Ayant expliqué le mystere de la Ste Trinité à-peu-près comme Abaillard, il se rétracta dans un écrit intitulé *Dragmaticon*, qui est un dialogue entre Henri II, duc de Normandie, & lui. On le garde dans la bibliotheque du Mont-St-Michel.

CONCHYLIUS, *voyez* CoQUILLE.

CONCINA, (Daniel) théologien dominicain, né dans un village du Frioul en 1686, passa tout le tems de sa vie à prêcher & à écrire. Benoît XIV, qui connoissoit tout son mérite, forma très-souvent ses décisions sur les avis de ce savant religieux. Il mourut à Venise en 1756, regardé comme le plus grand antagoniste des casuistes relâchés. On lui doit un très-grand nombre d'ouvrages, les uns en italien, les autres en latin. Les principaux sont: I. *La Discipline ancienne & moderne de l'Eglise Romaine sur le jeûne du carême*, exprimée dans deux brefs du pape Benoît XIV; avec des observations historiques, critiques & théologiques; in-4°, 1742. II. *Mémoire historique sur l'usage du Choco-* lat les jours de jeûne, Venise 1748. III. *Dissertations théologiques, morales, & critiques sur l'Histoire du Probabilisme & du Rigorisme*: dans lesquelles on développe les subtilités des probabilistes modernes, & on leur oppose les principes fondamentaux de la théologie chrétienne; 1743, à Venise, 2 vol. in-4°. IV. *Explication des quatre Paradoxes qui sont en vogue dans notre siecle*; in-4°, 1746: cet ouvrage a été traduit en françois. V. *Dogme de l'Eglise Romaine sur l'usure*, in-4°, Naples 1746. VI. *De la Religion révélée*, &c. in-4°, Venise 1754. Tous ces ouvrages sont en italien. Les plus connus en latin sont: I. *Theologia Christiana, dogmatico-moralis*, 12 vol. in-4°, 1746. Ouvrage qui a le plus contribué à sa réputation. II. *De Sacramentali absolutione impertienda aut differenda recidivis, consuetudinariis*, en 1755, in-4°. On a traduit cette dissertation en françois, & on l'a enrichie de l'éloge historique de l'auteur & du catalogue de ses ouvrages; elle est très-propre à corriger les abus que la facilité & l'indulgence des confesseurs ont introduits dans l'administration du sacrement de pénitence. III. *De Spectaculis theatralibus*, Rome 1752, in-4°. L'auteur est peu favorable au théâtre, &c. &c.

CONCINI *ou* CONCINO, connu sous le nom de maréchal d'*Ancre*, naquit à Florence de Barthélemi Concino, qui de simple notaire devint secretaire d'état. Le fils vint en France en 1600, avec Marie de Médicis, femme d'Henri le Grand. D'abord gentilhomme ordinaire de cette princesse, il s'éleva de cette charge à la plus haute faveur par le crédit de sa femme, Léonore Galigaï, fille de la nourrice de Marie de Médicis. Après la mort d'Henri IV, Concini acheta le marquisat d'Ancre, fut fait premier gentilhomme de la chambre, & obtint le gouvernement de Normandie. Il devint maréchal de France, sans jamais avoir tiré l'épée, dit un bel esprit, & ministre, sans connoître les loix du royaume. La fortune de cet étranger excita la jalousie des principaux seigneurs de France, & sa hauteur leur ressentiment. Concini leva 7000 hommes à ses dépens, pour maintenir contre les mécontens l'autorité royale, ou plutôt celle qu'il exerçoit sous le nom d'un roi enfant & d'une reine foible. La Galigaï n'abusoit pas moins insolemment de sa faveur : elle refusoit sa porte aux princes, aux princesses, & aux plus grands du royaume. Cette conduite avança la perte de l'un & de l'autre. Louis XIII, qui se conduisoit par les conseils de Luynes son favori, ordonna qu'on arrêtât le maréchal. Vitry, chargé de cet ordre, lui demanda son épée de la part du roi; & sur son refus, il le fit tuer à coups de pistolet, sur le pont-levis du Louvre, le 24 avril 1617. Son cadavre, enterré sans cérémonie, fut exhumé par la populace furieuse, & traîné par les rues jusqu'au bout du Pont-Neuf. On le pendit par les pieds à l'une des potences qu'il avoit fait dresser pour ceux qui parleroient mal de lui. Après l'avoir traîné à la Greve & en d'autres lieux, on le démembra & on le coupa en mille pieces. Chacun vouloit avoir quelque chose du *Juif excommunié* : c'étoit le nom que lui donnoit cette populace mutinée. Ses oreilles sur-tout furent achetées chérement, ses entrailles jetées dans la riviere, & ses restes sanglans brûlés sur le Pont-Neuf, devant la statue d'Henri IV. Le lendemain on vendit ses cendres, sur le pied d'un quart-d'écu l'once. La fureur de la vengeance étoit telle, qu'un homme lui arracha le cœur, le fit cuire sur des charbons, & le mangea publiquement. Le parlement de Paris procéda contre sa mémoire, condamna sa femme à perdre la tête, & déclara leur

fils ignoble & incapable de tenir aucun état dans le royaume. La même année 1617, il parut in-8°, la tragédie du *Marquis d'Ancre*, en 4 actes, en vers, ou *la Victoire du Phœbus françois contre le Python de ce tems*. On trouva dans les poches de Concini la valeur de 19 cens 85 mille livres en papier, & dans son petit logis pour 2 millions 200 mille livres d'autres rescriptions. C'étoit-là un assez grand crime aux yeux d'un peuple dépouillé. La Galigaï avoua qu'elle avoit pour plus de 120,000 écus de pierreries. On auroit pu la condamner comme concussionnaire; on aima mieux la brûler comme sorciere. On prit des *Agnus Dei* qu'elle portoit pour des talismans. Un conseiller lui demanda de quels charmes elle s'étoit servie pour ensorceler la reine ? Galigaï, indignée contre le conseiller, & mécontente de Marie de Médicis, lui répondit avec fierté : *Mon sortilége a été le pouvoir que les ames fortes doivent avoir sur les esprits foibles*. L'évêque de Luçon (depuis cardinal de Richelieu), créature de Concini, étant entré dans la chambre du roi un peu après l'exécution de son bienfaiteur : *Monsieur*, lui dit ce prince, *nous sommes aujourd'hui, Dieu merci, délivrés de votre tyrannie*. Sa liberté fut de peu de durée.

CONCORDE, divinité que les Romains adoroient, & en l'honneur de laquelle ils avoient élevé un temple superbe. Elle étoit fille de Jupiter & de Thémis: on la représente de même que la Paix.

CONDAMINE, (Charles-Marie de la) chevalier de S. Lazare, des académies françoises & des sciences de Paris, des académies royales de Londres, &c. naquit à Paris en 1701, & y mourut le 4 février 1774, des suites d'une opération pour la cure d'une hernie dont il étoit attaqué. Il quitta de bonne-heure le service pour se livrer aux sciences, & entreprit divers voyages, où il recueil fit plusieurs observations. Après avoir parcouru, sur la Méditerranée, les côtes de l'Afrique & de l'Asie; il fut choisi en 1736, avec Mrs Godin & Bouguer, pour aller au Pérou déterminer la figure de la terre. Voyage dont les fruits n'ont pas répondu à l'attente du public. (*Voyez* le *Journ. hist. & litt.* 1 décembre 1779, p. 484). Notre observateur manqua d'y périr par l'inconduite d'un de ses compagnons; un M. Séniergues, ayant par son libertinage & sa morgue, irrité les citoyens de Cuença, attira sur lui & sur les académiciens une tempête, dont heureusement il fut seul la victime. De retour dans sa patrie, de la Condamine partit quelque-tems après pour Rome; le pape Benoît XIV lui fit présent de son portrait, & lui accorda la dispense d'épouser une de ses nieces. Il épousa à l'âge de 55 ans cette niece qui lui prodigua les soins les plus tendres dans les infirmités dont il étoit accablé, & le consola de l'espece d'injustice qu'il croyoit avoir essuyée à son dernier voyage d'Angleterre, & dont il n'avoit pu obtenir une réparation réclamée avec toute l'ardeur de son naturel. Nous avons de lui divers ouvrages: I. *Relation abrégée d'un Voyage fait dans l'intérieur de l'Amérique méridionale*, 1745, in-8°. II. *La Figure de la terre, déterminée par les observations de MM. de la Condamine & Bouguer*, 1749, in-4°. III. *Mesure des trois premiers degrés du Méridien dans l'hémisphere austral*, 1751, in-4°. IV. *Journal du Voyage fait par ordre du roi à l'Equateur*, avec un *Supplément*, en 2 parties, 1751—1752, in-4°, suivi de l'*Histoire des Pyramides de Quito*, qui avoit été imprimée séparément en 1751, in-4°. V. *Divers Mémoires sur l'Inoculation*, recueillis en 2 vol. in-12. Il ne contribua pas peu à répandre l'usage de cette opération en France, & il mit dans cet objet toute l'activité

qui formoit son caractere. » Après » avoir perdu sans fruit, dit M. » Linguet, une partie de sa vie & » de sa santé dans cette expédition » aussi célebre que puérile de la » mesure des degrés, il étoit de- » venu l'apôtre de la petite vérole » artificielle ». Cependant cette charlatanerie a perdu beaucoup de son crédit, depuis que plusieurs parlemens & tribunaux de police l'ont défendue dans les villes à cause de l'infection qu'elle répand; depuis qu'on a vu par les tables mortuaires qu'à l'époque de l'inoculation, la petite vérole, qui diminuoit considérablement, & sembloit s'évanouir comme la lepre & le mal des ardens, s'étoit singuliérement renforcée; & depuis qu'on a mieux connu les mauvais effets que produit le virus variolique dans ceux où il ne se développe pas, la multitude des rechûtes des inoculés; la très-maligne espece dont est toujours la petite vérole naturelle dans des corps déja détériorés par l'artificielle, & enfin le grand nombre de victimes immolées à cette pratique empirique, un archiduc à Florence, une princesse de Galles, & tant d'autres dont nous avons en main une liste effrayante, &c. Le style des différens ouvrages de la Condamine est simple & négligé; mais il est semé de traits agréables & plaisans, qui leur assurent des lecteurs. La poésie legere étoit un des talens de cet académicien, & on a de lui des *Vers de société*, d'une tournure piquante. Les gens du monde le recherchoient, parce qu'il étoit plein d'anecdotes & d'observations singulieres, propres à amuser leur curiosité.

CONDÉ, (Turstin de) archevêque d'Yorck, né au village de Condé-sur-Seule près de Bayeux. Il reçut, l'an 1119, la consécration des mains de Callixte II, dans le concile de Rheims, où il se trouva malgré la défense du roi d'Angleterre, qui le bannit de son royaume

Rappellé au bout de deux ans, il se livra tout entier aux fonctions de son ministere, & se fit chérir de ses diocéfains. Les moines de Citeaux lui furent redevables de leur introduction en Angleterre. Turstin fut allier le courage du militaire à la douceur du ministre de l'Evangile. Les Ecossois ayant fait une irruption dans la partie septentrionale de l'Angleterre, il assembla son peuple, l'encouragea par de vives exhortations, le mena lui-même au combat, & remporta une victoire complette sur les ennemis. Cet évêque guerrier finit par se faire moine l'an 1140, & mourut peu de tems après. Il eut pour frere Audouën de Condé, évêque d'Evreux, un des plus recommandables prélats de Normandie, par sa science, sa douceur & sa libéralité.

CONDÉ, *voyez* au mot LOUIS, les princes de ce nom.

CONDILLAC, (Etienne Bonnot de) de l'académie françoise, né à Grenoble, & mort dans sa terre près de Baugenci, en 1780, s'est fait un nom par plusieurs ouvrages qui roulent principalement sur la métaphysique. On a de lui un *Essai sur l'Origine de nos connoissances*, & un *Traité des Sensations*, dans lesquels il y a des vues profondes, mais aussi beaucoup de choses que des philosophes judicieux ont justement critiquées; ils ont été vivement attaqués par l'abbé Rossignol dans la *Théorie des Sensations*, imprimée à Embrun 1780. L'abbé de Lignac les combat aussi avec beaucoup de succès dans les *Lettres d'un Américain*. Son *Cours d'Etudes*, ouvrage très-considérable qu'il avoit composé pour l'éducation de l'infant Ferdinand-Louis duc de Parme, actuellement régnant, a été, comme l'on fait, proscrit par ce prince, & l'on ne peut disconvenir qu'il n'ait à plusieurs égards mérité de l'être.

CONDREN, (Charles de) 2e général de la congrégation de l'Oratoire, docteur de la maison de

Sorbonne, fils d'un gouverneur de Monceaux fort chéri d'Henri IV, naquit à Vaubuin près de Soissons en 1588. Son pere, qui avoit dessein de le pousser à la cour ou dans les armées, voulut l'empêcher d'embrasser l'état ecclésiastique; mais sa vocation étoit trop forte. Le cardinal de Berulle, auquel il succéda, le reçut dans sa congrégation, & l'employa très-utilement. Le P. de Condren fut confesseur du duc d'Orléans, frere unique de Louis XIII. Il refusa constamment le chapeau de cardinal, l'archevéché de Rheims & celui de Lyon. Ses vertus ne parurent pas avec moins d'éclat dans sa place de général. Après avoir travaillé long-tems pour la gloire de Dieu & pour le salut du prochain, il mourut à Paris en 1641. Son *Idée du Sacerdoce de J. C.* in-12, ne fut mise au jour qu'après sa mort. Il ne voulut jamais rien donner au public pendant sa vie. On a de lui des Lettres & des Discours en deux volumes in-12. C'est lui qui comparoit les vieux docteurs ignorans *aux vieux jetons, qui, à force de vieillir, n'avoient plus de lettres.* Le P. Amelotte a écrit sa *Vie* in-8°.

CONFUCIUS, le pere des philosophes chinois, naquit à Chanping, d'une famille qui tiroit son origine de Ti-Y, 27e empereur de la seconde race (si on en croit les fabuleuses annales de la Chine) vers l'an 550 avant J. C., tems où la Chine étoit encore très-peu de choses. Il devint mandarin & ministre d'état du royaume de Lu, aujourd'hui Chanton, mais le désordre s'étant glissé à la cour, par la séduction de plusieurs filles que le roi de Tci avoit envoyées au roi de Lu, il renonça à son emploi, & se retira dans le royaume de Sin pour y enseigner la philosophie. Son école fut si célebre, dit-on, (car tous ces faits sont fort incertains, & certainement altérés en bien des points, selon la coutume des auteurs chinois) que dans peu de tems il eut jufqu'à 3 mille difciples, parmi lefquels il y en eut 500 qui occupèrent les poftes les plus éminens dans différens royaumes. Il divifa fa doctrine en quatre parties, & fon école en un pareil nombre de claffes. Ceux du premier ordre s'appliquoient à cultiver la vertu, & à fe former l'efprit & le cœur : ceux du deuxieme s'attachoient, non-feulement aux vertus qui font l'honnête homme, mais encore à ce qui rend l'homme éloquent : les troifiemes fe confacroient à la politique : l'occupation des quatriemes étoit de mettre dans un ftyle élégant les réflexions les plus juftes fur la conduite des mœurs. Ses difciples avoient une vénération fi extraordinaire pour lui, qu'ils lui rendoient des honneurs qu'on n'avoit accoutumé de rendre qu'à ceux qui étoient élevés fur le trône. Il revint avec eux au royaume de Lu, & y mourut à 73 ans. Quelque-tems avant fa mort, il déploroit les défordres de fon fiecle : *Hélas*, difoit-il, *il n'y a plus de Sages, il n'y a plus de Saints. Les rois méprifent mes maximes ; je fuis inutile au monde, il ne me refte plus qu'à en fortir.* Son tombeau eft dans l'académie même où il donnoit fes leçons, proche la ville de Rio-Fu. On voit, dans toutes les villes, des colleges magnifiques élevés à fon honneur, avec ces infcriptions en lettres d'or : *Au grand Maître... Au premier Docteur... Au Précepteur des empereurs & des rois... Au Saint... Au Roi des lettres.* Quand un officier de robe paffe devant ces édifices, il defcend de fon palanquin, & fait quelques pas à pied pour honorer fa mémoire. Ses defcendans font mandarins-nés, & ne paient aucun tribut à l'empereur. Les Chinois lui offrent des facrifices de pourceaux & de chevres, & exercent à fon égard une idolâtrie proprement dite. Si on les en croit, c'étoit l'homme le plus fage & le plus vertueux qui ait paru dans le monde. Mais quand on ne connoîtroit point les exagérations chinoifes, on pourroit réduire cet éloge à fa jufte valeur en examinant dans quel état font les notions de fageffe & de vertu chez ce peuple vain, frivole, avide & corrompu. On attribue à ce philofophe iv. *Livres de Morale.* Le P. Couplet a donné au public les trois premiers livres en latin, avec des notes, Paris 1687, in-folio ; & on les traduifit l'année fuivante en françois, fous le titre de *Morale de Confucius*, in-12. (*Voyez* COUPLET). On y trouve de fort bonnes chofes, mais il eft très-douteux qu'elles foient réellement de Confucius. On fait que les Chinois donnent pour des ouvrages vieux de 2 ou 3 mille ans des écrits qui datent depuis la naiffance du Chriftianifme, entr'autres le *Choué-Ouen.* (*Voyez* le *Journ. hift. & litt.* 1 fév. 1777, p. 175). Il ne feroit donc pas étonnant que les œuvres de Confucius euffent du moins quelques additions d'un tems très-poftérieur. Du refte fa morale quelle qu'elle foit, eft fans nerf & fans fanction ; c'eft un amas de fentences & de vues incohérentes. Si on en juge par les mœurs des Chinois, tels qu'on les connoît depuis que Paw, Raynal, Bergier ont réfuté fans appel les contes de leurs panégyriftes, cette morale a eu bien peu d'effet.

CONGREVE, (Guillaume) né en Irlande dans le comté de Corck en 1672, mort en 1729. Son pere le deftina d'abord à l'étude des loix ; mais il s'y livra fans goût, & par conféquent fans fuccès. La nature l'avoit fait naître pour la poéfie. C'eft, de tous les Anglois, celui qui a porté le plus loin la gloire du théâtre comique. Ses pieces font pleines de caracteres nuancés avec une extrême fineffe. On n'y effuie pas la mauvaife plaifanterie : on y voit par tout le langage des honnêtes gens avec des actions de frippon.

Il quitta de bonne heure les Muses, se contentant de composer dans l'occasion quelques Pieces fugitives, que l'amitié ou l'amour lui arrachoient. On a de lui outre ses Comédies, des Odes, des Pastorales & des Traductions de quelques morceaux des poëtes grecs & latins. Ses *Œuvres* parurent à Londres 1730, 3. vol. in-12.

CONINCK, (Gilles) jésuite, né à Bailleul en 1571, & mort à Louvain le 31 mai 1633, a publié : I. Des Commentaires sur la Somme de S. Thomas, sous ce titre : *Commentariorum ac disputationum in universam doctrinam D. Thomæ, de sacramentis & censuris : auctore Ægidio de Coninck, Societatis Jesu : postrema editio, Rothomagi,* 1630, in-fol. II. *De Deo trino & incarnato,* Anvers 1645, in-fol.

CONNAN, (François de) seigneur de Coulon, maître des requêtes, se distingua sous le regne de François I par sa science. Il mourut à Paris en 1551, à 43 ans. Il a laissé 4 livres de *Commentaires sur le Droit Civil,* Paris 1558, in-fol. que Louis le Roi, son intime ami, dédia au chancelier de l'Hôpital. Connan avoit aussi le dessein de donner au public un ouvrage semblable à celui que Domat a exécuté depuis. Ce jurisconsulte joignoit à une mémoire heureuse, un esprit juste & capable de réflexion.

CONNOR, (Bernard) médecin irlandois, vint en France à l'âge de 20 ans. Il fut chargé de l'éducation des fils du grand-chancelier du roi de Pologne, qui étoient à Paris. Après avoir voyagé avec eux en Italie, en Sicile, en Allemagne & ailleurs, il devint médecin de sa majesté polonoise, qui le donna à l'électrice de Baviere sa sœur. Il repassa en Angleterre, devint membre de la société royale, & embrassa extérieurement la communion de l'église anglicane. Un prêtre catholique, déguisé, ayant obtenu de l'en-

tretenir en secret dans sa dernière maladie ; on vit au travers d'une porte, qu'il lui donna l'absolution & l'extrême-onction. Le malade mourut le lendemain 30 octobre 1698, à 33 ans. On a de lui un livre intitulé : *Evangelium Medici, seu de suspensis naturæ legibus, sive de miraculis, reliquisque quæ Medici indagini subjici possunt,* in-8°, Londres 1697. Connor, trop jaloux de son art, s'efforce d'expliquer, selon les principes de la médecine, les guérisons miraculeuses de l'Evangile. Le docteur anglican qui l'assista à la mort, lui en ayant parlé comme d'un livre très-suspect, il répondit, qu'il ne l'avoit pas composé dans le dessein de nuire à la religion chrétienne, & qu'il regardoit les miracles de Jesus-Christ comme un témoignage de la vérité de sa doctrine & de sa mission. On peut croire que les intentions de l'auteur n'étoient pas tout-à-fait irréligieuses ; mais son ouvrage n'en est pas moins mauvais ; on peut même dire qu'il est absurde ; car aucun homme sensé ne s'avisera jamais de regarder comme naturelle cette multitude de guérisons opérées par une seule parole.

CONON, général des Athéniens, prit de bonne heure le dessein de rétablir sa patrie dans sa premiere splendeur. Secouru par Artaxercès qui lui avoit confié le commandement de sa flotte, il remporta sur les Lacédémoniens la victoire navale de Cnide, l'an 394 avant J. C., coula à fond 50 galeres, tua un grand nombre de soldats, & enveloppa dans le combat l'amiral Lysandre qui y perdit la vie. Cet avantage dédommagea Athenes de toutes les pertes qu'elle avoit faites à la journée de la Chevre, 16 ans auparavant. Conon, qui venoit de donner à ses concitoyens l'empire de la mer, poursuivit ses conquêtes l'année suivante. Il ravagea les côtes de Lacédémone, rentra dans sa patrie couvert de gloire, & lui fit présent

des

des fommes immenfes qu'il avoit recueillies dans la Perfe. Avec cet argent & un grand nombre d'ouvriers que les alliés lui envoyerent, il rétablit en peu de tems le Pyrée & les murailles de la ville. Les Lacédémoniens ne trouverent d'autre moyen de fe venger de leur plus implacable ennemi, qu'en d'accufant auprès d'Artaxercès, de vouloir enlever l'Ionie & l'Eolide aux Perfes, pour les faire rentrer fous la domination des Athéniens. Tiribafe, fatrape de Sardes, le fit arrêter fous ce vain prétexte. On n'a pas fu précifément ce qu'il devint. Les uns difent que l'accufé fut mené à Artaxercès qui le fit mourir; d'autres affurent qu'il fe fauva de prifon. Il laiffa un fils appellé Timothée, qui, comme fon pere, fe fignala dans les combats.

CONON, aftronome de l'ifle de Samos, étoit en commerce de littérature & d'amitié avec Archimede, qui lui envoyoit de tems-en-tems des problêmes. C'eft lui qui métamorphofa en aftre la chevelure de Bérénice, fœur & femme de Ptolomée-Evergete, vers l'an 300 avant J. C. Cette reine inquiete du fort de fon époux, qui étoit alors dans le cours de fes conquêtes, fit vœu de confacrer fa chevelure, s'il revenoit fans accident. Ses defirs ayant été accomplis, elle s'acquitta de fa promeffe. Les cheveux confacrés furent égarés quelque-tems après Conon, bon mathématicien, mais encore meilleur courtifan, confola Evergete défolé de cette perte, en affurant que la chevelure de Bérénice avoit été enlevée au ciel. Il y a fept étoiles près de la queue du Lion, qui jufqu'alors n'avoient fait partie d'aucune conftellation; l'aftronome, les indiquant au roi, lui dit que c'étoit la chevelure de fa femme, & Ptolomée voulut bien le croire. Catulle a laiffé en vers latins la traduction d'un petit poëme grec de Callimaque à ce fujet.

CONON, originaire de Thrace,

né en Sicile, pape après la mort de Jean V, le 21 octobre 686, mourut le 21 feptembre de l'année fuivante. C'étoit un vieillard vénérable par fa bonne mine, fes cheveux blancs, fa fimplicité & fa candeur.

CONRAD I, comte de Franconie, fut élu roi de Germanie en 912, après la mort de Louis IV. Othon, duc de Saxe, avoit été choifi par la diete; mais fe voyant trop vieux, il propofa Conrad, quoique fon ennemi, parce qu'il le croyoit digne du trône. » Cette action n'eft guere » dans l'efprit de ce tems prefque » fauvage (dit un hiftorien qui contredit fouvent tous ceux qui l'ont précédé). » On y voit de l'ambition, » de la fourberie, du courage, » comme dans tous les autres fiecles; » mais à commencer par Clovis (ajoute-t-il non moins témérairement), » on ne voit pas une action » de magnanimité ». C'eft calomnier la nature humaine. Il eft trèsfûr qu'il y avoit moins de rafinement dans ce fiecle, que dans le nôtre; il y avoit plus de franchife, de générofité & de véritable vertu. Tous les peuples reconnurent Conrad, à l'exception d'Arnoul, duc de Baviere, qui fe fauva chez les Huns, & les engagea à venir ravager l'Allemagne. Ils porterent le fer & le feu jufques dans l'Alface & fur les frontieres de la Lorraine. Conrad les chaffa par la promeffe d'un tribut annuel, & mourut en 918, fans laiffer d'enfans mâles. Il imita, avant de mourir, la générofité d'Othon à fon égard, en défignant pour fon fucceffeur le fils du même Othon, Henri qui s'étoit révolté contre lui.

CONRAD II, dit le Salique, fils d'Herman, duc de Franconie, élu roi d'Allemagne en 1024, après la mort d'Henri, eut à combattre la plupart des ducs, révoltés contre lui. Erneft, duc de Souabe, qui avoit auffi armé, fut mis au ban de l'empire. C'eft un des premiers exemples

V

de cette proscription, dont la formule étoit : *Nous déclarons ta femme veuve, tes enfans orphelins, & nous t'envoyons au nom du diable aux quatre coins du monde.* L'année d'après, 1027, Conrad passa en Italie, & fut couronné empereur à Rome avec la reine son épouse. Ce voyage des empereurs allemands étoit toujours annoncé une année & six semaines avant que d'être entrepris. Tous les vassaux de la couronne étoient obligés de se rendre dans la plaine de Roncale, pour y être passés en revue. Les nobles & les seigneurs conduisoient avec eux leurs arriere-vassaux. Les vassaux de la couronne, qui ne comparoissoient pas, perdoient leurs fiefs, aussi-bien que les arriere-vassaux qui ne suivoient pas leurs seigneurs. C'est depuis Conrad principalement, que les fiefs sont devenus héréditaires. Conrad II acquit le royaume de Bourgogne, en vertu de la donation de Raoul III, dernier roi, mort en 1033, & à titre de mari de Gisele, sœur puînée de ce prince. Eudes, comte de Champagne, lui disputa cet héritage; mais il fut tué dans une bataille en 1038. Conrad mourut à Utrecht l'année d'après.

CONRAD III, duc de Franconie, fils de Frédéric, duc de Souabe, & d'Agnès, sœur de l'empereur Henri V, naquit en 1094. Après la mort de Lothaire II, à qui il avoit disputé l'empire, tous les seigneurs se réunirent en sa faveur l'an 1138. Henri de Baviere, appellé le *Superbe*, s'opposa à son élection; mais ayant été mis au ban de l'empire & dépouillé de ses duchés, il ne put survivre à sa disgrace. Le margrave d'Autriche eut beaucoup de peine à se mettre en possession de la Baviere. Welff, oncle du défunt, repoussa le nouveau duc; mais il fut battu par les troupes impériales, près du château de Winsberg. Cette bataille est très-célebre dans l'histoire du moyen âge, parce qu'elle

a donné lieu aux noms des *Guelfes* & des *Gibellins*. Le cri de guerre des Bavarois avoit été *Welfi*, nom de leur général; & celui des Impériaux *Weiblingen*, nom d'un petit village de Souabe, dans lequel Frédéric, duc de Souabe, leur général, avoit été élevé. Peu-à-peu ces noms servirent à désigner les deux partis. Enfin ils devinrent tellement à la mode, que les Impériaux furent, dit-on, toujours appellés *Weiblingens*, & qu'on nomma *Welfis* tous ceux qui étoient contraires aux empereurs. Les Italiens, dont la langue plus douce que l'allemande ne pouvoit recevoir ces mots barbares, les ajusterent comme ils purent; & en composerent leurs *Guelfes* & leurs *Gibellins*. C'est l'étymologie la plus vraisemblable de ces deux noms; mais elle n'est pas avouée généralement. Quoiqu'il en soit, l'expédition de Conrad III dans la Terre-Sainte fut beaucoup moins heureuse, que sa guerre contre la Baviere. L'intempérance fit périr une partie de son armée, peut-être aussi le poison que les Grecs étoient soupçonnés de jeter dans les fontaines. Conrad, de retour en Allemagne, mourut à Bamberg en 1152, sans avoir pu être couronné en Italie, ni laisser le royaume d'Allemagne à son fils. Quelques auteurs ont raconté le trait suivant de ce prince. Après la prise de Winsberg, il ordonna de faire prisonniers tous les hommes, & de donner la liberté aux femmes. Conrad accorda à celles-ci d'emporter ce qu'elles pourroient. Elles prirent leurs maris sur leur dos, & leurs enfans sous leurs bras. L'empereur, touché de cette expression vive & pittoresque de l'amour conjugal, pardonna à tous les habitans.

CONRAD IV, duc de Souabe, & fils de Frédéric II, tacha de se faire élire empereur après la mort de ce prince en 1250. Le pape Innocent IV qui lui connoissoit des sentimens trop semblables à ceux de fon pere, s'y oppofa. Conrad paffa en Italie pour s'en venger ; il prit Naples, Capoue, Aquino, & mourut bientôt après à la fleur de fon âge, l'an 1254. On accufa Mainfroi, fils naturel de fon pere, de l'avoir fait empoifonner.

CONRAD, de précepteur, de l'empereur Henri IV, devint l'an 1075 évêque d'Utrecht. Il n'eft guere connu que par fon zele exceffif pour cet empereur contre le pape Gregoire VII. Il fut affaffiné l'an 1099 dans fon palais, où il étoit en priere après avoir dit la meffe. Les uns en accufent les partifans du marquis d'Egbert, dont ce prélat retenoit les terres, que l'empereur lui avoit données jufqu'à trois fois ; les autres, un maçon, dont il avoit furpris le fecret pour bâtir folidement une églife en terre marécageufe. On lui attribue divers Ecrits en faveur d'Henri IV, dans le *Recueil des Pieces apologétiques* de cet empereur, Mayence 1520, & Hanovre 1611, in-4°.

CONRAD, de Mayence, *Conradus Epifcopus*, auteur de la *Chronique de Mayence* depuis 1140 jufqu'en 1250, imprimée en 1535 : compilation indigefte, mais utile pour l'hiftoire de ce tems-là.

CONRAD, cardinal, archevêque de Mayence, mort en 1202, fut élevé à la pourpre par Alexandre III ; & l'on dit que c'eft le premier qui ait été cardinal, n'étant pas de Rome ni d'Italie.

CONRAD, connu fous le nom d'*Abbas Ufpergenfis*, abbé d'Ufperg au diocefe d'Ausbourg, mort vers 1240, laiffa une *Chronique* qui finit à l'an 1229, & qui fut continuée par un anonyme, depuis Frederic II jufqu'à Charles-Quint. On en a une édition de Bâle en 1569, in-folio, enrichie de cette continuation. L'auteur flatte trop les empereurs, & ne ménage pas affez les pontifes romains qui ont eu des différens avec eux.

CONRADIN ou CONRAD *le*

Jeune, fils de Conrad IV & d'Elifabeth, fille d'Othon, duc de Baviere, n'avoit que trois ans lorfque fon pere mourut, laiffant la régence du royaume de Naples à Mainfroi, prince odieux par toutes-fortes de crimes, qui ufurpa l'héritage de fon pupille, & gouverna en tyran. Urbain IV fatigué des courfes qu'il ne ceffoit de faire fur les terres de l'églife, appella Charles d'Anjou, & lui donna en qualité de feigneur fuzerain, l'inveftiture de ce royaume défolé. Après la mort de Mainfroi, tué dans une bataille perdue contre Charles, Conradin vint réclamer fes droits. Les Gibelins d'Italie le reçurent dans Rome au Capitole, comme un empereur. Tous les cœurs étoient à lui, &, par une deftinée finguliere (dit un hiftorien) les Romains & les Mufulmans fe déclarerent en même-tems en fa faveur. D'un côté, l'infant Henri, frere d'Alfonfe X, roi de Caftille, vrai chevalier-errant, paffe en Italie, & fe fait déclarer fénateur dans Rome, pour y foutenir les droits de Conradin. De l'autre, un roi de Tunis lui prête de l'argent & des galeres ; & tous les Sarrafins reftés dans le royaume de Naples, prennent les armes pour le défendre. Ces fecours furent inutiles. Conradin, fait prifonnier après avoir perdu une bataille, eut la tête tranchée par la main du bourreau, au milieu de la place de Naples en 1269. Ce prince malheureux jeta fon gant de l'échafaud dans la place, pour marque de l'inveftiture qu'il donnoit à celui de fes parens qui voudroit le venger. Un cavalier ayant eu la hardieffe de le prendre, le porta à Jacques, roi d'Aragon, qui avoit époufé une fille de Mainfroi. C'eft ainfi que fut éteinte par la mort la plus ignominieufe, cette race des princes de Souabe, qui avoit produit tant de rois & d'empereurs. L'infortuné Conradin n'avoit que 17 ans, lorfqu'il fut décapité.

CONRART, (Valentin) con-
feiller-fecretaire du roi , né à Paris
en 1603. L'académie françoife le
regarde comme fon pere. Ce fut
dans fa maifon , que cette compagnie fe forma en 1629 , & s'affembla jufqu'en 1634. Conrart contri-
buoit beaucoup à rendre ces affemblées agréables , par fon goût , fa
douceur & fa politeffe. Auffi , quoiqu'il ignorât abfolument les langues
mortes , & quoique fes *Lettres à*
Felibien, Paris 1681 , in-12 , fon
Traité de l'Action de l'Orateur,
Paris 1657 , in-12 , & quelques
autres petits morceaux qui nous
reftent de lui, n'aient pas un grand
mérite, il a encore de la célébrité.
Conrart mourut en 1675. Il étoit de
la religion Prétendue - Réformée.
On dit qu'il revoyoit les écrits du
miniftre Claude , avant que celui-ci
les publiât. Conrart étoit parent de
Godeau , depuis évêque de Vence.
Lorfque celui - ci venoit de la province , il logeoit chez lui ; les gens-
de-lettres s'y affembloient , pour entendre l'abbé faire la lecture de fes
poéfies : & voilà la première origine de l'académie.

CONRINGIUS , (Hermannus)
profeffeur de droit à Helmftadt , né
à Norden en Frife en 1606 , mort
en 1681 , fut confulté par plufieurs
princes fur les affaires d'Allemagne
& fur l'hiftoire moderne , qu'il poffédoit parfaitement. On a de lui
beaucoup d'ouvrages de jurifprudence & d'hiftoire. I. *De Antiqui-*
tatibus academicis differtationes
feptem. Ces differtations , réimprimées en 1739, in-4º, font favantes
& curieufes. II. *Opera juridica,*
politica & philofophica. III. *De*
origine juris Germanici, &c. Son
patriotifme & fa crédulité lui ont
fait avancer bien des chofes au hazard, fur-tout lorfqu'elles ont paru
favorables à fon pays. Le corps des
ouvrages de Conringius a paru en 7.
vol. in-folio , à Brunfwick 1730.

CONSENTES, nom qu'on don-
noit aux Dieux & aux Déeffes du
premier ordre. Ils étoient douze ,
favoir : Jupiter, Neptune, Mars,
Apollon, Mercure , Vulcain , Junon , Vefta , Minerve , Vénus ,
Diane , Cérès. Ces 12 divinités pré-
fidoient aux 12 mois de l'année.
Chacune avoit un mois qui lui étoit
affigné ; & leurs douze ftatues , enrichies d'or , étoient élevées dans
la grande place de Rome. On appelloit leurs fêtes , *Confentes*.

CONSTANCE, (St.) un des premiers magiftrats de la ville de Treves,
fouffrit le martyre au troifieme fiecle
de l'églife fous Rictiovarus, préfet des
Gaules, avec Palmaee, Thyrfe, Cref-
cence, Juftin, Léandre , Alexandre ,
Soter , Hormifda , Papyrius , Conftant , Jovinien , & une multitude in-
nombrable d'habitans de la même
ville de tout âge, de tout fexe & de
toute condition. S. Felix , évêque de
Treves , transféra au 4e fiecle les
corps des faints martyrs qu'on vient
de nommer & de plufieurs autres,
dont les noms ne font pas parvenus
jufqu'à nous , dans l'églife de la Ste
Vierge hors des murs , où il venoit
de dépofer également le corps de
S. Paulin, un de fes prédéceffeurs.
Cette églife qui, à raifon de l'ancienneté de fa fondation, ne le cede
à aucune des Gaules, eft encore jufqu'à ce jour dépofitaire de ces précieux tréfors.

CONSTANCE I , furnommé
Chlore à caufe de fa pâleur, fils
d'Eutrope, & pere de Conftantin,
dut le jour à un feigneur diftingué
de la Haute-Méfie vers l'an 250.
Connu de bonne heure pour un
homme plein de vertu , de fageffe
& de courage , il fut nommé Céfar
en 292 , & mérita ce titre par fes
victoires dans la Grande-Bretagne
& dans la Germanie. Il répudia alors
fa première femme , pour époufer
Théodora , fille de Maximilien-
Hercule , collegue de Dioclétien.
Devenu empereur par l'abdication de
Dioclétien, il partagea l'empire avec
Galere-Maximien en 305. Il s'attacha à faire des heureux , & y réuffit

Les Chrétiens ne furent point tourmentés dans les pays de son obéiffance. Il feignit de vouloir chaffer de fon palais ceux de fes officiers, qui ne renonceroient pas au Chriftianifme. Il y en eut quelques-uns qui facrifierent leur religion à leurs intérêts; & d'autres qui aimerent mieux perdre leurs charges, que de trahir leur confcience. Il ne voulut plus voir les premiers, difant que des lâches qui avoient trahi leur Dieu, trahiroient bien plus aifément leur prince; & il confia aux feconds fa perfonne, fes fecrets, après les avoir comblés de bienfaits. Ce grand prince mourut à Yorck en 306, après avoir déclaré Céfar fon fils Conftantin. La valeur de Conftance-Chlore, n'ôta rien à fon humanité. Empereur, il fut modefte & doux. Maître abfolu, il donna par fes vertus des bornes à un pouvoir qui n'en avoit pas. Il n'eut point de tréfor, parce qu'il vouloit que chacun de fes fujets en eût un. Les jours de fêtes, il empruntoit la vaiffelle d'or & d'argent de fes amis, parce qu'il n'en avoit pas lui-même. Tandis que les autres empereurs, fes collegues, perfécutoient par une fuperftition inquiete & féroce, les Chrétiens qu'ils ne connoiffoient pas; Conftance les connut, & en devint le protecteur. Il ne fit ni dreffer un échafaud, ni allumer un bûcher.

CONSTANCE II, (*Flavius Julius Conftantius*) fecond fils de Conftantin le Grand, & de Faufta fa feconde femme, naquit à Sirmich l'an 317, de l'ere chrétienne; Il fut fait Céfar en 323, & élu empereur en 337. Les foldats, pour affurer l'empire aux trois fils de Conftantin, maffacrerent leurs oncles, leurs coufins, & tous les miniftres de ce prince, à l'exception de Julien l'Apoftat & de Gallus fon frere. Quelques hiftoriens ont foupçonné Conftance d'avoir été l'auteur de cet horrible maffacre; S. Athanafe le lui reproche ouvertement, & le caractere qu'il décela, lorfqu'il fut em-

pereur, femble confirmer ce reproche. Après cette exécution barbare, les fils de Conftantin fe partagerent l'empire. Conftance eut l'Orient, la Thrace & la Grece. Il marcha l'an 338 contre les Perfes qui affiégeoient Nifibe, & qui leverent le fiege & fe retirerent fur leurs terres, après avoir été vaincus près de cette ville. Ces avantages furent de peu de durée. Les généraux perfes, vainqueurs à leur tour, taillerent en pieces fes armées, & remporterent neuf victoires fignalées. L'Occident n'étoit pas plus tranquille que l'Orient. Magnence, germain d'origine, proclamé empereur à Autun par fes foldats, & Vetranion élu auffi vers le même-tems à Sirmich dans la Pannonie, s'étoient partagé les états de Conftantin le jeune & de Conftant. Conftance leur frere marcha contre l'un & l'autre. Vetranion, abandonné de fes foldats, vint implorer la clémence de l'empereur, & en obtint des biens fuffifans pour paffer le refte de fa vie dans l'abondance. Magnence, vaincu à la bataille de Murfe, aujourd'hui Effeck, après une vigoureufe réfiftance, fut obligé de prendre la fuite. Magnence, défait de nouveau dans les Gaules par les lieutenans de Conftance, fe donna la mort, pour ne pas tomber dans les mains du vainqueur. Ainfi tout l'empire romain, partagé entre les trois enfans de Conftantin, fe vit alors réuni l'an 353 fous l'autorité d'un feul. Conftance n'ayant plus de rival à craindre, s'abandonna à toute la rage de fon reffentiment. Il fuffifoit d'être foupçonné d'avoir pris le parti de Magnence, d'être dénoncé par le plus vil délateur, pour être privé de fes biens, emprifonné, ou puni de mort. Quiconque paffoit pour riche, étoit néceffairement coupable. Trois ans après, en 356, Conftance vint à Rome pour la premiere fois, y triompha, & s'y fit méprifer. On tranfporta par fes ordres l'obélifque que Conftantin avoit tiré d'Heliopole en Égypte, & il fut dreffé dans le Grand-Cirque. Les profpérités de Julien, alors vainqueur dans les Gaules, réveillerent fa jaloufie, fur-tout lorfqu'il apprit que l'armée lui avoit donné le titre d'Augufte. Il marchoit à grandes journées contre lui, lorfqu'il mourut à Mopfuefte au pied du Mont-Taurus, l'an 361. Euzoïus, arien, lui donna le baptême, quelques momens avant fa mort. Cette fecte avoit triomphé fous fon regne, & la vérité & l'innocence furent opprimées. Ce prince ambitieux, jaloux, méfiant, gouverné par fes eunuques & fes courtifans, fut enfin dupe de fes foibleffes; & s'il n'eût perdu la vie, dit un hiftorien, il eût au moins perdu l'empire.

CONSTANCE de Nyffe, général des armées romaines, chaffa les Goths des Gaules, & fit prifonnier le rebelle Attalus. Honorius lui fit époufer fa fœur Placidie en 417, & l'affocia à l'empire; mais il ne jouit pas long-tems de cet honneur, & mourut en 421, regretté comme un guerrier & un politique. Valentinien III, fon fils, régna après lui dans l'Occident.

CONSTANCE, fils d'un cabaretier de Céfalonie, fuivant le chevalier de Forbin, ou d'un noble vénitien qui étoit fils du gouverneur de cette ifle, felon d'autres; devint par fon efprit Barcalon, c'eft-à-dire premier miniftre ou grand-vifir du royaume de Siam. Il s'occupa d'abord des intérêts de fa religion, & engagea le roi à fe lier avec Louis XIV. Trois fiamois partirent pour la France avec de grands préfens, chargés de déclarer que le prince indien, charmé de la gloire du monarque françois, ne vouloit faire de traité de commerce qu'avec fa nation, qu'il n'étoit pas même éloigné de fe faire chrétien. Les premiers envoyés périrent fur mer en 1680; les feconds arriverent à Verfailles en 1684. Louis XIV, toujours prêt à feconder les moyens de propager le

Chriftianifme, envoya au roi de Siam deux ambaffadeurs, le chevalier de Chaumont, l'abbé de Choifi, & fix jéfuites. Ils furent magnifiquement reçus. Le roi de Siam promit de s'inftruire de notre religion. Mais quelques mandarins, à la tête defquels étoit Pitracha, fils de la nourrice du roi, formerent une confpiration pour chaffer les François du pays & fe rendre maîtres des affaires. Conftance périt dans les tourmens. Pitracha tint le roi captif dans fon palais, & monta fur le trône après fa mort, non fans foupçon d'avoir abrégé les jours de fon maître. La femme de Conftance fut d'abord follicitée par le fils de Pitracha à entrer dans fon ferrail; mais l'ayant refufé, elle fut condamnée à fervir dans la cuifine de l'ufurpateur, qui lui confia depuis l'éducation de fes enfans. On a deux *Vies* de Conftance: l'une par le P. d'Orléans, 1690, in-12, qui le repréfente comme un homme de bien & un chrétien zélé; l'autre par Deflandes, 1755, in-12, qui le peint avec les couleurs les plus noires; mais comme tout ce qui tenoit à la religion, étoit odieux à cet écrivain, & que Conftance en avoit affez fait pour mériter fa haine, fon témoignage doit paroître plus que fufpect. Il eft d'ailleurs à préfumer qu'on connoiffoit mieux le miniftre fiamois en 1690 qu'en 1755.

CONSTANT I, (*Flavius Julius Conftans*) troifieme fils de Conftantin le Grand & de Faufta, naquit en 320, & fut proclamé Céfar en 333. Il eut l'Italie, l'Afrique, l'Illyrie au partage des états de fon pere; & les Gaules, l'Efpagne & la Grande-Bretagne, après la mort de Conftantin fon frere, qui venoit de lui déclarer la guerre. Conftant, maître de tout l'Occident, protégea la vérité contre les erreurs des Ariens. Les hérétiques profitant de la facilité de Conftance pour perfécuter les Catholiques, il lui écrivit que s'il ne rendoit pas juftice à &

Athanafe , il iroit lui - même à Alexandrie le rétablir , en chaſſer ſes ennemis , & les punir comme ils méritoient. Il fit convoquer le concile de Sardique en 347., & s'efforça d'éteindre le ſchiſme des Donatiſtes. Ce protecteur de l'égliſe périt d'une maniere bien funeſte. Magnence s'étant fait proclamer empereur en Afrique , le fit tuer à Elne dans les Pyrenées l'an 350. Les Chrétiens ont beaucoup loué ce prince. Les Païens l'ont accuſé des plus grands vices ; mais comme il ſe déclara contre ces derniers , leur témoignage doit paroître ſuſpect. Conſtant n'avoit que 30 ans , lorſqu'il fut égorgé ; il en avoit régné 13.

CONSTANT II , empereur d'Orient, fils d'Heraclius Conſtantin & petit - fils d'Heraclius , fut mis à la place de ſon oncle Heracleonas en 641. Les Monothelites l'avoient élevé ; il les protégea & s'en laiſſa gouverner. Le patriarche Paul , maître de ſon eſprit , l'engagea à ſupprimer l'Ecthese , & à mettre en ſa place le Type. C'étoit un édit , dans lequel , après avoir expoſé les raiſons pour & contre , on défendoit aux orthodoxes & aux hérétiques de diſputer ſur les deux volontés de J. C. Le pape Martin I , nouvellement élevé ſur la chaire de Rome , condamna le Type en 649 dans le concile de Latran. Conſtant , irrité contre Théodoſe ſon frere , à qui le peuple marquoit beaucoup d'amitié , le força à ſe faire ordonner diacre , de peur qu'on ne l'élevât à l'empire , mais cette cérémonie ne le raſſurant point , il le fit maſſacrer inhumainement. Les remords , fruits amers du crime , l'aſſaillirent auſſi - tôt , & préſentoient ſans relâche à ſon eſprit égaré , l'image de Théodoſe , qui le pourſuivoit un calice à la main , en lui diſant : Buvez mon frere ! L'an 662 il paſſa en Italie , pour réduire les Lombards ; & delà à Rome , où il enleva tout ce qui ſer-

voit à décorer cette ville. Après l'avoir dépouillée de tout ce que la fureur & l'avarice des barbares n'avoient pû enlever , il alla en Sicile y établir ſa cour. Auſſi mauvais prince à Syracuſe qu'à Rome , il ruina les peuples par ſes exactions , & enleva des égliſes les tréſors , les vaſes ſacrés , & juſqu'aux ornemens des tombeaux , & fit périr les plus grands ſeigneurs dans les tourmens. André , fils du patrice Troïle , le ſuivit un jour aux bains , ſous prétexte de le ſervir ; il prit le vaſe avec lequel on verſoit de l'eau, & lui en donna un coup ſi violent ſur la tête , qu'il le renverſa mort l'an 668. Odieux aux peuples , encore plus odieux à ſa famille , perſécuteur des Catholiques , ce tyran ne fut pleuré de perſonne. Il eut tous les défauts , ſans aucune vertu. Il vit avec tranquillité les Sarraſins conquérir ſes états , s'emparer de l'Afrique & d'une partie de l'Aſie , ſans oſer paroître à la tête de ſes troupes.

CONSTANT , (Germain) jugegarde de la monnoie de Toulouſe , publia en 1657 , à Paris , un ſavant Traité de la Cour des Monnoies & de l'étendue de ſa Juriſdiction , 1 vol. in-fol. L'auteur avoit fouillé dans les archives publiques , dans les dépôts , dans les bibliotheques , dans pluſieurs cabinets de ſavans.

CONSTANT , (David) profeſſeur de théologie dans l'académie de Lauſanne , né en 1638 , mort en 1733 , s'eſt fait connoître des ſavans par pluſieurs ouvrages pleins d'érudition. Il étoit en commerce littéraire avec Daillé , Amyrault , Turretin , Bayle , Meſtrezat. On a de lui : I. Des éditions de Florus ; des Offices de Cicéron & des Colloquies d'Eraſme , enrichies de remarques choiſies & judicieuſes. II. Des Diſſertations ſur la Femme de Loth , le Buiſſon de Moïſe , le Serpent d'airain , & le Paſſage de la Mer Rouge. Ces diſſertations , eſtimées pour le ſtyle

V 4

& pour le fond , font en latin. III. Un *Abrégé de Politique*, dont on a une édition de 1687 , fort augmentée. IV. Son *Syftême de Morale théologique* , en 25 differtations.

CONSTANTIA , (Flavia Julia) fille aînée de l'empereur Conftance-Chlore & de Theodora , joignoit à une beauté régulière & à un efprit pénétrant, un courage au-deffus de fon fexe & une vertu qui ne fe démentit jamais. On croit qu'elle embraffa le Chriftianifme en 311, avec fon frere Conftantin , qui lui fit époufer deux ans après Licinius. Les deux beaux-freres s'étant brouillés irréconciliablement , la guerre fut allumée pour favoir qui refteroit maître de l'empire. Le fort des armes fut funefte à Licinius. Après avoir été vaincu dans trois batailles rangées , il fut étranglé par ordre de Conftantin, qui lui avoit déja une fois accordé la paix que l'inquiet Licinius ne tarda pas à rompre. A peine Conftantia avoit-elle achevé le tems du deuil de fon époux , qu'elle perdit Licinius fon fils unique, prince d'une grande efpérance , & qui faifoit toute fa confolation. Conftantin l'immola à la fûreté de fes fils, & le fit mettre à mort à l'âge de 12 ans. Conftantia étouffa fes foupirs ; & après la mort d'Hélene , mere de Conftantin , elle eut le plus grand afcendant fur l'efprit de fon frere. Elle foutint à la cour les Ariens dont elle avoit embraffé les erreurs , à la perfuafion d'Eufebe de Nicomédie , & mourut dans leur communion vers 330.

CONSTANTIA , (Flavia Julia) premiere femme de l'empereur Gratien , étoit fille pofthume de Conftance II & de Fauftine. Elle naquit en 362. Le tyran Procope, qui fe difoit fon parent , s'étant fait reconnoître empereur en 366 , porta cet enfant illuftre dans fes bras , pour s'attacher les foldats , à qui la mémoire de Conftance étoit chere. Conftantia étoit dans fa 13e année ,

lorfqu'elle quitta Conftantinople pour aller époufer Gratien , qui l'aima paffionnément , & qui la perdit l'an 383. Elle n'avoit que 21 ans.

CONSTANTIN , fyrien , fut élevé fur la chaire de Rome après la mort de Sifinnius le 25 mars 708. Il gouverna faintement l'églife , fit un voyage en Orient où il fut reçu avec magnificence , & mourut le 9 avril 715. Ce pape illuftra la tiare par fon zele & par fes vertus.

CONSTANTIN-TIBERE , antipape , s'empara du faint fiege avant l'élection d'Etienne III , & le tint plus d'un an. Enfin le 6 août 768 , il fut chaffé de l'églife de Rome , condamné à perdre la vue , & enfermé dans un monaftere.

CONSTANTIN , (*Flavius Valerius Conftantinus*) dit le *Grand*, fils de Conftance-Chlore & d'Hélene , naquit à Naïffe , ville de Dardanie , en 274. Lorfque Dioclétien affocia fon pere à l'empire , il garda le fils auprès de lui , à caufe des agrémens de fa figure , de la douceur de fon caractere , & fur-tout de fes qualités militaires. Après que Dioclétien & Maximien - Hercule eurent abdiqué l'empire , Galere , jaloux de ce jeune prince , l'expofa à toutes fortes de dangers pour fe délivrer de lui. Conftantin s'étant apperçu de fon deffein, fe fauva auprès de fon pere. L'ayant perdu peu après fon arrivée , il fut déclaré empereur à fa place en 306 ; mais Galere lui refufa le titre d'Augufte, & ne lui laiffa que celui de Céfar. Il hérita pourtant des pays qui avoient appartenu à fon pere , des Gaules , de l'Efpagne , de l'Angleterre. Ses premiers exploits furent contre les Francs , qui alors ravageoient les Gaules. Il fait deux de leurs rois prifonniers ; il paffe le Rhin , les furprend & les taille en pieces. Ses armes fe tournerent bientôt contre Maxence , ligué contre lui avec Maximin. Comme il marchoit à la tête de fon armée pour aller en Italie , on affure qu'il apperçut un peu après midi, une croix lumineuse au-deſſous du ſoleil, avec cette inſcription : *In hoc ſigno vinces.* (*C'eſt par ce ſigne que tu vaincras*). Jeſus-Chriſt lui apparut, dit-on, la nuit ſuivante : il crut l'entendre, qui lui diſoit de ſe ſervir pour étendard de cette colonne de lumiere, qui lui avoit apparu en forme de croix. A ſon réveil il donna des ordres pour faire cette enſeigne, qui fut nommée le *Labarum* ; elle figuroit une eſpece de P, traverſé par une ligne droite ; ce qui repréſentoit outre la croix, les deux premieres lettres grecques du mot *Chriſt.* L'abbé Voiſin a ſavamment défendu cette viſion de Conſtantin dans une Diſſertation publiée en 1774, contre Godefroy, Hornbeck, Oiſel & Tollius qui ont exercé contre cette fameuſe apparition une critique déraiſonnable. Quelques jours après, le 28 octobre 312, ayant livré bataille proche les murailles de Rome, il défit les troupes de Maxence, qui, obligé de prendre la fuite, ſe noya dans le Tibre. Le lendemain de ſa victoire, Conſtantin entra en triomphateur dans Rome. Il fit ſortir de priſon tous ceux qui y étoient détenus par l'injuſtice de Maxence, & fit grace à tous ceux qui avoient pris parti contre lui. Le ſénat le déclara premier Auguſte, & grand-prêtre de Jupiter, quoiqu'il fût alors catéchumene ; ſingularité qu'on remarque dans tous ſes ſucceſſeurs juſqu'à Gratien. L'année ſuivante 313 eſt remarquable par l'édit de Conſtantin & de Licinius, en faveur des Chrétiens. Ces princes donnoient la liberté de s'attacher à la religion qu'on croiroit la plus convenable, & ordonnoient de faire rentrer les Chrétiens dans la poſſeſſion des biens qu'on leur avoit enlevés durant les perſécutions. Il fut défendu, non-ſeulement de les inquiéter, mais encore de les exclure des charges & des emplois publics. C'eſt depuis ce reſcript qu'on doit marquer la fin

des perſécutions, le triomphe du chriſtianiſme, & la ruine de l'idolâtrie. Licinius, jaloux de la gloire de Conſtantin, conçut une haine implacable contre lui, & recommença à perſécuter les Chrétiens. Les deux empereurs prennent les armes ; ils ſe rencontrent le 8 octobre 314, auprès de Cibales en Pannonie. Avant que de combattre, Conſtantin, environné des évêques & des prêtres, implora avec ferveur le ſecours du Dieu des Chrétiens. Licinius, s'adreſſant à ſes devins & à ſes magiciens, demanda la protection de ſes Dieux. On en vint aux mains ; le dernier fut vaincu, & contraint de prendre la fuite. Il envoya demander la paix au vainqueur, qui la lui accorda ; mais la guerre ſe ralluma bientôt. Licinius, irrité de ce que Conſtantin avoit paſſé ſur ſes terres pour combattre les Goths, viola le traité de paix. Conſtantin remporta ſur lui une victoire ſignalée près de Chalcédoine, & pourſuivit le vaincu qui s'étoit ſauvé à Nicomédie. Il l'atteignit & le fit étrangler en 323. Par cette mort, le vainqueur devint maître de l'Occident & de l'Orient. Il ne s'occupa plus qu'à aſſurer la tranquillité publique, & à faire fleurir la religion. Il abolit entiérement les lieux de débauche. Il voulut que tous les enfans des pauvres fuſſent nourris à ſes dépens. Il permit d'affranchir les eſclaves dans les égliſes, en préſence des évêques & des paſteurs : cérémonie qui ne ſe faiſoit autrefois qu'en préſence des préteurs. Il permit par un édit de ſe plaindre de ſes officiers, promettant d'entendre lui-même les dépoſitions, & de récompenſer les accuſateurs, lorſque leurs plaintes feroient fondées. Il permit non-ſeulement aux Chrétiens de bâtir des égliſes, mais encore d'en prendre la dépenſe ſur ſes domaines. Au milieu des embarras du gouvernement & des travaux de la guerre, il penſa aux différends qui agitoient l'égliſe. Il convoqua le concile d'Arles, pour faire finir le schisme des Donatistes. Un autre concile œcuménique, assemblé à Nicée en Bithynie l'an 325, à ses frais, fut honoré de sa présence. Il entra dans l'assemblée revêtu de la pourpre, demeura debout jusques à ce que les évêques l'eussent prié de s'asseoir, & baisa les plaies de ceux qui avoient confessé la foi de J. C. pendant la persécution de Licinius. Les Ariens, outrés de ce qu'il s'étoit déclaré contre eux, jeterent des pierres à ses statues. Ses courtisans l'exhorterent à s'en venger, lui difant qu'il avoit la face toute meurtrie ; mais ayant passé sa main sur son visage, il dit en riant : *Je n'y sens aucun mal ;* & ne voulut tirer aucune vengeance de ces insultes. Constantin avoit formé depuis quelque-tems le projet de fonder une nouvelle ville, pour y établir le siege de l'empire. C'étoit bien mal connoître, dit l'abbé de Mably, les intérêts de l'empire. Les fondemens en furent jetés le 26 novembre 329, à Byzance dans la Thrace, sur le détroit de l'Hellespont, entre l'Europe & l'Asie. Cette ville avoit été presqu'entiérement ruinée par l'empereur Sévere ; Constantin la rétablit, en étendit l'enceinte, la décora de quantité de bâtimens, de places publiques, de fontaines, d'un cirque, d'un palais, & lui donna son nom qu'elle conserve encore aujourd'hui, Byzance, ajoute l'auteur déja cité, devint la rivale de Rome, ou plutôt lui fit perdre tout son éclat; & l'Italie tomba dans le dernier abbaissement. La misere la plus affreuse y régna, au milieu des maisons de plaisance, & des palais à demi ruinés, que les maîtres du monde y avoient autrefois élevés. Toutes les richesses passerent en Orient, les peuples y porterent leurs tributs & leur commerce, & l'Occident fut en proie aux barbares. Une suite encore plus fâcheuse de la transmigration de Constantin, ce fut de diviser l'empire.

Les empereurs d'Orient, dans la crainte d'irriter les barbares & de les attirer sur leurs domaines, n'oserent donner aucun secours à l'Occident. Ils lui suscitèrent même quelquefois des ennemis, & donnerent une partie de leurs richesses aux Vandales & aux Goths, pour acquérir le droit de consumer l'autre dans les plaisirs. Constantin ne se borna pas à cette translation : il changea la constitution du gouvernement ; divisa l'empire en quatre parties, sur lesquelles présidoient quatre principaux gouverneurs, nommés préfets du prétoire. Ces 4 parties, considérées ensemble, comprenoient 14 dioceses, dont chacun avoit un vicaire, ou lieutenant, subordonné au préfet qui résidoit dans la capitale du diocese. Les dioceses contenoient 120 provinces, régies chacune en particulier par un président, dont le séjour ordinaire étoit la plus considérable ville de la province. Constantin, après avoir affoibli Rome, frappa un autre coup sur les frontieres. Il ôta les légions qui étoient sur les bords des grands fleuves, & les dispersa dans les provinces : ce qui produisit deux maux, dit un homme d'esprit ; l'un que les barrieres furent ôtées, & l'autre que les soldats vécurent & s'amollirent dans le cirque & sur les théatres. Sur la fin de ses jours, Constantin eut la foiblesse de servir à la fureur des Ariens contre leurs plus illustres adversaires. Séduit par Eusebe de Nicomédie, l'un des plus ardens fauteurs de l'Arianisme, il exila plusieurs saints évêques. Il tomba malade peu après, en 337, près de Nicomédie. Il demanda le baptême, & on le lui donna avec les autres sacremens de l'église. Il mourut le 22 mai, de la même année, jour de la Pentecôte ; après avoir ordonné par son testament, que ses trois fils, Constantin, Constance & Constant, partageroient l'empire : autre faute que la postégité lui a reprochée. On peut y joindre le meurtre de Crispe, son fils du premier lit, que Fausta sa seconde femme avoit faussement accusé d'avoir voulu la séduire (*Voyez* l'art. FAUSTA); sa lenteur à se faire initier dans les mystères de la religion ; le zele mal entendu qui le porta à se mêler trop souvent des affaires de l'église, & quelquefois au préjudice de la saine doctrine. Ces reproches cependant n'autorisent point les ennemis du Christianisme à flétrir la mémoire de son premier protecteur déclaré. Constantin fut un grand prince, un empereur puissant, heureux, sage, éclairé, vertueux jusqu'aux dernieres années de sa vie. Sa gloire s'obscurcit alors par quelques fautes, toujours difficiles à éviter dans un long regne ; & malgré ses grandes qualités il ne parut alors qu'un prince ordinaire ; mais ce n'est pas précisément par la fin de sa vie qu'il faut le juger. Une gloire légitimement acquise, ne s'anéantit pas par les foiblesses qui lui succedent. L'on doit dire avec l'abréviateur Eutrope, que Constantin dans ses dernieres années a paru sortir de la classe des grands princes, sans être néanmoins un prince méchant ou méprisable ; mais que dans les premiers tems de son regne il est comparable à ce que le trône des Césars a eu de plus illustre, & qu'en général il a possédé les plus grandes qualités du corps & de l'esprit. *Vir primo imperii tempore optimis principibus, ultimò mediis comparandus, innumeræ in eo animi corporisque virtutes claruerunt.* On voit dans Eusebe plusieurs preuves de son savoir. Il composa & prêcha plusieurs sermons. On en a encore un, intitulé : *Discours à l'assemblée des Saints*, prêché à Constantinople pour la fête de Pâques. *Rien n'excite davantage les hommes vertueux & éclairés à bien faire*, disoit-il à quel-

ques-uns de ses courtisans qui vouloient le détourner d'assister à une harangue, *que quand ils savent que l'empereur entendra ou lira leurs ouvrages....* Plusieurs martyrologes de différentes églises d'Occident, qui l'ont honoré depuis long-tems comme un saint, marquent sa fête le 22 mai. Les Grecs & les Moscovites la célebrent encore le 21 du même mois. On ne croit point devoir parler de la prétendue donation, que ce prince fit au pape S. Sylvestre, de la ville de Rome & de plusieurs provinces d'Italie, rejetée aujourd'hui par tous les critiques. Quelques savans croient que cette erreur historique vient de ce que dans les tems d'ignorance on a confondu les donations de Pepin avec la permission accordée aux églises par Constantin, d'acquérir des places & des fonds de terres. La translation du siege de l'empire à Constantinople, & l'abandon de Rome qui n'étoit plus considérée que par la demeure du pape, peuvent avoir également influé sur cette opinion. *Voyez* la *Vie du grand Constantin*, par D. de Varennes, Paris 1728, in-4°.

CONSTANTIN II, dit le *Jeune*, (*Flavius Julius Constantinus*) fils aîné du précédent, naquit à Arles en 316. Après la mort de son pere, il eut en partage les Gaules, l'Espagne & la Grande-Bretagne. S'étant imaginé que la partie de l'empire que possédoit son frere Constant, étoit plus considérable que la sienne, il marcha contre lui. Les troupes ennemies lui dresserent des embûches; il y tomba, fut défait & tué près d'Aquilée l'an 340. Son corps fut jeté dans la riviere d'Alse, aujourd'hui Ansa, d'où on le retira, pour lui ériger un tombeau à Constantinople auprès de celui de son pere. Son ambition & son imprudence indignerent ceux que ses victoires remportées sur les Sarmates, les Goths & les François, son zele pour la foi catholique & fa douceur envers fes fujets, avoient prévenus en fa faveur.

CONSTANTIN III, fut furnommé *Pogonat*, c'eft-à-dire *Barbu*; parce que, lorfqu'il partit de Conftantinople pour aller combattre le rebelle Mizizi, il n'avoit point de barbe, & qu'elle lui étoit venue lorfqu'il reparut. Il étoit fils de Conftant II. Après avoir puni ce Mizizi, il fut couronné empereur au milieu des acclamations du peuple en 668. Quelque-tems après, les Sarrafins vinrent avec de nombreux vaiffeaux pour affiéger Conftantinople: Conftantin, inftruit de leur deffein, raffembla fa flotte, leur livra bataille & les vainquit. Ces barbares ne purent réfifter aux vents qui leur étoient contraires, aux efforts des Romains qui étoient animés par la préfence de leur empereur, & à l'adreffe du fameux Callinique, qui inventa un artifice dont l'eau n'éteignoit point le feu. Lorfque le combat étoit prêt à commencer, l'ingénieur envoyoit des plongeurs mettre le feu fous les vaiffeaux des Sarrafins, & quelque chofe qu'on fit pour l'éteindre, il n'étoit pas poffible d'y réuffir. C'eft ce que l'on a appellé *le feu gré-geois, ignis græcus*. Les Sarrafins revinrent pendant fept ans confé-cutifs, & toujours inutilement. Enfin ils demanderent la paix; mais Conftantin ne la leur accorda que fous la promeffe d'un tribut. Après avoir pacifié l'état, il voulut pacifier l'églife. Il fit affembler le 6e concile général de Conftantinople en 681. Il y préfida, & fit condamner les Monothélites. Quelques féditieux dirent publiquement qu'il falloit trois empereurs, & que Conftantin devoit partager la puiffance fouveraine avec Tibere & Heraclius. Par les ordres de Conftantin, les auteurs de ces difcours furent pendus, & fes freres furent fecretement mis à mort, après qu'on leur eut coupé le nez. Il mourut l'année

d'après, 685. Prince trop ambitieux, mais vaillant, il fe fit refpecter au-dehors par fes armes, craindre & aimer au-dedans par une féverité ménagée. Le meurtre de fes freres, fuppofé qu'ils n'euffent aucune part à la fédition, eft un crime bien propre à obfcurcir fa gloire. Il ne faut pas le confondre avec le tyran CONSTANTIN III, fimple foldat, qui fe fit déclarer empereur dans la Grande-Bretagne, fous le regne d'Honorius en 409, & qui s'étant retiré dans les Gaules, fut affiégé dans la ville d'Arles, pris & décapité.

CONSTANTIN IV, *Copronyme* (ainfi appellé parce qu'il falit les fonts baptifmaux lorfqu'on le baptifoit), naquit à Conftantinople en 719, de Léon l'Ifaurien & de Marie. Il fuccéda à fon pere en 741, & renchérit fur fa fureur contre les images des Saints: il les foula aux pieds, jeta leurs reliques au feu; fit périr des évêques, des eccléfiaftiques, des religieux, défenfeurs des chofes que cet impie profanoit. Il fit couper le nez aux uns, crever les yeux aux autres; & teignit toutes les villes de fon empire, du fang de ces illuftres martyrs. Les Bulgares, inquiétés par cet empereur, l'inquiéterent à leur tour. Il marchoit contr'eux, lorfqu'il fut attaqué d'un charbon qui l'emporta en 775. Il fut enterré dans l'églife des Apôtres. L'empereur Michel III, qui le mettoit au rang des Néron & des Caligula, le fit exhumer cent ans après, ordonna de brûler le cadavre & de détruire le tombeau de ce monftre, qui avoit été de fon vivant également haï de fes fujets & méprifé de fes ennemis. Ce fut fous fon regne en 763, qu'il y eut un fi grand froid en automne, que le Bofphore & le Pont-Euxin furent glacés dans l'efpace de 6e lieues, depuis le Propontide ou la mer de Marmora, jufqu'aux environs des embouchures du Danube. La glace avoit en plufieurs endroits go coudées de profondeur ; & elle fut couverte de neige à une pareille hauteur. Au dégel, les maſſes de glace, entaſſées les unes ſur les autres comme des montagnes, pouſſées par un vent furieux, ébranlerent les murailles des villes, & manquerent de renverſer la citadelle de Conſtantinople.

CONSTANTIN VII, *Porphyrogénete*, fils de Léon le Sage, né à Conſtantinople en 905, monta ſur le trône à l'âge de 7 ans, ſous la tutelle de ſa mere Zoé. Lorſqu'il eut en main les rênes du gouvernement, il châtia quelques tyrans en Italie, prit Benevent ſur les Lombards, éloigna à force d'argent les Turcs qui pilloient les frontieres de l'Epire ; mais il ſe laiſſa gouverner enſuite par Hélene ſa femme, fille de Romain Lécapene, grand-amiral de l'empire. Elle vendit les dignités de l'égliſe & de l'état, accabla le peuple d'impôts, le fit gémir ſous l'oppreſſion ; tandis que ſon époux employoit tout ſon tems à lire, & devenoit auſſi habile architecte & auſſi grand peintre que mauvais empereur. Romain, fils de ce prince indolent & d'Hélene, impatient de régner, fit mêler du poiſon dans une médecine deſtinée pour lui ; mais Conſtantin en ayant rejeté la plus grande partie, il ne mourut qu'un an après, en 959. Ce prince, ami des ſciences & des ſavans, laiſſa pluſieurs ouvrages qui auroient fait honneur à un particulier ; mais pour leſquels un prince n'auroit pas dû négliger les affaires de ſon empire. Les Grecs le regardent comme le reſtaurateur des lettres ; mais il leur a lui-même nui, dit un auteur judicieux, par ſon trop grand zele pour elles. » Car » en excitant les ſavans de ſon » tems à faire des extraits des anciens écrivains, pour répandre » dans la ſociété des lumieres générales qui fuſſent comme un » germe de ſcience (germe qui diſpoſât inſenſiblement les eſprits

à des connoiſſances plus profondes), » on s'accoutuma à ſe » paſſer des originaux. En multi- » pliant les ſecours & la facilité de » s'inſtruire, on contribua à étein- » dre le goût du travail & de » l'étude. Ce que l'eſprit gagna en » ſuperficie, il le perdit en profon- » deur. La pareſſe ſi naturelle à » l'homme, d'ailleurs vain & pré- » ſomptueux, lui fit négliger les » ſources mêmes où ces connoiſ- » ſances ſuperficielles avoient été » puiſées ». Ses principaux ouvrages ſont : La *Vie de l'empereur Baſile le Macédonien*, ſon aïeul, inſérée dans le recueil d'Allatius. Elle manque quelquefois de vérité, & ſent trop le panégyrique. II. Deux Livres des Thêmes ; c'eſt-à-dire, des poſitions des provinces & des villes de l'empire : publiés par le P. Bandury dans l'*Imperium Orientale*, à Leipſick 1754, in-fol. On a peu d'ouvrages auſſi importans pour la géographie du moyen âge ; mais il n'en faut croire l'auteur, que ſur ce qu'il dit de l'état des lieux tel qu'il étoit de ſon tems : il eſt plein de fautes groſſieres dans tout le reſte. III. Un *Traité des Affaires de l'Empire*, dans l'ouvrage cité du P. Banduri. Il y fait connoître l'origine de divers peuples, leur puiſſance, leurs progrès, leurs alliances, leurs révolutions, & la ſuite des princes qui les ont gouvernés. Il renferme d'autres avis intéreſſans. IV. *De Ræ ruſtica*, Cambridge 1704, in-8°. V. *Excerpta ex Polybio, Diodoro Siculo*, &c. &c. Paris 1634, in-4°. VI. *Excerpta de Legatis*, gr. & lat. 1648, in-fol. qui fait partie de la Byzantine. VII. *De Cæremoniis aulæ Byzantinæ*, à Leipſick 1751, in-fol. VIII. Une *Tactique*, in-8°.

CONSTANTIN *Dragaſès*, fils de Manuel Paléologue, naquit en 1403. Il fut mis ſur le trône de Conſtantinople par le ſultan Amurat en 1448. Mahomet II, ſucceſſeur d'Amurat, ayant eu des mécontentemens de l'empereur, vint afliéger Conftantinople par mer & par terre. Son armée étoit de 300 mille hommes , & fa flotte de 400 galeres à trois rangs. Les Grecs n'avoient que 7 mille hommes en état de porter les armes , & 13 galeres. Conftantinople , après un fiege de 58 jours , fut emportée le 29 mai 1453. Conftantin , voyant les Turcs entrer par les breches , fe jette l'épée à la main à travers les ennemis. Il voit tomber à fes côtés les capitaines qui le fuivoient : tout couvert de fang , & refté feul , il s'écrie : *Ne fe trouvera-t-il pas un chrétien qui m'ôte le peu de vie qui me refte?* A l'inftant un turc lui décharge un coup de fabre fur la tête; un autre lui en porte un fecond , fous lequel il expira. Une mort auffi glorieufe eft le plus beau des éloges. Ce prince véritablement grand , magnanime , religieux , étoit digne d'un meilleur fort. Les enfans & les femmes qui reftoient de la maifon impériale , furent maffacrés par les foldats , ou réfervés pour affouvir la lubricité du vainqueur. Telle fut la fin de l'empire de Conftantinople , l'an 1123 , depuis fa fondation par le grand Conftantin.

CONSTANTIN , furnommé l'*Africain* , parce qu'il étoit originaire de Carthage , étoit membre du college de Salerne. Il florifloit vers l'an 1070. La jaloufie de fes concitoyens l'obligea de fe réfugier en Sicile , où il prit l'habit de bénédiclin. Conftantin fut un des plus grands compilateurs en médecine , & il femble avoir été le premier qui ait introduit en Italie la médecine grecque & arabe. Ses ouvrages furent publiés à Bâle en 1536 , in-fol.

CONSTANTIN , (Manafsès) hiftorien grec , florifloit vers l'an 1150, fous l'empereur Manuel Comnene. Il écrivit en vers grecs un *Abrégé de l'Hiftoire* , traduit en latin par Leunclavius , & imprimé

au Louvre en 1655 , in-folio : il fait partie de la *Byzantine*. C'eft proprement une *Chronique* depuis Adam jufqu'à Alexis Comnene. Elle a tous les défauts du fiecle de l'auteur , la groffiéreté du ftyle & la crédulité.

CONSTANTIN , (Robert) docteur en médecine , & profeffeur de belles-lettres en l'univerfité de Caen fa patrie , vécut , fuivant le préfident de Thou , jufqu'à 103 ans. Une vieilleffe fi avancée ne diminua ni les facultés de fon corps, ni celles de fon ame. Il mourut d'une pleuréfie en 1605. On lui doit : I. Un *Dictionnaire grec & latin* , 2 vol. in-fol. imprimé à Geneve , 1592. Henri Etienne avoit rangé dans le fien , les mots grecs fous leurs racines ; Conftantin les a mis dans l'ordre alphabétique. II. Trois livres d'*Antiquités grecques & latines*. III. *Thefaurus rerum & verborum utriufque linguæ*. IV. *Supplementum linguæ latinæ , feu Dictionarium abftruforum vocabulorum* , &c. Geneve 1573 , in-4°. Il avoit été domeftique de Jules Scaliger, & il publia après la mort de ce favant une partie de fes *Commentaires fur Théophrafte*. Au refte le P. Nicéron doute que Conftantin foit parvenu à l'âge de 103 ans; & l'on peut voir fes raifons dans le tom. 27e de fes Mémoires (p. 247).

CONSTANTINE , (Flavia Julia Conftantina) fille ainée de l'empereur Conftantin & de Faufta , fut mariée l'an 335 par fon pere à Hannibalien , tué quelque-tems après; puis donnée l'an 351 par fon frere Conftance à Gallus fon coufin , qui reçut , à l'occafion de ce mariage , le titre de Céfar. Cette princeffe fiere , avare & inhumaine , abufant du caractere dur & borné de fon époux , lui fit commettre des injuftices criantes & des cruautés fans nombre ; elle le précipita de crime en crime , jufqu'à vouloir ufurper l'empire. Mais Conftance , inftruit de l'attentat de Gallus , lui fit perdre l'espérance de la couronne avec la vie l'an 354 ; & Constantine ne se déroba au même châtiment, que parce qu'elle fut emportée peu de tems auparavant, après une maladie de quelques jours, occasionnée par un excès de fatigue.

CONSUS, dieu des conseils. Les Romains lui avoient élevé un autel sous un petit toit dans le Grand-Cirque, à l'extrémité de la lice. Ce petit temple étoit enfoncé de la moitié en terre. On célébroit des fêtes magnifiques en son honneur. On prétendoit que ce dieu avoit conseillé à Romulus d'enlever les Sabines.

CONTARINI, (Gaspard) naquit en 1483. Il étoit de l'ancienne famille des Contarini de Venise, féconde en hommes illustres dans les armes & dans les lettres, & fut ambassadeur de la république auprès de l'empereur Charles-Quint. Il s'acquitta si bien de sa commission, qu'à son retour il eut un gouvernement considérable. Il ne la servit pas moins utilement en plusieurs autres occasions importantes. Paul III l'honora de la pourpre romaine en 1535, & l'envoya légat en Allemagne en 1541, & l'année d'après à Bologne, où il mourut âgé de 59 ans. Sa derniere maladie fut une fievre, qu'il gagna pour avoir soupé un jour d'été dans un salon où l'air frais se faisoit trop sentir. On lui doit plusieurs Traités de philosophie, de théologie & de politique, imprimés à Paris en 1571, 2 vol. in-fol. Il écrivoit en latin avec beaucoup de politesse & de netteté ; mais il étoit plus profond dans la philosophie que dans la théologie. Ses principaux ouvrages sont : I. Un *Traité de l'Immortalité de l'Ame*, contre Pomponace son maître. II. Un *Traité des Sacremens*, qui est plutôt une belle instruction, qu'un ouvrage de controverse. III. Des *Scholies sur les Epîtres de S. Paul*, excellentes pour l'explication du sens littéral. IV. Une *Somme des Conciles*, qui n'est qu'une histoire abré-

gée & superficielle. V. Différens *Traités de Controverse contre Luther*, dans lesquels il désapprouve les sentimens de S. Augustin sur la prédestination. Il conseille sagement aux prédicateurs obligés à parler de cette matiere, de le faire rarement, avec beaucoup de réserve, & de recourir toujours à la hauteur des jugemens de Dieu, plutôt que de discuter les vaines idées des hommes. VI. Deux livres *Du Devoir des Evêques*, très-utiles pour la conduite des premiers pasteurs. VII. Un *Traité* en latin *du Gouvernement de Venise*.

CONTARINI, (Vincent) professeur d'éloquence à Padoue, mort à Venise sa patrie en 1617, à 40 ans, cultiva, comme Muret son ami, les belles-lettres avec beaucoup d'application & de succès. Parmi les divers ouvrages qu'il a laissés, on estime sur-tout son traité *De Re frumentaria*, & celui *De militari Romanorum stipendio*, Venise 1609, in-4°, tous deux contre Juste-Lipse ; & ses *Variæ Lectiones*, Venise 1606, in-4°, qui renferment des remarques savantes.

CONTE, (Antoine le) *Contius*, natif de Noyon, mort à Bourges en 1586, professa le droit avec réputation à Bourges & à Orléans. Il écrivit contre Duaren & Horman. Ses *Œuvres* ont été imprimées en un vol. in-4°. Le public leur fit dans le tems un accueil assez favorable.

CONTENSON, (Vincent) né dans le diocese de Condom en 1646, dominicain en 1657, mort à Creil au diocese de Beauvais en 1674, se distingua dans son ordre par ses talens pour la théologie & pour la prédication. On a de lui une théologie intitulée : *Theologia mentis & cordis*, en 9 vol. in-12, & 2 vol. in-fol. L'auteur a corrigé la sécheresse des scholastiques, en faisant un choix de tout ce que les Peres ont écrit de plus beau & de plus solide, & en joignant le dogme à la morale.

CONTI, (Armand de Bourbon, prince de) fils de Henri II du nom, prince de Condé, chef de la branche de Conti, naquit à Paris l'an 1629. Son pere l'ayant deſtiné à l'état eccléſiaſtique, il eut les abbayes de S. Denis, de Cluni, de Lerins, & de Molême. Après la mort de ſon pere, il quitta l'égliſe pour les armes. Il ſe jeta dans les intrigues de la Fronde, par inclination pour la ducheſſe de Longueville, & en fut fait généraliſſime. On l'oppoſa à ſon frere le grand Condé, qui défendoit alors la reine & le cardinal Mazarin. Ils ſe réunirent enſuite l'un & l'autre contre cette princeſſe & contre ſon miniſtre. Conti fut arrêté & conduit à Vincennes avec ſon frere, & n'en ſortit que pour épouſer une des nieces du cardinal, auquel il avoit fait la guerre. Ce mariage le mit dans la plus haute faveur. Il fut fait gouverneur de Guienne en 1654, puis général des armées en Catalogne, où il prit quelques villes; enfin grand-maître de la maiſon du roi, & gouverneur de Languedoc en 1662. Il mourut 4 ans après, à Pézenas, dans de grands ſentimens de religion, que lui avoit inſpiré ſa vertueuſe épouſe Marie Martinozzi. On a de lui : Un *Traité de la Comédie & des Spectacles, ſelon la tradition de l'Egliſe... Devoir des Grands*, avec un *Teſtament... Devoirs des Gouverneurs de Province*, Paris 1667, 3 vol. in-12. Il eut de ſon mariage deux fils : Louis-Armand de Bourbon, prince de CONTI, mort de la petite vérole en 1685, qui avoit donné de grandes eſpérances : & François-Louis de Bourbon, qui ſuit.

CONTI, (François-Louis de Bourbon, prince de la Roche-ſur-Yon, puis de) né en 1664, marcha ſur les traces de ſes ancêtres. Il ſe diſtingua au ſiege de Luxembourg en 1684, dans la campagne de Hongrie en 1685, au combat de Steinkerke, aux batailles de Fleurus & de Nerwinde, & dans d'autres occaſions. L'art de plaire & de ſe faire valoir avoit répandu ſon nom autant que ſa valeur. Il fut élu roi de Pologne en 1697; mais ſon rival, l'électeur de Saxe, nommé par un autre parti, lui enleva cette couronne. Le prince de Conti fut obligé de retourner en France, avec le déſagrément d'avoir paru inutilement en Pologne. Il mourut à Paris en 1709, âgé de 45 ans.

CONTI, (Louis-François de Bourbon, prince de) petit-fils de François-Louis, qui fut élu roi de Pologne en 1697, naquit à Paris le 13 août 1717. Né avec beaucoup d'eſprit & de courage, il ſignala ſes talens militaires pendant la guerre de 1741. Le théâtre de cette guerre fut en Italie comme en Flandre. Pour pénétrer au-delà des Alpes, il falloit des ſieges & des combats. Le prince de Conti ſe rendit maître le 23 avril 1744, de Montalban, & enſuite de la citadelle de Ville-Franche. Après avoir pris Steure, Château-Dauphin & Demont, il forma le ſiege de Coni, dont la tranchée fut ouverte la nuit du 12 au 13 ſeptembre de la même année. Le roi de Sardaigne, s'étant avancé pour ſecourir cette importante place, on en vint aux mains le 30, & quoique ſupérieur en nombre, il perdit près de 5000 hommes & le champ de bataille. Le prince de Conti, à la fois général & ſoldat, eut ſa cuiraſſe percée de deux coups & deux chevaux tués ſous lui. Mais la rigueur de la ſaiſon, la fonte des neiges, le débordement des torrens, rendirent cette victoire inutile; le vainqueur fut obligé de lever le ſiege & de repaſſer les monts. Le prince de Conti de retour à Paris, y cultiva la littérature & les arts. Il mourut dans cette ville le 2 août 1776, à 59 ans. Ses talens militaires acquirent plus d'éclat par les ſentimens de citoyen qu'il marqua dans pluſieurs occaſions importantes. Il étoit d'un caractere

caractere ferme & généreux. Dans la lettre qu'il écrivit à Louis XV après la bataille de Coni, il ne parla pas de ses blessures ; il ne fit mention que des services des officiers qui s'étoient signalés.

CONTI, *voyez* LOUISE-MARGUERITE DE LORRAINE.

CONTI, (Giusto de) poëte italien, d'une ancienne famille, mourut à Rimini vers le milieu du 15e siecle. On a de lui un recueil estimé de vers galans, sous ce titre : *La bella Mano*, Paris 1595, in-12, avec quelques pieces de vers de divers anciens poëtes toscans. Ce recueil avoit été publié pour la premiere fois à Venise en 1492, in-4°. L'abbé Salvini (& non Silvini) en a donné en 1715 une nouvelle édition à Florence, avec des préfaces & des notes, mais elle est moins complette que celle de Paris, & celle de Vérone 1753, in-4°.

CONTI, (l'abbé Antoine) noble vénitien, mort en 1749, à 71 ans, voyagea dans une partie de l'Europe, & se fit estimer des gens-de-lettres par ses lumieres & son caractere. Il a laissé : I. Des Tragédies (imprimées à Lucques, en 1765) qui sont plus agréables pour le lecteur, qu'intéressantes pour le spectateur. II. Un essai d'un poëme intitulé : *Il globo di Venere* ; & le plan d'un autre, où il se proposoit de traiter à-peu-près le même sujet que Leibnitz a traité dans sa *Théodicée* : mais ces poëmes sont plus métaphysiques que poétiques. L'abbé Conti, dans un voyage qu'il fit à Londres, se lia étroitement avec Newton, qui, quoique le plus mystérieux des hommes, lui communiquoit ses idées, & lui révéloit tous les secrets de sa science. Il rapporta en Italie un esprit & un cœur tout anglois. Ses Ouvrages en prose & de poésie ont été recueillis à Venise 1739, 2 vol. in-4°, & ses Œuvres posthumes en 1756, in-4°. Quoique les Opuscules de l'abbé Conti ne soient que des embryons,

Tome II.

comme a dit un journaliste italien, ils donnent une idée avantageuse de leur pere. Ce sont des pensées, des réflexions, des dialogues sur des sujets intéressans.

CONTILE, (Luc) de l'académie de Venise, né dans l'état de Sienne, s'est fait connoître au 16e siecle par des ouvrages de différens genres. I. *Traduzione della Bolla d'Oro*, 1558. II. *Origine de gli Elettori*, 1559, in-4°. III. *La Pescara, la Cesarea Gonzaga, e la Trinozia*, comédies 1550, in-4°. IV. *La Nice*, 1551, in-4°. V. *Rime con le VI Canzoni dette le sei Sorelle di Marte*, 1560, in-8°. VI. *Lettere*, 1564, 2 vol. in-8°. VII. *Fatti de Cesare Maggi*, 1564, in-8°. VIII. *La proprieta delle impresse*, 1574, in-fol.

CONTO-PERTANA, (D. Joseph) mort à Lisbonne en 1735, a donné dans son poëme épique de *Quiterie la Sainte*, un des meilleurs ouvrages que le Portugal ait produits. Il a, avec l'imagination du Camoëns, plus de goût & de naturel.

CONTZEN, (Adam) jésuite, né à Montjoie dans le duché de Juliers vers l'an 1575, enseigna avec réputation l'Ecriture-Sainte à Mayence pendant plusieurs années. Il possédoit les langues savantes, & excelloit aussi dans la controverse. En 1624 Maximilien, duc de Baviere, l'ayant choisi pour son confesseur, il remplit cet emploi avec beaucoup de prudence ; & mourut à Munich le 19 juin 1635. Il a laissé : I. *Commentaria in quatuor Evangelia*, Cologne 1626, 2 vol. in-fol. II. —*in epistolam Sti Pauli ad Romanos*, Cologne 1629, in-fol. III. —*in epistolas ad Corinthios & ad Galatas*, Cologne 1631, in-fol. IV. *Politicorum libri decem*, Mayence 1620, in-fol. Nous avons encore du P. Contzen plusieurs ouvrages de controverse.

COOCKE, (Jacques) célebre navigateur anglois, mort en 1779,

X

dans une isle de la mer de Kamz-chatka, en cherchant vainement un passage par le nord de l'Asie. Les savans regretent beaucoup cet observateur ; mais si on fait attention au peu de lumieres que ces sortes d'expéditions scientifiques ont produit dans ce siecle, il paroît qu'on pourra se consoler de sa perte. Si l'on en croit les relations angloises, M. Coocke fut massacré dans une querelle survenue entre les insulaires & ses matelots au sujet d'une femme. L'inclination de ce voyageur & de ses équipages pour les femmes sauvages, s'étoit déja fait remarquer à Otahiti, où sa galanterie le fit aborder pour la seconde fois ; mais où par l'indifférence des maris, elle n'eut pas de suites aussi fâcheuses que dans les frimats de l'Asie. Il faut convenir qu'une telle conduite des hommes à découvertes n'honore pas les sciences, & qu'il vaudroit beaucoup mieux avoir quelques vices de moins, que de connoître quelques isles de plus.

COOTWICH, (Jean) né à Utrecht vers le milieu du 16e siecle, docteur en droit canon & en droit civil. Après avoir parcouru divers pays de l'Europe, il passa en Asie, alla dans la Terre-Sainte, & visita exactement tous les lieux qui pouvoient intéresser sa curiosité. La relation de son voyage du Levant parut sous ce titre : *Itinerarium Hierosolymitanum & Syriacum ; in quo variarum gentium mores & instituta, insularum, regionum, urbium situs*, &c. *dilucide recensentur*, Anvers 1619, in-4º, avec un grand nombre de figures. Cet ouvrage de Cootwich prouve qu'il s'étoit rendu habile dans la littérature grecque & latine, dans l'histoire & dans les antiquités. Il mourut dans sa patrie en 1629.

COP, (Guillaume) médecin de Bâle, vint en France sous le regne de Louis XII. Il fut honoré du titre de premier médecin de François I, vers 1530. C'est un des sa-

vans que ce prince chargea d'écrire au fameux Erasme, pour l'engager à venir en France. Il est connu par des Traductions de quelques ouvrages grecs d'Hippocrate, de Galien & de Paul Eginete.

COP, (Nicolas) fils du précédent, fut professeur au college de Sainte-Barbe, & recteur de l'université ; mais ayant embrassé les erreurs de Calvin, il fut obligé de se sauver à Bâle, où il mourut, après avoir publié quelques écrits.

COPERNIC, (Nicolas) naquit à Thorn, ville de la Prusse royale, en 1473. Après avoir étudié en philosophie & en médecine, il se fixa aux mathématiques & à l'astronomie. Son goût pour ces sciences lui persuada d'aller consulter ceux qui les cultivoient avec plus de succès dans les différentes parties de l'Europe. Il s'arrêta long-tems à Bologne auprès de Dominique Maria, habile astronome ; ensuite long-tems à Rome, où il professa les mathématiques. De retour dans son pays, il eut un canonicat dans l'église cathédrale de Frawenbourg. On y montre encore son appartement. Les chanoines reçoivent encore l'eau aujourd'hui par une machine de son invention qui éleve l'eau à une grande hauteur, d'où elle est distribuée dans toutes les parties de leur résidence. Ce fut alors que, jouissant du repos nécessaire pour faire un système, il renouvella les anciennes idées de Philolaüs philosophe pythagoricien, agitées & défendues quelque-tems avant lui par le cardinal de Cusa. Le Soleil, suivant ce système, est au centre de l'univers. Mercure, Vénus, la Terre, Mars, Jupiter & Saturne tournent sur leur axe autour de cet astre, d'Occident en Orient. Les différentes révolutions de ces six planetes, sont proportionnées à leur différente distance du Soleil. Les cercles qu'elles décrivent, coupent l'écliptique en des points différens. La Terre fait aussi son mouvement dans un cercle qui environne celui de Vénus, & ce mouvement s'accomplit en un an. Elle en a encore un autre, qui se fait en 24 heures autour de son axe, & c'est par ce mouvement qu'on explique le jour & la nuit. La Lune n'est pas dans la regle générale ; elle se meut & décrit son cercle autour de la Terre. Les cieux sont immobiles dans ce système, & les étoiles y sont placées à une distance immense du Soleil. Copernic ne crut pas devoir rendre ses idées publiques, sans s'assurer par lui-même que ce nouvel arrangement répondoit à tous les phénomenes célestes. Cependant son système ayant été enseigné par Galilée comme une vraie démonstration, fut condamné par l'inquisition de Rome en 1616 ; mais peu de tems après (en 1620) l'inquisition donna un décret pour permettre de l'enseigner comme hypothese : Copernic plus circonspect, plus convaincu de l'incertitude des sciences humaines, ne l'avoit jamais envisagé autrement. Ce grand astronome n'ignoroit pas que tandis qu'une chose pouvoit s'exécuter sur un autre plan & présenter les mêmes phénomenes, il étoit impossible de démontrer que le Créateur avoit adopté tel ou tel plan exclusivement à tous les autres. Or il est certain que non-seulement l'hypothese de Tycho, mais plusieurs autres expliquent exactement, quoique moins simplement, toutes les révolutions célestes. On sait que le célebre P. des Chales a imaginé jusqu'à 20 hypotheses qui expliquent parfaitement toutes les apparences des astres, en regardant comme immobile un des neuf termes que nous avons, les 7 Planetes, la Terre & le Ciel étoilé : il parle même d'un habile méchanicien qui a représenté ces hypotheses par autant de planétaires. *Mund. mathem. t. 4. p. 323.* Copernic mourut à Frawenbourg en 1543, & fut enterré à Thorn sa patrie. Il a publié deux traités excellens : l'un *De motu octavæ Sphæræ,*

dans lequel il développe son système ; & l'autre *De Orbium cœlestium revolutionibus,* imprimés ensemble, in-fol. 1566. Gassendi a écrit sa *Vie,* qui est un modèle pour les vrais philosophes. Copernic, uniquement passionné pour les sciences, exempt d'ambition, ami de la retraite, ne se mêla jamais des vaines querelles des hommes, & goûta fort peu leurs tristes plaisirs.

COPPENSTEIN, (Jean André) savant dominicain allemand, né vers l'an 1576, prêcha avec distinction à Coblence, travailla avec beaucoup de zele à la conversion des hérétiques dans le Palatinat par ordre de Maximilien, duc de Baviere, & devint curé de St Pierre à Heidelberg. On croit qu'il mourut dans cet emploi vers 1627. On a de lui plusieurs Ecrits de controverse contre quelques ministres de son tems, insérés dans l'abrégé qu'il a donné du corps de Controverses du cardinal Bellarmin, sous ce titre : *Controversiárum inter Catholicos & Hæreticos nostri temporis ex R. Bellarmino in epitomen redactarum,* Mayence 1626, 3 vol. in-4º.

COPPOLA, (François) comte de Sarno, étoit d'une noble & ancienne famille de Naples. Ses parens ne lui laisserent que fort peu de bien ; mais ayant fait le commerce maritime, il acquit de si grandes richesses, qu'il acheta le comté de Sarno. Sa réputation le fit connoître de Ferdinand I, roi de Naples. Ce prince, après s'être associé avec lui dans son commerce, le fit venir à la cour, & l'éleva aux premieres dignités. Mais Coppola, abusant de l'autorité qu'il avoit, & emporté par une ambition déréglée, forma une conspiration contre la personne du roi, & excita une guerre civile qui fut cause de sa perte. Il fut convaincu d'avoir conjuré contre son souverain, & condamné par les barons à avoir la tête tranchée : ce qui fut exécuté le 15 mai 1587. *Voyez* du Puy, *Hist. des Favoris.*

COPROGLI, (Mahomet) grand-vifir durant la minorité de Mahomet IV, étoit albanois, fils d'un prêtre grec, & neveu d'un renégat, à la perſuaſion duquel il embraſſa le Mahométiſme, & s'établit dans l'iſle de Chypre. Le bacha de cette iſle le mena avec lui à la guerre de Perſe. Le jeune Coprogli y ſignala ſa valeur. Son mérite parvint à la cour. On lui donna le gouvernement de Baruth, & enſuite celui d'Alep. Le grand-viſir Achmet, jaloux de ſa faveur, le fit empriſonner dans le deſſein de le mettre à mort; mais ce méchant miniſtre ayant été tué, & l'empereur Ibrahim qu'il gouvernoit, étranglé; Mahomet IV ſon ſucceſſeur tira Coprogli des fers, pour l'élever à la dignité de grand-viſir, par les conſeils de la ſultane ſa mere, régente de l'empire. Il juſtifia ce choix par ſa douceur, par ſon zele pour le bien de l'état & la gloire de ſon prince, par ſes égards pour les grands & ſa clémence envers les petits. Il conquit une partie de la Tranſilvanie, & mourut à Andrinople en 1663, regretté du ſultan & du peuple: choſe extraordinaire dans l'empire ottoman, où les miniſtres ne meurent guere ni dans leur lit, ni dans leur emploi.

COPROGLI, (Achmet) fils du précédent, grand-viſir après ſon pere, à l'âge de 22 ans, ſe rendit maître de Candie en 1669. Les prodiges de valeur que firent les troupes auxiliaires de France au ſiege de cette iſle, engagerent ce miniſtre de conſeiller au ſultan de rechercher l'alliance des François. Après avoir travaillé utilement à l'aggrandiſſement de l'empire ottoman & à la gloire de ſon prince, il donna ſes ſoins au bien public, & ôta une partie des impôts. Ses ennemis voulurent le perdre auprès de Mahomet. Il découvrit leurs menées, punit les plus coupables, & pardonna aux autres, quoiqu'il eût pu les écraſer ſous le poids de ſon autorité.

La paix de Pologne fut le dernier ouvrage de ce grand miniſtre, mort en 1676 à 35 ans, pour avoir bu trop immodérément d'une eau de canelle dont il ſe ſervoit au lieu de vin.

COPROGLI, (Mahomet) frere du précédent, grand-viſir en 1689, rétablit les affaires des Turcs en Hongrie, où ils avoient eſſuyé bien des échecs. Ses ſuccès le conduiſirent juſqu'à Belgrade qu'il prit d'aſſaut, & où il fit paſſer 6000 chrétiens au fil de l'épée. Delà il fit jeter du ſecours dans pluſieurs places bloquées depuis long-tems, en prit pluſieurs autres, & finit par l'incendie de Valcovart. Il attaqua les Impériaux en 1691 près de Salankemen, & commençoit à eſpérer la victoire, lorſqu'il fut tué d'un coup de canon.

COQ, (le) voyez NANQUIER.

COQ, (Pierre le) né dans la paroiſſe d'Ifs près de Caen, le 29 mars 1728, fit ſes études dans l'univerſité de cette ville avec la plus grande diſtinction. N'étant encore que ſoudiacre, il entra l'an 1753 dans la congrégation des Eudiſtes. Il ne tarda pas à y être employé: on lui donna la commiſſion d'enſeigner la théologie, avec la préfecture des ordinans. Il fut ſucceſſivement ſupérieur du grand ſéminaire de Rennes & de celui de Rouen. Enfin les Eudiſtes, dans une aſſemblée générale, l'élurent le 6 octobre 1775 ſupérieur général de leur congrégation. Il ne jouit pas longtems de cette place, étant mort à Caen des ſuites d'une paralyſie le 1er ſeptembre 1777, âgé de près de 50 ans. C'étoit un eccléſiaſtique vertueux, humble, aimant la retraite, & faiſant ſes délices de l'étude. On a de lui quelques ouvrages de morale. I. *Diſſertation théologique ſur l'uſure du Prêt de Commerce, & ſur les trois Contrats,* Rouen 1767, in-12. II. *Lettres ſur quelques points de la Diſcipline eccléſiaſtique,* Caen 1769, in-12. III. *Traité de l'état des Per-*

sonnes, *selon les principes du Droit françois, & du Droit coutumier de la province de Normandie, pour le for de la conscience*, Rouen 1777, 2 vol. in-12. IV. *Traité des différentes especes de Biens*, 1778. V. *Traité des Actions*, 1778.

COQUELET, (Louis.) né à Péronne, mort le 26 mars 1754, à 78 ans, a amusé le public frivole de son tems par quantité de pieces, qui prouvent à la vérité moins de solidité que de facilité & d'enjouement, mais qui sont estimables par la décence & la sagesse que l'auteur a su conserver dans un genre d'où elles sont aujourd'hui malheureusement bannies. Voici les noms de ces brochures: *Eloge de la Goutte; de Rien, de Quelque chose, de la méchante Femme; L'Ane; le Triomphe de la Charlatanerie; le Calendrier des Foux; l'Almanach burlesque; l'Almanach des Dames*. Il a eu part aux Mémoires historiques d'Amelot de la Houssaye.

COQUES, (Gonzales.) peintre d'Anvers, naquit l'an 1618. Il se forma sur les ouvrages de Rubens & de Vandick. Le portrait fut le genre dans lequel il eut le plus de réputation, après l'histoire. Il devint amoureux, quoique marié, d'une jeune flamande, avec laquelle il se sauva. On ne sait dans quel pays Coques alla cacher ses talens & ses foiblesses.

COQUILLART, (Guillaume) official de Rheims vers l'an 1478, dont les *Poésies* ont été imprimées à Paris en 1532, in-16, eut beaucoup de réputation de son tems. Sa muse est grossiere; mais elle a les graces piquantes de la naïveté. Les *Œuvres de Coquillart* ont été réimprimées par Coustelier, à Paris 1723, in-8°.

COQUILLE, (Gui) *Conchylius Romanus*, né dans le Nivernois en 1523, seigneur de Romenai & avocat au parlement de Paris, mort

en 1603, à 80 ans, conserva jusqu'au dernier moment la mémoire la plus fidelle & l'esprit le plus sain. Henri IV lui offrit une place de conseiller d'état, s'il vouloit quitter la province; mais il la refusa. A des lumieres très-étendues sur le droit coutumier, Coquille joignoit un cœur très-modeste & plein de probité. Son amour pour les pauvres étoit extrême; il les aidoit de sa bourse & de son crédit, & mettoit à part, pour faire ses largesses, une portion de ce qu'il gagnoit. La plus grande partie de ses ouvrages, qui intéresserent dans leur tems l'église & l'état, ont été recueillis à Bordeaux en 1703, en 2 vol. in-fol. Les principaux sont: I. L'*Histoire du Nivernois*, la meilleure qu'on ait de cette province. II. Plusieurs Mémoires concernant la même province. III. D'autres *Mémoires sur divers évenemens du tems de la Ligue*. IV. *Mémoire touchant la réformation de l'état ecclésiastique*. V. Plusieurs *Traités des libertés de l'Eglise gallicane*. VI. *Institution au Droit françois*. VII. Des *Poésies latines*, 1590, in-8°. VIII. *Pseaumes mis en vers latins*, Nevers 1592, in-8°.

CORAS, (Jean de) né à Réalmont au diocese d'Albi en 1513, donna des leçons publiques du droit avant l'âge de 18 ans à Toulouse. Il professa ensuite à Angers, à Orléans, à Paris, à Padoüe, à Ferrare; & enfin encore à Toulouse, où il cueillit de nouveaux lauriers. Devenu conseiller au parlement de cette ville, puis chancelier de Navarre, & s'étant montré avec beaucoup de chaleur pour la nouvelle réforme, il fut chassé en 1562. Le chancelier de l'Hôpital, son ami, le fit rétablir; mais ce retour lui coûta la vie. Après les nouvelles de la fameuse journée de la S. Barthélemi en 1572, les écoliers le massacrerent avec deux autres conseillers. On les revêtit ensuite de leurs robes de cérémonie, & on les

X 3

pendit à l'ormeau du palais. Ses différens Ouvrages sur le droit civil & canonique, en latin & en françois, ont été recueillis en partie à Lyon, en 1556 & 1558, 2 vol. in-folio; il est inutile de dire qu'ils se ressentent des préjugés de la secte que Coras professoit.

CORAS, (Jacques de) de la famille du précédent, dont il a écrit la *Vie* en françois & en latin, in-4°, en 1673, étoit originaire de Toulouse. Il abjura le Calvinisme, après avoir lu les *Controverses* du cardinal de Richelieu. Il avoit beaucoup d'amour pour la poésie françoise, mais très-peu de talent. Son poëme de *Jonas*, ou *Ninive pénitente*, seche dans la poussiere; suivant l'expression de Boileau, & ne mérite pas d'en être tiré. Il mourut en 1677. Ses *Œuvres* ont été imprimées en 1665, in-12.

CORBEIL, (Pierre de) docteur de Paris, fut successivement chanoine de cette capitale, évêque de Cambrai & archevêque de Sens. Il eut pour disciple le pape Innocent III, qui employa ses talens dans plusieurs affaires importantes. Sa science, sa vertu & ses ouvrages, qui ne sont point parvenus jusqu'à nous, lui firent un nom distingué. Il mourut à Sens en 1222. On a quelques fragmens de ses *Ordonnances synodales*, & elles peuvent servir à la connoissance de la discipline de son siecle.

CORBEUIL, (François) dont le nom étoit Villon, encore plus connu par ses fripponneries que par ses poésies, naquit à Paris en 1431. Ayant été condamné à être pendu pour ses vols, sa gajeté ne l'abandonna point; & il fit deux épitaphes, l'une pour lui, l'autre pour ses compagnons. Il appella de la sentence du châtelet au parlement, qui commua la peine de mort en celle du bannissement. Il n'en fut pas plus honnête. Ses récidives lui mériterent une seconde fois la corde; mais Louis XI lui sauva la vie. Depuis cette aventure, Villon ne parut plus; il seroit difficile de fixer le lieu & le tems de sa mort. Il se retira (si l'on en croit Rabelais) en Angleterre, & y fut accueilli par Edouard IV, qui en fit son favori. La nature l'avoit fait naître avec du talent pour la poésie, du moins pour la poésie simple, naïve & badine. C'est le premier (suivant Despréaux) qui débrouilla, dans des siecles barbares, l'art confus de nos vieux Romanciers; mais il tomba comme eux dans la bassesse & dans l'indécence, & ses ouvrages se ressentent beaucoup de la corruption de ses mœurs. François I, qui se donna le tort d'aimer ce poëte, chargea Marot de donner une édition correcte de ses *Poésies*. C'est sur cette édition que fut faite celle de Coustelier, in-8°, en 1723. On en a donné une autre dans le même format, à La Haye, en 1742.

CORBIERE, (Pierre de) religieux de l'ordre de S. François, fut élu antipape l'an 1328, sous le nom de *Nicolas V*, par l'autorité de Louis de Baviere, roi des Romains; mais l'année suivante ce pontife intrus fut mené à Avignon, où il demanda pardon au pape Jean XXII, la corde au cou: il avoit déja fait son abjuration à Pise. Il mourut deux ou trois ans après.

CORBIN, (Jacques) avocat, natif du Berri & mort en 1653, a laissé un *Recueil de Plaidoyers*, 1611, in-4°, & plusieurs Livres de Jurisprudence, imprimés en différentes années. Il entendoit très-bien la partie qui concernoit son état; mais, voulant briller en d'autres genres, il n'a pas réussi de même: témoin sa mauvaise *Traduction de la Bible*, en 8 vol. in-16, 1643 & 1661; son *Histoire des Chartreux*, in-4°, 1663; & des Poésies insipides, qui ont excité contre leur auteur la bile de Boileau dans son Art Poétique.

CORBINELLI, (Jacques) florentin, étoit allié de la reine Catherine de Médicis. Il vint en France sous le regne de cette princesse, qui le plaça auprès du duc d'Anjou, en qualité de savant & d'homme de mérite, digne d'être consulté. Il fut lié avec le chancelier de l'Hôpital, & protégea tous les gens-de-lettres, sans y mettre une distinction raisonnable & nécessaire. Il faisoit souvent imprimer leurs écrits à ses dépens, & y joignoit des notes. Il publia le poëme de *Fra-Paolo del Rosso*, intitulé *La Fisica*, Paris 1578, in-8°, & le Dante : *De vulgari eloquentia*, 1577, in-8°. Lorsqu'Henri IV étoit aux portes de Paris, Corbinelli l'informa de ce qui se passoit de plus secret, & de tout ce qui pouvoit servir à faire réussir son entreprise. Il écrivoit tout ce qu'il apprenoit, & le lui portoit hardiment à la main comme un papier d'affaires : il trompoit ainsi les gardes, qui le laissoient passer sans défiance.

CORBINELLI, (Raphaël) petit-fils du précédent, mort à Paris en 1716, fut l'ami des beaux esprits épicuriens, par l'enjouement de son caractère & de son esprit. Il affichoit la volupté, & se piquoit d'en connoître le bon ton. On a de lui quelques ouvrages peu connus. I. Un *Extrait de tous les beaux endroits des ouvrages des plus célèbres Auteurs de ce tems*, en 1681. II. *Les anciens Historiens latins réduits en maximes*, en 1694, avec une préface attribuée au P. Bouhours. III. L'*Histoire généalogique de la Maison de Gondi*, Paris 1705, in-4°. Tous ces ouvrages sont au-dessous du médiocre.

CORBUEIL, *voyez* CORBEUIL.

CORBULON, (Domitius) général romain, célèbre par sa valeur, rétablit l'honneur de l'empire sous Claude & sous Néron. Il prit plusieurs forteresses sur les Arméniens, assiégea Artaxate leur capitale, rasa ses murs, en brûla toutes les maisons, & en épargna toutefois les habitans qui lui avoient ouvert leurs portes. Il chassa Tiridate d'Arménie, remit Tigrane sur le trône, & contraignit les Parthes à demander la paix. Néron, plus jaloux que reconnoissant de ses services, ordonna de le mettre à mort au port de Cenchrée. L'illustre général ayant appris ce cruel ordre, tira son épée & s'en perça, l'an 66 de J. C., en disant : *Je l'ai bien mérité!*

CORDEMOI, (Geraud de) parisien, quitta le barreau pour la philosophie de Descartes. Bossuet le donna au Dauphin en qualité de lecteur. Il remplit cet emploi avec succès & avec zele, & mourut en 1684, membre de l'académie françoise. On doit à sa plume : I. L'*Histoire générale de France, durant les deux premieres races de nos Rois*, en 2 vol. in-fol. 1685 ; déprimée par le P. Daniel, & louée par d'autres. Cordemoi écrit d'un style lâche & diffus, & adopte trop facilement des récits fabuleux. Il devoit d'abord se borner à l'*Histoire de Charlemagne* à l'usage du Dauphin, pour qui Fléchier avoit entrepris son *Histoire de Théodose*. Celui-ci eut bientôt fini son ouvrage ; mais l'autre voulant mieux faire, remonta jusqu'aux tems les plus obscurs de la monarchie, & s'engagea dans des digressions étrangeres à ce sujet, dans des discussions longues & épineuses, qui, en nous procurant l'histoire des deux premieres races, nous priverent de celle de Charlemagne. II. Divers Traités de Métaphysique, d'Histoire, de Politique & de Philosophie morale, réimprimés in-4° en 1704, sous le titre d'*Œuvres de feu M. de Cordemoi*.

CORDEMOI, (Louis - Géraud de) fils du précédent, licencié de Sorbonne, & abbé de Fenieres, aida son pere dans la composition de son *Histoire de France*, & la continua par ordre du roi. Cette suite, depuis Hugues Capet jusqu'à la mort de Henri I en 1060, est restée

X 4

manufcrite. Zélé catholique & habile controverfifte, il rapporta prefque toutes fes études à la converfion des hérétiques. Il mourut en 1722, à 71 ans. On a de lui: I. *Traité de l'invocation des Saints*, in-12. II. *Traité des faintes Reliques*. III. *Traité des faintes Images*. IV. La *Conférence du Diable avec Luther*, en latin, françois & allemand, in-8°. V. *Traité contre les Sociniens*, in-12, dédié au grand Boffuet. L'auteur y développe la conduite qu'a tenue l'églife dans les trois premiers fiecles, en parlant de la Trinité, & de l'Incarnation du Verbe. Il appuie fes preuves fur l'Ecriture & fur la Tradition, méthode qu'il a fuivie dans tous fes autres ouvrages.

CORDER, (Balthafar) jéfuite d'Anvers, profeffa long-tems la théologie à Vienne en Autriche, avec beaucoup de réputation. Il mourut à Rome en 1650, à 58 ans. Le fuccès avec lequel il cultiva la langue grecque, le mit en état de donner: I. Une édition des *Œuvres de S. Denis l'Aréopagite*, en 2 vol. in-fol. Anvers 1634, grec & latin, avec des notes. II. *La Chaîne des Peres grecs fur les Pfeaumes*, grec & latin, Anvers 1643, 3 vol. in-fol. III. *Chaîne — fur St Luc*, 1628, in-fol. IV. — *fur St Jean*, 1631, in-fol. V. — *fur St Matthieu*. VI. *Job Elucidatus*, grec & latin, 1646, in-fol. VII. *Joannis Philoponi de Mundi creatione*, Vienne en Autriche 1631, grec & latin, avec une Differtation fur la Pâque. VIII. *Sti Cyrilli apologos morales*. IX. *Sti Cyrilli Alexandrini in Jeremiam Prophetam*, Anvers 1648.

CORDES, (Jean de) né en 1570, chanoine de Limoges fa patrie, mort en 1642, dont on a: I. Une *Edition des Ouvrages de Georges Caffander*, in-fol. II. La *Traduction de l'Hiftoire des différends entre le pape Paul V & la république de Venife*, par Fra-

Paolo, in-8°. III. Une autre *Traduction de l'Hiftoire des troubles du royaume de Naples fous Ferdinand I*, par Camillo Porcio. On lui attribue auffi la Verfion françoife du *Difcours fur les défauts du gouvernement des Jéfuites*, que quelques auteurs ont cru être de Mariana, in-8°. Le traducteur avoit été quelque-tems dans cette fociété, mais il pouvoit y prendre quelques leçons pour le ftyle : le fien eft fort mauvais.

CORDES, (Denis de) de la même famille que le précédent, étoit avocat au parlement de Paris, & confeiller au châtelet. Il cultiva la littérature avec beaucoup de fuccès, & devint le modele d'un magiftrat chrétien, par une douceur mêlée de fermeté. Son intégrité étoit fi reconnue, qu'un homme condamné à mort par le châtelet, voulant en appeller au parlement, fe foumit dès qu'il appris que Cordes avoit été un de fes juges. *Il faut*, dit-il, *que je mérite la mort, puifqu'un fi grand homme de bien m'a condamné*. Ce fage magiftrat mourut à Paris en 1642, plein de jours & de vertus. La maifon de S. Lazare eft en partie l'ouvrage de fa charité & de fon zele. Godeau a écrit fa *Vie*.

CORDIER, (Mathurin) normand, mort calvinifte en 1565, à 85 ans, laiffa des *Colloques latins* en 4 livres, dont on a fait bien des éditions. On a encore de lui des *Diftiques* attribués à Caton, avec une interprétation latine & françoife; & d'autres ouvrages, qui réuffirent mieux dans leur tems que dans le nôtre.

CORDOUE, *voy.* GONSALVE (Fernandès).

CORDUS, (Euricius) médecin & poëte allemand, mourut à Brême le 24 décembre 1535, après avoir publié divers ouvrages de médecine. Il étoit en liaifon avec plufieurs favans de fon tems, entr'autres avec Erafme; mais fa trop grande fincérité & fon caractere trop ouvert lui frent quelquefois des ennemis. Ses *Poéfies latines* parurent à Leyde en 1623, in-8°.

CORDUS, (Valerius), fils du précédent & digne de fon pere, naquit à Simefufe dans la Heffe en 1515. Il s'appliqua avec un fuccès égal à la connoiffance des langues & à celle des plantes. Il parcourut toutes les montagnes d'Allemagne, pour y recueillir des fimples. Il paffa enfuite en Italie, s'arrêta à Padoue, à Pife, à Lucques, à Florence; mais ayant été bleffé à la jambe, d'un coup de pied de cheval, il finit fes jours à Rome en 1544, à 29 ans. Les ouvrages dont il a enrichi la Botanique, font: I. Des *Remarques fur Diofcoride*, à Zurich 1561, in-fol. II. *Hiftoria ftirpium, libri V;* pofthume, à Strasbourg 1561 & 1563, 2 vol. in-fol. III. *Difpenfatorium Pharmacorum omnium*, à Leyde 1627, in-12. La pureté de fes mœurs, la politeffe de fes manieres, & l'étendue de fon efprit, lui concilierent les éloges des juftes eftimateurs du vrai mérite.

CORÉ, fils d'Ifaar, un des principaux chefs de la révolte des Lévites contre Moyfe & Aaron, auxquels ils vouloient difputer le pouvoir, dont Dieu les avoit revêtus, fut englouti tout vivant dans la terre. (*Voyez* ABIRON). Les fils de Coré ne furent pas compris dans le châtiment de leur pere, & David accorda de grands honneurs à leurs defcendans. Ce roi leur donna l'office de portiers du temple, & les chargea de chanter devant l'arche.

CORELLI, muficien italien, mort à Rome en 1733, s'eft fait un grand nom par fes fymphonies en Italie & en France. Il a eu l'art de piquer le goût de ces deux nations, & de réunir leurs fuffrages, presque toujours oppofés, en matiere de mufique. Cet habile homme ne méprifoit pas la mufique françoife, quoiqu'italien. Le cardinal d'Eftrées le louant de la belle com-

pofition de fes Sonates, il eut la modeftie de lui répondre: *C'eft, Monfeigneur, que j'ai étudié Lulli.*

CORET, (Pierre) né à Ath en Hainaut, fut chanoine de Tournai, où il mourut vers l'an 1574. On a de lui: I. *Défenfe de la vérité* contre les affertions de Mr de la Noue, en latin, Tournai 1591. Cet ouvrage a été inféré dans un recueil publié par le P. Poffevin, intitulé *Judicium de Nuæ Scriptis*, Lyon 1593. II. *L'Antipolitique* contre Jean Bodin, en latin, Douai 1599.

CORET, (Jacques) jéfuite, célébre par fes vertus & fon zéle, mort à Liege le 6 décembre 1721, & dont la mémoire eft encore en vénération dans cette ville, eft auteur de plufieurs ouvrages où il y a beaucoup de piété, mais en même-tems quelque chofe d'original & d'exceffivement fimple qui empêche les efprits délicats de les goûter, tels que le *Journal des Anges*, la *Maifon de l'Eternité*, le *Cinquieme Ange de l'Apocalypfe*, &c.

CORINI, (Antoine) chevalier de l'ordre de S. Etienne de Florence, jurifconfulte du 17e fiecle, natif de Pontremoli, enfeigna le droit avec réputation à Pife, à Sienne & à Florence. Le grand-duc de Tofcane lui donna divers emplois confidérables. On a de lui plufieurs ouvrages.

CORINNE, furnommée la *Mufe lyrique*, entra en lice avec Pindare, & le vainquit jufqu'à cinq fois, quoique fort inférieure à ce poëte. Cette mufe dut fes fuccès plutôt à fa beauté qu'à fes talens, felon Paufanias. Pindare, outré de l'injuftice des juges, n'épargna pas à fa rivale les injures & les plaifanteries. Corinne avoit compofé quantité de Poéfies; mais il ne nous en refte aujourd'hui que quelques Fragmens, dont on peut voir le détail dans la *Bibliotheque grecque* du favant Fabricius. Ovide a célébré, fous le nom de *Corinne*, une de fes maîtreffes : c'eft Julie, fille d'Augufte , fuivant quelques favans.

CORINUS , poëte grec , plus ancien qu'Homere , felon Suidas , étoit , dit-on , difciple de Palamede. Il écrivit en vers l'hiftoire du fiege de Troie , & la guerre de Dardanus. On ajoute , qu'il employa dans fes poëmes les lettres Doriques , inventées par Palamede , & qu'Homere profita beaucoup de fes vers , mais tous ces récits ont bien l'air d'être fabuleux.

CORIO. , (Bernardin) né en 1460 , d'une famille illuftre de Milan , fut choifi par le duc Louis Sforce , furnommé le Maure , pour écrire l'hiftoire de fa patrie. Le chagrin vint troubler fon travail. Les François s'étant emparés du Milanès , & le duc fon protecteur ayant été fait prifonnier , il mourut de douleur en 1500. La meilleure édition de fon Hiftoire eft celle de Milan en 1503 , in-fol. Elle eft belle , rare , & beaucoup plus recherchée que les fuivantes , défigurées par un éditeur qui les a mutilées. On fait cependant quelque cas de celles de Venife 1554, 1565, in-4°, & de Padoue 1646 , in-4°. Quoique cet hiftorien écrive d'un ftyle dur & incorrect , il eft eftimé , à caufe de fon exactitude à mettre des dates certaines , & à rapporter les circonftances des faits qui intéreffent la curiofité. Son neveu Charles CORIO s'occupa du même objet que fon oncle ; & nous a laiffé en italien un Portrait de la ville de Milan , où fe trouvent raffemblés les monumens antiques & modernes de cette ville célebre par des viciffitudes fans nombre.

CORIOLAN, (Caïus Marcius) d'une famille patricienne de Rome , fervoit en qualité de fimple foldat au fiege de Corioles , l'an 493 avant J. C. Les Romains ayant été repouffés , il raffemble quelques-uns de fes cammarades , tombe fur les ennemis , entre pêle-mêle avec eux dans la ville & s'en rend maître. Le général voulut qu'il eût la portion la plus riche du butin ; mais il ne voulut accepter que le feul nom de Coriolan , un cheval , & un prifonnier (fon ancien hôte) , auquel il donna auffi-tôt la liberté. Deux ans après , n'ayant pu obtenir le confulat malgré fes fervices , & ayant été accufé d'affecter la tyrannie & de vouloir emporter d'autorité les fuffrages ; il fut condamné par le tribun Decius à un banniffement perpétuel. Rome le vit bientôt à fes portes , à la tête d'une armée de Volfques , ennemis les plus implacables du nom romain. Il reprit toutes les places qu'ils avoient perdues , entra dans le Latium , & vint affiéger fa patrie. Le fénat lui envoya deux députations pour fléchir fa colere ; la 1re compofée de confulaires ; la 2e de pontifes , revêtus de leurs habits facrés. Coriolan les reçut en roi & en vainqueur , affis fur fon tribunal , & environné de la plus brillante nobleffe des Volfques. Il fut inexorable. Veturie mere de Coriolan , & Volumnie fon époufe , accompagnées de plufieurs dames romaines , eurent plus de pouvoir fur lui : leurs larmes le toucherent. Il reprit le chemin d'Antium , fans commettre fur fon paffage aucune hoftilité. Les Romains éleverent un temple à la Fortune féminine , dans le lieu où les dames avoient triomphé de Coriolan , à 4 milles de Rome. Au moment que ce vainqueur ramenoit l'armée chez les Volfques , il fut maffacré comme coupable de trahifon. Actius Tullius fon collégue , fut fon accufateur auprès des Volfques , & le peuple fon bourreau , l'an 489 avant J. C. Les dames romaines , à la priere defquelles il avoit fauvé Rome , prirent à fa mort le deuil pour fix mois. Avec une certaine grandeur d'ame , Coriolan avoit cette ambitieufe férocité qui anima les Sylla & les Marius , dans un tems où Rome fut plus puiffante

& la république plus foible. Si les Volfques le firent périr, ce fut une affez jufte punition de l'efpece de trahifon qu'il avoit commife en-vers eux. Fabius Pictor, hiftorien fort ancien, le fait mourir de vieil-leffe dans fon exil ; & ce fenti-ment paroît avoir été fuivi par Tite-Live.

CORIPPUS, (Flavius Crefco-nius) grammairien africain, vivoit au tems de l'empereur Juftin le jeune. Il étoit auffi mauvais poëte que flatteur outré. On a de lui un Poëme latin en 4 livres à la louange de ce prince, Paris 1610, in-8°.

CORMIER, (Thomas) hiftorien & jurifconfulte, mort vers 1600, étoit à Alençon de Guy Cor-mier, médecin de Henri II d'Al-bret, roi de Navarre. Il fut pourvu d'une charge de confeiller à l'échi-quier d'Alençon, & député du bail-liage de cette ville aux états de Blois en 1576. Sa femme après 14 ans de mariage, lui fufcita en 1573 un procès devant l'official, pour caufe d'impuiffance. Les médecins & chirurgiens furent confultés, & fur leur rapport, l'official prononça la nullité du mariage, & il fut per-mis à la femme de fe marier. Cor-mier, qui paroît s'être fait pro-teftant vers ce tems-là, prit une fe-conde femme, fans y rencontrer aucune oppofition : il en eut 2 fils & 3 filles. Son neveu entreprit, après fa mort, de faire déclarer fes enfans bâtards : ce qui occafionna un procès célebre au parlement de Normandie. La veuve foutint que la fentence de l'official n'avoit pas défendu à Cormier de fe remarier, ce qui prouvoit que ce juge n'a-voit regardé fon impuiffance que comme refpective. Les enfans furent déclarés légitimes par arrêt rendu en la chambre de l'édit le 24 août 1602. Cormier eft auteur de plu-fieurs ouvrages d'hiftoire & de ju-rifprudence. Les premiers font : I. Une *Hiftoire de Henri II*, en cinq livres, imprimée à Paris

en 1584, in-4°. II. Celles de Fran-çois II, de Charles IX, & de Henri III, qui font reftées en ma-nufcrit. Tous ces ouvrages font en latin. Ceux de jurifprudence : I. *Hen-rici IV.... Codex Juris civilis romani.... in certum & perfpi-cuum ordinem artificiosè redacti, unà cum Jure civili gallico*, Lyon 1602, in-fol. II. *Le Code de Henri IV*, Paris 1608, in-4°, & réimprimé en 1615. On décou-vre dans prefque tous ces ouvra-ges la fecte que Cormier avoit em-braffée.

CORMIS, (François de) avo-cat au parlement d'Aix, fa patrie, laborieux, favant & très-confulté, mourut dans cette ville en 1734, à 70 ans. On a publié fes *Confulta-tions*, qui font eftimées, Paris 1735, 2 vol. in-fol.

CORNARA-PISCOPIA, (Lu-cretia Helena) de l'illuftre famille des Cornaro de Venife, naquit dans cette ville en 1646. Sa rare érudi-tion, jointe à la connoiffance des langues latine, grecque, hébraïque, efpagnole & françoife, lui auroit procuré une place parmi les docteurs en théologie de l'univerfité de Pa-doue, fi le cardinal Barbarigo, évêque de cette ville, n'eût cru devoir s'y oppofer. On fe contenta de lui donner le bonnet de docteur en philofophie. Elle le prit avec les autres ornemens du doctorat dans l'églife cathédrale, les falles du college n'ayant pu fuffire à l'af-fluence du monde. Plufieurs aca-démies d'Italie fe l'affocierent. Cette fille favante avoit fait vœu de virginité dès l'âge de 12 ans, mais dans la fuite elle y ajouta les vœux fimples de religion, en qua-lité d'oblate de l'ordre de S. Be-noît. La république des lettres la perdit en 1684. On recueillit 4 ans après tous fes ouvrages en 1 vol. in-8°, enrichi de fa vie. On y trouve un *Panégyrique italien de la ré-publique de Venife*; une *Tra-duction* de l'efpagnol en italien, des *Entretiens de Jesus-Chriſt avec l'Ame dévote*, par le chartreux Lanſpergius ; des Lettres, &c. Ces ouvrages ne répondent pas aſſez aux éloges dont pluſieurs ſavans la comblerent.

CORNARIUS *ou* HAGUENBOT, (Jean), médecin allemand, de Zwickaw, chercha avec grand ſoin les écrits des meilleurs médecins grecs, & employa environ 15 ans à les traduire en latin. Il s'attacha ſurtout à ceux d'Hippocrate, d'Aëtius, d'Eginete, & à une partie de ceux de Galien. Ces verſions ſont fort imparfaites. Cornarius connoiſſoit médiocrement la langue grecque, & il ignoroit les fineſſes de la langue latine. Ses travaux littéraires ne l'empêcherent point de pratiquer la médecine avec réputation à Zwickaw, à Francfort, à Marpurg, à Northauſen & à Iene, où il mourut d'apoplexie en 1558, à 48 ans. Son précepteur lui avoit fait changer ſon nom de *Haguenbot* en celui de *Cornarius*, ſous lequel il eſt plus connu. Outre ſes Traductions, on a de lui : I. Quelques Traités de Médecine. II. Des Editions de quelques Poëmes des anciens ſur la médecine & ſur la botanique. III. Des Poéſies latines. IV. Des Traductions de quelques écrits des Peres de l'égliſe, entr'autres du *Sacerdoce de S. Chryſoſtôme*, des *Œuvres de S. Baſile*, & d'une partie de celles de S. Epiphane. V. *Theologia vitis viniferæ*, Heidelberg 1614, in-8°. VI. *Præceptiones de Re ruſticâ*, Bâle 1538, in-8°.

CORNARO, (Louis) de Veniſe, étoit d'une famille, illuſtre qui a donné pluſieurs doges à ſa patrie, & qui a produit une reine de Chypre (Catherine Cornaro) dans le 15e ſiecle, laquelle en mourant laiſſa ſon royaume aux Vénitiens. Louis Cornaro mourut à Padone en 1566, âgé de plus de cent ans, ſain de corps & d'eſprit. Il eſt auteur du livre *Des avantages de la Vie*

ſobre. Cet ouvrage a été traduit en latin par Leſſius, & en françois ſous le titre de *Conſeils pour vivre long-tems*, 1701, in-12. L'année d'après, on publia l'*Anti-Cornaro*, ou *Remarques critiques ſur le Traité de la Vie ſobre* de Louis Cornaro.

CORNAZANI, (Antoine) italien de Ferrare ou de Parme, floriſſoit vers 1492. On a de lui : *La Vie de J. C. & De la Création du Monde*, en vers latins & italiens, 1472, in-4°, la *Vie de la Vierge*, en vers italiens, 1472, in-4° ; *Poëma ſopra l'Arte militar*. Veniſe 1493 ; in-fol. Peſaro 1507, in-8°.

CORNEILLE, (S.) capitaine romain d'une compagnie de cent hommes, reçut le baptême par les mains de S. Pierre, l'an 40 de J. C. Cet apôtre étant à Joppé eut une viſion, dans laquelle une voix venue du ciel lui ordonna de manger de toutes ſortes de viandes indifféremment, ſans diſtinction des animaux mondes & immondes (image ſymbolique qui anéantiſſoit la diſtinction des Juifs & des Gentils) & de ſuivre ſans héſiter trois hommes, qui le cherchoient. C'étoit Corneille qui les envoyoit. Pierre ſe rendit à Céſarée, où demeuroit le Centenier, qui ſe fit inſtruire avec toute ſa famille. Le Saint-Eſprit deſcendit ſur eux, & cet apôtre les baptiſa ſur le champ.

CORNEILLE, (S.) ſucceſſeur de S. Fabien dans le ſiege de Rome, l'an 251, après une vacance de plus de ſeize mois, fut troublé dans ſon élection par le ſchiſme de Novatien, choiſi par quelques ſéditieux, à la ſollicitation de Novat, prêtre de Carthage. (*Voyez* l'art. NOVATIEN). Une peſte violente qui ravageoit l'empire romain, ayant été l'occaſion d'une nouvelle perſécution contre les Chrétiens, le ſaint pontife fut envoyé en exil à Centumcelles, aujourd'hui Civita-Vecchia, & y mourut en 252. Il y a deux Lettres de ce pape parmi celles de S. Cyprien, & dans les *Epiſtolæ Romanorum*

Pontificum de D. Couſtant, in-fol.

CORNEILLE DE LA PIERRE, *voyez* PIERRE (Corneille de la).

CORNEILLE, (Pierre) né à Rouen en 1606, de Pierre Corneille, maitre des eaux & forêts, parut au barreau, n'y réuſſit point, & ſe décida pour la poéſie. Une petite aventure développa ſon talent, qui avoit été caché juſqu'alors. Un de ſes amis le conduiſit chez ſa maîtreſſe ; le nouveau venu prit bientôt, dans le cœur de la demoiſelle, la place de l'introducteur. Ce changement le rendit poëte, & ce fut le ſujet de *Mélite*, ſa première pièce de théatre. Cette comédie, toute imparfaite qu'elle étoit, fut jouée avec un ſuccès extraordinaire. *Mélite* fut ſuivie de la *Veuve*, de *la Galerie du Palais*, de *la Suivante*, de la *Place royale*, de *Clitandre*, & de quelques autres pieces, qui ne ſont bonnes à préſent que pour ſervir d'époque à l'hiſtoire du théatre françois. Corneille prit un vol plus élevé dans ſa *Médée*, & ſur-tout dans le *Cid*, tragi-comédie jouée en 1636, par laquelle commença le ſiecle qu'on appelle celui de Louis XIV. Quand cette piece parut, le cardinal de Richelieu, jaloux de toutes les eſpeces de gloire, en fut auſſi alarmé (dit Fontenelle dans la Vie de ſon illuſtre oncle) que s'il avoit vu les Eſpagnols devant Paris. Il ſouleva les auteurs contre cet ouvrage (ce qui ne dut pas être fort difficile) & ſe mit à leur tête. L'académie françoiſe donna, par l'ordre de ce miniſtre, ſon fondateur & ſon protecteur, ſes ſentimens ſur cette tragédie. Mais elle eut beau critiquer ; le public, pour me ſervir de l'expreſſion de Deſpréaux, s'obſtina à l'admirer. En pluſieurs provinces de France, il étoit paſſé en proverbe de dire : *Cela eſt beau comme le Cid*. Corneille avoit dans ſon cabinet cette piece traduite dans toutes les langues de l'Europe, hormis l'eſclavonne & la turque. Les Eſpagnols, dont il avoit emprunté ce ſujet, voulurent bien copier eux-mêmes une copie dont l'original leur appartenoit ; mais qui, à la vérité, par les embelliſſemens dont l'avoit accompagné l'auteur françois, étoit au-deſſus de tout ce qu'a produit le théatre eſpagnol. Corneille ne répondit qu'à Richelieu & à l'académie, que par de nouveaux prodiges. Il fit les *Horaces*, & *Cinna*, au-deſſus duquel on ne trouve rien, ni dans l'antiquité, ni dans les tragiques modernes. Le *Cid*, dit l'auteur du *Siecle de Louis XIV*, n'étoit après tout qu'une imitation de *Guillem de Caſtro*, & *Cinna* qui le ſuivit étoit unique. Le grand Condé à l'âge de 20 ans, étant à la première repréſentation de cette piece, verſa des larmes à ces paroles d'Auguſte :

Je ſuis maître de moi, comme de l'univers ;
Je le ſuis, je veux l'être. O ſiecles ! ô mémoire !
Conſervez à jamais ma nouvelle victoire.
Je triomphe aujourd'hui du plus juſte courroux,
De qui le ſouvenir puiſſe aller juſqu'à vous.
Soyons amis, Cinna ; c'eſt moi qui t'en convie :

Corneille augmenta encore ſa gloire par *Polyeucte*. En vain la critique voulut fermer les yeux ſur la beauté de cette piece ; en vain l'hôtel de Rambouillet, aſyle du bel-eſprit, comme du mauvais goût, lui refuſa ſon ſuffrage : elle a été toujours regardée comme un de ſes plus beaux ouvrages. Le ſtyle n'en eſt pas ſi fort, ni ſi majeſtueux, que celui de *Cinna* ; mais elle a quelque choſe de plus touchant. L'amour profane y contraſte ſi bien avec l'amour divin, qu'il ſatisfait à la fois les Chrétiens & les profanes. Après *Polyeucte* vint *Pompée*, dans laquelle l'auteur profita de Lucain, comme dans ſa *Médée* il avoit imité Séneque ; mais dans les endroits où il les copie, il paroît original; & dans ceux qu'il n'a pas empruntés d'eux, le poëte françois est fort au-dessus de ces deux romains. *Le Menteur*, piece comique, & presque entiérement prise de l'espagnol, suivit la tragédie de *Pompée*. Au *Menteur* succéda *Rodogune*, qu'il aimoit d'un amour de préférence. Il disoit que, pour trouver la plus belle de ses pieces, il falloit choisir entre *Rodogune* & *Cinna*, quoique le public penchât plus du côté de la derniere. *Rodogune*, avec très-peu de taches, a des beautés sans nombre. L'intérêt y devient plus vif d'acte en acte. Le second passe le premier, le troisieme est au-dessus du second, & le dernier l'emporte sur tous les autres. *Heraclius* parut ensuite, & le public ne la trouva point indigne des chef-d'œuvres qui l'avoient précédée. Puis vinrent *Sertorius* & *Othon*, où, malgré une certaine dureté de style, il y a encore de grands traits. L'entrevue de Sertorius & de Pompée intéressa tous les spectateurs qui aimoient l'ancienne Rome. Les deux généraux y déploient toute la noblesse & la fierté des héros, & paroissent en même-tems épuiser les grandes ressources de leur politique. Turenne étant un jour à une représentation de *Sertorius*, s'écria, dit-on, à cette scene : *Où donc Corneille a-t-il appris l'art de la guerre ?* Ce fut par *Agésilas*, *Attila*, *Pulchérie*, *Bérénice* & *Suréna*, que ce pere du théâtre finit sa carriere. Ces dernieres pieces sont, à quelques endroits près, ce que nous avons de moins digne de ce grand-homme, par la sécheresse, la roideur, & la platitude du style, plein de termes populaires, de phrases barbares, de constructions louches; par la froideur de l'intrigue mal imaginée & mal conduite; par les amours déplacés & insipides; par un tas de raisonnemens de politique & d'amplifications alambiquées. Mais on ne juge, dit Voltaire, d'un grand-

homme que par ses chef-d'œuvres, & non par ses fautes. Ce font les ouvrages d'un vieillard; mais ce vieillard est Corneille. Si nous n'en jugeons que par les pieces du tems de sa gloire, quel homme ! Quel sublime dans ses idées ! Quelle élévation de sentimens ! Quelle noblesse dans ses portraits ! Quelle profondeur de politique ! Quelle vérité, quelle force dans ses raisonnemens ! Chez lui les Romains parlent en romains, les Rois en rois; par-tout de la grandeur & de la majesté. On sent, en le lisant, qu'il puisoit l'élévation de son génie que dans son ame. C'étoit un ancien romain parmi les François, un Cinna, un Pompée, &c. Corneille, débarrassé du théâtre, ne s'occupa plus qu'à se préparer à la mort. Il avoit eu dans tous les tems beaucoup de religion. Il traduisit l'*Imitation de J. C.* en vers : version fort accueillie; mais qui manque du plus beau charme de l'original, de cette simplicité touchante, de cette naïveté tendre, qui operent plus de conversions que tous les sermons. Corneille s'étant accusé à confesse de quelques Poésies qui pouvoient avoir des effets fâcheux sur les mœurs; il avoit reçu pour pénitence de traduire le premier livre de cet ouvrage précieux; le succès qu'eut cet essai, l'engagea à le traduire entiérement. Corneille mourut doyen de l'académie françoise en 1684. Comme c'est une loi dans ce corps, que le directeur fait les frais d'un service pour ceux qui meurent sous son directorat, il y eut un combat de générosité entre Racine & l'abbé de Lavau; celui-ci l'emporta. Ce fut à cette occasion que Benserade dit à Racine : *Si quelqu'un pouvoit prétendre à enterrer Corneille, c'étoit vous; vous ne l'avez pourtant pas fait.* Ce discours a été pleinement vérifié, dit Fontenelle, neveu de ce grand poëte. Corneille a la premiere place, & Racine la seconde, quoique supérieur à son rival dans une des plus belles parties de l'art du théâtre, dans la versification. On fera à son gré l'intervalle entre ces deux places, un peu plus, ou un peu moins grand: c'est-là ce qu'on trouve en ne comparant que les ouvrages de part & d'autre. Mais si l'on compare les deux hommes, l'inégalité est plus grande. Il peut être incertain que Racine eût été, si Corneille ne fût pas venu avant lui; il est certain que Corneille a été par lui-même. On ne peut s'empêcher de placer ici le portrait de ce grand-homme, tracé par la même main. » Corneille » étoit assez grand & assez plein, » l'air fort simple & fort commun, » toujours négligé, & peu curieux » de son extérieur. Il avoit le visage » assez agréable, un grand nez, » la bouche belle, les yeux pleins » de feu, la physionomie vive, » des traits fort marqués, & propres » à être transmis à la postérité dans » une médaille ou dans un buste. » Sa prononciation n'étoit pas tout- » à-fait nette. Il faisoit ses vers avec » force, mais sans grace. Il savoit » les belles-lettres, l'histoire, la po- » litique; mais il les prenoit prin- » cipalement du côté qu'elles ont » rapport au théâtre. Il n'avoit pour » toutes les autres connoissances ni » loisir, ni curiosité, ni beaucoup » d'estime. Il parloit peu, même » sur la matiere qu'il entendoit si » parfaitement. Il n'ornoit pas ce » qu'il disoit, & pour trouver le » grand Corneille, il falloit le lire. » Il étoit mélancolique. Il lui falloit » des sujets plus solides pour espérer, » ou pour se réjouir, que pour se » chagriner ou pour craindre. Il » avoit l'humeur brusque, & quel- » quefois rude en apparence; au » fonds il étoit très-aisé à vivre, » bon pere, bon mari, bon parent, » tendre & plein d'amitié. Son tem- » pérament le portoit assez à l'a- » mour, mais jamais au libertinage, » & rarement aux grands attache- » mens. Il avoit l'ame fiere & in- » dépendante; nulle souplesse, nul

» manege: ce qui l'a rendu très- » propre à peindre la vertu romaine, » & très-peu propre à faire sa for- » tune. Il n'aimoit point la cour; » il y apportoit un visage presqu'in- » connu, un grand nom qui ne » s'attiroit que des louanges, & » un mérite qui n'étoit point le » mérite de ce pays-là. Rien n'étoit » égal à son incapacité pour les » affaires, que son aversion; les » plus légeres lui causoient de l'ef- » froi & de la terreur. Il avoit plus » d'amour pour l'argent, que d'ha- » bileté pour en amasser. Il ne s'étoit » point trop endurci aux louanges, » à force d'en recevoir; mais quoi- » que sensible à la gloire, il étoit » fort éloigné de la vanité. Quel- » quefois il s'assuroit trop peu sur » son rare mérite, & croyoit trop » facilement qu'il pouvoit avoir des » rivaux ». Sa devise étoit:

Et mihi res, non rebus me sub-
mittere conor.

Joly publia, en 1738, une nouvelle édition du *Théatre de Pierre Corneille*, en 10 vol. in-12. C'est la plus correcte que nous ayons. Voltaire, qui doit tant au grand Corneille, & pour nous servir de ses expressions, soldat de ce général, donna en 1764 une nouvelle édition de ses Œuvres en 12 vol. in-8°, avec de jolies figures. On l'a réimprimée depuis avec des augmentations en 8 vol. in-4°, & en 10 vol, in-12. Le célebre éditeur a joint au texte des tragédies & des comédies: I. Un *Commentaire* sur la plupart de ces pieces, & des réflexions sur celles qui ne sont plus représentées. II. *Traduction de l'Heraclius espagnol*, avec des notes au bas des pages. III. Une *Traduction* littérale en vers blancs du *Jules César de Shakespéar*. IV. Un *Commentaire sur la Bérénice de Racine*, comparée à celle de Corneille. V. Un autre *Commentaire* sur les tragédies d'*Ariane* & du

Comte d'Essex de Thomas Corneille, qui font restées au théâtre. Cette belle édition est remplie d'observations critiques, & peut-être trop critiques; on a accusé le commentateur non sans fondement d'avoir voulu déprécier le mérite du grand Corneille, pour renforcer le sien; on trouve les principales dans un livre imprimé à Paris en 1765, in-12, sous ce titre: *Parallele des trois principaux Poëtes tragiques françois, avec les observations des meilleurs Maîtres sur le caractere particulier de chacun d'eux.*

CORNEILLE, (Thomas) frere du grand Corneille, de l'académie françoise & de celle des inscriptions, naquit à Rouen en 1625, & mourut à Andeli en 1709. Il courut la même carriere que son frere, mais avec moins de succès. Quoiqu'il observât mieux les regles du théâtre, & qu'il fût au-dessus de lui, & peut-être au-dessus de nos meilleurs poëtes pour la conduite d'une piece, il avoit moins de feu & moins de génie. Despréaux avoit raison de l'appeller *un cadet de Normandie*, en le comparant à son aîné; mais il avoit tort d'ajouter, *qu'il n'avoit jamais pu rien faire de raisonnable.* Le satyrique avoit oublié apparemment un grand nombre de pieces, dont la plupart ont été conservées au théâtre, & qui, outre le mérite de l'intrigue, offrent de bons morceaux de versification. Ces pieces sont: *Ariane*, *le Comte d'Essex*, tragédies; *le Geolier de soi-même*, *le Baron d'Albikrac*, *la Comtesse d'Orgueil*, *le Festin de Pierre*, *l'Inconnu*, comédies en 5 actes. Thomas Corneille avoit une facilité prodigieuse. *Ariane* ne lui couta que 17 jours, & *le Comte d'Essex* fut fini dans 40. Il est vrai que quand on fait attention aux vers prosaïques, aux sentences froides & aux autres défauts de ces deux pieces, on est moins surpris de cette facilité. Il

avoit une mémoire si heureuse, que lorsqu'il étoit prié de lire une de ses pieces, il la récitoit tout de suite sans hésiter, & mieux qu'un comédien n'auroit pu faire. Sa tragédie de *Timocrate*, aujourd'hui dédaignée, eut 80 représentations dans sa naissance. Enfin, comme le parterre la redemandoit encore, un acteur vint annoncer de la part de ses confreres, » que quoiqu'on ne se lassât point » d'entendre cette tragédie, on » étoit las de la jouer: D'ailleurs, » ajouta-t-il, nous courrions risque » d'oublier nos autres pieces ». Corneille joignoit à ses talens toutes les qualités de l'honnête-homme & du citoyen. Il étoit sage, modeste, attentif au mérite des autres, charmé de leurs succès; ingénieux à excuser les défauts de ses concurrens, comme à relever leurs beautés; cherchant de bonne foi des conseils sur ses propres ouvrages; & sur les ouvrages des autres, donnant lui-même des avis sinceres, sans craindre d'en donner de trop utiles. Il conserva une politesse surprenante jusques dans ses derniers tems, où l'âge sembloit devoir l'affranchir de beaucoup d'attention. L'union entre son frere & lui fut toujours intime. Ils avoient épousé les deux sœurs. Ils eurent le même nombre d'enfans; ce n'étoit qu'une même maison, qu'un même domestique, qu'un même cœur. Après 25 ans de mariage, ni l'un ni l'autre n'avoient songé au partage du bien de leurs femmes, & il ne fut fait qu'à la mort du grand Corneille. Le *Théatre de Thomas* a été recueilli en 5 vol. in-12; mais ce ne sont pas ses seuls ouvrages. On a encore de lui: I. La *Traduction en vers françois des Métamorphoses d'Ovide*, d'une partie des *Elégies* & des *Epîtres* du même poëte, en 3 vol. in-12. II. Un *Dictionnaire des Arts & des Sciences*, en 2 vol. in-fol. qui parut pour la premiere fois l'an 1694, en même-tems que celui de l'académie françoise, dont

ii

il étoit comme le supplément. Fontenelle, son neveu, donna une seconde édition de cet ouvrage en 1731. Il le revit, le corrigea, l'augmenta considérablement, sur-tout pour les articles de mathématique & de physique. III. Un *Dictionnaire universel, géographique & historique*, 3 volumes in-fol. en 1707, très-exact pour la partie géographique qui concerne la Normandie & très-fautif dans tout le reste. Quoiqu'il fut devenu aveugle sur la fin de ses jours, il préparoit une nouvelle édition de ces deux Dictionnaires; mais la mort l'empêcha de donner au dernier l'exactitude dont il seroit susceptible. IV. Des *Observations sur les Remarques de Vaugelas*, imprimées dans l'édition de 1738, du n°. I. Thomas Corneille connoissoit bien notre langue, la parloit avec grace, & l'écrivoit assez purement.

CORNEILLE, (Michel) peintre & graveur, naquit à Paris en 1642. Un prix de peinture qui lui fut adjugé, lui mérita la pension du roi pour le voyage de Rome. De retour à Paris, après s'être formé sur les tableaux des Caraches, il fut reçu à l'académie, & ensuite nommé professeur. Le roi employa son pinceau à Versailles, à Trianon, à Meudon & à Fontainebleau. Louis XIV aimoit & estimoit ses ouvrages. A une grande intelligence du clair-obscur il joignoit un dessin correct. Ses airs de tête sont pleins de noblesse & d'agrément. Il excelloit dans le paysage; mais il avoit contracté une maniere de coloris qui tiroit trop sur le violet. Il mourut à Paris en 1708, sans avoir été marié.

CORNEILLE, (Jean-Baptiste) frere du précédent, professeur de l'académie de peinture ainsi que lui, mourut à Paris en 1695. On a de lui quelques tableaux à Notre-Dame de Paris, aux Chartreux, &c.

CORNEILLE-BLESSEBOIS, (Pierre) poëte dramatique du 17e siecle, dont on a *Eugénie; Mar-*

Tome II.

thet le Hayer, ou *Mademoiselle de Scay*; les *Soupirs de Sifrey*; *Sainte-Reine*; un roman intitulé: *Le Lyon d'Argelie*, 1676, a part. en 1 vol. in-12.

CORNELIE, fille de Scipion l'africain, & mere des deux Gracchus, posséda les vertus propres à son sexe, & tâcha de les inspirer à ses fils. Une dame de la Campanie aussi sotte que glorieuse, ayant fait étalage devant Cornelie de ses bijoux, la pria de lui montrer les siens à son tour. Cornelie appellant ses enfans: *Voilà*, dit-elle, *mes bijoux & mes ornemens*. On peut lui reprocher cependant d'avoir trop excité leur ambition: passion qui, augmentant avec l'âge, devint fatale à la république & à eux-mêmes. (*Voyez* GRACCHUS). Cette femme illustre eut la gloire de se voir ériger, de son vivant, une statue de bronze, sur laquelle on mit cette inscription: *Cornelia mater Gracchorum*. Que de grandeur dans ces trois mots!

CORNELIE, fille de Cinna & femme de Jules César, dont elle eut Julie qui épousa Pompée. César eut tant d'amour pour elle, qu'il fit son oraison funebre, & rappella de l'exil Cinna son frere en sa considération, vers l'an 46 avant J. C.

CORNELIE, (Maximille) vestale, fut enterrée toute vive par arrêt du barbare Domitien, qui conçut l'extravagante pensée d'illustrer son regne par un tel exemple. Il la fit accuser de galanterie avec Celer, chevalier romain; & sans vouloir qu'elle se justifiât, il condamna cette vierge innocente au supplice des vestales criminelles. Elle s'écria, en allant au supplice: *Quoi! César me déclare incestueuse! moi, dont les sacrifices l'ont fait triompher.* Comme il fallut l'enfermer dans le caveau, & qu'en la descendant, sa robe fût accrochée; elle se retourna, & se débarrassa avec autant de tranquillité que de modestie. Suétone prétend qu'elle fut convaincue; mais la plus commune

V

opinion eft qu'elle étoit innocente.

CORNELIUS, (*Antonius*) licentié en droit, de Billy en Auvergne, vivoit au commencement
du 16e fiecle. Il eft auteur d'un livre
rare, intitulé : *Infantium in limbo
clauforum Querela adversùs di-
vinum Judicium ; Apologia divini Judicii : Responfio Infantium, & æqui Judicis Sententia :*
Paris, Wechel, 1531, in-4°. Cet
ouvrage fingulier renferme plufieurs
propofitions hazardées qui le firent
fupprimer ; & fut, fi non la caufe,
du moins l'époque de la ruine de
l'imprimeur.

CORNELIUS NÉPOS, *voyez*
Népos.

CORNELIUS TACITUS, *voyez*
Tacite.

CORNET, (Nicolas) docteur
en théologie de la faculté de Paris,
natif d'Amiens, déféra l'an 1649,
en qualité de fyndic, fept propofitions de Janfenius, dont les cinq
premieres étoient celles qui ont été
condamnées depuis. Il laiffa quantité de legs pieux, & mourut en
1663, après avoir refufé l'archevêché de Bourges que lui offrit le
cardinal Mazarin. Ce miniftre l'a-
voit fait préfident de fon confeil de
confcience. Le cardinal de Richelieu l'avoit auffi admis à fon confeil, & s'étoit fervi de lui, dit-on,
pour la préface de fon *Livre de Controverfe.* Ce miniftre avoit voulu
l'avoir pour confeffeur; mais Cornet
refufa un emploi fi délicat.

CORNETO, (Adrien-Caftellefi,
dit *le Cardinal*) devint fecretaire
d'Alexandre VI, qui lui donna le
chapeau de cardinal en 1503. Peu
de mois après, Céfar Borgia, fils
de ce pontife, ayant voulu (felon
quelques-uns) l'empoifonner pour
avoir fa dépouille, il s'empoifonna
lui-même, avec fon pere. Sup-
pofé que ce fait foit vrai, Corneto
échappa à cet attentat. Jules II
l'exila ; Léon X le rappella, mais ce
ne fut que pour le voir entrer dans
une conjuration contre lui. Le car-

dinal Corneto fut obligé de s'enfuir.
Il partit, dit-on, de Rome pendant la nuit, déguifé en moiffon-
neur, fans qu'on ait jamais pu favoir
ce qu'il étoit devenu. Ce prélat,
méprifable par fon caractere, étoit
illuftre par fes talens. Il fut un des
premiers écrivains d'Italie, qui dégagerent le ftyle latin des mots barbares du moyen âge, & qui l'orne-
rent des expreffions du fiecle d'Augufte. Son traité *De fermone latino,*
dédié à Charles V, pour lors prince
d'Efpagne, contient d'excellentes
remarques fur la pureté de cette
langue. Corneto fut auffi poëte. Il
refte de lui quelques productions
dans ce genre, recueillies à Lyon
en 1581, in-8°.

CORNHERT ou KOORNHERT,
(Théodore) enthoufiafte du 16e fiecle, gagna d'abord fa vie en exerçant
fon talent pour la gravure. S'étant
dégoûté du burin, il apprit le latin.
Ses progrès furent rapides ; & il devint fecretaire de la ville de Harlem.
Le prince d'Orange, gouverneur de
Hollande, fe fervit de fa plume
pour compofer fon premier manifefte, en 1566. La ducheffe de
Parme, ayant fu qu'il en étoit
l'auteur, le fit enlever de Harlem
& conduire à La Haye. Sa femme,
craignant qu'il ne fortît jamais de fa
prifon, voulut gagner la pefte pour
la lui communiquer & mourir avec
lui. Cornhert n'eut pas befoin de
cette finguliere reffource. Il s'évada
furtivement, & reprit fon métier
de graveur. Ce fut alors qu'il commença à dogmatifer. Quoiqu'ennemi
de la religion catholique, il ne laiffa
pas de s'élever contre Luther, Calvin, & contre les miniftres du Proteftantifme. Il prétendoit que, fans
une miffion extraordinaire, appuyée
par des miracles éclatans, perfonne
n'avoit droit de faire des innova-
tions ou des réformes dans l'églife :
ce qui, à le bien prendre, n'é-
toit point abfolument déraifonnable.
Les différentes communions avoient,
fuivant lui, befoin de réforme ;

mais en attendant que Dieu fuſcitât des apôtres & des réformateurs, toutes les ſectes chrétiennes devoient ſe réunir ſous une forme d'*Interim*. Son plan étoit, qu'on lût au peuple le texte de la parole de Dieu, ſans propoſer aucune explication, ſans rien preſcrire aux auditeurs : projet digne d'un enthouſiaſte. Il croyoit que, pour être véritablement chrétien, il n'étoit pas néceſſaire d'être membre d'aucune égliſe viſible. Il ſe conduiſit ſuivant ces principes, ne communiquant ni avec les Catholiques, ni avec les Proteſtans, ni avec aucune autre ſecte. On vouloit le faire renfermer pour le reſte de ſes jours ; mais on crut qu'il valoit mieux le laiſſer rêver & mourir en paix. Il mourut en 1590. Ses *Œuvres* furent imprimées en 1630, 5 vol. in-fol.

CORNIFICIA, ſœur du poëte Cornificius, brilla par ſon eſprit ſous l'empire d'Auguſte. Elle égala en tout genre de poéſie ſon frere Cornificius, qui étoit un excellent verſificateur. *La ſcience*, diſoit-elle, *eſt la ſeule choſe indépendante de la fortune*. Ce qui n'eſt peut-être point parfaitement vrai ; puiſqu'elle ſuppoſe des reſſources & des moyens, & de plus un eſprit calme & tranquille, ce qui ſemble exclure l'indigence & le ſoin pénible de la combattre.

CORNUTUS, philoſophe ſtoïcien, natif d'Afrique, précepteur du poëte Perſe, fut mis à mort par ordre de Néron, vers l'an 54 de J. C.

CORNUTUS, (Jacques) médecin de Paris du 17e ſiecle, qui a donné en latin une *Deſcription de l'Amérique*, à Paris 1635, in-4°.

CORŒBUS, fils de Mygdon, à qui Priam avoit promis ſa fille Caſſandre. Etant venu au ſecours des Troyens contre les Grecs, Caſſandre voulut en vain lui perſuader de ſe retirer, pour éviter la mort infaillible qui l'y attendoit. Il s'obſtina à reſter, & fut tué par Penelée, la nuit que les Grecs ſe rendirent maîtres de Troie.

CORONEL, (Alfonſe) grand ſeigneur eſpagnol, ſe défiant de Pierre le Cruel, roi de Caſtille, forma un parti dans l'Andalouſie pour ſe maintenir contre ce monarque. Il leva des troupes, fortifia des places, & envoya en Mauritanie Jean de la Cerda ſon gendre, pour demander du ſecours. Il comptoit principalement ſur la ville d'Aiguilar, où il commandoit. Le roi de Caſtille mit le ſiege devant cette place. Coronel s'y défendit avec beaucoup de vigueur pendant 4 mois. Enfin la ville fut emportée d'aſſaut en février 1353. Ce rebelle y fut pris, & puni du dernier ſupplice, comme criminel de leſe-majeſté. Marie l'une de ſes filles, mariée à Jean de la Cerda, conſerva ſi précieuſement la mémoire de ſon mari, qu'elle aima mieux ſe donner la mort, que de s'expoſer à lui être infidelle.

CORONEL, (Gregorio) *voyez* MINES.

CORONEL, (Paul) ſavant eccléſiaſtique de Ségovie, profeſſeur de théologie à Salamanque, fut employé par le cardinal Ximenès pour l'édition des Bibles d'Alcala. Il mourut en 1534, regardé comme un des meilleurs interpretes des langues orientales.

CORONELLI, (Vincent) minime, natif de Veniſe, coſmographe de ſa république en 1685, profeſſeur public de géographie en 1689, fut enfin général de ſon ordre en 1702. Le cardinal d'Eſtrées l'employa à faire, pour Louis XIV, des globes qui eurent les ſuffrages des connoiſſeurs. Il mourut à Veniſe en 1718, après avoir fondé une académie coſmographique, & publié plus de 400 Cartes géographiques. On a de lui d'autres ouvrages, la plupart aſſez mal digérés. I. *Peloponneſi deſcriptio*, traduite en françois, in-8°, qui manque d'exactitude. II. *Atlas Venetus*, 24 vol. III. *Dux pere-*

grinorum per urbem venetiam.
IV. *Iter Anglicanum.* V. *Nomenclatura successorum Sti Francisci de Paula.* VI. *Bibliotheca universalis* par ordre alphabétique, 45 vol. Elle est restée manuscrite.

CORONIS, fille de Phlegyas. Apollon l'aima; mais un jour elle le quitta pour un jeune homme, appellé Ischys. Cette infidélité piqua tellement ce dieu, qu'il les tua l'un & l'autre. Cependant il tira des flancs de Coronis un enfant, qu'il fit élever par Chiron, & qu'il nomma Esculape. Apollon se repentit bientôt de la vengeance qu'il avoit prise sur Coronis; & pour punir le corbeau, qui l'avoit informé de son infidélité, il le changea de blanc en noir.

CORRADINI de Sezza, (Pierre-Marcellin) né en 1658 à Sezza, devint dès sa première jeunesse un des plus célebres avocats de Rome. Son mérite lui procura la pourpre sous Clément XI, en 1721. Il mourut en 1743, laissant plusieurs ouvrages. I. *Vetus Latium profanum & sacrum*, in-fol. 2 vol. réimprimé à Rome, de 1704 à 1736, 7 vol. in-4°: production curieuse & pleine de savantes recherches. II. *De civitate & ecclesiâ Setinâ*, Rome 1702, in-4°. C'est l'histoire ecclésiastique & profane de la patrie de l'auteur: elle est faite avec soin.

CORRADO, (Sébastien) professeur de belles-lettres à Bologne, mort en 1556, eut un nom parmi les grammairiens du 16e siecle. On a de lui: I. *Quæstura in qua Ciceronis vita refertur*, Bologne 1555, in-8°. II. *De copia latini Sermonis*, Venise 1582. III. *Annotationes in epist. Ciceronis familiares*, Bâle 1560, &c. Livres utiles à ceux qui veulent lire les ouvrages de ce pere de l'éloquence romaine. Corrado forma une académie de littérature à Reggio, qu'il anima par ses leçons & ses exemples.

CORRADUS, (*Petrus*) de Terra-Nuova dans le diocèse de Rossano dans la Calabre, protonotaire-apostolique, chanoine de Naples, & grand inquisiteur à Rome, vivoit dans le 17e siecle. Nous avons de lui un ouvrage estimé des canonistes: *Praxis dispensationum*, &c. Venise 1656, in-fol.

CORREA, (Thomas) de Conimbre en Portugal, d'abord jésuite, quitta de bonne heure cette société, & mourut l'an 1595 à Bologne, où il enseignoit la grammaire. On a de lui des Ouvrages latins en vers & en prose, qui sont estimés dans sa patrie.

CORREA DE SA, (Salvador) naquit en 1594 à Cadix, où son aïeul maternel étoit gouverneur. Son pere étant mort dans le gouvernement de Rio Janeiro, le fils lui succéda dans cet emploi, augmenta & embellit la ville de St Sébastien, bâtie & peuplée par son grand-pere paternel. Il fonda celle de Pernagua dans le Brésil. Après avoir remporté plusieurs victoires sur les ennemis de l'Espagne, il devint vice-amiral des côtes du Sud. Dans cette partie du monde, il se signala contre les Hollandois & contre le roi de Congo, leur allié; il conquit Angola, & défit entiérement les troupes de ce roi negre. Le roi de Portugal lui permit d'ajouter à ses armes *deux Rois negres pour supports*, en mémoire de ses belles actions. Correa mourut à Lisbonne, en 1680, à 86 ans.

CORRÉE, (*Corræus*) général des Bellovaciens (anciens peuples des Gaules, qui occupoient le pays qu'on nomme à présent le Beauvoisis), rendit son nom illustre par son courage, & par la vigoureuse résistance qu'il fit à César. Il se dégagea une fois d'un poste désavantageux, par un stratagême assez ingénieux. Il fit ranger à la tête du camp les bottes de paille sur lesquelles les soldats avoient accoutumé de s'asseoir lorsque l'armée demeuroit en bataille ; & les ayant fait allumer fur le foir, il favorifa par cet artifice la retraite de fes troupes. Il s'empara enfuite d'un terrein mieux fitué, d'où il croyoit pouvoir attirer les Romains dans quelque embufcade ; mais Céfar prévit fes deffeins. Ce héros difpofa fi bien les chofes, que le combat particulier qui fe donna dans la plaine que Corrée avoit choifie, devint une bataille générale, où l'armée des Gaulois fut contrainte de plier. Il n'y eut que le brave Corrée qui réfolut de fe défendre jufqu'au dernier foupir. On voulut lui donner quartier : mais il le refufa, & mourut les armes à la main.

CORREGE, (Antoine Allegri, dit le) naquit à Corregio dans le Modenois en 1472. La nature l'avoit fait naître peintre ; & ce fut plutôt à fon génie, qu'à l'étude des grands maîtres, qu'il dut fes progrès. Il peignit prefque toujours à Parme & dans la Lombardie. Son pinceau étoit admirable ; c'étoit celui des graces. Un grand goût de deffin, un coloris enchanteur, une maniere légere, des agrémens infinis répandus dans tous fes ouvrages, ferment la bouche des critiques. On ne s'apperçoit pas qu'il y a un peu d'incorrection dans fes contours, & quelquefois un peu de bizarrerie dans fes airs de tête, fes attitudes & fes contraftes. C'eft le premier qui ait repréfenté des figures en l'air ; & celui de tous, qui a le mieux entendu l'art des raccourcis & la magie des plafonds. Il étoit grand-homme, & il l'ignoroit. Le prix de fes ouvrages étoit très-modique : ce qui, joint au plaifir de fecourir les indigens, le fit vivre lui-même dans l'indigence. Un jour ayant été à Parme, pour recevoir le prix d'un de fes tableaux, on lui donna 200 liv. en monnoie de cuivre. L'empreffement qu'il eut de porter cette fomme péfante à fa famille, pendant les plus grandes

chaleurs, lui procura une fievre, dont il mourut à Corregio en 1513 à 41 ans. Ce qu'il a peint à frefque au dôme de Parme, eft un de fes meilleurs ouvrages. On eftime furtout fes *Vierges*, fes *Saints* & fes *Enfans*. Il joignit au talent de la peinture, celui de l'architecture. On connoît fon exclamation, après avoir confidéré long-tems dans un profond filence un tableau de Raphaël : *Anch'io, fon pittore*; c'eft-à-dire : *Je fuis peintre auffi, moi*.

CORROZET, (Gilles) libraire, né à Paris en 1510, dont on a divers ouvrages en vers & en profe, mourut en 1568, à 58 ans. Il eut un nom comme auteur & comme imprimeur. Nous avons de lui : I. Les *Antiquités de Paris*, 1563, in-8°. II. Le *Tréfor des Hiftoires de France*, 1583, in-8°. Ce n'eft qu'un recueil court & imparfait des noms des rois & des princes, de leur âge, du tems de leur regne, &c. Le refte de ce tréfor eft une rapfodie pleine de contes ridicules. III. Les *Divers Propos des Illuftres Hommes de la Chrétienté*, Lyon 1558, in-16, rare. Jean CORROZET, fon petit-fils, fe rendit digne de fon aïeul, tant dans l'imprimerie, que dans la littérature. Il augmenta confidérablement le *Tréfor*, &c. compofé par Gilles, & l'imprima en 1628, avec des additions.

CORSIGNANI, (Pierre-Antoine) né à Celano dans l'Abruzze en 1686, évêque de Venofa en 1738, puis de Sulmona, mort en 1751, a laiffé un grand nombre d'ouvrages qui prouvent qu'il étoit très-verfé dans l'hiftoire & les antiquités de fon pays. I. *De viris illuftribus Marforum*, &c. II. *De Aniene ac via Valeriæ fontibus enarratio cùm inferiptionibus locorum adjacentium*. III. *Acta S. S. M. M. Simplicii, Conftantini & Victoriani vindicata*. IV. *Mémoires topographiques & hiftoriques fur la*

Y 3

Province de Marsi, & les envi-rons en italien, &c.

CORSIN, (S. André) évêque de Fiézoli, né à Florence en 1302, de l'illustre famille de Corsini, mourut en 1373. Il avoit été carme. Les exercices de la plus austere pénitence, & sa vie vraiment pastorale, le firent mettre au nombre des Saints.

CORSINI, *voy.* CLÉMENT XII.

CORSINI, (Edouard) réligieux des Ecoles-Pies, né à Fanano l'an 1702, mourut en 1765 à Pise, où le grand-duc lui avoit donné une chaire de philosophie. Cette science remplit ses premieres études, & ses succès parurent d'abord par des *Institutions philosophiques & mathématiques*, en 6 vol. in-8°, 1723 & 1724. Il substitua à l'étude d'Aristote, qui subjuguoit alors une partie de l'Italie, un genre de philosophie plus utile, mais il le fit avec une sagesse & une modération qui n'offensa personne. Il savoit douter là où d'autres ne voient que des démonstrations complettes. En parlant du système du monde, il fait une réflexion qui paroîtroit bien remarquable, si l'événement la vérifioit un jour. *Novæ adeò stellæ observari poterunt quæ hypothesim Copernici destruant.* Encouragé par l'accueil favorable qu'on fit à cet ouvrage, il publia en 1735 un nouveau cours d'*Elémens géométriques*, écrit avec précision & clarté. Dès qu'il eut été nommé professeur à Pise, il revit & retoucha ces deux ouvrages. Le premier parut avec des corrections considérables à Bologne en 1742; & le second, augmenté des *Elémens de Géométrie pratique*, fut publié à Venise l'an 1738, en 2 vol. in-8°. L'hydrostatique & l'histoire lui étoient connues. Après s'être nourri, pendant quelques années, des auteurs classiques, & particuliérement des Grecs, il se proposa d'écrire les *Fastes des Archontes d'Athenes.* Le 1er volume de cet important ouvrage parut en 1734,

in-4°, le 4e & le dernier dix ans après. Nommé en 1746 à la chaire de morale & de métaphysique, & entraîné par son goût, il composa un *Cours de Métaphysique*, qui parut depuis à Venise en 1758. Bientôt les savans Muratori, Gori, Maffei, Quirini, Passionei, ses amis, l'enleverent à la philosophie. Leurs sollicitations le rendirent aux objets de critique & d'érudition. En 1747 il mit au jour IV *Dissertations* in-4°, sur les jeux sacrés de la Grece, où il donna un catalogue très-exact des athletes vainqueurs. Deux ans après il donna in-fol. un excellent ouvrage sur les abbréviations des inscriptions grecques, sous ce titre: *De notis Græcorum.* Ce livre exact & plein de sagacité, fut suivi de beaucoup de Dissertations relatives aux objets d'érudition. La haute estime que ses vertus & ses travaux avoient inspirée à ses confreres, interrompit ses travaux mêmes. Il fût nommé général de son ordre en 1754. Le loisir que les fonctions pénibles de sa place lui laisserent, il l'employa à ses anciennes études. Le terme de son généralat étant expiré, il s'empressa de retourner à Pise & d'y reprendre ses fonctions de professeur. Elles valurent au public plusieurs nouvelles Dissertations, & sur-tout un excellent ouvrage, l'un des meilleurs de l'auteur, intitulé: *De præfectis Urbis.* Enfin, il s'occupa uniquement de l'*Histoire de l'Université de Pise*, dont il avoit été nommé historiographe. Il étoit près d'en publier le premier volume, lorsqu'il fut frappé d'une apoplexie, qui l'enleva, malgré toutes les ressources de l'art.

CORT, (Corneille) maître de gravure d'Augustin Carrache, étoit de Horne en Hollande, où il naquit l'an 1536; mais les chef-d'œuvres de Rome l'attirerent & le fixerent dans cette ville superbe. Il mourut en 1578. Il est au rang des graveurs les plus corrects.

CORTE, (Dieudonné) né à Bessow dans la Baſſe-Luſace en 1698, profeſſeur de droit à Leipſick, mort en 1731, âgé feulement de 33 ans; travailla aux journaux de cette ville, & publia en 1724, in-4°, une excellente édition de *Salluſte*, avec de favantes notes, & les *Fragmens des anciens Hiſtoriens*. On a encore de lui *Tres Satyræ Menippeæ*, Leipſick, 1720, in-8°, & d'autres ouvrages.

CORTEZ, (Fernand *ou* Ferdinand) gentilhomme eſpagnol, né à Medellin, ſe dégoûta de bonne heure des belles-lettres, & ſe ſentit un violent penchant pour les armes. Il paſſa dans les Indes en 1504. Velaſquez, gouverneur de Cuba, le mit à la tête de la flotte qu'il deſtinoit à la découverte de nouvelles terres. Cortez partit en 1518, avec 10 vaiſſeaux, 600 Eſpagnols, 18 chevaux, & quelques pieces de campagne, pour tenter cette grande entrepriſe. Il avança le long du golfe du Mexique, tantôt careſſant les naturels du pays, tantôt répandant l'effroi par ſes armes. Les Indiens de Tabaſco furent vaincus, & perdirent leur ville. La vue de ces animaux guerriers ſur leſquels combattoient les Eſpagnols, le bruit de l'artillerie qu'on prenoit pour le tonnerre, les foreſſes mouvantes qui les avoient apportés ſur l'Océan, le fer dont ils étoient couverts, tous ces objets nouveaux pour ces peuples, leur cauſerent un étonnement mêlé de terreur. C'étoit d'ailleurs une nation lâche, amollie, dégradée par des abominations de tous les genres. Cortez entra dans la ville de Mexico le 8 novembre 1518. Montezuma, roi du pays, ſe foumit, & fut bien traité par les vainqueurs. Les Eſpagnols s'étant fait ouvrir le grand temple de Mexico, ne purent contenir ni leur pitié ni leur indignation, en voyant ce vaſte édifice barbouillé de ſang humain & affreuſement orné de cranes & d'offemens, reſtes des infortunés qu'on immoloit ſans ceſſe pour

fléchir de hideuſes divinités; ils ſe regarderent comme les vengeurs de la nature outragée par un fanatiſme atroce. « Je fis renverſer toutes ces » idoles, dit Cortez dans une de ſes lettres à l'empereur Charles-Quint, » je fis nettoyer toutes les » chapelles particulieres où ſe fai- » ſoient les ſacrifices humains, & » j'y plaçai des images de notre » Dame & d'autres Saintes ». Montezuma fut très-affecté de ce changement. Un des généraux du prince indien, qui avoit des ordres ſecrets, ayant attaqué les Eſpagnols en trahiſon; Cortez ſe rend au palais, met à mort le général & empriſonne Montezuma. Enſuite il lui ordonne de ſe reconnoître publiquement vaſſal de Charles-Quint. Le prince obéit, il ajoute à cet hommage, un préſent de 600 mille marcs d'or pur, avec une quantité prodigieuſe de pierreries. Cependant le gouverneur de Cuba, Velaſquez, envoyoit une armée contre ſon lieutenant, dont la gloire excitoit ſa jalouſie. Cortez, aidé d'un renfort venu d'Eſpagne, défait & range ſous ſes drapeaux ces troupes qui venoient pour le détruire, & en profite pour appaiſer la révolte des Mexicains contre Montezuma & les Eſpagnols, auxquels cet empereur parut s'être attaché de bonne foi. Les révoltés l'ayant aſſaſſiné, Guatimozin fon neveu & fon gendre, s'empara de l'empire, eut d'abord quelques ſuccès, & ſe défendit pendant trois mois; mais il ne put tenir contre l'artillerie eſpagnole. Cortez, après pluſieurs combats livrés ſur le lac & ſur la terre-ferme, prit la capitale de l'empire. Plus de 200 mille indiens s'étoient ſoumis à lui dès la fin du ſiege. L'empereur, fon épouſe, ſes miniſtres & ſes courtiſans tomberent entre les mains du vainqueur en 1521. Les ſoldats n'ayant pas trouvé les tréſors qu'ils eſpéroient, ſe mutinerent, & mirent Guatimozin ſur des charbons ardens pour le forcer à les découvrir. Cortez ne pût l'empêcher dans ces premiers momens de fureur ; mais il ne tarda pas d'arracher le prisonnier des mains de ses bourreaux. Robertson lui-même, quoique peu favorable à ce héros, lui rend ce témoignage.... Cortez, maître absolu de la ville de Mexico, la rebâtit en 1529, dans le goût des villes de l'Europe. Le conquérant revint en Europe pour défendre ses biens contre le procureur-fiscal du conseil des Indes. Il suivoit cette grande affaire à la cour d'Espagne, lorsque l'empereur partit pour la seconde expédition d'Afrique. Ce prince lui avoit fait présent de la vallée de Guaxaca au Mexique, érigée en marquisat, de la valeur de 150 mille livres de rente ; mais, malgré ce titre & ses trésors, il fut traité avec peu de considération. A peine put-il obtenir audience. Un jour il fendit la presse qui entouroit la voiture de l'empereur, & monta sur l'étrier de la portiere ; Charles lui demanda : *Qui êtes-vous ?— Je suis un homme*, lui répondit fiérement le vainqueur des Indes, *qui vous a donné plus de provinces, que vos peres ne vous ont laissé de villes.* Il mourut dans sa patrie en 1554, à 63 ans. La meilleure *Histoire des Conquêtes de Cortez*, est celle de Don Antoine de Solis, traduite de l'espagnol en françois par Citri de la Guette, & imprimée à Paris en 1691, 2 vol. in-12, réimprimée en 1775. Le traducteur raconte sommairement dans sa préface les actions de Cortez, depuis qu'il s'étoit rendu maître du Mexique, jusqu'à sa mort. Nous avons encore sur les exploits de Cortez trois lettres écrites par lui-même, traduites & publiées en 1778 par M. de Flavigny. Elles sont écrites d'une maniere très-intéres-

sante : on ne peut guere leur repro‑ » cher que quelques exagérations à l'é‑ gard de la magnificence & de la po‑ pulation du Mexique, effet naturel de la surprise dans un homme qui s'attendoit à ne trouver qu'un désert & quelques hordes errantes. » La » naïveté, dit l'éditeur, la modes‑ » tie, la simplicité qui caractérisent » ces lettres, attestent la vérité des » traits qui peignent ce conquérant ; » il est clair qu'il n'a pas songé à » lui dans le récit des événemens » qu'il décrit... On y retrouve par‑ » tout la même ingénuité... pas un » mot de déclamation sur quelques » usages révoltans de Mexico, sur » le culte meurtrier de ses habitans, » sur leurs infidélités & leurs tra‑ » hisons ; c'est toujours en courant » & sans la moindre apparence d'in‑ » térêt qu'il touche ces détails pres‑ » qu'imperceptibles dans sa rela‑ » tion ». Les gens impartiaux pren‑ dront un plaisir particulier à lire cette histoire guerriere, écrite par le héros même qui a dirigé & exécuté cette grande entreprise. Malgré l'a‑ charnement avec lequel les détrac‑ teurs des grands hommes ont ou‑ tragé ce célebre général, ils ne pourront s'empêcher d'applaudir à la révolution que ses armes ont ope‑ rées parmi les monstrueux peuples du Mexique. Il y a peut-être au‑ jourd'hui dans cette contrée de l'A‑ mérique moins d'habitans indigenes qu'il n'y en avoit autrefois (*) ; mais ils ont une religion pacifique & bienfaisante, ils ont des senti‑ mens d'humanité, des mœurs, de la probité. Sacrifier quelques individus de la génération présente au bonheur de la génération future, est-ce donc un crime qui doive éternellement provoquer le courroux philosophi‑

(*) Cela est très-douteux ; les guerres destructives de ces peuples, leurs perfidies réciproques ; l'usage habituel des poisons, leurs mœurs atroces ; leur mollesse & leur brutale lubricité ; la multitude des sa‑ crifices humains, &c. étoient de terribles obstacles à la population ; & ces obstacles ont cessé depuis l'abolition de cet empire d'horreurs.

que ? Les descendans du peuple odieux que Cortez a combattus ne mangent plus de viandes humaines ; ils n'immolent plus leurs semblables à des montres de bois ou d'or ; ils font devenus hommes & chrétiens ; & Cortez n'eût-il fait que cela, il eût fait beaucoup. *Voyez* ATABALIPA, MONTEZUMA, &c.

CORTEZ *ou* CORTESIO, (Grégoire) né à Modène, d'une ancienne famille, entra dans l'ordre de S. Benoît, & passa par toutes les charges. Il étoit dans le célebre monastere de Lerins, dans lequel il avoit fait renaître la piété & le goût des lettres sacrées & profanes, lorsque Paul III l'honora de la pourpre en 1542. Cortez étoit digne de ce choix. Il mourut à Rome en 1548, laissant plusieurs écrits en vers & en prose. Les plus connus font des *Lettres latines*, imprimées à Venise en 1573, in-8°, recueil curieux, qui est un monument de ses liaisons avec les savans de son tems, & de son zele pour le progrès des sciences. On y trouve des éloges de quelques gens-de-lettres, & des faits utiles à ceux qui écriroient l'histoire de son siecle.

CORTEZI, (Paul) naquit en 1465 à San-Geminiano en Toscane. Dès sa premiere jeunesse il s'appliqua à former son style sur la lecture des meilleurs auteurs de l'antiquité, & en particulier de Cicéron. Il n'avoit qu'environ 23 ans, quand il mit au jour un *Dialogue fur les Savans de l'Italie*. Cette production élégante, & utile pour l'histoire de la littérature de son tems, a demeuré dans l'obscurité jusqu'en 1734, qu'Alexandre Politi l'a fait imprimer à Florence, in-4°, avec des notes & la vie de l'auteur. Ange Politien, à qui il l'avoit communiquée, lui écrivit : » Que cet » ouvrage, quoique supérieur à son » âge, n'étoit point un fruit pré- » coce «. On a encore de ce savant quelques *Commentaires fur les Livres des Sentences*, 1540, in-

fol. écrits en bon latin, mais souvent avec des termes profanes, qui dégradent la majesté de nos mysteres : c'étoit la manie de son siecle, en particulier celle de Bembo, &c. On lui doit aussi un *Traité de la Dignité des Cardinaux* : plein d'érudition, de variété & d'élégance, suivant quelques auteurs italiens ; & dénué de toutes ces qualités, suivant du Pin. Cortezi mourut évêque d'Urbin en 1510, dans la 45e année de son âge. Sa maison étoit l'asyle des Muses & de ceux qui les cultivoient.

CORTONE, *voyez* BERETIN (Pierre).

CORVAISIER, (Pierre-Jean le) naquit à Vitré en Bretagne, l'an 1719, & mourut en 1754, secretaire de l'académie d'Angers. On a de lui : I. L'*Eloge du Roi*, imprimé à Paris en 1754, in-12. II. Un Discours lu à l'académie de Nanci. III. Quelques petits Ouvrages de Critiques. IV. Le recueil des *Pieces présentées à l'académie d'Angers.*

CORVIN, *voyez* HUNIADE.

CORYBANTES, *voyez* DACTYLES.

CORYNNE, *voyez* CORINNE.

COSIMO, (André & Pierre) peintres italiens, dont le premier excelloit dans le clair-obscur, & l'autre dans les compositions singulieres. L'esprit de celui-ci, fécond en idées extravagantes, le faisoit suivre de tous les jeunes-gens de son tems, pour avoir des sujets de ballets & de mascarades. Il apportoit une si grande application au travail, qu'il oublioit très-souvent de prendre ses repas. *André del Sarto*, fut un de ses éleves. Il mourut en 1521, à 80 ans, des suites d'une paralysie.

COSIN, (Jean) né à Norwick, principal du college de S. Pierre à Cambridge, ensuite évêque de Durham, mort en 1672, à 77 ans, jouit d'une grande faveur auprès de Charles I & de Charles II, & il la mérita. On a de lui plusieurs écrits, dont les principaux sont : I. Un *Traité fur la Tranſſubſtantiation.* Il. Une *Hiſtoire du Canon des Livres de l'Écriture - Sainte*, en anglois., Londres 1683, in-4º. III. Un petit *Traité latin des Sentimens & de la Diſcipline de l'Égliſe angli- cane*, publié en 1707, avec la *Vie* de l'auteur par Smith.

COSME I, grand-duc de Toſ- cane, de la maiſon de Médicis, ſe ran- gea du côté de l'empereur Charles- Quint contre les François, après avoir tâché en vain de reſter neutre. Ce prince l'en récompenſa, en joignant au duché de Toſcane, Piombino, l'iſle d'Elbe, & d'autres domaines. Il obtint quelque-tems après du pape Pie V le titre de *Grand-Duc.* Il aima les ſavans, les attira auprès de lui, & fonda pour eux l'uni- verſité de Piſe. Il mourut en 1574, âgé de 55 ans, après avoir gou- verné avec autant de ſageſſe que de gloire. Ce prince avoit inſtitué en 1562 l'ordre militaire de S. Etienne.

COSME II, grand-duc de Toſ- cane, fils & ſucceſſeur de Ferdi- nand I, prince doux, libéral & pacifique, mourut en 1620. Le com- merce avoit rendu la Toſcane floriſ- ſante, & ſes ſouverains opulens. Ce prince fut en état d'envoyer 20 mille hommes au ſecours du duc de Man- toue, contre le duc de Savoie, en 1613, ſans mettre aucun impôt ſur ſes ſujets : exemple rare chez les nations puiſſantes. Il ſecourut auſſi l'empereur Ferdinand II, de ſon argent & de ſes troupes. Florence, alors rivale de Rome, attiroit chez elle la même foule d'étrangers, qui venoient admirer les chef-d'œuvres antiques & modernes dont elle étoit remplie.

COSME III, fils & ſucceſſeur de Ferdinand II, dans le duché de Toſcane, ſuivit de près la conduite ſage & meſurée de ſon pere. Il ſut ſe faire reſpecter de ſes voiſins & aimer de ſon peuple. Il mourut en 1723, après un regne heureux & tranquille de 54 ans.

COSME l'*Égyptien* ou *Indico-*

pleutes, moine du 6e ſiecle, voyagea en Ethiopie, & compoſa une *Topographie chrétienne.* Le pere de Montfaucon l'a donnée en grec & en latin, dans ſa nouvelle *Collection des Écrivains grecs*, 1706, 2 volumes in-fol. Cet ou- vrage peut être de quelque utilité aux géographes.

COSME, (Jean de Badillac) connu ſous le nom de *Frere Coſme*, de l'ordre des Feuillans, s'eſt rendu célebre par l'invention de ſon li- thotôme, & par les ſecours déſin- téreſſés qu'il a apportés pendant le cours d'une longue vie, aux per- ſonnes affligées d'une des plus cruel- les maladies qui affligent l'huma- nité. Il en délivra l'illuſtre arche- vêque de Paris, Chriſtophe de Beaumont ; mais il fut moins heu- reux à l'égard du maréchal du Muy. Coſme mourut à Paris le 8 juillet 1781, âgé de 79 ans.

COSNAC, (Daniel de) d'une ancienne famille du Limouſin, fit paroître dès ſon enfance beaucoup de vivacité, de pénétration & de talent pour les affaires. Sa figure, qui étoit aſſez déſagréable, auroit pu être un obſtacle à ſa fortune ; mais ſon eſprit la faiſoit oublier. Il s'attacha à Armand, prince de Conti, & eut part à la négociation de ſon mariage avec la niece du car- dinal Mazarin. Peu de tems après, il fut nommé évêque de Valence & de Die, dioceſes qui étoient alors unis. Ses talens lui mérite- rent la confiance la plus intime de Henriette d'Angleterre, & celle de ſon époux Philippe, duc d'Orléans, frere unique du roi. Louis XIV en nomma à l'archevêché d'Aix en 1687, lui donna l'abbaye de St Ri- quier, dioceſe d'Amiens, en 1695, & le fit commandeur de l'ordre du St-Eſprit en 1701. Il eut des démêlés avec les moines & les religieuſes de ſon dioceſe, pour la viſite qu'il pré- tendoit faire dans leurs égliſes, & Rome ne lui fut pas favorable, non plus que le conſeil du roi. Il mourut à Aix en 1708, dans sa 81e. année, étant alors le plus ancien prélat du royaume. On lui fit cette épitaphe ironique :

Requiescat ut requievit.

Il laissa des sommes considérables, qu'il auroit pu répandre sur les pauvres de son diocese. Le maréchal de Tessé a composé l'*Histoire* de cet archevêque,

COSPEAN *ou* COSPEAU, (Philippe) natif de Mons en Hainaut, docteur de Sorbonne, successivement évêque d'Aire, de Nantes & de Lisieux, avoit été disciple du célebre Juste-Lipse. Ce fut un des meilleurs prédicateurs de son tems, & un des premiers qui retrancha dans les sermons, les citations d'Homere, de Cicéron & d'Ovide, & substitua celles de la Bible, de S. Augustin. Il mourut en 1646, à 73 ans. On a quelques ouvrages de ce prélat. Il publia en 1622 une *Lettre apologétique pour le cardinal de Berulle contre les Carmes*, offensés de ce que l'instituteur de l'Oratoire s'étoit chargé de la direction des Carmelites.

COSROÈS, *voyez* CHOSROÈS.

COSSART, (Gabriel) naquit à Pontoise en 1615. Il entra chez les Jésuites, & professa la rhétorique à Paris avec beaucoup de succès. Après l'avoir enseignée 7 ans, il se joignit au P. Labbe, qui avoit commencé une *Collection des Conciles*, beaucoup plus ample que les précédentes. Son collegue étant mort lorsqu'on imprimoit l'onzieme volume, il continua seul ce grand ouvrage qui parut en 1672, en 18 vol. in-fol. Outre cette savante compilation, on a de lui des *Harangues* & des *Poésies*, publiées chez Cramoisy en 1675, & réimprimées à Paris en 1723, in-12. Le P. Cossart peut passer pour un des meilleurs poëtes & orateurs que les colleges des Jésuites aient produits. Il mourut à Paris en 1674. Il ne faut pas

le confondre avec un rimailleur dont nous avons *le Brasier spirituel* en vers, 1607, in-12 : ouvrage que les curieux recherchent, à cause de sa singularité.

COSSÉ, (Charles de) plus connu sous le nom de maréchal de *Brissac*, d'une maison très-illustre, s'attacha uniquement aux armes, pour lesquelles la nature l'avoit fait naître. Il servit d'abord avec beaucoup de succès dans les guerres de Naples & de Piémont. Il se signala ensuite au siege de Perpignan en 1541, en qualité de colonel de l'infanterie françoise. Il y fut blessé d'un coup de pique, après avoir repris sur les ennemis, lui septieme, l'artillerie dont ils s'étoient emparés. Le dauphin, Henri de France, témoin de son courage, dit hautement, *que s'il n'étoit le dauphin de France, il voudroit être le colonel Brissac*. Devenu colonel-général de la cavalerie-légere de France, il remplit ce poste avec tant de distinction, que les premiers gentilshommes du royaume, & les princes mêmes, vouloient apprendre le métier de la guerre à son école. En 1543, l'empereur Charles-Quint ayant attaqué Landreci, Brissac y jeta du secours par trois fois, & vint joindre, malgré les efforts des ennemis, François I qui étoit alors avec son armée près de Vitri. Ce monarque, après l'avoir embrassé avec beaucoup de tendresse, le fit boire dans sa propre coupe, & le créa chevalier de son ordre. Après plusieurs autres belles actions, récompensées par la charge de grand-maître de l'artillerie de France, Henri II l'envoya en qualité d'ambassadeur à l'empereur pour la paix. Il s'y montra bon politique, comme il avoit paru excellent capitaine dans la guerre. Ses services lui mériterent le gouvernement du Piémont, & le bâton de maréchal de France en 1550. Arrivé à Turin, il rétablit la discipline militaire, réforma les abus, & apprit aux soldats à obéir. Le maréchal de Brissac secourut ensuite les princes de Parme & de la Mirandole, contre Ferdinand de Gonzague & le duc d'Albe, généraux des ennemis. De retour en France, il fut fait gouverneur de Picardie, servit utilement contre les Calvinistes, & mourut à Paris en 1563, à 57 ans. Brissac étoit petit, mais d'une figure extrêmement délicate. Les dames de la cour ne l'appelloient que *le beau Brissac*. On prétend que la duchesse de Valentinois étoit amoureuse de lui, & que ce fut la jalousie de Henri II qui lui fit donner l'emploi de lieutenant-général en Italie. Les traits suivans feront mieux connoître son caractere, que tous les éloges. François, duc de Guise, qui étoit le maître de la France, laissa manquer de tout Brissac dans le Piémont. Le maréchal s'en plaignit sans détour & avec fermeté dans une lettre qu'il écrivit au roi. Ce prince eut l'imprudence de la montrer à son favori, qui envoya un homme de confiance au camp, pour engager le général à dire qu'il avoit signé sans lire, une lettre écrite par son secretaire. L'envoyé n'oublia rien de ce qui pouvoit séduire le maréchal. » Mon ami, lui dit ce grand capitaine, » je ne connois de pro- » tecteur à la cour, que le roi. Il » ne falloit pas venir de si loin pour » faire une proposition semblable. » J'ai lu ma lettre avant que de » l'envoyer ; je me souviens en- » core de ce qu'elle contient, & » je l'approuve »... Le maréchal de Brissac refusa au lieutenant d'une compagnie de 50 hommes-d'armes, la permission d'aller passer l'hiver dans la province. L'officier étant parti sans congé, Brissac le fit déclarer incapable de servir & dégrader de noblesse. Ce jugement, rendu en Piémont, parut trop sévère à quelques dames de la cour, qui presserent Henri II de le casser. Le prince se contenta de solliciter le

général, qui lui répondit : » C'est » à vous, Sire, que l'offense a été » faite ; & par conséquent, à vous » à la pardonner. Si votre majesté » veut bien faire ce tort à son ser- » vice, je ne puis m'y opposer ». La sagesse du discours de Brissac n'empêcha pas, dans un gouvernement foible & corrompu, que l'officier ne fût réhabilité dans son emploi & dans tous ses honneurs... Ce grand-homme accorda, dans une occasion éclatante, la punition que mérite la désobéissance, & la récompense qui est due à la valeur. Ayant mis l'armée en bataille au siege de Vignal dans le Montferrat, pour donner l'assaut ; un bâtard de la maison de Roissi part du gros de la troupe, sans attendre le signal, met l'épée à la main, monte à la breche, tue tout ce qui se présente devant lui, étonne les Espagnols par son audace, & décide la prise de la place. Cet héroïsme n'empêche pas qu'il ne soit mis au conseil de guerre, & condamné à mort tout d'une voix. » Mon ami, lui dit alors Brissac, » la loi a jugé l'action ; je veux » être clément en faveur du motif. » Je te pardonne ; & pour honorer » l'intrépidité que tu as montrée, » je te donne cette chaîne d'or, » que je te prie de porter pour l'a- » mour de moi. Mon écuyer te » donnera un cheval & des armes ; » & tu combattras désormais au- » près de moi »..... Les troupes victorieuses dans le Piémont sous Brissac, furent réformées. Dans le premier mouvement de leur colere, elles demanderent, du ton de la sédition, où elles trouveroient du pain ? — *Chez moi, tant qu'il y en aura*, répondit le général... Les marchands du pays, qui, sur la parole de Brissac avoient fait des avances à l'armée, conjurerent cet homme illustre d'avoir pitié d'eux. Il se dépouille à l'instant de tout ce qu'il a pour les soulager, & se rend avec eux à la cour de France. Les

Guifes, qui étoient les maîtres absolus du royaume, ne montrant pour ces malheureux qu'une compassion stérile, le maréchal de Brissac dit à sa femme : » Voilà des » gens, madame, qui ont hazardé » leur fortune, sur mes promesses, » le ministère ne les veut pas payer; » & ce sont des gens perdus. Remettons à un autre tems le mariage de mademoiselle de Brissac » que nous nous disposions à faire, » & donnons à ces infortunés l'argent destiné pour sa dot ». L'ame de la maréchale se trouva aussi sensible, aussi élevée que celle de son époux. Avec la dot & quelques autres sommes qu'on emprunta, Brissac parvint à faire la moitié de ce qui étoit dû aux marchands, auxquels il donna des sûretés pour le reste.

COSSÉ, (Artus de) frere du précédent, maréchal de France comme lui; défendit contre l'empereur Charles V en 1552 la ville de Metz, dont il avoit le gouvernement, & partagea la gloire de sa délivrance avec le duc de Guise. Il fut élevé ensuite à la charge de grand-panetier de France & de surintendant des finances. » Sa femme, dit Brantôme, » qui étoit de la maison » de Pui Griffier en Poitou, mal- » habile pourtant, & n'étoit ja- » mais venue à la cour, sinon lors- » qu'il eut cette charge des finances, » fit la révérence à la reine... *Ma foi, lui dit-elle, nous étions ruinés sans cela, madame : car nous devions cent mille écus. Dieu merci, depuis un an nous nous sommes acquittés, & nous avons gagné plus de cent mille écus pour acheter quelque belle terre ».* Cette sotte naïveté fit bien rire la reine & les courtisans; mais elle déplut beaucoup à Cossé, qui la renvoya le lendemain. Artus de Cossé eut le bâton de maréchal de France en 1567. » Il avoit la tête aussi bonne » que le bras, dit le même historien, » encore qu'aucuns lui don-

» nerent le nom de *Maréchal des* » *Bouteilles*, parce qu'il aimoit » quelquefois à faire bonne chere, » rire & gaudir avec ses compa- » gnons; mais pour cela sa cer- » velle demeuroit fort bonne & » saine ». Il se trouva à la bataille de Saint-Denis, & à celle de Montcontour en 1569. Défait par les Calvinistes l'année d'après au combat d'Arnai-le-Duc, il vengea cet affront au siege de la Rochelle en 1573, & empêcha le secours d'y entrer. Il mourut dans son château de Gonnor en Anjou, l'an 1582, honoré par Henri III du collier de ses ordres.

COSSÉ, (Philippe de) frere d'Artus de Cossé, évêque de Coutances, grand-aumônier de France, mort en 1548, étoit très-habile dans les belles-lettres & la théologie. Il aimoit & protégeoit les savans. Ce fut à sa persuasion que Louis le Roi écrivit la *Vie* de Budé.

COSSÉ, (Timoléon de) appellé le comte de Brissac, grand-fauconnier de France, colonel des Bandes de Piémont, étoit fils du maréchal de Brissac. Il se montra digne de son pere par sa valeur, sa sagesse, & par son amour pour les lettres & les sciences. Son mérite lui auroit procuré les plus hautes dignités, s'il n'eût été malheureusement tué d'un coup d'arquebuse au siege de Mucidan dans le Périgord, en 1569, à 26 ans.

COSSÉ, (Charles de) fils puîné de Charles de Cossé, hérita de son courage. Il fut duc de Brissac, pair & maréchal de France. Il remit Paris, dont il étoit gouverneur, au roi Henri IV, le 22 mars 1594. Il mourut à Brissac en Anjou l'an 1621. Louis XIII avoit érigé cette terre en duché-pairie l'année précédente, en confidération de ses services.

COSTA, (Christophe à) né en Afrique d'un Portugais, passa en Asie pour satisfaire son penchant à la botanique. Il fut pris par les barbares, & vécut long-tems en esclavage. Il profita des premiers momens de sa liberté, pour recueillir des herbes médecinales, & vint enfuite à Burgos en Espagne, où il exerça la médecine. C'est dans cette ville qu'il publia en 1578, in-4°, un *Traité des Drogues & des Simples des Indes*, traduit en latin par Clusius 1593, in-8°. On a encore de lui une *Relation de ses Voyages des Indes*, & un *Livre à la louange des Femmes*, Venise 1592, in-4°.

COSTA, (Emmanuel à) jurisconsulte portugais, disciple de Navarre, enseigna le droit à Salamanque en 1550. Ses *Œuvres* ont été imprimées en 2 vol. in-fol. Covarruvias & les autres savans jurisconsultes espagnols les citent avec éloge. On ne peut lui reprocher que le défaut de précision & de méthode.

COSTA, (Jean à) ou Jean LA COSTE, professeur de droit à Cahors sa patrie, & à Toulouse, mort en 1637, laissa des *Notes sur les Instituts de Justinien*, réimprimées à Leyde en 1719, in-4°.

COSTANZO, (Angelo di) seigneur de Cantalupo, né en 1507 à Naples, mit au jour l'*Histoire de cette ville*, en italien, in-fol. en 1582, à Aquila, après 53 ans de recherches. Cette première édition, rare même en Italie, s'étend depuis l'an 1250, jusqu'en 1489; c'est-à-dire depuis la mort de Fréderic II, jusqu'à la guerre de Milan, sous Ferdinand I. Constanzo égayoit, par la culture de la poésie latine, la sécheresse de l'histoire. Il réussit dans l'une & dans l'autre. Il imagina pour le sonnet une tournure particuliere, qui lui donna plus de grace. On a recueilli ses vers italiens à Venise en 1752, in-12. Il mourut vers l'an 1590, dans un âge fort avancé.

COSTAR, (Pierre) fils d'un chapelier de Paris, naquit en 1603. Son vrai nom étoit *Costaud*; mais le trouvant peu propre à l'harmonie de la poésie, il le changea en celui de Costar. Avec une mémoire très-heureuse & une vaste lecture, il trouva le secret de se faire beaucoup d'ennemis. La présomption, l'opiniâtreté le rendirent emporté dans toutes ses querelles. On connoît celle qui s'éleva entre lui & Girac, au sujet des ouvrages de Voiture, que Costar défendit avec la chaleur que les chevaliers-errans avoient montrée pour leurs maîtresses. Aux éloges les plus outrés du poëte son ami, il joignit les injures les plus piquantes contre son adversaire, & ces injures lui parurent des raisons. Malgré la vivacité satyrique de ses écrits, il voulut paroître doux dans la société; mais il se plia avec tant de mal-adresse aux usages du grand monde, que madame des Loges disoit de lui: *Que c'étoit le pédant le plus galant, & le galant le plus pédant qu'on eût encore rencontré*. Il avoit fait à tête reposée un répertoire de lieux-communs, où il trouvoit en sortant de chez lui toutes les saillies qu'il devoit étaler chez les autres. Ce pédant petit-maître, quoique bachelier de Sorbonne & prêtre, étoit un des oracles de l'hôtel de Rambouillet, & même de quelques ruelles. Il mourut en 1660. On a de lui un *Recueil de Lettres* en 2 gros vol. in-4°, la plupart chargées de grec & de latin, presque toutes inutiles, & toutes, sans exception, pleines de phébus & de galimatias. Sa *Défense de Voiture* lui avoit procuré, dit-on, un présent de 500 écus du cardinal Mazarin; mais ses *Lettres* ne furent pas si bien payées.

COSTE, (Hilarion de) minime de Paris, disciple du P. Mersenne, & allié par sa mere de St François de Paule, naquit en 1595, & mourut en 1661. C'étoit un homme d'une grande piété & d'une lecture immense; mais compilateur crédule, & écrivain diffus & ennuyeux. On a de lui : I. Les *Eloges & les Vies des Reines, des Princesses & des Dames illustres en piété, en courage & en doctrine, qui ont fleuri de nôtre tems & du tems de nos peres,* en 2 vol. in-4° ; la meilleure édition est de 1647. II. *Histoire catholique,* où sont décrites les vies des hommes & des dames illustres du 16e & 17e siecles, in-fol. Paris 1625. III. Les *Eloges des Rois & des Enfans de France qui ont été Dauphins,* in-4°. IV. La *Vie du P. Mersenne,* in-8°. Ce n'est proprement qu'un éloge de ce savant religieux, fait pour servir de mémoires à ceux qui voudroient écrire plus amplement sa vie. V. Le *Portrait en petit de S. François de Paule,* in-4°. VI. La *Vie de François le Picard, ou le Parfait Ecclésiastique,* avec les éloges de 40 autres docteurs, in-8°, ouvrage curieux & recherché. On trouve à la fin les preuves de cette histoire, tirées de différens auteurs. Il suivoit cette méthode dans presque tous ses ouvrages ; & c'est ce qui les fait rechercher par quelques savans. VII. La *Vie de Jeanne de France, fondatrice des Annonciades.*

COSTE, (Pierre) natif d'Usez, réfugié en Angleterre, mort à Paris en 1747, a laissé plusieurs ouvrages. Les principaux sont : I. Les *Traductions de l'Essai sur l'Entendement humain de Locke,* Amsterdam 1736, in-4°, & Trévoux, 4 vol. in-12 ; de l'*Optique de Newton,* in-4° ; du *Christianisme raisonnable de Locke,* 2 vol. in-8°. II. Une *Edition des Essais de Montaigne,* en 3 vol. in-4°, & 10 in-12, avec des remarques. III. Une *Edition de la Fontaine,* in-12, avec de courtes notes au bas des pages. IV. La *Défense de la Bruyere* contre le chartreux d'Argonne, caché sous le nom de *Vigneul-Marville :* ouvrage verbeux,

dont on a chargé très-mal-à-propos la plupart des éditions des *Caracteres de Théophraste.* V. La *Vie du grand Condé,* in-4° & in-12, assez exacte, mais froide. Coste étoit un éditeur souvent minutieux, & un écrivain médiocre ; mais il mettoit de l'attention dans tout ce qu'il faisoit. C'étoit un excellent correcteur d'imprimerie ; & par ce mot, j'entens un homme qui connoît sa langue, qui possede à un certain point les langues étrangeres, & qui n'ignore point entierement les hautes sciences.

COSTE, (N.) écrivain de Toulouse, mort en novembre 1759, est auteur de deux ouvrages. I. *Dissertation sur l'Antiquité de Chaillot,* 1736, in-12. II. *Projet d'une Histoire de la ville de Paris sur un plan nouveau,* 1739, in-12. Son but dans ces deux ouvrages est de ridiculiser le goût outré de l'érudition. Dans le second, il répand ses plaisanteries sur tout le genre historique en général ; mais il est à croire qu'il ne se proposoit que de se moquer de ces laborieux & intrépides compilateurs, qui portent leur vaine curiosité sur les faits les plus minces & les plus inutiles.

COSTE, (Emmanuel-Jean de la) ecclésiastique de Versailles, mort au mois de novembre 1761, a laissé : I. *Lettre au sujet de la Noblesse commerçante,* 1756, in-8°. II. *Lettre d'un Baron saxon à un Gentilhomme silésien.*

COSTER, (François) jésuite de Malines, appellé *le marteau des Hérétiques,* publia divers ouvrages contr'eux, entr'autres l'*Enchiridion controversiarum,* Cologne 1590, in-8°, traduit en plusieurs langues. On a encore de lui : *Apologia tertiæ partis Enchiridii de Ecclesia,* 1604, in-8°. *Augmentum Enchiridii,* 1605, in-8°. *Remarques sur le Nouveau Testament,* en flamand, 1614, in-fol. & d'autres ouvrages. Il mourut à Bruxelles en 1619, à 88 ans, avec la réputation d'un savant pieux.

COSTER, (Laurent) habitant de Harlem, mort vers 1440, descendoit des anciens comtes de Hollande par un enfant naturel. Son nom est célebre dans les fastes de l'imprimerie, parce que les Hollandois le prétendent inventeur de cet art vers 1430. Il s'en faut bien que cette prétention soit appuyée sur des fondemens solides. Ce n'est que 130 ans après le premier exercice de cet art à Mayence, que la ville de Harlem s'est avisée d'en revendiquer l'invention. Mais aux faits connus & certains, aux monumens parlans & non équivoques qui assurent cette gloire à Mayence, elle n'oppose que des traditions obscures, des contes de vieillards, des historiettes, des conjectures, & pas une production typographique qu'on puisse prouver appartenir à Coster. Tout ce qu'on peut accorder à Harlem, c'est d'avoir été une des premieres villes où l'on ait exercé l'art de la gravure en bois, qui a conduit par degrés à l'idée d'imprimer un livre d'abord en planche de bois, gravées ensuite en caracteres mobiles de bois, & enfin en caracteres de fonte. Mais il reste encore à prouver que cette idée ait été conçue & exécutée à Harlem; au lieu qu'il est démontré que Guttemberg a imprimé d'abord à Strasbourg, & ensuite à Mayence, en caracteres de bois mobiles, & que les caracteres de fonte ont été inventés à Mayence par Schœffer. Le suivant Meerman, conseiller & pensionnaire de Rotterdam, zélé pour l'honneur de son pays, a soutenu la cause de Harlem avec toute la sagacité & toute l'érudition qu'on pouvoit y mettre, dans un ouvrage intitulé: *Origines Typographicæ*, imprimé à La Haye en 1765, en 2 vol. in-4°, & l'on peut dire que jamais mauvaise cause ne fut mieux défendue.

COSTER, *voyez* CUSTOS.

COSTES, *voyez* CALPRENEDE.

COTA, (Rodriguez) de Tolede, poëte tragique, auteur de la tragi-comédie de *Calisto y Melibæa*. Gaspard Barthius, allemand, grand amateur des livres espagnols, a traduit cet ouvrage en latin, & ne fait pas difficulté de l'appeller *divin*. Jacques de Lavardin l'a mis en françois; mais sa version ne contribue pas beaucoup à conserver la haute idée que le traducteur allemand en avoit donnée. La production de Cota est pourtant une des mieux écrites qu'il y ait dans sa langue. Il florissoit au 16e siecle.

COTELIER, (Jean-Baptiste) bachelier de Sorbonne, professeur en grec au college royal, né à Nimes en 1629, répondit par son génie aux soins que son pere se donna pour son éducation. A l'âge de 12 ans, il expliquoit, dit-on, la Bible en hébreu à d'ouverture du livre, & faisoit avec la même facilité l'explication des définitions d'Euclide. Quoiqu'il y ait toujours beaucoup à rabattre de ces sortes d'épreuves, on le regarda dès-lors comme un petit prodige, & il soutint cette réputation en Sorbonne, où il prit le degré de bachelier. Il ne voulut point faire sa licence, pour ne pas s'engager dans des ordres sacrés. En 1667 le grand Colbert le choisit avec le célebre du Cange, pour travailler avec lui à la révision, au catalogue & aux sommaires des manuscrits grecs de la bibliotheque du roi. Ce travail lui procura en 1676 une chaire de professeur en langue grecque au college royal, qu'il remplit avec autant d'assiduité que de succès. Il étoit d'une probité, d'une simplicité, d'une candeur, d'une modestie dignes des premiers tems; entiérement consacré à la retraite; se communiquant peu, & à très-peu de gens; paroissant mélancolique & réservé à ceux qui ne le connoissoient pas, mais du caractere le plus doux & le plus aisé avec ses amis. L'église doit à ses veilles: I. Un recueil des *Monumens des Peres qui ont vécu dans les tems apostoliques*, 2 vol. in-fol. imprimés

imprimés à Paris en 1672 : ouvrage recommandable par des notes recherchées, aussi courtes que savantes, tant sur les termes grecs, que sur diverses matieres d'histoire ; de dogme & de discipline. L'auteur ne s'attache qu'à ce qu'il y a de plus curieux & de plus singulier sur chaque sujet, ne mettant rien que ce qu'il croyoit n'avoir pas été observé par les autres. Ce recueil a été réimprimé en Hollande en 2 vol. in-fol. (1698 & 1724) par les soins de le Clerc, qui l'a enrichi des notes & des dissertations de plusieurs savans. II. Un recueil de plusieurs *Monumens de l'Eglise Grecque*, avec une version latine & des notes, in-4°, 3 vol. 1677, 1681 & 1686 : aussi estimable que le précédent. III. Une *Traduction* latine *des 11 Homélies de S. Chrysostome sur les Pseaumes*, & des *Commentaires de ce Pere sur Daniel*, à Paris 1661, in-4°. Ce savant ne citoit rien dans ses ouvrages, qu'il ne vérifiât sur les originaux. Il mourut en 1686, à 58 ans, consumé par les infirmités & par le travail. Il a laissé plusieurs manuscrits en 9 vol. in-fol. qu'on conserve dans la bibliotheque du roi : ce sont des extraits des Peres & des auteurs ecclésiastiques, avec des observations.

COTES, (Roger) professeur d'astronomie & de physique expérimentale dans l'université de Cambridge, mourut en 1716, à la fleur de son âge. On lui doit : I. Une excellente *Edition des Principes de Newton*, à Cambridge, en 1713, in-4°. II. *Harmonia mensurarum, sive analysis & synthesis per rationum & angulorum mensuras promotæ*. Newton avoit enseigné la maniere de rapporter les intégrales aux sections coniques ; Cotes, son disciple, rappella les aires des sections coniques aux mesures des rapports & des angles. Il réduisit aux mêmes sections plusieurs différentielles jugées irréductibles ; & vint à bout d'exécuter, par l'union

de ces deux méthodes, ce qu'il n'avoit pu faire par la mesure des rapports ou des angles pris séparément. Cotes étant mort, sans avoir mis la derniere main à ses découvertes & à quelques autres, Robert Smith, son ami & son successeur, suppléa à ce qui manquoit, & le mit au jour en 1722. III. *Description du grand Météore qui parut au mois de mars 1716.*

COTIN, (Charles) aumônier du roi & chanoine de Bayeux, si maltraité dans les satyres de Boileau, & dans la comédie des *Femmes savantes* sous le nom de *Trissotin*, étoit parisien, poëte, & prédicateur. Il fut reçu de l'académie françoise en 1655, & mourut à Paris en 1682. Le sonnet de la princesse *Uranie*, que Moliere rapporte dans sa comédie, étoit véritablement de l'abbé Cotin. Il l'avoit composé pour mademoiselle de Nemours. Comme il achevoit la lecture de ses vers chez mademoiselle, Ménage entra, & déprima beaucoup son sonnet : là-dessus les deux poëtes se dirent à-peu-près les douceurs que Moliere mit dans la bouche de Trissotin & de Vadius qui désignoit Ménage. On prétend que l'auteur s'étoit attiré la colere de Boileau & de Moliere, parce qu'il avoit conseillé durement, quoique très-sagement, au premier, de consacrer ses talens à une autre espece de poésie que la satyre, & qu'il avoit cherché à desservir le second auprès du duc de Montausier, en insinuant à ce seigneur que c'étoit lui que Moliere avoit voulu jouer dans son *Misanthrope*. Quoi qu'il en soit, Cotin ne manquoit pas de mérite. Il savoit du grec, de l'hébreu, du syriaque ; prêchoit assez noblement ; écrivoit passablement en prose ; & faisoit des vers dont quelques-uns étoient spirituels & bien tournés, quoique la plupart fussent guindés & foibles. On a de lui des *Enigmes*, des *Odes*, des *Paraphrases*, des *Rondeaux*, des

Z

Œuvres galantes, 1665, 2 vol. in-12 ; des *Poésies chrétiennes*, 1668, in-12 ; & plusieurs ouvrages en prose.

COTOLENDI, (Charles) avocat au parlement de Paris, natif d'Aix ou d'Avignon, mort au commencement du 18e siecle. Il s'est fait connoître dans le monde littéraire par plusieurs ouvrages. Les principaux sont: I. Les *Voyages de Pierre Texeira*, ou l'*Histoire des Rois de Perse, jusqu'en 1609*, traduit de l'espagnol en françois, 2 vol. in-12. II. La *Vie de S. François de Sales*, in-4°, écrite par le conseil d'Abelli. III. La *Vie de Christophe Colomb* traduite en françois, 2 vol. in-12. IV. La *Vie de la duchesse de Montmorenci, supérieure de la Visitation de Moulins*, in-8°. V. *Arlequiniana*, ou *Les bons-mots, les histoires plaisantes & agréables, recueillies des conversations d'Arlequin* : lecture de laquais. VI. *Le Livre sans nom*, digne d'avoir les mêmes lecteurs. VII. *Dissertation sur les Œuvres de St-Evremont*, in-12, sous le nom de *Dumont*. « Je trouve beaucoup de choses » dans cet écrit, bien censurées, écrivoit l'auteur critiqué : » je ne » puis nier que l'auteur n'écrive » bien ; mais son zele pour la re- » ligion & pour les bonnes mœurs, » passe tout. Je gagnerois moins à » changer mon style contre le sien, » que ma conscience contre la » sienne.... La faveur passe la sé- » vérité du jugement, & j'ai plus » de reconnoissance de la grace, » que de ressentiment de la ri- » gueur ». Ces jeux de mots cachent une modestie, qui, si elle étoit sincere, devoit faire passer bien des fautes à St-Evremont.

COTON, *voyez* COTTON.

COTOVICUS, *voyez* COOTWICH.

COTTA, (C. Aurelius) fameux orateur & d'une illustre famille de Rome, étoit frere de Marcus-Au-

relius Cotta, qui obtint le consulat avec Lucullus l'an 74 avant J. C. Ce Marcus Cotta fit la guerre contre Mithridate avec peu de succès, fut défait auprès de Chalcédoine, & perdit un combat sur mer. Trois ans après il prit Héraclée par trahison ; ce qui lui fit donner le nom de *Pontique*. Caïus Cotta fut banni de Rome pendant les guerres de Marius & de Sylla. Le parti du dernier ayant triomphé, Cotta fut rappellé & devint consul 75 ans avant J. C. Lucius-Aurunculeïus Cotta, capitaine romain de la même famille, servit dans les Gaules sous César, & fut tué par les Gaulois l'an 54.

COTTA, (Jean) poëte latin, né dans un village auprès de Verone, s'acquit de la réputation par ses talens. Il suivit à l'armée Barthélemi d'Alviane, général vénitien, qui l'aimoit ; mais il fut pris par les François, à la bataille de la Ghiara d'Adda, l'an 1509, & ne fut délivré qu'au bout de quelque tems. Son protecteur l'envoya auprès du pape Jules II, à Viterbe, où il mourut en 1511, à l'âge de 28 ans, d'une fievre pestilentielle. On a de Cotta des Epigrammes & des Oraisons, imprimées dans le recueil intitulé : *Carmina quinque Poëtarum*, Venise 1548, in-8°.

COTTE, (Robert de) architecte, né à Paris en 1657, fut choisi en 1699 pour directeur de l'académie royale d'architecture, ensuite vice-protecteur de celle de peinture & de sculpture ; enfin premier architecte du roi, & intendant des bâtimens, jardins, arts & manufactures royales. Louis XIV ajouta un nouveau lustre à ces titres en l'honorant du cordon de saint Michel. Ce célebre artiste a décoré Paris & Versailles d'une infinité d'excellens morceaux d'architecture. Il conduisit le dôme des Invalides, finit la chapelle de Versailles, éleva les nouveaux bâtimens de S. Denis. Il fit le péristyle de Trianon, ouvrage magnifique, dans lequel la beauté du marbre le cede à la légéreté & à la délicatesse du travail. Cotte avoit de l'imagination & du génie ; mais l'un & l'autre étoient réglés par le jugement, & dirigés par le goût. C'est lui qui a imaginé le premier de mettre des glaces au-dessus des chambranles des cheminées. Cet habile maître mourut à Paris en 1735, aussi regretté pour ses talens, que pour ses mœurs & son caractere.

COTTON ou COTON, (Pierre) jésuite, né en 1564, à Neronde, près de la Loire, fut appellé à la cour de Henri IV, à la priere du fameux Lesdiguieres. Le roi, satisfait de son esprit ainsi que de ses mœurs, lui confia sa conscience. Il voulut le nommer à l'archevêché d'Arles, & lui procurer un chapeau de cardinal ; mais le jésuite s'y opposa toujours. Après la mort déplorable de ce prince, Cotton fut confesseur de Louis XIII son fils. La cour étoit pour lui une solitude ; il demanda d'en sortir, & l'obtint en 1617. Il mourut à Paris en 1626, après avoir passé par les emplois les plus distingués de son ordre. On a de ce jésuite quelques écrits. I. Un *Traité du Sacrifice de la Messe.* II. D'autres Ouvrages de Controverse. III. Des *Sermons*, in-8°, 1617, &c. En 1610 il fit paroître in-8°, une *Lettre déclaratoire de la Doctrine des PP. Jésuites, conforme à la Doctrine du concile de Trente,* in-8° : ce qui produisit l'*Anti-Cotton,* 1610, in-8°, & qu'on trouve à la fin de l'*Histoire de D. Inigo,* 2 vol. in-12. On attribue cette satyre, plus maligne que spirituelle, à Pierre du Coignet. Cotton, dit le président Gramond (*Hist. Galliæ,* p. 678), étoit l'orateur le plus éloquent de son siecle, le religieux le plus désintéressé, le plus modeste ; il conserva toute sa vertu au milieu de la contagion de la cour, c'étoit un lis entre les épines ; il étoit très-savant, & sa science ne le cédoit qu'à sa sain-

teté. » Ceux qui l'ont connu familiérement, dit Dupleix (*Hist. de Henri le Grand,* p. 349, &c.), » peuvent porter témoignage que » c'étoit un parfait religieux, & » autant passionné pour le service » du roi & de l'état, qu'un bon & » fidele sujet le peut être. Aussi sa » majesté qui étoit autant habile » qu'homme de son royaume pour » juger de l'humeur & du mérite » des personnes, le chérissoit gran- » dement pour ses louables qualités, » & le faisoit souvent appeller pour » s'entretenir avec lui ». Le P. Cotton a encore laissé quelques manuscrits sur des matieres de philosophie & de religion qui ont donné lieu à un ouvrage intéressant. (*Voyez* BOUTAULD). Le P. d'Orléans a écrit sa *Vie,* in-12.

COTTON, (Robert) chevalier anglois, mort en 1631, à 61 ans, se fit un nom célebre par son érudition & par son amour pour les livres. Il composa une belle Bibliotheque, enrichie d'excellens manuscrits, restes précieux échappés à la fureur brutale de ceux qui pillerent les monasteres sous Henri VIII. Un héritier de la famille de ce savant illustre, fit présent à la couronne d'Angleterre de cette riche collection, & de la maison où elle étoit placée. Smith publia en 1696 le Catalogue de ce recueil, en 1 vol. in-fol. sous le titre de *Catalogus Librorum MSS. Bibliothecæ Cottonianæ.* On la joignit ensuite à celle du roi ; mais le feu ayant pris en 1731 à la cheminée d'une chambre placée sous la salle qui renfermoit ce trésor d'érudition, fit tant de ravage en peu de tems, que la plupart des manuscrits de la Bibliotheque Cottonienne, très-riche en ce genre, furent la proie des flammes. L'eau des pompes dont on se servit pour éteindre l'incendie, gâta de telle sorte ceux que le feu avoit épargnés, qu'il n'est plus possible de les lire. On publia en 1652 le *Recueil des*

Z 2

Traités que Cotton avoit compofés dans des occafions importantes. Ce favant anglois connoiffoit à fond les droits de la couronne, & les conftitutions du gouvernement britannique, & l'on avoit recours à lui pour les faire valoir. Ce fut lui qui procura le rétabliffement du titre de *Chevaliers Baronnets*, qu'il déterra dans d'anciennes écritures : ce titre, comme on fait, donne le premier rang, après les barons, qui font pairs du royaume.

COTWYCK, *voyez* COOTWICH.

COTYS, nom de quatre rois de Thrace. Le premier, contemporain de Philippe pere d'Alexandre, fut tué vers 356 ans avant Jefus-Chrift, par un certain Python, en vengeance de fes cruautés. Le fecond envoya fon fils à la tête de 500 chevaux pour fecourir Pompée. Le troifieme vivoit du tems d'Augufte; il fut tué par Rhefcuporis fon oncle, prince cruel : c'eft à celui-là que le poëte Ovide adreffe quelques-unes de fes *Elégies*. Enfin, le quatrieme, fils du précédent, céda la Thrace à fon coufin Rhœmetalcès, par ordre de Caligula, & eut en échange la petite Arménie & une partie de l'Arabie, l'an 38 de J. C.

COVARRUVIAS, (Diego) né à Tolede le 25 juillet 1512, furnommé *le Barthole efpagnol*, profeffa le droit canon à Salamanque avec beaucoup de réputation. Il éclaira la fcience du droit par celle des langues, des belles-lettres, & de la théologie. Nommé à l'archevêché de S. Domingue qu'il refufa, & enfuite à l'évêché de Ciudad-Rodrigo, il fe rendit au concile de Trente en cette qualité. Sa vertu & fes talens le firent choifir avec Buoncompagno (depuis Gregoire XIII), pour dreffer les décrets de la réformation ; & à fon retour en Efpagne, il fut nommé évêque de Ségovie en 1564, préfident du confeil de Caftille en 1572, & enfin évêque de Cuença ; il mourut à Madrid le 27 décembre 1577. Ses

ouvrages ont été publiés en 2 vol. in-fol. Anvers 1610.

COUCHA, (Sébaftien) peintre napolitain, mort depuis quelques années, avoit le génie froid ; mais fes tableaux font bien arrangés, & fon coloris eft frais & beau. Il y a de lui une belle Peinture à frefque dans le fond de la falle principale du grand hôpital de Sienne.

COUCHOT, (N.) avocat au parlement de Paris, a donné au public : I. Un *Dictionnaire civil & canonique de Droit & de Pratique*, 1 vol. in-4°. II. *Le Praticien univerfel*, 2 vol. in-4°. Ce dernier ouvrage, dont il y a eu diverfes éditions, eft en 6 vol. in-12 : la derniere a été revue & augmentée par M. de la Combe, avocat. III. Un *Traité des Minorités, Tutelles, & Curatelles*, imprimé en 1713, 1 vol. in-12.

COUDRETTE, (Chriftophe) prêtre de Paris, mort dans cette ville le 4 août 1774, fut lié de très-bonne heure avec les partifans des folitaires de Port-Royal & fur-tout avec l'abbé Bourfier. Ses fentimens au fujet de la bulle *Unigenitus* lui attirerent une prifon de cinq femaines à Vincennes en 1735, & un féjour de plus d'un an à la Baftille en 1738. On a de lui des *Mémoires fur le Formulaire*, en 2 vol. in-12 ; l'*Hiftoire & Analyfe* du livre *De l'Action de Dieu*, & diverfes autres brochures polémiques. Mais fon principal ouvrage, eft l'*Hiftoire générale des Jéfuites* qu'il publia l'an 1761, en 4 vol. in-12, auxquels il ajouta un *Supplément* de 2 vol. en 1764. Les travaux que lui occafionna la compofition de ce gros ouvrage, déja parfaitement oublié, lui affoiblirent la vue, & il étoit prefque aveugle lorfqu'il mourut. Les *Nouvelles eccléfiaftiques* l'ont peint comme un faint ; le public impartial fait apprécier ce témoignage.

COUGHEN, (Jean) miniftre anglois, avoit une grande érudition, dont il ne se servit que pour s'aveugler davantage sur la religion. Comme il étoit du nombre de ces chercheurs, qui, sans avoir pris de parti en matiere de religion, sont toujours en haleine pour trouver la véritable, il s'attacha successivement à plusieurs sectes. Celle des Quakers attira puissamment Coughen. Sa conversion au Quakerisme a quelque chose de singulier. Il apprit qu'une fille prophétisoit dans les assemblées des Trembleurs avec une éloquence capable d'imposer. Coughen, charmé de cette découverte, se mêla dans la foule pour entendre la prétendue prophétesse. Il en fut saisi, même jusqu'à l'admiration. Il quitta cependant un riche bénéfice, & se fit le disciple & l'amant de la jeune Trembleuse. Son attachement au Quakerisme ne survécut pas à sa passion qui s'éteignit bientôt. Il quitta cette secte pour reprendre son incertitude. Elle aboutit enfin à le faire auteur de la religion nouvelle des *Pacificateurs*, qui subsiste encore en Angleterre. Leur but est de concilier entre elles toutes les religions, & de montrer que les sectes ne différent que par les mots, ou sur des articles peu importans. La peste qui ravagea Londres en 1665, enleva Coughen au monde & à ses perplexités.

COULANGES, (Philippe-Emmanuel de) parisien, conseiller au parlement, puis maître des requêtes, mourut dans sa patrie en 1716, à 85 ans. Quoiqu'il eût beaucoup d'esprit, & un esprit aisé & plein de graces, il n'avoit nullement celui que demandent les études sérieuses & les fonctions graves de la magistrature. Etant aux enquêtes du palais, on le chargea de rapporter une affaire où il s'agissoit d'une mare d'eau entre deux paysans, dont l'un s'appelloit Grapin. Coulanges, embarrassé dans le récit des faits, rompit le fil de son discours avec vivacité, en disant : *Pardon, Messieurs, je me noie dans la mare à Grapin, & je suis votre*

serviteur ; & depuis il ne voulut plus se charger d'aucune affaire. S'il étoit mauvais rapporteur, il étoit très-bon chansonnier. On a de lui des plus jolies choses en ce genre, par le tour naturel & aisé qu'il leur a donné. Il les enfantoit sur le champ ; & à l'âge de plus de 80 ans, il adressa cet impromptu à un prédicateur, qui le pressoit de mener une vie plus retirée.

Je voudrois à mon âge,
Il en seroit tems,
Etre moins volage,
Que les jeunes-gens,
Et mettre en usage
D'un vieillard bien sage
Tous les sentimens.
Je voudrois du vieil homme
Etre séparé ;
Le morceau de pomme
N'est pas digéré.

Cet enjouement l'accompagna jusqu'au tombeau. On a deux éditions de ses *Chansons* : la premiere en un seul vol. in-12, à Paris 1696 ; la seconde en 2 vol. in-12, 1698. On trouve quelques-unes de ses lettres, avec celles de son illustre cousine madame de *Sévigné* : elles sont gaies & faciles.

COULOMBIERES, *voyez* BRIQUEVILLE.

COULON, (Louis) prêtre, sortit de la société des Jésuites en 1640. Sa principale occupation fut d'écrire tantôt bien, tantôt mal, sur l'histoire & la géographie. On a de lui : I. Un *Traité historique des Rivieres de France, ou Description géographique & historique des cours & débordemens des Fleuves & Rivieres de France*, avec le dénombrement des villes, ponts & passages, in-8°, 1644, 2 vol. : livre assez bon pour son tems, & même assez curieux pour le nôtre ; mais qui manque d'exactitude. II. Les *Voyages du fameux Vincent le Blanc* aux Indes orientales & occidentales, en Perse, en Afrique, Asie, Egypte, depuis l'an 1567, rédigés par Bergeron, & augmentés par Coulon, 1648, 2 vol. in-4°, curieux & utiles. III. *Lexicon Homericum*, Paris, 1643, in-8°. IV. Plusieurs Ouvrages historiques, moins estimés que ses productions géographiques. Coulon mourut vers l'an 1664.

COVORDE, (Françoise Ursule de) née à Hesdin en Artois en 1732, mourut en odeur de sainteté dans la maison des Annonciades de S. Denis en 1777, où elle avoit fait profession sous le nom de *Marie-Josephe-Albertine de l'Annonciade*. On a sa *Vie*, imprimée d'abord après sa mort, 1 vol. in-12. Elle est écrite sans art & avec cette simplicité ingénue qui donne un nouvel intérêt au tableau des vertus chrétiennes.

COUPERIN, (Louis) natif de Chaume, petite ville de Brie, organiste de la chapelle du roi, mérita par son talent supérieur, qu'on créât pour lui la charge de dessus-de-viole. Il fut emporté d'une mort précoce vers 1665, à 35 ans, & laissa Trois Suites de Pieces de clavecin manuscrites, très-estimables pour le travail & le goût. Les connoisseurs les conservent dans leurs cabinets.

COUPERIN, (François) neveu du précédent, mort à Paris en 1733, à 65 ans, perdit de bonne heure son pere Charles Couperin, habile organiste, & ajouta un nouvel éclat à son nom par l'excellence de ses talens. Louis XIV le fit organiste de sa chapelle, & claveciniste de sa chambre. Il réussissoit également dans ces deux instrumens, touchant l'orgue avec autant d'art que de goût, & jouant du clavecin avec une légéreté admirable. Sa composition en ce dernier genre est d'un goût nouveau. Ses diverses *Pieces de Clavecin*, recueillies en 4 vol. in-folio, offrent une excellente harmonie, jointe à un chant aussi noble que gracieux, & aussi naturel qu'original. Ses divertissemens intitulés :

Les *Goûts réunis*, ou *l'Apothéose de Lulli & de Corelli*, ont été applaudis comme ses autres ouvrages, non-seulement par les François, mais aussi par tous les étrangers qui aiment la bonne musique.

COUPLET, (Philippe) jésuite, né à Malines, alla à la Chine en qualité de missionnaire l'an 1659, & revint en 1680. S'étant rembarqué pour y faire un second voyage, il mourut dans la route en 1693. Il a composé quelques ouvrages en langue chinoise, & plusieurs en latin. I. Il travailla avec les PP. Prosper Intorcetta, Christian Herdrich & François Rougemont à l'ouvrage intitulé : *Confucius Sinarum philosophus, sive scientia Sinica latinè exposita*, imprimé par ordre de Louis XIV, Paris 1687, in-fol. Il est rare. On y traite de la morale & de la politique des Chinois, & dans la préface, on y expose la théologie & les mœurs de ce peuple. On sent bien que tout cela est montré du côté le plus beau. Après cela vient la vie de Confucius : puis les annales que l'on fait remonter fort mal-à-propos à 2952 avant J. C. II. *Catalogus PP. Societatis Jesu qui in imperio Sinarum fidem Christi propagarunt*, Paris 1686. Il l'avoit d'abord composé en chinois. C'est une histoire des Jésuites qui ont travaillé à étendre la foi à la Chine. III. *Historia Candidæ Hiu Christianæ Sinensis*. Cette Histoire parut en françois à Paris 1688. IV. *Relatio de statu & qualitate Missionis Sinicæ*. Elle se trouve presque toute entiere dans le *Propylæum Maji* des *Acta Sanctorum*.

COUR, (Didier de la) né à Monzeville à 3 lieues de Verdun, en 1550, se consacra à Dieu dans l'ordre de S. Benoît. Devenu prieur de l'abbaye de S. Vanne à Verdun, il entreprit d'y introduire la réforme, & y réussit par sa conduite autant que par son zele. Dieu bénit son travail, & bientôt les religieux de l'abbaye de Moyen-Moutier dans les Vofges, dédiée à St Hidulphe, fuivirent fon exemple. Ce fut l'origine de la nouvelle congrégation, connue fous le nom de *S. Vanne & de S. Hidulphe*, approuvée par Clément VIII en 1604. La réforme de ces monafteres fut fuivie de celle de plufieurs autres dans les Pays-Bas, dans la Lorraine, dans la Champagne, dans la Normandie, dans le Poitou, &c. Le grand nombre de maifons qui s'offroient tous les jours, obligea Dom Didier de la Cour, de propofer l'érection d'une nouvelle congrégation en France, fous le nom de *S. Maur*. On jugea qu'il y auroit trop de difficultés & d'inconvéniens, fur-tout en tems de guerre, d'entretenir le commerce & la correfpondance nécefiaires entre les monafteres de Lorraine & de France, réunis dans une feule & même congrégation. Ces deux congrégations de S. Vanne & de S. Maur, ont cependant toujours confervé le même efprit & les mêmes loix, & ont travaillé de concert à édifier l'église par leurs vertus & à l'éclairer par leurs ouvrages. Leur inftituteur leur donna l'exemple de ces deux devoirs. Il mourut en odeur de fainteté en 1623, dans fa 72e année, fimple religieux de l'abbaye de S. Vanne. On a publié en 1772, in-12, la *Vie* de ce pieux réformateur.

COURAYER, (Pierre-François le) naquit à Rouen en 1681. Étant entré dans l'ordre des chanoines réguliers de St Auguftin, il y brilla par fon efprit & par fon favoir, & fut nommé bibliothécaire de Ste Genevièvè à Paris. Son oppofition à la bulle *Unigenitus* l'obligea d'examiner le pouvoir du pontife romain, & les droits qu'ont les premiers pafleurs de juger de la doctrine. Il s'engagea dans les opinions contraires à celles de l'église, & les laiffa percer dans fes converfations. Enfin il leur donna un grand éclat dans fa *Differtation fur la validité des ordinations*

anglicanes, Bruxelles 1723, 2 vol. in-12. Dès que cet ouvrage parut, plufieurs favans indignés prirent la plume pour le combattre. Les journaliftes de Trévoux, D. Gervaife, le jéfuite Hardouin, le jacobin le Quien entrerent en lice, & attaquerent avec force le nouveau fyftême. Le bibliothécaire de Ste Genevieve, bien éloigné de reconnoître fes torts, les augmenta confidérablement par une *Défenfe* de fa Differtation, qu'il publia l'an 1725 en 4 vol. in-12. Cette réponfe, écrite avec autant de hauteur que de vivacité, fut flétrie ainfi que la Differtation par l'archevêque de Paris, par un grand nombre d'évêques, & fupprimée par un arrêt du confeil du 7 feptembre 1727. Le P. le Courayer, dont l'efprit s'étoit roidi contre les cenfures, fut plus fenfible à l'excommunication lancée contre lui par le général de fon ordre. Il avoit des amis fecrets en Angleterre; il quitta Ste Genevieve, & paffa dans cette ifle, où il fut reçu à bras ouverts. L'univerfité d'Oxford l'honora du bonnet de docteur. La reine d'Angleterre lui donna une penfion; deux feigneurs lui accorderent leur table & leur maifon, l'un pendant l'été, & l'autre pendant l'hiver. On ne fait fi ces fruits de fon apoftafie, rendirent le calme à fon efprit; mais il parvint à une longue vieillefle, & ne mourut que vers l'an 1774. Outre les ouvrages dont nous avons parlé, on a de lui : I. Une *Relation hiftorique & apologétique des fentimens du P. le Courayer, avec les preuves juftificatives des faits avancés dans l'ouvrage*, Amfterdam 1729, 2 tom. in-12. Ce livre ne fit que foulever davantage contre lui les Catholiques : il y prétend que la décifion des conciles généraux ne difpenfe pas d'examiner. II. L'*Hiftoire du Concile de Trente*, de Fra-Paolo, traduite de nouveau de l'italien

Z 4

en françois, avec des notes critiques, historiques & théologiques, Londres 1736, 2 vol. in-fol.; Amsterdam 1736, 2 vol. in-4°. Trévoux (fous le titre d'Amsterdam), 3 vol. in-4°. avec la défense de cette version par l'auteur. Cette traduction vaut beaucoup mieux que celle du même ouvrage par Amelot de la Houssaie. Le style est clair, mais les remarques sont infectées de l'esprit de secte & des erreurs de l'auteur : il y établit une espece d'indifférentisme qui ne peut que conduire à une irréligion absolue. III. L'*Histoire de la Réformation par Sleidan, traduite du latin en françois*, 1767, 3 vol. in-4°. Cet ouvrage est accompagné de notes abondantes, où l'auteur discute des faits qu'il a soin d'ajuster à ses vues.

COURBON, (le marquis de) naquit au bourg du Châteauneuf-du-Rhône en Dauphiné, d'une famille peu riche. Né avec beaucoup de penchant pour les armes, il s'échappa du college & alla servir comme volontaire dans l'armée des Pays-Bas. La France & l'Espagne ayant signé la paix bientôt après, il résolut d'aller chercher de l'emploi chez l'étranger. Des voleurs l'ayant entierement dépouillé en traversant les Pyrénées, un hermite françois, nommé du Verdier, lui prêta 50 piastres pour retourner dans sa patrie, où l'on recommençoit à faire des levées. Après diverses aventures, il fit un voyage à Rome, & passa ensuite dans les troupes de l'évêque de Munster : il y fut fait capitaine de cavalerie. La paix ayant été conclue entre la France & l'Empire, il obtint son congé pour aller voir ses parens. Comme il étoit à la fenêtre d'une hôtellerie à Pierrelatte en Dauphiné, il apperçut l'hermite qui l'avoit si obligeamment traité en Espagne, lui rendit ses 50 piastres, & le quitta sans qu'ils se soient jamais revus. De retour en Allemagne, il servit dans les troupes de l'empereur contre les Turcs, & après la mort du comte de Rimbourg, ministre d'état, & grand-maître de toutes les monnoies de l'Empire, il épousa sa veuve qui lui apporta des biens confidérables. Les Vénitiens ayant obtenu la permission de lever des troupes sur les terres de l'Empire, le marquis de Courbon fut mis à la tête d'un régiment de dragons. Son mérite l'éleva au grade de maréchal des camps & armées de la république, & à celui de commandant en chef sous le généralissime. Il contribua beaucoup par sa valeur & par sa prudence, à la prise de Coron, & à celle de Navarrin. Il fut emporté d'un coup de canon au siege de Négrepont en 1688, à 38 ans. Une passion démesurée pour la gloire le portoit toujours aux entreprises les plus éclatantes. Il fut regardé comme un aventurier ; mais heureux & habile. Aimar, juge de Pierrelatte, son intime ami, publia sa *Vie* à Lyon en 1692, in-12.

COURCELLES, (Thomas de) né à Ayencourt près de Montdidier en Picardie, au commencement du 15e siecle, brilla beaucoup par son savoir & son éloquence dans l'université de Paris, dont il fut recteur en 1430, & le député en plusieurs occasions d'éclat. Il assista en 1438 au concile de Basle, en qualité de docteur en théologie ; & à celui de Mayence en 1441, comme orateur de l'université. Charles VII l'employa aussi en plusieurs négociations importantes concernant les affaires ecclésiastiques. Elu doyen de l'église de Paris, il prononça en cette qualité l'*Oraison funebre* de ce prince à St Denis en 1461. Il étoit en même-tems chanoine d'Amiens, & curé de la paroisse de St André des Arcs. Il mourut en 1469, avec la réputation de théologien profond, d'orateur éloquent, & d'habile négociateur ; talens auxquels une grande modestie ajoutoit encore un nouveau lustre.

COURCELLES, (Etienne de) né à Genève en 1586, exerça le ministère en France pendant plusieurs années. Ayant été déposé, il passa en Hollande, & se fit un grand nom parmi les Protestans Arminiens. Il professa la théologie dans leurs écoles, après le fameux Simon Episcopius, qu'il n'a fait souvent qu'abréger dans ses ouvrages, mais d'une maniere fort nette. Il mourut en 1658. Outre ses productions théologiques, qui furent imprimées in-fol. chez Daniel Elzevir en 1675, on a de lui une nouvelle édition du *Nouveau Testament grec*, avec diverses leçons tirées de plusieurs manuscrits. Cette édition est précédée d'une *Préface* estimable, ainsi que le reste de l'ouvrage.

COURCILLON, *voyez* DANGEAU.

COURMONT, *voyez* MARCHE-COURMONT.

COURT, (Benoît le) né à S. Symphorien-le-Châtel dans le Lyonnois, chanoine de Lyon, fut homme d'esprit & habile jurisconsulte au 16e siecle. On a de lui : I. Un *Commentaire sur les Arrêts d'Amour de Martial d'Auvergne*, imprimé pour la premiere fois à Lyon 1533, in-4°, & la derniere en 1731, in-12. II. *Enchiridion Juris utriusque terminorum*, ibid. 1548. III. *Hortorum libri XXX*, ibid. 1560, in-folio.

COURTE-CUISSE, (Jean de) *Joannes Brevis-Coxæ*, docteur de Sorbonne, député en 1395, par l'université de Paris, à Benoît XIII & à Boniface IX qui se disputoient la thiare, pour les engager l'un & l'autre à y renoncer, signala son savoir & son éloquence. Il en fut récompensé par une charge d'aumônier du roi, & ensuite par l'évêché de Paris en 1420. Le roi d'Angleterre étoit pour lors maître de cette ville. Ce prélat citoyen aima mieux se retirer à Genève, dont il

fut évêque en 1422, que de lui obéir. Il mourut quelques années après. Son ouvrage le plus considérable est un *Traité de la Foi, de l'Eglise, du souverain Pontife, & du Concile*, publié par du Pin, à la suite des *Œuvres de Gerson*.

COURTENAY, (Josselin de) comte d'Edesse, issu d'une maison ancienne & illustre, dont l'héritiere épousa Pierre, fils de Louis le Gros, roi de France ; lequel prit le nom de sa femme ; se distingua, pendant les croisades, par sa vertu & par son courage. Ce prince, tiré demi-mort de dessous les ruines d'une forteresse qu'il avoit attaquée auprès d'Alep en Syrie l'an 1131, languissoit dans son lit en attendant le dernier moment. Dans cet état il apprend que le soudan d'Iconium, profitant de sa maladie, assiegeoit une de ses places : il fait promptement assembler ses troupes, & après avoir vainement exhorté son fils à se mettre à leur tête, il marche dans une litiere contre son ennemi. Le soudan alarmé leva le siege & se retira : ce brave vieillard expira bientôt après. Son armée rapporta son corps dans la ville d'Edesse... La famille de Courtenay, descendue du fils de Louis le Gros, & qui a produit des empereurs de Constantinople & plusieurs autres personnes illustres, n'a pu fournir un prince du sang, reconnu. On n'a jamais voulu convenir de leur descendance par mâles du roi Louis le Gros. Hélene, dernier rejeton de cette maison, ayant pris le titre de princesse du sang royal de France dans son contrat de mariage avec Louis de Baufremont, il fut supprimé par arrêt du parlement du 7 février 1737. Son frere Charles-Roger est mort le dernier mâle de cette maison, le 7 mai 1730, à 59 ans. La *Généalogie de cette maison* a été donnée par du Bouchet, Paris 1661, in-fol. L'épître dédicatoire de cette *Histoire*, adressée au roi, est si hardie, dit l'abbé Lenglet, qu'elle en devient téméraire. Les feigneurs de Courtenay préfenterent en vain leurs titres à Henri IV & à Louis XIV. Ce dernier prince leur répondit : » Si mon grand-pere vous a fait tort » en vous refufant le titre de prin- » ces du fang, je fuis prêt à le ré- » parer. Mais nous ne fommes que » les cadets; prouvez-moi que nos » ainés vous ont reconnu, & je » vous reconnois à l'inftant ».

COURTILZ, (Gatien de) fieur de Sandras, naquit à Paris en 1644. Après avoir été capitaine au régiment de Champagne, il paffa en Hollande l'an 1683, pour y dreffer un bureau de menfonges. Sa plume, féconde autant que frivole, enfanta une foule de Romans, publiés fous le titre d'*Hiftoires*, par-là même plus dangereux ; parce que les fables qu'il débita, pafferent à travers le peu de vérités qu'il y mêla. De retour en France en 1702, il fut enfermé à la Baftille, où on le retint très-étroitement 9 ans entiers, & il n'en fortit qu'en 1711. Ayant obtenu fa liberté, il époufa la veuve d'un libraire, & mourut en 1712 à Paris, âgé de 68 ans. On a de ce mauvais gazetier : I. La *Conduite de la France, depuis la paix de Nimegue*, in-12, 1683 : ouvrage dans lequel Courtilz vomit des impoftures contre fa patrie. II. *Réponfe au Livre précédent*, in-12, 1684, dans laquelle il fe bat contre lui-même. III. *Les nouveaux Intérêts des Princes*, expofés dans un ftyle affez léger, mais très-fouvent avec peu de vérité. IV. La *Vie de Coligni*, en 1686, in-12. Il s'y travestit en religionnaire, quoiqu'il ait toujours profeffé la religion catholique. Ce livre eft auffi inexact que mal écrit. V. Les *Mémoires de Rochefort*, in-12; écrits avec légéreté & avec enjouement, & même, contre fa coutume, avec affez de vérité. VI. *Hiftoire de la Guerre de Hollande, depuis l'an 1672 jufqu'en 1677*; ouvrage qui l'obligea de fortir pour quelque-tems des états de la république. VII. *Teftament politique de Colbert*, in-12: mis avec tant d'autres ouvrages de ce genre, dans lefquels, au lieu de voir l'efprit des teftateurs, on ne voit que les rêves des impofteurs qui ont pris leurs noms. Il a l'effronterie de faire dire à Colbert que les évêques de France font tellement dévoués aux volontés du roi, que s'il avoit voulu fubftituer l'Alcoran à l'Evangile, ils y auroient donné les mains : calomnie atroce, & démentie par les fentimens univerfellement connus du clergé de France, qui fait affez voir la fuppofition de cet écrit. VIII. *Le grand Alexandre fruftré, ou Les derniers efforts de l'amour & de la vertu*. IX. Les *Mémoires de Jean-Baptifte de la Fontaine*; ceux d'*Artagnan*, 3 vol. in-12; ceux de *Montbrun*, in-12. Ceux du *Marquis D...* que les gens oififs ont lus, mais que les gens de goût ont rejetés. Ceux de *Bordeaux*, 4 vol. in-12. Ceux de *St-Hilaire*, achevés par l'éditeur, 4 vol. in-12, & écrits avec plus d'exactitude que les précédens. X. Les *Annales de Paris & de la Cour, pour les années 1697 & 1698*. » On trouve tout au long, dit un homme d'efprit, » dans ces » *Mémoires*, tout ce qu'ont penfé » les rois & les miniftres quand ils » étoient feuls, & cent mille actions » publiques dont on n'avoit jamais » entendu parler. Les jeunes barons allemands, les Palatins, les » Polonois, les dames de Stock- » holm & de Copenhague, li- » fent ces livres, & croient y ap- » prendre ce qui s'eft paffé de plus » fecret à la cour de France ». XI. On lui attribue la *Vie du vicomte de Turenne*, in-12, publiée fous le nom de *Dubuiffon*. XII. Les *Mémoires de Tirconel*, compofés fur les récits de ce duc, renfermé comme lui à la Baftille. XIII. *Mercure hiftorique & politique*, &c. Courtilz familiarifé avec la calomnie, & ayant malheureufement de la facilité , publioit volume fur volume , fans épuifer fes fictions. Il a laiffé des Manufcrits pour faire 40 volumes in - 12 , collection de romans hiftoriques qu'il auroit fallu enterrer avec fon auteur : ce n'auroit pas été peut-être un grand mal d'y joindre fes ouvrages imprimés. On lui attribue les *Mémoires de Vordac*, qui ne font pas de lui , quoiqu'ils foient dignes d'en être par les aventures peu vraifemblables qu'on y raconte.

COURTIN , (Antoine de) né à Riom en 1622 , fut envoyé extraordinaire de France auprès de la reine Chriftine. Il remplit les devoirs de ce miniftere avec autant de fidélité que de prudence. Louis XIV, fatisfait de fes fervices , le nomma, à la priere de Colbert , réfident-général pour la France vers les princes & états du Nord. Cet habile négociateur mourut à Paris en 1685. Il n'avoit point moins d'attrait pour la piété & pour les lettres , que de talent pour les affaires. On a de lui : I. *Traité de la Civilité* , in-12. II. *Du Point-d'Honneur*, in-12. III. *De la Pareffe*, ou *l'Art de bien employer le tems en toutes fortes de conditions* , in-12. IV. *De la Jaloufie* , in-12. Il y a de bonnes moralités dans ces différens livres ; mais auffi des trivialités & des chofes plates. V. Une *Traduction du Traité de la Paix & de la Guerre de Grotius*, en 3 livres, 2 vol. in-4°, effacée felon quelques-uns, par celle de Barbairac ; & que d'autres jugent beaucoup meilleure.

COURTOIS , (Hilaire) avocat au châtelet de Paris , naquit à Evreux fur la fin du 15e fiecle. Il a laiffé un recueil de poéfies latines , intitulé : *Hilarii Cortæfii , Neuftri , civis Ebroïci , volantillæ*.

COURTOIS , (Jacques) furnommé *le Bourguignon* , naquit en 1621 dans un village auprès de Befançon. Son pere étoit peintre ; le fils le fut auffi , mais d'une maniere bien fupérieure. Il fuivit pendant 3 ans une armée. Il deffina les campemens , les fieges , les marches , les combats dont il fut témoin , genre de peinture pour lequel il avoit beaucoup de talens. Ses ouvrages offrent une action & une intelligence peu communes ; de la force & de la hardieffe , un coloris frais & éclatant. Ses ennemis & fes envieux l'ayant accufé fans aucun fondement d'avoir empoifonné fa femme , il chercha une fituation plus paifible chez les Jéfuites , & en prit l'habit. La maifon dans laquelle il fut reçu , fut bientôt ornée de plufieurs beaux morceaux de peinture. Il mourut à Rome en 1676. Ses principaux ouvrages font à Rome. Parrocel le pere fut fon éleve.

COURTOIS , (Guillaume) frere du précédent , mort en 1679. Difciple de Pierre de Cortone , il fe fit auffi admirer par fes talens pour la peinture. Il fut employé par le pape Alexandre VII , qui charmé de fon travail , lui donna une chaîne d'or avec fon portrait. Peu de peintres ont auffi bien traité l'hiftoire que lui.

COUSIN, (Gilbert) étoit de Nozeret, petite ville de la Franche-Comté. Il fut domeftique & difciple d'Erafme , puis chanoine dans fa ville natale , ce qui ne l'empêcha pas d'y tenir une école où il enfeignoit les belles - lettres , & infpiroit en même-tems le Calvinifme à fes éleves. Le pape S. Pie V en étant informé , engagea Claude la Baume , archevêque de Befançon , à le faire arrêter. Il fut enfermé dans les prifons de l'archevêché de Befançon en 1567 , & y mourut la même année à 61 ans. On a recueilli fes ouvrages , mélanges de littérature, d'épigrammes fatyriques,& d'annales pleines de contes puérils , fous ce titre : *Gilberti Cognati Opera*, Bâle 1562 , in-fol.

COUSIN , (Jean) chanoine de Tournay fa patrie , mort vers le commencement du 17e fiecle , a publié : I. *De Fundamentis Religionis*, Douai 1597. II. *Hiftoire* de *Tournai*, 1619, in-4°, en françois. III. *Histoire des Saints* qui sont honorés d'un culte spécial, à Tournai 1621, in-8°.

COUSIN, (Jean) peintre & sculpteur, né à Soucy près de Sens, mort en 1589, est le plus ancien artiste françois qui se soit fait quelque réputation. Il peignoit sur le verre, suivant l'usage de son siecle. Ses tableaux sont en très-petit nombre. Le plus considérable est le *Jugement universel*, chez les Minimes de Vincennes. Un voleur avoit coupé la toile de ce tableau, & étoit près de l'emporter, si un religieux ne fût survenu : ce qui obligea de le tirer de l'église pour le placer dans la sacristie. Ses morceaux de sculpture n'étoient pas moins recherchés. On a de lui le *Tombeau de l'amiral Chabot*, aux Célestins de Paris. Ce peintre avoit encore le talent de plaire à la cour. Il passa des jours heureux & tranquilles, sous les regnes orageux de François II, Charles IX, & Henri III. Quelques écrivains ont voulu persuader qu'il étoit protestant ; parce qu'ayant représenté dans une vitre de S. Roman de Sens, le Jugement universel, il y mit un pape en enfer au milieu des démons ; mais c'étoit une leçon de morale, pour montrer que les puissances de ce monde n'étoient pas plus exemptes, que les derniers des hommes, des peines de l'autre vie. Cousin laissa quelques *Ecrits sur la Géométrie & la Perspective*, & un petit *Livre des proportions du Corps humain*. Il excelloit dans le dessin. Ses idées sont nobles, & ses figures ont une belle expression.

COUSIN, (Louis) d'abord bachelier de Sorbonne, ensuite avocat & président à la cour des monnoies, l'un des 40 de l'académie françoise, naquit à Paris en 1627, & y mourut en 1707. La république des lettres lui dut la continuation du *Journal des Savans*, de-

puis 1687 jusqu'en 1702. Il s'étoit déja fait connoître par des traductions excellentes, écrites en maître qui possede son original, & non en esclave qui suit servilement son auteur. Les principales sont : I. Celles de l'*Histoire Ecclésiastique d'Eusebe, de Socrate, de Sozomene, de Théodoret*, en 4 vol. in-4°, ou 6 vol. in-12. II. La *Version des Auteurs de l'Histoire Byzantine*, en 8 vol. in-4°, réimprimée en Hollande en 10 vol. in-12. III. La *Traduction de l'Histoire Romaine de Xiphilin*, 1 vol. in-4°, ou 2 vol. in-12. Ce ne sont point-là les seuls services qu'il rendit aux gens-de-lettres. Il laissa en mourant sa bibliotheque à St Victor, avec un fonds de 20 mille livres, dont le revenu doit être employé tous les ans à l'augmentation de la bibliotheque. Il fonda aussi six boursiers au college de Beauvais ; mais cette fondation n'ayant pas été acceptée par les directeurs de ce college, elle a été transportée à celui de Laon. Le président Cousin étoit un homme d'un commerce doux & aisé, fidele aux devoirs de sa charge, sans négliger les travaux de la littérature. Il étoit marié ; mais n'ayant pas eu d'enfans, le satyrique Ménage fit sur la stérilité de son épouse d'assez mauvaises plaisanteries, qui le brouillerent irréconciliablement avec le président Cousin.

COUSTANT, (Pierre) né à Compiegne en 1654, bénédictin de S. Maur en 1672, mort à Paris en 1721, s'appliqua comme ses autres confreres à travailler sur les Peres de l'église. S. Hilaire lui tomba en partage, & il en donna une nouvelle édition in-fol. à Paris en 1693, avec des notes également courtes, savantes & judicieuses. Il a eu beaucoup de part à l'édition de *S. Augustin*. On a encore de lui le 1er. volume des *Lettres des Papes*, avec une préface & des notes in-fol. & la *Défense des Regles de*

Diplomatique du favant Mabil-lon, contre le jéfuite Germond, où il n'eft pas toujours impartial & équitable.

COUSTELIER, (Antoine-Ur-bain) libraire de Paris, mort dans cette ville le 24 août 1763 , eft auteur de plufieurs brochures fri-voles, qui lui ont fait moins de ré-putation que fes Editions de quel-ques Poëtes & Hiftoriens latins , & dont les principales font : I. Celles de *Virgile* , 3 vol. in-12. d'*Ho-race* , 2 vol. in-12 , de *Catulle* , *Tibulle & Properce* , in-12 , de *Lucrece* , de *Phedre* , de *Martial*, chacun 1 vol. in-12 , avec de belles figures , de *Perfe & Juvenal*, in-12 , fans figures. II. Celles de *Jules-Céfar* , 2 vol. in-12 , avec cartes & figures , de *Cornelius Nepos*, de *Sallufte* , de *Velleïus Paterculus*, d'*Eutrope* , tous in-12 avec figures. M. Barbou continue cette collec-tion avec grand fuccès.

COUSTOU, (Nicolas) fculpteur ordinaire du roi , naquit à Lyon en 1658 , & mourut à Paris en 1733, membre de l'académie royale de peinture & de fculpture. Il avoit fait un voyage en Italie, en qualité de penfionnaire du roi. C'eft-là qu'il produifit fa belle ftatue de l'empe-reur *Commode*, repréfenté en *Her-cule* , un des ornemens des jardins de Verfailles. De retour en France, il décora Paris, Verfailles & Marly de plufieurs morceaux excellens. Le magnifique *Grouppe* qui eft der-riere le maître-autel de Notre-Dame de Paris , eft de lui. On voit dans toutes fes productions un génie élevé , joint à un goût fage & déli-cat, un beau choix , un deffin pur, des attitudes vraies , pathétiques & nobles , des draperies riches , élé-gantes & moëlleufes.

COUSTOU, (Guillaume) frere du précédent, directeur de l'aca-démie royale de peinture & de fculp-ture , mort en 1746 , à 69 ans , fe rendit auffi très-célebre par le nombre & la perfection des ou-vrages fortis de fon cifeau. Le *Mau-folée du cardinal Dubois* , dans l'églife collégiale de S. Honoré ; les *Figures de la Seine & de la Fontaine d'Arcueil* au château-d'eau, place du Palais-Royal; celles d'*Hercule* & de *Pallas* à l'hôtel de Soubife , de *Mars* & de *Minerve* aux Invalides ; le bas-relief repré-fentant *Louis XIV à cheval*, dans une portion ceintrée de la porte de cet hôtel-royal ; l'Ouvrage con-fidérable qu'il fit pour Lyon fa pa-trie ; les deux magnifiques *Group-pes* qui font à Marly, repréfentant *deux Chevaux domptés par des Ecuyers*, font autant de monu-miens qui confacrent fon nom à l'im-mortalité.

COUTURIER , (Pierre) natif du Maine, nommé ordinairement *Petrus Sutor*, docteur de la maifon & fociété de Sorbonne , enfeigna long-tems avec diftinction. Les dan-gers du monde & les attraits de la folitude le porterent, dans un âge mûr , à fe faire chartreux. Il mou-rut le 18 juin 1535 , après avoir rempli les premiers emplois de fon ordre. On a de lui : I. Un traité *De votis Monafticis*, in-8°, contre Luther : c'eft un de fes meilleurs ouvrages. II. Un autre *De potef-tate Ecclefiæ in occultis* , in-8°. III. Un *Traité contre le Févre d'Etaples* , pour prouver que Ste Anne avoit été mariée trois fois ; difpute pour le moins inutile , mais dans laquelle Couturier mit beau-coup de chaleur. IV. *De vita Car-thufiana libri duo* , in - 8°. Le chartreux n'oublie pas l'aventure du *Chanoine reffufcité* pour an-noncer qu'il étoit en enfer. (*Voyez* DIOCRE). V. *De tranflatione Bi-bliorum* , 1525 , in-fol.

COUTO, (Diego de) né à Lis-bonne en 1542, fit divers voyages dans les Indes , & fe maria à Goa, où il mourut en 1616 , âgé de 74 ans. Il continua l'*Hiftoire des Indes de Barros* ; mais il n'y a eu que la 12e décade de cette hiftoire, imprimée à Rouen en 1645. Il est encore auteur d'un *Traité contre la Relation d'Ethiopie de Louis de Urreta.*

COUTURE, (Jean-Baptiste) né au village de Langrune, diocese de Bayeux, en 1651, professeur d'éloquence au college royal, membre de l'académie des inscriptions & belles-lettres, mourut en 1728. On voyoit quelquefois à ses leçons d'éloquence des professeurs mêmes. Ce savant joignit le goût à l'érudition. Les *Mémoires* de l'académie offrent plusieurs *Dissertations* de lui sur *le Faste*, & *la Vie privée des Romains*, sur *leurs Vétérans*, sur quelques *Cérémonies de leur Religion*, &c.

COUTURES, (Jacques Parrain, baron des) natif d'Avranches, écrivain aussi fécond qu'ennuyeux, mort en 1702, quitta, malheureusement pour le public, les armes pour le cabinet. Il est connu par une mauvaise *Traduction de Lucrece*, avec des remarques, Amsterdam, sous le titre de Paris, 1692, 2 vol. in-12. On dit que le baron des Coutures pensoit, à-peu-près comme le poëte latin, sur les premiers principes des choses. Avant *Lucrece*, il avoit traduit la *Génese*, Paris 1687 & 1688, 4 vol. in-12 : montrant un goût égal pour le sacré & le profane. On a encore de sa plume plusieurs autres ouvrages de morale & de galanterie, dignes de l'oubli où ils sont.

COUVREUR, (Adrienne le) comédienne françoise, née à Fismes en Champagne l'an 1690, débuta à Paris le 14 mai 1717, & devint une des plus célebres actrices que la France ait produites. Elle mourut le 20 mars 1730.

COWLEY, (Abraham) né à Londres en 1618, mort en 1667 à 49 ans, montra beaucoup de goût pour tous les genres de poésie, excepté pour le dramatique. Ses maîtresses étoient le sujet ordinaire de ses vers. Il est principalement connu par un *Poëme* en 4

chants, *sur les Infortunes de David*, où il y a de l'imagination. Ses talens lui acquirent l'estime des courtisans de Charles I, prince malheureux, auquel il fut toujours fidéle. Il suivit la reine, obligée de se retirer en France. Charles II, qui lui avoit des obligations, l'honora de son estime & de ses bienfaits. En apprenant sa mort, ce prince dit : *Je viens de perdre l'homme du royaume, qui m'étoit le plus attaché.* Ses Ouvrages ont été recueillis à Londres, 2 vol. in-8° ; ou 1710, 3 vol. in-4°. » Cowley » (dit M. Hume) n'étoit qu'un » poëte médiocre. Il n'avoit pas » d'oreille pour l'harmonie, & ses » vers ne se font connoître qu'à » la rime. Ses nombres rudes & » discordans ne présentent que des » sentimens forcés, de languis- » santes allégories, des allusions » éloignées & des pointes affectées. » Cependant la force & l'ingénuité » percent quelquefois parmi des » imaginations si peu naturelles. » Quelques traits anacréontiques » surprennent, par leur facilité & » leur enjouement. Ses ouvrages de » prose plaisent, par l'honnêteté & » la bonté qu'ils respirent, & » même par leur ton sombre & mé- » lancolique ». (*Hist. de la maison de Stuart*, tom. 4). Il se fit lui-même cette épitaphe, se regardant comme mort au monde & enterré dans la solitude où il vivoit. Elle suffit pour montrer que Hume n'a point assez connu son talent poétique. Elle est pleine de sentiment, d'une sage & douce philosophie, exprimée avec des graces naturelles & touchantes.

Hic o viator sub lare parvulo
Couleius hic est conditus, hic jacet
  Defunctus humani laboris
    Sorte supervacuâque curâ.
Non indecorâ pauperie nitens,
Et non inerti nobilis otio
  Vanoque dilectis popello
    Divitiis animosus hostis.

Possis ut illum dicere mortuum ;
En terra jàm nunc quantula suf-
ficit :
Exempta sit curis , viator ;
Terra sit illa levis , precare.
Huc sparge flores , sparge breves
rosas ,
Nam vita gaudet mortua floribus ;
Herbisque odoratis corona
Vatis adhuc cinerem calen-
tem.

COWPER , (Guillaume) chirurgien anglois , qui s'est acquis beaucoup de réputation. Nous avons de
lui un excellent *Traité des Muf-*
cles , qu'il publia l'an 1694. Il a
donné aussi un supplément à l'*A-*
natomie de Bidloo. On le trouve
dans l'édition de 1739 & 1750.
Tous les écrits de Cowper , sont
parsemés d'observations chirurgicales très-curieuses.

COXIS *ou* COXCIE , (Michel)
peintre flamand , né à Malines en
1497 , disciple de Raphaël , mourut par accident à Anvers en 1592 ,
à 95 ans , étant tombé d'un échafaud sur lequel il travailloit. Ses tableaux sont fort recherchés & difficiles à trouver.

COYPEL , (Noël) peintre né
à Paris en 1629 , d'un bourgeois
de Cherbourg , fit , sous le célebre
Vouet , des progrès rapides dans
la peinture , pour laquelle il avoit
un talent décidé. Nommé directeur de l'école françoise à Rome ,
il prit possession de cette place avec
une pompe qui fit honneur à sa nation. Son fils , Antoine Coypel ,
âgé seulement de 12 ans , suivit
son pere dans ce voyage. Les Italiens admirerent le mérite consommé
de l'un , & les grandes espérances
que donnoit l'autre. Ce célebre artiste , qui peignoit encore à 78
ans les grands morceaux à fresque
qui sont au-dessus du maître-autel
des Invalides , mourut en 1707.
Ses principaux ouvrages sont dans
l'église de Notre-Dame de Paris ,

au Palais-Royal , aux Tuilleries , au
vieux Louvre , à Versailles , à
Trianon. Les artistes qui aiment les
compositions heureuses , une belle
expression , un bon goût de dessin ,
soutenu d'un colotis admirable , les
vont étudier.

COYPEL , (Antoine) fils du précédent , né à Paris en 1661 , avec
des dispositions très-heureuses pour
la peinture , se forma à Rome sur
les chef-d'œuvres qui y brillent.
Son mérite le fit choisir par Monsieur , frere unique de Louis XIV ,
pour être son premier peintre. Le
roi lui donna , en 1714 , la place de
directeur des tableaux & dessins de
la couronne , avec celle de directeur de l'académie. Le duc d'Orléans , régent du royaume , fit
nommer Coypel premier peintre de
Louis XV en 1716 , & ennoblir
l'année suivante. Ce même prince ,
n'étant encore que duc de Chartres ,
voulut être disciple de ce grand
maître. Le maître dédia à son éleve
vingt discours , remplis de préceptes
confirmés par des exemples , & sur-
tout par ceux des meilleurs peintres.
Ces *Discours* parurent à Paris ,
in-4° , en 1721. Coypel entendoit
supérieurement le poétique de son
art. Il inventoit facilement , & exprimoit avec beaucoup de succès
les passions de l'ame. Ses compositions sont nobles , ses airs de têtes
agréables. Il mourut à Paris en
1722.

COYPEL , (Noël-Nicolas) frere
du précédent , se distingua par la
correction , l'élégance , l'agrément
du dessin , & par une imitation heureuse de ce que la nature a de plus
gracieux. Il auroit peut-être sur-
passé ses freres , par la légéreté de
sa touche , la fraîcheur de son pinceau , la richesse de ses compositions , si la mort ne l'eût emporté
le 14 décembre 1735 , à 43 ans , d'un
coup qu'il s'étoit donné à la tête.

COYPEL , (Charles-Antoine)
mort à Paris en 1752 , âgé de 58
ans , fils d'Antoine , se montra digne

de la famille dont il fortoit. Les places de premier peintre du roi & de M. le duc d'Orléans, & de directeur de l'académie royale de peinture & de fculpture, qu'il a remplies avec honneur jufqu'à fa mort, en font des preuves authentiques. Il écrivoit d'ailleurs très-bien. Outre divers *Difcours académiques* qu'on trouve dans le Mercure de France 1752, il avoit compofé plufieurs Pieces de Théatre; mais tout cela ne vaut pas fes ouvrages pittorefques univerfellement applaudis, pour la juftefle, la variété & la noblefle de l'expreffion, pour le brillant du coloris, & la facilité de la touche.

COYSEVOX, (Antoine) fculpteur lyonnois, né en 1640, mort en 1720, paffa en Alface à l'âge de 27 ans, pour décorer le palais de Saverne du cardinal de Furftemberg. De retour en France, il fut chancelier de l'académie de peinture & de fculpture, & travailla à différens buftes de Louis XIV, & à d'autres ouvrages pour les maifons royales. Egalement gracieux & élevé, naïf & noble, fon cifeau prenoit le caractere des différentes figures qu'il avoit à repréfenter. Des dehors fimples, une probité fcrupulenfe, une modeftie rare avec des talens fupérieurs, le faifoient autant aimer que fes ouvrages le faifoient admirer. Quelqu'un le félicitant, à la fin de fes jours, de fon habileté : » Si j'en ai eu, répondit-il, » c'eft par quelques lumieres, qu'il » a plu à l'auteur de la nature de » m'accorder, pour m'en fervir » comme de moyen pour ma fub-» fiftance. Ce vain fantôme eft prêt » à difparoître, auffi bien que ma » vie; & va fe diffiper comme une » fumée ».

COYTIER, (Jacques) médecin de Louis XI, obtint graces fur graces en le menaçant de la mort, que ce monarque craignoit beaucoup. Le roi revint pourtant du foible qu'il avoit pour fon médecin, &

donna ordre à fon prévôt de l'en défaire fourdement. Coytier, averti par ce prévôt fon ami intime, lui dit : Que ce qui l'affligeoit le plus en mourant, c'étoit que le roi ne vivroit que 4 jours après lui; que c'étoit un fecret qu'il favoit par une fcience particuliere, & qu'il vouloit bien le lui confier comme à un ami fidele. Le prévôt rapporta cette confidence au roi, qui, plus épouvanté que jamais, ordonna qu'il ne fe préfentât plus devant lui. Le médecin fe retira avec des biens confidérables, & mourut vers la fin du 15e fiecle. Après la mort de Louis XI, il fut recherché pour les fommes immenfes qu'il avoit reçues de ce prince; mais il fe tira d'affaire en payant une taxe de 50 mille écus. La crainte du trépas étoit fi puiffante fur Louis XI, qu'outre les places dont il honora fon médecin, il l'accabloit chaque jour de préfens. Les comptes des tréforiers de l'épargne portent que, dans moins de huit mois, Coytier reçut 98 mille écus.

COZZANDUS, (Léonard) moine du 17e fiecle, natif de Breffe, eft auteur de plufieurs ouvrages qui font honneur à fon favoir. I. *De Magifterio antiquorum Philofophorum.* II. D'un traité *De Plagio.* III. D'un autre, intitulé : *Epicurus expenfus.*

CRABBE, (Pierre) religieux francifcain, natif de Malines, mourut dans cette ville en 1553, à 83 ans, après avoir été élevé aux premieres charges de fon ordre. On a de lui une *Collection des Conciles,* Cologne, 2 vol. in-fol. Il eft le fecond éditeur des conciles; le premier fut Jacques Merlin. Ces premieres collections contiennent quantité de faux actes que la fagacité des critiques du 17e fiecle a fu féparer des véritables.

CRAIG, (Nicolas) *Cragius,* né vers l'an 1541 à Ripen, fut recteur de l'école de Copenhague en 1576. Il fe maria 2 ans après, & fe mit enfuite à voyager dans toute

toute l'Europe. A son retour, il trouva chez lui deux enfans qui ne lui appartenoient point. Il s'en délivra, aussi-bien que de leur mere, en faisant casser son mariage; mais cette aventure ne l'empêcha pas de se remarier. Son génie pour les affaires lui procura plusieurs négociations importantes, dans lesquelles il satisfit beaucoup le roi de Danemarck, qui l'employoit. Il mourut en 1602, laissant un ouvrage latin très-estimé *sur la République des Lacédémoniens*, imprimé pour la 1re fois en 1592, réimprimé à Leyde 1670, in-8°; & les *Annales de Danemarck* en six livres, depuis la mort de Frédéric I, jusqu'à l'année 1550. Elles sont meilleures à consulter, qu'à lire. On les a réimprimées à Copenhague en 1737, in-fol.

CRAIG, (Thomas) jurisconsulte écossois, fait chevalier par le roi d'Angleterre, mourut en 1608. Il est auteur d'un savant *Traité des Fiéfs d'Angleterre & d'Ecosse*, réimprimé à Leipsick en 1716, in-4°; & d'un autre, *Du Droit de succéder au royaume d'Angleterre*, in-folio.

CRAIG, (Jean) mathématicien écossois, s'est fait un nom célebre par un petit écrit de 36 pages, fort rare, imprimé à Londres en 1699, sous le titre de *Theologiæ Christianæ Principia mathematica*. Jean-Daniel Titius en a donné une nouvelle édition à Leipsick, en 1755, in-4°. Elle est ornée d'une préface savante sur la vie & les ouvrages de Craig. Cet auteur y calcule la force & la diminution des choses probables. Il établit d'abord ce principe très-faux, que tout ce que nous croyons sur le témoignage des hommes, inspirés ou non, n'est que probable. Il suppose ensuite que cette probabilité va toujours en diminuant, à mesure qu'on s'éloigne du tems auquel les témoins ont vécu; & par le moyen des calculs algébriques, il trouve que la probabilité de la religion chrétienne peut durer en-

Tome II.

coré 1454 ans. Elle seroit nulle après ce terme, si Jesus-Christ ne prévenoit cette éclipse par son second avénement, comme il prévint celle de la religion judaïque par son premier. L'abbé Houteville a réfuté ces rêveries, dans sa *Religion chrétienne prouvée par les faits.*

CRAMAIL *ou* CARMAIN, (Adrien de Montluc, comte de) petit-fils du maréchal de Montluc, fut maréchal de camp, gouverneur du pays de Foix. Il étoit nommé pour être chevalier des ordres du roi, lorsqu'étant entré dans les intrigues de madame du Fargis contre le cardinal de Richelieu, il fut mis à la Bastille après la journée des Dupes en 1630. Il mourut en 1646, à 78 ans, ne laissant qu'une fille, qui porta ses biens dans la maison d'Escoubleau. Il est auteur de la comédie *des Proverbes*, 1644, in-8°, réimprimée plusieurs fois depuis. On lui attribue aussi les *Jeux de l'Inconnu*, recueil de quolibets assez plats, & les *Pensées du Solitaire.*

CRAMER, (Jean-Fréderic) professeur à Duisbourg, conseiller du roi de Prusse, & résident de ce prince à Amsterdam, possédoit la science des médailles. Il mourut à La Haye en 1715. On a de lui: I. *Vindiciæ nominis Germanici contra quosdam obtrectatores Gallos*, Berlin 1694, in-fol. Cet écrit est principalement contre cette question impertinente du jésuite Bouhours: *Si un Allemand pouvoit être bel-esprit?* II. *Puffendorfii introductio ad historiam præcipuorum regnorum & statuum modernorum in Europâ*, Utrecht 1703, in-12. Il n'est pas nécessaire d'avertir que cette traduction n'est pas d'une latinité bien pure; le titre le démontre assez. Le traducteur a conservé les fautes de l'original qu'il auroit dû redresser dans des notes.

CRAMER, (Gabriel) né à Geneve en 1704, professeur de mathématique dès l'âge de 19 ans, se fit un nom dans l'Europe par fes progrès dans les sciences exactes. Il mourut en 1752 à Bagnols en Languedoc, où il étoit allé dans l'espérance de rétablir fa fanté ruinée par le travail. Les mathématiciens lui doivent une *Introduction à la Théorie des Lignes courbes*, imprimée en 1750, in-4°. Il fait ufage de l'analyfe de Defcartes, mais en la perfectionnant, & en l'appliquant à toutes les courbes géométriques. II. *L'Edition des Œuvres de Jacques & Jean Bernouilli*, en 6 vol. in-4°, en 1743. Ce recueil eft fait avec un foin & une intelligence qui méritent la reconnoiffance de tous les géometres. Cramer étoit difciple de Jean Bernouilli. Il étoit digne d'un tel maître, par fes vaftes connoiffances dans la géométrie, dans la phyfique & dans les belles-lettres. Sa famille fubfifte encore à Geneve, & foutient fon nom avec honneur.

CRAMER, (Jean-Jacques) né à Elgg dans le canton de Zurich en 1673, fe rendit très-habile dans les langues orientales, & les profeffa à Zurich & à Herborn. Il mourut dans la premiere ville, en 1702. Ses principaux ouvrages font : I. *Exercitationes de ara exteriori Templi fecundi*, Leyde 1697, in-4°. II. *Theologia Ifraëlis*, Bâle 1699, in-4°.

CRAMER, (Jean-Rodolphe) frere du précédent, naquit à Elcan en 1678. Il fut profeffeur d'hébreu à Zurich après la mort de fon frere, & enfuite profeffeur de théologie. Il eut plufieurs autres places honorables, & mourut en 1737. On a de lui : I. Un grand nombre de *Thefes théologiques* en latin. II. Plufieurs *Differtations* latines. III. Neuf *Harangues*; & d'autres ouvrages, où l'on trouve de l'érudition.

CRAMMER *ou* CRANMER, (Thomas) né à Aflafon en Angleterre l'an 1489, profeffa pendant quelque-tems avec fuccès dans l'univerfité de Cambridge. Un mariage, qui le fit chaffer de cette école,

commença à le faire connoître; & le divorce de Henri VIII fixa tous les yeux fur lui. Il fut le premier qui écrivit en 1530, pour l'appuyer. Son livre affez mauvais, mais néceffaire à un prince dégoûté de fa femme, lui affura la faveur du roi. Henri l'envoya à Rome pour y difpofer les efprits à approuver la diffolution de fon mariage. Il fe mafqua fi habilement dans cette cour, que le pape Clément VII, quoique prévenu contre lui par fa conduite & par fes ouvrages, le fit fon pénitencier. Il paffa enfuite en Allemagne, où il fe maria fecrettement avec la fœur d'Ofiander, miniftre auffi fameux par fes variations que par fes fyreurs. Devenu archevêque de Cantorberi, & depuis long-tems le miniftre des paffions de Henri, il fait déclarer nul par le clergé d'Angleterre, le mariage de ce prince avec Catherine d'Aragon, approuve fon mariage avec Anne de Boulen, & ne rougit point d'accompagner cette nouvelle reine à fon entrée dans Londres. Son exemple fit plus de fchifmatiques que tous fes raifonnemens. Plufieurs citoyens furent condamnés à mort, pour n'avoir pas voulu reconnoître la fuprématie de Henri : Cranmer, l'inftigateur de ces meurtres, ne prévoyoit pas qu'il périroit auffi un jour fur un échafaud. Au commencement du regne de la reine Marie, il fut arrêté comme un traître & un hérétique fanguinaire. Il abjura, dans l'efpérance de fauver fa vie. Marie ne le condamna pas moins à mourir, en 1556. Alors il rétracta fon abjuration, & déclara fur le bûcher qu'il mouroit luthérien. Les Proteftans ont dit autant de bien de ce prélat courtifan, que les Catholiques en ont dit de mal. » Mais quel » homme, fuivant Boffuet, qu'un » évêque qui étoit en même-tems » luthérien, marié en fecret, facré » archevêque fuivant le Pontifical » Romain, foumis au pape dont il » déteftoit la puiffance, difant la

» mefſe qu'il ne croyoit pas , &
» donnant pouvoir de la dire » !
C'eſt pourtant cet homme , que
Burnet donne pour un *Athanaſe*
& pour un *Cyrille* : tant l'eſprit de
parti faſcine les yeux , & tant il eſt
dangereux qu'un ſectaire controver-
ſiſte ſe mêle d'être hiſtorien ! La foibleſſe de Crammer égaloit ſes fureurs
& ſon incontinence. » Il ſe fit catho-
» lique , dit un écrivain judicieux ,
» pour avoir la vie ; & mourut
» proteſtant pour ſe venger de ceux
» qui la lui avoient refuſé ». Il
eſt faux *qu'avant de s'élancer*
dans le bûcher , il ait brûlé la
main qui avoit ſigné ſon abjura-
tion. Il étoit enchaîné & lié au bûcher , & ne pouvoit par conſéquent
attendre que la main fût brûlée
pour s'y élancer ; c'eſt un conte inventé par Burnet. On a de Crammer:
I. La *Tradition néceſſaire du*
Chrétien. II. *Defenſio Catholicæ*
doctrinæ , à Emden 1557, in-8°;
& pluſieurs ouvrages en anglois &
en latin.

CRAMOISY , (Sébaſtien) imprimeur de Paris , ſe diſtingua par
une grande capacité dans ſon art.
On lui donna la direction de l'imprimerie du Louvre , nouvellement
établie par les ſoins du cardinal de
Richelieu. Ses éditions n'étoient ni
auſſi belles ni auſſi exactes que celles
des Etiennes , des Manuces , des
Plantins , & des Frobens ; mais
après les chef-d'œuvres de ces célé-
bres imprimeurs , elles peuvent
tenir une place honorable. Il mourut
à Paris en 1669. Le *Catalogue de*
ſes Editions a été imprimé plus
d'une fois par lui & par ſon petit-
fils , qui lui ſuccéda dans la direction de l'imprimerie royale.

CRANTOR , philoſophe & poëte
grec , natif de Solos en Cilicie ,
fut un zélé défenſeur de la doctrine
de Platon , & le premier qui la commenta ; Horace le met à côté de
Chryſippe pour le talent de prêcher
la morale , *Melius Chryſippo &*
Crantore. Il mourut d'hydropiſie

dans un âge peu avancé , laiſſant
pluſieurs ouvrages que nous n'avons
plus : entr'autres , un livre *De la*
Conſolation. Il floriſſoit vers l'an
315 avant J.C.

CRANTZ , *voyez* KRANTZ.

CRAON , (Pierre de) d'une famille ancienne , s'attacha à Louis
d'Anjou , qui étoit alors en Italie.
Ce prince l'envoya en France ,
pour chercher de l'argent & du ſecours ; mais au lieu de remplir ſa
commiſſion , il ſe livra à la débauche
avec les courtiſanes de Veniſe. Le
duc d'Anjou , ayant attendu long-
tems ſans avoir des nouvelles ,
mourut de chagrin. Le duc de Berri
menaça le commiſſionnaire infidele
de le livrer au dernier ſupplice ;
mais ſa naiſſance & ſes richeſſes le
ſauvèrent. Craon ſe fit connoître par
un nouveau crime , qui réveilla la
mémoire du premier. Le duc d'Orléans l'avoit diſgracié : il s'imagina
que le connétable de Cliſſon lui
avoit rendu de mauvais offices , &
il l'aſſaſſina à la tête d'une vingtaine de ſcélérats , le jour de la
Fête-Dieu en 1391. Le connétable
n'étant pas mort de ſes bleſſures ,
pourſuivit ſon aſſaſſin , réfugié
chez le duc de Bretagne , qui lui
dit en le recevant : » Vous avez
» fait deux fautes dans la même
» journée ; la première d'avoir at-
» taqué le connétable , & la ſe-
» conde de l'avoir manqué ». Les
biens de l'aſſaſſin furent confiſqués
& donnés au duc d'Orléans , ſon
hôtel changé en un cimetiere , &
ſes châteaux démolis. Avant ce
meurtre , il avoit obtenu du roi
Charles VI , qu'on donneroit des
confeſſeurs aux criminels qui alloient au ſupplice. Richard II , roi
d'Angleterre , demanda ſa grace
quelque-tems après , & l'obtint.
Craon revint à la cour , s'y montra hardiment ; tandis que Cliſſon ,
qui avoit ſi bien mérité de l'état ,
en étoit banni.

CRAPONE , (Adam de) gentilhomme provençal , natif de Sa-

A a 2

lon , fit en 1558 le canal qui porte son nom , tiré de la Durance jufqu'à Arles. Il avoit aussi entrepris de joindre les deux Mers en France : projet qui ne fut exécuté que fous Louis XIV , quoique Henri II lui eût donné des commissaires pour commencer ce travail important. Craponé entendoit parfaitement les fortifications. Le roi Henri II le préféroit aux étrangers que la reine Catherine de Médicis protégeoit au préjudice des François. Ce prince l'ayant envoyé à Nantes en Bretagne , pour démolir une citadelle commencée fur un mauvais terrein, il fut empoifonné par les premiers entrepreneurs , à l'âge de 40 ans.

CRASOCKI , (Jean) gentilhomme polonois , contribua beaucoup à procurer au duc d'Anjou la couronne de Pologne , au milieu du 16e fiecle. Dans le cours de fes voyages , il s'étoit arrêté quelques années en France, où il avoit fait les plaifirs de la cour de Charles IX , par la vivacité de fon efprit , comme il en avoit caufé la furprife par la petiteffe de fa taille & la délicateffe de fes traits. Ce gentilhomme s'attira les bonnes graces & les bienfaits du roi , & de Catherine de Médicis. Enfin comblé de richeffes , & pénétré de gratitude & d'admiration , il retourna dans fa patrie. Le roi Sigifmond-Augufte vivoit encore : le nain polonois ne ceffoit de l'entretenir & de l'intéreffer , ainfi que les grands du royaume , par le récit de ce qui l'avoit frappé durant fon féjour en France. Il aimoit fur-tout à s'étendre fur les vertus & les exploits de Henri duc d'Anjou, frere du roi. Son langage , animé par la reconnoiffance , fit une vive impreffion fur les Polonois , qui le defirerent pour fouverain. Crafocki repaffa en France , pour y faire connoître les difpofitions de la nobleffe en faveur de Henri ; & lorfque ce prince fut monté fur le trône, il fut, pendant fa courte adminiftration, un de fes fujets les plus fideles & les plus zélés.

CRASSET , (Jean) natif de Dieppe , jéfuite, mort en 1692 , publia des *Méditations pour tous les jours de l'année* ; l'*Hiftoire du Japon* , &c. en 2 vol. in-4°, Paris 1715. Les actes des martyrs y font rapportés dans un très-long détail ; & c'eft une des raifons pour lefquelles on lui préfere l'ouvrage du P. Charlevoix. Ses Livres de piété ont été beaucoup lus , & le feroient encore fans l'indifférence de ce fiecle à l'égard de tout ce qui tient à la religion. Il a encore donné une *Differtation fur les Oracles des Sybilles*, Paris 1678 ; elle fut attaquée par Jean de Marck proteftant. Le P. Craffet fit réimprimer fa *Differtation* en 1684, in-8°, & y joignit une réponfe à la critique de Marck.

CRASSO , (Jules-Paul) médecin de Padoue , ne cultiva pas moins les langues & les belles-lettres , que fon art. Il mourut en 1574. On a de lui : Une *Traduction latine des Ouvrages d'Aretæus* & de plufieurs autres anciens Médecins grecs, qu'il a rendus avec fidélité , & même avec élégance.

CRASSO, (Laurent) italien , eft auteur des *Eloges des Hommes de Lettres de Venife*, en 2 vol. in-4° : ouvrage publié en 1666, devenu rare & recherché , quoique peu eftimé ; il fourmille de fautes.

CRASSOT, (Jean) né à Langres , profeffeur de philofophie au college de Ste Barbe à Paris, mort en 1616 , fe fit connoître des favans par une *Logique* & une *Phyfique* bonnes pour fon tems ; & des badauds parifiens , par le talent de redreffer fes longues oreilles , & de les abaiffer à fon gré. C'eft l'abbé de Marolles qui nous apprend cette anecdote dans fes *Mémoires*.

CRASSUS, (Publius-Licinius) jurifconfulte romain , de l'illuftre famille des Craffus qui a donné plufieurs confuls, fut élevé à la fouveraine prêtrife l'an 131 avant J. C. Il paffa en Afie , à la tête de l'armée romaine , deftinée contre Ariftonicus; mais il fut vaincu dans une grande bataille, & pris par les Thraces qui étoient à la folde d'Ariftonicus. Craffus, ayant frappé le foldat qui le conduifoit, fut tué d'un coup de poignard, & enterré à Smyrne. Il avoit quitté fa dignité de grand-pontife pour commander les armées; ce qui étoit alors fans exemple.

CRASSUS, (Marcus-Licinius) de la même famille que le précédent, commerça d'abord en efclaves. Il ne poffédoit alors que 300 talens environ; mais depuis il acquit de fi grandes richeffes, qu'il fit un feftin public au peuple romain, & donna à chaque citoyen autant de bled qu'il pouvoit en confommer pendant trois mois. L'inventaire de fes biens, lorfqu'il marcha contre les Parthes, montoit à 7700 talens. Un homme felon lui ne devoit pas paffer pour riche, s'il n'avoit de quoi entretenir une armée. La crainte des fureurs de Cinna, & de Marius, l'obligea de fe retirer en Efpagne, où il refta caché pendant 8 mois dans une caverne. Dès qu'il put reparoître, il fignala fon courage dans la guerre contre les efclaves, mérita l'honneur du petit triomphe, fut fait préteur l'an 71 avant J. C. & défit Spartacus, chef des efclaves rebelles. Il fut conful l'année fuivante avec Pompée, puis cenfeur; & enfuite il exerça une efpece de triumvirat avec le même Pompée & Céfar. Cette union ne fut durable qu'avec le premier. Craffus, devenu conful une feconde fois, eut en partage la Syrie. En paffant par la Judée, il pilla le tréfor du temple de Jerufalem. Son avidité lui infpira la penfée d'entreprendre la guerre contre les Parthes. Il dévoroit déja en efpérance toutes leurs richeffes, lorfque fon armée fut défaite par Surena, leur général. Vingt mille romains refterent fur le champ de bataille, & dix mille furent faits prifonniers. Les reftes de l'armée s'échapperent à la faveur des ténèbres,

& furent pourfuivis par les Parthes. Craffus, invité à une conférence par le général ennemi, fut forcé de s'y rendre par la mutinerie des foldats, & ne tarda pas de s'appercevoir que le deffein de Surena étoit de le prendre vivant. Il fe mit en défenfe, & fut tué les armes à la main, l'an 53 avant J. C. Les Parthes lui ayant coupé la tête, la portèrent à Orodès leur roi, qui fit couler de l'or fondu dans fa bouche, en difant ces mots: *Raffafie-toi de ce métal dont ton cœur a été infatiable.* Malgré les juftes reproches que méritoit ce romain, on eft forcé de lui donner quelques éloges. La fermeté qu'il montra en apprenant la mort de fon fils, qui avoit péri dans cette malheureufe expédition, étoit d'un héros. Les paroles qu'il adreffa à ceux qui l'environnoient, lorfqu'il fut obligé d'aller fe mettre entre les mains de Surena, n'honorent pas moins fa mémoire. » Dans quelque » lieu, leur dit-il, que vous con- » duife la fortune, dites par-tout » que Craffus a péri trompé par les » ennemis, & non pas livré par fes » foldats.

CRASSUS, (L. Licinius) orateur romain, dont Cicéron fait fouvent l'éloge, fe diftingua autant par fon éloquence que par fon caractere ferme. Il repouffa un licteur du conful Philippe, qui venoit pour l'arrêter, en difant: *Je ne reconnois point Philippe pour conful, puifqu'il ne me reconnoît pas pour fénateur.* Il plaidoit contre Brutus, citoyen débauché, defcendant du fameux Junius Brutus, fondateur de la république; le convoi de Junia paffe par hazard devant l'endroit où fe tenoit le jugement; alors Craffus apoftrophant vivement Brutus: *Que veux-tu,* lui dit-il, *que Junia annonce de ta part à ton pere?..* Domitius reprochoit à Craffus qu'il avoit pleuré la mort d'un poiffon rare qu'il nourriffoit dans fon vivier. — *Pour vous,* répondit Craffus, *vous n'êtes pas fi tendre, C*

A a 3

vous n'avez pas même pleuré la mort de vos trois femmes.

CRATERUS, favori d'Alexandre le Grand, & rival d'Antipater, plut au conquérant macédonien par un air noble & majestueux, un esprit élevé, & un grand courage. Après la mort d'Alexandre, il fut tué dans un combat contre Eumenes, qui le voyant expirer, descendit de cheval pour lui rendre les derniers devoirs.

CRATERUS, athénien, qui avoit recueilli les *Décrets* de ses concitoyens, ne doit pas être confondu avec le favori d'Alexandre. Bayle dit avec raison, qu'il n'est pas vraisemblable que l'ami de ce héros se fût assujetti à écrire tous les arrêts du peuple de sa patrie : que ce travail demande un greffier, & non un homme de guerre. Les savans regrettent cet ouvrage, qui n'est pas venu jusqu'à nous.

CRATES, fils d'Asconde, disciple de Diogene le Cynique, naquit à Thebes en Béotie. Il se livra de bonne heure à la philosophie, & pour n'être pas distrait par les soins temporels, il vendit ses biens, & en donna le produit à ses concitoyens. C'est du moins ce que rapporte Antisthene, & d'après lui Diogene Laërce. D'autres disent qu'il déposa cet argent chez un banquier, à condition qu'il le donneroit à ses enfans, s'ils étoient insensés, c'est-à-dire, s'ils négligeoient la philosophie; & au public, s'ils la cultivoient, car ils n'auroient besoin de rien. On lui attribue ce tarif de dépense, assez plaisant : « Il faut » donner à un Cuisinier dix mines, » à un Médecin une drachme, à » un Flatteur cinq talens, de la » fumée à un Homme-à-conseils, » un talent à une Courtisanne, & » trois oboles à un Philosophe ». Lorsqu'on lui demandoit à quoi lui servoit la philosophie ? — *A apprendre*, répondoit-il, *à se contenter de légumes, & à vivre sans soins & sans inquiétude :* bien

attendu que la vanité tiendroit lieu du reste. Habillé fort chaudement en été & fort légérement en hiver, il se distinguoit en tout des autres hommes. Il étoit d'une malpropreté insupportable, & cousoit à son manteau des peaux de brebis sans préparation ; singularité qui, jointe à sa laideur naturelle, en faisoit une espece de monstre. Alexandre, curieux de voir ce cynique, lui offrit de rebâtir Thebes sa patrie. — *Pourquoi cela*, lui répondit Crates ? *Une autre Alexandre la détruiroit de nouveau. Le mépris de la gloire* (ce n'étoit point de celle qu'il tiroit de sa crasse), *l'amour de la pauvreté me tiennent lieu de patrie : ce sont des biens que la fortune ne me ravira jamais.* Ce philosophe avoit épousé la fameuse Hypparchie, qu'il tâcha d'abord de dégoûter. Il se présenta un jour tout nud devant son amante : *Voilà*, lui dit-il en lui montrant un corps hideux, *l'époux que vous demandez ;* & jetant à terre son bâton & sa besace : *Voici*, ajouta-t-il, *tout son bien.* Hypparchie persistant dans son amour, le cynique l'épousa, & en eut deux filles. Il les maria à deux de ses disciples, & les leur confia 30 jours à l'avance, pour essayer s'ils pourroient vivre avec elles. Il florissoit vers l'an 320 avant J. C. On trouve des *Lettres* de lui dans les *Epistolæ Cynicæ*, imprimées en Sorbonne sans date : livre rare.

CRATES, philosophe académicien d'Athenes & disciple de Polémon, auquel il succéda dans son école vers l'an 272 avant J. C. Ces deux philosophes s'aimerent toujours avec une extrême tendresse. Crates eut pour disciples Arcesilaüs, Bion de Boristhene, & Théodore, chef d'une secte. Il fut employé par ses compatriotes dans plusieurs ambassades.

CRATESIPOLIS, reine de Sicyone, se signala par sa valeur : c'est à cette qualité si rare dans une

femme , qu'elle dut la conservation de ses états. Après la mort
d'Alexandre son époux , s'étant mise
à la tête des soldats qui lui étoient
demeurés fideles , cette héroïne marcha fiérement contre ceux de ses
sujets qui avoient pris occasion de
la mort du roi pour se révolter. Elle
en fit pendre 30 ou 40 des plus mu-
tins , & rétablit par-tout le calme.
Après avoir conquis son royaume ,
elle sut le gouverner , & fut enlevée à son peuple l'an 314 avant J. C.

CRATINUS , un des meilleurs
poëtes & des plus grands buveurs
de son tems , se distingua à Athenes
par ses *Comédies* , & mourut à 95.
ans , vers l'an 432 avant l'ere chrétienne. Sa plume n'épargnoit personne , pas même les premiers magistrats de la république. Quintilien
porte un jugement très-avantageux
de ses pieces de théatre ; mais les
fragmens qui nous restent sont trop
peu de chose , pour décider s'il méritoit cet éloge.

CRATIPPUS , philosophe péripatéticien de Mitylene , où il enseigna la philosophie , alla ensuite
à Athenes , & eut pour disciples le
fils de Cicéron & Brutus. Pompée
alla le voir après la bataille de Pharsale , & lui proposa des difficultés
contre la Providence. Le philosophe
consola le guerrier & justifia la divinité.

CRATON *ou* DE CRAFFTHEIM,
(Jean) né à Breslau en 1519 , médecin des empereurs Ferdinand I,
Maximilien II & Rodolphe II , mourut en 1585 , à 66 ans , dans sa patrie. On a de lui : *Isagoge Medicinæ* , à Venise , en 1560 , in-8°,
& plusieurs ouvrages estimés des
gens de l'art. L'auteur avoit pratiqué la médecine avec beaucoup de
succès. C'étoit un homme de bonne
mine , & il ressembloit parfaitement
à l'empereur Maximilien II. On l'accusoit d'avoir l'humeur chagrine &
d'être trop attaché à l'argent.

CRAYER , (Gaspard) peintre
d'Anvers , mort à Gand en 1669 ,
réussit également dans l'histoire &
dans le portrait. Le célebre Rubens
le regardoit comme son émule ; &
ce n'est point un petit éloge de ce
peintre. La nature est rendue dans
ses ouvrages avec une expression
frappante & un coloris enchanteur.

CRÉBILLON , (Prosper Jolyot
de) né à Dijon en 1674 , d'un
greffier en chef de la chambre des
comptes , étudia au college Mazarin , fit son droit & fut reçu avocat.
Il se mit à Paris chez un procureur , pour s'y former à l'étude du
barreau ; mais l'impétuosité de sa
jeunesse fut un obstacle à ses succès. Prieur (c'étoit le nom de son
procureur) lui voyant une répugnance naturelle pour la chicane ,
lui proposa de travailler pour le
théatre. Après avoir refusé plusieurs
fois , le jeune Crébillon donna *Ido-
menée* , & ensuite *Atrée*. Prieur ,
attaqué d'une maladie mortelle , s'é-
toit fait porter à la 1re représentation de cette derniere piece ; il
dit à l'auteur en l'embrassant : *Je
meurs content , je vous ai fait
poëte , & je laisse un homme à la
nation*. Le jeune auteur marchoit
avec gloire dans cette nouvelle
carriere , lorsqu'il devint passionnément amoureux , & son amour finit
par le mariage. Son pere indigné
contre lui , le déshérita ; mais étant
tombé malade quelque-tems après
en 1707 , il le rétablit dans tous
ses droits. Ce rétablissement étoit
assez inutile ; tout le bien qu'il laissoit , avoit été ou vendu ou saisi.
Crébillon se trouva , à la fleur de
son âge , avec beaucoup de lauriers
& point de fortune. La mort de sa
femme , arrivée en 1711 , vint augmenter ses inquiétudes. Le sort ne
répara ses injustices que long-tems
après , en lui procurant en 1731
une place à l'académie françoise , &
l'emploi de censeur de la police en
1735. Il obtint de plus grandes récompenses sur la fin de sa carriere ,
qui a été assez longue. Son tempérament étoit extrêmement robuste ,

A a 4.

& s'il l'eût ménagé, ses jours se feroient étendus plus loin. Sa maniere de vivre étoit affez finguliere. Il dormoit peu, & couchoit prefque fur la dure, non par mortification, mais par goût. Toujours entouré d'une trentaine de chiens & de chats, il avoit fait de fon appartement une efpece de ménagerie. Pour diffiper les mauvaifes exhalaifons de ces animaux, il fumoit beaucoup de tabac ; mais cette odeur ne remédioit pas entiérement à la corruption de l'air. S'il étoit malade, il fe gouvernoit à fa fantaifie, ne voulant obferver aucun régime, & fe moquant des médecins & des remedes. Il eut pendant long-tems une éréfipelle aux jambes, qui fluoit. Cette fource ayant tari, il mourut le 17 juin 1762, à 88 ans. Il étoit modefte, vrai, fenfible, d'un abord facile, officieux : enchanté des fuccès des jeunes auteurs, & les échauffant de fa flamme. Crébillon eft le créateur d'une partie qui lui appartient en propre, de cette terreur qui conftitue la véritable tragédie. Si jamais nous élevons des ftatues aux auteurs tragiques, la troifieme fera pour lui. Hardi dans fes peintures, mâle dans fes caracteres, grand dans fes idées, énergique dans fes vers, & terrible dans fes plans, il eft peut-être le feul de nos poëtes modernes qui ait poffédé le grand fecret de l'art de Melpomene, tel que l'avoient les tragiques de l'ancienne Grece. Il eût été à fouhaiter qu'à leur exemple, il eut moins employé ces déguifemens, ces reconnoiffances, qui appartiennent plutôt au roman qu'à la tragédie. C'eft par *Idoménée* qu'il débuta en 1705. Quoiqu'on s'apperçoive que c'eft l'ouvrage d'un jeune-homme, on y admire cependant de beaux endroits & d'heureufes fituations. Les fcenes entre le pere & le fils produifent le plus vif intérêt. Le fujet n'intéreffe pas moins : fon feul défaut

eft d'approcher de celui d'*Iphigénie en Aulide*. Bientôt après Crébillon développa tout ce qu'il étoit, dans fa tragédie d'*Atrée*. Le terrible, le pathétique qui y regnent, frappent tous les connoiffeurs. Le rôle d'*Atrée* eft tout ce qu'il y a de plus beau fur notre théatre ; il fe foutient dans toutes fes parties. La fcene de la reconnoiffance eft admirable ; celle de la coupe eft du plus grand tragique. Le rôle de *Plifthene* forme le plus beau contrafte avec celui d'*Atrée*. En un mot cette tragédie, au défaut près de la feconde réconciliation, eft un chef-d'œuvre, & de la plus grande maniere. C'eft dommage que le poëte ait jeté les fadeurs de l'amour dans ce beau terrible. Cette piece, jouée en 1707, eut 18 repréfentations. *Electre*, jouée à la fin de l'année fuivante 1708, eut un brillant fuccès. Le fond du fujet intéreffe, & il eft peint avec beaucoup de force ; le rôle d'*Electre* eft fupérieur, ainfi que ceux d'*Orefte* & de *Palamede*. Il faut convenir pourtant, qu'*Electre* amoureufe n'eft pas de la dignité du cothurne grec ; mais cet amour produit une fcene touchante ; celle dans laquelle *Electre* veut empêcher *Itys* d'aller aux autels. Les autres défauts de cette piece font, trop de complication, de longueurs, de defcriptions ; une partie du 2e acte eft écrite du ftyle de l'épopée. Voltaire a donné le même fujet fous le nom d'*Orefte*. Lorfqu'il préfenta fa piece à Crébillon, cenfeur des ouvrages dramatiques, il commença par s'excufer de ce qu'il avoit ofé être fon rival ; Crébillon lui répondit poliment : *J'ai été content du fuccès de mon Electre. Je fouhaite que le Frere vous faffe autant d'honneur que la Sœur m'en a fait.* La tragédie de *Rhadamifte*, qu'on repréfenta 30 fois en 1711, eft une des plus belles pieces qui foit reftée fur notre théatre, quoique méprifée par

Despréaux. Un de ses amis ayant voulu lui en faire la lecture, lorsqu'il étoit dans son lit, n'attendant plus que l'heure de la mort ; le satyrique l'interrompit, après en avoir écouté deux ou trois scenes : *Eh mon ami*, lui dit-il, *ne mourrai-je pas assez promptement ? Les Pradons dont nous nous sommes moqués dans notre jeunesse, étoient des Soleils auprès de ceux-ci.* Ce qui indisposoit le poëte mourant, c'étoit le style. Celui de Crébillon ressemble assez à sa maniere : il est vigoureux & énergique, ce qui entraîne souvent des incorrections, des tours durs & barbares ; mais ces fautes de grammaire disparoissent devant les beautés mâles, les caracteres soutenus & les vers de génie dont ses tragédies étincellent. *Sémiramis*, donnée au théatre en 1717, fut beaucoup critiquée, & avec raison. Le public vit avec plus de plaisir *Pyrrhus*. Il y a du génie dans le plan, quoique trop compliqué. *Xerces* suivit *Pyrrhus*, & n'eut qu'une représentation : on le joua en 1724, mais il n'a été imprimé qu'en 1749. Crébillon fit représenter *Catilina* en 1749, à 72 ans. On avoit annoncé cet ouvrage comme le fruit d'un travail de 20 années ; les critiques le traiterent comme un ouvrage qui devoit mourir dans un jour. On l'applaudit avec transport à la représentation ; on le jugea sévérement à la lecture. Le héros de la piece parut un colosse. *Catilina* est trop grand, & les autres personnages sont trop petits ; tout est impitoyablement sacrifié à ce caractere dominant. *Cicéron* est moins que rien ; il perd tout, jusqu'au don de la parole. Il y a des défauts de conduite essentiels dans le 4e acte, le dénouement est étranglé. L'auteur avoit craint de ne pouvoir renfermer son sujet en moins de 7 actes ; il n'en a pas même rempli 4 & demi. La versification est pleine de termes po-

pulaires, de phrases barbares, de constructions louches, de tours prosaïques. On trouve au milieu de ces imperfections quelques vers sublimes, jamais six beaux vers de suite ; quatre ou cinq portraits d'hommes illustres, dessinés avec force, mais sans coloris. Crébillon fit le *Triumvirat* à l'âge de 80 ans. Un de ses amis le pressant de finir cette tragédie, il lui dit : *J'ai encore l'enthousiasme & le feu de mes premieres années.* Le public ne jugea pas de même, lorsque la piece parut. Outre les ouvrages dont nous avons parlé, on a de lui quelques pieces de vers. Le ton boursouflé y domine ; mais on y rencontre des vers heureux. Louis XV, bienfaiteur de Crébillon, & pendant sa vie & après sa mort, lui fit élever un tombeau. Ce monument a été exécuté en marbre par le savant ciseau de le Moine dans l'église paroissiale de St Gervais, où le rival de Corneille a été inhumé. Après une représentation d'*Atrée*, on demandoit à ce célebre tragique pourquoi il avoit adopté le genre terrible ? » Je n'avois point à choisir, répondit-il, Corneille avoit pris le » ciel, Racine la terre, il ne me » restoit plus que l'enfer : je m'y » suis jeté à corps perdu ». Ses *Œuvres* ont été imprimées au Louvre en 2 vol. in-4°.

CRÉBILLON, (Claude-Prosper Jolyot de) fils du précédent, naquit à Paris le 12 février 1707, & y est mort en 1777. Son pere s'étoit fait remarquer par un pinceau mâle & vigoureux ; le fils brilla par les graces & la légéreté de sa conversation & de ses écrits. Il n'a guere travaillé que dans le genre romanesque. Ses principaux ouvrages sont : I. Les *Lettres de la Marquise au Comte de* **, 1732, 2 vol. in-12. II. *Tanzaï & Néadarné*, 1734, 2 vol. in-12. Ce roman, plein d'allusions satyriques & souvent inintelligibles, le fit mettre à la Baſtille , & fut plus couru qu'il ne méritoit de l'être. On ne ſait à quoi tend cet ouvrage , ni quel en eſt le but. Il y a d'ailleurs des tableaux trop libres , & le ſtyle offre beaucoup de phraſes longues & confuſes. III. Les *Egaremens du cœur & de l'eſprit* , 1736. , in-12. C'eſt le roman le plus piquant de Crébillon. Les mœurs d'un certain monde y ſont peintes avec des couleurs vives & vraies. La modeſtie ne tient pas toujours le pinceau, & les femmes ſe plaignirent dans le tems de ce que l'auteur ne croyoit pas aſſez à la vertu. IV. *Le Sopha* , *conte moral* , ou plutôt *antimoral* , 1745, 1749 , 2 vol. in-12. C'eſt une galerie de portraits , ſouvent licencieux , des femmes de tous les états. Les gens de bien auroient deſiré que le romancier eût plus reſpecté la pudeur ; & les gens de goût , qu'il eût mis plus d'action & de variété dans ſes romans. V. *Lettres d'Alcibiade* , dont on peut faire la même critique , ainſi que de pluſieurs autres ouvrages de ce genre , dont la licence & la malignité font le caractere. Quel peut être le fruit de tous ces romans dont un top cavalier & cynique ſont le principal ornement ? On les achete d'abord par curioſité , on les lit avec empreſſement ; l'honnête-homme n'oſe convenir qu'il les a lus , & chacun finit par les payer du mépris qu'ils méritent. VI. Les *Lettres de la marquiſe de Pompadour* , roman épiſtolaire qui a eu un ſuccès prodigieux , & où l'auteur eſt un peu plus réſervé que dans ſes autres productions , quoiqu'il ne le ſoit point encore aſſez. On a ſes *Œuvres* en 11 vol. in-12 , 1779.

CREDI , (Laurenzo di) célebre peintre de Florence , mort en 1530 , à 78 ans , fut grand imitateur de Léonard de Vinci.

CREECH , (Thomas) né à Blanford en Angleterre en 1659 , cultiva la poéſie & les lettres , & ne vécut pas moins dans l'indigence. Une humeur ſombre qui le jetoit dans des paſſions violentes , fit le malheur de ſa vie & occaſionna ſa mort. Amoureux d'une demoiſelle qui ne répondoit point à ſes feux , quoique bien d'autres euſſent un facile accès auprès d'elle ; il ſe pendit de déſeſpoir , ſur la fin de juin 1700. On a de lui pluſieurs Traductions : I. Celle de *Lucrece* , en vers anglois , & en proſe avec des notes. Cette derniere eſt préférable à l'autre : elle fut imprimée à Oxford en 1683, in-8°. Pluſieurs prétendent que c'eſt le matérialiſme & le déſolant ſyſtême de l'auteur traduit, qui a tourné la tête à Creech , & qui lui a inſpiré la manie du ſuicide comme à Lucrece lui-même. II. La Verſion de pluſieurs morceaux de Théocrite , d'Horace , d'Ovide , de Juvenal. III. Une édition de Lucrece , eſtimée des ſavans , dont la meilleure eſt celle de Londres 1717, in-8°.

CRELLIUS , (Jean) le ſecond apôtre des Unitaires après Socin , d'un village près de Nuremberg , exerça le miniſtere à Cracovie , profeſſa la théologie dans l'école de cette ville , & y mourut à 42 ans en 1632. Ses ouvrages tiennent le ſecond rang dans la *Bibliotheque des Freres Polonois* , par la modération du ſtyle , & par la profondeur captieuſe du raiſonnement. Les principaux ſont : I. *Traité contre la Trinité* , Goude 1678 , in-16 , ſolidement réfuté par le P. Petau , II. Des *Commentaires ſur une partie du Nouveau Teſtament.* III. Des *Ecrits de Morale* , dans leſquels il permet aux maris de battre leurs femmes. Cette déciſion révolteroit à coup ſûr nos Françoiſes... Il y a eu un autre CRELLIUS d'Iſleb , mort en 1679 , qui a écrit contre les Catholiques & les Calviniſtes. Il ne faut pas confondre ni l'un ni l'autre avec Nicolas CRELLIUS , qui fut chancelier de Chriſtian , électeur de Saxe , & qui eut la tête tranchée en 1592 pour avoir voulu introduire le Calviniſme dans ce pays-là.

CREMONINI, (César) professeur de philosophie à Ferrare & à Padoue, avoit des talens obscurcis par de grands défauts, la méchanceté, l'envie, la fourberie, la médisance & l'irreligion. Il étoit né à Cento dans le Modénois en 1550, & mourut à Padoue de la peste en 1630, à 80 ans. Ses principaux ouvrages sont : I. *Aminta e Clori favola Silvestre*, Ferrare 1591, in-4°. II. *Il Nascimento di Venezia*, Bergame 1617, in-12. III. *De Physico auditu*, 1596, in-fol. IV. *De Calido innato*, 1626, in-4°. V. *De Sensibus & facultate appetitiva*, 1644, in-4°, & d'autres ouvrages remplis d'erreurs de plus d'un genre. Il croyoit l'ame matérielle, capable de corruption, & mortelle, ainsi que l'ame des brutes, au cas (disoit-il pour se sauver par cette restriction captieuse) qu'il fallût suivre les principes d'Aristote.

CRENIUS, (Thomas) de la Marche de Brandebourg, recteur en Hongrie, correcteur d'imprimerie à Rotterdam & à Leyde, mourut dans cette derniere ville en 1728, à 80 ans, après avoir inondé l'Europe de ses compilations. Les plus utiles sont : I. *Consilia & Methodi aureæ studiorum optimè instituendorum*, Rotterdam 1692, in-4°. Ce volume fut suivi de deux autres imprimés en 1696 à Leyde. Le premier est intitulé : *De philologia, studiis liberalis doctrinæ*. Le second : *De eruditione comparanda*. C'est une collection de préceptes sur la maniere d'étudier les différentes sciences renfermées dans ces trois livres. Ses autres ouvrages sont : II. *Musæum Philologicum*, 2 vol. in-12. III. *Thesaurus Librorum Philologicorum*, 2 vol. in-8°. IV. *De furibus Librariis*, Leyde 1705, in-12. V. *Fasciculi Dissertationum Philologo-Historicarum*, 5 vol. in-12. VI. *Dissertationes Philologicæ*, 2 vol. in-12. VII. *Commentationes in varios Auctores*, 3 vol. in-12.

CRÉON, roi de Thebes en Béotie, frere de Jocaste, s'empara du gouvernement, après la mort de Laïus, mari de sa sœur; Œdipe, à qui il céda le sceptre, s'étant retiré à Athenes, il le reprit encore, & se signala par des cruautés. Il fit mourir Antigone & Agrie, celle-ci pour avoir enseveli ses freres, & l'autre son époux. Les dames thébaines porterent Thésée à lui déclarer la guerre, & ce héros lui ravit la couronne & la vie, l'an 1250 avant J. C. Il ne faut pas le confondre avec CRÉON, roi de Corinthe, qui reçut à sa cour Jason, & l'accepta pour gendre, quand il se fut dégoûté de Médée.

CREPITUS, divinité ridicule des anciens Egyptiens; on la représentoit sous la figure d'un petit enfant accroupi, qui sembloit se presser pour donner plus de liberté au vent intérieur qui l'incommodoit.

CRÉQUI, (Charles de) prince de Foix, duc de Lesdiguieres, gouverneur du Dauphiné, pair & maréchal de France, se distingua dans toutes les occasions, depuis le siege de Laon en 1594, jusqu'à sa mort. Son duel contre Don Philippin, bâtard de Savoie, servit beaucoup à répandre son nom. La querelle vint d'une écharpe. Créqui ayant emporté un fort sur les troupes du duc de Savoie, D. Philippin, pressé de se retirer, changea son habit pour celui d'un simple soldat, sans faire attention qu'il laissoit une belle écharpe, devenue le partage d'un homme du régiment de Créqui. Le lendemain un trompette des troupes de Savoie vint demander les morts : Créqui le chargea de dire à D. Philippin, qu'il fût plus soigneux à l'avenir de conserver les faveurs des dames. Ce reproche irrita D. Philippin, qui lui envoya un cartel. Le François porta par terre le Savoyard d'un coup d'épée, lui donna la vie, & un chirurgien pour le panser. On fit courir le bruit, que Créqui s'étoit vanté d'avoir eu du sang de Savoie.

D. Philippin, indigné contre le duc, l'envoya appeller une feconde fois. Le bâtard de Savoie ne fut pas plus heureux que la premiere : il laiffa la vie près du Rhône en 1599. Créqui reçut le bâton de maréchal de France en 1622, fecourut Aft & Verrue contre les Efpagnols, prit Pignerol & la Maurienne en 1630, défit les troupes d'Efpagne au combat de Buffarola fur les bords du Teffin en 1636, & fut tué d'un coup de canon au fiege de Brême en 1638, comme il fe rangeoit près d'un gros arbre pour pointer fes lunettes. Créqui étoit éloquent, poli, magnifique. Il fit éclater ces qualités à Rome, où le roi l'envoya ambaffadeur extraordinaire vers le pape Urbain VIII en 1633. Il époufa fucceffivement deux filles du connétable de Lefdiguieres. Son vrai nom étoit Blanchefort ; mais fon pere ayant époufé Marie de Créqui, n'obtint les biens de cette famille, qu'à condition qu'il en porteroit le nom & les armes.

CRÉQUI, (François de) maréchal de France en 1668, fut défait malgré des prodiges de valeur en 1675, près de Confarbruck fur la Sare. C'étoit un homme, dit Voltaire, d'un courage entreprenant, capable des actions les plus belles & les plus téméraires, dangereux à la patrie autant qu'aux ennemis. Echappé à peine, lui 4e, au combat de Confarbruck, il court à travers de nouveaux périls fe jeter dans Treves. Il aima mieux être pris à difcrétion, que de capituler. Il fut fait prifonnier, par la trahifon d'un nommé Bois-Jourdan, qui fit la capitulation à l'infu du maréchal. Les deux campagnes de 1677 & 1678, montrerent en lui des talens fupérieurs. Il ferma l'entrée de la Lorraine au duc Charles V, le battit à Kochersberg en Alface ; prit Fribourg à fa vue, paffa la riviere de Kins en fa préfence, le pourfuivit vers Offembourg, le chargea dans fa retraite ; & ayant, immédia-

tement après, emporté le fort de Kell l'épée à la main, il alla brûler le pont de Strasbourg. En 1684 il prit Luxembourg, & mourut trois ans après, en 1687, avec la réputation d'un homme qui auroit pu remplacer le maréchal de Turenne, lorfque l'âge auroit modéré le feu de fon courage. Le maréchal de Créqui étoit général des galeres depuis 1661.

CRESCENS, philofophe cynique vers l'an 154 de J. C., fe rendit infâme par fes débauches, & par fes calomnies contre les Chrétiens. C'eft contre lui que S. Juftin écrivit fa feconde *Apologie*.

CRESCENTIIS, (Pierre de) natif de Bologne, voyagea pendant 30 ans, exerçant la profeffion d'avocat pour fe dérober aux troubles de fa patrie. A 70 ans il revint, pour s'occuper d'un ouvrage fur l'agriculture, qu'il dédia à Charles II, roi de Sicile, qui mourut en 1308. Il eft intitulé : *Opus ruralium commodorum*. Il y en a des éditions rares : à Louvain 1474 ; Florence 1481, in-fol. Il fe trouve auffi dans *Rei rufticæ Scriptores* de Gefner, Leipfick 1735, 2 vol. in-4º. On en a une Traduction françoife, Paris 1486, in-fol. Il y en a une italienne, Florence 1605, in-4º.

CRESCENTIUS NUMANTIANUS, patrice romain, s'empara de château Saint-Ange vers 985, & exerça dans Rome des cruautés inouies. Ses crimes ne demeurerent pas impunis ; l'empereur Othon III lui fit trancher la tête.

CRESCIMBENI, (Jean-Marie) naquit à Macerata, capitale de la Marche d'Ancone en 1663. Ses talens pour la poéfie & l'éloquence fe développerent de bonne heure. Ses vers eurent d'abord un goût d'enflure & de pointe ; mais le féjour de Rome & la lecture des meilleurs poëtes italiens le ramenerent à la nature. Non-feulement il changea lui-même de ftyle ; mais il entreprit de combattre le mauvais goût, &

de donner des regles du bon. Ce fut en partie par ce motif, qu'il travailla à l'établissement d'une nouvelle académie, sous le nom d'*Arcadie*. Les membres de cette compagnie ne furent d'abord qu'au nombre de 14; mais il s'augmenta depuis. Ils s'appellerent les *Bergers d'Arcadie*, & prirent chacun le nom d'un berger, & celui de quelque lieu de l'ancien royaume d'Arcadie. Le fondateur de cette société en fut nommé directeur en 1690. Pendant 38 ans qu'il conserva ce poste, il déclara la guerre sans ménagement à ces pompeuses extravagances, à ces faux brillans, à ces clinquans que les Italiens avoient pris si long-tems pour de l'or. Crescimbeni mourut en 1728, à 64 ans, chanoine de Ste Marie in Cosmedin. Durant sa derniere maladie, il fit les vœux simples des Jésuites. Crescimbeni étoit un petit homme maigre, d'une voix cassée & rauque, & dont la figure n'annonçoit pas le génie. Mais des manieres engageantes, & une douceur extrême, malgré son tempérament bilieux, lui gagnoient tous les cœurs. Parmi le grand nombre d'ouvrages en vers & en prose dont il a enrichi sa patrie, on ne citera que les principaux : I. *Histoire de la Poésie italienne*, fort estimée, & réimprimée en 1731 à Venise, en 7 vol. in-4°. Cette Histoire est accompagnée d'un commentaire semé d'anecdotes, non-seulement sur la vie des anciens poëtes italiens, mais encore sur celle des anciens poëtes provençaux, peres des Italiens. Il y a quelques inexactitudes, comme dans tous les ouvrages de ce genre. II. La *Vie du cardinal de Tournon*, in-4°. III. L'*Histoire de l'Académie des Arcades*, & la *Vie des plus illustres Arcadiens*, 1708, 7 vol. in-4°. IV. Un *Recueil de leurs Poésies latines*, en 9 vol. in-8°. V. *Recueil des Poésies à l'honneur de Clément XI*, in-4°. VI. *Abrégé de la Vie de la sainte*

Vierge, en italien. VII. Plusieurs *Vies* particulieres, &c. &c.

CRESCONIUS, évêque d'Afrique, sur la fin du 7e siecle, est auteur d'une *Collection de Canons*. On la trouve dans la *Bibliotheque du Droit Canon*, donnée au public par Justel & Voël en 1661, 2 vol. in-fol. Ce recueil est une preuve de l'érudition de l'auteur.

CRESPET, (Pierre) religieux célestin, né à Sens en 1543, mourut à 51 ans en 1594, après avoir refusé un évêché que Gregoire XIV vouloit lui donner. On a de lui : *Summa Catholicæ Fidei*, Lyon 1598, in-fol. *Le Jardin de plaisir & récréation spirituelle*, 1602, in-8°; & d'autres ouvrages dans lesquels il y a plus d'érudition que de critique.

CRESPI, (Joseph-Marie) éleve de Cignani, né à Bologne en 1665, mort dans la même ville en 1747, se forma sur les ouvrages du Baroche, du Titien, de Paul Veronese. Une imagination vive & riante répandoit des charmes sur ses tableaux & sur ses discours. Les grands recherchoient sa conversation, les artistes ses ouvrages. Ses figures sont lumineuses & saillantes, ses caracteres frappans & variés, son dessin correct.

CREST (la Bergere de) : c'est sous ce nom qu'est connue, dans l'histoire des délires des hommes, une visionnaire, nommée Isabeau Vincent, fille d'un cardeur de laine du diocese de Die. Elle apprit le rôle de prophétesse, en gardant les moutons d'un laboureur son parrein. Un homme inconnu la dressa à ce manege. Elle fit ses premiers essais dans des maisons obscures, où elle prêchoit & prophétisoit à son aise. Rome étoit, selon elle, une Babylone, & la messe une idolatrie. Les Calvinistes crioient par-tout *au miracle !* Le ministre Jurieu, qui avoit adopté tant d'autres extravagances, ne manqua pas de se déclarer pour celle-ci. La bergere, animée par sa réputation, prophétisa plus que jamais, mêlant à son galimathias des passages de l'Ecriture, des lambeaux de sermons, de mauvaises plaisanteries contre le pape. Son enthousiasme fit quelques prosélytes, & en auroit fait davantage, si l'intendant du Dauphiné ne l'avoit fait arrêter. Conduite à l'hôpital-général de Grenoble, elle revint de ses égaremens, & finit par une mort édifiante, vers la fin du dernier siecle.

CRESUS, *voyez* CRŒSUS.

CRÉTÉ, *fils de Minos & de Pasiphaë.* Ayant consulté l'oracle sur sa destinée, il apprit qu'il seroit tué par son fils Althemene. Ce jeune prince, instruit du malheur qui menaçoit son pere, tua une de ses sœurs que Mercure avoit outragée, maria les autres à des princes étrangers, & se bannit de sa patrie. Crété sembloit être en sûreté : mais ne pouvant vivre sans son fils, il équippa une flotte, & l'alla chercher. Il aborda à Rhodes, où Althemene étoit. Les habitans prirent les armes pour s'opposer à Crété, croyant que c'étoit un ennemi qui venoit les surprendre. Althemene, dans le combat, décocha une fleche à son pere : ce malheureux prince en mourut, avec le chagrin de voir l'accomplissement de l'oracle ; car son fils s'approchant pour le dépouiller, ils se reconnurent. Althemene obtint des Dieux que la terre s'entrouvrit pour être englouti sur le champ... Il ne faut pas le confondre avec CRÉTÉ, fils d'Eole & roi d'Iolcos, dont la femme Demodice accusa faussement Phryxus d'avoir voulu attenter à son honneur.

CRETENET, (Jacques) chirurgien, natif de Champlite en Bourgogne, entra dans l'état ecclésiastique après avoir perdu sa femme. Il institua les Prêtres-Missionnaires de S. Joseph de Lyon, & mourut le 3 septembre 1666, à 63 ans, avec une grande réputation de vertu. On a sa *Vie*, écrite par M.

Oraña. Sa congrégation est peu répandue.

CRÉTHEIS, femme d'Acaste, roi de Thessalie, conçut une violente passion pour Pelée. Ce jeune prince étant insensible à ses feux, elle persuada au roi son époux, qu'il avoit tenté de la corrompre. Acaste irrité exposa Pelée aux Centaures ; mais il retourna vainqueur ; après avoir tué de sa main & son accusatrice & son juge.

CRETIN, (Guillaume) chantre de la Ste Chapelle de Paris, trésorier de celle de Vincennes, Chroniqueur, c'est-à-dire, historien du roi sous Charles VIII, Louis XII & François I, mourut l'an 1525. Clément Marot l'appelle *le Souverain Poëte françois* ; mais le poëte souverain ne seroit à présent sur notre Parnasse, que parmi les esclaves des Muses. Ses productions, réimprimées à Paris en 1724, in-12, offrent trop de jeux de mots, de pointes & d'équivoques, comme l'a remarqué Rabelais dans son *Pantagruel*, où Cretin paroît sous le nom de vieux *Rominagrobis*. Son vrai nom est *Du Bois*.

CRÉVECŒUR, (Philippe de) maréchal de France, s'attacha d'abord au duc de Bourgogne, Charles le Téméraire, & se signala à la bataille de Montlhéri en 1465. Après la mort de ce prince, son bienfaiteur, au lieu de demeurer fidele à sa fille, il se vendit à Louis XI, & lui fut fort utile. Il surprit S. Omer avec 600 hommes seulement, se rendit maître de Terouenne, & fit prisonniers les comtes d'Egmont & de Nassau. Charles VIII le menoit à la conquête du royaume de Naples, lorsque la mort l'enleva à la Bresse près de Lyon, en 1494. Grand capitaine & habile négociateur, il mérita que Louis XI le recommandât en mourant au Dauphin son fils, comme un homme également sage & vaillant. Ce dernier prince ordonna que, lorsqu'on transporteroit son corps à Boulogne, où il est enterré, on lui rendroit les mêmes honneurs qu'à celui d'un roi de France. Le maréchal de Crevecœur avoit une si grande antipathie pour les Anglois, qu'il disoit quelquefois : *Je consentirois de passer un an ou deux en enfer, pourvu que je les puisse chasser de Calais.*

CREVEL, (Jacques) avocat, membre de l'académie royale des belles-lettres de Caen, naquit l'an 1692 à Ifs, près de cette ville. Une élocution aisée, un esprit vif & pénétrant, & d'excellentes études, le firent bientôt distinguer dans le barreau. Aux exercices de son état, il joignit la place de professeur royal du droit françois dans l'université de Caen, qui le nomma recteur en 1721. C'est à lui qu'elle doit le rétablissement des processions solemnelles qu'elle a coutume de faire dans les occasions d'éclat. L'ardeur de son zele pour le bien public lui attira quelques affaires ; mais ses talens & sa probité lui gagnerent une confiance générale. Il mérita aussi la bienveillance du célebre d'Aguesseau, & mourut le 23 décembre 1764, avec la réputation de citoyen très-jaloux de l'ordre, & d'ami fidele. On a de lui quelques Odes & Poésies latines & françoises, & plusieurs Mémoires intéressans.

CREVIER, (Jean-Baptiste-Louis) né à Paris en 1693, d'un ouvrier imprimeur, fit ses études avec distinction sous le célebre Rollin, & devint professeur de rhétorique au college de Beauvais. Après la mort de son maître, il se chargea de la continuation de l'*Histoire Romaine*, dont il donna 8 vol. Il publia ensuite divers autres ouvrages, jusqu'à sa mort arrivée en 1765, dans un âge avancé. Cet écrivain étoit recommandable par ses vertus : il formoit ses disciples à la religion, comme à la littérature. Son goût pour l'étude & pour le travail ont produit les livres suivans : I. *Titi-Livii Pata-*

vini Historiarum Libri XXXV, *cum notis*, 1748, 6 vol. in-4°. L'édition que nous indiquons n'est pas la seule de cet ouvrage. L'auteur l'a enrichie de notes savantes & laconiques, & d'une préface écrite avec esprit & élégance, mais d'un style trop oratoire. II. La *Continuation de l'Histoire Romaine de M. Rollin*, depuis le 9e volume jusqu'au 16e. On y trouve moins de digressions sur des points de morale & de religion, que dans les premiers volumes ; mais si le disciple est supérieur en ce genre à son maître, il est au-dessous de lui dans le coloris & la noblesse de la diction, & dans l'élévation des pensées. III. L'*Histoire des Empereurs Romains jusqu'à Constantin*, 6 vol. in-4°, & 12 vol. in-12, 1749 & années suivantes. On y trouve de l'exactitude dans les faits ; mais il n'est pas toujours heureux dans le choix des détails, ni intéressant dans la façon de les présenter. Il y a ainsi que dans l'ouvrage précédent d'excellentes vues sur des objets de littérature & de philosophie & de religion : elles ne sont ni plus prolixes, ni plus fréquentes que la nature de l'histoire ne le comporte. On desireroit plus de pureté dans son style, & sur-tout moins de latinismes. IV. *Histoire de l'Université de Paris*, en 7 vol. in-12, estimable pour les recherches ; mais l'auteur néglige son style ; il manque quelquefois de justesse dans l'expression, & emploie des termes trop familiers. V. *Observations sur l'Esprit des Loix*, in-12 : il y a de très-bonnes choses, mais il pourroit y en avoir davantage, & elles pourroient être plus approfondies. VI. *Rhétorique françoise*, 1765, 2 vol. in-12. Les leçons que donne l'auteur sont exactes & judicieuses, & le choix des exemples est assez bien fait.

CREUSE, fille de Priam, roi de Troie, femme d'Enée & mere d'Ascagne, périt en se sauvant avec son mari, après l'incendie de Troie.

CREUSE, fille de Créon, roi de Corinthe, épousa Jason après qu'il eut répudié Médée ; celle-ci, irritée contre sa rivale, la fit mourir par une robe empoisonnée qu'elle lui envoya, & étendit sa vengeance sur presque toute la famille royale de Créon.

CREUTZNACH, (Nicolas) professa la théologie à Vienne en Autriche, vers la fin du 15e siecle. On a de lui quatre Livres de questions sur les Sentences, un Recueil de conférences, & un Traité sur la Conception de la Ste Vierge.

CRIGNON, (Pierre) né à Dieppe, mort vers 1540, a laissé quelques Pieces de Poésie françoise, qui sont très-rares.

CRILLON, (Louis de Berthon de) d'une illustre famille d'Italie, établie dans le comtat Venaissin, chevalier de Malte, l'un des plus grands capitaines de son siecle, naquit en 1541. Il servit dès l'année 1557. Il se trouva à 15 ans au siege de Calais, & contribua beaucoup à la prise de cette ville, par une action d'éclat qui le fit remarquer de Henri II. Il se signala ensuite contre les Huguenots aux journées de Dreux, de Jarnac & de Montcontour en 1562, 1568 & 1569. Le jeune héros se distingua tellement dans ses caravanes, sur-tout à la bataille de Lépante en 1571, qu'on le choisit, quoique blessé, pour porter la nouvelle de la victoire au pape & au roi de France. On le trouve deux ans après, en 1573, au siege de la Rochelle, & dans presque toutes les autres rencontres considérables. Il se montra par-tout *le brave Crillon:* c'étoit le nom que lui donnoit ordinairement Henri IV. Henri III, qui connoissoit sa valeur, l'en récompensa par la dignité de chevalier de ses ordres, en 1585. Les belles apparences de la Ligue, les motifs de religion qui lui gagnerent tant de prosélites, ne purent ébranler la fidélité du brave Crillon, quelque haine qu'il eut pour les Huguenots.

Il servit utilement son prince à la journée des Barricades, à Tours & ailleurs. Henri III osa proposer à Crillon d'assassiner le duc de Guise, chef de la ligue ; Crillon offrit de se battre, & ne voulut point entendre parler d'assassiner. Crillon fut aussi fidele à Henri IV qu'à son prédécesseur. Il repoussa les Ligueurs de devant Boulogne. L'armée de Villars ayant investi Quillebœuf en 1592, il défendit vigoureusement cette place, répondant aux assiégeans, lorsqu'ils sommerent les assiégés de se rendre : *Crillon est dedans & l'ennemi dehors.* Le bon Henri fit cependant peu de chose pour lui: *Parce que,* disoit-il, *j'étois assuré du brave Crillon, & j'avois à gagner tous ceux qui me persécutoient.* La paix de Vervins ayant terminé les guerres qui agitoient l'Europe, Crillon se retira à Avignon, & y mourut dans les exercices de la piété & de la pénitence en 1615, à 75 ans. François Bening, jésuite, prononça son éloge funebre: piece d'une éloquence burlesque, imprimée en 1616, sous le titre de *Bouclier d'honneur,* & réimprimée ces dernieres années. Mademoiselle de Lussan a publié en 2 vol. in-12 la *Vie* de ce héros, appellé de son tems l'*Homme sans peur, le Brave des braves.* C'étoit un second chevalier Bayard, non par le caractere qu'il avoit bizarre & bourru, mais par le cœur & par la religion. On fait qu'assistant un jour au sermon de la Passion, lorsque le prédicateur fut parvenu à la description du supplice de la flagellation, Crillon, saisi d'un enthousiasme subit, porta la main à son épée, en criant: *Où étois-tu, Crillon?* Ces saillies de courage, effet d'un tempérament vif à l'excès, l'engagerent trop souvent dans les combats particuliers dont il sortit toujours avec gloire. On ne peut s'empêcher d'orner cet article de deux traits d'intrépidité qui peignent bien ce grand-homme. A la bataille de Montcontour, en
1569,

1569, un soldat huguenot crut rendre service à son parti, s'il pouvoit se défaire du plus intrépide & du plus redouté des généraux catholiques. Il se porta dans un endroit où Crillon, en revenant de la poursuite des fuyards, devoit nécessairement passer. Dès que ce fanatique l'apperçut, il lui tira un coup d'arquebuse. Crillon, quoique grièvement blessé au bras, courut à l'assassin, l'atteignit & alloit le percer, lorsque le soldat tomba à ses pieds & lui demanda la vie. » Je te la » donne, lui dit Crillon ; & si l'on » pouvoit ajouter quelque foi à un » homme qui est rebelle à son roi, » & infidele à sa religion, je te de- » manderois parole de ne jamais » porter les armes que pour ton sou- » verain ». Le soldat, confondu de tant de magnanimité, jura qu'il se séparerait pour toujours des rebelles, & qu'il retourneroit à la religion catholique. Le jeune duc de Guise, auprès duquel Henri IV l'avoit envoyé à Marseille, voulut éprouver jusques à quel point la fermeté de Crillon pouvoit aller. Pour cela, il fit sonner l'alarme devant le logis de ce *brave*, fit mener deux chevaux à la porte, monta chez lui pour lui annoncer que les ennemis étoient maîtres du port & de la ville, & lui proposa de se retirer pour ne pas augmenter la gloire du vainqueur. Quoique Crillon ne fut presque pas éveillé, lorsqu'on lui tint ce discours, il prit ses armes sans s'émouvoir, & soutint qu'il valoit mieux mourir l'épée à la main, que de survivre à la perte de la place. Guise, ne pouvant le détourner de cette résolution, sortit avec lui de la chambre ; mais, au milieu des degrés, il laissa échapper un grand éclat de rire, qui fit appercevoir Crillon de la raillerie. Il prit alors un visage plus sévere, que lorsqu'il pensoit aller combattre ; & serrant fortement le duc de Guise, il lui dit en jurant, suivant son usage : *Jeune-homme, ne te joue jamais*
Tome II.

à *fonder le cœur d'un homme de bien. Par la mort! si tu m'avois trouvé foible, je t'aurois poignardé.* Après ces mots il se retira, sans rien dire davantage.

CRINESIUS, (Christophe) né en Bohême l'an 1584, professa la théologie à Altorf, & y mourut l'an 1626. On a de ce professeur protestant plusieurs ouvrages in-4°, qui prouvent son érudition. I. Une *Dispute sur la confusion des langues.* II. *Exercitationes Hebraïcæ.* III. *Gymnasium & Lexicon Syriacum,* 2 vol. in-4°. IV. *Lingua Samaritica,* in-4°. V. *Grammatica Chaldaïca,* in-4°. VI. *De auctoritate Verbi divini in Hebraïco Codice,* Amsterdam 1664, in-4°, &c. &c.

CRINIS, prêtre d'Apollon. Ce dieu remplit ses champs de rats & de souris, parce qu'il avoit négligé son devoir dans les sacrifices. Crinis fit mieux dans la suite ; & Apollon, pour lui marquer sa satisfaction, tua tous ces animaux lui-même à coups de fleches. Cette glorieuse expédition valut à Apollon le surnom de *Smintheus,* c'est-à-dire, *destructeur des rats.*

CRINISE, prince troyen, employa Neptune & Apollon à relever les murs de Troie, & leur refusa le salaire qu'il avoit promis. Neptune, pour se venger, suscita un monstre qui désoloit la Phrygie. Il falloit lui exposer une fille, lorsqu'il se présentoit. On assembloit chaque fois toutes les jeunes personnes du canton, & on les faisoit tirer au sort. La fille de Crinise étant en âge de tirer pour être la proie du monstre, son pere aima mieux la mettre furtivement dans une barque sur la mer, & l'abandonner à la fortune, que de l'exposer à être dévorée. Lorsque le tems du passage de ce monstre fut expiré, Crinise alla chercher sa fille, & aborda en Sicile. N'ayant pu la retrouver, il pleura tant, qu'il fut métamorphosé en fleuve. Les dieux, pour

B b

récompenser sa tendresse, lui donnerent le pouvoir de se transformer de toute sorte de façons. Il usa souvent de cet avantage pour surprendre des nymphes, & combattit contre Achelous pour la nymphe Egesté, qu'il épousa, & dont il eut Alceste.

CRINITUS, (Pierre) ou PIETRO RICCIO, enseigna les belles-lettres à Florence sa patrie, après la mort d'Ange Politien son maître. Il s'acquit beaucoup de réputation par son esprit & son savoir; mais livré à la plus criminelle de toutes les brutalités, il corrompit les jeunes gens confiés à ses soins. Un d'eux à qui le vin avoit échauffé la tête, dans un repas où Crinitus leur parloit avec beaucoup de licence, lui jeta un verre d'eau fraîche, en badinant. Le professeur florentin fut si sensible à cet affront qu'il en mourut vers 1505, à 40 ans. On a de lui plusieurs ouvrages en vers & en prose, pleins de vent & de phrases, mais en général très-médiocres, & même au-dessous du médiocre, malgré leur air emphatique. Nous ne citerons que ses *Vies des Poëtes latins*, à Lyon, chez Gryphe, 1554, in-4°.

CRISPE, chef de la synagogue des Juifs de Corinthe en Achaïe. Lorsque S. Paul vint prêcher l'Evangile en cette ville, Crispe embrassa avec toute sa famille, la foi de J. C. & fut baptisé par les apôtre; qui, dit-on, l'établit évêque de l'isle d'Egine auprès d'Athènes.

CRISPE, (*Crispus Flavius Julius*) fils de l'empereur Constantin & de Minervine, fut honoré du titre de César par son pere, & se montra digne de cette dignité, par sa valeur. Il eût peut-être acquis une réputation égale à celle des plus grands capitaines de son siecle, si la malheureuse passion de Fausta, sa belle-mere, n'avoit causé sa mort. Cette impératrice n'ayant pu le séduire, l'accusa d'avoir voulu souiller le lit de son pere. Constantin,

ayant cru trop légérement cette accusation, fit empoisonner son fils l'an 324. Son innocence fut bientôt reconnue, & la calomniatrice punie. Eusebe ne parle point de cette mort, sans doute pour ne pas défigurer le portrait de Constantin; mais elle n'est malheureusement que trop avérée.

CRISPIN ou CRESPIN, (Jean) d'Arras, avocat au parlement de Paris, fut entraîné dans l'erreur par Théodore de Beze, son ami. Il alla le joindre à Geneve, s'appliqua à la typographie, & s'acquit beaucoup de réputation par plusieurs ouvrages qu'il donna au public. Vignon son gendre dirigea son imprimerie après sa mort, arrivée en 1572, de la peste. On a de lui un *Lexicon grec*, Geneve 1574, 1 vol. in-4°, & une *Histoire des prétendus Martyrs de sa religion*, Geneve 1570, in-fol. réimprimée plusieurs fois depuis, pour l'édification des fanatiques de sa secte.

CRISPUS ou CRISPO, (Jean-Baptiste) théologien & poëte, de Gallipoli dans le royaume de Naples, mourut en 1595, dans le tems que Clément VIII pensoit sérieusement à l'élever à l'épiscopat. Ses principaux ouvrages sont: I. *De Ethnicis Philosophis cauté legendis*: ouvrage estimable, sur le discernement & les précautions qu'il faut apporter dans la lecture des sages du Paganisme. Il a été utile, autrefois pour découvrir d'un côté les erreurs des philosophes, de l'autre la vérité qu'on cherche dans la philosophie. Cet ouvrage, mis au jour en 1594, in-fol. à Rome, est devenu rare. II. La *Vie de Sannazar*, à Rome en 1583, & à Naples 1633, in-8°: ouvrage curieux & bien fait. III. Le *Plan de la ville de Gallipoli*.

CRITIAS, le premier des 30 tyrans d'Athènes, homme de naissance & d'esprit, adroit, éloquent, mais citoyen dangereux, sembla être né pour le malheur de sa patrie. Il fut le plus cruel de ses collegues. Il fit mettre à mort Alcibiade & Theramene, deux chefs dont la valeur menaçoit son autorité tyrannique. Il poussa les vexations jusqu'à pourfuivre les bannis d'Athenes dans leurs afyles mêmes. Tant d'inhumanité réunit ces malheureux en un corps d'armée. Ils entrerent dans l'Attique fous la conduite de Thrafybule, & attaquerent Critias. Il fut tué les armes à la main, l'an 400 avant J. C. Cet oppresseur qui tourmenta fes concitoyens, avoit pourtant été difciple de Socrate. Il avoit compofé des Elégies & d'autres ouvrages, dont on n'a que quelques fragmens.

CRITOGNATE, feigneur auvergnac, fe déclara pour la liberté de fa nation, & fuivit la fortune de Vercingentorix. L'armée gauloife que Céfar tenoit affiégée dans Alefia, venant à manquer de vivres, la plupart des chefs furent d'avis qu'il falloit ou fe rendre, ou faire une fortie générale pour vendre cher leurs vies. Critognate préféra de porter la défenfe à toute extrémité, & d'imiter en cette rencontre les anciens Gaulois, qui, fe voyant renfermés dans leurs remparts, & réduits à une extrême néceffité par les Teutons & les Cimbres, fe nourrirent de ceux qui n'étoient pas en âge de combattre. On prit cette réfolution, & les Gaulois furent bientôt fecourus, mais inutilement: ceux qui vinrent pour les dégager, ne purent jamais forcer les retranchemens des Romains.

CRITOLAUS, fils de Reximachus, citoyen de la ville de Thégée en Arcadie. Il étoit l'aîné de deux autres freres, avec lefquels il combattit contre les trois fils de Damöftrate, citoyen de Phénée, autre ville d'Arcadie, pour terminer par ce combat, la guerre qui duroit depuis long-tems entre ces deux villes. Les deux freres de Critolaüs étant demeurés fur la place après avoir bleffé leurs adverfaires, Critolaüs les tua tous les trois. Lorfque le vainqueur fut retourné chez lui, fa fœur Demodice, qui avoit été promife à l'un d'eux, fut la feule qui ne fe réjouit point de fa victoire. Sa douleur au milieu de la joie publique, irrita fi fort Critolaüs, qu'il la tua, facrifiant la nature à la patrie. Il fut traduit par fa mere devant le fénat de la ville; mais les Thégéates ne purent fe réfoudre à condamner un homme qui venoit de leur rendre la liberté, & d'affurer leur puiffance contre leurs ennemis. Critolaüs fut enfuite général des Achéens contre les Romains. On dit qu'il s'empoifonna de chagrin, d'avoir été vaincu au paffage des Thermopyles par Cec. Metellus, l'an 146 avant J. C. L'hiftoire de Critolaüs, rapportée par Plutarque, paroît avoir été copiée fur celle des Horaces, & peut-être que l'une & l'autre font des fables.

CRITON, athénien, un des plus zélés difciples de Socrate, fourniffoit à ce philofophe ce dont il avoit befoin, environ l'an 404 avant J. C. Il converfa avec lui jufqu'à fa mort, & compofa des Dialogues qui font perdus. Il eut plufieurs difciples diftingués.

CRITON, (Jacques) écoffois, de la famille royale de Stuart, prodige d'érudition précoce, parloit, dit-on, dès l'âge de 21 ans, dix langues différentes; poffédoit jufqu'à un certain point la philofophie, la théologie, les mathématiques, les belles-lettres; jouoit très-bien des inftrumens, montoit à cheval, faifoit des armes. Les guerres de religion l'ayant obligé de quitter fon pays, il paffa en Italie. A Venife où il refta quelque-tems, il donna Pic de la Mirandole, foutint des thefes publiques fur toutes fortes de fciences. Il mourut à l'âge de 22 ans, en 1583.

CRITOPULE, voyez MÉTROPHANE.

CROCUS, voyez SMILAX.

CROESE, (Gerard) miniftre proteftant, né à Amfterdam en 1642, est auteur de l'*Histoire des Quakers*, 1695, in-8°, en latin, d'un style entortillé, mais exacte pour les faits; traduite en anglois; & d'un autre ouvrage bizarre, intitulé *Homerus Hebræus sive Historia Hebræorum ab Homero*, 1704, in-8°. Il y prétend que l'*Odissée* & l'*Iliade* ne font qu'un récit de l'histoire sacrée. L'*Odissée* qu'il prétend avoir précédé l'*Iliade* contre la remarque de Longin, comprend selon lui ce qui s'est passé avant Moyse; & l'*Iliade* est l'histoire de la prise de Jéricho & de la conquête de la Terre-Promise. Il mourut en 1710, à 68 ans, dans un bourg voisin de Dordrecht. La justesse d'esprit n'étoit pas sa qualité distinctive; mais ses ouvrages peuvent plaire à ceux qui aiment la critique littéraire & les recherches d'érudition.

CRŒSUS, cinquieme roi de Lydie, & successeur d'Alyates, l'an 557 avant Jesus-Christ, partagea son regne entre les plaisirs, la guerre & les arts. Il fit plusieurs conquêtes, & ajouta à ses états la Pamphylie, la Mysse, & plusieurs autres provinces. Sa cour étoit le séjour des philosophes & des gens-de-lettres. Solon, l'un des Sept-Sages, de la Grece, s'étant rendu auprès de lui, Crœsus étala ses trésors, ses meubles, ses appartemens, croyant éblouir les yeux du philosophe par ce faste aussi pompeux que puérile. Solon mortifia son amour-propre, en disant à ce roi, qui croyoit avoir le premier rang parmi les heureux de son tems : *N'appellons personne heureux avant sa mort*... Crœsus ne jouit pas long-tems de ses richesses & de son bonheur. Il marcha quelque-tems après contre Cyrus, avec une armée de 420 mille hommes, dont 60 mille de cavalerie. Il fut vaincu, & obligé de se retirer dans sa capitale, qui ne tarda pas à être prise. Hérodote raconte que ce roi étant sur le point d'être tué par un soldat d'un coup de hache; son fils, muet

de naissance, saisi d'un mouvement subit qui lui donna la parole, s'écria tout d'un coup : *Soldat, ne porte point la main sur Crœsus!*.. Le vaincu, conduit devant le vainqueur, fut dit-on, condamné à être brûlé vif; traitement qui n'est point dans le caractere de Cyrus. On l'avoit déja étendu sur le bûcher, lorsqu'il se ressouvint d'un entretien qu'il avoit eu autrefois avec Solon. Il prononça par trois fois en gémissant le nom de ce philosophe. Cyrus demanda pourquoi il se rappelloit Solon avec tant de vivacité? Crœsus lui rapporta la réflexion du philosophe grec. Cyrus, touché de l'incertitude des choses humaines, le fit retirer du bûcher & l'honora de sa confiance; tout ce récit est fort suspect. C'est en Crœsus que finit le royaume de Lydie, l'an 544 avant J.C. On ne sait pas quand il mourut: on sait seulement qu'il survécut à Cyrus.

CROI, *voyez* CROY.

CROISET, (Jean) jésuite, fut long-tems recteur de la maison du noviciat d'Avignon, & la gouverna avec beaucoup de régularité & de douceur. On a de lui plusieurs ouvrages de piété, très-répandus. I. Une *Année chrétienne*, en 18 vol. II. Une *Retraite*, en 2 vol. in-12. III. *Parallele des Mœurs de ce siecle, & de la Morale de J. C.* 2 vol. in-12. IV. Une *Vie des Saints*, en 2 vol. in-fol. qui manque quelquefois de critique. V. Des *Réflexions chrétiennes*, 2 vol. in-12, bien écrites & souvent réimprimées. VI. Des *Heures* ou *Prieres chrétiennes*, in-18. Le P. Croiset étoit un des plus grands maîtres de la vie spirituelle. Ses livres le prouvent, & ses directions le prouvoient encore mieux.

CROIX, (Nicole de la) *voyez* NICOLE DE LA CROIX.

CROIX-DU-MAINE, (François Grudé de la) né dans la province du Maine en 1552, assassiné à Toulouse en 1592, s'étoit fait connoître dès 1584 par sa *Bibliotheque françoise*. Ce catalogue de tous les écrivains françois dut lui coûter beaucoup de recherches, quoiqu'il soit imparfait, inexact, & fort inférieur à l'ouvrage publié sous le même titre par M. Goujet. *Voyez* à l'article VERDIER (Antoine du) ce que nous disons sur la derniere édition de la Bibliotheque de la Croix-du-Maine.

CROMER, (Martin) évêque de Warmie, mort en 1589, laissa une *Histoire de Pologne*, & quelques *Traités de Controverse* contre les Protestans.

CROMWEL, (Thomas.) fils d'un forgeron de Pulney, d'abord domestique du cardinal Wolsey, apprit sous ce politique l'art de se conduire à la cour. Henri VIII étoit alors passionnément amoureux d'Anne de Boulen. Il s'attacha à elle, & devint par son crédit premier ministre. Cromwel étoit secretement luthérien. Il ne fut pas favorable, comme on pense, à la religion catholique. Le roi, qui s'étoit déclaré chef de l'église anglicane, le choisit pour son vicaire-général dans les affaires ecclésiastiques. Il voulut même qu'il présidât au synode & à l'assemblée des évêques qui devoit se tenir pour reconnoître sa primauté, quoiqu'il fût laïque, & qu'il ne fut pas assez savant pour présider à ces conférences. Il ne cessa d'aigrir son prince contre les Catholiques. Il se servit de sa faveur & de son autorité pour les persécuter, & en fit mourir plusieurs avec une cruauté aussi lâche qu'emportée. Quelques-uns s'étant sauvés, il conseilla au roi de faire une ordonnance, par laquelle les sentences rendues contre les criminels de lese-majesté, quoique absens & non entendus, auroient la même force que celle des Douze Juges, qui composent le tribunal le plus integre de l'Angleterre. Il fut la premiere victime de son conseil. Henri VIII, dégoûté d'Anne de Cleves que Cromwel lui avoit fait épouser, résolut de perdre l'auteur de cette union. Le parlement lui fit son procès, le condamna sans l'entendre, comme hérétique & ennemi de l'état. Il eut la tête tranchée l'an 1540, trois mois après que Henri l'eut élevé au comble de la fortune & de la gloire. Tous ses biens furent confisqués.

CROMWEL, (Olivier) naquit dans la ville de Huntington le 3 avril 1603, le même jour que mourut la reine Elisabeth. Il ne savoit d'abord s'il seroit ecclésiastique ou militaire: il fut l'un & l'autre. Il fit, en 1622, une campagne dans l'armée du prince d'Orange. Il servit ensuite contre la France au siege de la Rochelle. Lorsque la paix fut conclue, il vint à Paris, où il fut présenté au cardinal de Richelieu, qui dit en le voyant: *Son air me plaît beaucoup, & si sa physionomie ne me trompe, ce sera un jour un grand-homme.* Il aspiroit à être évêque: il s'introduisit auprès de William son parent, évêque de Lincoln, depuis archevêque d'Yorck. Chassé de la maison de ce prélat, parce qu'il étoit puritain, il s'attacha au parlement, qu'il servit contre Charles I. Il commença par se jeter dans la ville de Hull assiégée par le roi, & la défendit avec tant de valeur, qu'il eut une gratification de six mille francs. On le fit bientôt colonel, & ensuite lieutenant-général, sans le faire passer par les autres grades. Dans un combat près d'Yorck, il fut blessé au bras d'un coup de pistolet; & sans attendre qu'on eût mis le premier appareil à sa plaie, il retourne au champ de bataille que le général Manchester alloit abandonner aux ennemis, rallie pendant la nuit plus de 12 mille hommes, leur parle au nom de Dieu, recommence la bataille au point du jour contre l'armée royale victorieuse, & la défait entiérement. Aussi intrigant qu'intrépide, il avoit publié un livre intitulé: *La Samarie angloise;*

ouvrage dans lequel il appliquoit au roi & à toute sa cour, ce que l'Ancien Testament dit du regne d'Achab. Afin de mieux allumer le feu de la rebellion, il fit un second livre, comme pour servir de réponse au 1er qu'il intitula : *Le Prophete Puritain*. Il y traitoit d'une manière très-impérieuse les deux chambres du parlement, & les sectes opposées à la royauté & à l'épiscopat. Il répandit dans le public, que cet ouvrage avoit été composé par les partisans du roi; animant par ces artifices tous les partis les uns contre les autres, pour venir à bout de gouverner seul. Ces libelles, aujourd'hui ignorés, exciterent alors une violente fermentation. On ne parloit à l'armée, comme dans le parlement, que de *perdre Babylone*, de *briser le colosse*, d'*anéantir le Papisme & le Pape*, & de *rétablir le vrai culte dans Jérusalem*. Lorsque Cromwel fut envoyé pour punir les universités de Cambridge & d'Oxford, royalistes zélées, ses soldats se signalerent par des exécutions aussi odieuses que barbares. Ils firent des curées avec des surplis, & des houffes à leurs chevaux avec des ornemens d'église. Les salles & les chapelles servirent d'écuries. Les statues du roi & des Saints eurent le nez & les oreilles coupés. Les professeurs furent brutalement châtiés, & quelques-uns affommés à coups de bâton. La bibliotheque d'Oxford, composée de plus de 40 mille volumes, rassemblés pendant plusieurs siecles de divers endroits du monde, fut brûlée en un seul matin. Dans une nouvelle expédition contre cette ville, Cromwel tua de sa propre main le fameux colonel Legda. Dès qu'Oxford fut pris, il fit prononcer au parlement la déposition de son roi en 1646. Il restoit encore une statue de ce malheureux prince dans la Bourse, endroit où s'assemblent les négocians de Londres; on la fit

abattre, & on mit à la place cette inscription : *Charles le dernier des rois, & le premier tyran, sortit de l'Angleterre l'an du salut 1646, & le premier de la liberté de toute la nation....* Cromwel, proclamé généralissime après la démission de Fairfax, défit le duc de Buckingham, tua plus de 12 officiers de sa main, comme un grenadier furieux & acharné, battit & fit prisonnier le comte de Holland, & entra dans Londres en triomphateur. Les ministres des différentes églises de cette ville l'annoncerent en chaire comme *l'Ange tutélaire des Anglois, & l'Ange exterminateur de leurs ennemis. Le tems étoit venu*, ajoutoient-ils, *auquel l'œuvre du Seigneur alloit s'accomplir.* Il ne tarda pas de l'être. Charles I eut la tête tranchée en 1649. Un mois après cette exécution, Cromwel, teint du sang de son roi, abolit la monarchie, & la changea en république. Ce scélérat, à la tête du nouveau gouvernement, établit un conseil d'état, & donna à ses amis qui le composoient le titre de *Protecteurs du peuple & de défenseurs des loix.* Il passa en Irlande & en Ecosse, & eut partout les plus grands succès. Lorsqu'il étoit dans ce dernier pays, il apprit que quelques membres du parlement vouloient lui ôter le titre de *Généralissime.* Il vole à Londres, se rend au parlement, oblige les députés de se retirer, & après qu'ils sont tous sortis, il ferme la salle, & fait poser cet écriteau sur la porte : *Maison à louer.* Un nouveau parlement qu'il assembla, lui conféra le titre de *Protecteur.* » Il » aimoit mieux, disoit-il, gou-» verner sous ce nom, que sous » celui de roi, parce que les An-» glois savoient jusqu'où s'éten-» doient les prérogatives d'un roi » d'Angleterre, & ne savoient pas » jusqu'où celles d'un protecteur » pouvoient aller ». Ayant appris que le parlement vouloit encore lui ôter ce titre , il entra dans la salle des communes , & dit fièrement : *J'ai appris, Messieurs, que vous avez résolu de m'ôter les lettres de Protecteur. Les voilà*, dit-il, en les jetant sur la table : *Je serois bien aise de voir , s'il se trouvera parmi vous quelqu'un assez hardi pour les prendre.* Quelques membres lui ayant reproché son ingratitude, ce fourbe fanatique leur dit d'un ton d'enthousiaste : *Le Seigneur n'a plus besoin de vous; il a choisi d'autres instrumens pour accomplir son ouvrage.* Ensuite se tournant vers ses officiers & ses soldats : *Qu'on emporte ,* leur dit-il, *la masse du parlement : qu'on nous défasse de cette marotte.* Après ces paroles, il fit sortir tous les membres , ferma la porte lui-même, & emporta la clef. C'est par cette audace, secondée de l'hypocrisie, qu'il parvint à se faire roi sous un nom modeste. Craint au-dedans, il ne l'étoit pas moins au-dehors. Les Hollandois lui demanderent la paix, & il en dicta les conditions, qui furent : Qu'on lui payeroit 300 mille livres sterlings, & que les vaisseaux des Provinces-Unies baisseroient pavillon devant les vaisseaux anglois. L'Espagne perdit la Jamaïque, restée à l'Angleterre. La France rechercha son alliance ; la prise de Dunkerque en fut le fruit. Le Portugal reçut les conditions d'un traité onéreux. L'usurpateur ayant appris avec quelle hauteur ses amiraux s'étoient conduits à Lisbonne : *Je veux,* dit-il, *qu'on respecte la république angloise, autant qu'on a respecté autrefois la république romaine.* Ses troupes étoient toujours payées un mois d'avance, les magasins fournis de tout, le trésor public rempli de 300 mille livres sterlings. Il projetoit de s'unir avec l'Espagne contre la France; de se donner Calais avec le secours des Espagnols, comme il avoit eu Dunkerque par les mains des François.

Il mourut en 1658 , à 55 ans , sans avoir pû exécuter ce dessein. On raconte que la veille de sa mort, il déclara que Dieu lui avoit révélé, qu'il ne mourroit pas encore, & qu'il le réservoit pour de plus grandes choses. Son médecin surpris que, n'ayant pas 24 heures à vivre, il osât dire avec tant d'assurance qu'il seroit bientôt rétabli, lui en témoigna son étonnement. *Vous êtes un bon homme,* repartit le politique ; " ne voyez-" vous pas que je ne risque rien " par ma prédiction ? Si je meurs, " au moins le bruit de ma gué-" rison qui va se répandre, re-" tiendra les ennemis que je puis " avoir, & donnera le tems à ma " famille de se mettre en sûreté ; " & si je réchappe (car vous n'êtes " point infaillible), me voilà re-" connu de tous les Anglois comme " un homme envoyé de Dieu, & " je ferai d'eux tout ce que je " voudrai ". Cette anecdote rapportée par quelques historiens , n'est pas dans le caractere du Protecteur, l'homme du monde le plus dissimulé , & qui pensoit le plus à l'avenir ; il ne regardoit pas sa guérison comme désespérée, on le lui fait dire nettement, comment donc trahit-il son secret, & avoue-t-il une fourberie dont le seul soupçon l'auroit infailliblement ruiné de réputation, s'il fut revenu de maladie , & qui en cas qu'il mourut , comme il arriva , auroit fait un tort infini à sa famille ? Le caractere de Cromwel est bien peint par le grand Bossuet. " Un homme (dit cet écrivain éloquent) " s'est " rencontré d'une profondeur d'es-" prit incroyable, hypocrite raf-" finé autant qu'habile politique, " capable de tout entreprendre & " de tout cacher, également ac-" tif & infatigable & dans la paix " & dans la guerre, qui ne laissoit " rien à la fortune de ce qu'il " pouvoit lui ôter par conseil ou " par prévoyance ; d'ailleurs si vi-

» gifant & fi prêt à tout, qu'il n'a
» jamais manqué aucune des oc-
» cafions, qu'elle lui a préfentées ».
L'ufurpateur régicide fe maintint autant par l'artifice que par la force,
ménageant toutes les fectes, ne per-
fécutant ni les Catholiques ni les
Anglicans, enthoufiafte avec des
fanatiques, auftere avec des Pref-
bytériens, fe moquant d'eux tous
avec les Déiftes, & ne donnant fa
confiance qu'aux Indépendans. Sobre, tempérant, économe fans être
avide du bien d'autrui, laborieux
& exact dans toutes les affaires,
il couvrit (dit un hiftorien) des
qualités d'un grand roi, tous les
crimes d'un ufurpateur. Son cadavre, embaumé & enterré dans le
tombeau des rois avec beaucoup
de magnificence, fut exhumé en
1660, au commencement du regne
de Charles II, traîné fur la claie,
pendu & enfeveli au pied du gibet. Ceux qui l'ont regardé comme
un fcélérat heureux, qui ont paru
étonnés de ce que ce tiran régicide foit mort dans fon lit, ignorent quel genre d'enfer il portoit
avec foi. Il n'eut peut-être point
depuis fon élévation un inftant de
calme & de fécurité. Pourfuivi par
l'image de fes crimes, comme
Orefte par les furies, il fe croyoit
à chaque pas fous le glaive de la
vengeance; fans amis, fans ferviteurs fideles, il n'ofoit fe fier à
perfonne, pas même à ceux dont
la fortune étoit liée à la fienne,
pas même à fes enfans. Tourmenté
fans ceffe par la crainte d'être affaffiné, il fit faire un grand nombre
de chambres dans l'appartement du
palais de Witehall qui regarde la
Tamife. Chaque chambre avoit une
trape, par laquelle on pouvoit defcendre à une petite porte qui donnoit fur la riviere. C'étoit-là qu'il
fe retiroit tous les foirs. Il ne menoit perfonne avec lui pour le dés-
habiller, & ne couchoit jamais deux
fois de fuite dans la même chambre.
Voyez fa *Vie* par Gregorio Leti

& par Raguenet, en 2 vol. in-12.
Celle-ci eft la plus exacte : elle
eft auffi in-4°.

CROMWEL, (Richard) fils
du précédent, fuccéda au protec-
torat de fon pere; mais n'ayant
ni fon courage ni fon hypocrifie,
il ne fut ni fe faire craindre de
l'armée, ni en impofer aux partis
& aux fectes qui divifoient l'Angleterre. Il eût confervé l'autorité
du premier protecteur, s'il eût
voulu faire mourir 3 ou 4 officiers
qui s'oppofoient à fon élévation.
Il aima mieux, dit l'auteur du
Siecle de Louis XIV, fe démettre
du gouvernement, que de régner
par des affaffinats. Le parlement lui
donna 200 mille livres fterlings,
en l'obligeant de fortir du palais
des rois. Il obéit fans murmure,
& vécut en particulier paifible, cultivant les vertus propres à la fociété, moins puiffant, mais plus
heureux que fon pere. Il pouffa fa
carriere jufqu'à 80 ans, & mourut
en 1702, ignoré dans le pays dont
il avoit été quelques jours le fouverain. Après fa démiffion du pro-
tectorat, il avoit voyagé en France.
Le prince de Conti, frere du grand
Condé, qui le vit à Montpellier fans
le connoître, lui dit un jour : » Oli-
» vier Cromwel étoit un grand
» homme; mais fon fils Richard eft
» un miférable, de n'avoir pas fu
» jouir du fruit des crimes de fon
» pere »…. Richard avoit un autre
frere (Henri) qui s'enfevelit dans
une obfcurité volontaire. Une partie des parens du tyrannique protecteur difparut; les autres reprirent leur nom de *William* qu'ils
avoient quitté, & échappérent ainfi
à l'exécration publique.

CROS, (Pierre du) docteur &
provifeur de Sorbonne, fut doyen
de l'églife de Paris, puis évêque
d'Auxerre en 1349, & cardinal
en 1350. Il mourut de la pefte à
Avignon, en 1361. Il ne faut pas
le confondre avec le cardinal Pierre
DU CROS, archevêque d'Arles,

mort en 1388. Jean DU CROS, frere de celui-ci, excellent jurisconfulte, fut évêque de Limoges & grand-pénitencier à Rome, & mourut à Avignon en 1383.

CROSILLES, (Jean-Baptiste) mauvais poëte françois, eſt moins connu par ſes vers, que par l'accuſation intentée contre lui, de s'être marié malgré ſa qualité de prêtre. Il reſta ſix ans en priſon, & n'en ſortit que par arrêt du parlement qui le lava de cette calomnie. Il mourut miſérable ſix mois après, en 1651. On a de lui des *Héroïdes*, 1619, in-8°; & la *Chaſteté invincible*, Bergerie en 5 actes, 1634, in-8°.

CROUVÉ, (Guillaume) prêtre anglican, qui ſe pendit vers 1677, étoit régent de Croydone. Il eſt auteur d'un *Catalogue des Ecrivains qui ont travaillé ſur la Bible*, Londres 1672, in-8°, fort inférieur à celui du P. le Long de l'Oratoire, auquel il a été cependant utile.

CROUZAS, (Jean-Pierre de) naquit à Lauſanne en 1663. Son pere, colonel d'un régiment de fuſiliers, le deſtinoit à la profeſſion des armes; mais le fils ne ſoupiroit qu'après les lettres. Maître de ſuivre ſon inclination, il ſe livra à la philoſophie & aux mathématiques, & puiſa dans les écrits du célebre Deſcartes, des connoiſſances qui ne firent qu'augmenter ſon goût. Il ſe mit à voyager dans les différens pays de l'Europe, & vint à Paris, où Mallebranche tenta vainement de le gagner à la religion catholique. De retour dans ſa patrie, il fut fait recteur de l'académie en 1706. Il rempliſſoit, depuis 1700, une chaire de philoſophie avec beaucoup de ſuccès. En 1724 on l'appella à Groningue pour être profeſſeur de mathématique & de philoſophie, avec 1500 florins de Hollande de penſion. L'académie des ſciences de Paris ſe l'aſſocia quelque-tems après; & le prince de Heſſe-Caſſel le choiſit pour être gouverneur de ſon fils; emploi qui lui procura une forte penſion, & le titre de conſeiller des ambaſſadeurs du roi de Suede, oncle de ſon éleve. Ce ſavant mourut à Lauſanne en 1748. On lui doit un grand nombre d'ouvrages ſur la morale, la métaphyſique, la phyſique & les mathématiques. I. *Syſtême de Réflexions qui peuvent contribuer à la netteté & à l'étendue de nos connoiſſances*, ou *Nouvel Eſſai de Logique*, publié d'abord en 2 vol. in-8°, enſuite en 6 vol. in-12, & abrégé en un ſeul volume. Il faut s'en tenir à l'abrégé : le grand ouvrage, quoiqu'eſtimable, & pour les préceptes de logique, & pour ceux de morale, n'eſt pas écrit avec aſſez de préciſion. On a dit qu'il avoit noyé l'ancienne dialectique dans un fatras de paroles. II. *Un Traité de l'éducation des Enfans*, 2 vol. in-12. III. *Un Traité du Beau*, auſſi en 2 vol. & beaucoup trop long. IV. *Examen du Pyrrhoniſme ancien & moderne*, in-folio, contre Bayle : ouvrage ſavant & eſtimé, qui le feroit davantage, s'il eût été plus court. V. *Examen du Traité de la Liberté de penſer*, contre Collins, in-8°. VI. *Examen de l'Eſſai ſur l'Homme de Pope*, dans lequel l'auteur montre beaucoup de religion; mais ſon zele, quoique très-louable, lui fait former quelquefois des fantômes, & le jette dans des répétitions ſans nombre. VII. *Commentaire ſur la Traduction du même Poëme*, par l'abbé du Reſnel. VIII. *Traité de l'Eſprit humain*, à Bâle 1741. L'auteur combat vivement les hypotheſes de Leibnitz & de Wolf touchant l'harmonie pré-établie. IX. Des *Traités de Phyſique & de Mathématique*, ſous différens titres. X. Des *Sermons*. XI. Des *Œuvres diverſes*, en 2 vol. in-8°, &c. &c.

CROY, (Guillaume de) ſeigneur de Chievres & d'Arſchot, ſe

fignala par fa valeur fous les rois de France Charles VIII & Louis XII, au fervice defquels il paffa avec l'agrément de fon maître l'archiduc Philippe d'Autriche ; mais la rupture étant furvenue entre la France & l'Efpagne, il retourna aux Pays-Bas. Philippe allant en Efpagne, nomma Chievres gouverneur des Pays-Bas. L'éducation de Charles-Quint, dont il fut chargé, lui acquit une brillante célébrité. Il mourut à Worms en 1521, à 63 ans, après s'être acquis dans toute l'Europe une grande réputation de fageffe & de juftice. Varillas a écrit fa *Vie*, 1684, in-12, d'une maniere intéreffante.

CROY, (Guillaume de) de la même famille que le précédent, fut fait évêque de Cambrai l'an 1516, après la mort de Jacques de Croy, fon oncle ; & devint enfuite cardinal, archevêque de Tolede & chancelier de Caftille. Il mourut d'une chûte de cheval en 1521, à 23 ans.

CROY, (Jean de) d'une autre famille que les deux premiers, calvinifte & miniftre d'Ufez, mourut en 1659. Il a laiffé plufieurs ouvrages, entr'autres : *Obfervationes facræ & hiftoricæ in Novum Teftamentum*, Geneve 1644, in-4°.

CROZAT, (Jofeph-Antoine) confeiller au parlement, puis maître des requêtes, fut lecteur du cabinet du roi de France en 1719. Son goût pour les arts, & fes connoiffances dans la peinture, la fculpture & la gravure, l'ont plus diftingué que fes richeffes. Il fit graver, par d'habiles maîtres, les plus beaux tableaux du cabinet du roi & de M. le duc d'Orléans, &c. Le 1er volume a paru en 1729 ; le 2e en 1742, in-fol. forme d'Atlas. Crozat mourut 2 ans auparavant, en 1740. Il ordonna en mourant, que le prix de la vente de fon beau cabinet feroit diftribué aux pauvres.

CROZE, (Mathurin Veyfiere de la) naquit à Nantes en 1661, d'un négociant, & fe fit bénédictin de la congrégation de S. Maur en 1678, après avoir voyagé en Amérique. Il étoit déja favant dans les langues mortes & vulgaires. Son érudition devint plus étendue & plus folide ; mais l'amour de l'indépendance, la liberté de penfer, & d'autres penchans incompatibles avec la vie religieufe & les maximes évangéliques, lui firent quitter fon ordre & fa religion en 1696. Il prononça fon abjuration à Bâle, paffa delà à Berlin, obtint la place de bibliothécaire du roi de Pruffe, & y mourut en 1739, à 78 ans. Outre les chofes qu'il favoit, il en avoit étudié d'autres qu'on ne peut favoir, comme l'ancienne langue égyptienne. Ses principaux ouvrages font : I. *Differtations hiftoriques fur différens fujets*, in-8°, Roterdam 1707, recueil favant & curieux. II. *Entretiens fur divers fujets d'Hiftoire*, 1702, in-12. III. *Dictionnaire Arménien*, in-4°, 2 vol. Cet ouvrage lui couta douze ans de travail. La préface renferme beaucoup de remarques, qui peuvent fervir à éclaircir l'hiftoire des Arméniens & des Indes. IV. *Hiftoire du Chriftianifme des Indes*, 1724, La Haye, in-12, 2 vol. : curieufe & eftimée. V. *Hiftoire du Chriftianifme d'Ethiopie & d'Arménie*, in-8°, 1739 : compilation négligée & informe, fi l'on en croit l'abbé des Fontaines, ouvrage de mémoire & non de jugement, & encore moins d'efprit, mais qui offre une foule d'obfervations favantes dont on peut profiter. VI. *Dictionnaire Egyptien*, avec les additions de M. Scholtz, mis au jour par Ch. God. Volde, à Oxford 1775, in-4°. Jordan, ami & difciple de la Croze, a écrit la *Vie* de fon maître, en un vol. auffi gros que la *Vie d'Alexandre* ; dictée, felon Voltaire, par la fureur d'écrire. Son humeur tenoit un peu de l'impoliteffe & de la mifanthropie ; effet naturel des chagrins que lui donnoit le fouvenir de fon apoftafie. Le jugement n'égala jamais en lui les autres qualités de fon efprit, fur-tout à la fin de fes jours. C'étoit alors un véritable enfant, quoique fa tête renfermât toujours un vafte répertoire de noms, de dates & de paffages.

CRUMMUS *ou* CRUMNUS, roi des Bulgares, fut continuellement en guerre avec Nicéphore I, empereur de Conftantinople, & prit Sardique fur lui. La perte qu'il fit d'une bataille en 811, le força de demander la paix. Défefpéré du refus qu'on lui en fit, il donna pendant la nuit fur le camp des Grecs, qu'il força. Il attaqua la tente de Nicéphore, & le tua avant qu'il eût le loifir de fe reconnoître. Enfuite il tailla en pieces fon armée, & fit paffer au fil de l'épée, ou emprifonner, tous les grands de l'empire qui avoient fuivi l'empereur. Il remporta cette grande victoire, où Staurace, fils de l'empereur, devenu empereur lui-même, fut bleffé très-dangereufement. Après avoir expofé quelque-tems fur un gibet la tête du malheureux Nicéphore, Crummus fit faire une taffe de fon crâne enchaffé dans de l'argent, afin que fes fucceffeurs s'en ferviffent à fon exemple dans leurs feftins pour boire à la fanté de ceux de leurs fujets qui fe feroient fignalés à la guerre. Il voulut contraindre les prifonniers à racheter leur vie & leur liberté par l'apoftafie ; mais ces généreux capitaines aimerent mieux fouffrir les plus cruels fupplices, & mourir martyrs. Michel Rhangabe, gendre de Nicéphore & fucceffeur de Staurace, tenta inutilement de venger fon beau-pere : il fut toujours vaincu. Le vainqueur mourut l'an 875.

CRUSER, (Herman) né à Kempen dans l'Over-Yffel, vers 1510, confeiller de Charles duc de Gueldres, puis de Guillaume duc de Cleves, mourut à Konigsberg en 1574. Il a traduit en latin XVI. Livres de Gallien, Paris 1532, in-fol. Cette verfion a été inférée dans plufieurs autres éditions qu'on a faites de Gallien, mais revue & corrigée par Auguftin Gadaldini de Modene. Il a auffi traduit en latin *Plutarque*, Bâle 1564, in-fol. On le blâme d'avoir changé l'ordre des vies de Plutarque fans néceffité. C'étoit un homme profondément verfé dans les langues, la philofophie, la médecine & la jurifprudence.

CRUSIUS *ou* KRANS, (Martin) né dans le diocefe de Bamberg en 1526, profeffeur de belles-lettres à Tubinge, mort à Effingen en 1607, fut le premier qui enfeigna le grec en Allemagne. On a de lui : I. *Turco-Græciæ Libri VIII*, à Bâle, in-folio, 1584 : recueil excellent, & d'une grande utilité pour ceux qui veulent s'appliquer à l'hiftoire & à la langue des Grecs modernes. II. *Annales Suevici, ab initio rerum ad annum 1594*, en 2 vol. in-folio, à Francfort 1593 & 1596 : ouvrage eftimé & peu commun. III. *Germano-Græciæ Libri VI*, in-fol. 1585. Crufius étoit un homme favant, mais emporté, & qui dans fes livres n'épargnoit pas les injures à ceux qui l'attaquoient.

CRUX, *voyez* SANTA-CRUX.

CTESIAS, de Gnide, hiftorien & médecin grec, fut fait prifonnier par Artaxercès Mnemon. Ce prince le choifit pour fon premier médecin. On a de lui quelques *Fragmens* de fon *Hiftoire des Affyriens & des Perfes*, fuivie par Diodore de Sicile & par Trogue-Pompée préférablement à celle d'Herodote. Malgré le fuffrage de ces deux hiftoriens, on ne donne guere de croyance aux récits de Ctefias ; & dans le fonds il n'en mérite pas plus qu'Herodote. Il vivoit vers l'an 400 avant J. C. Les *Fragmens de Ctefias* font dans l'*Herodote* de Londres, 1679, in-fol.

CTESIBIUS d'Alexandrie, célebre mathématicien fous Ptolomée-Phyfcon, vers l'an 120 avant J. C., fut, dit-on, le premier inventeur de la pompe. Le hazard développa en lui le goût qu'il avoit pour la méchanique. En abaissant un miroir dans la boutique de son pere, il remarqua que le poids qui servoit à le faire monter & descendre, & qui étoit à cet effet enfermé dans un cylindre, formoit un son, produit par le froissement de l'air poussé avec violence par le poids. Il examina de près la cause de ce son, & crut qu'il étoit possible, d'en tirer parti pour faire un *Orgue hydraulique*, où l'air & l'eau formeroient le son ; c'est ce qu'il exécuta avec succès. Un objet plus important succéda à celui-ci. Ctesibius, encouragé par cette production, voulut se servir de la méchanique pour mesurer le tems. Il construisit une Clepsidre réglée avec des roues dentées : l'eau par sa chûte faisoit mouvoir ces roues, qui communiquoient leur mouvement à une colonne sur laquelle étoient tracés des caracteres qui servoient à distinguer les mois & les heures. En même-tems que l'on mettoit les roues dentées en mouvement, elles soulevoient une petite statue, qui indiquoit avec une baguette les mois & les heures marquées sur la colonne.

CTESIPHON ou CHERSIPHRON, architecte grec, donna le dessin du *Temple de Diane* d'Ephese, exécuté en partie sous sa conduite, & sous celle de son fils Métagene. Ctesiphon inventa une machine pour transporter les colonnes qui devoient servir d'ornement à cet édifice, qui, malgré son extrême célébrité, étoit très-peu de chose en comparaison de nos beaux temples modernes. *Voyez* les *Temples anciens & modernes* par l'abbé Mai.

CTESIPHON, d'Athenes, persuada à ses concitoyens de faire une ordonnance par laquelle il fut arrêté que Démosthene seroit couronné en pleine assemblée d'une couronne d'or. Mais Eschine, rival & ennemi de cet orateur, ne pouvant souffrir qu'on lui fît cet honneur, accusa Ctesiphon d'être l'auteur d'une sédition. Démosthene le défendit de cette calomnie dans cette belle harangue qu'il a intitulée *de la Couronne*.

CTESIPPE, fils de Chabrias, après la mort de son pere, fut reçu dans la maison de Phocion son ami, avec toutes les marques d'une tendre affection. Le vertueux Athénien vouloit retirer ce jeune-homme de la débauche où il le voyoit plongé, & quoique le naturel fâcheux de Ctesippe fît avorter tous ses soins, il ne laissa pas de supporter long-tems tous les défauts de son éleve ; mais enfin la modération de Phocion ne put tenir contre l'indiscrétion de ce jeune éventé. Un jour qu'il fut importuné par de sottes demandes, tandis qu'il vaquoit à une affaire d'état, il ne put s'empêcher de s'écrier : *O Chabrias, Chabrias, je te paie au double l'amitié que tu m'as témoignée, lorsque je souffre les folies de ton fils!*

CUDSEMIUS, (Pierre) né à Duisbourg dans le duché de Cleves, se disoit de Wesel, parce qu'il y avoit été élevé. Son pere imbu des erreurs de Luther, les avoit communiquées à son fils qui les abjura à Avignon, & il reçut le sacrement de Confirmation & le nom de *Pierre*, abandonnant celui de Samuel qu'il avoit reçu au Baptême. Il se rendit à Rome, se fit estimer & chérir du cardinal Bellarmin. Il se fixa ensuite à Cologne, & y gagna les amitiés du Nonce. Il mourut au commencement du 17e siecle. Nous avons de lui : I. *De desperata Calvini causa*, Cologne 1612, in-8°. II. Le *Synode d'Utrecht*, avec des notes très-curieuses, Cologne 1614, en latin, & plusieurs autres Ouvrages de controverse.

CUDWORTH, (Rodolphe) né dans le comté de Sommerset en 1617, mort à Cambridge en 1688, occupa divers emplois importans & lucratifs dans sa patrie. Son savoir des lui mérita; il s'étendoit à tout. Philosophe, mathématicien, il joignit à ces sciences l'étude des belles-lettres, des langues savantes & de l'antiquité. On a de lui : I. *Systême intellectuel de l'Univers contre les Athées*, ouvrage traduit en latin par Jean-Laurent Mosheim, avec des notes très-savantes : Iene 1733, 2 vol. in-folio; Leyde, 2 vol. in-4°, & abrégé en anglois en 2 vol. in-4°, par Thomas Wise. L'ouvrage, la traduction & l'abrégé, sont également estimés. II. *Traité de l'éternité & de l'immutabilité du juste & de l'injuste*, traduit aussi en latin par Mosheim. Il laissa plusieurs manuscrits importans, & une fille pleine d'esprit, qui fut étroitement liée avec Locke; elle s'appelloit Damaris. Cudworth étoit, dit-on, assez incertain dans ses opinions sur la religion; & en parlant de plusieurs dogmes du Christianisme, il s'est expliqué d'une maniere si ambiguë, qu'on ne peut guere savoir ce qu'il en pensoit. Il a renouvellé le systême des natures plastiques qui a été réfuté par Guillaume Muys. *Voyez* ce mot.

CUEVA, (Alphonse de la) connu sous le nom de *Bedmar*, d'une maison ancienne d'Espagne, ambassadeur de Philippe III auprès de la république de Venise; s'unit, dit-on, en 1618 avec le duc d'Ossone, vice-roi de Naples, & Don Pedro de Tolede, gouverneur de Milan, pour anéantir l'état au sein duquel il étoit envoyé. La Cueva, dit l'histoire ou plutôt la fable de cette conspiration, rassemble des étrangers dans la ville, & s'assure de leur service à force d'argent. Les conjurés devoient mettre le feu à l'arsenal de la république, & se saisir des postes les plus importans. Des troupes du Milanès devoient arriver par la terre-ferme, & des matelots gagnés montrer le chemin à des barques chargées de soldats. Cette conspiration fut découverte. On noya tout ce qu'on put trouver des conjurés. On respecta, dans l'auteur de ce complot, le caractere d'ambassadeur. Le sénat le fit partir secretement, de peur qu'il ne fût mis en pieces par la populace. Dans une Discussion très-étendue sur cette Conjuration, imprimée à la suite de la 2e édit. des *Observations sur l'Italie*, le savant & ingénieux M. Grosley prouve que cette conjuration n'étoit autre chose qu'un artifice des Vénitiens, dirigé par Fra-Paolo, pour se débarrasser du marquis de Bedmar dont la présence les incommodoit. On sait que ce moine travailloit alors à introduire le Luthéranisme à Venise (*Voyez* SARPI). Forcé de quitter Venise par la commotion que cet artifice avoit excitée dans le peuple, Bedmar passa en Flandre, y fit les fonctions de président du conseil, & y reçut le chapeau de cardinal. Sa sévérité lui ayant fait perdre son gouvernement, il se retira à Rome, & y mourut en 1665, regardé comme un des plus puissans génies qu'ait produits l'Espagne. Sa sagacité étoit telle, que ses conjectures passoient presque pour des prophéties. A cette pénétration singuliere, il joignoit un talent rare pour manier les affaires les plus délicates, un instinct merveilleux pour se connoître en hommes, une humeur libre & complaisante, & d'autant plus impénétrable que tout le monde croyoit la pénétrer : toutes les apparences d'une parfaite tranquillité d'esprit au milieu des agitations les plus cruelles. On lui attribue un traité en italien contre la liberté de la république de Venise, intitulé : *Squitinio della liberta Venetæ*, à Mirandole 1612, in-4°, & traduit en françois par Amelot de la Houssaye ; mais d'autres le donnent avec plus de raison à Marc Velser.

CUEVA, (Jean de la) fameux poëte tragique espagnol, très-estimé dans son pays.

CUGNIERES, (Pierre de) avocat général au parlement de Paris, étoit un jurisconsulte habile & un magistrat integre. Il défendit avec beaucoup de vivacité l'an 1329, en présence de Philippe de Valois, les droits du roi contre le clergé. Pierre Bertrand, évêque d'Autun, plaida pour l'église avec non moins de chaleur (*Voyez* BERTRAND). La cause de l'église fut mal attaquée & mal défendue; parce que de part & d'autre, on n'en savoit pas assez, & on raisonnoit sur de faux principes, faute de connoître les véritables. Cette querelle augmenta plutôt l'animosité entre les deux partis, qu'elle ne la diminua. L'avocat du roi devint si odieux au clergé, qu'on le nomma par dérision *Maître Pierre du Cognet*, nom d'une petite figure ridicule, placée dans un coin de l'église de N. Dame de Paris, & faisant partie d'une représentation de l'enfer, qui étoit à la clôture du chœur sous le jubé. Cugnieres eut encore le désagrément d'être condamné par le roi, pour lequel il plaidoit. Ce démêlé a été le fondement de tous ceux qui se sont élevés depuis sur l'autorité des deux puissances, & dont l'effet a été de restreindre la jurisdiction ecclésiastique dans des bornes plus étroites. Le président Hénault indique encore une autre cause de la diminution du pouvoir des ecclésiastiques. Les évêques commencerent alors à négliger de convoquer les conciles de leurs provinces, où le corps des ecclésiastiques, rassemblé tous les ans, s'entretenoit dans sa premiere vigueur; tandis que les parlemens, devenus sédentaires, affermirent leur autorité en ne se séparant jamais. C'est à cette querelle qu'on rapporte l'introduction de la forme d'*appel comme d'abus*.

CUJAS, (Jacques) naquit à Toulouse en 1520, d'un foulon. La nature le doua d'un esprit supérieur, dit Scevole de Ste Marthe, pour le consoler de la bassesse de son extraction. Il apprit avec une facilité égale les belles-lettres, l'his-

toire, le droit ancien & moderne, civil & canonique. A Toulouse, à Cahors, à Bourges, à Valence en Dauphiné, à Turin où il professa en différens tems, il eut une foule d'écoliers, parmi lesquels on compta les plus célebres magistrats que la France eût alors. Le roi de France lui permit de prendre séance avec les conseillers du parlement de Grenoble. Le duc de Savoie Emmanuel Philibert, & le pape Gregoire XIII, n'eurent pas moins de considération pour son mérite. Lorsque les professeurs allemands le citoient en chaire, ils mettoient la main au bonnet, pour marquer leur estime pour cet illustre interprete des loix. C'étoit le pere des écoliers, suivant Scaliger. Il en avoit près de mille à Bourges. Il leur prêtoit de l'argent & des livres. Cujas est celui de tous les jurisconsultes modernes, qui a pénétré le plus avant dans les mysteres des loix & du droit romain. On l'a accusé d'irreligion, parce qu'il répondoit à ceux qui lui parloient des ravages du Calvinisme: *Nihil hoc ad edictum prætoris:* Cela ne regarde point l'édit du préteur. Mais cette réponse semble plutôt peindre le caractere d'un savant fortement occupé de ses livres, sourd & muet sur tout le reste, que celui d'un incrédule qui se moque de tout. La meilleure édition des *Œuvres de Cujas* est celle de Fabrot, à Paris 1658, en 10 volumes in-fol. Celle de Paris, chez Nivelle, donnée par Cujas même, est très-rare. On en a donné une autre à Naples, en 1762: elle est moins belle que les précédentes, mais plus commode, à cause de la table générale qui l'accompagne. Papyre Masson a écrit la *Vie* de ce célebre jurisconsulte. Il rapporte qu'il avoit pris la singuliere habitude d'étudier tout de son long sur un tapis, le ventre contre terre, ayant ses livres autour de lui. Cujas mourut en 1590, à Bourges où il s'étoit fixé. Il ordonna par son testament, que sa bibliotheque, remplie de livres notés de fa main, fût vendue en détail; de peur que, fi elle étoit au pouvoir d'un feul, on ne fe fervît de fes notes mal entendues pour en compofer de méchans livres. Son vrai nom étoit Cujaüs; il en retrancha l'i pour l'adoucir.

CULANT, (Philippe de) forti d'une ancienne famille du Berry, reçut le bâton de maréchal, fous Charles VII, au fiege de Pontoife en 1441. Il contribua beaucoup à la réduction de toute la Normandie & à la conquête de la Guyenne. Il avoit plus de talent à prendre des villes qu'à gagner des batailles. Il mourut en 1454. Il étoit oncle de Charles de Culant, grand-maître de la maifon du roi; & de Louis de Culant, amiral en 1422.

CUMANUS, gouverneur de Judée. Il s'éleva de fon tems une fédition à Jerufalem. Un foldat de garde à la porte du Temple, vers la fête de Pâques, s'avifa de fe découvrir avec indécence. Le peuple s'en prenant à Cumanus, l'accabla d'injures: Cumanus pour le contenir, envoya des gens de guerre dans la forterefle Antonia qui commandoit le Temple. Les foldats épouvanterent fi fort la populace, que dans un mouvement de terreur panique il y eut plus de 20 mille perfonnes d'étouffées. Les tyrannies de Cumanus devinrent infupportables. Le peuple s'en plaignit à Quadratus, gouverneur de Syrie. Celui-ci envoya Cumanus à l'empereur Claude, qui le condamna à l'exil vers l'an 53. *Voy.* FLAVE JOSEPH, liv. 20, chap. 5 & fuiv.

CUMBERLAND, (Richard) né à Londres en 1632, déclama beaucoup fous Charles II contre la religion catholique, à laquelle il imputoit ce qu'elle n'enfeigne point, & ce qu'elle réprouve même. Ce genre de fanatifme, auquel il joignoit d'ailleurs du mérite & des mœurs pures, lui valut l'évêché de Peterborough, qu'il conferva juf-

qu'à fa mort en 1719, à 87 ans. Ni fa dignité d'évêque, ni fon grand âge, ne purent l'engager à prendre quelque repos. Quand on lui repréfentoit que fes travaux nuiroient à fa fanté, il répondoit : *Il vaut mieux qu'un homme s'ufe, que de fe rouiller.* La nature l'avoit fait naître avec beaucoup de douceur dans le caractere, & un grand amour pour la paix; mais l'efprit de fecte l'aigrit, & le pouffa quelquefois jufqu'à l'emportement. On lui doit : I. *De legibus naturæ difquifitio philofophica*, à Londres 1672, in-4°. Réfutation folide des abominables principes de Hobbes, traduite en anglois 1686, in-8°, & en françois par Barbeyrac, qui l'a enrichie de notes. II. Un *Traité des Poids & des Mefures des Juifs*, in-8°. Il y démontre, ou il croit y démontrer, géométriquement, que le *derach* du Caire étoit l'ancienne coudée des Egyptiens & des Hébreux. III. *L'Hiftoire Phénicienne de Sanchoniaton*, in-8°, Londres 1720, traduite en anglois avec des notes: ouvrage pofthume qui eft peu de chofe, quoiqu'on y trouve de l'érudition. Il a auffi traduit l'*Hiftoire de la Réformation des Pays-Bas, par Gerard Brandt*, Londres 1720—1723, 3 vol. in-fol.

CUNÆUS, (Pierre) profeffeur de belles-lettres, de politique & de droit à Leyde, naquit à Fleffingue dans la Zélande en 1586, & mourut à Leyde en 1638. Parmi fes divers ouvrages on diftingue ceux-ci : I. Un favant *Traité de la République des Hébreux* en latin, dont la meilleure édition eft de 1703, in-4°; traduit en françois, à Amfterdam 1705, 3 vol. in-8°. On préfere cependant les *Mœurs des Ifraëlites*, par M. Fleury, qui y traite le même fujet avec plus d'ordre, plus de jugement, & non moins d'érudition. II. *Sardi venales*, Leyde 1612, in-24; & dans le recueil de *Tres Satyræ Menippææ de G. Corte*, à Leipfick 1720.

in-8°. C'est une fatyre d'un ftyle & d'un tour qu'on admire. Il y tourne en ridicule les faux favans & les profeffeurs ignorans qui fe jouent de la crédulité de leurs éleves. Il y a joint une traduction de la Satyre des Céfars par Julien l'Apoftat, qu'il a fait précéder d'une dédicace, où il montre la plus ftupide prévention, en élevant prefqu'aux nues les prétendues belles qualités de ce prince. III. Un Recueil de fes Lettres, publié en 1725, in-8°, par l'infatigable compilateur Burman. On y trouve quelques anecdotes fur l'hiftoire littéraire de fon tems; Cunæus étoit d'un tempérament fec & colere; mais il rachetoit ces défauts par fa franchife & fa probité. Tous fes ouvrages font écrits avec beaucoup d'élégance.

CUNEGONDE, (Sainte) fille de Sigefroi, premier comte de Luxembourg, femme de l'empereur Henri II, fut accufée d'adultere, quoiqu'elle eût fait vœu de chafteté. Elle prouva fon innocence, fi l'on en croit quelques hiftoriens, en tenant dans fes mains une barre de fer ardente, fans fe brûler. Les mêmes hiftoriens rapportent, que fon mari dit dans fes derniers momens aux parens de fa femme: *Vous me l'avez donnée vierge, je vous la rends vierge;* difcours où des critiques modernes ont cherché fort mal-à-propos une matiere de cenfure (*Voyez* HENRI II). Henri étant mort l'an 1024, Cunegonde prit le voile dans un monaftere qu'elle avoit fondé. Elle y mourut dans les exercices de la pénitence. Son corps eft honoré avec celui de Henri dans la cathédrale de Bamberg.

CUNERUS, *voyez* PETRI.

CUNIBERT, (Saint) né en Auftrafie, d'une maifon noble, fut évêque de Cologne en 623. Le roi Dagobert le mit à la tête de fon confeil, & le fit gouverneur de Sigebert, roi d'Auftrafie. S. Cunibert fut encore chargé du gouvernement de ce royaume fous Chil-

deric, fils de Clovis III. Il mourut en 663, avec la réputation d'un faint évêque & d'un miniftre médiocre.

CUNITZ, (Marie) fille ainée d'un docteur en médecine de Siléfie, s'appliqua à la médecine, à la peinture, à la poéfie, à la mufique, aux mathématiques & furtout à l'aftronomie. Les aftronomes de fon tems lui communiquerent leurs lumieres, & profiterent des fiennes. Elle mourut en 1664, après avoir publié des *Tables aftronomiques.*

CUNY, (Louis-Antoine) jéfuite de Langres, mort en 1755, parcourut avec diftinction la carriere de l'éloquence à Verfailles, à Paris & à Luneville. On a de lui trois *Oraifons funebres* : celle de l'Infante d'Efpagne, Dauphine de France, 1746, in-4°; de la Reine de Pologne, 1747, in-4°; du cardinal de Rohan, 1750, in-4°. Il y a dans ces difcours des expreffions triviales, des phrafes obfcures, des conftructions irrégulieres, des tours communs, des idées répétées, & une abondance de ftyle qui fatigue; mais ces défauts font éclipfés par la chaleur avec laquelle ces Oraifons font écrites. L'auteur faifit bien la totalité d'un caractere, & fait le mettre dans un beau jour; il rapproche avec art ce qui paroit étranger à fon fujet.

CUPANO, (François) ficilien, religieux du Tiers-Ordre de St François, né en 1657, mort au commencement du 18e fiecle, s'appliqua avec fuccès à l'hiftoire naturelle. Nous avons de lui : I. *Catalogue des Plantes de la Sicile.* II. *Hiftoire naturelle* de cette ifle, &c. en italien.

CUPER, (Gisbert) né en 1644 à Hemmen dans le duché de Guelldres, mort à Deventer en 1716, remplit long-tems avec diftinction une chaire d'hiftoire en cette ville, & fut un des membres les plus favans de l'académie des infcriptions de Paris.

Paris. C'étoit un littérateur affable, poli, prévenant, sur-tout à l'égard des gens-de-lettres; presque tous les érudits de l'Europe le consultoient. Ses ouvrages sont : I. Des *Observations critiques & chronologiques*, 2 vol. in-8°, dans lesquelles on discute tout ce qu'il y a de plus escarpé & de plus ténébreux dans l'érudition. II. L'*Apothéose d'Homere*, en 1683, in-4°. III. Une *Histoire des trois Gordiens*. IV. Un *Recueil de Lettres*, 1742, in-4°, dont quelques-unes font de petites dissertations sur différens points d'antiquité.

CUPIDON *ou* L'AMOUR, fils de Mars & de Vénus, présidoit à la volupté. On le représente sous la figure d'un enfant toujours nud, quelquefois avec un bandeau sur les yeux, un arc & un carquois rempli de fleches ardentes, dont il se sert, dit-on, pour blesser ceux qu'il veut corrompre. Il fut aimé de Psyché, & eut pour compagnon dans son enfance Anteros. On l'appelloit autrement Eros. Les ris, les jeux, les plaisirs étoient représentés de même que lui, sous la figure de petits enfans ailés.

CUPPÉ, (Pierre) chanoine régulier de S. Augustin, & curé de la paroisse de Bois, au diocese de Saintes, dans le 18e siecle. Il a couru sous ce nom, en manuscrit, un livre très-dangereux & impie, intitulé : *Le Ciel ouvert à tous les hommes*; mais depuis qu'il a été imprimé en 1768, 1 vol. in-8°, il est tombé dans le mépris qu'il mérite.

CURÆUS, (Joachim) médecin allemand, fils d'un ouvrier en laine de Freystad en Silésie, parcourut une partie de l'Europe, pour acquérir des connoissances. Au retour de ses voyages, il exerça la médecine avec réputation dans son pays. Il mourut en 1575, à 41 ans. On a de lui une compilation latine sous le titre d'*Annales de Silésie & de Breslau*, in-fol.

Tome II.

CURCE, (Quinte) voy. QUINTE-CURCE.

CURETES, voy. DACTYLES.

CURIACES, trois freres de la ville d'Albe, qui soutinrent les intérêts de leur patrie contre les Horaces, vers l'an 669 avant J. C. *Voyez* HORACES.

CURIEL, (Jean-Alfonse) chanoine de Burgos, puis de Salamanque, où il professa la théologie avec réputation durant plus de 30 ans, étoit de Palentiola, au diocese de Burgos. Il s'associa aux Bénédictins; leur légua sa belle bibliotheque, & mourut en 1609. Il a laissé *Controversiæ in diversa loca Sanctæ Scripturæ*, 1611, in-folio; & d'autres ouvrages, estimés autrefois en Espagne, & peu connus ailleurs.

CURLIS, (Jean de) dont le véritable nom étoit de Hœfen, naquit en 1485, fut évêque de Warmie, & mourut vers 1550. Ce fut par ses talens que Curlis s'éleva, car il étoit fils d'un brasseur. Il parvint à la plus intime confiance des rois de Pologne, & principalement de Sigismond III. Ce prince l'honora de plusieurs ambassades, dont il s'acquitta avec dignité. La politique de son tems lui étoit parfaitement connue. Ses *Poésies* respirent cette connoissance, & elle en fait le principal mérite. On les a recueillies en 1764, en un vol. in-8°, à Breslau. On y trouve, I. Des *Odes*, où il y a plus de latinité que d'élévation; II. Des *Hymnes*, qui se sentent de la froideur de l'âge où il les composa; III. Des *Epîtres*, où la raison domine plus que le goût.

CURION, célebre orateur romain, qui dans une harangue appella César, *l'homme de toutes les femmes, & la femme de tous les hommes*. Abomination qui, chez un peuple affreusement corrompu, passoit pour un éloge. Curion avoit le talent de la parole, mais il le vendoit chérement.

CURION, (Cœlius Secundus)

C c

piémontois, né à San-Chirico en 1503, fut d'abord principal du college de Lausanne & ensuite professeur d'éloquence à Bâle. Il abandonna la religion catholique, & adopta les sentimens de Luther. On a de lui un ouvrage singulier, intitulé : *De amplitudine beati regni Dei*, à Bâle 1550, in-8°. Il étend tellement ce royaume, qu'il prétend, contre la parole expresse de l'Ecriture, que le nombre des élus surpasse infiniment celui des réprouvés. Il mourut en 1569, à 67 ans. On a encore de lui : I. *Opuscula*, à Bâle 1544, in-8° ; rares, & qui contiennent une *Dissertation sur la Providence*, une autre *sur l'immortalité de l'Ame*, &c. L'auteur y paroît favorable aux Sociniens. II. Des *Lettres*, Bâle 1553, in-8°. III. On lui attribue *Pasquillorum tomi duo*, 1544, 2 tom. en 1 vol. in-8°. Ce qui l'a fait juger éditeur de ce recueil, c'est qu'il est lui-même auteur des deux *Pasquillus Ecstaticus*, in-8°, l'un sans date, l'autre de Geneve 1544. Le second a été réimprimé avec *Pasquillus Theologaster*, Geneve 1667, in-12. Satyres sanglantes que la méchanceté d'une part, l'envie de les supprimer de l'autre, ont fait rechercher.

CURION, (Cœlius Augustin) fils du précédent, mort quelque-tems avant son pere, en 1567, à 29 ans ; laissa une *Histoire* latine *des Sarrasins & du royaume de Maroc*, 1596, in-fol. qu'il compila sur d'assez mauvaises relations. Il y a eu quelques autres savans de la même famille ; leurs talens n'étoient pas assez distingués pour que nous en parlions.

CURIUS-DENTATUS, (Marcus-Annius) illustre romain, fut trois fois consul, & jouit deux fois des honneurs du triomphe. Il vainquit les Samnites, les Sabins, les Lucaniens, & battit Pyrrhus près de Tarente, l'an 272 avant J. C. Ses vertus civiles étoient encore au-dessus de ses talens militaires. Les ambassadeurs des Samnites l'ayant trouvé, qui faisoit cuire des raves dans un pot de terre, à la campagne où il s'étoit retiré après ses victoires, lui offrirent des vases d'or, pour l'engager à prendre leurs intérêts. Le Romain les refusa, en disant : » Je préfere ma vaisselle » de terre à vos vases d'or ; je ne » veux point être riche, content » dans ma pauvreté de commander » à ceux qui le sont » ? La modestie des Païens alloit toujours de pair avec leur orgueil.

CURIUS-FORTUNATIANUS, rhéteur du 3e siecle, dont il nous reste quelques ouvrages dans les *Rhetores antiqui*, Venise, Alde 1523, in-fol. Paris 1599, in-4°.

CURSINET, fourbisseur de Paris, célebre vers l'an 1660 pour les ouvrages de damasquinerie. Cet artiste excelloit également dans le dessin, & dans la maniere d'appliquer l'or & de ciseler le relief.

CURTENBOSCH, (Jean de) né à Gand vers le commencement du 16e siecle, se rendit habile dans les langues savantes, assista aux premieres sessions du concile de Trente, & mourut à Rome vers l'an 1550. On a de lui une Relation de ce qui s'est passé dans les premieres sessions de ce concile dans la *Collectio amplissima* des PP. Martene & Durand, tom. VIII. On voit aussi un abrégé de cette relation dans la Bibliotheque des Auteurs ecclésiastiques de Dupin, tom. XV, édit. d'Amst. 1710.

CURTIUS, (Marcus) chevalier romain, se dévoua pour le salut de sa patrie vers l'an 362 avant J. C. La terre s'étoit entr'ouverte dans une place de Rome ; l'oracle, consulté sur ce prétendu prodige, répondit que le gouffre ne pouvoit être comblé, qu'en y jetant ce que le peuple romain avoit de plus précieux. Marcus Curtius, jeune-homme plein de courage & de vanité, crut que les dieux ne demandoient d'autre victime que lui. Il se précipita folemnellement tout armé, avec fon cheval, dans l'abîme; & paffa auprès des fuperftitieux pour avoir fauvé fa patrie par ce facrifice, la terre s'étant, dit-on, refermée prefque auffi-tôt qu'elle l'eut reçu.

CURTIUS, *voyez* QUINTE-CURCE.

CURTIUS, (Matthieu) médecin de Pavie, mort à Pife en 1544, à 70 ans, laiffa plufieurs ouvrages fur fon art, entr'autres un traité *De curandis febribus*. Il l'avoit pratiqué avec fuccès, & s'en étoit fervi pour conferver jufqu'à fa vieilleffe une fanté vigoureufe.

CURTIUS, (Jacques) jurifconfulte, né à Bruges vers l'an 1500, dont on a une traduction exacte en latin des livres des Inftituts qui étoient en grec, Anvers 1546.

CURTIUS, (Cornelius) religieux auguftin, natif de Bruxelles, fut fucceffivement profeffeur en théologie à Bruxelles, à Louvain, prieur à Ingolftad, à Vienne, à Prague, vicaire-général des provinces d'Autriche & de Baviere, provincial, définiteur-général. Il mourut le 9 octobre 1638, à Weft-Munfter, près de Dendermonde, âgé de 47 ans. Le P. Curtius étoit habile dans les belles-lettres & dans l'hiftoire. L'empereur Ferdinand II l'honora du titre de fon hiftoriographe. Il eft auteur des *Eloges des Hommes illuftres de fon ordre*, Anvers 1636, in-4°. Ces éloges au nombre de trente font très-bien écrits, d'un ftyle peut-être trop poli & trop recherché. Nous avons encore de lui des *Sermons* en latin, l'*Hiftoire de plufieurs Saints de fon ordre*, & une *Differtation*, Anvers 1634, dans laquelle il difcute, fi Jefus-Chrift a été attaché à la croix avec trois ou quatre clous : il fe détermine pour la derniere opinion.

CUSA, (Nicolas de) *voyez* NICOLAS DE CUSA.

CUSPINIEN, (Jean) premier médecin de l'empereur Maximi-

lien I, employé par ce prince dans plufieurs négociations délicates, étoit né à Schweinfurt en Franconie, & mourut à Vienne en 1529. On a de lui : I. Un *Commentaire* in-fol. en latin, 1552, fur la *Chronique des Confuls* de Caffiodore. II. Un autre *Commentaire des Céfars & des Empereurs Romains*, 1540, in-fol. III. Une *Hiftoire d'Autriche*, 1553, in-fol. intéreffante & curieufe. IV. Une autre *Hiftoire de l'origine des Turcs, & de leurs cruautés envers les Chrétiens*. Cet auteur avoit des connoiffances étendues fur la politique, l'hiftoire & la médecine. Sa *Vie* a été écrite par Gerbel.

CUSPIUS-FADUS, gouverneur de Judée, purgea cette province des voleurs & des fanatiques qui la troubloient vers l'an 45. Ayant appris qu'un nommé Theudas débitoit en public de prétendues prophéties & emmenoit le peuple avec lui, il le fit arrêter par des cavaliers, qui diffiperent la multitude, & qui fe faifirent du faux prophete. Cufpius mourut avec la réputation d'un homme équitable & intelligent. *Voyez* FLAVE-JOSEPH, liv. 20, ch. 1 & 2.

CUSTIS, (Charles) né à Bruges en 1704, y a rempli quelques emplois dans la magiftrature, & a donné dans le langage de fon pays, *Annales de la ville de Bruges*, 2 vol. in-8°, ouvrage curieux, exact, & qui a demandé beaucoup de recherches. Il eft mort à Bruges le 26 février 1752.

CUSTOS ou COSTER, (Dominique) graveur né à Anvers vers 1550, s'établit à Ausbourg, où il mourut vers l'an 1610. On a de lui : I. *Atrium heroïcum*, Ausbourg 1600 — 1605, 4 vol. in-folio ; cet ouvrage renferme les vies abrégées & les portraits gravés des comtes du Tirol, des rois de Naples, des ducs & électeurs de Saxe, des ducs de Baviere. II. *Principum Chriftianorum Stemmata*, &c.

C c 2

Ausbourg 1610, in-fol. III. *Quorumdam illustrium eruditorum imagines unum in libellum conjectæ*, &c.

CUYCK, (Jean van) conseiller & consul d'Utrecht sa patrie, mort en 1566, a fait peu d'écrits, dit Adrien Junius, mais excellens, & qui semblent être l'ouvrage des Muses & des Graces. Il faut remarquer que Junius lui donne ces éloges dans une harangue académique, & qu'il faut toujours rabattre des louanges prodiguées dans ces sortes de discours. Cuyck est éditeur avec Corneille Valere, & Guillaume Canterus, des *Offices* de Cicéron avec des remarques estimées, & des *Vies des Empereurs Grecs* d'Æmilius Probus. Cette édition est peu commune & très-estimée; elle fut imprimée en 1542, à Utrecht, in-8°.

CUYCK, (Henri) né à Culembèrg dans la Gueldre, docteur en théologie de l'université de Louvain, official & grand-vicaire de l'archevêque de Malines, & ensuite évêque de Ruremonde en 1596. Il gouverna ce diocese avec tout le zele qu'inspire la religion de J. C. Il préserva ses ouailles de l'infection de l'hérésie par ses exhortations & par ses écrits. Il mourut à Ruremonde l'an 1609. On ne peut rien ajouter à l'éloge qu'en fait Arnold Havensius dans son Histoire de l'érection des nouveaux évêchés dans les Pays-Bas. On a de lui un grand nombre d'Ouvrages de controverse, des Harangues & des Lettres. Les principaux sont : I. *Orationes*, Louvain 1596, in-8°; les plus curieuses sont celles qui regardent *la tonsure cléricale*, *les devoirs des chanoines*, &c. II. *Speculum Concubinariorum Sacerdotum*, &c. Cologne 1599, & Louvain 1601. C'est une déclamation vive contre les désordres de quelques ministres du Seigneur. III. Une édition des *Œuvres de Cassianus*, Anvers 1578, in-8°. Les Lettres qu'il a écrites au prince

Maurice, comte de Nassau, & à quelques autres protecteurs des nouvelles hérésies, sont d'une fermeté vraiment apostolique : elles ont été imprimées séparément.

CUYPERS ou CUPERUS, (Guillaume) jésuite flamand né à Anvers le 1er mai 1686, fut un des continuateurs distingués du grand ouvrage de Bollandus. Il mourut le 2 février 1741. Nous avons de lui : I. *Comment. de S. Jacobo majore apostolo*. II. Il a mis à la tête du premier volume du mois d'août des *Acta Sanctorum* un *Traité sur les Patriarches de Constantinople*. III. *De Sto Dominico Commentarius*. IV. Dissertation apologétique de ce Commentaire, contre le P. Touron. Voyez *Mémoires de Trévoux*, avril 1745.

CYANÉ, *voyez* CYANIPPE.

CYANÉE, fille du fleuve Méandre, & mere de Caune & de Biblis. Elle fut métamorphosée en rocher, pour n'avoir pas voulu écouter un jeune-homme qui l'aimoit passionnément, & qui se tua en sa présence, sans lui avoir causé la moindre émotion.

CYANIPPE, prince de Syracuse, ayant méprisé les fêtes de Bacchus, fut frappé d'une telle ivresse, qu'il fit violence à Cyané sa fille. L'isle de Syracuse fut désolée aussi-tôt par une peste horrible. L'oracle répondit que la contagion ne finiroit que par le sacrifice de l'incestueux. Cyané traîna elle-même son pere à l'autel, & se tua après l'avoir égorgé.

CYAXARES I, roi des Medes, succéda, l'an 634 avant l'ere chrétienne, à son pere Phraortes, tué devant Ninive. Il tourna ses armes vers cette ville pour venger la mort de son pere; & comme il étoit près de s'en rendre le maître, une armée formidable de Scythes vint lui enlever sa proie. Obligé de lever le siege, il marcha contre eux, & fut vaincu. Les Medes n'ayant pu se délivrer de ces barbares par la force, s'en délivrerent par une ruse lâche & infame. Ils convinrent de les inviter à un festin qui se faisoit alors dans chaque famille. Chacun enivra ses hôtes, & les massacra. Ceux des Scythes qui échapperent à cette boucherie, se retirerent auprès d'Halyates, roi de Lydie, pere de Crœsus; & ce fut le sujet d'une guerre de 5 ans entre le roi des Lydiens & celui des Medes. Mais une éclipse de soleil, survenue au milieu d'un combat, effraya tellement les deux armées, qu'on se retira de part & d'autre, & l'on conclut la paix. Cyaxares reprit bientôt le siege de Ninive, qui fut détruite entiérement après une longue résistance. On passa au fil de l'épée tous les habitans. Les enfans même furent écrasés contre les murailles, les temples & les palais renversés, & les débris de cette superbe ville consumés par le feu. Le vainqueur poursuivit ses conquêtes, se rendit maître des autres villes du royaume d'Assyrie, & mourut l'an 593 avant J. C. après un regne de 40 ans.

CYBELE, femme de Saturne, & fille du Ciel & de la Terre, aima passionnément Atys, jeune berger phrygien, qui la dédaigna, & qu'elle métamorphosa en pin. On la peint avec une tour sur la tête, une clef & un disque dans la main, couverte d'un habit semé de fleurs, tantôt entourée d'animaux sauvages, tantôt assise sur un char traîné par quatre lions. On lui offroit en sacrifice un taureau, une chevre ou une truie. Quelques-uns de ses prêtres se faisoient eunuques; ils portoient sa statue par les rues au son des cymbales, faisoient des contorsions & se déchiquetoient le corps en sa présence, pour s'attirer les aumônes du peuple. Les nations adorerent cette divinité sous le nom de *Déesse de la terre*. Les poëtes l'ont désignée sous différens noms, tirés la plupart des montagnes de

Phrygie: les principaux sont Ops, Rhée, Vesta, Dindymene, Bérécynthe, la Bonne Déesse, la Mere des dieux.

CYCLOPES, hommes monstrueux, ainsi appellés, parce qu'ils n'avoient qu'un œil au milieu du front. Les poëtes les ont regardés comme les forgerons de Vulcain. Jupiter se servoit d'eux pour ses foudres. Apollon, qui ne pouvoit se venger contre ce dieu, de la mort de son fils Esculape frappé de la foudre, les tua tous à coups de fleches. Argès, Brontès & Sterope étoient les plus habiles, selon la fable.

CYGNE, (Martin du) jésuite, né à Saint-Omer en 1619, régenta les humanités, & sur-tout la rhétorique presque toute sa vie; il mourut dans ce pénible exercice le 29 mars 1669. Nous avons de lui: I. *Explanatio Rhetoricæ* imprimé un grand nombre de fois; M. Balthasar Gibert, dit qu'on ne peut douter de la bonté de cette rhétorique; c'est effectivement une des meilleures qu'on ait; elle est très-méthodique. II. *Ars metrica & Ars poetica*, Louvain 1755. III. *Ars historica*, Saint-Omer 1669. IV. *Fons Eloquentiæ sive M. T. Ciceronis Orationes*, Liege 1675, 4 vol. in-12. Le quatrieme volume contient une analyse des oraisons de Cicéron; on la considere comme le meilleur ouvrage que nous ayons en ce genre. M. des Jardins dans son édition des Oraisons de Cicéron, Paris 1738, in-4°, s'attache au plan du P. du Cygne, dont il fait l'éloge. V. *Comediæ XII phrasi cùm Plautina, tum Terentiana concinnatæ*, Liege 1679, 2 vol. in-12. Les regles du théatre n'y sont pas gardées; mais il y a beaucoup d'imagination & d'élégance, & sur-tout un grand respect pour les mœurs & la décence.

CYGNUS, roi des Liguriens, que Jupiter changea en cygne, pour avoir pleuré l'aventure de Phaëton son frere & de ses sœurs. Les poëtes parlent encore de deux autres jeunes-hommes changés en cygnes: l'un fils de Neptune, qu'Achille trouva invulnérable, & qu'il étrangla; l'autre fils de la nymphe Hyrie, qui se précipita dans la mer, de désespoir de n'avoir pas obtenu un taureau qu'il avoit demandé à un de ses amis.

CYNÉAS, originaire de Thessalie, disciple de Démosthene & ministre de Pyrrhus, fut également célebre sous le titre de philosophe & sous celui d'orateur. Pyrrhus disoit de lui, qu'il avoit pris plus de villes par son éloquence, que lui par ses armes. Ce prince l'envoya à Rome pour demander la paix. On étoit sur le point de la lui accorder, lorsqu'Appius Claudius, que les fleurs de rhétorique ne touchoient point, rappella le sénat à d'autres sentimens. Cynéas, de retour au camp de Pyrrhus, lui peignit Rome comme un temple, le sénat comme une assemblée de rois, & le peuple romain comme une hydre qui renaissoit à mesure qu'on l'abattoit. Pline cite la mémoire de Cynéas comme un prodige. Le lendemain de son arrivée à Rome, il salua tous les sénateurs & les chevaliers, en les nommant chacun par son nom (Voyez un bon-mot de ce philosophe dans l'article PYRRHUS, roi des Epirotes.) C'est Cynéas qui abrégea le livre d'Enée le Tacticien, sur la défense des places. Casaubon a donné au public cet abrégé, avec une version latine, dans le *Polybe* de Paris, 1609, in-fol. M. de Beausobre en a donné une traduction françoise avec des commentaires, 1757, in-4°.

CYNEGIRE, soldat athénien, s'immortalisa à la bataille de Marathon, l'an 498 avant l'ere chrétienne. Ayant saisi de la main droite un des vaisseaux des Perses, il ne quitta prise que lorsque cette main lui fut coupée; alors il le reprit de la gauche. Cette autre main ayant été coupée, il le saisit, dit-on, avec les dents, & y mourut attaché. Ce Grec intrépide étoit frere du poëte Eschyle.

CYNISCA, fille d'Archidame, roi de Sparte, remporta la premiere le prix de la course des chars aux jeux Olympiques.

CYNTHIO, *voyez* GIRALDI.

CYPARISSE, jeune garçon très-beau, qu'Apollon aima. Il nourrissoit un cerf, qu'il tua par mégarde, & en eut tant de regret, qu'il voulut se donner la mort. Apollon, touché de pitié, le métamorphosa en cyprès.

CYPRIEN, (Saint) *Thascius Cæcilius Cyprianus*, naquit à Carthage d'une famille riche & illustre. Son génie facile, abondant, agréable, le fit choisir pour donner des leçons d'éloquence à Carthage. Il étoit alors païen. Il se fit chrétien l'an 246 par les soins du prêtre Cécile, qui lui découvrit l'excellence de la religion de J. C. & les absurdités du Paganisme. Les Païens, fâchés d'avoir perdu un tel homme, lui reprocherent qu'il avoit avili sa raison & son génie, en les soumettant à des contes & des fables puériles (car c'est ainsi que ces aveugles parloient des grandes vérités du Christianisme). Mais Cyprien, insensible à ces railleries, fit tous les jours de nouveaux progrès dans la voie du salut. Il vendit ses biens, en distribua le prix aux pauvres, embrassa la continence, prit un habit de philosophe, & substitua à la lecture des auteurs profanes celle des livres divins. Son mérite le fit élever à la prêtrise, & le plaça bientôt après sur la chaire de Carthage, malgré ses oppositions, l'an 248. Ses travaux pour son église furent immenses. Il fut le pere des pauvres, la lumiere du clergé, le consolateur du peuple. L'empereur Dece ayant suscité une sanglante persécution contre l'église, Cyprien fut obligé de quitter son troupeau; mais il fut toujours auprès de lui, soit par ses lettres, soit par ses miniftres. Lorfque l'orage fut diffipé, il fe fignala par la fermeté avec laquelle il réfifta à ceux d'entre les Chrétiens apoftats, qui furprenoient des recommandations des martyrs & des confeffeurs, pour être réconciliés à l'églife qu'ils avoient quittée pendant la perfécution. Ce fut pour régler les pénitences qu'on devoit leur prefcrire, qu'il affembla un concile à Carthage en 251. Il condamna dans la même affemblée le prêtre Féliciffime & l'hérétique Privat. Ce dernier députa vers le pape Corneille, pour lui demander fa communion, & accufer S. Cyprien, qui ne crut pas devoir envoyer de fon côté pour fe défendre. Le pape lui en ayant témoigné fa furprife, il lui répondit, avec autant de modeftie que de fermeté : » C'eft une chofe » établie entre les évêques, que le » crime foit examiné là où il a été » commis ». Il ne montra pas moins de fermeté dans la difpute qui s'éleva entre le pape Etienne & lui, fur le baptême adminiftré par les hérétiques. Plufieurs conciles convoqués à Carthage conclurent, conformément à fon opinion, qu'il falloit rebaptifer ceux qui l'avoient été par les hérétiques. Dans le dernier, S. Cyprien déclara qu'il ne prétendoit point féparer de fa communion ceux qui étoient d'un avis contraire au fien. Ce faint évêque croyoit défendre une bonne caufe, tandis qu'il en foutenoit une mauvaife. Il réfifta avec trop de vivacité au pape S. Etienne comme l'avoue S. Auguftin : *Cyprianum iratum & paulo commotiorem fuiffe in Stephanum,* & dit que cette faute fut expiée par le martyre, *Martyrii falce purgatum.* Mais quoiqu'il ne déférât point aux décrets du pape (ces décrets n'étant point alors une décifion univerfellement reçue), il conferva toujours l'unité avec l'églife romaine. C'eft au faint fiege que S. Cyprien adreffe fon apologie contre ceux qui blâmoient fa fuite ; c'eft fon autorité qu'il invoque contre

ceux qui, étant tombés dans la perfécution de Dece, vouloient forcer le faint évêque à les réconcilier à l'églife, fans accomplir la pénitence prefcrite, par les canons : le même faint évêque à la tête d'un concile d'Afrique, inftruit le pape S. Corneille des raifons qu'ils avoient eu de modérer la rigueur des canons fur la pénitence, & demande fon approbation : *Quod credimus vobis quoque paternæ mifericordiæ contemplatione placiturum* (Labbe, *Concil. tom. I. col. 718*) ; dans le tems même qu'il réfifte à S. Etienne, il lui adreffe des députés pour lui expofer les raifons de fa réfiftance (*Epift. Firmiani inter Epift. Cyp. 75. edit. Pamnel*). Preuve qu'il ne vouloit point contefter la fupériorité de jurifdiction au pape, & que c'eft très-ridiculement que le démêlé de ce Saint avec le pape S. Etienne eft devenu un lieu commun pour tous ceux qui méprifent les décrets du faint fiege. M. Languet, évêque de Soiffons, & plufieurs autres, ont montré la foibleffe de cette reffource ; mais perfonne n'a mieux traité cette matiere que M. Chicoifnau dans fa *Differtation théologique* fur cet article, Paris 1725. En 257 le feu de la perfécution s'étant rallumé, il fut relégué à Curube, à 12 lieues de Carthage. Après un exil d'onze mois, on lui permit de demeurer dans les jardins voifins de Carthage ; mais on l'arrêta peu de tems après, pour le conduire au fupplice. Il eut la tête tranchée le 14 feptembre 258. S. Cyprien avoit beaucoup écrit pour la vérité, qu'il fcella de fon fang. Lactance le regarde comme le premier des auteurs chrétiens véritablement éloquens. S. Jérôme compare fon ftyle à une fource d'eau pure, dont le cours eft doux & paifible. D'autres l'ont comparé, peut-être avec plus de raifon, à un torrent qui entraîne tout ce qu'il rencontre. Son éloquence, à la fois mâle, naturelle, & fort éloignée du ftyle déclamateur, étoit capable d'exciter

C c 4

de grands mouvemens. Il raisonne presque toujours avec autant de justesse que de force. Il faut avouer pourtant que son style, quoique généralement assez pur, a quelque chose du génie africain, & de la dureté de Tertullien, qu'il appelloit lui-même son maître. Il a cependant poli & embelli souvent ses pensées, & évité ses défauts. Outre 81 Lettres, il nous reste de lui plusieurs Traités, dont les principaux sont : I. Celui des *Témoignages*, recueil de passages contre les Juifs. II. Le livre *De l'Unité de l'Eglise*, qu'il prouve par des raisons fortes & solides. III. Le traité *De Lapsis*, le plus bel ouvrage de l'antiquité sur la pénitence. IV. L'*Explication de l'Oraison Dominicale* ; de tous les écrits de S. Cyprien, celui que S. Augustin, digne disciple de ce grand maître, estimoit davantage & citoit le plus souvent. V. L'*Exhortation au martyre*. VI. Les *Traités de la mortalité*, des œuvres de miséricorde, de la patience, & de l'envie, &c. Parmi les différentes éditions de ce Pere, on fait cas de celle de Hollande en 1700, qui est enrichie de quelques dissertations de Péarson & de Dodwel ; mais on préfere celle de 1726, in-fol. de l'imprimerie royale, commencée par Baluze, & achevée par D. Prudent Marand, bénédictin de S. Maur, qui l'a ornée d'une préface & d'une vie du Saint. Toutes ses *Œuvres* ont été traduites également en françois par Lombert 1672, in-4°, avec des savantes notes, & dans un ordre nouveau sur les mémoires du célebre le Maître. Ponce, diacre, & D. Gervaise, abbé de la Trappe, ont écrit sa *Vie*.

CYPSELE, fils d'Aëtion, étoit corinthien. Sa naissance fut, dit-on, prédite par l'oracle de Delphes. Consulté par son pere, il répondit : *Que l'Aigle produiroit une pierre qui accableroit les Corinthiens*. Cypsele s'empara en effet de la sou-

veraineté vers l'an 650 avant J. C, & y régna environ 30 ans. Periandre, son fils, qui lui succéda, eut deux enfans : Cypsele qui devint insensé, & Lycophron.

CYR *ou* CIRIQ, (Saint) fils de Ste Julitte, native d'Icone, fut arraché d'entre les bras de sa mere par ordre du juge Alexandre. Il n'avoit alors que 3 ans. Comme ce tendre enfant appelloit sa mere, & crioit : *Je suis chrétien !* le juge le jeta du haut de son siege contre terre, & lui brisa la tête. Tous les spectateurs eurent horreur de cette inhumanité, & le juge lui-même en rougit. Cette action barbare se passa sous le regne de Dioclétien & de Maximien. Il y a un autre S. CYR, médecin, qui fut martyrisé en Egypte le 31 janvier 311.

CYRAN, (St-) *voyez* VERGER DE HAURANE (Jean du).

CYRANO, (Savinien) de Bergerac en Perigord, né l'an 1620, avec un caractere bouillant & singulier, entra en qualité de cadet au régiment des Gardes. Il fut bientôt connu comme la terreur des braves de son tems. Il n'y avoit presque point de jour qu'il ne se battît en duel, non pas pour lui, mais pour ses amis. Cent hommes s'étant attroupés un jour sur le fossé de la porte de Nesle, pour insulter un homme de sa connoissance ; il dispersa lui seul toute cette troupe, après en avoir tué deux & blessé sept. On lui donna d'une commune voix le nom d'*intrépide*. Deux blessures qu'il reçut, l'une au siege de Mouzon, l'autre au siege d'Arras, & son amour pour les lettres, lui firent abandonner le métier de la guerre. Il étudia sous Gassendi, avec Chapelle, Moliere & Bernier. Son imagination pleine de feu, & inépuisable pour la plaisanterie, lui procura quelques amis puissans, entr'autres le maréchal de Gassion, qui aimoit les gens d'esprit & de cœur ; mais son humeur libre & indépendante l'empêcha de profiter de leur protection. Il mourut en 1655, à 35 ans ; d'un coup à la tête, qu'il avoit reçu 15 mois auparavant. Ce poëte menoit depuis quelque-tems une vie chrétienne & retirée. Sa jeuneffe avoit été fort débau-chée, & fes débauches venoient en partie de fon irréligion. Il avoit paffé long-tems pour incrédule ; mais ce n'étoit qu'une affaire de parade, démentie dans fon cœur. On a de lui : I. L'*Hiftoire co-mique des Etats & Empires de la Lune*. II. L'*Hiftoire comique des Etats & Empires du Soleil*. Il pa-roît, par le ftyle burlefque, fautil-lant & fingulier de ces deux ou-vrages, que l'efprit de l'auteur fai-foit de fréquens voyages dans les pays qu'il décrit. On voit pourtant, à travers ces bizarreries, qu'il fa-voit fort bien les principes de Def-cartes, & que fi l'âge avoit pu le mûrir, il auroit été capable de quelque chofe de mieux. III. Des *Lettres*. IV. Un petit recueil d'*En-tretiens pointus*, femé, comme toutes fes autres productions, de pointes & d'équivoques. V. Un *Frag-ment de Phyfique*. VI. Des pieces de théatre tels qu'*Agrippine*, le *Pédant joué*, &c. Ses ouvrages forment 3 vol. in-12.

CYRENUS, gouverneur de Syrie. C'eft lui qui fut chargé de faire le dénombrement pendant lequel le Sauveur vint au monde. Son vrai nom étoit Sulpitius Quirinus.

CYRIADE, l'un des 29 Tyrans qui envahirent la plus grande partie des provinces de l'empire romain fous les regnes de Valérien & de Gallien, étoit fils d'un homme de qualité d'Orient, qui poffédoit de grandes richeffes. Il fe livra dans fa jeuneffe à la débauche, & après avoir volé à fon pere une fomme confidérable, il paffa dans la Perfe. Sapor I y régnoit alors. Ce prince, excité contre les Romains par Cy-riade, leur déclara la guerre, & le mit à la tête d'une armée, avec laquelle il conquit plufieurs pro-

vinces. Ayant pénétré dans la Syrie, Cyriade faccagea Antioche qui en étoit la capitale. Peu de tems après il prit le titre d'Augufte ; & quoi-que prefque tous les foldats perfes fuffent retournés dans leur pays, il fe forma une nouvelle armée, en enrollant des brigands & des gens fans aveu. Cet ufurpateur mit à con-tribution une partie de l'Orient, & répandit la terreur dans les provinces voifines. Ses foldats ayant appris que Valérien marchoit contr'eux, & in-dignés d'ailleurs de fes dérégle-mens, & de fa hauteur, l'affaffinerent en 258. Cyriade ne porta qu'environ une année le titre d'Augufte.

CYRIAQUE, patriarche de Conf-tantinople l'an 595, fucceffeur de Jean le Jeûneur, prit le nom d'*E-vêque œcuménique* ou *univerfel*, & fe le fit confirmer dans un con-ciliabule. Ses prétentions furent réprimées par S. Gregoire & par l'empereur Phocas qui, indigné de cette ridicule prétention, défendit par un édit, de donner le titre que le patriarche avoit ufurpé, à d'au-tres évêques qu'à celui de Rome. Cyriaque en mourut, dit-on, de chagrin en 606.

CYRILLE, (Saint) de Jerufalem, né vers l'an 315, fut ordonné diacre par S. Macaire de Jerufalem vers 334, & l'année d'après, prêtre, & élevé fur le fiege de Jerufalem l'an 350 après S. Maxime, travailla comme lui à défendre la vérité contre les efforts de l'erreur. Son différend avec Acace, évêque de Céfarée, fur les prérogatives de leurs fieges, interrompit le bien qu'il faifoit à fon troupeau & à l'é-glife. Cette querelle perfonnelle s'ai-grit par la diverfité des fentimens. Cyrille étoit zélé catholique, & Acace arien opiniâtre. Cet homme inquiet & intrigant, ne pouvant at-taquer la foi de fon adverfaire, at-taqua fes mœurs. Il l'accufa d'avoir vendu quelques étoffes précieufes de l'églife, & lui fit un crime d'une action héroïque ; car Cyrille n'avoit, dépouillé les temples, que pour secourir les pauvres dans un tems de famine. Un concile, assemblé à Césarée par Acace, le déposa en 357. Le saint évêque appella de ce jugement inique à un tribunal supérieur. Il fut rétabli sur son siege par le concile de Séleucie en 359, & son persécuteur chassé du sien. Les intrigues d'Acace le firent déposer de nouveau en 360. Julien, successeur de l'empereur Constance, ayant commencé son regne par le rappel des exilés, Cyrille rentra dans son siege. L'empereur Valens l'en tira une 3e fois, & ce ne fut que plus d'onze ans après, à la mort de ce prince, qu'il retourna à Jérusalem. Le concile de Constantinople, de 381, approuva son ordination & son élection. Il mourut en 386, après 35 ans d'épiscopat. Il nous reste de lui *XXIII Catécheses*. Les 18 premieres sont adressées aux catéchumenes, & les 5 autres aux nouveaux baptisés. Le style de ces instructions est simple, net, tel qu'il convient à ces sortes d'ouvrages. Il expose avec exactitude ce que l'église croit, & réfute avec solidité ce qu'elle rejette. Il y a pourtant quelques idées vraiment singulieres, mais qui tenoient peut-être aux opinions reçues de son tems. Grancolas, docteur de Sorbonne, en a donné une Traduction françoise, avec des notes, à Paris en 1715, in-4°. D. Touttée, bénédictin de S. Maur, a publié une édition de toutes les *Œuvres de S. Cyrille*, grecque & latine, in-fol. à Paris en 1720. Le texte, corrigé sur plusieurs manuscrits, est accompagné de notes savantes qui l'éclaircissent, & d'une version regardée comme très-exacte.

CYRILLE, (Saint) patriarche d'Alexandrie, successeur de Théophile son oncle en 412, étoit né avec un esprit subtil & pénétrant, qu'il cultiva par la lecture des écrivains sacrés & profanes. Il avoit assisté en 403 au conciliabule du Chesne, où S. Chrysostome fut condamné; mais après la mort de son oncle, il rétablit la mémoire de cet illustre prélat. Le Nestorianisme faisoit alors de funestes ravages dans l'église. Il écrivit aux solitaires d'Egypte pour les prémunir contre cette doctrine, la fit condamner au concile de Rome en 430, & au concile œcuménique d'Ephese, assemblé par ordre de l'empereur Théodose, & auquel il présida au nom du pape en 431. Jean d'Antioche & les autres évêques d'Orient se séparerent de ce concile, soutinrent vivement Nestorius, & tinrent de leur côté un synode où Cyrille fut déposé. La cour de l'empereur fut d'abord favorable à l'héréfiarque; Cyrille fut arrêté: mais ce prince ayant entendu les deux partis, relégua Nestorius dans un monastere, & rendit Cyrille à son église. Les partisans du novateur ne l'abandonnerent point, & le soutinrent avec beaucoup d'ardeur. S. Cyrille écrivit aussi avec force contre Diodore de Tharse, Théodore Mopsueste & Julien l'Apostat. Il mourut en 444, regardé comme un zélé défenseur de la vérité; mais auquel on ne peut s'empêcher de souhaiter en certaines occasions plus de douceur & de modération, moins de prévention & d'inflexibilité. La meilleure édition de ses *Œuvres* est celle de Jean Aubert, chanoine de Laon, en grec & en latin, 1638, 6 vol. in-folio, qui se relient en 7. On y trouve un grand nombre d'écrits, entr'autres des *Homélies* & des *Commentaires* sur plusieurs livres de l'Ancien & du Nouveau Testament. Il écrivoit avec beaucoup de facilité; il est vrai que le plus souvent il ne lui étoit pas difficile, suivant du Pin, de fournir de la matiere; car, ou il copie les passages de l'Ecriture, ou il fait de grands raisonnemens, ou il débite des allégories. Photius remarque qu'il s'étoit fait un style singulier. L'élégance, la clarté, le choix &

la précifion ne font pas le caractere de fes écrits ; mais malgré la privation de ces avantages, S. Cyrille a expliqué la doctrine de l'église avec tant d'étendue, que les conciles ont regardé plufieurs de fes *Lettres* comme faifant regle de foi. Le dernier volume de fes ouvrages eft contre Neftorius, Julien, & les moines Anthropomorphites, c'eft-à-dire, qui prétendoient que Dieu a une forme corporelle.

CYRILLE DE THESSALONIQUE, (S.) furnommé à caufe de fa fcience le *Philofophe*, porta la lumiere de l'Evangile chez les Sarmates, les Bulgares & les Moraves. Il fut créé évêque avec fon frere S. Methodius qui étoit fon coopérateur dans ce faint miniftere, par Adrien II, vers 867. Cyrille embraffa quelque-tems après la vie monaftique, & mourut à Rome. Il a traduit en langue efclavone toute la Bible, & le pape Jean VIII par une lettre datée du 8 juin 880, permit de fe fervir de cette traduction dans l'office divin & dans la célébration des faints myfteres, à condition cependant qu'on auroit foin de lire auparavant l'Evangile en latin au peuple. C'eft encore de cette traduction que l'on fe fert dans quelques lieux de la Dalmatie.

CYRILLE - LUCAR, né dans l'ifle de Candie en 1572, paffa en Allemagne, après avoir étudié à Venife & à Padoue. Il fuça la doctrine des Proteftans, & la porta en Grece. Comme on le foupçonna de favorifer les Luthériens, il donna une confeffion de foi, dans laquelle il rejetoit leurs erreurs. Placé fur le fiege d'Alexandrie, enfuite fur celui de Conftantinople en 1621, il continua fes liaifons avec les Proteftans, & enfeigna leurs dogmes dans l'églife grecque. Les évêques & le clergé s'y oppoferent. Il fut dépouillé du patriarchat, & envoyé en exil à Rhodes. On le rétablit quelque-tems après, & dès qu'il fut paifible poffeffeur du fiege de Conf-

tantinople, il publia des Catéchifmes & des Confeffions de foi, où l'erreur perçoit à chaque page. On le rélégua à Ténédos en 1628 ; enfin, après avoir été chaffé 7 à 8 fois de fon églife & rétabli autant de fois, il finit fa carriere par être étranglé en 1638, par ordre du grand-feigneur, fur la route d'un nouvel exil où on le conduifoit. C'étoit, comme tous les hérétiques, un brouillon préfomptueux, le plus intrigant des hommes, & par conféquent le plus inquiet. CYRILLE de Berée, fon fucceffeur, anathématifa fa confeffion de foi dans un concile de Conftantinople, & n'épargna point fon auteur. Ce Cyrille ayant été exilé à Tunis, & Parthenius, évêque d'Andrinople, mis à fa place; celui-ci affembla en 1642 un nouveau concile, où la confeffion de Lucar fut encore condamnée ; mais on ménagea fa mémoire. Le décret de ce fynode fut confirmé dans celui de Jaffi, & les mêmes erreurs furent anathématifées dans le célebre concile de Jerufalem en 1672. J. Aymon en a donné une édition, avec quelques *Lettres* de Cyrille Lucar, Amft. 1718, in-4°, pour l'oppofer à ce qu'en ont rapporté Mrs de Port-Royal dans la grande *Perpétuité de la Foi* : l'abbé Renaudot a répondu à cet ouvrage dans les 2 vol. qu'il a ajoutés à la *Perpétuité*, &c.

CYRUS, roi des Perfes, dont le nom fignifie *Soleil*, felon Ctefias, naquit l'an 599 avant J. C., de Cambyfe, roi de cette partie d'Afie, & de Mandane, fille d'Aftyages, roi des Medes. Hérodote, & Juftin après lui, ont jeté du merveilleux fur l'hiftoire de fa naiffance. Ils rapportent qu'Aftyages donna fa fille en mariage à un Perfe d'origine fort obfcure, afin de détourner les triftes préfages d'un fonge, qui lui avoit annoncé qu'il feroit détrôné par fon petit-fils. Dès qu'il fut né, il chargea Harpages, un de fes officiers, de le faire mourir. Harpages donna l'enfant à un berger, pour l'expofer dans les forêts ; mais la femme du pâtre le nourrit par pitié, & l'éleva en fecret (*Voyez* AS-TYAGES). Xénophon ne s'accorde pas avec Hérodote fur les com-mencemens de Cyrus ; mais tout ce qu'on peut dire à ce fujet, c'eft que l'hiftoire ancienne dans ce point, comme dans plufieurs autres, n'eft guere au-deffus de l'hiftoire fabu-leufe. Il faut fe borner à prendre dans ce chaos les faits principaux. Après la mort d'Aftyages, Cyrus marcha avec Cyaxares fon oncle, roi des Medes, contre les Affy-riens, les mit en déroute, tua Néri-gliffor leur roi, & fit un butin im-menfe. Il fe trouva parmi les pri-fonniers une princeffe d'une rare beauté. Sur la peinture qu'on en fit à Cyrus, il refufa de la voir, & ordonna qu'on eût pour elle au-tant d'attention que de refpect. Pen-thée (c'étoit le nom de cette femme) fit part de cette action généreufe à Abradate fon mari, qui paffa tout de fuite dans le camp de Cyrus, avec deux mille chevaux, & lui fut attaché jufqu'à la mort. Le jeune conquérant, toujours animé du defir & de l'efpérance de fe rendre maitre de Babylone, s'avança jufqu'aux portes de cette ville, & fit pro-pofer au fucceffeur de Nérigliffor de terminer leur querelle par un com-bat fingulier. Mais fon défi n'ayant point été accepté, il reprit le che-min de la Médie. On faifoit des pré-paratifs immenfes de part & d'autre. Crœfus, roi de Lydie, fut nommé généraliffime de l'armée ennemie, l'an 538 avant J. C. Cyrus le vain-quit à la journée de Tymbrée, une des plus confidérables de l'antiquité, & la première bataille rangée dont on ait le détail dans quelque éten-due. Après cette victoire, Cyrus réduifit différens peuples de l'Afie mineure, depuis la mer Egée juf-qu'à l'Euphrate, fubjugua la Syrie, l'Arabie, une partie de l'Affyrie, & forma le fiege de Babylone. Il

prit cette fuperbe ville pendant la célébration d'une grande fête, que le peuple & la cour paffoient or-dinairement dans les feftins & dans la débauche. Ses troupes y entrerent, après avoir détourné l'Euphrate par des faignées, fe rendirent maitres du palais, tuerent le roi & ceux de fa fuite. C'eft par cette cataftrophe que l'empire babylonien finit, la 21e année depuis le commencement du regne de Béléfis, l'an 538 avant J. C. Cyrus, maitre de toute l'Afie, divifa, de concert avec Cyaxares, fa monarchie en fix-vingts pro-vinces. Chaque province eut fon gouverneur. Outre ces gouverneurs, Cyrus nomma trois furintendans, qui devoient toujours réfider à la cour. On établit d'efpace en efpace des poftes, pour que les ordres du prince fuffent portés avec plus de diligence. Cyaxares fon oncle & Cambyfe fon pere étant morts, Cyrus fe vit feul poffeffeur, l'an 536. avant J. C. du vafte empire des Perfes, qui embraffoit les royaumes d'Egypte, d'Affyrie, des Medes & des Babyloniens. Ce fut cette même année qu'il permit aux Juifs de re-tourner en Judée, & de rétablir leur temple de Jerufalem, ainfi que l'avoit prédit le prophete Ifaïe. Hé-rodote, qui fait naître ce célebre conquérant d'une façon finguliere, le fait mourir d'une autre, non moins extraordinaire. Il dit que ce prince ayant tourné fes armes contre les Scythes, tua le fils de la reine To-myris, qui commandoit l'armée en-nemie. Cette princeffe, animée par la fureur de la vengeance, lui pré-fenta le combat, & par des fuites fimulées, elle l'attira dans des em-bufcades où il périt avec une par-tie de fon armée. Maîtreffe de fon ennemi, elle lui fit trancher la tête, la jeta dans un outre plein de fang, en lui adreffant ces mots : *Raffa-fie-toi du fang dont tu as été al-téré.* Xénophon, prefque toujours oppofé au récit d'Hérodote, & en général plus judicieux que lui, fait mourir Cyrus dans son lit. Quoi qu'il en soit, Cyrus a été un des plus sages princes de l'antiquité. Il fut, au milieu de la guerre, veiller sur ses états, & se faire aimer de ses peuples. Il mourut, suivant les meilleurs historiens, l'an 529 avant Jésus-Christ.

CYRUS, le jeune, fils puîné de Darius Nothus, fut envoyé par son pere au secours des Lacédémoniens contre les Athéniens, dès l'âge de 16 ans, en 407 avant J. C. Après la mort de Darius, Artaxercès son fils aîné étant monté sur le trône, jaloux du sceptre, attenta à sa vie. Son complot fut découvert, & sa mort résolue; mais Parysatis sa mere l'arracha au supplice. Cette clémence ne guérit point son ambition. Il leva secrettement des troupes sous différens prétextes. Artaxercès lui opposa une armée nombreuse. La bataille se donna près de Cunaxa, à 20 lieues de Babylone, & le jeune ambitieux périt des blessures qu'il reçut dans l'action, l'an 401 avant J. C. La fameuse Aspasie ayant suivi ce prince, fut faite prisonniere par Artaxercès, qui eut autant de passion que Cyrus pour cette femme. Dix mille Grecs, qui sous la conduite de plusieurs chefs; entr'autres de Xenophon l'historien, avoient combattu pour Cyrus, échapperent aux poursuites du vainqueur, & firent cette belle retraite qui leur a donné l'immortalité.

CYRUS, de Panapolis en Egypte, mérita l'estime & l'amitié de l'impératrice Eudoxie, par son savoir & par son talent pour la poésie. Après avoir commandé avec valeur les troupes romaines à la prise de Carthage, il fut consul & préfet de Constantinople. Cette ville ayant été presqu'entiérement ruinée par un effroyable tremblement de terre en 446, il la rétablit & l'embellit. Un jour qu'il étoit dans le cirque avec l'empereur Théodose le jeune, le peuple cria: *Constantin a bâti la*

ville, & Cyrus l'a réparée. Théodose, jaloux de ces acclamations, le dépouilla de la préfecture, & confisqua ses biens, sous prétexte qu'il étoit idolâtre. Le vrai Dieu l'éclaira dans sa disgrace. Il se fit chrétien, & fut élevé au siege épiscopal de Cotyée dans la Phrygie: il mourut saintement.

CYRUS, évêque de Phaside, puis patriarche d'Alexandrie, donna dans les erreurs des Monothélites & approuva l'Ecthese. Ses écrits furent condamnés au concile de Latran en 649; cette condamnation fut confirmée au 6e concile général l'an 680. Cyrus mourut l'an 641 après avoir tenu son siege pendant 10 ans.

CYTHÉRON, berger de Béotie, conseilla à Jupiter de feindre un nouveau mariage, pour ramener Junon avec laquelle il étoit en divorce. L'expédient réussit, & Jupiter, pour récompenser ce berger, le métamorphosa en une montagne, qui fut depuis consacrée à Bacchus. Elle est auprès de la ville de Thebes. Cette aventure fit prendre à Junon le surnom de *Cytheronia*, & à Jupiter celui de *Cytheronius*.

CYZ, (Marie de) née à Leyde en 1656, de parens nobles, fut élevée dans le Calvinisme. On la maria, à l'âge de 19 ans, à un nommé de Combe. Elle se trouva veuve 2 ans après. Elle abjura ses erreurs dans un voyage qu'elle fit en France, & fonda la communauté du Bon-Pasteur: elle est destinée aux filles qui, après avoir vécu dans le désordre, veulent mourir dans les exercices de la pénitence. Le Seigneur répandit sa bénédiction sur son ouvrage, & elle eut la consolation de voir sous sa conduite une centaine de filles pénitentes, qu'elle gouverna jusqu'à sa mort, arrivée en 1692. Son institut, aussi nécessaire dans les provinces que dans la capitale, s'est répandu en plusieurs villes de France.

CYZIQUE, roi de la presqu'île

de la Propontide, reçut avec beaucoup de magnificence les Argonautes
qui alloient à la conquête de la
toifon d'or. Ces héros étant partis,
furent repouffés pendant la nuit
par un coup de vent fur la côte

de la presqu'ifle. Cyzique les prenant pour des pirates, & voulant
les empêcher de prendre terre, fut
tué dans le combat. Jafon le reconnut le lendemain parmi les morts,
& lui fit de fuperbes funérailles.

D

DABILLON, (André) fut pendant quelque-tems le compagnon du
fanatique Jean Labadie, avant que
cet enthoufiaste eût quitté la religion
catholique; mais il ne partagea ni
fes erreurs, ni fes défordres. Il avoit
été auparavant jéfuite. Il mourut
vers l'an 1664, curé dans l'ifle de
Magné en Saintonge. On a de lui
quelques *Ouvrages de Théologie,*
Paris 1645, in-4°.

DABONDANCE, (Jean) notaire
au Pont-St-Efprit, eft auteur d'un
myftere à perfonnages, de la Paffion,
que l'on diftingue de celui de Jean-
Michel, par *Quod fecundùm legem
debet mori;* il paroît avoir été
imprimé à Lyon, in-4° & in-8°;
mais il n'en eft pas moins rare de
ces deux formats.

DAC, (Jean) peintre allemand,
né à Cologne en 1556, fe forma
en Allemagne fous Spranger, & en
Italie fous les plus habiles maîtres.
L'empereur Rodolphe, ami des arts,
& protecteur des artiftes, employa
fon pinceau. Les tableaux qu'il fit
pour ce prince, font d'un grand
goût. Dac mourut à la cour impériale, comblé d'honneurs & de
biens, & très-regretté, par l'ufage
qu'il avoit fait de fon crédit.

DACIER, (André) né à Caftres
en 1651 d'un avocat, fit fes études
d'abord dans fa patrie; enfuite à
Saumur, fous Tanneguy le Fèvre,
alors entièrement occupé de l'éducation de fa fille. Le jeune littérateur ne la vit pas long-tems fans

l'aimer; leurs goûts, leurs études
étoient les mêmes. Unis déja par
l'efprit, ils le furent encore par
le cœur. Leur mariage fe célébra en
1683. Deux ans après, ils abjurerent la religion proteftante. Le duc
de Montaufier, inftruit du mérite
de l'un & de l'autre, les mit dans
la lifte des favans deftinés à com-
menter les anciens auteurs, *pour
l'ufage du Dauphin.* Les fociétés
littéraires ouvrirent leurs portes à
Dacier: l'académie des infcriptions
en 1695, & l'académie françoife
à la fin de la même année. Cette
derniere compagnie le choifit dans
la fuite pour fon fecrétaire perpétuel.
La garde du cabinet du Louvre lui
avoit déja été confiée, comme au
favant le plus digne d'occuper cette
place. Il mourut l'an 1722, en philo-
fofophe chrétien. On a de lui beaucoup de *Traductions d'Auteurs
grecs & latins;* & quoiqu'elles fuffent peu propres à réconcilier les
partifans des écrivains modernes
avec l'antiquité, il eut toujours un
zele ardent pour elle. Ce zele alloit
jufqu'à l'enthoufiafme. Il ne tra-
duifoit jamais un ancien, qu'il n'en
devint amoureux. Il étoit incapable
d'y appercevoir des défauts, & pour
cacher ceux qu'on lui attribuoit,
il foutenoit les plus étranges paradoxes. Il veut prouver, par exemple,
que Marc-Aurele n'a jamais perfécuté les Chrétiens. On a de Dacier:
I. Une édition de Pompeïus Feftus &
de Verrius Flaccus, *ad ufum Delph.*

in-4°, Paris 1681, avec des notes savantes & des corrections judicieuses. On réimprima cette édition à Amsterdam 1699, in-4°, avec de nouvelles remarques. II. *Nouvelle Traduction d'Horace*, accompagnée d'observations critiques, 1709, 10 vol. in-12. Les fleurs du poëte latin se flétrirent en passant par les mains du traducteur françois. Qui ne connoîtroit Horace que par cette version, s'imagineroit que ce poëte, un des plus délicats de l'antiquité, n'a été qu'un versificateur lourd & pesant. Le commentaire sert quelquefois plus à charger le livre, qu'à faire pénétrer les beautés du texte. Il y a quelquefois des interprétations singulieres, que Boileau appelloit *les révélations de M. Dacier*. III. *Réflexions morales de l'empereur Marc-Aurele Antonin*, Paris 1691, 2 vol. in-12. IV. *La Poëtique d'Aristote*, in-4°, avec des remarques dans lesquelles le traducteur a répandu beaucoup d'érudition. V. *Les Vies de Plutarque*, 8 vol. in-4°, Paris 1721, réimprimées en 10 vol. in-12, à Amsterdam; traduction plus fidelle, mais moins lue que celle d'Amyot. Celui-ci a des graces dans son vieux langage; Dacier n'a guere que le mérite de l'exactitude; encore le savant abbé de Longuerue le lui disputoit-il. Son style est celui d'un savant sans chaleur & sans vie. » Il » connoissoit tout des anciens, dit » un homme d'esprit, » hors la grace » & la finesse ». Pavillon disoit que *Dacier étoit un gros mulet chargé de tout le bagage de l'antiquité*. Cette fureur de l'antique étoit si forte en lui & en madame Dacier, qu'ils faillirent s'empoisonner un jour par un ragoût, dont ils avoient puisé la recette dans *Athénée*. VI. *L'Œdipe & l'Electre de Sophocle*, in-12, version assez fidelle, mais assez plate. VII. *Les Œuvres d'Hippocrate* en françois, avec des remarques, Paris 1697, in-12. VIII. *Une partie des Œuvres de Platon*,

Paris 1699, 2 vol. in-12. IX. *Manuel d'Epictete*, Paris 1715, in-12. Il avoit sur cet ouvrage des idées extravagantes, excellemment refutées par M. Formey (*Voyez* EPICTETE). Dacier eut part à l'*Histoire métallique de Louis XIV*. Ce prince, à qui il la présenta, lui donna une pension de 2000 livres.

DACIER, (Anne le Févre) femme du précédent, fille de Tanneguy le Févre, savant ingénieux, eut les talens & l'érudition de son pere. Elle commença à se faire connoître dans la littérature, par sa belle *Edition de Callimaque*, qui parut en 1674, enrichie de doctes remarques. Elle mit au jour ensuite de savans *Commentaires sur plusieurs auteurs, pour l'usage de monseigneur le Dauphin*. Florus parut en 1674; *Aurélius Victor*, en 1681; *Eutrope*, en 1683; *Dyctis de Crète*, en 1684. Son mari partagea ses travaux. Ils passerent toute leur vie dans une parfaite union. Un fils & deux filles furent le fruit de ces liens, formés par l'esprit & par l'amour. Le fils, qui donnoit de grandes espérances, mourut en 1694. Une de ses sœurs mourut aussi dans un âge peu avancé, & l'autre prit le voile. Leur mere fut enlevée à la république des lettres en 1720, à 69 ans. Egalement recommandable par son caractere & par ses talens, elle se fit autant admirer par sa vertu, sa fermeté, son égalité d'ame, sa générosité, sa modestie, que par ses ouvrages. Un seigneur allemand l'ayant priée de s'inscrire sur son *Album*, elle y mit son nom avec ce vers de Sophocle:

Le silence est l'ornement d'une femme.

On a d'elle: Une *Traduction de trois Comédies* de Plaute, l'*Amphitryon*, le *Rudens*, & l'*Epidicus*, 3 vol. in-12. Quand Moliere eut publié son *Amphitryon*, l'illustre savante avoit entrepris une differtation pour prouver que celui de Plaute, imité par le comique moderne, étoit fort fupérieur. On auroit pu lui répondre, ce qu'un plaifant répondit à fon mari, au fujet d'Homere : « Que Plaute devoit » être bien plus beau, puifqu'il » étoit plus ancien de 2000 ans ». Madame Dacier ayant appris, que Moliere devoit donner une comédie *fur les femmes favantes*, fupprima fa differtation. On trouve à la tête de fa Traduction une préface intéreffante fur l'origine, l'accroiffement & les divers changemens de la poéfie dramatique ; fur la vieille comédie, la moyenne, la nouvelle ; fur le mérite de Plaute & de Térence. Elle préfere le premier, pour la force du comique & la fécondité de l'invention. Elle traduifit pourtant les pieces du fecond ; & ces deux verfions font en général, faites avec goût & avec exactitude. II. Une *Traduction de l'Iliade & de l'Odyffée d'Homere*, avec une préface, & des notes d'une profonde érudition ; réimprimée en 1756, en 8 vol. in-12. C'eft la plus fidelle & la plus élégante que nous ayons du poëte grec (quoique fes beautés y foient fouvent affoiblies). Cette traduction fit naître une difpute entre madame Dacier & la Motte, difpute auffi inutile que prefque toutes les autres. Elle n'a rien appris au genre humain, dit un philofophe, finon que madame Dacier avoit encore moins de logique, que la Motte ne favoit de grec. Madame Dacier, dans fes *Confidérations fur les caufes de la corruption du goût*, ouvrage publié en 1714, foutint la caufe d'Homere avec l'emportement d'un commentateur ; la Motte n'y oppofa que de l'efprit & de la douceur. L'ouvrage de la Motte (dit un écrivain ingénieux) fembloit être d'une femme galante, pleine d'efprit, & celui de madame Dacier d'un pédant de college. Elle ne ménagea pas plus le P. Hardouin qui étoit entré dans ce différend. On a dit,

» qu'elle avoit répandu plus d'in- » jures contre le détracteur d'Ho- » mere, que ce poëte n'en avoit » fait prononcer à fes héros ». III. Une *Traduction du Plutus & des Nuées d'Ariftophane*, Paris, 4 vol. in-12, 1684. Une autre *d'Anacréon & de Sapho*, Paris 1681, in-8°. Elle foutient que cette femme célebre par fes talens, ainfi que par fes vices, n'étoit pas coupable de la paffion infame qu'on lui a reprochée. C'eft pouffer un peu trop loin la prévention pour l'antiquité. Madame Dacier avoit encore fait des *Remarques fur l'Ecriture-Sainte*, & on la follicita fouvent de les donner au public. Elle répondit toujours : « Qu'une » femme doit lire & méditer l'E- » criture, pour régler fa conduite » fur ce qu'elle enfeigne ; mais que » le filence doit être fon partage, » fuivant le précepte de S. Paul ». La réputation de madame Dacier s'étant répandue dans toute l'Europe, la reine Chriftine de Suede lui fit faire des complimens par le comte de Konigfmark. Cette princeffe lui écrivit même pour l'attirer à fa cour.

DACTYLES, Idéens, ou Corybantes, ou Curetes. Les uns étoient enfans du Soleil & de Minerve, les autres de Saturne & d'Alciope. On mit Jupiter entre leurs mains pour être élevé ; & ils empêcherent par leurs danfes, que les cris de cet enfant ne parvinffent jufqu'aux oreilles de Saturne, qui l'auroit dévoré.

DAELMAN, (Charles-Guiflin) né à Mons en Hainaut en 1660, docteur & profeffeur en théologie à Louvain, préfident du college Adrien, & chanoine de S. Pierre dans la même ville, & de Ste Gertrude à Nivelles, mort le 21 décembre 1731, a laiffé une Théologie Scholaftico-Morale qui a été imprimée plufieurs fois, en 9 vol. On y voit plufieurs oraifons latines qui montrent qu'il étoit verfé dans les belles-lettres.

DAENS,

DAENS, (Jean) riche négociant d'Anvers, célebre par un trait de générofité dont on trouve peu d'exemples. L'empereur Charles-Quint s'étant prêté au defir que Daens avoit de lui donner à dîner, le généreux marchand jeta au feu, à la fin du repas, un billet de deux millions qu'il avoit prêtés au prince. *Je fuis,* lui dit-il, *trop payé, par l'honneur que Votre Majefté me fait.*

DAGOBERT I, roi de France, fils de Clotaire II & de Bertrude, fut roi d'Auftrafie en 622, de Neuftrie, de Bourgogne & d'Aquitaine en 628. Il fe fignala contre les Efclavons, les Gafcons & les Bretons. Il ternit l'éclat de fes victoires par fa paffion pour les femmes. Après avoir répudié celle qu'il avoit d'abord époufée, il en eut jufqu'à trois dans le même-tems. Ce fut Dagobert qui publia les loix des Francs, avec des corrections & des augmentations. Il mourut à Epinay en 638, âgé d'environ 36 ans, & fut enterré à Saint-Denis, dont il avoit augmenté la fondation. Quelques chroniques lui ont donné le titre de Saint, ainfi qu'à plufieurs rois de la 1re race. Il faut avouer que c'étoient d'étranges Saints. » Ils ne » valoient rien, tous tant qu'ils » étoient, dit l'abbé de Longuerue, toujours un peu exagérateur. » Quelle cruauté, quelle barbarie » dans Clotaire I, affaffinant lui-» même fes neveux de fa propre » main ! Dans Clotaire II, dans le » traitement qu'il fait à fes coufins » & à Brunehaut ! Quelle impudi-» cité dans Dagobert I ! On pour-» roit louer tous ces gens-là, » comme Cardan a fait le pané-» gyrique de Néron » : parallele outré & injufte. Il refte entre ces rois françois & les monftres de Rome, une diftance immenfe. Ce fut fur la fin du regne de Dagobert, que l'autorité des maires du palais abforba la puiffance royale. Il laiffa de Nantilde, Clovis II ; & de Ragnetrude, Sigebert qui fut roi d'Auftrafie.

DAGOBERT II, le jeune, roi d'Auftrafie, fils de Sigebert II, devoit monter fur le trône de fon pere, mort en 656 ; mais Grimoald, maire du palais, le fit renfermer dans un monaftere, & donna le fceptre à fon propre fils Childebert. Clovis II, roi de France, ayant fait mourir Grimoald, détrôna Childebert, & fur un faux bruit de la mort de Dagobert, donna l'Auftrafie à Clotaire III, puis à Childeric II. Dagobert époufa Mathilde en Ecoffe, où il avoit été conduit, & en eut plufieurs enfans. Après la mort de Childeric, il reprit la couronne d'Auftrafie en 674, & fut affafiné en 679 par ordre d'Ebroin, maire du palais, comme il marchoit contre Thierri, roi de France, auquel il avoit déclaré la guerre. Dagobert fonda divers monafteres, & gouverna fon peuple en paix.

DAGOBERT III, fils & fucceffeur de Childebert II ou III, roi de Neuftrie en 711, mourut en 715. Il laiffa un fils nommé Thierri, auquel les François préférerent Chilperic II, fils de Childeric II, roi d'Auftrafie.

DAGON, divinité des Philiftins, que l'on repréfentoit fous la figure d'un homme, dont les jambes étoient jointes aux aînes, & qui n'avoit point de cuiffes. Quelques-uns veulent que ce fût Saturne, d'autres Jupiter, & d'autres Vénus.

DAGONEAU, *voyez* GUISE (Dom. Claude).

DAGOUMER, (Guillaume) né à Ponteaudemer, mort à Courbevoye en 1745, avoit été profeffeur de philofophie au college d'Harcourt à Paris, principal de ce college, & recteur de l'univerfité. On a de lui : I. Un *Cours de Philofophie* en latin, où il y a beaucoup de fubtilités. II. Un petit ouvrage en françois, contre les *Avertiffemens de M. Languet,* archevêque de Sens. Dagoumer étoit engagé dans le parti de Janfenius, & le foutenoit avec ardeur. C'eſt lui que le Sage a voulu déſigner ſous le nom de *Gutiomer* dans ſon roman de *Gilblas*.

DAILLÉ, (Jean) né à Chatel-lerault en 1594, fut chargé en 1612 de l'éducation des deux petits-fils de Dupleſſis Mornay. Il fit avec eux pluſieurs voyages dans différentes parties de l'Europe. A Veniſe, il lia connoiſſance avec Fra-Paolo, qui voulut inutilement l'engager à s'établir dans cette ville. Revenu en France, il exerça le miniſtere à Saumur en 1625, & à Charenton l'année d'après; & mourut à Paris en 1670. Les Proteſtans font beaucoup de cas de ſes ouvrages, & les Catholiques avouent qu'ils ſont dignes de l'attention des Controverſiſtes. Les principaux ſont: I. *De uſu Patrum*, 1646, in-4°, très-eſtimé dans ſa communion. Il ne veut point qu'on termine les différents théologiques par l'autorité des Peres; mais c'eſt préciſément cette autorité qui forme la chaîne de la tradition: en les recuſant, Daillé convient aſſez clairement qu'ils ſont contraires aux opinions de ſa ſecte. II. *De pœnis & ſatisfactionibus humanis*, in-4°, Amſterdam 1649. III. *De jejuniis & quadrageſima*, in-8°. IV. *De Confirmatione & Extrema-Unctione*, in-4°, Geneve 1669. V. *De cultibus religioſis Latinorum*, Geneve 1671, in-4°. VI. *De Fidei ex Scripturis demonſtratione*, &c. VII. Des *Sermons* en pluſieurs vol. in-8°, qui ſont écrits avec netteté, & remplis de paſſages de l'Ecriture & des Peres. Daillé étoit d'un caractere franc & ouvert. Son entretien étoit aiſé & inſtructif. Les plus fortes méditations ne lui ôtoient rien de ſa gaieté naturelle. En ſortant de ſon cabinet, il laiſſoit toute ſon auſtérité parmi ſes papiers & ſes livres. Il ſe mettoit à la portée de tout le monde, & les perſonnes du commun ſe plaiſoient avec lui comme les ſavans. Il étoit ſi peu prévenu pour les

voyages, qu'il regrettoit les deux années qu'il avoit paſſées à parcourir la Suiſſe, l'Allemagne, les Pays-Bas & la Hollande. Il croyoit qu'il les auroit mieux employées dans ſon cabinet. Son fils (Adrien) a écrit ſa *Vie*.

DAILLON, *voyez* LUDE.

DAIN, (Olivier le) fils d'un payſan de Thiele en Flandre, devint barbier de Louis XI, & enſuite ſon miniſtre d'état. Sa faveur continua, tant que ce prince fut ſur le trône; mais au commencement du regne de Charles VIII, on lui fit ſon procès, & il fut attaché à un gibet en 1484. Ce fut pour avoir abuſé d'une femme, ſous promeſſe de ſauver la vie du mari, qu'il eut enſuite l'inhumanité de faire étrangler. Son inſolence & ſa tyrannie l'avoient rendu l'objet de l'exécration publique. Son premier nom étoit *Olivier le Diable* ou *le Mauvais*. Louis XI lui donna celui de le Dain en l'anobliſſant.

DALE, *voyez* VAN DALE.

DALECHAMPS, (Jacques) né à Caen l'an 1513, mourut en 1588 à Lyon, où il exerçoit la médecine. Il poſſédoit les langues & les belles-lettres. On a de lui: I. L'*Hiſtoire des Plantes*, en latin, Lyon 1587, 2 vol. in-fol.; traduite en françois par Jean Deſmoulins, 2 vol. in-fol. 1653. II. Une *Traduction* en latin des XV *Livres d'Athénée*, en 2 vol. in-fol. 1652, avec notes & des eſtampes. III. Une *Traduction* en françois du VIe *Livre de Paul Eginete*, enrichie de ſavans commentaires, & d'une préface ſur la chirurgie ancienne & moderne. IV. Les IX *Livres d'Adminiſtrations anatomiques de Claude Galien*, tranſlatés & corrigés, à Lyon 1566, in-8°. V. Des *Notes ſur l'Hiſtoire naturelle de Pline*, 1587, in-fol.

DALIBRAI, (Charles Vion) poëte pariſien, fils d'un auditeur des comptes, mort en 1654, quitta les armes pour la poéſie. On a de lui un *Re-*

cueil de Vers fur différens fujets facrés & profanes ; mais ni les uns ni les autres n'ont fait beaucoup de fortune, quoiqu'il y ait du naturel dans quelques-unes de fes pieces, & même des faillies. On a encore de lui une *Traduction des Lettres d'Antonio de Perez*, efpagnol, miniftre difgracié de Philippe II, & *73 Epigrammes contre le fameux parafite Montmaur*. On peut citer celle-ci comme une des meilleures :

Révérend Pere Confeffeur,
J'ai fait des vers de médifance.
—— Contre qui ? —— Contre un Profeffeur.
La perfonne eft de conféquence ;
——Contre qui donc ? —— Contre Gomor.
——Hé bien, bien, achevez votre *Confiteor*.

Ses *Œuvres poétiques* furent imprimées à Paris en 1647 & 1653, en 2 parties in-8°.

DALILA, courtifanne qui demeuroit dans la vallée de Sorec, de la tribu de Dan, près du pays des Philiftins. Samfon en étant devenu amoureux, s'attacha à elle ; & elle parut être devenue fon époufe légitime ; quoique plufieurs interpretes continuent à la regarder comme une courtifanne. *Voyez* SAMSON.

DALIN, (Olaüs de) favant fuédois, né à Winsberg en 1708, mérita le nom de *Pere de la Poéfie Suédoife*, par deux Poëmes écrits en cette langue. L'un a pour titre, *La liberté de la Suede* ; l'autre eft fa tragédie de *Brunhilde*. Les lettres ne lui acquirent pas feulement de la gloire, elles firent fa fortune. De l'état de fils d'un fimple pafteur, il s'éleva fucceffivement jufqu'aux places de précepteur du prince Guftave, de confeiller ordinaire de la chancellerie, de chevalier de l'étoile du Nord, & enfin à la dignité de chancelier de la cour. C'eft ainfi que le gouvernement, par l'ordre duquel il avoit écrit l'Hiftoire gé-

nérale du Royaume, récompenfa fes talens. Il a pouffé cette hiftoire jufqu'à la mort de Charles XI. Celle de l'auteur arriva le 12 août de l'an 1763. Outre les ouvrages dont nous avons parlé, la Suede lui doit un grand nombre d'*Epîtres*, de *Satyres*, de *Fables*, de *Penfées*, & quelques *Eloges* des membres de l'académie royale des fciences dont il étoit un des principaux ornemens. On a encore de lui une *Traduction* de l'ouvrage du préfident Montefquieu, fur les *Caufes de la grandeur & de la détadence des Romains*.

DALMACE, (Saint) archimandrite des monafteres de Conftantinople, fit paroître beaucoup de zele contre Neftorius. Les Peres du concile d'Ephefe en 430, le nommerent pour agir en leur nom à Conftantinople. Il mourut quelque-tems après, à plus de 80 ans, également illuftre par fes vertus & fon efprit.

DALMATINUS, (Georgius) né dans l'Efclavonie, étoit très-verfé dans la connoiffance des langues orientales. Il a traduit la Bible en langue efclavone, Wittemberg 1584.

DAMASCENE, *voyez* JEAN-DAMASCENE.

DAMASCIUS, philofophe ftoïcien, natif de Damas en Syrie, difciple de Simplicius & d'Elamite, vivoit du tems de l'empereur Juftinien. Il avoit écrit un ouvrage en 4 livres : I. *Des chofes extraordinaires & furprenantes*. II. *La Vie d'Ifidore*. III. Une *Hiftoire philofophique*. Ces ouvrages ne font pas parvenus jufqu'à nous, & les favans ne doivent pas les regretter, s'ils en jugent du moins parce que dit Photius, qui les traite fort mal.

DAMASE I, (S.) efpagnol, diacre de l'églife romaine, fuivit le pape Libere dans fon exil, & monta fur le trône pontifical après lui en 366. Le diacre Urfin ou Urficin, homme ambicieux & intrigant, s'étant fait ordonner pape par des factieux comme lui, s'opposa à l'élection de Damase. Le vrai pape fut confirmé par les évêques d'Italie & par le concile d'Aquilée, & l'antipape condamné à l'exil à leur sollicitation. Damase, paisible possesseur du siége de Rome, tint un concile en 369, dans lequel Urface & Valens, ariens, furent anathématisés. Auxence, évêque intrus de Milan, fut condamné dans un autre concile, tenu un an après, en 370, contre les Ariens. Le sage pontife ne se déclara pas avec moins de zele contre Melece, Apollinaire, Vital, Timothée & les Luciferiens. Il mourut plein de jours & de vertus, à 80 ans, en 384. S. Jérôme, digne secretaire de cet illustre pontife, le met au nombre des écrivains ecclésiastiques. Il reste de lui plusieurs *Lettres*, Rome 1754, in-folio, avec sa *Vie* dans la Bibliotheque des Peres, & dans *Epist. Rom. Pontif.* de D. Constant, in-folio; on trouve encore de lui quelques Vers latins dans le *Corpus Poët.* de Maittaire. Il introduisit la coutume de chanter le *Gloria Patri* à la fin de chaque pseaume, & engagea S. Jérôme à corriger le Nouveau Testament sur le texte grec.

DAMASE II, appellé auparavant Poppon, évêque de Brixen, élu pape le même jour que Benoît IX abdiqua, mourut à Palestrine 23 jours après son élection, en 1048.

DAMERY, (Simon) peintre, né à Liege vers la fin du 16e siècle, se déroba secretement de la maison paternelle dans un âge peu avancé, pour suivre l'inclination qu'il avoit d'aller étudier les beaux modeles de l'Italie. Il se fixa ensuite à Milan, & y mourut de la peste l'an 1640. Il y a quelques tableaux de lui à Liege qui prouvent qu'il mérite d'avoir une place entre les bons peintres. Il se distinguoit sur-tout par les contours gracieux qu'il donnoit à ses figures.

DAMERY, (Walter) peintre, né à Liege l'an 1614, montra dès sa jeunesse une passion pour l'art où il a excellé. Ses devoirs d'écoliers & ses livres étoient toujours ornés de figures. L'envie de se perfectionner dans son art, l'engagea à parcourir une partie de l'Europe. Arrivé en Italie, il travailla plusieurs années sous les yeux de Pierre Beretin de Cortone, & ne tarda pas à saisir la maniere & le goût de ce peintre célebre. Damery s'étant embarqué pour retourner dans son pays, fut pris par des corsaires algériens. Il trouva moyen de se délivrer de l'esclavage au bout de quelque-tems, & se rendit à Paris, où il se fit connoître par l'*Enlevement du prophete Elie dans un char de feu*, peint dans le dôme des Carmes Déchaussés. De retour dans sa patrie, il y soutint sa réputation par des tableaux qui font l'ornement de plusieurs églises de Liege. Une maniere aisée, tendre & gracieuse caractérise son pinceau.

DAMHOUDERE, (Josse de) né à Bruges en 1507, s'éleva par son mérite aux premieres charges de judicature dans les Pays-Bas, sous les regnes de Charles V & de Philippe II. Il composa divers ouvrages relatifs à sa profession, & quelques-uns de piété, & mourut à Anvers en 1581, à 74 ans.

DAMIEN, (Pierre) *voyez* PIERRE DAMIEN.

DAMIEN, (N.) dominicain de Bergame, a effacé tous les artistes dans l'art de faire des ouvrages de bois, de pieces de rapport, qui, par leur différent assemblage, représentoient des figures avec autant de vérité, que si elles avoient été faites au pinceau. On cite parmi ses ouvrages les bancs du chœur des Dominicains de sa patrie.

DAMIENS, (Robert-François) naquit en 1714, dans un fauxbourg d'Arras, appellé le fauxbourg Ste Catherine. Son enfance annonça ce qu'il seroit un jour. Ses méchancetés

&. ſes eſpiégleries le firent ſurnommer *Robert le Diable* dans ſon pays. Il s'engagea deux fois, & ſe trouva au ſiege de Philisbourg. De retour en France, il entra en qualité de domeſtique au college des Jéſuites de Paris. Il en ſortit en 1738 pour ſe marier. Après avoir ſervi dans différentes maiſons de la capitale, il finit par un vol de 240 louis d'or, qui l'obligea de prendre la fuite. Le monſtre roda pendant environ 5 mois, à Saint-Omer, à Dunkerque, à Bruxelles, tenant par-tout des propos extravagans ſur les diſputes qui diviſoient la France. A Poperingue, petite ville proche d'Ypres, on entendit qu'il diſoit : » Si je reviens en France... » Oui j'y reviendrai, j'y mourrai, » & le plus grand de la terre mourra » auſſi, & vous entendrez parler » de moi ». C'étoit dans le mois d'août 1756 qu'il débitoit ces extravagances. Le 21 décembre de la même année, ſe trouvant à Faleſque, près d'Arras, chez un de ſes parens, il y tint des propos d'un homme déſeſpéré : *Que le Royaume, ſa fille & ſa femme étoient perdus !* Son ſang, ſa tête, ſon cœur étoient dans la plus grande efferveſcence. Ce ſcélérat aliéné retourna à Paris, & y arriva le 31 du même mois. Ayant paru à Verſailles dans les premiers jours de l'année 1757, il prit de l'opium pendant deux ou trois jours. Il méditoit alors l'horrible attentat qu'il exécuta le 5 janvier, vers les 5 heures 3 quarts du ſoir. Cet exécrable parricide frappa Louis XV d'un coup de couteau au côté droit, comme ce monarque, environné des ſeigneurs de ſa cour, montoit en carroſſe pour ſe rendre à Trianon. L'aſſaſſin fut arrêté ſur le champ, & après avoir ſubi quelques interrogatoires à Verſailles, il fut transféré à Paris, dans la tour de Montgommeri, où on lui avoit préparé un logement, au-deſſus de la chambre que Ravaillac avoit autrefois occupée. Le roi chargea la grand-chambre du parlement d'inſtruire ſon procès. Malgré les tortures les plus cruelles, qu'il ſupporta avec une intrépidité effrontée, il ne fut pas poſſible de lui arracher le moindre aveu qui pût faire penſer qu'il avoit des complices. Ce miſérable proteſta que, s'il avoit été ſaigné auſſi copieuſement qu'il le demandoit, il n'auroit pas commis ſon crime. Après lui avoir fait ſubir inutilement les queſtions les plus terribles, il fut condamné à mourir du même ſupplice que les infâmes aſſaſſins de Henri IV, & fut tiré à quatre chevaux le 28 mars de la même année. Damiens étoit d'une taille aſſez grande, le viſage un peu allongé, le regard hardi & perçant, le nez crochu, la bouche enfoncée. Il avoit contracté une eſpece de tic, par l'habitude où il étoit de parler ſeul. Il étoit rempli de vanité, déſireux de ſe ſignaler, curieux de nouvelles, frondeur, quoique taciturne, obſtiné à ſuivre tout ce qu'il projettoit, hardi pour le mettre en exécution, effronté, menteur, tour-à-tour dévot & ſcélérat, paſſant du crime aux remords, continuellement agité par les fongues du ſang le plus bouillant. Ceux qui déſirent de plus grands détails ſur cet horrible attentat & le caractere du monſtre qui l'a commis, peuvent conſulter les *Pieces originales*, & les *Procédures* faites à ſon occaſion, tant en la prévoté de l'hôtel, qu'en la cour du parlement. M. le Breton, greffier criminel de cette compagnie, les a recueillies & publiées en 1757, in-4° & in-12, 4 vol. à Paris, chez Simon, avec une *Table des matieres* très-détaillée. Cette collection curieuſe eſt enrichie d'un précis de la *Vie* de l'infâme aſſaſſin. L'éditeur a raſſemblé généralement & avec la plus ſcrupuleuſe exactitude, tout ce qui a été conſtaté par les voies juridiques. Il offre aux perſonnes qui douteront de l'authenticité de ces *Pieces*, de leur en faire toucher la vérification. La nouvelle édition qu'on a faite de ce procès, ne mérite aucune confiance; elle ne paroît avoir été imaginée que pour faire oublier certains détails contenus dans la premiere, & qui pouvoient devenir inquiétans pour quelques personnes.

DAMMARTIN, (Antoine de Chabanes, comte de) capitaine fous Charles VII, également plein d'honneur & de courage, refufa au dauphin d'affaffiner quelqu'un qui lui avoit déplu. Ce prince étant devenu roi, fit renfermer Dammartin à la Baftille; mais il s'en fauva un an après, entra dans la ligue du *Bien public*, & mourut en 1488, à 77 ans. Son fils n'eut que des filles.

DAMMARTIN, *voyez* VERGI (Antoine de).

DAMNORIX, illuftre gaulois, homme hardi & entreprenant, acquit de grands biens dans les fermes des Gaules pour la république romaine. Les Helvétiens n'ayant pu obtenir de Jules Céfar le paffage qu'ils lui demandoient par la province romaine, eurent recours à Damnorix, qui le leur procura par les terres des Francs-Comtois : action dont les Romains lui euffent fait un crime d'état, fi Diviciac fon frere, qui avoit grand pouvoir fur l'efprit de Céfar, n'eût intercédé pour lui. Damnorix vouloit joindre la puiffance aux richeffes. Il afpira à la fouveraineté de fon pays; mais il n'eut pas le tems d'exécuter fon deffein. Céfar en ayant été informé, l'appella dans la Grande-Bretagne. Damnorix tenta d'avoir un congé : mais voyant qu'il ne pouvoit l'obtenir, il prit fon tems; & lorfque la plupart des troupes furent embarquées, il fe retira avec la cavalerie gauloife. Céfar regarda cette défertion comme une affaire tres - importante. Il le fit fuivre par la plus grande partie de fa cavalerie, avec ordre de le

ramener, ou de le tuer, s'il faifoit la moindre réfiftance. Il voulut fe défendre, criant toujours *qu'il étoit né libre, & que fa patrie n'étoit pas fujette aux Romains;* mais il fut accablé par le nombre, & percé de plufieurs coups, vers l'an 59 avant J. C.

DAMO, fille du philofophe Pythagore, vivoit l'an 500 avant J. C. Son pere lui confia tous les prétendus fecrets de fa philofophie, & même fes écrits en mourant; avec défenfe de jamais les publier. Elle obferva fi inviolablement cet ordre, que fe trouvant dépourvue des biens de la fortune, & pouvant tirer une grande fomme d'argent de ces livres, elle préféra fon indigence & la derniere volonté de fon pere à tous les biens du monde. Elle garda, dit-on, fa virginité toute fa vie par ordre de Pythagore, & prit fous fa conduite un grand nombre de filles, qui firent comme elle profeffion du célibat.

DAMOCLÈS, célebre flatteur de Denys le Tyran, affectoit de vanter dans toutes les occafions, fes richeffes, fa magnificence, & furtout fon bonheur. Il changea bientôt de fentiment. Le tyran l'ayant invité à un feftin magnifique, après l'avoir fait habiller & fervir en prince, fit fufpendre au-deffus de fa tête, pendant le repas, une épée nue, qui ne tenoit au plancher qu'avec un crin de cheval. Il fentit ce que c'étoit que la félicité d'un tyran, & demanda qu'on le laiffât aller jouir de la médiocrité de fon premier état. C'eft à ce trait d'hiftoire qu'Horace fait allufion dans une de fes plus belles odes :

Diftrictus enfis cui fuper impiâ
Cervice pendet, non Siculæ dapes
Dulcem elaborabunt faporem.

DAMOCRITE, hiftorien grec, eft auteur de deux ouvrages : le premier, *de l'Art de ranger une* armée en bataille : le second , *des Juifs*, où il rapporte qu'ils adoroient la tête d'un âne, & qu'ils prenoient tous les ans un pélerin qu'ils facrifioient On ne fait pas en quel tems il a vécu.

DAMON , philosophe pythagoricien , donna un rare exemple d'amitié à Pythias qui s'étoit rendu caution pour lui auprès de Denys. Le tyran , qui avoit réfolu fa mort , lui permit de faire un voyage dans fa patrie pour y régler fes affaires , avec promeffe d'y revenir dans un certain tems. Pythias fe mit à fa place fous la puiffance du tyran. Damon revint précifément à la même heure que Denys lui avoit marquée. Le tyran , touché de la fidélité de ces deux amis, pardonna à Damon , & les pria l'un & l'autre de lui donner leur amitié. Ce philofophe vivoit vers l'an 400 avant J. C.

DAMON, poëte, muficien , précepteur de Périclès , étoit un fophifte habile ; c'eft-à-dire, qu'il accompagnoit l'étude de l'éloquence, de celle de la philofophie , fur-tout de la politique. Il poffédoit parfaitement la mufique. Il joignoit à fon habileté dans cet art, toutes les qualités qu'on pouvoit fouhaiter dans un homme à qui l'on confioit l'éducation des jeunes-gens d'un rang diftingué. Damon avoit cultivé furtout cette partie de la mufique , qui traite de l'ufage qu'on doit faire du rythme ou de la cadence. Il crut faire voir , que les fons , en vertu d'un certain rapport, ou d'une certaine reffemblance , qu'ils acquéroient avec les qualités morales, pouvoient former dans la jeuneffe , & même dans des fujets plus âgés, des mœurs qui n'y exiftoient point auparavant, ou qui n'étoient point développées. Syftème qui eut pu être vrai fi l'auteur l'eut borné à des fituations & des mouvemens paffagers. On dit que voyant des jeunes-gens que les vapeurs du vin, & un air de flûte joué fur le ton phrygien, avoient rendus extravagans, il les

ramena tout d'un coup à un état de tranquillité , en faifant jouer un air fur le ton doux. Ce muficien étoit auffi politique ; & fous ces dehors agréables de la mufique, il vouloit cacher à la multitude fes vues ambitieufes. Il fe lia avec Périclès , & le forma au gouvernement ; mais il fut découvert , & banni au ban de l'oftracifme , comme fe mêlant de trop d'intrigues , & favorifant la tyrannie, vers l'an 430 avant J. C.

DAMPIERRE , (Jean) né à Blois , après s'être rendu célèbre parmi les avocats du grand-confeil, fe fit cordelier , & devint directeur d'un couvent de religieufes à Orléans, où il mourut avant l'an 1550. Il s'acquit beaucoup de réputation par fes *Poéfies latines*, écrites dans le goût de celles de Catulle. Elles ont été recueillies dans le tome 1er des *Deliciæ Poëtarum Gallorum.*

DAMPIERRE , (Guillaume) célèbre voyageur anglois , publia en 1699 le *Recueil de fes Voyages autour du Monde, depuis 1673 jufqu'en 1691.* Ils ont été traduits en françois , & imprimés à Amfterdam 1701 à 1712, & à Rouen en 1723, en 5 vol. in-12. Ils contiennent des obfervations utiles à la navigation , & des remarques néceffaires pour la géographie ; mais auffi beaucoup de rapports abfurdes qui décèlent un obfervateur fuperficiel & dominé par l'imagination.

DAMVILLE , *voyez* MONTMO-RENCI (Charles).

DAN , le 5e fils de Jacob, & le premier de Bala , fervante de Rachel , fut chef de la tribu qui porte fon nom , & mourut âgé de 127 ans.

DANAÉ , fille d'Acrife, roi d'Argos , fut enfermée par ordre de fon pere dans une tour d'airain , parce que l'oracle lui avoit prédit qu'il feroit tué par l'enfant qui naîtroit de fa fille. Jupiter , devenu amoureux de Danaé , defcendit dans fa prifon fous la forme d'une pluie d'or. La belle captive fe rendit à fes defirs , & de ce commerce naquit le

D d 4

célebre Perfée. Cette fable eft fondée fur une hiftoire véritable, chargée d'incidens merveilleux par les poëtes. Prœtus, frere d'Acrife, touché des charmes de fa niece, fe fit ouvrir les portes de la tour à force d'argent. Les gardes de Danaé introduifirent chez elle fon amant, qui en eut Perfée.

DANAIDES, filles de Danaüs, roi d'Argos, étoient au nombre de 50. Elles furent mariées à autant de coufins-germains, fils d'Egyptus. A la perfuafion de leur pere, elles tuerent inhumainement tous leurs maris, la 1re nuit de leurs noces, à l'exception d'Hypermneftre qui fauva fe fien. Ses fœurs furent condamnées dans les enfers à verfer continuellement de l'eau dans des tonneaux percés.

DANAUS, roi d'Argos, fils de Belus, pere des Danaïdes, s'empara du royaume d'Argos vers l'an 1475 avant J. C. L'oracle lui ayant annoncé qu'il feroit détrôné par un de fes gendres, il donna l'ordre barbare dont il eft parlé dans l'article précédent. Lyncée, mari d'Hypermneftre, le chaffa de fon trône, & y monta à fa place.

DANCHET, (Antoine) né à Riom en 1671, fit, n'étant encore qu'en rhétorique au collège de Louis le Grand, une Piece de Vers latins fur la prife de Nice & de Mons, qu'on jugea digne de voir le jour. Après avoir occupé pendant quelque-tems la chaire de rhétorique de Chartres, il eut une place à la bibliotheque du roi, à l'académie des infcriptions & à l'académie françoife, & il juftifia ces différens choix par plufieurs Pieces de Poéfie, & fur-tout par des *Drames lyriques.* Il mourut à Paris en 1748. Il fe fit aimer autant par fon caractere, qu'eftimer par fon efprit. Il ne fe permit jamais un feul vers fatyrique, quoique poëte, & poëte outragé. Un de fes rivaux l'ayant infulté dans une fatyre fanglante, il fit en réponfe une Epigramme très-piquante, l'envoya à

fon ennemi, en lui déclarant que perfonne ne la verroit, & qu'il vouloit feulement lui montrer combien il étoit facile d'employer les armes de la fatyre. Les *Œuvres* de Danchet ont été recueillies à Paris en 1751, 4 vol. in-12. Cette édition, faite avec foin, offre plufieurs Pieces eftimables. Ses Tragédies en général n'ont pas un grand mérite, & fans fes Opéra ce poëte feroit moins connu. On a encore de Danchet quelques *Pieces fugitives,* des *Odes,* des *Cantates,* des *Epîtres,* dont la verfification eft affez douce, mais un peu foible. M. Greffet, fucceffeur de Danchet à l'académie, en a fait un éloge qui renferme des leçons bien utiles & bien néceffaires à tous les poëtes. » Un mérite dont il » faut lui tenir compte, c'eft de » n'avoir jamais déshonoré l'ufage » de fon efprit par aucun abus de la » poéfie; caractere fi rare dans l'art » dangereux qu'il cultivoit, & où » le talent ne doit pas être plus ef- » timable par les chofes mêmes qu'il » produit, que par celles qu'il a le » courage de fe refufer. Inftruit dès » fa jeuneffe, & convaincu toute fa » vie, que la poéfie ne doit être que » l'interprete de la vérité & de » l'honneur, la langue de la fageffe » & de l'amitié, & le charme de la » fociété, il ne partagea ni le délire » ni l'ignominie de ceux qui la pro- » fanent. Au-deffus de cette lâche » envie, qui eft toujours une preuve » humiliante d'infériorité; ennemi » du genre fatyrique, dont l'art eft » fi facile & fi bas; ennemi de l'obf- » cénité, dont le fuccès même eft fi » honteux; inacceffible à cette aveu- » gle licence qui ofe attaquer le ref- » pect dû aux loix, au trône, à la » religion, audace dont tout le mé- » rite eft en même-tems fi coupable » & fi digne de mépris; incapable » enfin de tout ce que doivent inter- » dire l'efprit fociable, la façon no- » ble de penfer, l'ordre, la décence » & le devoir, fes écrits porteront » toujours l'empreinte de fon cœur».

DANCOURT, *voyez* An-
court (d')

DANDINI, (Jerôme) jéfuite de
Céfene dans la Romagne, enfeigna
avec diftinction la philofophie à
Paris, & fut envoyé par le pape
Clément VIII, en 1596, au mont
Liban, en qualité de nonce, chez
les Maronites, pour découvrir leur
véritable croyance. Richard Simon
a traduit de l'italien en françois la
Relation de fon Voyage, Paris
1685, in-12, avec des remarques
qui en font tout le prix. Il releve
très-fouvent les erreurs du texte. Ce
Jéfuite mourut à Forli en 1634, à
80 ans. On a encore de lui : I. Un
*Commentaire fur les III Livres
d'Ariftote* de Anima. II. *Ethica
Sacra*, Céfene 1651, affez peu
connu, quoique le même Richard
Simon l'ait loué.

DANDINI, (Hercule-François)
comte, & profeffeur en droit à
Padoue, né en 1691, eft auteur de
plufieurs ouvrages. Les principaux
font : I. *De Forenfi fcribendi ratione*. II. *De fervitutibus prædio-
rum interpretationes per Epifto-
las*, &c. Il mourut en 1747, avec
la réputation d'homme favant.

DANDOLO, (Henri) doge de
Venife, d'une famille illuftre, gouvernoit depuis 9 ans cette république, avec autant de gloire que
de prudence, lorfque les princes
croifés lui envoyerent des députés
en 1202. Il accorda non-feulement
les vaiffeaux qu'ils demandoient pour
paffer en Syrie; mais il ajouta encore 50 galeres bien armées, pour
combattre par mer, en même-tems
que les François agiroient fur terre.
Ce doge, auffi grand capitaine qu'habile politique, fit plus encore. Malgré fon extrême vieilleffe, il fe mit
à la tête de la flotte vénitienne,
fignala fon courage à la prife de
Conftantinople en 1203, refufa le
trône impérial de cette ville, & de
concert avec les François, fit nommer à fa place le comte Baudouin.
Il mourut à Conftantinople, où il
tenoit le premier rang après l'empereur.

DANDRIEU, (Jean-François)
célebre muficien, mort à Paris en
1740, à 56 ans, touchoit parfaitement l'orgue & le clavecin. Il n'excelloit pas moins dans la compofition. On le compare, pour le goût
& les talens, au célebre Couperin.
On a de lui 3 livres de *Pieces
de Clavecin*, & un de *Pieces
d'Orgue*, avec une *Suite de Noëls*
recherchés par les gens de goût;
fa mufique offre autant de variété
que d'harmonie.

DANEAU, (Lambert) *Danæus*,
miniftre calvinifte, né à Orléans
vers 1530, difciple du fameux Anne
du Bourg, enfeigna la théologie
à Leyde. Il mourut à Caftres en 1596.
On a de lui : I. Des *Commentaires
fur S. Matthieu & fur S. Marc*.
II. Une *Géographie poétique*. III.
D'autres Ouvrages, qu'il feroit inutile de citer.

DANÈS, (Pierre) parifien, difciple de Budé & de Jean Lafcaris,
fut précepteur & confeffeur de François II, après avoir occupé 5 ans
une place de profeffeur en langue
grecque au college royal. Envoyé
au concile de Trente, il y prononça un fort beau difcours en 1546.
Ce fut dans le cours du concile qu'il
fut fait évêque de Lavaur en 1557.
Sponde & de Thou nous ont tranfmis
une réponfe ingénieufe de ce prélat.
Un jour que Nicolas Pfeaume,
évêque de Verdun, parloit avec
beaucoup de force contre les abus
de la cour de Rome; l'évêque d'Or-
viete, regardant les François, dit,
avec un fourire plein d'amertume:
Gallus cantat. — *Utinam*, reprit
l'évêque de Lavaur, *ad illud gal-
licinium Petrus refipifceret!* Cet
illuftre prélat mourut à Paris en
1577, à 80 ans. Ses *Opufcules* ont
été recueillis & imprimés en 1731,
in-4°, par les foins de Pierre-Hilaire
Danès, de la même famille que
l'évêque de Lavaur. L'éditeur a orné
ce recueil, de la *Vie* de fon parent.

L'abbé Lenglet du Fresnoi attribue à Pierre Danès deux *Apologies pour Henri II*, imprimées en latin en 1542, in-4°.

DANÈS, (Jacques) l'un des plus pieux prélats du 17e siecle, fut d'abord président à la chambre des comptes de Paris, & intendant de Languedoc. Après la mort de Madeleine de Thou son épouse, & du fils qu'il en avoit eu, Danès embrassa l'état ecclésiastique, & fut fait maître de l'oratoire du roi, conseiller d'état ordinaire, & enfin évêque de Toulon l'an 1640. Sa science & sa vertu brillerent alors avec éclat. Ferme & jaloux des intérêts de l'église, il donna des preuves de son zele, à la célebre assemblée de Mante en 1641, sans cependant compromettre l'autorité épiscopale avec le respect dû aux volontés du prince. Se sentant infirme, il se démit l'an 1650 de son évêché & de ses autres places, pour ne plus s'occuper que de bonnes œuvres. Il fit plusieurs fondations pieuses, répandit dans le sein des pauvres les grands biens qu'il avoit hérités de ses peres, & acheva le reste de ses jours dans les exercices de l'austérité, de la priere & de la retraite. Il mourut le 5 juin 1662, à Paris sa patrie, en odeur de sainteté, dans sa 62e année, & fut inhumé dans l'église de Ste Genevieve-des-Ardens, d'où il a été transféré en 1747 dans celle de la Madeleine.

DANÈS, (Pierre-Louis) né à Caffel en Flandre l'an 1684, enseigna la philosophie avec distinction à Louvain, puis curé de S. Jacques à Anvers l'an 1714, puis passa à Ypres en 1717, où il fut chanoine gradué, président du séminaire épiscopal & pénitencier, emplois qu'il remplit avec tout le zele qu'inspire la religion de J. C. L'an 1752 il retourna à Louvain pour succéder à M. Daelman dans la chaire de théologie. Il y mourut le 28 mai 1736. Nous avons de lui : I. *Inf-*

titutiones doctrinæ christianæ, Louvain 1713 & 1768. C'est un abrégé de théologie estimé. II. *Orationes & homiliæ*, Louvain 1735. III. Plusieurs Traités de Théologie. IV. *Generalis temporum notio*, Ypres 1726, in-12. Cet ouvrage a été augmenté par Martin Page, Louvain 1741. M. Paquot en a donné une nouvelle édition avec des notes & des supplémens jusqu'à l'an 1772, qui rendent cet ouvrage très-intéressant, Louvain 1773.

DANET, (Pierre) long-tems curé à Paris sa patrie, ensuite abbé de S. Nicolas de Verdun, mourut en 1709. Il est célebre par son *Dictionnaire latin & françois*, & par un autre *Dictionnaire françois & latin*, à l'usage du Dauphin & des princes ses fils. Le latin est beaucoup plus exact & plus utile que le françois, trop chargé de circonlocutions & de mauvaises phrases de Plaute; mais ni l'un ni l'autre ne devroient guere être consultés, depuis que nous avons de meilleurs ouvrages dans le même genre. On a encore de lui *Dictionarium antiquitatum romanarum & græcarum*, à l'usage du Dauphin, 1698, in-4°, dont la traduction françoise a été publiée à Amsterdam 1701, in-4°. Danet fut du nombre des *interpretes Dauphins*, choisis par le duc de Montausier. Il eut en partage *Phedre*, qu'il donna avec une interprétation & des notes latines. Ce *Commentaire* a moins de réputation que ses *Dictionnaires*.

DANGEAU, (Louis Courcillon de) membre de l'académie françoise, abbé de Fontaine-Daniel & de Clermont, naquit à Paris en 1643, & y mourut en 1723. Peu de gens de condition ont aimé les belles-lettres autant que lui, & se sont donné autant de mouvement, pour en rendre l'étude facile & agréable. Il imagina plusieurs *Nouvelles Méthodes* pour apprendre l'histoire, le blason, la géographie, les généalogies, les intérêts des princes, & la grammaire françoise. On lui doit quelques Traités sur ces différentes parties. I. *Nouvelle Méthode de Géographie historique*, 1706, 2 vol. in-fol. II. *Les Principes du Blason*, en 14 planches, 1715, in-4°. III. *Jeu historique des Rois de France*, qui se joue comme le jeu de l'oie, avec un petit livre qui en explique la maniere. IV. *Réflexions sur toutes les parties de la Grammaire*, 1684, in-12. V. *De l'élection de l'Empereur*, 1758, in-8°. Mais son principal ouvrage est le 1er & une partie du 2e des *Dialogues sur l'immortalité de l'Ame*, attribués ordinairement à l'abbé de Choisi. Ce livre est assez commun; mais ses autres productions sont plus rares, parce qu'il n'en faisoit tirer qu'un petit nombre d'exemplaires qu'il distribuoit à ses amis. L'abbé de Dangeau possédoit presque toutes les langues, le grec, le latin, l'italien, l'espagnol, le portugais, l'allemand, & les langues qui en dépendent.

DANGEAU, (Philippe de Courcillon, marquis de) frere du précédent, naquit en 1638. Les agrémens de son esprit & de sa figure l'avancerent à la cour de Louis XIV, & son goût déclaré pour les lettres lui valut une place dans l'académie françoise, & dans celle des sciences. Il mourut à Paris en 1720, conseiller d'état d'épée, chevalier des ordres du roi, grand-maître des ordres royaux & militaires de Notre-Dame du Mont-Carmel, & de S. Lazare de Jerusalem. A la cour, dit Fontenelle, où l'on ne croit guere à la probité & à la vertu, il eut toujours une réputation nette & entiere. Ses discours, ses manieres, tout se sentoit en lui d'une politesse, qui étoit encore moins celle d'un homme du grand monde, que d'un homme officieux & bienfaisant. On a de lui des *Mémoires* en manuscrit, dans lesquels Voltaire, Hérault, la Beaumelle ont puisé plusieurs anecdotes curieuses. Il y en a beaucoup de hazardées. Ce n'étoit pas toujours Dangeau qui faisoit ces Mémoires; c'étoit (selon l'auteur du *Siecle de Louis XIV*) » un vieux » valet de chambre imbécille, qui » se mêloit de faire à tort & à tra-» vers des gazettes manuscrites de » toutes les sottises qu'il entendoit » dans les anti-chambres ». En réduisant cette phrase un peu tranchante, il reste qu'on doit se tenir en garde en lisant les *Mémoires* qui portent le nom du marquis de Dangeau. On a encore de lui un petit ouvrage, aussi en manuscrit, dans lequel il peint d'une maniere intéressante Louis XIV, tel qu'il étoit au milieu de sa cour.

DANHAVER *ou* DANHAWER, (Jean-Conrad) théologien luthérien, né dans le Brisgaw en 1603, obtint une chaire d'éloquence à Strasbourg en 1629. Il eut plusieurs autres emplois dans la même ville, où il mourut en 1666 prédicateur de l'église cathédrale, & doyen du chapitre. Danhaver étoit dévoré par le zele le plus amer. Il passa presque toute sa vie à écrire avec une espece de fureur contre tous ceux qui n'étoient pas de la confession d'Ausbourg. Il s'opposa fortement à la réunion des Luthériens & des Calvinistes. On a de lui un grand nombre d'ouvrages; ceux qui ont fait le plus de bruit, sont : I. *De Spiritûs Sancti processione*, in-4°. II. *De Christi persona, officio & beneficiis*, in-8°. III. *De voto Jephtæo*, in-8°. IV. *Præadamitæ*, in-8°. V. *Collegium Psycologicum circa Aristotelem de Animâ*, Strasbourg 1630, in-8°. VI. *Idea boni interpretis & malitiosi calumniatoris*, 1670, in-8°. VII. *Idea boni disputatoris & malitiosi sophistæ*, in-8°.

DANIEL, se 4e des grands prophetes, jeune prince du sang royal de Juda, fut conduit en captivité à Babylone, après la prise de Jerufalem, l'an 606 avant J. C. Nabuchodonofor, l'ayant choifi pour être du nombre des jeunes-gens qu'il deftinoit à fon fervice, le fit élever à fa cour, & changea fon nom en celui de Balthafar. Ses progrès dans les fciences & dans la langue des Chaldéens, furent rapides. Son efprit, joint à la fageffe de fes mœurs, lui acquit beaucoup de crédit auprès de Nabuchodonofor. Ce prince lui confia le gouvernement de toutes les provinces de Babylone, & le déclara chef de tous les mages. Ce fut en reconnoiffance de l'explication du fonge de la ftatue myftique, qui fignifioit la durée des 4 grandes monarchies des Babyloniens, des Perfes, d'Alexandre le Grand, & de fes fucceffeurs. Quelque-tems après, Nabuchodonofor, vainqueur d'un grand nombre de nations, voulut s'attribuer les honneurs divins. Il fe fit faire une ftatue d'or, & commanda à tous fes fujets de l'adorer. Daniel refufa à la créature des hommages qu'il ne devoit qu'au Créateur. Ses compagnons ayant refufé comme lui, furent jetés dans une fournaife ardente, d'où ils furent retirés fans avoir rien fouffert. Daniel ne fignala pas moins fon talent pour la connoiffance de l'avenir, fous le regne de Balthafar. Il expliqua à ce prince des paroles tracées fur la muraille de la falle de fon feftin par une main inconnue, paroles qui renfermoient l'arrêt de condamnation du roi facrilege. Après la mort de Balthafar, Darius le Mede le fit fon principal miniftre. Sa faveur & fon mérite exciterent la jaloufie des grands de la cour. On lui tendit des pieges, il refufa les honneurs divins à Darius, & fut condamné à la foffe aux lions. Dieu le préferva miraculeufement, & fes accufateurs furent punis comme ils le méritoient. Il fut jeté une feconde fois dans cette foffe, pour avoir découvert la fupercherie des prêtres de l'idole de Bel & confondu les adorateurs du Dragon qu'on adoroit à Babylone, & en fut délivré par un fecond miracle. Le faint prophete mourut à l'âge d'environ 88 ans, vers la fin du regne de Cyrus; après avoir obtenu de lui l'édit pour le retour des Juifs, & pour le rétabliffement du temple & de la ville de Jerufalem. Les Juifs ne mettent pas Daniel au nombre des prophetes; mais Jefus-Chrift lui ayant donné cette qualité, on ne peut la lui ôter fans témérité. De plus, fon ouvrage contient une multitude de prophéties, évidemment accomplies. Elles font fi claires, que les ennemis de la foi n'ont eu d'autre reffource, pour les décréditer, que de dire qu'il n'avoit fait qu'écrire ce qui étoit arrivé avant lui. La plus célebre de toutes eft celle des LXX femaines, à la fin defquelles le Meffie devoit mourir. Ses prédictions fur J. C. font peut-être une des raifons qui l'ont fait exclure, par les Juifs, du rang des prophetes; & qui l'ont fait mettre par Porphyre, cet ennemi implacable de la religion chrétienne, au nombre des hiftoriens qui ont écrit ce qu'ils voyoient. On croit communément que c'eft ce Daniel qui confondit les vieillards calomniateurs de Sufanne.

DANIEL, *voyez* CHILPERIC II.

DANIEL, (Arnaud) gentilhomme de Tarafcon, compofa fous le regne d'Alfonfe I, comte de Provence, plufieurs écrits en vers, qui ne fervirent pas peu à Pétrarque. Ce poëte italien faifoit gloire de l'imiter, & le regardoit comme le verfificateur de Provence qui avoit le plus de mérite. Entre fes ouvrages, on diftingue les *Sextinas*, les *Sirvantes*, les *Aubades*, les *Martegales*; & fur-tout fon poëme contre les erreurs du Paganifme, intitulé : *Fantaumaries dau Paganifme*. Daniel mourut vers l'an 1189.

DANIEL, (Gabriel) né en 1649 à Rouen, prit l'habit de jéfuite en 1667. Après avoir profeffé plufieurs années dans fa patrie, il fut envoyé à la maifon profeffe de Paris, pour y être bibliothécaire. Il y finit en 1728 une vie très-laborieufe, & remplie par la compofition de différens ouvrages, prefque tous bien écrits. Les principaux font : I. *Le voyage du Monde de Defcartes*, in-12, à Paris, 1690 ; c'eft une réfutation du fyftême de ce célebre philofophe, enveloppée fous une fiction ingénieufe. Elle a été traduite en latin, en italien, & en anglois. II. *Hiftoire de la Milice Françoife*, Paris 1721, 2 vol. in-4°. C'eft le tableau des changemens qui s'y font faits, depuis l'établiffement de la monarchie dans les Gaules, jufqu'à la fin du regne de Louis XIV. Il eft intéreffant, & plein de recherches. III. Une *Hiftoire de France*, dont il y a plufieurs éditions. La meilleure eft celle de 1756, en 17 vol. in-4°. Le P. Griffet, chargé de cette édition, l'a enrichie d'un grand nombre de Differtations, de l'Hiftoire du regne de Louis XIII, & du Journal hiftorique de Louis XIV. On a fait la comparaifon des deux *Hiftoires* de Mezerai & de Daniel, & de ce parallele il réfulte, que l'hiftoire du Jéfuite, quoique défigurée par bien des fautes, eft encore la meilleure qu'on ait, du moins jufqu'au regne de Louis XI. Il a rectifié les fautes de Mezerai fur la 1re & la 2e race, & s'eft éloigné de la plupart des défauts de cet hiftorien. Il narre avec beaucoup de netteté & de juftefle, & il arrange affez bien les faits ; mais il eft fans force & fans élégance. Voltaire lui a reproché, que fa diction n'eft pas toujours affez pure ; que fon ftyle eft trop foible ; qu'il n'intéreffe pas; qu'il n'eft pas peintre ; qu'il n'a pas affez fait connoître les ufages, les mœurs, les loix ; que fon hiftoire eft un long détail des opérations de guerre, dans lefquelles un hiftorien de fon état fe trompe

prefque toujours : il ajoute cependant que cet hiftorien eft inftruit, exact, fage & vrai, & que l'on n'a pas d'hiftoire de France préférable à la fienne. Le préfident Hénault, à qui on peut s'en rapporter fur cette matiere, dit que *cet hiftorien eft plus impartial & plus inftruit que beaucoup de gens ne l'ont cru*. Le comte de Boulainvilliers, le même qui difoit *qu'il étoit prefque impoffible qu'un Jéfuite écrivit bien l'Hiftoire de France*, trouvoit dans celle de Daniel près de dix mille erreurs. Mais il eft à croire que la grande erreur de cette hiftoire, au jugement de Boulainvilliers, eft d'être trop chrétienne. Daniel avoit fait précéder la publication de fon *Hiftoire* par un écrit de 370 pag. in-12, intitulé : *Obfervations critiques fur l'Hiftoire de France, écrite par Mezerai*. Ouvrage où il montre combien l'hiftoire de Mezerai eft défectueufe, & de combien de préventions cet auteur avoit infecté fes récits. IV. *Abrégé de l'Hiftoire de France*, en 9 vol. in-12; réimprimé en 1751, en 12 vol. avec la *Continuation* par le P. d'Orival, & traduit en anglois en 5 vol. in-8°. V. *Entretiens de Cléanthe & d'Eudoxe fur les Lettres au Provincial*, de Pafcal, 1694, in-12 ; traduits en latin, en italien, en efpagnol, en anglois, & critiqués par D. Matthieu Petit-Didier, mort évêque de Macra. Cette réponfe de Daniel, quoique pleine de bonnes raifons, prouva combien il étoit difficile d'atteindre à l'éloquence & à la plaifanterie de Pafcal. VI. Plufieurs écrits fur les difputes du tems, dont la plupart fe trouvent dans le recueil de fes *Ouvrages philofophiques, théologiques, apologétiques & critiques*, 1724, en 3 vol. in-4°.

DANIEL, (Pierre) avocat d'Orléans, bailli de la juftice temporelle de l'abbaye de S. Benoît-fur-Loire, mourut à Paris en 1603.

C'étoit un bon littérateur ; il raffembla une riche bibliotheque de
manufcrits. On a de lui : I. Une
édition de l'*Aulularia de Plaute*.
II. Les *Commentaires de Servius
fur Virgile*, &c. Paul Petau &
Jacques Bongars acheterent fa bibliotheque, dont une partie fut
tranfportée dans la fuite à Stockholm, & l'autre au Vatican.

DANIEL DE VOLTERRE, *voyez*
VOLTERRE.

DANNEVILLE, (Jacques-Euf-
tache, fieur de) avocat au parlement
de Normandie, né à Danneville,
diocefe de Coutances, eft compris
dans les rôles de l'arriere-ban de
1639. On a de lui un livre intitulé : *Inventaire de l'Hiftoire de
Normandie*, Rouen 1646, in-4°.
Cette édition eft recherchée.

DANTE ALIGHIERI, poëte italien, naquit à Florence en 1265.
Un efprit vif & ardent le jeta
dans l'amour, dans la poéfie &
dans les factions. Il embraffa le
parti Gibelin, l'ennemi des papes.
Ce qui le rendit défagréable à
Boniface VIII, & à Charles de
Valois, frere de Philippe le Bel,
que ce pontife avoit envoyé à Florence agitée par plufieurs factions,
pour y remettre le calme. Dante fut
chaffé des premiers, fa maifon rafée
& fes terres pillées. Il fe rendit à
Verone avec toute fa famille, & s'en
fit exiler. Can de la Scale, prince
de Verone, l'aimoit & l'eftimoit. Sa
vanité & fon imprudence lui fit
perdre le crédit dont il jouiffoit. Un
jour qu'il fe trouvoit dans le palais
des Scales, un feigneur furpris de ce
qu'un bouffon recevoit beaucoup
de careffes de la part des courtifans,
lui dit : *Pourquoi un homme favant
& fage tel que vous, n'eft-il pas
auffi chéri que cet infenfé ?* Dante
répondit : *C'eft que chacun chérit
fon femblable.* Ce bon-mot caufa fa
difgrace. Après avoir mené une vie
inquiete & errante, il mourut pauvre
à Ravenne en 1321, à 56 ans. Parmi
les différens ouvrages de poéfie qu'il

nous a laiffés, le plus célebre eft
fa *Comédie de l'Enfer, du Purgatoire & du Paradis*, partagée en 3
actes ou récits. La 1re édition de ce
poëme eft de 1472, in-folio ; mais
la meilleure eft de Venife 1757, 5
vol. in-4°, fig. Granger l'a traduit en françois, Paris 1596 &
1597, 3 vol. in-12. Il a paru une
Traduction françoife de l'*Enfer*, en
1776, in-8°, avec l'italien à côté,
qui fera fuivie du *Purgatoire* & du
Paradis. L'auteur s'éleva, dans les
détails de cet ouvrage, au-deffus
du mauvais goût de fon fiecle. Il
eft plein de penfées auffi juftes que
profondes, d'images fortes, de peintures charmantes, d'expreffions de
génie, de tours délicats, de faillies
ingénieufes, de morceaux brillans
& pathétiques : mais l'invention eft
bizarre, & le choix des perfonnages
qui entrent dans fon tableau, fait
avec trop peu de goût, eft fans
variété d'attitudes. Cette *divine Comédie*, que quelques Italiens ont
regardée comme un beau poëme
épique, n'eft, fuivant un auteur
françois, qu'un beau Salmigondis.
Dante trouve d'abord à l'entrée de
l'enfer un lion & une louve. Virgile
s'offre à lui, pour lui faire les
honneurs du lieu. Le poëte latin
lui montre dans l'enfer des demeures
très-agréables ; dans l'une font Homere, Horace, Ovide & Lucain ;
dans une autre, Electre, Hector,
Lucrece, Brutus, Saladin ; dans
une 3e, Socrate, Platon, Hippocrate & Averroès. Enfin paroît le
véritable enfer, où Pluton juge les
damnés. Le voyageur y reconnoît
quelques cardinaux & quelques papes : il étoit fur-tout fort animé
contre eux. Boniface VIII & Charles
de Valois y font traités avec outrage. Il veut déshonorer la race
du dernier, en avançant que Hugues
Capet étoit fils d'un boucher. On a
du poëte florentin divers autres
ouvrages en vers & en profe, que
les Italiens regardent encore aujourd'hui, comme une des premieres

tour des beautés de leur langue. On encore de lui : *Il Convivio*, Florce 1480, in-8°, profe, 1793 in-4°. Bocace a donné la *Vie de Inte*, Florence 1576, in-8°. On a publié en 1744, à Venife, in-8°, traité qu'on attribue à Dante, *De onarchia mundi*, ouvrage qui n'avoit pas encore vu le jour.

DNTE, (Jean-Baptiste) natif de Pérce, excellent mathématicien, florit vers la fin du 15e fiecle. Il inta une maniere de faire des aile artificielles, fi exactement proportionnées au poids de fon corps, qu'il s'en fervoit pour voler. Les expérences réitérées qu'il en fit fur le la de Thrafimene, finirent par un accident bien trifte. Il voulut donner ce fpectacle à la ville de Pérce, dans le tems de la folemnité du mariage de Barthélemi d'Alune. Il s'éleva très-haut, & vola par-deffus la place ; mais le fer nec lequel il dirigeoit une de fes aes s'étant rompu, l'artifte ingénieux autant que téméraire, ne pouvant plus balancer la pefanteur de fo corps, tomba fur l'églife de Notre Dame, & fe caffa une cuiffe. Des chirurgiens habiles l'ayant guéri, il profiffa enfuite les mathématiques à Venife, & mourut âgé de 40 ans. Pluch & Nollet ne paroiffent point avoir connu ces faits, quand ils ont parl de l'art de voler comme d'une chof abfolument impoffible. Il eft bien vai qu'il eft de la Providence, que cela ne foit pas aifé, mais on ne peut douter que cela ne foit poffible à un certain point.

DANTE, (Pierre-Vincent) natif de Péroufe, de la famille des Rainaldi, imitoit fi bien les vers du poëte Dante qu'on lui en donna le nom. Il ne fe diftingua pas moins par fon habileté dans les mathématiques & dans l'architecture, que par la délicatefe de fes poéfies. Il mourut en 1512, dans un âge avancé, après avoir inventé plufieurs machines, & compofé un *Commentaire fur la Sphere de Sacrobofco.*

Son fils Jules DANTE & fa fille Théodora DANTE s'acquirent auffi une grande réputation par leur capacité dans l'architecture & les mathématiques. Nous avons de Jules *De alluvionibus Tiberis*. Theodora enfeigna les mathématiques à Ignace Dante fon neveu.

DANTE, (Vincent) fils de Jules, habile mathématicien, fut en même tems peintre & fculpteur. Sa Statue de Jules III a été regardée comme un chef-d'œuvre de l'art. Philippe II, roi d'Efpagne, lui fit offrir des penfions confidérables, pour l'engager à venir achever les peintures de l'Efcurial ; mais Dante avoit une fanté trop délicate pour quitter l'air natal. Il mourut à Péroufe en 1576, à 46 ans. On a de lui *Vies de ceux qui ont excellé dans les deffins des Statues.*

DANTE, (Ignace) dominicain, frere du précédent, né à Péroufe dans le 16e fiecle, mathématicien & architecte du grand-duc de Tofcane, Cofme de Médicis, qui l'appella à Florence & lui donna une penfion pour qu'il y enfeigna les mathématiques. Le grand-duc honora fouvent fes leçons de fa préfence. Après la mort de ce prince, il enfeigna la même fcience à Bologne. Gregoire XIII lui donna l'évêché d'Alatri. Il mourut l'an 1586, après avoir publié plufieurs ouvrages en italien fur les mathématiques.

DANTECOURT, (Jean-Baptifte) habile chanoine-régulier de Ste Geneviève, né en 1643, fut curé de S. Etienne-du-Mont à Paris fa patrie, en 1694. Il quitta cette cure en 1710, & fe retira dans l'abbaye de Ste Genevieve, où il mourut l'an 1718. On a de lui : I. Deux *Factums* pour la prefféance de fon ordre fur les Bénédictins aux états de Bourgogne. II. Un livre de controverfe, intitulé : *Défenfe de l'Eglife*, contre le livre du miniftre Claude, qui a pour titre : *Défenfe de la Réformation.*

DANTINE, *voyez* ANTINE.

DANZ *ou* DANTZ, (Jean-André) théologien luthérien, né à Sandhûſen, près de Gotha, l'an 1654, voyagea en Hollande & en Angleterre. Il ſe fixa à Iene, où il fut d'abord profeſſeur en langues orientales, puis en théologie. Il s'acquit de la réputation par ſes leçons, & mourut d'une attaque d'apoplexie en 1727. On a de lui un grand nombre d'ouvrages ſur les langues, & ſur les antiquités hébraïques. Ce ſavant excelloit dans la critique ſacrée. Il avoit les qualités qui méritent l'amitié & l'eſtime. Ses principales productions ſont : I. Des *Grammaires Hébraïque* & *Chaldaïque.* II. *Sinceritas ſacræ Scripturæ Veteris Teſtamenti triumphans,* Iene, en 1713, in-4°. III. Des Traductions de pluſieurs ouvrages des Rabbins. IV. Pluſieurs Diſſertations, imprimées dans le *Theſaurus Philologicus.*

DAPHNE, fille du fleuve Pénée, aimée en vain par Apollon, fut métamorphoſée en laurier.

DAPHNIS, jeune berger de Sicile, auquel on attribue l'invention des *Vers Bucoliques,* & fils de Mercure, aima une nymphe & l'épouſa. Les deux époux obtinrent du ciel que celui des deux qui violeroit le premier la foi conjugale, deviendroit aveugle. Daphnis ayant oublié ſon ſerment, & s'étant attaché à une autre nymphe, fut privé de la vue ſur le champ.

DAPHNOMELE, (Euſtache) gouverneur d'Acre de la part de l'empereur Baſile. Ibatzès, bulgare, allié à la famille royale, ſe révolta en 1017. Comme cette rebellion donnoit beaucoup d'inquiétude à l'empereur, Daphnomele raſſura ce prince, & promit de lui livrer le chef des ſéditieux. La maniere dont il s'y prit, n'eſt pas tout-à-fait d'accord avec la bonne-foi qu'on doit même aux rebelles & aux traîtres. Il ſavoit qu'Ibatzès célébroit avec une ſolemnité particuliere, la fête de l'Aſſomption de la Ste Vierge ;

& que ce jour-là il recevſur la montagne tous ceux qui vloient prendre part à ſa dévotionDaphnomele s'y rendit, & eut une audience particuliere dansn lieu écarté. Daphnomele, proint de l'occaſion, renverſa Ibatzèu moment qu'il s'y attendoit lejoins ; & deux hommes qu'il avoit ôtés, étant venus le ſeconder, ils lui enfoncerent leur habit dans bouche avec tant de violence, ue les yeux du malheureux Ibatzèsi ſortirent de la tête par les effor & les douleurs terribles qu'il ſouft. Les Bulgares, accourus aux is de leur chef, vouloient faire bir les tourmens les plus cruels à ſ aſſaſſins. Daphnomele ſe mont ſans crainte, & parla avec tand'éloquence & de fermeté, qil appaiſa en un inſtant leur furir. Les plus timides ſe retirerent d'ix-mêmes ; les autres approuverenDaphnomele ; tous jurerent un obéiſſance entiere à l'empereur.ſaſile, pénétré de reconnoiſſance, éconpenſa Daphnomele, en li donnant le gouvernement de Dyrrachium, avec tous les biens d'batzès.

DAPPERS, (Olivier) médecin d'Amſterdam, mourut en 1690, ſans avoir profeſſé, dit-on, aucune religion. Il s'eſt fait connoitre par ſes *Deſcriptions du Malabar, du Coromandel, de l'Afrique, de l'Aſie,* de *l'Archipel de la Syrie, de l'Arabie, de la Méſopotamie, de la Babylonie, de l'Aſſyrie, de la Natolie, de la Paleſtine, & de l'Amérique.* Tou ces ouvrages ſont en flamand. Ce n'ſt, à la vérité, qu'une compilation ſes autres voyageurs ; mais elle eſt aite avec aſſez d'exactitude. La *Deſriptionde l'Afrique,* & celle de l'Archipel ont été traduites en françois, & imprimées, la 1re en 1686, la 2e en 1703, l'une & l'utre in-fol. L'auteur n'avoit jamai vu les pays qu'il a décrits : il parcouroit le monde du fond de ſon cabinet ; mais il avoit du diſcernement.

DARDANUS,

DARDANUS, fils de Jupiter & d'Electre, s'étant réfugié en Phrygie auprès du roi Teucer, épousa une de ses filles. Le beau-pere & le gendre régnerent ensemble avec une grande concorde, & jeterent les premiers fondemens de la ville de Troie vers l'an 1480 avant J. C.

DARÈS, prêtre troyen, célébré par Homere, écrivit l'*Histoire de la guerre de Troie* en grec, qu'on voyoit encore du tems d'Elien. Cette histoire est perdue. Celle que nous avons sous son nom, est un ouvrage supposé. Il parut pour la premiere fois à Milan 1477, in-4°. Madame Dacier en a donné une édition à l'usage du Dauphin, 1684, in-4°. Il y en a une autre d'Amsterdam 1702, 2 vol. in-8°; & une Traduction françoise par Postel, 1553, in-16.

D'ARGONE, *voyez* ARGONE.

DARIUS, surnommé le Mede, est le même, selon quelques-uns, que Cyaxares II, fils d'Astyages, & oncle maternel de Cyrus. Ce fut sous ce prince que Daniel eut la vision des *septante semaines*, après lesquelles J. C. devoit être mis à mort. Darius mourut à Babylone vers l'an 348 avant J. C.

DARIUS I, roi de Perse, fils d'Hystaspes, entra dans la conspiration contre le faux Smerdis, usurpateur du trône de Perse. Il fut mis à sa place, l'an 522 avant J. C., par la ruse de son écuyer. Les sept conjurés étant convenus, dit-on, de donner la couronne à celui dont le cheval henniroit le premier, un artifice de l'écuyer de Darius la lui procura. Le commencement de son regne fut marqué par le rétablissement du temple de Jerusalem. Les Juifs lui ayant communiqué l'édit que Cyrus avoit publié en leur faveur, Darius non-seulement le confirma; mais il leur donna encore de grandes sommes d'argent, & les choses nécessaires pour les sacrifices. Quelques années après, Darius mit le siege devant Babylone révoltée

contre lui. Les Babyloniens, pour faire durer plus long-tems leurs provisions, exterminerent toutes les bouches inutiles. Cette barbarie ne sauva point leur ville. Elle fut prise après 20 mois de siege par l'adresse de Zopyre, un de ceux qui avoient conspiré avec Darius contre le mage Smerdis. Ce courtisan s'étant mutilé tout le corps, se jeta dans Babylone, sous prétexte de tirer vengeance de son prince, qu'il feignoit de l'avoir ainsi maltraité; mais en effet pour lui livrer la ville. La prise de Babylone, fut suivie de la guerre contre les Scythes, l'an 514 avant J. C. Le prétexte apparent de cette guerre étoit l'irruption que ce peuple avoit faite anciennement dans l'Asie; la cause véritable étoit l'ambition du prince. Il brûloit d'aller se signaler. Œbase, homme respectable par son rang & par son âge, qui avoit trois fils dans les armées de Darius, lui demanda d'en laisser un auprès de lui. —*Un seul ne vous suffit point*, lui répondit ce prince cruel; *gardez-les tous trois*; & sur le champ il les fit mettre à mort. Darius marcha enfin contre les Scythes, après avoir subjugué la Thrace; mais cette expédition fut malheureuse. Son armée essuya des fatigues incroyables, dans les vastes déserts où les Scythes l'attirerent par des fuites simulées. Ayant fait des efforts inutiles contre ce peuple, il tourna ses armes contre les Indiens; il les surprit, & se rendit maître de leur pays. La guerre éclata bientôt après entre les Perses & les Grecs: l'incendie de Sardes, & là part qu'y eurent les Athéniens, en furent l'occasion. Darius, animé par la fureur de la vengeance, ordonna à un de ses officiers de lui dire tous les jours avant le repas: *Seigneur, souvenez-vous des Athéniens.* Il chargea Mardonius, son gendre, du commandement de ses armées: Mardonius, plus courtisan que général, fut battu; & ses troupes taillées en pieces, en combattant contre les Thraces. Darius fait partir une armée encore plus confidérable que la première ; elle est entiérement défaite à Marathon par dix mille Athéniens , l'an 490 avant J. C. Le général athénien n'eût pas plutôt arrangé sa petite armée , que ses soldats, tels que des lions furieux, se mirent à courir sur les Perses. Deux cens mille furent tués , ou faits prisonniers, dit l'histoire toujours exagératrice du nombre des hommes. Darius, vivement touché de cette perte, résolut de commander en personne, & donna ordre dans tout son empire de s'armer pour cette expédition ; mais il mourut avant d'avoir exécuté son projet , l'an 485 avant J. C. Ce prince , tout conquérant qu'il étoit , fut occupé du bonheur de ses peuples ; mais son ambition , son goût pour le faste , & les dépenses que ces deux passions entraînèrent , furent funestes à la Perse. La première ruina cet empire ; la seconde l'amollit ; & le plus intrépide des nations, se vit en peu de tems la plus efféminée & la plus foible.

DARIUS *Nothus* , c'est-à-dire, bâtard , nommé *Ochus* avant son avénement à l'empire, neuvieme roi de Perse , né d'une maîtresse d'Artaxercès Longuemain , étoit satrape d'Hyrcanie , du vivant de son frere. Il s'empara du trône de Perse après la mort de Xercès , assassiné par Sogdien , l'an 423 avant J. C. Il épousa Parisatis sa sœur , princesse cruelle , dont il eut Arsaces , autrement Artaxercès Mnemon , qui lui succéda ; Amestris, Cyrus le jeune , &c. Il fit plusieurs guerres avec succès par ses généraux , & par son fils Cyrus , & mourut l'an 404 avant J. C. On dit qu'Arsaces lui ayant demandé , un moment avant qu'il expirât, »Quelle » avoit été la regle de sa conduite » pendant son regne , afin de pou- » voir l'imiter » ?, *Ça été* , lui répondit le prince mourant , *de faire toujours ce que la justice &*

la religion demandoient de moi.

DARIUS Codoman , 12e & dernier roi de Perse , descendoit de Darius Nothus , & étoit fils d'Arsame & de Sysigambis. L'eunuque Bagoas croyoit régner sous le nom du nouveau roi , à qui il avoit procuré la couronne ; mais ses espérances furent vaines. Ce scélérat mécontent se préparoit déja à le faire périr , lorsque Darius lui fit avaler à lui-même le poison qu'il lui destinoit , l'an 336 avant J. C. C'étoit à -peu -près vers ce tems qu'Alexandre commençoit ses conquêtes , & que l'Asie mineure s'étoit rendue au vainqueur macédonien. Darius crut devoir marcher en personne contre Alexandre. Il s'avança avec une armée de 600 mille hommes à l'entrée de la Syrie, renouvellant le luxe de Xercès, & allant au combat avec l'appareil pompeux d'une cérémonie de religion. Son armée fut entiérement défaite en trois journées différentes, au Granique dans la Phrygie, vers le détroit du mont Taurus, & près de la ville d'Arbelles. Dans la seconde action , non moins cruelle que la première , Darius fut obligé de se sauver à la faveur des ténébres, sous l'habit & sur le cheval de son écuyer. Il perdit , avec son armée, sa mere , sa femme , ses enfans , qui furent traités avec générosité par le vainqueur. Dans la derniere journée , la victoire fut long - tems incertaine entre les deux armées ; mais Alexandre sut la fixer par sa prudence , autant que par sa valeur. Darius se retira dans la Médie. Alexandre le poursuivit. Bessus, gouverneur de la Bactriane, conspira contre lui , & pour saisir le moment d'exécuter son dessein , il voulut forcer ce prince infortuné de monter à cheval pour faire plus de diligence ; mais comme il le refusa, ce lâche lui donna la mort , l'an 330 avant J. C. Le prince expirant demanda un peu d'eau , qu'un Macédonien lui apporta dans son casque: *Le comble de mes malheurs*, lui dit-il, en lui serrant la main, *est de ne pouvoir récompenser le service que vous me rendez. Témoignez à Alexandre ma reconnoissance pour ses bontés envers ma triste famille, tandis que moi, plus malheureux qu'eux, je péris de la main de ceux que j'ai comblés de bienfaits.* C'est ainsi que mourut ce prince digne d'un meilleur sort. En lui finit l'empire des Perses, 230 ans après que Cyrus en eut jeté les premiers fondemens. Il avoit duré 206 ans, depuis la mort de Cyaxares, & 238 depuis la prise de Babylone.

DARTIS, (Jean) naquit à Cahors en 1572. Il obtint en 1618 la place d'antécesseur aux écoles du droit de Paris, vacante par la mort de Nicolas Oudin. Il succéda en 1622 à Hugues Guyon, dans la chaire royale de droit canon. Ce jurisconsulte mourut à Paris en 1651, à 79 ans, après avoir publié plusieurs ouvrages, entr'autres: *De ordinibus & dignitatibus ecclesiasticis*, contre la diatribe *de la papauté du Pape* de Claude Saumaise. Paris 1648, in-4°. Dartis a exercé plusieurs fois sa plume contre cet ennemi du saint-siege. Doujat son successeur dans la chaire du droit canon, a recueilli en un vol. in-folio, 1656, les ouvrages de Dartis. Ce recueil est utile, par le grand nombre de matieres & de passages qu'il renferme. L'auteur étoit meilleur compilateur qu'habile jurisconsulte. Ses remarques sont quelquefois curieuses; mais ses conjectures ne sont pas toujours heureuses, ni justes. Il écrivoit d'une maniere pure & intelligible, mais sans ornement.

DATAMES, fils de Castamare, qui de simple soldat devint capitaine des gardes du roi de Perse, fut un des plus grands généraux d'Artaxercès Ochus, commanda ses armées avec beaucoup de valeur & de prudence, & remporta des victoires signalées sur les ennemis. Ses envieux l'ayant desservi auprès de son maître, & ce monarque ne l'ayant pas assez ménagé, il fit révolter la Cappadoce, défit Artabase, général d'Artaxercès, l'an 361 avant J. C., & fut tué peu de tems après en trahison, par le fils d'Artabase.

DATHAN, fils d'Eliab, un des Lévites séditieux qui furent engloutis dans la terre. *Voyez* ABIRON & CORÉ.

DATI, (Augustin) né à Sienne en 1420, écrivit l'Histoire de cette ville en trois livres. Le sénat l'en avoit chargé, & il s'en étoit acquitté avec sincérité; mais après sa mort, son fils Nicolas Dati en retrancha beaucoup de choses par politique, & gâta cet ouvrage. Le pere & le fils furent secretaires de la république de Sienne, & protegerent l'un & l'autre les gens de lettres. Le premier mourut en 1478, & le second en 1498. On a de l'un & de l'autre plusieurs autres ouvrages. Les *Lettres* d'Augustin Dati furent imprimées à Paris en 1517. Il y a quelques particularités curieuses. Les *Œuvres* du même parurent à Sienne en 1503, in-folio, & Venise 1516.

DATI, (Carlo) poëte & littérateur italien, mort en 1675, professa les belles-lettres avec distinction à Florence sa patrie. Tous les voyageurs, gens-de-lettres, qui ont passé à Florence de son tems, se louent beaucoup de ses politesses: & ce sont principalement ces éloges qui l'ont rendu célebre. On a de lui un *Panégyrique de Louis XIV*, en italien, publié à Florence en 1669, in-4°, réimprimé à Rome l'année suivante & traduit en françois. Cet ouvrage avoit été précédé de plusieurs autres en vers & en prose. Parmi ses productions on distingue la *Vie des Peintres anciens*, en italien 1667, in-4°, quoique ce ne soit qu'un essai d'un plus grand ouvrage que l'auteur vouloit donner.

E e 2

DAVAL, (Jean) médecin de Paris, natif de la ville d'Eu, professa son art avec beaucoup de réputation. Son mérite & ses succès le mirent en si grand crédit, que Fagon le demanda à Louis XIV pour lui succéder dans sa place de premier médecin. Le roi y consentit; mais Daval peu ambitieux & jaloux de sa liberté, refusa ce poste, & s'excusa sur la délicatesse de son tempérament. Ce médecin philosophe mourut en 1719, à 64 ans.

DAVANZATI, (Bernard) florentin, mort en 1606, âgé de 77 ans, s'est fait un nom par la Traduction italienne qu'il a faite de Tacite, Venise 1658, in-4°, & Paris 1760, 2 vol. in-12. Il a employé de vieux mots toscans, inusités, qui rendent sa version quelquefois inintelligible aux Italiens mêmes. On a encore de lui: I. *Coltivazione delle viti*, Florence 1614 & 1737, in-4°. II. *Scisma d'Inghilterra*, Padoue 1754, in-8°; & quelques autres écrits en italien.

DAUBENTON, (Guillaume) Jésuite, né à Auxerre, suivit en Espagne le roi Philippe V, dont il étoit le confesseur. Il eut le plus grand crédit auprès de ce prince, & les courtisans jaloux, le firent renvoyer en 1706. Il fut rappellé en 1716 pour reprendre sa place, & mourut en 1723, à 75 ans. Le conte ridicule que Voltaire d'après Bellando a fait sur sa mort, ne mérite pas d'être rapporté. Ce Jésuite avoit prêché avec succès. On a de lui des *Oraisons funebres*, & une *Vie de S. François Regis*, in-12.

DAUDÉ, (Pierre) né à Marvejols, diocese de Mende, mort le 11 mai 1754, âgé de 74 ans, est auteur de la traduction des *Réflexions de Gordon sur Tacite*, Amsterdam 1751, 3 vol. in-12; & de la *Vie de Michel de Cervantes*, 1740, in-12.

DAVEL, (Jean-Daniel-Abraham) fils d'un ministre de Culli, bourg situé sur le lac de Geneve, porta les armes avec distinction en Piémont, en Hollande, en France, & dans sa patrie. On le connoissoit comme un homme sincere, désintéressé, charitable, pacifique, bon ami, bon parent, brave soldat, officier habile & expérimenté. Les magistrats de Berne le firent l'un des 4 majors établis dans le pays de Vaux, pour exercer de tems-en-tems les milices. Ils lui donnerent une pension annuelle, & affranchirent ses terres. Au milieu de ses distinctions, Davel se rappella une vision qu'il s'imagina avoir eue à l'âge de 18 ans. S'appuyant sur cette rêverie, il entreprit de soustraire le pays de Vaux, sa patrie, à la domination de Berne, pour en former un 14e canton. Comme il se préparoit à exécuter son dessein, il fut arrêté. On l'appliqua à la question, pour l'obliger à découvrir ses complices; mais il déclara qu'il n'en avoit aucun: qu'il avoit agi par l'ordre de Dieu, qui lui avoit apparu plusieurs fois: & que c'étoit pour cette raison qu'il avoit pris peu de monde, sans poudre ni plomb. Il eut la tête tranchée, le 24 avril 1723, à 54 ans.

DAVENANT, (Jean) de Londres, docteur & professeur de théologie à Cambridge, devint évêque de Salisbury. C'étoit un théologien assez modéré qui cherchoit le moyen de réunir les Chrétiens sur leurs divers sentimens. Son livre intitulé: *Adhortatio ad communionem inter Evangelicas Ecclesias*, est un monument de sa modération. Il se distingua par son érudition, par sa modestie & par sa pénétration. L'église anglicane l'ayant député avec d'autres théologiens au synode de Dordrecht, il soutint avec le docteur Ward que J. C. est mort pour tous les hommes. Ce savant estimable mourut à Cambridge en 1640. Ses productions sont: I. *Prælectiones de judice controversiarum*, 1631, in-fol. II. *Commentaria in epistolam ad Colossenses*. III. *Liber de servitutibus*. IV. *Determinatio quæstionum theologicarum*.

On voit dans ces ouvrages des connoissances & des recherches, & toute la sagesse qu'on peut avoir hors de la véritable religion.

DAVENANT, (Charles) fils du précédent, né en 1636, & mort en 1712, s'est fait un nom célebre en Angleterre par plusieurs Ouvrages de Politique & de Poésie. On cite, parmi les écrits de ce dernier genre, son opéra de *Circé*, qui fut reçu avec beaucoup d'applaudissement.

DAVENANT, (Guillaume) né à Oxford en 1606 d'un cabaretier, marqua dans sa jeunesse beaucoup de talent pour la poésie, & sur-tout pour le théatre. Après la mort de Jonhson en 1637, il fut déclaré *Poëte lauréat.* Charles I y ajouta le titre de chevalier en 1643. Davenant fut toujours attaché à ce prince infortuné ; quelque-tems avant sa mort tragique, ce poëte passa en France, & se fit catholique. Il revint en Angleterre, lorsque Charles II monta sur le trône de ses ancêtres, & mourut en 1668, à 62 ans. Les plus beaux-esprits de son tems, le comte de Saint-Albans, Milton & Dryden furent en liaison d'amitié & de littérature avec lui. Le chevalier Davenant travailloit avec ce dernier. Tous ses Ouvrages ont été publiés en 1673, in-fol. Ce recueil offre des Tragédies, des Tragi-comédies, des Mascarades, des Comédies, & d'autres Pieces de Poésie. C'est à lui que l'Angleterre dut un opéra italien.

DAVENNE, *ou plutôt* D'AVESNES, (François) surnommé le *Pacifique*, né à Fleurence dans le Bas-Armagnac, fut un des principaux disciples de Simon Morin, fameux fanatique. Le disciple égala le maître. Il fut mis en prison l'an 1651, pour des *Libelles contre le Roi*, dictés par sa folie & son fanatisme. On le relâcha l'année suivante. On croit qu'il mourut avant son maître, en 1662. Tous ses écrits sont remplis de visions, d'enthousiasme & de singularités. Il y prédit l'arrivée du dernier jugement, la renovation du monde. Il l'annonce aux pontifes & aux rois, & il l'annonce en homme qui n'a plus de tête. Ses ouvrages les plus singuliers sont : I. *Les huit Béatitudes de deux Cardinaux* (Richelieu & Mazarin) *confrontées à celles de J. C.* II. *La Phiole de l'ire de Dieu, versée sur le siege du Dragon & de la Bête, par l'Ange & le Verbe de l'Apocalypse.* III. *Factum de la Sapience éternelle au Parlement.* IV. Plusieurs autres ouvrages dans le même genre, & le même goût de fanatisme. *Voyez* le tom. 27e des *Mémoires du P. Nicéron*, qui a le courage de donner le catalogue de toutes les folles productions de Davenne.

DAVENPORT, (Christophe) né à Coventry dans le comté de Warwick en Angleterre, vers l'an 1598, passa à Douai en 1615, & delà à Ypres, où il prit l'habit de S. François en 1617. Il reçut le nom de *François de Ste-Claire*, sous lequel il est connu dans son ordre. Après avoir professé avec beaucoup de réputation la philosophie & la théologie à Douai, il fut envoyé missionnaire en Angleterre. Obligé de se retirer sous le gouvernement tyrannique de Cromwel, il reparut lorsque Charles II eut été rétabli sur le trône. Cathérine de Portugal, épouse de ce prince, le choisit pour son théologien & son chapelain : emplois qu'il étoit bien capable de remplir, par ses connoissances dans la philosophie, dans la théologie, dans les Peres, dans l'histoire ecclésiastique, &c. Ce savant Franciscain mourut à Londres en 1680, à 82 ans. Tous ses ouvrages, excepté son *Traité de la Prédestination*, & son *Systême de la Foi*, ont été recueillis en 2 vol. in-fol. à Douai en 1665. L'auteur s'étoit acquis l'amitié des Protestans & des Catholiques, par ses mœurs, sa franchise & sa droiture ; il se la conserva, par ses ouvrages aussi savans que modérés.

E e 3

Il faut remarquer qu'il prenoit aussi quelquefois le nom de François Coventry, du lieu de sa naissance. *Voyez* Nicéron, tom. 23.

DAVID, fils d'Isaï de la tribu de Juda, né à Bethléem l'an 1085 avant J. C., fut sacré roi d'Israël par Samuel, pendant qu'il gardoit les troupeaux de son pere. Dieu l'avoit choisi pour le substituer à Saül. David n'avoit alors que 22 ans ; mais il étoit déja connu par des actions qui marquoient un grand courage. Sa valeur augmenta avec l'âge. S'étant offert à combattre le géant Goliath, il le tua d'un coup de pierre, & en porta la tête à Saül. Ce prince lui avoit promis, pour récompense de sa victoire, sa fille Merob en mariage ; mais jaloux de sa gloire, autant qu'incapable de l'égaler, il lui proposa sa fille Michol, qu'il lui fit encore acheter au prix de cent prépuces des Philistins. La haine de Saül contre son gendre, augmentoit de jour en jour. Ses fureurs allerent au point, qu'il attenta plusieurs fois sur sa vie. David, obligé de s'enfuir, se retira à la cour d'Achis, roi de Geth, qui lui donna la ville de Siceleg pour lui & pour ses gens. La guerre s'étant allumée entre les Juifs & les Philistins, David devoit combattre avec les Philistins contre les Juifs ; mais avant que d'en venir aux mains, il se retira à Siceleg. Cette ville avoit été détruite & brûlée par les Amalécites, qui avoient emmené ses femmes & celles de toute la troupe. Il tomba sur ces barbares, & leur enleva leur butin. Saül le poursuivoit toujours, malgré les actes de générosité qui auroient dû toucher son cœur. Lorsqu'ils étoient dans le désert, David auroit pu le tuer deux fois, l'une dans une caverne, & l'autre dans sa tente ; mais il se contenta de lui faire connoître que sa vie avoit été entre ses mains. Une mort funeste vint terminer la vie de ce

prince vindicatif & perfide. Sa couronne passa à David, qui pleura non-seulement celui auquel il succédoit, mais qui le vengea, & punit de mort ceux qui se vantoient de l'avoir tué. Il fut sacré de nouveau roi à Hebron, l'an 1054 avant J. C. C'étoit pour la seconde fois qu'il recevoit l'onction royale. Abner, général des armées de Saül, fit reconnoître pour roi Isboseth son fils ; mais ce général ayant été tué, tout Israël proclama David. Ce prince s'étant rendu maître de la citadelle de Sion, y établit le lieu de sa demeure, & y fit bâtir un palais, d'où lui vint le nom de *Cité de David.* Jerusalem devint ainsi la capitale de son empire. Il y fit transporter l'arche, & forma dès-lors le dessein de bâtir un temple au Dieu qui lui avoit donné la couronne. Sa gloire étoit à son comble. Il avoit vaincu les Philistins, subjugué les Moabites, mis la Syrie sous sa puissance, battu les Ammonites ; mais ces grandes actions furent obscurcies par son adultere avec Bethsabée, suivi de la mort d'Urie, mari de cette femme. Il se passa un an presque entier, sans qu'il conçût des remords de son crime. Le prophete Nathan le fit rentrer en lui-même par une parabole ingénieuse ; il en fit une pénitence longue & sincere ; ses regrets sont vivement exprimés dans plusieurs pseaumes. Les maux que Nathan lui avoit prédits, commencerent à se faire sentir, dans sa propre maison même. Un de ses fils viole sa sœur ; le frere ensuite assassine le frere ; David se voit contraint de fuir devant Absalon son fils, qui veut arracher la couronne & la vie à son propre pere. Tout Israël suit le rebelle, & abandonne son roi. Cette révolte ne finit que par la mort d'Absalon. Une nouvelle faute attira sur son royaume un fléau qui fit périr en trois jours 70 mille hommes. David, transporté par un mouvement de vanité, avoit fait faire le dénombrement de son peuple. Il appaisa le ciel irrité contre lui, en sacrifiant dans l'aire d'Areüna, qu'il avoit achetée pour y bâtir un temple au Seigneur. Pour mettre la paix dans sa famille, il déclara Salomon son successeur, malgré les brigues d'Adonias, son fils aîné. Après avoir fait sacrer & couronner ce prince, il mourut accablé d'années & d'infirmités, l'an 1015 avant Jesus-Christ, dans la 70e année de son âge, & la 40e de son regne. Il laissa un royaume tranquille au-dedans & au-dehors. Les incrédules modernes se sont épuisés en satyres contre ce saint & grand roi. Son zele ardent pour la gloire de Dieu, une piété tendre & profondément sentie, lui ont mérité cette distinction (Voyez *Apologie de David*, publiée à Paris en 1737, in-12). Ils lui ont reproché d'avoir fait scier & jeter dans le four des Ammonites faits prisonniers; mais le texte original dit précisément qu'il les condamna à scier du bois, cuire des brigues, &c.; du reste cette cruauté abominable exerçoit cette cruauté contre les Israélites, quand ils tomboient entre ses mains; & si David la lui avoit rendue, ce n'eut été qu'à titre de représailles. (*Voyez* AGAG). C'est une question fort agitée par les savans, si David est l'auteur de tous les 150 Pseaumes. Le sentiment le plus commun aujourd'hui, est qu'il en a composé la plus grande partie. Plusieurs sont relatifs aux différens états où il s'est trouvé. Toujours envié, haï, persécuté par Saül, il avoit été contraint de vivre en fugitif, de s'exiler de sa patrie, d'errer de ville en ville & de désert en désert. Les guerres diverses qu'il eut avec les nations ennemies du Dieu d'Israël, multiplierent ses soins & ses craintes. Ses sentimens dans ces différentes situations sont exprimés avec une force & une dignité que l'Esprit-Saint pouvoit seul lui donner, A

côté de la menace & des châtimens, marchent toujours l'espérance, les consolations & les faveurs. L'ame y trouve tout ce qu'il faut pour vivre en paix avec elle-même, avec les hommes & avec Dieu. Les merveilles de la nature, la puissance du Créateur, la sagesse profonde de sa providence, y sont exprimées d'une maniere sublime & rapide, & avec la plus touchante énergie. Les nations infidelles sont comme nous, si frappées de l'excellence de ces poëmes divins, qu'elles en ont des versions dans leur langue. Spon parle dans ses *Voyages*, d'une *Traduction de plusieurs Pseaumes en vers turcs*, composée par un renégat polonois, nommé Halybeg. Les versions & les commentaires, qui en ont été publiés dans les autres langues, sont indiqués dans les divers articles de ce Dictionnaire.

DAVID EL DAVID, faux messie des Juifs, se révolta contre le roi de Perse, qui s'étant saisi de lui, exigea qu'il donnât une marque de son pouvoir. David répondit qu'il s'offroit à avoir la tête coupée, & qu'après le supplice il revivroit aussi-tôt; mais ce fourbe ne fit cette demande, que pour éviter de plus grands tourmens. Les Juifs, en haine de leur imposteur, furent accablés en Perse de toutes sortes de taxes & d'impôts, & réduits à la derniere misere.

DAVID, le plus grand philosophe de l'Arménie, florissoit vers le milieu du 5e siecle. Il puisa à Athenes la connoissance de la langue & de la philosophie des Grecs. Il traduisit ceux de leurs livres qu'il jugea les plus utiles. Loin de suivre avec superstition Platon ou Aristote, comme nos docteurs européens des siecles d'ignorance, il choisit dans l'un & dans l'autre ce qui lui parut le plus vrai & le plus judicieux, en réfutant en même-tems leurs erreurs. On conserve ses Ecrits dans la bibliotheque du roi de France. Ils font méthodiques, autant que folides. Son style est coulant, exact & précis.

DAVID GANZ, historien juif du 16e siecle, dont on a une chronique en hébreu, intitulée: *Tsemath David*, qui est rare; Prague 1592, in-4°. Vorstius en a traduit une partie en latin, avec des notes, Leyde 1644, in-4°.

DAVID DE POMIS, médecin juif du 16e siecle, se disoit d'une ancienne famille de la tribu de Juda. On a de lui: I. Un traité *De Senum affectibus*, Venise 1588, in-8°. II. *Dictionnaire de la Langue Hébraïque & Rabbinique*, en hébreu & en italien, publié à Venise en 1587, in-folio, fort utile à ceux qui veulent lire les Rabbins, & plein de savantes remarques sur la littérature des Juifs.

DAVID DE DINANT, hérétique, vers le commencement du 13e siecle, étoit disciple d'Amauri, & enseignoit que Dieu étoit la matiere premiere. Son systême étoit assez semblable à celui de Spinosa. Il a été réfuté par S. Thomas & par d'autres théologiens.

DAVID, roi d'Ethiopie, fils de Nahu, succéda à son pere en 1507. Il remporta de grandes victoires sur ses ennemis, & envoya des ambassadeurs à Emmanuel, roi de Portugal, & au pape Clément VII. Son regne fut d'environ 36 ans. Les titres qu'il prenoit tenoient beaucoup de l'emphase orientale. Les voici: *DAVID aimé de Dieu, colonne de la foi, du sang & de la lignée de Juda; fils de David; fils de Salomon, fils de la colonne de Sion, fils de la semence de Jacob; fils de la main de Marie, fils de Nahu par la chair; empereur de la grande & haute Ethiopie, & de tous les royaumes & états*, &c.

DAVID, (George) hérétique, natif de Gand, fils d'un bateleur; s'imagina vers l'an 1525 qu'il étoit le vrai Messie; le 3e David, né de Dieu, non par la chair, mais par l'esprit. Le ciel, à ce qu'il disoit, étant vuide, il avoit été envoyé pour adopter des enfans dignes de ce royaume éternel, & pour réparer Israël, non par la mort, comme Jesus-Christ, mais par la grace. Avec les Sadducéens il rejetoit la résurrection des morts, & le dernier jugement; avec les Adamites il réprouvoit le mariage, & approuvoit la communauté des femmes; & avec les Manichéens, il croyoit que le corps seul pouvoit être souillé, & que l'ame ne l'étoit jamais. Il fut fustigé & banni, ce qui l'obligea de passer à Bâle, où il mourut en 1556. Pour couronner ses rêveries, il promit en mourant à ses disciples, qu'il ressusciteroit 3 jours après. Le sénat de Bâle fit déterrer son cadavre le 3e jour, & le fit brûler avec ses écrits.

DAVIDI, (François) socinien de Colofwar en Transsylvanie, surintendant des églises réformées de cette province, mourut enfermé dans le château de Deva en 1579. C'est un des héros des Unitaires. Il avoit été luthérien, sacramentaire, arien, trithéite, samosatien, &c. Il reste de lui quelques ouvrages dans la *Bibliotheca Fratrum Polonorum*, remplis de blasphêmes & de contradictions, mais assez bien écrits.

DAVILA, (Henri-Catherine) d'une famille illustre du royaume de Chypre, se retira à Avila en Espagne, pour se dérober à la tyrannie des Turcs, qui s'étoient rendus maîtres de son pays en 1570 & 1571. Comme il ne pût tirer aucun soulagement des parens qu'il avoit en Espagne, il vint en France, & se fit connoître avantageusement à la cour de Henri III & de Henri IV. Il se signala sous ce dernier prince devant Honfleur en Normandie, & devant Amiens où il fut blessé. Depuis il se retira à Venise, & reçut du sénat de quoi subsister en homme de sa condition. Il fut tué d'un coup de pistolet, dans un voyage qu'il faisoit par ordre de la république; c'étoit vers l'an 1634. Davila avoit avec lui un fils, âgé de 18 ans, qui se jeta sur le meurtrier & le mit en piece. Ce fut à Venise qu'il travailla à son *Histoire des Guerres civiles de France* en 15 livres, depuis la mort de Henri II en 1559, jusqu'à la paix de Vervins en 1598. Cet historien sait attacher ses lecteurs, par la maniere dont il rend les détails, & par l'heureux enchaînement de ses récits. Il cherche trop à pénétrer dans l'esprit des princes, & ne les devine pas toujours. Il auroit reçu plus d'éloges, s'il en avoit moins donné à son héroïne Cathérine de Médicis, bienfaitrice de sa famille ; & s'il avoit retranché de son histoire quelques harangues, qu'on place aujourd'hui au nombre des mensonges oratoires. On lui reproche aussi quelques erreurs dans l'orthographe des noms propres des villes & des hommes. L'*Histoire de Davilla*, écrite en italien, fut imprimée au Louvre l'an 1644, en 2 vol. in-folio ; à Venise 1733, 2 vol. in-folio ; à Londres 1755, 2 vol. in-4°. Baudouin & l'abbé Mallet l'ont mise en françois : la traduction du dernier qui a éclipsé l'autre, a paru depuis sa mort. Pierre-François Cornazano a publié, en 1743 à Rome, une traduction latine du même ouvrage, en 3 vol. in-4°.

DAVILER, *voy.* AVILER (d').

DAVIS, (Jean) navigateur anglois, parcourut en 1585 l'Amérique Septentrionale, pour trouver un passage delà aux Indes Orientales ; mais pour tout succès de trois voyages qu'il y fit, il découvrit un détroit auquel il donna son nom.

DAVITY, (Pierre) gentilhomme du Vivarais, né à Tournon en 1573, s'est fait connoître par un ouvrage qui parut d'abord sous le titre d'*Etats & Empires du Monde*, en 1 vol. in-folio : livre fort au-dessous du médiocre. Ranchin & Rocoles augmenterent cette compilation de 5 vol. Paris 1660, & ne la rendirent que plus mauvaise. Davity mourut à Paris en 1635, à 63 ans.

DAUMAT, *voy.* DOMAT (Jean).

DAUMIUS, (Christian) natif de Misnie, recteur du college de Zwickau, mourut en 1687, à 75 ans, avec la réputation d'un des plus grands littérateurs de son siecle. Il savoit les langues mortes & vivantes. On lui doit des Editions de beaucoup d'ouvrages de l'antiquité, & plusieurs autres écrits. : témoignage de son ardeur pour le travail, encore plus que de la supériorité de ses talens. Les plus estimés sont : I. *Tractatus de causis amissarum quarumdam Linguæ Latinæ radicum*, 1642, in-8°. II. *Indagator & restitutor Græcæ Linguæ radicum*, in-8°. III. *Epistolæ*, Iene 1670, in-4°, Dresde 1677, in-8°. IV. Des Poésies, &c.

DAVOT, (Gabriel), né à Auxone, professeur en droit dans l'université de Dijon, mort en 1743, laissa une *Institution au Droit François*, publiée en 1751 en 6 vol. in-12, par Bannelier son confrere. Les matieres y sont traitées suivant la jurisprudence du parlement de Dijon.

DAUPHIN-BERAUD (appellé le *Sire de Combronde*), étoit fils de Jean de l'Espinasse, chevalier, sire dudit lieu, & de Blanche Dauphine, dame de Saint-Ilpise & Combronde. A la mort de sa mere il quitta le nom de l'Espinasse, & prit le nom de Dauphin, pour posséder les biens de cette maison. Dans sa jeunesse il servit en Guienne sous le comte de Foix avec ses francs-archers & les volontaires de Saint-Ilpise & de Combronde, qu'il y conduisit par ordre de son pere. En 1470 il accompagna Guillaume Cousinot, le comte Dauphin-d'Auvergne son parent, & le comte de Comminges dans la guerre de Bourgogne. Louis XI lui donna sa confiance en Auvergne : il le fit chambellan, & général de l'armée qu'il envoyoit en 1475 contre le comte de Rouffi, maréchal de Bourgogne. Il avoit fous fes ordres le ban d'Auvergne, celui des terres du duc de Bourbon, celui de Beaujolois, & les francs-archers & volontaires de Géoffroi de Chabannes. Il fe conduifit avec toute la prudence d'un grand général, & battit l'armée du maréchal de Bourgogne le 21 juin à Mont-Reuillon, près la riviere d'Yonne en Nivernois. Le comte de Rouffi fut prifonnier de Dauphin, & fes héritiers plaiderent pour fe faire payer de la rançon du maréchal, qui lui appartenoit ; & le 24 février 1499, il y eut arrêt du parlement en leur faveur. Les deux maifons fe réunirent, par l'alliance d'Antoinette d'Amboife fa petite-fille, avec Louis prince de Luxembourg, comte de Rouffi. Beraud-Dauphin époufa en premieres noces Antoinette de Chazeron, & en fecondes Antoinette de Polignac. De la 1re il eut Louife, femme de Jacques de Miolans, gouverneur du Dauphiné ; de la 2e il eut Françoife, femme de Guy d'Amboife, fire de Ravel. Il mourut en 1490, bailli du Velay.

DAUPHIN, (Pierre) *voyez* DELPHINUS.

DAUSQUE, (Claude) né à Saint-Omer en 1566, jéfuite, puis chanoine de Tournai, mort le 17 janvier 1644. Nous avons de lui : I. Une *Traduction* en latin des *Harangues de S. Bafile de Séleucie avec des notes*, Heildelberg 1604, in-8°. II. Un *Commentaire fur Quintus Calaber*, Francfort 1614, in-8°. *Antiqui novique Latii Orthographica*, Tournai 1632, 2 vol. in-fol. III. *Terra & aqua, feu terræ fluctuantes*, Tournai 1633, in-4°. Les ifles flottantes près de Saint-Omer, ont donné occafion à cet ouvrage, où l'auteur parle de toutes les ifles femblables dont il a pu avoir connoiffance ; il y parle auffi des autres merveilles naturelles qui ont rapport à la mer, aux rivieres. Cet ouvrage eft plein d'érudition. Il a encore donné plufieurs autres ouvrages qui prouvent que Daufque étoit verfé dans les langues favantes, la théologie, l'hiftoire naturelle & l'antiquité profane ; mais on voit auffi que fon favoir avoit plus d'étendue que fon jugement de folidité. Il affectoit de fe fervir de termes peu ufités qui rendent fes ouvrages prefqu'inintelligibles.

DAZÈS, (l'abbé) de Bordeaux, mort à Naples en 1766, prit parti dans l'affaire des Jéfuites, en faveur defquels il publia divers écrits. I. *Le Comte rendu des Comptes-rendus*. II. *Il eft tems de parler*. III. *Le Cofmopolite...* Ces ouvrages n'ont pu fufpendre la ruine des Jéfuites. Ils font néanmoins encore recherchés des curieux ; fur-tout le *Compte rendu*, où l'on trouve des chofes intéreffantes, & beaucoup de recherches ; l'auteur s'y laiffe aller à un zele trop amer ; & en défendant les Jéfuites, il manque d'égards, & quelquefois de juftice envers les autres religieux, & plufieurs perfonnes refpectables.

DEAGEANT DE St MARCELLIN, (Guichard) fut d'abord clerc de Barbin, que le maréchal d'Ancre avoit fait contrôleur-général des finances. Arnaud d'Andilli le fit enfuite connoître au duc de Luynes. Deageant s'acquit la faveur de ce duc, en le fervant utilement contre le maréchal d'Ancre fon bienfaiteur. On le chargea de plufieurs commiffions & négociations importantes, dont il s'acquitta avec fuccès. Devenu veuf, Louis XIII voulut lui donner l'évêché d'Evreux ; mais Deageant préféra un fecond mariage, & les intrigues de la politique, aux dignités & à l'état eccléfiaftique. Il fit néanmoins paroître beaucoup de zele contre les Calviniftes : ce qui fit dire au cardinal de Richelieu, que *s'il avoit terraffé l'héréfie, Deageant pouvoit fe vanter de lui avoir donné le premier coup de pied*. Deageant effuya les caprices de la fortune, après en avoir éprouvé les faveurs. Il fut difgracié, & eut ordre de fe retirer en Dauphiné, où il mourut l'an 1639, premier préfident de la chambre des comptes. On a de lui des *Mémoires envoyés au cardinal de Richelieu, contenant plufieurs chofes particulieres & remarquables, arrivées depuis les dernieres années du roi Henri IV, jufqu'au commencement du miniftere de M. le cardinal de Richelieu ;* c'eft-à-dire jufqu'en 1624. Ces Mémoires furent imprimés à Grenoble en 1668, in-12, par les foins de fon petit-fils : on les trouve aufli dans les *Mémoires particuliers pour l'Hiftoire de France*, 1756, 3 vol. in-12. Ils manquent quelquefois de fidélité dans les faits, & prefque toujours d'élégance dans le ftyle ; mais il y a des chofes curieufes.

DEBEZIEUX, (Balthafar) né à Aix en 1655 d'un avocat, fut conful & procureur du pays en 1692. Il étoit né pour des emplois plus confidérables & plus difficiles à remplir. L'étude du droit à laquelle il s'étoit appliqué toute fa vie, avoit déjà fait de lui un grand jurifconfulte. Il mit à profit fes lumieres dans l'office de préfident de la chambre des enquêtes du parlement d'Aix, auquel il fut reçu en 1693. Il ne porta jamais aucune opinion, qu'il ne la foutint par les principes de la loi, qu'il poffédoit parfaitement. Il rédigeoit dans fon cabinet les queftions qu'il avoit jugées au palais, & en a compofé 4 gros vol. in-fol. tous écrits de fa main. Il a eu foin de joindre aux arrêts rendus fur ces queftions, les motifs qui l'avoient déterminé dans fa décifion. Cet ouvrage a été imprimé à Paris 1750, en 1 vol. in-fol. comme une continuation de Boniface, arrêtifte du parlement d'Aix, avec lequel il a une liaifon naturelle. Cet habile magiftrat mourut en 1722, également regretté des gens de bien & de fes confreres.

DÉBONNAIRE, (Louis) né à Troyes, entra dans la congrégation de l'Oratoire, dont il fortit dans la fuite. Il étoit prêtre, & mourut en 1752. On a de lui : I. Une *Imitation*, avec réflexions, in-12. II. *Leçons de la Sageffe*, 3 vol. in-12 ; bon livre. III. *L'Efprit des Loix quinteffencié*, 2 vol. ; critique mal digérée, quoique pleine d'obfervations juftes. IV. *La Religion Chrétienne méditée*, avec le P. Jard, 6 vol. V. *La Regle des devoirs*, 4 vol. in-12, & différens ouvrages en faveur de la Conftitution.

DEBORA, femme de Lapidoth, prophéteffe des Ifraélites, ordonna de la part de Dieu à Barach, fils d'Albinoëm, de marcher contre Sizara, général des trouppes de Jabin. Barach ayant refufé, à moins que la prophéteffe ne vint avec lui, elle y confentit, battit le général ennemi, & chanta un célebre Cantique en actions de graces de fa victoire, vers l'an 1285 avant Jefus-Chrift.

DECE, (Cneïus Metius Quintus Trajanus Decius) né l'an 201 à Bubalie, dans la Pannonie inférieure, avoit l'air & le cœur d'un héros. Il s'avança dans les armes, & parvint aux premiers grades. Il y eut en 249 une révolte de foldats dans la Mœfie. L'empereur Philippe l'envoya pour punir les coupables ; mais au lieu de le faire, il fe fit proclamer empereur, & marcha en Italie contre fon bienfaiteur. La mort de Philippe & de fon fils, dont il fouilla fa main, lui affura l'empire. Le nouvel empereur fe fignala contre les Perfes & les Goths qui défoloient la Mœfie & la Thrace. Il périt au mois d'octobre 251, en pourfuivant ce dernier peuple. Ses troupes ayant plié en une furprife, il pouffa fon cheval dans un marais profond, où il s'enfonça, fans qu'on pût jamais retrouver fon corps. Son fils Dece le jeune, qu'il avoit affocié à l'empire, fut tué vers le même-tems par les Goths. Un mélange de bonnes & de mauvaises qualités a partagé les historiens. Les Païens ont beaucoup loué son courage & son amour pour la justice. Son esprit étoit solide, délié, actif, propre aux affaires ; ses mœurs étoient réglées, & il les avoit perfectionnées par l'étude. Le sénat le déclara, par un très-ridicule & inutile décret, *égal à Trajan*, & l'honora du titre de *Très-Bon*. Il ne mérita pas ce titre dans la persécution violente qu'il fit aux Chrétiens, qui ont détesté sa barbarie. Il employa le fer & le feu contre eux, en haine de Philippe qui les avoit aimés & protégés.

DÉCEBALE, roi des Daces, prince également sage & vaillant, eut des succès heureux contre l'empereur Domitien, & battit deux de ses généraux ; mais Trajan l'ayant vaincu, il fut obligé de demander la paix. Il l'obtint de l'empereur & du sénat. Décebale reprit bientôt les armes, & voulut soulever les princes voisins contre les Romains. Trajan marcha de nouveau contre lui, & après avoir défait ses troupes en différentes occasions, il l'obligea à se tuer, 105 ans après J. C. Le vainqueur fit porter la tête du vaincu à Rome, & érigea la Dacie en province romaine. C'est aujourd'hui la Transylvanie.

DÉCENTIUS, (Magnus) frere de Magnence, fut fait César, & eut le commandement des troupes dans les Gaules ; mais ayant été battu par les Germains, & consterné de la mort de son frere, il se pendit de désespoir à Sens, en 373.

DECIANUS, (Tiberius) jurisconsulte d'Udine, au 16e siecle, dont on a des *Consultations* & d'autres ouvrages en 5 vol. in-fol. Il mourut en 1581, à 73 ans. Sa réputation n'a point passé jusqu'à nous ; car il est très-peu connu aujourd'hui.

DECIUS-MUS, (Publius) consul romain, manifesta de bonne heure son courage. Il n'étoit que simple tribun dans l'armée, lorsqu'il tira le consul Cornelius d'un pas désavantageux, & eut beaucoup de part à la victoire remportée sur les Samnites. Consul avec Manlius Torquatus l'an 340 avant J. C., il se dévoua aux dieux infernaux dans la bataille donnée contre les Latins. Decius-Mus, son fils, héritier de la superstition de son pere, se dévoua aussi à la mort durant son 4e consulat. Son petit-fils imita son exemple dans la guerre contre Pyrrhus. Si l'on en croit un auteur, le dévouement de ce consul fut d'autant plus glorieux, que Pirrhus lui avoit fait dire que s'il s'avisoit de le faire, on feroit sur ses gardes pour ne pas lui donner la mort ; mais qu'on le prendroit vivant, pour le punir du dernier supplice. Celui qui se sacrifioit, après quelques cérémonies, & quelques prieres que faisoit le pontife, s'armoit de toutes pieces, & se jetoit dans le fort de la mêlée. Il en coûtoit la vie au superstitieux ; mais sa superstition, secondée par les troupes auxquelles elle donnoit un nouveau courage, sauvoit quelquefois la patrie.

DECIUS, (Joannes Barovius) né à Tolna, fit des grands progrès dans les belles-lettres à Colofwar, ou Claufenbourg en Transylvanie. On lui confia l'éducation de plusieurs jeunes seigneurs hongrois, avec lesquels il parcourut la Hongrie, la Moldavie, la Russie, la Pologne, la Prusse, &c. ; il étoit de retour dans sa patrie en 1593. On a de lui : I. *Syntagma Institutionum juris imperialis ac Hungarici*, Colofwar 1593, in-4°. II. *Hodoeporicon itineris Transylvanici*, &c. Wittemberg 1587, in-4°. C'est la description de ses voyages en vers. III. *Adagïa Latino-Ungarica*, Strasbourg. Il paroit qu'il étoit attaché aux opinions des nouveaux sectaires.

DECIUS, empereur, *voyez* DECE.

DECIUS, (Philippe) jurifconfulte milanois, professeur en droit: à Pise & à Pavie, obtint la chaire de Pise à l'âge de 21 ans. S'étant avisé de soutenir les décisions d'un conciliabule tenu en cette ville contre Jules II, ce pape l'excommunia, & sa maison fut pillée. Contraint de se retirer en France, il obtint de Louis XII une chaire à Valence, & une charge de conseiller au parlement de Grenoble. Il mourut à Sienne en 1535, à 80 ans. On a de lui beaucoup d'ouvrages, dont on a donné plusieurs éditions. Les plus connus sont : I. *Consilia*, Venise 1581, 2 tom. in-fol. II. *De regulis Juris*, in-fol.

DECKER DE WALHORN, (Jean) né à Walhorn ou Fauquemont dans la province de Limbourg, en 1583, conseiller au grand-conseil en Brabant, mourut à Bruxelles l'an 1646. On a de lui : I. *Dissertationum Juris & decisionum Libri duo.* La meilleure édition de cet ouvrage estimable, est celle de Bruxelles en 1686, in-fol. II. *Philosophus bonæ mentis*, Bruxelles 1674, in-8°.

DECKER ou DECKHER, (Jean) avocat & procureur de la chambre impériale à Spire. Son principal ouvrage est intitulé : *De scriptis adespotis, pseudepigraphis & supposititiis Conjecturæ.* On les trouve dans le *Theatrum anonymorum & pseudonymorum* de Placcius, 1708, in-fol. Il vivoit dans le 17e siecle.

DECKER ou DECKHER, (Jean) Jésuite, né vers l'an 1559, à Hazebrouck, près de Cassel en Flandre, enseigna la philosophie & la théologie scholastique à Douai, puis à Louvain. Il fut ensuite envoyé dans la Styrie, & devint chancelier de l'université de Gratz, où il mourut en 1619, à 69 ans. C'étoit un religieux d'un profond savoir & d'une éminente piété. Tout son tems étoit partagé entre l'étude & la priere. Nous avons de lui : I. *Tabula chronographica a capta per Pompeium Jerosolymá, ad incensam & dele-*

tam a Tito urbem ac templum, Gratz 1605, in-4°. II. *Velificatio seu theoremata de anno ortûs ac mortis Domini*, Gratz 1605, in-4°. Cet ouvrage n'étoit qu'un essai qui préludoit à un autre plus ample, divisé en trois tomes, & intitulé *Theologicarum dissertationum mixtim & chronologicarum, in Christi nativitatem*, &c. Cet ouvrage que bien des savans desiroient voir imprimé, fut supprimé ; le P. Decker souffrit cette suppression sans murmure, quoiqu'elle lui ravît le fruit de 40 ans de travail. On craignoit que son système chronologique ne donnât atteinte à l'autorité des Peres & de l'église ; mais peut-être ne faisoit-on pas assez attention que les saints Peres eux-mêmes ont été partagés sur ces questions chronologiques qui n'entrent point dans l'objet de notre foi. Cet ouvrage est conservé en manuscrit à Gratz & à Louvain.

DECKER, (Leger-Charles) né à Mons en Hainaut en 1645, enseigna la philosophie à Louvain, fut doyen de la Métropole de Malines, où il mourut le 14 octobre, 1723, après avoir publié divers ouvrages contre *Le Droit Ecclésiastique* de Van-Espen. Il est encore connu par *Cartesius seipsum destruens*, Louvain 1675, in-12. Il y a dans ce petit ouvrage des observations curieuses. Decker y fait voir qu'il est faux que le pape Zacharie ait condamné Vigile pour avoir soutenu qu'il y avoit des antipodes ; que le pape condamna uniquement ceux qui ne comptoient pas ces antipodes parmi les descendans d'Adam. Les journalistes de Trévoux & M. Dutens ont depuis démontré la même chose. *Voyez* ZACHARIE.

DECKER, (Jean-Henri) est auteur d'un livre assez rare, *De Spectris*, Hambourg 1690, in-12.

DÉDALE, artiste athénien, le plus industrieux de son tems, eut Mercure pour maître. Il inventa plusieurs instrumens, & fit même des statues supérieures à toutes

celles qu'on avoit vues jufqu'alors.
Ses grands talens ne l'empêchèrent
pas de fe livrer aux baffeffes de
l'envie. Talus, fils de fa fœur, inventeur d'une forte de roue pour
les potiers, excita fa jaloufie : il
le précipita du toit d'une maifon.
Obligé de s'enfuir, il fe refugia à
la cour de Minos, roi de Crete.
C'eft-là qu'il conftruifit le labyrinthe, fi célébré par les poëtes. Dédale fut la premiere victime de fon
invention ; car ayant favorifé les
amours de Pafiphaé, fille de Minos,
éprife d'un taureau (c'eft-à-dire,
de quelque feigneur qui portoit le
nom de Taurus), il fut enfermé
avec fon fils dans le labyrinthe. Ils
en fortirent l'un & l'autre, par le
fecours des ailes artificielles qu'il
colla à fes épaules, & à celles de
fon fils Icare : ces ailes font proba-
blement les voiles du vaiffeau fur
lequel il monta pour fe fauver. Co-
cale, roi de Camique dans la Sicile,
lui donna un afyle, où il demeura
jufqu'à fa mort. Les poëtes ont
donné de grands éloges à Dédale.
On lui a attribué l'invention de la
coignée, du niveau, & des voiles des
navires. On a dit que fes ftatues
étoient autant d'automates animés.
Mais M. Goguet penfe avec raifon
que ces ouvrages tant vantés dans
l'antiquité, durent la plus grande
partie de leur réputation à la groffiéreté & à l'ignorance des fiecles dans
lefquels ils parurent. Paufanias, qui
avoit vu plufieurs de ces ftatues,
avouoit qu'elles étoient choquantes ;
les proportions en étoient outrées &
coloffales.

DEDALION, frere de Céix, fut fi
touché de la mort de Chioné fa fille,
tuée par Diane à qui elle avoit ofé
fe préférer pour fa beauté, qu'il fe
précipita du fommet du mont Parnaffe en bas. Apollon le changea en
épervier.

DEDEKIND, (Fréderic) allemand, publia dans le 16e fiecle un
ouvrage dans le goût de l'*Éloge de
la Folie* d'Erafme. C'eft un éloge

ironique de l'impoliteffe & de la
groffiéreté, intitulé : *Gobrianus,
five de incultis moribus & inur-
banis geftibus*, Francfort 1558,
in-8°. L'auteur paroît avoir plus de
fineffe dans l'efprit, que n'en avoient
alors fes compatriotes.

DÉE, (Jean) naquit à Londres
en 1527. Il fe fit un nom, par fa
paffion pour l'aftrologie judiciaire,
la cabale, & la recherche de la pierre
philofophale. Après avoir débité fes
rêveries en France & en Allemagne,
il revint en Angleterre, où malgré
fa fcience de faire de l'or, il tomba
dans une grande mifere. C'eft le
partage ordinaire de tous ceux qui
ont été attaqués de la même folie.
La reine Elifabeth, qui l'avoit rappellé, lui donna quelques fecours,
& l'honoroit du titre de *fon philofophe* ; ce qui ne répond guere aux
rares lumieres & au grand fens qu'on
attribue à cette princeffe. Il mourut
en 1607. Il avoit un cabinet rempli
de chofes curieufes, dont plufieurs
étoient de fon invention. Cafaubon
a fait imprimer la plus grande partie
de fes écrits à Londres, en 1659,
in-fol. & les a ornés d'une favante
préface. Ce *Recueil*, rare même en
Angleterre, eft recherché par ceux
qui font curieux de connoître les fu-
perftitions & les extravagances auxquelles l'efprit humain s'eft abandonné.

DÉJANIRE, fille d'Oenée, roi
d'Etolie, fit la conquête d'Hercule,
qui combattit pour elle contre le
fleuve Acheloüs. Le centaure Neffus
ayant enlevé la maitreffe du héros, Hercule le perça d'un coup de
fleche empoifonnée. Le mourant
donna fa chemife teinte de fon fang
à Déjanire, en l'affurant que tant
qu'Hercule la porteroit, il ne pourroit jamais aimer une autre femme
qu'elle. Déjanire, ayant été abandonnée pour Iole, envoya la chemife à fon époux, qui devint
auffi-tôt furieux. Il fe jeta dans
le feu d'un facrifice ; & fa femme, défefpérée de fa mort, prit

fa maffue & fe tua fur le champ.

DÉIDAMIE, fille de Lycomede, roi de Scyros, de laquelle Achille eut Pyrrhus, lorfqu'il étoit caché dans la cour de ce prince.

DEIDIER, (Antoine) étoit de Montpellier, & profeffeur en médecine dans l'univerfité de cette ville. Nous avons de lui une differtation *De morbis venereis*, imprimée en 1725. Cet auteur donne aux maux vénériens un principe plus fubtil que folide, qui cependant a été étendu par quelques médecins à plufieurs autres maladies. Il établit la caufe de cette contagion dans une infinité de petits animaux, qui paffant du corps infecté à celui qui eft fain, y produifent, par leurs morfures venimeufes, tous les maux qu'entraine la débauche.

DEJOCÈS, premier roi des Medes, fit fecouer à ce peuple le joug des Affyriens. Après les avoir gouvernés quelque-tems en forme de république, avec autant d'équité que de prudence, il fut choifi pour régner fur eux. Son regne fut marqué par des établiffemens utiles. Il bâtit, felon Hérodote, la ville d'Ecbatane. Elle étoit divifée par fept enceintes de murailles; la derniere renfermoit le palais du roi. Dès que la ville fut en état d'être habitée, Dejocès la peupla & lui donna des loix, dont il foutint l'autorité par des châtimens féveres. Il mourut l'an 656 avant J. C., après un regne de 53 ans.

DÉIOPÉE, l'une des plus belles nymphes de la fuite de Junon, qui la promit à Eole, à condition qu'il feroit périr la flotte d'Enée.

DEJOTARUS, l'un des tétrarques de Galatie, obtint du fénat romain le titre de roi de cette province & de la petite Arménie. La guerre civile ayant éclaté entre Céfar & Pompée, il prit le parti de ce dernier. Céfar irrité l'accabla de reproches, & le priva de l'Arménie-Mineure. Le vainqueur l'obligea de le fuivre contre Pharnafe, roi du

Pont, & ne lui laiffa que le titre de roi. Dejotarus ayant été accufé par Caftor, fon petit-fils, d'avoir attenté à la vie de Céfar; il fut défendu par Cicéron, qui prononça alors fa belle harangue *pro Rege Dejotaro*. Le dictateur fut affaffiné quelque-tems après. Dejotarus rentra dans fes états, & joignit Brutus avec de bonnes troupes. On ne fait pas pofitivement en quelle année il mourut; mais il étoit extrêmement âgé, dès l'an 50 avant J. C. Il avoit toujours été fort fuperftitieux.

DEIPHILE, fille d'Adrafte, roi d'Argos, & femme de Tydée, dont elle eut le fameux Diomede.

DEIPHOBE, fils de Priam, époufa Hélene, après la mort de Pâris; mais lorfque Troie fut prife, Hélene le livra à Ménélas, pour rentrer en grace avec fon premier mari.

DÉIPHON, fils de Triptolême & de Méganire, ou felon d'autres fils d'Hippothoon. Cérès l'aima tellement, que pour le rendre immortel, & pour le purifier de toute humanité, elle le faifoit paffer par les flammes. Méganire, mere de ce prince, alarmée d'un tel fpectacle, troubla par fes cris les myfteres de cette déeffe, qui monta auffi-tôt fur un char traîné par des dragons, & laiffa brûler Déiphon.

DEIDRICH, (George) poëte de Tranfylvanie, floriffoit fur la fin du 16e fiecle. On a de lui plufieurs poëmes, dont le plus confidérable eft *Hodoeporicon itineris Argentoratenfis*, Strasbourg 1589; c'eft une defcription en vers de la Hongrie & d'une grande partie de l'Allemagne.

DEL, *voyez* VON-DEL.

DELAMET, (Adrien-Auguftin de Buffi) d'une famille illuftre de Picardie, reçut le bonnet de docteur de Sorbonne en 1650, après avoir fait éclater, pendant le cours de fa licence, autant de lumiere que de vertus. Le cardinal de Retz, fon parent, l'attira auprès de lui. Delamet le fuivit dans fa profpérité &

dans fes difgraces, en Angleterre, en Hollande, en Italie. Cette vie errante lui déplut enfin ; il revint à Paris, & fe livra, dans la maifon de Sorbonne, lieu de fa retraite, à l'étude, à la priere, à l'éducation d'un grand nombre de pauvres écoliers, & à la direction de plufieurs maifons religieufes. Son ardente charité le fit choifir pour exhorter à la mort ceux qui étoient condamnés au dernier fupplice. Il mourut au milieu de ces bonnes œuvres, en 1691, à 70 ans. On a imprimé après fa mort, en 1714, un volume in-8°. qui renferme fes *Réfolutions* & celles de Fromageau. Les cas de confcience y font traités fuivant la morale, la difcipline de l'églife, l'Ecriture-Sainte, les conciles, les Peres, les canoniftes & les théologiens. Ce recueil d'autant plus utile, que l'auteur avoit été affocié au célebre Ste-Beuve, fon ami, dans la réfolution des cas de confcience, devoit avoir 5 vol. ; mais la difficulté de mettre en ordre les matériaux qui devoient compofer ce grand ouvrage, en arrêta la publication jufqu'en 1732. Ce fut alors qu'on donna ce recueil de décifions par ordre alphabétique, en forme de Dictionnaire, en 2 vol. in-fol. On le joint ordinairement aux 3 vol. de Pontas.

DE-LA-SANTE, (Gilles-Anne-Xavier) Jéfuite, né à Redon en Baffe-Bretagne le 22 décembre 1684, enfeigna avec diftinction la rhétorique au college de Louis le Grand pendant 24 ans ; il y mourut au mois de juillet 1762. Son caractere, fes vertus & fa fcience l'ont fait chérir de fes éleves dont le nombre a été prodigieux : on voit encore aujourd'hui qu'il les avoit formés à la piété & aux lettres. Nous avons de lui des Harangues latines imprimées féparément, & des Poéfies latines fous le titre de *Mufæ Rhetorices*.

DELAUDUN, (Pierre) fils d'un mauvais poëte d'Usès, né à Aigaliers, s'occupa encore plus que fon pere à la poéfie françoife. Il fe fit connoître dans fon tems par un *Art poétique* françoife 1556, in-16, & par d'autres Pieces de Poéfie écrites dans le ftyle de Ronfard. Il mourut de la pefte au château d'Aigaliers, en 1629. Outre fon *Art poétique*, on connoît de lui la *Franciade*, 1604, in-12, poëme infipide, divifé en 9 livres, dédié à Henri IV. L'auteur étoit juge d'Ufès.

DELCOUR, (Jean) célebre fculpteur, né à Hamoir fur la riviere d'Ourte, dans la principauté de Stablo, vers le milieu du 17e fiecle, fit deux fois le voyage d'Italie pour fe perfectionner dans fon art ; il s'établit enfuite à Liege. M. de Vauban, inftruit de fes talens, voulut l'engager à faire la ftatue équeftre de Louis XIV, qui devoit être pofée dans la place des Victoires à Paris, & qui a été exécutée depuis par Desjardins de Breda ; Delcour s'en excufa fur fon grand âge & fes infirmités. Il mourut à Liege le 4 avril 1707. Les principaux ouvrages de ce célebre artifte font à Liege & dans les Pays-Bas. On admire furtout à Liege le *Sauveur au Sépulcre* en marbre blanc dans l'églife des religieufes dites *Bons Enfans*, la ftatue de *S. Jean-Baptifte* de bronze au-deffus de la fontaine Hors-Château, celle du même Saint dans l'églife paroiffiale de ce nom, la belle Fontaine de la place S. Paul, dont les figures font en bronze. Sa modeftie & fa probité l'honoroient prefqu'autant que fes talens. Ses compofitions font d'un grand goût, fes contours élégans & fes draperies bien jetées. Delcour avoit un frere qui s'eft diftingué dans la peinture.

DELFAU, (Dom François) né à Montet en Auvergne en 1637, entra dans la congrégation de S. Maur en 1656, fe fit un nom dans fon ordre. M. Arnauld ayant engagé les Bénédictins de S. Maur à entreprendre une nouvelle édition
de

de *S. Augustin*, D. Delfau fut chargé de cette entreprise. Il en publia le Prospectus en 1671, & il étoit déja avancé dans son travail, lorsque le livre intitulé : *L'Abbé commendataire*, in-12, qu'on lui attribua, le fit reléguer à Saint-Mahé en Basse-Bretagne. Il périt sur mer à 39 ans, en 1676, comme il passoit de Landevenec à Brest. On a encore de lui une *Dissertation latine sur l'Auteur du livre de l'Imitation*, solidement réfutée par MM. Amort, Ghesquiere & Desbillons. *Voyez* AMORT.

DELISLE, *voyez* LISLE.

DELIUS *ou* DILIUS, (Quintus) un des généraux d'Antoine. Envoyé vers Cléopâtre, il lui persuada de paroître devant ce conquérant dans la plus riche parure. Elle le crut, & elle gagna le cœur d'Antoine, l'an 41 avant J. C. Delius passa sa vie à changer de parti : il servit tour-à-tour Dolabella, Cassius, Antoine, Octavien, quittant l'un pour l'autre suivant ses intérêts ; ce qui lui fit donner le nom de *Cheval de relais de la République*. Il avoit écrit l'histoire de son tems.

DELMATIUS, (Flavius-Julius) petit-fils de Constance Chlore, étoit neveu de Constantin, qui aimoit en lui un excellent naturel, & des talens distingués. Cet empereur le fit nommer consul en 333, le déclara César en 335, & lui donna, dans le partage qu'il fit de l'empire, la Thrace, la Macédoine & l'Achaïe. Il devoit posséder ces provinces en propre ; mais après la mort de Constantin arrivée en 337, les troupes ne voulurent reconnoître pour empereurs que ses trois fils, & assassinerent ceux qui prétendoient à la succession impériale. Delmatius fut de ce nombre. On dit que ce fut Constance, qui sollicita lui-même les soldats à le priver de la vie. Ce prince méritoit un meilleur sort : il avoit les traits, la figure & les bonnes qualités de Constantin.

DELMONT, (Dieudonné) né à

Tome II.

S. Trond, ville de la principauté de Liege, en 1581, fut ami de Rubens, son éleve & son compagnon de voyage en Italie. Beaucoup de talens, un bon guide & l'amour de la peinture lui ont acquis le nom de bon peintre. On voit plusieurs tableaux de lui à Anvers. Il y mourut le 25 novembre 1634. Sa composition est noble & élevée, son dessin correct, sa couleur & sa touche fort belles. Il a mérité les éloges de Rubens qui suffisent bien pour mériter le nôtre.

DELORME, *voyez* LORME.

DELPHIDIUS, (Attius Tiro) fils du rhéteur Patere, gaulois d'origine, se fit un grand nom par ses poësies & par son éloquence ; mais il ternit ses talens par son ambition, & son penchant pour les accusations. On ne doit pas oublier cette anecdote. En 358 il accusa de péculat, devant Julien alors César, Numerius gouverneur de la Narbonnoise, qui nia les faits qu'on lui imputoit. Delphidius ne pouvant les prouver : *Quel coupable*, s'écria-t-il, *illustre César, ne passera pas pour innocent, s'il suffit de nier ses crimes ? — Et quel innocent*, lui repliqua sur le champ Julien, *ne passera pas pour coupable, s'il suffit d'être accusé ?*

DELPHINUS, (Pierre) savant général des Camaldules, mourut dans l'état de Venise en 1525. On a de lui des Lettres, écrites avec assez d'esprit. Elles furent imprimées à Venise en 1524, in-fol. Ce volume est très-rare & très-cher. On trouve de nouvelles Lettres de cet auteur dans la Collection de Martenne.

DELPHUS, fils d'Apollon & de Thyas, habitoit les environs du mont Parnasse. Il bâtit Delphes, à laquelle il donna son nom. Il fut père de Pythis, qui donna aussi le sien à cette même ville.

DELRIO, (Martin-Antoine) naquit à Anvers en 1551, se fit jésuite à Valladolid en 1580, après avoir exercé la charge de conseil-

F f

ler du parlement de Brabant, & celle d'intendant d'armée. Ses supérieurs l'employerent à enseigner la philosophie à Douai en 1582, la théologie morale à Liege, les langues & les lettres sacrées à Louvain, puis à Gratz, où il fut fait docteur en théologie. Il mourut à Louvain en 1608, à 57 ans. Ce Jésuite avoit commencé de bonne heure la carriere d'écrivain. Dès l'âge de 20 ans, il mit au jour *Solin*, corrigé sur les manuscrits de Juste-Lipse son ami. Les ouvrages qui ont le plus fait parler de lui, sont : I. Ses *Disquisitions magiques*, en latin, à Mayence, in-4°, 1624. Duchesne en donna un *Abrégé* en françois, Paris 1611 in-8°. Comme l'esprit humain est curieux des histoires extraordinaires, cet ouvrage eut beaucoup de cours. L'auteur y cite une foule d'écrivains, & une multitude de faits, dont plusieurs peuvent passer pour le fruit de la crédulité, mais dont un bon nombre est assez circonstancié & appuyé pour donner de l'embarras aux explicateurs les plus philosophes. Delrio fit cet ouvrage pour réfuter les auteurs qui prétendent que le Nouveau Testament a mis fin à l'art magique ; il leur oppose l'Ecriture, les Peres, particuliérement Origene, S. Augustin, S. Grégoire de Nazianze, S. Léon, les conciles, le droit canon, la pratique des exorcismes, aussi ancienne que l'église, l'accord unanime des théologiens, le consentement de tous les peuples & l'expérience de tous les siecles. Enfin il établit qu'il faut prendre dans cette affaire un milieu entre ceux qui croient tout & ceux qui ne croient rien. Psellus, Théophile Raynaud & Gisbert Voet ont aussi discuté à fonds la même matiere. II. Des *Commentaires sur la Genese*, le *Cantique des Cantiques* & les *Lamentations*, 3 vol. in-4°, solides & estimables. III. Les *Adages sacrés de l'Ancien & du Nouveau Testament*,

à Lyon 1612, en latin, 2 tom. in-4°. IV. Trois volumes des *Passages les plus difficiles & les plus utiles de l'Ecriture-Sainte*, ouvrage qui peut servir aux prédicateurs. V. Des *Commentaires & des Paraphrases sur les Tragédies de Séneque*, précédées du recueil des fragmens qui nous restent des anciens tragiques latins. Delrio avoit beaucoup de lecture & de savoir. Il est différent de Jean DELRIO de Bruges, doyen & grand-vicaire d'Anvers, mort en 1624, qui a donné des *Commentaires sur le Pseaume cxv111*, in-12, 1617.

DELVAUX, (Laurent) sculpteur, né à Gand, & mort à Nivelles, le 24 février 1778, âgé de 83 ans. Le *David*, les *Adorateurs* de la chapelle de la cour à Bruxelles, l'*Hercule* qui est au pied du grand escalier, les *Statues* qui ornent la façade du palais, la *Chaire* de la cathédrale de Gand, jugée un peu trop sévérement par l'auteur du *Voyage pittoresque de la Flandre*, & un grand nombre d'autres ouvrages, sont des monumens de son travail & de ses talens. Sa maniere dirigée & formée par les modeles antiques, a peut-être plus de force que de graces, plus d'invention que de fini. Delvaux n'employa jamais son ciseau à ce qui auroit pu offenser la décence & les mœurs, soit pour le fonds des choses, soit pour la maniere de les représenter ; circonspection bien rare dans le tems où nous vivons. Benoît XIII, Charles VI, Marie Thérese, & le duc Charles de Lorraine ont estimé & récompensé les talens de cet artiste célebre.

DEMADES, athénien, de marinier devenu orateur, fut fait prisonnier à la bataille de Chéronée, gagnée sur Philippe de Macédoine. Son éloquence lui acquit un grand pouvoir sur l'esprit de ce prince. Il étoit aussi intéressé qu'éloquent. Antipater son ami, ainsi que celui de Phocion, disoit : « Qu'il ne pouvoit » faire accepter des présens à celui-

» ci , & qu'il n'en donnoit jamais
» affez à l'autre pour fatisfaire fon
» avidité ». Demiades fut mis à mort
comme fufpect de trahifon , l'an
332 avant J. C. Nous avons de lui
Oratio de Duodecennali, 1619,
in-8°, & dans *Rhetorum Collectio*,
Venife 1513 . 3 tom. in-fol.

DEMARATE , fils d'Arifton ,
& fon fucceffeur dans le royaume
de Sparte , fut chaffé de fon trône
par les intrigues de Cleomenes ,
qui le fit déclarer , par l'oracle qu'il
corrompit , fils fuppofé du dernier
roi. Demarate fe retira en Afie, l'an
424 avant J. C. Darius , fils d'Hyftafpes , le reçut avec beaucoup de
bonté. On lui demandoit un jour ,
pourquoi étant roi , il s'étoit laiffé
exiler ? *C'eft* , répondit-il , *qu'à
Sparte la loi eft plus puiffante
que les rois.* Quoique comblé de
biens à la cour du roi de Perfe ,
& trahi par les Lacédémoniens , il
les avertit des préparatifs que Xercès
faifoit contre eux. Pour plus grande
fûreté , il écrivit l'avis fur une
planche de bois enduite de cire.

DEMARATE , l'un des principaux citoyens de Corinthe , de la
famille des Bacchiades , vers l'an
658 avant J. C. La domination de
Cypfèle , qui avoit ufurpé dans cette
ville l'autorité fouveraine , étant un
joug trop pefant pour lui , il fortit
du pays avec toute fa famille , paffa
en Italie , & s'établit à Tarquinie
en Tofcane. C'eft-là qu'il eut un
fils nommé Lucumon , qui fut depuis
roi de Rome , fous le nom de
Tarquin l'ancien.

DEMARTEAU , (Gilles) graveur , né à Liege en 1722 , mort
à Paris l'an 1776 , excelloit dans
la maniere de graver , qui imite le
crayon , comme on peut le voir par
fon *Licurgue bleffé dans une fédition* , piece faite pour fa réception à l'académie royale de peinture. On lui attribue communément
la gloire de l'invention de cette
méthode de graver.

DEMETRIUS *Poliorcete* (c'eft-

à-dire , le *Preneur de villes*) , fils
d'Antigonus , l'un des fucceffeurs
d'Alexandre le Grand , fit la guerre
à Ptolomée Lagus avec divers fuccès. Il fe préfenta enfuite à la tête
d'une puiffante flotte devant le port
d'Athenes , s'en rendit maitre , ainfi
que de la citadelle , en chaffa Demetrius de Phalere , & rendit au peuple le
gouvernement des affaires qu'il avoit
perdu depuis 15 jours. Après avoir
défait Caffandre aux Thermopyles ,
il revint à Athenes , où ce peuple
autrefois fi fier , & alors efclave ,
lui dreffa des autels , ainfi qu'à fes
courtifans. Seleucus , Caffandre &
Lyfimachus , réunis contre lui , remporterent la fameufe victoire d'Ip-
fus , l'an 299 avant J. C. Après
cette défaite , il fe retira à Ephefe ,
accompagné du jeune Pyrrhus. Il
voulut enfuite fe refugier dans la
Grece , qu'il regardoit comme l'afyle
où il feroit le plus en fûreté ; mais
des ambaffadeurs d'Athenes vinrent
à fa rencontre , pour lui annoncer
que le peuple avoit réfolu par un
décret de ne recevoir aucun roi.
Il retira alors fes galeres de l'Attique , & fit voile vers la Cherfonnefe de Thrace , où il ravagea les
terres de Lyfimachus , & emporta
un butin confidérable. Après avoir
défolé l'Afie pendant quelque-tems ,
Agathoclès , fils de Lyfimachus , le
força d'abandonner la conquête de
l'Arménie & de la Médie , & de
fe refugier dans la Cilicie. Seleucus ,
auquel il avoit fait époufer fa fille
Stratonice , irrité contre lui par fes
courtifans , le força de fe retirer
proche le mont Taurus. Pour toute
grace il lui affigna la Cathaonie ,
province limitrophe de la Cappadoce , en ayant foin de faire garder
les défilés & les paffages de Cilicie
en Syrie. Il ne tarda pas de rompre
les barrieres qu'on lui oppofoit. Il
marcha pour furprendre Seleucus
dans fon camp durant la nuit ; mais
ayant été trahi par fes foldats , il
fut obligé de fe foumettre à la clémence du vainqueur. Seleucus l'en-

F f 2

voya dans la Cherfonnefe de Syrie, & ne négligea rien de ce qui pouvoit adoucir les rigueurs de fon exil. Demetrius y mourut 3 ans après, l'an 286 avant J. C., d'une apoplexie caufée par des excès de table. Ce prince étoit, dans le tepos, délicat, faftueux, efféminé; dans l'action, dur, infatigable, intrépide. Il n'eut point la politique de fe faire aimer de fes foldats, & il s'en vit fouvent abandonné; mais il fut toujours ferme dans l'adverfité, autant qu'ambitieux & emporté dans la profpérité.

DEMETRIUS I, *Soter* ou *Sauveur*, petit-fils d'Antiochus le Grand, & fils de Seleucus Philopator, fut envoyé en ôtage à Rome par fon pere. Quand il fut mort, Antiochus Epiphanes, & après lui fon fils Antiochus Eupator, l'un oncle, l'autre coufin de Demetrius, ufurperent la couronne de Syrie. Ayant réclamé vainement la protection du fénat, le prince détrôné prit le parti de fortir fecrettement de Rome pour aller faire valoir fes droits. Les troupes fyriennes fe déclarerent pour lui. Elles chafferent Eupator & Lyfias du palais. Le nouveau roi les fit mourir, & s'affermit fur fon tône. Alcime, qui avoit acheté le fouverain pontificat des Juifs, d'Antiochus Eupator, vint demander à Demetrius la confirmation de fa dignité. Pour mieux réuffir, il dépeignit Judas Machabée comme un tyran & comme un ennemi des rois de Syrie. Demetrius envoya Nicanor contre ce grand-homme, le défenfeur de fa patrie & de fa religion; & enfuite Bachides, qui lui livra une bataille dans laquelle l'illuftre Juif perdit la vie. Demetrius, fier de ce fuccès, irrita tous les princes voifins. Ils feconderent à l'envi les deffeins d'Alexandre Bala, qui paffoit pour fils d'Antiochus Epiphanes. Celui-ci lui ayant préfenté le combat, & l'ayant défait, Demetrius fut tué dans fa fuite, après un regne d'onze

années, 150 ans avant Jefus-Chrift.

DEMETRIUS II, dit *Nicanor*, c'eft-à-dire *Vainqueur*, étoit fils du précédent. Ptolomée Philometor, roi d'Egypte, le mit fur fe trône de fon pere, après en avoir chaffé Alexandre Bala. Le jeune prince s'abandonna à la débauche, & laiffa le foin du gouvernement à un de fes miniftres, qui régnoit & tyrannifoit fous fon nom. Diodore Tryphon entreprit de chaffer du trône un prince fi peu digne de l'occuper. Il fe fervit d'un fils d'Alexandre Bala, pour ufurper la Syrie, & en vint à bout. Demetrius, uni avec les Juifs, marcha contre les Parthes, pour effacer la honte de fa molleffe; mais il fut pris par Tryphon, qui le livra à Phraates leur roi. Ce prince lui fit époufer fa fille Rhodogune l'an 141 avant J. C. Cléopâtre, fa premiere femme, époufa par dépit Sydetes, frere de Demetrius. Sydetes ayant été tué dans un combat contre les Parthes, l'an 130 avant J. C. Demetrius fut remis fur le trône, qu'il occupa 4 ans. Ses premieres fautes ne l'avoient pas corrigé. Son orgueil le rendit infupportable à fes fujets. Ils demanderent à Ptolomée Phyfcon, roi d'Egypte, un roi de la famille des Séleucides. Demetrius chaffé par fon peuple, & ne trouvant aucun afyle, fe fauva à Ptolémaïde, où étoit Cléopâtre fa premiere femme. Cette princeffe lui fit fermer les portes de la ville. Il fut obligé de s'enfuir jufqu'à Tyr, où il fut tué par ordre du gouverneur, l'an 126 avant J. C. Alexandre Zebina, que Ptolomée avoit mis à fa place, récompenfa de ce meurtre les Tyriens, en leur accordant de vivre felon leurs loix particulieres. Les Tyriens firent de cette année une époque, depuis laquelle ils datoient.

DEMETRIUS de Phalere, célebre difciple de Théophrafte, acquit tant de pouvoir fur l'efprit des Athéniens, par les charmes de fon éloquence, qu'il fut fait archonte, l'an 309 avant J. C. Pendant dix ans qu'il gouverna cette ville, il l'embellit de magnifiques édifices, & rendit ses concitoyens heureux. Leur reconnoissance lui décerna autant de statues d'airain, qu'il y avoit de jours dans l'année. Son mérite excita l'envie. Il fut condamné à mort, & ses statues furent renversées. Au moins, répondit-il à celui qui lui annonça cette nouvelle, *ils ne m'ôteront pas la vertu qui me les a méritées.* Le philosophe content de sa vanité, se retira, sans se plaindre, chez Ptolomée Lagus, roi d'Egypte. Ce prince le consulta sur la succession de ses enfans. On dit qu'il eut l'imprudence de donner des conseils dans une affaire si délicate, & qu'il se déclara pour les fils d'Euridice. Philadelphe, fils de Bérénice, fut si outré de ce conseil, qu'après la mort de son pere, l'an 283 avant J. C., il le relégua dans la haute Egypte. Demetrius ennuyé de son exil, & ne trouvant pas dans sa foible philosophie de moyens pour le supporter, se donna la mort, en se faisant mordre par un aspic. C'est du moins ce qu'assure Diogene-Laërce, contredit par d'autres auteurs. Ceux ci assurent que Demetrius eut beaucoup de crédit auprès de Ptolomée Philadelphe, qu'il enrichit sa bibliotheque de 200 mille volumes, & qu'il engagea ce prince à faire traduire la *Loi des Juifs* d'hébreu en grec. Tous les ouvrages que Demetrius de Phalere avoit composés sur l'histoire, la politique & l'éloquence, sont perdus. La *Rhétorique* que plusieurs historiens lui attribuent, & dont la derniere édition est de Glascow 1743, in-4°, est de Denys d'Halicarnasse.

DEMETRIUS *Pepagomene*, médecin de l'empereur Paléologue, vivoit dans le 13e siecle. Il a laissé un traité *De Podagra*, grec & latin, Paris 1558, in-8°.

DEMETRIUS, orfèvre d'Ephese, dont le principal trafic étoit de faire des niches ou de petits temples de Diane, qu'il vendoit aux étrangers. Cet homme voyant que le progrès de l'Evangile nuisoit à son commerce, suscita une sédition contre S. Paul & les nouveaux Chrétiens, qu'il accusa de vouloir détruire le culte de la grande Diane d'Ephese. Il les accusa comme d'un blasphême énorme d'avoir dit *que les mains des hommes ne pouvoient faire des dieux.* Comment après cela a-t-on osé nier que les Païens adorassent les statues?

DEMETRIUS, philosophe cynique, que Caligula voulut attacher à ses intérêts par un présent. Le Cynique répondit: *Si l'empereur a dessein de me tenter, qu'il m'envoie son diadême.* L'empereur Vespasien, peu accoutumé à cette liberté philosophique, le chassa de Rome avec tous les autres philosophes, & le relégua dans une isle. Le Cynique égaya son exil en vomissant des injures contre l'empereur. Ce prince lui fit dire: " Tu fais tout ce que tu peux pour " que je te fasse mourir; mais je " ne m'amuse pas à faire tuer tous " les chiens qui aboient. " Ce Demetrius avoit été disciple d'Apollonius de Thyane. On ne voit pas qu'il ait mérité l'éloge emphatique que Séneque fait de lui. " La nature, dit cet écrivain, " l'avoit produit pour faire voir " à son siecle, qu'un grand génie " peut se garantir de la corrup- " tion de la multitude ": exagérations & pantalonades philosophiques. *Voyez* BATHILLE.

DEMETRIUS, grec de l'isle de Négrepont, homme plein de bravoure, d'esprit & d'intrigue, embrassa le Mahométisme, pour briguer l'amitié des grands de la Porte. Mahomet II l'envoya au grand-maître de Rhodes, d'Aubusson, pour lui offrir la paix sous la condition d'un tribut, mais dans le fonds pour le surprendre. D'Aubusson ne vit dans le renégat que ce qu'il devoit, y voir, un traître dont il avoit à se défier, & non pas un homme sincere avec lequel il pût négocier. Demetrius piqué anima son maître contre les chevaliers de Rhodes, & lui fit prendre la résolution d'assiéger cette isle. Demetrius accompagna le bacha Paléologue, général de l'armée, dans cette entreprise. Il se distingua par son courage au commencement du siege ; mais son cheval étant mort sous lui, il fut foulé aux pieds & écrasé par la cavalerie.

DEMETRIUS CHALCONDYLE, voyez CHALCONDYLE.

DEMETRIUS GRISKA EUTROPEIA, d'une famille noble, mais pauvre de Gereslau, d'abord moine de l'ordre de S. Basile, naquit avec une figure agréable, accompagnée de beaucoup d'esprit. Un religieux du même monastere que lui, fâché qu'un tel homme restât enseveli dans le cloître, entreprit de le placer sur le trône. Après que ce vieux moine eut donné au jeune-homme des instructions sur le rôle qu'il devoit jouer, il l'envoya en Lithuanie au service d'un seigneur distingué. Demetrius ayant été un jour maltraité par son maître, se mit à pleurer, & dit qu'on n'en agiroit pas de la sorte si on le connoissoit. *Et qui es-tu donc*, lui demanda le seigneur Lithuanien ? — *Je suis*, répondit le jeune Moscovite, *fils du czar Jean Basilowitz ; l'usurpateur Boris voulut me faire assassiner : mais on substitua à ma place le fils d'un prêtre qui me ressembloit parfaitement, & on me fit ensuite évader*. Le Lithuanien, frappé de l'air de vérité que le fourbe avoit mis dans son récit, le reconnut pour le véritable Demetrius. Ce seigneur l'ayant recommandé au vaivode de Sandomir, la Pologne arma pour lui, à condition qu'il établiroit la religion romaine en Moscovie. Ses succès étonnerent les Russes ; ils lui en-

voyerent des députés, pour le prier de venir prendre possession de ses états. On lui livra le czar Fœdor & toute sa famille. L'usurpateur fit étrangler la mere & le fils de ce prince. La résolution que prit Demetrius d'épouser une catholique-romaine, le rendit bientôt odieux ; c'étoit la fille du vaivode de Sandomir. Le peuple vit avec horreur un roi & une reine catholiques, une cour composée d'étrangers, sur-tout une église qu'on bâtissoit pour des Jésuites. Un Boïard, nommé Zuinski, se met à la tête de plusieurs conjurés, au milieu des fêtes qu'on donnoit pour le mariage du czar. Il entre dans le palais, le sabre dans une main, & une croix dans l'autre, & casse la tête à l'imposteur d'un coup de pistolet. Son corps, traîné sur la place qui étoit devant le château, demeura exposé pendant 3 jours à la vue du peuple. Le vaivode de Sandomir, son fils & sa fille, furent mis en prison. Zuinski, chef de la conspiration, fut élu grand-duc, & couronné le 1er juin 1606. On prétend que ce qui irrita le plus les Moscovites contre Demetrius, fut que ce prince ne demanda pas au patriarche la permission de coucher avec sa femme ; qu'il ne se lavoit point dans certaines étuves, après avoir couché avec elle, suivant l'usage du pays ; & que la nouvelle mariée, & les autres dames polonoises, jouant au piquet, avoient marqué leurs points avec de la craie sur le revers d'une image de S. Nicolas.

DEMETRIUS, fils du précédent, & de la fille du vaivode de Sandomir. Sa mere accoucha de lui dans la prison. On la veilla de fort près, pour s'assurer de l'enfant ; mais elle trouva moyen de le faire passer entre les mains d'un Cosaque, homme de confiance. Le prêtre qui le baptisa, lui imprima sur les épaules, avec de l'eau-forte, des caractères qui désignoient sa naissance. Le jeune-homme vécut jusqu'à 26 ans, dans

une entiere ignorance de ce qu'il
étoit. Un jour qu'il se lavoit dans un
bain public, on apperçut les marques qu'il portoit sur les épaules.
Un prêtre russe les déchiffra, & y
lut : *Demetrius, fils du czar
Demetrius.* Le bruit de cette aventure se répandit. Ladislas, roi de
Pologne, appella Demetrius à sa
cour, & le traita en fils de czar.
Après la mort de ce prince, les
choses changerent de face. Demetrius
fut obligé de se retirer en Suede, &
delà dans le Holstein, mais malheureusement pour lui, le duc de
Holstein avoit alors besoin des Moscovites. Un ambassadeur qu'il envoyoit en Perse, ayant emprunté
en son nom une somme considérable
sur le trésor du grand-duc, il s'acquitta de cette dette en livrant le
malheureux Demetrius. Son arrêt de
mort lui fut prononcé, & exécuté
en 1635. On lui coupa la tête & les
quatre membres, qu'on éleva sur des
perches, devant le château de Mos-
cou. Le tronc du corps fut laissé sur
la place, & dévoré par des dogues.

DÉMOCEDE, de Crotone, le
plus fameux médecin de son tems,
étoit fils de Calliphron, & ami de
Polycrates, tyran de Samos. Cet oppresseur ayant été tué par Orontes,
Darius fils d'Hystaspes, fit mourir
l'assassin, & transporter à Suze toutes
ses richesses avec ses esclaves. Démocede étoit confondu avec eux,
mais ayant guéri le roi, qui s'étoit
défait le pied en descendant de cheval, cette cure le mit en crédit. On
lui donna à Suze une maison magnifique. Il eut l'honneur de manger
à la table de Darius, & on ne pouvoit obtenir de grace à la cour que
par son canal. Démocede ayant guéri
Atosse, fille de Cyrus & femme de
Darius, d'un ulcere à la mamelle,
il obtint par le crédit de cette princesse d'être envoyé comme espion
dans la Grece. A peine y fut-il arrivé, qu'il s'enfuit à Crotone & y
épousa une fille du fameux lutteur
Milon, vers l'an 520 avant J. C.

DÉMOCHARES, *voy.* MOUCHY.

DÉMOCRITE, naquit à Ab-
dere dans la Thrace, d'un homme
qui logea chez lui Xercès dans le
tems de son expédition en Grece. Ce
prince lui laissa par reconnoissance
quelques mages, qu'il chargea de
l'éducation du jeune Abdéritain. Ils
lui enseignerent la théologie & l'astrologie. Il étudia ensuite sous Leucippe, qui lui apprit le systême des
atômes & du vuide. Ce qui ne contribua pas peu à lui déranger la tête.
Son goût pour la philosophie le
porta à voyager. Il vit les prêtres
d'Egypte, ceux de Chaldée, les
sages de Perse, & on prétend même
qu'il pénétra jusques dans les Indes,
pour conférer avec les gymnoso-
phistes. Ses voyages ne le rendirent
ni plus sage ni plus heureux ; ils
épuiserent son patrimoine, qui montoit à plus de cent talens. Il fut sur
le point d'encourir une note d'infamie comme dissipateur. Voulant
prévenir cet opprobre, il alla trouver les magistrats, & leur lut son
grand *Dianosme*, qu'il regardoit
comme un ouvrage admirable. Ses juges qui n'étoient pas plus physiciens
que lui, en furent si charmés, qu'ils
lui firent présent de 500 talens, lui
érigerent des statues, & ordonnerent
qu'après sa mort le public se chargeroit de ses funérailles. On assure
qu'il rioit toujours ; mais c'étoit
un ris de morgue & d'insulte ; se
croyant le seul sage parmi les hommes, il prétendoit être en droit de
se moquer de tous. D'ailleurs parmi
les anciens philosophes comme parmi
les nouveaux, c'étoit à qui se dis-
tingueroit, à qui occuperoit les regards & les discours du public par des
singularités, quelque extravagantes
qu'elles pussent être. Les Abdéri-
tains à la vue de ce rire continuel,
ne douterent plus de sa folie, &
écrivirent à Hippocrate pour lui recommander sa tête. Le médecin s'é-
tant rendu chez lui, en porta un
jugement différent, si ce qu'on en
raconte, est plus vrai que l'anecdote

suivante. Hippocrate avoit, dit-on, avec lui une fille, lorsqu'il rendit visite à Démocrite. Ce philosophe la salua comme vierge la 1re fois qu'il la vit ; mais le jour d'après, il la traita de femme, parce qu'on en avoit abusé pendant la nuit. Ce conte est fort célebre, mais il n'en est pas plus vrai. Croyons plutôt, dit un homme d'esprit, que l'on s'est plû à répandre sur la vie de ces vieux philosophes, autant d'aventures prodigieuses, que sur celle des baladins. On peut douter aussi qu'il se soit aveuglé, pour méditer plus profondément ; quoique ces sortes d'expédiens soient assez assortis aux génies de ces fameux sages. Démocrite mourut à l'âge de 109 ans, 360 avant J. C. Il ne reste aucun des ouvrages qu'il avoit composés. Il croyoit que les atômes & le vuide étoient les principes de toutes choses, qu'ils rouloient & étoient portés dans l'univers, & que de leur rencontre se formoient le feu, l'eau, l'air & la terre. Cela suffit pour ne point pleurer sur la perte du *Diacosmos* & des autres faits d'une si profonde physique.

DEMON *ou* DEMENETE, athénien, fils de la sœur de Démosthenes, gouverna la république d'Athenes pendant l'absence de son oncle, l'an 323 avant J. C. Il écrivit & parla en public pour procurer le retour de ce grand orateur. Il obtint enfin qu'on lui enverroit un vaisseau pour revenir ; & que non seulement les 50 talens auxquels il étoit condamné lui seroient remis ; mais encore qu'on en tireroit 30 autres du trésor public, pour ériger sur le port de Pirée une statue à Jupiter Conservateur, en action de graces de ce qu'il avoit conservé cet homme éloquent.

DEMONAX, philosophe crétois, fut, dit-on, d'une maison opulente, méprisa cet avantage pour afficher la philosophie. Il n'embrassa point de secte particuliere : mais il prit ce qu'il y avoit de bon dans chacune. Il se rapprochoit beaucoup de Socrate pour la façon de penser ou plutôt de parler, & de Diogene pour celle de vivre. Il se laissa mourir de faim, sans rien perdre de sa gaieté, & fut enterré aux dépens du public. Il dit à ceux qui étoient autour de son lit : *Vous pouvez vous retirer, la farce est jouée.* Il vivoit sous l'empereur Adrien, vers l'an 120 de J. C. Lucien nous le donne pour un sage unique, mais dans la vérité du fait, ce n'étoit qu'un effronté, un plat diseur de dégoûtans & d'obscenes calembours, qui seroit honoré fort au-dessus de son mérite, si on l'appelloit comme Socrate, qui avoit aussi quelque chose de ces qualités ; *Scurra atticus.*

DÉMOPHILE, évêque de Berée, joua un grand rôle parmi les Ariens. Le pape Libere ayant été exilé auprès de lui, Démophile lui persuada de souscrire à la formule du second conciliabule de Sirmium ; formule dressée avec beaucoup d'art, & qui à la rigueur pouvoit être défendue, comme elle le fut par S. Hilaire. Il se trouva au concile de Rimini, fut placé par ceux de son parti sur le siege de Constantinople, & chassé par l'empereur Théodose. Il mourut l'an 386, après avoir assisté à plusieurs conciles où il avoit toujours soutenu l'erreur avec beaucoup de subtilité.

DEMOPHOON, fils de Thésée & de Phedre. Après l'expédition de Troie, où il s'étoit trouvé, ayant été jeté par la tempête sur les côtes de Thrace, il y épousa Phyllis, fille de Lycurgue, roi de cette contrée.

DÉMOSTHENES, naquit à Athenes, non d'un forgeron, comme Juvenal veut le faire entendre ; mais d'un homme assez riche, qui faisoit valoir des forges. Il n'avoit que 7 ans lorsque la mort le lui enleva. Des tuteurs intéressés volerent à leur pupille une partie de son bien & laisserent perdre l'autre. Son éducation fut entièrement négligée, & la nature fit presque tout en lui. Il se porta de lui-même à l'étude de l'éloquence, en prit des leçons sous Isée & Platon, & profita des traités d'Isocrate qu'il avoit eus en secret. Son premier essai fut contre ses tuteurs. Il plaida dès l'âge de 17 ans, & les obligea à lui restituer une grande partie de son bien. Une difficulté de prononcer très-remarquable, & une poitrine très-foible, étoient de puissans obstacles à ses progrès. Il vint à bout de les vaincre, en mettant dans sa bouche de petits cailloux, & en déclamant ainsi plusieurs vers de suite & à haute voix, sans s'interrompre, même dans les promenades les plus rudes & les plus escarpées. Pour donner encore plus de force à sa voix, il alloit sur le bord de la mer, dans le tems que les flots étoient le plus violemment agités, & y prononçoit des harangues. C'est ainsi qu'il s'accoutuma au bruit confus, pour n'être point déconcerté par les émeutes du peuple & les cris tumultueux des assemblées. Il fit plus; il s'enfermoit des mois entiers dans un cabinet souterrein, se faisant raser exprès la moitié de la tête, pour se mettre hors d'état de sortir. C'est-là qu'à la lueur d'une petite lampe, il composa ces harangues, chef-d'œuvres d'éloquence, dont les envieux disoient qu'elles sentoient l'huile, mais que la postérité a mises au-dessus de tout ce que nous a laissé l'ancienne Grece. Après avoir exercé son talent dans quelques causes particulieres, il se mit à traiter les affaires publiques. Les Athéniens par leur mollesse étoient, pour ainsi dire, devenus les complices de ceux qui vouloient les asservir; il ranima leur patriotisme. Il tonna, il éclata contre Philippe, roi de Macédoine, & inspira à ses concitoyens la haine dont il étoit pénétré. Il se trouva même l'an 338 avant J. C. à la bataille de Chéronée, où il prit la fuite. Après la mort de Philippe,

il se déclara contre Alexandre son fils avec non moins de véhémence; mais s'étant laissé corrompre par le présent d'une coupe d'or, il fut obligé de sortir de la ville. On avoit dit auparavant de lui, » que tout » l'or de Philippe ne le tentoit pas » plus, que celui de Perse n'avoit » tenté Aristide »: sa vertu se démentit étrangement en cette occasion, qui cependant ne devoit pas être si tentante. Après la mort d'Alexandre le Grand, il revint à Athenes, & continua à haranguer contre les Macédoniens, Antipater, leur roi, demanda qu'on lui livrât les orateurs qui déclamoient contre lui. Démosthenes prit la fuite, & se voyant près de tomber entre les mains des soldats qui le poursuivoient, il suça du poison qu'il avoit dans une plume, feignant d'écrire à quelqu'un de ses parens, l'an 322 avant J. C. On peut remarquer comme une chose singuliere, que les deux plus grands orateurs d'Athenes & de Rome ont fini leur vie par une mort funeste. Cet homme, qui se donna lui-même la mort, la craignoit sur un champ de bataille; tant il est vrai que le suicide est la manie des ames foibles, des poltrons. Les Athéniens lui érigerent une statue de bronze avec cette inscription: *Démosthenes, si tu avois eu autant de force que d'éloquence, jamais Mars le Macédonien n'auroit triomphé de la Grece...* Démosthenes passe avec raison pour le prince des orateurs. C'est le rang que lui donnoit Cicéron, son rival de gloire. » Il remplit, dit-il, l'idée que j'ai de l'élo-» quence. Il atteint à ce degré de » perfection que j'imagine, mais que » je ne trouve qu'en lui seul ». Son éloquence étoit rapide, forte, sublime, & d'autant plus frappante, qu'elle paroissoit sans art & naître du sujet. A cette éloquence mâle & toute de choses, il joignoit une déclamation véhémente & pleine d'expression. Son génie tiroit encore une nouvelle force de son zele pour la patrie, de sa haine pour ses ennemis, & de son amour pour la gloire & la liberté. Son nom rappellera toujours de grandes idées, les idées de courage, de patrie & d'éloquence. On a souvent comparé Démosthenes avec Cicéron, & on ne sait pas encore lequel on doit préférer. Tout ce qu'on peut dire de plus sensé, c'est que ces deux grands-hommes prirent des routes opposées pour parvenir au même but. La meilleure édition de ses *Harangues*, est celle de Francfort, 1604, in-fol, avec la Traduction latine de Wolfius. Tourreil en a traduit quelques-unes en françois, & a orné sa version de deux préfaces excellentes sur l'état de la Grece. Cette version a été éclipsée par la *Traduction complette* que M. l'abbé Auger en a donnée avec celle d'*Eschine*, Paris 1777, 5 vol, in-8°, chez la Combe. M. Taylor, savant anglois, vient de publier à Londres une nouvelle édition de *Démosthenes*.

DÉMOSTHENES, vicaire du préfet du prétoire sous Valens, fauteur ardent des Ariens, persécuteur des Catholiques, étoit maitre-d'hôtel du même empereur, lorsqu'il s'avisa de critiquer quelques discours que S. Basile faisoit à ce prince. Il lui échappa un barbarisme; *Quoi !* lui dit S. Basile en souriant, *un Démosthenes qui ne sait pas parler !* . Démosthenes piqué lui fit des menaces; & Basile lui répondit: *Mélez-vous de bien servir la table de l'empereur, & non pas de parler de théologie.* Devenu vicaire du préfet, il bouleversa toutes les églises, assembla des conciles d'évêques ariens, & exerça des vexations horribles contre les soutiens de la bonne cause.

DEMPSTER, (Thomas) gentilhomme écossois, né au château de Cliftbog en 1579, s'expatria durant les guerres civiles d'Ecosse. Il vint à Paris; mais comme il étoit extrémement violent, il s'y fit des

affaires, & fut obligé de passer en Angleterre. Il revint bientôt à Paris, amenant avec lui une très-belle femme, que ses écoliers lui enleverent à Pise, où il enseigna pendant quelque tems. Delà il passa à Bologne, où il professa avec applaudissement jusqu'au 6 septembre 1625, année de sa mort. Dempster étoit jurisconsulte, historien, poëte, orateur. On a de lui des ouvrages dans ces différens genres. Le plus célebre est son *Histoire ecclésiastique d'Ecosse* en XIX livres, imprimée in-4°, à Bologne, en 1627. Elle est littéraire autant qu'ecclésiastique. Il crut honorer sa patrie, de faire naître en Ecosse une foule d'écrivains étrangers, & il s'honora très-peu lui-même, par ce genre de mensonge historique. On a encore de lui, *De Etruria regali*, à Florence 1728 & 1724, 2 vol. in-folio; & une édition des *Antiquités Romaines* de Rosin, Paris 1613, in-fol. avec des additions qui se trouvent à la suite de chaque chapitre, sous le titre de *Paralipomena*.

DENESLE, *voyez* NESLE (N. de).

DENHAM, (le chevalier Jean) natif de Dublin, montra dans sa jeunesse plus d'inclination pour le jeu que pour l'étude. Son pere, irrité contre lui, le corrigea un peu de son penchant. Le fils écrivit même un *Essai contre le Jeu*, pour preuve de son changement; mais après la mort du pere, il fut plus joueur que jamais. En 1641 il publia une tragédie, intitulée le *Sophi*. Ces prémices de sa veine poétique surprirent d'autant plus, que personne ne s'attendoit à de pareils ouvrages de la part d'un pilier de brelan. Charles II, après son rétablissement sur le trône, le nomma surintendant des bâtimens royaux. Il mourut en 1668, & fut enterré dans l'abbaye de Westminster, auprès de ses confreres Chaucer, Spencer & Cowley. Outre sa tragédie de *Sophi*, on a plusieurs autres Pieces de Poésie, Londres

1719, in-12, qui lui acquirent beaucoup de réputation. Sa *Montagne de Kooper* est pleine d'idées brillantes, & de descriptions faites d'après nature. La précision & la netteté sont les principales qualités qui lui manquent.

DENISART, (Jean-Baptiste) procureur au châtelet de Paris, né près de Guise en Picardie, & mort à Paris en 1765, à 51 ans, étoit également recommandable par sa probité & par ses lumieres. On a de lui un ouvrage clair, méthodique & exact, plusieurs fois réimprimé, sous le titre de : *Collection de Décisions nouvelles & de Notions relatives à la Jurisprudence actuelle*, Paris 1771, 4 vol. in-4°. Ce recueil peut servir également de Dictionnaire pour le droit civil & pour le canonique. Il est utile non-seulement aux jurisconsultes, mais aux personnes dont l'étude des loix ne constitue point l'état. On lui doit encore une édition des *Actes de notoriété du Châtelet*, 1759, in-4°., avec des notes qui prouvent beaucoup de savoir. Denisart étoit extrêmement laborieux, & c'est sans doute son application continuelle qui a avancé sa mort.

DENORES, *voyez* NORES.

DENTRECOLLES, (François-Xavier) jésuite, né à Lyon en 1664, se consacra à la mission de la Chine avec le P. Parennin. Il y fut employé autant d'années que lui, & mourut également en 1741, à 77 ans. Son caractere aimable, son esprit insinuant, & ses manieres douces & affables, lui gagnerent l'estime & l'affection des lettrés & du peuple. Il fit imprimer un grand nombre d'ouvrages en langue chinoise, soit pour persuader la vérité de la religion aux Gentils, soit pour maintenir les nouveaux fideles dans la piété. Outre ces écrits qui ne peuvent nous être connus, nous avons de lui plusieurs morceaux intéressans dans le recueil de *Lettres édifiantes & curieuses*, & dans l'*His-*

toire de la Chine du P. du Halde.

DENYS, (S.) dit l'*Aréopagite*, un des juges de l'Aréopage, fut établi évêque d'Athenes, après avoir été converti par S. Paul. Il finit sa vie dans cette ville par le martyre, vers l'an 95 de J. C. On lui attribua plusieurs ouvrages dans les siecles d'ignorance ; mais aujourd'hui que l'on met les fausses traditions dans la balance de la critique, on est revenu de ce préjugé. Le style de ces ouvrages, & leur méthode, sont fort éloignés de la maniere dont on écrivoit dans le 1er & le 2e siecle, & paroissent être du 5e. On les a tous réimprimés en 2 vol. in-fol. grec & latin, à Anvers, en 1634, recueillis par le P. Balthasar Cordier, jésuite. Le Ier volume contient les *Préfaces de S. Maxime & de George Pachimere*, le livre de la *Hiérarchie céleste* en 15 chapitres, celui de la *Hiérarchie ecclésiastique* en 7, & celui des *Noms divins* en 13. Le IIe volume renferme la *Théologie mystique* en 5 chapitres, & quelques *Epîtres*. On trouve sa *Liturgie* dans un petit volume in-8°, Cologne 1530, rare, intitulé : *Ritus & Observationes antiquissimæ*. Ses ouvrages sont aussi dans la Bibliotheque des Peres.

DENYS, (S.) célebre évêque de Corinthe au 2e siecle, avoit écrit plusieurs Lettres. Eusebe en a conservé des fragmens importans.

DENYS, (S.) premier évêque de Paris, fut envoyé dans les Gaules sous l'empire de Dece, vers l'an 240. Il fut honoré de la palme du martyre, & eut la tête tranchée avec ses compagnons Rustique & Eleuthere, l'un prêtre & l'autre diacre. On a confondu très-mal-à-propos ce saint évêque avec Denys l'Aréopagite. Hilduin, abbé de Saint-Denis, fut le premier qui entreprit de prouver dans le 9e siecle, que l'évêque de Paris étoit le même que l'évêque d'Athenes. Cette opinion passa de Paris à Rome par Hilduin ; des Romains chez les Grecs, par

Methodius son contemporain; & de la Grece elle repassa en France, par la traduction que fit Anastase de la *Vie de S. Denys*, composée par Methodius. Ce sentiment est aujourd'hui entiérement réprouvé, même par les légendaires comme on peut le voir dans les Bréviaires de Paris & de Rouen. L'idée que S. Denis, après sa décapitation, avoit porté sa tête entre ses mains, est peut-être l'effet des anciennes peintures & statues qui exprimoient de la sorte le genre de son martyre.

DENYS, (S.) patriarche d'Alexandrie, successeur d'Heraclas dans ce siege, l'an 247 de J. C., se convertit en lisant les Epîtres de S. Paul. Son courage, son zele, sa charité parurent avec éclat pendant les persécutions qui s'éleverent contre son église, sous l'empire de Philippe, & sous celui de Dece l'an 250. Ses vertus ne brillerent pas moins durant le schisme des Novatiens contre le pape Corneille, & dans les ravages que faisoit l'erreur de Sabellius, qui confondoit les trois personnes de la Trinité. Cette héréfie désoloit la Pentapole : Denys la foudroya par plusieurs lettres éloquentes. Il fut exilé durant la persécution de Valerien. Il mourut en 264, après avoir gouverné l'église d'Alexandrie durant onze ans. De tous ses ouvrages, nous n'avons plus que des *Fragmens* & une *Lettre canonique* inférée dans la Collection des Conciles. Son style est élevé; il est pompeux dans ses descriptions, & pathétique dans ses exhortations. Il possédoit parfaitement le dogme, la discipline & la morale. Aux arguments les plus forts contre ses adversaires, il joignoit la modération & la douceur. Les Peres du second concile d'Antioche, contre Paul de Samosate honorerent sa mémoire : & S. Athanase prit sa défense contre les Ariens.

DENYS, (S.) romain, successeur de S. Sixte dans le souverain pontificat, gouverna l'église de Rome, l'édifia & l'instruisit pendant dix ans & quelques mois. Il fût placé sur la chaire de S. Pierre le 22 juillet 259, & mourut le 26 décembre 269. Il tint un synode l'an 261, dans lequel il anathématisa l'héréfie de Sabellius, & l'erreur opposée, soutenue depuis par Arius. On trouve dans les *Epistolæ Romanorum Pontificum* de D. Constant, in-folio, des Lettres de ce pontife contre Sabellius.

DENYS, (S.) évêque de Milan, défendit au concile de cette ville, en 355, la foi du concile de Nicée. Il eut ensuite la foiblesse de soufcrire à la condamnation de S. Athanase ; mais ayant réparé sa faute, l'empereur Constance l'envoya en exil en Cappadoce. Il y mourut quelque-tems après.

DENYS, surnommé *le Petit* à cause de sa taille, naquit en Scythie. Il passa à Rome, & fut abbé d'un monastere. C'est lui qui a introduit le premier la maniere de compter les années depuis la naissance de J. C., & qui l'a fixée suivant l'époque de l'ere vulgaire, qui n'est pourtant pas la véritable. On a de lui un *Code de Canons* approuvé & reçu par l'église de Rome, suivant le témoignage de Cassiodore, & par l'église de France & les autres latines, suivant celui d'Hincmar. (Justel donna une édition de ce recueil en 1628.) Denys l'augmenta ensuite d'une *Collection des Décrétales des Papes*, qui commence à celles de Sirice, & finit à celles d'Anastase. On a encore de lui la *Version du Traité, de S. Gregoire de Nice, de la Création de l'homme*. Le sens est rendu fidellement & intelligiblement, mais non pas en termes élégans & choisis. Cassiodore, qui l'a comblé d'éloges, assure qu'il savoit le grec si parfaitement, qu'en jetant les yeux sur un livre de cette langue, il le lisoit en latin, & un latin en grec. Denys mourut vers l'an 540.

DENYS Læwis, surnommé *le Chartreux*, natif de Rikel, près de Looz, dans la principauté de Liege, vécut 48 ans chez les Chartreux de Ruremonde, & mourut en 1471, à 69 ans, après avoir servi l'église par son savoir & ses vertus. Son attachement continuel à la contemplation, lui fit donner le nom de *Docteur Extatique*. Il écrivit au pape & à plusieurs princes chrétiens, pour leur apprendre que la perte de l'empire d'Orient étoit un effet de la colere de Dieu, justement irrité contre les fideles. On a de lui un grand nombre d'ouvrages pleins d'instructions salutaires, & d'une onction touchante, mais écrits sans politesse & sans élévation. Eugene IV disoit *que l'église étoit heureuse d'avoir un tel fils.* Denys avoit beaucoup lu, & ne manquoit pas d'érudition dans les choses communes. Il appliquoit heureusement les passages de l'Ecriture. Il étoit sobre & sage dans sa spiritualité, & il n'y a guere d'auteur mystique dont les ouvrages se lisent avec plus de plaisir & de fruit. Les siens sont recueillis en 21 vol. in-fol. Cologne 1549, en y comprenant ses commentaires. Son *Traité contre l'Alcoran*, Cologne 1533, in-8°, n'est pas commun. Il est en 3 livres. Le traité *De Bello instituendo adversùs Turcas* fut supprimé, pour certaines applications forcées, & pour plusieurs visions singulieres qu'il renfermoit. Il y a aussi dans son Traité du Purgatoire des choses si extraordinaires, que Possevin dans son *Apparatus sacer* soupçonne qu'elles y ont été inférées par une main étrangere.

DENYS, tyran d'Héraclée dans le Pont, profita des conquêtes d'Alexandre le Grand sur les Perses, pour affermir sa tyrannie, mais il ne se maintint qu'à force de souplesses pendant la vie de ce héros. Après sa mort, il fut inquiété par Perdiccas, l'un de ses successeurs. Celui-ci ayant été tué l'an 321 avant J. C., le tyran épousa Amestris, fille du frere de Darius, prit le titre de roi, & unit à ses états plusieurs places importantes, qu'il conquit aux environs d'Héraclée. Le reste de sa vie ne fut rempli que par les plaisirs. Il étoit d'une si prodigieuse grosseur, qu'il n'osoit produire en public sa lourde masse. Lorsqu'il donnoit audience, ou lorsqu'il rendoit justice, il s'enfermoit, dit-on, dans une armoire, de peur qu'on ne vit son visage. Il dormoit presque toujours d'un sommeil si profond, qu'on ne pouvoit l'éveiller qu'en lui enfonçant des aiguilles dans la chair. Cet homme monstrueux mourut à 55 ans, l'an 304 avant J. C., laissant deux fils & une fille sous la régence de sa femme.

DENYS I, tyran de Syracuse, fils d'Hermocrate, de simple greffier devint général des Syracusains, & ensuite leur tyran. Il déclama avec force contre les anciens magistrats, les fit déposer, en fit créer de nouveaux, & se mit à leur tête l'an 405 avant J. C. Pour établir sa tyrannie, il augmenta la paie des soldats, rappella les bannis, & se fit donner des gardes par le peuple. Il soutint presque toujours la guerre contre les Carthaginois, mais avec des succès divers. La ville de Géla ayant été prise par ceux-ci, les Syracusains se souleverent contre lui. Le tyran les réprima, ordonna le massacre des Carthaginois répandus dans la Sicile, & jura une haine éternelle à Carthage. A la passion de commander, il joignoit celle de versifier. Il envoya à Olympie son frere Théodore pour y disputer en son nom le prix de la poésie & celui de la course des chevaux. Ses ouvrages furent sifflés. Ne pouvant se venger des railleurs, il se vengea sur ses sujets. Tous les beaux esprits de Syracuse qui mangeoient à sa table, avoient attention de louer le guerrier; mais encore plus le poëte. Il n'y eut qu'un certain Philoxene , célebre par ses *Dythirambes* , qui ne se laissa point entraîner au torrent. Denys lui lut un jour une piece de vers , sur laquelle il le pressa de lui dire son sentiment : cet homme franc lui déclara sans hésiter qu'elle étoit mauvaise. Le prince ordonna qu'on le conduisît aux carrieres ; mais à la priere de sa cour , il le fit élargir. Le lendemain il choisit ce qu'il croyoit être ses chef-d'œuvres , pour les montrer à Philoxene. Le poëte , sans répondre un seul mot , se tourna vers le capitaine des gardes , & lui dit : *Qu'on me remene aux carrieres.* Le tyran fut jugé moins sévérement à Athenes. Il y fit représenter une de ses tragédies pour le concours du prix ; on le déclara vainqueur. Ce triomphe le flatta plus que toutes ses victoires. Il ordonna qu'on rendît aux dieux de solemnelles actions de graces. Il y eut pendant plusieurs jours des fêtes somptueuses à Syracuse. L'excès de la joie ne lui permit pas de se modérer à table , & il mourut d'une indigestion , après 38 ans de tyrannie , l'an 386 avant J. C. en sa 63e année. Denys avoit tous les vices d'un usurpateur ; il étoit ambitieux , cruel , vindicatif , soupçonneux. Il fit bâtir une maison souterreine environnée d'un large fossé , où sa femme & ses fils n'entroient qu'après avoir quitté leurs habits , de peur qu'ils n'eussent des armes cachées. Il portoit toujours une cuirasse. Son barbier lui ayant dit que sa vie étoit entre ses mains , il le fit mourir , & se vit réduit à se brûler lui-même la barbe. Son impiété n'est pas moins connue que sa méfiance. Ayant ôté un manteau d'or à la statue de Jupiter , il en substitua un de laine , disant : » Qu'un » manteau d'or étoit bien pesant » en été & bien froid en hiver , » & que le bon fils de Saturne de- » voit se contenter d'un manteau » plus simple ». Une autre fois il arracha une barbe d'or à Esculape , en ajoutant , » qu'il étoit indécent

» qu'il en portât une , tandis que » son pere Apollon n'en avoit » point ».

DENYS II , surnommé *le Jeune* , successeur & fils du précédent , fit venir Platon à sa cour , par le conseil de Dion son beau - frere. Le philosophe n'adoucit point le tyran ; il faut d'autres leçons & d'autres impressions pour changer le cœur des hommes. Denys exila Dion , & fit épouser sa femme à un autre. Cet affront mit la vengeance dans le cœur de Dion , qui attaqua Denys , & l'obligea d'abandonner Syracuse l'an 343 avant J. C. Il y rentra dix ans après , & en fut encore chassé par Timoléon , général des Corinthiens. Celui-ci l'envoya à Athenes , où il fut obligé d'ouvrir une école pour subsister , si l'on en croit quelques savans , dont le sentiment a été combattu par Hewman , docteur d'Allemagne , qui a fait sur ce sujet un gros in-4°.

DENYS D'HALICARNASSE , naquit à Halicarnasse (autrefois Zéphyre) , ville de la Carie , la demeure ordinaire des rois de cette province ; c'étoit aussi la patrie d'Hérodote. Denys la quitta vers l'année 30 avant J. C. , & vint à Rome , où il demeura 22 ans. Il y apprit la langue latine , pour se mettre en état de consulter les historiens du pays. Il fit une étude sérieuse de tous les auteurs , tant grecs que latins , qui avoient parlé du peuple romain. C'est avec ces secours qu'il composa ses *Antiquités Romaines* en XX livres , dont il ne nous reste que les XI premiers qui vont jusqu'à l'an 312 de la fondation de Rome. L'abbé Bellanger , docteur de Sorbonne , en a donné une Traduction françoise , avec des notes , en 1723 , à Paris , 2 vol. in-4°. Il y en a eu une aussi vers le même tems par le P. le Jai , jésuite. Elles ont chacune leur mérite particulier , mais dans un genre différent. Les écrivains anciens & modernes qui ont fait mention de

Denys, reconnoiſſent en lui, ſuivant le P. le Jai, un génie facile, une érudition profonde, un diſcernement exact, & une critique judicieuſe. Henri Etienne dit que l'hiſtoire romaine ne pouvoit être mieux écrite, que l'a fait en grec Denys d'Halicarnaſſe, & Tite-Live en latin. Ce jugement n'eſt pas exactement vrai, par rapport au ſtyle. Celui de l'hiſtorien latin eſt bien autrement beau, noble, élevé, grand, vif, que celui de l'hiſtorien grec, preſque toujours foible, prolixe, languiſſant. Ce qu'ils ont de commun, c'eſt qu'ils ſont quelquefois trop crédules ; mais Denys eſt plutôt un compilateur d'antiquités, qu'un hiſtorien. On a encore de lui des *Comparaiſons de quelques anciens Hiſtoriens*. Ces morceaux ſe trouvent dans l'édition de ſes *Œuvres*, publiée à Oxford en 1704, 2 vol. in-fol. par Jean Hudson, en grec & en latin, la meilleure que nous ayons juſqu'à préſent. On eſtime auſſi celle de Sylburge, à Francfort 1586, in-fol.

DENYS DE CARAX, géographe, né à Carax dans l'Arabie-Heureuſe, auquel on attribue une *Deſcription de la Terre* en vers grecs. Les uns le font vivre du tems d'Auguſte ; mais Scaliger & Saumaiſe le reculent juſqu'au regne de Sévere ou de Marc-Aurele, & cette opinion paroît la mieux fondée. Son ouvrage eſt imprimé à Oxford 1697, 1704 & 1710, in-8°. L'édition de 1710 eſt plus ample ; mais il y a des cartes dans celle de 1704, qui ne ſont ni dans l'édition de 1697, ni dans celle de 1710. On en a une autre édition en grec & en latin, par T. le Fèvre, Saumur 1676, in-8°.

DENYS, (Jean-Baptiſte) médecin ordinaire du roi, mort l'an 1704 à Paris ſa patrie, où il profeſſa la philoſophie & les mathématiques avec diſtinction. Il tenoit chez lui des *Conférences* ſur toutes ſortes de matieres, qui ont été imprimées in-4°. Ces Conférences commence-

rent en 1664, & continuoient encore en 1672. On trouve dans ces mémoires beaucoup de choſes curieuſes, mais auſſi beaucoup d'imaginations empiriques. Il a encore donné en 1668 deux *Lettres*, in-4°, dont l'une a pour objet pluſieurs expériences de la transfuſion du ſang, faites ſur des hommes ; l'autre roule ſur une folie guérie par la transfuſion. Il étoit grand partiſan de cette pratique ; mais elle fut défendue par un arrêt du parlement, informé des mauvais effets qu'elle avoit produits.

DENYS, (Pierre) né à Mons en 1658, manifeſta dès ſa jeuneſſe ſon goût pour les arts, & en particulier pour le travail du fer. Il ſe perfectionna à Rome & à Paris, juſqu'en 1690, année dans laquelle il ſe conſacra à Dieu dans l'ordre de S. Benoît en qualité de Commis. (C'eſt ainſi qu'on nomme les laïcs, qui s'engagent par un contrat civil à garder certaines regles, & à s'occuper, ſelon l'ordre des ſupérieurs, dans les arts & métiers dont ils ſont capables.) Il vécut pendant 43 ans dans l'abbaye de S. Denys, avec beaucoup d'édification ; & y mourut en 1733, à 63 ans. On l'a regardé comme le plus habile ouvrier en fer qu'il y ait eu en France. Peu d'artiſtes ont encore approché de la délicateſſe, de la beauté & de la perfection de ſes ouvrages. (Il y a aujourd'hui, en 1782, un frere à l'abbaye d'Orval, qui le ſurpaſſe.) C'eſt à Denis, qu'on doit la plupart des ornemens en fer de l'abbaye de S. Denys, qui ſont généralement eſtimés des connoiſſeurs, & admirés même de ceux qui n'en connoiſſent pas tout le prix.

DENYSOT, (Nicolas) peintre & poëte françois, né au Mans en 1515, peignoit aſſez bien & verſifioit aſſez mal. Il excella ſur-tout dans le deſſin. Il mourut à Paris l'an 1559. Ce poëte ſe piquoit d'imiter Jodelle ; mauvaiſe copie d'un mauvais modele. Il publia des *Can-*

tiques, 1555, in-8°, fous le nom de *Comte d'Alfinois*, qui eft l'anagramme du fien. On croit qu'il a eu part aux *Contes* de Defperiers.

DEO-GRATIAS, (Saint) élu évêque de Carthage, à la priere de l'empereur Valentinien III, vers 454, du tems du roi Genferic, fe diftingua par fa charité envers les pauvres & les captifs, & mourut en 457. On voit dans le college des ex-jéfuites de Hradift en Moravie un très-beau & grand tableau où l'on voit S. *Deo gratias*, S. *Deus dedit* & S. *Quod vult Deus* honorés comme les trois patrons de la conformité avec la volonté de Dieu; au haut du tableau des Anges promenent pittorefquement cette épigraphe : *Fiat voluntas tua ficut in coelo & in terrâ.*

DEPARCIEUX, *voyez* PAR-CIEUX.

DERCETIS *ou* ATERGATIS, déeffe qui s'étant repentie de s'être abandonnée à un jeune-homme à la follicitation de Vénus, fe précipita dans un étang, où elle fut changée en poiffon.

DERCYLLIDAS, général des Lacédémoniens, vers l'an 400 avant Jefus-Chrift, prit plufieurs villes aux Perfes. Sur le point d'en venir à une bataille, il engagea adroitement Pharnabaze, & Tiffapherne, général d'Artaxercès, de figner un traité par lequel les Perfes s'obligeoient de laiffer les villes grecques en liberté, l'an 397 avant Jefus-Chrift.

DERHAM, (Guillaume) recteur d'Upminfter dans le comté d'Effex, membre de la fociété royale de Londres, & chanoine de Vindfor, s'eft fait un nom célebre par fes talens pour la phyfique, & fur-tout par l'ufage qu'il en a fait. En 1711 & 1712, il remplit la fondation de Boyle avec le plus grand éclat. Il mourut à Londres en 1735, à 78 ans. On a de lui la *Théologie phyfique* & la *Théologie aftronomique*; traduites en françois, l'une

en 1730, & l'autre en 1729; toutes deux in-8°, & dignes de l'être dans toutes les langues; quoiqu'il y ait quelques idées fyftématiques, de vues hazardées & fingulieres. Le premier ouvrage lui mérita des lettres de docteur en théologie, que l'univerfité d'Oxford lui envoya fans exiger de lui aucune des formalités accoutumées. Ces deux écrits font le précis des fermons qu'il avoit prêchés en 1711 & en 1712. La religion y eft prouvée par les merveilles de la nature. On a encore de lui plufieurs autres ouvrages dans les *Tranfactions philofophiques.*

DERODON, *voyez* RODON.

DES-ACCORDS, *voyez* TABOUROT.

DES ADRETS, *voyez* ADRETS (François de Beaumont des).

DESAGULIERS, (Jean-Théophile) célebre phyficien, né à la Rochelle en 1683, étoit fils d'un miniftre proteftant. A la révocation de l'édit de Nantes, fon pere paffa en Angleterre. Le jeune Defaguliers, après avoir étudié à Oxford fous les plus habiles maîtres, vint faire à Londres des cours de phyfique expérimentale, qui lui ouvrirent les portes de la fociété royale. La Hollande l'appella pour y aller faire fes cours de phyfique. Il fe rendit d'abord à Roterdam, & enfuite à La Haye, c'étoit en 1730. La fociété royale le rappella pour continuer fes expériences en Angleterre, avec un honoraire annuel de 30 livres fterlings. A la dextérité de la main, Defaguliers joignoit l'efprit d'invention, & c'étoit tous les jours quelque nouvelle machine. Pour que le public jouît du fruit de fes lumieres, il mit fes leçons en ordre, & les publia fous le titre de *Cours de Phyfique expérimentale*, en 2 vol. enrichis d'un grand nombre de figures & d'obfervations importantes. La fin de fa vie fut malheureufe. Il perdit, dit-on, le jugement. Il s'habilloit tantôt en arlequin, tantôt en gilles; & c'eft dans ces accès

accès de folie qu'il mourut en 1743, âgé de 60 ans.

DESAULT, (Pierre) docteur en médecine, très-versé dans la théorie & heureux dans la pratique, publia en 1733, in-12, à Bordeaux sa patrie, une *Differtation fur les Maladies vénériennes*. Il avoit embraffé le fyftéme de Deidier (*Voyez* cet article).

DES-AUTELS, *voyez* AUTELS.

DES BARREAUX, *voyez* BAR-REAUX (Jacques Vallée feigneur des).

DES-BOULMIERS, (Jean-Auguftin Julien) : c'eft le nom fous lequel cet auteur s'eft fait connoître, & qu'il préféra à celui de fon pere. Il entra dans les troupes légeres, & n'y ayant pas fait fortune, il fe tourna du côté des lettres. Il débuta par des romans, donna enfuite quelques opéra-comiques ; & compila, en 7 vol. in-12, l'*Hiftoire de la Comédie Italienne*, & celle de *la Foire* en 2 vol.; recueil prolixe, écrit d'un ftyle incorrect & néologique. Des-Boulmiers mourut d'une maladie de poitrine en 1771, âgé d'environ 40 ans. On a encore de lui des romans, dont le plus connu eft intitulé : *De tout un peu*. C'eft un falmigondis de contes, qui prouve la frivolité de l'auteur. Il y a auffi des vers qui ne valent pas mieux. Son *Hiftoire du marquis de Solanges*, & celle *des Filles du 18e fiecle*, ont eu quelques fuccès éphémeres.

DESCARTES, (René) né en 1596, à la Haye en Touraine, d'une famille noble & ancienne, fut engagé par fon inclination, autant que par fa naiffance, à porter les armes. Il fervit en qualité de volontaire au fiege de la Rochelle, & en Hollande fous le prince Maurice. Il étoit en garnifon à Breda, lorfque parut le fameux problême de mathématique d'Ifaac Béeman, principal du college de Dordrecht : il en donna la folution. Après s'être trouvé à différens fieges, il vint à Paris pour s'adonner à la philofo-

Tome II.

phie, à la morale & aux mathématiques. Il ne voulut plus lire que dans ce qu'il appelloit le *grand Livre du Monde*, & s'occupa entiérement à ramaffer des expériences & des réflexions. Defcartes avoit fait auparavant un voyage à la capitale ; mais il ne s'y étoit guere fait connoître dans le monde, que par une paffion exceffive pour le jeu. Cette paffion s'étant éteinte, la philofophie en profita. Il avoit tout ce qu'il falloit pour en changer la face : une imagination brillante & forte, qui en fit un homme fingulier dans fa vie privée, ainfi que dans fa maniere de raifonner ; un efprit très-conféquent ; des connoiffances puifées dans lui-même plutôt que dans les livres ; beaucoup de courage pour combattre les préjugés. La philofophie péripatéticienne triomphoit alors en France ; il étoit dangereux de l'attaquer. Defcartes fe retira près d'Egmont en Hollande, pour n'avoir aucune efpece de dépendance qui le forçât à la ménager. Pendant un féjour de 25 ans qu'il fit dans différens endroits des Provinces-Unies, il médita beaucoup, fe fit quelques enthoufiaftes & plufieurs ennemis. L'univerfité d'Utrecht fut Cartéfienne dès fa fondation, par le zele de Renneri & de Regis, tous deux difciples de Defcartes. Mais Voetius, entêté des chimeres fcholaftiques, ayant été fait recteur de cette univerfité, y défendit d'enfeigner les principes du philofophe françois. Voetius attaqua fur-tout une nouvelle preuve de l'exiftence de Dieu, imaginée par Defcartes, d'une maniere plus fubtile que folide ; mais qui ne prouvoit point du tout comme Voetius le prétendoit, que le philofophe françois rejetoit celles qui étoient meilleures. Defcartes ne trouva pas moins d'obftacles en Angleterre, & ce fut ce qui l'empêcha de s'y fixer dans un voyage qu'il y fit. Il vint quelque-tems après à Paris. Louis XIII & le car-

G g

dinal de Richelieu essayerent inutilement de l'attirer à la cour : sa philosophie n'étoit pas faite pour elle. On lui assigna pourtant une pension de 3000 livres, dont il eut le brevet, sans en rien toucher ; ce qui lui fit dire en riant, *que jamais parchemin ne lui avoit tant coûté*. La reine Christine souhaitoit depuis long-tems de le voir. Elle voulut l'approcher de son trône. Chanut, ambassadeur de France en Suede, fut chargé de cette négociation ; dans laquelle il eut d'abord de la peine à réussir. " Un " homme né *dans les jardins de* " *la Touraine* (écrivoit Descartes " au négociateur) & retiré dans une " terre où il y a moins de miel à " la vérité, mais peut-être plus de " lait que dans la terre promise aux " Israélites, ne peut pas aisément " se résoudre à la quitter, pour aller " vivre au pays des ours, entre " des rochers & des glaces ". *Je mets*, dit-il ailleurs, *ma liberté à si haut prix, que tous les rois du monde ne pourroient me l'acheter*. Il céda cependant aux sollicitations, & se rendit à Stockholm, résolu de ne rien déguiser de ses sentimens à cette princesse, ou de s'en retourner philosopher dans sa solitude. Christine lui fit un accueil tel qu'il le méritoit, & le dispensa de tous les affujettissemens des courtisans. Elle le pria de l'entretenir tous les jours à 5 heures du matin dans sa bibliotheque. Elle voulut le faire directeur d'une académie qu'elle songeoit à établir, avec une pension de 3000 écus. Enfin elle lui marqua tant de considération, que lorsqu'il mourut en 1650, on prétendit que les grammairiens de Stockholm, jaloux de la préférence qu'elle donnoit à la philosophie sur les langues, avoient avancé par le poison la mort du philosophe. Le véritable poison étoit un mauvais régime, une maniere de vivre nouvelle, & un climat différent de celui de sa patrie. Son corps fut apporté en France, 17 ans après

sa mort, par les soins de Dalibert, secretaire du roi, qui le fit enterrer dans l'église de Ste Genevieve-du-Mont, après un service solemnel. Si Descartes eut quelques foiblesses de l'humanité, il eut aussi les principales vertus d'un sage. Il fut sobre, tempérant, ami de la liberté & de la retraite, reconnoissant, libéral, sensible à l'amitié, tendre, compatissant. *Quand on me fait une offense*, disoit-il, *je tâche d'élever mon ame si haut, que l'offense ne parvienne pas jusqu'à elle. L'ambition ne l'agita pas plus que la vengeance*. Il disoit, comme Ovide : *Vivre caché, c'est vivre heureux*. Il pensoit avec Séneque le tragique, qu'*il est malheureux de mourir trop connu des autres, sans s'être connu soi-même*. Ce philosophe laissa un grand nombre d'ouvrages. Les principaux sont, ses *Principes*, in-12; ses *Méditations*, 2 vol. in-12; sa *Méthode*, 2 vol. in-12; le *Traité des Passions*, in-12; celui *de la Géométrie*, in-12; le *Traité de l'Homme*, in-12; & un grand *Recueil de Lettres*, en 6 vol. in-12: en tout 13 vol. in-12. Descartes en avoit composé quelques-uns en latin, & quelques autres en françois; mais ses amis les ont traduits réciproquement en chacune de ces deux langues. L'édition latine, imprimée en Hollande, forme 6 vol. in-4°. On trouve parmi ses Lettres un petit ouvrage latin, intitulé : *Censura quarumdam Epistolarum Balzacii* : Jugement sur quelques Lettres de Balzac, où l'on voit qu'il n'étoit pas sans attrait pour les belles-lettres; mais la philosophie réprima cette inclination & le posséda tout entier. Il n'a pas été aussi loin que ses sectateurs l'ont crû, dit un homme d'esprit; mais il s'en faut beaucoup que les sciences lui doivent aussi peu, que le prétendent ses adversaires. Sa *Méthode* seule auroit suffi pour le rendre immortel. Sa *Dioptrique* est la plus grande & la plus belle application qu'on eût faite encore de la géométrie à la physique. Sa Métaphysique a jeté les fondemens de la bonne physique & de la saine morale. Par elle il a solidement prouvé la distinction du corps & de l'ame, l'immatérialité des esprits, &c. On voit enfin dans ses ouvrages, même les moins lus, briller par-tout le génie inventeur. Ceux qui ont traité ses systêmes de romans, n'en auroient pas fait d'aussi ingénieux. Forcé de créer une physique nouvelle, il ne pouvoit la donner meilleure. Il osa du moins montrer aux bons esprits, à secouer le joug de la scholastique, de l'opinion, de l'autorité, des préjugés & de la barbarie. Avant lui, on n'avoit point de fil dans le labyrinthe de la philosophie; du moins il en donna un, dont on se servit après qu'il se fut égaré. S'il n'a pas payé en bonne monnoie, dit un écrivain, c'est beaucoup d'avoir décrié la fausse. Sa philosophie essuya, après sa mort, les plus grandes contradictions en France. L'illustre M. Huet lui porta de rudes coups par un ouvrage d'une latinité exquise, intitulé : *Censura philosophiæ cartesianæ*, Paris 1694, in-12. On mit tout en usage pour la bannir des universités & des écoles. Il y eut une vive querelle dans celle d'Angers, pendant plusieurs années. Le célebre P. Lami de l'Oratoire, qui enseignoit alors dans cette ville, fut la victime de son attachement au Cartésianisme; on l'exila à S. Martin de Miseré, au diocese de Grenoble. Le général de l'Oratoire défendit à tous les professeurs de sa congrégation, d'enseigner la nouvelle philosophie. Cette querelle fit naître plusieurs écrits oubliés à présent, à l'exception de la *Requête de Nosseigneurs du mont Parnasse*. Elle fut dressée par Bernier, pour se moquer de celle que l'université de Paris vouloit présenter au parlement, pour empêcher qu'on n'enseignât la philosophie de Descartes, comme capable de bouleverser le royaume. On se souvient

encore de l'*Arrêt burlesque dressé en la grand'chambre du Parnasse, en faveur des maîtres-ès-arts, médecins & professeurs de l'université Stagire au pays des Chimeres, pour le maintien de la doctrine d'Aristote.* Cette derniere piece, qui ne manque pas de sel, se trouve dans les ouvrages de Despréaux, qui la composa de concert avec Dongeois son neveu, Racine & Bernier. Le lecteur voudra bien que nous le renvoyions à l'Eloge de René Descartes par M. Thomas, discours qui a remporté le prix à l'académie françoise en 1765. *Voyez* aussi sa *Vie* par Baillet.

DESCARTES, (Catherine) morte à Rennes en 1706, niece du célebre philosophe, soutint dignement la gloire de son oncle par son esprit & son savoir. Un bel-esprit a dit d'elle, *que l'esprit du grand René étoit tombé en quenouille.* Elle écrivoit assez bien en vers & en prose. On a d'elle : *L'Ombre de Descartes*, & la *Relation de la mort de Descartes*, deux pieces, dont la derniere, mêlée de prose & de vers, est écrite d'une maniere ingénieuse, naturelle & délicate.

DESCHAMPS, *voyez* CHAMPS (François-Michel-Chrétien).

DESCHAMPS, (Jacques) docteur de Sorbonne, curé de Dangu, né à Virunmerville, diocese de Rouen, le 6 mars 1677, mort le 3 octobre 1759, eut les vertus & les connoissances de son état. On a de lui une *Traduction* nouvelle du prophete *Isaïe*, qui eut un certain succès, & qui essuya quelques critiques. Elle parut en 1760, in-12.

DESERICIUS, (Joseph-Innocent) né à Neytra en 1702, d'une famille noble hongroise, religieux de l'ordre des Ecoles-Pies, enseigna avec distinction la théologie à Raab; fut supérieur de plusieurs maisons de son ordre; & passa ensuite à Rome, où il fut fait assistant du général. Là, il consacra toutes ses heures de loisir à fouiller dans les bibliotheques, fur-tout dans celle du Vatican, & à amasser des matériaux pour les ouvrages qu'il méditoit. Benoît XIV l'envoya en qualité de légat en Valachie, auprès de l'Hofpodar Constantin Maurocordato ; il n'eut pas la satisfaction de réussir dans sa commission. De retour en Hongrie, il se retira à Watzen, où libre de tous soins, il se consacra entiérement à l'étude. Il mourut l'an 1765. Il a laissé : I. *De exiftentia Purgatorii*, Raab 1758, in-8°. II. *De initiis ac majoribus Hungarorum*, Bude 1748 —— 1760, 5 vol. in-folio. III. *Hift. Epifcopatûs Vacienfis*, 1763. Ouvrages d'une grande érudition, mais qui manquent quelquefois de critique comme l'a démontré George Pray, jésuite, dans ses *Annales veteres Hunnorum*.

DESFONTAINES, *voyez* FONTAINES (Pierre-François Guyot des).

DESFORGES - MAILLARD, (Paul) né au Croific en Bretagne en 1699, resta parfaitement ignoré, quoiqu'il envoyât de tems-en-tems des pieces de poésies à différens journaux. N'ayant pas pu réuffir sous son nom, il s'avisa vers l'an 1732, d'écrire des *Lettres* moitié prose & moitié vers, sous le nom de mademoiselle *Malcrais de la Vigne*. Tous les poëtes à l'envi célébrerent cette nouvelle Mufe, & lui firent même des déclarations très-galantes. Enfin Desforges quitta le masque, & il fut fifflé de ses admirateurs & de ses amans. Cette aventure donna lieu au chef-d'œuvre de *la Métromanie* de Pyron. Le poëte ridiculifé prit la chose en galant homme, & ne laissa pas de publier le recueil de ses Poésies, en 2 vol. in-12. Une verfification lâche & négligée, des détails longs & mal amenés, un style facile, mais diffus : tels sont les défauts qui les ont précipitées dans l'oubli. L'auteur ne leur survécut guere ; il est mort en 1772.

DESGABETS, (Robert) né dans le diocefe de Verdun, bénédiĉtin de S. Vanne, procureur-général de fa congrégation, fut un de ceux qui contribuerent le plus à mettre les sciences en honneur dans son corps. Il essaya la transfusion du sang sur un de ses amis à Paris ; mais cette découverte ayant été négligée pour lors, les Anglois fe l'approprierent, quoique Defgabets en eût eu la première idée, & l'eût exécutée (*Voyez* DENIS Jean-Baptifte). Ce favant bénédiĉtin mourut à Breuil proche Commerci en 1678. On a de lui plusieurs ouvrages, la plûpart manuscrits. Il écrivit beaucoup sur l'Euchariftie. Il vouloit trouver quelque maniere d'expliquer ce myftere ineffable, suivant les principes de la nouvelle philofophie. Il valoit mieux l'adorer humblement felon les principes de la foi. C'eft ce qu'il fit, lorfque ses fupérieurs lui eurent fait fentir, qu'ils craignoient qu'il ne donnât quelqu'atteinte à la croyance de l'églife.

DESGODETS, (Antoine) architeĉte du roi, né à Paris en 1653, envoyé à Rome en 1674 par Colbert, fut pris en chemin & conduit à Alger. Après 16 mois de captivité fupportés avec beaucoup de patience, il passa à Rome & y demeura 3 ans. Ce fut pendant ce féjour qu'il composa son livre des *Edifices antiques de Rome, deffinés & mefurés très-exactement*, 1 vol. in-fol. avec figures, imprimé à Paris en 1682. Cet ouvrage est recherché, pour l'exactitude & la beauté des planches. Il mourut en 1728, dans fa 75e année. On a imprimé fur ses leçons, depuis fa mort, *Les Loix des Bâtimens*, 1776, in-8°. Le *Traité du Toifé*, in-8°. On trouva parmi ses papiers un *Traité des Ordres d'Architecture;* un *Traité de l'Ordre François;* un des *Domes;* un autre fur la *Coupe des Pierres*, &c. mais ces manuscrits n'ont pas été mis au jour.

DESGROUAIS, (N.) mort en 1766, profeſſeur au college royal de Touloufe, avoit enſeigné avec diſtinction les belles-lettres dans d'autres villes. Il étoit né à Thiers, près Choiſi-le-Roi, de parens pauvres, en 1703. On a de lui un ouvrage intitulé : *Les Gaſconiſmes corrigés*, in-8°, dont on a donné en 1769 une nouvelle édition. Ce livre, deſtiné à corriger les Gaſcons, peut être utile aux étrangers & ſur-tout aux réfugiés. L'auteur avoit eu des diſputes avec l'abbé des Fontaines, contre lequel il publia des brochures aujourd'hui oubliées.

DESHAYS, (Jean-Baptiſte-Henri) peintre, né à Rouen en 1729, mort en 1765, avoit reçu de la nature ces rares diſpoſitions qui donnent les plus belles eſpérances, & il y répondit parfaitement. Ses principaux ouvrages ſont : L'*Hiſtoire de S. André*, en 4 grands tableaux, qu'il fit pour ſa patrie ; les *Aventures d'Hélene*, en 8 morceaux, pour la manufacture de Beauvais ; la *Mort de S. Benoît*, pour Orléans ; la *Délivrance de S. Pierre*, pour Verſailles ; le *Mariage de la Vierge* ; la *Réſurrection du Lazare* ; la *Chaſteté de Joſeph* ; le *Combat d'Achille contre le Xanthe & le Simois*, &c. : ouvrages dont la plupart ont été expoſés & généralement applaudis au ſallon en 1761 & 1763. Les productions de cet habile artiſte ſont marquées au coin d'un deſſin admirable, d'une compoſition ingénieuſe, d'un bon coloris, & d'une exécution facile. La mort prématurée de Deshays l'empêcha de ſignaler ſes talens ſur pluſieurs morceaux conſidérables dont il étoit chargé pour le roi, pour Paris & pour ſa patrie. Il mourut dans le poſte d'adjoint à profeſſeur.

DESHOULIERES, *voyez* HOU-LIERES.

DESIDERIUS, frere du tyran Magnence, obtint de ce prince le titre de Céſar vers l'an 351. Il ſeconda ſon frere dans ſa bonne & ſa mauvaiſe fortune, & le ſuivit à Lyon, où il s'étoit retiré après avoir été chaſſé de l'Italie. Magnence, ne voulant pas ſurvivre à ſes défaites, ſe tua en août 353. Ce barbare uſurpateur avoit, dit-on, ôté auparavant la vie à ſa mere, & il eſt certain qu'il perça Deſiderius de pluſieurs coups. Celui-ci étant guéri de ſes bleſſures, alla ſe jeter aux pieds de Conſtance, qui, à ce qu'on croit, lui conſerva la vie.

DESIDERIUS, *voyez* DIDIER.

DESIRÉ, (Artus) prêtre animé du zele le plus ardent contre le Calviniſme ; mais qui n'avoit pas le talent de le combattre avec eſprit ; il tâcha d'y ſuppléer par des bouffonneries & des plaiſanteries. Il entra dans la Ligue, & fut arrêté en 1561, comme il étoit ſur la Loire pour ſe rendre auprès de Philippe II, roi d'Eſpagne. Quelques Ligueurs l'avoient chargé d'une requête à ce prince, pour le prier de venir au ſecours de la religion catholique, que l'on ſuppoſoit prête à périr en France. Deſiré fut condamné par le parlement à une amende-honorable, & à 5 ans de priſon chez les Chartreux. Ses ouvrages, qui ſont en grand nombre, n'ont d'autre mérite que celui de l'enthouſiaſme & des platitudes uſitées dans ce tems-là. Les principaux ſont : I. *Diſpute de Guillot, le Porcher de la Bergere de Saint-Denys en France, contre Jean Calvin*, in-16, 1568, en mauvais vers. II. *Les Grands-Jours du Parlement de Dieu*, publiés par S. Matthieu. III. *Le ravage & le déluge des Chevaux de louage, avec le retour de Guillot le Porcher, ſur les miſeres & calamités de ce regne préſent*, &c. IV. *Les Batailles du Chevalier céleſte contre le Chevalier terreſtre*, Paris 1557, in-16.

DESLANDES, (André-François Boureau) né à Pondicheri en 1690, commissaire général de la Marine à Rochefort & à Brest, de l'académie royale de Berlin, mourut en 1757 à Paris, où il s'étoit retiré après avoir quitté ses emplois. Cet homme auroit été plus utile à la France, s'il avoit pu mettre un frein à sa liberté de penser. Ses ouvrages sont d'un homme d'esprit, mais pas toujours d'un homme judicieux, moins encore d'un chrétien. On prétend qu'il a rétracté, à sa mort, les sentimens qu'il avoit affichés pendant sa vie ; d'autres assurent qu'il mourut comme il avoit vécu. Les principaux écrits sortis de sa plume, sont : I. *L'Histoire critique de la Philosophie*, en 4 vol. in-12 ; dont les 3 premiers parurent à Amst. en 1737, in-12 ; ouvrage qui annonce un mince philosophe & un littérateur médiocre. Son seul mérite consiste dans quelques anecdotes sur les anciens philosophes qui suppose de l'étude & des recherches aux yeux de ceux qui ignorent que l'auteur les a presque toutes puisées dans Diogene Laërce & dans les notes de Ménage. II. *Essai sur la Marine & le Commerce*, in-8° ; ouvrage qui manque de dialectique, de justesse, & même de goût. Il n'y a presque point de suite dans ses idées, & elles naissent rarement l'une de l'autre. III. *Recueil de différens Traités de Physique & d'Histoire naturelle*, en 3 vol. in-12 ; ils renferment quelques morceaux assez intéressans, propres à perfectionner ces deux sciences. IV. *Histoire de Constance, ministre de Siam*, 1755, in-12 : roman calomnieux & dicté par la haine du Christianisme. V. *Voyage d'Angleterre*, 1717, in-12. VI. Des *Poésies latines*, qui n'ont pas le mérite de la décence. On a encore de lui plusieurs ouvrages obscurs, dont quelques-uns ont été flétris : *Pygmalion*, in-12 ; la *Fortune*, in-12 ; la *Comtesse de Montferrat*, in-12 ; *Réflexions sur les Grands-Hommes qui sont mort en plaisantant*, petit in-12. Presque tous les grands hommes qu'il cite, ne le sont pas ; & leurs plaisanteries, ne sont pas des plaisanteries ; enfin les *Réflexions* de l'auteur sur la mort ne sont pas des réflexions, mais des saillies qui n'ont pas même le ton de saillies.

DESLAURIERS, comédien de l'hôtel de Bourgogne, vivant en 1634, est auteur des *Fantaisies de Bruscambille*, souvent imprimées in-12. C'est un livre rempli des plus plates bouffonneries.

DESLYONS, (Jean) docteur de Sorbonne, doyen & théologal de Senlis, naquit à Pontoise en 1615, & mourut à Senlis en 1700, âgé de 85 ans. C'étoit un homme singulier, qui ordonna par son testament de l'enterrer dans un cercueil de plomb. Ce n'étoit pas par pompe, disoit-il, mais pour s'élever contre l'abus presque universel d'ensevelir les morts les uns sur les autres, soit dans les églises, soit dans les cimetieres ; ce qu'il croyoit être contre le 15e canon du concile d'Auxerre, qui dit : *Non licet mortuum super mortuum mitti.* Il faut convenir qu'aujourd'hui surtout on a trop peu de respect pour ces pauvres restes de l'humanité chrétienne. On a de lui un grand nombre d'ouvrages écrits d'un style dur, guindé, & encore plus diffus ; mais l'érudition y est versée à pleines mains, & pour l'ordinaire accompagnée de beaucoup de solidité. Les principaux sont : I. *Discours ecclésiastiques contre le Paganisme du Roi-Boit*, 1664 ; réimprimés en 1670, in-12, sous le titre de *Traité singulier & nouveau contre le Paganisme du Roi-Boit*. Il s'éleve fortement, mais non sans quelque ridicule contre la superstition du gâteau des rois & la sottise de la feve. Barthélemi, avocat de Senlis, fit une longue *Apologie du Banquet des Rois*, 1664, in-12. II.

Lettre eccléfiaftique touchant la fépulture des Prêtres. L'auteur combat contre ceux qui prétendent que les prêtres, comme les laïcs, doivent être enterrés la face & les pieds tournés vers l'autel. III. Un *Traité de l'ancien droit de l'Evêché de Paris fur Pontoife*, 1694, in-8°. IV. *Défenfe de la véritable dévotion envers la Ste Vierge*, 1651, in-4°. Au refte Deflions, à fes fingularités près, étoit un homme très-eftimable, favant, paffionné pour les anciens ufages de l'églife, ne défirant que de les voir rétablir, prêchant autant par fon exemple que par fes difcours, & pratiquant la vertu avant que de l'enfeigner.

DESLYONS, (Antoine) jéfuite, né à Béthune, & mort à Mons le 11 juillet 1648, a laiffé des Poéfies imprimées à Anvers 1640, & poftérieurement à Rome & à Prague. Ces Poéfies au jugement des journaliftes de Trévoux (janv. 1704, p. 63) ne font point inférieures à celles du P. Hoflch. Il a donné plus de liberté à fa verfification & imité la vivacité féconde d'Ovide.

DESMAHIS, (Jofeph-François-Edouard de Corfembleu) né à Sualyfur-Loire en 1722, mort le 25 février 1761, dans la 38e année de fon âge. Il donna, dès fa jeuneffe, des preuves de la délicateffe de fon efprit. On a de lui: I. La comédie de l'*Impertinent*, qui fut applaudie. Le caractere principal y eft affez bien peint. II. Des *Œuvres diverfes*, recueillies en 1763 & 1775, in-12. Une poéfie légere, une verfification aifée, des éloges & des traits de fatyre affez bien tournés; voilà les caracteres de ce recueil. Il a paru en 1777 une édition complette de fes Œuvres d'après fes manufcrits, avec fon éloge hiftorique, Paris, 2 vol. in-12.

DESMAHIS, voy. GROSTEOTE.

DESMAISEAUX, (Pierre.) de la fociété de Londres, étoit né en Auvergne d'un miniftre proteftant. Il fe retira de bonne heure en An-

gleterre, & y mourut en 1745, à 79 ans. Il avoit eu des liaifons étroites avec St-Evremont & Bayle. Il donna une *Edition des Œuvres de St-Evremont*, en 3 vol. in-4°, avec la vie de l'auteur, trop pleine de petits détails & de difcuffions minutieufes. Il publia auffi l'*Hiftoire de Bayle*, & celle de fes ouvrages. Ce dernier écrit offre une idée de tous les livres de Bayle. Il fe trouve à la tête de fon *Dictionnaire*, de l'édition de 1730; & il a été réimprimé en 1732 à La Haye, en 2 vol. in-12. Defmaifeaux eft encore l'éditeur du *Recueil des Œuvres de Bayle*, mis au jour la même année, en 4 vol. in-fol. On a de lui d'autres éditions, que l'auteur a fouvent accompagnées de remarques, pleines d'anecdotes littéraires dont plufieurs ne font que le fruit de l'imagination.

DESMARAIS, voyez REGNIER.

DESMARES, voyez CHAMP-MESLE.

DESMARES, (Touffaint) prêtre de l'Oratoire, célebre par fes fermons, étoit de Vire en Normandie. On le députa à Rome, pour défendre les opinions de Janfenius. Il prononça à ce fujet devant Innocent X un difcours, qu'on trouve dans le *Journal de Saint-Amour*. Son attachement aux idées de l'évêque d'Ypres, fut la caufe de plufieurs affaires qui lui furent fufcitées. On le chercha pour le conduire à la Baftille; mais il échappa aux pourfuites, & fe retira pour le refte de fes jours dans la maifon du duc de Liancourt, un des plus ardens dévots du parti, au diocefe de Beauvais. Un jour que Louis XIV y étoit, ce feigneur préfenta le P. Defmares au roi. Le vieillard dit à ce monarque: *Sire, je vous demande une grace.—Demandez*, répondit Louis XIV, *& je vous l'accorderai.—Sire*, reprit l'Oratorien, *permettez-moi de prendre mes lunettes, afin que je confidere le vifage de mon roi.* Ce compliment fit tant de plaifir à Louis XIV, qu'il avoua à ceux qui étoient autour de lui, qu'il n'en avoit jamais entendu de plus agréable. Le P. Defmares mourut en 1687, à 87 ans, après avoir compofé le *Nécrologe de Port-Royal*, imprimé en 1723, in-4°. Il eft fâcheux qu'il ne fe foit point occupé de quelque chofe plus utile.

DESMARETS DE SAINT-SORLIN, *voyez* MARÉTS.

DESMARETS, (Nicolas) neveu de Colbert, & miniftre d'état fous le regne de Louis XIV, puis contrôleur-général des finances, mort en 1721, fe montra digne de fon oncle par fon intelligence & fon zele. Il laiffa un Mémoire très-curieux fur fon adminiftration. Cet écrit, imprimé plufieurs fois, ne fauroit l'être trop fouvent pour ceux qui veulent connoître le dédale des finances.

DESMARETTES, *voyez* BRUN.

DESMARQUETS, (Charles) procureur au Châtelet, mort à Paris le 21 mars 1760, âgé de 62 ans, eft connu par un ouvrage utile aux praticiens. Il eft intitulé : *Style du Châtelet de Paris*, 1770, in-4°.

DESMOLETS, (Pierre-Nicolas) bibliothécaire de la maifon de l'Oratoire, rue S. Honoré, mort le 26 avril 1760, dans la 83e année de fon âge, à Paris fa patrie, s'attacha particuliérement à l'hiftoire littéraire, & eut un nom en ce genre. Ses mœurs rehauffoient l'éclat de fon favoir. Il étoit d'une fociété aimable & douce. Il comptoit les premiers littérateurs de France parmi fes amis. Son principal ouvrage eft une continuation des *Mémoires de Littérature de Sallengre*, en 11 vol. in-12. (L'abbé Goujet a eu part à cet ouvrage, qui renferme quelques morceaux curieux.) Il fut l'éditeur du traité *De tabernaculo foederis du P. Lami*, & de divers autres livres. *Voyez* POUJET.

DESPAUTERE, (Jean) grammairien flamand. Il enfeigna les belles-lettres à Louvain, à Bois-le-Duc, à Berg-St-Vinox, & enfin à Comines, où il mourut en 1520. Il laiffa des *Rudimens*, une *Grammaire*, une *Syntaxe*, une *Profodie*, un *Traité des Figures & des Tropes*, imprimés en un vol. in-fol. fous le titre de *Commentarii Grammatici*, chez Robert Etienne en 1537. Ces ouvrages étoient autrefois dans tous les colleges; mais depuis qu'on en a fait de plus méthodiques, ils ne font plus confultés que par les favans. Ils font excellens pour entendre le fonds de la latinité. Le *Defpautere* de Robert Etienne eft bien différent des *Defpautere* châtrés & mutilés, tels qu'on les avoit accommodés pour les écoliers.

DESPEISSES, (Antoine) né à Montpellier en 1595, exerça d'abord la profeffion d'avocat au parlement de Paris, & enfuite dans fa patrie. Il s'occupa pendant quelque-tems de la plaidoirie; mais un petit accident la lui fit abandonner. Comme il étoit à l'audience, il fe jeta dans les digreffions, fuivant l'ufage de fon tems, & fe mit à difcourir longuement fur l'Ethiopie. Un procureur qui étoit derriere lui, fe mit à dire : *Le voilà dans l'Ethiopie, il n'en fortira jamais.* Ces paroles le troublerent, & il ne voulut pas plaider davantage. Il mourut en 1658, à 64 ans. Ses *Œuvres* ont été imprimées plufieurs fois. La derniere édition eft de Lyon 1750, en 3 vol. in-fol. » Cet auteur, dit M. Bretonnier, » eft très-louable par fon grand » travail, mais il l'eft très-peu par » fon exactitude. Ses citations ne » font ni fidelles ni juftes; il ne » laiffe pas pourtant d'être un bon » répertoire ».

DESPEISSES, (Jacques) *voyez* FAYE.

D'ESPENCE, *voyez* ESPENCE (Claude d').

DESPERIERS, *voyez* PERIERS.

DESPINS, *voyez* PINS.

DESPORTES, *voyez* PORTES (Philippe des).

DESPORTES, (François) né en Champagne en 1661, manifesta ses talens pour la peinture durant une maladie. Il étoit au lit, il s'ennuyoit ; on lui donna une estampe qu'il s'amusa à dessiner, & cet essai indiqua son goût. Le roi l'employa & le récompensa, & l'académie de peinture lui ouvrit ses portes. Il mourut à Paris en 1743. Son caractere, doux & aimable, étoit relevé par des manieres nobles & aisées. Il excelloit à peindre des grotesques, des animaux, des fleurs, des fruits, des légumes, des paysages, des chasses, & réussissoit dans le portrait. Son pinceau vrai, léger & facile, rendoit la nature avec ses charmes. Il laissa un fils & un neveu, qui soutinrent sa réputation.

DESPORTES, (Jean-Baptiste-René Pouppée) docteur en médecine, naquit à Vitré en Bretagne le 28 septembre 1704. Sa famille, originaire de la Flèche en Anjou, avoit déja produit plusieurs médecins : Desportes étoit le cinquieme de son nom. Son application constante aux études qui avoient distingué ses ancêtres, lui donna promptement une expérience que tant d'autres n'acquierent qu'à l'aide du tems. Ses talens le firent bientôt connoître. Il n'avoit que 28 ans lorsqu'il fut choisi, en 1732, pour remplir les fonctions de médecin du roi dans l'isle Saint-Domingue ; & en 1738 l'académie royale des sciences le nomma pour être un de ses correspondans. Arrivé au Cap-François, il vit qu'il n'existoit aucune description des maladies qui désolent cette isle. A son arrivée il commença ses observations sur cette matiere, & il les continua jusqu'à sa mort, pendant l'espace de 14 ans. Nous avons de lui : I. *L'Histoire des Maladies de Saint-Domingue*, à Paris 1771, 3 vol. in-12. II. Un *Traité des Plantes usuelles de l'Amérique*, avec une

Pharmacopée, ou *Recueil de Formules de tous les Médicamens simples du pays*. Il renferme la maniere dont on a cru, suivant les occasions, devoir les associer à ceux d'Europe, & un Catalogue de toutes les plantes que l'auteur a découvertes à Saint-Domingue, avec leurs noms françois, caraïbes, latins, & leurs différens usages ; enfin des Mémoires ou Dissertations sur les principales plantations & manufactures des isles, le sucre, le café, le cacao, l'indigo, le coton, &c. Il mourut au quartier Morin, isle & côte de Saint-Domingue, le 15 février 1748, âgé de 43 ans & 5 mois. Parmi les services qu'il rendit à l'humanité dans cette contrée, on doit compter le rétablissement de l'hôpital du Cap, qu'il augmenta de plus de 80 lits.

DESPRÉAUX, *voyez* BOILEAU.

DESPRÉS, *voyez* MONTPEZAT.

DESPUNA, *voyez* THEODORA DESPUNA.

DESROCHES, *voyez* ROCHES.

D'ESSÉ, *voyez* MONTALEMBERT.

DESTIN, divinité allégorique qu'on fait naître du Chaos. On le représente tenant sous ses pieds le globe de la terre, & dans ses mains l'urne dans laquelle est le sort des hommes. On croyoit ses arrêts irrévocables, & son pouvoir si grand, que tous les autres dieux lui étoient subordonnés.

DESTOUCHES, (André Cardinal) né à Paris en 1672, mort en 1749, accompagna le P. Tachard, jésuite à Siam, avec le dessein d'entrer dans la société après ce voyage. De retour en France, sa vocation changea, & il prit le parti des armes. Ce fut au service qu'il sentit éclore ses talens pour la musique ; il le quitta pour s'y livrer tout entier. Il se fit bientôt une grande réputation par son opéra d'*Issé*. Le roi le goûta tellement, qu'il le gratifia d'une bourse de 200 louis, en ajoutant, ,, que ce n'étoit qu'en attendant, ,, & que depuis Lulli aucune mu-

» fique ne lui avoit fait autant de
» plaifir que la fienne ». Ce qu'il y
a de fingulier, c'eft qu'il ignoroit la
compofition, lorfqu'il fit cette piece;
mais il avoit pour fon art des talens
fupérieurs, & par une fuite ordinaire
des talens, une forte paffion. Son
récitatif eft excellent, par l'union
du chant & de l'expreffion. Depuis
Iffé il apprit les regles; mais elles
refroidirent fon génie, & fes autres
ouvrages, *Amadis de Grece*,
Marthefie, *Omphale*, *Téléma-*
que, *Sémiramis*, tragédies; *Le*
Carnaval & la Folie, les *Elé-*
mens, le *Stratagême de l'Amour*,
ballets, n'égalerent point *Iffé*. Deftouches mourut furintendant de la
mufique du roi, & infpecteur général de l'académie royale de mufique, avec une penfion de 4000
livres. On admire dans fes productions un chant gracieux & élégant;
mais on lui reproche de la monotonie & un goût maniéré.

DESTOUCHES, (Philippe Né-
ricault) né à Tours en 1680, élevé
au college des Quatre-Nations à
Paris, volontaire dans un régiment
d'infanterie, quitta le fervice pour
s'attacher au marquis de Puyfieux,
ambaffadeur auprès du Corps Hel-
vétique. Son talent pour le théatre
fe développa en Suiffe. Son *Curieux*
impertinent y fut joué avec applaudiffement. Ses productions dramatiques le firent connoître au régent.
Ce prince fachant qu'il réuniffoit au
goût pour la littérature, la connoiffance des intérêts des cours, l'envoya à Londres en 1717 avec l'abbé
du Bois, pour l'aider dans fes négociations. Il y paffa 7 années, fit les
affaires de la France, fe choifit une
femme, & revint dans fa patrie, où
le poëte & le négociateur furent
très-bien accueillis. Le régent, fenfible à fes fervices, lui dit : » Per-
» fonne n'a mieux fervi le roi que
» vous, perfonne ne le fait mieux
» que moi; je vous en donnerai des
» preuves qui vous étonneront,
» ainfi que toute la France ». Le

duc d'Orléans étant mort, Deftouches n'eut que le foible plaifir de fe
figurer la fortune qu'il auroit pu
faire, fi ce prince avoit vécu. Il
avoit été pendant quelque-tems à la
tête des bureaux; il devoit avoir le
département des affaires étrangeres.
Il perdit fon protecteur, fes efpérances, fes embarras. Fortoifeau
proche Melun lui parut une folitude
propre à lui faire oublier la fortune
& fes caprices. Il l'acheta, & y
cultiva jufqu'à la fin de fes jours
l'agriculture & les Mufes. Le cardinal de Fleury voulut l'en tirer,
pour l'envoyer à Péterbourg. Le
poëte refufa cette ambaffade. Il
mourut en 1754, laiffant une fille
mariée à un colonel, & un fils mouf-
quetaire. C'eft lui qui a dirigé l'édition des Œuvres de fon pere, faite
au Louvre en 4 vol. in-4°, 1757,
par ordre de Louis XV. Elles ont
été depuis réimprimées en 10 vol.
in-12. » On ne trouve pas dans les
» pieces de Deftouches, dit un
» auteur qui l'a beaucoup connu,
» la force & la gaîté de Regnard,
» encore moins les peintures naïves
» du cœur humain, ce naturel,
» cette vraie plaifanterie, cet excel-
» lent comique qui fait le mérite
» de Moliere; mais il n'a pas laiffé
» de fe faire de la réputation après
» eux. Il a du moins évité le genre
» de la comédie langoureufe, de
» cette efpece de tragédie bour-
» geoife qui n'eft ni tragique ni co-
» mique : monftre né de l'impuif-
» fance des auteurs, & de la fatiété
» du public après les beaux jours
» du fiecle de Louis XIV ». Celles
de fes comédies qui ont eu le plus de
fuccès, font : I. *Le Médifant*;
piece un peu trop compliquée, &
dénuée d'action, mais d'un comique
vrai. II. *Le triple Mariage*, en un
acte & en profe, efpece de petite
farce, qui plut beaucoup; elle fut
compofée fur une aventure arrivée
à Paris. Un vieillard avoit fait un
mariage fecret, qu'il rendit public
dans un repas où fon fils & fa fille

fe trouvoient. Tous les deux, enhardis par la déclaration du pere, avouent qu'ils ont imité son exemple ; l'un montre fon épouse, l'autre fon mari : la furprife fait place à la joie, & dans une feule noce on eft enchanté de rencontrer trois mariages. III. *Le Philofophe marié*, en 5 actes & en vers. C'eft l'hiftoire de l'auteur mife au théatre. Cette piece eft un chef-d'œuvre, par le bon comique, par la conduite & le dénouement. IV. *Les Philofophes amoureux*, qui ne valent pas à beaucoup près *le Philofophe marié*. V. *Le Glorieux*, en 5 actes en vers, auffi applaudi que *le Philofophe marié*. Cette piece eft ingénieufe, plaifante, femée de traits naïfs & touchans, bien conduite, & bien verfifiée ; on y rit & on y pleure avec un plaifir égal. Plus de précifion dans le caractere du *Glorieux* en auroit fait une comédie parfaite. VI. *Le Diffipateur*, en 5 actes & en vers : ingénieufe, bien écrite, mais peu théatrale. VII. *L'Homme fingulier*, en 5 actes & en vers : écrite d'un ftyle noble, & femée d'agrémens. VIII. *La Force du naturel*, en 5 actes & en vers, peu intéreffante, quoique les caracteres foient bien foutenus, l'intrigue bien développée, & le ftyle d'une élégance propre au brodequin. IX. *Le Mariage de Ragonde & de Collin*, bagatelle faite pour Sceaux, & jouée depuis fur le théatre de l'Opéra, fous le titre des *Amours de Ragonde*. Un éloge propre aux comédies de Deftouches, c'eft qu'elles font prefque toutes morales ; on y voit prefque toujours le fage & le poëte. Il a la verfification douce & coulante de Térence ; mais il en a auffi la froideur, la monotonie, & ce qu'on appelle *penuria comica*. Deftouches eft le premier des comiques dans l'efprit d'un homme vertueux ; & il le feroit aux yeux d'un homme de goût, s'il excitoit plus fouvent le rire, s'il étoit plus gai, plus

faillant, & ce qui eft le plus grand obftacle à la faillie, moins diffus. Les vices que ce poëte a combattus dans fes comédies, fa conduite les décrioit encore davantage. Un homme qui envoya de Londres 40 mille livres d'épargne à fon pere chargé d'une nombreufe famille, pouvoit peindre l'*Ingrat* fans rougir. Un auteur qui avoit refufé des poftes brillans, & qui en avoit perdu d'autres fans regret, étoit bien reçu lorfqu'il mettoit l'*Ambitieux* fur la fcene.

DETRIANUS, célebre architecte fous Adrien, rétablit le Panthéon, la bafilique de Neptune, les bains d'Agrippine, &c. Son chef-d'œuvre fut le *Môle* ou le *Sépulcre d'Adrien* ; & le *Pont-Elien*, que l'on nomme aujourd'hui le *Pont St-Ange*.

DEVAUX, (Jean) chirurgien, né à Paris en 1649, mort en 1729, enrichit le public d'un grand nombre d'ouvrages, écrits purement en françois, & affez élégamment en latin. I. *Le Médecin de foi-même, ou L'Art de conferver la fanté par l'inftinct*, in-12 ; peu commun, quoique fouvent imprimé. II. *L'Art de faire les rapports en Chirurgie*, en 1703, in-12, réimprimé plufieurs fois. L'auteur enfeigne la pratique, les formules & le ftyle les plus en ufage parmi les chirurgiens commis aux rapports. III. Plufieurs Traductions : du Traité de la Maladie vénérienne de Mufitan ; de l'Abrégé anatomique de Heifter ; des Aphorifmes d'Hippocrate ; de la Médecine de Jean Alleine. IV. *Index funereus Chirurgicorum Parifienfium, ab anno 1315, ad annum 1714*, même année, à Trévoux, in-12. L'ouvrage qui a fait le plus d'honneur à fon auteur, contient des recherches curieufes fur l'origine & l'établiffement du college de chirurgie. Devaux ne manquoit ni d'efprit, ni de connoiffances ; mais il embraffa trop d'objets, & il ne connut pas fes forces

en traitant certaines matieres. C'é-
toit cependant un homme duquel
on pouvoit apprendre bien des
choses sur son art, & qui avoit de
bonne heure trouvé tous ses plaisirs
dans son cabinet.

DEUCALION, roi de Thessalie,
fils de Prométhée & de Pandore,
épousa Pyrrha, fille d'Epyméthée
son oncle. Jupiter n'épargna que
ces deux époux dans le déluge universel. Ils ressusciterent le genre humain, & repeuplerent le monde,
en jetant derriere eux des pierres,
ainsi que l'oracle de Thémis leur
avoit prédit. Les pierres de Deucalion furent changées en hommes,
& celles de Pyrrha en femmes. Cette
fable de Deucalion est fondée,
comme l'on voit, sur l'histoire
sainte; mais un événement particulier à la Grece l'a chargée de circonstances étrangeres. On raconte
que le cours du fleuve Pénée, sous
le regne de Deucalion, roi de Thessalie, fut arrêté par un tremblement
de terre, à l'endroit où ce fleuve
grossi des eaux de quatre autres,
se décharge dans la mer; & qu'il
tomba cette année une pluie si
abondante, que toute la Thessalie
fut inondée, mais un événement de
cette nature, supposé qu'il soit vrai,
n'a pu faire imaginer l'extinction
du genre humain, telle qu'Ovide
la rapporte au 1er liv. des Métamorphoses, où il nous trace l'histoire de Deucalion.

DEVELLE, (Claude-Jules) né
à Autun en 1692, fit profession chez
les Théatins en 1725, & mourut au
mois de juin 1765, âgé d'environ
74 ans. On a de lui: I. *Traité de
la simplicité de la Foi.* II. *Nouveau Traité sur l'autorité de l'E-
glise.* III. *Lettre à M. l'Abbé de
B*** sur l'immortalité de l'ame.*

DEVERT, *voyez* VERT.

DEVONIUS, *voyez* BALDWIN.

DEUS-DEDIT, *voyez* DIEU-
DONNÉ (Saint).

DEUSINGIUS, (Antoine) né à
Meurs le 15 octobre 1612, fut professeur des mathématiques dans sa
ville natale, professeur de physique & des mathématiques à Harderwyck, puis professeur en médecine, & enfin en 1647 il eut la
premiere chaire de médecine à Groningue. Il y mourut le 30 janvier
1666. C'étoit un médecin vraiment
savant; il ne possédoit pas seulement toutes les parties de cette
science, mais il avoit encore étudié toutes celles qui y ont rapport.
Outre le latin, il avoit appris les
langues arabe, turque & persane.
On lui reproche d'avoir été trop
caustique & de s'être attiré par-là
beaucoup d'adversaires. Il a fait un
très-grand nombre d'ouvrages; les
principaux sont: I. *De vero Syste-
mate Mundi,* Amst. 1643, in-4°. Il
établit un système particulier sur les
débris de ceux de Copernic & de
Ptolomée. II. *De Mundi opificio,*
Groningue 1647, in-4°. III. *Exercitationes anatomicæ,* Groningue
1651, in-4°. IV. *Fasciculus dissertationum,* Groningue 1660. Elles
sont au nombre de quinze, & ont
pour objet des sujets tirés de l'E-
criture-Sainte, qui ont rapport à
l'histoire naturelle. V. *Œconomia
corporis animalis,* &c. Groningue
1660—61, 5 vol. in-12. On peut
voir la liste de ses ouvrages dans la
*Bibliotheque des Ecrivains méde-
cins* par Manget, & dans le *P. Nicéron,* tom. 22. Deusingius quoique
protestant, joignoit des vastes connoissances à un attachement décidé
aux principes de religion & de morale.

DEUSINGIUS, (Herman) fils
du précédent, né à Groningue le 14
mars 1654, mort le 3 janvier 1722,
s'est fait un nom par son *Historia
allegorica Veteris & Novi Testa-
menti,* Groningue 1690, in-4°, &
Franequer 1701, & par son *Explicatio allegorico-prophetica Historiarum Mosaïcarum,* Utrecht 1719,
in-4°. Ouvrages pleins de rêveries
coccéïennes (*Voyez* COCCÉÏUS)
qui lui attirerent des désagrémens;
il fut exclus de la Cene & obligé

de se retirer en pays étranger.

DEUTERIE, fut la maîtresse de Théodebert, roi de Metz. Ce prince, faisant la guerre dans le Languedoc, fut épris de ses charmes, & l'emmena avec lui l'an 535. Deuterie étoit mariée alors, & avoit une fille d'une beauté ravissante. La mere, craignant qu'elle ne lui enlevât le cœur de son amant, résolut de s'en défaire. Elles étoient l'une & l'autre à Verdun. Un jour la fille alla se promener, montée sur un char traîné par deux taureaux. Le cocher, gagné, dit-on, par Deuterie, passant sur le pont de cette ville, piqua si vivement les deux animaux, qu'ils se précipiterent dans la riviere, & entraînerent avec eux le char; & cette infortunée fille d'une mere barbare, périt ainsi misérablement. Théodebert, touché des remontrances des seigneurs de sa cour, & des murmures qu'excitoit le commerce scandaleux qu'il entretenoit depuis 7 ans avec Deuterie, la renvoya enfin pour toujours, après en avoir eu un prince.

DEXTER, (Lucius-Flavius) préfet du prétoire sous Théodose le Grand, fils de Pacien, évêque de Barcelone, mérita par sa vertu & son savoir que S. Jerôme lui dédiât son Traité des Ecrivains ecclésiastiques. Les Chroniques qu'on a publiées sous le nom de Dexter, sont un ouvrage forgé par un religieux de l'ordre de S. Bernard, nommé Bivarius. Elles ont été imprimées avec les commentaires de Bivarius à Lyon, chez Landry, en 1627.

DEZ, (Jean) jésuite, né près de Ste-Menehoud en Champagne l'an 1643, se livra avec succès au ministere de la chaire; étant devenu recteur du college de Sedan, il s'appliqua à la controverse, & travailla avec zele & avec fruit à la conversion d'un grand nombre de Calvinistes. Il mourut à Strasbourg en 1712, après avoir été cinq fois provin-

cial. Il laissa quelques écrits, dont les principaux sont : I. La Réunion des Protestans de Strasbourg à l'Eglise Romaine, également nécessaire pour leur salut & facile selon leurs principes, in-8°, 1687; réimprimé en 1701, & traduit en allemand, quoiqu'il ne soit que médiocre. Cet ouvrage a pourtant un mérite peu commun, celui de la clarté & de la précision. II. La Foi des Chrétiens & des Catholiques justifiée, contre les Déistes, les Juifs, les Mahométans, les Sociniens & les autres hérétiques, in-12, 4 vol. Paris 1714. Le P. Dez avoit été employé, par Louis XIV & le cardinal de Furstemberg, à l'établissement d'un college royal, d'un séminaire & d'une université catholique, confiée aux Jésuites françois à Strasbourg. Il fut recteur de cette université, & suivit Mgr le Dauphin, par ordre du roi, en Allemagne & en Flandre, en qualité de confesseur de ce prince.

DEZALLIER D'ARGENVILLE, (Antoine-Joseph) né à Paris, & maître des comptes dans la même ville, fit sa principale étude de l'histoire naturelle. Il a fourni les articles d'Hydrographie & de Jardinage, qui sont dans le Dictionnaire encyclopédique. On a de lui : I. La Théorie & la Pratique du Jardinage, 1747, in-4°. II. La Conchyliologie, ou Traité sur la nature des Coquillages. Cet ouvrage intéressant est estimé, & on l'a réimprimé en 2 vol. in-4°. III. D'Argenville a écrit en latin des Essais de dénombrement de tous les Fossiles qui se trouvent dans les différentes Provinces de France. IV. L'Orythologie, ou Traité des Pierres, des Minéraux, des Métaux & autres Fossiles, Paris 1755, in-4°. Son goût pour l'histoire naturelle n'étoit point exclusif. Il fut amateur éclairé de plusieurs arts. On en voit une preuve dans son Abrégé de la Vie de quelques Peintres célebres, 1745,

3 vol. in-4°, ou 1762, 4 vol. in-4°. Il n'épargna ni foins, ni dépenfes, pour donner à fes ouvrages la perfection dont ils pouvoient être fufceptibles. On trouve fon nom dans la lifte des académiciens de Montpellier. Il mourut à Paris en 1765.

DIACETIUS, *voy.* JACCETIUS.

DIACONO, (Jean) favant napolitain, vivoit vers le 9e fiecle. On a de lui une *Chronique des Evêques de Naples* & d'autres Opufcules (*Voyez* MURATORI, *Rerum italicarum fcriptores*, tom. 2 part. 2, & les *Acta Sanct.*). Il ne faut pas le confondre avec Pierre DIACONO de Naples, moine du Mont-Caffin, chapelain de l'empereur Lothaire, dont nous avons une *Chronique du monaftere du Mont-Caffin*, une continuation de la *Chronique* de Jean Diacono, & une *Vie de S. Athanafe*. Quelques-uns lui attribuent auffi un Recueil des Loix des Lombards, & des Capitulaires de Charlemagne, de Pepin, &c.

DIADOCHUS, évêque de Photique en Illyrie vers 460, laiffa un *Traité de la perfection fpirituelle*, qu'on trouve dans la *Bibliotheque des Perés*.

DIADUMÉNIEN, (Marius Opilius Antoninus) fils de l'empereur Macrin, & de Nonia Celfa, fut furnommé *Diadumenianus*, parce qu'il vint au monde avec une coëffe, & non couronné d'un diadême, comme le dit Moreri. L'armée ayant donné le trône impérial à fon pere en 217, après la mort de Caracalla, il fut fait Céfar, quoiqu'il n'eût qu'environ 10 ans. Macrin le fit appeller Antonin, nom cher aux Romains, s'imaginant que ce titre affureroit l'empire dans fa famille. Mais ces précautions furent inutiles : car le pere & le fils furent affaffinés. Diaduménien avoit porté le nom de Céfar environ une année, & ceux d'empereur & d'Augufte pendant un mois. Il étoit d'une figure auffi belle que noble & intéreffante.

DIAGO, (Francifco) domini-cain, hiftoriographe d'Aragon, compofa plufieurs ouvrages, dont le meilleur eft l'*Hiftoire des Comtes de Barcelone, faite fur les titres originaux*, 1603, in-fol. ; & celle *du Royaume de Valence*, qu'il publia en 1613, in-fol. Il avoit promis la fuite de cette derniere ; mais il mourut en 1615, avant que d'avoir pu remplir fa promeffe.

DIAGORAS, furnommé l'*Athée*, natif de Mélos, fut plongé dans l'Athéifme par un affront que fon amour-propre avoit effuyé. On lui déroba un de fes ouvrages poétiques ; il intenta un procès au voleur ; celui-ci jura que le poëme lui appartenoit, & en recueillit les fruits & la gloire. Diagoras avoit été jufqu'alors dévot, & même fuperftitieux ; mais quand il vit l'impunité du plagiaire, il fut athée. Les blafphêmes qu'il vomiffoit contre la Divinité, de vive voix & par écrit, exciterent le zele de l'aréopage. Sa tête fut mife à prix. On promit un talent à quiconque le tueroit, & deux à qui l'ameneroit en vie. Ce malheureux, dont la mémoire fera à jamais déteftée, vivoit l'an 416 avant J. C.

DIAGORAS, athlete de l'ifle de Rhodes, vers l'an 460 avant J. C., en l'honneur duquel Pindare fit une belle *Ode* qui nous eft parvenue. Elle fut mife en lettres d'or dans le temple de Minerve.

DIANA, (Antonin) cafuifte fameux, clerc-régulier de l'ordre des Théatins de Palerme, mort en 1663, à 78 ans, laiffa divers ouvrages de morale, 1667, Anvers, 9 vol. in-fol. Les principaux font : I. *Refolutionum moralium partes duodecim*. II. *Summa refolutionum*, &c. Sa morale eft fort indulgente, & peut-être trop.

DIANE, déeffe de la chaffe, fille de Jupiter & de Latone, étoit fœur d'Apollon. La Fable l'appelle Lune ou Phœbé dans le ciel, Diane fur la terre, & Hécate dans les enfers. C'eft à caufe de ces différentes dénominations, qu'on la dépeignoit avec trois têtes & fous trois figures, & qu'on lui donnoit le nom de la *triple Hécate.* On la repréfentoit ordinairement fur un char d'or traîné par des biches, armée d'un arc & d'un carquois rempli de fleches, vêtue d'une robe de couleur de pourpre retrouffée jufqu'au genou, avec un croiffant fur la tête. On la regardoit comme la déeffe de la chafteté, parce qu'elle avoit changé en cerf Actéon, qui avoit eu l'indifcrétion de la regarder dans le bain... Un auteur dit, qu'on a feint que Diane étoit la Lune dans le ciel, la déeffe de la chaffe fur la terre, & Proferpine dans les enfers: parce que la chafteté brille entre les vertus, comme la Lune entre les étoiles; que la chaffe eft un exercice qui éloigne l'amour; & enfin que la chafteté fait triompher des enfers. Cette explication eft plus fage que la fable qu'elle commente, mais elle eft très-peu naturelle. Le plus célebre de tous les temples érigés à Diane, étoit à Ephefe. Cet édifice, qui paffoit pour une des fept merveilles du monde, mais qui comparé aux grands temples des Chrétiens, étoit très-peu de chofe, fut brûlé le jour de la naiffance d'Alexandre le Grand, par un fou nommé Eroftrate, l'an 356 avant J. C. *Voyez* Érostrate.

DIANE *ou* DIANA MANTUANA, de Voltere, fille de Jean - Baptifte Mantuan, s'acquit beaucoup de réputation dans le 16e fiecle par fes tailles-douces.

DIANE DE POITIERS, *voyez* Poitiers.

DIAZ, (Michel) aragonois, compagnon de Chriftophe Colomb, découvrit en 1495 les mines d'or de Saint-Chriftophe dans le Nouveau - Monde. Il contribua beaucoup à la fondation de la nouvelle Ifabelle, depuis appellée Saint-Domingue. Il fut plufieurs années après lieutenant du gouverneur de Porto-Rico, ifle célebre, & y effuya

quelques difgraces. Il fut prifonnier en Efpagne en 1509, & rétabli enfuite dans fa charge. Il mourut vers l'an 1512.

DIAZ, (Jean - Bernard) évêque de Calahorra, étoit bâtard d'une maifon illuftre d'Efpagne. Il fe trouva au concile de Trente en 1552, & mourut en 1556. Il eft auteur de divers ouvrages en latin & en efpagnol: I. *Practica Criminalis Canonica,* à Alcala 1594, in-fol. II. *Regula juris,* &c.

DIAZ, (Philippe) célebre prédicateur francifcain de Bragance, mort en odeur de fainteté le 9 avril 1600. Ses Sermons ont été imprimés en 8 vol.

DICASTILLO, (Jean) jéfuite, né à Naples en 1585, enfeigna la philofophie & la théologie à Murcie, à Tolede, & mourut à Ingolftadt en 1653. On a de lui divers Traités de Théologie.

DICÉARQUE, de Meffine, philofophe, hiftorien & mathématicien célebre, fut un des plus dignes difciples d'Ariftote. Il profita beaucoup des leçons de ce grand maître, dans les excellens ouvrages qu'il compofa. Il n'en refte que des fragmens. Le plus eftimé étoit fa *République de Sparte* en 3 livres, que Lacédémone faifoit lire tous les ans publiquement pour l'inftruction des jeunes Spartiates. On trouve fa *Defcriptio montis Pelii,* dans *Geographiæ veteris Scriptores Græci minores,* Oxford, 4 vol. in-8°.

DICENÉE, philofophe égyptien, paffa dans le pays des Scythes, plut à leur roi, lui enfeigna la morale, & adoucit fon naturel fauvage, ainfi que celui de fes fujets. Il lui apprit les premiers devoirs de l'homme, l'amour des dieux, de la juftice & de la paix. De peur que fes maximes & fes loix ne s'effaçaffent de leur efprit, il en fit un livre. Ce philofophe changea tellement ces barbares, qu'ils arrachérent leurs vignes, & fe priverent absolument de vin, pour ne pas tomber dans les désordres qu'il cause. Les meilleures leçons des anciens philosophes, lorsqu'elles n'étoient pas absolument stériles, produisoient toujours quelques effets extravagans, & leur sagesse ne pouvoit se défendre de l'outrance. Dicenée vivoit du tems d'Auguste.

DICK, *voyez* VAN-DICK.

DICTYNNE, nymphe de l'isle de Crete, à laquelle on attribue l'invention des filets des chasseurs. On croit que c'est la même que Britomartis, fille de Jupiter, qui se jeta dans la mer pour éviter les poursuites de Minos, & qui fut mise au nombre des immortelles à la priere de Diane. Cette déesse avoit aussi le surnom de *Dictynne*.

DICTYS, de Crete, suivit Idoménée au siege de Troie, & composa, dit-on, l'*Histoire* de cette fameuse expédition. Un savant du 15e siecle composa une *Histoire de la guerre de Troie*, qu'il mit sous le nom de Dictys. Cet ouvrage supposé fut publié pour la premiere fois à Mayence, on ne sait en quelle année. Madame Dacier en donna une nouvelle édition, à l'usage du Dauphin, à Paris 1680, in-8°, avec *Darès Phrygius*. Perizonius en mit au jour une autre en 2 vol. in-8°, 1702, qu'on joint aux Auteurs *cum notis variorum*. Elle ne vaut pas celle de madame Dacier, quoiqu'il y ait prodigué l'étudition.

DIDIER, (Saint) *Desiderius*, évêque de Langres, martyrisé vers 409, lorsque les Alains, les Sueves & les Vandales ravagerent les Gaules.

DIDIER, (Saint) natif d'Autun, succéda à Vérus en 596 dans l'archevêché de Vienne. Brunehaut, irritée de ce qu'il lui avoit reproché ses désordres, l'envoya en exil; le rappella, croyant le gagner; & le trouvant inflexible, le fit assassiner l'an 667, sur les bords de la riviere de Chalarone, à sept lieues de Lyon.

DIDIER, dernier roi des Lombards, s'empara de l'exarchat de Ravenne en 772 sur le pape Adrien, & saccagea les environs de Rome. Charlemagne vola au secours du pontife. Didier, assiégé dans Pavie, se rendit prisonnier l'an 774 à Charlemagne, qui l'exila avec sa femme & ses enfans à Liege. Il n'y eut qu'un seul de ses fils qui échappa aux malheurs de sa famille. Il se sauva à Constantinople, où il fut revêtu de la dignité de patrice. C'est ainsi que fut éteint en Italie le royaume des Lombards, après avoir duré 206 ans.

DIDIER LOMBARD, docteur de Sorbonne au 13e siecle, écrivit avec Guillaume de Saint-Amour, & un emportement égal contre les ordres mendians, qui furent défendus par S. Bonaventure & S. Thomas.

DIDIER JULIEN, empereur romain, naquit l'an 133 à Milan d'une famille illustre. Il étoit petit-fils de Salvius Julien, habile jurisconsulte, qui fut 2-fois consul & préfet de Rome. Didier obtint à prix d'argent l'empire, mis à l'encan après la mort de Pertinax l'an 193; mais à la nouvelle de l'élection de Sévere, il fut mis à mort par ordre du sénat, dans son palais, à 60 ans, après un regne de quelques mois. Telle fut la fin d'un vieillard follement ambitieux, qui croyant acheter sa fortune, acheta sa mort. Les historiens n'en font pas un portrait avantageux. Il étoit d'une avarice si sordide, qu'il ne se nourrissoit que d'herbes & de légumes.

DIDIER, (Guillaume de Saint-) poëte provençal du 12e siecle, mit les *Fables d'Esope* en rimes de son pays. Il se fit connoître par d'autres ouvrages, entr'autres par un *Traité des Songes*, dans lequel il donne des regles pour n'en avoir que d'agréables. Ces regles consistent à vivre sobrement, & à ne point surcharger l'estomac d'alimens, pour qu'il ne porte point à la tête des vapeurs grossieres &

des

des idées triftes. En ajoutant à cette obfervance des mœurs pures & une confcience fans reproche, il eft à croire qu'effectivement on n'aura point de fonges fort effrayans.

DIDIER, (St-) voy. LIMOJON.

DIDON, fille de Belus, roi des Tyriens, & femme de Sichée, le plus riche de tous les Phéniciens, perdit fon époux par la perfidie de fon propre frere Pygmalion, qui l'affaffina pour s'emparer de fes tréfors. Didon échappa aux pourfuites de ce barbare. Ayant abordé heureufement en Afrique dans un port vis-à-vis de Drepano en Sicile, elle y jeta les fondemens de la ville de Byrfa, fi célebre depuis fous le nom de Carthage. Hiarbas, roi de Mauritanie, la rechercha en mariage. Dans la crainte d'être forcée à accepter cette alliance, par les armes de fon amant & par les vœux de fes fujets, elle fit élever un bûcher, & après y avoir immolé des victimes comme pour appaifer les mânes de fon mari avant d'époufer Hiarbas, elle monta fur ce bûcher, & fe donna un coup de poignard en préfence du peuple, vers l'an 890 avant J. C. Rien n'eft plus fabuleux & plus contraire à la vérité hiftorique, que l'aventure de Didon avec Enée, imaginée par Virgile. Il eft certain, que cette princeffe ne vint au monde que 300 ans après le prince troyen. Peut-être que le poëte latin fentit cette erreur de chronologie; mais il aima mieux fe la permettre, que de priver fon poëme d'un épifode fi agréable & fi intéreffant pour les Romains. L'on y trouve l'origine de la haine innée de Rome & de Carthage, dans le berceau de ces deux villes.

DIDYME d'Alexandrie, furnommé Chalcèntere ou Entrailles d'airain, à caufe de fon amour pour l'étude que rien ne fatiguoit, laiffa, fuivant Séneque, jufqu'à 4000 Traités. On juge bien qu'ils ne pouvoient pas être fort corrects,

ni bien longs. Les anciens ont négligé de nous en donner le catalogue. Ç'auroit été pour eux un grand travail, qui d'ailleurs n'eût pas été utile pour nous. L'auteur lui-même étoit fouvent embarraffé à répondre fur quelle matiere il avoit travaillé. Ce compilateur infatigable étoit un terrible cenfeur. Le ftyle de Cicéron, tout admirable qu'il eft, ne fut pas à l'abri de fa critique : mais Cicéron a fubfifté; & qui connoît Didyme?

DIDYME d'Alexandrie, quoiqu'aveugle dès l'âge de 5 ans, ne laiffa pas d'acquérir de vaftes connoiffances, en fe faifant lire les écrivains facrés & profanes. On prétend même qu'il pénétra dans les mathématiques, qui femblent demander l'ufage de la vue. Il s'adonna particuliérement à la théologie. La chaire de l'école d'Alexandrie lui fut confiée, comme au plus digne. S. Jérôme, Ruffin, Pallade, Ifidore, & plufieurs autres hommes célebres, furent fes difciples. Leur maître mourut en 396, à 85 ans. De tous fes ouvrages, il nous refte : I. Traité du Saint-Efprit, traduit en latin par S. Jérôme. II. Traité contre les Manichéens. III. Difcours fur les Epîtres Canoniques. IV. Des Fragmens fur les Paraboles de Salomon. L'attachement de Didyme au fentiment d'Origene, dont il avoit commenté le livre des Principes, le fit condamner après fa mort par le 5e concile général.

DIÉ, (Saint) Deodatus, évêque de Nevers en 655, quitta fon fiege, & fe retira dans les montagnes de Vofge, pour s'y confacrer à la priere & à la méditation. Il mourut vers 684. C'eft lui qui a donné le nom à la ville de Saint-Dié en Lorraine.

DIEMERBROECK, (Isbrand) né à Montfort dans la province d'Utrecht l'an 1609, mort à Utrecht en 1674, profeffa l'anatomie & la médecine dans cette ville avec

beaucoup de diſtinction. Ses ouvrages ſont : I. *Quatre livres
ſur la Peſte*, in-4°, Amſterdam
1665, inſérés auſſi dans un *Recueil
de Traités de Médecine*, publié
à Geneve en 1721, in-4°. L'auteur rapporte l'hiſtoire de cette maladie funeſte ; confirmée par le
raiſonnement & l'expérience. II.
L'Anatomie du corps humain,
Leyde & Geneve 1679, in-4°. III.
*Diſſertations ſur les Maladies de
poitrine & de la tête*. Tous ces ouvrages ont été recueillis à Utrecht
en 1685, in-folio, & à Geneve
1687, 2 vol. in-4to, par Timann
Diemerbroeck, apothicaire d'U-
trecht, fils de ce médecin. Les figures
des livres anatomiques ne ſont pas
exactes, & les obſervations manquent quelquefois de juſteſſe & de
vérité. Son *Anatomie*, traduite en
françois par Proſt, Lyon 1727, 2
vol. in-4°, eſt peu eſtimée.

DIÉPENBECK, (Abraham)
peintre, né à Bois-le-Duc, vers
l'an 1607, étudia ſon art ſous Rubens, & s'appliqua d'abord à travailler ſur le verre. Il quitta enſuite
ce genre, pour peindre à l'huile.
Diépenbeck eſt moins connu par
ſes tableaux que par ſes deſſins, qui
ſont en très-grand nombre. On remarque dans ſes ouvrages un génie
heureux & facile ; ſes compoſitions
ſont gracieuſes. Il avoit beaucoup
d'intelligence du clair-obſcur ; ſon
coloris eſt vigoureux. Le plus grand
ouvrage qu'on a publié d'après ce
maître, eſt le *Temple des Muſes.*
Il a beaucoup travaillé à des ſujets
de dévotion. C'eſt à lui que les graveurs de Flandre avoient recours
pour des vignettes, des theſes, &
des petites images à l'uſage des
écoles & des congrégations. Il mourut à Anvers en 1675.

DIETERICH, (Jean - Conrad)
né à Butzbach en Weteravie l'an
1612, mort profeſſeur des langues
à Gieſſen en 1667, ſe fit connoitre
par pluſieurs ouvrages ; entr'autres,
par ſes *Antiquités du Vieux &*

du Nouveau Teſtament, 1671,
in-fol. ſemées d'une érudition profonde ; & par un *Lexicon etymó-
logicum græcum*, eſtimé.

DIETERICH, (Jean - George)
ſavant d'Allemagne, a donné les
Explications dans la langue de ſon
pays, & en latin, des plantes gravées dans l'ouvrage intitulé : *Phy-
tantoſa iconographia*, Ratisbonne
1737, 1745, 4 vol. in-folio, contenant 1025 planches enluminées.
Les exemplaires ſur grand papier en
ſont fort recherchés.

DIEU, (Louis de) profeſſeur
proteſtant & principal du college
Wallon de Leyde, né à Fleſſingue
en 1590, mort le 23 décembre
1642, étoit ſavant dans les langues
orientales. Il laiſſa : I. *Compendium
grammaticæ hebraïcæ*, Leyde
1626, in-4°. II. *Apocalypſis S.
Joannis ſyriacè, cum verſione
latina, græco textu, & notis*,
Leyde 1627, in - 4°. Cette verſion
ſyriaque ſe trouve dans les Poly-
glottes de Paris & de Londres. Louis
de Dieu a conſervé dans ſa traduction le tour & le génie de la langue
ſyriaque. III. *Animadverſiones
ſive Commentarius in quatuor
Evangelia in quo collatis ſyri,
arabis, Evangelii hebræi, Vul-
gati, &c. verſionibus difficiliora
loca illuſtrantur*, Leyde 1631, in-
4°. IV. *Animadverſiones in Actus
Apoſtolorum*, Leyde 1634, in - 4°.
V. *Hiſtoria Chriſti perſicè conſ-
cripta à P. Hieronymo Xavier,
latine reddita & animadverſio-
nibus notata*, Leyde 1639, in-4°.
La critique de Louis de Dieu roule
ſur ce que le P. Jerôme Xavier a puiſé
dans des ſources apocryphes. VI. *Ru-
dimenta Linguæ Perſicæ*, Leyde
1639, in-4°. Cette grammaire eſt eſtimée, mais elle n'eſt pas proprement de Louis de Dieu, mais de
Jean Elichma, ſavant Danois. VII.
*Animadverſiones in divi Pauli
Epiſtolas*, &c. 1646, in-4°. VIII.
— *in Veteris Teſtamenti Libros*,
1648, in-4°. Les fils de Jean de Dieu,

éditeurs de cet ouvrage, affurent que le but de ces remarques de leur pere étoit de montrer les fautes de la verfion de Dordrecht. IX. *Critica facra*, Amft. 1693, in-fol. C'eft une édition augmentée de tout ce que Louis de Dieu a fait fur l'Ecriture. On y voit qu'il fait un plus grand cas de la Vulgate que la plupart des Proteftans. X. *Grammatica Linguarum Orientalium, Hebræorum, Chaldæorum & Syrorum inter fe collatarum*, Francfort 1683, in-4°.

DIEU-DONNÉ I, (Saint) (*Deus-Dedit*) pape après Boniface IV, le 13 novembre 614, fe fignala par fa piété & par fa charité envers les malades. Il mourut en 617, après avoir fait éclater fon favoir & fes vertus. C'eft le premier pape dont on ait des bulles fcellées en plomb.

DIEU-DONNÉ II, (*A-Deodatus*) pape vertueux & prudent, fuccéda au pape Vitalien, en avril 672, & mourut en juin 676. Il eft le premier qui ait employé dans fes lettres la formule, *Salutem & Apoftolicam benedictionem*.

DIGBY, (Kenelme) connu fous le nom de Chevalier Digby, étoit fils d'Evrard Digby, qui entra dans la confpiration des poudres contre Jacques I, & qui eut la tête tranchée en punition de ce crime. Le fils, inftruit par les malheurs du pere, donna tant de marques de fidélité à fon prince, qu'il fut rétabli dans la jouiffance de fes biens. Charles I, qui ne l'aima pas moins que Jacques, le fit gentilhomme de fa chambre, intendant général de fes armées navales, & gouverneur de l'arfénal maritime de la Sainte-Trinité. Il fe fignala contre les Vénitiens, & fit plufieurs prifes fur eux proche le port de Scanderoue. Les armes ne lui firent pas négliger les lettres. Il s'appliqua aux langues, à la politique, aux mathématiques, & fur-tout à la chymie. Ses études ne furent

pas infructueufes. Il trouva d'excellens remèdes, qu'il donnoit gratuitement aux pauvres, & à toutes les autres perfonnes qui en avoient befoin. L'attachement de Digby à la famille royale ne fe démentit point, même dans les malheurs qu'elle effuya. La reine, veuve de Charles I, l'envoya deux fois en ambaffade auprès du pape Innocent X. Il vit fes biens confifqués fous Cromwel, fa perfonne bannie fans fe plaindre. Il fe retira tranquillement en France, & ne retourna en Angleterre que lorfque Charles II eut été rétabli fur le trône. Il y mourut de la pierre en 1665, à 60 ans. On lui doit: I. Un *Traité fur l'Immortalité de l'Ame*, publié en anglois en 1661, in-4°, traduit en latin & imprimé en 1664 à Francfort, in-8°. L'auteur avoit eu de longues conférences fur ce fujet important avec Defcartes, & en avoit profité. II. *Differtation fur la Végétation des Plantes*, traduite de l'anglois en latin par Dappet, Amfterdam 1663, in-12; en françois par Trehan, 1667, Paris, in-12. III. *Difcours fur la Poudre de Sympathie pour la guérifon des plaies*, traduit en latin par Laurent Straufius, imprimé à Paris en 1658, puis en 1661; enfin en 1730, avec la *Differtation* de Charles de Dionis, fur le *Tænia* ou *Ver-Plat*.

DIGNA *ou* DUGNA, femme courageufe d'Aquilée, ville autrefois très-floriffante, aujourd'hui ruinée, du Frioul, aima mieux fe donner la mort, que de confentir à la perte de fon honneur. Sa ville ayant été prife par Attila, roi des Huns, l'an de J. C. 452, ce prince vouloit attenter à fa pudicité. Elle le pria de monter fur une galerie, feignant de lui vouloir communiquer quelque fecret d'importance; mais auffi-tôt qu'elle fe vit dans cet endroit qui donnoit fur la mer, elle fe jeta dedans, en criant à ce barbare: *Suis-moi, fi tu veux me poffèder.*

DILLEN, (Jean-Jacques) natif

H h 2

de Darmstadt en Allemagne, & professeur de Botanique à Oxford, mourut en 1747. On a de lui : I. *Catalogus Plantarum circa Giessam sponte nascentium*, Francfort 1719, in-12. II. *Hortus Elthamensis*, in-fol. Londres 1732, 2 vol. in-fol. avec un grand nombre de figures. III. *Historia Muscorum*, in-fol.

DIMITRONICIUS, (Basile) général d'armée du grand-duc de Moscovie, maltraita quelques officiers d'artillerie. Deux d'entr'eux prirent la fuite, & furent arrêtés sur les frontieres de Lithuanie, & menés au grand-duc. Pour sauver leur vie, ils eurent recours à la calomnie, & dirent à ce prince que Basile avoit dessein de passer au service du roi de Pologne, & qu'il les avoit envoyés pour cela en Lithuanie. Le grand-duc, outré de colere, manda aussi-tôt le général ; & malgré les protestations qu'il faisoit de son innocence, il lui fit souffrir de cruels tourmens. Ensuite il commanda qu'on le liât sur une jument aveugle, attachée à un chariot, & qu'on chassât cet animal dans la riviere. Le malheureux étant sur le bord de l'eau, le grand-duc lui dit à haute voix, que puisqu'il avoit dessein d'aller trouver le roi de Pologne, il y allât avec cet équipage. Ainsi périt Dimitronicius, quoiqu'innocent. C'est une leçon pour les hommes en place, qui se croient des dieux, & qui traitent leurs inférieurs, comme des bêtes de somme.

DINA, fille de Jacob & de Lia, née vers l'an 1754 avant J. C., fut violée par Sichem, fils d'Hemor, roi de Salem. Siméon & Levi ses freres, pour venger cet outrage, profiterent du tems auquel les Sichimites s'étoient fait circoncire, en exécution de l'accord entre leur prince & Jacob, les massacrerent tous, & pillerent leur ville.

DINARQUE, orateur grec, fils de Sostrate & disciple de Théo-phraste, gagna beaucoup d'argent à composer des harangues, dans un tems où la ville d'Athenes étoit sans orateur. Accusé de s'être laissé corrompre par les présens des ennemis de la république, il prit la fuite, & ne revint que 15 ans après, vers l'an 340 avant J. C. De 64 Harangues qu'il avoit composées, il n'en reste plus que 3, dans la Collection des Orateurs anciens d'Etienne, 1575, in-fol. ; ou dans celle de Venise 1513, 3 tom. in-fol.

DINOCRATE ou DIOCLÈS de Macédoine, architecte, qui proposa à Alexandre le Grand de tailler le mont Athos en la forme d'un homme, tenant dans sa main gauche une ville, & dans la droite une coupe, qui recevroit les eaux de tous les fleuves qui découlent de cette montagne, pour les verser dans la mer. Alexandre ne crut pas qu'un pareil projet pût être exécuté ; mais il retint l'architecte auprès de lui, pour bâtir Alexandrie. Pline assure qu'il acheva de rétablir le temple de Diane à Ephese. Après avoir mis la derniere main à ce grand ouvrage, Ptolomée Philadelphe lui ordonna d'élever un temple à la mémoire de sa femme Arsinoé. Dinocrate se proposoit de mettre à la voûte de ce monument une pierre d'aiman, à laquelle la statue de cette princesse auroit été suspendue. Il vouloit étonner le peuple par cette merveille, & l'obliger à adorer Arsinoé comme une déesse ; mais Ptolomée & son architecte étant morts, ce dessein ne fut pas exécuté.

DINOSTRATE, géometre ancien, contemporain de Platon, fréquentoit l'école de ce philosophe, école célebre par l'étude que l'on y faisoit de la géométrie. Il est un de ceux qui contribuerent le plus aux progrès considérables qu'elle y fit. On le croit l'inventeur de la *Quadratrice*, ainsi nommée, parce que si on pouvoit la décrire en entier, on auroit la quadrature du cercle.

DINOTH , (Richard) hiftorien proteftant , né à Coutances , mort vers 1580 , a laiffé un ouvrage intitulé : *De bello civili gallico.*

DINTERUS, *voyez* DYNTER.

DINUS , natif de Mugello , bourg de Tofcane , jurifconfulte & profeffeur en droit à Bologne , floriffoit fur la fin du 13e fiecle. Il paffoit pour le premier jurifte de fon tems , par le talent de la parole , la vivacité de fon efprit , & la netteté de fon ftyle. Le pape Boniface VIII le fit travailler à la compilation du 6e livre des Décrétales , appellé le *Sexte.* Ce jurifconfulte mourut à Bologne en 1303 , du chagrin, felon quelques-uns, de n'avoir pas été honoré de la pourpre romaine. Il eft auteur de plufieurs ouvrages fur le droit civil : I. D'un *Commentarium, in regulas Juris pontificii,* in-8°. Cynos , fon difciple , affure qu'il contient les principes choifis de cette fcience ; & , fi l'on en croit Alciat , c'eft un livre qui mérite d'être appris mot à mot. Mais ceux qui favent que Charles du Moulin , en le commentant , y a corrigé une infinité de fautes , verront que ces éloges ont befoin d'être réduits. II. *De Gloffis contrariis,* 2 vol. in-fol. dans lefquelles il s'eft gliffé auffi beaucoup d'erreurs , &c.

DIOCLÈS , héros révéré chez les Mégariens , qui célébroient en fon honneur des jeux nommés *Dioclès* ou *Dioclèides.*

DIOCLÈS , géometre connu par la courbe appellée *Cyffoïde* , qu'il imagina pour la folution du problème des deux moyennes proportionnelles , floriffoit avant le 5e fiecle.

DIOCLÈS , *voyez* DINOCRATE.

DIOCLÉTIEN , (*Caïus-Valerius-Diocletianus*) dont le nom primitif étoit Dioclès , naquit à Dioclée dans la Dalmatie , l'an 245. Les uns difent qu'il étoit fils d'un greffier , d'autres qu'il avoit été efclave. Ce qu'il y a de fûr , c'eft que fa famille étoit fort obfcure. Il

commença par être foldat , & parvint par degrés à la place de général. Il avoit le commandement des officiers du palais , lorfqu'il fut élevé à l'empire , l'an 284 après l'affaffinat de Numerien. On dit qu'il tua de fa propre main Aper , meurtrier de ce prince , pour accomplir la prédiction qu'une Druide lui avoit faite , qu'il feroit empereur fitôt qu'il auroit lui-même immolé Aper. Comme ce mot fignifie en latin *fanglier* , il tuoit auparavant tous les fangliers qu'il rencontroit ; mais lorfqu'il eut donné la mort à Aper , il dit à Maximien-Hercule , à qui il avoit confié cette prophétie : *Voilà la prédiction de la Druide accomplie.* Ce Maximien - Hercule étoit fon ami. Ils avoient été fimples foldats dans la même compagnie : il partagea avec lui l'empire l'an 286. Ils avoient toujours été fort unis , avant de régner enfemble : ils le furent encore plus étroitement , lorfqu'ils régnerent ; & quoiqu'ils ne fuffent pas parens , on les appelloit freres. Il créa enfuite en 292 deux nouveaux Céfars , Conftance-Chlore & Galere-Maximien. Cette multiplication d'empereurs ruina l'empire, parce que chacun d'eux voulant avoir autant d'officiers & de foldats que fes collegues , on fut obligé d'augmenter confidérablement les impôts. Ce fut Galere qui infpira à Dioclétien fa haine pour le Chriftianifme. Il l'avoit aimé pendant plufieurs années , à ce qu'affure Eufebe. Il changea tout-à-coup de fentiment. Ses collegues eurent ordre de condamner aux fupplices , chacun dans leur département , tous ceux qui profeffoient la religion chrétienne , & de faire démolir les églifes , de brûler leurs livres , de vendre comme des efclaves les moindres d'entre eux , & d'expofer les plus diftingués à des ignominies publiques. Cette perfécution , la derniere avant Conftantin , commença la 19e année du regne de Dioclétien (c'eft-à-dire , l'an 303 de J. C. & 239 ans après la premiere fous Néron); elle dura 10 ans, tant fous cet empereur, que fous fes fucceffeurs. Le nombre des martyrs fut fi grand, que les ennemis du Chriftianifme crurent lui avoir donné le coup mortel, & s'en vanterent dans une infcription qui portoit : *Qu'ils avoient aboli le nom & la fuperftition des Chrétiens, & rétabli l'ancien culte des dieux.* Pour fe vanter d'une pareille chofe, il falloit qu'on eût fait périr bien des fideles. Comment donc un auteur célebre ofe-t-il dire : *Qu'il n'eft pas vrai que les provinces furent inondées de fang, comme on fe l'imagine ?* Cela n'eft, malheureufement, que trop vrai. Mais loin que la perfécution accélérât la ruine du Chriftianifme, elle ne fervit qu'à faire triompher la religion. Au milieu de ces exécutions barbares, Dioclétien, attaqué d'une maladie lente, tomba dans une fi grande foibleffe, qu'on le crut mort. Il revint; mais fon efprit, totalement affoibli, n'eut plus que des lueurs de raifon. Cet affoibliffement, joint aux véxations de Maximien-Galere, l'obligea de fe dépouiller de la pourpre impériale dans Nicomédie, l'an 305 de J. C. Ayant recouvré fa fanté, il vécut encore 9 ans en philofophie, dans fa retraite de Salone, que quelques-uns ont cru être fa patrie. Il s'amufoit à cultiver fes jardins & fes vergers, difant à fes amis qu'il n'avoit commencé à vivre que du jour de fa rénonciation. On ajoute même que Maximien ayant voulu l'engager à remonter fur le trône, il répondit : " Le trône ne " vaut pas la tranquillité de ma " vie; je prends plus de plaifir à " cultiver mon jardin, que je n'en " ai eu autrefois à gouverner la " terre ". Les réflexions de fa retraite furent d'un honime fage. " Un " roi, difoit-il, ne voit jamais la " vérité de fes yeux. Il eft obligé " de fe fier aux yeux des autres, " & il eft prefque toujours trompé. " On le porte à combler de faveurs

" ceux qui mériteroient des châti" mens, & à punir ceux qu'il de" vroit récompenfer ". On ne peut nier que les cruautés atroces exercées envers les Chrétiens avec un fang-froid que la nature humaine ne femble pas comporter, il n'eut été grand prince, autant que foldat courageux, brave officier & excellent capitaine. Il fit des loix très-équitables; il embellit d'édifices fuperbes plufieurs villes de l'empire, fur-tout Rome, Milan, Nicomédie & Carthage. Mais fa magnificence tint beaucoup du fafte & de l'orgueil. Ses fucceffeurs imitant fa vanité, fans avoir fes vertus, voulurent à fon exemple qu'on les traitât d'*Eternels*, qu'on fe profternât devant les ftatues de ces vers de terre comme devant celles des dieux. Dioclétien fe laiffa mourir de faim à Salone, l'an 313 de J. C. à 68 ans. *L'ere de Dioclétien ou des Martyrs*, qui a été long-tems en ufage dans l'églife, & qui l'eft encore chez les Cophtes & les Abyffins, commence le 29 août de l'an 284. On a gravé les *Bains* qu'il fit bâtir, en 1558, in-fol. On les trouve auffi dans *le Tréfor d'Antiquités de du Boulai*, in-fol.

DIOCRE, (Raimond) nom d'un chanoine de Notre-Dame de Paris, qu'on crut mort en odeur de fainteté l'an 1084. On a conté fur lui un miracle, contredit par les meilleurs critiques. Son corps ayant été apporté, dit-on, dans le chœur de fon églife, il leva la tête hors du cercueil, à ces mots de la 4e leçon de l'Office des Morts : *Refponde mihi, &c.* & cria tout haut, par trois différentes fois: *Jufto Dei judicio accufatus fum... judicatus fum.... condemnatus fum.* M. de l'Aunoy dans fa Differtation *de vera caufâ feceffûs fancti Brunonis in eremum,* foutient qu'avant le tems de Gerfon, & de faint Antonin, qui vivoient après l'an 1400, aucun auteur n'avoit parlé de ce prétendu miracle, & que cette tradition des Chartreux eft mal fondée. Divers favans ont répondu à ces differtations ; & le P. Jean Colombi, jéfuite, a publié une réponfe qui a pour titre : *Differtatio de Carthufianorum initiis, feu quòd Bruno adactus fuerit in eremum vocibus hominis redivivi Parifiis qui fe accufatum, judicatum, damnatum, exclamabat.* Il y rapporte le témoignage de quelques hiftoriens, qui ont, à ce qu'il prétend, parlé de ce miracle, avant l'an 1400 ; & il cite l'auteur qui a écrit en 1150 une relation des commencemens des Chartreux; un religieux de cet ordre, de la Chartreufe de Merya en Bugey, dans une charte de 1298 ; Guillaume d'Erbura ou d'Yvrée, qui écrivit en 1315, *Lib. de origine & veritate perfectæ Religionis*; l'auteur de la Chronique des Prieurs de la Chartreufe qui a fleuri depuis 1383, jufqu'en 1391 ; & enfin Henri de Kalkar, qui compofa en 1398 un traité de l'origine des Chartreux. Il paroît néanmoins que le filence de faint Bruno dans fa lettre à Raoul, où il détaille les motifs de fa retraite, eft un argument invincible contre la vérité d'un événement auffi extraordinaire.

DIODATI, (Jean) miniftre, profeffeur de théologie à Geneve, natif de Lucques, mourut à Geneve en 1652, à 73 ans. On a de lui : I. Une *Traduction de la Bible en italien*, publiée pour la 1re fois en 1607 à Geneve, avec des notes, & réimprimée en 1641, in-fol. dans la même ville. C'eft plutôt une paraphrafe qu'une traduction. Ses notes approchent plus des méditations d'un théologien, que des réflexions d'un bon critique. II. Une *Traduction de la Bible en françois*, in-fol. à Geneve en 1644, écrite d'un ftyle barbare. III. Une *Verfion françoife de l'Hiftoire du Concile de Trente par Fra-Paolo*, auffi mal-écrite que fa Bible.

DIODORE de Sicile, ainfi appellé parce qu'il étoit d'Agyre, ville de Sicile, écrivoit fous Jules Céfar

& fous Augufte. On a de lui une *Bibliotheque hiftorique*, fruit de 30 ans de recherches. On affure qu'il avoit été lui-même voir les lieux dont il avoit à parler ; mais le contraire ne paroît que trop par ce qu'il en dit. Son ouvrage étoit divifé en XL livres, dont il ne nous refte que XV, avec quelques fragmens. Il comprenoit l'hiftoire de prefque tous les peuples de la terre, Egyptiens, Affyriens, Medes, Perfes, Grecs, Romains, Carthaginois. Son ftyle n'eft, ni élégant, ni orné ; mais fimple, clair, intelligible ; & cette fimplicité n'a rien de bas, ni de rampant. Prolixe dans les détails frivoles & fabuleux, il gliffe fur les affaires importantes. Mais comme il avoit beaucoup compilé, fon *Hiftoire* préfente de tems-en-tems des faits curieux ; & on doit beaucoup regretter la perte de fes autres livres, qui auroient jeté de la lumiere fur l'hiftoire ancienne. Diodore a été traduit en latin par le Pogge, & en françois par l'abbé Terraffon (*Voyez* TERRASSON). On prétend que celui-ci n'entreprit cette *Traduction*, qui forme 7 vol. in-12, que pour prouver combien les admirateurs des anciens font aveugles. Ce n'eft pas plaider de bonne foi la caufe des modernes, que de croire leur affurer la fupériorité, en les oppofant à Diodore de Sicile, hiftorien un peu crédule & écrivain du fécond ordre, quoique néceffaire pour l'hiftoire ancienne. C'eft Homère qu'il faut comparer à Milton ; Démofthene à Boffuet ; Tacite à Guichardin, ou peut-être à perfonne ; Séneque à Montagne ; Archimede à Newton ; Ariftote à Defcartes ; Platon au chancelier Bacon. Pour lors le procès des anciens & des modernes ne fera plus fi facile à juger. Nous avons dit que Diodore de Sicile étoit crédule. En faut-il d'autre preuve que fa *Defcription de l'ifle de Pancaie*, où l'on voit des allées d'arbres odoriférens à perte de vue, des fontaines qui forment une infinité de canaux bordés de fleurs ; des oiseaux inconnus par-tout ailleurs, qui chantent fous d'éternels ombrages, un temple de marbre de 4000 pieds de longueur, &c. &c. La première édition latine est de Milan 1472, in-fol. Les meilleures du texte font : celle de Henri Etienne en grec, 1559, parfaitement imprimée ; & celle de Weiffeling, Amsterdam, en grec & en latin, avec les remarques de différens auteurs, les variantes, & tous les fragmens de l'historien grec, 1746, 2 vol. in-fol. On estime aussi celle qui a été donnée par L. Rhodeman, à Hanau, chez Wechel, in-fol. 2 vol. 1604.

DIODORE d'Antioche, prêtre de cette église, & ensuite évêque de Tarse, fut disciple de Sylvain, & maître de S. Jean-Chrysostome, de S. Basile & de S. Athanase. Ces Saints donnent de grands éloges à ses vertus & à son zele pour la foi ; éloges qui ont été confirmés par le 1er concile de Constantinople. S. Cyrille au contraire l'appelle l'ennemi de la gloire de J. C., & le regarde comme le précurseur de Nestorius ; mais ce jugement ne paroît pas fondé. Diodore fut un des premiers commentateurs qui s'attacherent à la lettre de l'Ecriture, sans s'amuser à l'allégorie ; mais il ne nous reste de ses ouvrages que des fragmens dans les *Chaînes des Pères Grecs*. C'est une petite perte, s'il est vrai, comme on l'a dit, qu'il poussa l'amour pour le sens littéral jusqu'à détruire les prophéties sur J. C.

DIODOTE, *voyez* TRYPHON.

DIOGENE d'Apollonie dans l'isle de Crete, se distingua parmi les philosophes qui fleurirent en Ionie, avant que Socrate philosophât à Athenes. Il fut disciple & successeur d'Anaximenes, dans l'école d'Ionie. Il rectifia un peu le sentiment de son maître touchant la cause premiere. Il reconnut comme lui que l'air étoit la matiere de tous les êtres ; mais il attribua ce principe primitif à une vertu divine. On prétend qu'il observa avant tout autre, que l'air se condense & se raréfie. Il florissoit vers l'an 500 avant J. C.

DIOGENE le *Cynique*, né à Sinope, ville du Pont, fut chassé de sa patrie pour crime de fausse monnoie. Son pere, qui étoit banquier, fut banni pour le même crime. De faux monnoyeur, il devint Cynique. Son châtiment fit naître sa philosophie ; elle étoit digne d'une cause si noble. En se retirant de Sinope, il emmena avec lui un esclave nommé Menade, qui l'abandonna bientôt après. Comme on lui conseilloit de faire courir après lui, il répondit : *Ne seroit-il pas ridicule que Menade pût vivre sans Diogene, & que Diogene ne pût vivre sans Menade ?* Arrivé à Athenes, il alla trouver Antisthene, chef des Cyniques ; mais ce philosophe, qui avoit fermé son école, ne voulut pas le recevoir. Il revint de nouveau. Antisthene prit un bâton pour le chasser : mais enfin, vaincu par sa persévérance, il lui permit d'être son disciple. Il n'en eut point de plus extravagamment zélé. Diogene joignit aux pratiques du Cynisme, de nouvelles singularités. Il prit un bâton, une beface, & n'avoit pour tout meuble qu'une écuelle. Ayant apperçu un jeune enfant qui buvoit dans le creux de sa main : *Il m'apprend*, dit-il, *que je conserve du superflu* ; & il cassa son écuelle. Un tonneau lui servoit de demeure, & il promenoit par-tout sa maison avec lui, comme les limaçons promenent la leur. Qu'on ne croie pas qu'avec son manteau rapiécé, sa beface & son tonneau, il fût plus modeste ; il étoit aussi vain sur son fumier, qu'un monarque persan sur son trône. Ce sophiste orgueilleux étant entré un jour chez Platon, dont la philosophie étoit douce & commode, se mit à deux pieds sur un beau tapis, en disant : *Je foule aux pieds le faste de Platon.*—*Oui* , réplique celui-ci , *mais par une autre sorte de faste.* . . Platon ayant défini l'homme *un animal à deux pieds sans plumes* ; Diogene pluma un coq & le jetant dans son école : *Voilà* , dit-il , *votre homme.* C'est apparemment alors que Platon dit , que *Diogene étoit un Socrate fou.* . . Alexandre le Grand étant à Corinthe , eut la curiosité de voir cet homme singulier ; il lui demanda ce qu'il pouvoit faire pour lui ? Diogene le pria de se détourner seulement tant soit peu , & de ne pas lui ôter son soleil. Cette réponse parut si sublime au conquérant, qui sans doute n'en démêloit pas les ressorts , qu'il dit : *Si je n'étois pas Alexandre , je voudrois être Diogene.* . . Un jour le Cynique parut en plein midi dans une place publique avec une lanterne à la main. On lui demanda ce qu'il cherchoit ? *Un homme* , répondit-il. . . Une autre fois il vit les juges qui menoient au supplice un homme , qui avoit volé une petite phiole dans le trésor public : *Voilà de grands voleurs* , dit-il , *qui en conduisent un petit.* . . Une femme s'étant pendue à un olivier , il s'écria qu'*il seroit à souhaiter que tous les arbres portassent de semblables fruits.* . . Il avoit été quelque-tems captif. Comme on alloit le vendre , il cria : *Qui veut acheter un maître ?* On lui demanda : *Que sais-tu faire ?* — *Commander aux hommes* , répondit le vain Cynique. Un noble de Corinthe l'ayant acheté : *Vous êtes mon maître* , lui dit-il ; *mais préparez-vous à m'obéir , comme les grands aux médecins.* Ses amis voulurent le racheter : *Vous êtes des imbécilles* , leur dit-il ; *les lions ne sont pas esclaves de ceux qui les nourrissent ; mais ceux-ci sont les valets des lions.* . . Diogene s'acquitta si bien de ses emplois chez

son nouveau maître , que Xeniades (c'étoit son nom) lui confia ses fils & ses biens. On croit qu'il vieillit & mourut dans cette maison... Il ordonna , dit-on , que son cadavre fût jeté dans un fossé , & qu'on se contentât de le couvrir d'un peu de poussiere. *Mais vous servirez de pâture aux bêtes* , lui dirent ses amis. — *Eh bien* , répondit-il , *qu'on me mette un bâton à la main , afin de chasser les bêtes.* — *Et comment pourrez-vous le faire* , repliquerent-ils , *puisque vous ne sentirez rien ?* — *Que m'importe donc* , reprit Diogene , *que les bêtes me déchirent ?* On n'eut point d'égard à son indifférence pour les honneurs funebres. Ses amis lui firent des obseques magnifiques à Corinthe. Les habitans de Sinope lui érigerent des statues. Son tombeau fut orné d'une colonne , sur laquelle on mit un chien de marbre. C'étoit à cet animal qu'on comparoit les Cyniques , parce qu'ils en avoient la lubricité & qu'ils aboyoient après tout le monde. On rapporte de lui quelques moralités estimables , quoique très-simples & très-communes. » On se fortifie le » corps par des exercices , & on » néglige de se fortifier l'ame par » la vertu... Les grammairiens s'a-» musent à gloser sur les fautes des » auteurs , & ne pensent pas à cor-» riger les leurs... Les musiciens » ont soin de mettre leurs instru-» mens d'accord , sans se soucier » d'accorder leurs passions... Les » orateurs s'étudient à bien parler , » & non pas à bien faire... Les » avares sont sans cesse occupés à » amasser des richesses , & ne sa-» vent pas s'en servir ». Ces maximes sont bonnes ; mais le Cynique en avoit aussi de très-pernicieuses. Il s'abandonnoit avec impudence aux derniers excès de l'impureté , disant qu'il voudroit pouvoir ap-» paiser avec autant de facilité les » desirs de son estomac ». Il se glorifioit de ces turpitudes , sur lesquelles on eſt forcé de. tirer un voile. Son peu de reſpeĉt pour l'honnêteté publique, ſon orgueil ſous les haillons, ſa mordante cauſticité, & ſelon quelques-uns, ſon penchant à l'Athéiſme, ont fait penſer à la poſtérité, que les vertus de Diogene n'étoient que des vices fardés, & ſa raiſon une vraie folie. Ce philoſophe mourut l'an 320 avant J. C.

DIOGENE le Babylonien, philoſophe ſtoïcien, ainſi nommé, parce qu'il étoit de Séleucie, près de Babylone. Il fut diſciple de Chryſippe ; les Athéniens le députerent à Rome avec Carnéades & Critolaüs, l'an 155 avant J. C. Diogene mourut à 88 ans, après avoir prêché la ſageſſe pendant le cours de ſa vie, & en avoir donné des exemples. Un jour qu'il faiſoit une leçon ſur la colere, & qu'il déclamoit fortement contre cette paſſion, un jeune homme lui cracha au viſage : *Je ne me fâche point*, lui dit Diogene ; *je doute néanmoins ſi je devrois me fâcher*.

DIOGENE LAERCE, né à Laërte, petite ville de Cilicie, philoſophe épicurien, compoſa en grec la *Vie des Philoſophes*, diviſée en dix livres. Cet ouvrage eſt venu juſqu'à nous. Quoiqu'il ſoit ſans agrément, ſans méthode, & même ſans exactitude ; il eſt précieux aux hommes qui penſent, parce qu'on peut y étudier le caraĉtere & les mœurs des plus célebres philoſophes de l'antiquité. Cet hiſtorien manquoit d'eſprit ; il ſe mêloit cependant de faire des vers, & il en a ſurchargé ſes *Vies des Philoſophes* : ils ſont encore plus plats que ſa proſe. Il avoit compoſé un livre d'*Epigrammes*, auquel il renvoie fort ſouvent. Il vivoit vers l'an 193 de J. C. La 1re édition de ſes *Œuvres* eſt de Veniſe 1475, in-folio ; la meilleure eſt celle d'Amſterdam, en 1692, avec les obſervations de Ménage, 2 vol. in-4°. Un écrivain étranger

les a. traduites en françois, en ſtyle allemand. Sa verſion eſt imprimée chez Schneider à Amſterdam, & à Rouen ſous le même nom en 1761, in-12, 3 vol. On y a ajouté la *Vie* de l'auteur, celles d'*Epictete*, de *Confucius*, & un *Abrégé hiſtorique des Femmes philoſophes de l'antiquité*. On a une édition de *Diogene*, imprimée à Coire avec les notes de Longueil, 2 vol. in-8°, qu'on joint aux Auteurs *cum notis variorum*.

DIOGENIEN d'Héraclée dans le Pont, célebre grammairien grec du 2e ſiecle, a laiſſé *Proverbia Græca*, Anvers 1612, in-4°, grec & latin.

DIOGNETE philoſophe ſous Marc-Aurele, donna des leçons de vertu à ce prince, & lui apprit à faire des Dialogues. L'éleve eut toujours beaucoup d'eſtime pour ſon maître. On croit que c'eſt le même à qui eſt adreſſée la *Lettre à Diognete*, qui ſe trouve parmi les ouvrages de S. Juſtin. Il paroît certain que cette Lettre n'a pas été écrite à un Juif, comme quelques ſavans l'ont cru, mais à un Païen. La maniere dont l'auteur parle des faux-dieux à celui auquel il écrit, ne laiſſe preſque aucun lieu d'en douter. " Enviſagez, dit-il à Diognete, " non-ſeulement des yeux " du corps, mais encore de ceux " de l'eſprit, en quelle maniere & " ſous quelle forme exiſtent ceux " que vous regardez comme des " dieux. L'un eſt de pierre, l'autre " d'airain ; cependant vous les ado- " rez, vous les ſervez ". Parleroit-on ainſi à un Juif ? Cette Lettre à Diognete eſt un des plus précieux morceaux de l'antiquité eccléſiaſtique. Rien n'eſt comparable au portrait que l'auteur y trace de la vie, des mœurs des premiers Chrétiens ; & ce qu'il dit des myſteres de la religion, eſt plein de force & de grandeur.

DIOMEDE, grammairien, plus ancien que Priſcien, puiſque celui-ci le cite souvent. Nous avons de lui 3 livres, *De orationis partibus, & vario Rhetorum genere.* Il y en a plusieurs éditions. Celle d'Elie Putschius en 1605, in-4°, passe pour la meilleure.

DIOMEDE, fille de Phorbas, qu'Achille substitua à la place de Briséis, lorsqu'Agamemnon lui enleva celle-ci.

DIOMEDE, fils de Tydée, petit-fils d'Oenée, étoit roi d'Etolie, rival d'Achille & d'Ajax. Il combattit au siege de Troie contre Enée & contre Hector. Il entra de nuit, avec le secours d'Ulysse, dans la citadelle de Troie, où il enleva le *Palladium.*

DION de Syracuse, capitaine & gendre de Denys l'ancien, tyran de Syracuse, engagea ce prince à faire venir Platon à sa cour. Dion chassa de Syracuse Denys le jeune, & rendit de grands services à sa patrie. Il fut assassiné par Callipe, un de ses amis, l'an 354 avant J. C.

DION-CASSIUS de Nicée en Bithynie, fut élevé aux premieres dignités par différens empereurs, au rang de sénateur par Pertinax, au consulat par Sévere, à la place de gouverneur de Smyrne & de Pergame par Macrin, & à celle de gouverneur de l'Afrique, de la Dalmatie & de la Pannonie par Alexandre-Sévere. Dion revint à Rome, où il fut consul pour la 2e fois en 229, & retourna ensuite dans son pays où il finit ses jours. Dion-Cassius étoit honnête-homme, autant qu'on peut l'être quand on a fait le métier de courtisan. Lorsqu'il étoit à la cour, il se retiroit souvent à Capoue, pour cultiver les lettres & travailler en repos. Après avoir ramassé des mémoires pendant dix ans, il composa une *Histoire Romaine* en 80 livres. Elle commençoit à l'arrivée d'Enée en Italie, & finissoit au regne d'Alexandre-Sévere. Il ne nous reste qu'une partie de cet ouvrage. Les 34 premiers livres sont perdus. Les

20 suivans, depuis la fin du 35e jusqu'au 54e, sont complets; les 6 suivans sont tronqués, & il ne nous reste que quelques fragmens des 20 derniers. Nous avons un *Abrégé* assez bien fait de cette histoire depuis le 35e livre, par Xiphilin, patriarche de Constantinople dans le 11e siecle. Dion avoit pris Thucydide pour son modele; il l'imite beaucoup dans sa maniere de narrer, & sur-tout dans ses harangues. Son style est clair, ses maximes solides, sensées, judicieuses, ses termes nobles, sa narration coulante, ses tours heureux; mais on l'accuse d'avoir été bizarre, partial, également porté à la flatterie & à la satyre. Il prend parti pour César contre Pompée. Il peint Séneque comme un homme extrêmement déréglé dans ses mœurs. La meilleure édition de cet historien est celle d'Herman-Samuel Reimarus, à Hambourg 1750, in-fol. 2 vol. en grec & en latin, avec de savantes notes. On estime encore celle de Leunclavius, Hanau, in-fol. 1606, Boisguillebert l'a traduit en françois, Paris 1674, 2 vol. in-12.

DION-CHRYSOSTOME, ainsi appellé à cause de son éloquence, orateur & philosophe de Pruse en Bithynie, travailla en vain pour persuader à Vespasien de quitter l'empire. Il fut lui-même obligé d'abandonner Rome sous Domitien qui le haïssoit. Il déguisa son nom & sa naissance, & vécut plusieurs années inconnu, errant de ville en ville & de pays en pays, manquant de tout; réduit le plus souvent, pour subsister, à labourer la terre, ou à cultiver les jardins, & honorant cet état par son courage. Il parcourut ainsi la Mœsie & la Thrace, & pénétra jusques chez les Scythes. Lorsque Domitien périt, Dion étoit en habit de mendiant, dans un camp de l'armée romaine prête à se révolter. Il se fait connoître, & appaise la sédition. Dion revint sous l'empereur Trajan. Ce prince, ami des talens, le faisoit mettre souvent dans sa litiere, pour s'entretenir avec lui, & le fit monter sur son char de triomphe. On dit que Dion parut souvent en public vêtu d'une peau de lion. Aucun de ces vieux sages n'a pu échapper à quelque ridicule saillant. La premiere édition de ses ouvrages, est de Milan 1676, in-fol. : la meilleure de Paris 1704, in-fol. On y trouve 80 *Oraisons*, qui offrent des morceaux éloquens ; & un traité en 4 livres *Des devoirs des Rois*, où la philosophie donne des leçons aux princes.

DIONIS, (Pierre) conseiller & premier chirurgien de madame la Dauphine & des enfans de France, fut nommé démonstrateur des dissections anatomiques, & des opérations chirurgicales, à l'éreçtion de cette chaire par Louis XIV dans le jardin royal des plantes. Cet homme habile mourut en 1718, après avoir produit plusieurs ouvrages bien reçus en France & dans les pays étrangers. La solidité, la méthode, la justesse y sont jointes à la pureté du style. Les plus applaudis sont : I. Un *Cours d'Opérations de Chirurgie*, imprimé en 1707, réimprimé pour la 3e fois en 1736, à Paris, in-8°, avec des remarques du célebre la Faye. II. L'*Anatomie de l'Homme*, ouvrage traduit en langue tartare, par le P. Parennin, jésuite ; & dont la meilleure édition est de 1728, par Devaux. III. Un *Traité de la maniere de secourir les Femmes dans leurs accouchemens*, in-8°, estimé, &c.

DIOPHANTE, mathématicien grec, dont il nous reste VI livres de *Questions arithmétiques*, imprimés pour la 1re fois en 1575, puis à Paris 1621, in-fol. C'est le premier & le seul des écrits grecs, où nous trouvions des traces d'algebre : ce qui fait penser qu'il en est l'inventeur. Il y a beaucoup d'adresse dans la maniere dont il fait ses solutions, qui ont pour objet des questions d'un genre très-difficile. Ces

VI livres, reste d'un ouvrage en XIII, ont d'abord été traduits & commentés par Xilander ; ensuite de nouveau, & avec plus d'intelligence, par Meziriac ; & enfin réimprimés avec les notes de Fermat, en 1670. Diophante naquit à Alexandrie vers le milieu du 4e siecle.

DIOSCORE, patriarche d'Alexandrie, auparavant diacre & apocrisiaire de cette église, exerçoit cette derniere charge, lorsqu'il renouvella la vieille querelle de la préséance sur le patriarche d'Antioche. L'affaire ayant été portée dans un synode de Constantinople en 439, Théodoret, suffragant d'Antioche, défendit si éloquemment les droits de cette église, que Dioscore céda à la force de ses raisons ; mais ce fut malgré lui, & il conçut dès-lors une haine implacable contre son vainqueur. Elu patriarche après la mort de S. Cyrille, en 444, il prit l'hérétique Eutychès sous sa protection. Il soutint opiniâtrément ses erreurs dans le faux concile d'Ephese en 449, appellé, avec tant de raison, *le brigandage d'Ephese*. Toutes les regles furent violées dans cette séditieuse assemblée. Cent trente évêques, gagnés par des caresses, ou intimidés par des menaces, souscrivirent au rétablissement d'Eutychès, & à la déposition de S. Flavien, qui ne survécut guere à ce mauvais traitement. Après le concile, Dioscore osa prononcer contre le pape S. Léon une excommunication, qu'il fit signer par dix évêques ; mais l'année suivante il fut déposé dans un concile de Constantinople. Cité au concile général de Chalcédoine, il refusa d'y comparoître. Cette assemblée, tenue en 451, le déposa, après trois citations, de l'épiscopat & du sacerdoce, comme contumace. Plusieurs personnes présenterent contre lui des requêtes, où l'on dévoiloit tous ses crimes. L'empereur l'exila à Gangres en Paphlagonie, où il mourut en 458.

DIOSCORE, diacre de Rome,

élu antipape l'an 530, le même jour que Boniface II fut placé sur la chaire pontificale, mourut environ 3 semaines après.

DIOSCORIDE, (Pedacius) médecin d'Anazarbe en Cilicie, on ne sait en quel tems. L'opinion la plus commune le fait vivre sous Néron. Il y a eu autrefois une grande dispute entre Pandolfe Collenutius & Leonicus Thomæus, pour savoir si Pline avoit suivi Dioscoride, comme le dernier le croyoit; ou si Dioscoride avoit tiré son ouvrage de celui de Pline, ce qui étoit le sentiment de Collenutius. Quoi qu'il en soit, Dioscoride suivit d'abord le métier des armes; & il s'adonna ensuite à la connoissance des simples, sur lesquels il donna un Ouvrage, suivi de fort près par ceux qui ont traité après lui cette matière, & commenté par Matthiole dans le 16e siecle.

DIPPEL, (Jean-Conrad) écrivain célebre par des opinions extravagantes, se nommoit dans ses ouvrages *Christianus Democritus*. Il s'appliqua d'abord à des controverses anti-piétistes, secte contre laquelle il déclama publiquement à Strasbourg. Sa vie scandaleuse l'ayant obligé de quitter cette ville, il revint à Giessen. Il s'y montra aussi zélé pour le Piétisme, qu'il lui avoit été contraire à Strasbourg. Il vouloit une femme, & une place de professeur; ayant manqué l'une & l'autre, il leva le masque, & attaqua vivement la religion prétendue-réformée, dans son *Papismus Protestantium vapulans*. Ce livre ayant soulevé contre lui les Protestans, il quitta la théologie pour la chymie. Il fit croire qu'il étoit parvenu, au bout de 8 mois, à faire assez d'or pour être en état de payer une maison de campagne, qu'il acheta 50 mille florins. Le faiseur d'or étoit réellement alors dans la misere; il ne trouva d'autre ressource contre les poursuites de ses créanciers, qu'en s'éclipsant. Après avoir parcouru

différens pays, Berlin, Copenhague, Francfort, Leyde, Amsterdam, Altena, Hambourg, & avoir dans tous essuyé les châtimens de la prison, il fut appellé à Stockholm en 1727, pour traiter le roi de Suede. Le clergé de ce royaume, charmé qu'on guérit le roi, mais fâché que ce fût par un homme qui se moquoit ouvertement de leur religion, obtint que le médecin alchymiste quitteroit la capitale. Dippel retourna en Allemagne, sans avoir changé ni de conduite, ni de sentiment. Le bruit de sa mort s'étant répandu plusieurs fois faussement, cet extravagant publia en 1733 une espece de patente, dans laquelle il annonçoit qu'il ne mourroit pas avant l'an 1808; prophétie qui ne se vérifia pas; car on le trouva mort dans son lit au château de Widgenstein, le 25 avril 1734, à 62 ans. Dippel méritoit une place dans l'*Histoire de la Philosophie Hermétique*, ainsi que dans celle des délires du genre humain.

DIRCE, reine de Thebes. Lycus répudia Antiope pour l'épouser. Les enfans d'Antiope, irrités de cet affront, attacherent sa rivale à la queue d'un taureau furieux. Il y eut une autre DIRCE, qui ayant osé comparer sa beauté à celle de Pallas, fut changée en poisson.

DIROIS, (François) docteur de Sorbonne, fut d'abord précepteur de Thomas du Fossé, ami des solitaires de Port-Royal. Son éleve le lia avec les cénobites de ce monastere célebre; mais son attachement aux décrets du saint-siege le brouilla avec eux. Il mourut chanoine d'Avranches, où il vivoit encore en 1691, fort considéré de ses confreres & de son évêque. On a de lui: I. *Preuves & préjugés pour la Religion Chrétienne & Catholique, contre les fausses Religions & l'Athéisme*, in-4°; ouvrage assez bon. II. *L'Histoire Ecclésiastique de chaque siecle*, qu'on trouve dans l'*Abrégé de l'Histoire de France* de Mezerai, est de lui ; & quoiqu'elle soit écrite avec plus de précision que d'élégance, c'en'est pas le moindre ornement de ce livre.

DISCORDE, déesse que Jupiter chassa du ciel, parce qu'elle brouilloit continuellement les dieux. Elle fut si piquée de n'avoir pas été invitée aux nôces de Thétis & de Pélée, avec les autres dieux, qu'elle résolut de s'en venger, en jetant sur la table une pomme d'or sur laquelle étoient écrits ces mots : *A LA PLUS BELLE.* Junon, Pallas & Vénus disputèrent cette pomme. On représente la Discorde coëffée de serpens, tenant une torche ardente d'une main, une couleuvre & un poignard de l'autre ; ayant le teint livide, les yeux égarés, la bouche écumante, & les mains ensanglantées.

DITHMAR, évêque de Mersbourg en 1618, mort en 1028 à 42 ans, étoit fils de Sigefroi, comte de Saxe, & avoit été bénédictin au monastere de Magdebourg. Il laissa une *Chronique pour servir à l'Histoire des Empereurs Henri I, Othon II & III, & Henri II,* sous lequel il vivoit. Cette Chronique, écrite avec sincérité, a été publiée plusieurs fois. La meilleure édition & la seule qui soit sans lacunes, est celle que le savant Leibnitz a donnée dans ses *Ecrivains servant à illustrer l'Histoire de Brunsfwick,* avec des variantes & des corrections, in-fol.

DITHMAR, (Juste-Christophe) membre de l'académie de Berlin, professeur d'histoire à Francfort sur l'Oder, mort dans cette ville en 1737. Il nous a laissé : I. *Scriptorum rerum Germanicarum volumen,* Francfort sur l'Oder 1727, in-fol. II. Une Edition des *Annales des Duchés de Cleves, Juliers,* &c. de Teschenmacher (*voyez* ce mot), qu'il a enrichie de notes, de diplomes, &c. Francfort & Leipsick 1721, in-fol.

DITTON, (Humfroi) de Salisburi, maître de l'école des mathé-

matiques érigée dans l'hôpital de Christ à Londres, s'associa au fameux Guillaume Wiston son ami, pour chercher le secret des longitudes sur mer. Ils se flatterent tous deux de l'avoir trouvé. Cette découverte étoit une chose plaisante. Ils avoient imaginé de placer des feux d'artifice à certaines distances, qui marqueroient les degrés de longitude aux vaisseaux. On ne vit pendant quelque-tems à Londres & aux environs, que de ces bluettes artificielles, pour donner des essais de leur invention. Tout cela leur réussit fort mal : ils en furent pour la honte & pour la grande dépense. Ditton s'occupa plus utilement des preuves de la religion, sur laquelle il a publié l'ouvrage suivant : *Démonstration de la Religion Chrétienne,* 1712, à Londres, in-8° ; traduite en françois par la Chapelle, théologien protestant, sous ce titre : *La Religion Chrétienne démontrée par la Résurrection de N. S. Jesus-Christ,* en 3 parties, Amsterdam 1728, 2 vol. in-8° ; réimprimée à Paris en 1729, in-4°. L'auteur suit la méthode des géometres, & s'en sert avec succès contre les Déistes. Il mourut en 1715, à 40 ans.

DIVÆUS *ou* VAN DIEVE, (Pierre) né à Louvain l'an 1536, s'appliqua dès sa jeunesse avec beaucoup de succès aux belles-lettres. L'an 1571 il devint greffier du magistrat de Louvain ; & fut chargé l'an 1575 de rechercher les Privileges de cette ville. Il abandonna ses emplois en 1582 pour s'attacher au parti du prince d'Orange ; ce qui fait croire qu'il abandonna la foi de ses Peres. L'an 1590, Malines ayant été prise par les Anglois & les Etats confédérés, Divæus fut créé Pensionnaire de cette ville. Il ne jouit pas long-tems de cet emploi ; car il mourut l'an 1591. Il fut lié d'une étroite amitié avec plusieurs savans, & sur-tout avec Juste-Lipse, qui a dit plusieurs fois avoir beaucoup profité des connois-fances de Divæus dans l'histoire belgique & les antiquités. Nous avons de Divæus : I. *Rerum Brabanticarum liber* que Miræus a fait imprimer à Anvers 1610 : ouvrage d'une grande érudition. II. *De Galliæ Belgicæ antiquitatibus liber 1, statum ejus, quem sub Romanorum imperio habuit, complectens*, Anvers 1565. III. *Rerum Lovaniensium, lib.* 4. IV. *Annalium Lovaniensium, lib.* 8. M. Paquot a donné une belle édition de tous ces ouvrages en un volume in-fol. avec des additions & des tables, Louvain 1757. Divæus avoit encore fait plusieurs ouvrages analogues aux précédens, mais ils n'ont pas vu le jour.

DIVICON, chef & général des Helvétiens (maintenant les Suisses), se rendit célèbre par la défaite de Cassius, & par la fierté avec laquelle il parla à Jules César. Il avoit été député vers ce conquérant, pour lui demander son alliance. César ayant exigé des ôtages, ce brave capitaine lui répondit, *que sa nation n'avoit pas accoutumé de donner des ôtages, mais d'en recevoir* ; & se retira ensuite, vers l'an 58 avant J. C. Les Suisses d'aujourd'hui tiennent encore quelque chose de la bravoure & de l'intégrité de Divicon, mais l'usage de vendre leurs troupes & d'immoler leurs patriotes à des querelles étrangeres dont ils ignorent même la cause, est une lâcheté dénaturée qui déshonore cette nation d'ailleurs si estimable.

DIVINI, (Eustache) artiste italien, excelloit dans l'art de faire des télescopes. Huygens fut néanmoins plus habile ou plus heureux que lui ; car il découvrit avec ceux de sa construction *l'anneau de Saturne*. Divini lui contesta la vérité de cette découverte, par un ouvrage publié l'an 1660, in-8°, sous ce titre : *Brevis annotatio in Systema Saturnium*. Ses raisons étoient, qu'il ne voyoit pas cet anneau avec ses télescopes. Huygens le réfuta dans une réponse, à la-

quelle Divini répliqua vainement. Cet auteur vivoit encore en 1663.

DIVITIAC, druide & philosophe gaulois, estimé & aimé par Cicéron & César qui l'avoient connu, étoit l'un des chefs de la république d'Autun. Il fut le premier qui introduisit les Romains dans cette partie des Gaules.

DIUS-FIDIUS, ancien dieu des Sabins, dont le culte passa à Rome. Ce Dius ou Deus-Fidius, & quelquefois simplement Fidius, étoit regardé comme le *dieu de la bonne foi* : d'où étoit venu chez les anciens l'usage si fréquent de jurer par cette divinité. La formule du serment étoit *Me Dius-Fidius*, qu'on doit entendre dans le même sens que *Me Hercules*. On le croyoit fils de Jupiter, & quelques-uns l'ont confondu avec Hercule.

DLUGOSS, (Jean) polonois, chanoine de Cracovie & de Sandomir, mort en 1480, à 65 ans, est auteur d'une *Histoire de Pologne* en latin, Francfort 1711, in-fol. en 12 livres. Le 13e fut imprimé à Leipsick en 1712, in-fol. L'auteur, quoiqu'exact & fidele, n'a pas été exempt, dit Lenglet, de la barbarie de son siecle. Il commence son Histoire à l'origine de sa nation, & la conduit jusqu'en 1444.

DOBSON, (Guillaume) peintre anglois, né à Londres en 1610, s'attacha à la maniere de Van-Dyck, & s'en fit un ami. Ce maître le présenta à Charles I, qui le nomma son premier peintre. Il fut si recherché à la cour & à la ville, qu'il ne pouvoit suffire à tout ce qu'on lui demandoit. Sa maniere étoit à la fois douce & forte : ses têtes semblent animées. Sa vie fort peu réglée abrégea ses jours. Il mourut à Londres en 1647, à 37 ans.

DODART, (Denys) conseiller, médecin du roi, & premier médecin du prince & de la princesse de Conti, & enfin de Louis XIV, membre de l'académie des sciences, naquit à Paris en 1634, & y mourut en

1707, universellement regretté. Il étoit né d'un caractere sérieux, dit Fontenelle ; & l'attention chrétienne avec laquelle il veilloit perpétuellement sur lui-même, n'étoit pas propre à l'en faire sortir. Mais ce sérieux, loin d'avoir rien d'austere ni de sombre, laissoit assez à découvert cette joie sage & durable, fruit d'une raison épurée & d'une conscience tranquille. Gui-Patin, aussi avare d'éloges que prodigue de satyres, l'appelloit *Monstrum sine vitio* ; un prodige de sagesse & de science, sans aucun défaut. On a de lui : I. *Mémoires pour servir à l'Histoire des Plantes*, Paris 1676, in-fol. : ouvrage publié par l'académie, qu'il orna d'une belle préface. II. *Statica Medicina Gallica*, dans un recueil sur cette matiere, en 2 vol. in-12. III. Des *Dissertations* manuscrites sur la saignée, sur la diete des anciens, sur leur boisson. Il étudia pendant 33 ans la transpiration insensible ; suivant les observations de Sanctorius, illustre médecin de Padoue. Il trouva, le 1er jour de carême 1677, qu'il pesoit 116 liv. & une once. Il fit ensuite le carême comme il a été observé dans l'église jusqu'au 12e siecle, ne buvant & ne mangeant que sur les six heures du soir. Le samedi de Pâques il ne pesoit plus que 107 liv. 12 onces ; c'est-à-dire que, par une vie si austere, il avoit perdu, en 46 jours, 8 liv. 5 onces, qui faisoient la 14e partie de sa substance. Il reprit sa vie ordinaire, & au bout de 4 jours il eut regagné 4 liv. C'étoit lui encore qui avoit observé que 16 onces de sang se réparoient en moins de 5 jours, dans un homme bien constitué. Jean-Baptiste-Claude DODART, son fils, premier médecin du roi comme lui, mort à Paris en 1730, laissa des *Notes sur l'Histoire générale des Drogues* de Pierre Pomey.

DODECHIN, prêtre du 14e siecle, natif de Logenstein dans l'électorat

de Treves, visita la Palestine dont il donna une *Description*, & continua la *Chronique* de Marianus Scotus depuis 1083 jusqu'en 1200.

DODDRIDGE, (Pierre) théologien anglois, mort en 1751 à Lisbonne, où il étoit allé pour changer d'air, est auteur de divers ouvrages estimés en Angleterre. Les plus connus en France sont des Sermons, in-8°, écrits avec simplicité.

DODOENS ou DODONÉE, (Rambert) de Malines, né en 1518, médecin des empereurs Maximilien II & Rodolphe II, mourut en 1585, à 68 ans. Il laissa plusieurs ouvrages sur son art. I. *Histoire des Plantes* en latin avec figures, Anvers 1644, in-fol. La description des plantes étrangeres, sur-tout celle des Indes, est empruntée principalement des ouvrages de Charles l'Écluse. II. Une Édition de Paul Éginette, Bâle 1546. III. *Medicinalium observationum exemplara*, Anvers 1585, in-8°, &c.

DODWEL, (Henri) né à Dublin en 1641, de parens pauvres, fut réduit à une telle nécessité dans ses études, que souvent il n'avoit pas d'argent pour acheter des plumes, du papier & de l'encre. Un de ses parens lui donna du secours, & il fit de grands progrès. Son érudition lui procura la place de professeur d'histoire à Oxford en 1688; mais il fut privé de cet emploi en 1691, pour avoir refusé de prêter serment de fidélité au roi Guillaume & à la reine Marie. Il mourut en 1711, âgé de 70 ans. C'étoit un homme versé dans l'Écriture-Sainte, l'histoire ecclésiastique & les ouvrages des Peres. Il voyageoit ordinairement à pied, afin de pouvoir lire en marchant. Les livres qu'il portoit alors dans ses poches, étoient la *Bible Hébraïque*, le *Nouveau Testament* en grec, la *Liturgie Anglicane*, l'*Imitation de J. C.* Il jeûnoit fort souvent, & l'abstinence lui communiquoit une humeur

humeur chagrine qui se fait quelquefois sentir dans ses livres. On a de lui plusieurs écrits ; tout l'argent qu'il en retiroit, étoit destiné à soulager les pauvres, Les principaux sont : I. Un *Traité contre les Non-Conformistes*, ouvrage qui lui fit beaucoup d'ennemis. Il y prétend que l'ame , naturellement mortelle , n'acquiert l'immortalité que par le baptême, conféré par des prêtres légitimement ordonnés par des évêques. II. Des *Dissertations latines sur S. Cyprien*, 1684, in-8°. Il y soutient que le nombre des martyrs n'a pas été aussi grand , que le disent les écrivains ecclésiastiques. D. Thierri Ruinart le réfuta avec beaucoup de solidité, dans la savante préface dont il enrichit son édition des *Actes sinceres des Martyrs*. Un auteur qui a embrassé le sentiment de Dodwel, prétend que son adversaire n'a pas assez distingué les martyrs, & les morts ordinaires ; les persécutions pour cause de religion, & les persécutions politiques. Mais ce jugement est faux, & il est d'autant moins recevable, qu'il part d'un écrivain qui a tâché d'affoiblir toutes les preuves du Christianisme (*Voy.* DIOCLETIEN). III. Un *Traité sur la maniere d'étudier la Théologie*, en anglois. IV. *Geographiæ veteris Scriptores Græci minores*, à Oxford, 1698 & 1712, 4 vol. in-8°, rares & estimés. L'auteur a orné cette édition de remarques & de dissertations. V. *De veteribus Cyclis*, Oxford 1701 , in-4°. VI. *Annales Thucydidis & Xenophontis*, 1702, in-4°, ouvrage recherché. VII. Plusieurs Editions d'Auteurs Classiques, qu'il a éclaircis par de savantes notes. Ceux qui voudront connoître plus en détail les autres productions de Dodwel, peuvent consulter sa *Vie* en anglois, 2 vol. in-12 , publiée par François Brokesby.

DOEG , Iduméen, écuyer de

Tome II.

Saül. Ce fut lui qui rapporta à ce prince , que David , passant par Nobé , avoit conspiré contre lui avec le grand-prêtre Achimélech. Cette calomnie mit Saül dans une telle colere , qu'il désola la ville de Nobé , & fit donner la mort par la main du lâche Doëg , au grand-pontife & à 85 prêtres, l'an 1061 avant J. C. C'est à cette occasion que David composa les *Pseaumes* 41 , 108 & 109.

DOEZ , *voyez* VANDER-DOEZ.

DOESSIN , (Louis) jésuite , est connu par deux *Poëmes latins*, l'un *sur la Sculpture*, l'autre *sur la Gravure*, écrits d'un style noble , facile & élégant. L'un & l'autre parurent en 1752, 1 vol. in - 12 , & furent traduits 5 ans après , in-12. L'auteur mourut en 1753, à 52 ans, & laissa des regrets à ceux qui aiment les Muses latines.

DOISY , (Pierre) directeur du bureau des comptes des parties casuelles , mort le 10 mars 1760 , est auteur d'un ouvrage qui a eu quelque cours , quoiqu'il ne soit pas toujours exact. Il parut sous ce titre : *Le Royaume de France & les Etats de la Lorraine, en forme de Dictionnaire*, in-4°, 1753.

DOLABELLA , (Publius - Cornelius) gendre de Cicéron, se distingua pendant les guerres civiles de Rome , par son humeur séditieuse , & par son attachement au parti de Jules César. Il se trouva avec lui aux batailles de Pharsale , d'Afrique & de Munda. Elu tribun du peuple , il voulut établir une loi très - préjudiciable aux créanciers. Marc-Antoine s'opposa ouvertement à un dessein qu'il n'avoit formé, que pour flatter ceux à qui il devoit & pour gagner le peuple. Le retour de César à Rome mit fin à ces troubles. Quelques années après , ce héros étant sur le point de marcher contre les Parthes , fit nommer Dolabella con-

L i

fut à sa place, quoiqu'il n'eût pas l'âge prescrit par les loix. Marc-Antoine son collegue traversa cette élection ; mais César ayant été tué, il fut obligé de reconnoître Dolabella, qui eut en partage le gouvernement de Syrie. Cassius prévint ce nouveau gouverneur. Dolabella, désespérant de le chasser, s'arrêta à Smyrne, où il fit tuer en trahison Trebonius, gouverneur de l'Asie Mineure, l'un des conjurés qui avoit eu part à la mort de César. Ce meurtre le fit déclarer ennemi de la république. Enfin, après quelques succès dans l'Asie Mineure, il se donna la mort dans Laodicée, où il étoit assiégé par Cassius, l'an 43 avant J. C. Il n'avoit alors que 26 à 27 ans.

DOLCE, (Louis) né à Venise en 1508, mort dans la même ville en 1568, fut mis dans le même tombeau qui avoit reçu Ruscelli son Zoïle 3 ans auparavant. Il est plus connu par ses ouvrages poétiques, & par différentes Traductions des écrivains anciens, que par ses actions. C'étoit, dit Baillet, un des meilleurs écrivains de son siecle. Son style a de la douceur, de la pureté & de l'élégance ; mais la faim l'obligea souvent à allonger ses ouvrages, & ne lui permit pas d'y mettre toute la correction qu'ils auroient exigé. On recherche les suivans : I. *Dialogo de la Pittura, intitolato l'Aretino*, Venise 1557, in-8°. Cet ouvrage a été réimprimé avec le françois à côté, Florence 1735. II. *Cinque primi canti del Sacripante*, Venise 1535, in-8°; 1562, in-4°. III. *L'Achille & l'Enea*, 1570, in-4°. IV. *La prima imprese del Conte Orlando*, 1572, in-4°. V. Des Poésies dans différens recueils, entr'autres dans celui de Berni.

DOLERA, (Clément) évêque de Foligni, cardinal, de l'ordre de S. François dont il fut général, étoit de Moneglia ; il se distingua par sa science & par sa vertu, & mourut à Rome en 1568. Le principal de ses ouvrages a pour titre : *Compendium Theologicarum Institutionum.*

DOLET, (Etienne) né à Orléans en 1509, étoit fils, dit-on, de François I, & d'une Orléanoise nommée Cureau. On ajoute qu'il ne fut point reconnu par ce prince, à cause d'une intrigue de sa mere avec un seigneur de la cour ; mais cette anecdote mérite confirmation. Quoi qu'il en soit, Dolet à la fois imprimeur, poëte, orateur & humaniste, étoit outré en tout : comblant les uns de louanges, déchirant les autres sans mesure ; toujours attaquant, toujours attaqué ; extrêmement aimé des uns, haï des autres jusqu'à la fureur : savant au-delà de son âge, s'appliquant sans relâche au travail : d'ailleurs orgueilleux, méprisant, vindicatif & inquiet. Avec un tel caractere, il ne pouvoit que se faire des ennemis. On le mit en prison pour son irréligion. Le savant Castellan lui obtint sa liberté, dans l'espérance que cette correction l'auroit rendu plus sage. Il promit beaucoup, il ne tint rien ; & il fut brûlé comme athée à Paris en 1546, à 37 ans. On dit qu'avant de rendre l'ame, il protesta que ses livres contenoient des choses qu'il n'avoit jamais entendues. Il étoit donc bien fou, d'avoir perdu sa tranquillité pendant sa vie pour des rêveries qu'il n'entendoit pas, & de s'être exposé à périr d'une mort si cruelle. On a de lui : I. *Commentarii Linguæ Latinæ*, 2 vol. in-fol. à Lyon, chez Gryphe, 1536—38, qui devoient être suivis d'un 3e. Cet ouvrage, chef-d'œuvre de typographie, est devenu rare. C'est une espece de dictionnaire de la langue latine par lieux-communs. On avoue qu'il en connoissoit bien les tours & les finesses, sur-tout celles de Cicéron, son auteur favori ; cependant il n'écrivoit pas naturellement en latin : sa prose sent l'écolier qui fait des thêmes : c'est un tissu de phrases mendiées. II. *Carminum libri IV*, 1538, in-4° : ces Poésies sont pitoyables, sur-tout les lyriques. III. *Formulæ Latinarum locutionum*, à Lyon 1539, in-folio : cet ouvrage est un dictionnaire qui devoit avoir 2 autres parties. IV. *Second Enfer de Dolet*, 1544, in-8°. V. *De officio Legati*, Lyon 1538, in-4°. VI. *Francisci I facta* en vers, Lyon 1529, in-4°. VII. Les mêmes en françois 1540, en prose, sous le titre de *Gestes de François I*, in-4°. VIII. *De re navali*, Lyon 1537, in-4°. IX. *Un Recueil de Lettres en vers françois*, peu communes, dans lesquelles on trouve des choses singulieres sur son emprisonnement à Lyon. Le crime dont il avoit été accusé, & dont il se justifie, étoit d'avoir envoyé à Paris un ballot de livres hérétiques.

DOLMANS, (Pierre) jésuite, natif des environs de Maestricht, mort le 29 septembre 1751, a travaillé long-tems aux *Acta Sanctorum*.

DOLON, troyen, extrêmement léger à la course, qui ayant été envoyé comme espion au camp des Grecs, fut pris & tué par Diomede & Ulysse.

DOMAT *ou* DAUMAT, (Jean) avocat du roi au siege présidial de Clermont en Auvergne, étoit né dans cette ville en 1625. Il devint l'arbitre de sa province, par son savoir, par son intégrité, par sa droiture. Les solitaires de Port-Royal, avec lesquels il étoit beaucoup lié, prenoient ses avis, même sur les matieres de théologie. Domat étoit à Paris durant la derniere maladie de Pascal. Il reçut ses derniers soupirs, & fut dépositaire d'une partie de ses papiers les plus secrets. La confusion qui régnoit dans les loix, le détermina à en faire une étude particuliere. Il s'appli-

qua à ce travail, qui ne devoit d'abord être que pour lui, & pour ceux de ses enfans qui prendroient le parti de la robe. Quelques-uns de ses amis, auxquels il découvrit ses idées, l'engagerent à les communiquer aux premiers magistrats ; il vint pour cela à Paris en 1683. Louis XIV sur le rapport que lui en fit M. Pelletier, alors contrôleur général, ordonna à Domat d'en faire part au public, & lui accorda une pension de 2000 livres. Domat fixé à Paris montroit son ouvrage aux plus habiles jurisconsultes, à mesure qu'il l'écrivoit. D'Aguesseau, alors conseiller d'état, lui dit, en écoutant la lecture d'un cahier où il étoit traité de l'usure : « Je savois que l'usure étoit défendue » par l'Ecriture & par les loix ; » mais je ne la savois pas contraire » au droit naturel. Les *Loix civiles dans leur ordre naturel*, parurent enfin en 1689, in-4°, chez Coignard. Elles forment 6 vol. dans lesquels on voit non-seulement que l'auteur possédoit l'esprit des loix, mais qu'il étoit très-capable d'y faire entrer les jeunes jurisconsultes. C'est l'objet principal de son ouvrage, & cet objet parut entierement rempli. Les 3 premiers vol. in-4°, traitent des loix civiles dans leur ordre naturel ; les 4e & 5e, du droit public ; & le 6e est un choix de loix. Cet habile homme mourut à Paris en 1696, à 70 ans. On fit après sa mort une édition de son ouvrage, in-fol. 1702, à Luxembourg, réimprimé plusieurs fois. L'édition la plus complete est celle de 1777, in-fol. avec un Supplément par M. de Jouy.

DOMENICHI, (Louis) natif de Plaisance, & mort vers 1564, âgé de 50 ans, a donné, outre beaucoup de Traductions italiennes d'auteurs anciens, les bagatelles suivantes : *Le duc Cortigiane*, comédie, Florence 1563, in-8°. *Dialoghi d'amore*, Venise 1562, in-8°. *Facetie, motti e burle*, Ve-

Ll 2

DOM

nife 1581, in-8°. *Detti e fatti no-*
tabili, 1565, in-8°. *La nobilta*
delle donne, 1554, in-8°. *La*
donna di corte, Lucques 1564,
in-4°. *Rime*, Venife 1544, in-8°.
La Progne, tragédie, Florence
1561, in-8°.

DOMIDUCUS, dieu qu'on in-
voquoit quand on conduifoit la nouvelle mariée dans la maifon de fon
mari. C'eft pour la même raifon
que Junon eft auffi furnommée *Do-*
miduca.

DOMINICA, (Albia) fille du
patrice Petrone, & époufe de l'empereur Valens, étoit d'un caractere violent, & d'un efprit des plus
opiniâtres. Elle perfécuta cruellement les Catholiques, & engagea
Valens à favorifer l'Arianifme. Qua-
tre-vingts eccléfiaftiques étant venus à la cour pour fupplier l'empereur de priver un évêque arien
du fiege de Conftantinople, ce
prince, irrité contre eux par fon
époufe, ne leur répondit qu'en les
faifant embarquer fur un vaiffeau
auquel on mit le feu en pleine mer.
Après la mort de Valens, arrivée
en 378, Dominica foutint le fiege
de Conftantinople contre les Goths ;
& par les encouragemens qu'elle
donna aux troupes, ils furent chaf-
fés de devant fes murailles. On croit
que cette princeffe fut envoyée peu
de tems après en exil ; mais qu'elle
obtint enfuite de l'empereur Théodofe, la liberté de venir terminer
fes jours à Conftantinople.

DOMINICO DE SANTIS, aven-
turier de Venife, fe mit au fervice
d'un feigneur indien, qui s'étant
rendu à Rome, avoit embraffé le
Chriftianifme & l'état eccléfiaftique.
Le pape ayant renvoyé le nouveau
converti à Goa, pour y être vicaire apoftolique, Dominico le fuivit, & paffa quelques années dans
les Indes. Lorfqu'il fut de retour à
Venife, il fit croire qu'il entendoit parfaitement le commerce de
l'Afie, & engagea quelques particuliers à lui confier des marchan-

difes, qui furent perdues par un
naufrage. Ce malheur l'obligea de
retourner à Goa, où il reçut 800
écus de quelques contributions cha-
ritables. Il parcourut enfuite la Perfe,
féjourna quelque-tems à Ifpahan,
& paffa delà en Pologne. Cet aventurier eut l'art de perfuader à cette
cour qu'il connoiffoit à fonds l'état
de l'Afie. Le roi le choifit pour ambaffadeur auprès du roi de Perfe.
L'empereur fuivit l'exemple du roi
de Pologne ; la république de Venife imita l'empereur, & ces trois
puiffances y firent joindre le pape,
pour rendre cette ambaffade plus folemnelle. Dominico étoit auffi avare
que fripon. Loin de prendre le train
d'un ambaffadeur de quatre grands
potentats, il arriva en Perfe avec
un équipage fi peu convenable à
fon caractere, qu'on le confidéra
moins qu'un fimple envoyé. Le roi
de Pologne, inftruit du peu de cas
que l'on faifoit de fon ambaffadeur,
en envoya un fecond, capable de
cette importante fonction. Dominico, dépouillé honteufement de fon
emploi, n'ofa retourner en Europe
par la Turquie, parce qu'il avoit
eu avis qu'on l'épioit à fon paffage.
Le premier miniftre de Perfe pria
un ambaffadeur de Ruffie de le recevoir à fa fuite ; mais le Mofco-
vite l'ayant mené jufqu'à la Mer-
Cafpienne, s'en défit adroitement.
Le Vénitien fut contraint de retourner à Ifpahan, & delà à Goa,
où les Portugais le firent embarquer pour Lisbonne. Enfin il fe rendit à Venife vers l'an 1680 ; mais
il y fut traité avec le mépris qu'il
méritoit. Il s'en fallut peu que le fénat, mal fatisfait de fa négociation,
ne lui en témoignât fon reffentiment
par un châtiment févere. Cet aventurier mourut dans l'obfcurité, après
avoir eu le trifte plaifir de tromper
des fouverains & de jouer de grands
rôles.

DOMINIQUE, (Saint) *l'En-*
cuiraffé, ainfi appellé parce qu'il
portoit une chemife de mailles de

fer, qu'il n'étoit que pour se donner la discipline. Ce n'étoit pas seulement pour lui que Dominique se flagelloit ; c'étoit pour expier les iniquités des autres, & les pécheurs commodes n'hésitoient point à recourir à la courageuse charité du bon hermite. Il mourut le 14 octobre 1050, dans un hermitage de l'Apennin. On est éloigné de blâmer l'usage des pénitences de ce tems-là ; mais elles occasionnerent l'abolissement des pénitences canoniques. Le principal avantage de celles-ci étoit de détruire les mauvaises habitudes, en faisant pratiquer long-tems les vertus contraires ; & non pas en faisant flageller un hermite qui n'étoit pas coupable. Un écrivain judicieux a très-bien dit à cette occasion, que le péché n'est pas comme une dette pécuniaire, que tout autre peut payer à la décharge du débiteur, en quelque monnoie que ce soit ; c'est une maladie dangereuse, qu'il faut guérir dans la personne même du malade. L'auteur du trop fameux *Dictionnaire philosophique* a confondu S. Dominique l'Encuirassé avec le suivant.

DOMINIQUE, (Saint) instituteur de l'ordre des Freres Prêcheurs, naquit à Calarvega, bourg du diocese d'Osma, en 1170, de parens nobles & vertueux. A 14 ans il fut envoyé à Palentia, où étoit alors la plus célebre école de Castille. Le roi Alfonse IX y avoit assemblé des savans de France & d'Italie, & établi des professeurs de toutes les facultés. Dominique s'y distingua pendant 9 ans, par le double mérite de l'esprit & de la sagesse. Sorti de cette école, il fut fait chanoine régulier, & sous-prieur de la cathédrale d'Osma. Son évêque ayant été envoyé en France par Alfonse, pour accompagner la princesse promise à son fils, Dominique le suivit. La mort de cette princesse leur fit perdre le dessein de retourner en Espagne : ils se fixerent en France, avec des abbés de l'ordre de Citeaux,

légats du pape, pour travailler à la conversion des hérétiques vaudois & albigeois, dont le Languedoc étoit infecté. La mission prit dès-lors une nouvelle face. Les abbés de Citeaux ne paroissoient qu'avec des équipages de princes. Dominique & son évêque les engagerent par leur exemple à renvoyer leurs valets & leurs chevaux, & tout cet attirail fastueux qui scandalisoit les hérétiques au lieu de les convertir. Les premiers fruits du zele de Dominique parurent à la conférence de Pamiers, en 1206. Le chef des Vaudois y abjura ses erreurs entre les mains de l'évêque d'Osma. Les succès de Dominique lui mériterent la charge d'inquisiteur en Languedoc. Il y jeta les premiers fondemens de son ordre à Toulouse, approuvé en 1216 par Honorius III. Le saint fondateur, de concert avec ses compagnons, avoit embrassé la regle de S. Augustin, pour se conformer au concile de Latran contre les religions nouvelles ; mais il y ajouta quelques pratiques plus austeres. Les Freres Prêcheurs, dans leur premiere institution, n'étoient ni mendians, ni exempts de la jurisdiction des ordinaires, mais chanoines réguliers. L'année d'après la bulle d'Honorius III, en 1217, ils obtinrent de l'université de Paris l'église de S. Jacques, d'où leur est venu le nom de *Jacobins*. Dominique fut le premier général de son ordre. Cette nouvelle famille se multiplia tellement, qu'actuellement elle est divisée en 45 provinces, dont il y en a 11 en Asie, en Afrique & en Amérique, sans compter 12 congrégations ou réformes particulieres, gouvernées par des vicaires-généraux. Le maitre du sacré-palais à Rome est toujours un religieux de cet ordre. Ce fut S. Dominique qui persuada à Honorius III, d'établir un lecteur du sacré-palais : office peu considérable dans le commencement ; mais ceux qui en ont été pourvus depuis, ayant obtenu le titre de

Maîtres du Sacré-Palais, font devenus des officiers de distinction. C'est sur eux que le pape se décharge des discussions qui regardent l'interprétation des Ecritures & la censure des livres. On a pris aussi pendant long-tems de cet ordre les inquisiteurs de la Foi, répandus dans différens pays. Leurs généraux mêmes les nommoient : mais actuellement les Dominicains n'exercent cet office que dans 32 tribunaux d'Italie & du comté Venaissin, en qualité d'inquisiteurs provinciaux, délégués par la congrégation du saint-office, ou nommés par le pape. L'ordre de S. Dominique avoit déja fait de grands progrès à sa mort, arrivée en 1221. Il avoit fait élire peu auparavant, au chapitre général tenu cette année, 8 provinciaux, pour gouverner ses freres répandus en Espagne, en France, en Lombardie, dans la Romagne, en Provence, en Allemagne, en Hongrie & en Angleterre. Le pape Grégoire IX le canonisa 14 ans après sa mort, en 1235. Ceux qui voudront connoître plus particuliérement ce fondateur distingué, peuvent consulter la *Vie de S. Dominique*, publiée à Paris en 1739, in-4°, par le P. Touron, historien des hommes illustres de son ordre.

DOMINIQUE ou DOMINICI, (Jean) né à Florence de parens pauvres, entra après beaucoup d'instances dans l'ordre de S. Dominique, & s'y distingua par sa piété & sa science. Il passa par toutes les charges de son ordre, & fut grand zélateur de la discipline réguliere. Le schisme qui désoloit alors l'église, le touchoit vivement. Il en parla avec beaucoup de chaleur & de fermeté à Grégoire XII, qui bien loin de s'en offenser, le fit archevêque de Ragufe, le créa cardinal en 1408, & l'envoya en qualité de légat au concile de Constance. Il abdiqua quelque-tems après son archevêché, & fut envoyé malgré lui en qualité de légat en Pologne, en Bohême

& en Hongrie pour travailler à l'extinction des erreurs des Huffites. Il mourut l'an 1419. S. Antonin son disciple, a fait son éloge en peu de mots : *Ultra dignitatem eximiam scientia & sapientia, morumsanctitate effulsit in ecclesia Dei*. On a de Dominique un traité de la *Charité* en italien, & *Lucula noctis* en latin, que l'on conserve en manuscrit à Florence, chez les PP. Dominicains.

DOMINIQUE de San-Geminiano, célebre jurisconsulte du 15e siecle, composa des *Commentaires sur le 6e livre des Décrétales*, 1471, in-fol. & d'autres ouvrages, dans lesquels l'ordre & la critique ne brillent guere.

DOMINIQUE, *voyez* BIANCO-LELLI.

DOMINIQUIN, (Dominico Zampieri, dit le) peintre bolonois, éleve des Caraches, donnoit beaucoup de tems & d'application à ce qu'il faisoit. Ses rivaux disoient que ses ouvrages étoient *comme labourés à la charrue*. Antoine Carache même le comparoit à un bœuf. Annibal Carache, qui voyoit sous cette lenteur d'esprit apparente de grands talens, répondit *que ce bœuf laboureroit un champ si fertile sous ses mains, qu'il nourriroit un jour la peinture*. Ses envieux, fâchés de voir cette prophétie accomplie, semerent sa vie de chagrins. On prétend même qu'ils avancerent sa mort par le poison en 1641, dans sa 60e année. Le Dominiquin étoit modeste, retiré, croyant par-là désarmer l'envie. Le Poussin disoit, qu'*il ne connoissoit point d'autre peintre que lui pour les expressions*. Le même artiste regardoit la *Transfiguration* de Raphaël, la *Descente de Croix* de Daniel de Volterre, & le *S. Jérôme* du Dominiquin, comme les trois chef-d'œuvres de peinture de Rome. Cet illustre maître excelloit sur-tout dans l'art d'exprimer les différentes passions. Ses attitudes sont bien choifiés ; fes airs de tête font d'une fimplicité & d'une variété admirables. Son pinceau ne manquoit pas de nobleffe, mais il n'avoit pas affez de légèreté. Ses plus beaux tableaux font à Naples, à Rome & aux environs.

DOMINIS, (Marc-Antoine de) ex-jéfuite, étoit de la famille du pape Gregoire X.: il quitta la fociété pour être évêque de Segnia en Dalmatie, & obtint enfuite l'archevêché de Spalatro. Les careffes des Proteftans, & l'efpérance d'un grand repos & de la liberté, l'attirèrent en Angleterre en 1616. Ce voyage étoit, à ce qu'il difoit, pour travailler à la réunion des religions ; mais réellement pour habiter un pays où il pût faire imprimer fes ouvrages, fans craindre le reffentiment des Catholiques. Durant fon féjour en cette ifle, il publia l'*Hiftoire du Concile de Trente*, par Fra-Paolo. Ce prélat inquiet & entreprenant ne fut pas inutile au roi Jacques I, dont la paffion dominante étoit celle de paroître docteur. Au milieu des témoignages d'amitié, de refpect & d'eftime, dont le roi & le clergé anglois le combloient, il fentit des remords. Ils augmenterent, lorfque fa préfomption, fa vanité & fon avarice, qu'il avoit cachées d'abord, & qu'il développa trop enfuite, lui eurent fait perdre tout crédit en Angleterre. Gregoire XV, fon ami & fon condifciple, en ayant été averti, lui fit dire par l'ambaffadeur d'Efpagne, qu'il pouvoit revenir fans aucune crainte. Dominis, avant de partir, voulut fignaler fon retour à la foi de l'églife par une action d'éclat, propre à réparer le fcandale de fa défertion. Il monta en chaire à Londres, & rétracta tout ce qu'il avoit dit ou écrit contre l'églife. Jacques I, irrité de ce coup d'éclat, lui ordonna de fortir de fes états fous 3 jours. L'archevêque, arrivé à Rome, abjura publiquement fes erreurs, &

demanda pardon, dans un confiftoire public, de fon apoftafie. Son humeur inconftante & bizarre ne lui permit pas de jouir en paix des charmes de fon nouveau féjour. Des lettres interceptées firent juger qu'il fe repentoit de fa converfion dès 1623, c'eft-à-dire, 6 mois après fon retour. Urbain VIII le fit enfermer au château St-Ange, où il mourut en 1625, à 64 ans. On a de lui : I. Un grand traité *De Republica Ecclefiaftica*, en 3 vol. in-fol. Londres 1617 & 1620, Francfort 1658, cenfuré le 15 décembre 1617 par la faculté de théologie de Paris, & réfuté favamment par Nicolas Coeffeteau. Sous prétexte de donner des moyens de concilier les Proteftans avec les Catholiques, Dominis attaque la primauté du pape, & la néceffité d'un chef vifible dans l'églife. Cet ouvrage fut brûlé avec le corps de fon auteur au champ de Flore, par fentence de l'inquifition. Un auteur fameux dans ce fiecle, qui l'a fuivi dans fa doctrine, l'a auffi imité dans fon inconftance & fes variations. II. *De radiis vifûs & lucis in vitris perfpectivis, & Iride, Tractatus* ; à Venife 1611, in-4°. Jufqu'à lui l'arc-en-ciel avoit paru un prodige prefque inexplicable : Dominis fut le premier qui développa avec fagacité la raifon des couleurs de ce phénomene. Il parle, dans fon traité, des lunettes à longue vue, dont l'invention étoit alors trèsnouvelle. Il mêla quelques erreurs à la vérité qu'il avoit trouvée ; mais Defcartes, qui le fuivit, le rectifia & le furpaffa.

DOMITIA-LONGINA, fille du célèbre Corbulon, général fous Néron, femme de Domitien, fe diffama par fes débauches, dont elle faifoit gloire. Elle avoit été mariée d'abord à Lucius Ælius Lamia, auquel Domitien l'enleva. Son commerce avec le comédien Pâris, & fes autres défordres ayant éclaté, l'empereur la répudia ; mais il ne put s'empêcher de la reprendre peu de tems après. Domitia, lasse de son époux, entra dans la conjuration de Parthenius & d'Etienne, dans laquelle Domitien perdit la vie. Ce fut ainsi qu'elle s'affranchit de la crainte où elle étoit tous les jours qu'il ne la sacrifiât à son ressentiment & à sa jaloufie. On l'avoit accusée d'incefte avec l'empereur Tite, son beau-frere; elle s'en purgea par serment, & l'effronterie avec laquelle elle avouoit ses autres crimes, la rendit croyable en cette occafion. Domitia mourut sous Trajan. Elle avoit une beauté parfaite, des manieres engageantes, une grande envie de plaire, un efprit élevé & capable de tout entreprendre. Elle eut un fils de Domitien, qui mourut jeune, & qui fut mis au rang des dieux.

DOMITIEN, (*Titus Flavius Domitianus*) frere de Tite, fils de Vefpafien & de Flavia Domitilla, né l'an 51 de J. C., se fit proclamer empereur l'an 81, sans attendre que Tite fût mort; mais il s'en défit bientôt par le poifon, fuivant quelques auteurs. Son avénement à l'empire promit d'abord des jours fereins au peuple romain. Il affecta d'être doux, libéral, modéré, défintéreffé, ami de la juftice, ennemi de la chicane, des délateurs & des fatyriques. Il rétablit les bibliothèques confumées par le feu, & fit venir de divers lieux, particuliérement d'Alexandrie, des exemplaires de livres. Il embellit Rome de plufieurs beaux édifices. Mais ces commencemens heureux finirent par des cruautés inouies. Il verfa le fang des Chrétiens, & voulut en abolir le nom. Il fit enterrer toute vivante Cornélie, la premiere des Veftales, fous prétexte d'incontinence. Ce ne fut certainement pas par vertu qu'il fit porter un tel jugement; car ce monftre vécut long-tems avec fa propre niece, comme avec sa femme légitime. Non content de fe fouiller par cet incefte, il fe rendit infame par l'amour des garçons. Rien n'égaloit fa lubricité, fi ce n'étoit fon orgueil. Il voulut qu'on lui donnât les noms de *Dieu* & de *Seigneur* dans toutes les requêtes qu'on lui préfenteroit. Les favans furent perfécutés à leur tour: les hiftoriens fur-tout, parce qu'ils font les difpenfateurs de la gloire auprès de la poftérité. Ce monftre, troublé par les remords de fes crimes, & par les différentes prédictions des aftrologues, étoit dans des tranfes continuelles. Ses appréhenfions lui firent imaginer d'environner la galerie de fon palais, fur laquelle il fe promenoit ordinairement, de pierres qui renvoyoient l'image à-peu-près comme un miroir, afin que la réflexion de la lumiere lui découvrît fi perfonne ne le fuivoit. Ces précautions ne lui fervirent de rien. Il fut affaffiné le 18 feptembre de l'an 96 de J. C., par Etienne, affranchi de fa femme Domitia, étant âgé de 45 ans, après en avoir régné 15 & 5 jours. Le fénat le priva de tous les honneurs après fa mort, & même de la fépulture. Il avoit autrefois convoqué ce corps illuftre, pour décider dans quel vafe il devoit faire cuire un turbot. Une autre fois il l'affiégea dans les formes, & le fit environner de foldats. Ayant invité à manger un autre jour les principaux fénateurs, il les fit conduire en cérémonie dans une grande falle tendue de noir, & éclairée de quelques flambeaux funebres, qui ne fervoient qu'à laiffer voir différens cercueils, fur lefquels on lifoit les noms des convives. On vit au même inftant entrer dans la falle des hommes tout nuds, auffi noirs que la tapifferie, tenant une épée d'une main, & une torche allumée de l'autre. Ces efpeces de furies, après avoir quelque-tems épouvanté les fénateurs, leur ouvrirent la porte. Domitien mêloit à ces fcenes horribles des fcenes ridicules. Il reftoit des jours entiers dans fon cabinet., occupé à prendre des mouches avec un poinçon fort aigu. On demanda à un plaisant, *si l'empereur étoit seul ?* — *Si bien seul*, répondit-il, *qu'il n'y a pas même une mouche.* Il faut avouer pourtant que Domitien n'étoit ni auffi fou, ni auffi déréglé, que Caligula & Néron. Au milieu de toutes fes extravagances, il eut l'intention de maintenir la juftice dans fon empire. C'eft le dernier des 12 empereurs qu'on appelle Céfars.

DOMITIEN, (*Domitius Domitianus*) général de l'empereur Dioclétien en Egypte, prit la pourpre impériale dans Alexandrie, vers l'an 288. Il fe foutint pendant environ deux ans, & remporta même quelques victoires. On ignore quelle fut fa fin; il y a apparence qu'elle fut tragique. Ses médailles le repréfentent âgé d'environ 40 ans, avec une phyfionomie grave & des traits réguliers.

DOMITILLE, (*Flavia Domitilla*) fille de Flavius Liberalis, greffier des finances, plut à Vefpafien, qui l'époufa au commencement de l'an 40 de J. C. Elle mit Titus au monde vers la fin de décembre de la même année. Les hiftoriens parlent d'elle avec éloge. Il ne faut pas la confondre avec Ste FLAVIE DOMITILLE, époufe du conful Flavius Clemens, & nièce de Domitien. Elle étoit chrétienne, auffi-bien que fon mari. Ils furent tous deux accufés; Flavius fut mis à mort par ordre de l'empereur, & fa femme reléguée dans l'ifle Pandataire. L'hiftoire ne nous apprend rien davantage de Domitille; & ce qu'on ajoute de plus, eft tiré d'actes apocryphes. Il ne faut pas auffi confondre celle-ci avec Ste FLAVIE DOMITILLE, nièce de Flavius Clemens, qui reçut le voile facré de S. Clement, fut reléguée dans l'ifle de Pontia, où elle demeura dans des petites cellules que l'on voyoit encore du tems de S. Jérôme (*Epift. 27 de Paula*), & brûlée à Terracine avec Euphrofine & Théodore durant la perfécution de Domitien, vers l'an 96.

DOMITIUS, dieu que les Païens invoquoient dans les mariages, pour que la nouvelle mariée prît foin de la maifon.

DOMITIUS ÆNOBARBUS, (Cnëius) conful romain 96 ans avant J. C., eut le commandement de la Gaule Tranfalpine, où il fut envoyé pour appaifer les troubles qui s'y étoient élevés. Bituit, roi ou chef des Auvergnats, qui étendoient alors leur domination depuis Narbonne jufqu'aux confins de Marfeille, & depuis les Pyrénées jufqu'à l'Océan & au Rhin, ayant paffé le Rhône avec une puiffante armée, Domitius marcha contre lui. Les troupes s'étant rencontrées au confluent de la rivière de Sorgue dans le Rhône, en vinrent aux mains. Domitius fut victorieux; 20 mille hommes des troupes de Bituit furent taillés en pièces; 3000 furent faits prifonniers. La frayeur que caufa aux Gaulois la vue des éléphans, contribua beaucoup à leur défaite. Le vainqueur fit dreffer un monument de fa victoire à l'endroit où il l'avoit remportée. Quelques auteurs prétendent que le trophée fut érigé dans Carpentras, où l'on voit encore aujourd'hui une tour quarrée fur les flancs de laquelle paroiffent des captifs enchaînés. Domitius étoit plein d'orgueil & d'ambition. On remarque qu'il fe faifoit porter comme en triomphe fur un éléphant dans toute la province romaine. Ce fut lui qui foumit l'Occitanie, ou le Languedoc, à la république.

DOMITIUS, grammairien qui floriffoit fous Adrien : c'étoit un homme vertueux, mais chagrin. Il fouhaitoit *que les hommes perdiffent le don de la parole, afin que leurs vices ne puffent pas fe communiquer.*

DOMNA JULIA, *voyez* JULIA DOMNA.

DOMNE I ou DOMNUS, romain, élu pape après la mort de Dieu-Donné, le 2. novembre 676, mourut le 11. avril 678. Anaftafe parle d'une comete qui parut pendant 3 mois fous fon pontificat. Il mit fin au fchifme de l'églife de Ravenne, qui fe prétendoit exempte de la jurifdiction du faint-fiège.

DOMNE II ou DONNUS, romain, fuccéda à Benoît VI le 20 feptembre 972. On ignore le tems précis de fa mort, qui arriva avant le 25 décembre 974.

DONAT, (Ælius) grammairien de Rome au 4e fiecle, & un des précepteurs de S. Jerôme, écrivit des *Commentaires fur Térence & fur Virgile*, qui font perdus; ceux qui portent le nom de cet auteur, font fuppofés. On a de lui un traité *De Barbarifmo & octo partibus Orationis*, qui fe trouve avec *Diomede*, Venife, in-folio, fans date; & féparément, 1522, infol. On attribue le *Commentaire fur Térence* à Evanthius.

DONAT, évêque de Cafenoire en Numidie, accufa Menfurius, évêque de Carthage, d'avoir livré pendant la perfécution les faintes Ecritures aux Païens, & fit fchifme avec lui. C'eft la premiere époque du fchifme des Donatiftes. Il affifta en 311 au concile de 70 évêques de Numidie, qui dépoferent Cécilien, & il fut fon principal accufateur dans le concile de Rome. Il retourna enfuite en Afrique, où il reçut une fentence de dépofition & d'excommunication, prononcée contre lui par le pape Melchiade.

DONAT, évêque fchifmatique de Carthage, différent du précédent, mais du même parti, & même chef de ce parti après la mort de Majorin, auquel il fuccéda vers l'an 316. C'étoit un homme habile, éloquent, favant, de bonnes mœurs; mais d'un orgueil fi infupportable, qu'il mettoit tout le monde au-deffous de lui. Il confirma le fchifme en Afrique, tant par fon autorité que par

fes écrits. Certains furieux de fa fecte, qui fe difoient défenfeurs de la juftice, marchoient les armes à la main, mettant en liberté les efclaves, & obligeant les créanciers à décharger leurs débiteurs. On envoya contr'eux des foldats, qui en tuerent plufieurs; mais le mal étoit trop enraciné pour finir de cette forte. Ces fectaires, condamnés par différens conciles, par celui de Rome en 313, par celui d'Arles en 314, furent confondus dans la célèbre conférence tenue à Carthage en 411, entre les évêques catholiques & les Donatiftes. S. Auguftin, chargé de parler pour les Catholiques, difcuta à fonds toutes les queftions. Les 286 évêques qui compofoient cette affemblée, offrirent, à fa perfuafion, de quitter leurs fieges en faveur des évêques donatiftes qui fe feroient réunis, fi le peuple catholique paroiffoit fouffrir avec peine qu'il y eût deux chefs affis fur le même fiege. L'éloquence & la douceur de S. Auguftin, jointe à la générofité de ces prélats, éteignirent prefqu'entierement ce malheureux fchifme. Donat, l'objet de cet article, & à l'occafion duquel nous avons parlé des Donatiftes, étoit mort en exil l'an 355.

DONATO, architecte, fculpteur, natif de Florence, fut choifi par la république de Venife, pour ériger à Padoue la ftatue équeftre de bronze que ce corps décerna à Gatamellata, général des armées vénitiennes. Cofme de Médicis l'employa à plufieurs ouvrages non moins importans. Il fit auffi pour le fénat de fa patrie une *Judith coupant la tête d'Holoferne*, qu'il regardoit comme fon chef-d'œuvre.

DONATO, (Alexandre) jéfuite de Sienne, mort à Rome en 1640, fit paroître dans cette ville en 1639, in-4°, une Defcription de Rome ancienne & nouvelle, *Roma vetus & recens*. Elle eft beaucoup plus exacte & mieux travaillée que toutes celles qui avoient paru avant lui. On lui reproche cependant d'avoir suppléé d'imagination aux colonnes & autres ornemens d'architecture que la vétusté a endommagé. Grævius lui a donné place dans le 3e volume de ses *Antiquités Romaines.* On a encore de lui des *Poésies*, Cologne 1630, in - 80, & d'autres ouvrages.

DONATO, (Jerôme) natif de Venise, étoit habile dans les belles-lettres & dans les langues ; il commandoit dans Bresse en 1496, & dans Ferrare en 1498. Il fut nommé ambassadeur en 1510, auprès de Jules II, qu'il réconcilia avec la république de Venise. Il mourut à Rome en 1513. Il étoit bon politique. On a de lui : I. *Cinq Lettres* remplies d'esprit, & imprimées avec celles de Politien & de Pic de la Mirande, 1682. II. La *Traduction latine d'un Traité d'Alexandre Aphrodisée*, en grec. III. Une *Apologie pour la primauté de l'Eglise Romaine*, 1525.

DONATO, (Marcel) comte de Pouzane, & chevalier de S. Etienne de Florence, eut des emplois considérables à Mantoue, & mourut au commencement du 16e siecle. On a de lui des *Scholies sur les Ecrivains latins de l'Histoire Romaine*, Francfort 1607, in-8°, ouvrage où regne l'érudition.

DONDU *ou* de DONDIS, (Jacques) célebre médecin de Padoue, surnommé *Aggregator*, à cause du grand amas de remedes qu'il avoit fait, n'étoit pas moins versé dans les mathématiques que dans la médecine. Il inventa une horloge d'une construction nouvelle. On y voyoit non - seulement les heures du jour & de la nuit, les jours du mois, & les fêtes de l'année, mais aussi le cours annuel du soleil & celui de la lune. Le succès de cette invention le fit appeller *Jacques de l'Horloge*, nom qui s'est toujours conservé depuis dans sa famille. Ce

fut encore Dondus, qui trouva le premier le secret de faire du sel avec l'eau de la fontaine d'Albano dans le Padouan. Il mourut en 1350, laissant quelques ouvrages de physique & de médecine. On a de lui, seul, *Promptuarium Medicinæ*, à Venise 1481, in - folio ; & en société avec Jean de Dondis, son fils, *De fontibus calidis, Patavini agri*, dans un traité *De Balneis*, Venise 1553, in-folio.

DON DUCCI, *voyez* MASTELLETA.

DONEAU, (Hugues) *Donellus*, né en 1523, & selon quelques-uns en 1527 à Châlons -sur-Saône, professeur en droit à Bourges & à Orléans, fut sauvé par ses disciples du massacre de la Saint-Barthélemi. Son attachement au Calvinisme l'ayant obligé de passer en Allemagne, il y professa la jurisprudence avec le même succès qu'en France. Il fut professeur en droit & recteur de l'université de Heidelberg ; il eut ensuite le même emploi à Leyde : mais soupçonné d'avoir trempé dans une conspiration, il eut ordre de sortir du pays. Doneau se retira à Altorf, près de Nuremberg, y enseigna le droit & y mourut en 1591. Ce jurisconsulte excella dans la belle littérature, & dans la jurisprudence. Il mêla ainsi l'utile & l'agréable dans ses ouvrages. On les a recueillis sous le titre de *Commentaria de Jure civili*, 5 vol. in-fol. réimprimés à Lucques en 12 vol. in-fol. dont le dernier a paru en 1770. *Opera posthuma*, in-8°. Les plus estimés sont ceux qu'il composa sur les matières *des Testamens & des dernieres volontés.* On prétend qu'il a traité ce sujet avec autant de netteté que de savoir. On ne peut lui pardonner sa basse jalousie contre Cujas, dont il ne parloit jamais qu'avec mépris.

DONI, (Antoine François) florentin, fut d'abord Servite & ensuite prêtre féculier ; il mourut en 1574, à 61 ans. Il étoit de l'académie de *Peregrini*, & y prit le nom académique de *Bizzaro*, parfaitement convenable à fon caractere qui étoit fatyrique & mordant. On a de lui des Lettres italiennes, in-8°. *La Libraria*, 1557, in-8°. *La Zucca*, 1565, 4 parties, in-8°, figures. *Imondi, inferni*, &c. in-4°; il y en a une ancienne traduction françoife. *I marmi, civè, Raggionamenti fatti a i marmi di Fiorenza*, Venife 1552, in-4°.

DONI D'ATTICHY, (Louis) originaire de Florence, fe fit minime. Le cardinal de Richelieu, qui l'avoit connu pendant fa retraite à Avignon, avoit été touché de fa modeftie & de fon favoir. Il lui fit donner l'évêché de Riez, diocefe dans lequel il fit beaucoup de bien. Il paffa du fiege de Riez à celui d'Autun, & mourut en 1664, à 68 ans. Il a donné : I. Une *Hiftoire des Minimes*, in-4°. II. La *Vie de la reine Jeanne*, fondatrice des Annonciades, in-8°. III. Celle *du cardinal de Berulle*, en latin, in-8°. IV. L'*Hiftoire des Cardinaux*, en latin, 1660, 2 vol, in-fol. &c. Ses ouvrages latins font d'un ftyle plus fupportable que les françois, dont la diction a vieilli, & n'a d'ailleurs jamais été fort brillante.

DONNE, (Jean) né à Londres en 1574, fut élevé dans la religion catholique qu'il abandonna enfuite; il voyagea dans une partie de l'Europe, & fe fit connoître dans fa patrie par des *Poéfies galantes*, & des *Satyres*. Il mourut l'an 1631. Ce poëte étoit auffi controverfifte, prédicateur & écrivain afcétique. On a de lui des ouvrages dans tous ces genres. Le plus connu eft un mauvais livre de controverfe intitulé : *Pfeudo-Martyr*, 1613, in-4°. L'auteur le compofa par ordre de Jacques I, pour fervir de réponfe aux argumens de l'églife catholique,

contre le ferment de fuprématie & de fidélité ; il en fut récompenfé par la place de chapelain du roi & de doyen de S. Paul. On lui attribue encore une *Apologie du Suicide*, où il cite pour appuyer fes extravagantes idées, l'exemple d'un grand nombre de héros païens, enfuite celui de quelques Saints de l'Ancien Teftament, d'une foule de martyrs, de confeffeurs, de pénitens, &c. JESUS-CHRIST même eft amené en preuve de fon abfurde fyftême. *Voyez* fa *Vie* publiée par Jean Watton, en anglois, Londres 1658.

DONNUS, *voyez* DOMNE.

DOPPEL-MAIER, (Jean-Gabriel) né à Nuremberg en 1677, quitta l'étude du droit auquel fes parens l'avoient deftiné, pour les mathématiques, fcience pour qui la nature lui avoit donné un talent plus marqué. Il les profeffa dans fa patrie, après s'être perfectionné dans des voyages qu'il fit en Hollande & en Angleterre. Les académies de Pétersbourg, de Londres & de Berlin fe l'affocierent. Il mourut en 1750, à 73 ans. Outre des Traductions allemandes de divers Livres françois & anglois d'Aftronomie & de Méchanique, on lui doit des Ouvrages de Géographie & de Phyfique écrits en fa langue. Il en a auffi mis au jour quelques-uns en latin : I. *Phyfica experimentis illuftrata*, in-4°. II. *Atlas cœleftis, in quo 30 Tabulæ Aftronomicæ æri incifæ continentur*, in-fol. 1742.

DORAT, (Jean) *Auratus*, poëte grec, latin, françois, né à Limoges, avoit l'extérieur d'un payfan, avec un efprit délicat & une ame noble. Son vrai nom étoit Difnematin, & il fortoit d'une bonne famille. Il s'acquit tant de réputation par fes vers, que les poëtes fes contemporains lui donnerent le nom de *Pindare François*, furnom que la poftérité ne lui laiffa pas. Charles IX créa pour lui la place de *Poëte Royal*. Scaliger dit qu'il compofa plus de 50 mille vers grecs ou latins. On ne publioit aucun livre, qu'il n'ornât le frontispice de quelques vers. Il ne mouroit presque point de personne un peu connue, que sa muse n'en chantât la perte. Il mourut en 1588, à 80 ans, presque dans l'indigence, parce qu'il étoit fort libéral, & qu'il se faisoit un plaisir de traiter ses amis. Sur la fin de ses jours il perdit sa femme, & se remaria à une jeune fille de 20 ans. Ses Poésies furent imprimées à Paris, 2 vol. in-8°, en 1586. Elles sont pour la plupart sans force, sans délicatesse, sans pureté. S'il eût su limer & polir ses vers lyriques, & sur-tout leur donner cette vigueur, cette force qui caractérisent ceux d'Horace & de Pindare, il auroit pu avoir quelque part à la gloire de ces deux poëtes. Dorat fut le premier qui introduisit en France les anagrammes, jeux de collège, qu'il faut laisser aux faiseurs d'acrostiches & de logogriphes. Le plus grand mérite de Dorat, c'est d'avoir beaucoup servi au rétablissement de la langue grecque, qu'il avoit apprise sous d'excellens maîtres. Il eut à Paris une chaire de professeur royal en cette langue, dont il fut pourvu en 1560, & la remplit avec beaucoup de réputation.

DORAT, (Claude-Joseph) mousquétaire de la garde du roi, connu depuis 1758 dans la littérature, est mort à Paris en 1780, âgé de 44 ans. On l'a nommé le *Poëte des graces*, mais il étoit en même-tems le poëte de la licence. Après Voltaire, personne de nos jours n'a mieux réussi dans les poésies légeres; il a fait en ce genre une foule d'ouvrages agréables, auxquels il ne manque que plus de respect pour la sagesse & la vertu.

DORBAY, (François) architecte françois, éleve du célébre le Veau, donna le dessin de l'église du collège des Quatre-Nations, & de plusieurs grands ouvrages au Louvre &

aux Tuileries. Il mourut en 1697 à Paris sa patrie.

DORÉ, (Pierre) dominicain, docteur de Sorbonne, professeur de théologie dans son ordre, né à Orléans vers la fin du 15e siecle, & non à S. Pol en Artois comme le dit le P. le Long, mort en 1569, a été désigné, à ce qu'on croit, par Rabelais, sous le nom de *notre maître Doribus*. Il n'est connu que par des ouvrages écrits bizarrement, & intitulés de même; c'étoit le goût de son siecle. Les plus burlesques sont : I. *La Tourterelle de viduité*, 1574, in-16. II. *Le Passereau solitaire*. III. *Les neuf Médicamens du Chrétien malade*. IV. *Les Allumettes du feu divin*. V. *Le Cerf spirituel*. VI. *La Conserve de Grace*, prise du Pseaume *Conserva* me. VII. *L'Anatomie des membres de N. S. J. C.* &c. On a encore de lui plusieurs autres écrits en latin.

DORFLING, célèbre officier prussien, parvint, de l'état de tailleur, au grade de velt-maréchal, sous l'électeur de Brandebourg Fréderic-Guillaume. Il se signala sur-tout contre les Suédois en 1665. Son histoire est singuliere. En sortant d'apprentissage à Tangermonde, il se mit en route pour aller à Berlin. Comme il falloit passer l'Elbe dans un bac, & qu'il n'avoit pas de quoi payer, le passage lui fut refusé. Piqué de cet affront, il dédaigna un métier qu'il en crut la cause, jeta son havresac dans le fleuve, & se fit soldat. Il marcha à pas de géant dans cette carriere. Il eut bientôt l'estime de ses camarades, ensuite de ses officiers, & enfin de l'électeur son maître. Ce prince qui aimoit la guerre, qui la faisoit & qui étoit forcé à la faire, avança rapidement un homme, qui joignoit les vertus du citoyen à tous les talens du militaire. Dorfling fut fait velt-maréchal, & remplit l'idée qu'on doit se former d'un homme qui, de l'état de soldat, parvient au généralat. Une fortune si considérable excita la jalousie des cœurs sans élévation. Il y eut des hommes assez bas pour dire que Dorsling, pour être devenu grand seigneur, n'avoit pas perdu l'air de son premier état. *Oui*, dit-il à ceux qui lui rapporterent ce discours, *j'ai été tailleur, j'ai coupé du drap; mais maintenant*, continua-t-il, en portant la main sur la garde de son épée, *voici l'instrument avec lequel je coupe les oreilles à ceux qui parlent mal de moi.*

DORIA, (André) noble génois, le plus grand homme de mer de son siecle, naquit en 1468, à Oneille, petite ville de la côte de Gênes, dont Ceva Doria son pere étoit co-seigneur. Il commença par porter les armes sur terre, & se distingua pendant plusieurs années au service de divers princes d'Italie. De retour dans sa patrie, il fut employé deux fois en Corse, y fit la guerre avec succès contre les rebelles de cette isle, qui rentrerent sous l'obéissance de la république. La réputation de valeur & de prudence que Doria s'étoit acquise, le fit nommer vers 1513 capitaine général des galeres de Gênes; & il est à remarquer qu'il avoit plus de 42 ans, lorsqu'il commença le métier de la guerre maritime. Les pirates africains qui infestoient alors la Méditerranée, lui fournirent les premieres occasions de se signaler. Il les poursuivit sans relâche, & s'enrichit en peu de tems de leurs dépouilles, dont le produit, joint aux secours de ses amis, le mit en état d'acheter 4 galeres. Des révolutions arrivées dans le gouvernement de Gênes, déterminerent dans la suite Doria d'entrer au service de François I. Après la prise de ce prince à Pavie, mécontent des ministres de France, & recherché par Clément VII, il s'attacha à ce pontife qui le fit son amiral. Mais Rome ayant été prise par le connétable de Bourbon en 1527, le pape

se trouva hors d'état d'entretenir Doria à sa solde, & lui persuada de rentrer au service de la France. François I le reçut à bras ouverts, & le nomma général de ses galeres, avec 36000 écus d'appointemens, & y ajouta depuis le titre d'*Amiral des mers du Levant*. Doria étoit alors propriétaire de 8 galeres bien armées. C'est à lui que les François furent principalement redevables de la réduction de Gênes, d'où les Adornes furent chassés cette même année 1527. L'année suivante, Philippin Doria, son neveu & son lieutenant, qu'il avoit envoyé avec 8 galeres sur les côtes du royaume de Naples pour y favoriser les opérations de l'armée françoise commandée par Lautrec, remporta une victoire complete sur l'armée navale de l'empereur à Capo-d'Orso, près du golfe de Salerne. La flotte impériale détruite, Naples assiégée par Lautrec, ne pouvoit plus être secourue par mer; elle étoit prête à succomber, & la prise de la capitale alloit entraîner la conquête de tout le royaume: lorsque tout-à-coup Doria abandonna la France, pour servir l'empereur. Cette défection fit échouer l'entreprise sur Naples, & causa la décadence entiere des affaires de François I en Italie. Quant aux motifs qui le porterent à ce changement, il paroît que les ministres de François I, jaloux du crédit de cet étranger, qui les traitoit d'ailleurs avec la hauteur d'un républicain, & la franchise d'un homme de mer, avoient cherché à le perdre dans l'esprit du roi, & y avoient en partie réussi. Doria, aigri & indigné, n'attendoit qu'un prétexte pour faire éclater son dépit; ses ennemis le firent bientôt naître. Ils persuaderent au roi de s'approprier la ville de Savone appartenante aux Génois, d'agrandir son port, & d'en faire une rivale de la métropole. En vain, pour l'empêcher, Doria fit des représentations au nom de la république: non-seulement elles ne furent point écoutées, mais elles furent mal interprétées; & on le peignit au roi, comme un homme qui s'opposoit ouvertement à ses volontés. On fit plus : on lui persuada de le faire arrêter; & 12 galeres, sous la conduite de Barbezieux, eurent ordre d'aller d'abord à Gênes pour s'y assurer de sa personne, & de passer ensuite à Naples pour s'y emparer de ses galeres commandées par Philippin son neveu. Mais Doria avoit prévenu le coup, en se retirant à Lerice, dans le golfe de la Spezia : d'où il dépêcha un brigantin à Philippin, pour le rappeller promptement auprès de lui. Il se croyoit d'autant plus autorisé à se conduire ainsi, que le terme de son engagement avec le roi venoit d'expirer. De ce moment, Doria ne pensa plus qu'à conclure son engagement avec l'empereur, qui le recherchoit depuis long-tems. On vit alors, par un retour assez ordinaire, mais dont tout l'honneur fut pour Doria, François I chercher à le regagner par toutes sortes d'avances; mais ni les promesses les plus magnifiques, ni la médiation même du pape Clément VII, ne purent changer sa résolution. Ce qui doit honorer à jamais la mémoire de Doria, c'est le refus qu'il fit, en cette occasion, de la souveraineté de Gênes, qui lui fut offerte de la part de l'empereur. Préférant le titre de restaurateur à celui de maître, il stipula que Gênes resteroit libre sous la protection impériale, au cas qu'elle vînt à secouer le joug de la domination françoise. Il ne manquoit plus à sa gloire, que d'être lui-même le libérateur de sa patrie. Le malheureux succès de l'expédition de Naples, l'enhardit cette même année (1528) à tenter l'entreprise; & s'étant présenté devant Gênes avec 13 galeres & environ 500 hommes, il s'en rendit maître en une seule nuit, & sans répandre une goutte de sang. Cette expédition lui mérita le titre de *Pere & Libérateur de la Patrie*, qui lui

fut décerné par un décret du sénat. Le même décret ordonna qu'il lui seroit érigé une statue, & qu'on lui acheteroit un palais des deniers publics. Un nouveau gouvernement fut formé alors à Gênes par ses conseils, & ce gouvernement est le même qui subsiste encore aujourd'hui; de sorte qu'il fut non-seulement le libérateur, mais encore le législateur de sa patrie. Doria trouva auprès de l'empereur Charles V tous les avantages qu'il pouvoit desirer. Ce prince lui accorda toute sa confiance, & le créa général de la mer, avec une autorité entiere & absolue. Il avoit alors en propriété 12 galeres, qui, par son traité, devoient être entretenues au service de l'empereur; & ce nombre fut porté depuis jusqu'à 22. Doria continua de se signaler par plusieurs expéditions maritimes, & rendit à l'empereur les services les plus importans. Il enleva aux Turcs, en 1532, les villes de Coron & de Patras sur les côtes de la Grece. La conquête de Tunis & du fort de la Goulette, où Charles V voulut se trouver en personne en 1535, fut principalement due à la valeur, & à l'habileté de Doria. Ce fut malgré lui & contre son avis, que l'empereur fit en 1541 la malheureuse expédition d'Alger, où il perdit une partie de sa flotte & de ses soldats, & Doria onze de ses galeres. Sa gloire souffrit encore quelque échec à la rencontre de la Prevèze en 1539. S'étant trouvé avec la flotte impériale, jointe à celle des Vénitiens & aux galeres du pape, en présence de l'armée turque commandée par Barberousse, & beaucoup inférieure à la sienne, il évita d'engager le combat sous différens prétextes, & laissa échapper une victoire assurée. C'est le reproche que lui ont fait plusieurs historiens. Quelques-uns même ont prétendu (& c'étoit, dit Brantôme, un bruit public en ce tems-là) qu'il y avoit un accord secret entre Barberousse & lui, par lequel ils étoient

convenus d'éviter mutuellement entr'eux les occasions décisives, afin
de prolonger la guerre qui les rendoit nécessaires, & qui leur fourniffoit les moyens de s'enrichir. Les
corfaires d'Afrique n'eurent jamais
d'ennemi plus rédoutable que Doria;
il leur enleva des dépouilles immenfes, tant par lui-même que par
fes lieutenans. Le fameux Dragut,
entr'autres, fut pris par Jeannetin
Doria fon neveu, avec 9 de fes bâtimens. Le zele & les fervices rendus
par ce grand-homme à Charles-Quint,
lui mériterent l'ordre de la toifon
d'or, l'invefliture de la principauté
de Melphes & du marquifat de Turfi
au royaume de Naples, pour lui &
fes héritiers, & la dignité de grand-
chancelier de ce royaume. Ce ne fut
que vers 1556, à l'âge de près de
90 ans, qu'il cefla de monter fes galeres & de commander en perfonne.
Accablé alors par le poids des années, Philippe II, roi d'Efpagne, lui
permit de choifir Jean-André Doria,
fon neveu, pour fon lieutenant. Il
termina fa longue & glorieufe carriere en 1560, à 93 ans, fans poftérité, quoiqu'il eût été marié, &
fans laiffer à beaucoup près d'aufli
grands biens qu'on pourroit le préfumer après les occafions qu'il avoit
eues de s'enrichir; mais l'excès de
fa magnificence, & fon peu d'attention pour fes affaires domefliques,
avoient bien diminué fa fortune. Peu
d'hommes, fans fortir d'une condition
privée, ont joué fur la fcene du
monde un aufli grand rôle que Doria : dans Gênes, honoré par fes
concitoyens, comme le libérateur
& le génie tutélaire de la patrie;
au-dehors, tenant, pour ainfi dire
avec fes feules galeres, le rang d'une
puiffance maritime. Peu d'hommes
de même, dans le cours d'une fi
longue vie, ont joui d'une profpérité plus conflante. Deux fois fa
perte fut tramée : l'une en 1547,
par la conjuration du comte Jean-
Louis de Fiefque, dirigée principalement contre lui; mais l'entreprife

échoua par la mort du chef, au moment même de l'exécution : l'autre
peu de tems après, par celle de
Jule Cibo qui fut découverte, &
qui coûta la tête à fon auteur. Ces
deux conjurations n'eurent d'autre
effet, que d'accroître encore à
Gênes & dans toute l'Italie le crédit & la réputation de ce grand-
homme.

DORIA, (Antoine) célebre capitaine génois, parent du précédent, fe fignala dans le même-tems.
Nous avons de lui une *Hifloire
abrégée des événemens arrivés
dans le monde fous Charles V*,
à Gênes 1571, in-4°.

DORIGNY, (Michel) peintre
& graveur, natif de Saint-Quentin,
difciple & gendre du fameux Vouet,
fuivit de fort près fa maniere. Il
grava à l'eau-forte la plus grande
partie de fes ouvrages, & leur donna
le véritable caractere de leur auteur. Cet artifle mourut profefleur
de l'académie de peinture à Paris
en 1665, à 48 ans. Il laiffa deux
fils, Louis & Nicolas, qui fe font
diflingués aufli dans la peinture &
la gravure. L'ainé mourut à Vérone
en 1742, & le cadet en 1746 à Paris,
membre de l'académie.

DORIGNY, *voyez* ORIGNY.

DORINGCK *ou* DORING,
(Matthieu) francifcain allemand,
profefleur de théologie dans fon
ordre, mourut à Kiritz fa patrie
en 1494. Il eft auteur, à ce qu'on
prétend, de l'*Abrégé du Miroir
Hiflorial de Vincent de Beauvais*,
continué jufqu'en 1493. On croit
que c'eft ce qu'on appelle communément *la Chronique de Nuremberg*, parce que la 1re édition en
fut faite dans cette ville, in-4°,
en 1472. Quelques écrivains attribuent, peut-être avec plus de raifon, cette Chronique à Hartman
Schedel. L'auteur, quel qu'il foit,
a été, à quelques égards, le pré-
curfeur de Luther. Il s'éleve avec
l'emportement d'un fanatique contre
les vices des cardinaux, des évé-
ques,

ques, des papes, & même contre les jubilés & les indulgences.

DORIS, fille de l'Océan & de Thétis, épousa son frere Nérée, dont elle eut 50 nymphes appellées les *Néréides*.

DORMANS, (Les Sept) sept freres qu'on prétend avoir souffert le martyre à Ephese, sous l'empereur Dece en 250, & qu'on dit s'être endormis dans une caverne, dans laquelle ils s'étoient mis à l'abri de la persécution, pendant 155 ans. Mais tout ce qu'on dit d'eux paroît fabuleux. Gregoire de Tours est le premier qui en ait parlé, & l'on sait combien il aimoit les contes. Métaphraste, qui valoit bien Gregoire de Tours pour la crédulité, a brodé ce fait à sa maniere.

DORMANS, (Jean de) cardinal, évêque de Beauvais, chancelier de France sous Charles V, mort en 1373, avoit fondé à Paris en 1370 le college de Dormans, dit *de S. Jean de Beauvais*. Sa réputation d'homme habile & équitable, fut cause de sa fortune. Son pere n'étoit qu'un procureur, qui se fit appeller *de Dormans*, parce qu'il étoit de ce bourg. Ses fils acheterent ensuite la seigneurie de leur patrie. Ce cardinal eut pour neveu Milon de DORMANS, successivement évêque d'Angers, de Bayeux & de Beauvais, & chancelier en 1380.

DORNAVIUS, (Gaspard) médecin, orateur & poëte, né à Ziegenruck dans le Voigtland, mourut en 1631, conseiller & médecin des princes de Brieg & de Lignitz. On a de lui plusieurs ouvrages dont les plus connus sont : I. *Amphitheatrum sapientiæ Socraticæ*, in-folio, 2 vol. Hanovre 1619. II. *Homo Diabolus, hoc est, Auctorum veterum & recentiorum de calumniæ natura & remediis suâ linguâ editorum Sylloge*; à Francfort 1618, in-4°. III. *De incremento dominationis Turcicæ*, &c.

Tome II.

DORNEVAL, parisien, mort en 1766, a passé sa vie à travailler pour la Foire, seul ou en société. Ses meilleures pieces se trouvent dans le *Théatre de la Foire*, qu'il a rédigé avec le Sage, 10 vol. in-12.

DORNKRELL, (Jacques) théologien & ministre luthérien, né à Lunebourg en 1643, mort à Hambourg en 1704, laissa un ouvrage estimé des savans, sous le titre de *Biblia Historico-Harmonica*, &c.

DOROTHÉE, disciple du moine Jean, surnommé *le Prophete*, & maître du juif Dosithée, fut à la tête d'un monastere en Palestine vers l'an 560. On a de lui des *Sermons* ou instructions pour les moines, traduits en françois par l'abbé de Rancé, 1686, in-8°; & des *Lettres* en grec & en latin. Ces ouvrages se trouvent dans l'*Auctuarium* de la Bibliotheque des Peres, de l'an 1623, tom. 1, p. 743. Le style en est assez simple, mais plein d'onction. D'autres attribuent avec assez de vraisemblance ces *Sermons* & ces *Lettres* à un Dorothée, natif du Pont, surnommé *le Jeune*, Archimandrite d'un monastere célebre, qui, à cause du grand nombre des moines, étoit appelé *Chiliocomus*. Il vivoit vers l'an 1020. Jean Mauropus son disciple a écrit sa *Vie*.

DORPIUS, *voyez* MARTIN.

DORSANNE, (Antoine) natif d'Issoudun en Berri, docteur de Sorbonne, chantre de l'église de Paris, fut grand-vicaire & official du même diocese sous le cardinal de Noailles. Il mourut en 1728. Nous avons de lui un *Journal*, contenant l'histoire & les anecdotes de ce qui s'est passé de plus intéressant à Rome & en France, dans l'affaire de la Constitution *Unigenitus*, 2 vol. in-4°, ou 6 vol. in-12, en y comprenant le Supplément. Villefore, auteur des *Anecdotes de la Constitution* Unigenitus, s'étoit beaucoup servi de ces Mémoires, dans la composition de son ouvrage; aussi retrouve-t-on

K k

dans le commencement du *Journal*, une bonne partie des faits faux ou vrais rapportés dans les *Anecdotes*. L'auteur des *Anecdotes* ne conduit son histoire que jusqu'en 1718 ; le journaliste l'a continuée jusqu'en 1728. La narration du premier est vive & coulante ; celle du second est simple & fort négligée. Toutes les deux décelent l'esprit de parti.

DORSET, (Thomas Sackville, comte de) grand-tréforier d'Angleterre, voyagea en France & en Italie. Il s'y perfectionna dans l'histoire, dans les langues & dans la politique. A son retour en Angleterre, il prit possession des grands biens que son pere, mort en 1566, lui avoit laissés. Il en dissipa en peu de tems la plus grande partie. Créé baron de Buckhurst dans le comté de Dorset, il fut envoyé ambassadeur en France vers Charles IX l'an 1571, & vers les Provinces-Unies en 1587. Les succès avec lesquels il s'acquitta de ces différentes commissions, le firent créer chevalier de l'ordre de la Jarretiere en 1589, & chancelier de l'université d'Oxford en 1591 ; enfin, en 1598, grand-tréforier d'Angleterre. Il remplit cette place avec honneur jusqu'à sa mort, arrivée en 1608. On a de lui : I. *Le Miroir des Magistrats*, en vers, avec une préface en profe. L'introduction qui suit cette préface, est pleine d'une poésie vraiment pittorefque. II. *L'Histoire*, en vers, *de l'infortuné duc de Buckingham, du tems de Richard II*. Ses *Poésies* se trouvent avec celles de Rochester & de Roscommon, à Londres 1731, in-12.

DOSA, (George) payfan de la Sicilie (contrée de la Transylvanie), fut couronné roi de Hongrie en 1513, par les payfans de ce royaume, lorfqu'ils prirent les armes contre le clergé & la nobleffe. Jean, vaivode de Transylvanie, défit les rebelles l'année d'après, & prit leur roi. Pour le

punir de son usurpation & de ses crimes, on le fit affeoir fur un trône de fer rouge, une couronne fur la tête, & un sceptre à la main, l'un & l'autre du même métal & auffi ardent. Neuf de ses complices, qui avoient survécu à un jeûne absolu de 15 jours (40 avoient été condamnés à ce fupplice, 31 y étoient morts), eurent ordre de se jeter fur ce miférable & de le déchirer avec les dents. Après ces cruelles opérations, il fut écartelé, & ses membres expofés dans divers contrées de la Hongrie. Le malheureux Dofa fouffrit ces inhumanités fans se plaindre. Tout ce qu'il demanda, fut qu'on épargnât son frere. Le refte des prifonniers fut empalé ou écorché vif, ou attaché à des roues de moulin. Quoiqu'il n'y eut point de genre de cruauté rafinée que ces fcélérats n'euffent exercé contre les hommes les plus illuftres dans le clergé & la nobleffe, on fouhaiteroit, dit le fage & judicieux Ifthuanfi, que la douceur chrétienne eut un peu modéré leur jufte fupplice. *Tametfi enim extrema quæque promeriti forent, homines tamen Chriftianos tam atrocem lanienam clementiâ & commiferatione temperare æquum fuiffet.*

DOSCHES, (François) difciple infenfé de l'infenfé Simon Morin. Les écrits où il a configné ses rèves extravagans, font de la plus extrême rareté, & ne méritent d'être recherchés que par les philofophes pécunieux, qui veulent favoir dans quels égaremens l'efprit de l'homme peut donner. Ils trouveront, dans un écrit très-rare de Dofches, imprimé en 4 pages in-4° feulement, fous ce titre : *Abrégé de l'Arfénal de la Foi*, jufqu'où ce fectaire avoit porté ses délires.

DOSITHÉE, officier juif, fils de Bacénor, défit l'armée de Timothée, battit Gorgias, & le fit prifonnier ; mais comme il l'entimenoit, un cavalier des ennemis lui abattit l'épaule d'un coup de fabre. Dofithée mourut de cette bleſſure, l'an 163 avant J. C., après avoir rendu de grands ſervices à ſa patrie par ſon courage mêlé de prudence.

DOSMA DELGADO, (Roderic) chanoine de Badajoz en Eſpagne, ſa patrie, étoit ſavant dans les langues orientales : on a de lui pluſieurs ouvrages ſur l'Ecriture-Sainte, entr'autres un traité *De auctoritate ſanctæ Scripturæ*, 1534, in-fol. Il mourut en 1607, à l'âge de 74 ans.

DOU, *voyez* Dow.

DOUCIN, (Louis) jéſuite, né à Vernon, mort à Orléans en 1726, fut l'auteur du fameux *Problème Eccléſiaſtique*, où il cenſuroit la conduite de M. de Noailles à l'égard des *Réflexions morales du P. Queſnel* (*Voyez* NOAILLES, Louis-Antoine). Il fut envoyé à Rome, & ſe diſtingua par ſon zele pour la Conſtitution *Unigenitus*. On a de lui : I. *Hiſtoire du Neſtorianiſme*, in-4°, Paris 1698; curieuſe & aſſez eſtimée. Ce qui regarde cette fameuſe héréſie, y eſt exactement diſcuté. II. *Mémorial abrégé touchant l'état & les progrès du Janſéniſme en Hollande*, compoſé par l'auteur, lorſqu'il ſe rendit en 1697 à la ſuite du comte de Créci, au congrès de Ryſwick. III. Une foule d'Ecrits ſur les affaires du tems.

DOUFFET, (Gérard) habile peintre, naquit à Liege le 16 août 1594. Jean Taulier, liégeois, & un nommé Perpete de Dinant, furent ſes premiers maîtres. Vers l'an 1609 il alla à Anvers, où le célebre Rubens le reçut au nombre de ſes éleves : il y fit de grands progrès. En 1614 il ſe rendit à Rome & y demeura ſept ans, joignant à l'étude des grands modeles, celle de la poéſie & de l'hiſtoire, ſi néceſſaire à un peintre pour l'ordonnance de ſes ſujets. Après avoir

fait quelque ſéjour à Veniſe, il revint dans ſa patrie l'an 1622. Sa réputation l'y avoit précédé; on l'employa à l'envi : les égliſes & les maiſons des perſonnes diſtinguées fourniſſent encore des preuves de ſon ſavoir. Mais pour avoir une juſte idée des talens de Douffet pour la compoſition, il faut lire la deſcription très-détaillée que M. de Pigage donne de deux grandes pieces capitales de ce maître, qui ſont conſervées dans la galerie électorale de Duſſeldorff, & qui exiſtoient autrefois à Liege, dont l'une, n°. 39, repréſente l'*Invention de la Sainte-Croix*; l'autre, n°. 65, a pour ſujet, *Le pape Nicolas V, viſitant le caveau de S. François d'Aſſiſe*. Il excelloit également dans l'hiſtoire & dans le portrait. Ses attitudes ſont bien choiſies, ſes airs de tête d'une variété admirable, ſon coloris eſt d'une grande douceur. Il mourut l'an 1660.

DOUGLAS, (Guillaume de) ſeigneur écoſſois dans le 14e ſiecle, d'une des plus anciennes maiſons de ce royaume, dont Buchanan a écrit l'hiſtoire. Robert de Brus, roi d'Ecoſſe, ayant fait vœu dè ſe croiſer contre les Infideles, & n'ayant pu l'accomplir pendant ſa vie, ordonna à Douglas de porter ſon cœur en Paleſtine après ſa mort, & de le préſenter au S. Sépulcre. Le roi étant mort en 1327, Douglas partit pour la Terre-Sainte; mais il fut tué, dit-on, en chemin avec toute ſa ſuite, compoſée de la plus brillante nobleſſe du pays.

DOUGLAS, (Jacques) anatomiſte anglois, qui excella dans la pratique des accouchemens. Il profeſſoit la médecine à Londres au commencement du 18e ſiecle. Nous lui ſommes redevables des ouvrages ſuivans : I. *Bibliographiæ Anatomicæ ſpecimen*, imprimé pour la 1re fois à Londres; & dans la ſuite avec des

K k 2

augmentations, à Leyde 1734, in-8°. II. *Myographiæ comparatæ specimen*, Londres 1707. L'auteur y marque la différence des muscles dans l'homme & dans le chien. On l'a traduit en latin, & imprimé à Leyde en 1729. III. *Description du Péritoine*, en anglois, Londres 1730.

DOUJAT, (Jean) né à Toulouse, d'une famille de distinction, mort à Paris en 1688, à 79 ans, étoit doyen des docteurs-régens de la faculté de droit de Paris, premier professeur royal en droit canon, historiographe de sa majesté, & membre de l'académie françoise. Il fut choisi par Perigni, premier précepteur du grand Dauphin, pour donner à ce prince la première teinture de l'histoire & de la fable. Ses ouvrages & ses services lui acquirent les éloges des savans, & des pensions du trône. Il fut encore plus estimable par sa modestie, sa probité & son désintéressement, au milieu des écueils de la cour, que par ses livres. Les principaux sont : I. *Abrégé de l'Histoire Grecque & Romaine, traduite de Velleïus - Paterculus*, in-12, Paris 1679 & 1708. Cette version est très-foiblement écrite : le traducteur l'orna de supplémens, tirés des meilleurs auteurs de l'antiquité, & d'une chronologie. M. l'abbé Paul en a donné une meilleure en 1770, in-8° & in-12. II. Une bonne *Édition de Tite-Live* : ouvrage composé, comme le précédent, pour l'usage du Dauphin, & enrichi de notes savantes, 6 vol. in-4°. III. *Prænotiones canonicæ & civiles*, Paris 1687, in-4° : c'est son meilleur ouvrage. IV. *L'Histoire du Droit Canonique*, 1685, in-12. V. Celle *du Droit Civil*, Paris 1678, in-12, en latin. VI. Une *Édition latine des Institutions du Droit Canonique* de Lancelot, Paris 1685, 2 vol. in-12, avec beaucoup de notes.

DOUSA, (Janus) appellé vulgairement *Jean - Vander - Does*, seigneur de Norwick sa patrie, né le 6 décembre 1545, gouverneur de la bourgeoisie de Leyde, se distingua dans la défense de cette ville contre les Espagnols l'an 1574, par un courage digne d'une meilleure cause. Le général espagnol sollicitant les bourgeois par lettres à se rendre, Dousa ne répondit que par ce vers qu'il mit au bas d'une de ces lettres :

Fistula dulce canit, volucrem dum decipit auceps.

Les assiégés ayant été secourus à tems, les Espagnols furent obligés de lever le siege. Le poëte guerrier fut nommé, l'année suivante, premier curateur de l'université de Leyde, qui venoit d'être fondée. Il étoit digne de cet emploi par son érudition, qui lui mérita le nom de *Varron de Hollande*. Il mourut à Norwick en 1604. A beaucoup de courage & de savoir, il joignoit une douceur extrême. On a de lui : I. Les *Annales de Hollande*, en vers élégiaques, & en prose, in-4°, à Leyde, en 1601; commencées par Janus Dousa fils, & continuées jusqu'à l'an 1500 par Dousa père; réimprimées en prose seulement en 1617, avec un commentaire du savant Hugues Grotius. II. Des Notes sur Salluste, sur Pétrone, sur Catulle, Tibulle & Properce, sur Horace, Plaute... III. *Echo, sive lusus imaginis jocosæ*, La Haye 1603, in-4°. IV. *Poemata*, Leyde 1609, &c. Une latinité pure & élégante, beaucoup de variété, des pensées nettement développées : c'est ce qui distingue les ouvrages de Dousa : mais les honnêtes gens lui reprochent toujours d'y avoir violé les regles de la bienséance & de la pudeur (*Voy.* Nicéron, tom. XVIII). Dousa laissa quatre fils, qui soutinrent la réputation de leur pere. Les plus connus furent Janus, poëte, philosophe & mathématicien, précepteur du prince Frédéric-Henri de Nassau, garde de la bibliothèque de Leyde, où il mourut en 1596, à 25 ans. On a de lui des *Poéfies latines*, 1607, in-8°. Georges, favant dans les langues, qui voyagea à Conftantinople, & publia : I. Une *Relation de fon Voyage*, Anvers 1599, in-8°. II. *Georgii Codini Selecta de originibus Conftantinopolitanis*, en grec & en latin, avec des remarques de Meurfius, Genève 1607, in-8°. Georges Doufa mourut en 1599, dans l'ifle de S. Thomas, faifant route pour les Indes.

DOUVILLE, *voy.* OUVILLE.

DOUVRE, (Thomas de) tréforier de l'églife de Bayeux, né en cette ville, d'une ancienne famille, eft le premier Normand que Guillaume le Conquérant plaça fur le fiege d'Yorck, en Angleterre. Il en étoit digne, par fes vertus & par fa fcience. Il rebâtit fon églife cathédrale, inftruifit fon peuple par fes difcours & par fes exemples, fit de grands biens à fon clergé, & compofa quelques Livres fur le chant eccléfiaftique. Il mourut l'année 1100, après avoir fiégé 28 ans.

DOUVRE, (Thomas de) neveu du précédent, clerc d'Henri I, roi d'Angleterre, fut auffi archevêque d'Yorck en 1108. Son pere Samfon de Douvre, avant de devenir chanoine de Bayeux, & enfuite évêque de Worchefter en Angleterre, avoit été engagé dans le mariage, & eut encore au moins un autre fils (Richard II) qui fut évêque de Bayeux. Thomas eut de grands débats avec S. Anfelme, archevêque de Cantorbery, à l'occafion de la primauté de leurs églifes. On rapporte, que dans une grieve maladie, les médecins lui ayant indiqué un remede oppofé à la pureté, il déclara qu'il aimoit mieux s'expofer à mourir, que de racheter fa vie à un tel prix. Dieu bénit fa conftance & fa foi. Il lui rendit fa premiere fanté. Ce pieux archevêque mourut en 1114.

DOUVRE, (Ifabelle de) de la même famille que les précédens, fut maîtreffe de Robert, comte de Glocefter, bâtard de Henri I, roi d'Angleterre, & en eut un fils (Richard), que ce prince nomma à l'évêché de Bayeux en 1135. Se voyant dans l'arriere-faifon de l'âge, & dégoûtée du monde qui s'étoit dégoûté d'elle, Ifabelle fe retira à Bayeux pour y finir fes jours, & y mourut vers l'an 1166 dans une extrême vieilleffe. On croit que c'eft fur fon tombeau qu'a été placée cette épitaphe originale, qu'on voit contre l'un des murs extérieurs de l'églife cathédrale :

> *Quarta dies Pafchæ fuerat, cùm*
>   *clerus ad hujus*
> *Quæ jacet hîc vetulæ, venimus*
>   *exequias ;*
> *Lætitiæque diem magis amififfe*
>   *dolemus,*
>   *Quàm centum tales fi cadèrent*
>   *vetulæ.*

On trouve une imitation de ce quatrain dans les *Œuvres* de Senecé.

DOW, (Gérard) né à Leyde en 1613, fut éleve du célebre Rembrant, & fit beaucoup de progrès fous ce maître. Cet artifte ne s'eft occupé qu'à de petits tableaux, qu'il faifoit payer à proportion du tems qu'il y mettoit. Sa coutume étoit de régler fon prix fur le taux de 20 fols du pays par heure : il n'y a rien de plus achevé que fes tableaux : il faut le fecours des loupes pour en démêler tout le travail. Ses figures, quoique très-finies, ont un mouvement & une expreffion finguliere. Son coloris a beaucoup de fraîcheur & de force. Dow n'épargnoit pas le tems à ce qu'il faifoit. Il fut 5 jours à repréfenter le manche d'un balai, & 5 à peindre la main d'une perfonne, qui vouloit avoir fon portrait. Nous ignorons l'année de fa mort.

DOYAC, (Jean de) homme de néant, vaffal du duc de Bourbon, gagna la confiance de Louis XI, par le vil métier d'efpion & de délateur. Il voulut fe fignaler, en attaquant les officiers & la perfonne même du duc de Bourbon; mais ce prince fut

K k 5

abfous des calomnies intentées contre lui. Son ennemi, loin d'être puni, fut fait gouverneur d'Auvergne, & il fe rendit le tyran de ceux qui auroient dû être fes maîtres. Louis XI le recommanda en mourant à Charles VIII. Son crédit l'aveugla; il eut l'infolence d'entreprendre fur les biens & fur la perfonne de quelques princes. Ses attentats ne refterent pas impunis : en 1484 il eut la langue percée au pilori de Paris, & les deux oreilles coupées, après avoir reçu le fouet par la main du bourreau.

DRABICIUS, (Nicolas) miniftre proteftant, né l'an 1587 en Moravie, fut chaffé de fon pays, & fe retira en Hongrie l'an 1628. Il renonça au miniftere pour fe livrer à l'ivrognerie. Cette conduite le rendant méprifable, il s'avifa, pour fe remettre en eftime, de feindre des révélations. Ses rêveries, toutes démenties par l'événement, n'avoient pour but que d'exciter la guerre contre la communion romaine & contre la maifon d'Autriche, ennemis des Calviniftes. Les Impériaux fe vengerent de fes écrits féditieux en le faifant périr. D'autres prétendent qu'il mourut en Turquie, où il s'étoit refugié. Son principal ouvrage eft intitulé : *Lux in tenebris* : titre bien peu convenable à l'obfcurité de la matiere, & à la bizarrerie des idées de l'auteur. Le prince Ragotski fe fervit de fes vifions, comme d'une machine, pour remuer le peuple; mais il n'y ajoutoit pas la moindre foi.

DRACHENBERG, (Chrétien-Jacob) centenaire du Nord, dont on a parlé fouvent dans les papiers publics, mourut à Aarrhus en 1770, dans la 146e année de fon âge. Il étoit né à Stavanger en Norwege, en 1624. Il étoit refté garçon jufqu'à l'âge de 113 ans, & avoit époufé alors une veuve âgée de 60 ans. Pendant les dernieres années de fa vie, il reçut la vifite des perfonnes du plus haut rang, qui admiroient

fon bon-fens, fa préfence d'efprit & fa vigoureufe fanté. *Voyez* ROWIN.

DRACK, (François) l'un des plus grands-hommes de mer de fon tems, naquit dans le comté de Devon en Angleterre, d'une famille affez obfcure. Son pere, miniftre d'un vaiffeau anglois, le remit à un pilote de fa connoiffance, qui lui laiffa en mourant fon navire. Le jeune-homme continua quelquetems le commerce de fon bienfaiteur : mais ayant appris qu'on équipoit des vaiffeaux à Plimouth pour l'Amérique, il vendit le fien en 1567, & vint offrir fes fervices à Jean Hawkins, capitaine de la flotte. On lui donna le commandement d'un navire, avec lequel il prit plufieurs vaiffeaux fur les Efpagnols. En 1577, Drack partit encore avec 5 bâtimens, fit en 3 ans le tour du monde, remporta des avantages confidérables fur les Efpagnols; leur prit diverfes places, & un très-grand nombre de navires chargés richement. Une nouvelle expédition en 1585, lui acquit une nouvelle gloire : il s'empara de quelques places dans les Canaries & dans les ifles du Cap-Vert, dans celle de St-Domingue, dans la province de Carthagene, & dans plufieurs autres de l'Amérique. La reine Elifabeth, qui l'avoit déja fait chevalier, lui donna la dignité de vice-amiral. Elle l'envoya contre les Efpagnols en 1588 & 1589. La 1re année il coula à fond 23 vaiffeaux dans le port de Cadix; & la 2e il fe fignala avec l'amiral Haward contre la flotte efpagnole. En 1595, François Drack fe mit encore en mer avec une flotte de 28 vaiffeaux, & il foutint l'honneur que lui avoient acquis fes expéditions précédentes. Il fe rendit maître de Ste-Marthe en Amérique, de Rio de la Hacha, & de plufieurs autres villes. Enfin en revenant à Porto-Belo, il termina fa glorieufe carriere en 1596. Son corps n'eut d'autre tombeau que la mer, le théatre de fes exploits. Nous

avons ses *Voyages* traduits en françois, 1627, in-8°.

DRACON, législateur d'Athenes,
l'an 624 avant Jesus-Christ. Déclaré
archonte, il fit, pour la réforme de
ses concitoyens, des loix qui respiroient par-tout une sévérité cruelle.
L'assassin, & le citoyen convaincu
d'oisiveté, étoient également punis
de mort. Assez juste pour ne favoriser personne, il ne fut pas assez philosophe, dit un homme d'esprit,
pour savoir qu'il commandoit à des
hommes. Lorsqu'on lui demandoit
les motifs d'une rigueur si mal dirigée, il répondoit : » Que les plus
petites transgressions lui avoient paru
mériter la mort, & qu'il n'avoit
pu trouver d'autre punition pour les
plus grandes. « Ses loix, écrites
avec du sang, suivant l'expression de
l'orateur Demades, eurent le sort
des choses violentes : elles furent d'a-
bord adoucies, & ensuite négligées.
Solon les abrogea toutes, à l'exception de celles qui regardoient les
meurtres. La fin de Dracon fut aussi
triste que comique. Ayant paru sur
le théâtre, le peuple lui applaudit
par des acclamations réitérées, & lui
jeta tant de robes & de bonnets,
selon la coutume de ce tems-là,
qu'il fut étouffé sous les marques
d'estime qu'il reçut.

DRACONITES, (Jean) ministre
protestant, de Carlostad en Franconie, entreprit une *Polyglotte* de
la Bible, qu'il ne put achever,
étant mort en 1566, à 70 ans.
On a de lui des *Commentaires sur
les Evangiles des Dimanches*,
en latin, in-fol. ; & d'autres ouvrages, où l'on trouve quelques
points de littérature assez bien discutés.

DRACONTIUS, poëte chrétien
espagnol, vers le milieu du 5e.
siecle. On a de lui : I. Un *Poëme
sur l'ouvrage des six Jours de la
Création*. II. Une *Elégie* adressée
à l'empereur Théodose le Jeune,
Leipsick 1653, in-8°.

DRAGUT-RAIS, c'est-à-dire

Capitaine, né de parens obscurs
dans la Natolie, d'abord domestique
d'un corsaire, devint ensuite favori
de Barberousse, & enfin son successeur. Il mena les compagnons de
ses vols maritimes au butin, avec
autant de bonheur & de capacité
que ce fameux pirate. Il se signala
d'abord sur les côtes du royaume
de Naples & de la Calabre. Mais en
1550 il fut surpris sur les côtes de la
Corse, & fait prisonnier avec plusieurs de ses vaisseaux par Jeannetin
Doria, neveu & lieutenant du fameux André Doria, qui ne lui rendit sa liberté qu'au bout de quelques
années & moyennant une rançon.
Cette longue détention ne corrigea
point ce brigand. En 1560 il vint
relâcher dans le havre de l'isle de
Gerbes. André Doria vint l'y bloquer avec ses galeres, qui jeterent
l'ancre à l'embouchure du havre,
pour lui couper toute retraite. Le
corsaire se voyant enfermé, imagina, pour se tirer delà, un moyen
qui lui réussit. Il fit croire à Doria,
par l'attention qu'il eut de fortifier
les bords du havre, qu'il avoit résolu d'en défendre l'entrée jusqu'à
l'extrémité. Il faisoit applanir dans
le même-tems un chemin, qui commençoit à l'endroit où ses galeres
étoient mouillées, & sur lequel on
éleva un exhaussement composé de
plusieurs pieces de bois, qu'il fit
recouvrir de planches frottées de
suif, pour faciliter le passage à tout
ce qu'il voudroit faire glisser dessus.
On guinda ensuite, par la force des
cabestans, ses galeres sur ces plan-
chers ; & avec des rouleaux de bois,
on les fit avancer jusqu'à un endroit
de l'isle où le terrein étoit beaucoup
plus bas. Il avoit fait creuser de
ce côté un nouveau canal, opposé
au canal de Cantara (c'étoit celui
où se trouvoient les Espagnols),
par lequel ses galeres passerent d'une
mer à l'autre. Doria n'apprit cette
nouvelle extraordinaire, que par
la perte de la capitale de Sicile,
que Dragut enleva presqu'à sa vue.

K k 4

C'est ainsi que le corsaire se tira du danger. Il s'étoit rendu maître de l'isle de Gerbes par une perfidie bien horrible. Ayant fait venir à Tripoli, sous prétexte d'amitié, un certain Soliman qui en étoit seigneur, il le fit pendre, & la lui enleva. Cinq ans après, en 1565, Soliman II ordonna à Dragut de se trouver devant Malte qu'il venoit assiéger ; le pirate y vint avec 15 galeres. Un jour qu'il reconnoissoit la breche, un coup de canon qui donna contre une muraille, en fit sauter un éclat de pierre, dont le corsaire fut frappé à l'oreille avec tant de violence qu'il en mourut quelque-tems après.

DRAHOMIRE, femme d'Uratislas, duc de Bohême. Irritée de ce que son mari avoit laissé en mourant le gouvernement de ce pays à sa mere, la fit étrangler en 929. Une action si noire fut suivie de plusieurs autres crimes. Elle poussa son fils Boleslas, qui étoit idolâtre & très-cruel, à tuer dans un festin son frere Wenceslas, dont la vie sainte & innocente étoit insupportable à cette mere dénaturée. Mais de si grands forfaits ne demeurerent pas long-tems impunis : elle périt dans un précipice auprès de la ville de Prague, où il sembloit que la terre se fût entr'ouverte pour l'engloutir.

DRAKENBORCH, (Arnaud) professeur en histoire & en éloquence à Utrecht, mort en 1748, s'est fait connoître par quelques ouvrages, & sur-tout par sa belle édition de *Tite-Live* en 7 vol. in-4°, Leyde 1738. Les notes dont il l'a accompagnée, font beaucoup d'honneur à son savoir ; mais elles en font moins à son goût ; la plupart manquent de précision. Il a donné aussi une édition de *Silius Italicus*, en 1 vol. in-4°. Elle est dans le même goût que la précédente, & assez estimée.

DRAPIER, (Roch) avocat au parlement de Paris, né à Verdun en 1685, mort à Paris en 1734, laissa quelques ouvrages de droit.

I. *Recueil de Décisions sur les Matieres Bénéficiales*, dont la meilleure édition est en 2 vol. in-12, de 1732. II. *Recueil de Décisions sur les Dixmes*, réimprimé en 1748, in-12, augmenté par Brunet d'un *Traité du Champart*.

DRAPPIER, (Gui) curé de la paroisse de S. Sauveur à Beauvais, mourut en 1716, à plus de 91 ans, après l'avoir gouvernée pendant 59. Les principaux ouvrages qui nous restent de lui, sont : I. Un *Traité des Oblations*, in-12, Paris 1685. II. *Tradition de l'Eglise touchant l'Extrême-Onction*, où l'on fait voir que les curés en sont les ministres ordinaires, à Lyon 1699, in-12. III. *Gouvernement des Diocèses en commun*, Bâle 1707, 2 vol. in-12. IV. *Défense des Abbés commendataires & des Curés primitifs*, 1685. C'est une invective continuelle contre les uns & les autres, quoique le titre promette autre chose. L'auteur combat le droit des curés primitifs, avec plus d'érudition que de solidité. Il réclame sur-tout la liberté de l'office du jour du Patron, objet pour lequel il eut des contestations toute sa vie avec le chapitre de Saint-Vaust, curé primitif de sa paroisse. Ces disputes firent faire bien de la bile à Drappier, & elle s'évapore dans son ouvrage. V. Plusieurs Ecrits en faveur du P. Quesnel, son ami.

DRAUDIUS, (George) auteur allemand, a publié en 3 gros vol. une *Bibliotheque Classique*, Francfort 1625, 2 vol. in-4°, dans laquelle il a ramassé le titre de toutes sortes de livres. C'est à-peu-près une compilation des ouvrages qui ont paru aux foires de Francfort ; mais elle n'est pas en assez bon ordre, & elle fourmille de fautes. On en a corrigé beaucoup dans les dernieres éditions qu'on en a données ; & cette Bibliotheque, quoiqu'imparfaite, ne laisse pas d'être utile aux bibliographes, sur-tout

pour la connoiffance des productions germaniques.

DREBEL, (Corneille) philofophe alchymifte, né l'an 1572 à
Alcmaër en Hollande, paffa en
Angleterre en 1604, où il fut très-
bien accueilli par Jacques I. Quelque-tems après l'empereur Rodolphe l'appella à fa cour; Ferdinand II le donna pour précepteur
à fon fils. Il retourna enfin en Angleterre. Il mourut à Londres en
1634, à 62 ans. Il avoit une apti-
tude finguliere pour les machines;
mais il ne faut pas croire tout ce
qu'on a raconté de la fagacité de ce
philofophe. Il faifoit, dit-on, certaines machines pour produire la
pluie, la grêle & les éclairs, auffi
naturellement que fi ces effets venoient du ciel. Il produifoit par
d'autres machines un froid pareil à
celui de l'hiver. L'on prétend qu'il
en fit l'expérience, à la priere du
roi d'Angleterre, dans la falle de
Weftminfter; & que le froid fut fi
grand, qu'on ne put le fupporter.
Il avoit conftruit un verre, qui attiroit la lumiere d'une chandelle
mife à l'autre bout d'une falle, &
qui donnoit affez de clarté, pour
qu'à cette lueur on pût lire aifément. Tout cela eft raconté de la
maniere la plus férieufe dans la
Chronique d'Alcmaër; mais les perfonnes judicieufes favent renvoyer
ces prodiges dans le pays des chimeres. Ce philofophe laiffa un ouvrage diftribué en deux traités en
flamand; il eft traduit en latin à
Francfort 1628, in-12, & en françois fous ce titre : *Deux Traités
phyfiques : le premier de la nature des Elémens, & le deuxieme
de la Quinteffence;* Paris 1673.
Quelques-uns lui ont fait honneur
de l'invention du télefcope. On
penfe affez généralement qu'il fût
l'inventeur du microfcope & du
thermometre, deux inftrumens très-
utiles, dont le 1er ne fut d'abord
connu qu'en Allemagne. Il parut
pour la premiere fois en 1621. Fon-

tana s'en attribua mal-à-propos l'invention, environ 30 ans après. Il
paffe auffi pour avoir trouvé, le
premier, l'art de teindre en écar-
late. Il confia ce fecret à fa fille;
Cuffler qui l'époufa, fit le premier
ufage de cette invention à Leyde.

DRELINCOURT, (Charles) miniftre de l'églife prétendue-réformée à Charenton, né à Sédan en
1595, mort à Paris en 1669, s'acquit l'eftime de ceux de fa communion par divers ouvrages contre les
Catholiques. Les principaux font :
I. Un *Catéchifme*, 1 vol. in-8°.
II. Un *Abrégé de Controverfes*,
pleins l'un & l'autre des préjugés
de fa fecte. III. *Confolation contre
les frayeurs de la mort*, Amfterdam 1724, 2 vol. in-8°. IV. *La
préparation à la fainte Cene*;
V. Trois vol. in-8° de *Sermons*.
VI. *Le Hibou des Jéfuites*, &c.
Ce dernier ouvrage a été bien accueilli par les ennemis de la fociété. Drelincourt défendit en mourant qu'on fit fon oraifon funebre.
Il n'aimoit pas cet ufage, qui fouvent fait bâiller les vivans, fans
rien apprendre fur les morts. Charles
DRELINCOURT fon fils, médecin de
Montpellier, dont on a des *Opufcules*, 1727, in-4°, mourut à Leyde en
1697. Laurent DRELINCOURT, fon
autre fils, mort à 56 ans en 1680, à
Niort, où il étoit miniftre, laiffa des
Sermons, & un recueil de *Sonnets
chrétiens*, Amfterdam 1766, in-12.

DRESSER, (Matthieu) théo-
logien luthérien, né à Erford en
1536, étudia à Wittemberg fous
Luther & Mélanchton. Après avoir
enfeigné le grec & l'éloquence en
diverfes académies, il fut l'an 1581
profeffeur d'humanités à Leipfick,
où il mourut en 1607. C'étoit un
Luthérien rigide, & un homme d'un
caractere fouple & adroit. Lorfqu'il
étoit à Oxford, il fut fi bien tourner l'efprit de fes collegues, qu'ils
confentirent qu'on enfeignât la confeffion d'Ausbourg & l'hébreu dans
l'académie. On a de lui divers ou-

vrages de littérature & de théologie : I. *Rhetoricæ libri quatuor*, in-8°. II. *Tres libri Progymnasmatum Litteraturæ Græcæ*, in-8°. III. *Isagoge Historica*, en allemand, in-fol. : cet écrit n'est point estimé. IV. *De festis & præcipuis anni partibus Liber*. V. *De festis diebus Christianorum., Judæorum & Ethnicorum Liber*, in-8° : il y discute savamment plusieurs sujets curieux.

DREVET, (Pierre) nom de deux graveurs célebres, pere & fils ; ils ont gravé des portraits d'après le célebre Rigaud, qui sont des chef-d'œuvres de l'art. La délicatesse, l'agrément & la précision caractérisent leur burin. Pierre Drevet le fils, membre de l'académie de peinture, mourut à Paris en 1739, à 42 ans ; & le pere en la même année, à 75 ans. Claude DREVET, leur parent, soutient leur réputation avec honneur.

DREUX, *voyez* PHILIPPE DE DREUX.

DREXELIUS, (Jérémie) jésuite d'Ausbourg, prédicateur de l'électeur de Baviere, mourut à Munich en 1638, âgé de 57 ans. Il laissa divers *Ouvrages de Piété*, imprimés à Anvers en 1643, en 2 vol. in-folio, & en plusieurs vol. in-24. Ils ont été fort répandus autrefois. L'auteur confirmoit par ses exemples ce qu'il enseignoit dans ses livres.

DRIDEN, *voy.* DRYDEN (Jean).

DRIEDO *ou* DRIDOENS, (Jean) de Turnehout en Brabant, fut docteur & professeur de théologie à Louvain, chanoine de S. Pierre, curé de S. Jacques, dans la même ville, & mourut en 1535, âgé de 55 ans. On a de lui des traités de théologie en 4 vol. in-fol. & in-4°, 1533. Les plus importans sont : I. *De Scripturis & Dogmatibus*. II. *De libertate Christiana*. III. *De captivitate & redemptione generis humani*. IV. *De concordia liberi arbitrii & prædestinationis*. V. *De Gratia & libero arbitrio*, &c.

DRIESCHES, *voyez* DRUSIUS.

DRIESSEN, (Antoine) théologien hollandois, ministre à Utrecht, puis à Groningue, mourut dans cette derniere ville en 1748, à 64 ans. Il est auteur d'un grand nombre d'ouvrages de théologie & de controverse, où il y a plus d'érudition que de goût & de modération.

DRIMAQUE, brigand, qui, à la tête d'une troupe d'esclaves fugitifs, ravageoit l'isle de Chio. Les habitans de cette isle ayant mis sa tête à prix, il persuada à un jeune-homme de sa suite de le tuer, & d'aller recevoir la somme promise. Les habitans de Chio firent de ce Drimaque une divinité, qu'ils avoient en grande vénération, sous le nom de *Héros pacifique*.

DRIPETINE, fille de Mithridate le Grand & de Laodice, avoit un double rang de dents. Elle suivit son pere après sa défaite par Pompée, l'an 66 avant J. C. ; mais étant tombée malade, elle se fit donner la mort par un esclave, qui se tua lui-même après cette action, qu'il n'avoit faite que malgré lui.

DRIVERE, (Jérémie) connu sous le nom de *Triverius*, né à Brackelle en Flandre vers l'an 1532, professeur de médecine à Louvain, mourut en 1554. Il a laissé plusieurs ouvrages : I. *De missione sanguinis in pleuritide*, in-4°, Louvain 1532. II. *Medicinæ methodus*, in-8°, Leyde 1592. III. *Des Commentaires sur Celse & sur Hippocrate*, in-fol. IV. *Paradoxa de vento, aëre, aqua & igne*, in-8°, Anvers 1542.

DROLINGER, (Charles-Frédéric) conseiller de la cour du margrave de Bade-Dourlach, son archiviste privé & son bibliothécaire. Il ne se borna pas à ce que ses emplois pouvoient exiger de lui : il cultiva avec grand soin la langue allemande & la poésie, & excella dans l'une & dans l'autre. Ses *Œuvres poëtiques*, imprimées à Bâle en 1743, in-8°, un an après sa mort, ont toute la pureté, l'élégance & la force que comporte sa langue. C'est du moins ainsi qu'en ont jugé quelques connoisseurs.

DROMEUS, fameux athlete, étoit de Symphale, ancienne ville du Péloponnese. Pausanias, qui en parle dans la Description de la Grece (Liv. VI), dit qu'il fut couronné deux fois à Olympie, pour avoir doublé le stade avec succès; autant de fois à Delphes, 3 fois à Corinthe, & 5 fois à Nemée. Le même historien ajoute, qu'il passe pour le premier athlete qui commença à se nourrir de viandes. Avant lui, dit-il, les athletes ne mangeoient que des fromages que l'on faisoit égoutter dans des paniers. Pausanias parle encore d'une statue qu'on avoit érigée à Dromeus, & qui étoit un ouvrage de Pythagore le Statuaire.

DROUAIS, (Hubert) peintre, né à la Roque en Normandie l'an 1699, mort à Paris le 9 février 1767, fils d'un peintre, fut entraîné par son goût dans la même profession. Il n'étoit pas riche; il fut non-seulement l'artisan de sa fortune; mais il se vit obligé de créer jusqu'à l'instrument dont il devoit se servir pour l'élever. Il vint à Paris, & paya son voyage de l'argent qu'il avoit gagné peu-à-peu. A mesure qu'il faisoit des progrès, il alloit à Rouen; l'approbation paternelle & les encouragemens de ses compatriotes étoient plus doux à son cœur, que tous les éloges qu'il a obtenus depuis, n'ont flatté son amour-propre. Il semble que le ciel se soit plu à récompenser son ancienne piété filiale. Ce respectable vieillard a eu la satisfaction de partager les justes applaudissemens que toute la France accorde à M. Drouais son fils, & il fut comme assuré qu'après sa mort, leurs noms passeroient ensemble à la postérité.

DROUIN, (René) neveu du célebre P. Serri, jacobin, entra comme lui dans l'ordre de S. Dominique. Les affaires du tems, dans lesquelles

il entra, l'obligerent de sortir de la France. Il professa la théologie à Chamberi & à Verceil, & mourut en 1742, à Yvrée en Piémont, dans la 60e année de son âge. On a de lui un *Traité dogmatique & moral des Sacremens*, imprimé à Venise en 1737, 2 vol. in-fol. Cet ouvrage décele une profonde érudition, & une grande connoissance du dogme & de la morale. On l'a réimprimé à Paris en 1775, 9 vol. in-12.

DRUSILLE, fille d'Agrippa le Vieux, & sœur d'Agrippa le Jeune, rois de Judée, la plus belle femme de son tems, fut promise par son pere à Epiphanes, fils du roi Antiochus, sur la parole qu'il lui donna de se faire circoncire. Ce prince n'ayant pas voulu tenir sa promesse, Agrippa le jeune la maria à Azize, roi des Eméséniens, qui embrassa le Judaïsme pour lui plaire. Drusille se dégoûta bientôt de son époux; elle l'abandonna, pour épouser Felix, gouverneur de la Judée. L'envie qu'elle portoit à sa sœur Bérénice, la jeta dans ce travers, & lui fit même abjurer sa religion. C'est devant Drusille & Felix que S. Paul comparut, comme on peut le voir dans les *Actes des Apôtres*, ch. 24.

DRUSILLE, (Livie) fille de Germanicus & d'Agrippine, & arriere-petite-fille d'Auguste, naquit à Treves l'an 15e de J. C. Elle épousa Lucius Cassius en premieres noces, & en secondes son frere Marcus Lepidus. Ses débauches la rendirent un objet de mépris pour les Romains. L'empereur Caligula son frere eut avec elle un commerce incestueux. Il l'aima si passionnément, qu'étant tombé dangereusement malade, il l'institua héritiere de l'empire & de tous ses biens. La mort la lui ayant enlevée, l'an 38 de J. C., il la fit mettre au rang des déesses, malgré le nom infame que ses impudicités scandaleuses lui avoient mérité. Les Romains jusqu'alors n'a-

voient point connu de pareilles divinités ; aussi leur fut-elle autant
odieuse dans son ciel imaginaire ,
qu'elle l'avoit été sur la terre.

DRUSIUS *ou* DRIESCHES, car
Drusius est son nom latinisé, (Jean)
né à Oudenarde en 1550, fut un
des plus modérés, protestans du 16e
siecle. Il respectoit la Vulgate &
avoit beaucoup de vénération pour
tous les SS. Peres. Plus d'une fois,
il soumit ses écrits au jugement de
l'église catholique, particuliérement
dans le *Liber Præteritorum*, p. 454,
où il dit : *Provoco ad judicium ecclesiæ catholicæ, cui me meaque
omnia subjicio*. Il avoit été élevé
dans la religion catholique ; mais
son pere ayant donné dans les nouvelles erreurs, il s'y laissa entraîner
à sa persuasion. Il fut d'abord professeur des langues orientales à Oxford, puis à Leyde, & delà professeur de la langue hébraïque à Franeker. Les états-généraux le chargerent de faire des remarques gram-
maticales sur les endroits les plus
difficiles de l'Ancien Testament ; ouvrage qu'il poussa fort avant, sans
avoir la satisfaction de le voir imprimé. On a de lui : I. D'excellentes *Notes sur l'Ecriture*, données séparément, tant in-folio
qu'in-4°. II. Un *Recueil des Fragmens des Hexaples*. III. Une
Grammaire Hébraïque, in-4°.
IV. Un *Traité des trois Sectes
des Juifs*, dans un recueil intitulé :
*Trium Scriptorum, de Tribus Ju-
dæorum Sectis, Syntagma* : Delft
1703, 2 vol. in-4°. V. Des Notes
sur Sulpice Sévere qui ont passé
dans l'édition *cum notis variorum*.
Driesches étoit très-versé dans la
connoissance de la langue hébraïque.
Richard Simon parle de lui comme
d'un interprete habile. Il avoit consulté les anciens, & les meilleurs d'entre les auteurs modernes. Ses ouvrages
sur l'Ecriture étoient rares, avant
qu'on les réimprimât dans le recueil
des *Critiques sacrés*, publié en Angleterre. Il mourut à Franeker en

1616. Abel Curiander, gendre de
Drusius, a publié sa *Vie*.

DRUSIUS, (Jean) fils du précédent, se distingua par ses connoissances précoces. A 5 ans, il
avoit quelque teinture de la langue
latine. A 7 ans, il expliquoit le
Pseautier hébreu. A 9, il lisoit l'hébreu sans points, & ajoutoit les
points qu'il falloit selon les regles.
A 12, il écrivoit en vers & en
prose à la maniere des Hébreux. A
17, il fit une Harangue latine à
Jacques I, roi d'Angleterre, qui
surprit & charma toute sa cour. Ce
génie prématuré mourut de la pierre
à 21 ans, en 1609, après avoir
commencé de mettre d'hébreu en
latin l'*Itinéraire* de Benjamin de
Tudelle, & la *Chronique du second
Temple*, qui sont restés manuscrits.

DRUSUS, (*Marcus Livius*)
étoit fils de ce Drusus, qui fut collegue de Caïus Gracchus dans le
tribunat du peuple. Il naquit comme
son pere avec de grandes qualités,
beaucoup d'éloquence, d'esprit &
de courage ; mais son ambition ex-
cessive les ternit. La faction du sénat & celle des chevaliers divisoient
alors la ville. Drusus, naturellement
porté à rendre au sénat ses premiers droits, étoit retenu par la
crainte de s'attirer l'inimitié des
chevaliers. Il proposa de remplacer
les sénateurs qui manquoient, par
autant de chevaliers ; & d'accorder
en même-tems à ces nouveaux magistrats le droit de juger, tel que
l'avoient les sénateurs anciens. Il
vouloit concilier les deux partis,
& il les irrita l'un & l'autre. Le
mécontentement augmenta, lorsqu'il
voulut faire revivre la loi des Grac-
ques touchant la distribution des
terres au peuple, & celle d'accorder au peuple latin les privileges
des citoyens de Rome. Drusus n'ayant
pu faire passer la loi du partage des
terres, opposée en partie au droit
sacré de propriété, quoique raisonnable à d'autres égards, voulut
au moins tenir la parole qu'il avoit

donnée aux étrangers. Mais comme il retournoit chez lui, suivi d'une multitude de Latins qui étoient venus pour le secourir, il fut affassiné à l'entrée de sa maison, vers l'an 90 avant J. C.

DRUSUS, (*Nero-Claudius*) fils de Tibere-Néron & de Livie qui épousa depuis Auguste, & frere de l'empereur Tibere, naquit l'an 38 avant J. C. Il signala son courage de bonne heure. Après avoir soumis les Grisons, il vainquit les Gaulois & les Germains, & fut élevé à la charge de préteur. La même année qu'on lui conféra la préture, il retourna sur le Rhin, le passa, & acquit tant de gloire dans cette expédition, qu'on lui décerna les honneurs du triomphe, & qu'il fut nommé pro-conful dès qu'il eut cessé d'être préteur. Les armées, toujours victorieuses sous lui, l'honorerent du titre d'*Imperator*; mais Auguste ne jugea pas à propos de le lui confirmer. Il se préparoit à continuer ses conquêtes : il porta même ses armes jusqu'au bord du fleuve de l'Elbe ; mais ayant fait de vains efforts pour le traverser, il se contenta d'y élever des trophées, pour faire connoître qu'il avoit pénétré jusques-là. Dion prétend qu'il fut détourné du passage de ce fleuve, par l'apparition d'une femme d'une taille gigantesque, qui lui dit : *Drusus, ton ambition, n'aura-t-elle point de bornes ? Les destins ne te permettent pas d'aller plus loin ; tu touches au terme de tes exploits & de ta vie.* Quoi qu'il en soit de ce conte, Drusus mourut bientôt après d'une chûte de cheval, à l'âge de 30 ans, la 9e année avant J. C. Rome perdit en lui un prince plein de bravoure, de bonté & de vertu, & qui, s'il avoit remplacé Auguste, auroit préservé l'empire d'un monstre tel que Tibere. C'est Drusus qui fit tirer le canal du Rhin à l'Issel. Il eut de sa femme Antonia 3 enfans, Germanicus, Livie & Claude.

DRUSUS, fils de Tibere & de Vipsanie, eut plusieurs des défauts de son pere, la cruauté, l'emportement, l'amour des plaisirs ; mais il ne les eut pas au même point. Après avoir été questeur l'an 10e de J. C., on l'envoya au bout de 5 ans en Pannonie, pour appaiser les légions révoltées lors de la mort d'Auguste. La sagesse & la fermeté qu'il fit paroître en cette occasion, lui mériterent le consulat. Il ne se signala pas moins dans l'Illyrie, d'où il fomenta adroitement les divisions qui déchiroient les Allemands. Le sénat lui décerna les honneurs de l'Ovation, pour le récompenser de ses succès. Drusus, revenu à Rome, fut fait conful avec l'empereur son pere. Il partagea ensuite avec lui la puissance tribunitienne. Ces dignités sembloient assurer l'empire à ce prince ; mais Sejan, fourbe audacieux, à qui il avoit donné un soufflet, corrompit Livie, femme de Drusus, & de concert avec elle, le fit empoisonner par un eunuque. Le médecin de Livie, qui étoit aussi un de ses amans, entra dans ce lâche complot. Le poison fut lent ; mais il n'emporta pas moins Drusus, l'an 23 de J. C.

DRUSUS, fils de Germanicus & d'Agrippine, jouit d'abord d'une grande faveur, & obtint des postes importans ; mais l'artificieux Sejan chercha à le perdre auprès de Tibere, & y réussit. Cet empereur le fit enfermer, & défendit à tous ceux qui le gardoient dans sa prison, de laisser passer aucun aliment. On le trouva mort au bout de 9 jours, ayant mangé la bourre de ses matelas, l'an 33 de J. C. Tibere eut encore la lâche cruauté de l'accuser dans le sénat après sa mort.

DRUTHMAR, (Chrétien) natif d'Aquitaine, moine de Corbie dans le 9e siecle, enseigna au monastere de Malmedy, dans la principauté de Stavelot. Nous avons de ce savant religieux un *Commentaire sur S. Matthieu*, qui fit beaucoup de bruit dans le 16e siecle.

Les novateurs de ce tems-là le firent imprimer à Strasbourg en 1514, in-fol. avec quelques additions, & y semerent habilement des propositions erronées sur la Transsubstantiation. Le venin ayant été découvert, le livre fut exactement supprimé : ce qui l'a rendu rare. En 1530 on en fit une autre édition à Haguenau, qui fut supprimée aussi, comme étant conforme à la précédente.

DRYADES, nymphes qui présidoient aux bois & aux forêts : mais elles n'étoient point attachées à certains arbres, comme les Hamadryades.

DRYANDER, (Jean) médecin & mathématicien de Wetteren dans le pays de Hesse, enseigna à Marpurg, & y mourut protestant en 1560. On a de lui plusieurs ouvrages de médecine & de mathématique, qui étoient consultés avant les bons livres du dernier siecle & de celui-ci. La plus grande obligation qu'on lui a, c'est qu'il fit des découvertes en astronomie, qu'il inventa quelques instrumens de mathématique, ou perfectionna ceux qui étoient inventés. Son *Anatomia capitis*, Marpurg 1537, in-4°, avec fig. a été estimée.

DRYANDER, (François) frere du précédent. *Voyez* ENZINAS.

DRYAS, fille de Faune, qu'on révéroit comme la déesse de la pudeur & de la modestie. Il n'étoit pas permis aux hommes de se trouver aux sacrifices qu'on lui offroit.

DRYDEN, (Jean) né à Oldiwinde dans le comté d'Huntington en 1631, montra jeune encore un génie fécond & facile, & des talens supérieurs pour la poésie. Il se fit catholique en 1688, sous le regne de Jacques II, à la cour duquel il fut toujours très-bien accueilli. Les ennemis que ses talens, son caractere ou son changement de religion lui avoient suscités, firent des cabales pour le perdre. Le roi Guillaume lui retrancha ses pensions ; & ce poëte, qui a fait tant d'honneur

à sa patrie, mourut dans la misere en 1701. Dryden s'est signalé dans tous les genres de poésie. Ses ouvrages sont pleins de détails naturels à la fois & brillans, animés, vigoureux, hardis, passionnés. Sa réputation seroit sans altération, s'il n'avoit fait que la dixieme partie de ses ouvrages, & sur-tout s'il avoit mieux respecté la décence & les mœurs. Il avoit une grande facilité, mais il en abusoit. Delà des inégalités étonnantes, & ce mélange de bas & de noble, de puérilité & de raison. Ses principales productions sont : I. Des *Tragédies*, qui offrent de grandes beautés semées çà & là ; mais qui, dans le total, ne sont que des farces sublimes. II. Des *Comédies*, d'une licence que le théatre françois ne supporteroit point. La nature paroît sans voile sur la scene angloise, & Dryden ne s'est que trop conformé à la mode de son pays. III. Des *Opéra*, & plusieurs autres *Pieces de Poésie*, recueillies dans ses *Œuvres Dramatiques*, en 3 vol. in-fol. à Londres en 1721. On y trouve à la tête une longue *Dissertation* en forme de dialogue sur la poésie dramatique. Chaque piece est accompagnée d'une dédicace, & d'une préface savante & curieuse. IV. Des *Fables*, in-8°. V. Une *Traduction de Virgile* en vers anglois, qui lui a fait beaucoup d'honneur dans sa nation. VI. Une autre, des *Satyres de Juvénal & de Perse*. VII. Une *Version* en prose du poëme latin de l'*Art de la Peinture*, du célebre Alfonse du Fresnoy. Elle est enrichie des Remarques de de Piles sur cet ouvrage, & d'une belle Préface, dans laquelle il compare la poésie à la peinture.

DRYOPE, nymphe d'Arcadie, aimée de Mercure. Tenant un jour son fils entre ses bras, elle arracha une branche de lotos pour l'amuser. Bacchus, à qui cette plante étoit consacrée, en fut si irrité, qu'il la métamorphosa en arbre. Elle n'eut que le tems d'appeller fa fœur pour prendre l'enfant, qui auroit été enfermé avec elle dans l'écorce.

DUAREN, (François) natif de Saint-Brieux en Bretagne, célebre professeur de droit à Bourges, mourut dans cette ville en 1559, à 50 ans. C'étoit, suivant de Thou, le plus savant jurisconsulte de son tems après Alciat. Il joignit à la jurisprudence les belles-lettres, & une exacte connoissance de l'antiquité. On a de lui : I. *Pro libertate Ecclesiæ Gallicæ adversùs Romanam, defensio Parisiensis Curiæ.* II. *De Sacris Ecclesiæ Ministeriis ac Beneficiis libri octo.* III. Des *Commentaires sur le Code & le Digeste.* IV. Un *Traité des Plagiaires.* On a deux éditions des ouvrages de Duaren : la premiere, de Lyon 1578, 2 vol. infolio, est peu commune : la seconde, à Geneve 1603, in-folio, est moins recherchée. Il arriva aux écrits de Duaren, ce que Cujas craignoit pour les siens. Ses écoliers ajouterent aux ouvrages qu'il avoit composés, tout ce qu'ils lui avoient entendu dire dans ses explications, & ce mélange ne contribua pas à sa gloire.

DUBOIS, (le Cardinal) *voyez* Bois (Guillaume du).

DUBOIS, (Jérôme) peintre de Bois-le-Duc, florissoit au commencement du 17e siecle. Il excelloit dans les grotesques, les figures bouffonnes & les fantômes. Il a peint un *Enfer* d'une maniere si vive, si vraie & si terrible, que le spectateur est saisi en le voyant, comme s'il étoit dans ce lieu d'horreur. L'expression, la force & la variété des caracteres, la magie de son coloris, tout contribue à faire rechercher ses ouvrages, & à en rendre le prix excessif.

DUBOS, (Jean-Baptiste) né à Beauvais en 1670, fit ses premieres études dans sa patrie, & vint les achever à Paris. Après avoir été reçu bachelier de Sorbonne en 1691, il entra dans le bureau des affaires étrangeres sous Torcy. Ce ministre, juste appréciateur du mérité, reconnut & employa celui de l'abbé Dubos. Il fut chargé d'affaires importantes dans différentes cours de l'Europe, en Allemagne, en Italie, en Angleterre, en Hollande, & il s'en acquitta en homme consommé dans les négociations. On sait la part qu'il eut aux traités conclus à Utrecht, à Bade & à Rastad. Ses travaux furent récompensés par des bénéfices & des pensions, & enfin par l'abbaye de Notre-Dame de Ressons, près de sa patrie. Il mourut à Paris en 1742, secretaire perpétuel de l'académie françoise. Il étoit d'une société douce, & d'un caractere poli & obligeant. Ses ouvrages sont une preuve de la variété & de l'étendue de ses connoissances. Les principaux sont : *Réflexions critiques sur la Poésie, la Peinture, la Musique,* &c. 1719, in-12, 2 vol.; & réimprimées en 1740, in-12, 5 vol. C'est un des livres les plus utiles en ce genre, qu'on ait jamais écrits sur ces matieres chez aucune des nations de l'Europe. Ce qui fait la bonté de cet ouvrage, dit l'auteur du siecle de Louis XIV, c'est qu'il n'y a que peu d'erreurs, & beaucoup de réflexions vraies, nouvelles & profondes. Il manque cependant d'ordre, & sur-tout de précision; mais l'écrivain pense & fait penser. Il ne savoit pourtant pas la musique, il n'avoit jamais pû faire des vers, & n'avoit pas un tableau; mais il avoit beaucoup lu, vu, entendu & réfléchi. La littérature ancienne lui étoit aussi connue que la moderne, & les langues savantes & étrangeres autant que la sienne propre. II. *L'Histoire des quatre Gordiens, prouvée & illustrée par les médailles,* Paris 1695, in-12. On n'en admet ordinairement que trois : l'auteur soutient avec beaucoup d'érudition; mais en mêmetems avec beaucoup de modestie, qu'il y en a eu quatre. Son sentiment ne paroit pas avoir été adopté.

III. *Hiſtoire critique de l'éta-
bliſſement de la Monarchie Françoiſe dans les Gaules*, 1734, 3
vol. in-4°; réimprimée en 1743,
avec des augmentations & des corrections, en 2 vol. in-4°, & 4 vol.
in-12. Cet ouvrage a ſéduit beaucoup de gens, dit un auteur qui l'a
réfuté; parce qu'il eſt écrit avec
beaucoup d'art; parce qu'on y ſuppoſe éternellement ce qui eſt en
queſtion; parce que plus on y manque de preuves, plus on y multiplie les probabilités. Le lecteur oublie qu'il a douté, pour commencer
à croire. Mais quand on examine
bien, on trouve un coloſſe immenſe qui a des pieds d'argile; &
c'eſt parce que les pieds ſont d'argile, que le coloſſe eſt immenſe.
Si le ſyſtème de l'abbé Dubos avoit
eu de bons fondemens, il n'auroit
pas été obligé de faire 3 mortels
volumes pour le prouver. Il faut
avouer pourtant, avec le préſident
Hénault, qu'il a fort bien démêlé
pluſieurs points obſcurs ſur l'origine
de la nation françoiſe. On peut voir
ce qu'a dit cet illuſtre écrivain pour
modifier ſon ſyſtème. L'opinion de
l'abbé Dubos eſt que les peuples des
Gaules ont appellé les Francs pour
les gouverner. Il fait de Clovis un
politique plutôt qu'un conquérant;
& ſuivant de meilleurs écrivains,
ce prince étoit encore plus conquérant que politique. IV. *Hiſtoire de la Ligue de Cambrai*,
faite en 1508 contre la république
de Veniſe, dont la meilleure édition eſt de 1728, 2 vol. in-12;
ouvrage profond & d'une politique
intéreſſante. Elle fait connoître les
uſages & les mœurs du tems, dit
un écrivain, & eſt un modele en
ce genre. V. *Les intérêts de l'Angleterre mal entendus dans la
guerre préſente*, à Amſterdam 1704,
in-12 : livre qui, ſuivant l'abbé Lenglet, fut fort goûté en France,
mais qui ne fit pas beaucoup d'impreſſion ſur les Anglois.

DUBRAW, *Dubravius Scala*,

(Jean) évêque d'Olmutz en Moravie, dans le 16e ſiecle, naquit
à Pilſen en Bohême, & mourut
en 1553 avec la réputation d'un
prélat pieux & éclairé. Les fonctions de l'épiſcopat ne l'empêcherent pas d'être ambaſſadeur en Siléſie, puis en Bohême, & préſident
de la chambre établie pour faire le
procès aux rebelles qui avoient eu
part aux troubles de Smalkade. On
a de Dubraw divers ouvrages, entr'autres une *Hiſtoire de Bohême*,
en 33 livres, fidelle & exacte. Les
meilleures éditions ſont celles de
1575, avec des tables chronologiques; & celle de 1688 à Francfort, augmentée de l'*Hiſtoire de
Bohême* d'Æneas Sylvius.

DUBREUL, *voyez* BREUL.

DUC, (Fronton du) *Fronto Du-
cæus*, jéſuite, né à Bordeaux en
1558 d'un conſeiller au parlement,
profeſſa dans différentes maiſons de
ſon ordre, à Pont-à-Mouſſon, à
Bordeaux, à Paris. Il mourut dans
cette derniere ville le 25 ſeptembre
en 1624, des douleurs de la pierre :
celle qu'il portoit dans la veſſie,
étoit du poids de 5 onces. Le pere
du Duc étoit verſé dans tous les
genres d'érudition; mais ſa partie
principale étoit la connoiſſance de
la langue grecque, & la critique
des auteurs. On lui eſt redevable :
I. D'une édition des *Œuvres de
S. Jean-Chryſoſtôme*, en 6 vol.
in-fol. Richard Simon en a dit beaucoup de bien. Il ſeroit à ſouhaiter,
ſelon lui, que nous euſſions un S.
Chryſoſtôme entier de la main de
ce jéſuite. Pour completter cette
édition, il faut prendre ce que S.
Chryſoſtôme a fait ſur le Nouveau-
Teſtament de l'édition de Morel ou de
Commelin, 4 ou 2 vol. in-fol. Fronton du Duc a donné une édition toute
latine de S. Chryſoſtôme, 1613, 6
vol. in-fol. : celle-là eſt complette.
II. Pluſieurs autres Éditions d'anciens auteurs, ſur-tout des Peres,
dont quelques-unes ſont accompagnées de notes, & dont la meilleure

seure est celle de Nicéphore Calliste. III. Trois vol. in-8° de *Controverses contre Duplessis Mornai*. IV. L'*Histoire tragique de la Pucelle de Dom-Remi*, *autrement d'Orléans*, à Nanci 1581, in-4°. C'est une tragédie qui fut pompeusement représentée devant Charles III, duc de Lorraine. Ce prince en fut si content, qu'il fit donner une somme considérable au poëte, pour s'acheter une robe neuve. A la vérité, l'auteur, homme humble & mortifié, en avoit une alors qui sentoit un peu trop la pauvreté évangélique. C'étoit un homme détaché de toutes les douceurs de la vie; il aimoit encore plus ses devoirs de piété, que ses études. Il n'usa jamais de vin dans ses repas, & il se réduisit de bonne heure à n'en faire par jour qu'un seul bien modique.

DUCANGE, *voyez* CANGE (Charles Dufresne du).

DUCAS, (Michel) historien grec, sur la vie duquel on ne sait rien, sinon qu'il avoit été employé en différentes négociations. On a de lui une *Histoire de l'Empire Grec*, depuis le regne du vieil Andronic, jusqu'à la ruine de cet empire. On préfere Ducas à Chalcondyle, quoiqu'il écrive d'un style barbare, parce qu'il raconte des faits qu'on ne trouve point ailleurs, & qu'il les raconte en homme sensé qui a été un témoin fidele de la plupart. Son ouvrage fut imprimé au Louvre en 1649, in-fol. par les soins d'Ismaël Bouillaud, qui l'accompagna d'une version latine & de savantes notes. Le président Cousin la traduisit ensuite en françois, & elle termine le 8e vol. de son *Histoire de Constantinople*, imprimée à Paris, in-4°, en 1672 & 1674, & réimprimée en Hollande, in-12, en 1685.

DUCASSE, (François) célebre canoniste, né dans le diocese de Lectoure, fut d'abord grand-vicaire & official de Carcassone. Il devint ensuite chanoine, archidiacre

& official de Condom, où il termina ses jours en 1706. On a de lui 2 traités estimés des jurisconsultes : l'un, de la *Jurisdiction ecclésiastique contentieuse*, à Agen, in-8°, 1695 ; & l'autre de la *Jurisdiction volontaire*, imprimé aussi à Agen, in-8°, 1697. L'auteur étoit profondément versé dans l'Ecriture, les saints Peres & les canonistes anciens & modernes. Ses mœurs étoient dignes d'un homme de son état.

DUCERCEAU, *voyez* CERCEAU (Jean-Antoine du).

DUCHANGE, (Gaspard) graveur, né à Paris en 1660, mort en 1757, fit connoître ses talens par les estampes d'*Io, Leda* & *Danaé*, qu'il grava d'après le Correge. L'indécence de ces sujets lui ayant causé des remords, il eut le courage d'en mutiler les cuivres à grands traits de burin. Parmi plusieurs ouvrages de cet artiste, on compte le *Repas du Pharisien*, & les *Vendeurs chassés du Temple*, gravés d'après deux tableaux de S. Martin-des-Champs à Paris. On y trouve ce bel empâtement de tailles, ces oppositions de travaux, cette fierté d'outil & cette finesse de touches, qui font passer sur le cuivre le moëlleux, le caractere & l'esprit de Jouvenet. Duchange a gravé avec le même succès la *Naissance de Marie de Médicis* & l'*Apothéose d'Henri IV* d'après Rubens.

DUCHAT, (Jacob le) né à Metz en 1658, d'un commissaire des guerres. Sa famille étoit originaire de Troyes en Champagne, d'où elle avoit fui en 1572, avec plusieurs autres familles protestantes. Un de ses ancêtres, Louis-François le Duchat, avoit cultivé dans le 16e siecle la poésie françoise & latine ; mais ses ouvrages sont peu connus aujourd'hui. Jacob le Duchat suivit le barreau jusqu'à la révocation de l'édit de Nantes. Retiré à Berlin, il fut conseiller à la justice-supérieure françoise de cette ville, & y mourut en 1735. Il nous a donné de nouvelles éditions de plusieurs auteurs gaulois, enrichies de remarques. Les principales sont : I. Celle de la *Confeſſion de Sancy*, à la ſuite du *Journal de Henri III*, par Pierre de l'Etoile, de l'édition de 1720, en 2 vol. in-8°. II. Celle de la *Satyre Ménippée*, en 3 vol. in-8°, 1714, augmentée de nouvelles remarques, où l'on n'a point de peine à reconnoître l'eſprit de la ſecte qu'il profeſſoit. III. Des *Aventures du baron de Fæneſte*, par T. A. d'Aubigné, augmentées de pluſieurs remarques, de la vie de l'auteur, & de la *Bibliotheque de maître Guillaume*, 1729, 2 vol. in-12. IV. Une édition des *Œuvres de Rabelais*, avec un *Commentaire*, en 6 vol. in-8°, & en 3 vol. in-4°, ornée de figures gravées par le fameux Picart. V. Une édition des *Quinze Joies du Mariage*, ouvrage ancien, qu'il publia in-12, 1734, & qu'il accompagna de remarques & de divers leçons. VI. L'*Apologie pour Hérodote*, ouvrage de Henri Etienne, plein d'obſcénités & d'indécences, 3 vol. in-8°, avec des notes. On a publié après la mort de Duchat un *Ducatiana*, en 2 vol. in-8°, 1744 : compilation de remarques, dont quelques-unes ſont curieuſes, & la plupart très-indifférentes. L'auteur en avoit fourni pluſieurs à Bayle, avec lequel il étoit en commerce de lettres.

DUCHÉ DE VANCY, (Joſeph-François) né à Paris en 1668, d'un gentilhomme ordinaire de la chambre du roi. Son pere le fit élever avec ſoin, mais ce fut tout ſon héritage. La médiocrité de ſa fortune le fit poëte. La marquiſe de Maintenon ayant vu quelques-uns de ſes eſſais, le choiſit, pour fournir des poéſies ſacrées à ſes éleves de S. Cyr. Cette dame le recommanda ſi fortement à Pontchartrain, ſecretaire d'état, que le miniſtre prenant le poëte pour un homme conſidérable, alla lui rendre viſite. Duché, voyant entrer chez lui un ſecretaire d'état, crut qu'on alloit le conduire à la Baſtille ; mais il fut bientôt raſſuré par les politeſſes du miniſtre. Duché les méritoit. Il avoit autant de douceur dans le caractere, que d'agrément dans l'eſprit. Il ne ſe permit jamais aucun trait ſatyrique : éloge bien rare pour un poëte ! Rouſſeau & lui faiſoient enſemble les charmes des ſociétés où ils ſe trouvoient ; mais l'impreſſion que faiſoit Duché, quoique moins vive d'abord, étoit plus durable. Il plaiſoit encore par le talent de la déclamation, qu'il poſſédoit dans un degré peu commun. L'académie des inſcriptions & des belles-lettres ſe fit un plaiſir de l'admettre dans ſon corps. Elle le perdit en 1704, dans la 37e année de ſon âge. Duché donna au théatre de la Comédie trois tragédies : *Jonathas*, *Abſalon* & *Debora*, dont la ſeconde ſe joue encore ; & au théatre de l'Opéra : *Les Fêtes galantes*, *Les Amours de Momus*, ballets ; *Théagene & Cariclée*, *Céphale & Procris*, *Sylla*, *Iphigénie*, tragédies. Le dernier opéra eſt ſon premier ouvrage ; il eſt dans le grand goût, dit un homme d'eſprit ; & quoique ce ne ſoit qu'un opéra, il retrace ce que les tragédies grecques avoient de meilleur. On a encore de cet auteur un recueil d'*Hiſtoires édifiantes*, qu'on lit à Saint-Cyr avec autant d'édification que de plaiſir. On les a quelquefois confondues avec les *Hiſtoires de Piété & de Morale* de l'abbé de Choiſi. Ces deux ouvrages ont le même but : celui de détourner la jeuneſſe des lectures frivoles. Le recueil du poëte eſt moins connu que celui de l'abbé ; mais il ne lui eſt point inférieur, par l'élévation des ſentimens, par la vérité des caracteres ; & même par la douceur du ſtyle. On chante auſſi à Saint-Cyr ſes *Hymnes*, ſes *Cantiques ſacrés*.

DUCHESNE, *voyez* CHESNE (André du).

DUCLOS, (Marie - Anne) fameuse actrice tragique, naquit à Paris vers 1672. Son nom de famille étoit *Château-Neuf* : elle le cacha sous celui de *Duclos*, qu'avoit porté son aïeul, acteur de l'hôtel de Bourgogne. Elle joua avec succès pendant plus de 40 ans à la comédie françoise. Ses rôles favoris étoient ceux de reine & de princesse. On rapporte que, dans *Inès de Castro*, la Duclos, piquée de voir rire le public à l'arrivée des enfans au 5e acte de cette tragédie, eut la hardiesse de l'apostropher : *Ris donc*, s'écria-t-elle, *sot Parterre, à l'endroit le plus touchant de la Piece*. Cette brusque vivacité, qui auroit eu des suites pour tout autre, ne produisit heureusement, pour cette actrice, d'autre effet, que d'apprêter à rire plus fort. Elle quitta le théâtre en 1736, & mourut en 1748. Sans la frivolité d'un siecle où les mimes sont devenus *grands-hommes*, de tels noms ne paroîtroient pas dans ce Dictionnaire.

DUCLOS, (Charles Dineau) né à Dinant en Bretagne, reçut une éducation distinguée à Paris. Son goût pour les lettres lui ouvrit les portes des plus célebres académies de la capitale, des provinces & des pays étrangers. Celle des inscriptions l'adopta en 1739, & l'Académie françoise en 1747. Elu, après la mort de Mirabaud, secretaire perpétuel de cette derniere compagnie, il remplit cette place en homme qui aimoit la littérature & qui savoit la faire respecter. Quoique domicilié à Paris, il fut nommé en 1744 maire de Dinant, & en 1755, il fut ennobli par des lettres-patentes du roi, en récompense du zele que les états de Bretagne avoient montré pour le service de la patrie. Cette province ayant eu ordre de désigner les sujets les plus dignes des graces du souverain, Duclos fut unanimement nommé par le tiers-état. Il mourut à Paris le 26 mars 1772, avec le titre d'historiographe de France. Sa conversation étoit aussi agréable, qu'instructive & gaie. Les vérités intéressantes lui échappoient comme des saillies. Il pensoit fortement & s'exprimoit de même. Ses maximes étoient souvent prouvées par des anecdotes bien choisies. Naturellement vif & impétueux, il fut souvent le censeur sévere de tout ce qui avoit des prétentions, sans avoir des titres. Mais l'âge, l'expérience, l'usage du monde, un grand fonds de bonté, lui apprirent qu'il faut réserver pour les hommes en général ces vérités dures, qui déplaisent toujours aux particuliers. Ses ouvrages sont : I. Des Romans piquans & ingénieux, les *Confessions du comte de ****; la Baronne de Luz; Mémoires sur les mœurs du 18e siecle*, chacun en un vol. in-12. II. L'*Histoire de Louis XI*, en 3 vol. in-12, 1745; & Supplément, 1746, 1 vol. dont les recherches sont curieuses, & dont le style est concis & élégant, mais trop coupé & trop épigrammatique. III. *Considérations sur les mœurs de ce siecle* : livre plein de pensées neuves & de caracteres bien saisis. IV. *Remarques sur la Grammaire générale de Port-Royal* (*Voy.* l'article d'Antoine ARNAULD). V. Plusieurs *Dissertations* dans les *Mémoires de l'Académie des Belles-Lettres*. On y remarque beaucoup d'érudition, tempérée par les agrémens de l'esprit, & ornée d'une diction claire, aisée, correcte, & toujours proportionnée à la matiere. VI. Il eut plus de part que personne à l'édition de 1762 du *Dictionnaire de l'Académie Françoise*, dans lequel on trouve toute la justesse & la précision de son esprit. VII. Il avoit commencé une suite à l'Histoire de cette compagnie.

DUDITH, (André) né à Bude en Hongrie, l'an 1533, montra dès

fa jeuneſſe de l'eſprit, de l'imagination, de la mémoire. Il cultiva
le latin, le grec, la poéſie & l'éloquence avec ſuccès. Cicéron étoit
ſon auteur favori, ſon ſtyle lui plaiſoit tant, qu'il en écrivit trois fois
toutes les œuvres de ſa main. L'empereur Ferdinand I l'employa dans
des affaires importantes. Il lui donna
l'évêché de Tina en Dalmatie, en
1566. Le clergé de Hongrie le députa au concile de Trente, 2 ans
après. Son penchant pour les nouvelles erreurs ſcandaliſa cette aſſemblée, & l'empereur fut obligé
de le rappeller. Dudith, déja proteſtant dans le cœur, ſe maria à
ſon retour, ſe démit de ſon évêché, & profeſſa publiquement la
religion prétendue-réformée. On
prétend que de proteſtant, il devint
ſocinien; & qu'enfin il mourut en
1589, ſans avoir aucun ſentiment
fixe ſur la religion; ſort commun
à tous ceux qui, après avoir abandonné la vraie foi, ont aſſez de
jugement pour apprécier l'inconſé-
quence des ſectes retranchées du ſein
de l'égliſe. On a de Dudith des Traductions en latin de Longin & de
Denys d'Halicarnaſſe, & un grand
nombre d'Ouvrages de Controverſe,
de Phyſique & de Poéſie. On trouve
ceux-ci dans le ſecond volume des
Délices des Poëtes Allemands.

DUDON, doyen de St-Quentin,
envoyé en députation par Albert,
comte de Vermandois, vers Richard I,
duc de Normandie, en fut comblé
de bienfaits. Ce fut par reconnoiſſance que Dudon écrivit l'*Hiſtoire
des premiers Ducs de Normandie*
en 3 livres; mais les ſavans conviennent que cet ouvrage, écrit plûtôt par
un romancier que par un hiſtorien,
ne mérite pas plus de croyance
que la *Théogonie* d'Héſiode, ou
l'*Iliade* d'Homere. Dudon vivoit
encore en 1026.

DUILLIUS, *voyez* DUILLIUS
(Caïus).

DUEZ, (Nathanaël) grammairien du 17e ſiècle, avoit acquis une
aſſez grande connoiſſance des langues
latine, françoiſe, italienne, allemande & eſpagnole: il les enſeigna
en Hollande pendant plus de 30 ans,
& publia divers ouvrages analogues
à ſa profeſſion. Les principaux ſont:
I. *Dictionarium Germanico-Gal-
lico-Latinum, & Gallico-Germa-
nico-Latinum*, Amſt. Elzev. 1664,
2 vol. in-4°. II. *Dictionnaire Fran-
çois-Allemand-Latin & Alle-
mand-François-Latin*, Cologne
1693, 2 vol. in-8°. III. *Dictionnaire Italien & François*, Geneve
1678. IV. *Dictionnaire François
& Italien*, 1678, in-8°.

DUFAY, *voyez* FAY, (du).

DUFOURNY, *voyez* FOURNY.

DUFRESNE, *voyez* FRESNE.

DUFRESNOY, *voyez* FRESNOY
(Charles-Alphonſe du).

DUFRESNOY, (l'abbé Lenglet)
voyez LENGLET.

DUFRESNY, *voyez* FRESNY
(Charles Riviere du).

DUGDALE, (Guillaume) né à
Shuſtock dans le comté de Warwick en 1605, mourut en 1686.
Il paſſa une partie de ſa vie à vi-
ſiter des archives, à copier d'anciens monumens, & à chercher la
vérité dans les décombres que le
tems avoit épargnés. Le comte d'A-
rundel, inſtruit de ſon mérite, lui
procura une place de hérault-d'armes, & une penſion de 20 liv. ſter-
lings, avec un logement dans le
palais des héraults-d'armes. Dugdale
étoit un homme laborieux & ſage,
qui cultiva les lettres au milieu des
orages qui agiterent de ſon tems
ſa turbulente patrie; & à force de
ſoins & de recherches, il vint à
bout de donner les meilleurs ouvrages qu'on ait ſur les antiquités-
d'Angleterre. Les principaux ſont:
I. *Monaſticum Anglicanum*, à
Londres, en 3 vol. in-fol. Le premier parut en 1655, le 2e en
1661, le 3e en 1673. Stevens donna
un Supplément à ce livre, Londres
1722 & 1723, 2 vol. in-fol. en
anglois. II. *Les Antiquités de*

Comté de Warwick, illuftrées par les actes publics, &c. enrichies de cartes, en anglois, Londres 1656, in-fol. III. *Hiftoire de l'Eglife de S. Paul de Londres*, tirée des manufcrits, &c. en anglois, Londres 1658, in-fol. IV. *Hiftoire des troubles d'Angleterre, depuis 1638 jufqu'en 1659*, en anglois, Oxford 1681, in-fol. V. *L'Hiftoire de la Nobleffe d'Angleterre*, en anglois, Londres 1675 & 1676, 2 vol. in-fol. VI. *Mémoires hiftoriques touchant les Loix d'Angleterre, les Cours de juftice*, &c. en anglois, Londres 1672, in-fol.

DUGHET, *voyez* GUASPRE DUGHET.

DUGUESCLIN, *voyez* GUESCLIN (Bertrand du.)

DUGUET, (Jacques-Joseph) né à Montbrifon en 1650, commença fes études chez les PP. de l'Oratoire de cette ville. Il les étonna par l'étendue de fa mémoire & la facilité de fon efprit. Le jeune Duguet n'étoit qu'à la fin de fa troifieme, & avoit à peine 12 ans, lorfque *l'Aftrée* de d'Urfé lui tomba entre les mains, il réfolut de compofer une hiftoire dans le même goût. Il fuffit à un génie heureux de concevoir un deffein, pour l'exécuter. Le jeune-homme remplit fon projet, & montra fes effais à fa mere. *Vous feriez bien malheureux*, lui dit cette femme vraiment chrétienne, *fi vous faifiez un fi mauvais ufage des talens que vous avez reçus*. Cet enfant écouta cet avis fans murmurer, & par un mouvement de vertu, qui l'emporta fur l'amour propre, il jeta fon petit roman au feu. Des études plus férieufes vinrent occuper fon efprit. Devenu membre de la congrégation à laquelle il devoit fon éducation, il profeffa la philofophie à Troyes, & peu de tems après la théologie à S. Magloire à Paris. C'étoit en 1677. Au mois de feptembre de cette année, il fut ordonné prêtre. Les confé-

rences qu'il fit pendant les deux années fuivantes 1678 & 1679, lui acquirent une grande réputation. Tant d'efprit, de favoir, de lumieres & de piété, dans un âge fi peu avancé, furprenoient & charmoient les perfonnes qui venoient l'entendre ; & le nombre n'en étoit pas petit. Sa fanté naturellement délicate ne pût foutenir long-tems le travail qu'exigeoient ces conférences. Il demanda en 1680 d'être déchargé de tout emploi ; & il l'obtint. Cinq ans après, en 1685, il fortit de l'Oratoire, pour fe retirer à Bruxelles auprès du docteur Arnauld fon ami. L'air de cette ville ne lui étant pas favorable, il revint en France à la fin de la même année, & vécut dans la plus grande retraite au milieu de Paris. Quelque-tems après, en 1690, le préfident de Menars defirant d'avoir chez lui un tel homme, lui offrit un appartement dans fa maifon. L'abbé Duguet l'accepta, & en jouit jufqu'à la mort de ce magiftrat. Les années qui fuivirent cette perte, furent moins heureufes pour cet écrivain. Son oppofition à la Conftitution *Unigenitus*, & fon attachement à la doctrine de Quefnel fon ami, l'obligerent de changer fouvent de demeure, & même de pays. On le vit fucceffivement en Hollande, à Troyes, à Paris. Il mourut en cette derniere ville le 25 octobre 1733, dans fa 84e année. De fa plume auffi ingénieufe que chrétienne, font fortis un grand nombre d'ouvrages, écrits avec pureté, avec nobleffe, avec élégance. C'eft le caractère de fon ftyle. Il feroit parfait, s'il étoit moins coupé, plus varié, plus précis. On lui reproche auffi un peu d'affectation. Ses ouvrages les plus applaudis & les plus recherchés, font : I. *La Conduite d'une Dame Chrétienne*, in 12, compofée pour madame d'Aguefleau vers l'an 1680, & imprimée en 1725. II. *Traités de la Priere publique & des faints Myfteres*, deux traités féparés, & imprimés dans le même volume in-

12. Le ftyle eft diffus. L'auteur fe rapproche des principes défendus fi opiniâtrément par les MM. du Port-Royal. III. *Traités dogmatiques fur l'Euchariftie, fur les Exorcifmes & furl'Ufure*, imprimés enfemble en 1727, in-12. IV. *Commentaires fur l'ouvrage des fix Jours & fur la Genefe*, compofés à la prière du célebre Rollin, en 6 vol. in-12. Le 1er volume imprimé féparément, fous le titre d'*Explication de l'ouvrage des fix Jours*, eft eftimé; l'utile y eft mêlé avec l'agréable. V. *Explication du livre de Job*, 4 vol. in-12. VI. *Explication de 75 Pfeaumes*, 6 vol. in-12. VII. *Explication du Prophete Ifaïe, de Jonas & d'Habacuc*, avec une analyfe d'Ifaïe par l'abbé d'Asfeld, en 7 vol. in-12. Duguet s'attacha moins à lever les difficultés de la lettre dans fes différens Commentaires, qu'à faire connoître la liaifon de l'Ancien Teftament avec le Nouveau, & à rendre attentif aux figures qui repréfentoient les myfteres de J. C. & fon églife. Ce deffein étoit fans doute très-louable; mais il l'entraîne fouvent dans des explications plus pieufes que folides. VIII. *Explication des Rois, d'Efdras & de Néhémias*, 7 vol. in-12. IX. *Explication du Cantique des Cantiques & de la Sageffe*, 2 vol. in-12. X. *Regles pour l'intelligence de l'Ecriture-Sainte*, dont la préface feule eft de l'abbé d'Asfeld, in-12. XI. *Explication du Myftere de la Paffion de N. S. J. C. fuivant la concorde*, en 14 vol. in-12. XII. *Jefus-Chrift crucifié*, 2 vol. in-12. XIII. *Traité des Scrupules*, in-12, eftimé & eftimable. XIV. *Les Caracteres de la Charité*, in-12. XV. *Traité des Principes de la Foi Chrétienne*, 3 vol. in-12. L'auteur les met dans tout leur jour, avec autant d'élégance que de force. XVI. *De l'éducation d'un Prince*, in-4°, & en 4 vol. in-12; réimprimé avec un abrégé de la *Vie* de l'auteur, par l'abbé Gou-

jet. L'hiftorien de Duguet prétend que ce livre, qu'on peut regarder comme le bréviaire des Souverains, fut compofé pour le fils aîné du duc de Savoie. Voltaire dit le contraire, je ne fais fur quel fondement; il ajoute même qu'il a été achevé par une autre main. Nous croyons qu'il faut préférer le témoignage de l'abbé Goujet, profondément inftruit des anecdotes bibliographiques, fur-tout de celles qui regardent les ouvrages de l'abbé Duguet, avec lequel il avoit été lié. XVII. *Conférences Eccléfiaftiques*, 2 vol. in-4°, qui contiennent 67 Differtations fur les écrivains, les conciles, & la difcipline des premiers fiecles de l'églife. XVIII. Deux Ecrits où il s'éleve contre les *Convulfions* qui ont fait tant de tort au Janténifme, & qui ont tant déshonoré la raifon; & contre la feuille hebdomadaire, intitulée: *Nouvelles Eccléfiaftiques*. L'abbé Duguet n'avoit point le fanatifme & l'emportement ordinaires aux gens de parti; il condamnoit hautement ces *Nouvelles* & les injures atroces dont elles fourmillent contre tout ce qu'il y a de plus refpectable dans l'églife. Ce ne font point-là les armes des Chrétiens, ni même celles des véritables philofophes. XIX. Un *Recueil de Lettres de Piété & de Morale*, en 9 vol. in-12, &c. &c. On trouve dans le 3e vol. de ce Recueil une Lettre de controverfe, imprimée d'abord féparément, fous le nom d'une Carmélite, qui l'adreffoit à une dame proteftante de fes amies. Le grand Boffuet dit en la lifant: *Il y a bien de la théologie fous la robe de cette religieufe*.

DUHALDE, *voy*. HALDE (du).

DUHAMEL, *voyez* HAMEL (Jean-Baptifte du).

DUHAN, (Laurent) licentié de Sorbonne, profeffa près de 30 ans avec fuccès la philofophie au college du Pleffis. Il étoit originaire de Chartres, & il mourut chanoine de Verdun vers 1730, âgé de près de 70 ans. On a de lui un livre utile à

ceux qui veulent briller par les fubtilités fcholaftiques. Il eft intitulé :
Philofophus in utramque partem,
in-12. C'eft une arme à deux tran-
chans, dont les argumentans hibernois font beaucoup d'ufage.

DUJARDIN, (Carle) peintre
hollandois, né vers 1640 à Amfterdam, mort à Venife en 1674,
excelloit dans les bambochades. Il
fut éleve de Berghem. On reconnoît dans fes tableaux la touche
fpirituelle, l'harmonie & le ton
de couleur de fon maître. On a
de lui des *Marchés*, des *Scenes*
de charlatans & de voleurs, des
Payfages animés, & peints d'une
maniere ingénieufe & vraie. Il y
a encore de lui une petite *Œuvre*
d'environ 50 eftampes, qu'il a gravées à l'eau - forte, avec autant
de légéreté que d'efprit. Ses productions font auffi recherchées, que
difficiles à acquérir.

DUILLIUS *ou* DUELLIUS,
(*Caïus*) furnommé *Nepos*, conful romain, fut le premier de tous
les capitaines de la république, qui
remporta une victoire navale fur
les Carthaginois, & leur prit 50
vaiffeaux. Duillius, après cette victoire fit lever le fiege de Ségefte,
& prit d'affaut la ville de Macella
dans la Calabre. Le fénat le récompenfa de ces fuccès, en lui accordant l'honneur du premier triomphe naval, l'an 260 avant J. C,
& la permiffion particuliere d'avoir
une mufique & des flambeaux, aux
dépens du public, à l'heure de
fon fouper. *C'étoit par ces légeres
récompenfes*, dit un hiftorien, *que
les Romains payoient la véritable gloire. La fauffe*, ajoute-
t-il, *fe vend plus cherement aujourd'hui*. On frappa des médailles
en mémoire de l'expédition de Duillius, & l'on érigea une colonne
roftrale qui fubfifte encore aujour-
d'hui.

DUISBOURG *ou* DUSBURG,
(Pierre de) natif de Duisbourg
dans le duché de Cleves, publia

en latin, dans le 16e fiecle, une
Chronique de Pruffe, depuis l'an
1226 jufqu'en 1325. Harcknochius,
favant allemand, publia cette Chronique à Francfort, in-4°., avec la
continuation d'un anonyme jufqu'en 1426 ; & 19 Differtations,
où l'on trouve beaucoup d'érudition. Quoiqu'elles jettent un grand
jour fur l'hiftoire de Pruffe, on
doit regarder cet écrivain comme
un auteur laborieux qui a compilé
des faits, & dont l'ouvrage eft plutôt un ramas de morceaux hiftoriques, qu'une hiftoire même.

DULARD, (Paul-Alexandre)
fecretaire de l'académie de Marfeille fa patrie, fuccéda à la Vif-
clede dans cette place ; mais il n'en
jouit pas long-tems, étant mort
le 7 décembre 1760, à 64 ans.
C'étoit un homme férieux & froid,
qui ne connoiffoit point les graces
qui donnent du brillant dans la fociété ; mais il avoit les qualités
qui concilient l'eftime & l'amitié.
Nous avons de lui : I. Un poëme
des *Grandeurs de Dieu dans les
merveilles de la Nature*, in-12,
plufieurs fois réimprimé. Ce n'eft,
dit un critique, que le *Spectacle
de la Nature*, mis en vers par
le poëte Ronfard. Jugement peu
équitable & d'une févérité outrée, quoiqu'il faille convenir que
l'auteur manque d'imagination, de
vivacité & de chaleur. Les notes qui
accompagnent ce poëme, font inf-
tructives & curieufes. II. *Œuvres
diverfes*, 1758, 2 vol. in-12.
On y trouve, comme dans l'ouvrage précédent, quelques tirades
heureufes ; mais on y cherche
envain ce beau génie qui fait les
poëtes.

DULLAART, (Jean) poëte du
17e fiecle, s'eft fait une réputation
en Hollande par fes Tragédies, Comédies, & d'autres Poéfies en langue
du pays.

DULLAERT, (Jean) né à
Gand, vers 1470, enfeigna la
philofophie à Paris, & y mourut

mourut l'an 1512. Joſſe Badius, Sanderus & Valere André font un grand éloge de ſa ſcience ; mais Jean-Louis Vivès qui avoit été ſon diſciple, regretta le tems qu'il avoit perdu à ſuivre ſes leçons, qui ſelon la coutume du tems, ne rouloient que ſur des queſtions épineuſes, mais inutiles. On a de Dullaert : I. *Quæſtiones in libros Phyſicorum Ariſtotelis*, Paris, in-folio. II. — *in libros de Cælo & Mundo*, in-folio. III. — *in librum prædicabilium Porphyrii*, Paris, 1521, in-folio.

DULLART, (Herman) peintre & poëte, né à Roterdam en 1636, montra de bonne heure beaucoup de vivacité & de jugement. Comme il étoit d'une complexion très-délicate, ſes parens lui laiſſerent le choix de l'objet principal de ſon application ; il choiſit la peinture. Il fut envoyé à Amſterdam, ſous le fameux Rembrant, dont il imita ſi bien la maniere, que l'on prit, dit-on, pluſieurs fois les ouvrages du diſciple pour ceux du maître. La foibleſſe de ſa ſanté ne lui permit pas de ſuivre ſon ardeur pour le travail, & l'on n'a de lui que peu de pieces. Il avoit joint, dès la premiere jeuneſſe, à l'étude de la peinture, celle des langues & des ſciences ; & il ſe délaſſoit par les exercices de la muſique & de la poéſie. Il avoit une belle voix, & faiſoit aſſez bien des vers. On le ſollicita, en 1672, d'entrer à Roterdam dans la magiſtrature ; mais il ne crut pas devoir ſe prêter aux inſtances de ſes amis. Il mourut en 1684.

DUMAS, (Hilaire) docteur de la maiſon & ſociété de Sorbonne, s'eſt fait connoître par une *Hiſtoire des cinq Propoſitions de Janſenius*, Trévoux 1702, en 3 vol. in-12, bien écrite & avec vérité. On l'attribua au P. le Tellier ; mais le ſtyle du Jéſuite eſt plus véhément. On a encore de l'abbé Dumas une *Traduction de l'Imitation de J. C.*, &

d'autres écrits, moins connus que ſon Hiſtoire.

DUMAS, (Louis) *voyez* MAS.

DUMBAR, (Gérard) né à Deventer en 1681, mort dans ſa patrie le 6 avril 1744, connu par ſon *Hiſtoire de Deventer* en latin, Deventer, 3 vol. in-8°, enrichie d'un grand nombre de pieces très-utiles pour l'hiſtoire belgique.

DUMÉE, (Jeanne) pariſienne, fut inſtruite dès ſon enfance dans les belles-lettres. On la maria fort jeune ; mais à peine avoit-elle atteint l'âge de 17 ans, que ſon mari fut tué en Allemagne, à la tête d'une compagnie, qu'il commandoit. Elle profita de la liberté du veuvage, pour ſe livrer à l'étude. Elle s'appliqua à l'aſtronomie ; & donna en 1680 un volume in-4°, à Paris, ſous ce titre : *Entretiens de Copernic, touchant la Mobilité de la Terre, par mademoiſelle Jeanne Dumée de Paris*. Elle y explique les trois mouvemens qu'on donne à la Terre ; & les raiſons qui établiſſent ou qui combattent le ſyſtême de Copernic, y ſont expoſées avec aſſez d'impartialité.

DUMÉES, (Antoine) juriſconſulte, né à Avènes dans le Hainaut-François, le 22 juillet 1722, fut procureur du roi & avocat au parlement de Donai. Il mourut dans ſa patrie le 27 février 1765. Nous avons de lui quelques ouvrages de juriſprudence, appropriés aux provinces du reſſort du parlement de Flandre qui ſont eſtimés ; le principal eſt : *La Juriſprudence du Hainaut-François*, Douai 1753, in-4°. Il a donné auſſi *Annales Belgiques depuis 1477 juſqu'à la paix d'Aix-la-Chapelle*, Douai 1761 : ouvrage ſuperficiel, & rempli de préventions nationales.

DUMESNIL, *voyez* MESNIL.

DUMNORIX, *voy.* DAMNORIX.

DUMONT, (Henri) maître de muſique de la chapelle du roi, touchoit ſupérieurement de l'orgue. Il étoit né dans la principauté de Liege en 1610 ; & il mourut à Paris, abbé de Silly, en 1684. L'abbé Dumont est le premier musicien, qui ait employé dans ses ouvrages la basse continue. Il nous reste de lui des *Motets* estimés & cinq *Grand'-Messes*, dans un très-beau plainchant, appellées *Messes Royales*, qu'on chante encore dans quelques couvens de Paris, & dans plusieurs églises de province.

DUMONT, (Jean) baron de Carelscroon, historiographe de sa majesté impériale & catholique, réfugié en Hollande après avoir servi sans beaucoup de fruit en France, est connu par divers écrits. Les principaux sont: I. Des *Mémoires politiques, pour servir à l'intelligence de la paix de Ryswick*, à La Haye 1699, 4 vol. in-12, dont les Actes ont aussi 4 vol. in-12, 1705. Cet écrit, instructif & intéressant, contient en abrégé ce qui s'est passé de plus considérable dans les affaires, depuis la paix de Munster, jusqu'à la fin de l'an 1676. II. Des *Voyages en France, en Italie, en Allemagne, à Malte & en Turquie*, 1699, 4 vol. in-12; recueil assez curieux, quoique peu exact. III. *Corps universel diplomatique du Droit des Gens*, comprenant les traités d'alliance, de paix & de commerce, depuis la paix de Munster jusqu'en 1709: Amsterdam, 1726, 8 vol. in-fol. Cet ouvrage n'est pas exempt de fautes; mais il a son utilité. En y ajoutant les Traités faits avant J. C., publiés par Barbeyrac, ceux de Saint-Priest, ceux de Munster & d'Osnabruck, cela forme une collection de 19 vol. in-fol. IV. *Lettres historiques, depuis janvier 1652 jusqu'en 1710*. Une autre main, moins habile que celle de Dumont, les a continuées. V. D'autres Recueils en assez grand nombre. Cet auteur écrivoit d'une maniere languissante & incorrecte; mais on trouve des recherches dans tout ce qu'il nous a laissé. Il mourut vers 1727.

DUNAAN, juif de nation, roi des Homerites, peuple de l'Arabie-Heureuse, vivoit au commencement du 6e siecle. On dit, qu'ayant été vaincu dans une grande bataille, il déchargea sa colere sur les Chrétiens qui habitoient dans ses terres. Il y avoit une ville nommée Nagran, qui en étoit remplie; il y mit le siege, & y exerça des cruautés incroyables contre les fideles qui ne voulurent pas renier J. C. Le martyre d'Aretas, & d'un enfant de 5 ans, est des plus remarquables pour la barbarie: le *Martyrologe Romain* en fait mention le 24 d'octobre. Elesbaan, roi d'Ethiopie, à la priere du patriarche d'Alexandrie, vint venger les Chrétiens, & fit mourir le Néron juif, après avoir défait ses troupes.

DUNCAN, (Martin) né à Kempen en 1505, curé de Delft en Hollande, se fit une grande réputation par son zele contre les Protestans, dont il ramena un grand nombre dans le sein de l'église. Il mourut à Amersfort l'an 1590. Il a laissé des *Traités de l'Eglise, du Sacrifice de la Messe, du Culte des Images*, &c. &c. Tous ces ouvrages, dont quelques-uns sont en latin & les autres en flamand, prouvent le vif attachement de l'auteur à la religion catholique.

DUNCAN, (Marc) gentilhomme écossois, s'établit à Saumur en Anjou, où il fut professeur de philosophie, & principal du college des Calvinistes. Il exerçoit en même-tems la médecine, & avec tant de réputation, que Jacques I, roi d'Angleterre, voulut l'attirer auprès de lui; mais Duncan, marié à Saumur, sacrifia sa fortune à son amour pour sa femme. Il mourut dans cette ville en 1640. On a de lui quelques ouvrages de philosophie, & un *Livre contre la possession des Religieuses Ursulines de Loudun*, où il s'attache moins à l'examen des faits qu'aux moyens de les réfuter. Cet écrit lit tant de bruit, que Laubardemont, commissaire pour l'examen de la possession de ces filles, lui en auroit fait une affaire, sans le crédit de la maréchale de Brezé, dont il étoit médecin. *Voy.* CERISANTES.

DUNCAN, (Daniel) autre médecin de la même famille que le précédent, membre de la faculté de médecine de Montpellier, se retira en 1690 à Geneve. Il en fut chassé & passa à Berne, ensuite à La Haye, & enfin à Londres, où il mourut en 1735, à 86 ans. On a de lui : I. *Explication nouvelle & méthodique des fonctions animales.* II. *Chymie naturelle*, qu'il traduisit en latin, & qu'il augmenta considérablement sous ce titre : *Chymiæ naturalis specimen.* III. *Avis salutaire contre l'abus des choses chaudes, & particuliérement du Café, du Chocolat & du Thé* ; Roterdam 1685, in-8° : ouvrage traduit en anglois & rare. Tous ces écrits sont estimés par les maîtres de l'art.

DUNGAL, écrivain du 9e siecle, étoit vraisemblablement hibernois. Il vint en France, & l'on croit qu'il fut moine de Saint-Denys, ou du moins fort attaché à cette abbaye. Charlemagne le consulta, en 811, sur les deux éclipses de soleil qu'on disoit être arrivées l'année précédente. Dungal répondit à ce prince dans une *Lettre* assez longue, qui se trouve dans le tom. x in-4°, du *Spicilege* de Dom Luc d'Acheri. On a aussi imprimé dans la Bibliotheque des Peres un *Traité* de Dungal *pour la défense du Culte des Images*, imprimé séparément, 1608, in-8°.

DUNOD DE CHARNAGE, (François-Ignace) professeur en droit à Besançon sa patrie, mort dans cette ville en 1751, y jouit d'une estime générale par ses lumieres & sa probité. On a de lui : I. *Histoire des Séquanois*, ou *Mémoires du C. de Bourgogne*, 1735, 1737, 1740, 3 vol. in-4°.

II. *Histoire de l'Eglise, Ville & Diocese de Besançon*, 1750, 2 vol. in-4°. III. *Traité des Prescriptions*, 1730, in-4°. IV. *De la Main-Morte & des Retraits*, 1733, in-4°. Il justifie par d'assez mauvaises raisons l'usage des seigneurs qui ont le droit de main-morte sur leurs vassaux. Son fils Joseph DUNOD, avocat à Besançon, mort en 1765, a laissé beaucoup d'Observations manuscrites sur les ouvrages de son pere. Pierre DUNOD, savant jésuite, de la même famille, donna en 1697 un livre curieux, intitulé : *La découverte de la Ville d'Antré en Franche-Comté, avec des questions sur l'Histoire de cette Province.*

DUNOIS, *voyez* JEAN D'OR-LÉANS, comte de Dunois.

DUNS, (Jean) dit *Scot*, parce qu'il étoit natif de Donston en Ecosse, entra dans l'ordre de saint François. Il s'y distingua par sa subtilité à expliquer les plus grandes difficultés de la théologie & de la philosophie de son tems. C'est ce qui lui mérita le nom de *Docteur subtil* ; quoique quelques-uns pensent qu'on le lui donna, pour avoir défendu avec force l'opinion de l'Immaculée Conception de la Ste Vierge. Jean Scot, après avoir étudié & enseigné la théologie à Oxford, vint en donner des leçons à Paris. Il se piqua de soutenir des sentimens opposés à ceux de S. Thomas. C'est ce qui produisit, dans l'école, les deux sectes des Thomistes & des Scotistes. Duns, qui étoit à la tête de ceux-ci, soutint leur parti, par un merveilleux talent pour les chicanes scholastiques. Il mourut à Cologne, où il étoit allé, en 1308, âgé de 30, 33 ou 35 ans : regardé comme un grand-homme, par tous ceux qui tenoient pour l'universel *a parte rei* ; & comme un homme opiniâtre & d'un caractere épineux, par ceux qui tenoient pour l'universel *a parte mentis*. C'étoit le sentiment d'Occam, disciple de Scot , & son rival dans ces sottises célebres ; car tous les siecles ont les leurs. Nous avons nos Romans, nos Vers galans, nos Drames, nos Encyclopédies, remplis de licence & d'irréligion. Les ouvrages du siecle de Scot, peut-être plus ennuyeux encore, étoient plus innocens, & à force d'inutiles subtilités, formoient l'esprit à une logique exacte , dont les savans modernes paroissent oublier les premieres regles. » A propos d'une sottise , dit un philosophe , » l'esprit s'exerce & » se porte à de bonnes études. Ces » sortes de disputes ressemblent à » ces parties acides & volatiles qui » existent dans les corps propres à » la fermentation , elles mettent » en action toute la masse ; dans » le mouvement elles se dissipent » ou se précipitent : le moment de » la dépuration arrive , & il sur- » nage un fluide doux , agréable & » vigoureux , qui sert à la nutri- » tion de l'homme ». Les ouvrages de Scot , de l'édition de Lyon 1659 , forment 12 grands volumes in-fol. On y trouve la *Vie* de l'auteur , écrite par Vandig , & les témoignages des auteurs qui ont parlé de cet homme célebre. Plusieurs écrivains ont regardé Jean Duns comme l'auteur de l'opinion *de la Conception immaculée de la Ste Vierge*. Mais il est sûr qu'elle étoit connue dès le milieu du 12e siecle , comme l'on voit par la Lettre de S. Bernard au chapitre de Lyon, qui combat cette opinion. Il paroît même que dès le 6e siecle elle étoit générale parmi les Chrétiens d'Orient (*Voy.* MAHOMET). Quoique Scot soutint ce sentiment avec éclat ; il ne le donnoit point comme un dogme certain.

DUNSTAN ; (Saint) né en 924, sous le regne d'Aldestan , roi d'Angleterre , dont il étoit parent, parut d'abord à la cour ; & les courtisans l'ayant desservi auprès du prince , il se bâtit une cellule , & se consola avec le Créateur , des per-

fidies des créatures. Edmond, successeur d'Aldestan , tira le saint homme de sa retraite , & se servit utilement de ses conseils pour gouverner son royaume. Dunstan avoit rassemblé depuis quelque-tems un grand nombre de moines , dans un monastere qu'il avoit fait bâtir à Glaston. Les vertus & les lumieres qui y brillerent sous ce saint abbé , firent de cette maison le séminaire des abbés & des évêques. Les sujets qui en sortirent , contribuerent beaucoup , par leur piété & leur doctrine, au rétablissement de la religion en Angleterre. Dunstan recueillit le fruit de ses travaux. Il fut fait évêque de Worchester , ensuite archevêque de Cantorberi , reçut le *Pallium* du pape , & fut légat du saint-siege dans toute l'Angleterre. Edwy étant monté sur le trône , & scandalisant ses sujets par ses déréglemens , Dunstan lui parla plusieurs fois avec la liberté d'un homme apostolique. Il poussa un jour la fermeté jusqu'à entrer dans une chambre , où le roi s'étoit enfermé avec une de ses concubines , & le tira par force d'entre ses bras. Le roi , excité par cette malheureuse, envoya en exil le saint archevêque , qui passa en Flandre. Cet exil ne fut pas de longue durée , & il mourut dans son archevêché en 988. Il fut le restaurateur des lettres en Angleterre, ainsi que de la vie monastique. Il reste de lui quelques Ecrits.

DUPARC , *voyez* SAUVAGE.
DUPERRAY , *voyez* PERRAY (Michel du).
DUPERRIER , *voyez* PERRIER (Charles du).
DUPERRON , *voyez* PERRON (Jacques Davy du).
DUPIN , *voyez* PIN (Louis Ellies du).
DUPLEIX ; (Scipion) naquit à Condom en 1569 , d'une famille noble originaire du Languedoc. Il vint à Paris en 1605 , avec la reine Marguerite , qui le fit depuis maître des requêtes de son hôtel. Il

devint ensuite historiographe de France & travailla long-tems sur l'histoire de ce royaume. Il compila, dans sa vieillesse, sur les libertés de l'église gallicane; mais le chancelier Seguier ayant fait brûler en sa présence le manuscrit pour lequel il demandoit un privilege, il en mourut de chagrin peu de tems après à Condom, en 1661, à 92 ans. On a de lui plusieurs ouvrages. Les principaux sont : I. *Les Mémoires des Gaules*, 1650, in-fol. qui forment la première partie de son *Histoire de France*. Ils sont plus estimés que tout le reste. On voit que l'auteur avoit été aux sources. II. *Histoire de France*, en 5, puis en 6 vol. in-fol. La narration de Dupleix, quoique assez nette, est peu agréable, non-seulement par le langage qui a vieilli, mais encore par les platitudes ampoulées dont il l'a semée. Le cardinal de Richelieu y fut fort flatté, parce qu'il vivoit lorsque l'historien écrivit; & la reine Marguerite, quoique sa bienfaitrice, y est peinte comme une Messaline, parce qu'elle étoit morte, & que l'auteur n'avoit plus rien à en attendre. Il sacrifioit très-souvent la vérité à de mauvaises antithèses & à des pointes grossieres. La vile adulation, qui perce dans tous les endroits où il parle du cardinal de Richelieu, déplut beaucoup à Matthieu de Morgues & au maréchal de Bassompierre. Ils le convainquirent l'un & l'autre d'ignorance & de mauvaise foi. Dupleix leur répondit le moins mal qu'il put. Après la mort du cardinal, il voulut refondre une partie de son Histoire; mais sa vieillesse ne lui permit pas d'exécuter ce projet. III. *Histoire Romaine*, en 3 vol. in-fol. masse énorme, sans esprit & sans vie. IV. Un *Cours de Philosophie*, en françois, 3 vol. in-12. V. *La liberté de la Langue Françoise*, contre Vaugelas : c'est Pradon qui veut donner des avis à Racine. *Voyez* sur cet historien, la *Bibliotheque*

des Historiens de France, par le P. le Long, de la derniere édition.

DUPLESSIS, *voy.* PLESSIS (du).

DUPORT, *voyez* TERTRE.

DUPRAT, *voyez* PRAT.

DUPRÉ, *voyez* PRÉ.

DUPUY, *voyez* PUY.

DURAND, né au Neubourg dans le diocese d'Evreux, moine de Fécamp, & abbé de Troarn au 11e siecle, est auteur d'une savante *Epître sur l'Eucharistie* contre Bérenger, qui est à la suite des *Œuvres de Lanfranc*, Paris 1648, in-fol. Guillaume le Conquérant, duc de Normandie, faisoit grand cas de ses conseils, & lui donna des marques publiques de son estime. Il mourut en 1089.

DURAND, (Guillaume) surnommé *Speculator*, né à Puimoisson dans le diocese de Riez, disciple de Henri de Suze, prit le bonnet de docteur à Bologne, & passa delà à Modene pour y professer le droit canon. Le pape Clément IV. lui donna la charge de son chapelain, & d'auditeur du palais. Il fut ensuite nommé légat de Grégoire X au concile de Lyon, tenu l'an 1274; & enfin évêque de Mende en 1286. Il refusa depuis l'évêché de Ravenne que Nicolas IV lui offrit, & mourut en 1296, à 64 ans. On lui donna le surnom de *Pere de la Pratique*, à cause de son habileté dans les affaires. On a de lui différens ouvrages. I. *Speculum Juris*, à Rome 1474, in-fol. qui lui mérita le nom de *Speculator*. II. *Repertorium Juris*, Venise 1496, in-fol. moins connu que le précédent. III. *Rationale divinorum officiorum*, qui parut pour la 1re fois à Mayence en 1459. Cette édition est très-rare & fort recherchée des connoisseurs. Ce livre a été ensuite réimprimé en divers endroits. IV. *Commentaria in canones concilii Lugdunensis*.

DURAND, (Guillaume) neveu du précédent, & son successeur dans l'évêché de Mende, mourut en 1328. On a de lui un excellent traité *De la maniere de célébrer le Concile général*, divisé en 3 parties, & imprimé à Paris en 1671, dans un Recueil de plusieurs ouvrages sur le même sujet, donné au public par Faure, docteur de Sorbonne. On le trouve plus facilement séparé. Il y en a une édition faite à Paris en 1545, in-8°. Durand composa son ouvrage à l'occasion du concile de Vienne, auquel il fut appellé en 1310 par le pape Clément V. Il a été très-utile dans les tems des assemblées convoquées pour réformer les mœurs des Chrétiens, particuliérement celles des ecclésiastiques & des religieux.

DURAND DE SAINT-POURÇAIN, né dans la ville de ce nom au diocese de Clermont, fut dominicain, docteur de Paris, maître du sacré palais, évêque du Puy en 1318, & enfin de Meaux en 1326. Il mourut l'an 1333. Son siecle lui donna le nom de *Docteur très-résolutif*, parce qu'il avança beaucoup de sentimens nouveaux, & que, sans s'assujettir à suivre en tout un écrivain, il prit des uns & des autres ce qui lui convint davantage. Il a laissé des *Commentaires sur les IV. Livres des Sentences*, Paris 1550, 2 vol. in-fol. Un *Traité sur l'origine des Jurisdictions*, in-4°, & d'autres *Traités*, où il montre plus de sagacité, que n'en avoient la plupart des théologiens de son tems.

DURAND-BEDACIER, (Catherine, femme de M.) vivoit au commencement du 18e siecle. Elle avoit de l'esprit, & le génie romanesque. Nous avons d'elle plusieurs ouvrages dans ce dernier genre, qui n'est pas le meilleur de la littérature. Les principaux sont : I. *La comtesse de Mortagne*. II. *Les Mémoires de la Cour de Charles VIII*. III. *Le comte de Cardonne*, ou *La Constance victorieuse*. IV. *Les Belles Grecques*, ou *His-*

toires des plus fameuses Courtisannes de la Grece. Toutes ces productions sont foibles, & aucune n'est placée au premier rang, ni même au second. Nous avons encore, de cette dame bel-esprit, des *Comédies* en prose, qui ne valent pas mieux que ses romans; & des *Vers françois*, inférieurs aux uns & aux autres.

DURANT, (Gilles) sieur de la Bergerie, avocat au parlement de Paris, fut, à ce qu'on croit, un des 9 avocats commis par la cour, pour travailler à la réformation de la Coutume de Paris. Le tems que lui laissoit la jurisprudence, il le donnoit à la poésie. Il faisoit des vers plaisans au milieu des guerres de la Ligue. Les gens qui peuvent encore lire du gaulois, connoissent ses *Vers à sa Commere*, *sur le Trépas de l'Ane Ligueur*, qui mourut de mort violente durant le siege de Paris, en 1590. Cette piece se trouve dans le 1er volume de la *Satyre Ménippée*, de l'édition de 1714, in-8°. On a de ce poëte d'autres productions, dont quelques-unes sont d'une licence, qui en interdit la lecture aux personnes sages. Il y eut un DURANT rompu vif le 16 juillet 1618, avec deux freres florentins de la maison des Patrices, pour un libelle qu'il avoit fait contre le roi ; & il y a beaucoup d'apparence que c'étoit notre poëte, quoique quelques savans aient dit le contraire. Ses ouvrages ont été imprimés en 1594. Ses *Imitations tirées du latin de Jean Bonnefons*, &c. 1717, in-12, sont réchérchées des curieux.

DURANTI, (Jean-Etienne) fils d'un conseiller au parlement de Toulouse, fut capitoul en 1563, ensuite avocat-général, enfin nommé premier président du parlement par Henri III, en 1581. C'étoit dans le tems de la Ligue. Duranti y étoit fort opposé. Après avoir échappé plusieurs fois à la mort, en voulant calmer le peuple, il fut tué d'un coup de mousquet en 1589. On se jeta sur lui comme sur une bête féroce, on le perça de mille coups, & on le traîna par les pieds à la place de l'échafaud. Il étoit digne d'un meilleur sort par les soins qu'il s'étoit donnés l'année précédente pour garantir Toulouse de la peste : par la fondation du college de l'Esquille, magnifiquement construit par ses ordres ; par l'établissement de deux confrairies, l'une pour marier de pauvres filles, & l'autre pour soulager les prisonniers ; par ses libéralités envers plusieurs jeunes-gens qui donnoient des espérances, &c. &c. L'église ne lui devoit pas moins, pour son excellent livre *De Ritibus Ecclesiæ*, faussement attribué à Pierre Danès, évêque de Lavaur, & imprimé à Rome infol. en 1591.

DURAS, (Jacques-Henri de Durfort, duc de) d'une famille illustre originaire des provinces de Guienne & de Foix, servit dans les guerres de Louis XIV, terminées par la paix des Pyrénées, & se distingua tellement à la conquête de la Franche-Comté, que le roi l'en fit gouverneur. Il eut le bâton de maréchal de France en 1675, après la mort de son oncle, le maréchal de Turenne, dont il étoit un des meilleurs éleves. Ses services & son expérience lui firent donner le commandement de l'armée d'Allemagne sous Mgr le Dauphin en 1688 & 1689. Il mourut en 1704, à 74 ans. Sa terre de Daras avoit été érigée en duché en 1689. *Voyez* LORGES.

DURER ou DURE, (Albert) naquit à Nuremberg en 1471. Après avoir voyagé en Flandre, en Allemagne & à Venise, il mit en lumiere ses premieres Estampes. Il devint si habile dans le dessin, qu'il servit de modele aux peintres de son tems, aux Italiens mêmes. L'empereur Maximilien I, le combla de bienfaits. Il lui donna lui-même pour les armoiries de la peinture trois écussons, deux en chef & un en

pointe. Ce prince dit un jour, en parlant à un gentilhomme : *Je puis bien d'un paysan faire un noble ; mais je ne puis changer un ignorant en un aussi habile homme qu'Albert Durer*. Les tracasseries de sa femme, véritable furie, le firent mourir de chagrin à 57 ans, en 1528. Durer ne lui ressembloit en rien : il étoit plein de douceur, de modération, de sagesse. On a de lui un grand nombre d'Estampes & de Tableaux, dans lesquels on admire une imagination vive & féconde, un génie élevé, une exécution ferme, & beaucoup de correction. On souhaiteroit qu'il eût fait un meilleur choix des objets que lui présentoit la nature, que ses expressions fussent plus nobles, que son goût de dessin fût moins roide, sa maniere plus gracieuse. Ce maître n'observoit guere le costume. Il habilloit tous les peuples comme des Allemands. On a encore de lui quelques *Ecrits sur la Géométrie*, *la Perspective*, *les Fortifications*, *les proportions des figures humaines*, &c. Le roi de France a trois tentures de tapisseries d'après ses desseins. On voit plusieurs de ses tableaux au palais-royal. Son estampe de la *Mélancolie* est son chef-d'œuvre. Ses *Vierges* sont encore d'une beauté singuliere. En 1778, M. Husgen a donné en allemand un *Catalogue raisonné de toutes les Estampes gravées sur le cuivre ou sur le fer de la main propre d'Albert Durer*, Francfort & Leipsick, 1 vol. in-8°. Il en a omis plusieurs. *Voyez* le *Journal historique & littéraire* de Luxembourg, 15 juillet 1778, p. 404.

DURET, (Louis) né d'une famille noble à Beaugé-la-Ville dans la Bresse, qui appartenoit alors au duc de Savoie, étoit un des plus célebres médecins de son tems, & exerça son art à Paris avec une grande réputation sous les regnes de Charles IX & de Henri III, dont il fut médecin ordinaire, & non premier médecin, comme l'a dit Teiffier, copié enfuite par beaucoup d'autres. Henri III, qui l'aimoit & l'eftimoit finguliérement, le gratifia d'une penfion de 400 écus d'or, reverfible fur la tête de 5 fils qu'il avoit; & ce prince voulut affifter au mariage de fa fille, à laquelle il fit des préfens confidérables. Duret mourut en 1586, à 59 ans. Il étoit fort attaché à la doctrine d'Hippocrate, & traitoit la médecine dans le goût des anciens. De plufieurs livres qu'il a laiffés, le plus eftimé eft un *Commentaire fur les Coaques d'Hippocrate*, Paris 1621, in-fol. grec & latin.

DURET, (Edmond-Jean-Baptifte) bénédictin de la congrégation de S. Maur, né à Paris le 18 novembre 1671, mourut le 23 mars 1758. Il a traduit le 2e volume des *Entretiens d'une Ame avec Dieu*, par Hamon; & la *Differtation théologique d'Arnauld fur une propofition de S. Auguftin*.

DUREUS ou DURÆUS, (Jean) jéfuite, écrivit, au 16e fiecle, contre la *Réponfe de Witaker aux xx Raifons de Campien*, Paris 1582, in-8°.

DUREUS, (Jean) théologien proteftant du 17e fiecle, natif d'Ecoffe, travailla avec beaucoup de zele, mais envain, à la réunion des Luthériens avec les Calviniftes. Il publia à ce fujet plufieurs ouvrages, depuis 1634 jufqu'en 1674, in-8° & in-4°; & mourut quelquetems après, avec la réputation d'un homme qui, à un efprit éclairé, joignoit un caractere conciliant.

DURING, comte allemand, fameux par une perfidie atroce, étoit gouverneur du fils d'Uladiflas, prince de Lutzen en Mifnie, vers le commencement du 9e fiecle. Neclam, prince de Bohême, ayant vaincu & dépouillé Uladiflas de fes états, le lâche During coupa la tête à fon éleve, & la porta au vainqueur. Neclam, plus généreux que lui, loin de le récompenfer comme il

l'attendoit, le fit pendre à un arbre.

DURINGER, (Melchior) profeffeur en hiftoire eccléfiaftique à Berne, peut fournir un nouvel article au traité *De infelicitate Auctorum*. Il paffa toute fa vie dans la mélancolie & la mifanthropie. Le feu ayant pris à fa maifon le 1 janvier 1723, il tomba d'un 3e étage, & mourut une heure après dans fa 76e année. L'auteur de la *Phyfique facrée*, imprimée à Amfterdam en 1732, avoit profité des lumieres de Duringer.

DUROCHIER, (Agnès) fille unique & fort belle d'un riche marchand de Paris, fe fit réclufe, n'ayant encore que 18 ans, près de l'églife Ste Opportune, le 5 octobre 1402. La cérémonie de fa réclufion fe fit folemnellement par l'évêque de cette capitale, qui fcella lui-même la porte de la petite chambre où elle fe renferma. Cette pieufe folitaire y vécut 80 ans, & y mourut en odeur de fainteté.

DURRIUS, (Jean-Conrad) né à Nuremberg en 1625, fut fucceffivement profeffeur en morale, en poéfie & en théologie à Altorf, où il mourut en 1667. On a de lui: I. Une Lettre dans laquelle il raconte à un de fes amis que les premiers inventeurs de l'imprimerie furent accufés de magie par quelques moines, affligés de ce que l'invention de cet art leur enlevoit les gains qu'ils étoient accoutumés de faire en copiant les manufcrits. II. *Synopfis Theologiæ Moralis*. III. D'autres ouvrages, &c.

DURSTUS, 11e roi d'Ecoffe, felon Buchanan. Quoiqu'il fût fils d'un pere très-vertueux, il s'abandonna au vin & aux femmes, & chaffa fon époufe légitime, fille du roi des Bretons. Les nobles ayant confpiré contre lui, il feignit de changer de conduite, rappella fa femme, affembla les principaux de fes fujets, fit un ferment folemnel pour la réforme de l'état, pardonna à des criminels publics, & promit qu'à l'avenir il ne feroit rien fans l'avis de la noblesse. Cette réconciliation fut célébrée par des réjouissances publiques ; il invita les nobles à souper, & les ayant tous assemblés dans un lieu, il envoya des scélérats qui les égorgerent. Cette trahison irrita tellement ceux qui ne s'étoient pas trouvés à cette fête, qu'ils leverent des troupes, lui livrerent bataille & le tuerent vers l'an 607 de J. C.

DURYER, *voyez* RYER (du).

DUSMES, (Mustapha) autrement *Mustapha Zelebis*, fils de Bazajet I, empereur des Turcs, ou, selon d'autres, imposteur qui prit ce nom vers l'an 1425 sous le regne d'Amurat II. Les Turcs soutenoient que Mustapha Zelebis avoit été tué dans une bataille contre Tamerlan ; les Grecs assuroient au contraire, que Dusmes étoit véritablement fils de Bajazet. Ce prince vrai ou prétendu s'étant formé un parti, marchoit déja vers Andrinople, la capitale de l'empire ottoman. Le sultan Amurat envoya contre lui le bacha Bajazet à la tête d'une puissante armée ; mais ce traître se rangea du côté de Mustapha, qui le fit son visir ou son premier ministre. Un faux bruit ayant répandu l'alarme dans son armée, il se vit abandonné tout-à-coup, & obligé de prendre la fuite. Amurat le poursuivit sans relâche, le prit près d'Andrinople, & le fit pendre aux creneaux des murailles de la ville.

DUTILLET, *voy.* TILLET (du).

DUVAL DE MONDRAINVILLE, (Etienne) riche négociant de Caen, s'illustra sous Henri II par un trait mémorable de patriotisme. Metz, menacée d'un siege par Charles V, étoit dépourvue de vivres, & il n'étoit pas aisé de l'approvisionner. Duval fermant l'œil aux périls, & n'envisageant que le bien de l'état, se chargea de cette entreprise importante. Il eut l'adresse de ravitailler & fournir de toutes les provisions nécessaires cette ville, re-

gardée alors comme une des clefs du royaume. Ce service signalé, qui contribua au salut de Metz, valut à son auteur des lettres de noblesse, que le roi lui donna gratuitement l'an 1558. Il mourut le 19 janvier 1578, âgé de 71 ans, après avoir fondé le 1er prix du Palinod de Caen.

DUVAL, (André) né à Pontoise en 1554, docteur de la maison & société de Sorbonne, fut pourvu le premier de la chaire de théologie nouvellement établie par Henri IV en 1596. Il méritoit cette place par ses lumieres & son zele pour l'orthodoxie ; quoiqu'il puisse paroître un peu trop attaché à quelques opinions ultramontaines. Il fut un des grands adversaires de Richer & du Richérisme. On le choisit pour être un des trois visiteurs-généraux des Carmélites en France. Il étoit sénieur de Sorbonne, & doyen de la faculté de théologie, lorsqu'il mourut en 1638, à 74 ans. On a de lui plusieurs ouvrages : I. Un *Commentaire sur la Somme de S. Thomas*, en 2 vol. in-fol. II. Des *Ecrits contre Richer*. III. Un Ouvrage contre le ministre Dumoulin, avec ce titre singulier : *Le feu d'Elie pour tarir les eaux de Siloë*. IV. Les *Vies de plusieurs Saints de France & des pays voisins*, pour servir de suite à celles de Ribadeneira. Il s'étoit occupé à traduire en françois ce Jésuite espagnol. V. *De suprema Romani Pontificis in Ecclesiam potestate*, 1614, in-4°.

DUVAL, (Guillaume) docteur en médecine, doyen de la faculté, & professeur de philosophie grecque & latine, étoit cousin du précédent. C'est lui qui commença à enseigner au college royal l'économique, la politique, & la science des plantes ; celle-ci en 1610, & celle-là en 1607. Il introduisit aussi dans les écoles de médecine, pendant son décanat, l'usage de réciter les courtes Litanies des Saints

&

& Saintes qui ont exercé la médecine. On a de lui une *Histoire du College Royal*, in-4°, 1644. Il y a quelques faits curieux ; mais le style est au-dessous du médiocre. Son plus grand ouvrage est son *Commentaire général sur toute la Philosophie d'Aristote*, en 2 vol. in-fol. 1619. Si c'est le plus grand, c'est aussi le plus ennuyeux.

DUVAL, (Pierre) géographe du roi, né à Abbeville, de Pierre Duval & de Marie Sanson, sœur du célebre géographe de ce nom, enseigna la science de son oncle avec beaucoup de succès. Il mourut à Paris en 1683, à 65 ans. Il est auteur de plusieurs Traités & Cartes de Géographie, qui ne font presque plus d'aucun usage. La plus connue est celle qui porte ce titre : *La Géographie Françoise, contenant les Descriptions, les Cartes & les Blasons de France, avec les acquisitions faites sous Louis XIV.* Elle manque d'exactitude.

DYNAME, rhéteur du 4e siecle, ami d'Ausone, étoit de Bordeaux comme lui. Il fut obligé de quitter cette ville, où on l'avoit accusé d'adultere. Il se retira à Lérida en Espagne vers l'an 360 ; y épousa une femme fort riche & y mourut. ... Il ne faut pas le confondre avec un autre DYNAME,

qui, à force de bassesses & de fourberies, obtint de l'empereur Constance le gouvernement de la Toscane.

DYNTER, (Edmond) du village de ce nom, dans la mairie de Bois-le-Duc, fut successivement secretaire d'Antoine, de Jean IV, de Philippe I & de Philippe le Bon, ducs de Bourgogne & de Brabant. Dégoûté de la vie de cour, il embrassa l'état ecclésiastique, fut pourvu d'un canonicat de S. Pierre à Louvain, se retira ensuite chez les chanoines-réguliers de Corsendonck, près de Turnhout, & mourut à Bruxelles le 17 février 1448. Il a laissé I. Une *Chronique* des Ducs de Lorraine & de Brabant, depuis 281 jusqu'en 1442, en latin. On en conserve l'original à Corsendonck, & plusieurs copies dans différentes maisons des Pays-Bas, entr'autres une avec des notes de le Mire. Cette Chronique mérite de voir le jour, à cause du grand nombre des pieces originales qu'elle renferme, & des particularités que l'auteur rapporte, & dont il a été témoin. II. *Genealogia Ducum Burgundiæ, Brabantiæ*, &c. Francfort 1529 & dans les *Rerum Germanicarum scriptores* de Freherus, tom. 3, & dans ceux de Struvius, tom. 3. Cette Généalogie est peu exacte.

E

EA, nymphe, qui implora le secours des dieux, pour éviter les poursuites du fleuve Phasis. Ils la changerent en isle.

EAQUE, (Eacus) fils de Jupiter & d'Egine, régna dans l'isle d'Œnone, à laquelle il donna le nom de sa mere. La peste ayant dépeuplé son pays, il obtint de son pere que les fourmis seroient

changés en habitans, qu'on nomma Myrmidons. Son intégrité & sa prudence le rendirent si recommandable, que Pluton l'associa à Minos & à Rhadamante pour juger les morts.

EADMER, *voyez* EDMER.

EBBON, né d'une famille obscure, devint frere de lait & condisciple de Louis le Débonnaire, qui le fit fon bibliothécaire, & le plaça fur le fiege de Rheims. Ebbon conçut le deffein de travailler à la converfion des peuples du Nord, & fit approuver fa réfolution du pape Pafcal, qui le nomma fon légat. Sa miffion ayant été infructueufe, il revint en France, & fe mit à la tête des factieux qui dépoferent Louis le Débonnaire ; il fut lui-même au concile de Thionville en 835, & y condamna fa conduite envers l'empereur. Il fut rétabli fur fon fiege par l'autorité de Lothaire : mais ayant été cité au concile de Paris l'an 847, & ayant refufé d'y comparoître, il encourut l'indignation de ce prince, & fut obligé de fe retirer auprès de Louis, roi de Baviere, qui lui donna l'évêché de Hildesheim, où il mourut l'an 851. C'étoit un prélat difficile à définir par fes qualités oppofées. Il fut fucceffivement courtifan affidu, miffionnaire zélé, & enfin chef de parti.

EBED-JESU, auteur de plufieurs ouvrages en fyriaque, eft le même qu'ABDISSI. *Voyez* cet article.

EBERMANN, (Vite) jéfuite, né à Rentweifdorff dans l'évêché de Bamberg en 1597, enfeigna avec réputation les belles-lettres, la philofophie & la théologie à Mayence & à Wurtzbourg, fut recteur du féminaire de Fulde, & mourut à Mayence le 8 avril 1675. Il a publié *Bellarmini controverfiæ vindicatæ*, Wurtzbourg 1661, in-4°. Il y montre que la maniere des hérétiques en répondant à Bellarmin, eft de tronquer les preuves de ce célebre controverfifte, & d'ifoler des propofitions pour pouvoir les combattre avec une efpece d'avantage. Ebermann a encore publié d'excellens ouvrages de controverfe contre Georges Calixte, Herman Coringius, Jean Mufæus, profeffeur d'Iene, &c.

EBERTUS, (Théodore) profeffeur à Francfort fur l'Oder, dans

le 17e fiecle, s'eft fait un nom par fes ouvrages. Les principaux font : I. *Chronologia fanctioris Linguæ Doctorum*. II. *Elogia Jurifconfultorum & Politicorum centum illuftrium, qui fanctam Hebræam Linguam propagárunt*; Leipfick 1628, in-8°. III. *Poëtica Hebraïca*, ibid. 1628, in-8°. Ces livres renferment beaucoup de chofes favantes & peu agréables, excepté pour les Hébraïfans.

EBEYS, foudan d'Egypte, tua en 1156 le calife fon maître, qui fe repofoit fur ce perfide du gouvernement de fon royaume. Le meurtrier fe faifit de fes tréfors, en répandit une partie dans le palais, pour amufer les peuples, pendant qu'il fe fauvoit l'épée à la main. Les Hofpitaliers & les Templiers l'ayant arrêté fur le chemin de Damas, & l'ayant mis à mort, partagerent entr'eux fes tréfors & les prifonniers. Les Templiers eurent dans leur lot le fils de l'affaffin, jeune-homme de très-grande efpérance, & qui avoit quelque teinture de la religion chrétienne. Ces religieux auroient dû, ce femble, le conferver ; ils aimerent mieux le vendre pour 70 mille écus aux Egyptiens, qui le firent cruellement mourir.

EBION, philofophe ftoïcien, difciple de Cerinthe, & auteur de la fecte des *Ebionites*, commença à débiter fes rêveries vers l'an 72 de J. C. Il foutenoit que le Sauveur étoit un pur homme, né par le concours ordinaire des deux fexes. Il ajoutoit que Dieu avoit donné l'empire de ce monde au diable, & celui du monde futur au CHRIST. Ses difciples mêloient les préceptes de la religion chrétienne avec le Judaïfme. Ils obfervoient également le famedi & le dimanche. Ils célébroient tous les ans leurs myfteres avec du pain azyme. Ils fe baignoient tous les jours comme les Juifs, & adoroient Jerufalem comme la maifon de

Dieu. Ces hérétiques ne connoiſſoient point d'autre Evangile que celui de S. Matthieu, qu'ils avoient en hébreu, mais corrompu & mutilé. Ils rejetoient le reſte du Nouveau Teſtament, & ſur-tout les Epitres de S. Paul, regardant cet apôtre comme un apoſtat de la loi. Ils honoroient les anciens Patriarches; mais ils mépriſoient les Prophetes. La vie des premiers Ebionites fut, dit-on, aſſez ſage; celle des derniers fort déréglée. Ceux-ci permettoient la diſſolution du mariage & la pluralité des femmes.

EBOLI, (Rui Gomès de Silva, prince d') duc de Paſtrane, habile courtiſan, qui ſut gagner les bonnes graces de Philippe II, & les conſerver juſqu'à ſa mort, arrivée en 1578. Il étoit d'une famille portugaiſe, & avoit épouſé D. Anna de Mendoza y la Cerda, dame fort belle. Quelques écrivains françois ont dit que Philippe conçut de la paſſion pour elle, & que c'étoit le nœud qui attachoit le roi au prince d'Eboli. Mais ce politique étoit bien capable de ſe maintenir dans la faveur ſans cela, puiſqu'il ſut réunir deux choſes très-oppoſées, la faveur du roi & l'amour des grands & du peuple, ne s'étant jamais ſervi de ſon crédit que pour faire du bien.

EBROIN, maire du palais de Clotaire III & de Thierri I, homme ambitieux, fier, entreprenant, parvint à ce poſte par ſes intrigues & par ſon hypocriſie. Les eſpérances que ſes vertus apparentes avoient données, ſe démentirent bientôt. Demeuré ſeul maître, par la retraite de la reine Batilde, il ne contraignit plus ſon orgueil, ſon avarice, ſa perfidie. Il raviſſoit les biens, il ôtoit les charges: il chaſſoit les grands qui étoient à la cour, & défendoit aux autres d'y venir ſans ſa permiſſion. Après la mort de Clotaire en 670, il mit Thierri ſur le trône; mais la haine que les ſeigneurs avoient pour le miniſtre, rejaillit ſur le roi. Ils donnerent la couronne à Childeric II, firent tondre Thierri & Ebroin, & les enfermerent dans des monaſteres. Childeric étant mort en 673, Thierri fut replacé ſur le trône, & prit Leudeſe pour maire du palais. Ebroin s'étant échappé de ſon monaſtere, fit aſſaſſiner Leudeſe, ſuppoſa un Clovis, qu'il diſoit être fils de Clotaire III, força les peuples de lui prêter ſerment de fidélité, & ravagea les terres de ceux qui lui réſiſterent. La ville d'Autun fut aſſiégée. L'évêque Leger, prélat d'une grande vertu, & l'ennemi déclaré d'Ebroin, eut les yeux crevés & fut mis dans un monaſtere. Ebroin contraignit enſuite, les armes à la main, Thierri à le recevoir de nouveau pour ſon maire du palais. Il gagna les grands de Neuſtrie & de Bourgogne, & renvoya ſon faux Clovis, dont il n'avoit plus beſoin. Sa tyrannie n'eut plus de bornes; tous les gens de bien en furent les victimes. Enfin un ſeigneur nommé Hermanfroi, qu'il menaçoit de la mort après l'avoir dépouillé de ſes biens, tua le tyran en 681, les uns diſent dans ſon lit, les autres à la ſortie de ſon palais. Ce fut ſous ce miniſtre que commença l'uſage de donner, à titre de précaire, les biens eccléſiaſtiques à des ſeigneurs laïques, ſous l'obligation du ſervice militaire.

ECCARD, (Jean-Georges d') né en 1674 à Duingen, dans le duché de Brunſwick, fut ami de Leibnitz. Il devint, par le crédit de cet homme célebre, profeſſeur en hiſtoire à Helmſtadt. Après la mort de ce philoſophe, il eut une chaire à Hanovre; mais les dettes qu'il contracta dans ce nouveau ſéjour, l'obligerent de le quitter en 1723. L'année d'après, il embraſſa la religion catholique à Cologne, & ſe retira à Wortzbourg. Il y remplit avec diſtinction les charges de conſeiller épiſcopal, d'hiſtoriographe, d'archiviſte & de bibliothécaire. Il y mourut en 1750, à 60 ans, après avoir été ennobli par l'empereur. On doit à Eccard : I. *Corpus Historicum medii ævi, a temporibus Caroli Magni Imperatoris ad finem sæculi, xv,* Leipfick 1723, 2 vol. in-fol. Cette collection qui vient, dit l'abbé Lenglet, d'un des plus habiles & des plus honnêtes hommes qu'il y ait dans l'empire, eft très-curieufe & bien dirigée ; chofe rare dans les écrivains allemands ; & ce qui eft encore plus rare, il ne répete point ce qui eft dans les autres. II. *Leges Francorum & Ripuariorum,* Leipfick 1720, in-fol. : recueil non moins eftimé que le précédent. III. *De origine Germanorum libri duo,* publiés en 1750, in-4°, par les foins de Lheidius, bibliothécaire d'Hanovre. IV. *Hiftoria ftudii etymologici Linguæ Germanicæ,* &c. in-8°, eftimé. V. *Origines Auftriacæ,* à Leipfick 1721, in-fol. : & plufieurs autres écrits en latin & en allemand, dans lefquels on remarque une vafte connoiffance de l'hiftoire.

ECCHELLENSIS, (Abraham) favant maronite, profeffeur des langues fyriaque & arabe au college royal à Paris, où le célebre le Jay l'avoit appellé. Cet homme illuftre lui donnoit par an 600 écus d'or, pour préfider à l'impreffion de fa grande Bible Polyglotte. La congrégation *de propaganda fide* l'aggrégea, vers l'an 1636, aux traducteurs de la Bible en arabe. Ecchellenfis paffa de Paris à Rome, après avoir obtenu en cette ville une chaire des langues orientales. Il y mourut en 1664. Ce favant étoit profondément verfé dans la connoiffance des livres écrits en fyriaque & en arabe ; & quoiqu'il ait eu des fupérieurs dans la connoiffance de ces deux langues, il faut avouer qu'il les poffédoit très-bien. On a de lui : I. *La Traduction d'arabe en latin des v, v i & v ii livres des Coniques* d'Apollonius. Ce fut par ordre du grand-duc Ferdinand II, qu'il entreprit cet ouvrage, dans lequel il

fut aidé par Jean-Alfonfe Borelli, mathématicien célebre, qui l'orna de commentaires. Cette verfion fut imprimée à Florence avec le livre d'Archimede, *De affumptis,* en 1661, in-fol. II. *Inftitutio Linguæ Syriacæ,* Rome 1628, in-12. III. *Synopfis philofophiæ Orientalium,* Paris 1641, in-4°. IV. *Verfio Durrhamani de medicis virtutibus animalium, plantarum & gommarum,* Paris 1647, in-8°. V. Des Ouvrages de Controverfe contre les Proteftans, imprimés à Rome. Il tâche de concilier les fentimens des Orientaux avec ceux de l'églife romaine, & il y réuffit ordinairement très-bien. VI. *Eutichius vindicatus,* contre Selden, & contre Hottinger, auteur d'une Hiftoire Orientale ; 1661, in-4°. VII. Des *Remarques fur le Catalogue des Ecrivains Chaldéens,* compofé par *Ehed-Jefu,* & publié à Rome en 1653. Elles font précieufes aux amateurs de la littérature orientale. VIII. Une édition des *Œuvres* de S. Antoine abbé. IX. *Concordia nationum Chriftianarum Orientalium in fidei catholicæ dogmatibus,* Mayence 1655. Leon Allatius a travaillé de concert avec Ecchellenfis à cet ouvrage.

ECEBOLE, fophifte de Conftantinople, maître de rhétorique de l'empereur Julien, fut toujours de la religion du fouverain. Sous Conftance, il fe mit à la mode, par fes invectives contre les dieux des Païens ; il déclama depuis pour les mêmes dieux, fous Julien fon difciple. A la premiere nouvelle de la mort de ce prince, il joua le rôle de pénitent. Enfin il mourut, fans reconnoître d'autre religion que l'intérêt préfent.

ECELIN, *voyez* EZZELIN.

ECHARD, (Jacques) dominicain, né à Rouen en 1644, mourut à Paris en 1724. Il ne contribua pas peu à la gloire de fon ordre, par la *Bibliotheque des Ecrivains* qu'il a produits ; 2 vol. in-fol. à Paris, le 1er en 1719, le 2e en

1721. Le P. Quetif avoit travaillé avant lui à cet ouvrage ; mais il en avoit à peine fait un quart. Cette Bibliotheque est fort estimée par tous les bibliographes. On y prend une idée juste de la vie & des ouvrages des écrivains dominicains, de leurs différentes éditions, & des bibliotheques où on les garde en manuscrit. Tout est appuyé sur de bonnes preuves. L'auteur donne le titre de grands-hommes à des personnages très-médiocres ; mais l'exagération est le défaut de tous les ouvrages de ce genre. Le P. Echard avoit toutes les qualités d'un savant vertueux.

ECHARD, (Laurent) historien anglois, né à Bassam dans le comté de Suffolk, exerça successivement le pastorat dans diverses églises. Sa santé étoit fort foible. Les eaux de Scarborough lui ayant été ordonnées pour la rétablir, il résolut de s'y transporter ; mais il mourut en chemin à Lincoln, en 1730. Il étoit membre de la société des Antiquaires de Londres. Ses ouvrages, tous écrits en anglois, sont : I. *Histoire d'Angleterre jusqu'à la mort de Jacques I*, à Londres, in-fol. 1707; très-estimée en Angleterre. II. *Histoire Romaine, depuis la fondation de Rome jusqu'à la translation de l'empire par Constantin*; traduite en françois par Daniel de la Roque; revue pour le style, corrigée & publiée par l'abbé des Fontaines, à Paris 1728 & 1729, 6. vol. in-12. Cet abrégé n'est pas sans défaut ; mais la disette de bons ouvrages en ce genre lui a donné beaucoup de cours en France & en Angleterre. L'auteur y a transporté les principaux traits de l'histoire romaine. Il y a fait entrer aussi de petites digressions sur les principaux écrivains de Rome, qu'il peint avec plus de vérité que de finesse. L'abbé Guyon a donné une *Continuation* de cette Histoire, en 10 vol. in-12. Les faits y sont arrangés avec ordre ; la narration est simple & naturelle, le style as-

fez pur. Cette Histoire a été réimprimée en Hollande & à Avignon, en 12 vol. in-12. L'ouvrage d'Echard fit connoître son auteur au ministere d'Angleterre, qui l'employa dans plusieurs affaires. III. *Histoire générale de l'Eglise avec des Tables chronologiques*, à Londres, in-fol. Les ecclésiastiques d'Angleterre font autant de cas de cet abrégé, que les gens du monde en font de son Histoire Romaine. IV. *L'Interprete des Nouvellistes & des Liseurs de Gazettes* : ouvrage superficiel, qui donna à l'abbé Ladvocat l'idée de son *Dictionnaire géographique portatif*. Echard composa aussi un *Dictionnaire historique*, qui n'est qu'un squelette décharné. V. *Traduction angloise des Comédies de Plaute & de Térence*, &c.

ECHEMON, fils de Priant, & Chromius son frere, furent précipités de dessus leur char par Diomède, qui, après les avoir tués, les dépouilla de leurs armes, & prit leurs chevaux.

ECHIDNA, monstre moitié femme & moitié serpent, fut mere du chien Cerbere, de l'Hydre de Lerne, de la Chimére, du Lion de Némée & du Sphinx.

ECHIDNE, reine des Scythes, qu'Hercule épousa, & de laquelle il eut 3 enfans: Agathyrse, Gélon, & Scythe, de qui l'on dit que sont sortis les rois de Scythie.

ECHINADES : c'étoient des nymphes qui furent métamorphosées en isles, pour n'avoir pas appellé Acheloüs à un sacrifice de 10 taureaux, auquel elles avoient invité tous les dieux des bois & des fleuves.

ECHION, roi de Thebes. Ses deux filles se laisserent immoler, pour appaiser les dieux qui affligeoient la contrée d'une sécheresse horrible. Il sortit de leurs cendres deux jeunes-hommes couronnés, qui célébrerent la mort généreuse de ces princesses... Il y a eu un autre

ECHION, qui fut un de ceux qui aiderent Cadmus à bâtir Thebes : & c'est de son nom que les Thébains ont été appellés *Echionides*.

ECHION (& point *Amphion* comme on lit dans le texte corrompu de Pline), fils d'Acestor, peintre sculpteur de la Grece, vers l'an 352 avant J. C., n'est connu que par ce qu'en dit Pline, qui en parle avec éloge, liv. 35e.

ECHIUS *ou* ECKIUS, (Jean) né en Souabe l'an 1486, professeur de théologie dans l'université d'Ingolstad, signala son savoir & son zele dans ses conférences contre Luther, Carlostad, Mélanchton, &c. Il se trouva en 1538 à la diete d'Ausbourg, & en 1541 à la conférence de Ratisbonne, & brilla dans l'une & dans l'autre. Il joua le rôle principal dans toutes les disputes publiques des Catholiques avec les Luthériens. Il avoit de l'érudition, de la mémoire, de la facilité, de la pénétration. Ce savant théologien mourut à Ingolstad en 1543, à 57 ans. On a de lui deux *Traités sur le Sacrifice de la Messe*; un *Commentaire sur le Prophete Aggée*, 1638, in-8°; des *Homélies*, 4 vol. in-8°; & des Ouvrages de Controverse.

ECHO, fille de l'Air & de la Terre. Cette nymphe habitoit les bords du fleuve Cephise. Junon la condamna à ne répéter que la derniere parole de ceux qui l'interrogeoient, parce qu'elle avoit parlé d'elle imprudemment, & qu'elle l'avoit amusée par des discours agréables, pendant que Jupiter étoit avec ses nymphes. Echo voulut se faire aimer de Narcisse ; mais s'en voyant méprisée, elle se retira dans les grottes, dans les montagnes & dans les forêts, où elle sécha de douleur, & fut métamorphosée en rocher.

ECKOUT, *voyez* VANDEN ECKOUT (Gerbrant).

ECLUSE, (Charles de l') *Clusius*, né à Arras, le 18 février 1525, parcourut une grande partie de l'Europe en herborisant. Il s'étoit fait une loi de ne se fier qu'à ses propres yeux pour les descriptions des plantes : aussi l'exactitude la plus scrupuleuse regne dans ses descriptions & dans ses figures. Les empereurs Maximilien II & Rodolphe II lui confierent leur jardin des simples. Les assujettissemens de la vie de courtisan l'ayant dégoûté, il se retira à Francfort sur le Mein : ensuite à Leyde, où il mourut en 1609, à 84 ans, professeur de botanique. Ses Ouvrages ont été recueillis en 3 vol. in-fol. à Anvers 1601, 1605 & 1611, avec figures. Ils roulent sur la science qu'il avoit cultivée.

EDELINCK, (Gérard) naquit à Anvers en 1641. Il y apprit les premiers élémens du dessin & de la gravure ; mais ce fut en France qu'il déploya tous ses talens. Louis XIV l'y attira par ses bienfaits. Il fut choisi pour graver deux morceaux de la plus grande réputation, le tableau de la *Sainte-Famille* de Raphaël, & celui d'*Alexandre visitant la famille de Darius*, de le Brun. Edelinck se surpassa dans les estampes qu'il exécuta d'après ces chef-d'œuvres ; les copies furent aussi applaudies que les originaux. On y admire, comme dans toutes ses autres productions, une netteté de burin, une fonte & une couleur inimitables. Sa facilité & son assiduité au travail nous ont procuré un grand nombre de morceaux précieux. Il a réussi également dans les Portraits qu'il a faits de la plupart des hommes illustres de son siecle, parmi lesquels il pouvoit se compter. Cet excellent artiste mourut en 1707, dans l'hôtel royal des Gobelins, où il avoit un logement, avec le titre de graveur ordinaire du roi, & de conseiller dans l'académie royale de peinture. On ne doit pas oublier dans la liste de ses *Estampes*, celle de la *Madeleine renonçant aux vanités* du monde, d'après un tableau de le Brun. Elle est remarquable, par la beauté de la gravure & la finesse de l'expression.

EDER, (Georges) né à Freisingen, se fit un nom vers la fin du 16e siecle par son habileté dans la jurisprudence. Il fut honoré par les empereurs Ferdinand I, Maximilien II & Rodolphe II, de la charge de leur conseiller, & laissa plusieurs écrits sur le droit, dont le meilleur est son *Œconomia Bibliorum, seu Partitionum Biblicarum libri quatuor*, in-fol.

EDGAR, roi d'Angleterre, dit *le Pacifique*, fils d'Edmond, succéda à son frere Eduin en 959. Il vainquit les Ecossois, imposa à la province de Galles un tribut annuel d'un certain nombre de têtes de loups, pour dépeupler l'isle de ces animaux carnaciers. Il subjugua une partie de l'Irlande, policça ses états, réforma les mœurs des ecclésiastiques, & mourut en 975. après un regne de 16 ans. Quelques auteurs l'appellent *l'amour & les délices des Anglois*. Sa modération lui mérita le surnom de *Pacifique*, & son courage égala son amour de la paix. On trouve dans la *Collection des Conciles* plusieurs loix, qui font honneur à la sagesse de son gouvernement.

EDISSA, *voyez* ESTHER.

EDMER *ou* EADMER, moine anglois de l'ordre de Cluni, dans le monastere de Saint-Sauveur à Cantorberi, disciple de S. Anselme, fut abbé de Saint-Alban, puis archevêque de Saint-André en Ecosse, & vivoit encore en 1120. On a de lui : I. Un *Traité de la liberté de l'Eglise*. II. Une *Vie de S. Anselme*. III. Une *Histoire de son tems*, &c. qu'on trouve parmi les *Œuvres de S. Anselme*, éd. du P. Gerberon. L'Histoire de son tems avoit déja été donnée avec des notes de Selden, Londres 1623, in-fol.

EDMOND *ou* EDME, (S.) na-

quit au bourg d'Abendon, d'un pere qui entra dans le cloître, & d'une mere qui vécut saintement dans le monde. Il fit ses études à Paris, & y enseigna ensuite les mathématiques & les belles-lettres. Son nom ayant pénétré jusqu'à Rome, le pape Innocent III. lui donna ordre de prêcher la croisade. Le zele avec lequel il remplit cette fonction, lui mérita l'archevêché de Cantorberi. Il y avoit alors un légat romain en Angleterre, qui exerçoit une espece d'exaction sous la protection de Henri III. prince pusillanime. Il demanda le 5e de tous les revenus ecclésiastiques : Edme consentit de le lui accorder, dans l'espérance d'obtenir la liberté des élections. Mais le pape lui ayant ordonné, peu de tems après, de pourvoir 300 Romains des premiers bénéfices vacans, il se retira en France, & y mourut en 1241. Le pape Innocent IV. canonisa S. Edmond en 1249. Il nous reste de lui un ouvrage intitulé : *Speculum Ecclesiæ*, dans la Bibliotheque des Peres.

EDMOND, (S.) roi des Anglois orientaux, fut illustre par sa piété, qui le fit mettre dans le catalogue des Saints. Ce prince, distingué par sa piété & ses vertus, ayant en 870 voulu livrer bataille aux Danois, fut vaincu & contraint de prendre la fuite. Il crut pouvoir se cacher dans une église ; mais ayant été découvert, il fut mené à Ivar, chef des Danois, qui étoit à Helisdon. Le vainqueur lui offrit d'abord de lui laisser son royaume, pourvu qu'il le reconnût pour son souverain, & lui payât un tribut. Edmond ayant refusé ce parti, Ivar le fit attacher à un arbre, & percer d'une infinité de fleches : après quoi il lui fit couper la tête. Le chef d'Edmond ayant été trouvé quelque-tems après, fut enterré avec le corps à Saint-Edmonbourg, ville qui a reçu son nom de ce roi. Tant que la religion catholique a fleuri

M iij 4

en Angleterre, on a été persuadé qu'il se faisoit des miracles au tombeau de ce prince.

EDMOND I, roi d'Angleterre, fils d'Edouard *le Vieux*, monta sur le trône l'an 940. Il soumit le Northumberland, mit l'ordre dans son royaume, & donna de grands priviléges aux églises. Il fut assassiné l'an 946, par un voleur qu'il avoit arrêté dans ses appartemens, & emporta avec lui les regrets de ses sujets.

EDMOND II, dit *Côte-de-Fer*, roi des Anglois après son pere Ethelred, commença de régner en 1016. Le royaume étoit alors extrêmement divisé par les conquêtes de Canut, roi de Danemarck. Le nouveau roi prit les armes, se rendit d'abord maître de Glocester & de Bristol, & mit ses ennemis en déroute. Il chassa ensuite Canut de devant Londres qu'il assiégeoit, & gagna deux sanglantes batailles. Mais ayant laissé à son ennemi le tems de remettre de nouvelles troupes sur pied ; il perdit Londres & fut défait en plusieurs rencontres. La mort de tant de bons sujets le toucha. Pour les épargner, ou pour ne plus se commettre à leur courage, il fit un défi à Canut, qui accepta ce parti. Ces rois se battirent avec chaleur & à forces égales. Ils terminerent leurs différends, en partageant le royaume. Quelque-tems après, Edric, surnommé Streon, corrompit deux valets de chambre d'Edmond, qui lui passerent un croc de fer au fondement, dans le tems qu'il étoit pressé de quelque nécessité naturelle, & porterent sa tête à Canut. Cela arriva l'an 1017.

EDMOND PLANTAGENET, de Woodstock, comte de Kent, étoit un fils cadet du roi d'Angleterre Edouard I. Le roi Edouard II, son frere aîné, l'envoya l'an 1324 en France, pour y défendre contre Charles IV les pays qui appartenoient à l'Angleterre ; mais il ne

fut pas heureux dans cette expédition. Il soutint le parti de ceux qui déposerent Edouard II son frere, pour mettre son fils Edouard III sur le trône. Il se chargea du gouvernement du royaume, avec onze autres seigneurs, pendant la minorité de son neveu ; mais il s'apperçut bientôt que la mere du jeune roi, de concert avec son amant Roger Mortimer, ne lui en laissoient que le seul titre. Il travailla dès-lors à faire remonter sur le trône son frere. Cette tentative ne lui réussit pas : la reine fit si bien, que dans un parlement tenu à Winchester, il fut condamné à mort. On le conduisit sur l'échafaud ; mais l'exécuteur s'étant évadé, il y demeura depuis avant midi jusqu'au soir, sans qu'on pût trouver un homme qui voulût faire l'office de bourreau. Enfin vers le soir, un garde de la maréchaussée se chargea de cette triste exécution. Ainsi mourut ce prince, à l'âge de 28 ans.

EDOUARD le *Vieux*, roi d'Angleterre, succéda à son pere Alfred l'an 900. Il défit Constantin, roi d'Ecosse, vainquit les Bretons du pays de Galles, & remporta deux victoires sur les Danois. Il fit ensuite ériger cinq évêchés, fonda l'université de Cambridge, protégea les savans, & mourut en 924.

EDOUARD le *Jeune*, (S.) né en 962 d'Edgard, roi d'Angleterre, parvint à la couronne dès l'âge de 13 ans en 975. La plupart des grands du royaume le reconnurent pour leur roi. Quelques-uns s'y opposerent. Enfin Elfride sa belle-mere, qui vouloit faire régner son fils Ethelred, le fit assassiner en 978. Il étoit âgé de 15 ans. L'église romaine l'honore comme martyr, & en célebre la mémoire le jour de sa mort, le 18 mars.

EDOUARD, (Saint) *dit le Confesseur*, ou le *Débonnaire*, fils d'Ethelred II, fut rappellé en Angleterre après la mort de son frere Elfred, successeur de Canut II, mais affaffiné à son entrée dans le royaume. Il étoit alors en Normandie, où les incursions des Danois l'avoient obligé de se retirer. Il fut couronné l'an 1042. Le comte Godwin, qui étoit allé le chercher en Normandie, lui donna sa fille en mariage, & gouverna sous son nom. Ce général remporta d'assez grands avantages sur les ennemis de l'état. Le roi laissa avilir le sceptre par sa foiblesse ; il parut d'abord n'avoir apporté sur le trône que la piété & une douceur qui lui faisoit dire qu'il eut mieux aimé passer ses jours dans une condition obscure & privée, que d'acheter une couronne par l'effusion du sang humain ; mais dès qu'il fut instruit des vexations & des cruautés de Godwin, il confisqua les biens de ce ministre indigne de sa confiance, le déclara ennemi de l'état & gouverna par lui-même. Aucun roi ne termina plus heureusement les guerres qu'il eut à soutenir ; dans les tems de paix ; il s'appliqua à rendre son peuple heureux. Il fit un recueil des plus belles loix portées par ses prédécesseurs, & ordonna qu'elles fussent observées par tous ses sujets sans exception : ce qui leur fit donner le nom de *Loix communes* : elles furent constamment respectées par les Anglois même dans les plus grandes révolutions. Il laissa en mourant sa couronne à Guillaume, duc de Normandie, son parent. Edouard mourut le 5 janvier 1066, après un regne de 23 ans. Il fut canonisé par le pape Alexandre III.

EDOUARD I, roi d'Angleterre, naquit à Winchester en 1240, du roi Henri III & d'Eléonore de Provence. Il se croisa avec le roi S. Louis contre les Infideles. Il partageoit les travaux ingrats de cette expédition malheureuse, lorsque la mort du roi son pere le rappella en Europe l'an 1272. Au retour de l'Asie, il débarqua en Sicile, & vint en France, où il fit hommage au roi Philippe III, des terres que les An-

glois possédoient dans la Guienne. L'Angleterre changea de face sous ce prince. Il sut contenir l'humeur remuante des Anglois, & animer leur industrie. Il fit fleurir leur commerce, autant qu'on le pouvoit alors. Il s'empara du pays de Galles sur Léolin, après l'avoir tué les armes à la main en 1283. Il fit un traité l'an 1286 avec le roi Philippe IV, dit *le Bel*, successeur de Philippe III, par lequel il régla les différends qu'ils avoient pour la Saintonge, le Limousin, le Querci & le Périgord. L'année suivante il se rendit à Amiens, où il fit au même prince hommage de toutes les terres qu'il possédoit en France. La mort d'Alexandre III, roi d'Ecosse, arrivée en 1286, ayant laissé sa couronne en proie à l'ambition de douze compétiteurs, Edouard eut la gloire d'être choisi pour arbitre entre les prétendans. Il exigea d'abord l'hommage de cette couronne ; ensuite il nomma pour roi Jean Bailleul qu'il fit son vassal. Une querelle peu considérable entre deux mariniers, l'un françois, l'autre anglois, alluma la guerre en 1293 entre les deux nations. Edouard entra en France avec deux armées, l'une destinée au siege de la Rochelle, & l'autre contre la Normandie. Cette guerre fut terminée par une double alliance en 1298, entre Edouard & Marguerite de France, & entre son fils Edouard & Isabelle, l'une sœur, & l'autre fille de Philippe le Bel. Le souverain anglois tourna ensuite ses armes contre l'Ecosse. Berwick fut la premiere place qu'il assiégea. Il la prit par ruse. Il feignit de lever le siege, & fit répandre par ses émissaires qu'il s'y étoit déterminé par la crainte des secours qu'attendoient les assiégés. Quand il se fut assez éloigné pour n'être pas apperçu, il arbora le drapeau d'Ecosse, & s'avança vers la place. La garnison, séduite par ce stratagème, s'empressa d'aller au-devant de ceux qu'elle croyoit ses libérateurs. Elle étoit à peine sortie, qu'elle fut coupée par les Anglois, qui entrerent précipitamment dans la ville. Ce succès en amena d'autres. Le roi d'Ecosse fut fait prisonnier, confiné dans la tour de Londres, & forcé à renoncer en faveur du vainqueur au droit qu'il avoit sur la couronne. Ce fut alors que commença cette antipathie entre les Anglois & les Ecossois, qui dure encore aujourd'hui, malgré la réunion des deux peuples. Edouard mourut en achevant sa conquête de l'Ecosse, en 1307, après 34 ans de regne, & 68 ans de vie. Les historiens de diverses nations ont parlé si différemment de ce prince, dit l'auteur de l'*Histoire du Parlement d'Angleterre*, qu'il est difficile de s'en former une juste idée. Les satyres sont venues des Ecossois, & les éloges des Anglois. On ne peut lui refuser beaucoup de courage, des mœurs pures, une équité exacte; mais ces qualités furent ternies par la cruauté & par la soif de la vengeance. Ce fut sous ce prince que le parlement d'Angleterre prit une nouvelle forme, telle à-peu-près que celle d'aujourd'hui. Le titre de pair & de baron ne fut affecté qu'à ceux qui entroient dans la chambre haute. Il ordonna à tous les chérifs d'Angleterre, que chaque comté ou province députât au parlement 2 chevaliers, chaque cité 2 citoyens, chaque bourg 2 bourgeois. La chambre des Communes commença par-là à entrer dans ce qui regardoit les subsides. Edouard lui donna du poids, pour pouvoir balancer la puissance des barons. Ce prince, assez ferme pour ne les point craindre, & assez habile pour les ménager, forma cette espece de gouvernement, qui rassemble tous les avantages de la royauté, de l'aristocratie & de la démocratie; mais qui a aussi les divers inconvéniens de tous les trois, & qui ne peut subsister que sous un roi sage.

EDOUARD II, fils & succes-seurs d'Edouard I, couronné à l'âge de 23 ans, en 1307, abandonna les projets de son pere sur l'Ecosse, pour se livrer à ses maîtresses & à ses flatteurs. Le principal d'entr'eux étoit un nommé Gaveston Pierce, gentilhomme gascon, qui à la fierté de sa nation, joignoit les caprices d'un favori & la dureté d'un ministre. Il maltraita si cruellement les grands du royaume, qu'ils prirent les armes contre leur souverain, & ne les quitterent, qu'après avoir fait couper la tête à son indigne favori. Les Ecossois, profitant de ce trouble, secouerent le joug des Anglois. Edouard, malheureux au-dehors, ne fut pas plus heureux dans sa famille. Isabelle, sa femme, irritée contre lui, se retira à la cour du roi de France, Charles le Bel, son frère. Ce prince encouragea sa sœur à lever l'étendard de la révolte contre son mari. La reine, secourue par le comte de Hainaut, repassa la mer avec environ 3000 hommes en 1326. Edouard, livré à l'incertitude dans laquelle il avoit flotté toute sa vie, se refugia avec son favori Spencer dans le pays de Galles, tandis que le vieux Spencer s'enfermoit dans Bristol pour couvrir sa fuite. Cette ville ne tint point contre les efforts des illustres aventuriers qui suivoient la reine. Les deux Spencer moururent par la main du bourreau. Edouard fut condamné à une prison perpétuelle, & son fils mis en sa place. Esclave sur le trône, pusillanime dans les fers, il finit comme il avoit commencé, en lâche. Après quelque-tems de prison, on lui enfonça un fer chaud dans le fondement par un tuyau de corne, de peur que la brûlure ne parût. Ce fut par ce cruel supplice qu'il perdit la vie l'an 1327, après un regne de 20 ans.

EDOUARD III, fils du précédent, vit le jour en 1312 à Windsor. Mis sur le trône à la place de son pere, par les intrigues de sa mere, en 1327, il ne lui fut pas pour cela plus favorable. Il fit enlever fon favori Mortimer jufques dans le lit de cette princeffe, & le fit périr ignominieufement. Ifabelle fut elle-même renfermée dans le château de Rifing, & y mourut après 28 ans de prifon. Edouard maître, & bientôt maître abfolu, commença par conquérir le royaume d'Ecoffe, difputé par Jean de Bailleul & David de Brus. Une nouvelle fcene, & qui occupa davantage l'Europe, s'ouvrit alors. Edouard III voulut retirer les places de la Guienne, dont le roi Philippe de Valois étoit en poffeffion. Les Flamands, l'empereur, & plufieurs autres princes, entrerent dans fon parti. Les premiers exigerent feulement qu'Edouard prît le titre de roi de France, en conféquence de fes prétentions fur cette couronne, parce qu'alors, fuivant le fens littéral des traités qu'ils avoient faits avec les François, ils ne faifoient que fuivre le roi de France. Edouard, dit Rapin de Thoiras, approuva ce moyen de les faire entrer dans fa ligue. Voila l'époque de la jonction des fleurs-de-Lys & des Léopards. Edouard fe qualifia dans un manifefte, roi de France, d'Angleterre & d'Irlande. Il commença la guerre par le fiege de Cambrai, qu'il fut obligé de lever. La fortune lui fut enfuite plus favorable. Il remporta une victoire navale, connue fous le nom de *Bataille de l'Eclufe*. Cet avantage fut fuivi de la bataille de Creci en 1346. Les François y perdirent 30 mille hommes de pied, 1200 cavaliers & 80 bannieres. On attribua en partie le fuccès de cette journée à fix pieces de canon dont les Anglois fe fervoient pour la 1re fois, & dont l'ufage étoit inconnu en France. Edouard fe tint à l'écart pendant toute l'action. Il avoit pourtant envoyé un cartel à Philippe au commencement de la guerre; & fon propos ordinaire étoit, *qu'il ne fouhaitoit rien tant que de combattre feul à feul, ou de le rencon-*

trer dans la mêlée. Le lendemain de cette victoire, les troupes des Communes de France furent encore défaites. Edouard, après deux victoires remportées en deux jours, prit Calais, qui refta aux Anglois 210 années. La mort de Philippe de Valois, en 1350, ralluma la guerre. Edouard la continua contre le roi Jean fon fils, & gagna fur lui en 1357 la bataille de Poitiers. Jean fut fait prifonnier dans cette journée, & mené en Angleterre, d'où il ne revint que quatre ans après. Edouard, prince de Galles, fils du roi d'Angleterre, qui commandoit les troupes dans cette bataille, donna des marques d'un courage invincible. A fon entrée dans Londres, il parut fur une petite haquenée noire, marchant au côté du roi Jean, qui montoit un beau cheval blanc fuperbement harnaché. Dans un fiecle barbare, cette modeftie du vainqueur eft bien remarquable. Après la mort de Jean, en 1364, Edouard fut moins heureux. Charles V confifqua les terres que les Anglois poffédoient en France; après s'être préparé à foutenir l'arrêt de confifcation par les armes. Le roi de France remporta de grands avantages fur eux; & le monarque anglois mourut en 1377, avec la douleur de voir les victoires de fa jeuneffe obfcurcies par les pertes de fes vieux jours. Sa vieilleffe fut encore ternie par le crédit de fes favoris, & fur-tout par fon amour pour une certaine Alix, qui l'empêcha même de recevoir les facremens de l'églife dans fa derniere maladie. Son regne auroit eu un éclat infini, fans ces taches. L'Angleterre n'avoit point eu encore de fouverain, qui eût tenu dans le même tems deux rois prifonniers, Jean, roi de France, & David, roi d'Ecoffe. Sa politique eut bien des défauts. Dépourvu de vues générales, & entraîné par les circonftances, il n'étendit pas fa prévoyance plus loin que fon regne. Tout le crédit qu'il avoit dans fon parlement, il le fit fervir à fes conquêtes ; au lieu qu'un autre auroit fait fervir fes conquêtes à fe rendre maître de fon parlement. Les entreprifes de ce monarque coûterent beaucoup à l'Angleterre ; mais elle s'en dédommagea par le commerce : elle vendit fes laines, Bruges les mit en œuvre. Ce fut Edouard qui inftitua l'ordre de la *Jarretiere*, vers l'an 1345. L'opinion vulgaire eft qu'il fit cette inftitution à l'occafion de la jarretiere que la comteffe de Salisbury, fa maîtreffe, laiffa tomber dans un bal, & que ce prince releva. Les courtifans s'étant mis à rire, & la comteffe ayant rougi, le roi dit : *Honni foit qui mal y penfe*, pour montrer qu'il n'avoit point eu de mauvais deffein ; & jura que tel qui s'étoit moqué de cette jarretiere, s'eftimeroit heureux d'en porter une femblable. On peut rejeter ce fait auffi bien que l'admettre. Quoique fort répandu dans les hiftoriens modernes, il n'eft attefté par aucun auteur contemporain. Des favans qui croient être mieux inftruits, penfent que l'ordre de la Jarretiere prit fon origine à la bataille de Creci. On avoit donné pour mot *Garter*, qui fignifie *Jarretiere* en anglois.

EDOUARD IV, fils de Richard, duc d'Yorck, enleva en 1461 la couronne d'Angleterre à Henri VI. Il prétendoit qu'elle lui étoit due, parce que les filles en Angleterre ont droit de fuccéder au trône, & qu'il defcendoit de Lionel de Clarence, 2e fils d'Edouard III, par fa mere Anne de Mortimer, femme de Richard ; au lieu qu'Henri defcendoit du 3e fils d'Edouard III, qui étoit Jean de Lancaftre, fon bifaïeul paternel. Deux victoires remportées fur Henri, firent plus pour Edouard que tous fes droits. Il fe fit couronner à Weftminfter, le 29 juin de la même année 1461. Ce fut la premiere étincelle des guerres civiles entre les maifons d'Yorck & de Lancaftre, dont la 1re portoit la rofe blanche, & la derniere la

rouge. Ces deux partis firent de toute l'Angleterre un théatre de carnage & de cruautés ; les échafauds étoient dreffés fur les champs de bataille, & chaque victoire fourniffoit aux bourreaux quelques victimes à immoler à la vengeance. Cependant Edouard IV s'affermit fur le trône par les foins du célebre comte de Warvick ; mais dès qu'il fut tranquille, il fut ingrat. Il écarta ce général de fes confeils, & s'en fit un ennemi irréconciliable. Dans le tems que Warvick négocioit en France le mariage de ce prince avec Bonne de Savoie, fœur de la femme de Louis XI ; Edouard voit Elizabéth Wodevill, fille du baron de Rivers, en devient amoureux, & n'en peut jamais obtenir que ces paroles accablantes : *Je n'ai pas affez de naiffance pour efpérer d'être reine, & j'ai trop d'honneur pour m'abaiffer à être maîtreffe*. Ne pouvant fe guérir de fa paffion, il couronne fa maîtreffe, fans en faire part à Warvick. Le miniftre outragé cherche à fe venger. Il arme l'Angleterre ; il féduit le duc de Clarence, frere du roi ; enfin il lui ôta le trône fur lequel il l'avoit fait monter. Edouard, fait prifonnier en 1470, fe fauva de prifon ; & l'année d'après, 1471, fecondé par le duc de Bourgogne, il gagna deux batailles. Le comte de Warvick fut tué dans la premiere. Edouard, fils de ce Henri qui lui difputoit encore le trône, ayant été pris dans la feconde, perdit la vie ; enfuite Henri lui-même fut égorgé en prifon. La faction d'Edouard lui ouvrit les portes de Londres. Ce prince, libre de toute inquiétude, fe livra entiérement aux plaifirs ; & fes plaifirs ne furent que légérement interrompus par la guerre contre le roi Louis XI, qui le renvoya en Angleterre à force d'argent, après avoir figné une treve de 9 ans. Ses dernieres années furent marquées par la mort de fon frere le duc de Clarence, fur lequel il avoit conçu des soupçons. Il lui permit de choifir le genre de mort qui lui paroîtroit le plus doux : & on le plongea dans un tonneau de malvoifie, il finit fes jours comme il avoit defiré. Edouard le fuivit de près. Il mourut en 1483, à 41 ans, après 22 ans de regne. Ce monarque avoit commencé fon regne en héros : il le finit en débauché. Son affabilité lui gagna tous les cœurs ; mais la volupté corrompit le fien. Il aima trop le fexe, & en fut trop aimé. Il attaquoit toutes les femmes par efprit de débauche, & s'attachoit pourtant à quelques-unes par des paffions fuivies. Trois de fes maîtreffes le captiverent plus long-tems que les autres. » Il étoit » charmé, difoit-il, de la gaieté » de l'une ; de l'efprit de l'autre ; » & de la piété de la troifieme, qui » ne fortoit guere de l'églife, que » lorfqu'il la faifoit appeler ».

EDOUARD V, roi d'Angleterre, fils d'Edouard IV, ne furvécut à fon pere que 2 mois. Il n'avoit qu'onze ans lorfqu'il monta fur le trône. Son oncle Richard, duc de Glocestre, tuteur d'Edouard & de Richard fon frere, & jaloux de la couronne du premier & des droits du fecond, réfolut de les faire mourir tous deux pour régner. Il les fit enfermer dans la tour de Londres, & leur fit donner la mort l'an 1483. Après s'être défait de fes neveux, il accufa leur mere de magie, & ufurpa la couronne. Sous le regne d'Elizabeth, la tour de Londres fe trouvant extrêmement pleine, on fit ouvrir la porte d'une chambre murée depuis long-tems. On y trouva fur un lit deux petites carcaffes avec deux licols au cou : c'étoient les fquelettes d'Edouard V & de Richard fon frere. La reine, pour ne pas renouveller la mémoire de ce forfait, fit rémurer la porte ; mais fous Charles II, en 1678, elle fut r'ouverte, & les fquelettes transportés à Weftminfter, fépulture des rois.

EDOUARD VI, fils de Henri VIII & de Jeanne de Seymour, monta fur le trône d'Angleterre à l'âge de 10 ans, en 1547, & ne vécut que 16 ans. Le rôle qu'il joua fut court & fanglant. Il laiffa entrevoir du goût pour la vertu, & l'humanité ; mais fes miniftres corrompirent cet heureux naturel. L'archevêque de Cantorbery Crammer, le même qui périt par le feu, s'obftina à faire brûler deux pauvres femmes anabaptiftes, qui doutoient de ce qu'il ne croyoit pas peut-être lui-même. Ce fut encore par les infinuations de cet indigne archevêque, que la meffe fut abolie, les images brifées, & la religion romaine proferite. On prit quelque chofe de chacune des différentes fectes de Zuingle, de Luther & de Calvin, & l'on en compofa un fymbole qui forma la religion anglicane. Le regne d'Edouard fut flétri par une autre injuftice, que le goût de la réforme & les infinuations de fes miniftres lui arracherent : il écarta du trône Marie & Elizabeth fes deux fœurs, & y appella Jeanne Gray fa coufine. Il mourut en 1553, à l'âge de 16 ans.

EDOUARD, prince de Galles, fils d'Edouard III, roi d'Angleterre, remporta la victoire de Poitiers fur les François, & mourut avant fon pere en 1376. Voyez EDOUARD III.

EDOUARD PLANTAGENET, le dernier de la race qui porte ce nom, comte de Warwick, eut pour pere George, duc de Clarence, frere d'Edouard IV & de Richard III, rois d'Angleterre. Henri VII étant monté fur le trône, & le regardant comme un homme dangereux qui pouvoit lui difputer la couronne, le fit enfermer très-étroitement à la tour de Londres. Le fameux Perkin Waërbeck, qui s'étoit fait paffer pour Richard, le dernier des fils de Richard III, étoit alors dans la même prifon. Il concerta avec Warwick en 1490 les moyens d'en fortir. Leur complot fut découvert ; & on crut que le roi le leur avoit fait infinuer, pour avoir un prétexte de les sacrifier à sa sûreté. Ce qui confirma ce soupçon, fut que dans le même-tems, le fils d'un cordonnier, séduit par un moine augustin, se donna pour le comte de Warvick. Henri VII vouloit faire penser par cette ruse (sans doute concertée avec ce religieux, puisqu'il eut sa grace), que le comte de Warvick donnoit occasion à de nouveaux troubles. Ce fut sous ce prétexte qu'on le fit décapiter en 1499. Il étoit le seul mâle de la maison d'Yorck : voilà son véritable crime. Pendant sa longue détention, un certain Lambert Simnel, différent du fils du cordonnier, se fit aussi passer pour comte de Warvick sous le nom d'*Edouard Plantagenet*. Il fut couronné à Dublin par une faction en 1487 ; mais ayant été battu quelques jours après & fait prisonnier, le roi, tranquille sur son compte, lui laissa la vie par pitié ; cependant pour ne pas perdre toute sa vengeance, il lui donna l'office ridicule de marmiton dans sa cuisine.

EDRIX, surnommé *Streon* (c'est-à-dire acquisiteur), homme d'une naissance fort obscure, sut par son éloquence & par toutes sortes de ruses & d'intrigues, s'insinuer fort avant dans les bonnes-graces d'Ethelred II, roi d'Angleterre. Ce prince le fit duc de Mercie, & lui donna sa fille Edgithe en mariage. Par cette alliance il mit dans sa maison un perfide, vendu aux Danois, qui ne laissa jamais passer aucune occasion de trahir les intérêts du roi & du royaume. Edmond son beau-frere découvrit sa perfidie, & se sépara de lui. Edrick se voyant démasqué, quitta le parti d'Ethelred, pour prendre celui de Canut. Quelque-tems après il rentra dans le parti d'Edmond, qui avoit succédé à Ethelred, & qui eut la générosité de lui pardonner. Le fourbe lui fit voir bientôt, à la bataille d'Asseldun, ce qu'il avoit dans l'ame. Pendant que les deux armées étoient aux mains, il quitta tout-à-coup son poste, & alla se joindre aux Danois, qui remporterent la victoire. La paix s'étant faite entre Edmond & Canut, Edrick craignit que l'union des deux rois ne lui fût fatale. Il mit le comble à toutes ses perfidies, en faisant assassiner Edmond par deux de ses propres domestiques, en 1017. Canut conserva à Edrick le titre de duc de Mercie ; mais ce ne fut pas pour long-tems. Ce monstre eut un jour l'insolence de lui reprocher publiquement » qu'il n'avoit pas » récompensé ses services, & par- » ticuliérement celui qu'il lui avoit » rendu, en le délivrant d'un » concurrent aussi redoutable que » l'étoit Edmond ». Canut lui répondit tout en colere, » que puis- » qu'il avoit la hardiesse d'avouer » publiquement un crime si noir, » dont jusqu'alors il n'avoit été » que soupçonné, il devoit en » porter la peine ». En même-tems, sans lui donner le loisir de répliquer, il commanda qu'on lui coupât la tête sur le champ, & qu'on jetât son corps dans la Tamise. On dit qu'il fit mettre cette tête sur le lieu le plus élevé de la tour de Londres. On prétend que c'est ce scélérat qui introduisit le tribut que les Anglois furent obligés de payer aux Danois sous le nom de *Danegelt*.

EDUSA, EDUCA, EDULIA, ou EDULICA, divinité qui présidoit à ce qu'on donnoit à manger aux enfans, comme Potina ou Potiça à ce qu'on leur donnoit à boire.

EDWARTS, (Georges) a donné une *Histoire naturelle des Oiseaux, Animaux & Insectes*, en 210 planches coloriées, avec la description en françois ; Londres, 1745—48—50 & 51, 4 parties in-4° : ouvrage magnifique.

EEKHOUT, (Gerbrant Vanden) voyez VANDEN EEKHOUT.

EFFIAT, (Antoine Coëffier

Ruzé, *dit* le maréchal d'O, petit fils d'un maître d'hôtel du roi, fut surintendant des finances en 1626, général d'armée en Piémont l'an 1630, enfin maréchal de France le premier janvier 1631. Mécontent d'avoir été oublié dans la promotion précédente, il s'étoit retiré à sa terre de Chilli, à 4 lieues de Paris; mais le cardinal de Richelieu, de la maison duquel il étoit comme intendant, le rappella & lui donna le bâton. Ce maréchal mourut le 27 juillet 1632, à Luzzelstein, proche de Treves, en allant commander en Allemagne. En moins de 5 à 6 ans, il avoit acquis de la réputation dans les armes par sa valeur; au conseil, par son jugement; dans les ambassades, par sa dextérité; & dans le maniment des finances, par son exactitude & sa vigilance. Il étoit pere du marquis de Cinqmars (*Voy.* ce mot). Il mourut fort riche. Ses biens sont passés dans la maison de Mazarin, par la Meilleraye son gendre. Ils lui venoient en partie de son grand-oncle maternel, qui les lui laissa, à condition qu'il porteroit le nom & les armes de Ruzé. Cet oncle, nommé Martin Ruzé, fils de Guillaume Ruzé, receveur des finances à Tours, étoit un homme de mérite, qui fut secretaire d'état sous Henri III & Henri IV.

EGBERT, premier roi d'Angleterre, se distingua par ses vertus & son courage. Il étoit à Rome à la cour de Charlemagne, quand les députés angl'ois vinrent lui apporter la couronne. Charlemagne le voyant prêt à partir, tira son épée, & la lui présentant: *Prince*, dit-il, *après que votre épée m'a si utilement servi, il est juste que je vous prête la mienne*. Il soumit tous les petits rois de l'Angleterre; & régna paisiblement & glorieusement jusqu'à sa mort, arrivée en 837. Ce fut lui qui ordonna qu'on donneroit à l'avenir le nom d'Angleterre à cette partie de la Grande-Bretagne qu'avoient occupée les Saxons.

EGBERT, frere d'Eadbert prince de Northumberland, fut élevé dès son enfance dans un monastere, devint archevêque d'Yorck en 732, & mourut l'an 765. Nous avons de lui : I. *Dialogus Ecclesiasticæ institutionis*, publié à Dublin l'an 1664, in-8°, par Jacques Waræus. II. *Tractatus de jure sacerdotali & excerpta 144 ex dictis & canonibus Patrum*, dans les Conciles du P. Labbe, tom. 6. III. *Pœnitentiale libris 4 distinctum*; manuscrit que l'on conserve dans quelques bibliotheques d'Angleterre.

EGÉE, roi de l'Attique, & mari d'Ethra, dont il eut Thésée, envoya son fils en Crete pour être la proie du Minotaure. Il avoit ordonné aux matelots, que quand ils reviendroient, ils déployassent des voiles blanches, si Thésée sortoit du labyrinthe. Mais comme ils étoient transportés de joie à la vue de leur patrie, ils oublierent d'exécuter les ordres d'Egée, qui, pénétré de douleur & croyant son fils mort, se précipita dans la mer, qu'on appella depuis la mer *Egée*.

EGÉON *ou* BRIARÉE, fils de Titan & de la Terre. Ce fut un géant d'une force extraordinaire, qui avoit cinquante têtes & cent bras. Il vomissoit des torrens de flammes, & lançoit contre le ciel des rochers entiers qu'il avoit déracinés. Junon, Pallas & Neptune ayant résolu d'enchatner Jupiter dans la guerre des dieux, Thétis gagna Egéon pour Jupiter, qui lui rendit son amitié, & lui pardonna sa révolte avec les géans.

EGERIE, nymphe d'une beauté singuliere, que Diane changea en fontaine. Les Romains l'adoroient comme une divinité, & les dames lui faisoient des sacrifices pour obtenir des accouchemens heureux. Numa feignoit d'avoir des entreiiens secrets avec cette nymphe, afin de donner plus d'autorité à ses loix.

EGERTON, (Thomas) garde des sceaux d'Angleterre sous la reine Elizabeth, & chancelier sous Jacques I, fut surnommé le *Défenseur incorruptible des droits de la Couronne*. Il mourut en 1617, à 70 ans, après avoir publié quelques ouvrages de jurisprudence.

EGESTÉ, fille d'Hippotès, prince troyen, fut exposée sur un vaisseau par son pere, de peur que le sort ne tombât sur elle pour être dévorée par le monstre marin, auquel les Troyens étoient obligés de donner tous les ans une fille, pour expier le crime de Laomédon, Egeste aborda en Sicile, où le fleuve Crinise, sous la figure d'un taureau, puis sous celle d'un ours, combattit pour l'épouser, & en eut Aceste.

EGGELING, (Jean-Henri) né à Brême en 1639, parcourut la plupart des royaumes de l'Europe, dans la vue de perfectionner son goût pour les antiquités grecques & romaines. De retour dans sa patrie, il fut nommé secretaire de la république : emploi qu'il exerça avec distinction jusqu'à sa mort, arrivée en 1713, à 74 ans. On a de lui des *Explications* de plusieurs médailles, & de quelques monumens antiques.

EGIALÉE, sœur de Phaëton, à force de verser des larmes sur le malheur de son frere, fut métamorphosée avec ses sœurs en peuplier. On croit que c'est la même que Lampétie.

EGIALÉE, fille d'Adraste, roi d'Argos, & femme de Diomede. Vénus fut si irritée de la blessure que lui fit Diomede au siege de Troie, que, pour s'en venger, elle inspira à Egialée l'infame desir de se livrer à tout le monde. Quand Diomede revint, elle attenta à sa vie, parce qu'il ne satisfaisoit pas à sa détestable passion ; mais il se sauva dans le temple d'Apollon, & abandonna cette malheureuse.

EGINARD ou EGINHARD, seigneur allemand, élevé à la cour de Charlemagne, fit des progrès si rapides dans les lettres, que ce prince le fit son secretaire. Il lui donna sa fille Imma en mariage. A ces bienfaits, il joignit encore la charge de surintendant de ses bâtimens. Après la mort de Charlemagne, Eginard se consacra à la vie monastique. Il se sépara de sa femme, & ne la regarda plus que comme sa sœur. Louis le Débonnaire lui donna plusieurs abbayes, dont il se défit pour se fixer à Selingenstat, monastere qu'il avoit fondé. Il en fut le premier abbé. Eginard mourut saintement dans sa retraite, l'an 839. Nous avons de cet homme célebre une *Vie de Charlemagne* très-détaillée, & des *Annales de France*, depuis 741 jusqu'en 829. Dom Bouquet a inféré ces deux ouvrages curieux dans sa grande Collection des Historiens de France. On a encore de lui *LXII Lettres*, Francfort 1714, in-fol. importantes pour l'histoire de son siecle. On les trouve aussi dans le Recueil des Historiens de France, de Duchesne. Eginard étoit l'écrivain le plus poli de son tems. Nous avons composé cet article d'après l'idée commune que le plus grand nombre des historiens donne d'Eginard. Le nouvel éditeur des *Œuvres de Bossuet* dit, dans une note *sur la défense de la Déclaration du Clergé de France*, qu'il est difficile de croire qu'Eginard ait vécu du tems de Charlemagne. Eginard, dans la vie de ce prince, s'excuse de ce qu'il ne parle point de sa naissance & de son enfance ; » parce » qu'il n'y a plus, dit-il, d'homme » vivant qui en ait connoissance «. Cela veut dire tout au plus, à ce qu'il paroît, & (c'est le sentiment des auteurs de l'Histoire Littéraire de France) qu'Eginard n'exécuta son dessein que plusieurs années après la mort de son héros.

EGINE,

EGINE, fille d'Asope, roi de Béotie, fut si tendrement aimée de Jupiter, que ce dieu s'enveloppa plusieurs fois d'une flamme de feu pour la voir. Il eut d'elle Eaque & Rhadamanthe.

EGINETE, voyez PAUL EGINETE.

EGISTHE, fils de Thyeste & de Pélopée. Thyeste à qui l'oracle avoit prédit que le fils qu'il auroit de sa propre fille Pélopée, vengeroit un jour les crimes d'Atrée, fit cette fille prêtresse de Minerve, dès sa tendre jeunesse, avec ordre de la transporter dans des lieux qu'il ne connoîtroit pas, & avec défense de l'instruire touchant sa naissance. Il crut, par cette précaution, éviter l'inceste dont il étoit menacé. Quelques années après l'ayant rencontrée dans un voyage, il la viola sans la connoître. Pélopée lui arracha son épée & la garda. Quelque-tems après que Thyeste eut quitté Pélopée, elle eut un fils qu'elle fit élever par des bergers, qui le nommèrent Egisthe. Lorsqu'il fut en âge de porter les armes, elle lui fit présent de l'épée de Thyeste. Ce jeune prince s'avança dans la cour d'Atrée, qui le choisit pour aller assassiner son frere dont le perfide vouloit envahir les états. Thyeste reconnut son épée, ce qui lui donna lieu de faire plusieurs questions à Egisthe, qui répondit qu'il la tenoit de sa mere. On obtint de lui de la faire revenir; & après quelques recherches, Thyeste se souvint de l'oracle. Egisthe, indigné d'avoir obéi à Atrée pour venir massacrer son pere, retourna aussi-tôt à Mycènes, où il tua Atrée. Clytemnestre lui ayant plu, il assassina par son conseil Agamemnon son époux, & s'empara du trône de Mycènes; mais Oreste le massacra dans la suite à son tour.

EGLÉ, nymphe, fille du Soleil, qui se plaisoit à faire des tours de malice aux bergers. Ayant un jour trouvé le vieux Silene ivre, elle se

joignit aux deux Satyres Chromis & Mnasile pour lui lier les mains avec des fleurs; après quoi elle lui barbouilla le visage avec des mûres.

EGLY, (d') voy. MONTENAULT.

EGMONT, (Lamoral, comte d') un des principaux seigneurs des Pays-Bas, né en 1522 d'une maison illustre de Hollande, se distingua dans les armées au service de l'empereur Charles V, qu'il suivit en Afrique en 1544. Nommé général de la cavalerie sous Philippe II, il se signala à la bataille de St-Quentin en 1557, & à celle de Gravelines en 1558. Mais après le départ de Philippe pour l'Espagne, il favorisa les troubles qui s'élevèrent dans les Pays-Bas, & se ligua avec les chefs de la rebellion. Le duc d'Albe qui y fut envoyé pour les pacifier, lui fit trancher la tête à Bruxelles, le 5 juin 1568, aussi-bien qu'à Philippe de Montmorency, comte de Hornes. Le comte d'Egmont avoit 46 ans; il mourut avec résignation & dans la communion de l'église catholique. L'ambassadeur de France marqua à sa cour qu'*il avoit vu tomber cette tête qui avoit deux fois fait trembler la France.*

EGNACE, (Jean-Baptiste) disciple d'Ange Politien, maître de Léon X, fut élevé avec ce pontife sous les yeux de cet habile homme. S'il y eut depuis une grande différence dans la fortune de ces deux disciples, il n'y en eut point dans leur goût pour les belles-lettres. Egnace les professa à Venise sa patrie, avec le plus grand éclat. La vieillesse l'ayant mis hors d'état de continuer, la république lui accorda les mêmes appointemens qu'il avoit eus lorsqu'il enseignoit, & affranchit ses biens de toutes sortes d'impositions. Egnace mourut au milieu de ses livres, ses seuls plaisirs, en 1553, à 80 ans. Ses écrits sont au-dessous de la réputation qu'il s'étoit acquise, par une heureuse facilité de parler, & par une mémoire toujours fidelle. Il étoit extrêmement fenfible aux éloges & aux critiques. Robortel ayant cenfuré fes ouvrages, il répondit, dit-on, par un coup de bayonnette dans le ventre, qui penfa emporter le critique. Les principaux ouvrages d'Egnace font : I. Un *Abrégé de la vie des Empereurs*, *depuis César jufqu'à Maximilien*, en latin, 1588, in-8°. Cet ouvrage, un des meilleurs que nous ayons fur l'hiftoire romaine, a été traduit pitoyablement par le trop fécond abbé de Marolles dans fon *Addition à l'Hiftoire Romaine*, 1664, 2 vol. in-12. II. *Traité de l'origine des Turcs*, publié à la priere de Léon X. III. Un *Panégyrique latin de François I*, en vers héroïques, Venife 1540. Comme il y avoit plufieurs paffages injurieux à Charles-Quint, l'empereur s'en plaignit à Paul III, alors ennemi de la France; ce pontife fit agir fi fortement contre le panégyrifte, qu'il penfa être accablé. IV. De favantes *Remarques fur Ovide*. V. Des *Notes fur les Epîtres familieres de Cicéron*, *& fur Suétone*.

EGON, athlete fameux dans la fable. Il traîna par les pieds, au haut d'une montagne, un taureau furieux, pour en faire préfent à Amaryllis. Il n'avoit pas moins d'appétit que de force; car dans un feul repas il mangea 80 gâteaux.

EGYPIUS, jeune-homme de Theffalie, obtint à force d'argent Tymandre, la plus belle femme qui fût alors. Néophron, fils de Tymandre, indigné d'une convention auffi odieufe, obtint la même chofe de Bulis, niere d'Egypius. S'étant informé enfuite de l'heure à laquelle il devoit venir trouver Tymandre, il la fit fortir, & mit adroitement Bulis en fa place. Egypius vint au rendez-vous, & eut ainfi commerce avec fa propre mere, qui ne le reconnut qu'après. Ils eurent tant d'horreur de cette action, qu'ils voulurent fe tuer : mais Jupiter changea Egypius & Néo-

phron en vautours, Bulis en plongeon, & Tymandre en épervier.

EGYPTUS, fils de Neptune & de Libye, & frere de Danaüs, avoit 50 fils, qui épouferent les 50 filles de fon frere, appellées *Danaïdes* (*Voyez* DANAÏDES). Ce prince mérita par fa fageffe, fa juftice & fa bonté, que le pays dont il étoit fouverain prit de lui le nom d'Egypte. Il régnoit environ 320 ans avant la guerre de Troie.

EGYS, (Richard) jéfuite, né à Rhinsfeld en 1621, mort en 1659, s'eft diftingué par fes Poéfies latines. Les principales font : I. *Poëmata Sacra*. II. *Epiftolæ Morales*. III. *Comica varii generis*. La latinité en eft affez pure, mais elle manque quelquefois de génie.

EICK *ou* HUBERT VAN-EICK, peintre, né en 1366 à Mafeik dans la principauté de Liege, eut pour difciple fon frere Jean Eick, plus connu fous le nom de *Jean de Bruges*. Il fit divers tableaux pour Philippe le Bon, duc de Bourgogne, qui lui donna des marques publiques de fon eftime. Il mourut en 1426. *Voyez* BRUGES.

EISENGREIN, (Guillaume) chanoine de Spire, fa patrie, eft auteur d'un ouvrage intitulé : *Catalogus teftium veritatis*, publié en 1565, in-fol. C'eft une lifte des écrivains eccléfiaftiques qui ont combattu les erreurs de leur tems, & par avance celles des fiecles derniers. Flaccus Illyricus a donné un Catalogue des défenfeurs du Calvinifme, auquel il a donné fort mal-à-propos le même titre.

EISENHART, (Jean) jurifconfulte, né à Erxleben dans le Brandebourg en 1643, fut profeffeur en droit & en morale à Helmftadt dans le duché de Brunfwick, où il mourut en 1707, après avoir publié : I. *Inftitut. juris naturalis & moralis*. II. *Commentatio de regali metalli fodinarum jure*, &c.

EISENSCHMID, (Jean-Gaf-

pard) docteur en médecine, naquit à Strasbourg en 1656. Dans
un voyage qu'il fit à Paris, il se
lia avec plusieurs savans, & particuliérement avec Duvernay & Tour-
nefort. Il fut associé à l'académie
des sciences au rétablissement de
cette société ; & mourut en 1712
à Strasbourg, où il s'étoit fixé au
retour de ses voyages. On a de
lui : I. Un *Traité des Poids*, *des
Mesures de plusieurs Nations*, *&
de la valeur des Monnoies des
Anciens*, Strasbourg 1737. II. Un
Traité sur la Figure de la Terre,
Ellyptico-Spheroïde. Il y soutient
fort au long l'opinion contraire à
celle qui a prévalu depuis, sans être
peut-être plus vraie. Eisenschmid
cultivoit les mathématiques, sans
négliger la médecine.

EKLES, (Salomon) anglois,
fit pendant plusieurs années les délices de l'Angleterre, par sa dextérité à toucher des instrumens, &
ensuite lui servit de jouet pendant
plusieurs autres, par son foible pour
les folies des Quakers. Séduit par
cette secte, il brûla son luth & ses
violes, & imagina un expédient
nouveau pour s'assurer de la véritable religion. C'étoit de rassem-
bler sous un même toit les hommes
les plus vertueux des différentes so-
ciétés qui partagent le Christianisme;
de vaquer-là tous ensemble à la
priere ; & d'y passer 7 jours sans
prendre de nourriture. » Alors,
dit-il, » ceux sur qui l'esprit de
» Dieu se manifestera d'une ma-
» niere sensible, c'est-à-dire, par
» le tremblement des membres &
» par des illustrations intérieures,
» pourront obliger les autres à sou-
» crire à leurs décisions ». Personne
ne voulut faire l'épreuve de ce
bizarre projet. Ekles travailla en
vain pour répandre sa démence ;
ses prédictions, ses prétendus miracles, ne servirent qu'à le faire
passer de prison en prison. Enfin,
l'insensé ayant reconnu la vanité
de ses prophéties, finit sa vie sans

religion. Il mourut vers la fin du
17e siecle.

ELA, roi d'Israël, fils de Baasa,
succéda à son pere, l'an 930 avant
J. C., & la 2e année de son regne
il fut assassiné dans un festin par
Zamri, un de ses officiers.... Il y
a eu du même nom un prince iduméen, successeur d'Olibama ; un
autre, pere de l'insolent Séméi ; &
quelques autres moins connus.

ELAD, fils de Suahala, s'étant
rendu secrettement dans la ville de
Geth avec son frere, pour la surprendre, fut découvert par les habitans, qui les égorgerent tous deux.

ELAM, fils de Sem, eut pour
son partage le pays qui étoit à
l'Orient du Tigre & de l'Assyrie.
Il fut pere des peuples connus sous
le nom d'*Elamites* ou *Elaméens*.
Chodorlahomor, qui vainquit les
5 petits rois de la Pentapole, &
qui défait par Abraham, étoit
souverain de ces peuples. La capitale du pays étoit Elymaïde, où
l'on voyoit le fameux temple de
Diane, qu'Antiochus voulut piller,
& où il fut tué. L'Ecriture fait mention de quelques autres personnages
de ce nom.

ELBENE, (Alphonse d') savant évêque d'Albi, né à Florence
d'une famille illustre, gouverna sagement son église dans un tems très-
fâcheux. Il mourut en 1608, laissant plusieurs ouvrages. Les principaux sont : I. *De regno Burgundiæ & Arelatis*, 1692, in-4°.
II. *De familia Capeti*, 1595,
in-8°, &c. On n'en connoît guere
aujourd'hui que les titres.... Il ne
faut pas le confondre avec son neveu Alphonse d'ELBENE, qui lui
succéda dans l'archevêché d'Albi,
dont il étoit archidiacre. Ce prélat, zélé catholique, fut obligé de
quitter son siege à cause des troubles qui agitoient le Languedoc. Il
mourut à Paris, conseiller d'état,
l'an 1651.

ELBŒUF, (René de Lorraine,
marquis d') étoit le 7e fils de Claude

duc de Guife, qui vint s'établir en France; il fut la tige de la branche des ducs d'Elbœuf, & mourut en 1566. Charles II fon petit-fils, mort en 1657, avoit époufé Catherine-Henriette, fille de Henri IV & de Gabrielle d'Eftrées, qui mourut en 1663. Ils eurent part l'un & l'autre aux intrigues de cour fous le miniftere du cardinal de Richelieu. Leur poftérité mafculine finit en leur petit-fils Emmanuel-Maurice, duc d'Elbœuf, qui, après avoir fervi l'empereur dans le royaume de Naples, revint en France en 1719; & finit fa longue carriere en 1763, dans fa 86e année, fans poftérité de deux femmes, qu'il avoit époufées. Ce titre eft paffé à la branche d'Harcourt & d'Armagnac, qui defcendoit d'un frere de Charles II.

ELÉAZAR, fils d'Aaron, fon fucceffeur dans la dignité de grand-prêtre, l'an 1452 avant J. C., fuivit Jofué dans la terre de Chanaan, & mourut après 12 ans de pontificat.

ELÉAZAR, fils d'Aod, frere d'Ifaï, un des trois braves qui traverferent avec impétuofité le camp des ennemis du Peuple de Dieu, pour aller quérir au roi David de l'eau de la citerne qui étoit proche la porte de Bethléem. Une autre fois, les Ifraélites faifis d'une frayeur fubite, à la vue de l'armée nombreufe des Philiftins, prirent lâchement la fuite, & abandonnerent David. Eléazar feul arrêta la fureur des ennemis, & en fit un fi grand carnage, que fon épée fe trouva collée à fa main, l'an 1047 avant J. C.

ELÉAZAR, fils d'Onias, & frere de Simon le Jufte, fuccéda à fon frere dans la fouveraine facrificature des Juifs. C'eft lui qui envoya 72 favans de la nation à Ptolomée Philadelphe, roi d'Egypte, pour traduire la Loi d'hébreu en grec, vers l'an 277 avant J. C. C'eft la verfion qu'on nomme des Septante. Eléazar mourut après 30 ans de pontificat.

ELÉAZAR, vénérable vieillard de Jerufalem, & un des principaux docteurs de la loi, fous le regne d'Antiochus Epiphanes, roi de Syrie. Ce prince ayant voulu lui faire manger de la chair de porc, il aima mieux perdre la vie, que de tranfgreffer la Loi.

ELÉAZAR, le dernier des 5 fils de Matathias, & frere des Machabées, les feconda dans les combats livrés pour la défenfe de leur religion. Dans la bataille que Judas Machabée livra contre l'armée d'Antiochus Eupator, il fe fit jour à travers les ennemis pour tuer un éléphant, qu'il crut être celui du roi. Il fe gliffa fous le ventre de l'animal, & le perça à coups d'épée; mais il fut accablé fous fon poids, & reçut la mort en la lui donnant.

ELÉAZAR, magicien célebre fous l'empire de Vefpafien, qui, par le moyen d'une herbe enfermée dans un anneau, délivroit les poffédés, en leur mettant cet anneau fous le nez. Il commandoit au démon de renverfer une cruche pleine d'eau; & le démon obéiffoit. C'eft l'hiftorien Jofeph, qui rapporte ces particularités pour le moins fort fingulieres.

ELÉAZAR, capitaine de l'armée de Simon, fils de Gioras, fut chargé d'aller commander à la garnifon du château d'Hérodion, de remettre cette forterefse au pouvoir de fon maître. A peine eut-il déclaré le fujet de fa commiffion, qu'on ferma les portes pour le tuer; mais il fe jeta en bas par une fenêtre, fe brifa tout le corps, & mourut quelques momens après fa chûte. Flave Jofeph, Hift. liv. 4. chap. 30.

ELÉAZAR, capitaine juif, fe jeta dans le château de Macheron, & le défendit très vigoureufement après le fiege de Jerufalem. Cette place n'auroit pas été prife fi aifément, fans le malheur qui arriva à Eléazar. Il s'étoit arrêté au pied des murailles, comme pour braver les Romains, quand un Egyptien l'enleva adroitement & le porta au camp. Le général, après l'avoir fait battre de verges, fit élever une croix comme pour le crucifier. Les affiégés avoient conçu pour lui une fi haute eftime, qu'ils aimerent mieux rendre la place, que de voir périr un homme fi digne de vivre par fon courage & fon zele patriotique. Flave Jofeph, *Hift.* liv. 7, chap. 25.

ELÉAZAR, autre officier juif, voyant la ville de Maffada, dans laquelle il s'étoit jeté, réduite aux abois, perfuada à fes compagnons de fe tuer eux-mêmes, plutôt que de tomber entre les mains des Romains. Ils le crurent, & s'égorgerent les uns les autres. Flave Jofeph, *Hift.* liv. 7, chap. 35.

ELECTE, fut une des premieres femmes qui fe convertirent à Jefus-Chrift. C'eft celle à qui l'apôtre S. Jean écrivit, pour la conjurer de s'éloigner de la compagnie des hérétiques Bafilide & Cerinthe.

ELECTRE, fille d'Agamemnon & de Clytemneftre, & fœur d'Orefte, porta fon frere à venger la mort de leur pere, tué par Egifthe... Il y eut auffi une nymphe de ce nom, fille d'Atlas. Elle fut aimée de Jupiter, dont elle eut Dardanus, qui fonda le royaume de Troie.

ELÉONOR DE CASTILLE, reine de Navarre, fille de Henri II, dit le Magnifique, roi de Caftille, fut mariée en 1375 à Charles III, dit le Noble, roi de Navarre. S'étant brouillée avec fon époux, elle fe retira en Caftille, où elle excita quelques féditions contre le roi Henri III fon neveu. Ce prince fut contraint de l'affiéger dans le château de Roa, & la renvoya au roi Charles fon mari, qui la reçut avec beaucoup de générofité & en eut 8 enfans. Eléonor mourut à Pampelune en 1416, avec la réputation d'une femme d'efprit, mais d'un caractere inquiet.

ELÉONOR-TELLES, fille de Martin-Alphonfe Tellès, étoit femme de Laurent d'Acugna. Ferdinand I, roi de Portugal, touché de fes charmes, la demanda à fon mari, qui la lui céda. Ce prince l'époufa en 1371. Après la mort de Ferdinand, Eléonor fut maltraitée par Jean, grand-maître de l'ordre d'Avis, qui fe fit proclamer roi de Portugal, parce qu'elle avoit pris le parti de Jean II, roi de Caftille, fon gendre. Le grand-maître poignarda en fa préfence Jean Fernandez d'Andeyero, comte de Uien, fon favori. Cette princeffe infortunée fe retira à Santaren pour s'y défendre. Elle demanda du fecours au roi de Caftille, fon gendre; mais ce prince, qui fe défioit d'elle, la fit conduire à Tordefillas, où elle fut enfermée dans un monaftere jufqu'à fa mort. Sa beauté étoit fans taches, mais fa vertu ne l'étoit pas. Elle fe déshonora par fes amours & par fes cabales.

ELÉONORE de Baviere, *voy.* ULRIQUE.

ELÉONORE, ducheffe de Guienne, fuccéda à fon pere Guillaume IX, en 1138, à l'âge de 15 ans, dans ce beau duché qui comprenoit alors la Gafcogne, la Xaintonge & le comté de Poitou. Elle époufa la même année Louis VII, roi de France. Ce monarque raccourcit fes cheveux & fe fit rafer la barbe, fur les repréfentations du célebre Pierre Lombard, qui lui dit, d'après S. Paul, qu'il n'étoit pas féant qu'un homme s'amufe à nourrir avec foin une longue chevelure. Lombard ne faifoit peut-être pas attention que la réflexion de l'apôtre étoit relative au coftume de fon tems, où les longues chevelures diftinguoient les femmes des hommes. Eléonore, princeffe vive, légere & badine, railla le roi fur fes cheveux courts & fon menton rafé. Louis lui répondit gravement, qu'il ne falloit point plaifanter fur de pareilles matieres. Une femme qui commence à trouver son mari ridicule, ne tarde guere à le trouver odieux, sur-tout si elle a quelque penchant à la galanterie. Louis ayant mené son épouse à la Terre-Sainte, elle se dédommagea des ennuis que lui causoit ce long voyage, avec le prince d'Antioche, & un jeune Turc, nommé Saladin, d'une figure aimable. Le roi auroit dû ignorer ces affronts, ou y remédier tout de suite. A son retour en France, il lui en fit des reproches très-piquans. Eléonore y répondit avec beaucoup de hauteur, & finit par lui proposer le divorce. Elle en avoit un moyen, disoit-elle, *en ce qu'elle avoit cru se marier à un prince, & qu'elle n'avoit épousé qu'un moine.* Leurs querelles s'aigrirent de plus en plus, & enfin ils firent casser leur mariage, sous prétexte de parenté, en 1152. Eléonore, dégagée de ses premiers liens, en contracte de seconds six semaines après, avec Henri II, duc de Normandie, depuis roi d'Angleterre, à qui elle porta en dot le Poitou & la Guienne. De-là vinrent ces guerres qui ravagerent la France pendant 300 ans; il périt plus de 5 millions de François & presque autant d'Anglois, parce qu'un archevêque (dit un historien célebre) s'étoit fâché contre les longues chevelures, parce qu'un roi avoit fait raccourcir la sienne & couper sa barbe, & parce que sa femme l'avoit trouvé ridicule avec des cheveux courts & un menton rasé. Mais cet historien auroit mieux vu les choses, s'il avoit observé dans le caractere de cette femme, qu'en défaut des cheveux courts, elle n'eût point manqué de prétexte pour être ce qu'elle a été, & faire ce qu'elle a fait. Eléonore eut 4 fils & une fille de son nouveau mariage. Dès l'année 1162, elle céda la Guienne à Richard, son second fils, qui en rendit hommage au roi de France. Elle mourut en 1204, avec une réputation d'esprit & de coquetterie.

Larrey publia une *Histoire* romanesque de cette princesse, à Roterdam en 1691, in-12.

ELÉONORE DE GONZAGUE, *voyez* GONZAGUE.

ELEUTHERE, (S.) natif de Nicopolis, d'abord diacre du pape Anicet, fut ordonné prêtre, & ensuite élu pape après la mort de Soter l'an 177. Il combattit avec beaucoup de zele les erreurs des Valentiniens, pendant son pontificat. Les choses qui rendent célebre ce pontificat, sont : la mort glorieuse des martyrs de Lyon; & l'ambassade qu'il reçut de Lucius, roi de la Grande-Bretagne, pour demander un missionnaire qui lui enseignât la religion chrétienne. S. Eleuthere mourut en 193, après avoir gouverné l'église pendant plus de 16 ans.

ELEUTHERE, exarque d'Italie pour l'empereur Heraclius, ne fut pas plutôt arrivé à Ravenne, qu'il y fit le procès aux meurtriers de Jean son prédécesseur. Il se rendit ensuite à Naples, où ayant assiégé Jean Conopsin, qui lui avoit fermé les portes, il le contraignit de se rendre à discrétion, & le fit mourir; mais Eleuthere, après avoir puni les révoltés, tomba lui-même dans la rebellion. L'empire étoit agité au-dedans & au-dehors. Il profita de ces circonstances, pour se rendre maître de ce qui appartenoit à l'empereur dans l'Italie. Après la mort du pape Dieu-Donné en 617, il crut que le saint-siege seroit vacant long-tems; & que tandis que le peuple seroit occupé à élire un nouveau pontife, il lui seroit aisé de se saisir de la ville. Dans cette vue, il traita son armée encore plus favorablement qu'il n'avoit fait, lui fit distribuer beaucoup d'argent, & lui promit de grands avantages; mais les soldats & les officiers, détestant sa rebellion, se jeterent sur lui, l'assommerent, & lui couperent la tête, qu'ils envoyerent à Heraclius vers la fin de décembre 617.

ELEUTHERE, (Augustin) lu- thérien allemand, dont on a un petit traité singulier & devenu rare: *De arbore scientiæ boni & mali*, Mulhausen 1560, in-8°.

ELIAB, le 3e de ces vaillans hommes qui se joignirent à David quand il fuyoit la persécution de Saül. Il rendit à ce prince affligé des services très-considérables dans toutes ces guerres.

ELIACIM, grand-prêtre des Juifs sous le roi Manassès. Ce prince étant devenu un modele de pénitence de- puis sa prison, ne s'appliquoit qu'à réparer les maux qu'il avoit faits à la religion & à l'état; & pour cela il avoit mis toute sa confiance dans Eliacim, & ne faisoit rien sans son conseil. Celui-ci se trouvoit ainsi chef de la religion, & ministre d'état. Il est quelquefois nommé *Joakim*; plusieurs savans croient qu'il est au- teur du livre de *Judith*... Il y avoit encore de ce nom un sacri- ficateur, qui revint de Babylone avec Zorobabel; un fils d'Abiud, parent de J. C. selon la chair.

ELIACIM, roi de Juda, *voyez* JOACHIM.

ELICHMAN, (Jean) danois, flo- rissoit vers la fin du 16e siecle. Il étoit savant dans les langues orien- tales, & nous a laissé des remarques sur la langue perse, qui ont servi à Louis de Dieu pour composer sa Grammaire Perse; & quelques autres ouvrages dans le même genre. *Voyez* Ramus, *Panegyr. Ling. Oriental.* p. 12.

ELIE, prophete d'Israël, origi- naire de Thesbé, vint à la cour du roi Achab, l'an 912 avant J. C. Il annonça à ce prince impie les menaces du Seigneur, & lui pré- dit le fléau de la sécheresse & de la famine. Dieu lui ayant ordonné de se cacher, il se retira dans un désert, où des corbeaux lui ap- portoient sa nourriture. Il passa de cette solitude à Sarepta, ville des Sidoniens, y multiplia l'huile de la veuve qui le reçut. Achab ren-

doit à l'idole de Baal un culte sa- crilege. Le prophete vint en sa pré- sence pour le lui reprocher. Il as- sembla le peuple, donna le défi aux prêtres de Baal; & sa victime ayant été seule consumée par le feu tombé du ciel, il les fit mettre à mort. Menacé par Jezabel, femme d'Achab, irritée du châtiment des faux-pro- phetes, il s'enfuit dans le désert: un Ange l'y nourrit miraculeusement. Il se retira ensuite à Horeb, où Dieu lui apparut, & lui ordonna d'aller sacrer Hazaël, roi de Syrie, & Jehu, roi d'Israël. Les miracles d'Elie n'avoient point changé Achab. Le prophete vint encore le trouver pour lui reprocher le meurtre de Naboth, qu'il avoit fait mourir après s'être emparé de sa vigne. Il pré- dit peu de tems après à Ochosias, qu'il mourroit de la chute qu'il avoit eue, & fit tomber le feu du ciel sur les envoyés de ce prince. Le ciel l'envoit à la terre; il fut en- levé par un chariot de feu vers l'an 895 avant J. C. Elisée son disciple reçut son esprit & son manteau. On fait la fête de l'enlevement d'Elie dans l'église grecque. On croit qu'il fut transporté, non dans le séjour de la Divinité, mais dans quelque lieu au-dessus de la terre. Nous di- sons, *on croit*; car dans des ques- tions aussi délicates, il n'est pas permis de décider; il est même hardi de conjecturer, & de vouloir péné- trer ce que Dieu s'est plu à nous cacher.

ELIE ou *Elias Levita*, rabbin du 16e siecle, natif d'Allemagne, passa la plus grande partie de sa vie à Rome & à Venise, où il en- seigna la langue hébraïque à plu- sieurs savans de ces deux villes & même à quelques cardinaux. C'est le critique le plus éclairé que les Juifs modernes, presque tous su- perstitieux, aient eu. Il a rejeté comme des fables ridicules, la plu- part de leurs traditions. On lui doit: I. *Lexicon Chaldaïcum*, Isne 1541, in-fol. II. *Traditio Doctrinæ*,

N n 4

en hébreu , Venise 1538, in-4°;
avec la version de Munster, Bâle
1539, in-8°. III. *Collectio locorum , in quibus Chaldæis para-
phrastes interjecit nomen Messiæ Christi, latinè versâ à Ge-
nebrardo*; Paris 1752, in-8°. IV.
Plusieurs *Grammaires Hébraïques*,
in-8°, nécessaires à ceux qui veulent approfondir les difficultés de
cette langue. V. *Nomenclatura
Hebraïca*, Isne 1542, in-4°. Idem
en hébreu & en latin , par Drusius,
Franeker 1681, in-8°.

ELIEN , (*Claudius Ælianus*)
vit le jour à Préneste , aujourd'hui
Palestrine. Quoique né en Italie , &
n'en étant presque jamais sorti , il fit
de si grands progrès dans la langue
grecque , qu'il ne cédoit pas aux
écrivains athéniens pour la pureté
du langage. Il enseigna d'abord la
rhétorique à Rome ; mais dégoûté
bientôt de cette profession , il se mit
à composer plusieurs ouvrages. Ceux
que nous avons de lui sont ; I. Quatorze livres intitulés : *Historiæ variæ*, qui ne sont pas venues entieres jusqu'à notre siecle. La meilleure édition est celle qu'Abraham
Gronovius publia à Leyde en 1731,
2 vol. in-4°. avec de savans commentaires. Il n'est le plus souvent
dans cet ouvrage que le copiste ou
l'abréviateur d'Athénée. II. Une *Histoire des Animaux* , en 17 livres,
Londres 1744 , 2 vol. in-4°. L'auteur mêle à quelques observations
curieuses & vraies , plusieurs autres
triviales ou fausses. Il est aussi menteur que Pline ; mais Pline avoit une
imagination qui embellissoit les fables , & les lui fait pardonner. Ces
deux ouvrages sont certainement
d'Elien. On y voit le même génie
dans l'un & dans l'autre , & la même
variété de lecture. On lui a faussement attribué un *Traité sur la
Tactique des Grecs* , Amsterdam
1750 , in-8° : ouvrage qui est d'un
autre Elien, bien différent de Claude
Elien , & plus ancien que lui. Celui-
ci joignoit à tous les agrémens de

l'érudition , tous les avantages que
procure la philosophie aux ames
douces & tranquilles. Il fuyoit la
cour , comme le séjour de la corruption & l'écueil de la sagesse. Il
publia un livre contre Héliogabale ,
dans lequel il se déchaînoit vivement contre la tyrannie de ce prince,
sans le nommer. Elien florissoit vers
l'an 222 de J. C. Il étoit , selon
Suidas , grand-prêtre d'une divinité
dont nous ignorons le nom. Après
une vie laborieuse , il mourut âgé
d'environ 60 ans , sans avoir été
marié. On a publié à Paris , en 1772,
in-8°, une bonne *Traduction* françoise de ses *Histoires diverses* ,
avec des notes utiles , par M. Dacier.

ELIEZER , originaire de la ville
de Damas , étoit serviteur d'Abraham. Ce patriarche le prit tellement
en affection , qu'il lui donna l'intendance de toute sa maison ; il le
destinoit même à être son héritier ,
avant la naissance d'Isaac. Ce fut
lui qu'Abraham envoya en Mésopotamie , chercher une femme pour
son fils.

ELIEZER , rabbin , que les Juifs
croient être ancien , & font remonter jusqu'au tems de J. C. ; mais
qui , selon le P. Morin , n'est que
du 7e ou 8e siecle. On a de lui un
livre intitulé : *Les Chapitres* ou
Histoire sacrée , que Vossius a
traduit en latin , avec des notes ,
1644 , in-4°. Il est fameux parmi
les Hébraïsans.

ELIEZER , fils de Bariza , aga
des Janissaires , se battit en duel contre Bitezès , hongrois , dans le tems
qu'Amurat , empereur des Turcs ,
marcha contre Jean Huniade en 1448.
Ils sortirent tous deux du combat ,
sans se faire aucun mal , & chacun
se retira vers les siens. Eliezer voulant faire connoître à l'empereur ce
qui l'avoit excité à combattre si
vaillamment , lui apporta l'exemple
d'un lievre contre lequel il avoit
autrefois tiré jusqu'à 40 fleches sans
l'épouvanter , & qui ne s'étoit enfui
qu'au dernier coup. Il ajouta , que

delà il avoit conclu qu'il y avoit une deftinée qui préfidoit à la vie ; & que , fortifié par cette penfée , il n'avoit point fait difficulté de s'expofer au combat contre un ennemi qui le furpaffoit en âge & en force.

ELINAND. *ou* HELINAND, moine ciftercien de l'abbaye de Froidmont, fous le regne de Philippe-Augufte , eft auteur d'une plate *Chronique* en 48 livres. Il n'eft pas vrai qu'il ne nous en refte que quatre. Cette *Chronique* eft en entier à l'abbaye de Froidmont. Ainfi l'auteur du *Dictionnaire critique*, en 6 vol, s'eft trompé. Il auroit dû dire qu'on n'en a imprimé que quatre , qui renferment les événemens principaux depuis l'an 634 jufqu'en 1200. Outre cette mauffade compilation , on a de lui de mauvais *Vers françois*, & de plus mauvais *Sermons*. Il étoit de Pron-le-Roi en Beauvoifis. Il mourut vers l'an 1227.

ELIOGABALE , *voyez* HELIOGABALE.

ELIOT, (Jean) miniftre de Bofton dans la Nouvelle-Angleterre , a fait paroître une *Bible en Langue Américaine*, imprimée à Cambridge de la Nouvelle - Angleterre ; le *Nouveau Teftament* en 1661 , l'*Ancien* en 1663, in-4°, & le tout en 1685 , auffi in-4°.

ELIPAND , archevêque de Tolede , ami de Felix d'Urgel , foutenoit avec lui que J. C. , en tant qu'hômme , n'étoit que fils adoptif de Dieu. Il défendit ce fentiment de vive voix & par écrit. Cette erreur fut condamnée par plufieurs conciles ; & leur jugement fut confirmé par le pape Adrien , qui fit rétracter Felix. Elipand , moins foumis que fon maître , écrivit contre lui en 799 , & mourut peu après.

ELISA , premier fils de Javan , petit-fils de Japhet , peupla l'Elide dans le Péloponnefe, où , felon d'autres , cette partie de l'Efpagne proche Cadix , qui , à caufe de fes agrémens , fut appellée les *Champs Eliféens*, ou *Ifles fortunées*.

ELISAPHAT , fils de Zechri , qui aida de fes confeils & de fes armes le fouverain-pontife Joïada à dépofer l'impie Athalie , & à mettre Joas fur le trône. Il commandoit une compagnie de cent hommes.

ELISÉE , difciple d'Elie & prophete comme lui , étoit fils de Saphat. Il conduifoit la charrue , lorfqu'Elie fe l'affocia par ordre de Dieu. Son maître ayant été enlevé par un tourbillon de feu , Elifée reçut fon manteau & fon double efprit prophétique. Les prodiges qu'il opéra , le firent reconnoître pour l'héritier des vertus du faint prophete. Il divifa les eaux du Jourdain , & le paffa à pieds fecs ; il corrigea les mauvaifes qualités des eaux de la fontaine de Jéricho ; il fit dévorer par des ours , des enfans qui le tournoient en ridicule (c'étoient , obfervent les SS. Peres , des enfans formés par des parens impies , à la dérifion des miniftres de Dieu) ; il foulagea l'armée de Jofaphat & de Joram , qui manquoit d'eau ; il leur prédit la victoire qu'ils remporterent fur les Moabites ; il multiplia l'huile d'une pauvre veuve ; il reffufcita le fils d'une Sunamite ; il guérit Naaman , général fyrien , de la lepre ; & Giezi fon difciple en fut frappé , pour avoir reçu des préfens contre fon ordre ; il prédit les maux que Hazaël feroit aux Ifraélites ; il annonça à Joas , roi d'Ifraël , qu'il remporteroit autant de victoires fur les Syriens , qu'il frapperoit de fois la terre de fon javelot. Elifée ne furvécut pas beaucoup à cette prophétie. Il mourut à Samarie , vers l'an 830 avant J. C. Un homme affaffiné par des voleurs ayant été jeté dans fon tombeau, le cadavre n'eut pas plutôt touché les os de l'homme de Dieu , qu'il reffufcita.

ELIZABETH, (Ste) femme de Zacharie , mere de S. Jean-Baptifte, qu'elle eut dans fa vieilleffe , reçut la vifite de fa parente , la mere du Sauveur , dans le tems de leur groffeffe. S. Pierre d'Alexandrie dit, que deux ans après qu'elle eut mis au monde Jean-Baptiste, elle fut obligée de fuir la persécution d'Hérode. Elle alla se cacher dans une caverne de la Judée, où elle mourut, laissant son fils dans le désert à la conduite de la Providence, jusqu'au tems qu'il devoit paroître devant le peuple d'Israël.

ELIZABETH ou ISABELLE d'Arragon, reine de France, femme du roi Philippe III, dit le Hardi, & fille de Jacques I, roi d'Arragon, fut mariée en 1282. Elle suivit le prince son mari en Afrique, dans l'expédition que le roi S. Louis entreprit contre les Barbares. Après la mort de ce prince, Philippe, vint prendre possession de ses états. La reine, qui étoit grosse, se blessa en tombant de cheval, & mourut à Cozence en Calabre, en 1271, à 24 ans. Dans le même-tems, Alfonse, comte de Poitiers, frere de S. Louis, fut emporté d'une fievre pestilentielle à Sienne, & sa femme Jeanne de Touloufe mourut 12 jours après lui. De forte que le roi Philippe, essuyant douleur sur douleur, après tant de dépenses & de travaux, ne remporta en France, que des coffres vuides & des ossemens.

ELIZABETH, reine de Hongrie, voyez GARA.

ELIZABETH, (Sainte) fille d'André II, roi de Hongrie, née en 1207, mariée à Louis, landgrave de Hesse, perdit son époux en 1227. Les seigneurs la priverent de la régence, que son rang & les dernieres volontés du prince paroissoient lui avoir assurée. Elizabeth, mere des pauvres, avoit employé non-seulement sa dot, mais encore sa vaisselle & ses pierreries, à les nourrir, dans une famine. Elle se vit réduite à mendier son pain de porte en porte. Tirée ensuite de ce misérable état, elle fut rétablie dans son palais ; mais, préférant l'état d'humiliation aux honneurs, elle prit l'habit du Tiers-Ordre, & s'employa à servir les pauvres de l'hôpital

de Marburg qu'elle avoit fondé. Son palais avoit été une espece de convent. Elle avoit sur le trône toutes les vertus du cloître ; & ses vertus n'eurent que plus de force, lorsqu'elle se fut consacrée à Dieu. Elle mourut à Marburg en 1231, à 24 ans ; & fut canonisée 4 ans après. Théodore de Thuringe a écrit sa Vie.

ELIZABETH, (Sainte) reine de Portugal, fille de Pierre III, roi d'Arragon, épousa en 1281 Denys, roi de Portugal. Après la mort de son mari, elle prit l'habit de Ste Claire, fit bâtir le monastere de Coïmbre, & mourut saintement en 1336, à 65 ans.

ELIZABETH ou ISABELLE de Portugal, impératrice & reine d'Espagne, fille aînée d'Emmanuel, roi de Portugal, & de Marie de Castille sa seconde femme, naquit à Lisbonne en 1503. Elle fut mariée à Séville avec l'empereur Charles-Quint, qui lui donna pour devise les trois Graces, dont l'une portoit des roses, l'autre une branche de myrte, & la 3e une branche de chêne avec son fruit. Ce groupe ingénieux étoit le symbole de sa beauté, de l'amour qu'on avoit pour elle, & de sa fécondité. On les orna de ces paroles : Hæc habet & superat. Elizabeth mourut en couches à Tolede en 1538. François Borgia, duc de Candie, qui eut ordre d'accompagner son corps de Tolede à Grenade, fut si touché de voir son visage, autrefois plein d'attraits, entiérement défiguré par la pâleur de la mort, & livré à la pourriture, qu'il prit le parti de quitter le monde, pour se retirer dans la Compagnie de Jesus, où il mourut saintement. Voyez S. FRANÇOIS de Borgia.

ELIZABETH d'Autriche, fille de l'empereur Maximilien II, & femme de Charles IX, roi de France, fut mariée à Mezieres le 26 novembre 1570. C'étoit une des plus belles personnes de son tems ; mais sa vertu surpassoit encore sa beauté. La funeste nuit de la S. Barthélemi l'affligea extrêmement : elle n'en apprit pas plutôt la nouvelle à son réveil, qu'elle se jeta toute baignée de pleurs aux pieds de son crucifix, pour demander à Dieu miséricorde d'une action si atroce, & qu'elle détestoit avec horreur. Tant qu'elle fut à la cour de France, elle honora d'une tendre affection Marguerite, reine de Navarre, sa belle-sœur, quoique d'une conduite bien opposée à la sienne ; & après son retour en Allemagne, Elizabeth entretint toujours avec elle un commerce de lettres. Elle lui envoya même, pour gage de son amitié, deux livres qu'elle avoit composés, l'un, *sur la parole de Dieu*, l'autre, *sur les événemens les plus considérables qui arriverent en France de son tems.* Cette vertueuse princesse, après la mort du roi son époux, se retira à Vienne en Autriche, où elle mourut en 1592, âgée seulement de 38 ans, dans un monastere qu'elle avoit fondé.

ELIZABETH, reine d'Angleterre, fille de Henri VIII & d'Anne de Boulen, naquit le 8 septembre 1533. Sa sœur Marie, montée sur le trône, la retint long-tems en prison. Elizabeth profita de sa disgrace. Elle cultiva son esprit, & apprit les langues ; mais de tous les arts, celui de se ménager avec sa sœur, avec les Catholiques & avec les Protestans, de dissimuler, & d'apprendre à régner, lui tint le plus au cœur. Après la mort de Marie, elle sortit de prison pour monter sur le trône d'Angleterre. Elle se fit couronner avec beaucoup de pompe en 1559 par un évêque catholique, pour ne pas effaroucher les esprits ; mais elle étoit protestante dans le cœur, & elle ne tarda pas d'établir cette religion par le fer & le feu, malgré le serment solemnel qu'elle avoit fait à son sacre de défendre la religion catho-

lique-romaine & d'en protéger les ministres. Elizabeth convoqua un parlement, qui établit la religion anglicane telle qu'elle est aujourd'hui. C'est un mélange de dogmes calvinistes, avec quelques restes de la discipline & des cérémonies de l'église catholique. Les évêques, les chanoines, les curés, les ornemens de l'église, les orgues, la musique, furent conservé ; les décimes, les annates, les privileges des églises abolis ; la confession-permise, & non ordonnée ; la présence réelle admise, mais sans transsubstantiation : système purement humain, sans sanction & sans aucun fondement religieux. Pour comble d'inconséquence, elle se fit chef de la religion, sous le nom de *Souveraine gouvernante de l'Eglise d'Angleterre pour le spirituel & pour le temporel.* Les prélats qui s'opposerent à ces nouveautés, furent chassés de leurs églises ; mais la plupart obéirent. Les hommes fermes, les amis généreux de la vérité sont rares dans tous les tems & dans tous les pays. De 9400 bénéficiers que contenoit la Grande-Bretagne, il n'y eut que 14 évêques, 50 chanoines & 80 curés, qui, n'acceptant pas la réforme, perdirent leurs bénéfices. Les uns finirent leur vie dans des cachots, les autres dans les tourmens. Les Jésuites qui accoururent au secours de l'ancienne religion, périrent par d'horribles supplices. Cependant le trône d'Elizabeth n'étoit pas encore affermi ; elle crut qu'il falloit s'assurer le sceptre par des victimes plus distinguées. Elle en eut bientôt l'occasion. Marie Stuart, reine d'Ecosse, épouse de François II, roi de France, prenoit le titre de reine d'Angleterre, comme descendante de Henri VII. Elizabeth l'oblige à y renoncer après la mort de son mari. Les Ecossois mécontens contraignirent Marie à quitter l'Ecosse, & à se refugier en Angleterre. Elizabeth lui promit un asyle, & la fit aussi-tôt mettre en prison. Il se forma dans Londres des partis en faveur de la reine prisonniere. Le duc de Norfolck, catholique, voulut l'épouser, comptant sur le droit de Marie à la succession d'Elizabeth; il lui en coûta la tête. Les pairs le condamnerent, pour avoir demandé au roi d'Espagne & au pape des secours pour la malheureuse princesse. Le supplice du duc n'appaisa pas la colere d'Elizabeth; elle continua d'immoler des victimes de toutes les classes de citoyens. En vain l'ambassadeur de France & celui d'Ecosse intercéderent pour l'infortunée reine d'Ecosse. Marie eut la tête tranchée, après 18 ans de prison, le 18 février 1587, à l'âge de 44 ans. Elizabeth, joignant la dissimulation à la cruauté, affecta de plaindre celle qu'elle avoit fait mourir, peut-être autant par jalousie que par politique. Elle prétendit qu'on avoit passé ses ordres, & fit mettre en prison le secretaire d'état, qui avoit, disoit-elle, fait exécuter trop tôt l'ordre signé par elle-même. Cette mascarade, dans une scene si tragique, ne la rendit que plus odieuse. Philippe II avoit préparé une invasion en Angleterre du vivant de l'infortunée écossoise. Il mit en mer, un an après sa mort, en 1588, une puissante flotte nommée l'*Invincible*, mais les vents & les écueils combattirent pour Elizabeth, l'armée espagnole périt presque toute par la tempête, ou fut la proie des Anglois. Leur reine triompha dans la ville de Londres, à la façon des anciens Romains. On frappa une médaille avec la légende emphatique, *Venit*, *vidit*, *vicit*, d'un côté, & ces mots de l'autre, *Dux Foemina facti*. Le chevalier Drack, & quelques autres capitaines non moins heureux que lui, avoient conquis à-peu-près vers le même tems plusieurs provinces en Amérique. Les Irlandois, qui lui avoient tenu tête en faveur de la religion catholique, grossirent le nombre

de ses conquêtes. Le comte d'Essex, son favori, nommé viceroi d'Irlande, fut l'objet d'une des dernieres tragédies qui rendirent le regne d'Elizabeth fameux. Ce comte vouloit se venger, dit-on, d'un soufflet que la reine lui avoit donné dans la chaleur d'une dispute, faire révolter l'Irlande, se rendre maître de la tour de Londres, & s'emparer du gouvernement. D'autres ont prétendu qu'il fut la victime de la jalousie de la reine (*Voyez* ESSEX). Elizabeth le pleura en le faisant punir; on prétend même qu'elle mourut de chagrin de cette exécution, le 3 avril 1603, à 70 ans. Elle n'avoit jamais voulu se marier. La nature l'avoit conformée de façon à la mettre hors d'état de prendre un époux. Sous son regne, l'Angleterre parut jouir d'une situation assez heureuse, si l'on considere ses rapports avec les autres états d'Europe. Son commerce étendit ses branches aux quatre coins du monde. Ses manufactures principales furent établies, sa police perfectionnée. Elizabeth ennemie du luxe, le plus cruel ennemi d'un état, proscrivit les carrosses, les larges fraises, les longs manteaux, les longues épées, les longues pointes sur la bosse des boucliers, & généralement tout ce qui pouvoit être appelé superflu dans les armes & les vêtemens. Les bornes de cet ouvrage ne nous permettent pas un portrait en grand de cette princesse. On se contentera de dire, que la gloire qu'elle s'acquit par sa dextérité, par son esprit, par sa prudence, fut obscurcie par les artifices de comédienne, que tant d'historiens lui ont reprochés, souillée par le sang de Marie Stuart, & d'une multitude de Catholiques qu'elle immola à son fanatisme & à son ambition. Le zele que montra toujours Philippe II pour la foi de ses Peres, est apparemment la cause de la haine constante qu'elle lui voua. Cette princesse fit publier une ordonnance le 18 octobre 1591, contre ce prince qu'elle accusoit de fomenter continuellement des conjurations contre elle en Angleterre. Thomas Stapleton réfuta cette imputation dans un livre intitulé : *Apologia pro rege catholico , contra edictum..... in quâ omnium turbarum & bellorum quibus his annis triginta Christiana respublica conflictatur , fontes aperiuntur & remedia demonstrantur;* imprimé d'abord aux Pays-Bas, puis à Constance en 1592. Elizabeth avoit une grande connoissance de la géographie & de l'histoire. Elle parloit, ou du moins entendoit 5 ou 6 langues. Elle traduisit divers Traités, du grec, du latin & du françois. Sa *Version d'Horace* fut estimée en Angleterre aussi long-tems, qu'on eut quelque intérêt à flatter sa personne ou sa mémoire. Sa *Vie* par Leti, traduite en françois, 2 vol in-12, ne mériteroit guere d'être citée , s'il y en avoit une meilleure.

ELIZABETH FARNESE, héritiere de Parme , de Plaisance & de la Toscane, née en 1692, épousa Philippe V en 1714, après la mort de Marie-Louise-Gabrielle de Savoie. Ce fut l'abbé Alberoni qui inspira ce mariage à la princesse des Ursins, favorite du monarque espagnol. Il lui fit envisager la jeune princesse comme étant d'un caractere souple, d'un esprit simple, sans ambition & sans talens. Elizabeth étoit précisément le contraire de ce qu'elle avoit été dépeinte. Elle avoit le génie élevé , l'ame grande & l'esprit éclairé. La négociatrice sachant qu'elle avoit été abusée par l'abbé Alberoni, voulut faire échouer ce projet; mais il n'étoit plus tems: Elizabeth étoit en chemin. Le roi, avec toute sa cour, alla au-devant d'elle à Guadalaxara. Là la princesse des Ursins s'avança pour la recevoir jusqu'à Zadraque; mais à peine fut-elle arrivée , qu'ayant osé censurer quelques-unes des actions d'Elizabeth Farnese: *Qu'on me délivre de cette folle*, dit la jeune reine , & *qu'on la conduise hors du royaume.* Ce qui fut fait sur le champ, sans doute d'accord avec le roi. Cette princesse cultiva les sciences & les protégea : son attachement à la religion chrétienne étoit vif & éclairé , elle s'opposoit avec force à tout ce qui pouvoit y donner atteinte. L'Espagne la perdit en 1766.

ELIZABETH , princesse palatine, fille ainée de Frédéric V, électeur palatin du Rhin , élu roi de Bohême, naquit en 1618. Dès son enfance elle pensa à cultiver son esprit ; elle apprit les langues ; elle se passionna pour la philosophie , & sur-tout pour celle de Descartes. Ce célèbre philosophe ne fit point difficulté d'avouer , en lui dédiant ses *Principes*, qu'il n'avoit encore trouvé qu'elle qui fût parvenue à comprendre si parfaitement ses ouvrages ; mais on sent assez la valeur de ces sortes d'éloges mis dans des épitres dédicatoires. Elizabeth sacrifia tout au plaisir de philosopher en paix. Elle refusa la main de Ladislas VII , roi de Pologne. Ayant encouru la disgrace de sa mere, qui la soupçonnoit d'avoir eu part à la mort de d'Epinai , gentilhomme françois, assassiné à La Haye; elle se retira à Grossen , ensuite à Heidelberg , & delà à Cassel. Sur la fin de ses jours elle accepta la riche abbaye d'Hervorden, qui devint dès-lors une retraite pour tous les aspirans à la philosophie de quelque nation, de quelque secte , de quelque religion qu'ils fussent. Cette abbaye fut une des premieres écoles cartésiennes ; mais cette école ne subsista que jusqu'à la mort de la princesse palatine, arrivée en 1680. Quoiqu'elle eût du penchant pour la religion catholique , elle fit toujours profession du Calvinisme, dans lequel elle avoit été élevée.

ELIZABETH - PETROWNA , impératrice de toutes les Russies, étoit fille du czar Pierre I. Elle naquit le 29 décembre 1710, & monta sur le trône impérial le 7 décembre

1741, par une révolution qui en fit descendre le czar Iwan, regardé comme imbécille. Elle avoit été fiancée en 1747 au duc de Holstein-Gottorp ; mais ce prince étant mort onze jours après, le mariage n'eut point lieu, & Elizabeth passa le reste de ses jours dans le célibat. Cette princesse prit part aux deux dernieres guerres de la France en Allemagne, & montra toujours une constante amitié pour ses alliés. La Russie la perdit le 5 janvier 1762, à 51 ans. Sa mémoire est chere à ses sujets. Dans l'état le plus critique de sa maladie, elle donna des ordres pour remettre en liberté 13 ou 14 mille malheureux, détenus en prison pour contrebande. Elle voulut en même-tems qu'on rendît toutes les confiscations faites pour raison de fraudes, & que les droits sur le sel fussent modérés, au point qu'il en résulta une diminution annuelle de près d'un million & demi de roubles dans l'étendue de l'empire. Sa bonté éclata encore envers les débiteurs, qui étoient retenus en prison pour une somme au-dessous de 500 roubles : elle en ordonna le paiement, de ses propres deniers. On fait monter à plus de 25 mille, le nombre des infortunés qui furent relâchés. Une chose non moins remarquable dans un pays comme la Russie, sujet à tant de révolutions, c'est que cette princesse avoit fait vœu de ne faire mourir personne tant qu'elle régneroit : vœu qu'elle remplit exactement, & qui lui mérita le titre de *Clémente*.

ELIZABETH : *voyez*, sous le mot ISABELLE, les articles qui ne se trouvent pas ici.

ELLEBODIUS, (Nicaise) natif de Cassel en Flandre, fit ses études à Padoue. Son habileté dans les sciences lui mérita l'estime des grands-hommes de son tems. Radecius, évêque d'Agria en Hongrie, l'attira chez lui, & lui donna un canonicat dans sa cathédrale ; il mourut à Presbourg, le 4 juin 1577. Nous avons de lui : I.

Une Version de grec en latin de *Nemesius*, Anvers 1565, Oxfort 1671, & dans la Bibliotheque des Peres, édition de Lyon, tom. VIII. Cette Version d'un ouvrage savant & utile est faite de main de maître. Il est le premier qui ait donné une bonne édition de *Nemesius*, & cela sur deux manuscrits corrompus, qu'il a corrigé avec beaucoup d'art & de travail. Georges Valla en avoit donné une avant lui, où l'auteur grec est ridiculement défiguré. II. Des Poésies latines dans *Deliciæ Poetarum Belgarum* de Gruterus.

ELLER DE BROOKUSEN, (Jean-Théodore) premier médecin du roi de Prusse, naquit en 1689 à Pletzkau, dans la principauté d'Anhalt-Bernbourg, & mourut à Berlin en 1760. Au titre de premier médecin que Frédéric-Guillaume lui avoit donné en 1735, Frédéric son fils, joignit en 1755 celui de conseiller privé, & de directeur de l'académie royale de Prusse. Nous avons de lui un *Traité de la connoissance & du traitement des Maladies, principalement des aiguës*, en latin, traduit en françois par M. le Roi, médecin, 1774, in-12. Le fonds de la doctrine enseignée dans cet ouvrage, est bon, & établi sur des observations importantes de pratique. La mort de l'auteur a privé le public de celles qu'il avoit faites *sur les Maladies Chroniques*, & c'est une perte ; car il joignoit à une longue pratique, la sagacité, la dextérité & la patience nécessaires à un observateur.

EL-MACIN, (Georges) historien d'Egypte, mort en 1238, fut secretaire des califes, quoiqu'il fît profession du Christianisme. On a de lui une *Histoire des Sarrasins*, écrite en arabe, qui a été traduite en latin par Erpenius, Leyde 1625, in-fol. On y trouve des choses curieuses. Elle commence à Mahomet, & finit à l'établissement de l'empire des Turcs.

ELMENHORST (Geverhart)

dé Hambourg, mort en 1621, s'appliqua à la critique, & s'y rendit très-habile. On a de lui des Notes sur *Minutius Felix*, & sur plusieurs autres auteurs anciens. Il donna à Leyde, en 1618, le *Tableau du Cébès*, avec la version latine & les notes de Jean Casel.

ELMENHORST, (Henri) auteur d'un *Traité* allemand *sur les Spectacles*, imprimé à Hambourg en 1688, in-4°. Il tâche vainement d'y prouver que les spectacles, tels qu'ils sont aujourd'hui, loin d'être contraires aux bonnes mœurs, sont capables de les former. On peut voir cette matiere discutée avec plus de raison & de vérité, dans le *Traité des Spectacles* de M. Bossuet, dans une Lettre du fameux Citoyen de Geneve à M. d'Alembert, dans les *Lettres sur les Spectacles*, par M. Des-Prés de Boissy, & dans le *Jour. hist. & litt.* 15 avril & mai 1781.

ELOI, (Saint) né à Cadillac, près de Limoges en 588, excella dès sa jeunesse dans les ouvrages d'orfévrerie. Clotaire II employa ses talens, ainsi que Dagobert, qui le fit son trésorier. On le tira de ce poste, pour le mettre sur le siege de Noyon en 640. Il mourut saintement en 659, après avoir prêché le Christianisme à des peuples idolâtres, fondé grand nombre d'églises & de monasteres, & paru avec éclat dans un concile de Châlons en 644. S. Ouen son ami a écrit sa *Vie*. Levêque en a donné une traduction, Paris, in-8°, en 1693. Il l'a enrichie d'une version de 16 *Homélies*, qui portent le nom de S. Eloi. Elles sont très-touchantes, remplies de belles images, & vraiment éloquentes, malgré la simplicité du style qui porte partout le caractere intéressant de la franchise antique. On a aussi quelques Lettres de ce Saint.

ELPENOR, l'un des compagnons d'Ulysse, fut changé en porc par Circé, ainsi que ceux qui étoient avec lui. Cette magicienne rendit

ensuite sa premiere forme à Elpenor, qui se tua en tombant du haut d'un escalier.

EL-ROI, (David) imposteur juif vers l'an 933, s'acquit une si grande autorité parmi ceux de sa nation, qu'il leur persuada qu'il étoit le Messie, envoyé de Dieu pour les rétablir dans la ville de Jerusalem, & pour les délivrer du joug des Infideles. Le roi de Perse, Bazi-Bila, informé de la hardiesse de ce fourbe, donna ordre de l'enfermer; mais il s'échappa de prison. Il fallut, pour s'en délivrer, que son beau-pere, gagné par de grandes sommes d'argent, le poignardât pendant qu'il dormoit.

ELSHAIMER, (Adam) peintre célebre, naquit à Francfort en 1574, d'un tailleur d'habits. Après s'être fortifié dans sa profession par les leçons d'Ussembac, & sur-tout par l'exercice, il passa à Rome. Il chercha dans les ruines de cette métropole de l'Europe, & dans les lieux écartés, où son humeur sombre & sauvage le conduisoit souvent, de quoi exercer son pinceau. Il dessinoit tout d'après nature. Sa mémoire étoit si fidelle, qu'il rendoit avec une précision & un détail merveilleux, ce qu'il avoit perdu de vue depuis quelques jours. Il a extrêmement fini ses tableaux. Sa composition est ingénieuse, sa touche gracieuse, ses figures rendues avec beaucoup de goût & de vérité. Il entendoit parfaitement le clair-obscur. Il réussissoit sur-tout à représenter des *effets de nuits* & des *clairs de lune*. Ce peintre mourut en 1620, dans l'indigence, & dans la plus sombre mélancolie, produite par son caractere & par son état. Ses tableaux se vendoient très-cher, mais il en faisoit peu; aussi sont-ils fort rares. Un de ses disciples, nommé Jacques-Ernest-Thomas de Landeau, a fait des tableaux si approchans de ceux de son maître, que plusieurs connoisseurs s'y sont mépris.

ELSWARDUS, *voyez* ETHEL-WARDUS.

ELSWICH, (Jean Herman d') luthérien, naquit à Rensbourg dans le Holftein en 1684. Il devint miniftre à Stade, & y mourut en 1721. Il a publié : I. Le livre de Simonius, *De Litteris pereuntibus*, avec des notes. II. *Launoïus ; de varia Ariftotelis fortuna* ; auquel il a ajouté, *Schediafma ; de varia Ariftotelis in fcholis Proteftantium fortuna ; & Joannis Jofii differtatio de Hiftoria Peripatetica*, &c. &c.

ELVIR, l'un des califes, ou fucceffeurs de Mahomet, étoit fils de Pifafire, dernier calife de Syrie ou de Babylone. S'étant fauvé en Egypte, il fut reçu comme fouverain pontife. Les Egyptiens raffemblerent toutes leurs forces pour détrôner le maître du pays, qu'ils regardoient comme un ufurpateur. Ce prince s'avifa d'un ftratagême pour détourner l'orage qui le menaçoit, & envoya reconnoître Elvir pour fouverain dans ce qui concernoit la religion, s'offrant à prendre de lui le cimeterre & les brodequins, qui étoient les marques du pouvoir abfolu en ce qui regarde le temporel. La paix fut faite à ces conditions, vers l'an 990, & Elvir demeura calife.

ELXAI, juif qui vivoit fous l'empire de Trajan, fut chef d'une fecte de fanatiques qui s'appelloient *Elxaïtes*. Ils étoient moitié juifs & moitié chrétiens. Ils n'adoroient qu'un feul Dieu ; ils s'imaginoient l'honorer beaucoup en fe baignant plufieurs fois par jour. Ils reconnoiffoient un Chrift, un Meffie, qu'ils appelloient le *Grand-Roi*. On ne fait s'ils croyoient que Jefus fût le Meffie ; ou s'ils en admettoient un autre, qui n'étoit pas encore venu. Ils lui donnoient une forme humaine, mais invifible, qui avoit environ 38 lieues de haut : fes membres étoient proportionnés à fa taille. Ils croyoient que le Saint-Efprit étoit une femme, peut-être parce que le mot, qui en hébreu exprime le *Saint-Efprit*, eft du genre féminin. Elxaï étoit confidéré par fes fectateurs comme une puiffance révélée & annoncée par les prophetes, parce que fon nom fignifie, felon l'hébreu, *qui eft révélée*. Ils révéroient même ceux de fa race jufqu'à l'adoration, & fe faifoient un devoir de mourir pour eux. Il y avoit encore fous Valens deux fœurs de la famille d'Elxaï, ou de la *race bénite*, comme ils l'appelloient. Elles fe nommoient Marthe & Marthene, & étoient confidérées comme déeffes par les Elxaïtes. Lorfqu'elles fortoient en public, ces infenfés les accompagnoient en foule, ramaffoient la poudre de leurs pieds & la falive qu'elles crachoient : on gardoit ces faletés, & on les mettoit dans des boëtes qu'on portoit fur foi, & qu'on regardoit comme des préfervatifs fouverains.

ELYMAS, fils de Jebas, de la province de Cypre & de la ville de Paphos, qui mit en ufage fon art magique, pour empêcher que le proconful Sergius Paulus n'embraffât la foi de J. C. Mais Paul, le regardant d'un œil menaçant, lui prédit que la main de Dieu alloit s'appefantir fur lui, & qu'il feroit privé pour un certain tems de la lumière. Alors fes yeux s'obfcurcirent, & tournant de tous côtés, il cherchoit quelqu'un qui lui donnât la main. Ce miracle toucha le proconful, qui fe rendit à la vérité, & fe déclara hautement pour Jefus-Chrift.

ELYOT, gentilhomme anglois, fut aimé & eftimé de Henri VIII, qui le chargea de diverfes négociations importantes. On a de lui un *Traité de l'éducation des Enfans* en anglois, 1580, in-8°, & d'autres ouvrages.

ELZEVIRS, imprimeurs d'Amfterdam & de Leyde, fe font fait un nom, par les belles éditions dont

dont ils ont enrichi la république des lettres. Louis, dont les presses travailloient dès 1595; Bonaventure, Abraham & Daniel, sont les plus célebres. Il n'y a plus de libraires de cette famille, depuis la mort du dernier, arrivée à Amsterdam en 1680. Ce fut une perte pour la littérature. Les Elzevirs ne valoient point les Etiennes, ni pour l'érudition, ni pour les éditions grecques & hébraïques; mais ils ne leur cédoient point dans le choix des bons livres, ni dans l'intelligence de la librairie. Ils ont même été au-dessus d'eux pour l'élégance & la délicatesse des petits caracteres. Leur *Virgile*, leur *Terence*, leur *Nouveau Testament* grec, 1633, in-12; le *Pseautier*, 1653; l'*Imitation de J. C.* sans date, le *Corps de Droit*, & quelques autres livres, ornés de caracteres rouges, vrais chef-d'œuvres de typographie, satisfont également l'esprit & les yeux, par l'agrément & la correction. Les Elzevirs ont publié plusieurs fois le catalogue de leurs éditions. Le dernier, mis au jour par Daniel, en 1674, in-12, en 7 parties, est grossi de beaucoup d'impressions étrangeres qu'il vouloit vendre à la faveur de la réputation que les excellentes éditions de sa famille lui avoient acquise dans l'Europe savante.

EMANUEL, dit *le Grand*, roi de Portugal, monta sur le trône en 1495, après Jean II son cousin, mort sans enfans. Les prospérités de son regne, le bonheur de ses entreprises, lui firent donner le nom de *Prince très-fortuné*. Vasco de Gama, Améric Vespuce, Alvarès Cabral, & quelques autres découvrirent sous ses auspices plusieurs pays inconnus aux Européens. Son nom fut porté par ces navigateurs dans l'Afrique, dans l'Asie, & dans cette partie du monde qu'on a depuis appelée Amérique. Le Brésil fut découvert en 1500. Ce fut une source de trésors pour les Portugais : aussi appellent-ils le regne d'E-

manuel, *le siecle d'or du Portugal*. Ce prince mourut en 1521, à 53 ans, regretté de ses sujets qu'il avoit enrichis ; mais détesté des Maures qu'il avoit chassés, & des Juifs qu'il avoit obligés de se faire baptiser. Emanuel aimoit les lettres & ceux qui les cultivoient. Il laissa des *Mémoires sur les Indes*.

EMANUEL-PHILIBERT, duc de Savoie, né en 1528 de Charles III, fut d'abord destiné à l'église ; mais après la mort de ses deux freres, on lui laissa suivre son inclination pour les armes. Son courage lui mérita le commandement de l'armée impériale au siege de Metz. Il gagna en 1553 la fameuse bataille de Saint-Quentin sur les François. La paix ayant été conclue à Cateau-Cambresis, il épousa en 1559 Marguerite de France, fille de François I, & sœur de Henri II. Ce mariage lui fit recouvrer tout ce que son pere avoit perdu de ses états. Il les augmenta ensuite par sa dextérité & la valeur. Il mourut en 1580, ne laissant qu'un fils, Charles-Emanuel, qui lui succéda ; & qui se montra digne de lui par son courage, par son activité, & par son amour pour les sciences : qualités qui formoient le caractere de son pere.

EMANUEL, *voyez* MANUEL.

EMATHION, fils de Tithon, fameux brigand, qui égorgeoit tous ceux qui tomboient dans ses mains. Hercule le tua : & les campagnes que ce barbare parcouroit, furent appellées *Emathiennes* ou *Emathies*.

EMBER, (Paul) ministre protestant, né à Débréczin dans la Haute-Hongrie, a donné plusieurs ouvrages, au commencement du 18e siecle. I. Des *Sermons* en hongrois, Clausenbourg 1700, in-4°. II. *Historia Ecclesiæ reformatæ in Hungaria & Transilvania*; à Utrecht 1728, in-4°, avec des additions par Frédéric-Adolphe Lampe, professeur d'histoire ecclésiastique dans cette ville. Charles Péterffy dit dans sa Collection des Conciles de Hongrie ;

tom. I.; que cette *Histoire* n'est farcie que de faits apocryphes, de calomnies & d'invectives contre l'église romaine.

EMBRY, *voyez* THOMAS.

EMERICH *ou* EYMERICK, (Nicolas) dominicain, grand-inquisiteur dans l'Arragon contre les Vaudois, mort en 1393, est auteur du livre intitulé : *Directorium Inquisitionis*, corrigé & commenté par Penna. Cet ouvrage a été imprimé à Barcelone & à Rome en 1537, in-fol. On en a donné un *Abrégé* en françois, 1762, in-12.

EMERY, (N.) fils d'un paysan de Sienne, nommé Particelli, vint en France avec le cardinal Mazarin. Son ame étoit aussi basse que sa naissance ; mais son esprit étoit très-délié. Il parvint d'emploi en emploi au poste de surintendant des finances par le crédit de Mazarin, qui éloigna de cette place le président de Bailleul, & le comte d'Avaux. Emery se prêta à toutes les vues de la cupidité insatiable de ce ministre. Il trouva des moyens aussi onéreux que ridicules pour avoir de l'argent. Il créa des charges de contrôleurs de fagots, de jurés-vendeurs de foin, de conseillers-crieurs de vin, &c. Il vendit des lettres de noblesse ; il créa de nouveaux magistrats, il rançonna les anciens. Ses exactions furent la principale source des divisions entre la cour & le parlement vers l'an 1647. Mazarin, voyant le soulevement général, lui ôta son emploi, & l'exila dans ses terres. Nous ignorons en quelle année il mourut. Ce surintendant étoit laborieux, ferme dans ses résolutions, intelligent dans les affaires ; mais il ne connoissoit ni l'humanité, ni la pitié, ni la justice, ni la probité. Il disoit ordinairement : » Que la » bonne-foi n'étoit que pour les » marchands ; & que les maîtres » des requêtes, qui vouloient qu'on » y eût égard dans les affaires du » roi, devoient être punis comme » des prévaricateurs ».

EMILE, (Paul) général romain, fils de Lucius Paulus, tué à la bataille de Cannes, obtint deux fois les honneurs du consulat. Dans le premier, il défit entièrement les Liguriens, l'an 182 avant J. C., avec une armée bien moins forte que la leur. Dans le 2e, auquel il parvint à l'âge de près de 60 ans, il vainquit Persée, roi de Macédoine, ce qui lui mérita le surnom de *Macédonique*, réduisit son état en province romaine, démolit 70 places qui avoient favorisé les ennemis, & retourna à Rome comblé de gloire. Le triomphe qu'on lui décerna, dura 3 jours ; Persée en étoit le triste ornement. Paul Emile, héros sensible, avoit pleuré sa défaite, & l'avoit consolé par des raisons & des caresses. Aussi désintéressé que philosophe, il remit aux questeurs tous les trésors de Persée, & ne conserva de tout le butin, que la bibliotheque de ce roi malheureux. Ce grand-homme mourut l'an 168 avant J. C. On raconte de lui un trait singulier. Il vouloit répudier Papiria sa femme. S'entretenant un jour de son dessein avec ses amis : *Que voulez-vous faire*, lui dirent-ils ? *Votre épouse est belle & sage ; elle vous a donné des enfans de grande espérance.* —— *Il est vrai*, leur répondit froidement Paul Emile ; *mais regardez ma chaussure : elle est neuve, belle & bien faite ; il faut cependant que je la quitte : personne que moi ne sait où elle me blesse.*

EMILE, (Paul) célebre historien, étoit de Vérone. Le nom qu'il s'étoit fait en Italie, porta le cardinal de Bourbon à l'attirer en France. Il y vint sous le regne de Louis XII, & il obtint un canonicat de la cathédrale de Paris. Il mourut dans cette ville en 1529. C'étoit un homme d'une piété exemplaire & d'un travail infatigable. On a de lui une *Histoire de France* en latin, 2 vol. in-8°, & in-folio, 1544, chez Vascosan ;

réimprimée en 1601, in-fol.; traduite en françois par Jean Renard, 1643, in-fol. Jufte-Lipfe en fait un grand éloge. Le ftyle en eft pur, mais trop laconique, & fouvent obfcur & embarraffé. Il y a trop de harangues pour un abrégé, qui eft d'ailleurs affez décharné. S'il eft court en quelques endroits, il eft trop diffus dans d'autres, comme quand il parle de la 1re & de la 2e croifade. On lui reproche auffi de donner dans les fables. Il montre trop d'attachement aux Italiens; auffi Beaucaire difoit-il, qu'il étoit plutôt *Italorum buccinnatorem, quàm Gallicæ hiftoriæ fcriptorem*. Cependant, malgré ces défauts, il jouit de la gloire d'avoir le premier débrouillé le chaos de notre vieille hiftoire, & d'avoir défriché fes champs incultes. Cette *Hiftoire* en dix livres commence à Pharamond, & finit à la 5e année de Charles VIII, en 1488. Arnoul du Ferron en a donné une mauvaife continuation.

EMILIANI, (S. Jerôme) fondateur des Clercs-Réguliers, dits Somafques, né à Venife d'une famille patricienne, porta les armes pendant fa jeuneffe; ayant été fait prifonnier de guerre & délivré d'une maniere toute extraordinaire, il prit la réfolution de quitter les armes, pour fe dévouer entiérement au fervice du Grand-Maître des armées. De retour à Venife, touché de compaffion à la vue des orphelins qui manquoient de tout, il en retira un grand nombre dans une maifon où il leur prodigua tous les foins pour les former à la vertu & pour les rendre utiles à la fociété. Le bienheureux Cajetan, & pierre Carafa, depuis pape fous le nom de Paul IV, louerent beaucoup fon zele, & l'exciterent à faire dans d'autres villes des établiffemens femblables à celui qu'il venoit de faire à Venife. Après en avoir formé à Brixen, à Bergame & ailleurs, il fe retira dans un petit village près de cette ville,

nommé *Somafque*, où il inftitua fa congrégation qui fut appellée de ce nom. La fin de cette congrégation eft l'éducation des orphelins, & l'inftruction de la jeuneffe. Cet inftitut fut approuvé par Pie V, Sixte V, & Clément VIII. Il paffa le refte de fes jours dans les exercices de la plus grande charité envers le prochain, & mourut l'an 1537, âgé de 56 ans. Benoît XIV le béatifia. Auguftin Turtura & André Stella, l'un prêtre, l'autre général des Somafques, ont écrit fa *Vie*.

EMILIEN, (*Caïus Julius Æmilianus*) né l'an 207 d'une famille très-obfcure de Mauritanie, fe diftingua dans l'armée romaine par fon courage, & s'avança de grade en grade jufqu'à celui de général. Il combattit avec tant de valeur contre les Perfes, que les foldats le proclamerent empereur en 254, après la mort de Dece. Gallus & Valérien, étoient alors les légitimes maîtres de l'empire; il marcha contre eux, les vainquit, & tandis qu'il fe préparoit à les combattre de nouveau, il apprit que leur armée les avoit maffacrés & l'avoit reconnu empereur. Ce titre lui fut confirmé par le fénat; mais il ne jouit pas long-tems de la puiffance fouveraine. Volufien qui avoit reçu de fes foldats le fceptre impérial, vint attaquer fon rival près de Spolette. Les troupes d'Emilien, fatiguées d'avoir toujours les armes à la main, le maffacrerent fur un pont de cette dernière ville, appellé depuis lors le *Pont Sanglant*. Il régna très-peu de tems. Ce n'étoit qu'un foldat de fortune, plein à la vérité de feu & de valeur, mais qui ignoroit la politique & les maximes du gouvernement.

EMILIEN, (Alexandre) l'un des 29 Tyrans qui s'éleverent dans l'empire romain vers le milieu du 3e fiecle, étoit lieutenant du préfet d'Egypte. Il eft connu dans les martyrologes par le zele barbare avec lequel il perfécuta les Chrétiens dans cette province. Une fédition qui s'éleva dans Alexandrie en 263, lui fournit l'occafion de prendre le titre d'empereur, que les Alexandrins, naturellement inquiets & ennemis du gouvernement de Gallien, lui confirmerent. Emilien parcourut la Thébaïde & le refte de l'Egypte, où il affermit fa domination. Il en chaffa les brigands, à la grande fatisfaction du peuple, qui lui donna le nom d'*Alexandre*. A l'exemple du héros macédonien, il fe préparoit à porter les armes dans les Indes, lorfque Gallien envoya contre lui le général Théodote, à la tête d'une armée. Il fut vaincu dans le premier combat, & contraint de fe retirer à Alexandrie en septembre 263. Les habitans de cette ville le livrerent à Théodote, qui l'envoya à Gallien. Ce prince le fit étrangler dans fa prifon, à la fin de la même année.

EMMA, fille de Richard II, duc de Normandie, femme d'Ethelred, roi d'Angleterre, & niere de S. Edouard, eut beaucoup de part au gouvernement fous le regne de fon fils, vers l'an 1046. Le comte de Kent, qui avoit eu une grande autorité fous plufieurs regnes, conçut contre elle une fi violente jaloufie, qu'il l'accufa de plufieurs crimes. Il gagna quelques grands feigneurs, qui confirmerent fes accufations auprès du roi. Ce prince crut trop facilement que fa mere étoit criminelle, & l'alla trouver inopinément, pour lui ôter tout ce qu'elle avoit amaffé. Emma eut recours dans cette difgrace à l'évêque de Winchefter, fon parent; mais ce fut une nouvelle matiere de calomnie pour fes ennemis. Le comte de Kent lui fit un crime des vifites trop fréquentes qu'elle rendoit à cet évêque, & l'accufa d'avoir un mauvais commerce avec lui. Le roi continua à être crédule: il fallut que la princeffe fe juftifiât par les moyens en ufage en ce tems-là; c'eft-à-dire, qu'elle marchât fur des fers ardens. On ne fait comment elle foutint

cette rude épreuve: on fait feulement que le roi ayant reconnu fon innocence, fe foumit à la peine des pénitens.

EMMANUEL, *voy.* EMANUEL.

EMMIUS, (Ubbo) naquit à Gretha, village de la Frife orientale, en 1547. Ses talens lui mériterent le rectorat du college de Norden, & de celui de Léer; enfin la place de premier recteur de l'académie de Groningue, & celle de profeffeur en hiftoire & en langue grecque. Quoique plufieurs princes & plufieurs villes cherchaffent à le pofféder, il ne voulut jamais quitter la chaire de Groningue: préférant une vie tranquille & une condition médiocre, à la brillante folie de l'ambition. Lorfque fes infirmités ne lui permirent plus de travailler en public, il s'occupa dans fon cabinet à plufieurs ouvrages. Les plus eftimables font: I. *Vetus Græcia illuftrata*, en 3 vol. in-8°, Elzevir, 1626, très-utile à ceux qui veulent connoître l'ancienne Grece. Cet ouvrage a reparu dans les *Antiquités Grecques* de Gronovius. II. *Decades rerum Frificarum*, in-folio, Elzevir, 1616. Emmius en bon critique, montre que la plupart des chofes qu'on a débité fur l'antiquité des Frifons, ne font que des fables: cette hiftoire eft eftimée; elle le feroit davantage, fi fon zele pour le Proteftantifme ne lui avoit pas fait altérer bien des faits; & s'il avoit pris les peines d'indiquer les fources où il a puifé ce qu'il avance. III. *Opus Chronologicum*, Groningue 1619, in-fol. C'eft une Chronologie depuis la création du monde jufqu'au tems de l'auteur, avec des Prolégomenes fur la chronologie romaine à la tête de l'ouvrage. Ils font écrits avec autant de jufteffe que de précifion. IV. *Appendix Genealogica*, Groningue 1620, in-folio. Ce font des tables généalogiques qui font une fuite de l'ouvrage précédent. Ce favant mourut à

Groningue en 1625, à 79 ans. Martin Hanckius a donné sa *Vie* dans le *Liber de Scriptoribus Romanis*.

EMPEDOCLE d'Agrigente en Sicile, philosophe, poëte, historien, étoit disciple de Telauges, qui l'avoit été de Pythagore. Il adopta l'opinion de ce philosophe sur la transmigration des ames, & la mit en vers dans un *Poëme* qui apparemment se ressentoit du désordre de la tête de l'auteur. Empedocle y faisoit l'histoire des différens changemens de son ame. Il avoit commencé par être fille, ensuite garçon, puis arbrisseau, oiseau, poisson. Son style ressembloit beaucoup (si l'on en croit Aristote, cité par Diogene Laërce) à celui d'Homere. Il étoit plein de force, & riche en métaphores & en figures poétiques. Ses vers furent chantés aux jeux Olympiques, avec ceux d'Homere, d'Hesiode & des plus célebres poëtes. Il disoit quelquefois des choses fort raisonnables. Il reprochoit à ses concitoyens *de courir aux plaisirs, comme s'ils eussent dû mourir le même jour; & de se bâtir des maisons, comme s'ils eussent cru toujours vivre.* La plus commune opinion est que ce philosophe, dans un mouvement de folie, voulant, comme dit Horace, paroître un dieu, se jeta dans les flammes de l'Etna, vers l'an 440 avant J. C.

*Deus immortalis haberi
Dùm cupit Empedocles, ardentem frigidus Ætnam
Insiluit.*

Quelques écrivains distinguent Empedocle le philosophe, d'un autre qui étoit poëte.

EMPEREUR, (Constantin l'.) né vers l'an 1580 à Oppyck, village du comté de Hollande, savant consommé dans l'étude des langues orientales, occupa avec honneur une chaire d'hébreu & de théologie à Harderwyck & à Leyde. Il mourut en 1648, dans un âge fort avancé. Tous les ouvrages qu'il a donnés au public, offrent des remarques utiles, & respirent une profonde érudition rabbinique & hébraïque. Nous avons de lui: I. *Talmudis Babylonici Codex Middôth cum commentariis*, &c. Leyde, Elzev. 1630, in-4°, en hébreu & en latin. Ce Commentaire orné de figures très-exactes, explique avec beaucoup de netteté toute la structure du temple de Jerusalem, de ses autels, &c. II. *D. Isaaci Abrabanielis & Mosis Alschechi Commentarius in Esaïæ prophetiam*, Leyde, Elzev. 1631, in-8°, en hébreu & en latin. L'Empereur en publiant les Commentaires de ces rabbins sur la prophétie d'Isaïe qui regarde les souffrances & la mort de l'Homme-Dieu, a eu soin de réfuter leurs explications détournées, & de repousser les traits qu'ils ont lancé contre le Christianisme. III. *Grammaire Chaldaïque*, écrite en hébreu avec la traduction latine; Leyde, Elzev. 1631. IV. *Itinerarium Benjaminis*, en hébreu avec la traduction en latin & des notes de l'Empereur, Leyde 1633, & plusieurs autres Traductions des livres judaïques, enrichies d'observations savantes; elles sont les meilleures que l'on ait, quoiqu'elles ne soient pas toujours exactes.

EMPIRICUS, *voyez* SEXTUS EMPIRICUS.

EMPORIUS, savant rhéteur, florissoit du tems de Cassiodore au 6e siecle. Il reste de lui quelques Ecrits sur son art, Paris 1599, in-4°. Le style en est vif & nerveux, suivant Gibert.

ENCELADE, le plus puissant des géans qui voulurent escalader le ciel, étoit fils du Tartare & de la Terre. Jupiter renversa sur lui le Mont-Etna. Les poëtes ont feint que les éruptions de ce volcan venoient des efforts que faisoit ce géant pour se retourner, & que, pour peu qu'il remuât, la montagne vomissoit des torrens de flammes.

ENDYMION, berger de la Carie, petit-fils de Jupiter. La Lune, amoureuse de lui, venoit le voir toutes les nuits. Elle en eut plusieurs enfans. Voilà ce que la fable rapporte. Mais ceux qui, à travers ces voiles, cherchent les vérités qu'elles cachent quelquefois, prétendent qu'Endymion étoit un astrologue, qui le premier observa le cours de la Lune.

ENÉE, prince troïen, fils de Vénus & d'Anchise, & pere d'Ascagne. Les Grecs ayant pris Troie, il se sauva la nuit, chargé des dieux de son pays, de son pere qu'il portoit sur ses épaules, & menant son fils par la main. Après plusieurs aventures, il passa en Italie, où il obtint Lavinie, fille du roi Latinus. Turnus, roi des Rutules, à qui elle avoit été promise, fit la guerre au prince troïen, fut vaincu & perdit la vie. Le vainqueur eut encore à combattre Mezence, roi des Toscans, allié des Rutules. La bataille se donna sur les bords de la riviere Numique. Enée disparut dans cette journée. Il se noya peut-être dans la riviere, où il fut tué par les Toscans. Ascagne lui succéda. Virgile, dans son *Enéide*, a inséré l'épisode des amours d'Enée avec Didon, reine de Carthage, par une licence poétique, qui lui a fait rapprocher des tems séparés par un long espace. Au reste, l'article d'Enée appartient plus à la mythologie qu'à l'histoire. Divers auteurs, cités par Donys d'Halicarnasse, soutiennent qu'Enée n'aborda jamais en Italie. C'est ce qu'a tâché de prouver le savant Bochard dans une Dissertation particuliere; & son opinion est celle de la plupart des gens-de-lettres, qui ont éclairé les recherches historiques avec le flambeau de la saine critique.

ENÉE, (*Æneas-Tacticus*) un des plus anciens, mais non pas des meilleurs auteurs qui aient écrit sur l'art militaire, florissoit du tems

d'Aristote. Casaubon a publié un de ses Traités en grec, avec une Version latine, dans le *Polybe*, 1609, in-fol. M. de Beausobre l'a donné en françois, 1557, in-4°, avec de savans commentaires.

ENÉE DE GAZE, philosophe platonicien, sous l'empire de Zénon, dans le 5e siecle, embrassa le Christianisme, & y trouva une philosophie bien supérieure à celle de Platon. On a de lui un Dialogue intitulé : *Théophraste*, du nom du principal interlocuteur. Il traite de l'immortalité de l'ame & de la résurrection des corps. Jean Bower le mit au jour à Leipsick en 1655, in-4°, avec la traduction & les savantes notes de Gaspard Barthius. On le trouve aussi dans la Bibliotheque des Peres.

ENÉE, évêque de Paris, homme d'esprit & consommé dans les affaires, publia, à la priere de Charles le Chauve, un *Livre contre les erreurs des Grecs*. Il entreprend à la fois de répondre aux écrits du patriarche Photius contre l'église latine, & de montrer la vérité de la doctrine & la sainteté des dogmes de cette église. Il mourut en 870.

ENGELBERGE ou INGELBERGE, femme de l'empereur Louis II, fut accusée d'adultere par le prince d'Anhalt & le comte de Mansfeld, jaloux de son élévation. L'impératrice se défendit, autant qu'elle put de cette imputation. Mais n'ayant point de preuve décidément favorable, elle se voyoit dans le cas de se justifier par l'épreuve du feu & de l'eau, en usage dans ce tems-là. Engelberge se disposoit à passer par ces épreuves, lorsque Boson, comte d'Arles, persuadé de son innocence, donna un cartel de défi aux calomniateurs, les terrassa l'un & l'autre, & leur fit rendre hommage, l'épée sur la gorge, à la vertu de l'impératrice. Le vainqueur eut pour prix de sa générosité le titre de *Roi d'Arles* : & pour femme Ermengarde,

fille unique de cette princeffe. Engelberge, devenue veuve, fe fit
bénédictine, & mourut faintement
vers l'an 890.

ENGLEBERT, (Corneille.)
peintre très-célebre du 16e fiecle,
natif de Leyde. Il eut deux fils,
qui fe diftinguerent auffi dans le
même art.

ENGUIEN, (ducs d'.) *voyez*
FRANÇOIS & LOUIS.

ENJEDIM, (Georges) un des
plus fubtils Unitaires qui aient fait
des remarques fur l'Ecriture Sainte.
On a de lui : *Explicatio locorum
Scripturæ Veteris & Novi Tefta-
menti, ex quibus dogma Trinitatis ftabiliri folet*, in-4° : ouvrage pernicieux & rempli de vains
fophifmes. Cet auteur né en Tran-
filvanie, miniftre & furintendant
dans fa patrie, mourut en 1597,
âgé de 42 ans. Il a emprunté prefque toutes fes remarques d'Etienne
Balilius, unitaire de Colofwar.

ENIPÉE, berger de la Theffalie, fe métamorphofa en fleuve pour
jouir de Tyro. Cette nymphe, voyant
les eaux d'Enipée extrèmement claires, eut envie de s'y baigner ; alors
Enipée la furprit, & eut d'elle
Pélias & Nélée.

ENNIUS, (Quintus) né à Rudes
en Calabre, l'an 239 avant J. C.,
obtint par fes talens le droit de
bourgeoifie à Rome : honneur dont
on faifoit alors beaucoup de cas. Il
tira la poéfie latine du fond des forêts, pour la transplanter dans les
villes ; mais il lui laiffa beaucoup
de rudeffe & de groffiéreté. Le même
fiecle vit naître & mourir fa réputation ; ce fiecle n'étoit pas celui de
la belle latinité. On le fent en lifant
Ennius ; mais il compenfa le défaut
de pureté & d'élégance, par la force
des expreffions & le feu de la poéfie.
L'élégant, le doux Virgile avoit
beaucoup profité dans la lecture du
dur & du groffier Ennius. Il en avoit
pris des vers entiers, qu'il appelloit
des perles tirées du fumier. Ennius mourut de la goutte l'an 169

avant J. C, Scipion, fon ami, voulut avoir un tombeau commun avec
ce poëte, autant par amitié, que
par confidération pour fon mérite.
Ennius avoit mis en vers héroïques
les *Annales de la République
Romaine* : il avoit auffi fait quelques *Satyres* ; mais il ne nous refte
que des fragmens de ces ouvrages,
Amfterdam 1707, in-4°, & dans le
Corpus Poëtarum Latinorum de
Maittaire.

ENNODIUS, né en Italie vers
473, & originaire des Gaules, embraffa l'état eccléfiaftique du confentement de fa femme, qui de fon
côté fe fit religieufe. Ses vertus &
fes talens le firent élever fur le fiege
de Pavie vers l'an 510. On le choifit enfuite pour travailler à la réunion de l'églife grecque avec la
latine. Il fit deux voyages en Orient,
qui ne fervirent qu'à faire connoître
les artifices de l'empereur Anaftafe
& la prudence d'Ennodius. Cet illuftre prélat mourut faintement en
521. Le P. Sirmond donna au public
en 1612 une bonne édition de fes
Œuvres, in-8°. Elles renferment :
I. Neuf livres d'*Epîtres* ; recueil
édifiant & utile pour l'hiftoire de
fon tems. II. *Dix Recueils d'œuvres diverfes*. III. *La Défenfe du
Concile de Rome*, qui avoit abfous
le pape Symmaque. IV. *Vingt-huit
Difcours* ou *Déclamations*. V. *Des
Poéfies*.

ENOCH, fils aîné de Caïn, naquit vers l'an 3769 avant J. C. Il
bâtit avec fon pere la premiere ville.
Ce mot dans l'origine ne fignifie
qu'une habitation fixe, un terrain
environné de clôture. Caïn & Enoch
en firent une pour eux & pour leurs
defcendans ; elle fut appellée *Eno-
chie*.

ENOCH *ou* HENOCH, fils de
Jared & pere de Mathufalem, né
l'an 3412 avant J. C., fut enlevé du
monde pour être placé dans le paradis terreftre, après avoir vécu 365
ans avec les hommes. Il doit venir
un jour, pour faire entrer les nations

O o 4

dans la pénitence. On lui attribua, dans les premiers siècles de l'église, un Ouvrage plein de fables sur les Astres, sur la descente des Anges sur la terre, &c.; mais il y a apparence que cette production avoit été supposée par les hérétiques, qui, non contens de falsifier les saintes Ecritures, se jouoient, par des ouvrages supposés & fabuleux, de la crédulité de leurs imbéciles sectateurs.

ENOS, fils de Seth & père de Caïnan, né l'an 3799 avant J. C., mort âgé de 905 ans, établit les principales cérémonies du culte que les premiers hommes rendirent à l'Être-Suprême.

ENTINOPE de Candie, fameux architecte au commencement du 5e siècle, a été l'un des principaux fondateurs de la ville de Venise. Radagaise, roi des Goths, étant entré en Italie l'an 405, les ravages de ces barbares contraignirent les peuples à se sauver en différens endroits. Entinope fut le premier qui se retira dans des marais proche de la Mer Adriatique. La maison qu'il y bâtit étoit encore la seule qu'on y vit, lorsque, quelques années après, les habitans de Padoue se réfugièrent dans le même marais. Ils y élevèrent en 413 les vingt-quatre maisons qui formèrent d'abord la cité. Celle d'Entinope fut ensuite changée en église, & dédiée à S. Jacques. Elle subsiste, dit-on, encore, & est située dans le quartier de Venise, appellé *Rialto*, qui est le plus ancien de la ville.

ENTRAGUES, (Catherine-Henriette de Balsac d') marquise de Verneuil, *voyez* VERNEUIL.

ENVIE, divinité allégorique. On la représente avec des yeux égarés & enfoncés, un teint livide, & le visage plein de rides, coëffée de couleuvres, portant trois serpens d'une main, une hydre à sept têtes de l'autre, avec un serpent qui lui ronge le sein.

ENYEDI, *voyez* ENJEDI.

ENZINAS, (François) né à

Burgos en Espagne, vers 1515, est également connu sous les noms de Dryander & de Duchesne en françois. Il fit ses études à Wittemberg sous Mélanchthon qui, lui inspira du goût pour le Luthéranisme. Il embrassa ouvertement les nouvelles erreurs à Anvers. Il y entreprit à la sollicitation de Mélanchthon une traduction du Nouveau Testament en espagnol (1542, in-8°.), qu'il eut l'audace de dédier à Charles-Quint & de présenter à ce prince, en le priant de la prendre sous sa protection. Charles la lui promit, pourvu qu'il n'y eut rien contre la foi antique. La version ayant été examinée, l'auteur fut mis en prison, où il fut détenu pendant quinze mois: il s'évada l'an 1545, parcourut l'Angleterre, l'Allemagne, & se rendit à Genève, auprès de Calvin en 1552. On ne sait rien de lui au-delà de cette époque. Il a laissé une mauvaise *Histoire de l'état des Pays-Bas & de la Religion d'Espagne*, Genève, in-8°. Cette Histoire fait partie du *Martyrologe Protestant*, imprimé en Allemagne. C'est l'histoire des Calvinistes & Luthériens, punis pour s'être arrogé le droit de dogmatiser, d'insulter les prêtres, d'exciter des troubles, &c. Cet ouvrage est très-rare & ne sauroit trop l'être.

EOBANUS, (Elius) fut surnommé *Hessus*, parce qu'il naquit en 1488, sur les confins de la Hesse sous un arbre au milieu des champs. Il professa les belles-lettres à Erfurt, à Nuremberg & à Marpurg, où le Landgrave de Hesse l'avoit appelé. Il mourut dans cette ville en 1540, à 52 ans, avec la réputation d'un bon poëte, ennemi de la satyre, quoique versificateur, du mensonge & de la duplicité; mais ami du vin & de la crapule. Le cabaret étoit son Parnasse. On raconte qu'il terrassa un des plus hardis buveurs de l'Allemagne, qui lui avoit fait défi de boire un seau de bierre. Eobanus fut vainqueur, & le vaincu ayant fait de vains efforts pour épuifer le feau, tomba ivre-mort. Nous avons de ce poëte buveur un grand nombre de Poéfies ; fes vers tomboient de fa plume. Il avoit la facilité d'Ovide, avec moins d'efprit & moins d'imagination. Les principaux fruits de fa mufe font : I. Des *Traductions* en vers latins *de Théocrite*, à Bâle 1531, in-8°, & de l'*Iliade* d'Homere, Bâle 1540, in-8°. II. Des *Elégies*, dignes des fiecles de la plus belle latinité. III. Des *Sylves*, in-4°. IV. Des *Bucoliques* eftimées, Halle 1539, in-8°. V. *Ipfius & Amicorum Epiftolæ*, in-fol. Ses Poéfies ont été publiées fous le titre de *Poëmatum farragines duæ*, à Halle en 1539, in-8°, & à Francfort en 1564, dans le même format. Camerarius a écrit fa *Vie*, imprimée à Leipfick en 1696, in-8°.

EOLE, fils d'Hippotas, defcendant de Deucalion, vivoit du tems de la guerre de Troie, & régnoit dans les Ifles Eoliennes fituées au nord de la Sicile, les mêmes que celles où Vulcain tenoit fes forges. C'étoit un prince affez habile, pour fon tems, dans l'art de la navigation. Il s'étoit appliqué à connoître les vents, & à juger par l'infpection du ciel quel vent devoit fouffler. L'imagination des poëtes fit valoir ce talent, qu'on trouve aujourd'hui dans prefque tous nos matelots, & établit Eole, dieu des vents & des tempêtes.

EON, de l'Etoile, gentilhomme breton, homme fans lettres, mais d'une extravagance & d'une opiniâtreté telle qu'on en voit rarement. Ce fou fe difoit *le Fils de Dieu*, & *le Juge des vivans & des morts*, fur l'allufion groffiere de fon nom, avec le mot *Eum* dans cette conclufion des exorcifmes : *Per EUM qui judicaturus eft vivos & mortuos*. On ne doit pas s'étonner, qu'un infenfé ait pu trouver une telle abfurdité dans fon imagination. On ne doit pas l'être non plus, qu'il ait fait un grand nombre de fectateurs ; & que ces fectateurs,

aient mieux aimé fe laiffer brûler, que de renoncer à leur délire. Il n'y a, comme dit Cicéron, aucun genre de folie, ou d'excès dont l'efprit humain ne foit capable. Eon fut pris & conduit au concile de Rheims, affemblé par le pape Eugene III en 1158. Le pontife demanda à l'écervelé : *Qui es-tu ?* Il lui répondit : *Celui qui doit venir juger les vivans & les morts.* Comme il fe fervoit, pour s'appuyer, d'un bâton fait en forme de fourche, le pape lui demanda ce que vouloit dire ce bâton ? » C'eft ici un » grand myftere, répondit le fanatique. » Tant que ce bâton eft » dans la fituation où vous le voyez, » les deux pointes tournées vers le » ciel ; Dieu eft en poffeffion des » deux tiers du monde, & me laiffe » maître de l'autre tiers. Mais fi je » tourne les deux pointes vers la » terre, alors j'entre en poffeffion » des deux tiers du monde, & je » n'en laiffe qu'un tiers à Dieu ». Ce maître de l'univers fut enfermé dans une étroite prifon, où il mourut peu de tems après. Ses difciples furent traités plus févérement que lui. On leur donna le choix de l'abjuration ou du feu ; les plus entêtés préférerent le feu. Un de ces extravagans, qu'on appelloit *le Jugement*, crioit, en allant au fupplice : *Terre, ouvre-toi, pour engloutir mes ennemis, comme Dathan & Abiron* ; mais la terre ne s'ouvrit point, & il fut brûlé. Ceux d'entre les fectateurs d'Eon, qui demanderent à rentrer dans l'églife, furent reçus avec bonté ; mais comme il paroiffoit que de telles extravagances foutenues avec tant de fureur, prouvoient quelque intervention de l'efprit de féduction, on les exorcifa comme des démoniaques. Cet article eft un peu long pour les lecteurs ordinaires ; mais il ne l'eft pas trop pour les lecteurs philofophes, qui veulent connoître toutes les maladies qui ont attaqué l'efprit humain.

EPAGATHE, officier de guerre sous l'empire d'Alexandre Sévere, assassina le célebre jurisconsulte Ulpien, l'an de J. C. 226. L'empereur fut extrêmement irrité de cet attentat ; mais il ne put faire punir le meurtrier à Rome, de peur que les soldats ne se soulevassent. Il envoya Epagathe en Egypte, pour y être gouverneur ; & peu de tems après il lui commanda d'aller en Candie, où il le fit tuer par des gens qui lui étoient affidés.

EPAMINONDAS, capitaine thébain, d'une famille distinguée, descendoit des anciens rois de Béotie ; mais le gouvernement populaire, introduit à Thebes, rendoit tous les citoyens égaux. Il ne dut son élévation qu'à ses qualités personnelles, que lui seul sembloit ignorer. Il s'appliqua de bonne heure aux beaux-arts, aux lettres, à la philosophie ; mais il posséda tout sans ostentation. Epaminondas passa malgré lui, des écoles de la philosophie, au gouvernement de l'état. Il porta d'abord les armes pour les Lacédémoniens, alliés des Thébains. C'est alors qu'il lia une amitié étroite avec Pelopidas, qu'il défendit courageusement dans un combat. Pelopidas délivra, par le conseil de son ami, Thebes du joug de Lacédémone. Ce fut le signal de la guerre entre ces deux peuples. Epaminondas, élu général des Thébains, gagna l'an 371 avant J. C. la célebre bataille de Leuctres dans la Béotie. Les Lacédémoniens y perdirent leurs meilleures troupes & leur roi Cléombrote. Le général thébain fit éclater dans cette action toutes les ressources de son génie & toute la bonté de son cœur : *Je ne me réjouis*, dit-il, *de ma victoire*, *qu'à cause de la joie qu'elle causera à mon pere & à ma mere.* Pour conserver la supériorité que Thebes venoit d'acquérir par ses succès sur Lacédémone, il entra dans la Laconie à la tête de 50 mille combattans, soumit la plupart des villes du Péloponnese, les traita plutôt en alliées qu'en ennemies, & par cette conduite que la politique & l'humanité lui inspiroient, il s'associa ces différens peuples. Il fit rétablir les murs de Messine, & fut long-tems l'objet de la haine & de la colere de Lacédémone. C'étoit encore un ennemi implacable qu'il lui donnoit. Epaminondas méritoit des couronnes, par les services qu'il rendoit à sa patrie, lorsqu'il y rentra, il fut reçu en criminel d'état. Une loi de Thebes défendoit, sous peine de la vie, de garder le commandement des troupes plus d'un mois. Le héros avoit violé cette loi, mais c'étoit pour donner la liberté à ses concitoyens. Les juges alloient le condamner à mort, lorsqu'il demanda qu'on mît sur son tombeau, " qu'il avoit perdu la " vie pour avoir sauvé la répu- " blique ". Ce reproche fit rentrer les Thébains en eux-mêmes ; ils lui rendirent l'autorité. Il en fit un usage utile & glorieux à sa patrie. Il porta ses armes en Thessalie, & y fut toujours vainqueur. La guerre s'étant allumée entre les Eléens & ceux de Mantinée, les Thébains volerent au secours des premiers ; il y eut une bataille dans les plaines de Mantinée, à la vue même de cette ville. Le général thébain y déploya tout son génie & son courage ; mais s'étant jeté dans la mêlée pour faire déclarer la victoire en sa faveur, il reçut un coup mortel dans la poitrine, l'an 363 avant J. C. Etant près de mourir, il demanda qui étoit vainqueur ? *Les Thébains*, lui répondit-on. — *J'ai donc assez vécu*, répliqua-t-il, *puisque je laisse ma patrie triomphante.* Ses amis regrettant qu'il ne laissât point d'enfans : *Vous vous trompez*, leur répondit-il : *je laisse, dans les victoires de Leuctres & de Mantinée, deux filles, qui me feront vivre éternellement.* A la nouvelle de sa mort, l'armée, dit Xenophon, se crut vaincue. Thebes tomba avec le grand-homme qui la soutenoit de son bras & de sa tête, mais qui n'avoit pu l'établir sur des fondemens solides. Epaminondas jugea, que tant qu'une république, (on peut ajouter, & une monarchie) contente d'avoir la supériorité ou sur terre ou sur mer, ne réuniroit pas les deux empires, elle ne jouiroit que d'une fortune chancelante. Il voulut donc engager les Thébains à se faire une marine puissante ; mais ce peuple, long-tems esclave, étoit plongé dans la mollesse & l'indolence, suites de l'esclavage. Il fallut que ce grand-homme créât dans sa patrie la science & l'amour de la guerre, & qu'il commençât par vaincre les vices de ses compatriotes, avant de combattre leurs ennemis. Sévere à lui-même, également insensible au plaisir & à la douleur, grand capitaine, homme de bien, il auroit pu changer sa nation par son seul exemple ; mais que peut l'exemple, lorsque la vertu ne parle pas au cœur ?

EPAPHRODITE, apôtre ou évêque de Philippes, en Macédoine. Les fideles de cette ville ayant appris que S. Paul étoit détenu prisonnier à Rome, envoyerent Epaphrodite pour lui porter de l'argent, & l'aider de ses services. Ce député exécuta sa commission avec beaucoup de zele, & tomba dangereusement malade à Rome. Quand il fut guéri, S. Paul le renvoya avec une lettre pour les fideles de Philippes, remplie de témoignages d'amitié, pour eux & pour Epaphrodite, l'an 62 de J. C.

EPAPHRODITE, maître d'Epictete, voyez ce mot.

EPAPHUS, fils de Jupiter & d'Io, envieux du jeune Phaëton, lui reprocha qu'il étoit de meilleure origine que lui. Phaëton piqué de ce propos, alla trouver sa mere Climene, qui le renvoya au Soleil, dont il sortoit, pour s'assurer de sa naissance ; ce qui fut cause de sa perte. Voyez PHAETON.

EPERNON, voyez VALETTE.

EPEUS, frere de Péon, & roi de la Phocide, régna après son pere Panopée. Il inventa, selon Pline, le Bélier pour l'attaque des places. On dit, qu'il construisit le Cheval de Troie, & qu'il fonda la ville de Metapont.

EPHESTION, ami & confident d'Alexandre le Grand, mort à Ecbatane en Médie, l'an 325 avant J. C. fut pleuré par ce héros. Ephestion, suivant l'expression de ce prince, aimoit Alexandre, au lieu que Cratere aimoit le roi. Le conquérant donna les marques de la plus vive douleur, & même d'une douleur cruelle & insensée. Il interrompit les jeux, il fit mourir en croix le médecin qui l'avoit soigné dans sa derniere maladie. On a parlé diversement du genre d'amour qu'il avoit eu pour ce courtisan.

EPHIALTE & OCHUS, enfans de Neptune & d'Iphimédie, étoient deux géans, qui chaque année croissoient de plusieurs coudées & grossissoient à proportion. Ils n'avoient encore que 15 ans ; lorsqu'ils voulurent escalader le ciel. Ces deux freres se tuerent l'un l'autre, par l'adresse de Diane, qui les brouilla ensemble.

EPHORE, orateur & historien, vers l'an 352 avant J. C., de Cumes en Eolie, fut disciple d'Isocrate. Il composa par son conseil une Histoire, dont les savans modernes regrettent la perte, & dont les anciens font l'éloge.

EPHRAIM, 2e fils du patriarche Joseph & d'Aseneth, fille de Putiphar, naquit en Egypte vers l'an 1710 avant J. C. Jacob étant sur le point de mourir, Joseph lui mena ses deux fils ; Ephraïm & Manassès ; le saint patriarche les adopta & leur donna sa bénédiction, en disant que Manassès seroit chef d'un peuple, mais que son frere seroit plus grand que lui, & que sa postérité seroit la plénitude des nations : & mettant, par une action prophétique , la main droite sur Ephraïm , le cadet , & la gauche sur Manassès. Ephraïm eut plusieurs enfans en Egypte , qui se multiplierent tellement , qu'au sortir de ce pays , ils étoient au nombre de 40500 hommes capables de porter les armes. Après qu'ils furent entrés dans la Terre-Promise , Josué , qui étoit de leur tribu , les plaça entre la Méditerranée au Couchant & le Jourdain à l'Orient. Cette tribu devint en effet , selon la prophétie de Jacob , beaucoup plus nombreuse que celle de Manassès.

EPHREM , (Saint) diacre d'Edesse , fils d'un laboureur de Nisib , s'adonna dans sa jeunesse à tous les vices de cet âge. Il reconnut ses égaremens , & se retira dans la solitude pour les pleurer. Il y pratiqua toutes les austérités , mortifiant son corps par les jeûnes & les veilles. Une prostituée vint tenter l'homme de Dieu. Ephrem lui promit de faire tout ce qu'elle voudroit , pourvu qu'elle le suivît ; mais cette malheureuse , voyant que le Saint la menoit dans une place publique , lui dit qu'elle rougiroit de se donner en spectacle. Le solitaire lui répondit avec un saint emportement : *Tu as honte de pécher devant les hommes , & tu n'as pas honte de pécher devant Dieu , qui voit tout & qui connoît tout !* Ces paroles toucherent la prostituée , & dès-lors elle résolut de se sanctifier. Ephrem ne resta pas toujours dans sa solitude. Il alla à Edesse , où il fut élevé au diaconat. La considération de l'ordination anima son zele , & ce zele le rendit orateur. Quoiqu'il eût négligé ses études , il prêcha avec autant de facilité que d'éloquence. Comme les apôtres , il enseigna ce que jusqu'alors il avoit ignoré. Le clergé , les monasteres le choisirent pour leur guide , & les pauvres pour leur pere. Il sortit de sa retraite , dans un tems de famine , pour les faire soulager. Il retourna enfin dans son désert , où il mourut vers

l'an 379. S. Ephrem avoit composé plusieurs Ouvrages en syriaque pour l'instruction des Infideles, ou pour la défense de la vérité contre les hérétiques. Ils furent presque tous traduits en grec de son vivant. Il écrivit avec force contre les erreurs de Sabellius , d'Arius , d'Apollinaire & des Manichéens. On a une très-belle édition en latin , grec & syriaque de ceux qui sont parvenus jusqu'à nous , en 6 vol. in-folio , publiés à Rome depuis 1732 jusqu'en 1746 , sous les auspices du cardinal Quirini , par les soins de M. Assemani , sous-bibliothécaire du Vatican. L'illustre cardinal l'avoit chargé de cette entreprise, dont l'exécution a satisfait le public savant. Cette édition est enrichie de prolégomenes , de préfaces , de notes. Les Ouvrages de Piété de S. Ephrem ont été traduits en françois, par M. l'abbé le Merre , Paris 1744 , 2 vol. in-12. S. Ephrem fut en relation avec les personnages les plus illustrés de son tems , avec S. Gregoire de Nisse , S. Basile , Théodoret. Le premier l'appelle *le Docteur de l'univers* ; le dernier , *la Lyre du Saint-Esprit.*

EPHREM , patriarche d'Antioche , souscrivit à l'édit de Justinien contre Origene , & à la condamnation des Trois-Chapitres , écrivit plusieurs ouvrages pour la défense du concile de Chalcédoine , de S. Cyrille & de S. Léon, dont Photius nous a conservé des extraits. Il mourut vers l'an 546.

EPICHARIS , femme de basse naissance , mais d'un courage au-dessus de son sexe & de sa condition , fut convaincue devant Néron d'avoir eu part à une conjuration contre ce prince. Mais elle se montra si ferme dans les tourmens , qu'on ne put jamais lui faire déclarer le nom des complices. Comme on la menoit pour l'appliquer une seconde fois à la torture , craignant de ne pouvoir la supporter , & de donner quelque marque de foiblesse, elle s'étrangla avec fa ceinture.

EPICARME, poëte & philofophe pythagoricien, natif de Sicile, introduifit la comédie à Syracufe. Il fit repréfenter en cette ville un grand nombre de Pieces, que Plaute imita dans la fuite. Il avoit auffi compofé plufieurs Traités de Philofophie & de Médecine, dont Platon fut profiter. Ariftote & Pline lui attribuent l'invention des deux lettres grecques Θ & X. Il vivoit vers l'an 440 avant J. C., & mourut âgé de 90 ans. Il difoit que *les dieux nous vendent tous les biens pour du travail*. Comme il affuroit que toutes chofes font en un perpétuel flux & reflux, & qu'elles ne font plus aujourd'hui ce qu'elles étoient hier: *Sur ce pied-là*, lui dit quelqu'un, *celui qui a emprunté de l'argent, ne le doit pas le lendemain ; parce qu'étant devenu un autre, il n'eft plus l'emprunteur*.

EPICTETE, philofophe ftoïcien d'Hiérapolis en Phrygie, fut efclave d'Epaphrodite, affranchi de Néron, que Domitien fit mourir. Le philofophe parut libre dans fa fervitude, & fon maître efclave, ou du moins digne de l'être. On raconte qu'un jour Epaphrodite lui ayant donné un grand coup fur la jambe, Epictete l'avertit froidement de ne la pas rompre. Le barbare redoubla de telle forte, qu'il lui caffa l'os ; le fage lui répondit fans s'émouvoir : *Ne vous l'avois-je dit, que vous me la cafferiez*?... Domitien chaffa Epictete de Rome ; mais il revint après la mort de cet empereur, & s'y fit un nom diftingué. Adrien l'aimoit & l'eftimoit : Marc-Aurele en faifoit beaucoup de cas. Arrien fon difciple publia *IV Livres de Difcours*, qu'il avoit entendus prononcer à fon maître. C'eft ce que nous avons fous le nom d'*Enchiridion* ou de *Manuel*. " Quelques auteurs, dit M. Formey, " par un zele peu ju- " dicieux, ont voulu trouver dans " ce livre la morale du Chriftia-

" nifme. On eft furpris de voir " combien le favant Dacier s'eft " donné de peine pour cela, & " qu'il n'ait pas fenti la différence " extrême qui fe trouve entre ces " deux philofophies, quoique la " pratique en paroiffe au premier " coup d'œil la même. Aveuglé à " ce point, il n'a cherché qu'à " donner un fens chrétien à tout " ce qu'il a traduit ". Il eft bien vrai qu'ayant vécu 94 ans après J. C., & les Evangiles étant déja répandus par toute la terre, Epictete les a connus & en a fait ufage ; mais il n'en eft pas moins certain que toute la bafe, l'ame & la fanction de fa morale n'ont rien de commun avec l'Evangile. " Dacier, continue M. Formey, " n'eft pas le " premier qui foit tombé dans cette " erreur. Nous avons une vieille Pa- " raphrafe d'Epictete attribuée à un " moine grec, dans laquelle on " trouve l'Evangile & Epictete éga- " lement défigurés. Un Jéfuite (le P. " Mourgués), homme de plus d'ef- " prit, a mieux fenti la différence des " deux philofophies. Le rapport " qui fe trouve entre les mœurs " extérieurs du Stoïcien & du Chré- " tien, a pu faire prendre le change " à ceux qui n'ont pas confidéré les " chofes avec affez d'attention ou " avec la jufteffe néceffaire ; mais " au fond il n'y a rien qui admette " fi peu de conciliation, & la mo- " rale d'Epicure n'eft pas plus con- " traire à la morale de l'Evangile " que celle de Zénon. Cela n'a pas " befoin d'autres preuves que l'ex- " pofition du fyftême ftoïcien. La " fomme du premier fe réduit à " ceci : *Ne penfe qu'à toi ; ne fa- " crifie tout, qu'à ton repos*. La " morale du Chrétien fe réduit à ces " deux préceptes : *Aime Dieu de " tout ton cœur ; aime les hom- " mes comme toi-même* ". Un auteur qui apprécie également bien la morale de Zénon & d'Epictete, a eu foin de nous prémunir contre les confolations que nous ferions tentés d'y chercher. » Toutes les » ressources, dit-il, qu'ils nous of- » frent dans les événemens qui ne » dépendent pas de nous, sont pri- » ses ou de la nécessité des choses, » si peu consolante en elle-même, » ou de cette fierté stoïque par la- » quelle le sage s'enveloppe dans sa » propre vertu, & se regarde com- » me inaccessible aux coups du sort; » vertu & fierté de l'ame qui ne fait » que concentrer les peines au-de- » dans, & ne les rend souvent que » plus sensibles ». Le célebre J. B. R. n'a pas parlé d'une maniere plus favorable de la doctrine de ce fameux Stoïcien.

En vain, d'un ton de rhéteur,
Epictete à son lecteur.
Prêche le bonheur suprême;
J'y trouve un consolateur
Plus affligé que moi-même.

Dans son flegme simulé
Je découvre sa colere.
J'y vois un homme accablé
Sous le poids de sa misere :
Et dans tous ces beaux discours
Fabriqués durant le cours
De sa fortune maudite,
Vous reconnoissez toujours
L'esclave d'Epaphrodite.

Mais je vois déja d'ici
Frémir tout le Zénonisme,
D'entendre traiter ainsi
Un des Saints du Paganisme:
Pardon. Mais en vérité,
Mon Apollon révolté
Lui devoit ce témoignage,
Pour l'ennui que m'a coûté
Son insupportable ouvrage.

Epictete mourut sous Marc-Aurele, dans un âge fort avancé. La lampe de terre dont il éclairoit ses veilles philosophiques, fut vendue quelque-tems après sa mort 3000 drachmes. Les meilleures éditions d'*Epictete* sont celles de Leyde 1670, in-24 & in-8°, *cum notis va-*

riorum; d'Utrecht 1711, in-4°; de Londres 1739 & 1741, en 2 vol. in-4°. Le P. Mourgues, l'abbé de Bellegarde & M. Dacier, l'ont traduit en françois.

EPICURE, naquit à Gargetium dans l'Attique, l'an 342 avant J. C. de parens obscurs. La mere du philosophe étoit une de ces femmes qui couroient les maisons pour exorciser les lutins. Son fils, destiné à être le chef d'une secte de philosophie, la secondoit dans ses fonctions superstitieuses. Cependant, dès l'âge de 12 à 13 ans, il eut du goût pour le raisonnement. Le grammairien qui l'instruisoit, lui ayant récité ce vers d'Hésiode : *Le chaos fut produit le premier de tous les êtres.* — *Eh! qui le produisit*, lui demanda Epicure, *puisqu'il étoit le premier ?* — *Je n'en sais rien*, dit le grammairien, *il n'y a que les philosophes qui le sachent.* — *Je vais donc chez eux pour m'instruire*, repartit l'enfant ; & dès-lors il cultiva la philosophie ; mais il n'y trouva jamais les éclaircissemens qu'il y cherchoit ; il se perdit au contraire dans toutes les absurdités du Matérialisme, dans l'extravagant système des atômes & du hasard imaginé par Leucippe & Démocrite. Après avoir parcouru différens pays, Epicure se fixa à Athenes. Il érigea une école dans un beau jardin, où il philosophoit avec ses amis & ses disciples. On venoit à lui de toutes les villes de l'Asie & de la Grece. Sa doctrine étoit que, *le bonheur de l'homme est dans la volupté*; & l'on conçoit assez qu'une telle doctrine attire les auditeurs & multiplie les disciples. Il est bien vrai que quelques critiques & la plupart des beaux-esprits modernes prétendent justifier Epicure & donner au mot *volupté*, un sens qu'il n'eut jamais ; mais les vrais savans ont toujours regardé cette justification comme une chimere, & comme un vain sophisme accrédité chez des hommes intéressés à ne point avouer l'infamie de leur maître. On convient qu'Epicure a parlé beaucoup de vertu ; mais sa *vertu* c'est la *volupté* ; & en cela il est très-raisonnable & très-conséquent dans ses principes. Tout ce qui fait la matiere d'une jouissance agréable, est matiere de vertu dans le système de l'athée ; la raison en persuade & en autorise l'acquisition ; ce seroit folie, indifférence stupide, haine insensée de soi-même, de s'y refuser. Le cardinal de Polignac a mis au grand jour la nature de la vertu épicurienne ; il est surprenant qu'on y revienne encore sans répondre à ses raisons. Citera-t-on toujours ce passage de Cicéron : *Negat Epicurus jucundè posse vivi, nisi cum virtute vivatur*, & n'ajoutera-t-on jamais le reste : *nec cum virtute nisi jucundè?* Cicéron donne à toute la terre le défi de pouvoir ne pas entendre par la volupté épicurienne la volupté des sens (*De Finib. l. 3, n. 46*). Ceux qui entendent le plaisir de l'ame n'ont pas lu les premiers vers de Lucrece, disciple & interprete d'Epicure :

Æneadum genitrix, divûmque hominumque voluptas.

Est-ce que Vénus présidoit aux plaisirs de l'esprit ? « Quoi, disoit Cicéron, « je ne sais point ce que « c'est ἡδονὴ en grec, & *voluptas* « en latin ? Quiconque veut être « Epicurien, l'est en deux jours ; « & je serai le seul qui ne pourrai « y rien comprendre ! Vous dites « vous-même qu'il ne faut point « de lettres pour devenir philoso-« phe (il parle à un Epicurien) ; « en vérité quoique je sois natu-« rellement assez modéré dans la « dispute, je l'avoue, j'ai peine « à me contenir ». En effet, pourquoi Cicéron n'auroit-il pas compris ce que les Epicuriens, la plupart fort bornés, & incapables d'entrer dans des discussions fines, comprenoient dès le premier mot ? Epicure

parle d'une volupté dont tout animal en naissant a la connoissance par le sentiment seul. » Pourquoi « tergiverser, dit encore Cicéron, en apostrophant ce philosophe, « sont-ce vos paroles ou non ? « voici, voici ce que vous dites « dans le livre qui contient votre « doctrine sur cette matiere : *Je dé-*« *clare*, dites-vous, *que je ne re-*« *connois aucun autre bien que* « *celui que l'on goûte par les sa-*« *veurs & par les sons agréables,* « *par la beauté des objets sur* « *lesquels tombent nos regards,* « *& par les impressions sensibles* « *que l'homme reçoit dans toute* « *sa personne ; & afin qu'on ne* « *dise pas que c'est la joie de* « *l'ame qui constitue ce bonheur,* « *je déclare que je ne conçois* « *de joie dans l'ame que quand* « *elle voit arriver ces biens dont* « *je viens de parler*, &c. Est-ce « que je mens? est-ce que j'invente? « Qu'on me réfute ; je ne demande, « je ne cherche en tout que la vé-« rité ». Après tout, si les Epicuriens entendoient par le mot de *volupté* autre chose que ce qu'on entend ordinairement, ils n'étoient guere habiles d'aller employer dans un pays où ils avoient tant de rivaux & d'ennemis, une expression dont le sens, au moins équivoque, pouvoit donner prise à la calomnie. « Qui les obligeoit, s'ils « avoient des idées pures & exemp-« tes de tout reproche, de pré-« senter la vertu sous l'habit d'une « courtisanne décriée »? *Quid enim necesse tanquam meretricem in matronarum cœtum, sic voluptatem in virtutum concilium abducere? invidiosum nomen est & infamia subjectum*..... Les mœurs d'Epicure étoient parfaitement conformes à sa doctrine ; il a vécu en digne chef de cette classe d'hommes qu'Horace appelle *Epicuri de grege porcos* ; Voltaire & les Encyclopédistes veulent absolument qu'Epicure ait été un homme de bien,

Ceux-ci difent » qu'il reçut dans » fes jardins plufieurs femmes cé- » lebres. Léontium , maîtreffe de » Métrodore ; Philénide , une des » plus honnêtes femmes d'Athenes; » Nécidie , Hérotie , Hédie , Mar- » marie , Boïdie , Phédrie ». Or toutes ces femmes *célebres* étoient des femmes perdues de réputation , fuivant Diogene Laërce & les an- ciens écrivains. Il faut compter extrêmement fur l'ignorance de fes lecteurs , pour leur préfenter Phi- lénide ou Philénis , pour une des plus honnêtes femmes d'Athenes; il ne refte plus qu'à leur faire croire que Meffaline étoit une des plus honnêtes femmes de Rome. Philénis étoit plus coupable que Meffaline : non contente d'avoir corrompu la jeuneffe de fon tems , elle voulut encore corrompre la jeuneffe des fiecles futurs , par un livre abomi- nable qu'elle compofa (*Voyez* les Adages de Junius fur ces mots : *Philainidis commentarii*, & la re- marque *p*. de l'art. *Hélene* dans le Dict. de Bayle). On ne peut lire S. Clément d'Alexandrie , Lucien , Martial , Athenée , Suidas , Gy- raldi , &c. fans avoir le nom de de *Philénis* en exécration. Si mef- fieurs les Encyclopédiftes avoient feulement ouvert les Dictionnaires de Gouldman , d'Etienne , d'Hoff- man , &c. ils auroient trouvé le nom de *Philénis* fuivi d'un épithete in- fame ; & Diogene Laërce donne la même épithete à Nécidie , à Hé- rotie & aux autres compagnes de Philénis. Epicure étoit auffi débau- ché que les femmes qu'il fréquen- toit. » Quand je le voudrois, dit Plutarque , » il me feroit impof- » fible de paffer par-deffus l'impu- » dence & l'impertinence de cet » homme , dont les appétits volup- » tueux requéroient des viandes ex- » quifes , des vins délicieux , des » fenteurs délicates , & par-deffus » tout cela encore , des jeunes » femmes , comme une Léontium , » une Boidion , une Hédia , une

» Nicédion , qu'il entretenoit & » nourriffoit ». On n'ofe rappor- ter ce qu'ajoute Plutarque des af- freux débordemens d'Epicure avec fon familier Polienus & une cour- tifanne native de la ville de Cyfique (*Voyez* Plutarque dans le traité *Qu'on ne peut vivre joyeufement felon Epicure*, traduit par Amyot , & l'art. *Leontium* du Dictionnaire de Bayle). Epicure mourut à l'âge de 72 ans , l'an 270 avant J. C , d'une rétention d'urine ou plutôt d'un accident occafionné par de longues & d'effrénées débauches. Gaffendi a fait l'apologie de fa mo- rale fpéculative & de fa morale pra- tique dans un *Recueil fur fa Vie & fes Ecrits*, La Haye 1656, in-8°. M. l'abbé Batteux l'a bien refuté dans fa *Morale d'Epicure tirée de fes propres écrits*, in-4°, 1758. Cum- berland & Fabricius ont auffi rendu à ce patriarche des impies & des li- bertins , toute la juftice qu'il mérite.

EPIMENIDE de Gnoffe dans la Crete , paffe pour le 7e fage de la Grece dans l'efprit de ceux qui ne mettent pas Périandre de ce nombre. Il cultiva à la fois la poéfie & la philofophie. Il faifoit accroire au peuple qu'il étoit en commerce avec les dieux. On l'appella à Athe- nes pour conjurer la pefte, qu'il chaffa avec des eaux luftrales , fe- lon les uns , & felon d'autres , avec des eaux tirées des fimples ; ou plutôt qu'il ne chaffa d'aucune fa- çon , à ce que penfent les gens qui apprécient le mieux les merveilles de l'antiquité. Solon eut alors l'oc- cafion de le connoître , & lui donna fon amitié. Epimenide , de retour en Crete , compofa plufieurs ouvrages en vers , & mourut dans un âge fort avancé , vers l'an 598 avant J. C. S. Paul a cité ce poëte dans fon *Epître* à Tite , où il trace le ca- ractere des Crétois.

EPIMETÉE , fils de Japet , & frere de Prométhée. Celui-ci avoit formé les hommes prudens & ingé- nieux , & Epimethée les imprudens &

& les ſtupides. Il épouſa Pandore, ſtatue que Minerve anima, & à qui tous les dieux donnerent quelque belle qualité pour la rendre parfaite. Il eut de ce mariage Pyrrha, qui épouſa Deucalion, fils de Promethée.

ÉPINE, voyez SPINA, Jean.

ÉPIPHANE, (Saint) évêque de Salamine & Pere de l'égliſe, naquit dans le village de Beſſanduc en Paleſtine vers l'an 320. Dès ſa plus tendre jeuneſſe il ſe retira dans les déſerts de ſa province, & fut le témoin & l'imitateur des vertus des ſaints ſolitaires qui les habitoient. A 20 ans il fonda un monaſtere, & eut un grand nombre de moines ſous ſa conduite. Il s'appliqua dans ſa ſolitude à l'étude des écrivains ſacrés & profanes. Elevé à la prêtriſe, il le fut bientôt à l'épiſcopat en 366, par les vœux unanimes du clergé & du peuple de Salamine, métropole de l'iſle de Chypre. Le ſchiſme d'Antioche l'ayant appellé à Rome, il logea chez l'illuſtre veuve Paule. De retour dans ſon dioceſe, il inſtruiſit ſon peuple par ſes ſermons, & l'édifia par ſes auſtérités. Il le préſerva de toutes les héréſies, & ſurtout de celles d'Arius & d'Apollinaire. Epiphane ne fut pas moins oppoſé à Origene, qu'il croyoit coupable des erreurs qu'on rencontre dans ſes écrits. Il les anathématiſa dans un concile en 401, & ſe joignit à Théodoret, pour engager S. Jean-Chryſoſtome à ſouſcrire à cette condamnation. Le ſaint patriarche l'ayant refuſé, Epiphane vint en 403 à Conſtantinople, à la perſuation de Théophile d'Alexandrie, pour y faire exécuter le décret de ſon concile. Cette démarche étoit imprudente; celle d'ordonner un prêtre à Jéruſalem ſans le conſentement de Jean, patriarche de cette ville, ne l'eſt peut-être pas moins. Le patriarche s'en plaignit amérement, & S. Epiphane s'en excuſa ſur la néceſſité des circonſtances, ſur le conſentement préſumé de Jean,

ſur ce qu'il avoit ignoré la défenſe que Jean avoit faite, enfin ſur ce que le monaſtere où il avoit fait l'ordination, n'étoit point de la juriſdiction de l'évêque de Jéruſalem. Voyez le tom. 2 des Œuvres de S. Epiphane, p. 312, édition de Paris, 1622. Il ordonna auſſi un diacre à Conſtantinople ſans le conſentement de S. Chryſoſtome. Le pape Urbain II l'excuſe en ces termes en écrivant à Hugues, archevêque de Lyon : Legimus S. Epiphanium epiſcopum, ex diœceſi S. Jo. Chryſoſtomi quoſdam clericos ordinaſſe, quod Sanctus vir omninò non feciſſet, ſi ei détrimentum fore perpenderet. Il l'excuſe auſſi ſur ſa bonne foi, & ſur l'utilité de cette ordination. S. Epiphane mourut en mer en retournant de Conſtantinople à l'iſle de Chypre, en 403, âgé d'environ 80 ans; regardé comme un évêque charitable, zélé, pieux, mais peu politique, & ſe laiſſant quelquefois emporter trop loin par ſon zele. De tous les ouvrages qui nous reſtent de ce Pere, les plus connus ſont : I. Son Panarium, c'eſt-à-dire, l'Armoire aux remedes. C'eſt une expoſition des vérités principales de la religion, & une réfutation des erreurs qu'on y a oppoſées. II. Son Anchora, ainſi appellé, parce qu'il le compare à l'ancre d'un vaiſſeau, & qu'il le compoſa pour fixer la foi des fidelles & les affermir dans la ſaine doctrine. III. Son Traité des Poids & des Meſures, plein d'une profonde érudition. IV. Son livre Des douze Pierres précieuſes, qui étoient ſur le rational du grand-prêtre, ouvrage ſavant, traduit en latin, Rome 1743, in-4°, par les ſoins & avec les notes de François Fogini. Tous ces écrits décelent une vaſte lecture; mais S. Epiphane ne la puiſoit pas toujours dans les bonnes ſources. Il ſe trompe ſouvent ſur des faits hiſtoriques importans; il adopte des fables & des bruits incertains. Son ſtyle, loin d'avoir l'élévation & la beauté de celui des autres Peres grecs, des Chryfoftome, des Bafile, eft dur, groffier, obfcur, fans fuite & fans liaifon. S. Epiphane étoit un compilateur plutôt qu'un écrivain ; mais la poftérité ne lui doit pas moins de reconnoiffance. Sans lui, nous n'aurions aucune idée de plufieurs auteurs profanes & eccléfiaftiques, dont il nous a tranfmis des fragmens. La meilleure édition des *Œuvres* de ce Pere eft celle du P. Petau, en grec & en latin, 1622, avec de favantes notes, en 2 vol. in-fol.

EPIPHANE, patriarche de Conftantinople en 520, prit avec zele la défenfe du concile de Chalcédoine, & de la condamnation d'Eutychès. Le pape Hormifdas lui donna pouvoir de recevoir en fon nom tous les évêques qui voudroient fe réunir à l'églife romaine, à condition qu'ils foufcriroient à la *formule* qu'il avoit dreffée. Il mourut en 535, avec la réputation d'un bon évêque.

EPIPHANE, le *Scholaftique*, ami du célebre Caffiodore, traduifit à fa priere les *Hiftoires Eccléfiaftiques* de Socrate, de Sozomene, de Théodoret. C'eft fur cette verfion plus fidelle qu'élégante, que Caffiodore compofa fon *Hiftoire Tripartite*. On attribue à Epiphane plufieurs autres Traductions de grec en latin. Il floriffoit dans le 6e fiecle.

EPIPHANE, moine & prêtre de Jerufalem, qu'Anfelme Banduri croit être le même que POLYEUCTE, patriarche de Conftantinople en 956, mort le 16 janvier 970, nous a laiffé : I. *De Syria & Urbe Sancta*, en grec & en latin, inféré dans *Symmicta* d'Allatius, lib. 1. II. *Vita B. Mariæ Virginis & S. Andreæ avoftoli*, dont Allatius fait mention dans fa Diatribe *de Simeonum fcriptis*, pag. 106.

EPISCOPIUS, (Simon) né à Amfterdam en 1583, profeffeur en théologie à Leyde en 1613, fe fit beaucoup d'ennemis, pour avoir pris le parti des Arminiens contre les Gomariftes. Ces deux fectes, toutes deux enthoufiaftes & factieufes, divifoient alors la Hollande. Epifcopius plaida pour la 1re. Il fut infulté en public & en particulier, & infulta à fon tour. Les états de Hollande l'ayant invité de fe trouver au fynôde de Dordrecht, il n'y put être admis, malgré les raifons qu'il fit valoir dans de belles harangues, que comme homme de parti cité à comparoître, & non pas comme juge appellé pour donner des décifions. Le fynode le chaffa de fes affemblées, le dépofa du miniftere, & le bannit des terres de la république. Il fe retira à Anvers, où ne trouvant pas des Gomariftes à combattre, il s'amufa à difputer avec les Jéfuites. Son exil dura quelque-tems ; mais enfin l'an 1626 il revint en Hollande, pour être miniftre des Remontrans à Roterdam. Huit ans après il fut appellé à Amfterdam, pour veiller fur le college que ceux de fa fecte venoient d'y ériger. Il y mourut en 1643 d'une rétention d'urine, après avoir profeffé publiquement la tolérance de toutes les fectes qui reconnoiffent l'autorité de l'Ecriture-Sainte, de quelque maniere qu'elles l'expliquent. C'étoit ouvrir la porte à toutes les erreurs. Cette opinion l'avoit fait foupçonner de Socinianifme, & il n'avoit pas détruit ces foupçons en publiant fes *Commentaires fur le Nouveau Teftament*. L'on fent affez, à travers fes équivoques, qu'il penfoit que JESUS-CHRIST n'étoit pas Dieu. Ses *Ouvrages de Théologie* ont été publiés à La Haye en 1678, 2 vol. in-fol. Epifcopius étoit fort diffus, mais clair, & très-emporté, quoiqu'apôtre du Tolérantifme. Il y a quelquefois plus de fubtilité que de folidité dans fes raifonnemens. La *Vie* de ce fectaire eft à la tête de fes *Œuvres*, publiées par Courcelles. Philippe de Limborch l'a auffi écrite en 1702, in-8°. *Voyez* Niceron, tom. 3, pag. 306.

EPIZELUS, foldat athénien, fut frappé d'un aveuglement fubit dans la bataille de Marathon, fans recevoir ni coup ni bleffure. Il parut feulement devant lui, en combattant, un grand homme avec une longue barbe noire. Epizelus l'ayant tué, ou ayant cru le tuer, devint aveugle, & le fut le refte de fes jours. Voilà ce que rapporte le bon Hérodote, & voilà ce qu'il eft permis aux gens fenfés de révoquer en doute.

ERARD, (Claude) avocat au parlement de Paris, mort en 1700, à 54 ans, laiffa des *Plaidoyers* imprimés en 1734, in-8°. Le plus célebre eft celui qu'il fit pour le duc de Mazarin, contre Hortenfe Mancini fa femme, qui l'avoit quitté pour paffer en Angleterre.

ERASISTRATE, fameux médecin, petit-fils d'Arifte, découvrit, dit-on, par l'agitation du pouls d'Antiochus Soter, la paffion que ce jeune prince avoit pour fa belle-mere, & prétendit l'en avoir guéri. Seleucus-Nicanor, fon pere, donna cent talens à Erafiftrate pour cette guérifon. Ce médecin défapprouvoit l'ufage de la faignée, des purgations & des remedes violens. Il réduifoit la médecine à des chofes très-fimples, à la diette, aux tifannes, aux purgatifs doux. Galien nous a confervé le titre de plufieurs de fes ouvrages, dont les injures du tems ont privé la poftérité.

ERASME, (Didier) dont le vrai nom étoit GÉRARD GHEÉRAEDS, naquit à Roterdam en 1467, du commerce illégitime d'un bourgeois de Gouda, nommé Pierre Gheeraeds, avec la fille d'un médecin. Il fut enfant de chœur jufqu'à l'âge de 9 ans, dans la cathédrale d'Utrecht. A 14 il perdit fon pere, & fa mere; à 17 il fe fit chanoine régulier de S. Auguftin à Stein, près de Gouda; à 25 il fut élevé au facerdoce par l'évêque d'Utrecht. On connoiffoit dès-lors tout ce qu'on

pouvoit attendre de lui. Sa pénétration étoit très-vive, & fa mémoire très-heureufe. Erafme voyagea pour perfectionner fes talens en France, en Angleterre, en Italie. Il féjourna près d'un an à Bologne, & y prit en 1506 le bonnet de docteur en théologie. Ce fut dans cette ville qu'ayant été pris pour chirurgien des peftiférés, à caufe de fon fcapulaire blanc, il fut pourfuivi à coups de pierres & courut rifque de fa vie. Cet accident lui donna occafion d'écrire à Lambert Brunius, fecretaire de Jules II, pour demander la difpenfe de fes vœux: il l'obtint. De Bologne il paffa à Venife, enfuite à Padoue, enfin à Rome, où fes ouvrages l'avoient annoncé avantageufement. Le pape, les cardinaux, en particulier celui de Médicis (depuis Léon X), le rechercherent, & l'applaudirent. Erafme auroit pu fe faire un fort heureux & brillant dans cette ville; mais les avantages que fes amis d'Angleterre lui faifoient efpérer de la part de Henri VIII, admirateur zélé de fes talens, lui firent préférer le féjour de Londres. Thomas Morus, grand-chancelier du royaume, lui donna un appartement chez lui. Erafme s'étant préfenté à lui fans fe nommer, Morus fut fi agréablement furpris des charmes de la converfation de cet inconnu, qu'il lui dit: *Vous êtes Erafme, ou un Démon*. On lui offrit une cure pour le fixer en Angleterre; mais il la refufa. Cet emploi ne convenoit point à un homme qui vouloit promener fa gloire par toute l'Europe. Il fit un fecond voyage en France l'an 1510, & peu de tems après il retourna encore en Angleterre. L'univerfité d'Oxford lui donna une chaire de profeffeur en langue grecque. Soit qu'Erafme fût naturellement inconftant; foit que cette place lui parût au-deffous de fon mérite, il la quitta pour fe retirer à Bâle, d'où il alloit affez fouvent dans les Pays-Bas & même

en Angleterre, fans que fes fréquentes courfes l'empêchaffent de
donner au public un grand nombre
d'ouvrages. Léon X ayant été élevé
fur le faint-fiege, Erafme lui demanda la permiffion de lui dédier
fon *Edition grecque & latine du
Nouveau Teftament*, & reçut la
réponfe la plus obligeante. Il ne
fut pas moins eftimé par le fucceffeur de Léon, & par les autres fouverains pontifes. Paul III vouloit
l'honorer de la pourpre romaine ;
Clément VII & Henri VIII lui écrivirent de leur propre main pour fe
l'attacher. Le roi François I, Ferdinand, roi de Hongrie, Sigifmond,
roi de Pologne, & plufieurs autres
princes, effayerent en vain de l'attirer auprès d'eux. Erafme, ami de
la liberté, autant qu'ennemi de la
contrainte des cours, n'accepta que
la charge de confeiller d'état, que
Charles d'Autriche (depuis empereur fous le nom de Charles-Quint)
lui donna. Cette place lui acquit
beaucoup de crédit, fans lui procurer beaucoup de gêne. L'héréfiarque Martin Luther tâcha de l'engager dans fon parti, mais inutilement. Erafme, prévenu d'abord en
faveur des Réformateurs, fe dégoûta
d'eux quand il les eut mieux connus. Il regardoit comme une nouvelle efpece d'hommes *obftinés,
médifans, hypocrites, menteurs,
trompeurs, féditieux, forcenés,
incommodes aux autres, divifés
entr'eux.... On a beau vouloir,*
difoit-il en plaifantant, *que le Lu-
théranifme foit une chofe tragique ; pour moi je fuis perfuadé
que rien n'eft plus comique, car
le dénouement de la piece eft toujours quelque mariage.* Les Réformateurs devenant, tous les jours,
plus brillans à Bâle, il fe retira à
Fribourg, qu'il quitta après un féjour de fept ans pour revenir à Bâle,
où il mourut d'une dyffenterie en
1536, à 70 ans. Il avoit été, durant
tout le cours de fa vie, d'une com-

plexion délicate ; il fut, fur la fin
de fes jours, tourmenté par la goutte
& la gravelle. Sa mémoire eft auffi
chere à Bâle, qu'il avoit illuftrée
en y fixant fa demeure, qu'à Roterdam, qui jouit de la gloire de
lui avoir donné le jour. Ses compatriotes lui ont fait élever une ftatue au milieu de la grand'place,
avec des infcriptions honorables.
Les ennemis mêmes d'Erafme ont
avoué qu'il mériroit cette ftatue. Il
fut le plus bel-efprit & le favant le
plus univerfel de fon fiecle. C'eft à
lui principalement qu'on doit la re-
naiffance des belles-lettres, les premieres éditions de plufieurs Peres
de l'églife, la faine critique. Il ranima les illuftres morts de l'antiquité, & infpira le goût de leurs
écrits à fon fiecle. Il avoit formé
fon ftyle fur eux. Le fien eft pur,
élégant, aifé, & quoiqu'un peu
bigarré, il ne le cede en rien à
celui des écrivains de fon fiecle,
qui, par une pédanterie ridicule,
affectoient de n'employer aucun terme qui ne fût de Cicéron. On a
reproché, non fans raifon, à Erafme,
une trop grande liberté fur les matieres qui concernent la religion.
Il exerce fouvent une critique mal
fondée contre les faints Peres. Il fe
plaît à groffir les vices de fon tems ;
jamais fa plume n'eft plus féconde
en fatyres que quand il parle des
religieux & des eccléfiaftiques ; il
fe rend juftice à lui-même lorfqu'il
dit, Lib. I, Épift. II : *Ut ingenuè
quod verum eft, fatear, fum na-
turâ propenfior ad jocos quàm
fortaffè deceat, & linguâ liberio-
ris quàm nonnumquam expediat.*
On peut voir fur ce point la *Préface* du P. Canifius fur les *Epîtres
de S. Jérôme*, & l'*Apparat Sacré*
du P. Poffevin. Se fiant trop fur fes
propres lumieres dans les matieres
de religion, il s'eft quelquefois écarté
du vrai chemin. C'eft pour cela que
plufieurs de fes ouvrages ont été
cenfurés par les facultés de théo-

logie de Paris & de Louvain, & mis à l'*Index* du concile de Trente. *Damnatus in plerisque*, dit un auteur moderne, *suspectus in multis, cautè legendus in omnibus*. Il faut cependant avouer que quelques-uns ont poussé la critique trop loin contre Erasme. Il est certain qu'il a vécu & qu'il est mort dans le sein de l'église catholique comme il l'a montré Jacques Marsollier dans son *Apologie d'Erasme*, Paris 1713. Ouvrage d'ailleurs trop favorable à Erasme, & contre lequel le P. Tournemine s'éleva avec force. Peu de jours avant sa mort Erasme écrivit à Conrard Goclenius son intime ami, qu'il voudroit finir ses jours ailleurs qu'à Bâle, à raison des divisions que les nouvelles sectes avoient produites dans cette ville : *Ob dogmatum dissensionem malim alibi finire vitam*. Cet homme célèbre essuya plusieurs orages qu'il ne supporta pas avec trop de patience. Naturellement sensible à l'éloge & à la critique; il traitoit ses adversaires avec dédain & avec aigreur. Il eut toute sa vie une passion extrême pour l'étude; il préféra ses livres à tout, aux dignités & aux richesses. Il étoit ennemi du luxe, sobre, libre dans ses sentimens, sincère, ennemi de la flatterie, bon ami & constant dans ses amitiés; en un mot, il n'étoit pas moins aimable homme, qu'homme savant. Toutes ses Œuvres furent recueillies à Bâle par le célèbre Froben son ami, en 9 vol. in-fol. Les 2 premiers & le 4e sont consacrés uniquement aux ouvrages de grammaire, de rhétorique & de philosophie. On y trouve l'*Eloge de la Folie* & les *Colloques*, les deux productions d'Erasme les plus répandues. La première est une satyre de tous les états de la vie, depuis le simple moine jusqu'au souverain pontife. Il y a quelques bonnes plaisanteries, mais beaucoup plus de froides & de forcées. L'ironie n'y est pas toujours fine; elle est souvent

trop transparente. On doit porter le même jugement sur ses *Colloques*, qu'on lit plus pour la latinité, que pour le fonds des choses. Le 3e vol. renferme les *Epîtres*, dont plusieurs ont rapport aux affaires de l'église; le 5e, les *Livres de Piété*, écrits avec une élégance qu'on ne trouve point dans les autres mystiques de son tems; le 6e, la *Version du Nouveau Testament*, avec les notes; le 7e, ses *Paraphrases sur le Nouveau Testament*; le 8e, ses *Traductions des Ouvrages de quelques Peres Grecs*; le dernier, les *Apologies*. Jean le Clercq a donné une nouvelle édition de tous ces différens ouvrages, en 11 vol. in-fol. à Leyde, chez Vander-Aa, 1703. L'*Eloge de la Folie* a été imprimé séparément, *cum notis variorum*, 1676, in-8° ; & à Paris, Barbou, 1765, in-12. On en a une assez mauvaise traduction françoise, Amsterdam 1728, in-8°, Paris 1751, in-8° & in-4°, figures. Les Elzevirs ont donné une édition de ses *Adages*, 1650, in-12; de ses *Colloques*, 1636, in-12. Il y en a une édit. *cum notis variorum*, 1664 ou 1693, in-8°. Ils ont été traduits en françois par Gueudeville, Leyde 1720, 6 vol. in-12, fig. Ceux qui voudront connoître Erasme plus en détail, doivent lire l'*Histoire de sa Vie & de ses Ouvrages*, mise au jour en 1757 par M. de Burigny, en 2 vol. in-12. Cet ouvrage intéressant est proprement l'histoire littéraire de ce tems-là. On voit encore à Bâle, dans un cabinet qui excite la curiosité des étrangers, son anneau, son cachet, son épée, son couteau, son poinçon, son *Testament* écrit de sa propre main, son portrait par le célèbre Holbein, avec une épigramme de Théodore de Beze.

ERASTE, (Thomas) médecin, né en 1524, à Bade en Suisse, enseigna avec réputation à Heidelberg, puis à Bâle, où il mourut en 1583. On a de lui : I. Divers

Ouvrages de Médecine, principalement contre Paracelfe, à Bâle 1572, in-4° : il y a 4 parties. II. Des Thefes fameufes, Zurich 1595, in-4°. III. *Opufcula*, 1590, in-fol. IV. *Confilia*, Francfort 1598, in-fol. V. *De auro potabili*, in-8°. VI. *De Putredine*, in-4°. VII. *De Thériaca*, Lyon 1606, in-4°. VIII. Des *Thefes contre l'excommunication, & l'autorité des confiftoires*, Amfterdam 1649, in-8°. Il paroît que l'auteur étoit dans le cas de les craindre. Le médecin étoit préférable chez lui au controverfifte ; mais ni l'un ni l'autre ne méritoient le premier rang.

ERATO, l'une des neuf Mufes, préfide aux poéfies lyriques. On la repréfente fous la figure d'une jeune fille enjouée, couronnée de myrtes & de rofes, tenant d'une main une lyre, un archet de l'autre, & ayant à côté d'elle un petit Cupidon ailé, avec fon arc & fon carquois.

ERATOSTHENE, grec cyrenéen, bibliothécaire d'Alexandrie, mort en 196 ans avant J. C., cultiva à la fois la poéfie, la grammaire, la philofophie, les mathématiques, & excella dans le premier & le dernier genre. On lui donna le nom de *Cofmographe*, d'*Arpenteur de l'Univers*, de fecond *Platon*. Il trouva, dit-on, le premier la maniere de mefurer la grandeur de la circonférence de la terre, qu'on n'a pu cependant encore perfectionnier jufqu'à s'affurer d'un calcul précis, & s'il eft vrai que la terre n'a point une figure parfaitement réguliere, il n'y en aura jamais. Il forma le premier obfervatoire, & obferva l'obliquité de l'écliptique. Il trouva encore une méthode pour connoître les nombres premiers, c'eft-à-dire les nombres qui n'ont point de mefure commune entr'eux. Elle confifte à donner l'exclufion aux nombres qui n'ont point cette propriété. On la nomma *le crible d'Eratofthene*. Ce philofophe compofa aufli un traité pour perfec-

tionner l'analyfe, & il réfolut le problême de la duplication du cube, par le moyen d'un inftrument compofé de plufieurs planchettes mobiles. Parvenu à l'âge de 80 ans & accablé d'infirmités, il fe laiffa mourir de faim. Le peu qui nous refte des ouvrages d'Eratofthene, a été imprimé à Oxford en 1672, 1 vol. in-8°. On en a deux autres éditions dans l'*Uranologia* du P. Petau, 1630 ; & à Amfterdam, dans le même format, 1703.

ERATOSTRATE, *voyez* EROSTRATE.

ERCHEMBERT, lombard, vivoit dans le 9e fiecle. Il porta les armes dès fa première jeuneffe, & fut prifonnier de guerre. Il fe tira au Mont-Caffin, où il embraffa la regle de S. Benoît à l'âge d'environ 25 ans. On lui donna le gouvernement d'un monaftere voifin ; mais il y fut expofé à tant de traverfes, qu'il fe vit encore contraint de fe retirer. Ce fut dans le lieu de fa retraite qu'il écrivit un *Supplément* depuis l'an 774, jufqu'en 888, à l'*Hifloire des Lombards*, par Paul Diacre. Il ajouta à ce Supplément l'*Hifloire de la ruine & de la reftauration du Mont-Caffin & de l'incurfion des Arabes* jufqu'à l'an 884. On lui attribue la *Vie de Landulphe*, évêque *de Capoüe*, en vers, & un *Abrégé de l'Hifloire des Lombards*, mais on doute qu'ils foient de lui. Antoine Caraccioli, prêtre de l'ordre des Clercs-Réguliers, a publié fon *Supplément* qui offre quelques faits curieux, avec d'autres Pieces, à Naples en 1620, in-4°. Camille Peregrin l'a donné de nouveau au public dans fon *Hifloire des Princes Lombards*, en 1643, in-4°.

ERCILLA-Y-CUNIGA, (Don Alonzo d'') fils d'un jurifconfulte célèbre, étoit gentilhomme de la chambre de l'empereur Maximilien. Il fut élevé dans le palais de Philippe II, & combattit fous fes yeux à la célèbre bataille de Saint-Quentin, en 1557. Le guerrier, entraîné par le defir de connoître les pays & les hommes, parcourut la France, l'Italie, l'Allemagne, l'Angleterre. Ayant appris à Londres que quelques provinces du Pérou & du Chily s'étoient révoltées contre les Espagnols, il brûla d'aller fignaler fon courage fur ce nouveau théatre. Il paffa fur les frontieres de Chily dans une petite contrée montagneufe, où il foutint une guerre auffi longue que pénible contre les rebelles, qu'il défit à la fin. C'eft cette guerre qui fait le fujet de fon poëme de l'*Araucana*, ainfi appellé du nom de la contrée. On y remarque des penfées neuves & hardies. Le poëte-conquérant a mis beaucoup de chaleur dans fes batailles. Le feu de la plus belle poéfie éclate dans quelques endroits. Les defcriptions font riches, quoique peu variées ; mais nul plan, point d'unité dans le deffein, point de vraifemblance dans les épifodes, point de décence dans les caractères. Ce Poëme, compofé de plus de trente-fix chants, eft trop long de la moitié. L'auteur tombe dans des répétitions & dans des longueurs infupportables ; enfin il eft quelquefois auffi barbare que la nation qu'il avoit combattue. L'ouvrage de Cuniga fut imprimé pour la premiere fois en 1597, in-12 ; mais la meilleure édition eft celle de Madrid, 1632, 2 vol. in-12.

ERCKERN, (Lazare) furintendant des mines de Hongrie, d'Allemagne & du Tirol, fous 3 empereurs, a écrit *fur la Métallurgie* avec beaucoup d'exactitude. Son livre eft en allemand ; mais on l'a traduit en latin avec des notes. Il parut pour la premiere fois en 1694 à Francfort, in-fol. On y trouve prefque tout ce qui regarde l'art d'effayer les métaux.

EREBE, fils du Chaos & des Ténebres, époufa la Nuit, & en eut l'Æther & le Jour. Il fut métamorphofé en fleuve, & précipité dans le fond des enfers pour avoir fecouru les Titans.

ERECHTHÉE *ou* ERICTHÉE, fut un chaffeur que Minerve prit foin d'élever, & de faire proclamer roi des Athéniens. Il donna fon nom à la ville d'Athenes. On dit qu'il favoit tirer de l'arc avec tant d'adreffe, qu'Alcon fon fils étant entouré d'un dragon, il perça le monftre d'un coup de fleche fans bleffer fon enfant.

ERECTHÉE, roi d'Athenes, fuccéda à Pandion fon pere vers l'an 1400 avant J. C. Il partagea tous les habitans de fon royaume en quatre claffe (c'eft-à-dire, en guerrier, artifans, laboureurs & pâtres), pour éviter la confufion qui pouvoit naître du mélange des conditions. Il fut pere de Cecrops, 2e du nom, qui, après avoir été détrôné par fes neveux, fe retira chez Pylas fon beau-pere, roi de Mégare. Ce prince régna 50 ans. Après fa mort, il fut placé au rang des dieux, & on lui érigea un beau temple à Athenes. C'eft fous fon regne que les Marbres d'Arundel placent l'enlevement de Proferpine, & l'inftitution des myfteres éleufiniens. Trois ans avant ce dernier événement, Borée, natif de Thrace, avoit ravi fa fille Orithye.

ERENNIEN, *voy.* HERENNIEN.

ERESICTHON *ou* ERISICTHON, theffalien, fils de Triopas. Cerès, pour le punir d'avoir ofé abattre une forêt qui lui étoit confacrée, lui envoya une faim fi horrible, qu'il confuma tout fon bien, fans pouvoir la fatisfaire. Réduit à la derniere mifere, il vendit fa propre fille, nommée Métra. Neptune qui avoit aimé cette fille, lui ayant accordé le pouvoir de fe changer en ce qu'elle voudroit, elle échappa à fon maître fous la forme d'un pêcheur. Rendue à fa figure naturelle, fon pere la vendit fucceffivement à plufieurs maîtres. Elle n'étoit pas plutôt livrée à ceux qui l'avoient achetée, qu'elle fe déroboit à eux en fe changeant à chaque vente, en bœuf, en cerf, en oifeau ou autrement.

Malgré cette reffource pour avoir de l'argent, elle ne put jamais raffafier la faim de fon pere, qui mourut enfin miférablement en dévorant fes propres membres.

ERGINUS, roi d'Orchomene après fon pere Clymenus, fut en guerre avec Hercule, qui le vainquit, le tua & pilla fes états. Pindare fait un éloge magnifique d'Erginus dans une des Odes.

ERIC XIII, roi de Suede, de Danemarck & de Norwege, dut la premiere couronne à la reine Marguerite, appellée la *Sémiramis du Nord*, & obtint la feconde après la mort de cette héroïne en 1412; mais il ne fut conferver ni l'une ni l'autre. Il déplut aux Suédois, parce qu'au lieu de fuivre les conventions qu'il avoit confirmées par ferment, il les opprimoit par fes gouverneurs. Il mécontenta de même les Danois par fes longues abfences, & parce qu'il voulut rendre héréditaire la couronne qui étoit élective. Les peuples, fecondés par la noblefle & le clergé, le dépoferent. Eric voulut fe foutenir fur le trône par les armes; mais n'ayant pû s'y maintenir, il fe retira l'an 1438 en Poméranie, où il paffa les reftes d'une vie obfcure & languiffante.

ERIC XIV, fils & fuccefleur de Guftave I dans le royaume de Suede, fut auffi foible & encore plus cruel qu'Eric XIII. Il auroit defiré de fe marier avec Elizabeth, reine d'Angleterre, qui ne vouloit pas d'époux; mais n'efpérant pas d'obtenir fa main, il partagea fon trône & fon lit avec la fille d'un payfan. Cette alliance indigne aliéna le cœur de fes fujets. Des foupçons très-mal fondés, le porterent à faire arrêter Jean fon frere, & à le tenir pendant 5 ans dans une dure prifon. Ce prince infortuné, ayant obtenu fa liberté, excita une révolte. Il affiégea Eric dans Stockholm, le prit, & l'obligea de renoncer à la couronne en 1568. Le monarque détrôné fut enfermé à fon tour, & finit fes jours

dans les fers. Il n'avoit régné que 8 ans. Olof Celfius a donné l'Hiftoire de ce prince qui a été traduite en françois par Genet; Paris 1777.

ERIC, (Pierre) navigateur hardi, mais cruel, obtint de la république vénitienne, le commandement d'une flotte fur la Mer Adriatique. En 1584 il prit un vaifleau poufle par la tempête, où étoit la veuve de Ramadan, bacha de Tripoli. Cette femme emportoit à Conftantinople pour 800 mille écus de bien. Lorfqu'Eric fe fut rendu maître de ce navire, & de ceux qui étoient à fa fuite, il fit tuer 250 hommes qu'il y trouva, perça lui-même de fon épée le fils de la veuve entre les bras de fa mere; & après avoir fait violer 40 femmes, qu'il fit couper par morceaux, il ordonna qu'on les jetât dans la mer. Cette barbarie atroce ne demeura pas impunie. Le fénat de Venife lui fit trancher la tête, & fit rendre à Amurat IV, empereur des Turcs, tout le butin qu'Eric avoit fait.

ERICTHONIUS, fils de Vulcain & de la Terre, fut le 4e roi d'Athenes. Après fa naiffance, Minerve l'enferma dans un panier, qu'elle donna à garder aux filles de Cecrops, Aglaure, Herfé & Pandrofe, avec défenfe de l'ouvrir; mais Aglaure & Herfé n'eurent aucun égard à la défenfe. Minerve les punit de leur curiofité, en leur infpirant une telle fureur, qu'elles fe précipiterent. Ericthonius devenu grand, & fe trouvant les jambes fi tortues qu'il n'ofoit paroître en public, inventa les chars. Il fe fervit fi utilement de cette nouvelle invention, où la moitié de fon corps étoit cachée, qu'après fa mort il fut placé parmi les conftellations, fous le nom du Chartier ou Bootès. Il fuccéda à Amphyction vers 1513 avant J. C., & régna 50 ans. Il inftitua les jeux Panathénaïques en l'honneur de Minerve.

ERIGENE, *voyez* SCOT.

ERIGONE, fille d'Icare, fe pendit à un arbre, lorfqu'elle fut la mort de fon pere, que Mœra, chienne d'Icare, lui apprit en allant aboyer continuellement fur le tombeau de fon maître. Elle fut aimée de Bacchus, qui pour la féduire fe transforma en grappe de raifin. Les poëtes ont feint qu'elle fut changée en cette conftellation qu'on appelle la *Vierge*.

ERINNE, dame grecque, contemporaine de Sapho, compofa des poéfies, dont on poffede quelques fragmens dans le *Carmina Novem Poët Fœminarum*, à Anvers 1568, in-8°. On en trouve des imitations en vers françois dans le *Parnaffe des Dames*, de M. Sauvigny.

ERIOCH *ou* ARIOCH, roi des Eliciens ou Elyméens, le même que le roi d'Elaffar, qui accompagna Chodorlahomor, lorfque ce prince vint châtier les fouverains de Sodome & de Gomorrhe. Ses états étoient entre le Tigre & l'Euphrate. Ce fut fur ces terres que fe donna cette fanglante bataille, entre Arphaxad, roi de Médie, & Nabuchodonofor, roi des Chaldéens, où le premier fut tué.

ERITHRÆUS, (Janus Nitius) *voyez* ROSSI.

ERIZZO, (Louis & Marc-Antoine) deux freres d'une des plus anciennes familles de Venife, firent affaffiner en 1546 un fénateur de Ravenne, leur oncle, pour jouir plutôt de fes biens. Le fénat ayant promis un pardon abfolu, avec 2000 écus de récompenfe, à celui qui découvriroit cet affaffinat, un foldat, leur complice, les dénonça. Louis fut décapité; & Marc-Antoine mourut en prifon. Paul ERIZZO, de la même famille, avoit perdu la vie d'une maniere plus glorieufe en 1469. Il étoit gouverneur de Négrepont. Après avoir fait une vigoureufe réfiftance, il fe rendit aux Turcs, fous promeffe qu'on lui conferveroit la vie. L'empereur Mahomet II, fans avoir aucun égard à la capitulation, le fit fcier en deux, & trancha lui-même la tête

à Anne, fille de cet illuftre malheureux, parce qu'elle n'avoit pas voulu condefcendre à fes defirs.

ERIZZO, (Sébaftien) noble vénitien, mort en 1585, fe fit un nom par plufieurs ouvrages de littérature. Il s'adonna auffi à la fcience numifmatique, & a laiffé un *Traité* en italien *fur les Médailles* : la meilleure édition de cet ouvrage affez eftimé, eft celle de Venife in-4°, dont les exemplaires pour la plupart font fans date, mais dont quelques-uns portent celle de 1571. On a encore de lui : I. Des *Nouvelles* en fix journées, Venife 1567, in-4°. II. *Trattato della via inventrice e dell' inftrumento de gli Antichi*, Venife 1554, in-4°.

ERKLVINS de Steinbach, architecte de la fameufe Tour de Strafbourg, mourut en 1305. Elle ne fut achevée qu'en 1449.

ERLACH, (Jean-Louis) né à Berne, d'une maifon de Suiffe, très-diftinguée par l'ancienneté de fa nobleffe & par les grands-hommes qu'elle a produits, & la premiere des fix familles nobles de Berne. Il porta les armes de bonne heure au fervice de la France & fe fignala en diverfes occafions. Sa valeur & fes exploits furent récompenfés par les titres de lieutenant-général des armées de France, de gouverneur de Brifach, de colonel de plufieurs régimens d'infanterie & de cavalerie allemande. Louis XIII dut à fa bravoure l'acquifition de Brifach en 1639; & Louis XIV, en partie, la victoire de Lens en 1648, & la confervation de fon armée en 1649. Ce prince lui confia cette année le commandement général de fes troupes, lors de la défection du vicomte de Turenne. D'Erlach mourut à Brifach l'année d'après, à 55 ans. Peu de tems avant fa mort, le roi l'avoit nommé fon premier plénipotentiaire au congrès de Nuremberg, & il fe préparoit à récompenfer les fervices de ce général par les honneurs militaires les p'us diſtingués, lorſqu'on apprit qu'une mort précipitée avoit abrégé ſes jours. D'Erlach étoit un homme de tête & de main, également capable de conduire une armée & une négociation.

EROPE, femme d'Atrée, ſuccomba aux follicitations de Thyeſte. Elle en eut deux enfans, qu'Atrée fit manger dans un feſtin à leur propre père.

EROPE, (*Æropus*) fils de Philippe I, roi de Macédoine, monta ſur le trône étant encore enfant. Les Illyriens, voulant profiter de cette minorité, attaquèrent & défirent les Macédoniens; mais ceux-ci ayant porté le jeune roi à la tête de l'armée, ce ſpectacle ranima tellement les ſoldats, qu'ils vainquirent à leur tour, vers l'an 598 avant J. C. Ce prince régna environ 35 ans, avec aſſez de gloire.

EROS, affranchi de Marc-Antoine le triumvir: *voyez* cet article.

EROSTRATE *ou* ERATOSTRATE, homme obſcur d'Epheſe, voulant rendre ſon nom célèbre dans la poſtérité, brûla le temple de Diane, l'une des ſept merveilles du monde, l'an 356 avant J. C. Les Epheſiens firent une loi qui défendoit de prononcer ſon nom. Cette loi ſingulière, loin de produire un tel effet, ſervit l'intention du ſcélérat: ce fut un moyen de répandre & de perpétuer ſa mémoire.

ERPENIUS *ou* D'ERP, (Thomas) né à Gorcum en Hollande l'an 1584, s'appliqua à l'étude des langues orientales à la perſuaſion de Scaliger; parcourut une grande partie de l'Europe, s'arrêta long-tems à Veniſe, parce qu'il y trouva pluſieurs Juifs & quelques Mahométans qui l'aidèrent dans l'étude qu'il y fit des langues arabe, perſe, turque & éthiopienne. De retour dans ſon pays en 1613, il fut fait profeſſeur des langues orientales à Leyde, où il mourut en 1624. Il laiſſa pluſieurs ouvrages ſur l'arabe, ſur l'hébreu, &c. dans leſquels on

remarque une profonde connoiſſance de ces langues. Les principaux ſont: I. *Grammaire Arabe*, Leyde 1636, 1656, 1748, in-4°, eſtimée. II. *Grammaire Hébraïque*, Leyde 1659. III. *Grammaire Syriaque & Chaldaïque*, Leyde 1659. IV. *Grammaire Grecque*, Leyde 1662. V. *Pſalterium Davidicum Syriacum cum verſione latina*. VI. *Hiſtoria Saracenica Georgii Elmacini cum verſione latina*, Leyde 1622, in-fol.; édition enrichie de cartes géographiques & généalogiques. VII. *Locmani fabulæ & Arabum adagia cum interpretatione latina & notis*, Amſt. 1656, in-4°. C'étoit un homme laborieux, d'un eſprit vif, d'une mémoire étendue, attaché à ſes livres & à ſa patrie, qui refuſa toutes les offres qu'on lui fit, pour l'attirer en Eſpagne & en Angleterre. *Voyez* Nicéron, tom. 5.

ERYCEYRA, (Fernand de Meneſès, comte d') naquit à Lisbonne en 1614. Après avoir puiſé dans ſes premières études le goût de la bonne littérature, il alla prendre des leçons de l'art militaire en Italie. De retour dans ſa patrie, il fut ſucceſſivement gouverneur de Péniche, de Tanger, conſeiller de guerre, gentilhomme de la chambre de l'infant Don Pedro, & conſeiller d'état. Au milieu des occupations de ces diverſes places, le comte d'Eryceyra trouvoit des momens à donner à la lecture & à la compoſition. On peut conſulter le *Journal étranger* de 1757, ſur ſes nombreux ouvrages. Les principaux ſont: I. L'*Hiſtoire de Tanger*, imprimée in-fol. en 1723. II. L'*Hiſtoire de Portugal*, depuis 1640 juſqu'en 1657, en 2 vol. in-fol. III. *La Vie de Jean I, roi de Portugal*. Ces différens livres ſont utiles pour la connoiſſance de l'hiſtoire de ſon pays.

ERYCEYRA, (François-Xavier de Meneſès, comte d') arrière-petit-fils du précédent & héritier de la fécondité de ſon biſaïeul, naquit à Lisbonne en 1672. Il porta les armes avec diſtinction, & obtint, en 1735, le titre de meſtre de camp général & de conſeiller de guerre, & mourut en 1743, à 70 ans. Il n'étoit pas grand ſeigneur avec les ſavans ; il n'étoit qu'homme de lettres, aiſé, poli, communicatif. Le pape Benoît XIII l'honora d'un bref ; le roi de France lui fit préſent du *Catalogue de ſa Bibliotheque.* L'académie de Péterſbourg lui adreſſoit ſes mémoires ; une partie des écrivains de France, d'Angleterre, d'Italie, &c. lui faiſoient hommage de leurs écrits. Ses ancêtres lui avoient laiſſé une bibliotheque choiſie & nombreuſe, qu'il augmenta de 15000 volumes & de 1000 manuſcrits. Sa carriere littéraire a été remplie par plus de cent ouvrages différens. Les plus connus en France ſont : I. *Mémoire ſur la valeur des monnoies de Portugal, depuis le commencement de la Monarchie,* in-4°, 1738. II. *Réflexions ſur les Etudes Académiques.* III. *58 Paralleles d'Hommes & 12 de Femmes illuſtres.* IV. *La Henriade, Poëme héroïque, avec des obſervations ſur les regles du Poëme épique,* in-4°, 1741. Parmi ſes manuſcrits on trouve des éclairciſſemens ſur le nombre de XXII, à l'occaſion de 22 ſortes de monnoies romaines offertes au roi, & déterrées à Lisbonne le 22 octobre 1711, auquel jour ce prince avoit 22 ans accomplis. L'auteur, par autant de diſſertation, prouve que le nombre XXII eſt le plus parfait de tous. De pareilles puérilités ſe trouvent quelquefois dans les têtes les plus ſaines.

ERYPHILE, *voyez* AMPHIARAUS.

ERYTROPHILE, (Rupert) théologien du 17ᵉ ſiecle, & miniſtre à Hanover, eſt auteur d'un *Commentaire* méthodique ſur l'hiſtoire de la Paſſion. On a encore de lui : *Catenæ aureæ in Harmoniam Evangelicam,* in-4°.

ERYX, fils de Butès & de Vé-

nus. Fier de ſa force prodigieuſe, il luttoit contre les paſſans, & les terraſſoit ; mais il fut tué par Hercule, & enterré dans le temple qu'il avoit dédié à Vénus ſa mere... Il y avoit une montagne de ce nom, aujourd'hui Catalſano, célebre par le plus ancien temple de Vénus.

ESAQUE, fils de Priam & d'Alixoïhoe, aima tellement la nymphe Heſperie, qu'il quitta Troie pour la ſuivre. Sa maîtreſſe ayant été mordue d'un ſerpent, mourut de ſa bleſſure. Eſaque, de déſeſpoir, ſe précipita dans la mer : mais Thétis le métamorphoſa en plongeon.

ESAU, fils d'Iſaac & de Rebecca, né l'an 1836 avant J. C., vendit à Jacob, ſon frere jumeau, ſon droit d'aîneſſe, à 40 ans, & ſe maria à des Chananéennes contre la volonté de ſon pere. Ce reſpectable vieillard lui ayant ordonné d'aller à la chaſſe pour lui apporter de quoi manger, lui promit ſa bénédiction ; mais Jacob la reçut à ſa place, par l'adreſſe de ſa mere. Les deux freres furent dès-lors brouillés ; mais ils ſe réconcilierent enſuite. Jacob ſe retira chez ſon oncle Laban. Eſau mourut à Séïr en Idumée, l'an 1710 avant J. C. âgé de 127 ans, laiſſant une poſtérité très-nombreuſe.

ESCALE, (Maſtin de l') d'une famille que Villani fait deſcendre d'un faiſeur d'échelles nommé Jacques Fico, fut élu en 1259 podeſtat de Vérone, où ſes parens tenoient un rang diſtingué. On lui donna enſuite le titre de capitaine perpétuel, & il fut dès-lors comme ſouverain. Mais quoiqu'il gouvernât ce petit état avec beaucoup de prudence, ſon grand pouvoir ſouleva contre lui les plus riches habitans. Il fut aſſaſſiné en 1273. Ses deſcendans conſerverent & augmenterent même leur autorité qu'il avoit acquiſe dans Vérone. Maſtin III de l'Eſcale, génie remuant & ambitieux, ajouta non-ſeulement Vicence & Breſſe à ſon domaine de Véroïe ; il dépouilla les Carrares de Padoue, dont il fit Albert son frere gouverneur. Celui-ci, livré à la débauche, vexa ses sujets, & enleva la femme d'un des Carrares dépossédés, qui sachant dissimuler à propos, flatterent l'orgueil des deux freres. Mastin, le plus entreprenant des deux, ne tarda pas de s'attirer la haine des Vénitiens, en faisant faire du sel dans les Lagunes. Ces républicains, jaloux de ce droit qu'ils vouloient rendre exclusif, firent la guerre aux l'Escales, rendirent Padoue aux Carrares, s'emparerent de la Marche Trévisane, & enfermerent Mastin en 1339 dans son petit état de Vérone & de Vicence. Ce tyran subalterne avoit commis, dans le cours de la guerre, des cruautés inouies. Barthélemi de l'Escale, évêque de Vérone, ayant été soupçonné de vouloir livrer cette ville aux Vénitiens, Mastin son cousin le tua sur la porte de son palais épiscopal le 28 août 1338. Le pape ayant appris ce meurtre, soumit à une pénitence publique Mastin, qui après l'avoir subie, jouit paisiblement du Véronois. Mais en 1387 il fut enlevé à sa famille. Antoine de l'Escale, homme courageux, mais cruel, souillé du meurtre de son frere Barthélemi, se ligua avec les Vénitiens pour faire la guerre aux Carrares. Son bonheur & ses succès alarmerent le duc de Milan, qui s'empara en 1387 de Vérone & de Vicence. Antoine, réduit à l'état de simple particulier, obtint un azile & le titre de noble à Venise. Mastin III avoit eu un fils appelé Can le Grand, & ce fils un bâtard nommé Guillaume, héritier de sa valeur & de son ambition. Celui-ci, secondé par François Carrare, seigneur de Padoue, se remit en possession de Vérone & de Vicence en 1403. Son pouvoir commençoit à être respecté, lorsque le même Carrare qui l'avoit aidé à reprendre l'autorité de ses ancêtres, l'empoisonna pendant le cours d'une

visite qu'il lui avoit faite sous prétexte de lui aller faire compliment. Cette perfidie fut un crime inutile. Les Vicentins & les Véronois, ne voulant pas reconnoître ce scélérat, & las d'être disputés par de petits tyrans, se donnerent à la république de Venise en 1406. Brunoro de l'Escale, dernier rejeton de cette famille ambitieuse, tenta en vain en 1410 de rentrer dans Vérone ; il échoua contre les forces vénitiennes. Les Scaligers qui porterent dans la république des lettres, le ton d'insolence & de hauteur que les l'Escales avoient à Vérone, prétendoient être descendus d'eux ; mais on leur prouva que leur vanité se fondoit sur des chimeres.

ESCALIN, voyez GARDE (Antoine Iscalin, & non Escalin, baron de la).

ESCHINE, célebre orateur grec, naquit à Athenes l'an 397 avant J. C., 3 ans après la mort de Socrate, & 16 avant la naissance de Démosthene. Si l'on ajoute foi à ce qu'il dit de lui-même, il étoit d'une naissance distinguée, & il avoit porté les armes avec éclat ; & si l'on adopte le récit de Démosthene, Eschine étoit le fils d'une courtisanne. Il aidoit sa mere à initier les novices dans les mysteres de Bacchus, & couroit les rues avec eux. Il fut ensuite greffier d'un petit juge de village ; & depuis il joua les troisiemes rôles dans une bande de comédiens, qui le chasserent de leur troupe. Ces deux récits sont fort différens, si celui de Démosthene est faux ; il sert à prouver que, dans tous les tems, les gens-de-lettres ont été jaloux les uns des autres ; & que cette jalousie à produit, dans les siecles passés comme dans le siecle présent, des injures & des personnalités révoltantes. Quoi qu'il en soit, Eschine ne fit éclater ses talens que dans un âge assez avancé. Ses déclamations contre Philippe, roi de Macédoine, commencerent à le faire connoître. On le députa à ce prince; & le déclamateur emporté, gagné par l'argent du monarque, devint le plus doux des hommes. Démosthene le poursuivit comme prévaricateur, & Eschine auroit succombé sans le crédit d'Eubulus. Le peuple ayant voulu quelque-tems après décerner une couronne d'or à son rival, Eschine s'y opposa, & accusa dans les formes Créfiphon, qui avoit le premier proposé de la lui donner. Les deux orateurs prononcerent en cette occasion deux discours, qu'on auroit pu appeller deux chef-d'œuvres, s'ils ne les avoient encore plus chargés d'injures que de traits d'éloquence. Eschine succomba; il fut exilé. Le vainqueur usa bien de la victoire. Au moment qu'Eschine sortit d'Athenes, Démosthene la bourse à la main, courut après, & l'obligea d'accepter de l'argent. Eschine, sensible à ce procédé, s'écria: » Comment ne regretterois-je pas » une patrie où je laisse un en- » nemi si généreux; que je dé- » sespere de rencontrer ailleurs des » amis qui lui ressemblent »? Eschine alla s'établir à Rhodes, & y ouvrit une école d'éloquence. Il commença ses leçons par lire à ses auditeurs les deux harangues qui avoient causé son bannissement. On donna de grands éloges à la sienne; mais quand on vint à celle de Démosthene, les battemens & les acclamations redoublerent; & ce fut alors qu'il dit ce mot si beau dans la bouche d'un ennemi: *Eh! que feroit-ce donc, si vous l'aviez entendu tonner lui-même?* Eschine se dégoûta du métier de rhéteur, & passa à Samos, où il mourut peu de tems après, à 75 ans. Les Grecs avoient donné le nom des Graces à trois de ses Harangues, & ceux des Muses à neuf de ses Epitres. Ces trois Discours font les seuls qui nous restent. Eschine, plus abondant, plus orné, plus fleuri, devoit plutôt plaire à ses auditeurs que les émouvoir. Dé-

mosthene au contraire, précis, mâle, nerveux, plus occupé des choses que des mots, les étonnoit par un air de grandeur, & les terrassoit par un ton de force & de véhémence. Les *Harangues* d'Eschine ont été recueillies avec celles de Lysias, d'Andocides, d'Isée, de Dinarche, d'Antiphon, de Lycurgue, &c. par les Aldes, 3 vol. in-fol. 1513 : cette édition est estimée. Celle de Francfort, in-fol, qui ne contient que les Harangues de Démosthene, celles d'Eschine, avec le Commentaire d'Ulpian & les Annotations de Jerôme Wolf, 1604, l'est encore davantage. M. l'abbé Auger a donné une *Traduction* d'Eschine avec celle de Démosthene, Paris 1777, 5 vol. in-8°.

ESCHINE, philosophe grec. On ignore le tems auquel il vivoit. Nous avons de lui des *Dialogues* avec les notes de le Clerc, Amsterdam 1711, in-8°, qui se joignent aux Auteurs *cum notis variorum.*

ESCHYLE, né à Athenes d'une des plus illustres familles de l'Attique, signala son courage aux journées de Marathon, de Salamine & de Platée; mais il est moins célebre par ses combats, que par ses Poésies dramatiques. Il perfectionna la tragédie grecque, que Thespis avoit inventée. Il donna aux acteurs un masque, un habit plus décent, une chaussure plus haute, appellée *cothurne*, & les fit paroître sur des planches rassemblées pour en former un théatre. Auparavant ils jouoient sur un tombereau ambulant, comme quelques-uns de nos comédiens de campagne. Eschyle régna sur le théatre, jusqu'à ce que Sophocle lui disputa le prix & l'emporta. Ce vieillard ne put soutenir l'affront d'avoir été vaincu par un jeune-homme. Il se retira à la cour d'Hiéron, roi de Syracuse, le plus ardent protecteur qu'eussent alors les lettres. On raconte qu'il perdit la vie, par un accident très-singulier. Un jour qu'il dormoit, dit-on, à la campagne, un aigle laiſſa tomber une tortue ſur ſa tête chauve, qu'il prenoit pour la pointe d'un rocher. Le poëte mourut du coup, vers l'an 477 avant J. C. C'eſt du moins ce que rapportent tous les hiſtoriens, & ce qu'on eſt forcé de répéter après eux, de peur que cet article ne parut tronqué à ceux qui ſe repaiſſent de petits contes, preſque toujours fabuleux. Il nous paroît que l'aigle a la vue trop perçante, pour ne pas diſtinguer la tête d'un homme, de la pointe d'un rocher. Pour renforcer encore le merveilleux, on ajoute qu'un aſtrologue avoit prédit à Eſchyle, qu'il mourroit de la chûte d'une maiſon, & que pour cela il ſe tenoit preſque toujours en raſe campagne. De 90 Pieces qu'Eſchyle avoit compoſées, il ne nous en reſte plus que ſept : *Promethée*, les *Sept devant Thebes*, les *Perſes*, *Agamemnon*, les *Eumenides*, les *Suppliantes*, les *Coephores*. Eſchyle a de l'élévation & de l'énergie, mais elle dégénere ſouvent en enflure & en rudeſſe. Ses tableaux offrent de trop grands traits, & des images trop peu choiſies ; ſes fictions ſont hors de la nature, ſes perſonnages monſtrueux. Il écrivoit en énergumene, & pour tout dire, en homme ivre. C'eſt ce qui fit penſer qu'il puiſoit moins à la fontaine du dieu des vers, qu'à celle du dieu du vin. La repréſentation de ſes *Eumenides* étoit ſi terrible, que l'effroi & le tumulte qu'elle cauſa, fit écraſer des enfans & bleſſer des femmes enceintes. Les meilleures éditions de ces Pieces ſont : Celles de Henri Etienne 1557, in-4° ; & de Londres, in-fol. 1663, par Stanley, avec des ſcholies grecques, une verſion latine & des commentaires pleins d'érudition. Celle de Paw, La Haye 1745, 2 vol. in-4°, eſt moins eſtimée ; mais celle

de Glaſcow 1746, 2 vol. in-8°, eſt précieuſe pour la beauté de l'exécution. On en a imprimé une Traduction françoiſe, élégante & fidelle, Paris 1770, in-8°, par M. le Franc de Pompignan.

ESCOBAR, (Barthélemi) pieux & ſavant jéſuite, né à Séville en 1558, d'une famille noble & ancienne, avoit de grands biens, qu'il employa tous en œuvres de charité. Son zele le conduiſit aux Indes, où il prit l'habit de religieux. Il mourut à Lima en 1624. On a de lui : I. *Conciones Quadrageſimales & de Adventu*, in-folio. II. *De feſtis Domini*. III. *Sermones de Hiſtoriis ſacræ Scripturæ*. Ses ouvrages ne ſont guere connus qu'en Eſpagne.

ESCOBAR, (Marine d') née à Valladolid en 1554, morte ſaintement en 1633, eſt la fondatrice de la Récollection de Ste Brigite en Eſpagne. Le P. Dupont, ſon confeſſeur, laiſſa des *Mémoires* ſur ſa vie, qu'on fit imprimer avec un titre pompeux, in-fol. Ce livre eſt devenu très-rare.

ESCOBAR, (Antoine) de l'illuſtre maiſon de Mendoza, jéſuite, né à Valladolid en 1589, mort en 1669, à 80 ans, eſt auteur de pluſieurs ouvrages, dont les plus connus ſont ſes, *Commentaires ſur l'Ecriture-Sainte*, Lyon 1667, 9 vol. in-fol. & ſa *Théologie morale*, Lyon 1663, 7 vol. in-fol. ; dans laquelle il élargit un peu trop le chemin du ſalut. Ses principes de morale ont été tournés en ridicule par Paſcal : ils ſont commodes, mais l'Evangile proſcrit ce qui eſt commode. Il ne faut cependant pas croire que ces ſortes d'ouvrages, quoique certainement repréhenſibles, aient fait autant de mal que quelques zélateurs l'ont prétendu. Ce ne ſont que les ſavans ou les gens conſciencieux qui les liſent ; les hommes diſſipés ou libertins ne s'en occupent point. » Je n'ai » connu aucun homme de mau-

» vaise vie, dit un auteur judicieux, » qui eût beaucoup lu les
» Casuistes ; & je n'ai connu ni
» grand Casuiste, ni grand liseur
» de Casuistes qui ait été homme
» de mauvaise vie ». Un jour
qu'un certain réformateur déclamoit contre les Casuistes relâchés
en présence d'un ecclésiastique respectable, & lui demandoit quel auteur il falloit lire pour la morale :
Lisez, lui dit celui-ci, *Caramuel
& Escobar, ils sont encore trop
séveres pour vous.*

ESCOUBLEAU, (François d')
cardinal de Sourdis, archevêque de
Bordeaux, mérita la pourpre par
les services que sa famille avoit
rendus à Henri IV, & sur-tout
par ses vertus & sa piété. Léon XI,
Paul V, Clément VIII, Gregoire XV,
Urbain VIII, lui donnerent des
marques distinguées de leur amitié
& de leur estime, dans les différens
voyages qu'il fit à Rome. Le cardinal de Sourdis convoqua en 1624 un
concile provincial. Les ordonnances & les actes de ce synode, font
un témoignage du zele dont il étoit
animé pour la discipline ecclésiastique. Il mourut en 1628, à 53 ans.

ESCOUBLEAU, (Henri d')
frere du précédent, son successeur
dans l'archevêché de Bourdeaux,
avoit moins de goût pour les vertus
épiscopales, que pour la vie de
courtisan & de guerrier. Il suivit
Louis XIII au siege de la Rochelle,
& le comte d'Harcourt à celui des
iiles de Lérins qu'il reprit sur les Espagnols. Ce prélat étoit d'un caractere hautain & impérieux. Le duc
d'Epernon, gouverneur de Guienne,
homme aussi fier que l'archevêque
de Bourdeaux, eut un différend
très-vif avec lui. Le duc s'emporta
jusqu'à le frapper. Le cardinal de
Richelieu, ennemi de d'Epernon,
prit cette affaire fort à cœur ; mais
Cospean, évêque de Lisieux, ramena l'esprit du cardinal, en lui disant : » Monseigneur, si le Diable
» étoit capable de faire à Dieu les

» satisfactions que le duc d'Epernon
» offre à l'archevêque de Bour-
» deaux, Dieu lui feroit miséri-
» corde ». Ce différend fut terminé
bientôt après, mais d'une maniere
bien humiliante pour l'orgueilleux
d'Epernon, qui fut obligé d'écrire
la lettre la plus soumise à l'archevêque, & de se mettre à genoux
devant lui pour écouter avec grand
respect la réprimande sévere qu'il
lui fit avant de lever l'excommunication. Sourdis mourut en 1645,
après avoir donné plusieurs scenes
odieuses ou ridicules.

ESCULAPE, fils d'Apollon &
de la nymphe Coronis, éleve du
centaure Chiron, qui lui apprit tous
les secrets de la médecine. Il y fit
de si grands progrès, que dans la
suite il fut honoré comme le dieu
de l'art médical. Jupiter irrité contre lui de ce qu'il avoit rendu la vie
au malheureux Hippolyte par la
force de ses remedes, le foudroya.
Apollon pleura amérement la perte
de son fils ; Jupiter, pour consoler
le pere, plaça Esculape dans le ciel,
où il forme la constellation du Ser-
pentaire. Les plus habiles médecins
de l'antiquité ont passé pour les fils
d'Esculape. Ce dieu fut principalement honoré à Epidaure, ville du
Péloponnese, où on lui éleva un
temple magnifique. Il en avoit aussi
un fort célebre à Rome. Il y étoit
représenté sur un trône, un bâton
d'une main, & l'autre appuyée sur
la tête d'un serpent, avec un chien
à ses pieds.

ESDRAS, fils de Saraïas, souverain pontife, que Nabuchodonosor
fit mourir, exerça la grande-prê-
trise pendant la captivité de Babylone. Son crédit auprès d'Artaxercès
Longuemain, fut utile à sa nation.
Ce prince l'envoya à Jerusalem avec
une colonie de Juifs. Il fut chargé
de riches présens pour le Temple
qu'on avoit commencé de rebâtir
sous Zorobabel, & qu'il se proposoit d'achever. Arrivé à Jerusalem
l'an 467 avant J. C., il y réforma

plufieurs abus. Il profcrivit fur-tout les mariages des Ifraélites avec les femmes étrangeres , & fe prépara à faire la dédicace de la ville. Cette cérémonie ayant attiré les plus con-fidérables de la nation, Efdras leur lut la Loi de Moïfe. Les Juifs l'ap-pellent *le Prince des Docteurs de la Loi.* C'eft lui qui , fuivant les conjectures communes , recueillit tous les livres canoniques , les purgea des fautes qui s'y étoient gliffées , & les diftingua en 22 livres , felon le nombre des lettres hébraïques. On croit que dans cette révifion il chan-gea l'ancienne écriture hébraïque , pour lui fubftituer le caractère hé-breu moderne , qui eft le même que le Chaldéen. Les rabbins ajoutent qu'il inftitua une école à Jerufa-lem , & qu'il établit des interpretes des Écritures , pour en expliquer les difficultés , & pour empêcher qu'elles ne fuffent altérées. Nous avons *iv Livres* fous le nom d'*Ef-dras* , mais il n'y a que les deux premiers qui foient reconnus pour canoniques dans l'églife latine. Le 1er eft conftamment d'Efdras, qui y parle fouvent en première perfonne. Il contient l'hiftoire de la délivrance des Juifs , fortis de la captivité de Babylone , depuis la 1re année de la monarchie de Cyrus. , jufqu'à la 20e du regne d'Artaxercès Longuemain , durant l'efpace de 82 ans. Le fecond dont Néhémie eft l'auteur , en con-tient une fuite , l'efpace de 31 ans. Parmi les livres apocryphes de l'An-cien Teftament , on trouve deux autres livres fous le nom d'*Efdras.* Sixte de Sienne, Driedo, Mariana & plufieurs rabbins, attribuent à Efdras les deux livres des *Paralipomènes.*

ESECHIAS , *voyez* EZÉCHIAS.

ESON , pere de Jafon , fils de Créthée , & frere de Pélias , roi d'Iolchos ou de Theffalie. Parvenu à une extrême vieilleffe , il fut ra-jeuni par Médée , à la priere de Jafon fon mari.

ESOPE , le plus ancien auteur des apologues après Héfiode , qui en fut l'inventeur , naquit à Amo-rium , bourg de Phrygie. Il fut d'a-bord efclave de deux philofophes , de Xantus & d'Idmon. Ce dernier l'affranchit. Son efclave l'avoit char-mé , par une philofophie affaifon-née de gaieté , & par une ame libre dans la fervitude. Les philofophes de la Grece s'étoient fait un nom par de grandes fentences enflées de grands mots ; Efope prit un ton plus fimple , & ne fut pas moins célebre qu'eux. Il prêta un langage aux animaux & aux êtres inanimés , pour enfeigner la vertu aux hommes , & les corriger de leurs vices & de leurs ridicules. Il fe mit à compofer des *Apologues* , qui , fous le mafque de l'allégorie , & fous les agrémens de la fable , ca-choient des moralités utiles & des leçons importantes. Le bruit de fa fageffe fe répandit dans la Grece & dans les pays circonvoifins. Crœfus, roi de Lydie , l'appella à fa cour, & fe l'attacha par des bienfaits pour le refte de fa vie. Efope s'y trouva avec Solon, n'y brilla pas moins que lui , & y plût davantage. Solon , auf-tere au milieu d'une cour corrom-pue , philofophe avec des courtifans , choqua Crœfus par une morale im-portune & affaifonnée du fafte que ces vieux fages mettoient prefque toujours dans leurs leçons : il fut renvoyé. Efope , qui connoiffoit les hommes & les grands , lui dit : *So-lon , n'approchons point des rois , ou difons-leur des chofes agréa-bles. — Point du tout* , répondit le févere philofophe , *ne leur di-fons rien , ou difons-leur de bon-nes chofes.* ... Efope quitta de tems-en-tems la cour de Lydie , pour voyager dans la Grece. Athènes ve-noit d'être mife en efclavage par le tyran Pififtrate , & ne fupportoit le joug que fort impatiemment. Le fa-bulifte , témoin des murmures des Athéniens , leur raconta la fable *des Grenouilles* qui demanderent un roi à Jupiter. Efope parcourut la Perfe , l'Egypte , & fema par-tout fon in-génieufe morale. Les rois de Baby-lone fone & de Memphis, fe firent un honneur de l'accueillir d'une manière diftinguée. De retour à la cour de Crœfus, ce prince l'envoya à Delphes pour y facrifier à Apollon. Il déplut aux Delphiens par fes reproches, & fur-tout par fa fable *des Bâtons flottans*, qui de loin paroiffent quelque chofe, & qui de près ne font rien. Cette comparaifon injurieufe les irrita tellement, qu'ils le précipiterent d'un rocher. Efope, tout philofophe qu'il étoit, ne favoit pas que, s'il faut ménager les rois, il ne faut pas aufli choquer les peuples. Toute la Grece prit part à cette mort; Athenes rendit hommage au mérite de l'efclave phrygien, en lui élevant une ftatue magnifique. On rapporte une réponfe fort fenfée d'Efope à Chilon, l'un des fept fages de la Grece. Ce philofophe demandoit au fabulifte, quelle étoit l'occupation de Jupiter? — *D'abaiffer les chofes elevées*, lui répondit Efope, & *d'élever les chofes baffes*. Cette réponfe eft l'abrégé de la vie humaine, & le tableau en petit de ce qui arrive aux hommes & aux empires. Le moine Planudes, auteur d'un mauvais roman fur Efope, le peint avec les traits les plus difformes; il lui refufe même le libre ufage de la parole. Le favant Meziriac a affez bien prouvé que ce portrait n'eft point celui qu'ont fait les anciens de notre fabulifte. C'eft à ce moine grec que nous devons le recueil des *Fables* d'Efope, tel que nous l'avons. Il eft clair qu'il a entaffé fous le nom du fabulifte phrygien beaucoup d'apologues plus anciens ou plus modernes que les fiens. Les meilleures éditions font celles de Plantin, 1565, in-16; des Aldes, avec d'autres fabuliftes, 1505, in-fol. & d'Oxford 1718, in-8°. Efope avoit écrit fes *Fables* en profe. Socrate en mit quelques-unes en vers pendant fa prifon; mais cette verfion n'eft pas venue jufqu'à nous. Ce philofophe faifoit un

Tome II.

grand cas des productions de l'efclave de Xantus; Platon fon difciple, qui a banni de fa République Homere & les autres poëtes, comme les corrupteurs du genre humain, y admet Efope comme leur précepteur. Quelques-uns croient que Lockman, fi célebre chez les Orientaux, eft le même que notre fabulifte.

ESOPE, (Clodius) comédien célebre, vers l'an 84 avant J. C. Rofcius & lui ont été les meilleurs acteurs qu'on ait vus à Rome. Efope excelloit dans le tragique, & Rofcius dans le comique. Cicéron prit des leçons de déclamation de l'un & de l'autre. Efope étoit d'une prodigalité fi exceffive, qu'il fit fervir dans un repas, au rapport de Pline, un plat de terre qui coûtoit dix mille francs. Il n'étoit rempli que d'oifeaux qui avoient appris à chanter & à parler, & qu'on avoit payés chacun fur le pied de 600 livres. Efope, malgré fes grandes dépenfes, laiffa un héritage qui valoit près de deux millions. Son fils, avec moins de talens, ne fut pas moins prodigue: on affure qu'il fit boire une fois à fes convives des perles diftillées. Ces richeffes énormes des hiftrions prouvent bien à quel point de fureur le mimifme, caufe & mefure de la corruption des peuples, étoit parvenu chez celui de Rome.

ESPAGNANDEL, (Matthieu l') fculpteur célebre, floriffoit à la fin du 17e fiecle. Quoique proteftant, il embellit diverfes églifes de Paris. On cite entr'autres le rétable de l'autel des Prémontrés, & celui de la chapelle de la grand'falle du palais. Le parc de Verfailles lui doit plufieurs morceaux excellens; tels font: *Tigrane*, roi d'Armenie; un *Flegmatique*; deux Termes, repréfentant, l'un *Diogene*, l'autre *Socrate*.

ESPAGNE, (Charles d') un des favoris du roi Jean, eut l'épée de connétable en 1350. Ce n'étoit pas pour récompenfer fes fervices; il

Q q

n'en avoit rendu aucun. Son mérite pour cette charge fut fa naiffance & la faveur. Il étoit fi fier de l'une & de l'autre, qu'il s'attira la haine de Charles le Mauvais, comte d'Evreux & roi de Navarre. Ce monarque, indigné de ce que d'Efpagne empêchoit qu'on ne lui fît juftice au fujet de quelques terres qu'il réclamoit, réfolut de le faire tuer. Il mena cent gendarmes l'invêftir dans le château de l'Aigle, petite ville de Normandie. Les affaffins efcaladèrent le château, & maffacrèrent le connétable dans fon lit, entre onze heures & minuit, le 6 janvier 1354. Louis D'ESPAGNE, fon frere aîné, fervit fous Philppe VI, dans la guerre contre les Anglois; & fous Charles de Blois, à la conquête de la Bretagne. Il prit dans cette province fur Jean de Montfort, concurrent de Charles de Blois, Guerande d'affaut, & Dinan par compofition. Il fut amiral de France en 1341.

ESPAGNE, (le cardinal d') *voy.* MENDOZA (Pierre-Gonzalez).

ESPAGNE, (Jean d') natif du Dauphiné, miniftre de l'églife françoife de Londres au 17e fiecle, a compofé divers *Opufcules*, publiés en 1670 & 1674, La Haye, 2 vol. in-12. On y voit une critique de la Bible de Genève & de la Verfion anglicane. On cite principalement celui qui a pour titre : *Erreurs populaires fur les points généraux qui concernent l'intelligence de la Religion.* Ce miniftre n'y a pas épargné le *Catéchifme* de Calvin.

ESPAGNET, (Jean d') préfident au parlement de Bordeaux, diftingué par fes lumieres & fes vertus, eft auteur d'un *Enchiridion Phyficæ reftitutæ*, imprimé à Paris en 1623, in-8°, & traduit en françois fous ce titre : *La Philofophie des Anciens, rétablie en fa pureté*, 1651, in-8°. Le nom de l'auteur eft défigné par ces mots: *Spes mea eft in Agno.* On y trouve un traité de la pierre philofophale,

intitulé : *Arcanum Hermeticæ Philofophiæ.* Ce favant publia encore en 1616 un vieux manufcrit in-8°, intitulé : *Rozier des Guerres*, qu'il accompagna d'un *Traité fur l'inftitution d'un jeune Prince.* Le public fit un accueil favorable à ces différens ouvrages.

ESPAGNOLET, (Jofeph Ribera, dit l') peintre, naquit en 1580 à Xativa, dans le royaume de Valence en Efpagne. Il étudia la maniere de Michel-Ange de Caravage, qu'il furpaffa dans la correction du deffin; mais fon pinceau étoit moins moëlleux. Les fujets terribles & pleins d'horreurs étoient ceux qu'il rendoit avec le plus de vérité, mais peut-être avec trop de férocité. Son goût n'étoit ni noble, ni gracieux. Il mettoit beaucoup d'expreffion dans fes têtes. L'Efpagnolet, né dans la pauvreté, y vécut long-tems; un cardinal l'en tira & le logea dans fon palais. Ce changement de fortune l'ayant rendu pareffeux, il rentra dans fa mifere pour reprendre le goût du travail. Naples où il fe fixa, le regardoit comme fon premier peintre. Il obtint un appartement dans le palais du vice-roi, & mourut dans cette ville en 1656, laiffant de grands biens & de beaux tableaux. Le pape l'avoit fait chevalier de Chrift. Ses principaux ouvrages font à Naples & à l'Efcurial en Efpagne. Ce peintre a gravé à l'eau-forte, & on a gravé d'après lui.

ESPARRON, (Charles d'Arcuffia, vicomte d') s'occupa de la fauconnerie vers le milieu du 16e fiecle. Il fit part au public de fes amufemens, dans un Traité affez eftimé, in-4°, Rouen 1644.

ESPEISSES, *voyez* DESPEISSES & BAUVES.

ESPEN, (Zeger-Bernard Van-) né à Louvain en 1646, docteur en droit en 1675, remplit avec beaucoup de fuccès une chaire du collège du pape Adrien VI. Ayant perdu la vue à 65 ans, par une cataracte levée deux ans après, il ne fut ni moins gai, ni moins appliqué. Ses sentimens sur le *Formulaire* & sur la bulle *Unigenitus*, l'espece d'approbation qu'il donna au sacre de Steenoven, archevêque schismatique d'Utrecht, remplirent ses derniers jours de chagrins qu'il eut pu aisément s'épargner. Il se retira à Mastricht, puis à Amersfort, où il mourut en 1728. Van-Espen est sans contredit un des plus savans canonistes de ce siecle. Son ouvrage le plus recherché par les jurisconsultes, est son *Jus Ecclesiasticum universum*. Les points les plus importans de la discipline ecclésiastique, y sont quelquefois discutés avec autant d'étendue que de sagacité. Entre diverses réflexions qu'il fait sur les écrits des canonistes du siecle dernier (*Operum, parte V, p. 194, edit. colon. 1748*), il a soin d'avertir qu'il faut se défier de certaines opinions relâchées où le torrent les a entraînés. La remarque est en place; & l'on y peut ajouter qu'il n'est pas moins nécessaire d'être en garde contre le rigorisme outré de quelques autres canonistes qui, par un respect affecté pour la discipline de l'église ancienne, osent s'élever contre des pratiques généralement adoptées par l'église moderne. On a donné à Paris, sous le nom de Louvain, en 1753, un *Recueil de tous les Ouvrages de Van-Espen*, en 4 vol. in-fol. Cette édition, enrichie des observations de Gibert sur le *Jus Ecclesiasticum*, offre ce que la morale, le droit canonique & même le civil ont de plus important. On trouve divers détails curieux & intéressans touchant cet auteur dans une petite brochure assez rare, intitulée : *De Zegero Bernardo Van-Espen, &c. authore Wilhelmo Bachusio*. Ce Bachusius avoit été, comme Van-Espen, lié avec le parti de Quesnel, qu'il abandonna ensuite, & les renseignemens qu'il en donne, sont d'un homme qui est au fait de la chose qu'il traite. Il est

mort chanoine de Bruges en 1779.

ESPENCE, (Claude d') né à Châlons-sur-Marne en 1511, de parens nobles, prit le bonnet de docteur de Sorbonne, & fut recteur de l'université de Paris. Le cardinal de Lorraine, qui connoissoit son mérite, se servit de lui dans plusieurs affaires importantes. D'Espence le suivit en Flandre l'an 1544, dans le voyage que cette éminence y fit pour la ratification de la paix entre Charles-Quint & François I. Le cardinal de Lorraine le mena à Rome en 1555. D'Espence brilla tellement sur ce nouveau théâtre, que Paul IV voulut l'honorer de la pourpre pour le retenir auprès de lui. Le docteur françois aimoit mieux le séjour de Paris. Il revint dans cette ville, & parut avec éclat aux états d'Orléans en 1560, & au colloque de Poissy en 1561. Il mourut de la pierre en 1571. C'étoit un des docteurs les plus judicieux & les plus modérés de son tems. Ennemi des voies violentes, il n'en étoit pas moins fortement attaché aux moyens de maintenir & de répandre la foi catholique. Il étoit très-versé dans les sciences ecclésiastiques & profanes. Les ouvrages que nous avons de lui, sont presque tous écrits en latin, avec une dignité & une noblesse, que les théologiens de son tems ne connoissoient presque pas. Il se sent pourtant de l'école, suivant Richard Simon, qui rabaisse un peu le savoir de d'Espence. On a de lui : I. Un *Traité des Mariages clandestins*, il y soutient que les fils de famille ne peuvent valablement contracter des mariages, sans le consentement de leurs parens. II. Des *Commentaires sur les Epîtres de S. Paul à Timothée & à Tite*, pleins de longues digressions sur la hiérarchie & la discipline ecclésiastique. III. Plusieurs *Traités de Controverse*, les uns en latin, les autres en françois. Tous ses Ouvrages latins ont été recueillis à Paris en 1619, in-fol.

ESPERANCE. Les Païens en

avoient fait une divinité. Elle avoit plufieurs temples à Rome. Les Grécs l'honoroient fous le nom d'*Elpis*.

ESPERIENTE, (Philippe Cal-limaque) né à San-Gemiiniano en Tofcane, de l'illuftre famille de Buo-nacorti , alla à Rome fous le ponti-ficat de Pie II, & y forma avec Pomponius Lætus une académie, dont tous les membres prirent des noms latins ou grecs. Le favant dont nous parlons changea fon nom de *Buonacorti* en celui de *Calli-maao*; mais fon génie pour les affai-res lui fit donner le furnom d'*Efpe-riente*. Paul II croyant que la nou-velle académie cachoit quelque myf-tere pernicieux , perfuafion que le fecret des affociés juftifioit , en pour-fuivit les membres avec la derniere rigueur. Efperiente fe vit obligé de fe retirer en Pologne ; le roi Cafi-mir III lui confia l'éducation de fes enfans, & le fit quelque-tems après fon fecretaire. Ce prince l'envoya fucceffivement en ambaffade à Conf-tantinople, à Vienne, à Venife & à Rome. De retour en Pologne, le feu prit à fa maifon, & confuma fes meubles, fa bibliotheque, & plu-fieurs de fes écrits. Cette perte l'ac-cabla de trifteffe. Il mourut peu de tems après à Cracovie, en 1496. On a de lui : I. *Commentarii rerum perficarum*, à Francfort 1601, in-fol. II. *Hiftoria de iis quæ à Venetis tentata funt, Perfis & Tar-taris contra Turcas movendis*, &c. Il y a des recherches dans cet ou-vrage , ainfi que dans le précédent, avec lequel il ne forme qu'un même volume. III. *Attila*, in-4°, ou Hif-toire de ce roi des Huns. IV. *Hif-toria de rege Uladiflao , feu clade Varnenfi*, in-4°. Efperiente l'a em-porté dans cet ouvrage, fuivant Paul Jove, fur tous les hiftoriens qui ont écrit depuis Tacite ; il la compare à la *Vie* d'Agricola : mais ce juge-ment trop favorable prouve , que Jove ne favoit pas tenir le milieu convenable , ni dans fes fatyres, ni dans fes éloges. L'article fur Efpe-

riente , qu'on trouve dans le Dic-tionnaire de Bayle, eft fort inexact.

ESPERNON, *voyez* VALETTE.

ESPINASSE, (Philibert de l') fire de la Clayette , chevalier , fur-nommé *le grand Confeiller du roi Charles V*, étoit fils de Jean de l'Ef-pinaffe , chevalier , & de Margue-rite de Sercey. Il fervit fous Eudes, duc de Bourgogne , en qualité de ba-chelier, avec deux écuyers. En 1340 le roi le chargea d'aller faire rompre les chauffées des étangs de Rue , pour la confervation du Ponthieu. Il fut un des plénipotentiaires en-voyés à Bruges en 1375, pour la treve que l'on conclut avec le roi d'Angleterre. Philibert affifta, comme confeiller du roi, aux procédures qu'on inftruifit au Parlement & à la Tour-du-Temple contre les domef-tiques du roi de Navarre , accufés d'avoir été les agens de ce méchant prince pour empoifonner le roi Char-les V. Il fut encore attaché à l'édu-cation du Dauphin, en 1380. Enfin il accompagna en Angleterre le fire de la Tremouille, dans la defcente qu'y firent les François. Il eft la tige des branches de la Clayette , de St-André , de Sully, de la Faye & autres , qui toutes ont porté fon nom.

ESPINASSE, (Euftache de l') chevalier , étoit feigneur de l'Efpi-naffe en Brionnois. En 1323 il fit hommage à Simonin, fire de Se-mur , qui alloit en pélerinage à S. Jacques. Le goût de fon fiecle le rendit poëte : il exifte de lui une Romance , qui commence ainfi :

Je veuil amour fervir,
Et faire fon talent, &c.

ESPINAY, (Timoléon d') fei-gneur de St-Luc, fervit fur terre & fur mer. Il commandoit la pre-miere efcadre avec rang de vice-amiral , à la défaite des Rochelois en 1622. Ses fervices le firent eftimer du cardinal de Richelieu ; cepen-dant, comme ils n'étoient point af-fez grands pour élever St-Luc juf-qu'au comble des honneurs , il n'y fût parvenu qu'avec peine, s'il ne se fut démis du gouvernement de Brouage, que ce ministre vouloit avoir. Saint-Luc eut pour récompense le bâton de maréchal de France, & la lieutenance-de-roi en Guienne, l'an 1628. Il ne songea depuis, qu'à vivre dans le luxe & les plaisirs. Il mourut à Bordeaux le 12 septembre 1644. Son pere, François d'ESPINAY, dit le *Brave St-Luc*, un des favoris d'Henri III, passoit pour le cavalier le plus accompli de la cour. Les historiens disent qu'il y avoit peu de pareils en valeur, & aucun en générosité, en esprit & en politesse; mais il ne savoit pas garder un secret. Henri III aimant tendrement une fille de qualité & n'en étant pas moins aimé, en fit confidence à St-Luc, & lui recommanda fortement de n'en jamais parler. St-Luc le lui promit; cependant, quelques momens après, il alla tout dire à sa femme, qui s'en servit pour faire sa cour à la reine. Henri fut si irrité de l'indiscrétion de la femme & de la perfidie du mari, que St-Luc eût couru grand risque, s'il ne se fût enfui à propos. Il fut tué au siege d'Amiens en 1597.

ESPINOY, (Philippe d') né en Flandre en 1552 d'une bonne famille, s'attacha à rechercher les antiquités & les généalogies des nobles de son pays. Le titre de son ouvrage est *Recherche des Antiquités & Noblesse de Flandre*, &c. Douay 1632, in-fol. avec fig. Il mourut vers l'an 1633.

ESPRIT, (Jacques) né à Beziers en 1611, entra en 1629 dans l'Oratoire, qu'il quitta cinq ans après pour rentrer dans le monde. Il avoit toutes les qualités propres pour y plaire, de l'esprit, de la figure. Le duc de la Rochefoucault, le chancelier Séguier & le prince de Conti, lui donnerent des témoignages non équivoques de leur estime & de leur amitié. Le premier le produisit dans le monde; le second lui obtint une

pension de 2000 liv. & un brevet de conseiller d'état; le troisieme le combla de bienfaits, & le consulta dans toutes ses affaires. Esprit mourut en 1678, à 67 ans, dans sa patrie. Il étoit membre de l'académie françoise. Il fut un de ceux qui brillerent dans l'aurore de cette compagnie. Les ouvrages d'Esprit sont: I. Des *Paraphrases de quelques Pseaumes*, qu'on ne peut guere lire avec plaisir, quand on connoît celles de Massillon: II. *La Fausseté des vertus humaines*, Paris, 2 vol. in-12; 1678; & Amsterdam, in-8°, 1716: livre médiocre; qui n'est qu'un commentaire des *Pensées* du duc de la Rochefoucault. C'est, dans quelques endroits, l'ingénieux Horace commenté par le pesant Dacier; mais du moins on ne peut pas lui reprocher que sa morale tombe plus sur les personnes que sur les vices: défaut qu'on rencontre dans la plûpart des moralistes modernes. Louis de Baus a tiré de ce livre, son *Art de connoître les hommes*.

ESSÉ, *voyez* MONTALEMBERT.

ESSEX, (Robert d'Evreux, comte d') fils d'un comte maréchal d'Irlande, d'une famille originaire de Normandie, est fameux par ses aventures & par sa mort. S'étant un jour présenté devant la reine Elizabeth, lorsqu'elle alloit se promener dans un jardin, il se trouva un endroit rempli de fange sur le passage. Essex détacha sur le champ un manteau broché d'or qu'il portoit, & l'étendit sous les pieds de la princesse, qui fut touchée de cette galanterie. Celui qui la faisoit, étoit d'une figure noble & aimable; il parut à la cour avec beaucoup d'éclat. La reine, âgée de 58 ans, prit bientôt pour lui un goût que son âge paroissoit mettre à l'abri des soupçons. Il étoit aussi brillant par son courage, que par sa bonne mine. Il demanda la permission d'aller conquérir à ses dépens un canton de l'Irlande, & se signala souvent comme volontaire. Il fit revivre l'ancien esprit de la chevalerie, portant toujours à son bonnet un gant de la reine Elizabeth. Cette princesse le fit grand-maître de l'artillerie, lui donna l'ordre de la Jarretiere, & enfin le mit de son conseil privé. Il eut quelque-tems le premier crédit ; mais il ne fit jamais rien de mémorable. En 1599 il alla en Irlande contre les rebelles, à la tête d'une armée de 20 mille hommes, mais il n'eut guere de succès. Peu après la reine lui ôta sa place au conseil, suspendit l'exercice de ses autres dignités, & lui défendit la cour. Elle avoit alors 68 ans ; ce qui n'empêcha pas qu'on ne la crut très-attachée au comte. Nous ne discuterons pas les bruits qu'on a répandus à ce sujet, nous dirons seulement que le comte fut accusé d'une conspiration, & exécuté en 1601. On prétend qu'Elizabeth hésita à signer l'arrêt de mort ; ce qui est sûr, c'est qu'elle le signa.

EST, voyez ALFONSE D'EST.

ESTAMPES, (Léonor d') d'une illustre maison de Berri, fut placé sur le siege de Chartres en 1620, & transféré à l'archevêché de Rheims en 1641. Il signala son zele pour la France dans l'assemblée du clergé de 1626, contre deux ouvrages où l'on soutenoit des opinions alors très-communes, mais qui n'en étoient pas moins fausses touchant l'autorité des rois.

ESTAMPES-VALENÇAY, (Achille d') connu sous le nom de Cardinal de Valençay, naquit à Tours en 1593. Il se signala aux sieges de Montauban & de la Rochelle. Après la réduction de cette ville, il fut fait maréchal de camp. Il passa ensuite à Malthe, où il avoit été reçu chevalier de minorité dès l'âge de 18 ans. La religion lui confia la place de général des galeres. Son courage éclata dans toutes les occasions, & sur-tout à la prise de l'isle de Saint-Maure dans l'Archipel. Le pape Urbain VIII l'ayant appellé à Rome pour se servir de son bras contre le duc de Parme, il mérita par ses services d'être créé cardinal en 1643. Ce fut vers le même-tems qu'il soutint les intérêts de la France contre l'ambassadeur d'Espagne avec tant de vigueur, qu'il l'obligea de rendre visite au cardinal protecteur de la France. Le cardinal de Valençay mourut en 1646, avec la réputation d'un homme brave, fier, hardi, entreprenant. Les choses les plus difficiles ne lui coûtoient guere plus à faire qu'à proposer.

ESTAMPES, (Jacques d') de la famille du précédent, plus connu sous le nom de Maréchal de la Ferté-Imbaut, chevalier des ordres du roi, lieutenant-général de l'Orléanois, &c. étoit fils de Claude d'Estampes, capitaine des gardes du corps de François de France, duc d'Alençon. Il porta les armes dès sa jeunesse, & se signala en divers sieges & combats. Il fut envoyé ambassadeur en Angleterre l'an 1641, & rappellé quelque-tems après, pour avoir révélé le secret du roi son maître. La reine Anne d'Autriche lui procura le bâton de maréchal de France en 1651. C'étoit une récompense due à son exactitude, à sa vigilance, & à sa bravoure. Il mourut dans son château de Manny, près de Rouen, le 20 mai 1668, à 78 ans.

ESTAMPES, (la duchesse d') voyez PISSELEU.

ESTERHAZI, (Paul de Galantha) prince du S. Empire, palatin & vice-roi de Hongrie, chevalier de la Toison-d'Or, fils de Nicolas Esterhazi, d'une des premieres familles de Hongrie, naquit en 1635. La nature & l'éducation concoururent à en faire un grand-homme. Il fit des progrès rapides dans les belles-lettres, & voyagea ensuite pour acquérir des lumieres que l'étude seule ne peut donner. Ferdinand III, Léopold I, Joseph I & Charles VI lui donnerent des marques de leur eftime, en l'élevant aux plus grands emplois dans le militaire & dans le gouvernement des provinces. Il montra pendant toute fa vie qu'il étoit digne de ces honneurs. Il fut préfent à prefque tous les combats qui fe donnerent en Hongrie, & par-tout il donna des preuves de fon intelligence & de fa bravoure. Il ne contribua pas peu à la délivrance de Vienne en 1685. L'année d'après il leva à fes propres fraix plufieurs régimens, & engagea les nobles Hongrois, à fon exemple, à fournir des troupes pour former le fiege de Bude. Le commandement de ces troupes lui fut confié ; & Léopold leur dut en grande partie le fuccès de fes armes. Les mécontens de Hongrie ayant déclaré en 1707 Jofeph I déchu de fes droits fur le royaume ; Efterhazi s'oppofa vigoureufement à leur réfolution, & préféra de voir toutes fes terres ravagées, que de manquer de fidélité envers fon fouverain. Il mourut le 26 mars 1713, & fut enterré à Eyfenftad, où on lit fur fon tombeau ces deux vers latins :

Bis decies quatuor commifi præ-
    lia, nunquam
Vidit terga hoftis, fed tamen
    hic jaceo.

On voit en Hongrie beaucoup de monumens de fa piété, de fa munificence & de la protection qu'il donnoit aux lettres. L'étude & les exercices de piété occupoient tout le tems qu'il ne confacroit pas au fervice de l'état : la famille d'Efterhazi a produit plufieurs autres grands-hommes.

ESTHER *ou* EDISSA, juive de la tribu de Benjamin, confine-germaine de Mardochée. Le roi Affuerus l'époufa, après avoir répudié Vafthi. Ce monarque avoit un favori nommé Aman, ennemi déclaré de la nation juive. Ce favori irrité de ce que Mardochée lui refufoit les refpects que les autres courtifans lui rendoient, ré-

folut de venger ce prétendu affront fur tous les Juifs. Il fit donner un édit pour les faire tous exterminer dans un tems marqué. Efther, ayant imploré la clémence du roi en faveur de fa nation, obtint la révocation de l'édit, & la permiffion de tirer vengeance de leur ennemi, le même jour qu'Aman avoit deftiné à leur perte. C'eft en mémoire de cette délivrance que les Juifs inftituerent la fête de *Purim* ou *des Sorts*, parce qu'Aman s'étoit fervi du fort pour favoir quel jour feroit le plus malheureux aux Ifraélites. Les hiftoriens ne conviennent pas entr'eux du tems auquel cet événement eft arrivé, ni du roi de Perfe, que l'Ecriture appelle *Affuerus*. Cependant les circonftances marquées dans le livre d'*Efther*, paroiffent convenir à Darius, fils d'Hyftafpes. On eft encore plus partagé fur l'auteur de ce livre. Le fentiment le plus commun eft qu'on doit l'attribuer à Mardochée. Le texte grec dit qu'Efther y a inféré quelques paffages. Quoiqu'on n'ait trouvé que les 9 premiers chapitres & une partie du dixieme en hébreu, néanmoins prefque tous les SS. Peres & le concile de Trente l'ont reconnu canonique en fon entier.

ESTIENNE, (François d') feigneur de S. Jean de la Salle, & de Monfüron, fut confeiller au parlement d'Aix fa patrie, enfuite préfident aux enquêtes au parlement de Paris, & enfin préfident à-mortier au parlement de Provence. Ce magiftrat, l'un des plus favans jurifconfultes du 16e fiecle, a laiffé un livre eftimé, fous le titre de *Decifiones Stephani*.

ESTIENNE, (les Imprimeurs) *voyez* ETIENNE.

ESTIUS, (Guillaume) *ou* William Heffels van Eft, né l'an 1542, à Gorcum en Hollande, de l'ancienne famille d'Eft, prit le bonnet de docteur à Louvain en 1580. Ses talens le firent appeller à Douai, où il fut à la fois professeur en théologie, supérieur du séminaire, prévôt de l'église de S. Pierre & chancelier de l'université. Estius mourut dans cette ville en 1613, à 71 ans, avec la réputation d'un savant laborieux & modeste, & d'un prêtre vertueux. Benoît XIV le qualifie de *Doctor fundatissimus*. On doit à ses veilles : I. Un excellent *Commentaire sur le Maître des Sentences*, en 2 vol. in-fol. Paris 1696, Naples 1720, avec des notes de l'éditeur. Cet ouvrage, nourri des passages de l'Ecriture & des Peres, est fort recommandé aux jeunes théologiens par Dupin. II. Un *Commentaire sur les Epîtres de S. Paul*, en 2 vol. Rouen 1709, in-fol. rempli d'une vaste & solide érudition. On en a donné un *Abrégé*, dont la meilleure édition est celle de Louvain 1776. Un auteur moderne avertit qu'en lisant ce Commentaire, il faut se souvenir qu'Estius, quoique bon catholique, a été disciple de Hessels & de Baïus, & qu'il a emprunté quelquefois leur façon de parler. III. Des *Notes sur les endroits difficiles de l'Ecriture-Sainte*, Douai 1628, in-folio, Anvers 1699; cette édition est plus ample. Ouvrage très-inférieur à l'autre, quoiqu'il y ait de la clarté & de la solidité. IV. *Orationes theologicæ XIX*, Louvain. Il y en a une contre ceux qui sont économes de leur savoir, & qui renferment leurs lumieres dans le cabinet, refusent de les communiquer au-dehors, soit au public en général, par de bons ouvrages, soit aux particuliers par des avis. V. *Historia Martyrium Gorcomiensium*. VI. *Martyrium Edmundi Campiani S. J. è Gallico sermone in latinum translatum*. Tous les écrits d'Estius sont en latin.

ESTOILE, (Pierre de l') grand-audiencier de la chancellerie de Paris, mort en 1611, s'est fait un nom par son *Journal de Henri III*, dont l'abbé Lenglet du Fresnoi a donné une édition en 1744, en 5 volumes in-8°. L'éditeur l'a enrichie de plusieurs pieces rares sur la Ligue, choisies dans la foule des libelles, des satyres & des ouvrages polémiques que ces tems orageux produisirent. Ce *Journal* commence au mois de mai 1574, & finit au mois d'août 1589. Le Duchat en avoit donné une édition en 2 vol. in-8°, que celle de l'abbé Lenglet a fait oublier. On a encore de cet auteur : *Mémoires pour servir à l'Histoire de France, depuis 1515 jusqu'en 1611*, avec les remarques de Godefroy, 2 vol. in-8°, 1719 & 1744 : la premiere édition est la plus recherchée. L'Etoile paroît dans ses *Mémoires*, ainsi que dans son *Journal*, un homme véridique, qui dit également le bien & le mal ; le bien avec plaisir, le mal à regret. Il étoit très-instruit de toutes les particularités du regne d'Henri III & de celui d'Henri IV, & il entre dans les détails les plus curieux.

ESTOILE, (Claude de l') fils du précédent, a moins de célébrité que son pere, quoiqu'il fût un des cinq auteurs que le cardinal de Richelieu employoit à faire ses mauvaises pieces dramatiques. Il fut reçu à l'académie françoise en 1632, & mourut en 1652, âgé d'environ 58 ans suivant les uns, & suivant d'autres en 1651, à 54 ans. Peu accommodé des biens de la fortune, mais plein d'honneur, il aima mieux quitter la capitale, que d'y mendier à la table d'un financier, ou d'être, incommode à ses amis. Pelisson dit de lui, qu'il avoit plus de génie que d'étude & de savoir. Il connoissoit pourtant assez bien les regles du théâtre. C'étoit un censeur difficile & pour lui-même & pour les autres. Il fit mourir de douleur un jeune Languedocien, venu à Paris avec une Comédie, qu'il croyoit un chef-d'œuvre, & dans laquelle le sévere critique reprit mille défauts. On dit de Claude de l'Estoile, ce qu'on a conté de Malherbe & de

Moliere, qu'il lisoit es ouvrages à sa servante. On a de lui deux Pieces de théâtre très-médiocres, & des Odes qui le font un peu moins : ces dernieres se trouvent dans le *Recueil des Poëtes François*, 1692, 5 vol. in-12.

ESTOUTEVILLE, (Guillaume d') cardinal, archevêque de Rouen, étoit fils de Jean d'Estouteville, d'une ancienne & illustre famille de Normandie. Il fut chargé de commissions importantes sous les regnes de Charles VII & de Louis XI, réforma l'université de Paris, fut grand partisan de la Pragmatique-Sanction, & protégea les savans. Il mourut à Rome étant doyen des cardinaux, le 22 décembre 1483, à 80 ans. Outre l'archevêché de Rouen, il possédoit 6 évêchés tant en France qu'en Italie, 4 abbayes & 3 grands prieurés ; mais il en employoit la meilleure partie à la décoration des églises dont il étoit chargé, & au soulagement des pauvres. Ce fut lui qui commença le beau château de Gaillon.

ESTRADES, (Godefroi, comte d') maréchal de France, comte d') maréchal de France, & vice-roi de l'Amérique, servit long-tems en Hollande sous le prince Maurice, auprès duquel il faisoit les fonctions d'agent de France. Il se montra à la fois bon capitaine & grand négociateur. De retour à Paris, il fut envoyé à Londres en 1661, avec la qualité d'ambassadeur extraordinaire. Il y soutint avec une vigoureuse fermeté les prérogatives de la couronne de France, contre le baron de Watteville, ambassadeur d'Espagne, qui avoit voulu prendre le pas sur lui. Le comte d'Estrades passa l'année d'après en Hollande avec la même qualité, & y conclut le traité de Breda. Il ne se distingua pas moins en 1673, lorsqu'il fut envoyé ambassadeur extraordinaire aux conférences de Nimegue pour la paix générale. Il mourut en 1686, à 79 ans, comme il venoit d'être nommé gouverneur du duc de Chartres. Les *Négociations* du comte

d'Estrades ont été imprimées à La Haye en 1742, 9 vol. in-12. Ce n'est qu'un extrait des originaux, qui contiennent 22 vol. in-folio, dont le moindre est de 900 pages. Jean Aymond, prêtre apostat, en vola quelques-uns dans la bibliotheque du roi, & les publia à Amsterdam en 1709, in-12, après les avoir tronqués.

ESTRÉES, (Jean d') grand-maître de l'artillerie de France, né en 1486 d'une famille distinguée & ancienne, mort en 1567, à 81 ans, fut d'abord page de la reine Anne de Bretagne. Il rendit de grands services aux rois François I & Henri II. C'est lui qui commença à mettre l'artillerie de France sur un meilleur pied. Il se signala à la prise de Calais en 1558, & donna dans plusieurs autres occasions des preuves d'intelligence & de courage. On dit que c'est le premier gentilhomme de la Picardie, qui ait embrassé la religion prétendue-réformée.

ESTRÉES, (François-Annibal d') duc, pair & maréchal de France, né en 1573, embrassa d'abord l'état ecclésiastique, & le roi Henri IV le nomma à l'évêché de Laon ; mais il quitta cet évêché, pour suivre le parti des armes. Il se signala en diverses occasions, secourut le duc de Mantoue en 1626, prit Treves, & se distingua par son esprit autant que par sa valeur. Nommé en 1636 ambassadeur extraordinaire à Rome, il soutint avec honneur la gloire & les intérêts de la couronne, mais non pas avec prudence. Ses brusqueries & son humeur violente le brouillèrent avec Urbain VIII & avec ses neveux. On fut contraint de le rappeller. Il en eut un si grand dépit, qu'il refusa de venir à la cour rendre compte de sa conduite. Il mourut à Paris en 1670, à 98 ans. Le maréchal d'Estrées étoit plus propre à servir le roi à la tête des armées, que dans une négociation épineuse. Non content de faire respecter son caractere, il vouloit faire craindre fa perfonne. Il étoit frere de la belle Gabrielle d'Eftrées, que Henri IV auroit époufée, fi la mort ne l'eût enlevée. Nous avons de lui : I. Des *Mémoires de la Régence de Marie de Médicis*. Ils font recherchés, de l'édition de Paris, 1666, in-12, où il y a une Lettre préliminaire de Pierre le Moine. II. Une *Relation du fiege de Mantoue*, en 1630; & une autre *du Conclave*, dans lequel le pape Gregoire XV fut élu en 1621. Il regne dans ces différens ouvrages un air de vérité, qui fait favorablement augurer de la franchife de l'auteur ; mais fon ftyle incorrect prouve, que le maréchal ne favoit pas auffi bien écrire que combattre.

ESTRÉES, (Céfar d') cardinal, abbé de faint Germain-des-Prés, né en 1628, fils du précédent, fut élevé fur le fiege de Laon en 1653, après avoir reçu le bonnet de docteur de Sorbonne. Le roi le choifit peu de tems après pour médiateur entre le nonce du pape & les amis des 4 évêques d'Aleth, de Beauvais, de Pamiers & d'Angers. D'Eftrées avoit l'art de ramener les efprits les plus oppofés, de les perfuader & de leur plaire. Ses foins procurerent un accommodement, qui donna à l'églife de France une paix paffagere, parce que les efprits qui la recevoient, aimoient la guerre. Le cardinal d'Eftrées paffa enfuite dans la Baviere, où Louis XIV l'envoya pour traiter le mariage du Dauphin avec la princeffe électorale, & pour y ménager d'autres affaires importantes. Il fe rendit quelque-tems après à Rome, y foutint les droits de la France pendant les difputes de la régale, & fut chargé de toutes les affaires après la mort du duc fon frere en 1689. Il accommoda celles du clergé avec Rome, & eut beaucoup de part aux élections d'Alexandre VIII, d'Innocent XII & de Clément XI. Lorfque Philippe V partit pour le trône d'Efpagne, le cardinal d'Eftrées eut ordre de le fuivre pour travailler avec les premiers

miniftres de ce prince. Il revint en France l'an 1703, & mourut à fon abbaye en 1714, à 87 ans. Le cardinal d'Eftrées étoit très-verfé dans les affaires de l'églife & dans celles de l'état. A un génie vafte il joignoit des manieres polies, une converfation aimable, un caractere égal, l'amour des lettres & la charité envers les pauvres. S'il ne fut pas toujours heureux dans fes négociations, ce ne fut ni la faute de fon efprit, ni celle de fa prudence.

ESTRÉES, (Gabrielle d') fœur de François-Annibal d'Eftrées, reçut de la nature tous les dons qui peuvent enchaîner les cœurs. Henri IV, qui la vit pour la premiere fois en 1591 au château de Cœuvres, où elle demeuroit avec fon pere, fut fi touché de fa figure féduifante & des agrémens de fon efprit, qu'il réfolut d'en faire fa maîtreffe favorite. Il fe déguifa un jour en payfan pour l'aller trouver, paffa à travers les gardes ennemies & courut rifque de fa vie. Pour pouvoir la voir plus librement, il lui fit époufer Nicolas d'Amerval, feigneur de Liancourt, avec lequel elle n'habita point ; expédient qui ne peut honorer la mémoire de ce monarque. Henri l'aima fi éperdument, que quoiqu'il fut marié, il réfolut de l'époufer. Ce fut dans cette idée que la belle Gabrielle engagea fon amant à fe faire catholique, pour pouvoir obtenir du pape une bulle qui caffât fon mariage avec Marguerite de Valois. Elle travailla ardemment avec Henri IV à lever les obftacles qui empêchoient leur union ; mais la mort funefte de Gabrielle, en 1599, trancha le nœud de toutes les difficultés. On prétend qu'elle fut empoifonnée par le riche financier Zamet. Ce qu'il y a de certain, c'eft qu'elle mourut dans des convulfions épouvantables. La tête de cette femme, une des plus belles de fon fiecle, étoit toute tournée le lendemain de fa mort & le vifage fi défiguré, qu'elle n'étoit plus reconnoissable. De toutes les maîtresses de Henri IV, c'est celle qu'il aima le plus. Il la fit duchesse de Beaufort. Il eut d'elle trois enfans: César, duc de Vendôme, Alexandre, & Henriette qui épousa le duc d'Elbœuf.

ESTRÉES, (Victor-Marie d') né en 1660, succéda à Jean, comte d'Estrées son pere, dans la charge de vice-amiral de France, qu'il exerça avec beaucoup de gloire dans les mers du Levant. Il bombarda Barcelone & Alicante en 1691, & commanda en 1697 la flotte au siege de Barcelone. Nommé en 1701 lieutenant-général des armées navales d'Espagne par Philippe V, qualité qu'il joignoit à celle de vice-amiral de France, il réunit le commandement des flottes espagnole & françoise. Deux ans après il fut fait maréchal de France, & prit le nom de Maréchal de Cœuvres. Cette dignité fut suivie de celles de Grand-d'Espagne & de chevalier de la Toison-d'Or. Il les méritoit, par une valeur héroïque, mais prudente, & par les qualités du cœur préférables à tous les talens militaires. Au milieu des occupations bruyantes de la guerre il avoit cultivé les lettres. Il mourut à Paris en 1737, à 77 ans. Il ne laissa point d'enfans de sa femme Lucre-Félicité de Noailles. Sa mort éteignit le titre de duché-pairie attaché à la terre de Cœuvres, sous le nom d'Estrées, depuis 1645. Ses biens passerent dans la maison de Louvois par sa sœur, qui avoit épousé le marquis de Courtanvaux.

ESTRÉES, (Louis-César, duc d') maréchal de France & ministre d'état, naquit à Paris en 1699, de François-Michel le Tellier de Courtanvaux, capitaine-colonel des Cent-Suisses, & de Marie-Anne Catherine d'Estrées, fille de Jean, comte d'Estrées, vice-amiral & maréchal de France. Il fit ses premieres armes dans la guerre passagere que le duc d'Orléans régent fit à l'Espagne, & servit sous les ordres du maré-

chal de Berwick. Parvenu par ses services aux grades de maréchal de camp & d'inspecteur-général de cavalerie, il se signala dans la guerre de 1741. On se souviendra longtems du blocus d'Egra, du passage du Mein à Selingestadt, de la journée de Fontenoi, du siege de Mons, de celui de Charleroi, &c. &c. Il eut la plus grande part à la victoire de Lawfeldt; & le maréchal de Saxe lui confia dans diverses occasions les manœuvres les plus délicates. Une nouvelle guerre ayant été allumée en 1756, Louis XV qui l'avoit honoré du bâton de maréchal, lui donna le commandement de l'armée d'Allemagne, forte de plus de 100 mille hommes. Le général montra au monarque le plan des opérations, & ne craignit point de lui dire: *Aux premiers jours de juillet, j'aurai conduit l'ennemi au-delà du Weser, & je serai prêt à pénétrer dans le pays d'Hanovre.* Non content de tenir parole, il livra bataille au duc de Cumberland & remporta sur lui une victoire complete. Rappellé à la cour, il obtint le brevet de duc en 1763, & l'état le perdit le 2 janvier 1771. Toutes les dignités dont il fut revêtu, furent la récompense de la vertu & le prix des services; & l'on n'admira pas moins en lui le citoyen que le héros.

ESTURMEL, gentilhomme des environs de Péronne, s'est fait un nom par son zele pour la patrie. Le comte de Nassau, un des généraux de Charles-Quint, menaçoit cette ville en 1536. Les habitans voyant la place dépourvue de toutes choses, paroissoient résolus de l'abandonner. Esturmel prévit les suites funestes qu'entraîneroit la perte de Péronne: il s'y transporta avec sa femme & ses enfans, & ranima le courage de ses concitoyens par ses discours & son exemple. Cet homme, aussi généreux que brave, y fit conduire tous les grains qu'il avoit chez lui, y distribua son argent,

& montra une valeur, une activité, une intelligence, qui rassurerent les plus timides. Cette conduite déconcerta l'ennemi, & l'obligea de se retirer après un mois de siege. Le roi, voulant récompenser d'Esturmel, le fit son maître-d'hôtel, & lui donna une charge considérable dans les finances.

ETERNITÉ, divinité que les anciens adoroient, & qu'ils se représentoient à-peu-près comme le Tems, sous l'image d'un vieillard, tenant à sa main un serpent qui forme un cercle de son corps en se mordant la queue, emblême de l'Eternité.

ETHALIDE, fils de Mercure, On dit qu'il obtint de son pere la liberté de demander tout ce qu'il voudroit, excepté l'immortalité. Il demanda le pouvoir de se souvenir de tout ce qu'il auroit fait, lorsque son ame passeroit dans d'autres corps. Diogene Laërce rapporte que Pythagore, pour prouver la métempsycose, disoit que lui-même avoit été cet Ethalide.

ETHELBERT, roi de Kent en Angleterre l'an 560, épousa Berthe, fille de Caribert, roi de France. Cette princesse travailla à la conversion du roi, qui fut suivie de celle de plusieurs seigneurs anglois, par le zele de S. Augustin, que le pape S. Gregoire envoya en Angleterre. Ethelbert régna heureusement, & mourut en 616, à 56 ans, après avoir fondé les églises de Londres & de Rochester.

ETHELRED II, roi d'Angleterre, fils d'Edgard, succéda en 978 à son frere Edouard II. C'étoit un prince barbare; il fit tuer tous les Danois qui s'étoient établis en Angleterre. On ajoute qu'il fit enterrer leurs femmes jusqu'à la moitié du corps, afin d'avoir le plaisir de voir dévorer tout le reste par des dogues affamés. L'avarice & la débauche le rendirent l'horreur de tous ses sujets. Ils se révolterent; & Suénon, roi des Danois, s'étant

rendu maître de ses états, l'obligea de se retirer chez Richard II, duc de Normandie, dont il avoit épousé la sœur. Après la mort de Suénon, Canut son fils lui succéda; mais étant mort en 1015, Ethelred fut rappellé en Angleterre, où il mourut bientôt après, l'an 1016.

ETHELWERDUS ou ELSWARDUS, de la famille d'Ethelred I, roi d'Angleterre, florissoit vers l'an 980. On a de lui une *Histoire depuis le commencement du monde jusqu'à la mort du roi Edgard* en 974, insérée dans le *Rerum anglicarum Scriptores* de Savill, Londres 1596, in-fol.

ETHELWOLDE, (Saint) éleve de S. Dunstan, abbé d'Abbendon en 950, & évêque de Winchester en 961, mourut en 984, après avoir travaillé avec beaucoup de zele à la restauration de la discipline monastique. On conserve en manuscrit dans quelques bibliotheques d'Angleterre la traduction de la regle de S. Benoît en langue saxone, & quelques autres ouvrages dans la même langue touchant cette regle par S. Ethelwolde. Vincent de Beauvais & S. Antonin font mention d'un ouvrage contre le mariage des Prêtres par le même saint.

ETHÉOCLE, roi de Thebes, frere de Polynice, naquit de l'inceste d'Œdipe & de Jocaste. Il partagea le royaume de Thebes avec son frere Polynice, après la mort d'Œdipe, qui ordonna qu'ils régneroient tout-à-tour. Ethéocle étant sur le trône, n'en voulut pas descendre; & Polynice lui fit cette guerre qu'on appella l'*Entreprise des sept Preux*, ou *des sept. Braves devant Thebes*. Ces deux freres se haïssoient si fort, qu'ils se battoient dans le ventre de leur mere. Ils se tuerent l'un l'autre en même-tems, dans un combat singulier. La mort même ne put éteindre cette inimitié horrible: car leurs corps ayant été mis sur un bûcher, on vit, disent les poëtes, tandis qu'ils brûloient, les flammes fe féparer & former jufqu'à la fin une efpece de combat.

ETHETA, femme de Laodicée, ville de Syrie, aima fi tendrement fon mari, qu'elle obtint des dieux le pouvoir de devenir homme, pour l'accompagner par-tout fans crainte. Elle fut alors nommée *Ethetus*.

ETHODE, premier de ce nom, roi d'Ecoffe dans le 2e fiecle, monta fur le trône après Conar. Il eut tant de reconnoiffance pour Argard qui avoit gouverné l'état fous le regne de fon prédéceffeur, & que les grands du royaume avoient mis en prifon, qu'il le fit grand-adminiftrateur de la juftice. Argard fut tué dans l'exercice de fon emploi. Ethode irrité, fit mourir plus de 300 de ceux qui avoient eu part à ce meurtre. Il fut malheureufement affafiné lui-même par un Hibernois, joueur de flûte, qui couchoit dans fa chambre. On prétend que ce fut vers l'an 194. Tous ces faits font affez mal appuyés, & les commencemens de l'hiftoire d'Ecoffe font un chaos, ainfi que ceux de prefque toutes les hiftoires.

ETHODE II, fils du précédent, connoiffoit fi peu le pénible art de régner, que les grands furent obligés d'envoyer dans toutes les provinces de fages lieutenans pour l'adminiftration des affaires. Ce prince mena une vie fainéante l'efpace de 30 ans ou environ, & fut tué par fes gardes l'an 231 de J. C.

ETHRA, fille de Pithée, roi de Trezene, ayant époufé Egée, roi d'Athenes, qui étoit logé chez fon pere, elle devint groffe de Théfée. Egée étant obligé de s'en retourner fans elle, lui laiffa une épée & des fouliers, que l'enfant qu'elle mettroit au monde devoit lui apporter, lorfqu'il feroit grand, afin de le reconnoître. Théfée dans la fuite alla voir fon pere, qui le reçut, & le nomma fon héritier.

ETHRA, fille de l'Océan & de Thétis, femme d'Atlas, fut mere d'Hyas & de fept filles. Hyas ayant été dévoré par un lion, fes fœurs en moururent de douleur : mais Jupiter les métamorphofa en étoiles, qu'on nomme pluvieufes ; ce font les Hyades chez les Grecs, & les Succules chez les Latins.

ETHULPHE ou ETHELWOLPH, fut le fecond roi de la 3e dynaftie d'Angleterre, & fuccéda l'an 837 à fon pere Egbert. C'étoit un prince pacifique : il ne fe réferva d'abord que le royaume de Weftfex, & céda à Aldeftan, fon fils naturel, les royaumes de Kent, d'Effex & de Suffex que fon pere avoit conquis. Il les remit depuis en fa poffeffion, par la mort de ce fils. Il y avoit peu d'années qu'il régnoit, quand les Danois firent des courfes en Angleterre, & prirent même Londres ; mais il les défit entiérement. Ethulphe fe voyant fans ennemis, offrit à Dieu la dixieme partie de fes états, & alla à Rome fous le pontificat de Léon IV. Il rendit tous fes royaumes tributaires, envers le faint-fiege, d'un fterling ou d'un fol pour chaque famille, au lieu qu'auparavant il n'y avoit que ceux de Weftfex & de Suffex qui le payoient. Ce tribut, établi, dit-on, dès l'an 726 par Ina, roi des Saxons, s'eft payé jufqu'au tems de Henri VIII : & c'eft proprement ce qu'on appelle le *Romefcot* ou le *Denier de S. Pierre*. Quoi qu'il en foit, Ethulphe, de retour de fon pélerinage, époufa l'an 856, en fecondes noces, Judith de France, fille du roi Charles le Chauve. Son fils Ethelbald profita de fon abfence pour fe révolter contre lui ; mais il diffipa les factions par fon retour, & mourut en 857, après avoir partagé le royaume entre les 4 fils qu'il avoit eus d'Osburge fa premiere femme.

ETIENNE, (Saint) premier martyr du Chriftianifme, l'un des Sept Diacres, fut lapidé l'an 33 par les Juifs, qui l'accufoient d'avoir blafphémé contre Moïfe & contre

Dieu, & d'avoir dit que JESUS de Nazareth détruiroit le lieu faint & changeroit les traditions. Le fupplice qu'on lui fit fouffrir, fut celui que la loi ordonnoit contre les blafphémateurs. Etienne pria Dieu en mourant pour fes barbares ennemis. Il étoit difciple de Gamaliel.

ETIENNE I, (S.) monta fur la chaire pontificale de Rome en 253, après le martyre du pape Lucius. Son pontificat eft célebre par la queftion *fur la validité du baptême donné par les hérétiques*. Etienne décida, *qu'il ne falloit rien innover*. La tradition de la plupart des églifes prefcrivoit de recevoir tous les hérétiques par la feule impofition des mains, fans les rebaptifer, pourvu qu'ils euffent reçu le baptême avec de l'eau & au nom des trois perfonnes de la Trinité. S. Cyprien & Firmilien affemblerent des conciles, pour s'oppofer à cette décifion, contraire à la pratique de leurs églifes. Le pape réfuta le fentiment de Cyprien; il ufa de commandement & de menaces pour lui faire quitter fon fentiment, & refufa de communiquer avec les évêques d'Afrique députés à Rome, ce qui étoit une marque publique d'improbation & non pas un effet certain de l'excommunication. S. Cyprien ne déféra pourtant pas au décret de S. Etienne (*Voyez* CYPRIEN). La queftion qui divifoit ces deux grands-hommes, fut folemnellement décidée au concile de Nicée en faveur d'Etienne. Ce faint pape mourut martyr le 2 août 257, durant la perfécution de Valerien. Il étoit le modele des évêques de fon fiecle. Il s'oppofa avec force aux hérétiques, & traita avec douceur ceux qui revenoient au bercail.

ETIENNE II, romain, fuccéda en 752 à un autre Etienne, que plufieurs écrivains n'ont pas compté parmi les papes, parce que fon pontificat ne fut que de 3 ou 4 jours. Aftolphe, roi des Lombards,

menaçoit la ville de Rome, après s'être emparé de l'exarcat de Ravenne. Etienne implora le fecours de Conftantin Copronyme, empereur d'Orient. La guerre d'Arménie empêchant celui-ci de fauver l'Italie, il renvoie le pontife au roi Pepin. Etienne fe détermina à aller en Lombardie trouver Aftolphe malgré les pleurs & les efforts que firent les Romains pour le retenir. N'ayant rien fu gagner fur l'efprit de ce roi, il paffa en France pour demander du fecours. Pepin par le confeil du pape, envoya jufqu'à trois fois des ambaffadeurs à Aftolphe: ce prince perfifta conftamment dans fon refus. Alors Pepin marcha contre lui: quand fes troupes furent à mi-chemin, il envoya de nouveau des ambaffadeurs, à la follicitation du pape qui vouloit éviter l'effufion du fang des Chrétiens; Aftolphe ne répondant que par des menaces, Pepin franchit les monts, affiégea le prince des Lombards dans Pavie, & lui fit promettre de reftituer Ravenne; mais à peine Pepin eut repaffé les monts qu'Aftolphe parût devant Rome. Etienne eut recours à fon protecteur, & lui trouva les mêmes difpofitions. Pepin paffa de nouveau en Italie, dépouilla le roi lombard de fon exarcat, & lui enleva 22 villes, dont il fit préfent au pape. Cette donation eft le premier fondement de la feigneurie temporelle de l'églife romaine; car pour la donation de Conftantin, on fait qu'elle n'a jamais exifté. Le pape s'étoit fervi d'une efpece de profopopée pour hâter l'arrivée du roi françois en Italie. Il lui avoit écrit une lettre au nom de S. Pierre, où il faifoit parler cet apôtre comme s'il eût été encore vivant; & avec S. Pierre, la Ste Vierge, les Anges, les Martyrs, les Saints & les Saintes. » Je » vous conjure, difoit S. Pierre, par » le Dieu vivant, de ne pas permet- » tre que ma ville de Rome foit plus » long-tems affiégée par les Lom- » bards ». M. Fleury blâme ce pape d'avoir employé *les motifs de la re-ligion pour une affaire d'état.* Mais la délivrance du pape opprimé par Aftolphe, celle de l'églife de Rome où les Lombards commettoient tant de cruauté & tant de profanation, étoit-elle donc *une affaire d'état ?* & voudroit-on que Pepin n'a pas mérité devant Dieu en la procurant ? Quant à la donation faite au faint-fiege par ce prince, M. Fleury convient qu'elle eft, aujourd'hui fur-tout, de la plus grande importance pour le bien de l'églife. »Tant » que l'empire romain a fubfifté, » dit-il, il renfermoit dans fa vafte » étendue prefque toute la chré-» tienté : mais depuis que l'Europe » eft divifée en plufieurs princes in-» dépendans les uns des autres ; fi » le pape eût été fujet de l'un » d'eux, il eût été à craindre que » les autres n'euffent eu de la peine » à le reconnoître pour pere com-» mun, & que les fchifmes n'euffent » été fréquens; on peut donc croire » que c'eft par un effet de la Pro-» vidence, que le pape s'eft trouvé » indépendant, & maître d'un état » affez puiffant, pour n'être pas » aifément opprimé par les autres » fouverains ; afin qu'il fut plus » libre dans l'exercice de fa puif-» fance fpirituelle, & qu'il pût » contenir plus aifément les autres » évèques dans le devoir.»» Le préfident Hénault, l'abbé Terraffon, & le philofophe Hume ont fait fur cet objet des réflexions du même genre. Etienne mourut en 757, après 5 ans de pontificat. Ce pape af-fembloit fouvent fon clergé dans fon palais, l'exhortoit à l'étude de l'Ecriture-Sainte & des conciles pour avoir toujours de quoi répondre ef-ficacement aux ennemis de l'églife. Il nous refte de ce pape 5 Lettres, & un recueil de quelques Confti-tutions canoniques.

ETIENNE III, romain, origi-naire de Sicile, élu pape en 768. Un feigneur nommé Conftantin, s'étoit emparé du pontificat (c'eft

le premier exemple d'une pareille ufurpation du faint-fiege), on lui arracha les yeux, ainfi qu'à quel-ques-uns de fes partifans, & on intronifa Etienne. Le pape affembla un concile l'année d'après, pour condamner l'ufurpateur. Dans la 3e feffion, on ftatua que les évêques ordonnés par Conftantin retourne-roient chez eux pour y être élus de nouveau, & reviendroient en-fuite à Rome pour être confacrés par le pape. Etienne, paifible pof-feffeur du faint-fiege, en jouit pen-dant 3 ans & demi, & mourut en 772. Rome fut dans l'anarchie avant & après fon pontificat; mais on ne valoit pas mieux ailleurs. Des yeux & des langues arrachées, font les événemens les plus ordinaires de ces fiecles malheureux.

ETIENNE IV, romain, monta fur la chaire de S. Pierre après le pape Léon III, le 22 juin 816. Auffi-tôt qu'il fut ordonné, il vint en France, & y facra de nouveau l'empereur Louis le Débonnaire. Il mourut le 25 janvier 817 à Rome, trois mois après fon retour.

ETIENNE V, romain, pape après Adrien III, fut intronifé à la fin de feptembre en 885. Il écrivit avec force à Bafile le Macédonien, empereur d'Orient, pour défendre les papes fes prédéceffeurs contre Photius. Il mourut en 891.

ETIENNE VI, mis fur le fiege pontifical en 896, après l'antipape Boniface VI. Ce pontife fit déter-rer l'année d'après, en 897, le corps de Formofe, fon prédécef-feur & fon ennemi. Il fit compa-roître ce cadavre, revêtu des ha-bits pontificaux, dans un concile affemblé pour juger fa mémoire. On lui donna un avocat ; on lui fit fon procès en forme ; le mort fut déclaré coupable d'avoir quitté l'é-vêché de Porto pour celui de Rome: tranflation inouïe alors, mais qui ne méritoit pourtant pas qu'Etienne donnât à la chrétienté la farce, auffi horrible que ridicule, de faire déterrer un fouverain pontife fon prédécefleur. La faute de Formofe, qui aujourd'hui n'eft plus une faute, fut punie par le concile comme un forfait atroce. On fit trancher la tête au cadavre par la main du bourreau ; on lui coupa trois doigts, & on le jeta dans le Tibre. Le pape Etienne fe rendit fi odieux par cette vengeance, que les amis de Formofe ayant foulevé les citoyens, le chargerent de fers, & l'étranglerent en prifon quelques mois après. Jean IX affembla un concile qui condamna tout ce qui s'étoit paffé dans l'affemblée de quelques évêques à Rome en 897 contre la mémoire & le corps de Formofe. Les Peres du concile remarquerent que Formofe avoit été transféré par néceffité du fiege de Porto à celui de Rome : *Neceffitatis caufa de Portuenfi ecclefia Formofus, pro vitæ merito ad apoftolicam fedem provectus eft.* Voyez FORMOSE & AUXILIUS.

ETIENNE VII, fucceffeur de Léon VI, mourut en 931, après 2 ans de pontificat.

ETIENNE VIII, allemand, parent de l'empereur Othon, fut élevé fur le faint-fiege après Léon VII en 939. Les Romains, alors auffi féditieux que barbares, conçurent contre lui tant d'averfion, qu'ils eurent, dit-on, la cruauté de lui découper le vifage. Il en fut fi défiguré, qu'il n'ofoit plus paroître en public. Il mourut en 942.

ETIENNE IX, étoit frere de Godefroi le Barbu, duc de la Baffe-Lorraine. Il fe fit religieux au Mont-Caffin, il devint abbé, & fut élu pape le 2 août 1057, après la mort de Victor II. Il mourut à Florence, en odeur de fainteté, le 29 mars 1058.

ETIENNE DE MURET, (S.) fils du comte de Thiers en Auvergne, fuivit fon pere en Italie, où des hermites calabrois lui infpirerent du goût pour la vie cénobitique. De retour en France il fe retira fur la montagne de Muret dans le Limou-

fin, & vécut 50 ans dans ce défert, entiérement confacré à la mortification, au jeûne & à la priere. En 1073 il obtint une bulle de Grégoire VII, pour la fondation d'un nouvel ordre monaftique, fuivant la regle de S. Benoît. La réputation de fa vertu lui attira une foule de difciples, & des vifités honorables. Sur la fin de fes jours, deux cardinaux vinrent le voir dans fon hermitage. Ils demanderent au faint homme, s'il étoit chanoine, ou moine, ou hermite? Etienne leur répondit : *Nous fommes des pécheurs, conduits dans ce défert par la miféricorde divine pour y faire pénitence.* Ce n'eft pas répondre trop nettement à la queftion des cardinaux ; & on a été affez embarraffé, long-tems après, à déterminer à quel ordre fa famille appartenoit. Etienne l'édifia jufqu'à fa mort, arrivée en 1124, à 78 ans. Ses enfans inquiétés après la mort de leur pere, par les moines d'Ambazar, qui prétendoient que Muret leur appartenoit, emporterent le corps de leur fondateur qui étoit leur feul bien, & le tranfporterent à un lieu nommé *Grandmont,* dont l'ordre a pris le nom. Les *Annales* de cet ordre furent imprimées à Troyes en 1662. Il a été fupprimé en 1769 ; & les religieux ont été penfionnés. On a de S. Etienne de Muret, fa *Regle,* 1645, in-12 ; & un *Recueil de Maximes,* 1704, in-12, en latin & en françois.

ETIENNE, (S.) 3e abbé de Cîteaux, né en Angleterre, mort à Cîteaux en 1134, travailla beaucoup pour l'accroiffement de fon ordre, fondé depuis peu par Robert, abbé de Molefme. Un grand nombre de difciples fe mit fous fa conduite, entr'autres S. Bernard, l'homme le plus illuftre que Cîteaux ait produit. Parmi le grand nombre de monafteres qu'Etienne bâtit, on compte ceux de la Ferté, de Pontigny, de Clairvaux & de Morimond, qui font les 4 filles de Cîteaux

teaux dont dépendent toutes les autres maisons. Etienne leur donna des statuts, approuvés en 1119 par Calixte II.

ETIENNE D'ORLÉANS, d'abord abbé de Ste Geneviève en 1177, ensuite évêque de Tournai en 1191, eut part aux affaires les plus considérables de son tems. Il mourut en 1203. On a de lui des Sermons, des Epîtres curieuses, 1682, in-8°, & d'autres ouvrages.

ETIENNE I, (S.) roi de Hongrie, succéda en 997 à son pere Geisa, premier roi chrétien de Hongrie, & mourut à Bude en 1038. Il fut comme l'apôtre de ses états, publia des loix très-sages, vécut & mourut en Saint. La mémoire de ce pieux roi est en grande vénération chez les Hongrois. Ils se servent encore de sa couronne pour le sacre de leurs rois, & ils regarderoient comme une omission essentielle, le refus ou l'oubli du prince qui ne la porteroit pas dans cette cérémonie.

ETIENNE BATTORI, voyez BATTORI.

ETIENNE DE BYZANCE, grammairien du 5e siecle, auteur d'un *Dictionnaire géographique*, dont nous n'avons qu'un mauvais *Abrégé*, fait par Hermolaüs sous l'empereur Justinien, & publié à Leyde en 1694, in-fol. en grec & en latin, par Gronovius, avec les savans commentaires de Berkelius. Il y en a une autre édition de 1678, qu'on joint à celle de 1694, à cause des changemens; on y joint encore les notes d'Holstenius, à Leyde 1684, in-fol. L'*Abrégé* d'Hermolaüs nous a sans doute fait perdre l'original, qui eût été d'un prix inestimable pour la connoissance des dérivés & des noms des villes & provinces.

ETIENNE, vaivode de Moldavie dans le 16e siecle, se mit sur le trône par les armes des Turcs, après en avoir chassé le légitime possesseur, qu'il fit mourir. Il régna en tyran. Les Boïards ne pouvant plus supporter le joug, le massacre-

Tome II.

rent dans sa tente, avec 2000 hommes, partie turcs, partie tartares, qui composoient sa garde.

ETIENNE, (Henri) 1er du nom, imprimeur de Paris, mort à Lyon en 1520, est la souche de tous les autres savans de ce nom qui ont tant illustré la presse & la littérature. Il est connu par l'édition de quelques livres, & sur-tout par un *Pseautier* à cinq colonnes, publié en 1509.

ETIENNE, (Robert) 2e fils du précédent, & parisien comme lui, surpassa son pere par la beauté & l'exactitude de ses éditions. Il travailla d'abord sous Simon de Colines qui avoit épousé sa mere; mais depuis il travailla seul. Robert ennoblit son art par une connoissance parfaite des langues & des belles-lettres. Il est le premier qui ait imprimé les Bibles distinguées par versets. Les services qu'il rendoit aux lettres, lui auroient concilié une estime générale, sans son penchant pour les nouvelles opinions. Il avoit publié une *Bible*, avec une Version par Léon de Juda, & des notes altérées par Calvin. Pour donner plus de cours à cet ouvrage, il l'attribua à Vatable, qui s'en défendit comme d'un crime. Les docteurs de Sorbonne en ayant censuré les notes, Robert se retira à Geneve en 1551 & y finit ses jours en 1559, à 56 ans. » La France, dit de Thou, » doit plus à Robert Etienne pour » avoir perfectionné l'imprimerie, » qu'aux plus grands capitaines pour » avoir étendu ses frontieres ». Cet éloge est un peu fort; mais Etienne le méritoit à certains égards. On dit que pour rendre ses éditions plus correctes, il en faisoit exposer les feuilles dans les places publiques, & qu'il donnoit des sommes considérables à ceux qui y trouvoient quelque faute. Parmi ses belles éditions, on distingue sa *Bible Hébraïque*, 1544, 8 vol. in-16; l'in-4° est moins estimée. Le *Nouveau Testament Grec*, 1546, 2 vol. in-16. Outre les éditions dont il a enrichi

R r

la république des lettres, nous lui devons son *Thesaurus Linguæ Latinæ*, chef-d'œuvre en ce genre, publié en 1536 & en 1543, réimprimé plusieurs fois à Lyon, à Leipsick, à Bâle & à Londres. L'édition de Londres 1734, 4 vol. in-folio, est magnifique ; & celle de Bâle, 1740, 4 vol. in-folio, a quelques augmentations. Ce Dictionnaire est véritablement un trésor ; mais il est plus fait pour les maîtres que pour les écoliers. Les uns & les autres y trouveront tout ce qu'on peut desirer pour l'intelligence de la langue latine.

ETIENNE, (Charles) 3e fils de Henri I, imprimeur ; joignit à l'art de son pere la science médicale ; il mourut en 1564, à 60 ans, laissant une fille, mariée au médecin Jean Liébaut, & qui étoit fort savante. On a de ce typographe-médecin: I. *De re rustica*, in-8°. II. *De Vasculis*, in-8°. III. Une *Maison rustique*, in-4°. IV. Un *Dictionnaire historique, géographique & poétique*, Londres 1686, in-folio. V. La Traduction de la comédie italienne, intitulée : *Le Sacrifice*, par les Acad. de Sienne *Intronati*, 1543, in-16 ; & sous le titre *des Abusés*, 1556, in-16, &c.

ETIENNE, (Henri) fils de Robert, né à Paris en 1528, ouvrit les trésors de la langue grecque, comme son pere avoit fouillé ceux de la latine. Son ouvrage en ce genre, est en 4 vol. in-folio, 1572. On doit joindre à ce livre deux *Glossaires* imprimés en 1573, & un *Appendix* par Daniel Schott, Londres 1745, 2 vol. in-folio. On doit encore à Henri Etienne, plusieurs auteurs qu'il mit en lumiere & qu'il corrigea avec beaucoup de soin ; ces éditions lui ont fait un grand nom parmi les savans. Mais ce qui l'a fait le plus connoître à ceux qui ne se piquent que d'une littérature légere, c'est sa *Version d'Anacréon* en vers latins. Nous n'en avons pas à lui comparer en françois ; elle est

digne de l'original, & Catulle ne l'eût pas désavouée. Henri étoit calviniste, & osoit en faire profession à Paris, dans un tems où ceux de cette secte étoient vivement poursuivis. Une Satyre atroce qu'il publia contre le clergé régulier, sous le titre de *Préparation à l'Apologie pour Hérodote*, l'obligea de s'enfuir de sa patrie. Il passa à Geneve & delà à Lyon, où il mourut à l'hôpital en 1598, à 70 ans, presque imbécille. Il laissa plusieurs enfans, entr'autres Paul Etienne, & Florence sa sœur, qu'Isaac Casaubon épousa. Outre les ouvrages dont nous avons parlé, on a de lui: I. Des corrections sur Cicéron, en latin, la plupart très-judicieuses. II. *De origine mendorum*. III. *Juris civilis fontes & rivi*, in-8°. L'objet de cet ouvrage est de montrer que la plupart des loix d'Egypte ayant été tirées de celles de Moïse, & ayant donné lieu à celles des Grecs, c'étoit dans la même source qu'on devoit puiser les principes des loix romaines. IV. *L'Apologie pour Hérodote*, publiée par le Duchat, en 3 vol. in-8°, 1735 : rapsodie infame d'invectives contre la religion catholique, & de contes sur les prêtres & sur les moines, recherchée par quelques savans d'un goût bizarre, qui aiment mieux les décombres de la littérature gauloise, que les bons livres des beaux jours de Louis XIV. Henri Etienne intitula son fatras: *Apologie pour Hérodote*, parce que son but étoit de justifier les fables de cet historien, par celles qu'il prétendoit que les Catholiques avoient débitées sur les Saints, &c. V. *Poetæ Græci Principes*, 1566, in-fol. VI. *Medicæ artis Principes post Hippocratem & Galenum*: collection rare & chere, imprimée à Paris 1677, 2 vol. infol. La version qu'il fit de ces auteurs, & qu'il joignit au texte, est estimée. VII. *Traité de la prééminence des Rois de France*. VIII.

Les Prémices, ou *le 1er Livre des Proverbes épigrammatifés, ou des Epigrammes proverbialifées*, 1594, in-8° : recueil indigefte, où , parmi quelques bonnes pointes , on en trouve une foule de triviales. IX. *Narrationes cædis Ludovici Borbonii*, in-8°, 1569. La famille des Etiennes a produit plufieurs autres imprimeurs célebres. Le dernier de tous fut Antoine , petit-fils du précédent. Il mourut aveugle à l'Hôtel-Dieu de Paris en 1674 , à 80 ans. Les Etiennes font placés à la tête des premiers imprimeurs du monde , par la beauté & la correction de leurs éditions. Les hommes les plus favans & même les plus illuftres de leur tems, ne dédaignoient pas de corriger leurs épreuves.

ETIENNE, (François d') *voyez* ESTIENNE.

ETOILE, *voy.* EON & ESTOILE.

ETOLE , fils de Diane & d'Endymion , obligé de quitter le Péloponnefe où il régnoit , s'empara de cette partie de la Gréce , qu'on appella depuis *Etolie*. Elle fe nommoit auparavant *Curétis* & *Hyantis*.

ETTMULLER , (Michel) né à Leipfick en 1646 , mort dans cette ville en 1683 , y profeffa long-tems & avec un fuccès diftingué la botanique, la chymie & l'anatomie. Il eft auteur de plufieurs ouvrages de médecine, recueillis à Naples en 5 vol. in-folio , 1728. Sa *Chirurgie médicale* a été traduite en françois à Lyon en 1698 , in-12. On a auffi des traductions de prefque tous fes autres ouvrages , in-8° & in-12. Ettmuller , favant dans la théorie & heureux dans la pratique, offre dans tous fes écrits des recherches curieufes & des obfervations utiles.

ETTMULLER , (Michel-Erneft) fils du précédent , auffi célebre que lui , donna au public, *la Vie & les Ouvrages* de fon pere. Il profeffa & exerça la médecine avec réputation , & mourut à Leip-

fick en 1732, laiffant plufieurs Differtations fur différens objets de fon art.

EVADNÉ , fille de Mars & de Thébé , fut infenfible aux pourfuites d'Apollon. Elle époufa Capanée , tué d'un coup de tonnerre au fiege de Thebes. Evadné fe jeta fur le bucher de fon mari.

EVAGORAS I , roi de Chypre, reprit la ville de Salamine qui avoit été enlevée à fon pere , & fe prépara à fe défendre contre Artaxercès , roi de Perfe , qui lui avoit déclaré la guerre. Il arma fur terre & fur mer. Secouru par les Tyriens , les Egyptiens & les Arabes , il fut d'abord vainqueur. Il fe rendit maître des vaiffeaux qui apportoient des vivres à l'ennemi , & fit beaucoup de ravage parmi les Perfes. Le fort des armes changea. Gaos , général perfan , fit périr une partie de fa flotte , mit le refte en fuite , pénétra dans l'ifle , & affiégea Salamine par mer & par terre. Evagoras n'obtint la paix , qu'à condition qu'il fe contenteroit de la feule ville de Salamine , que les autres places de l'ifle appartiendroient au roi de Perfe , qu'il lui payeroit un tribut, & qu'il ne traiteroit avec lui , que comme un vaffal avec fon feigneur. Evagoras fut affaffiné peu de tems après , l'an 375 avant J. C. par un eunuque. Ce prince avoit quelques défauts , & ces défauts attirerent fur fes états les armes des Perfes. Il voulut , contre la bonne-foi des fermens , employer la force & la politique pour rentrer dans tous les états que fon pere avoit poffédés , & dont une partie appartenoit aux Perfes par droit de conquête. Son ambition fut mal-adroite. Il étoit d'une grande féverité , & d'une grandeur d'ame digne du trône.

EVAGORAS II , petit-fils du précédent , & fils de Nicoclès , fut dépouillé du royaume de Salamine par fon oncle paternel Protagoras. Il eut recours au roi Artaxercès Ochus , qui lui donna une fouvetaineté en Afie , plus étendue que celle qu'il avoit perdue. Ce prince fut accufé auprès de fon bienfaiteur ; ce qui l'obligea de s'enfuir dans l'ifle de Chypre , où il fut mis à mort.

EVAGRE , (S.) patriarche de Conftantinople , élu en 370 par les orthodoxes , après la mort de l'arien Eudoxe , fut chaffé de fon fiege & exilé par l'empereur Valens. Son élection fut l'origine d'une perfécution contre les Catholiques. S. Gregoire de Nazianze l'a décrite éloquemment dans un de fes difcours.

EVAGRE , patriarche d'Antioche , fut mis à la place de Paulin en 389. Flavien avoit fuccédé dès 381 à Mélece , de façon qu'Evagre ne fut reconnu évêque , que par ceux qui étoient reftés du parti de Paulin. Cette fciffion continua le fchifme dans l'églife d'Antioche. Le pape Sirice fit confirmer l'élection d'Evagre dans le concile de Capoue en 390. Ce patriarche mourut 2 ans après. S. Jerôme , fon ami , affure que c'étoit un efprit vif. Il compofa quelques ouvrages. On ne lui donna point de fucceffeur , & ceux de fon parti fe réünirent , après quelques difficultés , à ceux du parti de Flavien.

EVAGRE du Pont , dans l'Afie-Mineure , vivoit vers la fin du 4e fiecle. On lui attribue le deuxieme livre de la Vie des Peres , & plufieurs autres ouvrages infectés des erreurs d'Origene , qui furent traduits en latin par Rufin.

EVAGRE , né à Epiphanie en Syrie vers l'an 536 , fut appellé le *Scholaftique* : c'étoit le nom qu'on donnoit alors aux avocats plaidans. Evagre exerça cette profeffion. Après avoir brillé quelque-tems dans le barreau d'Antioche , il fut fait quefteur , & garde des dépêches du préfet. L'églife lui doit une *Hiftoire Eccléfiaftique* en 16 livres , qui commence où Socrate & Théodoret finiffent la leur , c'eft-à-dire ,

vers l'an 431. Evagre a pouffé la fienne jufqu'en 594. Elle eft fort étendue , & appuyée ordinairement fur les actes originaux & les hiftoriens du tems. Son ftyle , un peu diffus , n'eft pas pourtant défagréable : il a affez d'élégance & de politeffe. Evagre paroît plus verfé dans l'hiftoire profane , que dans l'eccléfiaftique. On croit s'appercevoir en lifant fon Hiftoire qu'il donnoit dans les erreurs d'Eutychès. Le célebre Robert Etienne avoit donné l'original grec de cet hiftorien , fur un feul manufcrit de la bibliotheque du roi. Son édition a été éclipfée par celle du favant Henri Valois , qui avoit eu fous les yeux deux manufcrits. Celle-ci eft enrichie d'une nouvelle verfion & de favantes notes , Paris 1673 , in-fol. Elle a été réimprimée à Cambridge en 1720.

EVANDRE , arcadien d'origine , paffoit pour le fils de Mercure à caufe de fon éloquence. Il aborda en Italie , felon la Fable , environ 60 ans avant la prife de Troie. Faune qui régnoit alors fur les Aborigenes , lui donna une grande étendue de pays , où il s'établit avec fes amis. Il bâtit fur les bords du Tibre une ville , à laquelle il donna le nom de *Pallantium*, & qui par la fuite fit partie de celle de Rome. C'eft lui qui enfeigna aux Latins l'ufage des lettres & l'art du labourage.

EVANS , (Corneille) impofteur , natif de Marfeille , voulut jouer un rôle pendant les guerres civiles d'Angleterre. Il étoit fils d'un Anglois de la principauté de Galles , & d'une Provençale. Sur quelque air de reffemblance qu'il avoit avec le fils ainé de Charles I , il fut affez hardi pour fe dire le Prince de Galles. Ce fourbe fit accroire au peuple qu'il s'étoit fauvé de France , parce que la reine fa mere avoit eu deffein de l'empoifonner. Il arriva le 13 mai 1648 dans une hôtellerie de Sandwich , d'où le maire le fit conduire dans une des maifons les plus diftinguées de la ville , pour y être fervi &

nourri en prince. Sa fourberie fût dévoilée. Le chevalier Thomas Diſhington, que la reine & le véritable prince de Galles avoient envoyé en Angleterre, voulut voir le prétendu roi. Il l'interrogea, & ſes réponſes découvrirent ſon impoſture. Cet impudent ne laiſſa pas de ſoutenir effrontément ſon perſonnage. Comme les royaliſtes alloient le faire ſaiſir, il prit la fuite. On l'atteignit, & il fut conduit à Cantorberi, & enfin dans la priſon de Newgate à Londres, d'où il trouva encore le moyen de s'évader, & ne parut plus. On ne ſait pas ce qu'il devint.

EVARIC, roi des Goths en Eſpagne, fils de Théodoric I, & frere de Théodoric II, auquel il ſuccéda en 466, ravagea la Luſitanie, la haute Eſpagne & la Navarre; prit Arles & Marſeille, mit le ſiege devant Clermont; défit l'empereur Anthemius, ſecouru des Bretons; pilla l'Auvergne, le Berri, la Touraine & la Provence; & mourut à Arles en 485.

EVARISTE, pape & ſucceſſeur de S. Clément l'an 100 de J.C., marcha ſur les traces de ſon prédéceſſeur, & mourut ſaintement le 26 ou 27 octobre 109. Sous ſon pontificat l'égliſe fut attaquée au-dehors par la perſécution de Trajan, & déchirée au-dedans par divers hérétiques.

EUBULIDE, voyez EUCLIDE.

EUCHER, (S.) premier évêque de Treves, fonda ce ſiege au troiſieme ſiecle. Quelques légendes le font mal-à-propos diſciple de S. Pierre. Son corps repoſe dans l'égliſe de S. Mathias, près de Treves.

EUCHER, (Saint) archevêque de Lyon, d'une naiſſance illuſtre & d'une piété éminente, ſe retira avec ſes fils Salone & Veran dans la ſolitude de Lérins, après avoir diſtribué une partie de ſes biens aux pauvres, & l'autre partie à ſes filles, qui ne le ſuivirent pas dans ſa retraite. Il quitta l'iſle de Lérins où ſes vertus lui attiroient trop d'applaudiſſemens, & paſſa dans celle de

Lero, aujourd'hui Ste-Marguerite. Ce ne fut qu'à force d'inſtances qu'on le tira de ce déſert, pour le placer ſur le ſiege de Lyon vers 434. Il aſſiſta en cette qualité au 1er concile d'Orange en 441, & y ſignala ſa ſcience autant que ſa ſageſſe. Il mourut vers l'an 454. L'égliſe lui eſt redevable: I. D'un *Eloge du déſert*, adreſſé à S. Hilaire. Celui de Lérins y eſt peint avec des couleurs bien propres à le faire aimer. Le ſtyle de cet ouvrage eſt auſſi noble qu'élégant. II. D'un *Traité du mépris du monde*, traduit en françois par Arnauld d'Andilly, ainſi que le précédent, 1672, in-12. Tous les deux ſont en forme de lettre; celui-ci eſt adreſſé à Valérien, ſon parent. Les raiſonnemens en ſont pleins de force, les penſées nobles, les expreſſions vives, les comparaiſons belles & bien choiſies. S. Eucher montre dans le monde un gouffre affreux, ſous une ſuperficie brilante. III. D'un *Traité des Formules ſpirituelles*, pour l'uſage de Veran, un de ſes fils. IV. De l'*Hiſtoire de S. Maurice & des Martyrs de la légion thébéene*. Le témoignage ſeul de cet ancien & illuſtre auteur, ſuffit pour anéantir les doutes qu'un écrivain fameux a taché d'élever ſur l'hiſtoire de ces ſaints martyrs. Les différens écrits de S. Eucher, ſont dans la Bibliotheque des Peres. Ses deux fils Salone & Veran furent évêques du vivant même de leur pere.

EUCLIDE, né à Mégare, & diſciple de Socrate, étoit paſſionné pour les leçons de ſon maitre. Les Athéniens ayant défendu ſous peine de mort aux Mégariens d'entrer dans leur ville, Euclide s'y gliſſoit de nuit en habit de femme pour entendre Socrate. Malgré ſon attachement pour ce philoſophe, il s'éloigna de ſa maniere de penſer. Le philoſophe athénien s'attachoit principalement à la ſcience des mœurs; le Mégarien s'appliqua à exercer l'eſprit de ſes diſciples par les vaines ſubtilités de

R r 3

la logique. Sa secte fut appellée *Dis-putante* & *Querelleuse*. Le philo-sophe Euclide ne méritoit pas moins ces épithetes; il disputoit en énergu-mene. Ses disciples hériterent de son impétuosité. La rage de la chicane les posséda tellement, qu'Eubulide, l'un d'entr'eux, réduisit en système, non pas l'art de raisonner, mais l'art d'obscurcir la raison par des subtilités aussi vaines que barbares. Il fut l'inventeur de divers sophismes si captieux & si embarrassans pour les sots qui s'en occupoient, que plu-sieurs de ses disciples moururent de déplaisir de n'avoir pas pu les résou-dre. Ces travers passerent, dans les siecles d'ignorance, des livres des philosophes païens, dans quelques écoles chrétiennes. Le dialecticien Abailard les y introduisit avec éclat. Cette maniere de raisonner ou plu-tôt de chicaner, a produit de très-mauvais effets; la théologie, cette science respectable, simple & divine, en devint presque méconnoissable. Mais l'on ne sauroit disconvenir qu'elle a servi à maintenir les regles d'une sûre & rigoureuse logique, regles si essentielles dans tous les genres de sciences, & négligées au-jourd'hui & violées par les hommes les plus célebres dans la république des lettres. Tant l'esprit humain est sujet aux extrêmes! A peine est-il guéri de la manie de raisonner avec une précision & une exactitude affec-tée, qu'il donne dans un défaut directement opposé. *Voyez* DUNS.

EUCLIDE le Mathématicien, étoit d'Alexandrie, où il professoit la géométrie sous Ptolomée, fils de Lagus. Il a laissé des Elémens de cette science en 15 livres, dont les deux derniers sont attribués à Hypsicle, mathématicien d'Alexan-drie. C'est un enchaînement de plu-sieurs problèmes & théorèmes tirés les uns des autres, & démontrés par les premiers principes. L'anti-quité ne nous a pas transmis d'ou-vrage plus important sur cette ma-tiere; il a été long-tems le seul

livre dans lequel les modernes ont puisé les connoissances mathéma-tiques. Les meilleures éditions des *Elémens* d'Euclide sont celles de Barrow, in-8°, à Londres 1678; de David Gregory, in-fol. Oxford 1703. Celle-ci est la plus estimée; elle est en grec & latin. Nous en avons une traduction françoise par le P. Deschales, in-12. On a encore quelques *Fragmens d'Euclide*, dans les anciens auteurs qui ont traité de la musique, Amsterdam 1652, 2 vol. in-4°. Euclide étoit doux, modeste. Il accueillit favo-rablement tous ceux qui cultivoient les sciences exactes. Le roi Pto-lomée voulut être son disciple; mais rebuté par les premieres dif-ficultés, il demanda s'il n'y avoit point de voie plus aisée pour ap-prendre la géométrie.? *Non*, ré-pondit Euclide, *il n'y en a point de particuliere pour les rois*.

EUCRITE, *voyez* EVEPHENE.

EUDÆMON-JEAN, (André) né dans l'isle de Candie, jésuite à Rome, mort dans cette ville en 1625, composa divers ouvrages. Le plus connu a pour titre : *Admo-nitio ad Regem Ludovicum XIII*, 1625, in-4°, & en françois 1627, in-4°, censuré par la Sorbonne & par l'assemblée du clergé en 1626, & réfuté par Garasse son confrere.

EUDEMONIE, *voyez* FÉLICITÉ.

EUDES, duc d'Aquitaine, ré-gnoit en souverain sur toute cette partie de la France qui est entre la Loire, l'Océan, les Pyrénées, la Septimanie & le Rhône. Le roi Chilpéric II l'ayant appellé à son secours contre Charles Martel en 717, le reconnut pour souverain de toute l'Aquitaine. Eudes mar-cha avec lui contre Charles, qui ayant eu tout l'avantage, lui de-manda de lui livrer Chilpéric avec ses trésors. Le duc d'Aquitaine, soit par crainte, soit par foiblesse, abandonna le vaincu au vainqueur, & fit un traité d'alliance avec lui. C'étoit en 719. Deux ans après, en 721, il défit Zama, général des Sarrasins, qui avoit mis le siège devant Toulouse. Les Infideles, malgré cette défaite, se rendirent de jour en jour plus formidables. Eudes, pour arrêter leurs progrès, fit sa paix avec Manuza leur général, & lui donna sa fille en mariage. La guerre recommença en 732. Eudes ayant favorisé le soulèvement d'une des provinces d'Abderame, roi des Sarrasins, ce prince passa la Garonne pour le combattre. Le duc d'Aquitaine pressé de tous côtés, après avoir perdu beaucoup de soldats & de places, implora le secours de Charles Martel. Les deux princes réunis remporterent une victoire signalée entre Tours & Poitiers. Les Sarrasins y perdirent, à ce qu'ont raconté quelques historiens exagérateurs, plus de 300 mille hommes. Eudes, débarrassé des Sarrasins, se battit avec le prince qui l'avoit aidé à les chasser. La guerre se ralluma entre lui & Charles Martel, & ne finit que par la mort d'Eudes en 735. Ce prince avoit de grandes qualités, qui auroient pu immortaliser sa mémoire, s'il ne les avoit ternies par une vile politique qui sacrifioit tout à l'intérêt.

EUDES, comte de Paris, duc de France, & l'un des plus vaillans princes de son siecle, étoit fils de Robert le Fort. En 887 il contraignit les Normands de lever le siege de devant Paris. L'année suivante, il fut proclamé roi de la France Occidentale; & défit peu de tems après l'armée des Normands, qu'il poursuivit jusques sur la frontiere. Il obligea Charles le Simple de se retirer dans la Neustrie, prit Laon; & mourut à la Fere en Picardie le 5 de janvier 898. EUDES DE MONTREUIL, architecte du 13e siecle, fut fort estimé du roi S. Louis qui le conduisit avec lui dans son expédition de la Terre-Sainte, où il lui fit fortifier la ville & le port de Jaffa. De retour à Paris, il bâtit plusieurs

églises, celle de Ste Catherine du Val-des-Ecoliers, de l'Hôtel-Dieu, de Ste Croix de la Bretonnerie, des Blancs-Manteaux, des Mathurins, des Cordeliers & des Chartreux. Il mourut en 1289.

EUDES, (Jean) frere du célebre historien Mezerai, né à Rye dans le diocese de Seès en 1601, forma son esprit & régla ses mœurs dans la congrégation de l'Oratoire, sous les yeux du cardinal de Berulle. Après y avoir demeuré 18 ans, il en sortit en 1643, pour fonder la congrégation des Eudistes. Ses anciens confreres s'étant opposés à l'établissement de cette société, Eudes cacha une partie de son projet. Il se borna à demander une maison à Caen pour y former des prêtres à l'esprit ecclésiastique, *mais sans aucun dessein*, dit-il, *de former un nouvel institut*. Le sien se répandit néanmoins avec beaucoup de fruit. Eudes prêchoit assez bien pour son tems, où l'éloquence de la chaire n'avoit pas été portée si loin que dans le nôtre; ce talent le fit rechercher, & sa congrégation y gagna. Elle s'est principalement étendue en Normandie & en Bretagne. Son but est d'élever les jeunes-gens dans la piété & les sciences ecclésiastiques. Eudes mourut à Caen en 1680, à 79 ans, laissant des ouvrages qui ont plus fait d'honneur à sa dévotion qu'à son esprit. Celui qui a fait le plus de bruit, est le traité *De la dévotion & de l'office du Cœur de la Vierge*, in-12, 1650. Eudes y adopte plusieurs pratiques nouvelles, inspirées par une piété mal réglée & par un zele plus ardent qu'éclairé. On a encore de lui une *Vie de Marie des Vallées*, manuscrite, en 3 vol. in-4°.

EUDOXE de Gnide, fils d'Eschine, fut à la fois astronome, géometre, médecin, législateur; mais il est principalement connu comme astronome. Hipparque & lui donnerent un nouveau jour au systême du monde d'Anaximandre. Eudoxe mourut l'an 350 avant J. C. après avoir donné des loix à sa patrie. C'étoit un géometre très-laborieux. Il perfectionna la théorie des sections coniques.

EUDOXE, fils de S. Céfaire martyr, né à Arabisse, ville d'Arménie, embrassa l'Arianisme, & fut un des principaux défenseurs de cette hérésie. Il fut fait évêque de Germanicie dans la Syrie, par ceux de sa communion; il assista au concile de Sardique & à plusieurs autres. En 358 Eudoxe usurpa le siege d'Antioche. Deux ans après, l'empereur Constance l'éleva au patriarchat de Constantinople. Il persécuta les Catholiques avec fureur, & mourut l'an 370 à Nicée, en sacrant Eugene, arien comme lui, & évêque de cette ville.

EUDOXIE, (Ælia) fille du comte Bauton, célebre général sous le grand Théodose, étoit françoise; elle joignoit les agrémens de l'esprit aux graces de la figure. L'eunuque Eutrope la fit épouser à Arcade, & partagea d'abord avec elle la confiance de ce foible empereur; mais ayant voulu ensuite s'opposer à ses desseins, elle chercha les moyens de perdre ce rival, & elle les trouva. Maîtresse de l'état & de la religion, cette femme régna en roi despotique : son mari n'étoit empereur que de nom. Pour avoir encore plus de crédit que ne lui en donnoit le trône, elle amassa des richesses immenses par les injustices les plus criantes. S. Jean-Chrysostôme fut le seul qui osa lui résister. Eudoxie s'en vengea, en le faisant chasser de son siege par le conciliabule du Chêne, l'an 403. Une des causes de la haine de l'impératrice contre le saint prélat, étoit un sermon contre le luxe & la vanité des femmes, que les courtisans envenimerent. Eudoxie rappella Chrysostome après quelques mois d'exil; mais le saint s'étant élevé avec force contre les profa-

nations occasionnées par les jeux & les festins donnés au peuple à la dédicace d'une statue de l'impératrice, elle l'exila de nouveau en 404. Cette femme, implacable dans ses vengeances & insatiable dans son ambition, mourut d'une fausse couche quelques mois après. Ses médailles sont très-rares.

EUDOXIE, (Ælia) fille de Léonce, philosophe athénien, s'appelloit *Athenaïs* avant son baptême & son mariage avec l'empereur Théodose le Jeune. Elle avoit toutes les graces de son sexe, avec la solidité du nôtre. Son pere l'instruisit dans les belles-lettres & dans les sciences : il en fit un philosophe, un grammairien & un rhéteur. Le vieillard crut qu'avec tant de talens joints à la beauté, sa fille n'avoit pas besoin de bien, & la déshérita. Après sa mort elle voulut rentrer dans ses droits; mais ses freres les lui contesterent. Heureuse ingratitude, puisqu'elle la fit impératrice ! Eudoxie se voyant sans ressource, alla à Constantinople porter sa plainte à Pulcherie, sœur de Théodose II. Cette princesse, étonnée de son esprit, autant que charmée de sa beauté, la fit épouser à son frere en 421. Les freres d'Athenaïs, instruits de sa fortune, se cacherent pour échapper à sa vengeance. Eudoxie les fit chercher, & les éleva aux premieres dignités de l'empire : générosité qui rend sa mémoire plus chere aux ames bien nées, que sa fortune même. Son trône fut toujours environné de savans. Paulin, un d'entr'eux, plus aimable ou plus ingénieux que les autres, fut le plus en faveur auprès d'elle. L'empereur en conçut de la jalousie; elle éclata, au sujet d'un fruit que l'impératrice donna à cet homme de lettres. Ce fruit fut une pomme de discorde. Théodose crut sa femme coupable, fit tuer Paulin, congédia tous les officiers d'Eudoxie, & la réduisit à l'état de simple particuliere. Cette princesse, aussi illustre qu'infortunée, se retira dans la Palestine, & embrassa les erreurs d'Eutychès. Touchée ensuite par les lettres de S. Siméon Stylite, & par les raisons de l'abbé Euthymius, elle retourna à la foi de l'église, & passa le reste de ses jours à Jerusalem dans la piété & dans les lettres. Elle mourut l'an 460, après avoir juré qu'elle étoit innocente des crimes dont son époux l'avoit soupçonnée. Eudoxie avoit composé beaucoup d'ouvrages sur le trône, & après qu'elle en fut descendue. Photius cite avec éloge une Traduction en vers hexametres des 8 premiers livres de l'Ecriture. On attribue encore à cette princesse un ouvrage, appellé le *Centon* d'Homere, qu'on trouve dans la Bibliotheque des Peres. C'est la vie de J. C. composée de vers pris de ce pere de la poésie grecque. Du Cange pense que cet écrit est tout ce qui nous reste de ses ouvrages; mais la plupart de ses critiques conviennent qu'il n'est ni d'elle, ni digne d'elle. Villefore a écrit sa *Vie*.

EUDOXIE, (Licinia) la *Jeune*, naquit à Constantinople en 422. Elle étoit fille de Théodose II & d'Eudoxie, & femme de Valentinien III, que Maxime, usurpateur de l'empire fit assassiner. Le meurtrier força la femme de l'empereur tué à accepter sa main. Eudoxie, outrée de colere, appella à son secours Genseric, roi des Vandales. Ce prince passa en Italie à la tête d'une nombreuse armée, mit tout à feu & à sang, saccagea Rome & emmena Eudoxie en Afrique. Après 7 ans de captivité, elle fut renvoyée à Constantinople en 462, & y finit sa vie dans les exercices de la piété. Ses médailles sont très-rares, & les vertus qui la signalerent, sont plus rares encore. Elle ne fit usage de son pouvoir que pour soulager les malheureux, qui furent en grand nombre sous son regne. Elle supporta les vices de Valentinien avec un courage tranquille; & ne lui fut

pas moins attachée, que si cet époux infidele & livré à une vie infame, eût été un homme de bien.

EUDOXIE, veuve de Constantin Ducas, se fit proclamer impératrice avec ses trois fils aussi-tôt après la mort de son époux, en 1067. Romain Diogene, un des plus grands de l'empire, avoit voulu lui enlever la couronne : Eudoxie le fit condamner à mort; mais l'ayant vu avant l'exécution, elle fut si touchée de sa bonne mine, qu'elle lui accorda la grace, & le fit même général des troupes de l'Orient. Romain Diogene répara par sa valeur ses anciennes fautes. Eudoxie résolut de l'épouser, afin qu'il l'aidât à réparer les malheurs de l'empire, & à conserver le sceptre à ses fils. Pour exécuter ce projet, il falloit retirer des mains du patriarche Xiphilin un écrit, par lequel elle avoit promis à Constantin Ducas de ne jamais se remarier. Un eunuque de confiance, d'un esprit délié, va trouver le patriarche, lui déclare que l'impératrice veut passer à de secondes noces, mais que son dessein est d'épouser le frere du patriarche. Xiphilin ne trouva dès-lors aucune difficulté, rendit ce papier, & Eudoxie épousa Romain en 1068. Trois ans après, Michel son fils, s'étant fait proclamer empereur, la renferma dans un monastere. Elle avoit eu sur le trône les qualités d'un grand prince; elle eût dans le couvent les vertus d'une religieuse. Elle cultiva la littérature avec succès. Nous avons d'elle un Manuscrit qui est dans la bibliotheque du roi de France : c'est un recueil *sur les généalogies des Dieux, des Héros & des Héroïnes*. On trouve dans cet ouvrage tout ce qu'on a dit de plus curieux sur les délires du Paganisme. Il décele une vaste lecture.

EUDOXIE Lapouchin, impératrice de Russie, premiere femme de Pierre le Grand & mere de l'infortuné Alexis, fut répudiée & retéguée dans un couvent, près du lac Ladoga ; elle fut rappellée par Pierre II & mourut quelque-tems après.

EVE, la premiere des femmes, fut ainsi nommée par Adam, son mari, le premier des hommes. Dieu la forma lui-même d'une des côtes d'Adam, & la plaça dans le jardin des délices, d'où elle fut chassée pour avoir désobéi à Dieu qui avoit mis sa fidélité & son obéissance à l'épreuve (*Voyez* ADAM). Les rabbins ont conté mille fables sur la mere du genre humain ; quelques commentateurs imbécilles ou fanatiques les ont répétées ; elles ne méritent que le mépris.

EVEILLON, (Jacques) savant & pieux chanoine & grand-vicaire d'Angers sa patrie, sous quatre évêques différens, né en 1582, mourut en 1651, amérement pleuré des pauvres dont il étoit le pere. Il légua sa bibliotheque aux Jésuites de la Fleche : c'étoit toute sa richesse. Comme on lui reprochoit un jour qu'il n'avoit point de tapisseries : " Quand, en hiver, j'entre dans " ma maison, répondit-il, les murs " ne me disent pas qu'ils ont froid ; " mais les pauvres qui se trouvent " à ma porte, tout tremblans, me " disent qu'ils ont besoin de vê-" tement ". Malgré la multitude des affaires, & une rigoureuse exactitude au chœur, il donnoit beaucoup de momens à son cabinet. Les principaux fruits de ses travaux sont : I. *De Processionibus Ecclesiasticis*, in-8°, Paris 1645. L'auteur remonte, dans ce savant traité, à l'origine des processions ; il en examine ensuite le but, l'ordre & les cérémonies. II. *De rectâ psallendi ratione*, in-4°, à la Fleche, 1646. Ce devroit être le manuel des chanoines. III. *Traité des Excommunications & des Monitoires*, in-4°, à Angers en 1651, & réimprimé à Paris en 1672, dans le même format. Le docte écrivain y réfute l'opinion assez communé-

ment établie, que l'excommunication ne s'encourt qu'après la fulmination de l'aggrave. Son sujet y est traité à fonds ; mais il a trop négligé ce qui regarde l'ancien droit & l'usage de l'église des premiers siecles. Il avoit été fort jeune professeur de rhétorique à Nantes, curé à Soulerre pendant 13 ans, puis curé de S. Michel à Angers, chanoine en 1620.

EVELIN, (Jean) né à Wotton en Surrey l'an 1620, mort en 1706, partagea son tems entre les voyages & l'étude. Il obtint, pour l'université d'Oxford, les marbres d'Arundel ; & ensuite, pour la société royale, la bibliotheque même de ce seigneur. Evelin avoit plus d'une connoissance ; la peinture, la gravure, les antiquités, le commerce, &c. lui étoient familiers. Les livres que nous avons de lui, en font une preuve. I. *Sculptura*. Cet ouvrage concernant la gravure en cuivre, contient les procédés & l'historique de cet art : il mériteroit d'être traduit. II. *Sylva*. Il y traite de la culture des arbres. III. *L'origine & les progrès de la Navigation & du Commerce*, en anglois, in-8°. IV. *Numismata*, in-fol. 1667. C'est un discours sur les médailles des anciens & des modernes. Sa nation lui doit la traduction de quelques bons ouvrages françois, tels que le *Parfait Jardinier* de la Quintinie, & des *Traités de l'Architecture* de Chambray.

EVENE, roi d'Etolie, fils de Mars & de Sterope, fut si piqué d'avoir été vaincu à la course par Idas, qui lui avoit promis Marpesse sa fille, s'il remportoit la victoire, qu'il se précipita dans un fleuve, qu'on appella depuis Evene.

EVENSSON, (David) savant théologien suédois, né l'an 1699, fut pasteur à Kioping dans la Westmanie, & chapelain du roi de Suede. Il mourut en 1750, laissant plusieurs dissertations estimées par ceux de sa communion, entr'autres : I. *De*

portione pauperibus relinquenda.
II. *De aquis suprà cœlestibus.*
III. *De prædestinatione,* &c.

EVENUS III, roi d'Ecosse, après Eder son pere, étoit si vicieux, que pour autoriser son libertinage, il ordonna par une loi expresse, qu'un homme auroit autant de femmes qu'il en pourroit nourrir; que les rois auroient droit sur les femmes des nobles, & que les gentilshommes seroient maîtres des femmes du peuple. Ce prince cruel, avare & sanguinaire, aliéna tous les cœurs. Les grands du royaume s'étant soulevés contre lui, le mirent dans une prison; où il fut étranglé quelque-tems après. Son regne ne fut que de 7 ans.

EVEPHENE, philosophe pythagoricien, condamné à mort par Denys, tyran de Syracuse, pour avoir détourné les Métapontains de son alliance. Il demanda permission, avant que de mourir d'aller dans son pays pour marier une sœur. Le tyran lui demanda, quelle caution il donneroit? Il offrit Eucrite son ami, qui demeura à sa place. On admira l'action d'Eucrite; mais on fut beaucoup plus surpris du retour d'Evephene, qui se présenta à Denys au bout de six mois, comme on étoit convenu. Alors le tyran, charmé de la vertu de ces deux amis, leur rendit la liberté, & les pria de l'admettre pour troisieme dans leur amitié. On raconte la même chose de Damon & de Pythias. Il se peut faire que les mêmes sentimens aient inspiré les mêmes vertus à des personnes différentes; mais il est plus apparent que la fabuleuse antiquité a fait deux histoires d'une seule.

EVERARD, *voyez* GRUDIUS & SECOND.

EUFEMIE, *voyez* EUPHEMIE.

EUGENE I, (S.) romain, fut vicaire-général de l'église durant la captivité du pape S. Martin, & son successeur dans la chaire pontificale en 654. Il mourut le 1er juin 657.

EUGENE II, romain, pape après

Paschal I, l'an 824, mort en 827, fut recommandable par son humilité. On ne doit pas avoir une grande idée de son esprit, s'il est vrai, comme plusieurs auteurs l'assurent, qu'il établit l'épreuve de l'eau froide. Il est vrai que dans ces siecles les moyens de connoître le vrai, étoient si peu lumineux & si peu sûrs, qu'on est presque tenté d'approuver le recours aux preuves surnaturelles; & aujourd'hui même que notre jurisprudence est si fiere de ses lumieres, le résultat de beaucoup de procès civils & criminels ne présente rien de plus avéré que l'épreuve de l'eau froide. Noël Alexandre soutient qu'on a attribué sans fondement à ce pape l'établissement de ce genre d'épreuve. Papebrock dans le *Propyleum,* p. 128, est du même avis. Les épreuves de ce genre furent proscrites par le concile de Worms en 829.

EUGENE III, religieux de Cîteaux sous S. Bernard, ensuite abbé de S. Anastase, fut élevé sur la chaire pontificale de Rome en 1145. Il étoit de Pise & s'appelloit Bernard. Les Romains étoient animés de l'esprit de révolte, lorsqu'il monta sur le saint-siege. Ils avoient rétabli le sénat & élu un patrice: ils voulurent qu'Eugene III approuvât tous ces changemens. Le pape aima mieux sortir de Rome. Il y rentra à la fin de l'année, après avoir soumis les rebelles par les armes des Tiburtins, anciens ennemis des Romains. Le feu de la rebellion n'étoit pas éteint; les séditieux le souffloient de tous côtés. Eugene, fatigué du séjour orageux de Rome, se retira à Pise, & delà à Paris en 1147. Il assembla un concile à Rheims l'année d'après, & un autre à Treves, où il permit à Ste Hildegarde, religieuse, d'écrire ses visions. De retour en France, il vint à Clairvaux. Il y avoit été simple moine; il y parut en pape; mais en pape qui n'avoit pas oublié son ancien état: il portoit sous les ornemens

pontificaux une tunique de laine.
Sur la fin de cette année il reprit le
chemin d'Italie , & mourut à Ti-
voli en 1153. On a de lui des *Décrets* , des *Epîtres* , des *Conflitu-
tions*. On peut confulter , fur les
actions & les vertus de ce pape ,
l'*Hiftoire de fon pontificat*, écrite
avec beaucoup de netteté par Dom
Jean de Lannes , bibliothécaire de
l'abbaye de Clairvaux ; à Nancy ,
1737 , 1 vol. in-12.

EUGENE IV , (Gabriel Con-
dolmiero) vénitien , d'une famille
roturiere , eft une preuve de ce que
peut le talent , & fur-tout celui des
affaires. Il fut d'abord chanoine
régulier de la congrégation de S.
Gregoire *in alga* , enfuite évêque
de Sienne , cardinal , enfin pape
en 1431 , après Martin V, la même
année de l'ouverture du concile de
Bâle. Il y eut beaucoup de méfin-
telligence entre le pontife & les Peres
de cette affemblée. Eugene lança
une bulle pour la diffoudre. Le concile n'y répondit , qu'en donnant
un décret pour établir fon autorité ,
& en confirmant les deux décrets
de la 4e & de la 5e feffion du concile de Conftance , qui foumettent
le pape au concile. Le pontife romain , après 2 ans de délai fe rendit enfin à Bâle. L'empereur Sigifmond avoit été le lien de l'union
d'Eugene avec les Peres de Bâle :
cette union finit à la mort de ce
prince. Le pape affembla un nouveau concile à Ferrare , après avoir
diffous une feconde fois celui de
Bâle , qui ne laiffa pas de fe maintenir. La 1re feffion fe tint le 10
février 1438. L'objet de cette affemblée étoit l'union de l'églife
grecque avec la latine. Jean Paléologue , empereur d'Orient , vouloit réconcilier les deux églifes ,
parce qu'il avoit alors befoin des
occidentaux contre les Turcs. Il
arriva à Ferrare au mois de mars ,
avec Jofeph , patriarche de Conftantinople , 21 évêques & une nombreufe fuite. Les premieres féances

du concile fe pafferent en contef-
tations fur le cérémonial. Le pape
difputa la premiere place à l'empereur grec & l'obtint. On attendoit des députés de tous les états ,
mais il en vint peu. Les potentats
de l'Europe , voulant réconcilier le
concile de Bâle avec le pape , n'envoyerent point à celui de Ferrare.
La pefte fe mit dans cette ville ;
on transféra le concile à Florence.
Après avoir difcuté avec les Grecs
la proceffion du Saint-Efprit , la
primauté du pape , le purgatoire ,
la réunion tant defirée fut terminée
dans la 6e & derniere feffion , tenue le 6 juillet 1439. Le décret ,
dreffé en grec & en latin , fut fouf-
crit de part & d'autre. L'empereur
& les prélats grecs partirent fort
contens de la générofité du pape :
Eugene leur donna beaucoup plus ,
qu'il n'avoit promis par fon traité.
Il eft certain qu'il fe prêta , avec
autant d'adreffe que de zele , à rétablir l'intelligence entre l'églife
d'Orient & celle d'Occident ; mais
malgré tous ces foins , l'union ne
fut pas durable. Les Grecs s'éleverent contre elle , dès que Paléologue leur en eut montré le décret.
Ils recommencerent le fchifme ; &
depuis ce tems , il n'a pas pu être
éteint. Eugene fut mal récompenfé
à Bâle des fervices qu'il venoit de
rendre à l'églife latine. Le concile
qui étoit fort diminué & où il ne
fe trouvoit plus guere de perfonnes
diftinguées , le dépofa du pontificat ,
comme *perturbateur de la paix ,
de l'union de l'églife ; fimonia-
que , parjure , incorrigible , fchifmatique & hérétique*. Les rois de
France & d'Angleterre , l'empereur
& les princes d'Allemagne qui juf-
ques-là avoient gardé une efpece
de neutralité , en furent indignés
& s'en plaignirent au concile. Ce
décret étoit trop outrageant , pour
que le pape ne s'en offenfât pas. Il
y répondit par un autre décret ,
dans lequel il annulle tous les actes
de l'affemblée de Bâle. Il l'appelle

un » Brigandage, où les Démons » de tout l'univers se sont assem- » blés pour mettre le comble à » l'iniquité, & pour placer l'abo- » mination de la désolation dans » l'église de Dieu ».? Il déclare tous ceux qui sont restés à Bâle depuis la révocation du concile, » ex- » communiés, privés de toute di- » gnité, & réservés au jugement » éternel de Dieu, avec Coré, » Dathan & Abiron ». C'étoit le style du tems, plutôt que celui de ce pontife, assez éclairé, & plus prudent que certains historiens n'ont voulu le peindre. Le concile, après avoir déposé Eugene, lui opposa Amédée VIII, duc de Savoie, qui fut élu pape sous le nom de Felix V. L'église fut encore une fois déchirée par le schisme. Les uns étoient pour Felix, le plus grand nombre pour Eugene. Eugene étoit toujours à Florence, renvoyant les foudres que le concile de Bâle, devenu un conciliabule, lançoit contre lui. En 1442 il transféra le concile à Rome, & mourut 5 ans après en 1447, lassé & détrompé de tout. Il fut d'autant plus regretté, qu'il donna des marques non équivoques de son amour sincere pour la paix, dans un discours qu'il adressa aux cardinaux un instant avant sa mort. Ce fut Eugene qui excita Uladislas, roi de Pologne & de Hongrie, contre les Turcs, & qui l'engagea à violer la paix jurée sur l'Evangile, sous prétexte qu'elle avoit été faite sans la participation des princes ses alliés (*Voyez* AMURAT II). Ce n'est pas la moindre des fautes qu'on a reprochées à ce pontife.

EUGENE, (S.) évêque de Carthage, fut élevé sur ce siege l'an 481. Il gouvernoit cette église en paix, lorsque le roi Hunneric ordonna que tous les évêques catholiques se trouvassent à Carthage pour y disputer avec les prélats ariens. La conférence se tint en 484; mais les Ariens la rompirent sous de mauvais prétextes. Hunneric, leur par-

tisan, persécuta leurs adversaires sous des prétextes encore plus mauvais. Il ordonna aux évêques de jurer, » que leur desir étoit qu'a- » près sa mort, son fils eût le » trône ». La plûpart des évêques crurent qu'ils pouvoient faire ce serment; les autres le refuserent. Hunneric les condamna tous également: les premiers, comme réfractaires aux préceptes de l'Evangile qui défend de jurer; les autres, comme infideles à leur prince. Il donna, peu de tems après, des ordres pour rendre la persécution générale. A Carthage on fit souffrir le tourment des coups de fouet & des coups de bâton à tout le clergé, composé de plus de 500 personnes; après quoi on les bannit. Eugene fut du nombre des exilés. Le saint évêque fut rappellé sous le regne de Gombaud, & exilé encore par Thrasamond son successeur. On l'envoya dans les Gaules. Eugene, retiré à Albi, couronna par une mort sainte, en 505, une vie aussi glorieuse que traversée. On a de lui une *Lettre* dans Gregoire de Tours.

EUGENE, évêque de Tolede, gouverna cette église pendant onze ans, & mourut en 646. Il possédoit assez bien pour son tems, cette partie des mathématiques qui sert aux calculs astronomiques.

EUGENE, évêque de Tolede, successeur du précédent, est auteur de quelques *Traités de Théologie*, & de quelques Opuscules en vers & en prose, publiés par le P. Sirmond, en 1619, in-8°, avec les Poésies de Draconce. Le style d'Eugène manque de politesse: mais les pensées en sont justes & les sentimens pieux.

EUGENE, homme obscur, qui avoit commencé par enseigner la grammaire & la rhétorique, fut salué empereur à Vienne en Dauphiné par le comte Arbogaste, gaulois de naissance, après la mort du jeune Valentinien, l'an 392. Il se déclara pour le Paganisme, conduifit fon armée fur le Rhin , fit la paix avec les petits rois des Francs & des Allemands, & ayant paffé les Alpes , s'empara de Milan. Enfin ce ridicule ufurpateur fut vaincu & tué le 6 feptembre 394 , par ordre de l'empereur Théodofe , qui le fit décapiter fur le champ de bataille. Eugene avoit régné plutôt en efclave qu'en prince. Arbogafte ne l'avoit tiré de la place de maître du palais qu'il occupoit , pour le placer fur le trône , que dans l'efpérance de régner fous fon nom. En effet Eugene lui abandonna entiérement le foin du gouvernement & le commandement des troupes , & ne fut qu'un fantôme d'empereur.

EUGENE , (François de Savoie) connu fous le nom de *Prince Eugene*, généraliffime des armées de l'empereur , naquit à Paris en 1663 , d'Eugene-Maurice , comte de Soiffons, & d'Olimpe Mancini, niece du cardinal Mazarin. Il étoit arriere-petit-fils de Charles-Emmanuel, duc de Savoie. Il porta quelque-tems le petit collet fous le nom de *l'Abbé de Carignan*, & le quitta enfuite pour le fervice militaire. Cet homme , fi dangereux depuis à Louis XIV , ne parut pas pouvoir l'être, dans fa jeuneffe. Le roi, qui le jugeoit plus propre au plaifir qu'à la guerre , lui refufa un régiment , après lui avoir refufé une abbaye. Eugene , fans efpérance en France , alla fervir en Allemagne contre les Turcs en qualité de volontaire , avec les princes de Conti, difgraciés comme lui. Louvois, écrivit qu'il ne rentreroit plus dans fa patrie. *J'y rentrerai un jour* , dit le prince Eugene en apprenant ces paroles , *en dépit de Louvois*. Les prodiges de valeur qu'il fit dans cette campagne , lui mériterent un régiment de dragons. L'empereur fe félicitoit d'avoir acquis un tel homme. Le prince Eugene avoit toutes les qualités propres à le faire devenir ce qu'il devint : il joignoit à une grande profondeur de-deffeins , une viva-

cité prompte dans l'exécution. Ses talens parurent avec beaucoup plus d'éclat après la levée du fiege de Vienne. L'empereur l'employa en Hongrie fous les ordres de Charles V, duc de Lorraine , & de Maximilien-Emmanuel , duc de Baviere. En 1691 il parut fur un nouveau théâtre. Il délivra Coni , que le marquis de Bulonde, fubalterne du maréchal de Catinat , tenoit affiégé depuis onze jours. Il inveftit enfuite Carmagnole , & le prit après 15 jours de tranchée. Sa valeur fut récompenfée en 1697 , par le commandement de l'armée impériale. Le 11 feptembre de cette année il remporta la victoire de Zentha , fameufe par la mort d'un grand-vifir, de 17 bachas , de plus de 20 mille Turcs , & par la préfence du grandfeigneur. Cette journée abaiffa l'orgueil ottoman , & procura la paix de Carlowitz , où les Turcs reçurent la loi. Toute l'Europe applaudit à cette victoire , excepté les ennemis perfonnels d'Eugene. Il en avoit plufieurs à la cour de Vienne. Jaloux de la gloire qu'il alloit acquérir , ils lui avoient fait envoyer une défenfe formelle d'engager une action générale. Ses fuccès augmenterent leur fureur ; & il ne fut pas plutôt arrivé à Vienne , qu'on le mit aux arrêts & qu'on lui demanda fon épée. » La » voilà, dit ce héros , puifque » l'empereur la demande : elle eft » encore fumante du fang de fes en » nemis. Je confens de ne la plus » reprendre , fi je ne puis conti » nuer à l'employer pour fon fer » vice ». Cette générofité toucha tellement Léopold , qu'il donna à Eugene un écrit qui l'autorifoit à fe conduire comme il le jugeroit à propos , fans qu'il pût jamais être recherché. La Chrétienté fut tranquille & heureufe après la paix de Carlowitz ; mais ce ne fut que pour quelques années. La fucceffion à la monarchie d'Efpagne alluma bientôt une nouvelle guerre. Eugene pénétra en Italie par les gorges du Tirol, avec 30 mille hommes, & la liberté entiere de s'en servir comme il voudroit. Il amusa les généraux françois par des feintes, & força le 9 juillet 1701 le poste de Carpi, après 5 heures d'un combat sanglant. Ce succès rendit l'armée allemande maîtresse du pays entre l'Adige & l'Adda ; elle pénétra dans le Bressan, & le maréchal de Catinat, qui commandoit l'armée françoise, recula jusques derriere l'Oglio. Le maréchal de Villeroi vint lui ôter le bâton de commandement, & fut encore moins heureux ; il passa l'Oglio pour attaquer Chiari dans le duché de Modene. Le prince Eugene, retranché devant ce poste rempli d'infanterie, battit le général françois, & le contraignit d'abandonner presque tout le Mantonan. La campagne finit par la prise de la Mirandole, le 22 décembre 1701. Au cœur de l'hiver de l'année suivante, tandis que Villeroi dormoit tranquillement dans Crémone, Eugene pénetre dans cette ville par un égout, & le fait prisonnier. Son activité & sa prudence, jointes à la négligence du gouverneur, lui avoient donné cette place ; le hazard, & la valeur des François, & des Irlandois, la lui ôterent. Il fut contraint de se retirer le soir du 1er février, après avoir combattu tout le jour en héros. Le duc de Vendôme, petit-fils de Henri IV, mis à la place de Villeroi, répara ses fautes. Il battit un corps d'Impériaux à la journée de Santa-Vittoria ; les obligea de lever le blocus de Mantoue, & se signala le 15 août à Luzzara. Cette bataille, douteuse en elle-même, & pour laquelle on chanta le *Te Deum* à Vienne & à Paris, parut se déclarer pour la France, par la prise de Guastalla & de quelques villes voisines. Le prince Eugene quitta l'Italie pour passer en Allemagne ; il n'avoit pas remporté de victoire contre Vendôme, mais il laissoit les troupes en bon ordre. L'empereur se l'attacha par de nouvelles

graces ; il le nomma président du conseil de guerre, & administrateur de la caisse militaire. Le commandement des armées d'Allemagne lui fut confié. Eugene, Marleborough & Heinsius, maîtres en quelque sorte de l'Empire, de l'Angleterre & de la Hollande, étroitement unis par l'esprit & par le cœur, formerent une espece de triumvirat fatal à la France & à l'Espagne. Les deux premiers gagnerent en 1704 la bataille de Hochstet, livrée assez mal-à-propos par l'électeur de Baviere, secondé du maréchal de Tallard. Cette victoire fut décisive & changea la face des affaires. Plus de la moitié de l'armée françoise & bavaroise fut détruite ; le reste regagna avec peine les bords du Rhin, abandonnant toutes les villes de la Baviere & de la Souabe. De retour en Italie l'an 1705, Eugene combattit le duc de Vendôme à la journée de Cassano, près de l'Adda : journée sanglante, dont les deux partis s'attribuerent la gloire. L'armée françoise ayant assiégé Turin l'année d'après, Eugene vola à son secours. Il passe le Tanaro aux yeux du duc d'Orléans, après avoir passé le Pô à la vue de Vendôme. Il prend Correggio, Reggio ; il dérobe une marche aux François, les force dans leurs lignes, & leur fait lever le siege. Après avoir délivré Turin & battu les François, il fit rentrer le Milanès sous l'obéissance de l'empereur, qui lui en donna le gouvernement. La fortune continua de lui être favorable en 1707. Les troupes françoises & espagnoles évacuerent la Lombardie ; le général Daun s'empara du royaume de Naples. Eugene pénétra peu de tems après en Provence & en Dauphiné par le Col de Tende. Cette invasion, heureuse au commencement, finit comme toutes les invasions faites dans ces provinces. On avoit mis le siege devant Toulon ; on fut obligé de le lever. La Provence fut bientôt délivrée & le Dauphiné sans danger. La prise de Suze fut tout le fruit de cette campagne. Le prince Eugene, ayant paffé en 1708 des bords du Var aux bords du Rhin, mit en déroute les François au fanglant combat d'Oudenarde. Ce n'étoit pas une grande bataille, dit l'auteur du *Siecle de Louis XIV*; mais ce fut pour les François une fatale retraite. Le vainqueur, maître du terrein, mit le fiége devant Lille, défendue par Boufflers. Cette ville fi bien fortifiée, fe rendit après une défenfe de 4 mois. Il dut en partie fon fuccès au découragement des généraux françois: auffi, dans un âge plus avancé, il rejetoit les louanges qu'on lui donnoit fur cette entreprife, trop téméraire dans le projet, pour être glorieufe dans l'exécution. Cette conquête fut fuivie de la bataille de Malplaquet, gagnée le 10 feptembre 1709, fur les maréchaux de Villars & de Boufflers, qui lui difputerent long-tems la victoire. Marleborough ayant été difgracié, Eugene paffa à Londres pour feconder fa faction; mais ce voyage fut inutile, il retourna feul achever la guerre. C'étoit un nouvel aiguillon pour lui d'efpérer de nouvelles victoires, fans compagnon qui en partageât l'honneur. Il prit la ville du Quefnoi en 1712, & étendit dans le pays une armée d'environ cent mille combattans. Quoique privé des Anglois, il étoit fupérieur de 20 mille hommes aux François: il l'étoit fur-tout par fa pofition, par l'abondance des magafins, & par 9 ans de victoire. La France & l'Efpagne étoient dans l'alarme. Une faute qu'il fit à Landrecie qu'il affiégeoit, les délivra de leurs inquiétudes. Le dépot des magafins placé à Marchiennes, étoit trop éloigné; le général Albermale, pofté à Denain, n'étoit pas à portée d'être fecouru affez tôt, s'il étoit attaqué. Il le fut. Le maréchal de Villars, après avoir donné le change au prince Eugene, tomba fur Albermale, & remporta une victoire fignalée. Eugene arrivé trop tard, fe retira, après avoir été

témoin de la défaite de fes troupes. Cette victoire amena la paix. Eugene & Villars, héros au champ de bataille, excellens négociateurs dans le cabinet, la conclurent le 6 mai 1714, à Raftadt, & elle fut fuivie du traité de Baden en Argaw. La puiffance ottomane, qui auroit pu attaquer l'Allemagne pendant la longue guerre de 1701, attendit la conclufion totale de la paix générale. Le grand-vifir Ali parut fur les frontieres de l'Empire avec 150 mille Turcs, Eugene le battit en 1716, à Temefwar & à Petervaradin. Il entreprit enfuite le fiege de Belgrade; les ennemis vinrent l'affiéger dans fon camp, & non contens de le bloquer, ils avancerent à lui par des approches & des tranchées. Le prince Eugene, après avoir laiffé paffer un ruiffeau qui les féparoit de fon camp, fortit de fes retranchemens, les défit entierement, leur tua plus de 20 mille hommes, & s'empara de leurs canons & de leurs bagages. Belgrade n'ayant plus de fecours à efpérer, fe rendit au vainqueur. Une paix avantageufe fut le fruit de fes victoires. Couvert de gloire il retourna à Vienne, où fes ennemis vouloient lui faire faire fon procès, pour avoir hazardé l'état qu'il avoit fauvé & dont il avoit reculé les frontieres. La double élection faite en Pologne ayant rallumé la guerre en 1733, le prince Eugene eut le commandement de l'armée fur le Rhin. Les François prirent Philisbourg à fa vue. Il n'y avoit plus dans l'armée impériale que l'ombre du prince Eugene: il avoit furvécu à lui-même, & il craignoit d'expofer fa réputation fi folidement établie, au hafard d'une 18e bataille. Il mourut fubitement à Vienne en 1736, regretté de l'empereur & des foldats. Les malheurs de l'année fuivante ne juftifierent que trop ces regrets. L'empereur, qui lui devoit la gloire de fon regne, difoit au milieu des pertes qui fuivirent

virent fa mort : *La fortune de l'état est-elle morte avec ce héros ?* Le prince Eugene fut le plus heureux général & le plus habile miniftre, que la maifon d'Autriche eût eu depuis plufieurs fiécles. Il avoit un efprit plein de juftefse & d'élévation, les qualités & le courage néceffaires pour triompher des capitaines les plus expérimentés, S'il échoua quelquefois dans fes entreprifes, les circonftances qui les lui firent manquer, lui valurent de nouveaux éloges. Il n'étoit pas toujours le maître de faire ce qu'il vouloit. Un de fes amis lui demanda un jour, pendant la longue guerre pour la fucceffion d'Efpagne, la caufe de la profonde rêverie où il le voyoit plongé. » Je fais réflexion, dit-il, que fi » Alexandre le Grand avoit été » obligé d'avoir l'approbation des » députés de Hollande pour exécuter fes projets, fes conquêtes » n'auroient pas été à beaucoup » près fi rapides... » Le courage n'étoit pas la feule qualité du prince Eugene. Les traités de Raftad & de Paffarowitz ont autant immortalifé fon nom, que fes victoires. Il étoit le pere des foldats & le modele des miniftres, philofophe, doux, humain, bienfaifant, fans orgueil, fans dédain, fans fafte, & d'une générofité peu commune. Son attachement à la religion étoit auffi folide que fincere. Il portoit avec lui au milieu de fes opérations militaires, le petit, mais le précieux livre *de l'Imitation de Jefus-Chrift*, & le lifoit dans des momens de calme & de réflexion. Quoique froid & réfervé, il étoit fenfible aux charmes de l'amitié. Il cultiva les lettres dans le cours de fes victoires, & les protégea dans le cours de fon miniftere. Tous les beaux-arts avoient des attraits pour lui. » De trois empe- » reurs qu'il avoit fervi, le pre- » mier, Léopold, avoit été, difoit- » il, fon pere, parce qu'il avoit » eu foin de fa fortune comme de

» celle de fon propre fils; le fe- » cond, Jofeph, fon frere, parce » qu'il l'avoit aimé comme un frere; » le troifieme, Charles VI, fon » maître, parce qu'il l'avoit ré- » compenfé en roi ». Ses *Batailles* ont été imprimées en 2 vol. in-fol. auxquels on a joint un *Supplément*. On peut auffi voir l'*Hiftoire du prince Eugene*, imprimée à Vienne en 1770, en 5 vol. in-12. Elle offre quelques particularités curieufes, quoiqu'elle ne foit très-fouvent qu'une compilation de gazettes.

EUGIPPIUS, originaire de la Norique, fuivit fa nation lorfqu'Odoacre la transféra en Italie l'an 488 : il y fut abbé de Lucullano, près de Naples. Il eft auteur : I. Du *Thefaurus ex S. Auguftino*, in-folio, Bâle 1542. II. D'une *Vie de S. Auguftin de Favianes*, inférée dans *Bollandus*. III. D'une *Vie de S. Severin*, apôtre de la Norique, inférée dans les *Œuvres* de Marc Velfer. La *Regle* qu'il avoit donnée à fes moines eft perdue.

EVILMÉRODAC, roi de Babylone, fuccéda à fon pere Nabuchodonofor, vers l'an 562 avant J. C. Ce jeune prince avoit gouverné defpotiquement le royaume pendant les 7 années de la démence de fon pere. Nabuchodonofor étant remonté fur le trône après avoir recouvré la raifon, arrêta toutes les entreprifes de fon fils contre lui; il le tint enfermé. Celui-ci, dans fa prifon, lia une étroite amitié avec Jéchonias, roi de Juda, que Nabuchodonofor tenoit auffi dans les fers. Ce prince étant mort, Evilmérodac monta fur le trône, tira Jéchonias de prifon, & le combla de faveurs. On dit qu'il eut la cruauté de priver de la fépulture le corps de fon pere, & même qu'il le fit hacher en morceaux. Il fut affaffiné par fon beau-frere Neriglifor, après un regne de 2 ans.

EVITERNE. Les anciens adoroient fous ce nom un dieu, de là puiffance duquel ils fe formoient une très-grande idée, & qu'ils puroiſſoient mettre au-deſſus de celle de Jupiter. Quelques mythologiſtes croient que ce dieu étoit Jupiter même. Eviterne ſignifie immortel, & l'on appelloit quelquefois les dieux *Æviterni* & *Ævintegri*, pour marquer leur immortalité.

EULALIE, (Ste) vierge & martyre de Barcelone, ſous l'empire de Dioclétien. Son nom eſt plus connu, que le détail de ſes ſouffrances.

EULALIUS, antipape, qu'une cabale oppoſa au pape Boniface I en 418, & que l'empereur Honorius fit chaſſer comme un intrus.

ELOGE, pieux & ſavant patriarche d'Alexandrie en 581, mort en 607, laiſſa divers Ouvrages contre les Novatiens & contre d'autres hérétiques de ſon tems. Il fut uni d'une étroite amitié avec S. Grégoire le Grand.

EULOGE DE CORDOUE, (S.) prêtre, élu archevêque de Toledo, la même année qu'il fut martyriſé par les Sarraſins en 859, fortifia par ſes écrits & par ſes diſcours ſes freres dans la foi. Ceux qui nous reſtent de lui, ſont : I. *Memoriale ſanctorum*; c'eſt une hiſtoire de quelques martyrs. II. *Libri tres de martyribus Cordubenſibus*, & *Apologeticon pro geſtis eorundem*. III. *Exhortation au Martyre*, & pluſieurs *Lettres*. Ces ouvrages ſe trouvent dans le 4e vol. de l'*Hiſpania illuſtrata*, & dans la Bibliotheque des Peres.

EUMÉE, favori d'Ulyſſe, à qui ce prince confia le ſoin de ſes états, lorſqu'il partit pour Troie. Ce fut auſſi celui auquel ce héros ſe fit connoître le premier à ſon retour, après 20 ans d'abſence.

EUMENE, capitaine grec, l'un des plus dignes ſucceſſeurs d'Alexandre le Grand, étoit fils d'un voiturier. Il avoit les qualités qui font le héros dans la guerre, & l'homme eſtimable dans la paix, & il dut ſon élévation à ces qualités. Alexandre lui fit épouſer la ſœur de Barſine, l'une de ſes femmes. Après la mort

de ce conquérant, Eumene acheva la conquête de la Cappadoce & de la Paphlagonie, & fut gouverneur de ces deux provinces : mais Antigone ne voulut point l'y laiſſer établir. Se voyant ſans reſſource, il ſe rendit auprès de Perdiccas, qui le chargea de porter la guerre ſur les bords de l'Helleſpont, contre les princes ligués contre lui. Il défit Cratere & Néoptoleme, & tua celui-ci dans un combat ſingulier. Cratere périt auſſi dans le cours de cette guerre; le vainqueur pleura le vaincu, ſon ancien ami, lui rendit les derniers devoirs, & fit porter ſes cendres en Macédoine à ſa famille : actions de généroſité, dont un hiſtorien chrétien ſe charge avec plus de plaiſir, que du détail fatigant de tant de meurtres inutiles. Eumene marcha enſuite contre Antipater, le vainquit, & s'empara de pluſieurs provinces. Après la mort de l'ambitieux Perdiccas, il eut à combattre Antigone. On donna une bataille à Orcinium en Cappadoce, l'an 320 avant J. C. Eumene y fut vaincu par la trahiſon d'Apollonide, commandant de la cavalerie. Le traître fut pris & pendu ſur le champ. Eumene, obligé d'errer & de fuir ſans ceſſe, congédia une partie de ſes troupes, & s'enferma dans le château de Nora ſur les frontieres de la Cappadoce & de la Lycaonie. Il y ſoutint un ſiege d'un an. Après différens ſuccès, mêlés de revers, Antigone tailla en pieces l'arriere-garde de ſon ennemi, & prit le bagage de ſon armée; c'eſt ce qui décida la victoire en ſa faveur. Le vainqueur fit dire aux officiers & aux Argyraſpides, phalange de Macédoniens, qu'il leur rendroit tout ce qui leur appartenoit, s'ils lui livroient Eumene. Ils eurent la lâcheté de recouvrer à ce prix leur bagage. L'illuſtre infortuné fut mis à mort dans ſa priſon l'an 315 avant J. C. C'eſt l'ambition qui commit ce meurtre. Antigone, autrefois le meilleur ami d'Eumene, l'eſtimoit trop pour ne pas le craindre. L'armée du vaincu étant sans chef, fut bientôt dissipée. Antigone se défiant des traîtres, les fit exterminer.

EUMENE I, roi de Pergame, succéda à Philethere son oncle l'an 264 avant J. C. Il remporta une victoire sur Antiochus, fils de Seleucus, & augmenta ses états, de plusieurs villes, qu'il prit sur les rois de Syrie. Ce prince aimoit les lettres & encore plus le vin. Il périt d'un excès en ce genre, après 22 ans de regne.

EUMENE II, neveu du précédent, monta sur le trône après Attale son pere, l'an 198 avant J. C. Les Romains, dont il cultiva l'amitié, augmenterent ses états, après leur victoire sur Antiochus le Grand. Eumene vainquit Prusias & Antigone, & mourut l'an 160 avant J. C. Ce prince protégeoit & cultivoit les lettres; il augmenta considérablement la fameuse bibliotheque de Pergame, qui avoit été fondée par ses prédécesseurs sur le modele de celle d'Alexandrie. Ses freres Attale, Philetere & Athénée lui furent si attachés, qu'ils voulurent être du nombre de ses gardes.

EUMENE, orateur, originaire d'Athenes, professa la rhétorique avec beaucoup d'éclat à Autun sa patrie. Il y ramena le goût des arts & de l'éloquence. Constance-Chlore & Constantin son fils lui donnerent des marques de leur estime. Il prononça l'an 309 le Panégyrique de ces deux princes. Son Discours le plus célebre est celui dans lequel il tâcha d'engager Riccius Varus, préfet de la Gaule Lyonnoise, à rétablir les écoles publiques, ruinées par les barbares qui avoient inondé les Gaules. Eumene offrit de contribuer à ce rétablissement; il cédoit une année des appointemens qu'il avoit en qualité d'un des premiers secretaires des empereurs; ce qui faisoit une somme considérable. Ce rhéteur mourut vers le milieu du 4e siecle. Le P. de la Bayne,

jésuite, a recueilli ce qui nous reste de ses Harangues, dans ses Panegyrici Veteres ad usum Delphini, 1676, in-4°. Son style se sent un peu de la décadence de la latinité, & il y a plus de lieux communs que de pensées.

EUMENIDES ou FURIES, filles de l'Achéron & de la Nuit, étoient trois, Alecton, Mégere & Tisiphone. Elles châtioient dans le Tartare & flageloient avec des serpens & des flambeaux ardens, ceux qui avoient mal vécu. On les représente coëffées de couleuvres, tenant des serpens & des flambeaux dans leurs mains.

EUMENIUS, voyez EUMENE.

EUNAPE, natif de Sardes en Lydie, sophiste, médecin & historien, sous les regnes de Valentinien, de Valens & de Gratien, écrivit l'Histoire des Césars, dont Suidas nous a conservé quelques fragmens. Nous n'avons de lui que les Vies des Philosophes de son tems, écrites avec précision, & avec assez de netteté & d'élégance. A. Junius en a donné une Traduction latine avec le texte grec, 1596, in-8°. On en trouve un extrait dans les Excerpta de Legationibus, Paris 1648, in-folio, qui font partie de la Byzantine. Cette histoire des philosophes est pleine d'injures, indignes de la saine philosophie. Le but de l'auteur paroît être de relever l'Idolâtrie & de rabaisser le Christianisme. Il exagere les vertus des philosophes païens, & atténue celles des solitaires chrétiens. Il insulte même à leurs martyrs; & autant qu'on peut en juger par cet ouvrage, Eunape étoit un de ces hommes passionnés qui couvrent leurs emportemens du manteau de la sagesse, &, qui ont sans cesse le mot de philosophie dans la bouche, parce qu'ils sentent qu'ils ne l'ont point dans le cœur.

EUNOME, célebre musicien de Locres en Italie. Comme il disputoit le prix de son art à un autre musicien, une cigale vint, suivant la Fable, se poser sur son luth, pour suppléer à une corde qui s'étoit rompue.

EUNOME, (*Eunomius*) hérésiarque, natif de Cappadoce, d'abord maître d'école à Constantinople, ensuite disciple d'Aëtius, parvint à l'évêché de Cyzique par la protection d'Eudoxe, patriarche arien de Constantinople : ce prélat, en l'ordonnant, lui conseilla de cacher les erreurs qu'il avoit sucées auprès d'Aëtius. Eunome ayant négligé cet avis, & s'étant fait chef de parti, fut déposé par Eudoxe son ami, & exilé en divers endroits, & mourut dans sa patrie à la fin du 4e siècle. C'étoit un arien outré. Il soutenoit que JESUS-CHRIST n'étoit Dieu que de nom ; qu'il ne s'étoit pas uni substantiellement à l'humanité, mais seulement par sa vertu & par ses opérations. Il rebaptisoit ceux qui l'avoient été dans la foi de la Trinité, & croyoit que la foi pouvoit sauver sans les œuvres. Ses impiétés étoient d'autant plus dangereuses, qu'il réunissoit à quelque talent beaucoup d'artifice. S. Gregoire de Nice & S. Basile signalerent leur éloquence & leur zele contre ce sectaire factieux.

EUNUS, esclave syrien, ne pouvant supporter les malheurs de sa condition, fit d'abord l'enthousiaste & l'inspiré de la déesse de Syrie. Il se disoit envoyé des dieux, pour procurer la liberté aux esclaves. Pour s'insinuer dans l'esprit des peuples, il mettoit dans sa bouche une noix remplie de soufre en poudre : il y glissoit adroitement le feu, & en soufflant il paroissoit vomir des flammes. Ce prétendu prodige le fit regarder comme un dieu. Deux mille esclaves, pressés par leur misere, se joignirent à lui, & il se vit à la tête de 50 mille hommes, avec lesquels il défit les préteurs romains. Perpenna, envoyé contre ces rebelles, les réduisit par la faim, & fit mettre en croix tous ceux qui tomberent entre ses mains.

EUPHEMIE, (Ste) vierge & martyre de Chalcédoine, au 4e siecle, sous Dioclétien, vers l'an 307 de Jesus-Christ.

EUPHEMIE, (*Ælia Maciana Euphemia*) femme de l'empereur Justin I, étoit née dans une des provinces barbares de l'empire. Elle étoit esclave, lorsque Justin, qui n'étoit encore qu'un particulier, en devint amoureux. Son caractere ingénu, sa fidélité inviolable, plurent tellement à son amant, qu'il l'épousa & la fit monter avec lui sur le trône. Son mariage fut stérile. L'esclavage lui avoit fait contracter des manieres grossieres dont elle ne put se défaire sous la pourpre. Mais elle se distingua d'ailleurs par des qualités ; & tant qu'elle vécut, elle empêcha Justinien, neveu de Justin, d'épouser sa maîtresse Theodora. Elle mourut avant son époux.

EUPHEMIUS, patriarche de Constantinople l'an 490, illustre par sa science & par ses vertus, effaça des dyptiques le nom de l'hérétique Monge, ouvertement déclaré contre le concile de Chalcédoine. Il y rétablit celui du pape Félix III, qui en avoit été ôté. Ce pontife lui refusa néanmoins sa communion, parce qu'il conservoit les noms de quelques prélats hérétiques ou soupçonnés de l'être. Euphemius s'obstina à y laisser celui d'Acace, dont il ne vouloit pas outrager la mémoire. Le pape Gelase, successeur de Felix, refusa aussi de communiquer avec lui. L'empereur Anastase l'envoya en exil en 495. Ce patriarche mourut à Ancyre en 515, victime de son opiniâtreté : c'étoit son seul défaut.

EUPHORBE, illustre troyen, fut tué par Ménelas à la guerre de Troie. Pythagore assuroit que son ame étoit celle d'Euphorbe, & qu'elle avoit passé dans son corps par la métempsycose... Il y eut un géometre phrygien qui portoit ce nom. Ce mathématicien trouva la description du triangle, & rechercha le premier les propriétés de quelques figures.

EUPHORION de Chalcis en Eubée, bibliothécaire d'Antiochus le Grand, s'occupa de la poéfie & de l'hiftoire. Ses ouvrages ne font pas parvenus jufqu'à nous. Quelques anciens le louent; d'autres lui reprochent de l'obfcurité & un ftyle énigmatique. L'empereur Tibere, qui l'avoit pris pour modele, dans la compofition de fes poéfies grecques, fit placer fon portrait & fes ouvrages dans les bibliothequës publiques. Euphorion étoit né vers l'an 274 avant J. C.

EUPHRASIE, (Sainte) illuftre folitaire & religieufe de la Thébaïde, fille d'Antigone, gouverneur de Lycie, & parente de l'empereur Théodofe l'ancien, naquit vers l'an 380, & mourut à l'âge de 30 ans dans l'un des monafteres de la Thébaïde, où elle avoit donné des exemples admirables de vertu.

EUPHRATE, l'un des difciples de Platon, gouverna la Macédoine avec une autorité abfolue fous le regne de Perdiccas. Il pouffa l'amour pour la philofophie à un excès indigne d'un philofophe. Il n'admettoit à la table du roi, que ceux qui avoient cultivé comme lui les fciences & les mathématiques. Parménion le tua, après la mort de Perdiccas.

EUPHRATE, philofophe ftoïcien fous l'empereur Adrien, demanda à ce prince la ridicule permiffion de s'ôter la vie, qui n'étoit plus qu'un fardeau pour lui. Adrien le lui permit, & ce prétendu fage fe donna la mort l'an 118 de J. C.

EUPOLIS, poëte comique de l'ancienne comédie, étoit d'Athenes, & floriffoit vers l'an 440 avant J. C. Il monta fur le théatre dès l'âge de 17 ans, & fut couronné plufieurs fois. On dit qu'Alcibiade le fit mourir pour avoir fait des vers contre lui: d'autres prétendent qu'il périt dans un naufrage. Il nous refte de lui un ouvrage intitulé *Sententiæ*, imprimé à Bâle en 1560, in-8°.

EVREMONT, *voyez* SAINT-EVREMONT.

EVREUX, (Robert, comte d') *voyez* ROBERT, deuxieme fils de Richard, dans lequel vous trouverez les différentes mutations du comté d'Evreux.

EURICLÉE, *voyez* EURYCLÉE.

EURIPIDE, poëte tragique grec, né à Salamine l'an 480 avant J. C., fut difciple de Prodicus pour l'éloquence, de Socrate pour la morale, & d'Anaxagore pour la phyfique. Les chagrins que ce dernier s'attira par fes rêveries philofophiques l'ayant dégoûté de la philofophie, il s'adonna à la poéfie dramatique, pour laquelle la nature lui avoit donné beaucoup de talent. Il s'enfermoit dans une caverne pour compofer fes tragédies, qui firent l'admiration de la Grece & des pays étrangers. L'armée des Athéniens commandée par Nicias, ayant été vaincue en Sicile, la plupart des foldats racheterent leur vie & leur liberté en récitant des vers du poëte grec. Euripide floriffoit à Athenes, dans le même tems que Sophocle. L'émulation qui s'éleva entre lui & ce redoutable concurrent, dégénéra en inimitié. Ariftophane l'immola à la rifée publique dans fes comédies. Euripide médifoit fans ceffe des femmes, & dans la converfation, & fur le théatre; il fe maria pourtant deux fois, & deux fois il fut obligé de répudier fes époufes. Cette conduite fourniffoit beaucoup à la plaifanterie du comique grec. Euripide très-fenfible, & ne pouvant foutenir plus long-tems les railleries des auteurs & du public, quitta Athenes, & fe retira à la cour d'Archelaüs, roi de Macédoine. Ce prince, protecteur des gens de lettres, le fit fon premier miniftre, fi l'on en croit Solin. Euripide fit, fuivant quelques-uns, une fin tragique. On prétend qu'il fe promenoit dans un bois, & qu'il rêvoit profondément fuivant fa coutume, lorfqu'il fut rencontré un peu à l'écart par les chiens du prince, qui le mirent en pieces. De quelque façon qu'il ait terminé fa carriere, les chronologiftes placent fa mort l'an 407 avant J. C. Euripide étoit un homme grave & févere, malgré la poéfie. Il travailloit difficilement. Le poëte Alcestis, qui avoit la facilité des mauvais écrivains, fe vantoit qu'il avoit fait cent vers dans trois jours, tandis qu'Euripide n'en avoit fait que trois. *Il y a encore cette différence entre vos écrits & les miens*, dit le poëte au verfificateur, *que les vôtres dureront trois jours, & les miens perceront l'étendue des fiecles.* De 75 tragédies qu'il avoit compofées, il ne nous en refte que 19. Les principales font: *Les Phéniciennes, Orefte, Médée, Andromaque, Iphigénie en Aulide, Iphigénie en Tauride*, les *Troades, Electre, Hercule, Hyppolite.* Ces deux dernieres pieces femblent avoir remporté le prix fur toutes les autres. Euripide est tendre, touchant, pathétique. Racine l'a fait revivre dans le dernier fiecle: il hérita de fon efprit; mais il lui prêta plus de charmes, & l'accompagna de plus de goût. Il faudroit être bien aveugle, ou bien prévenu en faveur de l'antiquité, pour préférer le poëte grec au poëte françois; mais fon mérite n'en eft pas moins grand. L'art du théâtre ne faifoit que de naître: auffi Euripide & Sophocle, tout imparfaits qu'ils étoient, réuffirent autant chez les Athéniens, que Corneille & Racine parmi nous. Leurs fautes, dit un homme d'efprit, font fur le compte de leur fiecle; leurs beautés n'appartiennent qu'à eux. Il y en a certainement dans Euripide. Son *Andromaque* fit une impreffion fi vive fur les Abdérites, qu'ils furent tous atteints d'une efpece de folie, caufée par le trouble que la repréfentation de cette piece avoit jeté dans leur imagination. Quoiqu'Euripide fût moins élevé que Sophocle, le Corneille des Grecs, il favoit être grand, quand le fujet l'exigeoit. Les penfées les plus communes recevoient, en paffant par fon ima-

gination, ce tour heureux qui les rend fublimes. Ses pieces refpirent la morale de Socrate, mais il ne la place pas toujours avec art. Les meilleures éditions d'Euripide font celles d'Alde, 1503, in-8°; de Plantin, en 1571, in-16; de Commelin en 1597, in-8°; de Paul-Etienne, en 1604, in-4°; & de Jofué Barnès, en 1694, in-fol. à Cambridge, qui a éclipfé toutes les autres. L'éditeur y a joint les diverfes fcholies & tous les fragmens qu'il a pu trouver, & l'a enrichie de favantes notes & d'une vie du dramatique grec. *Voyez* le *Théâtre des Grecs* du P. Brumoi, qui a traduit les plus beaux morceaux d'Euripide.

EUROPE, fille d'Agenor, roi de Phénicie, & fœur de Cadmus. Cette princeffe étoit fi belle, qu'on prétend qu'une des compagnes de Junon avoit dérobé un petit pot de fard fur la toilette de la déeffe, pour le donner à Europe. Elle fut aimée de Jupiter, qui ayant pris la figure d'un taureau pour l'enlever, paffa la mer, la tenant fur fon dos, & l'emporta dans cette partie du monde à laquelle elle donna fon nom.

EUROPUS, un des defcendans d'Hercule, fut aïeul de Lycurgue.

EURYALE, héros troyen, fuivit Enée après la ruine de Troie, & fut célebre par fa tendre amitié pour Nifus. Il périt, ainfi que Nifus, dans une fortie tentée par un excès de courage. La defcription de la mort de ces deux amis, eft un des plus beaux endroits de Virgile.

EURYALE, fille de Minos & mere d'Orion, fut aimée de Neptune. Il y a une autre EURYALE, reine des Amazones, qui fecourut Æétès, roi de Colchide, contre Perfée; une 3e, fille de Prœtus, roi des Argiens; enfin une des Gorgones portoit auffi ce nom.

EURYBATE, héraut, à qui Agamemnon donna la commiffion délicate d'enlever Brifeis à Achille.

EURYBIE, nymphe, mére de Lucifer & des Etoiles.

EURYCLÉE, fille de l'ifle d'I- thaque, que le roi Laërte acheta pour vingt bœufs. Ce prince la char- gea de nourrir fon fils Ulyffe, & n'eut pas moins d'attention pour elle, que pour la reine elle-même.

EURYCLÈS, célebre devin d'Athenes. On croyoit qu'il por- toit dans fon ventre le génie qui l'infpiroit, ce qui le fit furnommer *Engaftremythe*. Il eut des difciples, qui furent appellés de fon nom *Eu- rycléides* & *Engaftrytes*.

EURYCLÈS, fourbe de Lacé- démone, qui s'étant rendu à Je- rufalem, & ayant gagné les bonnes graces du roi Hérode & de fes en- fans, découvroit aux uns les fe- crets des autres pour en avoir de l'argent. Il fut caufe par ce moyen de la mort d'Alexandre & d'Arifto- bule. Ce perfide étant retourné dans fon pays, en fut chaffé par fes propres concitoyens.

EURYDICE, femme d'Orphée. En fuyant les pourfuites d'Ariftée, elle fut piquée d'un ferpent, de la morfure duquel elle mourut le jour même de fes noces. Orphée, inconfolable de cette mort, l'alla chercher jufques dans les enfers, & toucha par les charmes de fa voix & de fa lyre, les divinités in- fernales. Pluton & Proferpine la lui rendirent, à condition qu'il ne regarderoit point derriere lui, juf- qu'à ce qu'il fût forti des fombres royaumes. Orphée ne put maitrifer fes regards, & il perdit fa femme pour toujours. Le détail de cette fable inféré dans le 4e. livre des Géorgiques, eft un chef-d'œuvre de l'art poétique.

EURYDICE, dame illyrienne, que Plutarque propofe comme un modele. Quoiqu'elle fût dans un pays barbare & qu'elle fe trouvât avancée en âge, elle fe livra à l'étude, pour être en état d'inf- truire elle-même fes enfans.

EURYDICE, femme d'Amyn- tas, roi de Macédoine, donna 4 enfans à fon époux : 3 fils, Alexan- dre, Perdiccas & Philippe, & une fille nommée Euryone. La reine, amoureufe de fon gendre, lui pro- mit l'empire & fa main ; mais ces dons funeftes devoient être le prix de la mort de fon mari. Euryone préferva fon pere de ce malheur, en lui découvrant les déteftables complots de fa mere. Amyntas eut la foibleffe de lui pardonner. Après fa mort, Eurydice facrifia à fa fu- reur ambitieufe Alexandre, fon fils aîné, qui avoit fuccédé à fon pere. Perdiccas, fon autre fils, placé fur le trône après Alexandre, périt comme lui. Les hiftoriens ne nous difent point fi ce monftre fut puni de fes exécrables forfaits. Philippe fon 3e fils, pere d'Alexandre le Grand, fe mit en garde contre fes embûches, & régna paifiblement.

EURYDICE, fille d'Amyntas, fut mariée à fon oncle Aridée, fils naturel du roi Philippe. Aridée monta fur le trône de Macédoine après Alexandre le Conquérant ; mais la reine tint feule le fceptre. Cette femme ambitieufe, qui gou- vernoit defpotiquement fous un roi titulaire, écrivit à Caffandre de fe joindre à elle contre Polyperchon, qui ramenoit Olympias de l'Epire avec fon petit-fils Alexandre, & Roxane, mere du jeune roi. Caf- fandre vole à la tête de l'élite de fes troupes en Macédoine ; mais lorfque les deux armées furent en préfence, les Macédoniens aban- donnerent le parti d'Eurydice, pour fe ranger du côté du jeune Alexan- dre, qu'ils regardoient comme leur prince légitime. Olympias fit per- cer de fleches Aridée, & obligea fa femme de s'ôter elle-même la vie, lui donnant à choifir du poifon, du poignard, ou du cordeau. Elle s'étrangla, l'an 318 avant Jefus- Chrift.

EURYLOQUE, compagnon d'Ulyffe. Il fut le feul qui ne but point de la liqueur que Circé fit

S s 4

prendre aux autres, pour les changer en bêtes.

EURYSTHÉE, fut fils de Sthenelus, roi de Mycênes, qui avoit pour frere Amphitryon. Junon le fit naître avant Hercule, afin que, par une espece de droit d'aînesse, il eût quelque autorité sur lui. Elle le suscita pour faire entreprendre à Hercule douze travaux, dans lesquels elle espéroit voir périr celui à qui Jupiter avoit promis de hautes destinées. Mais Hercule sortit heureusement de tous ses travaux, & Eurysthée, contraint de se contenter du royaume d'Argos, cessa de perfécuter ce héros.

EURYTHE, roi d'Œchalie & pere d'Iole. Ayant promis sa fille à celui qui remporteroit sur lui la victoire à la lutte, Hercule se préfenta, & le vainquit ; mais Eurythe ne voulut pas la lui donner. Alors Hercule le tua d'un coup de maffue, & enleva sa conquête.

EUSEBE, (S.) grec de naiffance, fuccéda au pape S. Marcel, le 20 mai 310, & mourut le 26 septembre de la même année.

EUSEBE, évêque de Céfarée en Palestine, naquit vers la fin de l'empire de Gallien. On ne fait rien de fa famille ; on ignore même le lieu de fa naiffance. Il s'unit de la plus étroite amitié avec Pamphile, prêtre de Céfarée. Son ami ayant été martyrifé en 309, il prit fon nom pour éternifer fa mémoire dans fon cœur. Eufebe s'étoit adonné de bonne heure aux lettres facrées & profanes. On difoit de lui, *qu'il favoit tout ce qui avoit été écrit avant lui.* Il établit une école à Céfarée, qui fut une pépiniere de favans. Son mérite le fit élever fur le fiege de cette ville en 315. L'Arianisme infectoit alors l'église & l'empire ; Eufebe fut une des colonnes fecrettes de cette héréfie. Au concile de Nicée, en 325, il avoit été placé à la droite de Constantin. Il y anathématifa les erreurs d'Arius, & propofa une formule de foi orthodoxe,

mais il eut quelque peine à foufcrire au mot de *Confubftantiel* que les Peres ajouterent à fa formule. Il affifta en 331 avec les évêques ariens au concile d'Antioche, où S. Euftathe fut dépofé. Les Ariens le firent nommer à ce fiege ; mais il refufa, foit parce qu'il condamnoit ces fortes de changement, foit qu'il voulut augmenter fon crédit par cette preuve de défintéreffement ; ce qui dans un évêque courtifan n'eft point fans vraifemblance. Quatre ans après il condamna S. Athanafe, de concert avec les évêques des conciles de Céfarée & de Tyr. Le faint évêque refufa de fe trouver dans ces affemblées, parce qu'il déteftoit les artifices d'Eufebe & qu'il redoutoit fon crédit. Les prélats affemblés à Jerufalem pour la dédicace de l'église du S. Sépulcre, le députerent à l'empereur Constantin, pour défendre le jugement inique qu'ils avoient rendu contre l'illuftre défenfeur de la divinité de J. C. Cet évêque courtifan furprit la religion du prince, & abufa de fa confiance. Il noircit les innocens & blanchit les coupables. Il obtint le rappel de l'héréfiarque Arius & l'exil d'Athanafe. Il connut le foible de Constantin, & fit quelquefois, de ce fondateur du Christianifme dans l'empire, le perfécuteur des vrais Chrétiens. Il prononça le *Panégyrique* de ce prince, à l'occafion de la réjouiffance qu'il fit faire au commencement de la trentieme année de fon empire, qui fut la derniere de fa vie. On croit qu'il furvécut peu à ce prince ; il mourut vers 338. Eufebe laiffa beaucoup d'ouvrages dignes de paffer à la poftérité, qui en a une partie. Les principaux font : I. L'*Histoire Eccléfiastique*, en 10 livres, depuis l'avénement du Meffie, jufqu'à la défaite de Licinius. C'eft le plus confidérable de tous fes écrits ; il lui a mérité le titre de *Pere de l'Histoire Eccléfiastique.* Il peut tenir lieu des historiens originaux des trois premiers fiecles.

Elle a été traduite & continuée jusqu'à la mort du Grand Théodose
par Rufin d'Aquilée. Eusebe rejette
les narrations fabuleuses avec plus
de soin que n'ont fait S. Epiphane
& tant d'autres anciens. Son style,
sans agrément & sans beauté, est
plutôt celui d'un compilateur que
d'un historien. Il avoit plus de
finesse dans le caractere que dans
l'esprit. Ce qu'on ne peut lui pardonner, c'est le coupable silence
qu'il garde sur l'Arianisme dans son
Histoire : nouvelle preuve contre
ceux qui forcent le sens de ses mauvaises expressions, pour faire un
homme orthodoxe d'un intrigant,
reconnu par toute l'antiquité pour
arien d'esprit & de faction. De toutes les éditions de l'*Histoire Ec-*
cléfiastique d'Eusebe, la plus
correcte est celle de Henri de Valois, dans la Collection des Historiens ecclésiastiques grecs, 3 vol.
in-fol. à Paris en 1669 ; puis en
1677, avec une Version en latin
qui a mérité l'estime du public favant, ensuite augmentée & revue à
Cambridge 1720, 3 vol. in-fol.
Le président Cousin en a donné une
excellente *Traduction* en françois,
4 vol. in-4°, ou 5 vol. in-12. II.
La Vie de Constantin, en 4 livres.
C'est un panégyrique sous le titre
d'histoire. Elle forme la 2e partie du
tome 1er de l'Histoire de l'Eglise
de Cousin, in-12, qui manque quelquefois, & quand elle y est, il y
a 6 vol. III. *Une Chronique*, qui
renfermoit les événemens depuis le
commencement du monde, jusqu'à
la 20e année du regne de Constantin.
La *Traduction* qu'en fit S. Jerôme
nous a fait perdre une partie de
l'original, d'autant plus précieux,
qu'Eusebe entassoit dans tous ses ouvrages les passages des auteurs les
plus anciens. Joseph Scaliger a prétendu nous donner toute la Chronique d'Eusebe, dont il avoit ramassé les fragmens épars dans différens écrivains. On trouve en effet
que son édition, imprimée à Ams-

terdam, chez Janson, in-fol. 1658,
est presque toute conforme à la Traduction de S. Jerôme. IV. Les livres
De la Préparation & de la Dé-
monstration évangélique. C'est le
traité le plus savant que l'antiquité
nous ait fournisse, pour démontrer la
vérité de la religion chrétienne & la
faussété du Paganisme. De 20 livres
dont la *Démonstration évangé-*
lique étoit composée, il ne nous
en reste que 10. Le commencement
& la fin du 1er livre & du 10e manquent dans toutes les éditions ; mais
Fabricius les publia en 1725 dans sa
Bibliotheque des Auteurs qui trai-
tent de la Religion. Les meilleures
éditions de la *Préparation* & de la
Démonstration, sont celle de Paris
en 1628, en 2 vol. in-folio, avec
une Version nouvelle des 15 livres
de la Préparation, par le jésuite
Vigier, & celle de Donat, jointe
aux livres de la Démonstration. V.
Des *Commentaires sur les Pseau-*
mes & sur Isaïe, publiés par Dom
de Montfaucon, dans les 2 premiers tomes de la Collection des
Peres grecs, à Paris 1706, in-fol.
Il n'y a, du Commentaire sur les
Pseaumes, que ce que le savant éditeur en a pu trouver dans les anciens manuscrits, c'est-à-dire, ce
qu'Eusebe a fait sur les 119 premiers
Pseaumes. On trouvera dans cet ouvrage des preuves de son Arianisme.
Le P. Montfaucon, contre la coutume des éditeurs presque tous enthousiastes de leur original, a employé plusieurs autorités pour prouver qu'il étoit arien, & ces autorités
sont convaincantes. VI. Des *Opus-*
cules qui portent son nom, & que
le P. Sirmond fit imprimer en latin, l'an 1643, à Paris, in-8°. On
peut voir les passages des anciens
pour & contre Eusebe, recueillis
fort exactement par Valois, à la
tête de l'édition de son Histoire Eccléfiastique. On a aussi d'Eusebe,
Onomasticon urbium, & *loco-*
rum Sacræ Scripturæ, imprimé
avec les notes de Bonfrerius &

de le Clerc, à Amsterdam, in-fol.

EUSEBE, évêque de Beryte, puis de Nicomédie, enfin de Constantinople, favorisa le parti d'Arius, dont il avoit embrassé les erreurs. Il les abjura au concile de Nicée ; mais cette abjuration forcée ne l'empêcha pas de convoquer, quelque-tems après, un concile en Bithynie, où Arius fut rétabli avec pompe. Les troubles qu'il excitoit dans l'église, forcerent Constantin à l'envoyer en exil. Il en fut rappellé, & peignit Arius auprès de l'empereur, comme le plus orthodoxe des hommes ; & Athanase comme le plus remuant. Il l'accusa d'avoir mis un tribut sur les Egyptiens, d'avoir favorisé la rébellion d'un certain Philumene ; & pour accabler plus sûrement le saint prélat, il assembla des conciles, le fit déposer, exiler, & fit recevoir Arius. Il fut élu par force évêque de Constantinople, l'an 338, après l'injuste déposition de Paul dont il ambitionnoit la place. Eusebe de Césarée répandoit sourdement l'Arianisme ; Eusebe de Nicomédie en tiroit vanité : il fut chef de parti, & voulut l'être. Ses sectateurs furent nommés *Eusébiens*. Quelques mois avant sa mort, en 341, il fit admettre dans un concile d'Antioche les impiétés ariennes comme des points de foi. Eusebe de Césarée l'a voulu faire passer pour un saint : il loue jusqu'à ses défauts ; mais ce sont les éloges d'un homme de parti, qui veut canoniser son chef.

EUSEBE *Emissene*, ainsi nommé, parce qu'il étoit évêque d'Emése, fut disciple d'Eusebe de Césarée, & mourut vers 359. Il étoit natif d'Edesse en Mésopotamie. S. Jérôme lui attribue plusieurs ouvrages contre les Juifs, les Gentils, les Novatiens, & des Homélies sur les Evangiles ; mais il ne nous en reste rien. Il étoit du parti d'Arius.

EUSEBE, (S.) évêque de Verceil au 4e siecle, mérita ce siege par sa science, des mœurs douces & une piété tendre. Il signala son

zele pour la foi au concile de Milan en 355. Il proposa d'abord de faire souscrire tous les évêques à celui de Nicée, avant que de traiter aucune affaire ; mais l'empereur Constance se rendit maître de l'assemblée. Il fit souscrire la plûpart des évêques à la condamnation d'Athanase, par menaces, ou par surprise. Ceux qui eurent la force de résister, furent bannis : Eusebe fut de ce nombre. Après la mort de l'empereur, ce saint homme retourna à son église. Il parcourut la Grece, l'Illyrie, l'Italie ; & par-tout il opposa une digue aux ravages de l'Arianisme. Il finit saintement ses jours en 373. S. Jérôme dit que c'est le premier qui joignit la vie monastique à la vie cléricale. Jean André Irici, docteur du college ambrosien, fit imprimer à Milan en 1748, en 2 vol. in-4°, *Le livre des Evangiles* écrit de la propre main d'Eusebe, qu'on avoit trouvé parmi les manuscrits de l'église de Verceil. Il a enrichi cette édition d'une préface, de notes, & d'une concordance avec les autres manuscrits des Evangiles & les Versions des SS. Peres. On trouve deux de ses Lettres dans la Bibliotheque des Peres. Il avoit traduit en latin le Commentaire sur les Pseaumes d'Eusebe de Césarée ; mais cette traduction est perdue.

EUSEBE, (S.) évêque de Samosate, illustre par sa foi & par son amour pour l'église. Il fut d'abord lié avec les Ariens. Le siege d'Antioche étant venu à vaquer, ils convinrent avec les orthodoxes de choisir Melece pour le remplir. Ils confierent à Eusebe le décret de cette élection ; mais S. Melece s'étant aussi-tôt déclaré pour la foi catholique, les Ariens, appuyés par l'empereur Valens, résolurent de le déposer. Eusebe, averti de leur pernicieux dessein, se retira dans son diocese avec l'acte qu'on lui avoit confié. On fit courir après lui, & l'envoyé de l'empereur le menaça de lui faire couper la main droite, s'il ne rendoit l'acte d'élection ; mais Eusebe présentant ses deux mains, dit avec fermeté : *Qu'il se les laisseroit couper, plutôt que de se défaisir de cet acte, à moins que ce ne fût en présence de tous ceux qui le lui avoient mis en dépôt.* Ce digne évêque souscrivit à la foi de Nicée dans le concile d'Antioche en 353, & se trouva à Céfarée en Cappadoce l'an 371, pour élire S. Basile, évêque de cette ville, à la prière de S. Gregoire de Nazianze le père. La fermeté avec laquelle il s'opposa aux Ariens, lui attira une foule de traverses. Valens l'exila en 373. Durant cet exil, il se déguisoit en soldat pour aller consoler les orthodoxes persécutés, fortifiant les foibles, & animant les forts. Après la mort de son persécuteur, Eusebe se trouva au concile d'Antioche en 378, & y parla en digne défenseur de la divinité de J. C. Il parcourut ensuite diverses églises d'Orient. Ayant voulu mettre Maris en possession de l'évêché de Dolique en Syrie, une femme arienne lui jeta sur la tête une tuile qui le blessa à mort. Le digne prélat, avant d'expirer, fit promettre à ceux qui étoient présens, de ne point poursuivre cette femme en justice. On la poursuivit néanmoins ; mais les Catholiques pour remplir la derniere volonté de ce saint évêque, demanderent & obtinrent sa grace.

EUSEBE, avocat à Constantinople, s'éleva, n'étant que simple laïque, contre l'hérésie de Nestorius, & fit une protestation au nom des Catholiques en 429. Devenu évêque de Dorylée, il se signala avec le même zele contre les erreurs d'Eutychès. Cet hérétique étoit son ami : il tâcha de le ramener par la douceur ; mais le trouvant toujours plus obstiné, il se rendit son accusateur dans un concile de Constantinople, de l'an 448. Ces sectaires s'en vengerent en le faisant déposer dans cette assemblée, qui fut si bien nommée le *brigandage d'Ephese*. Eusebe se trouva encore au concile général de Chalcédoine en 451, où il poursuivit la condamnation de ce qui avoit été fait à Ephese ; il y reçut une pleine justification, & mourut peu de tems après.

EUSEBIE, (Flavie) femme de l'empereur Constance, dans le 4e siecle, étoit née à Thessalonique d'un homme consulaire. Elle avoit de la beauté, des graces, des vertus, de l'esprit, & du goût pour tous les arts. Ces qualités furent ternies par son attachement à l'Arianisme. Le dépit qu'elle eut de n'avoir point d'enfans, la porta à faire donner une potion à Hélène, sœur de Constance & femme de Julien, afin de la rendre stérile. On dit même qu'elle corrompit la sage-femme de cette princesse, & que dès qu'elle fut accouchée, cette malheureuse fit périr le fruit. Eusebie mourut vers 361, emportant les regrets de son époux qui l'aimoit avec ardeur. Ce fut elle qui engagea Constance à donner à Julien le titre de César. Ce prince fit son *Panégyrique*, & nous l'avons parmi ses ouvrages.

EUSTACHE de Saint-Pierre, *voyez* St-PIERRE.

EUSTACHE, (Saint) martyr, qu'on croit avoir souffert la mort avec sa femme & ses enfans, sous l'empire de Trajan. Les actes de son martyre tels que nous les avons, sont supposés ou considérablement altérés. Le P. Kircher a fait de vains efforts pour en établir l'authenticité ; ce qui ne prouve rien du tout, contre le culte qu'on lui rend. *Voyez* Ste CATHERINE, vierge d'Alexandrie, S. ROCH, &c.

EUSTACHE, (Barthélemi) professeur d'anatomie & de médecine à Rome vers l'an 1550, laissa des *Planches anatomiques*, publiées à Rome en 1728, in-fol. Elles sont très-propres à faire connoître la structure du corps humain. On les trouve aussi dans le *Theatrum anatomicum* de Manget. Albin les a publiées de nouveau à Leyde 1744, in-fol. avec des explications latines. Nous avons encore d'Euſtache : I. *Opuſcula*, Delft 1726, in-8°. II. *Erotiani collectio vocum quæ ſunt apud Hippocratem*, Veniſe 1566, in-4°.

EUSTATHE, (S.) né à Side en Pamphylie, d'abord évêque de Bérée, enſuite d'Antioche en 323. Il ſe diſtingua au concile de Nicée par ſon zele & par ſon éloquence. Les Ariens, excités par Euſebe de Nicomédie, prélat intrigant & vindicatif, conſpirerent ſa perte. On ſuborna une femme publique, qui ſoutint avec ferment au ſaint homme qu'elle avoit eu un enfant de lui. Sur cette fauſſe accuſation il fut dépoſé, & exilé par Conſtance, & ſelon quelques-uns, par Conſtantin. Il mourut dans ſon exil à Philippes en Macédoine, vers 337, & fut enterré à Trajanopolis. Euſtathe fut un des premiers qui combattirent l'Arianiſme; il le fit avec autant de clarté que de force. Les anciens vantent beaucoup ſes ouvrages; nous ne les avons plus, & c'eſt une véritable perte, s'il eſt vrai que le ſtyle en fût auſſi pur, les penſées auſſi nobles, les expreſſions auſſi élégantes que Sozomene le dit. On lui attribue un *Traité ſur la Pythoniſſe*, mis au jour en 1629, in-4°, par le ſavant Allatius; avec un autre *Traité ſur l'ouvrage des ſix Jours*, ou *Hexameron*, qu'il donne auſſi à Euſtathe. Ce dernier écrit, qu'on croit être d'un auteur plus récent, parut à Lyon en 1624, in-4°. On le trouve auſſi dans la Bibliotheque des Peres.

EUSTATHE, évêque de Sebaſte, joua un rôle ſingulier dans l'égliſe au quatrieme ſiecle. C'étoit un fourbe qui ſavoit prendre toutes ſortes de formes ſelon ſes intérêts. Tantôt arien pur, tantôt ſemi-arien; orthodoxe un jour, le lendemain macédonien, il faiſoit toutes les profeſſions de foi que les circonſtances exigeoient. Au concile d'Ancyre, il condamne la doctrine d'Aetius ſon diſciple, il eſt dépoſé au concile de Melitine, ſe trouve avec les Sémi-Ariens à Seleucie. Député par ceux-ci en Occident l'an 365, il en impoſa au pape Libere qui l'admit à ſa communion : il trompa de même les Peres du concile de Tbyane qui le rétablirent ſur ſon ſiege; mais il n'y fut pas plutôt remonté, qu'il tacha de communiquer avec les Ariens qui ne voulurent point le recevoir; il finit par ſe rendre avec Eunomius, chef des ennemis de la divinité du St-Eſprit, & mourut vers l'an 370. Quelques auteurs ont cru qu'il étoit cet EUSTATHE qui condamnoit le mariage & la poſſeſſion des biens temporels, & dont les erreurs furent proſcrites au concile de Gangre; mais Baronius & preſque tous les critiques modernes ſont d'un avis contraire, & croient avec plus de vraiſemblance, que cet héréſiarque étoit un moine d'Arménie.

EUSTATHE, évêque de Theſſalonique dans le 12e ſiecle, étoit un habile grammairien. Il laiſſa des *Commentaires* ſur Homere & ſur Denys le Géographe. Son travail ſur le poëte grec eſt fort étendu & très-eſtimable; il a ſaiſi la force & l'énergie de ſon original, & la fait ſentir à ſes lecteurs. Outre les notes, on trouve dans ſon ouvrage des Diſſertations hiſtoriques & philoſophiques écrites avec beaucoup de ſagacité. On lui attribue auſſi, mais ſans aucun fondement, le roman d'*Iſmene & Iſménie*, Paris 1618, in-8°, traduit en françois, Paris 1743, in-8°, fig. Colletet en avoit donné une en 1625, in-8°. La meilleure édition des *Commentaires* d'Euſtathe ſur Homere, eſt celle de Rome, 1542 à 1550, en grec, 4 vol. in-fol. Celle de Froben, 1559 & 1560, 2 vol. in fol. eſt moins eſtimée. Il en a paru à Florence (en 1730, 32 & 35) 3 vol. d'une nouvelle édition, avec les notes & les traductions d'Alex. Politi & d'Ant. Marie Salvini, qui n'eſt pas achevée. A l'égard des Commentaires ſur Denys, ils ont été ſouvent réimprimés depuis 1547, qu'ils furent publiés par Robert Etienne avec le seul texte.

EUSTOCHIE *ou* EUSTO-CHIUM, (Ste) de la famille des Scipions & des Emiles, illustre par sa piété & par la connoissance des langues, fut disciple de S. Jerôme. Elle suivit son maître en Orient, & se renferma ensuite avec Ste Paule dans un monastere de Bethléem, dont elle fut supérieure. Elle savoit l'hébreu, le grec, & employoit la plus grande partie de son tems à méditer les Saintes-Ecritures. Elle mourut en 419.

EUSTRATE, archevêque de Nicée au 12e siecle, soutint avec force le sentiment des Grecs sur la procession du St-Esprit, dans un Traité qui se trouve manuscrit dans plusieurs bibliotheques. Léon Allatius fait mention de cinq autres Traités du même auteur; mais nous n'avons rien d'imprimé de lui, que quelques *Commentaires* sur Aristote, *In Analytica*, *græcè*, Venise 1534, in-fol. *In Ethica*, *græcè*, Venise 1536, in-fol. & *latinè*, Paris 1543, in-fol.

EUTERPE, l'une des neuf Muses. Elle inventa la flûte, & c'est elle qui préside à la musique. On la représente ordinairement sous la figure d'une jeune fille couronnée de fleurs, tenant des papiers de musique, une flûte, des hautbois, & ayant d'autres instrumens de son art auprès d'elle.

EUTHYCRATE, sculpteur de Sicyone, fils & disciple de Lysippe, s'appliqua principalement à observer les proportions. Les statues d'*Hercule* & d'*Alexandre* lui acquirent une grande réputation, aussi-bien que a *Médée*, qui étoit traînée dans un char à quatre chevaux.

EUTHYME, fameux athlete. Il combattit long-tems, suivant la Fable, contre un fantôme, qui se voyant vaincu, s'évanouit. Les Téméfiens donnoient chaque année à ce fantôme une fille pour sa nourriture, afin qu'il ne tuât plus ceux qu'il rencontroit.

EUTHYMIUS, surnommé le *Syncelle*, patriarche de Constantinople, natif d'Isaurie, fut mis l'an 906 à la place de Nicolas le *Mysti-que*, que l'empereur Léon VI avoit chassé de son siege. Il avoit été moine. Ses vertus & son mérite lui acquirent l'estime de ce prince, qui le choisit pour son confesseur; mais Alexandre II, successeur de Léon, bannit Euthymius, & rétablit Nicolas. Il mourut en exil l'an 920.

EUTHYMIUS ZIGABENUS, moine basilien du 12e siecle, composa par ordre de l'empereur d'Orient, un traité contre toutes les hérésies. Cet ouvrage, intitulé *Pano-plie*, est une exposition & une réfutation de toutes les erreurs, même de celles des Mahométans. Il fut traduit en latin par un chanoine de Vérone en 1586, & depuis il a été inséré dans la grande *Bibliotheque des Peres*. On a encore de ce savant moine des *Commentaires sur les Pseaumes*, sur les *Cantiques*, sur les *Evangiles*, littéraux, moraux & allégoriques; mais ses allégories sont moins déraisonnables, que celles des commentateurs de son tems.

EUTICHE, (*Eutichius*) de la ville de Fostat en Egypte, joignit aux études ecclésiastiques, celle de la médecine, fut fait patriarche d'Alexandrie le 8 février 933, & mourut le 12 mai 940. Il a laissé des *Annales* en arabe depuis le commencement du monde jusqu'en 940, peu exactes pour l'histoire & la chronologie, ainsi que la plupart des autres Histoires arabes. Pocock les publia à Oxford, en 1659, avec une version latine, en 2 vol. in-4°, avec des notes. Selden prétend prouver par ces Annales, que dans les premiers siecles de l'église, il n'y avoit point de différence véritable entre les prêtres & les évêques; mais le savant Assemanni lui a démontré le contraire. On a encore en manuscrit de ce patriarche: I. *Histoire des Usur-pations des Sarrasins en Sicile*. II. *Dispute entre les Hétérodoxes* &

*les Catholiques contre les Jaco-
bites.* III. *Trois Discours sur le
Jesne & la Pâque, sur les Fêtes
des Chrétiens & sur les Patriarches,* &c. IV. Quelques Ouvrages
de Médecine.

EUTOCIUS d'Ascalon, com-
mentateur d'*Apollonius* & d'*Archimede*, sous l'empire de Justinien, est un des mathématiciens les
plus intelligens qui aient fleuri dans
la décadence des sciences, chez les
Grecs. Ses deux Commentaires sont
très-bons, & on leur doit bien des
traits sur l'histoire des mathématiques. Le 1er se trouve dans l'édition
d'*Apollonius* par Halley; le 2e a
été publié à Bâle, grec & latin, en
1544, in-fol.

EUTROPE, historien latin. On
ignore d'où il étoit, & qui il étoit.
On conjecture qu'il avoit vu le jour
dans l'Aquitaine, & l'on sait qu'il
exerça de grandes charges. Il dit lui-
même qu'il porta les armes sous Julien, dans sa malheureuse expédition contre les Perses; mais le rang
qu'il obtint dans les armées, nous est
inconnu. Plusieurs croient qu'il fut
sénateur, parce qu'ils trouvent à la
tête de son ouvrage le titre de *Cla-
rissime*, qui ne se donnoit qu'aux
sénateurs. Nous avons de lui un
Abrégé de l'Histoire Romaine en
dix livres, depuis la fondation de
Rome, jusqu'à l'empire de Valens,
auquel il le dédia. Eutrope avoit
composé divers écrits sur la médecine, sans être médecin. Son *Histoire* est le seul de ses ouvrages qui
nous reste. Cet abrégé, quoique
court, est assez bien fait; les événemens principaux y sont exposés
avec netteté, mais sans élégance.
L'abbé Lezeau en a publié une Traduction françoise avec des notes, en
1717, in-12. La 1re édition de cet
auteur est de Rome 1471, in-folio;
celle *ad usum Delphini*, in-4°, est
de 1683. Il est imprimé avec une
Version grecque à Oxford 1703,
in-8°, à Leyde 1729, in-12, & en
1762, in-8°. M. Dellin en donna une

édition latine en 1746, à Paris,
chez Barbou, avec les observations
de Tanneguy le Févre. Elle est très-
bien exécutée, comme la plupart des
livres sortis des presses de cet artiste.

EUTROPE, fameux eunuque sous
l'empire d'Arcadius, & son plus cher
favori, parvint aux premieres charges, & fut même élevé au consulat.
Cette dignité, autrefois si éminente,
avoit à la vérité été donnée à un
cheval sous Caligula; mais elle n'a-
voit pas encore été avilie au point
d'être occupée par un eunuque tel
qu'Eutrope. Son insolence, sa cruauté
& sa lubricité souleverent tout le
monde contre lui. Gaïnas, goth,
général romain, fit révolter les
troupes, & ne promit de les appaiser
qu'à condition qu'on lui livreroit la
tête d'Eutrope. Arcadius, pressé d'un
côté par la crainte, de l'autre par
les prieres de sa femme Eudoxie,
que l'eunuque avoit menacée de la
faire répudier, le dépouilla de toutes ses dignités, & le chassa du palais.
Eutrope, livré à la vengeance du
public, se sauve dans une église. On
veut l'en arracher; mais S. Jean-
Chrysostome appaisa la populace par
un sermon, qui passe pour un chef-
d'œuvre d'éloquence. Au bout de
quelques jours il en sortit: on lui fit
son procès; & cet homme qui avoit
osé aspirer au trône impérial, perdit
la tête sur un échafaud en 399.

EUTYCHÈS, hérésiarque, se retira dès sa premiere jeunesse dans un
monastere près Constantinople. Ses
vertus & ses lumieres charmerent
tous ses confreres, qui le choisirent
d'une voix unanime pour leur abbé.
Il passa toute sa vie dans les exercices de la pénitence la plus austere.
Il ne sortit de sa solitude, que pour
aller combattre les erreurs de Nestorius; mais il tomba lui-même dans
une hérésie contraire, & non moins
funeste. Il soutenoit que la divinité
de J. C. & son humanité n'étoient
qu'une nature, depuis l'Incarnation;
qu'après l'union du Verbe avec l'humanité il n'étoit resté en J. C. que

la nature divine, sous l'apparence du corps humain. Eusebe, évêque de Dorylée, son ami & son admirateur, ayant tenté vainement de le ramener à la vérité, se rendit son accusateur auprès du concile de Constantinople, convoqué en 448, par Flavien, évêque de cette ville. L'hérésiarque ayant persisté dans ses sentimens, y fut condamné, déposé du sacerdoce, & du gouvernement de son monastere, & excommunié. L'austérité de ses mœurs lui avoit fait des partisans; l'eunuque Chrysaphius, favori de l'empereur Théodose le Jeune, étoit son ami. Il obtint de ce prince, qu'on assembleroit un autre concile pour revoir les actes de celui de Constantinople; & que Dioscore, évêque d'Alexandrie, autre partisan d'Eutychès, en auroit la présidence. C'est cette assemblée qu'on a nommée le *Brigandage d'Ephese.* Eutychès y fut absous, sans autre explication qu'une requête équivoque, dans laquelle il déclaroit en général qu'il anathématisoit toutes les hérésies. Flavien & Eusebe ses adversaires furent non-seulement déposés, mais cruellement maltraités. Marcien, successeur de Théodose, fut plus favorable à la doctrine catholique. Il fit assembler en 451 le concile de Chalcédoine, le 4e général. L'*Eutychianisme* y fut proscrit, Dioscore déposé, & la paix rendue à l'église. Marcien, connoissant l'esprit querelleur & pointilleux des Grecs, fit plusieurs loix pour défendre de disputer publiquement sur la religion. Ces édits ne purent arrêter la fureur dogmatique des Eutychiens. Il en fut de leurs erreurs comme de celles des Nestoriens. Le mal se perpétua de génération en génération; & cette secte, connue aujourd'hui sous le nom de *Jacobites,* domine encore en Éthiopie, & est répandue en Egypte & en Syrie.

EUTYCHIEN, pape & martyr, succéda à Felix, en janvier 275. Il ordonna que l'on ensevelirоit les corps des martyrs dans des tuniques de pourpre. Il fut martyrisé le 8 décembre 283.

EUTYQUE, (*Eutychius*) patriarche de Constantinople, présida au concile œcuménique de cette ville en 553. Il avoit été d'abord moine d'Amasée dans le Pont; il fut élevé sur le siege de Constantinople par Justinien à qui il avoit plu. Cet empereur étant tombé dans l'erreur des Incorruptibles (qui soutenoient que le corps de J. C. n'avoit été susceptible d'aucune altération, & n'avoit jamais enduré la faim, la soif, ni aucun autre besoin naturel), consacra cette rêverie dans un édit. Eutyque refusa de le signer, & fut disgracié & exilé l'an 565, après avoir été déposé dans un synode. A la mort de Justinien, il fut rétabli sur son siege. Ce fut alors qu'il composa un *Traité de la Résurrection,* dans lequel il soutenoit que le corps des ressuscités seroit si délié, qu'il ne pourroit plus être palpable. La fureur des Grecs dans ce siecle & dans les suivans, fut de disputer sans relâche sur des questions, que l'ignorance humaine ne pouvoit résoudre, & sur lesquelles la Divinité n'a rien révélé. S. Gregoire, député du pape Pelage II, détrompa Eutyque de son erreur. Ce patriarche mourut peu de tems après en 582, à l'âge de 70 ans.

EUTYQUE, *voyez* EUTICHE.

EUZOIUS, diacre d'Alexandrie, fut déposé en même-tems qu'Arius par S. Alexandre, évêque de cette ville, & condamné au concile de Nicée; mais ayant présenté en 335 à l'empereur Constantin une confession de foi, orthodoxe en apparence, il fut nommé évêque d'Antioche l'an 361; ce qui fut cause que les Catholiques commencerent à tenir leurs assemblées à part; c'est lui qui baptisa l'empereur Constance. Il mourut en 376.

EXPILLI, (Claude d') président au parlement de Grenoble, ami & disciple des plus célebres jurisconfuites de fon tems, naquit à Voiron en Dauphiné l'an 1561, & mourut à Grenoble en 1636, âgé de 75 ans. Henri IV & Louis XIII fe fervirent utilement de lui dans le Comtat Venaiffin, en Piémont & en Savoie. C'étoit un homme très-eftimable, l'ami & le protecteur des gens de lettres. Qui méritoit fon amitié (dit Chorier, hiftorien du Dauphiné), l'avoit infailliblement ; & c'étoit la mériter, que d'avoir du favoir & de la vertu. Le préfident d'Expilli étoit orateur, hiftorien & poëte ; mais il ne remplit bien aucun de ces titres, du moins fi l'on compare les ouvrages qui nous reftent de lui, à ceux de nos bons écrivains. Ses *Plaidoyers*, imprimés à Paris, in-4°, en 1612, ne font plus lus. Ses *Poéfies*, publiées in-4° en 1624, & la *Vie de Bàiard*, in-12, 1650, ne méritent guere davantage de l'être. Son *Traité de l'Orthographe Françoife*, à Lyon, in-fol. 1618, ne renferme qu'une théorie peu judicieufe, & une pratique bizarre & hors d'ufage. Le magiftrat valoit mieux en lui que l'écrivain. *Voyez* fa *Vie*, Grenoble 1660, in-8°, par Boniel de Châtillon, avocat-général à la chambre des comptes de Dauphiné.

EXUPERANCE, préfet des Gaules & parent du poëte Rutilius, étoit de Poitiers. Son frere Quintilien, retiré à Bethléem, y menoit une vie d'anachorete. Ce fut, à ce qu'on croit, à la priere de celui-ci, que S. Jerôme écrivit à Exuperance la *Lettre* que nous avons encore, pour l'exhorter à renoncer aux efpérances du fiecle, & à fe confacrer uniquement au fervice de Dieu. Cette lettre refta fans effet. Exupérance, occupé à rétablir les loix dans l'Aquitaine, fut tué vers l'an 424 à Arles, dans une fédition militaire.

EXUPERE, célebre rhéteur de Bordeaux, enfeigna l'éloquence avec applaudiffement à Touloufe & à Narbonne. Dans cette derniere ville, il eut pour difciples Dalmace

& Hannibalien, neveux de l'empereur Conftantin. Ces deux princes procurerent à leur maître, l'an 335, la préfidence d'une province d'Efpagne, qu'il gouverna long-tems. Exupere, après avoir amaffé de grandes richeffes dans ce pofte, revint dans les Gaules & mourut à Cahors.

EXUPERE, (Saint) évêque de Touloufe, illuftre par fa charité durant une grande famine. Après avoir diftribué tous fes biens, il vendit encore les vafes facrés d'or & d'argent, pour affifter les pauvres. Il fut réduit à porter le corps de J. C. dans un panier d'ofier, & fon fang dans un calice de verre. S. Jerôme le compare à la veuve de Sarepta, & lui a dédié fon *Commentaire* fur le prophete Zacharie. S. Exupere mourut vers 417, plein de jours & de vertus. Il ne faut pas le confondre avec S. Exupere, évêque de Bayeux au 4e fiecle. Celui-ci, honoré encore fous le nom de S. Spire, eft un des 1ers évêques qui apporterent le flambeau de l'Evangile en Neuftrie (aujourd'hui Normandie).

EYBEN, (Hulderic) favant jurifconfulte, né à Norden l'an 1629 d'une famille noble, devint confeiller & antéceffeur à Helmftadt, puis juge dans la chambre impériale de Spire, enfin confeiller au confeil aulique de l'empereur Léopold. Il mourut en 1699, laiffant des Ouvrages, imprimés à Strafbourg en 1708, in-fol. On ne les connoît guere en France, quoiqu'eftimés de leur tems.

EYCK, *voyez* EICK.

EYMERICK, *voyez* NICOLAS.

EZÉCHIAS, roi de Juda, fucceffeur d'Achaz fon pere, l'an 727 avant J. C., imita en tout la piété de David. Il détruifit les autels élevés aux faux dieux, brifa les idoles, & mit en pieces le ferpent d'airain que les Ifraélites adoroient. Il fit ouvrir enfuite les portes du temple, & affembla les prêtres & les Lévites

pour

pour le purifier. Après cette cérémonie, le faint roi y monta avec
les principaux de Jérufalem, y immola des victimes & rétablit le culte
du Seigneur. Son zele fut récompenfé; il reprit les villes dont les
Philiftins s'étoient emparés fous le
regne d'Achaz fon pere. Vainqueur
des Philiftins, il voulut fecouer le
joug des Affyriens, & leur refufa
le tribut ordinaire. Sennacherib,
outré de ce refus, porte la guerre
dans le royaume de Juda. Il y étoit
entré, lorfqu'Ezéchias fut attaqué
d'une maladie peftilentielle. Le prophete Ifaïe vint lui annoncer fa
mort prochaine. Dieu, touché par
fes prieres, lui renvoya le prophete
pour lui annoncer fa guérifon mi-
raculeufe. Ifaïe confirma la certitude de fa promeffe par un prodige
nouveau; il fit reculer de dix degrés l'ombre du foleil fur le ca-
dran d'Achaz. Mérodac Baladan,
roi de Babylone, ayant fu les différentes merveilles opérées en faveur d'Ezéchias, lui envoya des
ambaffadeurs pour l'en féliciter. Le
monarque, fenfible à cet hommage,
leur étala tous fes tréfors. Ifaïe le
reprend de ce mouvement de vanité, & lui prédit que tout fera
tranfporté à Babylone. Ezéchias
s'étant humilié fous la main qui le
menaçoit, obtint qu'il ne verroit
point ce malheur. Cependant Sennacherib s'étoit rendu maître des
plus fortes places, & menaçoit Jerufalem. La paix ne fe fit qu'aux
conditions les plus dures. Le vainqueur exigea du vaincu, qu'on lui
payeroit une fomme immenfe. Ezéchias épuifa fes tréfors & dépouilla
le temple pour fatisfaire à fes engagemens; mais à peine avoit-il
compté l'argent, que Sennacherib
rompit le traité & revint ravager
la Judée, blafphémant contre le Dieu
qui la protégeoit. Il s'avançoit vers
Jerufalem; mais l'Ange du Seigneur
ayant tué dans une feule nuit 185
mille hommes de fon armée, il fut
obligé de prendre la fuite. Ezéchias,

délivré de ce redoutable ennemi,
chercha Dieu de tout fon cœur,
le trouva, & mourut l'an 698 avant
J. C., à 53 ans. Génebrard affure,
d'après les Hébreux, qu'il étoit
favant dans les mathématiques, &
qu'il fit une réformation de l'année
des Juifs, par l'intercallation du
mois de Nifan au bout de chaque
fe année.

EZÉCHIEL, l'un des 4 *grands
Prophetes*, fils du facrificateur
Buzi, fut emmené captif à Babylone avec Jéchonias. Il commença
à prophétifer l'an 595 avant J. C.
Il fut tranfporté en efprit dans le
temple de Jerufalem, où Dieu lui
montra les abominations qui s'y
commettoient. Il eut enfuite plufieurs vifions miraculeufes fur le rétabliffement du peuple juif & du
temple, fur le regne du Meffie &
la vocation des Gentils. Il continua
de prophétifer pendant 20 ans, &
fut tué, à ce que l'on croit, par
un prince de fa nation, à qui il
avoit reproché fon idolâtrie. Dieu
lui ordonna plufieurs actions fym-
boliques, qui ont fourni des plaifanteries bien déplacées aux incrédules modernes. Il fuffit de remarquer, 1°. que la plupart des chofes
dont les philofophes ont tourné en
ridicule la représentation réelle &
phyfique, ne fe pafferent qu'en vi-
fion. Il n'en faut que lire le récit
pour en être convaincu. 2°. Le langage typique étoit alors ufité dans
la plus grande partie de l'Afie; plufieurs peuples de l'Orient le con-
fervent encore; on l'a retrouvé dans
l'Amérique. Si les actions fymbo-
liques des prophetes étoient furpré-
nantes par leur fingularité, quelquefois même par leur durée, elles
conftatoient par-là même devant
le peuple nombreux qui les voyoit
l'exiftence de la prophétie; elles
ne laiffoient aucun lieu de foupçonner après l'événement qu'elle eût
été controuvée. Les malheurs an-
noncés par les prophetes faifoient
plus d'impreffion fur les coupables

par l'appareil de l'avertissement. Le langage typique est en général le plus énergique & le plus propre à faire impression. » Thrasibule & Tarquin, dit l'auteur de l'*Emile*, » coupant des têtes de pavots ; » Alexandre appliquant son sceau » sur la bouche de son favori, » Diogene marchant devant Zénon, » ne parloient-ils pas mieux que » s'ils avoient fait de longs dis- » cours ? Darius engagé dans la » Scythie avec son armée, reçoit de » la part du roi des Scythes un oi- » seau, une grenouille, une sou- » ris & cinq fleches. Cette harangue » fut entendue, & Darius n'eut plus » grande hâte que celle de regagner » son pays comme il put ». Ces observations ont lieu à l'égard de plusieurs passages de Jérémie & des autres prophetes. Les *Prophéties* d'Ezéchiel sont fort obscures, surtout au commencement & à la fin. C'est sans doute la raison pour laquelle les Juifs ne vouloient pas qu'on les lût avant l'âge de 30 ans. Elles sont au nombre de XXII, & disposées suivant l'ordre des tems qu'il les a eues. Prado & Villalpand, jésuites, ont fait de longs & savans commentaires pour les éclaircir. Son style, suivant S. Jerôme, tient un milieu entre l'éloquent & le grossier. Il est rempli de sentences, de comparaisons, de visions énigmatiques. Ce prophete paroît très-versé dans les choses profanes.

EZECHIEL, juif, poëte grec, florissoit après le milieu du 1er siecle de l'ère chrétienne ; ou selon Huet, un siecle, & selon Sixte de Sienne, 40 ans avant J. C. D'une Tragédie qu'il avoit faite sur la sortie des Hé-

breux hors de l'Egypte, il ne reste plus que des fragmens, que Frédéric Morel a traduits en prose & en vers latins. Ils parurent à Paris, en 1598, in-8°. On les trouve aussi dans *Corpus Poëtarum Græcorum*, Geneve 1606 & 1614, 2 vol, in-fol.

EZZELIN *ou* ECELIN, tyran originaire d'Allemagne, mais né à Onéra dans la Marche Trévisane en Italie, se montra si pervers dès son enfance, qu'on disoit de son tems *qu'il avoit été engendré par le Démon*. Après avoir été quelquetems à la tête des *Gibelins*, il quitta ce parti pour régner despotiquement sur Vérone, Padoue, & sur quelques autres villes d'Italie dont il s'étoit emparé. Les papes Gregoire IX, Innocent IV & Alexandre IV, lancerent inutilement sur ce scélérat les foudres du Vatican. On prêcha la croisade contre lui. Toutes les villes de la Marche Trévisane, & les princes de Lombardie, se liguerent pour en délivrer l'Italie. Il fut pris devant Milan qu'il alloit attaquer. On le mena à Socino, où il mourut désespéré en 1259, après avoir exercé pendant 40 ans la tyrannie la plus barbare & la plus odieuse. La ville de Padoue ayant tenté plusieurs fois de secouer le joug, Ezzelin fit mourir plus d'onze mille citoyens de toute condition. Ce monstre étoit aussi superstitieux que cruel. Il n'entreprenoit rien, sans avoir consulté quatre astrologues. *Voyez* sa *Vie* écrite en italien par le P. Gerard, 1560, in-8° & traduite en françois par Fr. Cottaud, Paris 1644, in-12.

APPROBATION.

J'Ai lu ce second volume de la nouvelle édition du *Dictionnaire Historique*, & je n'y ai rien trouvé qui dût en empêcher l'impression. Coblence, le 1 avril 1782.

BECK, *Grand-Vicaire du Diocese d'Ausbourg.*